여러분의 합격을 응원하
해커스경찰의 특별 예덕!

단기 합격을 위한
해커스 커리큘럼

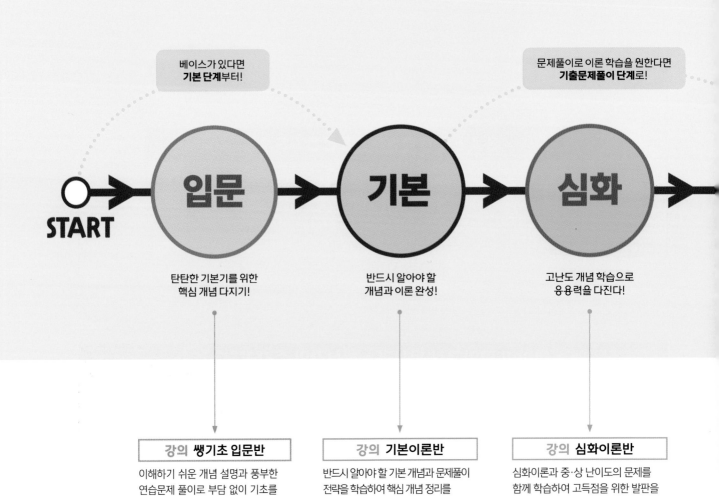

베이스가 있다면 **기본 단계부터!**

문제풀이로 이론 학습을 원한다면 **기출문제풀이 단계로!**

START

입문

기본

심화

탄탄한 기본기를 위한
핵심 개념 다지기!

반드시 알아야 할
개념과 이론 완성!

고난도 개념 학습으로
응용력을 다진다!

강의 쌩기초 입문반

이해하기 쉬운 개념 설명과 풍부한
연습문제 풀이로 부담 없이 기초를
다질 수 있는 강의

강의 기본이론반

반드시 알아야 할 기본 개념과 문제풀이
전략을 학습하여 핵심 개념 정리를
완성하는 강의

강의 심화이론반

심화이론과 중·상 난이도의 문제를
함께 학습하여 고득점을 위한 발판을
마련하는 강의

단계별 교재 확인 및
수강신청은 여기서!
police.Hackers.com

* 커리큘럼은 과목별·선생님별로 상이할 수 있으며, 자세한 내용은 해커스경찰 사이트에서 확인하세요.

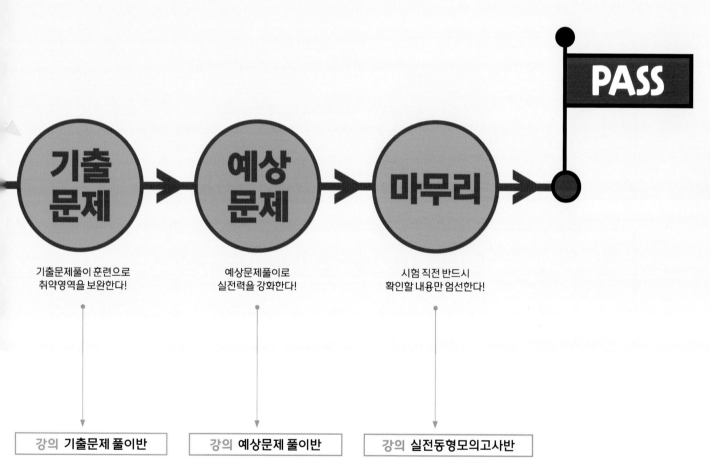

강의 기출문제 풀이반

기출문제의 유형과 출제 의도를 이해하고, 본인의 취약영역을 파악 및 보완하는 강의

강의 예상문제 풀이반

최신 출제경향을 반영한 예상 문제들을 풀어보며 실전력을 강화하는 강의

강의 실전동형모의고사반

최신 출제경향을 완벽하게 반영한 모의고사를 풀어보며 실전 감각을 극대화하는 강의

강의 봉투모의고사반

시험 직전에 실제 시험과 동일한 형태의 모의고사를 풀어보며 실전력을 완성하는 강의

해커스경찰

윤동환
민법총칙
기출의 맥

해커스경찰

윤동환

약력

서울대학교 졸업(법학사, 경제학사)
고려대학교 법학대학원 수료

현 | 해커스공무원, 해커스경찰 민법 강의
  해커스변호사 민사법 전임

전 | 성균관대·경북대·전남대·제주대·인하대 로스쿨 특강
  성균관대·한양대·단국대·전남대·전북대 등 대학 특강 및
  모의고사 문제 출제

저서

민법총칙 기출의 맥, 해커스경찰
민법총칙의 맥 기본서, 해커스경찰
윤동환, 공태용 민법의 맥, 해커스법원직
민사소송법 최근 3개년 판례의 맥, 해커스변호사
민법 최근 3개년 판례의 맥, 해커스변호사
친족상속법 슬림한 친상법의 맥, 해커스변호사
민법 기출중심 사례의 맥, 해커스변호사
민사소송법 암기장, 해커스변호사
민법 암기장, 해커스변호사
민사소송법 변호사시험 기출의 맥 선택형, 해커스변호사
민법 변호사시험 기출의 맥 선택형, 해커스변호사
민법 기본 사례의 맥, 해커스변호사
민법의 맥, 해커스변호사
민사소송법 핵심 正지문의 맥, 해커스변호사
민법 핵심 正지문의 맥, 해커스변호사
민사법 실전답안 핵심사례의 맥, 해커스변호사
민법 실전답안 핵심사례의 맥, 해커스변호사
민사법 최근 1개년 판례의 맥, 해커스변호사
주관식용 핵심 민법의 맥, 마체베트

서문

경찰간부 후보생 선발 필기시험 과목 개편에 따른 객관식 정리

1차와 2차로 나누어져 시험을 진행하던 경찰간부 시험 과목은 2022년부터 한번에 7과목으로 시행되며, 모두 객관식으로 시험이 실시되고 있습니다. 따라서 민법총칙도 기본서 정리와 더불어 객관식 유형에 맞춰 준비해야 할 필요성이 제고되었습니다. 객관식으로 치러지는 만큼 유사한 직업군으로 분류되는 소방간부 후보생 선발 시험, 법학 경력 채용 시험 그리고 '민법총칙'만을 객관식 시험으로 시행해 온 세무사, 행정사 등의 기출문제를 활용하는 것이 유효·적절한 방법일 것입니다.

〈2024 해커스경찰 윤동환 민법총칙 기출의 맥〉 구성 및 특징

1. 본 교재는 최근에 시행된 경찰간부, 법학경채, 소방간부, 행정사, 세무사 시험부터 최근 5개년 법학 경력 채용 시험, 세무사, 행정사 기출문제를 기본 바탕으로 하고 있습니다. 특히, 이번 2024년판의 경우 2023년도 최신 기출문제를 대거 추가하였습니다.

2. 문제풀이에 앞서 핵심쟁점을 확인하고 정리할 수 있도록 각 쟁점마다 '핵심정리'라는 제목으로 자료를 정리하여 수록하였습니다. 핵심정리는 기본서와 연계학습이 가능하도록 〈해커스경찰 민법총칙의 맥 기본서〉를 기본으로 하여 그동안 관련 시험에서 빈출되었던 개념을 우선적으로 추출하여 정리하였습니다.

3. 기출문제 분석을 통하여 반복 출제된 기본 判例 지문은 최대한 줄이고, 새롭게 출제된 判例 지문과 통합하는 방식으로 문제를 재구성하여 문제풀이에 과도한 시간이 소요되지 않도록 하였습니다. 이에 더하여 반복 출제된 기본 判例 지문이더라도 개별 사건을 사례화한 유형 같은 특수한 문제는 그대로 수록하여 학생들이 다양한 유형을 접할 수 있도록 대비하였습니다.

4. 또한 기본 判例를 묻는 것이 아닌 복잡한 사실관계를 해석해야 하는 문제를 대비하기 위해 서기보 및 변호사 시험 기출문제를 수록하였고, 역시 학생들의 수험 부담을 최소화하기 위해 핵심쟁점만 알 수 있도록 재구성하였습니다. 따라서 서기보, 변호사 시험, 출제예상문제는 다소 난도가 높은 지문에 해당하므로 먼저 소방간부, 법학경채, 세무사, 행정사 시험 기출을 '기본문제'로 풀고 난 후 '심화문제'로 변호사 시험이나 서기보, 출제예상문제(최신판례 포함)를 풀어볼 것을 권면드립니다.

5. 마지막으로 기본서와의 연계성을 높이기 위해 〈해커스경찰 민법총칙의 맥 기본서〉를 바탕으로 해설을 구성하였고, 단편적인 判例 확인에 그치지 않도록 최신 判例는 물론 '관련판례', '참조조문', '쟁점정리'까지 함께 해설에 수록하였습니다.

고시공부에서 가장 중요한 것은 시간 활용입니다. 기본 判例를 숙지하면서 다양한 유형의 문제를 대비하는 한편 공부 시간은 최소화할 수 있도록 구성한 만큼 본 교재를 통해 효과적으로 준비하시길 바랍니다.

앞으로도 수험생 여러분들의 시행착오를 줄일 수 있는 수험서가 될 수 있도록 더욱 치열하게 연구하고 강의하고 집필할 것을 다짐합니다. 본 교재 및 강의에 관한 의문이나 질문이 있으신 분은 네이버 카페 '윤동환, 공태용의 경찰(소방)간부&법학경채 민법총칙 교실(cafe.naver.com/yoongocivillaw)'을 적극 활용해 주시고, 각종 수험상담과 같은 개인적인 질문은 카톡(아이디 dhyoon21)을 활용해 주시면 신속하게 답변드리도록 하겠습니다.

더불어 경찰공무원 시험 전문 해커스경찰(police.Hackers.com)에서 학원강의나 인터넷 동영상강의를 함께 이용하여 꾸준히 수강한다면 학습효과를 극대화할 수 있습니다.

청년 여러분들의 소중한 꿈이 결실을 맺어 존경받는 공무원이 되시길 기원합니다.

2024년 3월

윤동환

목차

제1장

민법 서론

01 민법의 적용과 해석방법에 관한 설명으로 옳지 않은 것은? (다툼이 있으면 판례에 따름) [17세무사]

① 민사에 관한 특별법은 민법에 우선하여 적용하여야 한다.

② 민법은 원칙적으로 대한민국의 영토 내에 있는 외국인에 대하여도 적용된다.

③ 민법을 해석함에 있어서 조문의 통상적인 의미에 따라 해석하는 것을 문리해석(문언적 해석, 문법적 해석)이라고 한다.

④ 어떤 법률요건에 관한 규정을 이와 유사한 다른 것에 적용하는 민법의 해석방법을 준용이라고 한다.

⑤ 민법의 해석은 구체적 타당성과 법적 안정성이 조화될 수 있도록 하여야 한다.

해설

① [O] 민법은 민사에 관한 일반법이므로 특별법 우선의 원칙에 따라 <u>민사특별법</u>이 민법에 <u>우선</u>하여 적용된다.

   [쟁점정리] 민법은 사법으로서 '일반사법'이다. 법은 적용범위 내지 적용의 우선순위에 따라 일반법과 특별법으로 나눌 수 있는데, 일반법은 모든 사람·장소·사항 등에 적용되는 법을 말하고, 특별법은 일정한 사람·장소·사항 등에만 적용되는 법을 말한다. 일반법과 특별법의 구별은 특별법이 일반법에 우선하여 적용된다는 데에 그 실익이 있다(특별법 우선의 원칙).

② [O] 민법은 국내에 있는지 국외에 있는지 불문하고 모든 대한민국 국민에게 적용되고(속인주의) 대한민국의 영토 내에 있는 외국인에 대하여도 적용되는 것이 원칙이다(치외법권을 향유하는 외국인 제외).

③ [O] '<u>문리해석</u>'이란 조문의 문장·용어를 기초로 하여 그 문자가 가지는 통상적인 의미에 따라 해석하는 것을 말한다.

④ [×] ⅰ) '준용'(準用)이란 이미 규정되어 있는 내용과 동일한 내용을 다른 곳에서 다시 규정해야 할 때에 조문으로 동일한 내용을 반복하지 않고 이미 규정된 내용을 동일하게 적용하는 것이다. 예컨대, 채무불이행으로 인한 손해배상의 범위를 정한 제393조를 제763조에서 불법행위로 인한 손해배상의 범위에 준용하는 경우가 이에 해당한다. ⅱ) 이에 반해 '<u>유추적용</u>'은 법조문에 규정되어 있는 것이 아니고 어느 한 사례에 마땅히 적용할 만한 조문이 없는 경우 그와 유사한 사안에 관한 규정을 적용하는 것으로서, 법률해석의 한 방법이다.

⑤ [O] 민법의 해석은 법적 안정성을 저해하지 않는 범위 내에서 구체적 타당성을 발현시키는 것이 그 목표이다. 따라서 민법을 해석함에 있어 구체적 타당성과 법적 안정성이 조화될 수 있도록 하여야 한다.

정답 | ④

01 다음 중 권리의 원시취득에 해당하는 것을 모두 고른 것은? (다툼이 있는 경우 판례에 의함) [23경찰간부]

ㄱ. 매장물을 발견하여 적법하게 소유권을 취득한 경우
ㄴ. 상속인이 피상속인의 사망으로 상속재산을 취득한 경우
ㄷ. 돈을 빌려주면서 채무자 소유의 토지에 저당권을 설정받은 경우
ㄹ. 점유취득시효가 완성되어 그 점유자 명의로 소유권이전등기가 마쳐진 경우

① ㄱ, ㄴ
② ㄱ, ㄹ
③ ㄱ, ㄴ, ㄷ
④ ㄴ, ㄷ, ㄹ

해설

ㄱ. [원시취득]
ㄴ. [승계취득(포괄승계)]
ㄷ. [승계취득(특정승계)]
ㄹ. [원시취득]

☑ 권리변동의 모습

권리의 취득	원시취득	건물의 신축, 취득시효(제245조 등), 선의취득(제249조), 무주물선점(제252조), 매장물 발견(제254조), 유실물습득(제253조)의 경우처럼 타인의 권리에 기초함이 없이 원시적으로 취득하는 것
	승계취득 특정승계	매매, 증여, 임대차, 제한물권(전세권, 저당권) 설정 또는 취득의 경우처럼 개개의 권리가 각각의 취득원인에 의해 취득되는 것
	승계취득 포괄승계	상속·포괄유증·회사의 합병의 경우처럼 하나의 취득원인에 의해 다수의 권리(및 의무)를 일괄해서 취득하는 것
권리의 변경		권리가 그 동일성을 잃지 않으면서 그 주체·내용·작용에 변경이 생기는 것
권리의 상실		목적물의 멸실에 의한 권리의 소멸, 소멸시효·변제 등에 의한 채권의 소멸

정답 | ②

02 '권리의 효력'에 따른 분류에 의할 경우, '계약해제권'의 법적 성질은? [22세무사]

① 지배권
② 청구권
③ 형성권
④ 항변권
⑤ 인격권

해설

③ [○] 작용(효력)에 따라 권리는 주어진 '법률상의 힘'의 정도에 따라 지배권, 청구권, 형성권, 항변권으로 나눌 수 있다. 이 중 형성권은 권리자의 의사표시만으로 일방적으로 권리의 변동을 가져오는 권리이다. 계약해제권은 권리자의 의사표시만으로 계약이 소급적으로 소멸하는 효과가 발생하는 것으로 형성권에 속한다.

정답 | ③

03 다음 중 형성권이 아닌 것은?

[21 · 18행정사 · 18세무사]

① 물권적 청구권 ② 취소권 ③ 추인권
④ 동의권 ⑤ 계약해지권

해설

① [×] 물권적 청구권은 물권의 내용의 실현이 어떤 사정으로 말미암아 방해당하고 있거나 방해당할 염려가 있는 경우에, 물권자가 그 방해자에 대하여 그 방해의 제거 또는 예방에 필요한 일정한 행위를 청구할 수 있는 권리를 말한다(제213조, 제214조).

②③⑤ [○] 형성권에는 두 가지 유형이 있다. ⅰ) 권리자의 의사표시만으로 효과를 발생하는 것으로서, 법률행위의 취소권(제140조) · 추인권(제143조) · 계약의 해제권 및 해지권(제543조) · 상계권(제492조) · 매매의 일방예약완결권(제564조) 등이 그러하다. 한편 청구권이라고 표현하지만, 공유물분할청구권(제268조) · 지료증감청구권(제286조) · 지상물매수청구권(제285조) · 부속물매수청구권(제316조) · 매매대금감액청구권(제572조) 등도 이에 속한다. ⅱ) 재판상으로 권리를 행사하여 그 판결에 의해 효과를 발생하는 것으로서, 채권자취소권(제406조) · 재판상 이혼권(제840조)이 있다.

④ [○] 동의권(제5조, 제13조)은 권리자의 일방적 의사표시만으로 법률관계가 변동되는 효과가 발생하는 형성권이다.

정답 | ①

04 형성권에 관한 설명으로 옳지 않은 것은? (다툼이 있으면 판례에 따름)

[23세무사]

① 권리자의 일방적 의사표시로 법률관계의 변동이 생긴다.
② 계약의 합의해지는 형성권의 행사이므로 철회하지 못한다.
③ 상계권의 행사에는 조건 또는 기한을 붙이지 못한다.
④ 재판을 통하여 행사할 수 있는 권리도 포함한다.
⑤ 임차인의 부속물매수청구권은 형성권이다.

해설

① [○] 형성권은 권리자의 의사표시만으로 일방적으로 권리의 변동을 가져오는 권리이다. 따라서 상대방의 지위를 더욱 불안하게 하는 '조건 · 기한'을 붙일 수 없을 뿐 아니라, 원칙적으로 '철회'하지도 못한다.

② [×] 명예퇴직은 근로자가 명예퇴직의 신청(청약)을 하면 사용자가 요건을 심사한 후 이를 승인(승낙)함으로써 합의에 의하여 근로관계를 종료시키는 것으로, 명예퇴직의 신청은 근로계약에 대한 합의해지의 청약에 불과하여 이에 대한 사용자의 승낙이 있어 근로계약이 합의해지되기 전에는 근로자가 임의로 그 청약의 의사표시를 철회할 수 있다(대판 2003.4.25. 2002다11458).

③ [○] 상계는 상대방에 대한 의사표시로 한다. 이 의사표시에는 조건 또는 기한을 붙이지 못한다(제493조 제1항).

④⑤ [○] 형성권에는 두 가지 유형이 있다. ㉠ 권리자의 의사표시만으로 효과를 발생하는 것으로서, 법률행위의 취소권(제140조) · 추인권(제143조) · 계약의 해제권 및 해지권(제543조) · 상계권(제492조) · 매매의 일방예약완결권(제564조) 등이 그러하다. 한편 청구권이라고 표현하지만, 공유물분할청구권(제268조) · 지료증감청구권(제286조) · 지상물매수청구권(제285조) · 부속물매수청구권(제316조) · 매매대금감액청구권(제572조) 등도 이에 속한다. ㉡ 재판상으로 권리를 행사하여 그 판결에 의해 효과를 발생하는 것으로서, 채권자취소권(제406조) · 재판상 이혼권(제840조)이 있다.

정답 | ②

05 ( ) 안에 알맞은 용어를 옳게 나열한 것은?

[20소방간부]

- 토지임차권은 타인의 토지에 자기의 물건을 부속시킬 수 있는 (ㄱ)이다.
- 대리인의 대리권과 같이 타인에게 일정한 법률효과를 발생케 하는 행위를 할 수 있는 법률상의 지위나 자격을 (ㄴ)(이)라고 한다.
- 소유권에는 물건을 사용, 수익 또는 처분할 수 있는 (ㄷ)이 있다.

① ㄱ: 권원 , ㄴ: 권한 , ㄷ: 권능　　　② ㄱ: 권능 , ㄴ: 권한 , ㄷ: 권원
③ ㄱ: 권한 , ㄴ: 권능 , ㄷ: 권원　　　④ ㄱ: 권원 , ㄴ: 권리 , ㄷ: 권한
⑤ ㄱ: 권한 , ㄴ: 권리 , ㄷ: 권능

해설

ㄱ. [권원] 일정한 법률상 또는 사실상의 행위를 하는 것을 정당화시키는 원인을 권원이라고 한다. 예컨대 타인의 부동산에 건물 등을 지은 경우에는 그것은 타인의 소유권을 침해하는 것으로서 타인은 그 건물 등의 철거를 청구할 수 있는데(제214조), 이에 대항하기 위해서는 그 토지를 사용할 권원이 있어야 하고, 그러한 것으로는 지상권(제285조)·임차권(제646조·제647조) 등이 있다.

ㄴ. [권한] 타인을 위해 일정한 법률효과를 발생케 하는 행위를 할 수 있는 법률상의 자격을 권한이라 한다. 그 일정한 이익(효과)이 행위자가 아니라 그 타인에게 귀속되는 점에서, 권리자 자신이 이익을 받는 권리와 구별된다. 대리인의 '대리권', 법인 이사의 '대표권'이 권한에 해당한다.

ㄷ. [권능] 권능은 권리의 내용을 이루는 개개의 법률상의 힘을 말한다. 예컨대 소유권이라는 권리는 그 소유물을 '사용·수익·처분'할 수 있는 것을 내용으로 하는데(제211조), 이때의 사용·수익·처분은 소유권의 권능이 된다.

정답 | ①

06 권리의 성질에 관한 설명으로 옳지 않은 것은?

[17세무사]

① 동산에 대한 소유권은 일신전속권이다.
② 저당권은 피담보채권의 종된 권리이다.
③ 임금채권은 청구권이다.
④ 부동산에 대한 소유권은 절대권이다.
⑤ 건물의 소유를 위하여 토지에 설정한 지상권은 지배권이다.

해설

① [×] ⅰ) 일신전속권은 권리의 성질상 타인에게 이전될 수 없는 권리(귀속상의 일신전속권) 또는 타인의 대리·대위하여 행사할 수 없고 본인이 직접 행사하여야 하는 권리(행사상의 일신전속권)를 말한다. ⅱ) 비전속권은 양도성 및 상속성이 있는 권리로서, 재산권이 이에 속한다.
　▶ 일반적으로 가족법상의 권리는 일신전속권이고, 재산법상의 권리는 비전속권이다.
② [○] 이자채권은 원본채권의 종된 권리이고, 저당권은 피담보채권의 종된 권리이며, 보증채권은 주채권의 종된 권리이다.
③ [○] 청구권은 채권의 본질적 내용을 이루는 것이므로 채권이 발생하면 언제나 청구권도 존재한다.
④ [○] '절대권'은 특정의 상대방이라는 것이 없고 모든 사람에게 주장할 수 있는 권리로서, 물권이 이에 속한다. 이에 대해 '상대권'은 특정인에 대해서만 주장할 수 있는 권리로서, 채권 등의 청구권이 이에 속한다.
　▶ 소유권은 모든 사람에게 주장할 수 있는 권리이므로 절대권에 속한다.
⑤ [○] 타인의 행위를 필요로 하지 않고 일정한 객체를 직접 지배할 수 있는 권리로서, 물권은 가장 전형적인 지배권에 속한다.
　▶ 지상권은 용익물권에 속하므로 지배권에 해당한다.

정답 | ①

07 권리의 충돌과 경합에 관한 설명으로 옳은 것은? (다툼이 있으면 판례에 따름) [17세무사]

① 권리가 경합되는 경우에는 권리자는 그중 가장 먼저 성립한 권리를 행사하여야 한다.
② 동일한 목적을 위하여 경합되는 권리 중 하나를 행사하여 그 목적을 달성한 경우에는 나머지 권리는 모두 소멸한다.
③ 일반채권이 서로 충돌하는 경우에는 먼저 성립한 채권이 우선한다.
④ 소유권과 제한물권이 충돌하면 소유권이 제한물권에 우선한다.
⑤ 물권과 채권이 충돌하는 경우에는 원칙적으로 채권이 물권에 우선한다.

해설

① [×] ② [○] ⅰ) 하나의 생활사실이 수 개의 법규가 정하는 요건을 충족하여, 수 개의 권리가 발생하는 수가 있다. 이때에 그 수 개의 권리가 동일한 목적을 가지며 또한 그 행사로 같은 결과를 가져오는 경우에, 이를 '권리의 경합'이라고 한다.
  ▶ 권리가 경합되는 경우 각 권리는 독립하여 존재하는 것이므로 권리자는 그중 어느 것이든 선택하여 행사할 수 있다. 예컨대 임대차 기간 만료 후에 임차인이 임차물을 반환하지 않을 때에는, 임대인은 소유권에 기한 반환청구권과 임대차계약상의 채권에 기한 반환 청구권을 갖는다. 즉, 반환청구권의 경합이 있게 되는데, 양 청구권은 목적물의 반환이라는 동일한 것을 목적으로 하기 때문에, 한 쪽의 청구권을 행사함으로써 만족을 얻게 되면 다른 쪽의 청구권은 자동적으로 소멸한다.
③ [×] 채권 상호간에는 '채권자평등의 원칙'에 의해, 동일 채무자에 대한 수 개의 채권은 그 발생 시기·채권액을 불문하고 평등하게 다루어진다. 다만, 이러한 원칙이 그대로 적용되는 것은 파산이나 강제집행의 경우이며, 그 밖의 경우에는 채권자 상호간에 순위가 없기 때문에 채무자는 채권자 중 누구에게 이행하든 자유이며, 그에 따라 먼저 급부를 받는 자가 만족을 얻고 다른 채권자는 그 나머지 로부터 변제를 받을 수 있을 뿐이다. 이를 '선행주의'라고 한다.
④ [×] 소유권과 제한물권(지상권·전세권 등) 사이에는 소유권을 제한하는 제한물권의 성질상 그것이 언제나 소유권에 우선한다.
⑤ [×] 어느 물건을 목적으로 물권과 채권이 성립하는 경우에는 그 성립시기를 불문하고 '항상 물권이 우선'한다. 채권은 특정의 채무자 에 대해서만 일정한 급부를 청구할 수 있는 것인데 반해, 물권은 모든 사람에 대해 주장할 수 있는 물건에 대한 지배권이기 때문이다.

정답 | ②

08 권리의 승계취득에 해당하는 것을 모두 고른 것은? (다툼이 있으면 판례에 따름)

> ㄱ. 타인 소유의 부동산에 저당권을 취득한 경우
>
> ㄴ. 신축건물의 소유권 보존등기를 마친 자로부터 그 건물에 대하여 전세권을 취득한 경우
>
> ㄷ. 유실물에 대하여 적법하게 소유권을 취득한 경우
>
> ㄹ. 점유취득시효의 완성에 의해 완전한 부동산 소유권을 취득한 경우

① ㄱ, ㄴ ② ㄴ, ㄷ ③ ㄴ, ㄹ
④ ㄷ, ㄹ ⑤ ㄱ, ㄴ, ㄹ

해설

ㄱ. [승계취득]
ㄴ. [승계취득]
ㄷ. [원시취득]
ㄹ. [원시취득]

☑ **권리변동의 모습**

권리의 취득	원시취득	건물의 신축, 취득시효(제245조 등), 선의취득(제249조), 무주물선점(제252조), 유실물습득(제253조)의 경우처럼 타인의 권리에 기초함이 없이 원시적으로 취득하는 것
	승계취득 — 특정승계	매매, 증여, 임대차, 제한물권(전세권)의 설정 또는 취득의 경우처럼 개개의 권리가 각각의 취득원인에 의해 취득되는 것
	승계취득 — 포괄승계	상속·포괄유증·회사의 합병의 경우처럼 하나의 취득원인에 의해 다수의 권리(및 의무)를 일괄해서 취득하는 것
권리의 변경		권리가 그 동일성을 잃지 않으면서 그 주체·내용·작용에 변경이 생기는 것
권리의 상실		목적물의 멸실에 의한 권리의 소멸, 소멸시효·변제 등에 의한 채권의 소멸

정답 | ①

제2장

법원과 신의칙

제1절 | 민법의 법원

제1관 총설
제2관 관습법

> ⊕ **핵심정리 관습법**
>
> 1. 관습이 법으로 되기 위한 요건 및 효과
>
>   관습이 법으로 되기 위해서는 ⅰ) '관행'(반복성)이 존재하고, ⅱ) 관행을 법규범으로 인식하는 '법적 확신'이 있어야 하며, ⅲ) 관행이 헌법을 최상위규범으로 하는 전체 법질서에 반하지 않을 것으로서 '정당성과 합리성'을 갖출 것을 요한다(제1조). 이러한 관습법은 민사에 관해 법원이 되며(제1조), 직권조사사항이며, 성문법과의 관계에서는 보충적인 효력을 갖는다(보충적 효력설)(80다3231).
>
>   [비교] 이에 비해 사실인 관습이란 '법적 확신을 얻지 못한 관행'으로 '법률행위 해석의 기준'이 된다(제106조).
>
> 2. 종중 구성원에 대한 관습법의 효력
>
>   (1) 관습법의 성립요건 및 효력요건(ⅰ) 관행, ⅱ) 법적확신, ⅲ) 정당성과 합리성)
>
>   (2) 종중 구성원의 자격을 성년 남자만으로 제한하는 종래 관습법의 효력(효력상실)
>
>   종중 구성원의 자격을 성년 남자만으로 제한하는 종래 관습법에 대해 대법원은 헌법상 남녀평등의 원칙을 최상위규범으로 하는 변화된 우리의 전체 법질서에 부합하지 아니하여 정당성과 합리성이 있다고 할 수 없어 더 이상 법적 효력을 가질 수 없게 되었다고 한다(전합 2002다1178).
>
>   (3) 관습법이 효력상실된 경우 소급효가 있는지 여부(예외적으로 당해 사건에 소급효 인정)
>
>   (4) 관습법으로서 효력이 없는 경우 종중 구성원의 자격
>
>   1) 조리에 의한 보충(제1조에 따라 법률에 규정이 없으면 관습법, 관습법이 없으면 조리에 의한다)
>   2) 판례(종중은 자연발생적인 종족집단이므로 성별의 구별이 없어야 하는 것이 조리에 합당)

01 민법상 관습법에 관한 설명으로 옳지 않은 것은? (다툼이 있는 경우 판례에 의함) [23경찰간부]

① 헌법에 위반되는 관습법은 위헌법률심판의 대상이 된다.

② 성문민법과 다른 관습은 법령으로서의 효력을 가지지 못한다.

③ 미등기무허가 건물의 양수인이 그 소유권이전등기를 경료받지 않은 경우, 그 양수인에게 소유권에 준하는 관습상의 물권이 인정되지 않는다.

④ 사회의 거듭된 관행으로 생성된 사회생활규범이 관습법으로 승인되었다고 하더라도 그 관습법을 적용하여야 할 시점에 있어서의 전체 법질서에 부합하지 않게 되었다면 그 관습법은 법적 규범으로서의 효력이 부정된다.

해설

① [×] ㉠ 대법원은 민사에 관한 **관습법**은 법원에 의하여 발견되고 성문의 법률에 반하지 아니하는 경우에 한하여 **보충적인** 법원이 되는 것에 불과하여 관습법이 헌법에 위반되는 경우 법원이 그 관습법의 효력을 부인할 수 있으므로, 결국 관습법은 헌법재판소의 위헌법률심판의 대상이 아니라고 보았으나(대판 2009.5.28. 2007카기134), ㉡ 헌법재판소는 "법률과 같은 효력을 가지는 관습법도 헌법소원심판의 대상이 되고, 단지 형식적 의미의 법률이 아니라는 이유로 그 예외가 될 수는 없다."(헌재 2013.2.28. 2009헌바129; 헌재 2016.4.28. 2013헌바396등)고 하여 관습법도 위헌법률심판의 대상이 된다고 보았다(22년 행정사 시험에서는 복수정답으로 처리되었으나, 23년 경찰간부 시험에서는 대법원 판례에 따라 정답이 결정되었다).

② [○] 判例는 "主喪이 장자가 되는 가족의례준칙 제13조의 규정과 배치되는 夫가 亡室(亡妻)의 제주가 되는 관습법의 효력을 인정하는 것은 관습법의 제정법에 대한 열후적, 보충적 성격에 비추어 민법 제1조의 취지에 어긋나는 것이다."(대판 1983.6.14. 80다3231)라고 하여 (제1조를 근거로 성문법에 규정이 없는 경우에 관습법이 보충적으로 적용된다고 보는) 보충적 효력설의 입장이다.

③ [○] 미등기(未登記) 무허가건물의 양수인에게는 소유권 내지는 소유권에 준하는 관습상 물권이 존재하지 않는다고 한다(대판 1996.6.14. 94다53006).

④ [○] ⅰ) 사회의 거듭된 관행으로 생성된 사회생활규범이 관습법으로 승인되었다고 하더라도 ⅱ) 사회 구성원들이 그러한 관행의 법적 구속력에 대하여 확신을 갖지 않게 되었다거나, ⅲ) 사회를 지배하는 기본적 이념이나 사회질서의 변화로 인하여 그러한 관습법을 적용하여야 할 시점에 있어서의 전체 법질서에 부합하지 않게 되었다면 그러한 관습법은 법적 규범으로서의 효력이 부정될 수밖에 없다(대판 2005.7.21. 전합 2002다1178).

정답 | ①

02 법원(法源)에 관한 설명으로 옳지 않은 것은? (다툼이 있으면 판례에 따름) [23세무사]

① 헌법에 의하여 체결·공포된 국제조약이 민사에 관한 것인 때에는 민법의 법원이 된다.

② 민사에 관하여 법률에 규정이 없으면 관습법에 의하고 관습법이 없으면 조리에 의한다.

③ 관습법은 당사자의 주장이 없더라도 법원(法院)이 직권으로 확정한다.

④ 헌법재판소의 결정이 민사에 관한 것인 때에는 민법의 법원이 된다.

⑤ 대법원 전원합의체 판결에서 설시된 추상적·일반적 법명제도 법원이 된다.

해설

①② [○]

> 제1조(법원) 「민사에 관하여 법률에 규정이 없으면 관습법에 의하고 관습법이 없으면 조리에 의한다.」

▶ 헌법에 의하여 체결·공포된 조약과 일반적으로 승인된 국제법규는 국내법과 같은 효력을 가지므로(헌법 제6조 제1항), 그것이 민사에 관한 것인 경우에는 민법의 법원이 될 수 있다.

③ [○] 관습법은 법규성이 인정되므로 당사자의 주장·증명을 기다릴 필요없이 법원이 '직권'으로 이를 확정하여야 한다.

④ [○] 법률에 대한 헌법재판소의 위헌결정은 법원 기타 국가기관 및 지방자치단체를 기속하므로(헌법재판소법 제47조 제1항), 그 결정 내용이 민사에 관한 것인 때에는 민법의 법원으로 된다.

⑤ [×] '상급법원의 재판에 있어서의 판단은 당해 사건에 관하여 하급심을 기속한다.'는 법원조직법 제8조와 관련하여 대법원의 판결은 '사실적 구속력'을 갖는다는 점에서 긍정설도 있으나, 법원조직법 제8조는 '당해사건'에 국한하여 '사실적 효과'를 규정하고 있을 뿐이므로 부정설이 타당하다. 다만, 상당한 기간 누차 반복하여 확립된 판례는 관습법의 실질을 가진다.

[참고판례] 엄밀한 의미에서 '판례'는 '특정 사건과 관련한 쟁점에 관하여 대법원이 판단한 법령의 해석·적용에 관한 의견'을 가리킨다. 즉, 대법원판결에서 추상적 형태의 법명제로 표현된 부분이 모두 판례인 것은 아니고, 그중 특정 사건의 쟁점을 해결하는 데 필요한 판단 부분만이 판례이다(대판 2021.12.23. 전합 2017다257746).

정답 | ⑤

03 민법의 법원에 관한 설명 중 옳지 않은 것은? (다툼이 있는 경우 판례에 의함) [22경찰간부]

① 상급법원 재판에서의 판단은 해당 사건에 관하여 하급심을 기속한다.
② 대통령이 발한 긴급명령의 내용 중 민사에 관한 것은 민법의 법원이 된다.
③ 관습법은 당사자의 주장·입증을 기다림이 없이 법원이 직권으로 확정하여야 한다.
④ 이미 성립된 관습법은 적용하여야 할 시점에 전체 법질서에 부합하지 않더라도 그 효력이 인정된다.

해설

① [O]

> 법원조직법 제8조(상급심 재판의 기속력) 「상급법원 재판에서의 판단은 해당 사건에 관하여 하급심을 기속한다.」

> ▶ 판결이 법원인지 여부와 관련하여 대법원의 판결은 '사실적 구속력'을 갖는다는 점에서 긍정설도 있으나, 위와 같이 법원조직법 제8조는 '해당 사건'에 국한하여 '사실적 효과'를 규정하고 있을 뿐이므로 부정설이 타당하다. 다만, 상당한 기간 누차 반복하여 확립된 판례는 관습법의 실질을 가진다.

② [O] 제1조는 "민사에 관하여 법률에 규정이 없으면 관습법에 의하고 관습법이 없으면 조리에 의한다."라고 하여 민법의 법원으로 인정되는 '범위'와 '적용순서'를 정하고 있다. 제1조의 '법률'에는 형식적 의미의 민법(민법전) 외에 민사에 관한 특별법 등을 말하며(광의의 민법), 명령과 대법원규칙도 민법의 법원이다. 예컨대 대통령이 발한 긴급명령의 내용 중 민사에 관한 것은 민법의 법원이 된다.

③ [O] 관습법은 '법규성'이 인정되므로 당사자의 주장·증명을 기다릴 필요없이 법원이 직권으로 이를 확정하여야 한다. 참고로 대법원은 "법령과 같은 효력을 갖는 관습법은 당사자의 주장·입증을 기다림이 없이 법원이 직권으로 이를 확정하여야 하고 사실인 관습은 그 존재를 당사자가 주장·입증하여야 하나, 관습은 그 존부 자체도 명확하지 않을 뿐만 아니라 그 관습이 사회의 법적 확신이나 법적 인식에 의하여 법적 규범으로까지 승인되었는지의 여부를 가리기는 더욱 어려운 일이므로, 법원이 이를 알 수 없는 경우 결국은 당사자가 이를 주장·입증할 필요가 있다."라고 판시하여 예외적으로 당사자가 주장·입증할 필요가 있는 경우도 인정하고 있다(대판 1983.6.14. 80다3231).

④ [×] ⅰ) 사회의 거듭된 관행으로 생성된 사회생활규범이 관습법으로 승인되었다고 하더라도 ⅱ) 사회 구성원들이 그러한 관행의 법적 구속력에 대하여 확신을 갖지 않게 되었다거나, ⅲ) 사회를 지배하는 기본적 이념이나 사회질서의 변화로 인하여 그러한 관습법을 적용하여야 할 시점에 있어서의 전체 법질서에 부합하지 않게 되었다면 그러한 관습법은 법적 규범으로서의 효력이 부정될 수밖에 없다(대판 2005.7.21. 전합 2002다1178).

정답 | ④

04 민법의 법원(法源)에 관한 설명으로 옳은 것은? (다툼이 있으면 판례에 따름) [22세무사]

① 법률행위 해석의 표준인 사실인 관습은 민법의 법원이 될 수 없다.
② 적법하게 체결·공포된 국제조약이 민사에 관한 것이라 하더라도 민법의 법원이 될 수는 없다.
③ 관습법이 그 적용시점에서 전체 법질서에 부합하지 않는다 하더라도 그 법적 규범으로서의 효력이 부정되지는 않는다.
④ 당사자의 주장이 없음에도 불구하고 법원이 직권으로 관습법의 존재를 확정할 수는 없다.
⑤ 민사에 관한 대통령의 헌법상 긴급명령은 민법의 법원이 될 수 없다.

해설

① [O] 사실인 관습이란 '법적 확신을 얻지 못한 관행'으로 '법률행위 해석의 기준'이 된다(제106조). 즉, 법률행위의 해석기준이 될 수 있는 사실인 관습은 사회의 관행에 의하여 발생한 사회생활규범인 점에서 관습법과 같지만, 사회의 법적 확신이나 인식에 의하여 법적 규범으로서 승인된 정도에 이르지 않았다는 점에서 관습법과 차이가 있다 判例는 "제1조는 관습법의 법원으로서의 보충적 효력을 인정하는 데 반하여, 제106조는 일반적으로 사적 자치가 인정되는 분야에서의 관습의 법률행위의 해석기준이나 의사보충적 효력을 정한 것이다."(대판 1983.6.14. 80다3231)라고 판시하였다.

> ▶ 사실인 관습은 법원이 아니라 법률해석의 해석기준 내지 의사를 보충하는 것으로 보고 있다.

②⑤ [×] 법원으로서 법률은 형식적 의미의 민법(민법전) 외에 민사에 관한 특별법 등을 말한다(광의의 민법). 명령과 대법원규칙도 민법의 법원이다. 예컨대 대통령이 발한 긴급명령의 내용 중 민사에 관한 것은 민법의 법원이 되고, 헌법에 의하여 체결·공포된 조약과 일반적으로 승인된 국제법규는 국내법과 같은 효력을 가지므로(헌법 제6조 제1항), 그것이 민사에 관한 것인 경우에는 민법의 법원이 될 수 있다.

③ [×] 관습법의 성립요건은 동시에 **효력요건**이기도 하다. 즉, ⅰ) 사회의 거듭된 관행으로 생성된 사회생활규범이 관습법으로 승인되었다고 하더라도 ⅱ) 사회 구성원들이 그러한 관행의 법적 구속력에 대하여 확신을 갖지 않게 되었다거나, ⅲ) 사회를 지배하는 기본적 이념이나 사회질서의 변화로 인하여 그러한 관습법을 적용하여야 할 시점에 있어서의 전체 법질서에 부합하지 않게 되었다면 그러한 관습법은 법적 규범으로서의 효력이 부정될 수밖에 없다(대판 2005.7.21. 전합 2002다1178).

④ [×] 관습법은 당사자의 주장·입증을 기다림이 없이 법원이 직권으로 이를 확정하여야 하고 사실인 관습은 그 존재를 당사자가 주장·입증하여야 한다(대판 1983.6.14. 80다3231).

정답 | ①

---

05 민법의 법원(法源)에 관한 설명으로 옳지 않은 것은? (다툼이 있으면 판례에 따름)
[22행정사]

① 헌법에 의하여 체결·공포된 민사에 관한 조약은 민법의 법원(法源)이 될 수 있다.
② 관습법은 헌법재판소의 위헌법률심판의 대상이 아니다.
③ 관습법의 존재는 특별한 사정이 없으면 당사자의 주장·증명을 기다릴 필요 없이 법원이 직권으로 확정하여야 한다.
④ 사실인 관습은 법원(法源)으로서 법령에 저촉되지 않는 한 법칙으로서의 효력이 있다.
⑤ 공동선조와 성과 본을 같이 하는 후손은 성별의 구별 없이 성년이 되면 당연히 종중의 구성원이 된다고 보는 것이 조리에 합당하다.

해설

① [○] 헌법에 의하여 체결·공포된 조약과 일반적으로 승인된 국제법규는 국내법과 같은 효력을 가지므로(헌법 제6조 제1항), 그것이 민사에 관한 것인 경우에는 민법의 법원이 될 수 있다.

② [×] 대법원은 민사에 관한 관습법은 법원에 의하여 발견되고 성문의 법률에 반하지 아니하는 경우에 한하여 보충적인 법원(法源)이 되는 것에 불과하여 관습법이 헌법에 위반되는 경우 법원이 그 관습법의 효력을 부인할 수 있으므로, 결국 관습법은 헌법재판소의 위헌법률심판의 대상이 아니라 할 것(대판 2009.5.28. 2007카기134)이라고 보았으나, 헌법재판소는 "법률과 같은 효력을 가지는 이 사건 관습법도 헌법소원심판의 대상이 되고, 단지 형식적 의미의 법률이 아니라는 이유로 그 예외가 될 수는 없다."(헌재 2013.2.28. 2009헌바129; 헌재 2016.4.28. 2013헌바396 등 참조)라고 하여 관습법도 위헌법률심판의 대상이 된다고 보았다. 따라서 본 지문의 경우 복수정답으로 처리되었다.

③ [○] 관습법은 법규성이 인정되므로 당사자의 주장·증명을 기다릴 필요 없이 법원이 '직권'으로 이를 확정하여야 한다.

④ [×] 사실인 관습이란 '법적 확신을 얻지 못한 관행'으로 '법률행위 해석의 기준'이 된다(제106조). 즉, 법률행위의 해석기준이 될 수 있는 사실인 관습은 사회의 관행에 의하여 발생한 사회생활규범인 점에서 관습법과 같지만, 사회의 법적 확신이나 인식에 의하여 법적 규범으로서 승인된 정도에 이르지 않았다는 점에서 관습법과 차이가 있다.

⑤ [○] 判例는 종중 구성원의 자격을 성년 남자로만 제한하는 '종래 관습법'은 효력이 상실되었다고 하면서, 이때에는 제1조에 따라 "공동선조와 성과 본을 같이하는 후손은 성별의 구별 없이 성년이 되면 당연히 구성원이 된다."고 보는 것이 '조리'에 합당하다고 한다(대판 2005.7.21. 전합 2002다1178).

정답 | ②, ④

06 민법의 법원(法源)에 대한 설명으로 가장 적절하지 않은 것은? (다툼이 있는 경우 판례에 의함)　　[18법학경채]

① 민사에 관한 관습법은 성문의 법률에 반하지 아니하는 경우에 한하여 보충적으로 적용된다.
② 대법원 규칙은 민사에 관한 것이라도 민법의 법원이 될 수 없다.
③ 헌법에 의하여 체결·공포된 조약과 일반적으로 승인된 국제법규가 민사에 관한 것이면 민법의 법원이 될 수 있다.
④ 종중 구성원의 자격을 성년 남자만으로 제한하는 관습법은 법적 효력이 없다.

해설

① [O] 判例는 "主喪이 장자가 되는 가족의례준칙 제13조의 규정과 배치되는 夫가 亡室(亡妻)의 제주가 되는 관습법의 효력을 인정하는 것은 관습법의 제정법에 대한 열후적, 보충적 성격에 비추어 제1조의 취지에 어긋나는 것이다."(대판 1983.6.14. 80다3231)라고 하여 (제1조를 근거로 성문법에 규정이 없는 경우에 관습법이 보충적으로 적용된다고 보는) 보충적 효력설의 입장이다.
② [×] 대법원 규칙도 법률에 저촉되지 않는 범위 내에서 민사에 관한 것이면 민법의 법원이 된다.
③ [O]

> 헌법 제6조 「①항 헌법에 의하여 체결·공포된 조약과 일반적으로 승인된 국제법규는 국내법과 같은 효력을 가진다.」

④ [O] 종원의 자격을 성년 남자로만 제한하는 종래 관습은 "ⅱ) (요건관련) 사회 구성원들이 가지고 있던 법적 확신은 상당 부분 흔들리거나 약화되어 있고, ⅲ) (요건관련) 무엇보다도 헌법상 남녀평등의 원칙(헌법 제11조 제1항, 제36조 제1항)을 최상위규범으로 하는 변화된 우리의 전체 법질서에 부합하지 아니하여 정당성과 합리성이 있다고 할 수 없어 더 이상 법적 효력을 가질 수 없게 되었다 (대판 2005.7.21. 전합 2002다1178).

정답 | ②

07 법원(法源)에 관한 설명으로 옳지 않은 것은? (다툼이 있으면 판례에 따름)　　[20·19·18세무사]

① 대법원 규칙은 민사에 관한 것이면 민법의 법원이 된다.
② 헌법에 의하여 체결·공포된 국제조약은 민사에 관한 것인 때에는 민법의 법원이 된다.
③ 대통령령은 민사에 관한 것인 때에는 민법의 법원이 된다.
④ 헌법재판소의 결정이 민사에 관한 것인 때에는 민법의 법원이 된다.
⑤ 민사에 관한 사실인 관습은 법률행위 해석의 표준으로서 민법의 법원이 된다.

해설

① [O] 대법원 규칙도 법률에 저촉되지 않는 범위 내에서 민사에 관한 것이면 민법의 법원이 된다.
② [O]

> 헌법 제6조 「①항 헌법에 의하여 체결·공포된 조약과 일반적으로 승인된 국제법규는 국내법과 같은 효력을 가진다.」

▶ 따라서 국제조약이 민사에 관한 것이면 민법의 법원이 된다.

③ [O]

> 헌법 제76조 「①항 대통령은 내우·외환·천재·지변 또는 중대한 재정·경제상의 위기에 있어서 국가의 안전보장 또는 공공의 안녕질서를 유지하기 위하여 긴급한 조치가 필요하고 국회의 집회를 기다릴 여유가 없을 때에 한하여 최소한으로 필요한 재정·경제상의 처분을 하거나 이에 관하여 법률의 효력을 가지는 명령을 발할 수 있다.」

▶ 대통령이 발하는 긴급명령은 법률과 같은 효력을 갖는 것으로서 민사에 관한 것이면 민법의 법원이 된다.

④ [O]

> 헌법재판소법 제47조(위헌결정의 효력) 「①항 법률의 위헌결정은 법원과 그 밖의 국가기관 및 지방자치단체를 기속(羈束)한다.」
> 제67조(결정의 효력) 「①항 헌법재판소의 권한쟁의심판의 결정은 모든 국가기관과 지방자치단체를 기속한다.」
> 제75조(인용결정) 「①항 헌법소원의 인용결정은 모든 국가기관과 지방자치단체를 기속한다.」

▶ 헌법재판소의 결정은 법률과 동일한 효력을 가지고 법원 기타 국가기관과 지방자치단체를 기속하므로 그 결정 내용이 실질적으로 민사에 관한 것인 때에는 민법의 법원이 된다.

⑤ [×] 사실인 관습이란 '법적 확신을 얻지 못한 관행'으로 '법률행위 해석의 기준'이 된다(제106조). 관습법과 사실인 관습은 앞서 살핀 바와 같이 개념적으로 구별되나, 그 성질 또는 기능의 측면에서 구별되는 것인지 문제된다. 이에 대해 判例는 "제1조는 관습법의 법원으로서의 보충적 효력을 인정하는 데 반하여, 제106조는 일반적으로 사적 자치가 인정되는 분야에서의 관습의 법률행위의 해석기준이나 의사보충적 효력을 정한 것이다."(대판 1983.6.14. 80다3231)라고 하여 구별한다.

▶ 즉, 사실인 관습이 민법의 법원이 되는 것은 아니다.

[참조조문] 제106조(사실인 관습) 「법령 중의 선량한 풍속 기타 사회질서에 관계없는 규정과 다른 관습이 있는 경우에 당사자의 의사가 명확하지 아니한 때에는 그 관습에 의한다.」

정답 | ⑤

08 민법상 관습법에 관한 설명으로 옳지 않은 것은? (다툼이 있는 경우 판례에 의함) [22소방간부]

① 관습법에는 성문법을 개폐하는 효력이 인정되지 않는다.
② 관습법은 사회의 거듭된 관행으로 생성한 어떤 사회생활규범이 사회의 법적 확신과 인식에 의하여 법적 규범으로 승인된 것이다.
③ 관습법의 존재에 대해서는 원칙적으로 당사자가 주장·증명하여야 한다.
④ 관습법이 법원으로 인정되기 위해서는 전체의 법질서에 반하지 않아야 한다.
⑤ 관습법으로 성립되더라도 이후 사회 구성원들이 그 관습법에 대해 법적 확신을 갖지 못하게 되면 더 이상 관습법으로서의 효력이 유지되지 않는다.

해설

① [○] 判例는 "主喪이 장자가 되는 가족의례준칙 제13조의 규정과 배치되는 夫가 亡室(亡妻)의 제주가 되는 관습법의 효력을 인정하는 것은 관습법의 제정법에 대한 열후적, 보충적 성격에 비추어 제1조의 취지에 어긋나는 것이다."(대판 1983.6.14. 80다3231)라고 하여 (제1조를 근거로 성문법에 규정이 없는 경우에 관습법이 보충적으로 적용된다고 보는) 보충적 효력설의 입장이다.

▶ 따라서 관습법에는 성문법 개폐의 효력이 없다.

②④ [○] 관습이 법으로 되기 위해서는 ⅰ) '관행'(반복성)이 존재하고, ⅱ) 관행을 법규범으로 인식하는 '법적 확신'이 있어야 하며, ⅲ) 관행이 '헌법'을 최상위규범으로 하는 전체 법질서에 반하지 아니하는 것으로서 '정당성과 합리성'을 갖출 것을 요한다(대판 2005.7.21. 전합 2002다1178).

③ [×] 관습법은 법규성이 인정되므로 당사자의 주장·증명을 기다릴 필요없이 법원이 직권으로 이를 확정하여야 한다(대판 1983.6.14. 80다3231).

⑤ [○] ⅰ) 사회의 거듭된 관행으로 생성된 사회생활규범이 관습법으로 승인되었다고 하더라도 ⅱ) 사회 구성원들이 그러한 관행의 법적 구속력에 대하여 확신을 갖지 않게 되었다거나, ⅲ) 사회를 지배하는 기본적 이념이나 사회질서의 변화로 인하여 그러한 관습법을 적용하여야 할 시점에 있어서의 전체 법질서에 부합하지 않게 되었다면 그러한 관습법은 법적 규범으로서의 효력이 부정될 수밖에 없다(대판 2005.7.21. 전합 2002다1178).

정답 | ③

09 민법상 관습법에 관한 설명 중 가장 적절하지 않은 것은? (다툼이 있는 경우 판례에 의함) [21법학경채]

① 관습법은 제정법에 대해 열후적, 보충적 성격을 갖는다.

② 분묘기지권은 다른 사람의 토지를 이용할 수 있는 지상권과 유사한 물권으로서 당사자의 합의에 의해 성립한다.

③ 관습법이란 사회의 거듭된 관행으로 생성한 사회생활규범이 사회의 법적 확신과 인식에 의하여 법적 규범으로 승인·강행되기에 이른 것을 말한다.

④ 관습법의 효력을 부정하기 위해서는 관습을 둘러싼 전체적인 법질서 체계와 함께 관습법의 효력을 인정한 대법원 판례의 기초가 된 사회 구성원들의 인식·태도나 사회적·문화적 배경 등에 의미 있는 변화가 뚜렷하게 드러나야 한다.

해설

① [O] 민사에 관한 관습법은 법원에 의하여 발견되고 성문의 법률에 반하지 아니하는 경우에 한하여 보충적인 법원이 되는 것에 불과하다(대결 2009.5.28. 2007카기134). 즉, 관습법은 제정법에 대하여 **열후적·보충적 성격**을 가진다(대판 1983.6.14. 80다카3231).

② [×] 判例에 의하면 분묘기지권은 i) 타인의 소유지 내에 토지소유자의 승낙을 얻어 분묘를 설치한 경우(법률행위에 의한 취득), ii) 타인 소유의 토지에 토지소유자의 승낙 없이 분묘를 설치한 후 20년간 평온·공연하게 그 분묘의 기지를 점유하여 분묘기지권을 시효취득한 경우(취득시효), iii) 자기 소유의 토지에 분묘를 설치한 자가 후에 이 토지를 타인에게 양도한 경우(관습법상 법정지상권)에 성립한다(대판 2017.1.19. 전합 2013다17292).
  ▶ 위 判例의 취지에 따르면 분묘기지권은 당사자의 합의가 없더라도 성립한다.

③ [O] 관습이 법으로 되기 위해서는 i) '관행'(반복성)이 존재하고, ii) 관행을 법규범으로 인식하는 '법적 확신'이 있어야 하며, iii) 관행이 '헌법'을 최상위규범으로 하는 전체 법질서에 반하지 아니하는 것으로서 '정당성과 합리성'을 갖출 것을 요한다(대판 2005.7.21. 전합 2002다1178).

④ [O] i) 사회의 거듭된 관행으로 생성된 사회생활규범이 관습법으로 승인되었다고 하더라도 ii) 사회 구성원들이 그러한 관행의 법적 구속력에 대하여 확신을 갖지 않게 되었다거나, iii) 사회를 지배하는 기본적 이념이나 사회질서의 변화로 인하여 그러한 관습법을 적용하여야 할 시점에 있어서의 전체 법질서에 부합하지 않게 되었다면 그러한 관습법은 법적 규범으로서의 효력이 부정될 수밖에 없다(대판 2005.7.21. 전합 2002다1178).

정답 | ②

10 판례에 의하여 확인된 관습법에 해당하지 않는 것은? [17소방간부]

① 온천권
② 분묘기지권
③ 동산의 양도담보
④ 관습상의 법정지상권
⑤ 수목의 집단이나 미분리과실에 대한 공시방법인 명인방법

해설

① [×] 判例는 i) 관습상의 사도통행권(私道通行權)은 인정되지 않으며(대판 2002.2.26. 2001다64165), ii) **온천에 관한 권리**(대판 1970.5.26. 69다1239)나 iii) 배타적 공원이용권(대판 1995.5.23. 94마2218)을 관습법상의 물권이라고 볼 수 없고, iv) 미등기(未謄記) 무허가건물의 양수인에게는 소유권 내지는 소유권에 준하는 관습상 물권이 존재하지 않는다고 한다(대판 1996.6.14. 94다53006; 대판 1999.3.28. 98다59118). 따라서 미등기 건물매수인은 그 건물의 불법점거자에 대하여 '직접' 자신의 소유권 등에 기하여 인도를 청구할 수도 없다(대판 2007.6.15. 2007다11347).

②③④⑤ [O] i) 수목의 집단이나 미분리(未分離)과실에 대한 공시방법(公示方法)인 명인방법(明認方法)(대판 1967.12.18. 66다2382), ii) 관습법상의 법정지상권(대판 1965.9.23. 65다1222), iii) 분묘기지권(대판 1967.10.12. 67다1920), iv) 동산의 양도담보(대판 1965.12.21. 65다2027) 등이 있다.

정답 | ①

11 민법의 법원(法源)에 관련한 설명으로 옳지 않은 것은? (다툼이 있으면 판례에 따름) [출제예상]

① 관습법이 헌법에 위반될 때에는 법원(法院)이 그 효력을 부인할 수 있다.

② 제1조(法源)에서의 '법률'은 국회가 제정한 법률만을 의미한다.

③ 사실인 관습은 관습법과 구별되며, 사실인 관습의 존재를 당사자가 주장·입증하여야 한다.

④ 임의규정과 다른 관습이 있는 경우에 당사자의 의사가 명확하지 아니한 때에는 그 관습에 의한다.

해설

① [○] 관습이 법으로 되기 위해서는 ⅰ) '관행'(반복성)이 존재하고, ⅱ) 관행을 법규범으로 인식하는 '법적 확신'이 있어야 하며, ⅲ) 관행이 '헌법'을 최상위규범으로 하는 전체 법질서에 반하지 아니하는 것으로서 '정당성과 합리성'을 갖출 것을 요한다(대판 2005.7.21. 전합 2002다1178).

② [×] 제1조는 "민사에 관하여 법률에 규정이 없으면 관습법에 의하고 관습법이 없으면 조리에 의한다."라고 하여 민법의 법원으로 인정되는 '범위'와 '적용순서'를 정하고 있다. 제1조(法源)에서의 '법률'은 ⅰ) 형식적 의미의 민법(민법전) 외에 민사에 관한 특별법 등을 말한다(광의의 민법). ⅱ) 명령과 대법원 규칙도 민법의 법원이다. ⅲ) 헌법에 의하여 체결·공포된 조약과 일반적으로 승인된 국제법규는 국내법과 같은 효력을 가지므로(헌법 제6조 제1항), 그것이 민사에 관한 것인 경우에는 민법의 법원이 될 수 있다.

③ [○] 사실인 관습이란 '법적 확신을 얻지 못한 관행'으로 '법률행위 해석의 기준'이 된다(제106조). 判例는 "제1조는 관습법의 법원으로서의 보충적 효력을 인정하는 데 반하여, 제106조는 일반적으로 사적 자치가 인정되는 분야에서의 관습의 법률행위의 해석기준이나 의사보충적 효력을 정한 것이다."(대판 1983.6.14. 80다3231)라고 하여 구별하는 입장이다.

☑ **사실인 관습의 증명책임**
관습법은 법규성이 인정되므로 당사자의 주장·증명을 기다릴 필요없이 법원이 직권으로 이를 확정하여야 한다. 이에 대해 사실인 관습도 일종의 경험칙에 속하는 것이고 경험칙은 일종의 법칙이므로 법관은 그 유무에 대해 당사자의 주장이나 입증에 구애됨이 없이 직권에 의하여 판단할 수 있지만(대판 1976.7.13. 76다983), 사실인 관습은 그 존부 자체도 명확하지 않을 뿐만 아니라 그 관습이 사회의 법적 확신이나 법적 인식에 의하여 법적 규범으로까지 승인되었는지의 여부를 가리기는 더욱 어려운 일이므로, 법원이 이를 알 수 없는 경우 결국은 당사자가 이를 주장·증명할 필요가 있다(대판 1983.6.14. 80다3231).

④ [○] 제106조

정답 | ②

제1관 총설

01 신의성실의 원칙(신의칙)에 관한 설명으로 옳지 않은 것은? (다툼이 있으면 판례에 의함) [24소방간부]

① 신의칙은 법률관계의 당사자는 상대방의 이익을 배려하여 형평에 어긋나거나 신뢰를 저버리는 내용 또는 방법으로 권리를 행사하거나 의무를 이행하여서는 안 된다는 추상적 규범이다.

② 신의칙의 내용은 법원의 재판활동으로 구체화된다.

③ 강행법규를 위반하여 계약을 체결한 자가 스스로 그 약정의 무효를 주장하는 것은 특별한 사정이 없는 한 신의칙을 위반하지 않는다.

④ 당사자의 주장이 없을 때에도 법원은 직권으로 신의칙 위반 여부를 판단할 수 있다.

⑤ 취득시효가 완성한 사실을 모르고 그 토지에 관하여 어떤 권리도 주장하지도 않기로 약정한 점유자가 시효완성을 주장하는 것은 특별한 사정이 없는 한 신의칙에 반하지 않는다.

해설

①② [O] 민법상 신의성실의 원칙은 법률관계의 당사자는 상대방의 이익을 배려하여 형평에 어긋나거나, 신뢰를 저버리는 내용 또는 방법으로 권리를 행사하거나 의무를 이행하여서는 아니 된다는 추상적 규범으로서, 신의성실의 원칙에 위배된다는 이유로 권리의 행사를 부정하기 위해서는 상대방에게 신의를 공여하였다거나 객관적으로 보아 상대방이 신의를 가짐이 정당한 상태에 있어야 하고, 이러한 상대방의 신의에 반하여 권리를 행사하는 것이 정의관념에 비추어 용인될 수 없는 정도의 상태에 이르러야 한다(대판 2020.4.9. 2016다32582).

③ [O] 강행법규에 위반한 자가 스스로 그 약정의 무효를 주장하는 것이 신의칙에 위반되는 권리의 행사라는 이유로 그 주장을 배척한다면 이는 오히려 강행법규에 의하여 배제하려는 결과를 실현시키는 셈이 되어 입법 취지를 몰각하게 되므로, 달리 특별한 사정이 없는 한 위와 같은 주장은 신의칙에 반하는 것이라고 할 수 없다(대판 2006.10.12. 2005다75729).

④ [O] 신의성실의 원칙에 반하는 것은 강행규정에 위배되는 것으로서 당사자의 주장이 없더라도 법원이 직권으로 판단할 수 있으므로 원심법원이 직권으로 신의칙에 의하여 신용보증책임을 감액한 데에 변론주의를 위배한 위법은 없다(대판 1998.8.21. 97다37821).

⑤ [×] 취득시효완성 후에 그 사실을 모르고 당해 토지에 관하여 어떠한 권리도 주장하지 않기로 하였다 하더라도 이에 반하여 시효주장을 하는 것은 특별한 사정이 없는 한 신의칙상 허용되지 않는다(대판 1998.5.22. 96다24101).

정답 | ⑤

02 민법상 신의성실의 원칙(이하 '신의칙')에 관한 설명으로 옳지 않은 것은? (다툼이 있는 경우 판례에 의함)

[23경찰간부]

① 숙박업자는 투숙객의 안전을 배려해야 할 신의칙상의 보호 의무를 부담한다.

② 강행법규에 위반하여 무효인 법률행위를 한 자가 스스로 그 법률행위의 무효를 주장하는 것은 특별한 사정이 없는 한 신의칙에 반한다.

③ 계약성립에 기초가 되지 아니한 객관적 사정이 그 후 변경되어 일방당사자가 계약 당시 의도한 계약목적을 달성할 수 없게 됨으로써 손해를 입게 되었더라도 특별한 사정이 없는 한, 그 계약내용의 효력을 그대로 유지하는 것은 신의칙에 반하지 않는다.

④ 채권자가 채권을 확보하기 위하여 제3자 소유의 부동산을 채무자에게 명의신탁하도록 한 다음 그 부동산에 대하여 강제집행을 하는 행위는 특별한 사정이 없는 한 신의칙에 비추어 허용할 수 없다.

해설

① [○] 대판 2000.11.24. 2000다38718, 38725

② [×] 신의칙의 적용으로 '강행법규의 입법취지를 완전히 몰각시키는 결과'를 가져온다면 신의칙의 적용은 허용되지 않는다. 즉, 강행법규에 위배되어 무효인 계약을 그러한 사정을 알면서도 체결한 자가 나중에 그 계약이 강행법규에 위배되어 무효임을 주장하는 것을 금반언을 이유로 배척한다면(즉, 유효하게 된다면) 강행법규가 금지하고자 하는 결과를 방치하게 되어 강행법규의 취지에 어긋나는 문제가 있기 때문에, 대법원은 원칙적으로 이러한 주장도 허용된다고 한다(대판 1993.12.24. 93다44319).

③ [○] 대판 2007.3.29. 2004다31302

④ [○] 채권자가 채권을 확보하기 위하여 제3자의 부동산을 채무자에게 명의신탁하도록 한 다음 동 부동산에 대하여 강제집행을 하는 따위의 행위는 신의칙에 비추어 허용할 수 없다(대판 1981.7.7. 80다2064).

정답 | ②

03 신의칙에 관한 설명으로 옳지 않은 것은? (다툼이 있으면 판례에 따름) [22행정사]

① 신의칙에 반하는 것은 강행규정에 위반하는 것이므로 당사자의 주장이 없더라도 법원이 직권으로 판단할 수 있다.

② 법정대리인의 동의 없이 신용구매계약을 체결한 미성년자가 나중에 법정대리인의 동의 없음을 이유로 그 계약을 취소하는 것은 신의칙에 반한다.

③ 무권대리인이 본인을 단독상속한 경우, 본인의 지위에서 자신이 한 무권대리행위의 추인을 거절하는 것은 신의칙에 반한다.

④ 병원은 입원환자의 휴대품 등의 도난을 방지하기 위하여 필요한 적절한 조치를 강구하여 줄 신의칙상 보호의무가 있다.

⑤ 채권자가 유효하게 성립한 계약에 따른 급부의 이행을 청구하는 경우, 법원이 신의칙에 의하여 그 급부의 일부를 감축하는 것은 원칙적으로 허용되지 않는다.

해설

① [○] 신의성실의 원칙은 강행법규적 성질을 가지므로 당사자의 주장이 없더라도 법원이 '직권'으로 그 위반 여부를 판단할 수 있다(대판 1995.12.22. 94다42129).

② [×] 미성년자의 법률행위에 법정대리인의 동의를 요하도록 하는 것은 강행규정이므로 법정대리인의 동의 없이 신용구매계약을 체결한 미성년자가 나중에 법정대리인의 동의 없음을 이유로 취소하는 것은 금반언에 반하지 않으므로 허용된다(제5조 제2항)(대판 2007.11.16. 2005다71659, 71666, 71673).

③ [○] 상대방이 선의·무과실인 경우는 무권대리인이 본인의 상속인 지위에서 추인거절권을 행사하는 것은 금반언의 원칙에 반하나(대판 1994.9.27. 94다20617), 상대방이 악의인 경우는 추인거절권을 행사할 수 있다(대판 1992.4.28. 91다30941; 제130조 참조).

④ [○] 환자가 병원에 입원하여 치료를 받는 경우에 있어서, 병원은 진료뿐만 아니라 환자에 대한 숙식의 제공을 비롯하여 간호, 보호 등 입원에 따른 포괄적 채무를 지는 것인 만큼, 병원은 병실에의 출입자를 통제·감독하든가 그것이 불가능하다면 최소한 입원환자에게 휴대품을 안전하게 보관할 수 있는 시정장치가 있는 사물함을 제공하는 등으로 입원환자의 휴대품 등의 도난을 방지함에 필요한 적절한 조치를 강구하여 줄 '신의칙상의 보호의무'가 있다고 할 것이고, 이를 소홀히 하여 입원환자와는 아무런 관련이 없는 자가 입원환자의 병실에 무단출입하여 입원환자의 휴대품 등을 절취하였다면 병원은 그로 인한 손해배상책임을 면하지 못한다(대판 2003.4.11. 2002다63275).

⑤ [○] 유효하게 성립한 계약상의 책임을 공평의 이념 또는 신의칙과 같은 일반원칙에 의하여 제한하는 것은 사적 자치의 원칙이나 법적 안정성에 대한 중대한 위협이 될 수 있으므로, 채권자가 유효하게 성립한 계약에 따른 급부의 이행을 청구하는 때에 법원이 급부의 일부를 감축하는 것은 원칙적으로 허용되지 않는다(甲 공사가 乙 주식회사와 체결한 전기공급계약에 따라 전기를 공급한 후 착오로 청구하지 않았던 전기요금의 지급을 구하자 乙 회사가 채무부존재 확인을 구한 사안에서, 甲 공사가 乙 회사에 유효하게 성립한 전기공급계약에 따른 전기요금을 청구하는 것이 신의성실의 원칙이나 형평의 원칙에 반하여 허용될 수 없어 전기요금을 감액할 수 있다고 보기 어려운데도, 乙 회사가 甲 공사에 지급할 추가 전기요금채무를 1/2로 감액한 원심판단에 법리오해의 잘못이 있다고 한 사례)(대판 2016.12.1. 2016다240543).

정답 | ②

04 신의성실의 원칙(이하 '신의칙')에 관한 설명으로 옳지 않은 것은? (다툼이 있으면 판례에 따름)

① 사적 자치의 영역을 넘어 공공질서를 위하여 공익적 요구를 선행시켜야 할 경우에도 특별한 사정이 없는 한 신의칙이 합법성의 원칙보다 우월하다.

② 신의칙이란 "법률관계의 당사자는 상대방의 이익을 고려하여 형평에 어긋나거나 신의를 저버리는 내용 또는 방법으로 권리를 행사하거나 의무를 이행하여서는 안 된다."는 추상적 규범을 말한다.

③ 숙박업자는 신의칙상 부수적 의무로서 고객의 안전을 배려할 보호의무를 부담한다.

④ 인지청구권에는 실효의 법리가 적용되지 않는다.

⑤ 이사가 회사 재직 중에 채무액과 변제기가 특정되어 있는 회사채무를 보증한 후 사임한 경우, 그 이사는 사정변경을 이유로 그 보증계약을 일방적으로 해지할 수 없다.

해설

① [×] ② [○] 민법상 신의성실의 원칙은, 법률관계의 당사자가 상대방의 이익을 배려하여 형평에 어긋나거나 신뢰를 저버리는 내용 또는 방법으로 권리를 행사하거나 의무를 이행하여서는 안 된다는 '추상적 규범'을 말하는 것인바, 사적자치의 영역을 넘어 공공질서를 위하여 공익적 요구를 선행시켜야 할 사안에서는 원칙적으로 합법성의 원칙은 신의성실의 원칙보다 우월한 것이므로 신의성실의 원칙은 합법성의 원칙을 희생하여서라도 구체적 신뢰보호의 필요성이 인정되는 경우에 비로소 적용된다고 봄이 상당하다(대판 2021.6.10. 2021다207489, 207496).

③ [○] 숙박업자는 통상의 임대차와 같이 단순히 여관 등의 객실 및 관련 시설을 제공하여 고객으로 하여금 이를 사용·수익하게 할 의무를 부담하는 것에서 한 걸음 더 나아가 고객에게 위험이 없는 안전하고 편안한 객실 및 관련 시설을 제공함으로써 고객의 안전을 배려하여야 할 보호의무를 부담하며 이러한 의무는 숙박계약의 특수성을 고려하여 신의칙상 인정되는 부수적인 의무로서 숙박업자가 이를 위반하여 고객의 생명·신체를 침해하여 투숙객에게 손해를 입힌 경우 불완전이행으로 인한 채무불이행책임을 부담하고, 이 경우 피해자로서는 구체적 보호의무의 존재와 그 위반 사실을 주장·입증하여야 하며 숙박업자로서는 통상의 채무불이행에 있어서와 마찬가지로 그 채무불이행에 관하여 자기에게 과실이 없음을 주장·입증하지 못하는 한 그 책임을 면할 수는 없다(대판 2000.11.24. 2000다38718, 38725).

④ [○] 判例는 상속재산에 대한 이해관계를 위해 신분관계를 바로잡을 목적으로 검사를 상대로 인지청구의 소를 제기한 사례에서, 인지청구권(제863조)은 포기할 수 없는 권리라는 이유로 실효의 법리도 적용되지 않는다고 한다(대판 2001.11.27. 2001므1353).

⑤ [○] 계속적 보증계약과 관련하여 判例는 ㉠ 회사의 임원이나 직원의 지위에 있기 때문에 회사의 요구로 '부득이' 회사와 제3자 사이의 계속적 거래로 인한 회사의 채무에 대하여 보증인이 된 자가 그 후 회사로부터 퇴사하여 임원이나 직원의 지위를 떠난 때에는 '보증계약 성립 당시의 사정에 현저한 변경'이 생긴 경우에 해당하므로 사정변경을 이유로 보증계약을 해지할 수 있다고 한다(대판 1990.2.27. 89다카1381). ㉡ 그러나 사정변경을 이유로 보증계약을 해지할 수 있는 것은 포괄근보증이나 (보증한도액이나 보증기간을 정한) 한정근보증과 같이 채무액이 불확정적이고 계속적인 거래로 인한 채무에 대하여 보증한 경우에 한하고, 회사의 이사로 재직하면서 보증 당시 그 채무가 특정되어 있는 확정채무에 대하여 보증을 한 후 이사직을 사임하였다 하더라도 사정변경을 이유로 보증계약을 해지할 수 없고(대판 1994.12.27. 94다46008; 대판 2006.7.4. 2004다30675), 이러한 경우 그 책임의 범위를 재직 중 발생한 채무만으로 제한할 수도 없다고 한다(대판 1997.2.14. 95다31645).

정답 | ①

05 신의성실의 원칙에 관한 설명으로 옳은 것은? (다툼이 있는 경우 판례에 의함)

① 신의성실의 원칙에 반하는 것은 당사자의 주장이 없으면 법원이 직권으로 판단할 수 없다.

② 소멸시효의 항변권 행사에는 권리남용금지의 원칙이 적용되지 않는다.

③ 강행규정 및 그 밖의 사회질서에 위반하는 약정을 한 후, 그 약정의 당사자가 강행규정 및 그 밖의 사회질서에 위반한다는 것을 근거로 그 약정의 무효를 주장하는 것은 신의칙 또는 모순행위금지의 원칙에 반한다.

④ 신의성실의 원칙에 반한다는 이유로 권리의 행사를 부정하려면 상대방의 신의에 반하여 권리를 행사하는 것이 정의관념에 비추어 용인될 수 없을 정도의 상태에 이를 필요까지는 없다.

⑤ 피보험자의 서면동의 없이 체결된 타인의 사망을 보험사고로 하는 생명보험계약의 보험자가 수년간 보험료를 수령하거나 그 생명보험계약에 따라 입원급여금을 지급한 경우 위 생명보험계약의 무효를 주장하는 것이 신의성실의 원칙에 반하지 않는다.

해설

① [×] 신의성실의 원칙은 강행법규적 성질을 가지므로 당사자의 주장이 없더라도 법원이 <u>직권으로</u> 그 위반 여부를 판단할 수 있다(대판 1995.12.22. 94다42129).

② [×] 채무자의 소멸시효에 기한 항변권의 행사도 우리 민법의 대원칙인 신의성실의 원칙과 권리남용금지의 원칙의 지배를 받는 것이다(대판 2016.9.30. 2016다218713, 218720).

③ [×] 신의칙의 적용으로 '<u>강행법규의 입법취지를 완전히 몰각시키는 결과</u>'를 가져온다면 신의칙의 적용은 허용되지 않는다. 즉, 강행법규에 위배되어 무효인 계약을 그러한 사정을 알면서도 체결한 자가 나중에 그 계약이 강행법규에 위배되어 무효임을 주장하는 것을 금반언을 이유로 배척한다면(즉, 유효하게 된다면) 강행법규가 금지하고자 하는 결과를 방치하게 되어 강행법규의 취지에 어긋나는 문제가 있기 때문에, 대법원은 원칙적으로 이러한 주장도 허용된다고 한다.

④ [×] 신의성실의 원칙에 위배된다는 이유로 권리의 행사를 부정하기 위해서는 상대방에게 신의를 공여하였다거나 객관적으로 보아 상대방이 신의를 가짐이 정당한 상태에 있어야 하며, 이러한 상대방의 신의에 반하여 권리를 행사하는 것이 <u>정의관념에 비추어 용인될 수 없는 정도에 이르러야</u> 한다(대판 2016.6.23. 2013다58613).

⑤ [○] 피보험자의 서면동의 없이 타인의 사망을 보험사고로 하는 보험계약을 체결한 자 스스로가 무효를 주장함이 신의성실의 원칙 또는 금반언의 원칙에 위배되는 권리행사라는 이유로 이를 배척한다면, 그와 같은 입법 취지를 완전히 몰각시키는 결과가 초래되므로, 특단의 사정이 없는 한 그러한 주장이 신의성실 또는 금반언의 원칙에 반한다고 볼 수 없다(대판 2006.9.22. 2004다56677).

참조조문 **상법 제731조(타인의 생명의 보험)** 「①항 타인의 사망을 보험사고로 하는 보험계약에는 보험계약 체결시에 그 타인의 서면에 의한 동의를 얻어야 한다.」

정답 | ⑤

06 신의성실의 원칙에 관한 설명 중 가장 적절한 것은? (다툼이 있으면 판례 및 판례의 다수의견에 의함)

[22법학경채]

① 근저당권자 甲이 담보로 제공된 건물에 대한 담보가치를 조사할 당시 대항력을 갖춘 임차인 乙이 그 사실을 부인하고 이를 믿은 甲에게 임차보증금에 대한 권리주장을 않겠다는 내용의 확인서를 작성해 준 후, 그 건물에 대한 경매절차에서 乙이 이를 번복하여 甲보다 우선적 지위를 가지는 확정일자부 임차인으로서 임차보증금에 대한 배당요구를 하는 것은 신의칙에 반한다.

② 상속인 중의 1인이 피상속인의 생존시에 피상속인에 대하여 상속을 포기하기로 약정하였다가 상속개시 후에 자신의 상속권을 주장하는 것은 신의칙에 반한다.

③ 법정대리인의 동의 없이 신용구매계약을 체결한 미성년자가 사후에 법정대리인의 동의 없음을 사유로 들어 이를 취소하는 것은 신의칙에 위배된다.

④ 단체협약 등 노사합의의 내용이 근로기준법의 강행규정을 위반하여 무효인 경우, 무효를 주장하는 것은 예외 없이 신의칙에 위배된다고 볼 수 있다.

해설

① [○] 근저당권자가 담보로 제공된 건물에 대한 담보가치를 조사할 당시 대항력을 갖춘 임차인이 그 임대차 사실을 부인하고 임차보증금에 대한 권리주장을 않겠다는 내용의 확인서를 작성해 준 경우, 그 후 그 건물에 대한 경매절차에서 이를 번복하여 대항력 있는 임대차의 존재를 주장함과 아울러 근저당권자보다 우선적 지위를 가지는 확정일자부 임차인임을 주장하여 그 임차보증금반환채권에 대한 배당요구를 하는 것은 특별한 사정이 없는 한 금반언 및 신의칙에 위반되어 허용될 수 없다(대판 1997.6.27. 97다12211).

② [×] 상속인 중의 1인이 피상속인의 '생존시'에 피상속인에 대하여 상속을 포기하기로 약정하였다고 하더라도, '상속개시 후' 민법이 정하는 절차와 방식(제1019조, 제1041조)에 따라 상속포기를 하지 아니한 이상, 상속개시 후에 자신의 상속권을 주장하는 것은 정당한 권리행사로서 권리남용에 해당하거나 또는 신의칙에 반하는 권리의 행사라고 할 수 없다(대판 1998.7.24. 98다9021).

③ [×] 미성년자의 법률행위에 법정대리인의 동의를 요하도록 하는 것은 강행규정이므로 법정대리인의 동의 없이 신용구매계약을 체결한 미성년자가 나중에 법정대리인의 동의 없음을 이유로 취소하는 것은 금반언에 반하지 않으므로 허용된다(제5조 제2항)(대판 2007.11.16. 2005다71659, 71666, 71673).

④ [×] 단체협약 등 노사합의의 내용이 근로기준법의 강행규정을 위반하여 무효인 경우에, 그 무효를 주장하는 것이 신의칙에 위배되는 권리의 행사라는 이유로 이를 배척한다면, 강행규정으로 정한 입법 취지를 몰각시키는 결과가 될 것이므로, 그러한 주장은 신의칙에 위배된다고 볼 수 없음이 원칙이다 그러나 노사합의의 내용이 근로기준법의 강행규정을 위반한다고 하여 그 노사합의의 무효 주장에 대하여 예외 없이 신의칙의 적용이 배제되는 것은 아니다. 신의칙을 적용하기 위한 일반적인 요건을 갖춤은 물론, 근로기준법의 강행규정성에도 불구하고 신의칙을 우선하여 적용하는 것을 수긍할만한 특별한 사정이 있는 예외적인 경우에 한하여, 그 노사합의의 무효를 주장하는 것은 신의칙에 위배되어 허용될 수 없다. 노사합의에서 정기상여금은 그 자체로 통상임금에 해당하지 아니한다는 전제로, 정기상여금을 통상임금 산정 기준에서 제외하기로 합의하고 이를 전제로 임금수준을 정한 경우, 근로자 측이 정기상여금을 통상임금에 가산하고 이를 토대로 추가적인 법정수당의 지급을 구함으로써, 사용자에게 새로운 재정적 부담을 지워 중대한 경영상의 어려움을 초래하거나 기업의 존립을 위태롭게 하는 것은 정의와 형평 관념에 비추어 신의에 현저히 반할 수 있다(대판 2019.5.10. 2015다75179).

정답 | ①

07 민법상 신의성실의 원칙에 관한 설명 중 적절한 것을 모두 고른 것은?

ㄱ. 실효의 원칙은 항소권과 같은 소송법상의 권리에 적용될 수 있다.

ㄴ. 경제상황 등의 변동으로 당사자에게 손해가 생기더라도 합리적인 사람의 입장에서 사정변경을 예견할 수 있었다면 사정변경을 이유로 계약을 해제할 수 있다.

ㄷ. 사용자로부터 해고된 근로자가 퇴직금 등을 수령하면서 이의의 유보나 조건을 제기하지 않은 경우에 특별한 사정이 없는 한 그로부터 상당한 기간이 경과한 후에 그 해고의 효력을 다투는 소를 제기하는 것은 금반언의 원칙에 위배되지 않는다.

ㄹ. 계약 성립의 기초가 된 사정이 현저히 변경되고, 당사자가 계약의 성립 당시 이를 예견할 수 없었으며, 그로 인하여 계약을 그대로 유지하는 것이 당사자의 이해에 중대한 불균형을 초래하는 경우에 당사자는 사정변경을 이유로 계약을 해제하거나 해지할 수 있다.

① ㄱ, ㄴ

② ㄴ, ㄷ

③ ㄷ, ㄹ

④ ㄱ, ㄹ

해설

ㄱ. [○] 실효의 법리는 신의성실의 원칙에 바탕을 둔 파생원칙인 것이므로(대판 2005.7.15. 2003다46963) 민사법 분야뿐만 아니라 '항소권'과 같은 소송법상의 권리(대판 1996.7.30. 94다51840) 등에도 그 적용이 있다.

ㄴ. [×] 경제상황 등의 변동으로 당사자에게 손해가 생기더라도 합리적인 사람의 입장에서 사정변경을 예견할 수 있었다면 사정변경을 이유로 계약을 해제할 수 없다. 특히 계속적 계약에서는 계약의 체결시와 이행시 사이에 간극이 크기 때문에 당사자들이 예상할 수 없었던 사정변경이 발생할 가능성이 높지만, 이러한 경우에도 위 계약을 해지하려면 경제적 상황의 변화로 당사자에게 불이익이 발생했다는 것만으로는 부족하고 위에서 본 요건을 충족하여야 한다(대판 2017.6.8. 2016다249557; 대판 2020.5.14. 2016다12175).

ㄷ. [×] 해고된 근로자가 이의의 유보나 조건의 제기 없이 퇴직금 등을 수령하고 해임 및 의원면직된 후 9년이 지나 해고무효확인소송을 제기하는 것은 신의칙이나 금반언의 원칙에 위배된다(대판 199.5.25. 91다41750; 대판 1989.9.29. 88다카19804).

관련판례 다른 직원이 승소판결을 받음으로써 해고가 무효라는 것을 알았음에도 무려 '2년 4개월'이 경과한 시점에 당해 근로자가 그 무효를 주장하는 것은 실효의 원칙에 비추어 허용될 수 없다(대판 1992.1.21. 91다30118). 또한 해고나 징계해고를 당한 근로자가 퇴직금과 해고수당을 아무런 조건의 유보 없이 수령한 것이라면 특별한 사정이 없는 한 그 해고를 유효한 것으로 인정하였다고 보는 것이 상당하고, 상당한 이유 없이 그로부터 장기간이 경과한 뒤에야 해고무효의 확인청구를 하는 것은 신의성실의 원칙상 허용되지 않는다(대판 1992.4.14. 92다1728).

ㄹ. [○] 이른바 사정변경으로 인한 계약해제는, 계약성립 당시 당사자가 예견할 수 없었던 현저한 사정의 변경이 발생하였고 그러한 사정의 변경이 해제권을 취득하는 당사자에게 책임 없는 사유로 생긴 것으로서, 계약내용대로의 구속력을 인정한다면 신의칙에 현저히 반하는 결과가 생기는 경우에 계약준수 원칙의 예외로서 인정되는 것이고, 여기에서 말하는 사정이라 함은 계약의 기초가 되었던 객관적인 사정으로서, 일방당사자의 주관적 또는 개인적인 사정을 의미하는 것은 아니다. 또한, 계약의 성립에 기초가 되지 아니한 사정이 그 후 변경되어 일방당사자가 계약 당시 의도한 계약목적을 달성할 수 없게 됨으로써 손해를 입게 되었다 하더라도 특별한 사정이 없는 한 그 계약내용의 효력을 그대로 유지하는 것이 신의칙에 반한다고 볼 수도 없다(대판 2007.3.29. 2004다31302).

정답 | ④

08 신의성실의 원칙에 관한 설명으로 옳은 것은?

[20 · 18세무사 변형]

① 사적자치의 영역을 넘어 공공질서를 위하여 공익적 요구를 선행시켜야 할 경우에도 원칙적으로 신의성실의 원칙이 합법성의 원칙보다 우선한다.

② 당사자의 주장이 없음에도 법원이 직권으로 신의성실의 원칙에 반한다고 판단하는 것은 위법하다.

③ 병원은 입원환자의 휴대품 등의 도난을 방지함에 필요한 적절한 조치를 강구해야 할 신의칙상의 보호의무를 진다.

④ 이사가 채무액과 변제기가 특정된 회사채무에 대하여 보증계약을 체결한 경우 이사직 사임이라는 사정변경을 이유로 보증계약을 해지할 수 있다.

⑤ 강행법규를 위반한 자가 스스로 그 약정의 무효를 주장하는 것은 특별한 사정이 없는 한 신의성실 원칙에 반한다.

해설

① [×] 사적자치의 영역을 넘어 공공질서를 위하여 공익적 요구를 선행시켜야 할 사안에서는 원칙적으로 합법성의 원칙은 신의성실의 원칙보다 우월한 것이므로 신의성실의 원칙은 합법성의 원칙을 희생하여서라도 구체적 신뢰보호의 필요성이 인정되는 경우에 비로소 적용된다고 봄이 상당하다(대판 2000.8.22. 99다62609, 62616).

② [×] 신의성실의 원칙은 강행법규적 성질을 가지므로 당사자의 주장이 없더라도 법원이 '직권'으로 그 위반 여부를 판단할 수 있다(대판 1995.12.22. 94다42129).

③ [○] 병원은 병실에의 출입자를 통제·감독하든가 그것이 불가능하다면 최소한 입원환자에게 휴대품을 안전하게 보관할 수 있는 시정장치가 있는 사물함을 제공하는 등으로 입원환자의 휴대품 등의 도난을 방지함에 필요한 적절한 조치를 강구하여 줄 신의칙상의 보호의무가 있다(대판 2003.4.11. 2002다63275).

④ [×] 사정변경을 이유로 보증계약을 해지할 수 있는 것은 포괄근보증이나 (보증한도액이나 보증기간을 정한) 한정근보증과 같이 채무액이 불확정적이고 계속적인 거래로 인한 채무에 대하여 보증한 경우에 한하고, 회사의 이사로 재직하면서 보증 당시 그 채무가 특정되어 있는 확정채무에 대하여 보증을 한 후 이사직을 사임하였다 하더라도 사정변경을 이유로 보증계약을 해지할 수 없다(대판 1994.12.27. 94다46008; 대판 2006.7.4. 2004다30675).

⑤ [×] 강행법규를 위반한 자가 스스로 그 약정의 무효를 주장하는 것이 신의칙에 위반되는 권리의 행사라는 이유로 그 주장을 배척한다면, 강행법규에 의하여 배제하려는 결과를 실현시키는 결과가 되므로 특별한 사정이 없는 한 위와 같은 주장은 신의칙에 반하는 것이라고 할 수 없다(대판 2016.6.23. 2013다58613).

정답 | ③

09 신의성실의 원칙에 관한 설명 중 가장 적절하지 않은 것은?

[19 · 18법학경채 변형]

① 신의성실의 원칙이란 법률관계의 당사자는 상대방의 이익을 배려하여 형평에 어긋나거나 신뢰를 저버리는 내용 또는 방법으로 권리를 행사하거나 의무를 이행하여서는 아니 된다는 추상적 규범을 말한다.

② 변호사와 의뢰인 사이에 수임료약정이 있는 경우, 그 약정보수액이 부당하게 과다하여 신의성실의 원칙에 반한다고 볼 만한 특별한 사정이 있으면 변호사는 예외적으로 적당하다고 인정되는 범위 내의 보수액만을 청구할 수 있다.

③ 회사의 이사로 재직하면서 부득이 회사와 제3자 사이의 계속적 거래에서 발생하는 회사의 채무를 연대보증한 사람이 그 후 퇴직하여 임원의 지위에서 떠난 경우, 그 연대보증인은 특별한 사정이 없는 한 사정변경을 이유로 그 연대보증계약을 일방적으로 해지할 수 있다.

④ 대리권한 없이 타인의 부동산을 매도한 자가 그 부동산을 상속한 후 소유자의 지위에서 자신의 대리행위가 무권대리로 무효임을 주장하여 등기의 말소를 구하는 것은 신의성실의 원칙에 위반되지 않는다.

① [○] 判例는 "신의성실의 원칙은 법률관계의 당사자가 상대방의 이익을 배려하여 형평에 어긋나거나, 신의를 저버리는 내용 또는 방법으로 권리를 행사하거나 의무를 이행하여서는 아니된다는 추상적 규범"(대판 2011.2.10. 2009다68941)이라고 한다.

② [○] 변호사의 소송위임 사무처리 보수에 관하여 변호사와 의뢰인 사이에 약정이 있는 경우 위임사무를 완료한 변호사는 원칙적으로 약정 보수액 전부를 청구할 수 있다. 다만 약정 보수액이 부당하게 과다하여 신의성실의 원칙이나 형평의 관념에 반한다고 볼 만한 특별한 사정이 있는 경우에는 예외적으로 적당하다고 인정되는 범위 내의 보수액만을 청구할 수 있다(대판 2018.5.17. 전합 2016다35833).

③ [○] 회사의 임원이나 직원의 지위에 있기 때문에 회사의 요구로 '부득이' 회사와 제3자 사이의 계속적 거래로 인한 회사의 채무에 대하여 보증인이 된 자가 그 후 회사로부터 퇴사하여 임원이나 직원의 지위를 떠난 때에는 '보증계약 성립 당시의 사정에 현저한 변경'이 생긴 경우에 해당하므로 사정변경을 이유로 보증계약을 해지할 수 있다(대판 1990.2.27. 89다카1381).

④ [×] 상대방이 선·무과실인 경우는 무권대리인이 본인의 상속인 지위에서 추인거절권을 행사하는 것은 금반언의 원칙에 반하나(대판 1994.9.27. 94다20617), 상대방이 악의인 경우는 추인거절권을 행사할 수 있다(대판 1992.4.28. 91다30941; 제130조 참조).

정답 | ④

---

10 신의성실의 원칙(이하 '신의칙'이라 함)에 관한 설명으로 옳지 않은 것은? (다툼이 있는 경우 판례에 의함)

[20행정사]

① 신의칙은 당사자의 주장이 없어도 법원이 직권으로 판단할 수 있다.

② 일반 행정법률관계에 관한 관청의 행위에 대하여 신의칙은 특별한 사정이 있는 경우 예외적으로 적용될 수 있다.

③ 사용자는 특별한 사정이 없는 한 근로계약에 수반되는 신의칙상의 부수적 의무로서 피용자의 안전에 대한 보호의무를 부담한다.

④ 숙박업자는 신의칙상 부수적 의무로서 투숙객의 안전을 배려할 보호의무를 부담한다.

⑤ 항소권과 같은 소송법상의 권리에는 신의칙 내지 실효의 원칙이 적용될 수 없다.

해설

① [○] 신의성실의 원칙은 강행법규적 성질을 가지므로 당사자의 주장이 없더라도 법원이 '직권'으로 그 위반 여부를 판단할 수 있다(대판 1995.12.22. 94다42129).

② [○] 일반 행정법률관계에서 관청의 행위에 대하여 신의칙이 적용되기 위해서는 합법성의 원칙을 희생하여서라도 처분의 상대방의 신뢰를 보호함이 정의의 관념에 부합하는 것으로 인정되는 특별한 사정이 있을 경우에 한하여 예외적으로 적용된다(대판 2004.7.22. 2002두11233).

③ [○] 사용자는 근로계약에 수반되는 신의칙상의 부수적 의무로서 피용자가 노무를 제공하는 과정에서 생명, 신체, 건강을 해치는 일이 없도록 인적·물적 환경을 정비하는 등 필요한 조치를 강구하여야 할 보호의무를 부담하고, 이러한 보호의무를 위반함으로써 피용자가 손해를 입은 경우 이를 배상할 책임이 있다(대판 2001.7.27. 99다56734).

④ [○] 공중접객업인 숙박업을 경영하는 자는 고객의 안전을 배려하여야 할 '보호의무'를 부담하며 이러한 의무는 숙박계약의 특수성을 고려한 '신의칙상의 부수의무'로서 이를 위반한 경우 불완전이행으로 인한 채무불이행책임을 부담한다. 이 경우 피해자로서는 구체적 보호의무의 존재와 그 위반 사실을 주장·입증하여야 하며 숙박업자로서는 통상의 채무불이행에 있어서와 마찬가지로 그 채무불이행에 관하여 자기에게 과실이 없음을 주장·입증하지 못하는 한 그 책임을 면할 수는 없다(대판 2000.11.24. 2000다38718, 38725).

[비교판례] 통상의 임대차관계에 있어서 임대인의 임차인에 대한 의무는 특별한 사정이 없는 한 단순히 임차인에게 임대목적물을 제공하여 임차인으로 하여금 이를 사용·수익하게 함에 그치는 것이고, 더 나아가 임차인의 안전을 배려하여 주거나 도난을 방지하는 등의 보호의무까지 부담한다고 볼 수 없다(대판 1999.7.9. 99다10004).

⑤ [×] 실효의 법리는 신의성실의 원칙에 바탕을 둔 파생원칙인 것이므로(대판 2005.7.15. 2003다46963) 민사법 분야뿐만 아니라 '항소권'과 같은 소송법상의 권리(대판 1996.7.30. 94다51840) 등에도 그 적용이 있다.

정답 | ⑤

11 다음 설명 중 가장 옳지 않은 것은? (다툼이 있는 경우 판례에 의함)

[17서기보]

① 권리의 행사와 의무의 이행은 신의에 좇아 성실히 하여야 한다.

② 계약의 성립에 기초가 되지 아니한 사정이 그 후 변경되어 일방당사자가 계약 당시 의도한 계약목적을 달성할 수 없게 됨으로써 손해를 입게 된 경우라도 특별한 사정이 없는 한 그 계약내용의 효력을 그대로 유지하는 것이 신의 칙에 반한다고 볼 수 없다.

③ 사정변경으로 인한 계약해제는 계약성립 당시 당사자가 예견할 수 없었던 현저한 사정의 변경이 발생하였고 그러한 사정의 변경이 해제권을 취득하는 당사자에게 책임 없는 사유로 생긴 것으로서 계약내용대로의 구속력을 인정한다면 신의칙에 현저히 반하는 결과가 생기는 경우에 계약준수 원칙의 예외로서 인정되는 것이다.

④ 권리자가 자신의 권리를 행사할 수 있는 기회가 충분히 있었음에도 불구하고 상당한 기간이 지나도록 그 권리를 행사하지 아니하여 의무자인 상대방으로 하여금 이제는 권리자가 권리를 더 이상 행사하지 아니할 것이라고 신뢰하게 할 만한 상황이 되었는데 권리자가 새삼스레 그 권리를 행사하는 것은 신의성실의 원칙상 허용되지 아니하므로 출생 이후 30년 이상 친자임을 주장하지 않고 다른 사람의 친자로 입적된 데 대하여 아무런 이의 없이 살아오다가 인지청구권을 행사하는 것은 허용되지 않는다.

해설

① [○] 제2조 제1항

②③ [○] 이른바 사정변경으로 인한 계약해제는, 계약성립 당시 당사자가 예견할 수 없었던 현저한 사정의 변경이 발생하였고 그러한 사정의 변경이 해제권을 취득하는 당사자에게 책임 없는 사유로 생긴 것으로서, 계약내용대로의 구속력을 인정한다면 신의칙에 현저히 반하는 결과가 생기는 경우에 계약준수 원칙의 예외로서 인정되는 것이고, 여기에서 말하는 사정이라 함은 계약의 기초가 되었던 객관적인 사정으로서, 일방당사자의 주관적 또는 개인적인 사정을 의미하는 것은 아니다. 또한, 계약의 성립에 기초가 되지 아니한 사정이 그 후 변경되어 일방당사자가 계약 당시 의도한 계약목적을 달성할 수 없게 됨으로써 손해를 입게 되었다 하더라도 특별한 사정이 없는 한 그 계약내용의 효력을 그대로 유지하는 것이 신의칙에 반한다고 볼 수도 없다(대판 2007.3.29. 2004다31302).

④ [×] 인지청구권은 본인의 일신전속적인 신분관계상의 권리로서 포기할 수도 없으며 포기하였더라도 그 효력이 발생할 수 없는 것이고, 이와 같이 인지청구권의 포기가 허용되지 않는 이상 거기에 실효의 법리가 적용될 여지도 없다. 또한 인지청구권의 행사가 상속재산에 대한 이해관계에서 비롯되었다 하더라도 정당한 신분관계를 확정하기 위해서라면 신의칙에 반하는 것이라 하여 막을 수 없다(대판 2001.11.27. 2001므1353).

▶ 判例는 상속재산에 대한 이해관계를 위해 신분관계를 바로잡을 목적으로 검사를 상대로 인지청구의 소를 제기한 사례에서, 인지청구권(제863조)은 포기할 수 없는 권리라는 이유로 실효의 법리도 적용되지 않는다고 한다.

정답 | ④

12 다음 신의칙에 관한 설명 중 틀린 것은? (다툼이 있으면 판례에 의함) [출제예상]

① 경제상황 등의 변동으로 당사자에게 손해가 생기더라도 합리적인 사람의 입장에서 사정변경을 예견할 수 있었다면 사정변경을 이유로 계약을 해제할 수 없다.

② 甲이 주택건설사업을 위한 견본주택 건설을 목적으로 임대인 乙과 토지에 관하여 임대차계약을 체결하면서 임대차 계약서에 특약사항으로 위 목적을 명시하였는데, 지방자치단체장으로부터 가설건축물 축조신고 반려통보 등을 받고 위 토지에 견본주택을 건축할 수 없게 되었더라도 甲은 乙을 상대로 임대차계약의 해지 및 임차보증금 반환을 구할 수 없다.

③ 주택 경매절차에서 1순위 근저당권자보다 우선하는 주택임차인이 권리신고 및 배당요구를 하였으나 1순위 근저당 권자에게 작성해 준 무상거주확인서로 인하여 배당을 받지 못하게 된 경우, 주택임차인은 임차보증금반환채무를 인수하지 않을 것을 신뢰하면서 주택을 낙찰받은 매수인에게 주택임대차보호법상 대항력을 주장할 수 없다.

④ 확정판결에 기한 강제집행이 권리남용에 해당하여 이러한 강제집행에 대하여 청구이의의 소가 가능하다면 위 판결 금 채권을 피보전채권으로 하는 채권자취소권 행사 등 판결금 채권에 기초한 다른 권리의 행사까지 금지된다.

해설

① [○] 경제상황 등의 변동으로 당사자에게 손해가 생기더라도 합리적인 사람의 입장에서 사정변경을 예견할 수 있었다면 사정변경을 이유로 계약을 해제할 수 없다. 특히 계속적 계약에서는 계약의 체결시와 이행시 사이에 간극이 크기 때문에 당사자들이 예상할 수 없었던 사정변경이 발생할 가능성이 높지만, 이러한 경우에도 위 계약을 해지하려면 경제적 상황의 변화로 당사자에게 불이익이 발생했다는 것만으로는 부족하고 위에서 본 요건을 충족하여야 한다(대판 2017.6.8. 2016다249557).

② [×] 계약 성립의 기초가 된 사정이 현저히 변경되고, 당사자가 계약의 성립 당시 이를 예견할 수 없었으며, 그로 인하여 계약을 그대로 유지하는 것이 당사자의 이해에 중대한 불균형을 초래하거나 계약을 체결한 목적을 달성할 수 없는 경우에는 계약준수 원칙의 예외로서 사정변경을 이유로 계약을 해제하거나 해지할 수 있다(대판 2020.12.10. 2020다254846).

> **비교판례** A(지방자치단체)는 개발제한구역으로 지정된 그 소유 X토지가 해제되자 이를 공개매각하게 되었고, 위 토지상에 음식점을 건축 운영하려는 B가 1999.10.29. 이를 대금 134,000,000원에 낙찰받아 그 소유권이전등기를 마쳤다. 그런데 위 공개입찰에서는 '매각재산이 공부와 일치하지 않거나 행정상의 제한이 있더라도 A는 책임을 지지 않는다.'는 내용이 공고되었고, 또 이러한 내용이 B와의 매매계약에도 명시된 바 있었다. 그 후 A는 도시계획정비를 하면서 위 토지를 포함한 34필지에 대해 건축개발을 할 수 없는 공공용지로 정하기로 하고, 주민들의 의견을 수렴하는 절차를 거쳐 2002.4.29. 공공용지로 결정을 하였다.
>
> ▶ 대판 2007.3.29. 2004다31302 判例에 따르면 X토지상의 건축가능 여부는 매수인 B가 X토지를 매수하게 된 주관적인 목적에 불과할 뿐 매매계약의 성립에 있어 기초가 되었다고 보기 어렵다 할 것이므로, 매매계약 후 X토지가 공공용지에 편입됨으로써 매수인이 의도한 건축이 불가능하게 되었다 하더라도 이러한 사정변경은 매매계약을 해제할 만한 사정변경에 해당한다고 할 수 없다고 하였다.

③ [○] 주택임차인이 주택에 관하여 개시된 경매절차에서 임차보증금 액수, 주택인도일, 주민등록일(전입신고일), 임대차계약서상 확정일 자 등 대항력 및 우선변제권 관련 사항을 밝히고 권리신고 및 배당요구를 한 경우 그 내용은 매각물건명세서에 기재되어 공시되므로, 매수희망자는 보통 이를 기초로 매각기일에 신고할 매수가격을 정하게 된다. 따라서 주택 경매절차의 매수인이 권리신고 및 배당요구를 한 주택임차인의 배당순위가 1순위 근저당권자보다 우선한다고 신뢰하여 임차보증금 전액이 매각대금에서 배당되어 임차보증금반환채무를 인수하지 않는다는 전제 아래 매수가격을 정하여 낙찰을 받아 주택에 관한 소유권을 취득하였다면, 설령 주택임차인이 1순위 근저당권 자에게 무상거주확인서를 작성해 준 사실이 있어 임차보증금을 배당받지 못하게 되었다고 하더라도, 그러한 사정을 들어 주택의 인도를 구하는 매수인에게 주택임대차보호법상 대항력을 주장하는 것은 신의칙에 위반되어 허용될 수 없다(대판 2017.4.7. 2016다248431).

> **쟁점정리** 묵비 또는 묵인행위와 금반언
>
> 1. 경매가 무효임을 알고 있는 권리자가 경매를 방치하다가 후에 경매의 무효를 주장하는 것 등은 신의칙에 반한다(대판 1993.12.24. 93다42603).
> 2. 대항력 있는 임차인이나 전세권자가 권리가 없다고 확인을 해준 후 나중에 권리를 주장하는 것 등은 신의칙에 반한다(대판 1997.6.27. 97다12211).

④ [○] 권리남용 - 실체적 권리관계에 배치되는 확정판결의 집행
소송당사자가 불법한 수단으로 법원과 상대방을 속여 부정한 내용의 확정판결을 취득한 경우('사위판결 또는 편취판결') 그 구제수단으 로 ㉠ 소송법적 구제수단인 추후보완상소(민사소송법 제173조) 또는 재심의 소(민사소송법 제451조 제1항)와 ㉡ 집행법적 구제수단 인 권리남용을 이유로 하는 청구이의의 소(민사집행법 제44조 제2항)가 있다. ㉢ 실체법상의 구제수단과 관련하여 判例에 따르면 확정판결에 기한 집행이 권리남용에 해당하여 청구이의의 소에 의하여 집행의 배제를 구할 수 있는 정도의 경우라면 그러한 판결금 채권에 기초한 다른 권리의 행사, 예를 들어 판결금 채권을 피보전채권으로 하여 채권자취소권을 행사하는 것 등도 허용될 수 없다고 한다(대판 2014.2.21. 2013다75717).

정답 | ②

제2관 권리남용금지의 원칙

⊕ 핵심정리 권리남용금지의 법칙

1. 신의칙

(1) 법적 성질

신의성실의 원칙은 강행법규적 성질을 가지므로 당사자의 주장이 없더라도 법원이 '직권'으로 그 위반 여부를 판단할 수 있다(94다42129).

(2) 파생원칙(← 구체적 타당성 확보를 위한 보충적인 법리: 최후의 항변수단)

① 권리남용금지의 원칙(← 권리행사의 자유), ② 실효의 원칙(← 소멸시효, 제척기간), ③ 사정변경의 원칙(← 계약준수의 원칙), ④ 자기모순금지의 원칙(← 합법성의 원칙)

2. 권리남용의 요건

(1) 객관적 요건

① 권리의 행사와 ② 실질적인 신의칙의 위반이 있어야 하는바, 특히 判例는 토지소유자의 지상물철거청구가 권리남용인지를 판단하는 기준과 관련하여 ⅰ) 지상물 소유자와 토지소유자의 이익형량 ⅱ) 토지소유자의 전략적 행동의 유무, ⅲ) 지상물 소유자의 귀책성 등을 고려한다.

(2) 주관적 요건(가해의사의 요부)

1) 지상물철거청구

判例는 일관된 입장을 보이고 있지 않으나 기본적으로 주관적 요건을 고려하여 판단한다. 다만 최근에는 "주관적 요건은 권리자의 정당한 이익 결여라는 객관적 사정에 의하여 추인될 수 있다."라고 판시함으로써 주관적 요건을 완화하는 경향이다.

2) 소유권 아닌 다른 권리의 행사

이 경우 判例는 권리남용의 요건으로서 주관적 요건이 반드시 필요한 것은 아니라고 한다. 이때에는 그 제도의 취지에 비추어 이를 악용하는 경우 권리남용에 해당하는 것으로 본다. 즉, ① 주로 자기 채무의 이행만을 회피하기 위한 수단으로 동시이행의 항변권을 행사하는 경우에는 그 항변권의 행사는 권리남용으로서 배척된다고 하고(91다29972), ② 상계할 목적으로 부도가 난 채권자의 어음을 헐값으로 매입한 뒤 자신의 채무와 상계하는 것은 상계제도의 목적이나 기능을 일탈하여 상계에 관한 권리를 남용하는 것으로서, 이 경우 주관적 요건은 필요하지 않다고 한다(2002다59481).

3. 권리남용의 효과

(1) 정상적인 권리행사에 따르는 법적 효과의 불발생

(2) 상대방의 부당이득 반환 또는 불법행위 책임 성부

권리남용의 경우에도 권리자는 권리 자체가 상실되는 것은 아니므로 상대방의 침해로 입은 손해에 대해서는 부당이득반환청구를 할 수 있다(제741조). ① 예를 들어 지상물 철거 청구의 경우 지상물 소유자는 토지 위에 지상물을 소유하는 한 계속해서 차임 상당의 부당이득금을 지급해야 하므로 토지의 소유자에게 토지에 관한 용익권의 설정을 청구할 수 있으며 토지소유자는 신의칙상 승낙의무가 있다. ② 그리고 상대방의 침해가 불법행위를 구성하는 경우에는 권리자는 손해배상을 청구할 수 있다(제750조).

4. 권리남용을 부정한 판례와 긍정한 판례

(1) 토지소유권에 기한 건물철거청구(지상물 철거청구의 남용)

토지소유자가 토지 상공에 '송전선'이 설치되어 있는 사정을 알면서 그 토지를 취득한 후 13년이 경과한 때 송전선의 철거를 구한 사안에서, 한전의 송전선 설치에 따른 토지이용권 확보나 적절한 보상이 현재까지 없는 점과 토지소유자가 비록 위 토지를 농지로만 이용하여 왔다고 하더라도 토지소유권의 행사에 아무런 장애가 없다고 할 수는 없다는 이유로, 위 청구가 권리남용에 해당하지 않는다고 하였다(94다54283).

(2) 실체적 권리관계에 배치되는 확정판결의 집행

소송당사자가 불법한 수단으로 법원과 상대방을 속여 부정한 내용의 확정판결을 취득한 경우('사위판결 또는 편취판결') 실체법상의 구제수단과 관련하여 判例에 따르면 확정판결에 기한 집행이 권리남용에 해당하여 청구이의의 소에 의하여 집행의 배제를 구할 수 있는 정도의 경우라면 그러한 판결금 채권에 기초한 다른 권리의 행사, 예를 들어 판결금 채권을 피보전채권으로 하여 채권자취소권을 행사하는 것 등도 허용될 수 없다고 한다(2013다75717). 다만 확정판결에 기한 강제집행이 경료된 경우에, 그 확정판결이 취소되지 않은 이상 부당이득의 성립은 부정되며(99다32905), 불법행위에 기한 손해배상청구도 예외적으로만 인정된다(95다21808).

13 권리남용에 관한 설명으로 옳지 않은 것은? (다툼이 있으면 판례에 따름) [21행정사]

① 확정판결에 따른 강제집행도 특별한 사정이 있으면 권리남용이 될 수 있다.

② 주로 자기의 채무 이행만을 회피할 목적으로 동시이행항변권을 행사하는 경우에 그 항변권의 행사는 권리남용이 될 수 있다.

③ 권리남용이 인정되기 위해서는 권리행사로 인한 권리자의 이익과 상대방의 불이익 사이에 현저한 불균형이 있어야 한다.

④ 권리남용이 불법행위가 되어 발생한 손해배상청구권은 1년의 단기소멸시효가 적용된다.

⑤ 토지소유자의 건물철거청구가 권리남용으로 인정된 경우라도 토지소유자는 그 건물의 소유자에 대해 그 토지의 사용대가를 부당이득으로 반환청구할 수 있다.

해설

① [○] 소송당사자가 허위의 주장으로 법원을 기망하고 상대방의 권리를 해할 의사로 상대방의 소송관여를 방해하는 등 부정한 방법으로 실체의 권리관계와 다른 내용의 확정판결을 취득하여 그 판결에 기하여 '강제집행'을 하는 것은 정의에 반하고 사회생활상 도저히 용인될 수 없는 것이어서 권리남용에 해당한다(대판 2001.11.13. 99다32905).

② [○] 일반적으로 동시이행의 관계가 인정되는 경우에 그러한 항변권을 행사하는 자의 상대방이 그 동시이행의 의무를 이행하기 위하여 과다한 비용이 소요되거나 또는 그 의무의 이행이 실제적으로 어려운 반면 그 의무의 이행으로 인하여 항변권자가 얻는 이득은 별달리 크지 아니하여 동시이행의 항변권의 행사가 주로 자기 채무의 이행만을 회피하기 위한 수단이라고 보여지는 경우에는 그 항변권의 행사는 권리남용으로서 배척되어야 할 것이다(대판 2001.9.18. 2001다9304).

③ [○] 권리행사가 그 권리의 정당한 이익을 결여하거나 사회질서에 위반하여야 하는바, 권리행사자의 이익과 그로 인해 침해되는 상대방의 이익과의 현저한 불균형이 있어야 한다. 그러나 그러한 사정만으로는 이를 권리남용이라고 할 수 없다(대판 2006.11.23. 2004다44285)(고압송전탑과 고압송전선이 설치된 사정을 알면서도 그 토지를 취득하여 전원주택분양사업을 추진한 토지소유자들의 위 송전탑 등의 철거청구가 권리남용에 해당하지 않는다고 한 사례).

④ [×] 불법행위로 인한 손해배상청구권은 피해자나 그 법정대리인이 그 '손해 및 가해자를 안 날'로부터 3년, '불법행위를 한 날'로부터 10년간 행사하지 아니하면 시효로 인하여 소멸한다(제766조 제1항·제2항).

⑤ [○] 권리남용의 경우에도 권리자는 권리 자체가 상실되는 것은 아니므로 상대방의 침해로 입은 손해에 대해서는 부당이득반환 청구를 할 수 있다(제741조).

관련판례 지상물철거청구의 경우 토지소유자의 권리행사가 권리남용이라고 하더라도 상대방인 지상물 소유자에게 토지를 무상으로 사용·수익할 수 있는 권원이 생기는 것이 아니다. 따라서 지상물 소유자는 토지 위에 지상물을 소유하는 한 계속해서 차임 상당의 부당이득금을 지급해야 하므로 토지의 소유자에게 토지에 관한 용익권(지상권 또는 임차권)의 설정을 청구할 수 있으며 토지소유자는 '신의칙상' 승낙의무가 있다(대판 1992.11.10. 92다20170 참고).

정답 | ④

14 신의성실의 원칙(신의칙) 및 권리남용에 관한 설명으로 옳은 것은? (다툼이 있으면 판례에 따름) [21세무사]

① 법정대리인의 동의 없이 신용구매계약을 체결한 미성년자가 사후에 법정대리인의 동의 없음을 이유로 이를 취소하는 것은 신의칙에 위배되지 않는다.

② 채무자의 소멸시효에 기한 항변권의 행사는 신의칙의 지배를 받지 않는다.

③ 신의칙은 당사자의 주장이 없으면 법원이 직권으로 판단할 수 없다.

④ 권리의 행사에 의하여 얻는 이익보다 상대방에게 발생할 손해가 현저히 크다는 사정만으로도 권리남용이 된다.

⑤ 채권자가 유효하게 성립한 계약에 따른 급부의 이행을 청구하는 때에 법원이 신의칙에 따라 급부의 일부를 감축하는 것은 원칙적으로 허용된다.

해설

① [○] 미성년자의 법률행위에 법정대리인의 동의를 요하도록 하는 것은 강행규정이므로 법정대리인의 동의 없이 신용구매계약을 체결한 미성년자가 나중에 법정대리인의 동의 없음을 이유로 취소하는 것은 금반언에 반하지 않으므로 허용된다(제5조 제2항)(대판 2007.11.16. 2005다71659, 71666, 71673).

② [×] 소멸시효를 이유로 한 항변권의 행사도 민법의 대원칙인 신의성실의 원칙과 권리남용금지의 원칙의 지배를 받는 것이어서 채무자가 소멸시효 완성 후 시효를 원용하지 아니할 것 같은 태도를 보여 권리자로 하여금 이를 신뢰하게 하였고, 채무자가 그로부터 권리행사를 기대할 수 있는 상당한 기간 내에 자신의 권리를 행사하였다면, 채무자가 소멸시효 완성을 주장하는 것은 신의성실 원칙에 반하는 권리남용으로 허용될 수 없다(대판 2013.5.16. 전합 2012다202819).

③ [×] 신의성실의 원칙은 강행법규적 성질을 가지므로 당사자의 주장이 없더라도 법원이 직권으로 그 위반 여부를 판단할 수 있다(대판 1995.12.22. 94다42129).

④ [×] 권리행사가 그 권리의 정당한 이익을 결여하거나 사회질서에 위반하여야 하는바, 권리행사자의 이익과 그로 인해 침해되는 상대방의 이익과의 현저한 불균형이 있어야 한다. 그러나 그러한 사정만으로는 이를 권리남용이라고 할 수 없다(대판 2006.11.23. 2004다44285)(고압송전탑과 고압송전선이 설치된 사정을 알면서도 그 토지를 취득하여 전원주택분양사업을 추진한 토지소유자들의 위 송전탑 등의 철거청구가 권리남용에 해당하지 않는다고 한 사례).

⑤ [×] 일단 유효하게 성립한 계약상의 책임을 공평의 이념 및 신의칙과 같은 일반원칙에 의하여 제한하는 것은 자칫하면 사적 자치의 원칙이나 법적 안정성에 대한 중대한 위협이 될 수 있으므로 신중을 기하여 극히 예외적으로 인정하여야 한다(대판 2015.10.15. 2012다64253). 따라서 채권자가 유효하게 성립한 계약에 따른 급부의 이행을 청구하는 경우, 법원이 급부의 일부를 감축하는 것은 원칙적으로 허용되지 않는다(대판 2016.12.1. 2016다240543).

[관련판례] 변호사의 소송위임 사무처리 보수에 관하여 변호사와 의뢰인 사이에 약정이 있는 경우 위임사무를 완료한 변호사는 원칙적으로 약정 보수액 전부를 청구할 수 있다. 다만, 약정 보수액이 부당하게 과다하여 신의성실의 원칙이나 형평의 관념에 반한다고 볼 만한 특별한 사정이 있는 경우에는 예외적으로 적당하다고 인정되는 범위 내의 보수액만을 청구할 수 있다(대판 2018.5.17. 전합 2016다35833).

정답 | ①

15 신의성실이나 권리남용금지의 원칙에 관한 설명으로 옳지 않은 것은? (다툼이 있으면 판례에 따름) [23세무사]

① 법정대리인의 동의 없이 신용구매계약을 체결한 미성년자는 그 동의 없음을 이유로 계약을 취소할 수 있다.

② 변호사의 소송위임에 관한 약정 보수액이 부당하게 과다하여 신의성실의 원칙에 반하는 경우, 적당한 범위 내로 제한된다.

③ 공중의 통행에 공용되는 도로 부지의 소유자는 그 도로를 점유·관리하는 지방자치단체를 상대로 도로의 철거를 청구할 수 있다.

④ 신의성실 원칙의 위반과 권리의 남용은 법원의 직권조사사항이다.

⑤ 숙박업자는 고객의 안전을 배려하여야 할 신의칙상 보호의무를 부담한다.

해설

① [○] 미성년자의 법률행위에 법정대리인의 동의를 요하도록 하는 것은 강행규정이므로 법정대리인의 동의 없이 신용구매계약을 체결한 미성년자가 나중에 법정대리인의 동의 없음을 이유로 취소하는 것은 금반언에 반하지 않으므로 허용된다(제5조 제2항)(대판 2007.11.16. 2005다71659, 71666, 71673). 다만, 제17조의 속임수를 쓴 경우는 취소권이 배제된다.

② [○] 변호사의 소송위임사무처리에 대한 보수에 관하여 당사자 사이에 약정이 있는 경우 위임사무를 종료한 변호사는 약정보수액 전액의 지급을 청구할 수 있다. 다만 의뢰인과의 평소 관계, 사건 수임 경위, 사건처리 경과와 난이도, 노력의 정도, 소송물 가액, 의뢰인이 승소로 인하여 얻게 된 구체적 이익, 그 밖에 변론에 나타난 여러 사정을 고려하여, 약정 보수액이 부당하게 과다하여 신의성실의 원칙이나 형평의 관념에 반한다고 볼 만한 특별한 사정이 있는 경우에는 예외적으로 적당하다고 인정되는 범위 내의 보수액만을 청구할 수 있다(대판 2018.10.25. 2017다287648, 287655).

③ [×] 어떤 토지가 그 개설경위를 불문하고 일반 공중의 통행에 공용되는 도로, 즉 공로가 되면 그 부지의 소유권 행사는 제약을 받게 되며, 이는 소유자가 수인하여야만 하는 재산권의 사회적 제약에 해당한다. 따라서 공로 부지의 소유자가 이를 점유·관리하는 지방자치단체를 상대로 공로로 제공된 도로의 철거, 점유 이전 또는 통행금지를 청구하는 것은 법질서상 원칙적으로 허용될 수 없는 '권리남용'이라고 보아야 한다(대판 2021.10.14. 2021다242154).

④ [○] 신의성실의 원칙은 강행법규적 성질을 가지므로 당사자의 주장이 없더라도 법원이 '직권'으로 그 위반 여부를 판단할 수 있다(대판 1995.12.22. 94다42129).

⑤ [○] 숙박업자는 통상의 임대차와 같이 단순히 여관 등의 객실 및 관련 시설을 제공하여 고객으로 하여금 이를 사용·수익하게 할 의무를 부담하는 것에서 한 걸음 더 나아가 고객에게 위험이 없는 안전하고 편안한 객실 및 관련 시설을 제공함으로써 고객의 안전을 배려하여야 할 보호의무를 부담하며 이러한 의무는 숙박계약의 특수성을 고려하여 신의칙상 인정되는 부수적인 의무로서 숙박업자가 이를 위반하여 고객의 생명·신체를 침해하여 투숙객에게 손해를 입힌 경우 불완전이행으로 인한 채무불이행책임을 부담하고, 이 경우 피해자로서는 구체적 보호의무의 존재와 그 위반 사실을 주장·입증하여야 하며 숙박업자로서는 통상의 채무불이행에 있어서와 마찬가지로 그 채무불이행에 관하여 자기에게 과실이 없음을 주장·입증하지 못하는 한 그 책임을 면할 수는 없다(대판 2000.11.24. 2000다38718, 38725).

정답 | ③

16 신의칙 내지 권리남용금지에 관한 설명으로 옳지 않은 것은? (다툼이 있으면 판례에 의함) [18소방간부]

① 신의칙은 채권관계뿐만 아니라 물권관계나 가족관계에도 적용될 수 있다.

② 계약 체결 전 교섭단계에서도 당사자들은 신의칙에 기하여 일정한 주의의무를 부담할 수 있다.

③ 신의칙에 반하는 것은 강행규정에 위배되는 것으로서 당사자의 주장이 없더라도 법원이 직권으로 판단할 수 있다.

④ 권리행사가 남용으로 인정되면 권리행사의 효과가 발생하지 않으며, 남용으로 타인에게 손해가 발생하면 손해배상책임을 지게 된다.

⑤ 강행규정에 위반된다는 사실을 알면서 스스로 그러한 행위를 한 당사자가 그 후에 자신의 행위가 강행규정에 위반됨을 이유로 무효라고 주장하는 것은 신의칙에 반하여 허용되지 않는다.

해설

① [○] 민법뿐 아니라 상법, 공법 및 소송법에도 적용되고 있으나, 채권법에서 가장 중시된다.

② [○] 계약 체결 전 교섭단계에서도 당사자들은 신의칙에 기한 부수적 주의의무로서 설명의무·고지의무 등을 부담할 수 있다(대판 2014.7.24. 2013다97076).

③ [○] 신의성실의 원칙은 강행법규적 성질을 가지므로 당사자의 주장이 없더라도 법원이 '직권'으로 그 위반 여부를 판단할 수 있다(대판 1995.12.22. 94다42129).

④ [○] 권리행사 남용으로 인정되는 경우 ⅰ) 구체적 효과는 권리의 종류에 따라 달라지게 된다. 예컨대 청구권이라면 법이 이에 조력하지 않아 청구기각의 판결을 받게 되고, 형성권이라면 본래 발생해야 할 법률관계의 변동이 생기지 않을 것이다. ⅱ) 위법성이 있으므로 만약 권리남용의 결과 타인에게 손해가 발생한 경우에는 손해배상책임을 질 수도 있다(대판 1964.7.14. 64아4).

⑤ [×] 신의칙의 적용으로 '강행법규의 입법취지를 완전히 몰각시키는 결과'를 가져온다면 신의칙의 적용은 허용되지 않는다. 즉, 강행법규에 위배되어 무효인 계약을 그러한 사정을 알면서도 체결한 자가 나중에 그 계약이 강행법규에 위배되어 무효임을 주장하는 것을 금반언을 이유로 배척한다면(즉, 유효하게 된다면) 강행법규가 금지하고자 하는 결과를 방치하게 되어 강행법규의 취지에 어긋나는 문제가 있기 때문에, 대법원은 원칙적으로 이러한 주장도 허용된다고 한다(대판 1993.12.24. 93다44319 등).

정답 | ⑤

17 권리남용에 관한 설명으로 옳지 않은 것은? (다툼이 있으면 판례에 따름)

① 소유권의 행사가 권리남용이 되기 위해서는, 권리행사의 목적이 오직 상대방에게 고통을 주고 손해를 입히려는데 있을 뿐, 행사하는 사람에게 아무런 이익이 없는 경우이어야 한다.

② 권리의 행사에 의하여 얻는 이익보다 상대방이 잃을 손해가 현저히 크다는 사정만으로는 권리남용이라고 할 수 없다.

③ 권리남용의 주관적 요건은 권리자의 정당한 이익을 결여한 권리행사로 보이는 객관적 사정에 의하여 추인할 수 있다.

④ 토지소유권 침해를 이유로 하는 건물철거청구가 권리남용이 되는 한, 토지소유자(※ 실제는 '건물소유자'로 출제되었으나 문제오류임)는 그 토지의 사용에 대하여 부당이득의 반환을 청구하지 못한다.

⑤ 채무자가 상계할 목적으로 부도가 난 채권자가 발행한 어음을 헐값으로 매입하여 자신의 채무와 상계하는 경우, 주관적 요건이 없어도 권리남용이 인정된다.

해설

①③ [O] 判例는 일관된 입장을 보이고 있지 않으나 기본적으로 주관적 요건(가해의사: 상대방에게 고통을 주고 손해를 입히려는 의사)을 고려하여 판단한다. 다만, 최근에는 "주관적 요건은 권리자의 정당한 이익 결여라는 객관적 사정에 의하여 추인될 수 있다."(대판 1993.5.14. 93다4366 등)라고 판시함으로써 주관적 요건을 완화하는 경향이다.

② [O] 권리행사가 그 권리의 정당한 이익을 결여하거나 사회질서에 위반하여야 하는바, 권리행사자의 이익과 그로 인해 침해되는 상대방의 이익과의 현저한 불균형이 있어야 한다. 그러나 그러한 사정만으로는 이를 권리남용이라고 할 수 없다(대판 2006.11.23. 2004다44285)(고압송전탑과 고압송전선이 설치된 사정을 알면서도 그 토지를 취득하여 전원주택분양사업을 추진한 토지소유자들의 위 송전탑 등의 철거청구가 권리남용에 해당하지 않는다고 한 사례).

④ [×] 권리남용의 경우에도 권리자는 권리 자체가 상실되는 것은 아니므로 상대방의 침해로 입은 손해에 대해서는 부당이득반환 청구를 할 수 있다(제741조). 예를 들어 지상물철거청구의 경우 토지소유자의 권리행사가 권리남용이라고 하더라도 상대방인 지상물 소유자에게 토지를 무상으로 사용·수익할 수 있는 권원이 생기는 것이 아니다. 따라서 지상물 소유자는 토지 위에 지상물을 소유하는 한 계속해서 차임 상당의 부당이득금을 지급해야 하므로 토지의 소유자에게 토지에 관한 용익권(지상권 또는 임차권)의 설정을 청구할 수 있으며 토지소유자는 '신의칙상' 승낙 의무가 있다(대판 1992.11.10. 92다20170 참고).

⑤ [O] 당사자가 상계의 대상이 되는 채권이나 채무를 취득하게 된 목적과 경위, 상계권을 행사함에 이른 구체적·개별적 사정에 비추어, 그것이 위와 같은 상계 제도의 목적이나 기능을 일탈하고, 법적으로 보호받을 만한 가치가 없는 경우에는, 그 상계권의 행사는 신의칙에 반하거나 상계에 관한 권리를 남용하는 것으로서 허용되지 않는다고 함이 상당하고, 상계권 행사를 제한하는 위와 같은 근거에 비추어 볼 때 일반적인 권리남용의 경우에 요구되는 주관적 요건을 필요로 하는 것은 아니다(대판 2003.4.11. 2002다59481).

정답 | ④

제3관 실효의 원칙

⊕ 핵심정리 실효의 원칙

1. 실효의 원칙의 요건(상, 새, 정)

ⅰ) 권리자가 상당한 기간 동안 권리를 행사하지 않다가 후에 새삼스럽게 권리를 행사하였을 것, ⅱ) 권리자가 더 이상 권리를 행사하지 않을 것이라고 믿을 만한 정당한 사유가 있을 것을 요한다.

2. 실효의 원칙의 효과

실효의 원칙의 요건이 충족되면 권리행사는 권리남용이 되어 허용되지 않으며 반사적 효과로서 상대방은 의무를 면한다. 구체적 효과는 권리남용의 일반적인 효과에 따르므로 '권리 자체'가 소멸하는 것이 아니라 '권리의 행사'만을 허용하지 않는다.

3. 실효의 원칙의 적용범위와 한계

(1) 물권(소유권)(원칙적 소극)

소유권과 같은 배타적·항구적 권리에 관해서는 그 권리의 본질과 배치되지 않는 한도에서만 인정될 수 있다는 점 등을 이유로 判例는 소유권 및 그에 기한 물권적 청구권에 대하여 권리가 실효되었다고 인정한 경우는 사실상 없다(94다54283 참고).

(2) 친족법상의 권리(원칙적 소극)

① 判例는 상속재산에 대한 이해관계를 위해 신분관계를 바로잡을 목적으로 검사를 상대로 인지청구의 소를 제기한 경우, 인지청구권(제863조)은 포기할 수 없는 권리라는 이유로 실효의 법리는 적용되지 않는다고 한다(2001므1353). ② 중혼의 취소기간에는 특별한 제한이 없다(제810조, 제816조 제1호). 判例는 전혼이 사실상 파탄된 후 이혼하지 않고 이중호적을 이용하여 타인과 재혼을 함으로써 중혼이 된 사례에서, 원고가 중혼 성립 후 10여 년이 지난 후 혼인취소청구권을 행사한 경우, 실효의 법리는 부정하였으나, 혼인파탄 후의 중혼이어서 반사회적인 성질이 약한 점과 이미 배우자는 사망한 점, 중혼취소에 따른 중혼자의 피해가 매우 큰 점 등을 이유로 그 행사가 권리남용에 해당한다는 이유로 취소청구를 부정한 바 있다(92므907).

(3) 형성권(해제권)(적극: 제544조)

判例는 "ⅰ) 매도인은 발생한 해제권(제544조)을 무려 1년 4개월이나 '장기간' 행사하지 아니하고 ⅱ) 오히려 매매계약이 유효함을 전제로 잔존채무의 이행을 최고하여 매수인이 해제권이 행사되지 아니할 것으로 '신뢰'하였고, ⅲ) 매매대금 자체는 거의 전부가 지급된 점 등을 고려하면 그 후 매도인 측에서 새삼스럽게 위 해제권을 행사한다는 것은 신의성실의 원칙에 반하여 허용되지 아니한다."(94다12234)고 하여 민법에서 행사기간을 정하지 않은 '해제권은 10년의 제척기간'에 해당하여 장기간 법률관계가 불안하게 되는데, 실효의 법리를 통해 이러한 문제를 해결하고 있다(그러나 계약해제권이 실효되었더라도 다시 이행청구를 하면서 최고한 후 새로운 해제권에 기하여 해제하는 것은 가능하다).

---

18 권리실효에 관한 설명으로 옳지 않은 것은? (다툼이 있으면 판례에 따름) [19세무사]

① 종전 토지소유자의 권리 불행사라는 사정은 새로운 소유자에게 실효의 원칙을 적용함에 있어서 고려되지 않는다.

② 권리실효가 인정되기 위해서는 의무자인 상대방이 더 이상 권리자가 그 권리를 행사하지 아니할 것으로 믿을 만한 정당한 사유가 있어야 한다.

③ 소멸시효에 걸리지 않는 권리라도 권리실효가 인정되면 더 이상 권리를 행사할 수 없다.

④ 포기할 수 없는 권리도 권리실효는 인정될 수 있다.

⑤ 항소권과 같이 소송법상의 권리에도 실효의 원칙이 적용될 수 있다.

해설

①② [O] i) 장기간에 걸친 권리의 불행사, 물론 이때 종전 권리자의 권리 불행사에 따른 실효의 원칙은 그 권리를 취득한 새로운 권리자에게 적용되는 것은 아니다(대판 1995.8.25. 94다27069). ii) 권리자에게 권리행사의 기회가 있었음에도 권리를 행사하지 아니하였을 것(대판 1990.8.28. 90다카9619), iii) 의무자에게 이제는 권리자가 그 권리를 행사하지 아니할 것으로 믿을 만한 정당한 사유가 있을 것이다. 즉, 권리자가 장기간 권리를 행사하지 않았다는 사실만으로는 권리가 실효되는 것은 아니다.

③⑤ [O] 실효의 법리는 신의성실의 원칙에 바탕을 둔 파생원칙인 것이므로(대판 2005.7.15. 2003다46963) 법률관계의 무효확인의 경우처럼 소멸시효의 대상이 되지 않는 것, 소멸시효기간이나 제척기간이 정하여진 권리, 해제권과 같은 형성권(대판 1994.11.25. 94다12234), 민사법 분야뿐만 아니라 '항소권'과 같은 소송법상의 권리(대판 1996.7.30. 94다51840) 등에도 그 적용이 있다.

④ [×] 判例는 상속재산에 대한 이해관계를 위해 신분관계를 바로잡을 목적으로 검사를 상대로 인지청구의 소를 제기한 사례에서, 인지청구권(제863조)은 포기할 수 없는 권리라는 이유로 실효의 법리도 적용되지 않는다고 한다(대판 2001.11.27. 2001므1353).

정답 | ④

제4관 사정변경의 원칙

> ⊕ **핵심정리** 사정변경의 원칙
>
> **1. 일반원칙으로서의 사정변경원칙의 인정 여부**
>
> **(1) 일시적 계약관계의 경우**
>
> 과거에는 기본적으로 부정설의 입장이었으나, 최근 判例 중에는 "사정변경으로 인한 계약해제는 계약준수 원칙의 예외로서 인정된다."고 하여 사정변경의 원칙의 인정을 전제한 판결이 나와 주목받고 있다(2004다31302).
>
> **(2) 계속적 계약관계의 경우**
>
> 判例는 대표적으로 계속적 보증계약의 경우 사정변경을 이유로 '해지권'을 인정하거나 '책임제한'을 인정하고 있다.
>
> **2. 사정변경의 원칙의 요건**
>
> i) 법률행위 성립의 기초가 된 '객관적 사정'이 당사자가 예견하지 못했던 사유로 인해 '현저히 변경'되어, ii) 당초의 내용대로 그 효과를 강제하는 것이 당사자 일방에게 '명백하게 부당'하게 될 것을 요건으로 한다.
>
> **3. 사정변경의 원칙의 효과**
>
> i) 우선 법률행위의 보충적 해석을 통해 계약내용을 변화된 현실에 맞게 수정해 보아야 한다. ii) 계약의 수정이 불가능하거나 계약의 존속이 피해당사자에게 기대불가능할 때에는 계약을 소멸시킬 수 있는 해제권 또는 해지권이 발생한다.

19 사정변경의 원칙에 관한 설명으로 가장 적절한 것은? (다툼이 있으면 판례에 의함) [23법학경채]

① 사정변경의 원칙에서 말하는 '사정'이란 당사자들이 계약의 기초로 삼지 않은 사정이나 어느 일방 당사자가 변경에 따른 불이익이나 위험을 떠안기로 한 사정을 말한다.

② 경제상황 등의 변동으로 당사자에게 손해가 생기더라도 합리적인 사람의 입장에서 사정변경을 예견할 수 있었다면 사정변경을 이유로 계약을 해제하거나 해지할 수 있다.

③ 사정변경에 대한 예견가능성이 있었는지는 추상적·일반적으로 판단할 것이 아니라 구체적인 사안에서 계약의 유형과 내용, 당사자의 지위, 거래경험과 인식가능성, 사정변경의 위험이 크고 구체적인지 등 여러 사정을 종합적으로 고려하여 개별적으로 판단하여야 한다.

④ 이사의 지위에서 부득이 회사와 제3자 사이의 계속적 거래로 인한 회사의 채무에 대하여 보증인이 된 자가 퇴사한 경우에 그 자는 보증계약의 주채무가 퇴사 전에 확정된 때에도 사정변경을 이유로 그 보증계약을 해지할 수 있다.

해설

①② [×] 여기에서 말하는 사정이란 당사자들에게 계약성립의 기초가 된 사정을 가리키고, 당사자들이 계약의 기초로 삼지 않은 사정이나 어느 일방당사자가 변경에 따른 불이익이나 위험을 떠안기로 한 사정은 포함되지 않는다. 경제상황 등의 변동으로 당사자에게 손해가 생기더라도 합리적인 사람의 입장에서 사정변경을 예견할 수 있었다면 사정변경을 이유로 계약을 해제할 수 없다(대판 2017.6.8. 2016다249557).

③ [O] 사정변경에 대한 예견가능성이 있었는지는 추상적·일반적으로 판단할 것이 아니라, 구체적인 사안에서 계약의 유형과 내용, 당사자의 지위, 거래경험과 인식가능성, 사정변경의 위험이 크고 구체적인지 등 여러 사정을 종합적으로 고려하여 개별적으로 판단하여야 한다(대판 2021.6.30. 2019다276338).

④ [×] 그러나 사정변경을 이유로 보증계약을 해지할 수 있는 것은 포괄근보증이나 (보증한도액이나 보증기간을 정한) 한정근보증과 같이 채무액이 불확정적이고 계속적인 거래로 인한 채무에 대하여 보증한 경우에 한하고, 회사의 이사로 재직하면서 보증 당시 그 채무가 특정되어 있는 확정채무에 대하여 보증을 한 후 이사직을 사임하였다 하더라도 사정변경을 이유로 보증계약을 해지할 수 없다(대판 1994.12.27. 94다46008; 대판 2006.7.4. 2004다30675).

정답 | ③

---

20 신의성실의 원칙(이하 '신의칙')에 관한 설명으로 옳은 것만을 고른 것은? (다툼이 있으면 판례에 의함)

[20소방간부·19행정사·17행정사 변형]

> ㄱ. 계속적 보증에 있어서 신의칙을 근거로 보증인의 책임을 제한할 수 있다.
> ㄴ. 계약의 성립에 기초가 되지 아니한 사정이 현저히 변경되어 일방당사자가 계약목적을 달성할 수 없게 된 경우에는 특별한 사정이 없는 한 신의성실의 원칙상 계약을 해제할 수 있다.
> ㄷ. 이사가 회사 재직 중 회사의 확정채무를 보증한 후 사임한 경우에 사정변경을 이유로 보증계약을 해지할 수 있다.
> ㄹ. 대리권 없이 타인의 부동산을 매도한 자가 그 부동산을 상속한 후 소유자의 지위에서 자신의 매도행위가 무권대리로서 무효라고 주장하는 것은 신의칙상 허용되지 않는다.

① ㄱ, ㄴ　　　　　② ㄱ, ㄹ　　　　　③ ㄴ, ㄷ
④ ㄴ, ㄹ　　　　　⑤ ㄷ, ㄹ

해설

ㄱ. [O] 일반적으로 계속적 보증계약에 있어서 보증인의 부담으로 돌아갈 주채무의 액수가 보증인이 보증 당시에 예상하였거나 예상할 수 있었던 범위를 훨씬 상회하고, 그 같은 주채무 과다 발생의 원인이 채권자가 주채무자의 자산상태가 현저히 악화된 사실을 익히 알거나 중대한 과실로 알지 못한 탓으로 이를 알지 못하는 보증인에게 아무런 통보나 의사타진도 없이 고의로 거래규모를 확대함에 비롯되는 등 신의칙에 반하는 사정이 인정되는 경우에 한하여 보증인의 책임을 합리적인 범위 내로 제한할 수 있다(대판 2005.10.27. 2005다35554).

ㄴ. [×] 계약의 성립에 기초가 되지 아니한 사정이 그 후 변경되어 일방당사자가 계약 당시 의도한 계약목적을 달성할 수 없게 됨으로써 손해를 입게 되었다 하더라도 특별한 사정이 없는 한 그 계약 내용의 효력을 그대로 유지하는 것이 신의칙에 반한다고 볼 수도 없다(대판 2007.3.29. 2004다31302).

ㄷ. [×] 사정변경을 이유로 보증계약을 해지할 수 있는 것은 포괄근보증이나 (보증한도액이나 보증기간을 정한) 한정근보증과 같이 채무액이 불확정적이고 계속적인 거래로 인한 채무에 대하여 보증한 경우에 한하고, 회사의 이사로 재직하면서 보증 당시 그 채무가 특정되어 있는 확정채무에 대하여 보증을 한 후 이사직을 사임하였다 하더라도 사정변경을 이유로 보증계약을 해지할 수 없다(대판 1994.12.27. 94다46008; 대판 2006.7.4. 2004다30675).

ㄹ. [O] 상대방이 선의·무과실인 경우는 무권대리인이 본인의 상속인 지위에서 추인거절권을 행사하는 것은 금반언의 원칙에 반하나(대판 1994.9.27. 94다20617), 상대방이 악의인 경우는 추인거절권을 행사할 수 있다(대판 1992.4.28. 91다30941; 제130조 참조).

정답 | ②

제5관 자기모순금지의 원칙

⊕ **핵심정리** 자기모순금지의 원칙

1. 금반언의 요건 및 효과

① ⅰ) 모순되는 행위와 그에 대한 귀책 및 ⅱ) 선행행위에 의하여 야기된 상대방의 보호가치 있는 신뢰가 '상관적'으로 고려되어야 한다. ② 금반언의 요건을 충족하면 선행행위와 모순되는 후행행위의 효력이 부인된다.

2. 금반언의 적용을 부정한 판례

(1) 강행규정의 입법취지를 완전히 몰각시키는 결과를 가져오는 경우

判例는 신의칙의 적용으로 '강행법규의 입법취지를 완전히 몰각시키는 결과'를 가져온다면 신의칙의 적용은 허용되지 않는다고 본다. 아울러 강행법규 위반에 따른 '손해배상을 청구'하는 것이 강행법규의 입법취지를 몰각시키는 결과를 초래할 경우에는 그러한 청구 역시 허용될 수 없다고 한다(2016다203551).

1) 국토의 계획 및 이용에 관한 법률

강행규정인 (구)국토이용관리법에 의한 토지거래허가 없이 토지를 매도한 후 동법 위반을 이유로 무효를 주장하는 것을 신의칙 위반이라는 이유로 허용하지 않는다면, 투기거래 방지라는 동법의 입법취지를 완전히 몰각시키는 결과가 되므로 특단의 사정이 없는 한 그러한 주장은 금반언에 반하지 않으므로 허용된다(93다44319).

2) 제한능력

미성년자의 법률행위에 법정대리인의 동의를 요하도록 하는 것은 강행규정이므로 법정대리인의 동의 없이 신용구매계약을 체결한 미성년자가 나중에 동의 없음을 이유로 취소하는 것은 금반언에 반하지 않으므로 허용된다(2005다71659).

3) 이해상반행위

강행법규인 제921조에 위배되는 상속재산 분할협의에 참가한 후 나중에 무효라고 주장하더라도 상대방이 위 상속재산 분할협의가 유효하다고 믿은 것은 정당하다고 할 수 없어 위 무효주장을 모순행위금지의 원칙에 반하는 것이라고 할 수 없다(2007다17482).

4) 상속포기

상속의 승인·포기는 상속개시 후에만 가능하다. 따라서 상속의 사전포기는 무효로서, "상속인 중의 1인이 피상속인의 '생존시'에 피상속인에 대하여 상속을 포기하기로 약정하였다고 하더라도, '상속개시 후' 민법이 정하는 절차와 방식(제1019조, 제1041조)에 따라 상속포기를 하지 아니한 이상, 상속개시 후에 자신의 상속권을 주장하는 것은 정당한 권리행사로서 권리남용에 해당하거나 또는 신의칙에 반하는 권리의 행사라고 할 수 없다."(98다9021)라고 한다.

(2) 의사무능력

무효주장이 거래관계에 있는 당사자의 신뢰를 배신하고 정의의 관념에 반하는 예외적인 경우에 해당하지 않는 한(정형적·대량적 거래), 의사무능력자에 의하여 행하여진 법률행위의 무효를 주장하는 것은 금반언에 반하지 않으므로 허용된다(2004다51627)고 한다.

21 신의성실의 원칙에 대한 설명 중 가장 적절하지 않은 것은? (다툼이 있는 경우 판례에 의함) [20법학경채]

① 계약 해제의 원인이 된 채무불이행에 관하여 해제자가 그 원인의 일부를 제공하였다는 등의 사유가 있다면 신의칙 또는 공평의 원칙에 따라 과실상계에 준하여 원상회복청구권의 내용이 제한될 수 있다.

② 대리권한 없이 타인의 부동산을 매도한 자가 그 부동산을 상속한 후 소유자의 지위에서 자신의 매도행위가 무권대리로서 무효라고 주장하는 것은 신의칙상 허용될 수 없다.

③ 취득시효 완성 후 그 사실을 모르고 당해 토지에 관하여 어떠한 권리도 주장하지 않기로 하였는데, 이에 반하여 시효 주장을 하는 것은 특별한 사정이 없는 한 신의칙상 허용되지 않는다.

④ 소멸시효 완성 전에 객관적으로 권리를 행사할 수 없는 사실상의 장애사유가 있어 권리행사를 기대할 수 없는 특별한 사정이 있는 경우에 채무자가 소멸시효의 완성을 주장하는 것은 신의성실의 원칙에 반하는 권리남용으로서 허용될 수 없다.

해설

① [×] 계약의 해제로 인한 원상회복청구권에 대하여 해제자가 해제의 원인이 된 채무불이행에 관하여 '원인'의 일부를 제공하였다는 등의 사유를 내세워 신의칙 또는 공평의 원칙에 기하여 일반적으로 손해배상에 있어서의 과실상계에 준하여 권리의 내용이 제한될 수 있다고 하는 것은 허용되어서는 아니 된다(대판 2014.3.13. 2013다34143).
   ▶ '과실상계'는 채무불이행에 따른 손해배상청구 또는 불법행위에 따른 손해배상청구에만 적용되는 법리이다(제396조, 제763조).

② [○] 상대방이 선의·무과실인 경우는 무권대리인이 본인의 상속인 지위에서 추인거절권을 행사하는 것은 금반언의 원칙에 반하나(대판 1994.9.27. 94다20617), 상대방이 악의인 경우는 추인거절권을 행사할 수 있다(대판 1992.4.28. 91다30941; 제130조 참조).

③ [○] 취득시효 완성 후에 그 사실을 '모르고' 당해 토지에 관하여 어떠한 권리도 주장하지 않기로 하였다면 이는 시효이익의 포기는 아니지만(제184조 제1항), 나중에 이에 반하여 시효 주장을 하는 것은 특별한 사정이 없는 한 신의칙상 허용되지 않는다(대판 1998.5.22. 96다24101).

④ [○] 소멸시효를 이유로 한 항변권의 행사도 민법의 대원칙인 신의성실의 원칙과 권리남용금지의 원칙의 지배를 받는 것이어서, 시효완성 전에 객관적으로 권리를 행사할 수 없는 사실상의 장애사유가 있어 권리행사를 기대할 수 없는 특별한 사정이 있는 경우에는 채무자가 소멸시효의 완성을 주장하는 것은 신의성실의 원칙에 반하는 권리남용으로서 허용될 수 없다(대판 2017.12.5. 2017다252987).

정답 | ①

22 신의성실의 원칙에 위반되는 행위가 아닌 것은? (다툼이 있으면 판례에 따름) [20·18세무사 변형]

① 해제권을 장기간 행사하지 않아 상대방이 해제권은 더 이상 행사되지 않을 것으로 정당하게 신뢰하였음에도 그 해제권을 행사하는 행위

② 상속인이 피상속인의 생존시 상속포기의 약정을 하였으나 상속개시 후 상속포기의 절차를 밟지 않고 자신의 상속권을 주장하는 행위

③ 특별한 사정이 없는 경우, 해고된 근로자가 퇴직금을 이의 없이 수령하고 그로부터 아무런 이의제기 등이 없는 상태에서 오랜 기간이 지난 후에 해고무효의 소를 제기하는 행위

④ 대항력을 갖춘 임차인이 임대인의 근저당권자에게 자신은 임차인이 아니며, 임차인으로서의 권리를 주장하지 않겠다고 확인서를 작성해 준 후 나중에 임차권을 주장하는 행위

⑤ 농지매매계약을 체결한 매수인이 자신은 농가가 아니고 자영의 의사도 없다는 이유를 들어 그 매매계약의 무효를 주장하는 행위

해설

① [○] 해제의 의사표시가 있은 무렵을 기준으로 볼 때 무려 1년 4개월 가량 전에 발생한 해제권을 장기간 행사하지 아니하고 오히려 매매계약이 여전히 유효함을 전제로 잔존채무의 이행을 최고함에 따라 상대방으로서는 그 해제권이 더 이상 행사되지 아니할 것으로 신뢰하였고 또 매매계약상의 매매대금 자체는 거의 전부가 지급된 점 등에 비추어 보면 그와 같이 신뢰한 데에는 정당한 사유도 있었다고 봄이 상당하다면, 그 후 새삼스럽게 그 해제권을 행사한다는 것은 신의성실의 원칙에 반하여 허용되지 아니한다(대판 1994.11.25. 94다12234).

　　▶ 해제권에 대하여 실효의 원칙이 적용된 사례로 볼 수 있다.

② [×] 상속의 승인·포기는 상속개시 후에만 가능하다. 따라서 상속의 사전포기는 무효로서, 상속인 중의 1인이 피상속인의 '생존시'에 피상속인에 대하여 상속을 포기하기로 약정하였다고 하더라도, '상속개시 후' 민법이 정하는 절차와 방식(제1019조, 제1041조)에 따라 상속포기를 하지 아니한 이상, 상속개시 후에 자신의 상속권을 주장하는 것은 정당한 권리행사로서 권리남용에 해당하거나 또는 신의칙에 반하는 권리의 행사라고 할 수 없다(대판 1998.7.24. 98다9021).

③ [○] 사용자로부터 해고된 근로자가 퇴직금 등을 수령하면서 아무런 이의의 유보나 조건을 제기하지 않았다면 특별한 사정이 없는 한 그 해고의 효력을 인정하였다고 할 것이고, 따라서 그로부터 오랜 기간이 지난 후에 그 해고의 효력을 다투는 소를 제기하는 것은 신의칙이나 금반언의 원칙에 위배되어 허용될 수 없다(대판 2014.9.4. 2014다210074).

④ [○] 근저당권자가 담보로 제공된 건물에 대한 담보가치를 조사할 당시 대항력을 갖춘 임차인이 임대차 사실을 부인하고 건물에 관하여 임차인으로서의 권리를 주장하지 않겠다는 내용의 무상임대차 확인서를 작성해 주었고, 그 후 개시된 경매절차에서 임차인이 제3자인 매수인의 건물인도청구에 대하여 대항력 있는 임대차를 주장하여 임차보증금반환과의 동시이행의 항변을 하는 것은 금반언 또는 신의성실의 원칙에 반하여 허용될 수 없다(대판 2016.12.1. 2016다228215).

⑤ [○] 농지를 매수하기로 매매계약을 체결한 농지매수인 자신이 농가가 아니고 자영의 의사도 없다거나 혹은 도시에 거주하고 있어서 소재지관서의 증명을 발급받을 수 없다는 등의 이유를 들어 그 농지매매계약의 무효를 주장하는 것은 신의칙에 위배된다(대판 1987.4.28. 85다카971).

　　▶ 강행법규의 취지와 직접 관계없는 경우에는 무효 주장이 신의칙 위반이 될 수 있다. 사안의 경우 증여세를 부담하는 것은 농지개혁법과 직접 관계는 없으므로 무효주장을 하는 것이 신의칙 위반이 된다.

　　[비교판례] 사립학교 경영자가 사립학교법 제28조 제2항(학교교육에 직접 사용되는 재산은 매도·담보에 제공할 수 없다)을 위반한 매도나 담보제공이 무효라는 사실을 알고서 매도나 담보제공을 한 후 스스로 그 무효를 주장하더라도 원칙적으로 신의성실의 원칙에 위배되지 않는다. 다만, 명목상으로만 학교법인이 직접 사용하는 재산으로 되어 있을 뿐 실제로는 학교 교육에 전혀 사용된 바 없다면 매도나 담보제공을 무효라고 주장하는 것은 법규정의 취지에 반하기 때문에 신의성실의 원칙에 반한다(대판 2000.6.9. 99다70860).

정답 | ②

제3장

권리의 주체

제1관 자연인의 권리능력 총설

01 민법상 능력에 관한 설명으로 옳지 않은 것은? (다툼이 있으면 판례에 따름) [23세무사]

① 사람은 생존한 동안 권리와 의무의 주체가 된다.
② 행위능력의 유무는 객관적이고 획일적으로 판단한다.
③ 의사무능력자의 법률행위는 무효이다.
④ 태아는 법정대리인에 의한 수증(受贈)행위를 할 수 없다.
⑤ 실종선고를 받은 자는 권리능력을 상실한다.

해설

① [O]

> 제3조(권리능력의 존속기간) 「사람은 생존한 동안 권리와 의무의 주체가 된다.」

② [O] 의사능력 유무는 '개별적'으로 판단해야 하기 때문에 표의자나 상대방에게 불편한 점이 많다. 민법은 이러한 문제점을 해소하기 위해 객관적·획일적으로 행위능력을 제한하는 제한능력자제도를 채택하였다.
③ [O] 의사무능력자의 법률행위의 효과에 대해서는 법률에 규정이 없으나 '무효'로 보는 것이 통설이고 判例이다(대판 2002.10.11. 2001다10113).
④ [O] 判例는 '생전증여'와 관련하여 "태아에 대한 증여에 있어서도 태아의 수증행위가 필요한바, 상속 또는 유증의 경우를 '유추'하여 태아의 수증능력을 인정할 수 없다."고 한다(대판 1982.2.9. 81다534).
⑤ [×] 실종선고가 사망의 효과를 발생시키기는 하지만, 사망에서와 같이 권리능력이 종국적·절대적으로 소멸하는 것은 아니다(실종선고는 취소될 수 있다).

정답 | ⑤

02 권리능력에 관한 설명으로 옳지 않은 것은? (다툼이 있는 경우 판례에 의함) [23경찰간부]

① 태아는 상속순위에 관하여 이미 출생한 것으로 본다.
② 법인은 설립과정에 하자가 없는 한 그 주된 사무소의 소재지에서 설립등기를 한 때부터 법인격을 취득한다.
③ 청산종결등기가 경료된 경우라도 청산사무가 종료되지 않았으면 청산법인으로 존속한다.
④ 가족관계등록부에 기재된 사망사실은 그 기재사실에 반하는 증거에 의하여 그 추정이 번복될 수 없다.

해설

① [O] 태아는 상속순위에 관하여는 이미 출생한 것으로 본다(제1000조 제3항).
② [O]

> 제33조(법인설립의 등기) 「법인은 그 주된 사무소의 소재지에서 설립등기를 함으로써 성립한다.」

③ [O] 법인이 소멸하는 시점은 해산등기나 청산종결등기시가 아니라 '청산사무가 종료한 때'이다. 그러므로 청산종결의 등기가 되었더라도 청산사무가 종결되지 않은 때에는 그 한도에서는 청산법인으로 존속한다(대판 1995.2.10. 94다13473).
④ [×] 가족관계등록부에 기재된 사실은 진실에 부합되는 것으로 '추정'될 뿐이므로 반대의 증거를 통해 번복될 수 있다(대판 1968.4.30. 67다499).

정답 | ④

03 권리능력에 관한 설명 중 옳은 것은? (다툼이 있는 경우 판례에 의함)

[22경찰간부]

① 권리능력은 신고 또는 가족관계등록부의 기재에 의해 취득하므로, 반대의 증거가 있더라도 번복될 수 없다.

② 태아인 동안에 부(父)가 타인의 불법행위로 사망한 후에 그 태아가 살아서 출생한 경우에 불법행위로 인한 위자료를 청구할 수 없다.

③ 실종상태에 있는 자 중에 실종선고를 받지 않은 자는 특별한 사정이 없는 한 생존하고 있는 것으로 추정되므로, 사망의 사실에 대한 증명책임은 이를 주장하는 자가 부담한다.

④ 태아인 동안에는 모(母)가 그 태아의 법정대리인으로서 법률행위를 할 수 있다.

해설

① [×] 사람이 출생하면 '가족관계의 등록 등에 관한 법률'에서 정한 바에 따라 1개월 이내에 신고하여야 한다(동법 제44조 이하). 다만, 출생신고는 보고적 신고로서(창설적 신고가 아님), 그 신고에 의하여 비로소 권리능력을 취득하는 것은 아니다. 즉, 신고가 없어도 이미 출생한 자는 출생과 동시에 당연히 권리능력을 취득한다.

② [×] 태아는 손해배상의 청구에 관하여는 이미 출생한 것으로 본다(제762조). 직계존속의 생명침해에 대해 태아 자신이 위자료를 청구하는 경우(제752조) 태아인 동안에도 태아에게 정신적 고통이 있다고 인정될 수 있는가와 관련하여 判例는 "태아가 피해 당시 정신상 고통에 대한 감수성을 갖추고 있지 않다 하더라도 장래 감수할 것임을 현재 합리적으로 기대할 수 있는 경우에 있어서는 즉시 그 청구를 할 수 있다."(대판 1962.3.15. 61다903)라고 하여 긍정하고 있다. 같은 이유로 父가 상해를 입을 당시 태아가 출생하지 않았더라도 그 뒤에 출생하였다면 父의 부상으로 인하여 입게 될 정신적 고통에 대한 위자료(제751조)를 청구할 수 있다(대판 1993.4.27. 93다4663).

③ [○] 사람의 생사는 중요한 것이므로 실종기간이 아무리 길더라도 실종선고를 받지 않은 자는 특별한 사정이 없는 한 생존하고 있는 것으로 '추정'되며, 사망의 사실에 대한 증명책임은 이를 주장하는 자가 부담한다. 判例도 같은 취지인바, A는 1951.7.2. 사망하였으며 그의 장남 B는 1970.1.30. 실종선고에 의해 실종기간 만료일인 1950.8.1. 사망한 것으로 된 사안에서, 判例는 "실종선고가 있기까지는 B가 '생존추정'을 받아 상속권을 주장할 수는 있으나, 후에 실종선고가 있게 되면 실종기간 만료일에 사망한 것으로 간주되므로 B는 A의 사망 이전에 사망한 것으로 되어 상속권을 주장할 수 없다."(대판 1982.9.14. 82다144)라고 판시하였다.

④ [×] 태아가 예외적으로 권리능력을 가지는 경우 '이미 출생한 것으로 본다'는 의미가 무엇인지에 관해서 判例는 "특정한 권리에 있어 태아가 권리를 취득한다 하더라도, 현행법상 이를 대행할 기관(법정대리인)이 없어 태아로 있는 동안은 권리능력을 취득할 수 없고, 따라서 살아서 출생할 때에 출생 시기가 문제의 사건의 시기까지 소급하여 그때에 태아가 출생한 것과 같이 법률상 보아준다고 해석하여야 한다."(대판 1976.9.14. 76다1365)라고 판시하여 태아에게는 법정대리인 존재하지 않음을 근거로 정지조건설을 취하고 있다.
▶ 따라서 태아인 동안에는 모(母)가 그 태아의 법정대리인으로서 법률행위를 할 수 없다.

정답 | ③

04 자연인의 권리능력에 관한 설명으로 옳지 않은 것은? (다툼이 있으면 판례에 따름)

[22세무사]

① 권리능력에 관한 민법의 규정은 강행규정이다.

② 태아는 부(父)의 생명침해에 대한 자신의 위자료청구권에 관하여 이미 출생한 것으로 본다.

③ 부(父)의 사망 후 태아가 살아서 태어나면 상속개시 시에 이미 출생한 것으로 본다.

④ 가족관계등록부에 기재된 출생 사실은 그 기재사실에 반하는 증거에 의하여 그 추정을 번복할 수 있다.

⑤ 인정사망은 사망의 대세적 효력을 가지므로 그 후에 반대의 증거가 제출되더라도 그 효력이 소멸하지 않는다.

해설

① [O] 권리능력에 관한 규정은 강행규정으로서 당사자의 합의가 있더라도 그 적용을 배제할 수 없다.

② [O] 부의 사망 당시 아직 태아인 상태이어서 정신적 고통에 대한 감수성이 없었다고 하더라도 장래 이를 감수할 것임이 합리적으로 기대할 수 있는 경우에는 태아 자신이 가해자에 대해 위자료청구권을 가진다(대판 1962.3.15. 4252민상903).

③ [O] 判例는 "태아로 있는 동안은 아직 권리능력을 취득하지 못하고, 살아서 출생하는 경우에 비로소 권리능력을 취득하게 되며, 그 권리능력 취득의 효과가 문제된 시점까지 소급한다."(대판 1982.2.9. 81다534)라고 하여 정지조건설의 입장이다.

④ [O] 호적에 기재된 사항은 일응 진실에 부합하는 것이라는 추정을 받는다 할 것이나, 그 기재에 반하는 증거가 있거나, 그 기재가 진실이 아니라고 볼만한 특별한 사정이 있는 때에는 그 추정을 번복할 수 있다(대판 1994.6.10. 94다1883).

⑤ [×] 인정사망은 실종선고와는 달리 사망의제의 효력이 없으며 강한 **사망추정적 효과**가 있을 뿐이다. 따라서 반대증거를 제출하여 그 효력을 부인할 수 있다.

정답 | ⑤

05 권리능력에 관한 설명으로 옳은 것은? (다툼이 있는 경우 판례에 의함)   [21소방간부]

① 사적자치의 원칙상 권리능력에 관한 규정은 임의규정이다.

② 2인 이상이 동일한 위난으로 사망한 경우에는 동시에 사망한 것으로 간주한다.

③ 태아는 불법행위로 인한 손해배상청구권에 관하여는 이미 출생한 것으로 본다.

④ 사람이 출생하면 가족관계등록법에 따라 가족관계등록부에 기재되어야 권리능력을 취득한다.

⑤ 수란, 전란, 화재 기타 사변에 편승하여 타인의 불법행위로 사망한 경우에 있어서는 확정적인 증거의 포착이 손쉽지 않음을 예상하여 법은 인정사망·위난실종선고 등의 제도와 그 밖에도 보통실종선고제도도 마련해 놓고 있으므로, 법원은 인정사망이나 실종선고로서만 사망사실을 인정할 수 있을 뿐이다.

해설

① [×] 사람(자연인)은 생존한 동안 평등하게 권리능력을 가지며(제3조: 권리능력 평등의 원칙), 권리능력에 관한 규정은 강행규정이므로 개인의 의사로서 그 적용을 제한하거나 포기하는 특약은 인정되지 않는다.

② [×]

> 제30조(동시사망) 「2인 이상이 동일한 위난으로 사망한 경우에는 동시에 사망한 것으로 '추정'한다.」

③ [O]

> 제762조(손해배상청구권에 있어서의 태아의 지위) 「태아는 손해배상의 청구권에 관하여는 이미 출생한 것으로 본다.」

④ [×] ⅰ) 사람은 생존한 동안 권리와 의무의 주체가 된다(제3조). 따라서 사람이 권리능력을 취득하게 되는 것은 '출생한 때'부터이고, ⅱ) 사람이 출생하면 '가족관계의 등록 등에 관한 법률'에서 정한 바에 따라 1개월 이내에 신고하여야 한다(동법 제44조 이하). 다만, **출생신고는 보고적 신고로서,** 그 신고에 의하여 비로소 권리능력을 취득하는 것은 아니다. 즉 신고가 없어도 이미 출생한 자는 출생과 동시에 당연히 권리능력을 취득한다.

⑤ [×] 수난, 전란, 화재 기타 사변에 편승하여 타인의 불법행위로 사망한 경우에 있어서는 확정적인 증거의 포착이 손쉽지 않음을 예상하여 법은 인정사망, 위난실종선고 등의 제도와 그 밖에도 보통실종선고제도도 마련해 놓고 있으나 그렇다고 하여 위와 같은 자료나 제도에 의함이 없는 사망사실의 인정을 수소법원이 절대로 할 수 없다는 법리는 없다(대판 1989.1.31. 87다카2954).

정답 | ③

06 권리능력에 대한 설명 중 가장 적절한 것은? (다툼이 있는 경우 판례에 의함) [20법학경채]

① 태아를 피보험자로 하는 상해보험계약은 효력이 없다.
② 법정대리인은 태아를 대리하여 증여계약을 체결할 수 있다.
③ 사람의 권리능력은 출생신고에 의하여 비로소 취득하게 된다.
④ 사람이 생존하는 동안에는 권리능력을 상실하지 않는다.

해설

① [×] 계약자유의 원칙상 태아를 피보험자로 하는 상해보험계약은 유효하고, 그 보험계약이 정한 바에 따라 보험기간이 개시된 이상 출생 전이라도 태아가 보험계약에서 정한 우연한 사고로 상해를 입었다면 이는 보험기간 중에 발생한 보험사고에 해당한다(대판 2019.3.28. 2016다211224).

② [×] 判例는 '생전증여'와 관련하여 "태아에 대한 증여에 있어서도 태아의 수증행위가 필요한바, 상속 또는 유증의 경우를 '유추'하여 태아의 수증능력을 인정할 수 없고 또 태아인 동안에는 법정대리인이 있을 수 없으므로 법정대리인에 의한 수증행위도 할 수 없다."(대판 1982.2.9. 81다534)라고 한다.

③ [×] ⅰ) 사람은 생존한 동안 권리와 의무의 주체가 된다(제3조). 따라서 사람이 권리능력을 취득하게 되는 것은 '출생한 때'부터이고, ⅱ) 사람이 출생하면 '가족관계의 등록 등에 관한 법률'에서 정한 바에 따라 1개월 이내에 신고하여야 한다(동법 제44조 이하). 다만, 출생신고는 보고적 신고로서, 그 신고에 의하여 비로소 권리능력을 취득하는 것은 아니다. 즉, 신고가 없어도 이미 출생한 자는 출생과 동시에 당연히 권리능력을 취득한다.

④ [○]

> 제3조(권리능력의 존속기간) 「사람은 생존한 동안 권리와 의무의 주체가 된다.」

▶ 따라서 자연인의 권리능력은 출생에서 시작되어 사망에 의하여 종료된다. 즉, 사망으로 자연인의 권리능력(의무능력)은 상실된다.

정답 | ④

07 권리능력에 관한 설명으로 옳은 것은? [16행정사]

① 2인 이상이 동일한 위난으로 사망한 경우 동시에 사망한 것으로 본다.
② 태아는 모든 법률관계에서 권리의 주체가 될 수 있다.
③ 의사능력이 없는 자는 권리능력도 인정되지 않는다.
④ 외국인은 대한민국의 도선사가 될 수 있다.
⑤ 우리 민법은 외국인의 권리능력에 관하여 명문규정을 두고 있지 않다.

해설

① [×]

> 제30조(동시사망) 「2인 이상이 동일한 위난으로 사망한 경우에는 동시에 사망한 것으로 '추정'한다.」

② [×] 일반주의는 태아의 이익이 문제되는 경우에는 모두 출생한 것으로 보는 것이고, 개별주의는 특히 중요하다고 생각되는 법률관계를 열거하여 이에 대해서만 출생한 것으로 보는 입장이다. 우리 민법은 개별주의를 취하고 있다.

▶ 우리 민법은 ⅰ) 불법행위로 인한 손해배상(제762조), ⅱ) 상속(제1000조 제3항)·대습상속(제1001조)·유류분권(제1119조·제1001조), ⅲ) 유증(제1064조) 등 개별적인 사항에 한하여 예외적으로 태아의 권리능력을 인정하고 있다.

③ [×] '권리능력'이란 권리의 주체가 될 수 있는 '일반적인 지위 또는 자격'을 말한다. 이러한 권리능력을 가지는 자를 권리능력자라고 한다. 권리능력자는 권리를 가질 수 있는 동시에 의무를 부담할 수 있으므로(제3조), 권리능력은 동시에 의무능력이다.

▶ 따라서 의사무능력자도 권리능력자이다.

④ [×]

> 도선법 제6조(결격사유) 「다음 각 호의 어느 하나에 해당하는 사람은 도선사가 될 수 없다. 1. 대한민국 국민이 아닌 사람」

⑤ [○] 우리 민법에는 외국인의 권리능력에 관한 규정이 없다. 그런데 모든 자연인은 국적 여하를 묻지 않고 평등하게 권리능력을 갖는다는 것이 현대법의 원칙이다. 다만, 개별법에 의해 외국인의 권리능력이 제한되기도 한다.

정답 | ⑤

08 권리능력에 관한 설명으로 옳은 것은? (다툼이 있으면 판례에 따름) [20세무사]

① 애완견은 물건을 소유할 수 있다.

② 사망한 사람도 채무를 부담한다.

③ 사단법인 소유의 물건은 사원들의 공동소유이다.

④ 치매로 사물을 판단할 능력이 전혀 없는 사람도 권리능력이 제한되지 않는다.

⑤ 태아는 사람과 동일한 권리능력을 가진다.

해설

① [×] 민법이나 그 밖의 법률에 동물에 대하여 권리능력을 인정하는 규정이 없고 이를 인정하는 관습법도 존재하지 아니하므로, 동물 자체가 위자료 청구권의 귀속주체가 된다고 할 수 없다. 그리고 이는 그 동물이 애완견 등 이른바 반려동물이라고 하더라도 달리 볼 수 없다(대판 2013.4.25. 2012다118594).
  ▶ 애완견은 권리능력이 없으므로 소유권의 주체가 될 수 없다.

② [×]
> 제3조(권리능력의 존속기간) 「사람은 생존한 동안 권리와 의무의 주체가 된다.」

  ▶ 따라서 자연인의 권리능력은 출생에서 시작되어 사망에 의하여 종료된다. 즉, 사망으로 자연인의 권리능력(의무능력)은 상실된다.

③ [×]
> 제34조(법인의 권리능력) 「법인은 법률의 규정에 좇아 정관으로 정한 목적의 범위내에서 권리와 의무의 주체가 된다.」

  ▶ 따라서 사단법인이 소유하는 물건은 사단법인의 단독 소유이다.

④ [○] '권리능력'이란 권리의 주체가 될 수 있는 '일반적인 지위 또는 자격'을 말한다. 이러한 권리능력을 가지는 자를 권리능력자라고 한다. 권리능력자는 권리를 가질 수 있는 동시에 의무를 부담할 수 있으므로(제3조), 권리능력은 동시에 의무능력이다.
  ▶ 따라서 의사무능력자도 권리능력자이다.

⑤ [×] 태아의 권리능력과 관련된 입법례는 태아의 이익이 문제되는 경우에는 모두 출생한 것으로 보는 일반주의, 특히 중요하다고 생각되는 법률관계를 열거하여 이에 대해서만 출생한 것으로 보는 개별주의로 나눌 수 있는데, 우리 민법은 개별주의를 취하고 있다.
  ▶ 우리 민법은 ⅰ) 불법행위로 인한 손해배상(제762조), ⅱ) 상속(제1000조 제3항)·대습상속(제1001조)·유류분권(제1119조, 제1001조), ⅲ) 유증(제1064조) 등 개별적인 사항에 한하여 예외적으로 태아의 권리능력을 인정하고 있으므로 사람과 동일한 권리능력을 가진다고 할 수 없다.

정답 | ④

---

09 권리능력에 관한 설명으로 옳지 않은 것은? (다툼이 있으면 판례에 따름) [18세무사]

① 2인 이상이 동일한 위난으로 사망한 경우에는 동시에 사망한 것으로 추정한다.

② 특허권, 상표권에 관해서는 상호주의에 따라 외국인의 권리능력이 제한된다.

③ 인정사망이란 사망의 확증은 없으나 사망이 확실하다고 인정되는 경우, 가족관계등록부에 사망으로 기재하여 사망을 간주하는 제도이다.

④ 동시사망 시에도 대습상속이 가능하다.

⑤ 실존인물인 경우에 특별한 사정이 없는 한 생존한다고 추정되고, 사망의 사실 및 시기에 대한 증명책임은 그것을 전제로 한 법률효과를 주장하는 자가 진다.

해설

①④ [○]

> 제30조(동시사망) 「2인 이상이 동일한 위난으로 사망한 경우에는 동시에 사망한 것으로 '추정'한다.」

▶ 수인이 동일한 위난으로 사망한 경우에 제30조에 의하여 상속에 관한 문제가 해결될 수 있다. 즉, 동시에 사망한 것으로 추정되는 수인들 사이에서는 상속이 일어나지 않는다(동시존재의 원칙). 그러나 대습상속은 일어난다는 점을 유의하여야 한다. 즉, 判例에 따르면 제1001조의 '상속인이 될 직계비속이 상속개시 전에 사망한 경우'에는 '상속인이 될 직계비속이 상속개시와 동시에 사망한 것으로 추정되는 경우'도 포함하는 것으로 합목적적으로 해석함이 상당하다고 한다(대판 2001.3.9. 99다13157).

② [○] 외국인의 권리능력을 그의 본국이 자국민에게 인정하는 것과 같은 정도로 인정하는 것이 '상호주의'이다. 국가나 공공단체를 상대로 하는 손해배상청구, 특허권·실용신안권·상표권 등 지식재산권의 취득은 상호주의에 의하여 외국인의 권리능력이 제한된다.

③ [×] ⅰ) 사망신고는 진단서 또는 검안서가 첨부된 신고서에 의하여야 한다(가족관계의 등록 등에 관한 법률 제84조). 그런데 사망의 확증이 없지만 사망이 확실시되는 경우에도 그러한 요건을 요구하는 것은 적절치 않다. 그래서 시체의 발견 등 사망의 확증은 없으나 수난, 화재나 그 밖의 재난으로 인하여 사망이 확실시되는 경우에, 관공서의 보고에 의하여 가족관계등록부에 사망의 기재를 하여 사망으로 '추정'하는 제도를 규정하고 있는바, 이를 '인정사망'이라고 한다(동법 제87조). ⅱ) 실종선고는 일정한 요건하에 사망한 것으로 의제하는 데 비하여, 인정사망은 가족관계등록부에 사망의 기재를 하기 위한 절차적 특례제도이어서 강한 사망추정적인 효과만 인정한다. 따라서 실종선고가 사실에 반하는 때에는 실종선고 취소절차를 밟아야 하나, 인정사망이 사실에 반하는 때에는 그러한 절차 없이 당연히 효력을 잃게 된다.

⑤ [○] 채권자대위소송에 있어 피대위자가 1938년에 함경북도로 전적한 후 호적, 주민등록 등 생존을 입증할 증거가 없다 하더라도 그가 허무인이 아닌 실존인물임이 명백하고, 또한 오늘날에 있어서 사람이 95세까지 생존한다는 것이 매우 희귀한 예에 속한다고도 할 수 없는 것이어서, 특별한 사정이 없는 한 현재 생존하고 있는 것으로 추정된다 할 것이고, 오히려 그가 사망하였다는 점은 상대방이 이를 적극적으로 입증하여야 한다(대판 1995.7.28. 94다42679).

정답 | ③

제2관 태아의 권리능력

⊕ 핵심정리 태아의 권리능력

1. 태아의 권리능력 취득시기

태아가 '이미 출생한 것으로 본다'는 의미에 대해 判例는 "특정한 권리에 있어 태아가 권리를 취득한다 하더라도, 현행법상 이를 대행할 기관이 없어 태아로 있는 동안은 권리능력을 취득할 수 없고"(76다1365)라고 하여 정지조건설을 취하고 있다.

2. 증여의 경우 태아의 권리능력이 인정되는지 여부

① 생전증여의 경우 判例는 "태아에 대한 증여에 있어서도 태아의 수증행위가 필요한바, 상속 또는 유증의 경우를 '유추'하여 태아의 수증능력을 인정할 수 없다."고 한다(81다534). ② 사인증여의 경우 명시적인 判例는 없다. 다만 유증의 효력에 관한 제1078조는 그것이 엄격한 방식을 요하는 단독행위임을 전제로 하는 것이어서 낙성·불요식 계약인 사인증여에는 적용되지 않는다(제562조, 제1064조 참고)고 판시함으로써 부정설과 동일한 논거를 취한 판시내용이 있다.

3. 부모 중 일방이 사고로 즉사한 경우 태아의 가해자에 대한 구제수단(상속 및 불책)

Ⅰ. 피해자(피상속인)의 손해배상청구권 확정
즉사의 경우에도 이른바 '시간적 간격설'에 의해 사망자 본인에게 ⅰ) 재산상(적극손해, 소극손해) 및 ⅱ) 정신상 손해배상청구권이 발생(근거 → 주체성 → 범위 → 상속성)

Ⅱ. 태아(상속인)의 상속 여하
제1000조 제3항에 의해 상속능력 인정시 ⅰ) 재산상(적극손해, 소극손해) 및 ⅱ) 정신상 손해배상청구권을 상속

Ⅲ. 태아(상속인) 고유의 손해배상청구권자로서의 권리

제762조에 의해 손해배상청구권의 권리능력 인정시 ⅰ) 재산상(적극손해, 소극손해) 및 ⅱ) 정신상 손해배상청구권을 행사할 수 있는지 여부(특히 태아가 정신적 고통을 느낄 수 있는지 여부: 적극)

Ⅳ. 상속받은 권리와 고유의 권리의 관계

재산적 손해는 중복·일치, 정신적 손해는 중복 아님

☑ 그 외에 사례로 쟁점화될 수 있는 것은 ① 사망자에게 법률상 배우자가 있는 경우, ② 사망자에게 사실혼 상태에 있는 배우자가 있는 경우(강제인지), ③ 상속인 중 일방이 태아의 손해배상청구권에 관해 가해자와 배상액 합의를 하는 경우(권리능력 ×), ④ 사망자가 생전에 태아에게 특정 재산을 주기로 한 경우(유증 ○, 증여 ×, 사인증여 ×, 제3자를 위한 계약 ○), ⑤ 사망자의 배우자가 태아를 낙태한 경우(제1004조 제1호의 상속결격 ○)가 있다.

---

10 남편 甲과의 사이에서 태아 丙을 임신한 처 乙이 甲과 함께 택시를 타고 귀가하던 중에 음주상태에서 중앙선을 침범한 A가 운전한 자동차와 충돌하는 사고를 당하였다. 다음 설명 중 옳은 것은? (다툼이 있는 경우 판례에 의함)

[23경찰간부]

① 丙은 태아인 동안에도 법정대리인 甲을 통해 조부 소유의 토지를 증여받을 수 있다.

② 丙이 출생하면 丙은 甲의 사망으로 인한 자신의 정신적 고통에 따른 위자료를 A에게 청구할 수 있다.

③ 丙이 출생하기 전에 乙과 함께 사망한 경우, 丙은 A를 상대로 손해배상을 청구할 수 있다.

④ 丙이 출생하기 전에 甲이 사망한 경우, 출생한 丙은 A에 대한 甲의 손해배상청구권을 상속받지 못한다.

해설

① [×] 判例는 '생전증여'와 관련하여 "태아에 대한 증여에 있어서도 태아의 수증행위가 필요한바, 상속 또는 유증의 경우를 '유추'하여 태아의 수증능력을 인정할 수 없다."고 한다(대판 1982.2.9. 81다534).

▶ 따라서 丙은 태아인 동안에는 증여를 받을 수 있는 권리능력이 없다.

② [○] 태아는 손해배상의 청구에 관하여는 이미 출생한 것으로 본다(제762조).

▶ 따라서 丙은 출생하면 직계존속의 생명침해에 대해 태아 자신이 위자료를 청구할 수 있다(제752조).

③ [×] 태아가 특정한 권리에 있어서 이미 태어난 것으로 본다는 것은 살아서 출생한 때에 출생시기가 문제의 사건의 시기까지 소급하여 그 때에 태아가 출생한 것과 같이 법률상 보아 준다고 해석하여야 상당하므로 그가 모체와 같이 사망하여 출생의 기회를 못 가진 이상 배상청구권을 논할 여지 없다(대판 1976.9.14. 76다1365).

④ [×] 태아는 상속순위에 관하여는 이미 출생한 것으로 본다(제1000조 제3항). 따라서 태아는 살아서 출생하는 것을 조건으로 하여 상속개시시에 소급하여 재산을 상속한다.

정답 | ②

11 태아의 법률상 지위에 관한 설명으로 가장 적절하지 않은 것은? (다툼이 있으면 판례에 의함) [23법학경채]

① 대습상속에 있어서 태아는 이미 출생한 것으로 본다.

② 태아가 살아서 태어난 경우 그는 태아였던 때에 자신에게 이루어진 유증을 받을 수 없다.

③ 태아인 때에 부(父)가 사망한 경우 사산(死産)한 태아는 부(父)의 재산을 상속받을 수 없다.

④ 태아는 불법행위로 인한 손해배상의 청구권에 관하여는 이미 출생한 것으로 본다.

해설

① [○] 제1000조(상속의 순위) 「③항 태아는 상속순위에 관하여는 이미 출생한 것으로 본다.」

② [×] 제1064조(유언과 태아, 상속결격자) 「제1000조 제3항, 제1004조의 규정은 수증자에 준용한다.」

③ [○] 특정한 권리에 있어 태아가 권리를 취득한다 하더라도, 현행법상 이를 대행할 기관이 없어 태아로 있는 동안은 권리능력을 취득할 수 없고, 따라서 살아서 출생할 때에 출생시기가 문제의 사건의 시기까지 소급하여 그때에 태아가 출생한 것과 같이 법률상 보아 준다고 해석하여야 한다(대판 1976.9.14. 76다1365).

④ [○] 제762조(손해배상청구권에 있어서의 태아의 지위) 「태아는 손해배상의 청구권에 관하여는 이미 출생한 것으로 본다.」

정답 | ②

12 태아에 관한 설명으로 옳은 것은? (다툼이 있으면 판례에 의함) [24소방간부]

① 모(母)는 태아를 대리하여 매매계약을 체결할 수 있다.

② 태아를 수증자로 하는 유증은 효력이 없다.

③ 타인의 불법행위로 태아가 출생하지 못한 경우 모(母)는 태아의 손해배상청구권을 상속한다.

④ 부(父)는 태아를 인지할 수 있다.

⑤ 채무불이행으로 인한 손해배상청구권에 관하여 태아는 이미 출생한 것으로 본다.

해설

① [×] "특정한 권리에 있어 태아가 권리를 취득한다 하더라도, 현행법상 이를 대행할 기관(법정대리인)이 없어 태아로 있는 동안은 권리능력을 취득할 수 없고, 따라서 살아서 출생할 때에 출생시기가 문제의 사건의 시기까지 소급하여 그때에 태아가 출생한 것과 같이 법률상 보아 준다고 해석하여야 한다."(대판 1976.9.14. 76다1365)고 판시하여 정지조건설을 취하고 있다. 따라서 이러한 判例에 따르면 태아인 동안에는 법정대리인인 부(父)나 모(母)가 그 태아의 법정대리인으로서 법률행위를 할 수 없다.

② [×] 태아는 유증에 관하여는 이미 출생한 것으로 본다(제1000조 제3항, 제1064조). 따라서 태아를 수증자로 하는 유증은 효력이 있다. **비교** 불, 상, 유, 사

③ [×] 태아가 특정한 권리에 있어서 이미 태어난 것으로 본다는 것은 살아서 출생한 때에 출생시기가 문제의 사건의 시기까지 소급하여 그때에 태아가 출생한 것과 같이 법률상 보아 준다고 해석하여야 상당하므로 그가 모체와 같이 사망하여 출생의 기회를 못 가진 이상 배상청구권을 논할 여지없다(대판 1976.9.14. 76다1365).

④ [○] 제858조(포태중인 자의 인지) 「부는 포태 중에 있는 자에 대하여도 이를 인지할 수 있다.」

⑤ [×] 지문과 같은 민법조문은 없다.

비교 제762조(손해배상청구권에 있어서의 태아의 지위) 「태아는 손해배상의 청구권에 관하여는 이미 출생한 것으로 본다.」

▶ 이는 불법행위에 관해서만 해당되는 조문이다.

정답 | ④

13 태아에게 권리능력이 인정되는 경우를 모두 고른 것은? [19세무사]

ㄱ. 상속	ㄴ. 유증
ㄷ. 태아의 인지청구권	ㄹ. 불법행위로 인한 손해배상청구권

① ㄱ, ㄴ, ㄷ   ② ㄱ, ㄴ, ㄹ   ③ ㄱ, ㄷ, ㄹ
④ ㄴ, ㄷ, ㄹ   ⑤ ㄱ, ㄴ, ㄷ, ㄹ

해설

ㄱ. [O]
> 제1000조(상속의 순위) 「③항 태아는 상속순위에 관하여는 이미 출생한 것으로 본다.」

ㄴ. [O]
> 제1064조(유언과 태아, 상속결격자) 「제1000조 제3항, 제1004조의 규정은 수증자에 준용한다.」

▶ 태아는 유증에 관하여는 이미 출생한 것으로 본다.

ㄷ. [×] 父는 태아를 인지할 수 있으나(제858조), 태아에게도 인지청구권이 인정되는지에 대하여는 학설은 대체로 제858조의 반대해석
상 허용되지 않는다는 부정설의 입장이다[다만, 태아가 살아서 출생한 경우 강제인지는 가능하다(제863조, 제864조)]. 따라서 태아
쪽에서 적극적으로 태아의 성장에 필요한 비용을 父에게 청구할 수는 없다.

ㄹ. [O]
> 제762조(손해배상청구권에 있어서의 태아의 지위) 「태아는 손해배상의 청구권에 관하여는 이미 출생한 것으로 본다.」

정답 | ②

---

14 태아의 권리능력에 대한 설명으로 가장 적절하지 않은 것은? (다툼이 있는 경우 판례에 의함) [18법학경채]

① 태아는 불법행위로 인한 손해배상청구권에 관하여는 이미 출생한 것으로 본다.
② 태아는 상속순위 및 유증에 관하여는 이미 출생한 것으로 본다.
③ 부(父)가 교통사고로 상해를 입을 당시에 태아였던 자는 출생 후 자신의 정신적 고통에 대하여 위자료를 청구할 수 있다.
④ 태아는 부(父)로부터 인지를 받을 수 없고 부(父)에 대하여 인지청구의 소를 제기할 수도 없다.

해설

① [O]
> 제762조(손해배상청구권에 있어서의 태아의 지위) 「태아는 손해배상의 청구권에 관하여는 이미 출생한 것으로 본다.」

② [O]
> 제1000조(상속의 순위) 「③항 태아는 상속순위에 관하여는 이미 출생한 것으로 본다.」
> 제1064조(유언과 태아, 상속결격자) 「제1000조 제3항, 제1004조의 규정은 수증자에 준용한다.」

▶ 태아는 유증에 관하여는 이미 출생한 것으로 본다.

③ [O] 직계존속의 생명침해에 대해 태아 자신이 위자료를 청구하는 경우(제752조) 判例는 "태아가 피해 당시 정신상 고통에 대한 감수
성을 갖추고 있지 않다 하더라도 장래 감수할 것임을 현재 합리적으로 기대할 수 있는 경우에 있어서는 즉시 그 청구를 할 수 있다."
(대판 1962.3.15. 61다903)라고 하여 긍정하고 있다. 같은 이유로 父가 상해를 입을 당시 태아가 출생하지 않았더라도 그 뒤에 출생
하였다면 父의 부상으로 인하여 입게 될 정신적 고통에 대한 위자료(제751조)를 청구할 수 있다(대판 1993.4.27. 93다4663).

④ [×] 父는 태아를 인지할 수 있으나(제858조), 태아에게도 인지청구권이 인정되는지에 대하여는 학설은 대체로 제858조의 반대해석
상 허용되지 않는다는 부정설의 입장이다[다만, 태아가 살아서 출생한 경우 강제인지는 가능하다(제863조, 제864조)]. 따라서 태아
쪽에서 적극적으로 태아의 성장에 필요한 비용을 父에게 청구할 수는 없다.

> 제858조(포태중인 자의 인지) 「父는 포태중에 있는 자에 대하여도 이를 인지할 수 있다.」

정답 | ④

15 태아 甲의 아버지 乙이 자동차 운전자 丙의 과실로 교통사고를 당했다. 다음 설명 중 옳지 않은 것은?

[17소방간부]

① 甲이 출생한 때에는 乙의 중상으로 인해 자신이 겪을 고통에 대하여 丙에게 위자료를 청구할 수 있다.

② 乙이 교통사고의 후유증으로 사망한 경우, 사망신고를 하여야 乙의 권리능력이 상실된다.

③ 甲이 아직 태아인 동안에 乙이 사망한 경우, 해제조건설에 따르면 甲은 출생 전에도 상속권이 인정된다.

④ 甲이 아직 태아인 동안에 乙이 사망한 경우, 정지조건설에 따르면 甲은 출생 전에도 상속받을 수 없다.

⑤ 甲이 사산(死産)된 경우에는 해제조건설과 정지조건설의 대립과 상관없이 甲의 丙에 대한 손해배상청구권은 존재하지 않는다.

해설

① [O] 직계존속의 생명침해에 대해 태아 자신이 위자료를 청구하는 경우(제752조) 判例는 "태아가 피해 당시 정신상 고통에 대한 감수성을 갖추고 있지 않다 하더라도 장래 감수할 것임을 현재 합리적으로 기대할 수 있는 경우에 있어서는 즉시 그 청구를 할 수 있다." (대판 1962.3.15. 61다903)라고 하여 긍정하고 있다. 같은 이유로 父가 상해를 입을 당시 태아가 출생하지 않았더라도 그 뒤에 출생하였다면 父의 부상으로 인하여 입게 될 정신적 고통에 대한 위자료(제751조)를 청구할 수 있다(대판 1993.4.27. 93다4663).

② [×]

> **제3조(권리능력의 존속기간)** 「사람은 생존한 동안 권리와 의무의 주체가 된다.」

▶ 따라서 자연인의 권리능력은 출생에서 시작되어 사망에 의하여 종료된다. 즉, 사망으로 자연인의 권리능력(의무능력)은 상실되고, 사망신고나 가족관계등록부에의 기재에 의하여 비로소 소멸되는 것은 아니다.

③④ [O] ⅰ) '거래안전 보호에 치중하는 견해'로 태아인 동안에는 권리능력이 인정되지 않지만, 태아가 살아서 출생하면 권리능력 취득의 효과가 문제의 사건이 발생한 시기로 소급한다는 정지조건설과 ⅱ) '태아의 보호에 치중하는 견해'로 태아인 동안에도 권리능력이 인정되는 개별적 사항의 범위에서 제한적 권리능력(해제조건설에 따르더라도 태아의 법정대리인의 권한은 현재의 권리관계를 보전하는 범위에 한정된다고 한다)을 가지지만, 사산한 경우에는 권리능력 취득의 효과가 소급하여 소멸한다는 해제조건설이 대립한다.

▶ 따라서 정지조건설에 따르면 태아인 동안에는 아직 권리능력을 취득하지 못하므로 출생 전에 상속을 받을 수 없고, 해제조건설에 따르면 이미 출생한 것으로 간주되는 각 경우에는 태아인 동안에도 권리능력을 취득하므로 출생 전에도 상속을 받을 수 있게 된다.

⑤ [O] 태아가 '이미 출생한 것으로 본다'는 의미가 무엇인지에 관해서는 견해의 대립이 있으나 주의할 것은 학설 모두 태아가 최소한 살아서 출생하는 것을 공통으로 한다는 점이다. 즉 태아가 사산된 때에는 어느 경우에도 권리능력을 갖지 못하는 것이다.

정답 | ②

16 부부 사이인 甲과 그의 아이 丙을 임신한 乙은 A의 과실로 교통사고를 당했다. 이에 대한 설명으로 옳은 것을 모두 고른 것은? (다툼이 있으면 판례에 따름)

[20행정사]

ㄱ. 이 사고로 丙이 출생 전 乙과 함께 사망하였더라도 丙은 A에 대하여 불법행위로 인한 손해배상청구권을 가진다.

ㄴ. 사고 후 살아서 출생한 丙은 A에 대하여 甲의 부상으로 입게 될 자신의 정신적 고통에 대한 위자료를 청구할 수 있다.

ㄷ. 甲이 사고로 사망한 후 살아서 출생한 丙은 甲의 A에 대한 불법행위로 인한 손해배상청구권을 상속받지 못한다.

① ㄱ

② ㄴ

③ ㄷ

④ ㄱ, ㄴ

⑤ ㄴ, ㄷ

해설

ㄱ. [×] 태아가 특정한 권리에 있어서 이미 태어난 것으로 본다는 것은 살아서 출생한 때에 출생시기가 문제의 사건의 시기까지 소급하여 그 때에 태아가 출생한 것과 같이 법률상 보아준다고 해석하여야 상당하므로 그가 <u>모체와 같이 사망</u>하여 출생의 기회를 못 가진 이상 배상청구권을 논할 여지없다(대판 1976.9.14. 76다1365).

ㄴ. [○] 직계존속의 생명침해에 대해 태아 자신이 위자료를 청구하는 경우(제752조) 判例는 "태아가 피해 당시 정신상 고통에 대한 감수성을 갖추고 있지 않다 하더라도 <u>장래 감수할 것임을 현재 합리적으로 기대할 수 있는 경우</u>에 있어서는 즉시 그 청구를 할 수 있다." (대판 1962.3.15. 61다903)라고 하여 긍정하고 있다. 같은 이유로 父가 상해를 입을 당시 태아가 출생하지 않았더라도 그 뒤에 출생하였다면 父의 부상으로 인하여 입게 될 정신적 고통에 대한 위자료(제751조)를 청구할 수 있다(대판 1993.4.27. 93다4663).

ㄷ. [×]

> 제1000조(상속의 순위)「③항 태아는 상속순위에 관하여는 이미 출생한 것으로 본다.」

> 判例는 "정신적 손해에 대한 배상(위자료)청구권은 피해자가 이를 포기하거나 면제했다고 볼 수 있는 특별한 사정이 없는 한 생전에 청구의 의사를 표시할 필요 없이 원칙적으로 상속되는 것"(대판 1966.10.18. 66다1335)이라고 한다.
> ▶ 따라서 직계존속에 대한 생명침해로 인하여 발생한 그 직계존속의 재산적·정신적 손해배상청구권은 일단 사망자인 직계존속이 취득하여 그의 재산이 되므로 태아가 살아서 출생한 이상, 그것을 상속받게 된다.

정답 | ②

---

17 태아의 권리능력 등에 관한 다음 설명 중 틀린 것은? (다툼이 있는 경우 판례에 의함) [출제예상]

① 母의 교통사고의 충격으로 태아가 조산되고 또 그로 인하여 제대로 성장하지 못하고 사망하였다면 위 불법행위는 한편으로 산모에 대한 불법행위인 동시에 한편으로는 태아 자신에 대한 불법행위라고 볼 수 있으므로 따라서 죽은 아이는 생명침해로 인한 재산상 손해배상청구권이 있다. 그러나 모체와 같이 사망한 태아에게는 손해배상청구권이 인정되지 않는다.

② 제3자를 위한 계약에서 제3자는 계약 성립시에 현존·특정되어야 하므로 태아는 제3자가 될 수 없다.

③ 태아에 대한 생전증여에 있어서도 태아의 수증행위가 필요한바, 상속 또는 유증의 경우를 유추하여 태아의 수증능력을 인정할 수 없다.

④ 父는 태아를 인지할 수 있다. 한편 태아는 살아서 출생한 경우 강제인지를 청구할 수 있다.

해설

① [○] 출생 전의 가해에 대한 손해배상청구권의 인정 여부: 母에 대한 불법행위로 태아가 영향을 받은 경우, 모체와 같이 사망한 태아에게 손해배상청구권을 인정할 수 있는지 여부(소극)

임산부에 대한 교통사고, 의사가 임산부에게 잘못된 처치를 한 경우 이는 동시에 태아에 대한 불법행위가 성립한다. 判例도 "(母의) 교통사고의 충격으로 태아가 조산되고 또 그로 인하여 제대로 성장하지 못하고 사망하였다면 위 불법행위는 한편으로 산모에 대한 불법행위인 동시에 한편으로는 태아 자신에 대한 불법행위라고 볼 수 있으므로 따라서 죽은 아이는 생명침해로 인한 재산상 손해배상청구권이 있다."(대판 1968.3.5. 67다2869)라고 판시하고 있다.

다만, 判例는 "태아가 특정한 권리에 있어서 이미 태어난 것으로 본다는 것은 살아서 출생한 때에 출생시기가 문제의 사건의 시기까지 소급하여 그 때에 태아가 출생한 것과 같이 법률상 보아준다고 해석하여야 상당하므로 그가 모체와 같이 사망하여 출생의 기회를 못 가진 이상 배상청구권을 논할 여지없다."(대판 1976.9.14. 76다1365)라고 한다.

② [×] 제3자를 위한 계약에서 제3자는 계약 성립시에 특정 가능성이 있는 한 현존·특정되지 않아도 무방하므로, 태아나 설립 중의 법인 등도 제3자가 될 수 있다(대판 1960.7.21. 59다773). 그러나 수익의 의사표시를 할 때에는 권리능력을 가지고 현존·특정되어야 한다.

③ [○] 判例는 '생전증여'와 관련하여 "태아에 대한 증여에 있어서도 태아의 수증행위가 필요한바, 상속 또는 유증의 경우를 '유추'하여 태아의 수증능력을 인정할 수 없다."(대판 1982.2.9. 81다534)라고 판시하고 있다.

④ [○] 父는 태아를 인지할 수 있으나(제858조), 태아에게도 인지청구권이 인정되는지에 대하여는 학설은 대체로 제858조의 반대해석상 허용되지 않는다는 부정설의 입장이다. 다만, 태아가 살아서 출생한 경우 강제인지는 가능하다(제863조, 제864조). 따라서 태아 쪽에서 적극적으로 태아의 성장에 필요한 비용을 父에게 청구할 수는 없다.

정답 | ②

18 甲은 강도 乙을 만나 격투를 벌이던 중 乙이 휘두른 칼에 사망하였다. 甲의 사망 당시 甲의 유족으로는 친모(親母) A, 법률상의 배우자 B, B의 배 속에 태아 C가 있었다. 그 후 태아 C는 살아서 출생하였다. 이에 대한 설명 중 틀린 것은? (다툼이 있는 경우 판례에 의함)   [출제예상]

① 태아 C가 살아서 출생하였으므로 태아의 권리능력 취득시기에 관한 어느 견해에 따르더라도 B와 C가 甲의 공동상속인이 된다.

② B와 C는 甲의 재산상 손해배상청구권 및 정신상 손해배상청구권을 상속한다.

③ A, B, C는 정신적 고통을 입증하지 않고도 당연히 위자료를 乙에게 청구할 수 있다.

④ 만약 C가 아직 출생하지 않은 상태에서 C의 위자료청구권에 대하여 B가 C를 대리하여 乙과 위자료액수에 관한 합의를 하였다면, 그 합의는 태아의 권리능력 취득시기에 관한 정지조건설에 의하면 무효이나, 해제조건설에 의하면 유효하다.

해설

① [○] 태아 C의 상속능력(적극)

甲의 법률상 배우자인 B가 상속권자가 됨은 의문의 여지가 없다(제1003조 제1항).

태아의 경우 정지조건설에 의할 때에는 태아가 살아서 출생하면 권리능력 취득의 효과가 문제의 사건이 발생한 시기로 소급하게 되고, 해제조건설에 의할 때에는 태아인 동안에도 제한적 범위에서 권리능력가지지만 사산한 경우에는 권리능력 취득의 효과가 소급하여 소멸하게 되는바, 사안의 경우 태아 C는 살아서 출생하였으므로 어느 견해에 따르더라도 상속능력이 인정된다(제1000조 제3항, 동조 제1항 제1호).

다만, 논리전개 과정에서는 차이가 있다. ⅰ) 정지조건설에 의하면 C는 태아로 있는 동안 아직 권리능력을 취득하지 못하므로 그동안은 甲의 처 B와 모 A가 공동상속인이 되나, C가 살아서 출생하면 甲의 사망시점에 소급하여 상속권을 취득하므로 B와 C가 공동상속인이 되고 후순위인 A는 상속권이 소급적으로 없게 된다. ⅱ) 그러나 해제조건설에 의하면 태아 C는 상속순위에 관하여는 이미 출생한 것으로 보므로, C는 태아인 상태에서 B와 공동상속인이 된다. 다만, C가 사산한 경우에는 甲의 사망시점에 '소급'하여 권리능력을 잃는다.

▶ 결국 태아 C가 살아서 출생하였다면 B와 C가 甲의 공동상속인이 된다(제1003조 제1항).

② [○] 위자료청구권의 상속 여부(적극)

판례는 "정신적 손해에 대한 배상(위자료)청구권은 피해자가 이를 포기하거나 면제했다고 볼 수 있는 특별한 사정이 없는 한 생전에 청구의 의사를 표시할 필요없이 원칙적으로 상속되는 것이라고 해석함이 상당하다."(대판 1966.10.18. 66다1335)라고 하여 상속을 긍정한다.

③ [○] 태아 C의 정신적 손해배상청구 가부(적극)

> 제752조(생명침해로 인한 위자료) 「타인의 생명을 해한 자는 피해자의 직계존속, 직계비속 및 배우자에 대하여는 재산상의 손해 없는 경우에도 손해배상의 책임이 있다.」

ⅰ) 피해자 甲의 직계존속인 A와 배우자 B는 정신적 고통을 입증하지 않고도 제752조에 의하여 당연히 위자료를 乙에게 청구할 수 있다. ⅱ) 태아 C의 경우 태아인 동안에도 태아에게 정신적 고통이 있다고 인정될 수 있는가와 관련하여 판례는 "태아가 피해 당시 정신상 고통에 대한 감수성을 갖추고 있지 않다 하더라도 장래 감수할 것임을 현재 합리적으로 기대할 수 있는 경우에 있어서는 즉시 그 청구를 할 수 있다."(대판 1962.3.15. 61다903)라고 하여 이를 긍정하고 있다. 따라서 살아서 출생한 C도 乙에게 위자료청구를 할 수 있다(제762조, 제752조).

④ [×] 태아의 권리능력 인정 여부 - 손해배상청구, 화해계약

태아는 손해배상의 청구에 관하여는 이미 출생한 것으로 본다(제762조). ⅰ) 그러나 태아의 권리능력 취득시기에 관한 판례의 태도인 정지조건설에 의하면 C는 태아인 동안에는 권리능력을 가지지 못하므로 법정대리의 개념이 성립할 여지가 없다. ⅱ) 한편 해제조건설에 의하면 C는 태아인 동안에도 권리능력을 취득하고 C가 취득한 손해배상청구권에 관하여 법정대리인 B가 C를 대리할 수 있는지 문제된다. 그러나 민법은 태아를 위한 법정대리인제도를 두고 있지 않다. 나아가 태아에게 출생자의 법정대리인제도(제911조)를 유추하더라도, 권리관계가 아직 확정된 것은 아니므로, 태아의 법정대리인의 권한은 권리를 보전하기 위하여 필요한 행위에 한정되어야 한다(제118조). 따라서 가령 손해배상청구에서 법정대리인이 합의(화해)를 하는 것 등은 허용되지 않는다.

정답 | ④

제3관 외국인의 권리능력

제4관 자연인의 행위능력

⊕ **핵심정리 제한능력자의 행위능력**

1. 미성년자의 행위능력

(1) 법정대리인이 범위를 정하여 처분을 허락한 재산은 미성년자가 임의로 처분가능(제6조)

제6조의 범위는 '사용목적의 범위'가 아니라 '재산의 범위'라고 보는 것이 타당하다. 이러한 법정대리인의 동의는 묵시적으로도 가능한바, 묵시적 동의 유무는 미성년자의 독자적인 소득의 범위와 계약의 내용 등을 고려한다(2005다71659). 아울러 처분을 허락하였더라도 법정대리인의 대리권은 존속한다.

(2) 영업의 허락을 받은 특정한 영업에 관하여는 성년자와 동일한 행위능력(제8조)

허락을 받은 영업에 관하여 미성년자는 성년자와 동일한 행위능력이 있다. 따라서 당해 영업과 관련하여서는 법정대리인의 대리권도 소멸한다.

(3) 미성년자 법정대리인의 대리권 제한(공, 자, 이, 후)(상세한 내용은 대리 참고)

법정대리의 경우는 원칙적으로 대리권의 범위에 제한이 없으나(제920조 본문, 제949조 제1항), 예외가 있다. 즉, ① 미성년자의 친권자인 부모가 혼인 중인 때에는 부모가 공동으로 친권을 행사하여야 한다(제909조 제2항, 제3항). '공동'의 의미는 본인 보호라는 공동대리제도의 취지상 의사표시가 아닌 의사결정의 공동을 의미한다. ② 子의 행위를 목적으로 하는 채무를 부담할 경우에는 본인의 동의를 얻어야 한다(제920조 단서, 제949조 제2항). ③ 친권자와 그 子 사이에 이해상반행위를 하는 경우에는 특별대리인을 선임하여야 한다(제921조). ④ 후견인이 피후견인의 중요재산 등에 대하여 대리행위를 할 때 후견감독인이 있으면 그의 동의를 받아야 한다(제950조). 동의가 없는 후견인의 대리행위는 피후견인 또는 후견감독인이 취소할 수 있다(제950조 제3항).

2. 피성년후견인의 행위능력

(1) 원칙과 예외

① 피성년후견인의 법률행위는 원칙적으로 언제나 취소할 수 있다(제10조 제1항). ② 가정법원이 '취소할 수 없는' 피성년후견인의 법률행위의 범위를 정한 경우에 그 한도에서 예외적으로 행위능력을 가지고(동조 제2항), 일정한 자의 청구에 의해 가정법원이 그 범위를 변경할 수 있다(동조 제3항). 일용품의 구입 등 일상생활에 필요하고 그 대가가 과도하지 아니한 법률행위는 피성년후견인이 단독으로 할 수 있다(동조 제4항).

(2) 피성년후견인의 법정대리인

① 가정법원은 성년개시심판을 하면서 '직권으로' 성년후견인을 선임하여야 한다(제929조, 제936조 제1항). ② 성년후견인은 자연인뿐만 아니라 '법인'도 선임될 수 있으며(제930조 제3항), '여러 명'의 성년후견인을 선임할 수 있다(제930조 제2항). ③ 피성년후견인의 법률행위는 원칙적으로 언제나 취소할 수 있으므로 성년후견인은 피성년후견인의 법률행위에 대한 동의권을 가지지 않고, 대리권과 취소권을 가질 뿐이다.

3. 피한정후견인의 행위능력

(1) 원칙과 예외

① 가정법원은 피한정후견인의 정신적 제약의 상태에 따라 한정후견인의 '동의를 받아야 하는' 행위의 범위를 정할 수 있다(제13조 제1항). ② 한정후견인의 동의가 필요한 행위에 대하여 한정후견인이 동의하지 않음으로써 피한정후견인의 이익이 침해될 염려가 있을 때에는, 가정법원은 피한정후견인의 청구에 의하여 그 동의에 갈음하는 허가를 할 수 있다(동조 제3항). 그리고 일용품의 구입 등 일상생활에 필요하고 그 대가가 과도하지 아니한 법률행위는 피한정후견인이 단독으로 할 수 있다(동조 제4항 단서). 피한정후견인의 행위능력 제한은 가족법상의 행위에는 미치지 않는다.

(2) 피한정후견인의 법정대리인

민법은 한정후견인을 당연한 법정대리인으로 취급하지 않는다(제959조의4 제1항).

4. 피특정후견인의 행위능력

특정후견의 심판이 있어도 피특정후견인의 행위능력은 제한되지 않는다. 그리고 특정한 법률행위를 위하여 특정후견인이 선임되고 그 범위에서 법정대리권이 부여된 경우(제959조의11 제1항)에도 그 법률행위에 관하여 피특정후견인의 행위능력은 제한되지 않는다. 따라서 그러한 행위를 특정후견인의 동의 없이 직접할 수도 있어 특정후견인은 취소권 및 동의권을 가지지 않는다.

5. 제한능력자의 상대방 보호

(1) 문제점

제한능력자제도는 거래의 안전을 희생시키는 것을 감수하면서 '제한능력자를 보호'하는 데 목적을 두고 있는 '강행규정'이다(2005다71659). 따라서 예외적으로 거래안전을 보호할 수단(제도)이 필요하다.

(2) 속임수에 의한 취소권 배제

1) 요건(속, 오, 인)
ⅰ) '속임수'을 써서 제한능력자를 능력자로 믿게 하거나(제17조 제1항) 또는 미성년자나 피한정후견인이 법정대리인의 동의가 있는 것으로 믿게 하였고(제17조 제2항), ⅱ) 상대방이 '오신'하였어야 하며, ⅲ) 상대방이 그러한 오신에 기하여 제한능력자와 법률행위를 하였어야 한다(인과관계).

2) 제17조의 '속임수'의 의미
判例는 '성년자로 군대에 갔다 왔다'고 하거나, '자기가 사장이라고 말한 것'만으로는 속임수라고 할 수 없고(71다2045), 생년월일을 허위로 기재한 인감증명을 제시하는 등의 '적극적인 사기수단'을 써야 속임수에 해당한다고 하여 협의설의 입장을 취하고 있다(71다940).

6. 제141조 단서의 현존이익 반환

제141조 단서의 현존하는 한도라 함은 제한능력자가 취소되는 행위에 의하여 얻은 이익이 원형대로 또는 그 형태를 바꾸어서 남아 있는 한도라는 뜻이다. 특히 신용카드회원계약이 제한능력을 이유로 취소되는 경우, 제한능력자가 반환하여야 할 부당이득 반환의 대상은 신용카드가맹점과의 거래계약을 통하여 취득한 물품과 용익이 아니라 신용카드사가 가맹점에 대신 지급함으로써 면제받은 물품, 용역대금채무 상당액이고, 이러한 이익은 금전상의 이익으로 특별한 사정이 없는 한 현존하고 있는 것으로 추정된다(2003다60297).

19 제한능력자에 관한 설명으로 가장 적절한 것은?　　　　　　　　　　　　　　　　[23법학경채]

① 법정대리인은 범위를 정하여 미성년자의 임의적 재산처분을 허락할 수 있지만, 미성년자가 그 재산을 처분하기 전에 그 허락을 취소할 수는 없다.

② 법정대리인은 미성년자의 특정한 영업에 관해 제한하여 허락할 수 있으며, 그 제한은 선의의 제3자에게 대항할 수 있다.

③ 피성년후견인이 일상생활에 필요하고 그 대가가 과도하지 아니한 법률행위를 하였을 경우에 성년후견인은 피성년후견인의 제한능력을 이유로 이를 취소할 수 없다.

④ 제한능력자가 맺은 계약은 추인이 있을 때까지 계약 당시에 제한능력자임을 알았던 상대방이 그 의사표시를 철회할 수 있다.

해설

① [×]
제6조(처분을 허락한 재산) 「법정대리인이 범위를 정하여 처분을 허락한 재산은 미성년자가 임의로 처분할 수 있다.」
제7조(동의와 허락의 취소) 「법정대리인은 미성년자가 아직 법률행위를 하기 전에는 전2조의 동의와 허락을 취소할 수 있다.」

② [×]
제8조(영업의 허락) 「②항 법정대리인은 전항의 허락을 취소 또는 제한할 수 있다. 그러나 선의의 제3자에게 대항하지 못한다.」

③ [○]
제10조(피성년후견인의 행위와 취소) 「④항 제1항에도 불구하고 일용품의 구입 등 일상생활에 필요하고 그 대가가 과도하지 아니한 법률행위는 성년후견인이 취소할 수 없다.」

④ [×]
제16조(제한능력자의 상대방의 철회권과 거절권) 「①항 제한능력자가 맺은 계약은 추인이 있을 때까지 상대방이 그 의사표시를 철회할 수 있다. 다만, 상대방이 계약 당시에 제한능력자임을 알았을 경우에는 그러하지 아니하다.」

정답 | ③

20 사실혼 관계인 미성년자(18세)가 단독으로 유효하게 할 수 없는 행위는? (후견개시심판을 받지 않음을 전제로 하고, 다툼이 있는 경우 판례에 의함) [22경찰간부]

① 미성년자 자신의 노무제공에 따른 임금청구

② 법정대리인으로부터 받은 자신의 용돈을 친구에게 빌려주는 행위

③ 이자를 지급하지 않는 금전의 차용

④ 채무면제계약의 청약에 대한 승낙

해설

미성년자도 혼인(법률혼만을 의미하고 사실혼은 제외)을 한 때에는 성년자로 본다(제826조의2: 성년의제). 따라서 사실혼 관계인 미성년자(18세)는 미성년자와 동일하게 다루어진다.

① [단독○] 미성년자는 독자적으로 임금을 청구할 수 있고(근로기준법 제68조), 친권자 또는 후견인은 미성년자의 근로계약을 대리할 수 없다(근로기준법 제67조 제1항).

② [단독○] 법정대리인이 범위를 정하여 처분을 허락한 재산은 제한능력자가 임의로 처분할 수 있다(제6조). 여기서 범위는 사용목적이 아니라 처분할 재산의 범위를 의미하므로 법정대리인이 부여한 사용목적을 불문하고 미성년자가 단독으로 사용할 수 있다.

▶ 따라서 예컨대 법정대리인으로부터 받은 자신의 용돈을 친구에게 빌려주는 행위는 단독으로 할 수 있다.

③ [단독×] ④ [단독○]

> 제5조(미성년자의 능력) 「①항 미성년자가 법률행위를 함에는 법정대리인의 동의를 얻어야 한다. 그러나 권리만을 얻거나 의무만을 면하는 행위는 그러하지 아니하다.」 어떤 법률행위가 미성년자에게 이익이 되는가 하는 것은 경제적 관점에서가 아니라 법적 효과를 기준으로 판단되어야 한다.

▶ 따라서 ③ 무이자 소비대차계약(제598조) 등 무상계약의 체결의 경우에도 법률의 규정에 의해 반환의무 등 일정한 의무를 부담하는 경우가 있으므로 단독으로 할 수 없다. ④ 채무면제를 청약하는 것에 대해 이를 승낙하는 경우(의무만을 면하는 것임)는 미성년자가 단독으로 할 수 있다.

정답 | ③

---

21 미성년자의 법률행위에 관한 설명으로 옳은 것은? (다툼이 있으면 판례에 따름) [23행정사]

① 법정대리인이 취소한 미성년자의 법률행위는 취소한 때로부터 그 효력을 상실한다.

② 법정대리인이 재산의 범위를 정하여 미성년자에게 처분을 허락한 경우, 법정대리인은 그 재산에 관하여 유효한 대리행위를 할 수 없다.

③ 법정대리인이 미성년자에게 특정한 영업을 허락한 경우, 법정대리인은 그 영업에 관하여 유효한 대리행위를 할 수 있다.

④ 미성년자가 자신의 주민등록증을 변조하여 자기를 능력자로 믿게 하여 법률행위를 한 경우, 미성년자는 그 법률행위를 취소할 수 없다.

⑤ 미성년자가 오직 권리만을 얻는 법률행위를 할 경우에도 특별한 사정이 없는 한 법정대리인의 동의가 필요하다.

해설

① [×] '취소'는 취소하기 전까지는 일단 유효하나, 취소권 행사 후에는 '소급'하여 무효로 되는 것이지 취소한 때로부터 장래에 향하여 그 효력을 상실하는 것은 아니다(제141조 본문).

② [×] 법정대리인이 범위를 정하여 처분을 허락한 재산은 제한능력자가 임의로 처분할 수 있다(제6조). 법정대리인이 범위를 정하여 처분을 허락한 재산에 대해서는 대리권이 소멸하지 않는다. 반면, 허락된 영업에 관해서는 법정대리인의 대리권이 소멸한다(통설).

③ [×] 미성년자가 법정대리인으로부터 허락을 얻은 특정한 영업에 관하여 성년자와 동일한 행위능력이 있다(제8조 제1항). 따라서 당해 영업과 관련하여서는 법정대리인의 대리권도 소멸한다.

④ [○]

> 제17조(제한능력자의 속임수) 「①항 제한능력자가 속임수로써 자기를 능력자로 믿게 한 경우에는 그 행위를 취소할 수 없다.」

다만, 判例는 '성년자로 군대에 갔다 왔다'고 말하거나, '자기가 사장이라고 말한 것'만 가지고는 속임수(개정 전 민법은 '사술'이라는 표현을 쓰고 있었다)이라고 할 수 없고(대판 1955.3.31. 4287민상77; 대판 1971.12.14. 71다2045), 생년월일을 허위로 기재한 인감증명을 제시하는 등의 '적극적인 사기수단'을 써야 속임수에 해당한다고 한다(대판 1971.6.22. 71다940).

▶ 따라서 미성년자가 자신의 주민등록증을 변조하여 자기를 능력자로 믿게 하여 법률행위를 한 경우, 이는 제17조의 속임수에 해당하여 미성년자는 그 법률행위를 취소할 수 없다.

⑤ [×]

> 제5조(미성년자의 능력) 「①항 미성년자가 법률행위를 함에는 법정대리인의 동의를 얻어야 한다. 그러나 권리만을 얻거나 의무만을 면하는 행위는 그러하지 아니하다.」

정답 | ④

22

미성년자 乙은 친권자 甲의 처분동의가 필요한 자기 소유의 물건을 甲의 동의 없이 丙에게 매도하는 계약을 체결하였다. 이에 관한 설명으로 옳지 않은 것은? (다툼이 있으면 판례에 따름) [23행정사]

① 丙은 乙이 성년이 된 후에 그에게 1개월 이상의 기간을 정하여 계약의 추인 여부의 확답을 촉구할 수 있다.

② 성년이 된 乙이 ①에서 丙이 정한 기간 내에 확답을 발송하지 아니하면 계약을 추인한 것으로 본다.

③ 丙이 계약 당시에 乙이 미성년자임을 알았더라도 丙은 자신의 의사표시를 철회할 수 있다.

④ 丙이 계약 당시에 乙이 미성년자임을 알지 못한 경우, 丙은 乙에게도 철회의 의사표시를 할 수 있다.

⑤ 乙이 계약 당시에 甲의 동의서를 위조하여 甲의 동의가 있는 것으로 丙을 믿게 한 경우, 甲은 그 계약을 취소할 수 없다.

해설

①② [○]

> 제15조(제한능력자의 상대방의 확답을 촉구할 권리) 「①항 제한능력자의 상대방은 제한능력자가 능력자가 된 후에 그에게 1개월 이상의 기간을 정하여 그 취소할 수 있는 행위를 추인할 것인지 여부의 확답을 촉구할 수 있다. 능력자로 된 사람이 그 기간 내에 확답을 발송하지 아니하면 그 행위를 추인한 것으로 본다.」

③ [×]

> 제16조(제한능력자의 상대방의 철회권과 거절권) 「①항 제한능력자가 맺은 계약은 추인이 있을 때까지 상대방이 그 의사표시를 철회할 수 있다. 다만, 상대방이 계약 당시에 제한능력자임을 알았을 경우에는 그러하지 아니하다. ②항 제한능력자의 단독행위는 추인이 있을 때까지 상대방이 거절할 수 있다.」

④ [○]

> 제16조(제한능력자의 상대방의 철회권과 거절권) 「③항 제1항의 철회나 제2항의 거절의 의사표시는 제한능력자에게도 할 수 있다.」

⑤ [○]

> 제17조(제한능력자의 속임수) 「①항 제한능력자가 속임수로써 자기를 능력자로 믿게 한 경우에는 그 행위를 취소할 수 없다.」

다만, 判例는 '성년자로 군대에 갔다 왔다'고 말하거나, '자기가 사장이라고 말한 것'만 가지고는 속임수(개정 전 민법은 '사술'이라는 표현을 쓰고 있었다)이라고 할 수 없고(대판 1955.3.31. 4287민상77; 대판 1971.12.14. 71다2045), 생년월일을 허위로 기재한 인감증명을 제시하는 등의 '적극적인 사기수단'을 써야 속임수에 해당한다고 한다(대판 1971.6.22. 71다940).

▶ 사안에서 미성년자 乙이 계약 당시에 법정대리인 甲의 동의서를 '위조'하여 甲의 동의가 있는 것으로 상대방 丙을 믿게 한 경우, 이는 제17조의 속임수에 해당하여 甲은 그 계약을 취소할 수 없다.

정답 | ③

23 제한능력자인 미성년자에 관한 설명 중 옳은 것은? (후견개시심판을 받지 않음을 전제로 하고, 다툼이 있는 경우 판례에 의함)

[22경찰간부]

① 미성년자가 법률행위를 할 때에는 언제나 법정대리인의 동의를 얻어야 한다.

② 미성년자가 법정대리인의 동의 없이 계약을 체결하고 성년이 되기 전에 채무의 일부를 이행하였다면 그 계약을 추인한 것이다.

③ 불법행위의 피해자가 미성년자인 경우에는 다른 특별한 사정이 없는 한 그 법정대리인이 손해 및 가해자를 안 날로부터 소멸시효가 진행한다.

④ 미성년자는 유효한 대리행위를 할 수 없다.

해설

① [×] 미성년자가 법률행위를 함에는 법정대리인의 동의를 얻어야 한다(제5조 제1항 본문). 따라서 원칙적으로 미성년자의 법률행위는 '원칙적'으로 법정대리인의 동의가 있어야 하나 민법은 미성년자 보호에 문제가 없는 경우 미성년자가 단독으로 유효한 법률행위를 할 수 있는 경우를 다양하게 인정하고 있어 언제나 법정대리인의 동의가 있어야 한다고 볼 수는 없다.

② [×] 법정추인이 되기 위한 요건은 ⅰ) 원칙적으로 취소원인이 소멸한 후에, ⅱ) 이의를 보류하지 않고(이의를 제기하면서 추인을 보류하지 않고), ⅲ) 법정추인의 사유가 있어야 한다(제145조). 예를 들어 미성년자가 법정대리인의 동의 없이 계약을 체결하고 성년이 된 후, 즉 취소의 원인이 소멸된 후에 '채무의 일부를 이행'하였다면 이는 제145조 제1호의 법정추인사유에 해당하나, 성년이 되기 전에 채무의 일부를 이행하였다면 그 계약을 추인한 것으로 볼 수 없다. 왜냐하면 미성년자는 단독으로 유효한 '추인'의 의사표시를 할 수 없어 취소원인이 소멸한 후에 한 것으로 볼 수 없기 때문이다.

③ [○] 불법행위로 인한 손해배상청구권은 피해자나 그 법정대리인이 그 '손해 및 가해자를 안 날'로부터 3년, '불법행위를 한 날'로부터 10년간 행사하지 아니하면 시효로 인하여 소멸한다(제766조 제1항·제2항).
다만, 불법행위의 피해자가 미성년자로 행위능력이 제한된 자인 경우에는 그 법정대리인이 손해 및 가해자를 알아야 소멸시효가 진행한다(대판 2010.2.11. 2009다79897). 또한 미성년자가 성폭력, 성추행, 성희롱, 그 밖의 성적(性的) 침해를 당한 경우에 이로 인한 손해배상청구권의 소멸시효는 그가 성년이 될 때까지는 진행되지 아니한다(제766조 제3항, 2020.10.20. 신설).

④ [×] 대리인은 행위능력자임을 요하지 않는다(제117조). 즉, 미성년자는 유효한 대리행위를 할 수 있다.

정답 | ③

24 제한능력자에 관한 설명으로 옳지 않은 것은? (다툼이 있으면 판례에 따름)

[23세무사]

① 가정법원은 성년후견개시가 청구되더라도 필요하다면 한정후견을 개시할 수 있다.

② 가정법원은 한정후견개시의 심판을 할 때 본인의 의사를 고려해야 한다.

③ 피성년후견인이 속임수로써 법정대리인의 동의가 있는 것으로 믿게 하여 매매계약을 체결하였다면 성년후견인은 계약을 취소할 수 없다.

④ 특정후견의 심판이 있더라도 피특정후견인의 행위능력이 제한되지 않는다.

⑤ 한정후견종료의 심판은 장래에 향하여 효력을 가진다.

해설

① [○] 성년후견이나 한정후견 개시의 청구가 있는 경우 가정법원은 청구 취지와 원인, 본인의 의사, 성년후견제도와 한정후견제도의 목적 등을 고려하여 어느 쪽의 보호를 주는 것이 적절한지를 결정하고, 그에 따라 필요하다고 판단하는 절차를 결정해야 한다. 따라서 '한정후견'의 개시를 청구한 사건에서 의사의 감정결과 등에 비추어 '성년후견' 개시의 요건을 충족하고 본인도 성년후견의 개시를 희망한다면 법원이 성년후견을 개시할 수 있고, '성년후견' 개시를 청구하고 있더라도 필요하다면 '한정후견'을 개시할 수 있다(대결 2021.6.10. 2020스596).

② [○]

> 제12조(한정후견개시의 심판) 「②항 한정후견개시의 경우에 제9조 제2항을 준용한다.」
> 제9조(성년후견개시의 심판) 「②항 가정법원은 성년후견개시의 심판을 할 때 본인의 의사를 고려하여야 한다.」

③ [×]

> 제17조(제한능력자의 속임수) 「①항 제한능력자가 속임수로써 자기를 능력자로 믿게 한 경우에는 그 행위를 취소할 수 없다. ②항 미성년자나 피한정후견인이 속임수로써 법정대리인의 동의가 있는 것으로 믿게 한 경우에도 제1항과 같다.」

  ▶ '피성년후견인'의 법률행위는 원칙적으로 취소할 수 있으므로, 그가 속임수로써 법정대리인의 동의가 있는 것으로 믿게 하더라도 제17조 제2항은 적용되지 않는다. 그러나 피성년후견인이 속임수로써 능력자로 믿게 한 때에는 제17조 제1항이 적용된다.

④ [○] 특정후견의 심판이 있어도 피특정후견인의 행위능력은 제한되지 않는다. 즉, 피특정후견인은 완전한 행위능력자이다

⑤ [○] 한정후견종료의 심판은 '장래에 향하여' 효력을 가진다. 따라서 그 심판이 있기 전에 행하여진 행위는 여전히 취소할 수 있다.

정답 ┃ ③

25 제한능력자에 관한 설명으로 옳지 않은 것은?

[21행정사]

① 권리만을 얻는 법률행위는 미성년자가 단독으로 할 수 있다.

② 미성년자가 법정대리인으로부터 허락을 얻은 특정한 영업에 관하여는 성년자와 동일한 행위능력이 있다.

③ 법정대리인이 미성년자에게 한 특정한 영업의 허락을 취소하는 경우 그 취소로 선의의 제3자에게 대항할 수 있다.

④ 제한능력자의 상대방은 계약 당시 제한능력자임을 알았을 경우에는 그 의사표시를 철회할 수 없다.

⑤ 상대방이 거절의 의사표시를 할 수 있는 경우 제한능력자를 상대로 그 의사표시를 할 수 있다.

해설

① [○]

> 제5조(미성년자의 능력) 「①항 미성년자가 법률행위를 함에는 법정대리인의 동의를 얻어야 한다. 그러나 권리만을 얻거나 의무만을 면하는 행위는 그러하지 아니하다.」

② [○] ③ [×]

> 제8조(영업의 허락) 「①항 미성년자가 법정대리인으로부터 허락을 얻은 특정한 영업에 관하여는 성년자와 동일한 행위능력이 있다. ②항 법정대리인은 전항의 허락을 취소 또는 제한할 수 있다. 그러나 선의의 제3자에게 대항하지 못한다.」

④ [○]

> 제16조(제한능력자의 상대방의 철회권과 거절권) 「①항 제한능력자가 맺은 계약은 추인이 있을 때까지 상대방이 그 의사표시를 철회할 수 있다. 다만, 상대방이 계약 당시에 제한능력자임을 알았을 경우에는 그러하지 아니하다.」

⑤ [○]

> 제16조(제한능력자의 상대방의 철회권과 거절권) 「②항 제한능력자의 단독행위는 추인이 있을 때까지 상대방이 거절할 수 있다. ③항 제1항의 철회나 제2항의 거절의 의사표시는 제한능력자에게도 할 수 있다.」

정답 ┃ ③

26 미성년자의 행위능력에 관한 설명 중 가장 적절하지 않은 것은? (다툼이 있는 경우 판례에 의함) [22법학경채]

① 미성년자의 법률행위에 대한 법정대리인의 동의는 묵시적으로도 가능하다.

② 미성년자가 법정대리인으로부터 허락을 얻은 특정한 영업에 관하여는 성년자와 동일한 행위능력이 있다.

③ 민법 제17조 제1항에서 미성년자가 속임수로써 자기를 능력자로 믿게 한 경우란 적극적인 기망수단을 사용한 경우를 의미한다.

④ 민법 제8조에 따라 법정대리인이 미성년자에게 영업의 허락을 하는 경우 특정한 영업의 전부는 물론 그중 일부에 대한 영업을 허락하는 것도 가능하다.

해설

① [○] 법정대리인의 동의는 묵시적으로도 가능하다(대판 2000.4.11. 2000다3095: 母와 미성년자인 딸이 함께 있는 자리에서 주민등록등본을 첨부하여 도피 중이던 父의 채무를 연대하여 지급하기로 하는 지불각서를 작성·교부해 준 경우, 母가 딸의 위 의사표시에 대하여 법정대리인으로서 묵시적으로 동의한 것으로 본 사례임).

② [○] ┌─ 제8조(영업의 허락) 「①항 미성년자가 법정대리인으로부터 허락을 얻은 특정한 영업에 관하여는 성년자와 동일한 행위능력이 있다.」 ─┐

③ [○] '성년자로 군대에 갔다 왔다'고 말하거나, '자기가 사장이라고 말한 것'만 가지고는 속임수(개정 전 민법은 '사술'이라는 표현을 쓰고 있었다)이라고 할 수 없고(대판 1955.3.31. 4287민상77; 대판 1971.12.14. 71다2045), 생년월일을 허위로 기재한 인감증명을 제시하는 등의 '적극적인 사기수단'을 써야 속임수에 해당한다(대판 1971.6.22. 71다940).

④ [×] '특정'한 영업이란 사회관념상 1개로 보여지는 영업의 단위를 말하는 것이다. 따라서 포괄적 영업허락(어떠한 영업을 하여도 좋다든지) 혹은 하나의 영업의 일부만에 대한 허락은 허용되지 않는다.

정답 | ④

27 미성년자 甲은 그 소유의 X토지를 법정대리인 丙의 동의 없이 乙에게 매도하는 계약을 체결하였다. 이에 관한 설명으로 옳지 않은 것은? (다툼이 있으면 판례에 따름) [22세무사]

① 甲은 매매계약을 취소할 수 있다.

② 丙이 乙로부터 매매대금의 일부를 수령한 경우에도 丙은 甲이 제한능력자임을 이유로 매매계약을 취소할 수 있다.

③ 甲은 丙의 동의가 있더라도 단독으로 매매대금의 이행을 구하는 소를 제기할 수 없다.

④ 甲이 丙의 동의가 있는 것처럼 속여서 乙이 이를 믿고 매매계약을 체결한 경우, 丙은 매매계약을 취소할 수 없다.

⑤ 丙이 매매계약을 추인하기 전에는, 甲이 미성년자임을 알지 못하였던 乙은 매매의 의사표시를 철회할 수 있다.

해설

① [○] ┌─ 제140조(법률행위의 취소권자) 「취소할 수 있는 법률행위는 제한능력자, 착오로 인하거나 사기·강박에 의하여 의사표시를 한 자, 그의 대리인 또는 승계인만이 취소할 수 있다.」 ─┐

▶ 미성년자 스스로도 취소 가능하다.

② [×] 법정추인 중 하나인 '전부나 일부의 이행'(제145조 제1호)은 상대방으로부터 이행을 수령한 경우를 포함한다. 따라서 법정대리인 병이 매매대금의 일부를 수령하면 법정추인에 해당하여 매매계약을 취소할 수 없다.

③ [○] 민법에서는 미성년자가 법정대리인의 동의를 얻으면 스스로 법률행위를 할 수 있으나(제5조), 소송에서는 원칙적으로 법정대리인의 대리에 의해서만 소송행위를 할 수 있다(민사소송법 제55조).

④ [○] 미성년자나 피한정후견인이 속임수로써 법정대리인의 동의가 있는 것으로 믿게 한 경우에도 그 행위를 취소할 수 없다(제17조 제2항).

⑤ [○] ┌─ 제16조(제한능력자의 상대방의 철회권과 거절권) 「①항 제한능력자가 맺은 계약은 추인이 있을 때까지 상대방이 그 의사표시를 철회할 수 있다. 다만, 상대방이 계약 당시에 제한능력자임을 알았을 경우에는 그러하지 아니하다.」 ─┐

정답 | ②

28 미성년자의 행위능력에 관한 설명으로 옳지 않은 것은? (다툼이 있으면 판례에 따름) [21세무사]

① 혼인한 미성년자에게는 민사소송법상의 소송능력이 인정된다.

② 만 18세의 미성년자는 단독으로 유효한 유언을 할 수 있다.

③ 미성년자 자신의 노무제공에 따른 임금의 청구는 미성년자가 독자적으로 할 수 있다.

④ 미성년자는 법정대리인의 동의 없이 타인의 대리인으로서 법률행위를 할 수 있다.

⑤ 법정대리인이 미성년자에게 영업을 허락한 경우 법정대리인은 이를 취소할 수 있고 이로써 선의의 제3자에게 대항할 수 있다.

해설

① [O]

> 제826조의2(성년의제) 「미성년자가 혼인을 한 때에는 성년자로 본다.」
> 민사소송법 제51조(당사자능력·소송능력 등에 대한 원칙) 「당사자능력(當事者能力), 소송능력(訴訟能力), 소송무능력자(訴訟無能力者)의 법정대리와 소송행위에 필요한 권한의 수여는 이 법에 특별한 규정이 없으면 민법, 그 밖의 법률에 따른다.」

② [O]

> 제1061조(유언적령) 「만 17세에 달하지 못한 자는 유언을 하지 못한다.」

③ [O]

> 근로기준법 제68조(임금의 청구) 「미성년자는 독자적으로 임금을 청구할 수 있다.」

④ [O]

> 제117조(대리인의 행위능력) 「대리인은 행위능력자임을 요하지 아니한다.」

⑤ [×]

> 제8조(영업의 허락) 「①항 미성년자가 법정대리인으로부터 허락을 얻은 특정한 영업에 관하여는 성년자와 동일한 행위능력이 있다. ②항 법정대리인은 전항의 허락을 취소 또는 제한할 수 있다. 그러나 선의의 제3자에게 대항하지 못한다.」

정답 | ⑤

29 미성년자의 행위능력에 대한 설명으로 가장 적절한 것은? (다툼이 있는 경우 판례에 의함) [18법학경채]

① 법정대리인의 동의를 얻지 않은 미성년자의 법률행위는 법정대리인만이 취소할 수 있다.

② 법정대리인이 범위를 정하여 처분을 허락한 재산은 미성년자가 임의로 처분할 수 있으나, 법정대리인은 미성년자가 아직 법률행위를 하기 전에는 그 허락을 취소할 수 있다.

③ 미성년자가 법률행위를 할 때 단순히 자신이 성년자라고 말하였을 뿐 그 이상의 적극적인 속임수를 사용하지 않은 경우 법정대리인은 그 법률행위를 취소할 수 없다.

④ 만 16세에 달한 자는 법정대리인의 동의 없이 단독으로 유언할 수 있다.

해설

① [×]
> 제5조(미성년자의 능력) 「①항 미성년자가 법률행위를 함에는 법정대리인의 동의를 얻어야 한다. 그러나 권리만을 얻거나 의무만을 면하는 행위는 그러하지 아니하다. ②항 전항의 규정에 위반한 행위는 취소할 수 있다.」
>
> 제140조(법률행위의 취소권자) 「취소할 수 있는 법률행위는 제한능력자, 착오로 인하거나 사기·강박에 의하여 의사표시를 한 자, 그의 대리인 또는 승계인만이 취소할 수 있다.」

▶ 미성년자 스스로도 취소 가능하다.

② [○]
> 제6조(처분을 허락한 재산) 「법정대리인이 범위를 정하여 처분을 허락한 재산은 미성년자가 임의로 처분할 수 있다.」
>
> 제7조(동의와 허락의 취소) 「법정대리인은 미성년자가 아직 법률행위를 하기 전에는 전2조의 동의와 허락을 취소할 수 있다.」

③ [×]
> 제17조(제한능력자의 속임수) 「①항 제한능력자가 속임수로써 자기를 능력자로 믿게 한 경우에는 그 행위를 취소할 수 없다.」

'성년자로 군대에 갔다 왔다'고 말하거나, '자기가 사장이라고 말한 것'만 가지고는 속임수(개정 전 민법은 '사술'이라는 표현을 쓰고 있었다)이라고 할 수 없고(대판 1955.3.31. 4287민상77; 대판 1971.12.14. 71다2045), 생년월일을 허위로 기재한 인감증명을 제시하는 등의 '적극적인 사기수단'을 써야 속임수에 해당한다(대판 1971.6.22. 71다940). 다만, 제한능력자의 속임수에 관하여는 그 상대방에게 증명책임이 있다(대판 1971.12.14. 71다2045).

④ [×]
> 제1061조(유언적령) 「만 17세에 달하지 못한 자는 유언을 하지 못한다.」

▶ 따라서 만 16세에 달한 미성년자는 법정대리인의 동의 없이 단독으로 유효한 유언을 할 수 없다.

정답 | ②

---

30 미성년자의 행위능력에 관한 설명 중 옳지 않은 것은?　　　　　　　　　　[19·16소방간부 변형]

① 미성년자가 법정대리인의 동의가 필요한 법률행위를 동의 없이 한 경우에는, 미성년자뿐 아니라 법정대리인도 그 법률행위를 취소할 수 있다.
② 법정대리인이 미성년자의 모든 재산의 처분을 허락하는 것은 허용되지 않는다.
③ 미성년자가 법정대리인으로부터 허락을 얻은 특정한 영업에 관하여는 성년자와 동일한 행위능력이 있다.
④ 혼인한 미성년자라도 혼인이 해소되었다면 법률행위를 하기 위해서는 법정대리인의 동의를 얻어야 한다.
⑤ 미성년자의 법률행위에 대해 법정대리인의 동의가 있었다는 증명책임은 이를 주장하는 상대방에게 있다.

해설

① [○]
> 제5조(미성년자의 능력) 「①항 미성년자가 법률행위를 함에는 법정대리인의 동의를 얻어야 한다. 그러나 권리만을 얻거나 의무만을 면하는 행위는 그러하지 아니하다. ②항 전항의 규정에 위반한 행위는 취소할 수 있다.」
>
> 제140조(법률행위의 취소권자) 「취소할 수 있는 법률행위는 제한능력자, 착오로 인하거나 사기·강박에 의하여 의사표시를 한 자, 그의 대리인 또는 승계인만이 취소할 수 있다.」

② [○]
> 제6조(처분을 허락한 재산) 「법정대리인이 범위를 정하여 처분을 허락한 재산은 미성년자가 임의로 처분할 수 있다.」

▶ 따라서 미성년자의 '모든' 재산에 대한 처분의 허락은 거래의 안전을 희생시키더라도 제한능력자를 보호하려는 제한능력자제도의 입법취지에 반하므로 허용되지 않는다.

③ [○]
> 제8조(영업의 허락) 「①항 미성년자가 법정대리인으로부터 허락을 얻은 특정한 영업에 관하여는 성년자와 동일한 행위능력이 있다.」

④ [×]
> 제826조의2(성년의제) 「미성년자가 혼인을 한 때에는 성년자로 본다.」

> ▶ 이 성년의제를 받는 자가 아직 미성년으로 있는 동안에 혼인의 취소나 이혼 등으로 혼인이 해소된 경우에도, 일단 취득한 행위능력을 잃게 하는 것은 거래의 안전문제·혼인 중에 출생한 子의 친권문제 등의 혼란이 생기므로 성년의제의 효과는 소멸하지 않고 존속한다.

⑤ [○] 미성년자가 토지매매행위를 부인하고 있는 이상 미성년자가 그 법정대리인의 동의를 얻었다는 점에 관한 입증책임은 미성년자에게 없고 이를 주장하는 상대방에게 있다(대판 1970.2.24. 69다1568).

[비교판례] 다만, 미성년자 소유의 토지가 미성년자 명의의 소요문서에 의하여 타에 이전등기된 경우에도 그 등기는 적법하게 경료된 것으로 추정되므로, 이 경우에는 미성년자 측에서 법정대리인의 동의가 없었다는 사실을 증명하여야 한다(대판 1969.2.4. 68다2147; 등기의 추정력).

정답 | ④

---

31 미성년자의 법률행위에 관한 설명으로 옳지 않은 것은? (다툼이 있으면 판례에 의함) [18세무사]

① 의무만을 면하는 법률행위를 하는 경우, 미성년자는 동의를 얻지 않고 할 수 있다.
② 법정대리인의 동의 없이 신용구매계약을 체결한 미성년자가 사후에 법정대리인의 동의 없음을 사유로 들어 이를 취소하는 것은 신의칙에 위배된다.
③ 만 17세에 달한 미성년자는 단독으로 유효한 유언을 할 수 있다.
④ 미성년자는 독자적으로 임금을 청구할 수 있다.
⑤ 미성년자가 법률행위를 함에 있어 요구되는 법정대리인의 동의는 묵시적으로도 가능하다.

해설

① [○]
> 제5조(미성년자의 능력) 「①항 미성년자가 법률행위를 함에는 법정대리인의 동의를 얻어야 한다. 그러나 권리만을 얻거나 의무만을 면하는 행위는 그러하지 아니하다.」

② [×] 만 18세가 넘은 미성년자가 월 소득범위 내에서 신용구매계약을 체결한 사안에서, 대법원은 "ⅰ) 미성년자가 신용카드에 의해 신용구매계약을 체결한 경우, 민법이 정한 제한능력자 제도는 이 경우에도 적용되고 예외를 둘 것이 아니다. ⅱ) 민법에서 정하고 있는 제한능력자에 관한 규정은 거래의 안전을 희생하면서까지 제한능력자를 보호하고자 하는 것으로서 강행규정에 속하는 것이므로, 이에 관해 신의칙 위반을 이유로 이를 배척하는 것은 강행규정에 의해 배제하려는 결과를 실현시키는 셈이 되어 허용될 수 없다."라고 한다(대판 2007.11.16. 2005다71659).

③ [○]
> 제1061조(유언적령) 「만 17세에 달하지 못한 자는 유언을 하지 못한다.」

④ [○]
> 근로기준법 제68조(임금의 청구) 「미성년자는 독자적으로 임금을 청구할 수 있다.」

⑤ [○] 미성년자가 법률행위를 함에 있어서 요구되는 법정대리인의 동의는 언제나 명시적이어야 하는 것은 아니고 묵시적으로도 가능한 것이며, 미성년자의 행위가 위와 같이 법정대리인의 묵시적 동의가 인정되거나 처분허락이 있는 재산의 처분 등에 해당하는 경우라면, 미성년자로서는 더 이상 행위무능력을 이유로 그 법률행위를 취소할 수 없다(대판 2007.11.16. 2005다71659).

정답 | ②

32 미성년자가 법정대리인의 동의 없이 단독으로 한 법률행위 중 취소할 수 있는 것은?　　　[18·16소방간부 변형]

① 대리행위
② 부담 없는 증여를 받는 행위
③ 경제적으로 유리한 매매계약의 체결행위
④ 법정대리인으로부터 허락을 얻은 특정한 영업에 관한 행위
⑤ 법정대리인으로부터 범위를 정하여 처분이 허락된 재산의 처분행위

해설

① [×]
> 제117조(대리인의 행위능력) 「대리인은 행위능력자임을 요하지 아니한다.」

② [×] ③ [○]
> 제5조(미성년자의 능력) 「①항 미성년자가 법률행위를 함에는 법정대리인의 동의를 얻어야 한다. 그러나 권리만을 얻거나 의무만을 면하는 행위는 그러하지 아니하다.」

> ▶ ⅰ) 따라서 부담 없는 증여를 받는 행위는 권리만을 얻는 것이므로 미성년자가 법정대리인의 동의 없이 단독으로 할 수 있다. ⅱ) 그러나 경제적으로 유리한 매매계약의 체결이라도 권리만을 얻는 것이 아니라 의무도 부담하게 되므로 미성년자가 법정대리인의 동의 없이 단독으로 할 수 없고, 만약 법정대리인의 동의 없이 그 계약을 체결하였다면 법정대리인이나 미성년자가 취소할 수 있다.

④ [×]
> 제8조(영업의 허락) 「①항 미성년자가 법정대리인으로부터 허락을 얻은 특정한 영업에 관하여는 성년자와 동일한 행위능력이 있다.」

⑤ [×]
> 제6조(처분을 허락한 재산) 「법정대리인이 범위를 정하여 처분을 허락한 재산은 미성년자가 임의로 처분할 수 있다.」

정답 | ③

---

33 미성년자의 법률행위에 관한 설명으로 옳은 것은? (다툼이 있는 경우 판례에 의함)　　　[21소방간부]

① 미성년자가 법률행위를 함에는 법정대리인의 동의를 얻어야 하는데, 이때 법정대리인의 동의는 반드시 명시적이어야 한다.
② 미성년자가 법률행위를 하면서 법정대리인의 동의를 얻었다고 하는 점에 대해서는 미성년자 측에서 증명하여야 한다.
③ 대리행위도 법률행위이므로 미성년자가 대리행위를 할 때에는 법정대리인의 동의를 얻어야 한다.
④ 미성년자가 법정대리인의 동의 없이 그가 소유한 아파트를 매도하였는데 그 매매계약에 미성년자에게 유리하다면 법정대리인의 동의가 없었다는 이유로 이를 취소할 수 없다.
⑤ 미성년자가 법정대리인으로부터 허락을 얻은 특정한 영업에 관하여는 성년자와 동일한 행위능력이 있는데, 이 경우 법정대리인은 그 허락을 취소 또는 철회할 수 있다.

해설

① [×] 미성년자가 법률행위를 함에 있어서 요구되는 법정대리인의 동의는 언제나 명시적이어야 하는 것은 아니고 묵시적으로도 가능한 것이며, 미성년자의 행위가 위와 같이 법정대리인의 묵시적 동의가 인정되거나 처분허락이 있는 재산의 처분 등에 해당하는 경우라면, 미성년자로서는 더 이상 행위능력을 이유로 그 법률행위를 취소할 수 없다(대판 2007.11.16. 2005다71659).

② [×] 미성년자가 토지매매행위를 부인하고 있는 이상 미성년자가 그 법정대리인의 동의를 얻었다는 점에 관한 입증책임은 미성년자에게 없고 이를 주장하는 상대방에게 있다(대판 1970.2.24. 69다1568). 다만, 미성년자 소유의 토지가 미성년자 명의의 소요문서에 의하여 타에 이전등기된 경우에도 그 등기는 적법하게 경료된 것으로 추정되므로, 이 경우에는 미성년자 측에서 법정대리인의 동의가 없었다는 사실을 증명하여야 한다(대판 1969.2.4. 68다2147; 등기의 추정력).

③ [×]
> 제117조(대리인의 행위능력) 「대리인은 행위능력자임을 요하지 아니한다.」

▶ 따라서 미성년자라도 법정대리인의 동의 없이 단독으로 대리행위를 할 수 있다.

④ [×]
> 제5조(미성년자의 능력) 「①항 미성년자가 법률행위를 함에는 법정대리인의 동의를 얻어야 한다. 그러나 권리만을 얻거나 의무만을 면하는 행위는 그러하지 아니하다.」

▶ 경제적으로 유리한 매매계약의 체결이라도 권리만을 얻는 것이 아니라 의무도 부담하게 되므로 미성년자가 법정대리인의 동의 없이 단독으로 할 수 없고, 만약 법정대리인의 동의 없이 그 계약을 체결하였다면 법정대리인이나 미성년자가 취소할 수 있다.

⑤ [○]
> 제8조(영업의 허락) 「①항 미성년자가 법정대리인으로부터 허락을 얻은 특정한 영업에 관하여는 성년자와 동일한 행위능력이 있다. ②항 법정대리인은 전항의 허락을 취소 또는 제한할 수 있다. 그러나 선의의 제3자에게 대항하지 못한다.」

정답 | ⑤

34

다음 설명 중 가장 옳지 않은 것은? (다툼이 있는 경우 판례에 의함) [15서기보]

① 미성년자가 법률행위를 함에 있어서 요구되는 법정대리인의 동의는 언제나 명시적이어야 하는 것은 아니고 묵시적으로도 가능하다.

② 불법행위의 피해자가 미성년자인 경우(성적 침해를 당한 경우 제외) 피해자인 미성년자나 그 법정대리인이 손해 및 가해자를 안 날로부터 3년간 불법행위로 인한 손해배상청구권을 행사하지 아니하면 그 손해배상청구권은 시효로 인하여 소멸한다.

③ 친권자의 대리행위가 객관적으로 볼 때 미성년자 본인에게는 경제적인 손실만을 초래하는 반면, 친권자나 제3자에게는 경제적인 이익을 가져오는 행위이고, 그 행위의 상대방이 이러한 사실을 알았거나 알 수 있었을 때에는, 제107조 제1항 단서를 유추적용하여 그 행위의 효과는 자(子)에게 미치지 않는다고 볼 수 있다.

④ 법정대리인의 동의 없이 신용구매계약을 체결한 미성년자가 사후에 법정대리인의 동의 없음을 사유로 들어 이를 취소하는 것이 신의칙에 위반된 것이라고 할 수 없다.

해설

① [○] 대판 2007.11.16. 2005다71659

② [×] 불법행위의 피해자가 미성년자로 행위능력이 제한된 자인 경우에는 그 '법정대리인'이 손해 및 가해자를 알아야 소멸시효가 진행한다(대판 2010.2.11. 2009다79897).

> 제766조(손해배상청구권의 소멸시효) 「①항 불법행위로 인한 손해배상의 청구권은 피해자나 그 법정대리인이 그 손해 및 가해자를 안 날로부터 3년간 이를 행사하지 아니하면 시효로 인하여 소멸한다. ②항 불법행위를 한 날로부터 10년을 경과한 때에도 전항과 같다. ③항 미성년자가 성폭력, 성추행, 성희롱, 그 밖의 성적(性的) 침해를 당한 경우에 이로 인한 손해배상청구권의 소멸시효는 그가 성년이 될 때까지는 진행되지 아니한다.」 [신설 2020.10.20.]

③ [○] 친권자의 친권행사도 일종의 법정대리권의 행사인 이상 대리권 남용이론이 동일하게 적용되어야 하며, 단지 친권의 상실제도(제924조 이하)가 있다는 특수성이 있을 뿐이다. 최근에 대법원도 "법정대리인인 친권자의 대리행위가 객관적으로 볼 때 미성년자 본인에게는 경제적인 손실만을 초래하는 반면, 친권자나 제3자에게는 경제적인 이익을 가져오는 행위이고, 그 행위의 상대방이 이러한 사실을 알았거나 알 수 있었을 때에는, 제107조 제1항 단서의 규정을 유추적용하여 그 행위의 효과는 자(子)에게 미치지 않는다고 해석함이 상당하다."(대판 2011.12.22. 2011다64669)라고 하여, 친권의 남용에도 임의대리권의 남용에 관한 논의를 적용할 수 있음을 분명히 하였다.

④ [○] 미성년자의 법률행위에 법정대리인의 동의를 요하도록 하는 것은 강행규정이므로 법정대리인의 동의 없이 신용구매계약을 체결한 미성년자가 나중에 법정대리인의 동의 없음을 이유로 취소하는 것은 금반언에 반하지 않으므로 허용된다(제5조 제2항)(대판 2007.11.16. 2005다71659, 71666, 71673). 다만, 제17조의 속임수를 쓴 경우는 취소권이 배제된다.

정답 | ②

35 미성년자에 관련된 설명 중 옳지 않은 것을 모두 고른 것은? [14변호사 변형]

ㄱ. 법정대리인이 재산의 범위를 정하여 미성년자에게 처분을 허락하였다면, 법정대리인은 그 재산의 처분에 관하여 스스로 유효한 대리행위를 할 수 없다.

ㄴ. 법정대리인이 미성년자에게 영업의 종류를 특정하여 영업을 허락하였다면, 법정대리인은 허락한 영업과 관련된 행위를 스스로 대리할 수 없다.

ㄷ. 피후견인의 신상과 재산에 관한 모든 사정을 고려하여, 성년후견인과 마찬가지로 미성년후견인도 여러 명 둘수 있다.

ㄹ. 후견인과 피후견인 미성년자 사이에 이해상반되는 행위를 하는 경우, 후견감독인이 선임된 때에도 후견인은 특별대리인의 선임을 청구하여야 한다.

ㅁ. 제한능력자가 속임수로써 법정대리인의 동의가 있는 것으로 믿게 하여 법률행위를 한 경우, 그 행위를 취소할수 없다.

① ㄱ, ㄴ, ㄷ
② ㄱ, ㄷ, ㅁ
③ ㄱ, ㄹ, ㅁ
④ ㄱ, ㄷ, ㄹ, ㅁ

해설

ㄱ. [×] 법정대리인이 범위를 정하여 처분을 허락한 재산은 미성년자가 임의로 처분할 수 있다(제6조). 법정대리인의 허락이 있다고 하여 미성년자가 성년자로 되는 것은 아니므로, 법정대리인 스스로 대리행위를 할 수 있다.

ㄴ. [○] 미성년자가 법정대리인으로부터 허락을 얻은 특정한 영업에 관하여 성년자와 동일한 행위능력이 있다(제8조 제1항). 따라서 당해 영업과 관련하여서는 법정대리인의 대리권도 소멸한다.

ㄷ. [×] 미성년자에게 친권자가 없거나, 친권자가 법률행위의 대리권과 재산관리권을 행사할 수 없는 경우에는 미성년후견인을 두어야 한다(제928조). 미성년후견인의 수는 한 명으로 하고(제930조 제1항), 피후견인의 법정대리인이 된다(제938조 제1항).

ㄹ. [×] 미성년자에게 친권자가 없어 후견인이 선임된 경우에도 제921조(이해상반행위)는 준용된다. 다만 후견감독인이 선임된 경우에는, 그가 피후견인(미성년자)을 대리하여 특별대리인의 역할을 수행할 것이므로 특별대리인을 따로 선임할 필요는 없다(제940조의6 제3항, 제949조의3).

ㅁ. [×]

> 제17조(제한능력자의 속임수) 「①항 제한능력자가 속임수로써 자기를 능력자로 믿게 한 경우에는 그 행위를 취소할 수 없다. ②항 미성년자나 피한정후견인이 속임수로써 법정대리인의 동의가 있는 것으로 믿게 한 경우에도 제1항과 같다.」

▶ 따라서 피성년후견인의 법률행위는 원칙적으로 취소할 수 있으므로(제10조 제1항), 그가 속임수로써 법정대리인의 동의가 있는 것으로 믿게 하더라도 제17조 제2항은 적용되지 않는다. 그러나 피성년후견인이 속임수로써 능력자로 믿게 한 때에는 제17조 제1항이 적용된다.

정답 | ④

36 미성년자에 관한 설명 중 옳지 않은 것은? (지문은 독립적이며, 다툼이 있는 경우 판례에 의함) [18변호사 변형]

① 미성년자 甲이 법정대리인 乙의 동의 없이 신용카드회사 丙과 신용카드 이용계약을 체결하고 그 카드를 이용하여 丁으로부터 구입한 물품의 대금을 丙이 지급한 이후에 甲이 丙과의 신용카드 이용계약을 취소하더라도 이는 신의칙에 위배되지 않으며, 이 경우 甲이 丁과의 매매계약을 취소하지 않고 위 물품을 모두 소비하였다면 더 이상 현존이익이 존재하지 않으므로 甲은 丙에게 부당이득반환의무를 부담하지 않는다.

② 미성년자 甲 소유의 부동산에 관해 증여를 원인으로 하여 甲의 친권자 乙 명의의 소유권이전등기가 경료된 경우에는, 이를 위해 필요한 특별대리인 선임이 있었던 것으로 추정된다.

③ 공동상속인인 친권자가 다른 공동상속인인 수인의 미성년자의 법정대리인인 경우, 그 친권자의 대리행위에 의하여 성립된 상속재산분할협의는 공동상속인인 수인의 미성년자 전원에 의한 적법한 추인이 없는 한 무효이다.

④ 미성년자 甲이 불법행위의 피해자인 경우에는 다른 특별한 사정이 없는 한 甲의 법정대리인 乙이 甲의 손해 및 그에 대한 가해자를 알아야 甲의 손해배상청구권의 소멸시효가 진행한다.

해설

① [×] 신용카드이용계약 및 신용구매계약에 있어 미성년자의 법률행위

判例는 "미성년자의 법률행위에 법정대리인의 동의를 요하도록 하는 것은 강행규정이므로 법정대리인의 동의 없이 신용구매계약을 체결한 미성년자가 나중에 법정대리인의 동의 없음을 이유로 취소하는 것은 금반언에 반하지 않으므로 허용된다."(제5조 제2항)(대판 2007.11.16. 2005다71659)라고 한다. 다만, 제17조의 속임수를 쓴 경우는 취소권이 배제된다.

▶ 따라서 사안에서 甲이 丙과의 신용카드 이용계약을 취소하더라도 이는 신의칙(금반언)에 위배되지 않는다.

判例는 신용카드이용계약이 제한능력을 이유로 취소되는 경우, 제한능력자가 반환하여야 할 부당이득반환의 대상은 신용카드가맹점과의 거래계약을 통하여 취득한 물품이 아니라 신용카드사가 가맹점에 대신 지급함으로써 '면제받은 물품대금채무 상당액'이고, 그와 같은 이익은 금전상의 이익으로 다른 특별한 사정이 없는 한 현존하고 있는 것으로 추정된다고 한다(대판 2005.4.15. 2003다60297 등).

▶ 따라서 사안에서 甲이 丁과의 매매계약을 취소하지 않고 위 물품을 모두 소비하였더라도, 甲은 丙에게 丙이 丁에게 지급한 물품의 대금을 부당이득으로 반환해야 한다.

② [○] 등기의 추정력 – 절차의 적법추정

전 등기명의인이 미성년자이고 당해 부동산을 친권자에게 증여하는 행위가 이해상반행위라면, 일단 친권자에게 이전등기가 마쳐졌더라도 그 이전등기에 관하여 필요한 절차를 적법하게 거친 것으로 추정된다(대판 2002.2.5. 2001다72029).

③ [○] 친권자와 그 자 간 또는 수인의 자 간의 이해상반행위

判例는 "제921조 제1항의 이해상반행위란 행위의 객관적 성질상 친권자와 子 사이에 이해의 대립이 생길 우려가 있는 행위를 가리키는 것으로서 친권자의 의도나 그 행위의 결과로 실질적 이해의 대립이 생겼는가의 여부는 묻지 아니하는 것이라"(대판 1991.11.26. 91다32466)고 하여 형식적 판단설의 입장인바, "공동상속재산분할협의는 그 행위의 객관적 성질상 상속인 상호간에 이해의 대립이 생길 우려가 있는 행위라고 할 것이므로 공동상속인인 친권자와 미성년인 수인의 자 사이에 상속재산분할협의를 하게 되는 경우에는 미성년자 각자마다 특별대리인을 선임하여 그 각 특별대리인이 각 미성년자인 자를 대리하여 상속재산분할의 협의를 하여야 하고 만약 친권자가 수인의 미성년자의 법정대리인으로서 상속재산분할협의를 한 것이라면 이는 제921조에 위반된 것으로서 이러한 대리행위에 의하여 성립된 상속재산분할협의는 피대리자 전원에 의한 추인이 없는 한 무효"(대판 1993.4.13. 92다54524)라고 한다.

④ [○] 불법행위로 인한 손해배상청구권의 기산점

제766조 제1항은 '불법행위로 인한 손해배상의 청구권은 피해자나 그 법정대리인이 그 손해 및 가해자를 안 날로부터 3년간 이를 행사하지 아니하면 시효로 인하여 소멸한다.'라고 규정하고 있는바, 여기서 불법행위의 피해자가 미성년자로 행위능력이 제한된 자인 경우에는 다른 특별한 사정이 없는 한 그 법정대리인이 손해 및 가해자를 알아야 위 조항의 소멸시효가 진행한다고 할 것이다(대판 2010.2.11. 2009다79897).

미성년자가 성폭력, 성추행, 성희롱, 그 밖의 성적(性的) 침해를 당한 경우에 이로 인한 손해배상청구권의 소멸시효는 그가 성년이 될 때까지는 진행되지 아니한다(제766조 제2항).

정답 | ①

ㄱ. 미성년자가 법률행위를 할 때 단순히 자신이 성년자라고 말하였을 뿐 그 이상의 적극적인 속임수를 사용하지 않은 경우 법정대리인은 위 법률행위를 취소할 수 없다.

ㄴ. 미성년자가 법정대리인으로부터 허락을 얻은 특정한 영업에 관해서는 법정대리인의 대리권이 소멸하고, 법정대리인은 그가 한 허락을 취소할 수 없다.

ㄷ. 미성년자의 친권자인 모(母)가 자기 오빠의 제3자에 대한 채무의 담보로 미성년자 소유의 부동산에 근저당권을 설정하는 행위는 특별대리인 선임을 필요로 하는 이해상반행위에 해당하지 않는다.

ㄹ. 공동상속인인 친권자와 미성년인 수인의 자(子) 사이에 상속재산 분할협의를 하게 되는 경우에는 미성년자 각자마다 특별대리인을 선임하여 그 각 특별대리인이 각 미성년자인 자(子)를 대리하여 상속재산분할의 협의를 해야 한다.

① ㄱ, ㄹ   ② ㄴ, ㄷ

③ ㄷ, ㄹ   ④ ㄱ, ㄴ, ㄹ

해설

ㄱ. [×] 제한능력자가 속임수로써 자기를 능력자로 믿게 한 경우에는 그 행위를 취소할 수 없다(제17조 제1항). 判例는 속임수의 의미에 대해 '성년자로 군대에 갔다 왔다'고 말하거나, '자기가 사장이라고 말한 것'만 가지고는 속임수(개정 전 민법은 '사술'이라는 표현을 쓰고 있었다)라고 할 수 없고(대판 1955.3.31. 4287민상77; 대판 1971.12.14. 71다2045), 생년월일을 허위로 기재한 인감증명을 제시하는 등의 '적극적인 사기수단'을 써야 속임수에 해당한다고 판시하여 협의설(적극설)의 입장을 취하고 있다(대판 1971.6.22. 71다940).

  ▶ 지문의 경우 단순히 미성년자 자신이 성년자라고 말하였을 뿐이므로 속임수를 사용하지 않은 것이어서 법정대리인은 위 법률행위를 취소할 수 있다.

ㄴ. [×] 미성년자가 법정대리인으로부터 허락을 얻은 특정한 영업에 관하여는 성년자와 동일한 행위능력이 있다(제8조 제1항). 따라서 당해 영업과 관련하여서는 법정대리인의 대리권도 소멸한다. 그러나 법정대리인은 필요하면 제한능력자를 보호하기 위해 영업의 허락을 취소 또는 제한할 수 있다(제8조 제2항 본문). 다만, 선의의 제3자에게는 대항하지 못할 뿐이다(제8조 제2항 단서).

ㄷ. [○] 친권자와 그 子 사이에 이해가 상반되는 경우에, 친권자는 법원에 그 子 또는 수인의 子 각자의 특별대리인의 선임을 청구하여야 한다(제921조 제1항). 여기서 '이해상반행위'란 친권자에게는 이익이 되고 子에게는 불이익이 되는 경우를 말한다.

判例는 "제921조 제1항의 이해상반행위란 행위의 객관적 성질상 친권자와 子 사이에 이해의 대립이 생길 우려가 있는 행위를 가리키는 것으로서 친권자의 의도나 그 행위의 결과로 실질적 이해의 대립이 생겼는가의 여부는 묻지 아니하는 것이라"(대판 1991.11.26. 91다32466)고 하여 형식적 판단설을 취하고 있다.

구체적으로 判例는 母가 자기 오빠의 채무를 담보하기 위하여 자신 및 미성년의 子가 공유하는 부동산에 대해 근저당권을 설정해 준 경우(대판 1991.11.26. 91다32466)는 이해상반행위에 해당하지 않는다고 한다.

ㄹ. [○] ⅰ) 상속재산에 대하여 소유의 범위를 정하는 내용의 공동상속재산 분할협의는 그 행위의 객관적 성질상 상속인 상호간 이해의 대립이 생길 우려가 없다고 볼만한 특별한 사정이 없는 한 제921조의 이해상반되는 행위에 해당한다. 그리고 피상속인의 사망으로 인하여 1차 상속이 개시되고 그 1차 상속인 중 1인이 다시 사망하여 2차 상속이 개시된 후 1차 상속의 상속인들과 2차 상속의 상속인들이 1차 상속의 상속재산에 관하여 분할협의를 하는 경우에 2차 상속인 중에 수인의 미성년자가 있다면 이들 미성년자 각자마다 특별대리인을 선임하여 각 특별대리인이 각 미성년자를 대리하여 상속재산 분할협의를 하여야 하고, 만약 2차 상속의 공동상속인인 친권자가 수인의 미성년자 법정대리인으로서 상속재산 분할협의를 한다면 이는 제921조에 위배되는 것이며, ⅱ) 이러한 대리행위에 의하여 성립된 상속재산 분할협의는 피대리자 전원에 의한 추인이 없는 한 전체가 무효이다(대판 2011.3.10. 2007다17482).

법정대리인인 친권자와 그 子 사이에 이해상반되는 행위를 하는 경우뿐만 아니라(제921조 제1항), 법정대리인인 친권자가 그 친권에 따르는 수인의 子 사이에 이해상반되는 행위를 함에도 법원에 그 子 일방의 특별대리인의 선임을 청구하여야 한다(제921조 제2항).

정답 | ③

38 친권자와 자(子) 사이 또는 친권에 따르는 수인의 자(子) 사이의 이해상반행위에 관한 설명 중 옳은 것(○)과 옳지 않은 것(×)을 올바르게 조합한 것은? (다툼이 있는 경우 판례에 의함) [19변호사 변형]

ㄱ. 이해상반행위란 행위의 객관적 성질상 친권자와 그 자(子) 사이 또는 친권에 복종하는 수인의 자(子) 사이에 이해의 대립이 생길 우려가 있는 행위를 가리키는 것으로, 친권자의 의도나 그 행위의 결과 실제로 이해의 대립이 생겼는지의 여부는 묻지 않는다.

ㄴ. 친권자인 모가 자신이 대표이사로 있는 주식회사의 채무 담보를 위하여 자신과 미성년인 자(子)의 공유재산에 대하여 자(子)의 법정대리인 겸 본인의 자격으로 근저당권을 설정한 행위는, 친권자와 그 자(子) 사이에 이해의 대립이 생길 우려가 있는 이해상반행위에 해당한다.

ㄷ. 법원은 특별대리인 선임 심판 시에 특별대리인에게 미성년자가 하여야 할 법률행위를 무엇이든지 처리할 수 있도록 포괄적으로 권한을 수여하는 심판을 할 수는 없다.

① ㄱ(○), ㄴ(×), ㄷ(○) ② ㄱ(○), ㄴ(×), ㄷ(×)
③ ㄱ(×), ㄴ(○), ㄷ(○) ④ ㄱ(×), ㄴ(○), ㄷ(×)

해설

ㄱ. [○] 이해상반행위란 친권자와 그 자(子) 사이 또는 친권에 복종하는 수인의 자(子) 사이에 이해의 대립이 생길 우려가 있는 행위를 가리키는 것으로(제921조), 이해상반 여부의 판단에 관하여 ⅰ) 이해상반행위는 오직 그 행위 자체에 대한 외형적 법률효과로만 판단해야 하고, 당해 행위를 하게 된 친권자의 의도나 실질적·경제적 효과는 고려할 것이 아니라는 형식적 판단설(다수설), ⅱ) 이해상반행위는 행위의 형식뿐 아니라 당해 행위에 이르게 된 친권자의 동기, 경제적 효과까지 고려하여 실질적으로 판단하여야 한다는 실질적 판단설의 대립이 있으나, 判例는 "제921조 제1항의 이해상반행위란 행위의 객관적 성질상 친권자와 子 사이에 이해의 대립이 생길 우려가 있는 행위를 가리키는 것으로서 친권자의 의도나 그 행위의 결과로 실질적 이해의 대립이 생겼는가의 여부는 묻지 아니하는 것이라"(대판 1991.11.26. 91다32466)고 하여 형식적 판단설의 입장이다.

ㄴ. [×] 判例는 형식적 판단설의 입장에서, 미성년자에게 불이익하더라도 '형식적'으로 친권자가 아닌 제3자(또는 성년의 子)에게 이익이 되는 다음과 같은 경우는 이해상반행위가 아니라고 한다. 즉, ⅰ) 母 乙이 자기 오빠의 A에 대한 채무를 담보하기 위하여 자신 및 미성년의 子 甲이 공유하는 부동산을 A의 채권자 丙 앞으로 각각 근저당권을 설정해 준 경우(대판 1991.11.26. 91다32466), ⅱ) 친권자인 母가 자신이 대표이사 겸 대주주로 있는 주식회사의 채무 보증을 위하여 자신과 미성년인 子의 공유재산을 담보로 제공한 행위(대판 1996.11.22. 96다10270)등의 경우, 이해상반행위에 해당하지 않는다고 한다.

ㄷ. [○] **특별대리인의 선임**
제921조의 특별대리인 제도는 친권자와 그 친권에 복종하는 자 사이 또는 친권에 복종하는 자들 사이에 서로 이해가 충돌하는 경우에는 친권자에게 친권의 공정한 행사를 기대하기 어려우므로 친권자의 대리권 및 동의권을 제한하여 법원이 선임한 특별대리인으로 하여금 이들 권리를 행사하게 함으로써 친권의 남용을 방지하고 미성년인 자의 이익을 보호하려는 데 그 취지가 있으므로, 특별대리인은 이해가 상반되는 특정의 법률행위에 관하여 개별적으로 선임되어야 한다. 따라서 특별대리인선임신청서에는 선임되는 특별대리인이 처리할 법률행위를 특정하여 적시하여야 하고 법원도 그 선임 심판시에 특별대리인이 처리할 법률행위를 특정하여 이를 심판의 주문에 표시하는 것이 원칙이며, 특별대리인에게 미성년자가 하여야 할 법률행위를 무엇이든지 처리할 수 있도록 포괄적으로 권한을 수여하는 심판을 할 수는 없다(대판 1996.4.9. 96다1139).

정답 | ①

39 피성년후견인과 피한정후견인에 관한 설명으로 옳지 않은 것은? [23행정사]

① 가정법원은 성년후견개시의 심판을 할 때 본인의 의사를 고려하여야 한다.
② 성년후견개시의 심판은 일정한 사유로 인한 정신적 제약으로 사무처리능력이 일시적으로 부족한 사람에게 허용된다.
③ 가정법원은 피한정후견인이 한정후견인의 동의를 받아야 하는 행위의 범위를 정할 수 있다.
④ 일상생활에 필요하고 그 대가가 과도하지 아니한 피성년후견인의 법률행위는 성년후견인이 취소할 수 없다.
⑤ 가정법원이 피성년후견인에 대하여 한정후견개시의 심판을 할 때에는 종전의 성년후견의 종료 심판을 한다.

해설

① [○]
> 제9조(성년후견개시의 심판) 「②항 가정법원은 성년후견개시의 심판을 할 때 본인의 의사를 고려하여야 한다.」

② [×] 정신적 제약으로 사무를 처리할 능력이 지속적으로 결여된 사람에 대하여는, 가정법원은 일정한 자의 청구(직권으로는 불가능)에 의해 성년후견개시의 심판을 하는데(제9조), 그 심판을 받은 자를 '피성년후견인'이라고 한다. 사무처리능력이 '일시적으로 부족한 사람'에 대하여는 한정후견개시의 심판을 한다(제12조 제1항).

③ [○]
> 제13조(피한정후견인의 행위와 동의) 「①항 가정법원은 피한정후견인이 한정후견인의 동의를 받아야 하는 행위의 범위를 정할 수 있다.」

④ [○]
> 제10조(피성년후견인의 행위와 취소) 「④항 제1항에도 불구하고 일용품의 구입 등 일상생활에 필요하고 그 대가가 과도하지 아니한 법률행위는 성년후견인이 취소할 수 없다.」

⑤ [○]
> 제14조의3(심판 사이의 관계) 「②항 가정법원이 피성년후견인 또는 피특정후견인에 대하여 한정후견개시의 심판을 할 때에는 종전의 성년후견 또는 특정후견의 종료 심판을 한다.」

정답 | ②

40 민법상 제한능력자 제도에 관한 설명으로 옳은 것은? (다툼이 있는 경우 판례에 의함) [23경찰간부]

① 법원은 본인의 의사에 반하여 특정후견개시의 심판을 할 수 있다.
② 한정후견개시의 원인이 소멸하면 가정법원은 직권으로 한정 후견종료의 심판을 하여야 한다.
③ 피성년후견인이 속임수를 써서 법정대리인의 동의가 있는 것으로 믿게 하여 부동산매매계약을 체결한 경우, 성년후견인은 그 매매계약을 취소할 수 없다.
④ 가정법원은 본인이 성년후견개시를 청구하더라도 의사의 감정결과 등에 비추어 한정후견 개시의 심판을 할 수 있다.

해설

① [×] 가정법원이 특정후견의 심판을 하려면 '본인, 배우자, 4촌 이내의 친족, 미성년후견인, 미성년후견감독인, 검사 또는 지방자치단체의 장'이 청구를 하여야 하고, 또 본인의 의사에 반해서는 할 수 없다(제14조의2).

② [×] 한정후견개시의 원인이 소멸된 경우에는 가정법원은 본인·배우자·4촌 이내의 친족·한정후견인·한정후견감독인·검사 또는 지방자치단체의 장의 청구에 의하여 한정후견종료의 심판을 한다(제14조). 직권으로 한정후견종료의 심판을 할 수 없다.

③ [×] '피성년후견인'의 법률행위는 원칙적으로 취소할 수 있으므로, 그가 속임수로서 법정대리인의 동의가 있는 것으로 믿게 하더라도 제17조 제2항은 적용되지 않는다. 그러나 피성년후견인이 속임수로써 능력자로 믿게 한 때에는 제17조 제1항이 적용된다.

④ [○] 대리인은 행위능력자임을 요하지 않는다(제117조). 즉, 미성년자는 유효한 대리행위를 할 수 있다.

정답 | ④

41 민법상 성년후견제도에 관한 설명으로 옳은 것은? (다툼이 있으면 판례에 따름) ［22세무사］

① 법인은 성년후견인이 될 수 없다.

② 가정법원은 본인의 의사를 고려하지 않고 성년후견개시의 심판을 할 수 있다.

③ 가정법원은 취소할 수 없는 피성년후견인의 법률행위의 범위를 정한 후에는 본인의 청구가 있더라도 그 범위를 변경할 수 없다.

④ 가정법원은 본인이 성년후견개시를 청구하고 있더라도 의사(醫師)의 감정(鑑定) 결과 등에 비추어 한정후견 개시의 심판을 할 수 있다.

⑤ 가정법원은 피특정후견인에 대하여 특정후견의 종료 심판 없이 한정후견개시의 심판을 할 수 있다.

해설

① [×] 성년후견인은 여러 명을 둘 수 있고, 법인도 성년후견인이 될 수 있다(제930조 제2항·제3항).

②③ [×]
> 제9조(성년후견개시의 심판) 「②항 가정법원은 성년후견개시의 심판을 할 때 본인의 의사를 고려하여야 한다.」
> 제10조(피성년후견인의 행위와 취소) 「①항 피성년후견인의 법률행위는 취소할 수 있다. ②항 제1항에도 불구하고 가정법원은 취소할 수 없는 피성년후견인의 법률행위의 범위를 정할 수 있다. ③항 가정법원은 본인, 배우자, 4촌 이내의 친족, 성년후견인, 성년후견감독인, 검사 또는 지방자치단체의 장의 청구에 의하여 제2항의 범위를 변경할 수 있다.」

④ [○] 성년후견이나 한정후견 개시의 청구가 있는 경우 가정법원은 청구 취지와 원인, 본인의 의사, 성년후견제도와 한정후견제도의 목적 등을 고려하여 어느 쪽의 보호를 주는 것이 적절한지를 결정하고, 그에 따라 필요하다고 판단하는 절차를 결정해야 한다. 따라서 한정후견의 개시를 청구한 사건에서 의사의 감정 결과 등에 비추어 성년후견 개시의 요건을 충족하고 본인도 성년후견의 개시를 희망한다면 법원이 성년후견을 개시할 수 있고, 성년후견 개시를 청구하고 있더라도 필요하다면 한정후견을 개시할 수 있다고 보아야 한다(대결 2021.6.10. 2020스596).

⑤ [×]
> 제14조의3(심판 사이의 관계) 「②항 가정법원이 피성년후견인 또는 피특정후견인에 대하여 한정후견개시의 심판을 할 때에는 종전의 성년후견 또는 특정후견의 종료 심판을 한다.」

정답 | ④

42 성년후견제도에 관한 설명 중 가장 적절하지 않은 것은? ［22법학경채］

① 성년후견의 원인은 질병, 장애, 노령, 그 밖의 사유로 인한 정신적 제약으로 사무를 처리할 능력이 지속적으로 결여된 경우이다.

② 피성년후견인의 법률행위는 원칙적으로 성년후견인의 동의가 있었다고 하더라도 피성년후견인 또는 성년후견인이 취소할 수 있다.

③ 성년후견은 본인, 배우자 등 일정한 자의 청구가 있는 경우뿐만 아니라 가정법원의 직권으로 성년후견개시의 심판을 할 수 있다.

④ 가정법원이 피한정후견인 또는 피특정후견인에 대하여 성년후견 개시의 심판을 할 때에는 종전의 한정후견 또는 특정 후견의 종료 심판을 한다.

해설

① [○]

> 제9조(성년후견개시의 심판) 「①항 가정법원은 질병, 장애, 노령, 그 밖의 사유로 인한 정신적 제약으로 사무를 처리할 능력이 지속적으로 결여된 사람에 대하여 본인, 배우자, 4촌 이내의 친족, 미성년후견인, 미성년후견감독인, 한정후견인, 한정후견감독인, 특정후견인, 특정후견감독인, 검사 또는 지방자치단체의 장의 청구에 의하여 성년후견개시의 심판을 한다.」

② [○] 피성년후견인의 법률행위는 원칙적으로 언제나 취소할 수 있다(정신적 제약으로 사무를 처리할 능력이 지속적으로 결여되어 있기 때문이다)(제10조 제1항).

③ [×] 본인, 배우자, 4촌 이내의 친족, 미성년후견인, 미성년후견감독인, 한정후견인, 한정후견감독인, 특정후견인, 특정후견감독인, 검사 또는 지방자치단체의 장'이 가정법원에 그 청구를 하여야 하며(제9조 제1항), 그 심판을 할 때에는 '본인의 의사를 고려'하여야 한다(제9조 제2항). 즉, 가정법원이 직권으로 절차를 개시할 수는 없다.

④ [○]

> 제14조의3(심판 사이의 관계) 「②항 가정법원이 피성년후견인 또는 피특정후견인에 대하여 한정후견개시의 심판을 할 때에는 종전의 성년후견 또는 특정후견의 종료 심판을 한다.」

정답 | ③

---

43 민법상 피성년후견인에 관한 설명으로 옳은 것은? [22소방간부]

① 성년후견선고는 질병 · 장애 · 노령 그 밖의 사유로 인한 정신적 제약으로 사무를 처리할 능력이 지속적으로 부족한 사람이 그 대상이 된다.

② 피성년후견인이 일용품의 구입 등 일상생활에 필요하고 그 대가가 과도하지 아니한 법률행위를 한 경우에도 성년후견인은 이를 취소할 수 있다.

③ 피성년후견인이 위조한 법정대리인의 동의서를 상대방에게 제시하면서 법률행위를 한 경우 그 법률행위를 취소할 수 없다.

④ 가정법원은 본인의 의사에 반해서도 성년후견개시의 심판을 할 수 있다.

⑤ 피성년후견인과 계약을 체결한 자는 추인이 있기 전까지 그의 의사표시를 거절할 수 있다.

해설

① [×]

> 제9조(성년후견개시의 심판) 「①항 가정법원은 질병, 장애, 노령, 그 밖의 사유로 인한 정신적 제약으로 사무를 처리할 능력이 지속적으로 결여된 사람에 대하여 본인, 배우자, 4촌 이내의 친족, 미성년후견인, 미성년후견감독인, 한정후견인, 한정후견감독인, 특정후견인, 특정후견감독인, 검사 또는 지방자치단체의 장의 청구에 의하여 성년후견개시의 심판을 한다.」

▶ ①번 지문은 한정후견인에 대한 설명이다.

[참조조문]
> 제12조(한정후견개시의 심판) 「①항 가정법원은 질병, 장애, 노령, 그 밖의 사유로 인한 정신적 제약으로 사무를 처리할 능력이 부족한 사람에 대하여 본인, 배우자, 4촌 이내의 친족, 미성년후견인, 미성년후견감독인, 성년후견인, 성년후견감독인, 특정후견인, 특정후견감독인, 검사 또는 지방자치단체의 장의 청구에 의하여 한정후견개시의 심판을 한다.」

② [×]

> 제10조(피성년후견인의 행위와 취소) 「①항 피성년후견인의 법률행위는 취소할 수 있다. ④항 제1항에도 불구하고 일용품의 구입 등 일상생활에 필요하고 그 대가가 과도하지 아니한 법률행위는 성년후견인이 취소할 수 없다.」

③ [×]

> 제17조(제한능력자의 속임수) 「① 항제한능력자가 속임수로써 자기를 능력자로 믿게 한 경우에는 그 행위를 취소할 수 없다. ②항 미성년자나 피한정후견인이 속임수로써 법정대리인의 동의가 있는 것으로 믿게 한 경우에도 제1항과 같다.」

▶ 따라서 피성년후견인의 법률행위는 원칙적으로 취소할 수 있으므로(제10조 제1항), 그가 속임수로써 법정대리인의 동의가 있는 것으로 믿게 하더라도 제17조 제2항은 적용되지 않는다. 그러나 피성년후견인이 속임수로써 능력자로 믿게 한 때에는 제17조 제1항이 적용된다.

④ [O] 제9조(성년후견개시의 심판) 「②항 가정법원은 성년후견개시의 심판을 할 때 본인의 의사를 고려하여야 한다.」

▶ 성년후견개시 심판의 경우 특정후견 심판과 달리 본인 의사에 반하여 할 수 없다는 규정이 없다. 따라서 본인의 의사에 반하는 경우라도 성년후견개시의 심판이 가능하다.

[참조조문] 제14조의2(특정후견의 심판) 「②항 특정후견은 본인의 의사에 반하여 할 수 없다.」

⑤ [×] 제16조(제한능력자의 상대방의 철회권과 거절권) 「②항 제한능력자의 단독행위는 추인이 있을 때까지 상대방이 거절할 수 있다.」

▶ 거절권의 대상은 '단독행위'이고, '계약'은 철회권의 대상이다.

정답 | ④

44 민법상 제한능력자에 관한 설명 중 가장 적절한 것은? (다툼이 있는 경우 판례에 의함)   [21법학경채]

① 성년후견인은 취소할 수 없는 피성년후견인의 법률행위의 범위를 정할 수 있다.

② 甲(피한정후견인)이 일상행활에 필요하고, 그 대가가 과도하지 않은 일용품을 구입하였을 경우에 甲의 한정후견인은 그 계약을 취소할 수 있다.

③ 특별한 사정이 없는 한, 甲(乙의 법정대리인)이 범위를 정하여 처분을 허락한 재산을 乙(미성년자) 단독으로 처분한 경우에 甲은 그 법률행위를 취소할 수 있다.

④ 甲(피성년후견인)이 속임수를 사용하여 乙(甲의 성년후견인)의 동의가 있는 것으로 丙(상대방)을 믿게 한 후 甲과 丙이 계약을 체결한 경우에 乙은 그 계약을 취소할 수 있다.

해설

① [×] 제10조(피성년후견인의 행위와 취소) 「①항 피성년후견인의 법률행위는 취소할 수 있다. ②항 제1항에도 불구하고 가정법원은 취소할 수 없는 피성년후견인의 법률행위의 범위를 정할 수 있다.」

▶ 범위를 정하는 주체는 '가정법원'이다.

② [×] 제13조(피한정후견인의 행위와 동의) 「④항 한정후견인의 동의가 필요한 법률행위를 피한정후견인이 한정후견인의 동의 없이 하였을 때에는 그 법률행위를 취소할 수 있다. 다만, 일용품의 구입 등 일상생활에 필요하고 그 대가가 과도하지 아니한 법률행위에 대하여는 그러하지 아니하다.」

③ [×] 제6조(처분을 허락한 재산) 「법정대리인이 범위를 정하여 처분을 허락한 재산은 미성년자가 임의로 처분할 수 있다.」

▶ 따라서 미성년자가 임의 처분하여도 법정대리인이 취소할 수 없다.

④ [O] 제17조(제한능력자의 속임수) 「①항 제한능력자가 속임수로써 자기를 능력자로 믿게 한 경우에는 그 행위를 취소할 수 없다. ②항 미성년자나 피한정후견인이 속임수로써 법정대리인의 동의가 있는 것으로 믿게 한 경우에도 제1항과 같다.」

▶ 따라서 피성년후견인의 법률행위는 원칙적으로 취소할 수 있으므로(제10조 제1항), 그가 속임수로써 법정대리인의 동의가 있는 것으로 믿게 하더라도 제17조 제2항은 적용되지 않는다. 그러나 피성년후견인이 속임수로써 능력자로 믿게 한 때에는 제17조 제1항이 적용된다.

정답 | ④

45 제한능력자제도에 관한 설명으로 옳지 않은 것은? [21세무사]

① 특정후견은 본인의 의사에 반하여 할 수 없다.

② 가정법원은 한정후견개시의 심판을 할 때 본인의 의사를 고려해야 한다.

③ 제한능력자의 단독행위는 추인이 있을 때까지 상대방이 제한능력자에 대해 이를 거절할 수 있다.

④ 피특정후견인의 행위능력은 특정후견심판에서 정해진 특정후견의 사무 범위 내로 제한된다.

⑤ 가정법원은 취소할 수 없는 피성년후견인의 법률행위의 범위를 정할 수 있다.

해설

① [○]

> 제14조의2(특정후견의 심판) 「②항 특정후견은 본인의 의사에 반하여 할 수 없다.」

② [○]

> 제9조(성년후견개시의 심판) 「②항 가정법원은 성년후견개시의 심판을 할 때 **본인의 의사를 고려하여야 한다.**」
> 제12조(한정후견개시의 심판) 「②항 한정후견개시의 경우에 제9조 제2항을 준용한다.」

③ [○] 제한능력자의 상대방 보호(거절권)

> 제16조(제한능력자의 상대방의 철회권과 거절권) 「②항 제한능력자의 단독행위는 추인이 있을 때까지 상대방이 거절할 수 있다. ③항 제1항의 철회나 제2항의 거절의 의사표시는 제한능력자에게도 할 수 있다.」

④ [×] 특정후견의 심판이 있어도 피특정후견인의 행위능력은 제한되지 않는다. 그리고 특정한 법률행위를 위하여 특정후견인이 선임되고 그 범위에서 법정대리권이 부여된 경우(제959조의11 제1항)에도 그 법률행위에 관하여 피특정후견인의 행위능력은 제한되지 않는다. 따라서 그러한 행위를 특정후견인의 동의 없이 직접 할 수도 있다.

⑤ [○]

> 제10조(피성년후견인의 행위와 취소) 「①항 피성년후견인의 법률행위는 취소할 수 있다. ②항 제1항에도 불구하고 가정법원은 취소할 수 없는 피성년후견인의 법률행위의 범위를 정할 수 있다.」

정답 | ④

46 성년후견제도에 관한 설명 중 가장 적절하지 않은 것은? [22법학경채]

① 성년후견의 원인은 질병, 장애, 노령, 그 밖의 사유로 인한 정신적 제약으로 사무를 처리할 능력이 지속적으로 결여된 경우이다.

② 피성년후견인의 법률행위는 원칙적으로 성년후견인의 동의가 있었다고 하더라도 피성년후견인 또는 성년후견인이 취소할 수 있다

③ 성년후견은 본인, 배우자 등 일정한 자의 청구가 있는 경우뿐만 아니라 가정법원의 직권으로 성년후견개시의 심판을 할 수 있다.

④ 가정법원이 피한정후견인 또는 피특정후견인에 대하여 성년후견 개시의 심판을 할 때에는 종전의 한정후견 또는 특정 후견의 종료 심판을 한다.

해설

① [○] 피성년후견인은 질병, 장애, 노령, 그 밖의 사유로 인한 정신적 제약으로 사무를 처리할 능력이 '지속적으로 결여'된 사람이어야 한다(제9조 제1항).

② [○]

> 제10조(피성년후견인의 행위와 취소) 「①항 피성년후견인의 법률행위는 취소할 수 있다.」

▶ 성년후견인은 동의권이 없으며 피성년후견인의 동의가 있는지 여부에 관계없이 행위는 언제나 취소할 수 있다.

③ [×] 본인, 배우자, 4촌 이내의 친족, 미성년후견인, 미성년후견감독인, 한정후견인, 한정후견감독인, 특정후견인, 특정후견감독인, 검사 또는 지방자치단체의 장'이 가정법원에 그 청구를 하여야 하며(제9조 제1항), 그 심판을 할 때에는 '본인의 의사를 고려'하여야 하므로(제9조 제2항) 가정법원이 직권으로 절차를 개시할 수는 없다.

④ [○]

> 제14조의3(심판 사이의 관계) 「②항 가정법원이 피성년후견인 또는 피특정후견인에 대하여 한정후견개시의 심판을 할 때에는 종전의 성년후견 또는 특정후견의 종료 심판을 한다.」

정답 | ③

---

47 성년후견에 관한 설명 중 옳지 않은 것은?

[16소방간부]

① 질병으로 인한 정신적 제약으로 사무를 처리할 능력이 지속적으로 결여된 20세의 甲에 대하여, 甲의 친형 乙은 성년후견개시의 심판을 청구할 수 있다.

② 甲에 대한 성년후견개시심판이 확정된 후 甲이 행한 법률행위는 그의 성년후견인이 취소할 수 있지만, 일상생활에 필요하고 그 대가가 과도하지 아니한 법률행위는 성년후견인이 취소할 수 없다.

③ 가정법원은 성년후견개시 심판을 하면서 피성년후견인의 행위 중 취소할 수 없는 법률행위의 범위를 정할 수 있다.

④ 한정후견인의 동의가 필요한 행위에 대하여 피한정후견인의 이익이 침해될 염려가 있음에도 한정후견인이 동의를 하지 아니하는 때에는 가정법원은 피한정후견인의 청구에 의하여 한정후견인의 동의를 갈음하는 허가를 할 수 있다.

⑤ 성년후견 종료의 심판은 소급효를 가진다.

해설

① [○]

> 제9조(성년후견개시의 심판) 「①항 가정법원은 질병, 장애, 노령, 그 밖의 사유로 인한 정신적 제약으로 사무를 처리할 능력이 지속적으로 결여된 사람에 대하여 본인, 배우자, **4촌 이내의 친족**, 미성년후견인, 미성년후견감독인, 한정후견인, 한정후견감독인, 특정후견인, 특정후견감독인, 검사 또는 지방자치단체의 장의 청구에 의하여 성년후견개시의 심판을 한다.」

② [○]

> 제10조(피성년후견인의 행위와 취소) 「①항 피성년후견인의 법률행위는 취소할 수 있다. ④항 제1항에도 불구하고 일용품의 구입 등 일상생활에 필요하고 그 대가가 과도하지 아니한 법률행위는 성년후견인이 취소할 수 없다.」

③ [○]

> 제10조(피성년후견인의 행위와 취소) 「①항 피성년후견인의 법률행위는 취소할 수 있다. ②항 제1항에도 불구하고 가정법원은 취소할 수 없는 피성년후견인의 법률행위의 범위를 정할 수 있다.」

④ [○]

> 제13조(피한정후견인의 행위와 동의) 「③항 한정후견인의 동의를 필요로 하는 행위에 대하여 한정후견인이 피한정후견인의 이익이 침해될 염려가 있음에도 그 동의를 하지 아니하는 때에는 가정법원은 피한정후견인의 청구에 의하여 한정후견인의 동의를 갈음하는 허가를 할 수 있다.」

⑤ [×] 성년후견종료의 심판은 장래에 향하여 효력을 가진다. 따라서 그 심판이 있기 전에 행하여진 행위는 여전히 취소할 수 있다.

정답 | ⑤

48 성년후견에 관한 설명으로 옳지 않은 것은?

① 피성년후견인은 일상생활에 필요하고 대가가 과도하지 않은 일용품은 단독으로 구입할 수 있다.
② 피성년후견인도 혼인, 협의상 이혼은 단독으로 할 수 있다.
③ 미성년후견인도 성년후견개시심판을 청구할 수 있다.
④ 피성년후견인이 행한 재산상 법률행위는 성년후견인이 추인하면 유효하게 된다.
⑤ 가정법원은 취소할 수 없는 피성년후견인의 행위의 범위를 정할 수 있다.

해설

① [○] 제10조(피성년후견인의 행위와 취소) 「①항 피성년후견인의 법률행위는 취소할 수 있다. ④항 제1항에도 불구하고 일용품의 구입 등 일상생활에 필요하고 그 대가가 과도하지 아니한 법률행위는 성년후견인이 취소할 수 없다.」

② [×] 피성년후견인이 약혼(제802조), 혼인(제808조 제2항), 협의상 이혼(제835조)을 하려면 부모나 성년후견인의 동의를 받아야 하고, 인지(제856조), 입양(제873조), 협의상 파양(제902조)을 하려면 성년후견인의 동의를 받아야 한다.

③ [○] 제9조(성년후견개시의 심판) 「①항 가정법원은 질병, 장애, 노령, 그 밖의 사유로 인한 정신적 제약으로 사무를 처리할 능력이 지속적으로 결여된 사람에 대하여 본인, 배우자, 4촌 이내의 친족, 미성년후견인, 미성년후견감독인, 한정후견인, 한정후견감독인, 특정후견인, 특정후견감독인, 검사 또는 지방자치단체의 장의 청구에 의하여 성년후견개시의 심판을 한다.」

④ [○] 제144조(추인의 요건) 「①항 추인은 취소의 원인이 소멸된 후에 하여야만 효력이 있다. ②항 제1항은 법정대리인 또는 후견인이 추인하는 경우에는 적용하지 아니한다.」

▶ 따라서 법정대리인 또는 후견인은 제한 없이 추인할 수 있다.

⑤ [○] 제10조(피성년후견인의 행위와 취소) 「①항 피성년후견인의 법률행위는 취소할 수 있다. ②항 제1항에도 불구하고 가정법원은 취소할 수 없는 피성년후견인의 법률행위의 범위를 정할 수 있다.」

정답 | ②

49 피성년후견인에 관한 설명으로 옳은 것은?

① 가정법원은 청구권자의 청구가 없더라도 직권으로 성년후견개시의 심판을 한다.
② 정신적 제약으로 사무처리능력이 일시적으로 결여된 경우, 성년후견개시의 심판을 해야 한다.
③ 법인은 성년후견인이 될 수 없다.
④ 일상생활에 필요하고 그 대가가 과도하지 아니한 피성년후견인의 법률행위는 성년후견인이 취소할 수 없다.
⑤ 가정법원은 청구권자의 청구가 없더라도 피성년후견인의 취소할 수 없는 법률행위의 범위를 임의로 변경할 수 있다.

해설

①② [×] 제9조(성년후견개시의 심판) 「①항 가정법원은 질병, 장애, 노령, 그 밖의 사유로 인한 정신적 제약으로 사무를 처리할 능력이 '지속적'으로 결여된 사람에 대하여 본인, 배우자, 4촌 이내의 친족, 미성년후견인, 미성년후견감독인, 한정후견인, 한정후견감독인, 특정후견인, 특정후견감독인, 검사 또는 지방자치단체의 장의 '청구에 의하여' 성년후견개시의 심판을 한다.」

③ [×] 제930조(후견인의 수와 자격) 「③항 법인도 성년후견인이 될 수 있다.」

④ [○] 제10조(피성년후견인의 행위와 취소) 「①항 피성년후견인의 법률행위는 취소할 수 있다. ④항 제1항에도 불구하고 일용품의 구입 등 일상생활에 필요하고 그 대가가 과도하지 아니한 법률행위는 성년후견인이 취소할 수 없다.」

⑤ [×] 제10조(피성년후견인의 행위와 취소) 「①항 피성년후견인의 법률행위는 취소할 수 있다. ②항 제1항에도 불구하고 가정법원은 취소할 수 없는 피성년후견인의 법률행위의 범위를 정할 수 있다. ③항 가정법원은 본인, 배우자, 4촌 이내의 친족, 성년후견인, 성년후견감독인, 검사 또는 지방자치단체의 장의 '청구에 의하여' 제2항의 범위를 변경할 수 있다.」

정답 | ④

50 성년후견제도에 관한 설명으로 옳지 않은 것은?

[20세무사]

① 피성년후견인이 일용품의 구입 등 일상생활에 필요하고 그 대가가 과도하지 아니한 법률행위를 한 경우, 성년후견인은 이를 취소할 수 없다.

② 한정후견인은 한정후견감독인의 동의를 얻어 피한정후견인이 한정후견인의 동의를 받아야 하는 행위의 범위를 변경할 수 있다.

③ 가정법원은 필요한 경우 피한정후견인의 청구에 의하여 한정후견인의 동의를 갈음하는 허가를 할 수 있다.

④ 특정후견의 심판을 하는 경우, 가정법원은 특정후견의 기간 또는 사무의 범위를 정하여야 한다.

⑤ 피특정후견인이 치매로 인해 사무를 처리할 능력을 지속적으로 상실하게 된 경우, 특정후견인은 성년후견개시의 심판을 청구할 수 있다.

해설

① [○] 제10조(피성년후견인의 행위와 취소) 「①항 피성년후견인의 법률행위는 취소할 수 있다. ④항 제1항에도 불구하고 일용품의 구입 등 일상생활에 필요하고 그 대가가 과도하지 아니한 법률행위는 성년후견인이 취소할 수 없다.」

② [×] 제13조(피한정후견인의 행위와 동의) 「①항 가정법원은 피한정후견인이 한정후견인의 동의를 받아야 하는 행위의 범위를 정할 수 있다. ②항 가정법원은 본인, 배우자, 4촌 이내의 친족, 한정후견인, 한정후견감독인, 검사 또는 지방자치단체의 장의 청구에 의하여 제1항에 따른 한정후견인의 동의를 받아야만 할 수 있는 행위의 범위를 변경할 수 있다.」

▶ 한정후견인은 한정후견감독인의 동의 필요 없이 단독으로 변경 청구가 가능하다.

③ [○] 제13조(피한정후견인의 행위와 동의) 「③항 한정후견인의 동의를 필요로 하는 행위에 대하여 한정후견인이 피한정후견인의 이익이 침해될 염려가 있음에도 그 동의를 하지 아니하는 때에는 가정법원은 피한정후견인의 청구에 의하여 한정후견인의 동의를 갈음하는 허가를 할 수 있다.」

④ [○] 제14조의2(특정후견의 심판) 「③항 특정후견의 심판을 하는 경우에는 특정후견의 기간 또는 사무의 범위를 정하여야 한다.」

⑤ [○] 제9조(성년후견개시의 심판) 「①항 가정법원은 질병, 장애, 노령, 그 밖의 사유로 인한 정신적 제약으로 사무를 처리할 능력이 지속적으로 결여된 사람에 대하여 본인, 배우자, 4촌 이내의 친족, 미성년후견인, 미성년후견감독인, 한정후견인, 한정후견감독인, 특정후견인, 특정후견감독인, 검사 또는 지방자치단체의 장의 청구에 의하여 성년후견개시의 심판을 한다.」
제14조의3(심판 사이의 관계) 「①항 가정법원이 피한정후견인 또는 피특정후견인에 대하여 성년후견개시의 심판을 할 때에는 종전의 한정후견 또는 특정후견의 종료 심판을 한다.」

정답 | ②

51 성년후견 및 한정후견제도에 관한 설명 중 옳은 것은? (다툼이 있는 경우 판례에 의함) [22경찰간부]

① 피한정후견인의 동의 없이 한정후견인이 행한 법률행위는 언제나 취소할 수 있다.
② 특별한 사정이 없는 한, 성년후견 또는 한정후견개시의 심판을 할 때에는 본인의 의사를 고려하여야 한다.
③ 피성년후견인의 취소권은 재판 외에서 의사표시를 하는 방법으로는 행사할 수 없다.
④ 성년후견인이 취소할 수 없는 피성년후견인의 법률행위의 범위는 가정법원이 변경할 수 없다.

해설

① [×] 한정후견인이 행한 법률행위의 효력을 묻고 있는데, 한정후견인이 피한정후견인을 대리하는 경우에는 피한정후견인의 동의는 필요하지 아니하며, 일정한 경우 피한정후견인이 아니라 한정후견감독인의 동의를 얻어야 하는 경우가 있을 뿐이다(제950조, 제959 조의6 제1항). 후견감독인의 동의가 필요한 법률행위를 후견인이 후견감독인의 동의 없이 하였을 때에는 피한정후견인 또는 후견감독 인이 그 행위를 취소할 수 있다(제950조 제3항).

참고로 피한정후견인의 법률행위와 관련하여 제13조(피한정후견인의 행위와 동의) ①항은 "가정법원은 피한정후견인이 한정후견인의 동의를 받아야 하는 행위의 범위를 정할 수 있다."라고 규정하고 있고, ④항은 "한정후견인의 동의가 필요한 법률행위를 피한정후견인 이 한정후견인의 동의 없이 하였을 때에는 그 법률행위를 취소할 수 있다. 다만, 일용품의 구입 등 일상생활에 필요하고 그 대가가 과도하지 아니한 법률행위에 대하여는 그러하지 아니하다."라고 규정하고 있는바 피한정후견인은 가정법원이 한정후견인의 동의를 받아야 하는 범위를 지정한 경우 그 지정된 행위에 대하여만 동의를 받아야 하는 것이기 때문에 그러한 사정이 없다면 원칙적으로 확정적으로 유효한 법률행위를 할 수 있다. 나아가 동의가 필요한 행위가 지정된 경우에도 동의 없이 피한정후견인이 행한 법률행위는 '언제나'가 아니라 '원칙적'으로 취소할 수 있을 뿐이다. 즉, 일정한 경우 예외가 인정된다(제13조 제4항 단서 등).

② [○]
> 제9조(성년후견개시의 심판) 「②항 가정법원은 성년후견개시의 심판을 할 때 '본인의 의사를 고려'하여야 한다.」
> 제12조(한정후견개시의 심판) 「②항 한정후견개시의 경우에 제9조 제2항을 준용한다.」(즉, 가정법원이 한정후견개시의 심 판을 할 때에도 본인의 의사를 고려하여야 한다)

참고로, 특정후견은 본인의 의사에 반하여 할 수 없다(제14조의2 제2항).

③ [×]
> 제140조(법률행위의 취소권자) 「취소할 수 있는 법률행위는 제한능력자, 착오로 인하거나 사기·강박에 의하여 의사표시를 한 자, 그의 대리인 또는 승계인만이 취소할 수 있다.」
> 제142조(취소의 상대방) 「취소할 수 있는 법률행위의 상대방이 확정한 경우에는 그 취소는 그 상대방에 대한 의사표시로 하여야 한다.」

이러한 취소권은 제척기간 내에 소를 제기하는 방법으로 권리를 재판상 행사하여야만 되는 것은 아니고, 재판 외에서 의사표시를 하는 방법으로도 권리를 행사할 수 있다(대판 1993.7.27. 92다52795; 대판 2008.9.11. 2008다27301, 27318).

▶ 피성년후견인도 제한능력자로서 '단독으로' 유효한 취소의 의사표시를 할 수 있으며, 이러한 취소권은 형성권이므로 단독의 일방적 의사표시에 의한다. 상대방이 확정되어 있는 경우에는 상대방에 대한 의사표시로써 한다(제142조). 아울러 이러한 취 소권은 재판 외에서 의사표시를 하는 방법으로도 행사할 수 있다.

④ [×]
> 제10조(피성년후견인의 행위와 취소) 「①항 피성년후견인의 법률행위는 취소할 수 있다. ②항 제1항에도 불구하고 가정법 원은 취소할 수 없는 피성년후견인의 법률행위의 범위를 정할 수 있다. ③항 가정법원은 본인, 배우자, 4촌 이내의 친족, 성년후견인, 성년후견감독인, 검사 또는 지방자치단체의 장의 청구에 의하여 제2항의 범위를 변경할 수 있다.」

정답 | ②

52 피한정후견인에 관한 설명으로 옳은 것은? [20소방간부]

① 한정후견개시의 심판을 한 때에 본인의 의사는 고려할 필요가 없다.
② 한정후견개시의 심판절차는 일정한 자의 청구가 없어도 가정법원이 직권으로 개시할 수 있다.
③ 가정법원이 피한정후견인에 대하여 성년후견개시의 심판을 할 때에는 종전의 한정후견의 종료 심판을 하여야 한다.
④ 피한정후견인은 약혼이나 혼인을 하려면 한정후견인의 동의를 얻어야 한다.
⑤ 한정후견종료의 심판을 받기 전에 한정후견인의 동의를 받아야 하는 법률행위를 동의 없이 한 경우에 한정후견종료의 심판 후에는 그 법률행위를 취소할 수 없다.

해설

① [×]
> 제12조(한정후견개시의 심판)「②항 한정후견개시의 경우에 제9조 제2항을 준용한다.」
> 제9조(성년후견개시의 심판)「②항 가정법원은 성년후견개시의 심판을 할 때 본인의 의사를 고려하여야 한다.」

② [×]
> 제12조(한정후견개시의 심판)「①항 가정법원은 질병, 장애, 노령, 그 밖의 사유로 인한 정신적 제약으로 사무를 처리할 능력이 부족한 사람에 대하여 본인, 배우자, 4촌 이내의 친족, 미성년후견인, 미성년후견감독인, 성년후견인, 성년후견감독인, 특정후견인, 특정후견감독인, 검사 또는 지방자치단체의 장의 청구에 의하여 한정후견개시의 심판을 한다.」

> ▶ 청구권자의 청구가 있어야 한정후견개시의 심판을 할 수 있으므로 직권으로 개시할 수 없다.

③ [○]
> 제14조의3(심판 사이의 관계)「①항 가정법원이 피한정후견인 또는 피특정후견인에 대하여 성년후견개시의 심판을 할 때에는 종전의 한정후견 또는 특정후견의 종료 심판을 한다.」

④ [×] 피한정후견인의 행위능력 제한은 약혼이나 혼인 같은 '가족법상의 행위'에는 미치지 않는다. 피한정인후견인은 자신의 신상에 대하여는 그의 상태가 허락하는 범위에서 단독으로 결정할 수 있다(제959조의6, 제947조의2 제1항).

⑤ [×] 성년후견종료의 심판은 장래에 향하여 효력을 가진다. 따라서 그 심판이 있기 전에 행하여진 행위는 여전히 취소할 수 있다. 따라서 한정후견종료의 심판을 받기 전에 한정후견인의 동의를 받아야 하는 법률행위를 동의 없이 하였다면 한정후견종료의 심판 후에도 그 법률행위를 취소할 수 있다.

정답 | ③

53 甲에 대한 한정후견개시의 심판이 이루어지는 경우에 관한 설명으로 옳지 않은 것은? [21소방간부]

① 甲이 거주하는 지방자치단체의 장도 한정후견개시의 심판을 청구할 수 있다.
② 가정법원은 甲이 한정후견인의 동의를 받아야 하는 행위의 범위를 정할 수 있다.
③ 甲은 질병, 장애, 노령, 그 밖의 사유로 인한 정신적 제약으로 사무를 처리할 능력이 부족한 사람이다.
④ 한정후견개시의 심판을 하는 경우에, 법원은 甲에 대한 한정후견의 기간 또는 사무의 범위를 정하여야 한다.
⑤ 한정후견개시의 심판이 있은 후라도 甲의 일용품 구입 등 일상생활에 필요하고 그 대가가 과도하지 않은 법률행위는 확정적으로 유효하다.

해설

①③ [○]
> 제12조(한정후견개시의 심판) 「①항 가정법원은 질병, 장애, 노령, 그 밖의 사유로 인한 정신적 제약으로 사무를 처리할 능력이 부족한 사람에 대하여 본인, 배우자, 4촌 이내의 친족, 미성년후견인, 미성년후견감독인, 성년후견인, 성년후견감독인, 특정후견인, 특정후견감독인, 검사 또는 지방자치단체의 장의 청구에 의하여 한정후견개시의 심판을 한다.」

② [○]
> 제13조(피한정후견인의 행위와 동의) 「①항 가정법원은 피한정후견인이 한정후견인의 동의를 받아야 하는 행위의 범위를 정할 수 있다.」

④ [×]
> 제14조의2(특정후견의 심판) 「③항 특정후견의 심판을 하는 경우에는 특정후견의 기간 또는 사무의 범위를 정하여야 한다.」

▶ 한정후견의 내용이 아닌 특정후견의 내용이다.

⑤ [○]
> 제13조(피한정후견인의 행위와 동의) 「④항 한정후견인의 동의가 필요한 법률행위를 피한정후견인이 한정후견인의 동의 없이 하였을 때에는 그 법률행위를 취소할 수 있다. 다만, 일용품의 구입 등 일상생활에 필요하고 그 대가가 과도하지 아니한 법률행위에 대하여는 그러하지 아니하다.」

정답 | ④

---

54 민법상 제한능력자제도에 대한 설명 중 가장 적절한 것은? [20법학경채]

① 가정법원은 직권으로 성년후견 개시의 심판을 할 수 있다.
② 한정후견인은 가정법원에 특정후견 개시의 심판을 청구할 수 없다.
③ 가정법원은 피한정후견인이 한정후견인의 동의를 받아야 하는 행위의 범위를 정할 수 없다.
④ 가정법원이 특정후견인에 대하여 한정후견 개시의 심판을 할 때에는 특정후견은 심판 없이 종료한다.

해설

① [×]
> 제9조(성년후견개시의 심판) 「①항 가정법원은 질병, 장애, 노령, 그 밖의 사유로 인한 정신적 제약으로 사무를 처리할 능력이 지속적으로 결여된 사람에 대하여 본인, 배우자, 4촌 이내의 친족, 미성년후견인, 미성년후견감독인, 한정후견인, 한정후견감독인, 특정후견인, 특정후견감독인, 검사 또는 지방자치단체의 장의 청구에 의하여 성년후견개시의 심판을 한다.」

② [○]
> 제14조의2(특정후견의 심판) 「①항 가정법원은 질병, 장애, 노령, 그 밖의 사유로 인한 정신적 제약으로 일시적 후원 또는 특정한 사무에 관한 후원이 필요한 사람에 대하여 본인, 배우자, 4촌 이내의 친족, 미성년후견인, 미성년후견감독인, 검사 또는 지방자치단체의 장의 청구에 의하여 특정후견의 심판을 한다.」

▶ 한정후견인은 특정후견의 심판 청구권자로 규정되어 있지 않다.

③ [×]
> 제13조(피한정후견인의 행위와 동의) 「①항 가정법원은 피한정후견인이 한정후견인의 동의를 받아야 하는 행위의 범위를 정할 수 있다.」

④ [×] 제14조의3(심판 사이의 관계) 「②항 가정법원이 피성년후견인 또는 피특정후견인에 대하여 한정후견개시의 심판을 할 때에는 종전의 성년후견 또는 특정후견의 종료 심판을 한다.」

정답 | ②

55 피특정후견인에 관한 설명으로 옳지 않은 것은?

[19세무사]

① 피특정후견인이 단독으로 한 법률행위는 특정후견인이 취소할 수 있다.
② 본인의 복리상 필요하더라도 본인의 의사에 반하여 특정후견을 개시할 수 없다.
③ 정신적 제약으로 일시적 후원 또는 특정한 사무에 관한 후원이 필요한 사람에 대하여 특정후견개시심판을 청구할 수 있다.
④ 가정법원은 기간이나 범위를 정하여 특정후견인에게 대리권을 수여하는 심판을 할 수 있다.
⑤ 특정후견은 별도의 종료심판 없이 기간의 종료나 정해진 사무처리의 종결로 종료한다.

해설

① [×] 특정후견의 심판이 있어도 피특정후견인의 행위능력은 제한되지 않는다. 그리고 특정한 법률행위를 위하여 특정후견인이 선임되고 그 범위에서 법정대리권이 부여된 경우(제959조의11 제1항)에도 그 법률행위에 관하여 피특정후견인의 행위능력은 제한되지 않는다. 따라서 그러한 행위를 특정후견인의 동의 없이 직접 할 수도 있다.

② [○] 제14조의2(특정후견의 심판) 「②항 특정후견은 본인의 의사에 반하여 할 수 없다.」

③ [○] 제14조의2(특정후견의 심판) 「①항 가정법원은 질병, 장애, 노령, 그 밖의 사유로 인한 정신적 제약으로 일시적 후원 또는 특정한 사무에 관한 후원이 필요한 사람에 대하여 본인, 배우자, 4촌 이내의 친족, 미성년후견인, 미성년후견감독인, 검사 또는 지방자치단체의 장의 청구에 의하여 특정후견의 심판을 한다.」

④ [○] 제959조의11(특정후견인의 대리권) 「①항 피특정후견인의 후원을 위하여 필요하다고 인정하면 가정법원은 기간이나 범위를 정하여 특정후견인에게 대리권을 수여하는 심판을 할 수 있다.」

⑤ [○] 제14조의2(특정후견의 심판) 「③항 특정후견의 심판을 하는 경우에는 특정후견의 기간 또는 사무의 범위를 정하여야 한다.」

▶ 따라서 특정후견은 별도의 종료심판 없어도 그 기간의 종료나 정해진 사무처리가 종결되면 종료한다.

정답 | ①

56 후견에 관한 설명으로 옳지 않은 것은?

[22행정사]

① 가정법원은 성년후견개시의 심판을 할 때 본인의 의사를 고려하여야 한다.

② 가정법원이 피성년후견인에 대하여 한정후견개시의 심판을 할 때에는 종전의 성년후견의 종료 심판을 하여야 한다.

③ 피성년후견인의 법률행위는 원칙적으로 취소할 수 있지만, 가정법원은 취소할 수 없는 법률행위의 범위를 정할 수 있다.

④ 가정법원은 피한정후견인이 한정후견인의 동의를 받아야 하는 행위의 범위를 정할 수 있다.

⑤ 가정법원은 정신적 제약으로 특정한 사무에 관하여 후원이 필요한 자에 대하여는 본인의 의사에 반하더라도 특정후견의 심판을 할 수 있다.

해설

① [O] 제9조(성년후견개시의 심판) 「②항 가정법원은 성년후견개시의 심판을 할 때 본인의 의사를 고려하여야 한다.」

② [O] 제14조의3(심판 사이의 관계) 「②항 가정법원이 피성년후견인 또는 피특정후견인에 대하여 한정후견개시의 심판을 할 때에는 종전의 성년후견 또는 특정후견의 종료 심판을 한다.」

③ [O] 제10조(피성년후견인의 행위와 취소) 「①항 피성년후견인의 법률행위는 취소할 수 있다. ②항 제1항에도 불구하고 가정법원은 취소할 수 없는 피성년후견인의 법률행위의 범위를 정할 수 있다.」

④ [O] 제13조(피한정후견인의 행위와 동의) 「①항 가정법원은 피한정후견인이 한정후견인의 동의를 받아야 하는 행위의 범위를 정할 수 있다.」

⑤ [X] 제14조의2(특정후견의 심판) 「②항 특정후견은 본인의 의사에 반하여 할 수 없다.」

정답 | ⑤

57 후견제도에 관한 설명 중 옳은 것은? (다툼이 있는 경우 판례에 의함)

[22경찰간부]

① 본인이 한정후견의 개시를 청구한 경우, 의사의 감정 결과 등에 비추어 성년후견 개시의 요건을 충족하고 본인이 성년후견 개시를 희망한다면 가정법원은 그 자에 대해 성년후견을 개시할 수 있다.

② 가정법원이 피특정후견인에 대해 성년후견개시의 심판을 할 때에는 종전의 특정후견의 종료심판을 할 필요가 없다.

③ 성년인 본인은 성년후견개시 심판의 청구권자이지만, 성년후견종료 심판의 청구권자는 아니다.

④ 피성년후견인은 단독으로 유효한 혼인을 할 수 있다.

해설

① [O] 성년후견이나 한정후견개시의 청구가 있는 경우 가정법원은 청구 취지와 원인, 본인의 의사, 성년후견제도와 한정후견제도의 목적 등을 고려하여 어느 쪽의 보호를 주는 것이 적절한지를 결정하고, 그에 따라 필요하다고 판단하는 절차를 결정해야 한다. 따라서 '한정후견'의 개시를 청구한 사건에서 의사의 감정결과 등에 비추어 '성년후견' 개시의 요건을 충족하고 본인도 성년후견의 개시를 희망한다면 법원이 성년후견을 개시할 수 있고, '성년후견' 개시를 청구하고 있더라도 필요하다면 '한정후견'을 개시할 수 있다(대결 2021.6.10. 2020스596).

② [X] 제14조의3(심판 사이의 관계) 「①항 가정법원이 피한정후견인 또는 피특정후견인에 대하여 성년후견개시의 심판을 할 때에는 종전의 한정후견 또는 특정후견의 종료 심판을 한다. ②항 가정법원이 피성년후견인 또는 피특정후견인에 대하여 한정후견개시의 심판을 할 때에는 종전의 성년후견 또는 특정후견의 종료 심판을 한다.」

③ [X] 성년인 본인은 성년후견개시 심판의 청구권자이기도 하지만, 성년후견종료 심판의 청구권자이기도 하다.

④ [×] 제808조(동의가 필요한 혼인) 「②항 피성년후견인은 부모나 성년후견인의 동의를 받아 혼인할 수 있다.」

▶ 피성년후견인의 '신상'에 관해서는 그의 상태가 허용하는 범위에서 피성년후견인이 단독으로 결정할 수 있고(제947조의2 제1항), 가족법상 행위에 관하여 성년후견인의 동의를 얻어 스스로 유효한 법률행위를 할 수 있는 경우가 있으며(제802조, 제808조 제2항, 제835조, 제873조, 제902조), 특히 유언은 의사능력이 회복된 때에 한하여 독자적으로 할 수 있다(제1063조). 참고로 피한정후견인의 행위능력 제한은 '가족법상의 행위'에는 미치지 않는다.

정답 | ①

58 제한능력자에 관한 설명 중 옳지 않은 것은? (지문은 독립적이며, 판례에 의함) [출제예상]

① 18세인 미성년자 甲이 법정대리인인 친권자의 동의 없이 乙과 매매계약을 체결하고 2년 후, 乙은 성년자가 된 甲에 대하여 2개월의 기간을 정하여 추인 여부의 확답을 최고하였다. 甲이 2개월 이내에 확답을 발하지 않은 경우, 甲은 매매계약을 취소할 수 없다.

② 특정후견의 심판이 있으면 피특정후견인의 행위능력은 제한된다.

③ 피성년후견인의 법률행위는 성년후견인의 동의가 있더라도 원칙적으로 언제나 취소할 수 있다. 따라서 성년후견인은 피성년후견인의 법률행위에 대한 동의권을 가지지 않고, 대리권과 취소권을 가질 뿐이다.

④ 피한정후견인이 한정후견인의 동의를 필요로 하는 법률행위를 단독으로 행한 후에 한정후견종료의 심판이 내려진 경우, 그 심판의 확정 이전에 본인이 행한 행위는 취소할 수 있다.

해설

① [○] 제15조(제한능력자의 상대방의 확답을 촉구할 권리) 「①항 제한능력자의 상대방은 제한능력자가 능력자가 된 후에 그에게 1개월 이상의 기간을 정하여 그 취소할 수 있는 행위를 추인할 것인지 여부의 확답을 촉구할 수 있다. 능력자로 된 사람이 그 기간 내에 확답을 발송하지 아니하면 그 행위를 추인한 것으로 본다.」

② [×] 특정후견의 심판이 있어도 피특정후견인의 행위능력은 제한되지 않는다. 그리고 특정한 법률행위를 위하여 특정후견인이 선임되고 그 범위에서 법정대리권이 부여된 경우(제959조의11 제1항)에도 그 법률행위에 관하여 피특정후견인의 행위능력은 제한되지 않는다. 따라서 그러한 행위를 특정후견인의 동의 없이 직접 할 수도 있다.

③ [○] 피성년후견인의 법률행위는 원칙적으로 언제나 취소할 수 있다(제10조 제1항). 성년후견인의 동의가 있더라도 피성년후견인과 성년후견인은 취소할 수 있다(제141조). 즉, 피성년후견인의 법률행위는 원칙적으로 언제나 취소할 수 있으므로 성년후견인은 피성년후견인의 법률행위에 대한 동의권을 가지지 않고, 대리권과 취소권을 가질 뿐이다.

④ [○] 한정후견개시의 원인이 소멸된 경우에는 가정법원은 본인, 배우자, 4촌 이내의 친족, 한정후견인, 한정후견감독인, 검사 또는 지방자치단체의 장의 청구에 의하여 한정후견종료의 심판을 한다(제14조). 한정후견종료의 심판도 장래에 향하여 효력을 가진다. 따라서 피한정후견인이 한정후견인의 동의를 필요로 하는 법률행위를 단독으로 행한 후에 한정후견종료의 심판이 내려진 경우, 그 심판의 확정 이전에 본인이 행한 행위는 취소할 수 있다.

정답 | ②

59 미성년자 甲은 그의 법정대리인 乙의 동의 없이 丙과 고가의 자전거를 매매하는 계약을 체결하였다. 丙은 甲과 계약을 체결할 때에 그가 미성년자임을 몰랐다. 이에 관한 설명으로 옳지 않은 것은? [24소방간부]

① 甲은 미성년을 이유로 丙과의 계약을 취소할 수 있다.

② 丙의 사기로 계약을 체결한 경우에도 乙은 사기를 이유로 계약을 취소할 수 없다.

③ 丙은 乙이 추인할 때까지 그의 의사표시를 철회할 수 있다.

④ 甲이 속임수로 자신을 성년자로 믿게 한 때에는 계약을 취소할 수 없다.

⑤ 丙이 상당한 기간을 정하여 乙에게 추인 여부의 확답을 촉구한 경우 乙이 그 기간 내에 확답을 발송하지 않으면 추인한 것으로 본다.

해설

① [○] ② [×]

> 제5조(미성년자의 능력) 「①항 미성년자가 법률행위를 함에는 법정대리인의 동의를 얻어야 한다. 그러나 권리만을 얻거나 의무만을 면하는 행위는 그러하지 아니하다. ②항 전항의 규정에 위반한 행위는 취소할 수 있다.」
> 제140조(법률행위의 취소권자) 「취소할 수 있는 법률행위는 제한능력자, 착오로 인하거나 사기·강박에 의하여 의사표시를 한 자, 그의 대리인 또는 승계인만이 취소할 수 있다.」

▶ 따라서, 제한능력자 甲은 丙과의 계약을 직접 취소할 수 있다. 법정대리인 乙도 취소할 수 있다.

③ [○]

> 제16조(제한능력자의 상대방의 철회권과 거절권) 「①항 제한능력자가 맺은 계약은 추인이 있을 때까지 상대방이 그 의사표시를 철회할 수 있다. 다만, 상대방이 계약 당시에 제한능력자임을 알았을 경우에는 그러하지 아니하다.」

▶ 따라서, 丙은 乙의 추인 전까지 철회할 수 있다.

④ [○]

> 제17조(제한능력자의 속임수) 「①항 제한능력자가 속임수로써 자기를 능력자로 믿게 한 경우에는 그 행위를 취소할 수 없다.」

▶ 따라서, 미성년자인 甲이 스스로를 성년자로 믿게 하였다면 취소할 수 없다.

⑤ [○]

> 제15조(제한능력자의 상대방의 확답을 촉구할 권리) 「①항 제한능력자의 상대방은 제한능력자가 능력자가 된 후에 그에게 1개월 이상의 기간을 정하여 그 취소할 수 있는 행위를 추인할 것인지 여부의 확답을 촉구할 수 있다. 능력자로 된 사람이 그 기간 내에 확답을 발송하지 아니하면 그 행위를 추인한 것으로 본다. ②항 제한능력자가 아직 능력자가 되지 못한 경우에는 그의 법정대리인에게 제1항의 촉구를 할 수 있고, 법정대리인이 그 정하여진 기간 내에 확답을 발송하지 아니한 경우에는 그 행위를 추인한 것으로 본다.」

▶ 따라서, 상대방인 丙이 확답을 촉구하였음에도 乙이 그 기간 내 답이 없었다면 추인한 것으로 본다.

정답 | ②

60 특별한 사정이 없음을 전제로 만 16세인 미성년자 甲이 법정대리인 乙의 동의 없이 자신의 자전거를 丙에게 매각하기로 약정한 경우, 이에 관한 설명 중 옳은 설명은? (다툼이 있는 경우 판례에 의함) [22경찰간부]

① 丙이 만 20세가 된 甲에게 1개월 이상의 기간을 정하여 추인 여부의 확답을 촉구하였지만, 甲이 그 기간 내에 확답을 발송하지 아니한 경우에는 추인한 것으로 본다.

② 丙은 추인 여부의 확답에 대한 촉구를 甲에게 할 수 있다.

③ 丙은 乙이 추인하기 전에 거절권을 행사할 수 있다.

④ 甲이 丙에게 적극적인 속임수를 사용하여 성년자로 믿게 한 경우에 甲은 계약을 취소하고 받은 이익을 반환하여야 한다.

해설

① [○] ② [×]

> 제15조(제한능력자의 상대방의 확답을 촉구할 권리) 「①항 제한능력자의 상대방은 제한능력자가 능력자가 된 후에 그에게 1개월 이상의 기간을 정하여 그 취소할 수 있는 행위를 추인할 것인지 여부의 확답을 촉구할 수 있다. ②항 제한능력자가 아직 능력자가 되지 못한 경우에는 그의 법정대리인에게 제1항의 촉구를 할 수 있고, 법정대리인이 그 정하여진 기간 내에 확답을 발송하지 아니한 경우에는 그 행위를 추인한 것으로 본다. 따라서 능력자로 된 사람이 그 기간 내에 확답을 발송하지 아니하면 그 행위를 추인한 것으로 보며, 아직 제한능력자인 경우 법정대리인에 확답을 촉구하였으나 확답을 발송하지 아니한 경우에는 그 행위를 추인한 것으로 본다.」

▶ 사안에서 추인 여부의 확답에 대한 촉구는 만 16세인 미성년자 甲에게 할 수 없고 법정대리인 乙에게 하여야 한다.

③ [×]

> 제16조(제한능력자의 상대방의 철회권과 거절권) 「①항 제한능력자가 맺은 '계약'은 추인이 있을 때까지 상대방이 그 의사표시를 '철회'할 수 있다. 다만, 상대방이 계약 당시에 제한능력자임을 알았을 경우에는 그러하지 아니하다. ②항 제한능력자의 '단독행위'는 추인이 있을 때까지 상대방이 '거절'할 수 있다.」

▶ 따라서 선의의 상대방 丙은 법정대리인 乙이 '매매계약'(단독행위 아님)을 추인하기 전에 '철회권'을 행사할 수 있지 '거절권'을 행사할 수 있는 것은 아니다.

④ [×]

> 제17조(제한능력자의 속임수) 「①항 제한능력자가 속임수로써 자기를 능력자로 믿게 한 경우에는 그 행위를 취소할 수 없다.」

判例에 따르면 '성년자로 군대에 갔다 왔다'고 말하거나, '자기가 사장이라고 말한 것'만 가지고는 속임수(개정 전 민법은 '사술'이라는 표현을 쓰고 있었다)이라고 할 수 없고(대판 1955.3.31. 4287민상77; 대판 1971.12.14. 71다2045), 생년월일을 허위로 기재한 인감증명을 제시하는 등의 '적극적인 사기수단'을 써야 속임수에 해당한다(대판 1971.6.22. 71다940).

▶ 甲이 丙에게 적극적인 속임수를 사용하여 성년자로 믿게 한 경우에 甲은 계약을 취소할 수 없다.

정답 | ①

61 미성년자의 상대방 보호에 관한 설명으로 옳지 않은 것은? (다툼이 있으면 판례에 의함) [24소방간부]

① 미성년자의 법정대리인은 그가 이미 동의한 법률행위를 대리하지 못한다.
② 미성년자의 법률행위에 대한 법정대리인의 동의는 반드시 명시적일 필요는 없다.
③ 악의의 상대방도 추인이 있을 때까지 미성년자의 단독행위를 거절할 수 있다.
④ 상대방이 혼인한 미성년자와 계약을 체결한 때에는 그 상대방은 의사표시를 철회하지 못한다.
⑤ 선의의 상대방은 추인이 있을 때까지 미성년자에게 유효하게 철회의 의사표시를 할 수 있다.

해설

① [×] 미성년자의 법정대리인이 미성년자의 법률행위에 동의하더라도 여전히 그 법률행위를 대리할 수 있다(제920조, 제949조).

② [○] 미성년자가 법률행위를 함에 있어서 요구되는 법정대리인의 동의는 언제나 명시적이어야 하는 것은 아니고 묵시적으로도 가능한 것이며, 미성년자의 행위가 위와 같이 법정대리인의 묵시적 동의가 인정되거나 처분허락이 있는 재산의 처분 등에 해당하는 경우라면, 미성년자로서는 더 이상 행위무능력을 이유로 그 법률행위를 취소할 수 없다(대판 2007.11.16. 2005다71659).

③ [○]

> 제16조(제한능력자의 상대방의 철회권과 거절권) 「②항 제한능력자의 단독행위는 추인이 있을 때까지 상대방이 거절할 수 있다.」

④ [○]

> 제826조의2(성년의제) 「미성년자가 혼인을 한 때에는 성년자로 본다.」

⑤ [○]

> 제16조(제한능력자의 상대방의 철회권과 거절권) 「①항 제한능력자가 맺은 '계약'은 추인이 있을 때까지 상대방이 그 의사표시를 '철회'할 수 있다. 다만, 상대방이 계약 당시에 제한능력자임을 알았을 경우에는 그러하지 아니하다.」

정답 | ①

62 고등학생 甲(18세)은 자신 소유의 X토지를 법정대리인 乙의 동의 없이 건설업자 丙에게 매도하는 계약을 체결하였다. 이에 관한 설명으로 옳지 않은 것은? (다툼이 있으면 판례에 따름) [23세무사]

① 甲이 미성년상태에서 매매계약을 추인하더라도 乙은 甲이 미성년자임을 이유로 계약을 취소할 수 있다.

② 丙이 매매계약 체결시 甲이 미성년자임을 몰랐더라면 추인이 있기 전에 자신의 의사표시를 철회할 수 있다.

③ 甲은 자신이 미성년자임을 이유로 단독으로 매매계약을 취소할 수 있다.

④ 丙이 매매계약 체결시 甲이 미성년자임을 알았더라면 乙에게 매매계약의 추인여부에 대한 확답을 촉구할 수 없다.

⑤ 甲이 신분증을 위조하여 丙으로 하여금 자신을 성년자로 믿게 한 경우, 乙은 매매계약을 취소할 수 없다.

해설

① [O] 추인은 '취소의 원인이 종료한 후'에 하여야 하고, 그 종료 전의 추인은 그 효력이 없다(제144조 제1항). 따라서 제한능력자는 능력자가 된 후에, 착오·사기·강박에 의한 의사표시는 그 상태를 벗어나야 추인할 수 있다.

② [O] 제한능력자가 맺은 계약은 추인 있을 때까지 상대방이 그 의사표시를 철회할 수 있다. 다만, 상대방이 계약 당시에 제한능력자임을 알았을 경우에는 그러하지 아니하다(제16조 제1항).

③ [O]

> 제140조(법률행위의 취소권자) 「취소할 수 있는 법률행위는 제한능력자, 착오로 인하거나 사기·강박에 의하여 의사표시를 한 자, 그의 대리인 또는 승계인만이 취소할 수 있다.」

④ [×] 확답을 촉구할 권리는 상대방의 선의·악의 불문하고 인정된다(제15조).

☑ 확답을 촉구할 권리, 철회권, 거절권 비교

구분	대상	행사의 상대방	상대방의 주관적 요건
확답을 촉구할 권리	법률행위	법정대리인 또는 능력자	선, 악 불문
철회권	계약	법정대리인 또는 제한능력자	선의
거절권	단독행위	법정대리인 또는 제한능력자	선, 악 불문

⑤ [O] 제한능력자가 속임수로써 자기를 능력자로 믿게 한 경우에는 그 행위를 취소할 수 없다(제17조 제1항).

정답 | ④

63 제한능력자의 상대방 보호에 관한 설명으로 옳지 않은 것은? (다툼이 있으면 판례에 따름) [20세무사]

① 상대방은 1개월 이상의 기간을 정하여 그 취소할 수 있는 행위에 대한 추인 여부의 확답을 제한능력자에게 촉구할 수 있다.

② 제한능력자와 계약을 맺은 상대방은 법정대리인의 추인이 있으면 자신의 의사표시를 철회할 수 없다.

③ 상대방은 제한능력자의 단독행위에 대한 거절의 의사표시를 제한능력자에 대하여 할 수 있다.

④ 제한능력자임을 알면서 계약을 맺은 상대방에게는 추인 여부와 관계없이 철회권이 인정되지 않는다.

⑤ 제한능력자가 주민등록증으로 위조하여 자기를 능력자로 믿게 하고 법률행위를 한 경우에는 취소할 수 없다.

해설

① [×]

> 제15조(제한능력자의 상대방의 확답을 촉구할 권리) 「①항 제한능력자의 상대방은 제한능력자가 능력자가 된 후에 그에게 1개월 이상의 기간을 정하여 그 취소할 수 있는 행위를 추인할 것인지 여부의 확답을 촉구할 수 있다. 능력자로 된 사람이 그 기간 내에 확답을 발송하지 아니하면 그 행위를 추인한 것으로 본다. ②항 제한능력자가 아직 능력자가 되지 못한 경우에는 그의 법정대리인에게 제1항의 촉구를 할 수 있고, 법정대리인이 그 정하여진 기간 내에 확답을 발송하지 아니한 경우에는 그 행위를 추인한 것으로 본다.」

②④ [○]

> 제16조(제한능력자의 상대방의 철회권과 거절권) 「①항 제한능력자가 맺은 계약은 추인이 있을 때까지 상대방이 그 의사표시를 철회할 수 있다. 다만, 상대방이 계약 당시에 제한능력자임을 알았을 경우에는 그러하지 아니하다.」

③ [○]

> 제16조(제한능력자의 상대방의 철회권과 거절권) 「②항 제한능력자의 단독행위는 추인이 있을 때까지 상대방이 거절할 수 있다. ③항 제1항의 철회나 제2항의 거절의 의사표시는 제한능력자에게도 할 수 있다.」

⑤ [○]

> 제17조(제한능력자의 속임수) 「①항 제한능력자가 속임수로써 자기를 능력자로 믿게 한 경우에는 그 행위를 취소할 수 없다.」

[관련판례] '성년자로 군대에 갔다 왔다'고 말하거나, '자기가 사장이라고 말한 것'만 가지고는 속임수(개정 전 민법은 '사술'이라는 표현을 쓰고 있었다)이라고 할 수 없고(대판 1955.3.31. 4287민상77; 대판 1971.12.14. 71다2045), 생년월일을 허위로 기재한 인감증명을 제시하는 등의 '적극적인 사기수단'을 써야 속임수에 해당한다(대판 1971.6.22. 71다940). 다만, 제한능력자의 속임수에 관하여는 그 상대방에게 증명책임이 있다(대판 1971.12.14. 71다2045).

정답 | ①

제5관 자연인의 주소

64 주소에 관한 설명 중 옳지 않은 것은?

[16소방간부]

① 법인의 주소는 주된 사무소의 소재지로 한다.

② 법인은 가주소를 둘 수 없다.

③ 주소는 동시에 두 곳 이상 있을 수 있다.

④ 주소를 알 수 없는 때에는 거소를 주소로 본다.

⑤ 국내에 주소가 없는 자에 대하여는 국내에 있는 거소를 주소로 본다.

해설

① [○]

> 제36조(법인의 주소) 「법인의 주소는 그 주된 사무소의 소재지에 있는 것으로 한다.」

② [×] 법인도 어떤 거래행위를 위하여 주소 이외의 장소를 가주소로 정할 수 있다.

[참조조문]

> 제21조(가주소) 「어느 행위에 있어서 가주소를 정한 때에는 그 행위에 관하여는 이를 주소로 본다.」

③ [○]

> 제18조(주소) 「②항 주소는 동시에 두 곳 이상 있을 수 있다.」(복수주의)

④ [○]

> 제19조(거소) 「주소를 알 수 없으면 거소를 주소로 본다.」

⑤ [○]

> 제20조(거소) 「국내에 주소 없는 자에 대하여는 국내에 있는 거소를 주소로 본다.」

정답 | ②

65 민법상 주소에 관한 설명으로 옳지 않은 것은? [20소방간부]

① 주소는 동시에 두 곳 이상 있을 수 있다.
② 주소가 있는 자는 가주소를 정할 수 없다.
③ 국내에 주소가 없는 자에 대하여는 국내에 있는 거소를 주소로 본다.
④ 주소를 정함에 있어 정주(定住)의 의사는 요구되지 않는다.
⑤ 어느 행위에 있어서 가주소를 정한 때에는 그 행위에 관하여는 이를 주소로 본다.

해설

① [O] 제18조(주소) 「②항 주소는 동시에 두 곳 이상 있을 수 있다(복수주의).」

② [×] 가주소란 당사자가 어떠한 거래행위에 관하여 일정한 장소를 선정하여 주소의 법률효과를 부여한 장소를 말한다. 즉 가주소는 거래의 편의를 위해 당사자가 설정한 주소 이외의 장소이다. 따라서 주소가 있는 자도 가주소를 정할 수 있다.

③ [O] 제20조(거소) 「국내에 주소 없는 자에 대하여는 국내에 있는 거소를 주소로 본다.」

④ [O] 우리 민법상 주소는 생활의 근거되는 곳을 중심으로 주소를 정하고 따로 정주의 의사를 요구하지 않는 점에서 객관주의를 취한다.

⑤ [O] 제21조(가주소) 「어느 행위에 있어서 가주소를 정한 때에는 그 행위에 관하여는 이를 주소로 본다.」

정답 | ②

66 민법상 주소에 관한 설명 중 옳지 않은 것은? (다툼이 있으면 판례에 의함) [19소방간부]

① 생활의 근거가 되는 곳을 주소로 한다.
② 동시에 여러 곳에서 생활할 수 없으므로 주소는 한 곳만 허용된다.
③ 거래행위를 위하여 주소 이외의 장소를 가주소로 정할 수 있다.
④ 어떤 자에 대하여 주소를 알 수 없는 때에는 거소를 주소로 본다.
⑤ 법인의 주소는 그 주된 사무소의 소재지에 있는 것으로 한다.

해설

① [O] ② [×] 제18조(주소) 「①항 생활의 근거되는 곳을 주소로 한다(실질주의). ②항 주소는 동시에 두 곳 이상 있을 수 있다(복수주의).」

③ [O] 제21조(가주소) 「어느 행위에 있어서 가주소를 정한 때에는 그 행위에 관하여는 이를 주소로 본다.」

④ [O] 제19조(거소) 「주소를 알 수 없으면 거소를 주소로 본다.」

⑤ [O] 제36조(법인의 주소) 「법인의 주소는 그 주된 사무소의 소재지에 있는 것으로 한다.」

정답 | ②

제6관 부재자 재산관리

⊕ **핵심정리** 부재자 재산관리 및 실종선고의 취소

1. 부재자

부재자란 종래의 주소 또는 거소를 떠나서 용이하게 돌아올 가능성이 없어서 그의 재산을 관리하여야 할 필요가 있는 자를 말한다(제22조 참조).

2. 부재자 재산관리 핵심판례

① A가 무권대리인으로 乙과 부재자 甲의 X재산에 대한 매매계약 체결 → ② B가 부재자재산관리인으로 선임된 후 乙에게 X재산에 대한 처분행위(소유권 이전) → ③ 甲소유 X, Y재산 처분에 대한 법원의 허가 → ④ B가 부재자와는 아무런 관련이 없는 자에 대해 Y재산 처분 → ⑤ 甲에 대한 실종선고로 부재자 재산관리인 선임결정 취소 → ⑥ 甲이 생환하여 실종선고가 취소된 경우 법률관계는?

Ⅰ. 처분행위시 재산관리인으로서의 지위 상실 여부

判例는 "법원에 의하여 일단 부재자의 재산관리인의 선임결정이 있었던 이상, 부재자가 그 이전에 사망하였음이 판명되더라도 재산관리인의 권한이 소멸되지 않을 뿐만 아니라, 그 취소의 효력도 장래에 향해서만 미치는 것"(69다719)이라고 한다. 따라서 재산관리인으로서 지위는 상실하지 않는다.
그리고 '실종기간이 만료된 뒤 실종선고 전'에 재산관리인이 권한초과행위의 허가를 받고 그 선임결정이 취소되기 전에 재산관리인의 위와 같은 법률행위의 효과는 부재자의 상속인에게 미친다(91다11810). 즉 재산관리인이 부재자의 상속인을 대리하여 행위한 것으로 본다.

Ⅱ. X재산 관련 법률관계

判例는 "그 후에 법원의 허가는 장래의 처분행위를 위한 경우뿐만 아니라 기왕의 처분행위를 추인하는 행위를 행위로도 할 수 있다."(80다3063)고 한다. 따라서 X재산의 처분행위는 유효한 처분행위이다

Ⅲ. Y재산 관련 법률관계

判例는 "법원의 허가(제25조 전단)를 얻었다 하더라도 그 처분은 부재자를 위하는 범위에서 행하여져야 하므로"(75마551) 부재자와는 아무런 관련이 없는 처분행위는 무권대리이나, 제126조의 표현대리는 성립할 수는 있다고 한다.

3. 실종선고

실종선고란 부재자의 '생사가 일정기간 동안 불분명'(5년, 1년)한 경우에(실질적 요건), 이해관계인 또는 검사의 청구와 공시최고를 거쳐(형식적 요건) 법원이 그 부재자에 대해 실종선고를 하고 '실종기간이 만료한 때' 사망한 것으로 '간주'하는 제도이다. 다만 사망의 효과가 생기는 범위는 실종자의 종래의 주소(또는 거소)를 중심으로 하는 사법적 법률관계에 국한된다.

---

67 민법상 부재에 관한 설명으로 옳지 않은 것은? (다툼이 있는 경우 판례에 의함) [23경찰간부]

① 부재자는 자연인에 한하며 법인에 대하여는 부재자에 관한 규정이 적용되지 않는다.

② 법원에 의하여 선임된 재산관리인이 법원의 허가없이 한 처분행위는 특별한 사정이 없는 한 무효이다.

③ 재산관리인의 처분행위에 대한 법원의 허가는 과거의 처분행위에 대한 추인의 방법으로는 할 수 없다.

④ 재산관리인을 바꾸어야 할 상황에 있다고 볼만한 특별한 사정이 없음에도 별다른 조사과정도 없이 그 재산관리인을 개임한 것은 재량권을 벗어난 것으로 위법하다.

해설

① [○] 부재자는 성질상 자연인에 한하며 법인은 이에 해당되지 않는다(대결 1953.5.21. 4286민재항7).

② [○] 재산관리인은 부재자의 재산에 관하여 제118조 소정의 '관리행위'(보존행위나 이용·개량행위)를 자유롭게 할 수 있으나, 이를 초과하는 '처분행위'를 하기 위하여 가정법원의 허가를 받아야 한다(제25조). 법원의 허가심판은 일종의 수권행위에 해당하므로 재산 관리인이 허가 없이 처분행위를 한 때에는 무권대리행위로 무효가 되어 부재자 본인에게 효력이 생기지 않는다.

③ [×] 법원의 허가결정은 그 허가를 받은 재산에 대한 장래의 처분행위뿐만 아니라 기왕의 매매를 추인하는 방법으로도 할 수 있다. 따라서 부재자의 재산관리인에 의한 부재자소유 부동산매각행위의 추인행위가 법원의 허가를 얻기 전이어서 권한 없이 행하여진 것이라고 하더라도, 법원의 재산관리인의 초과행위 결정의 효력은 그 허가받은 재산에 대한 장래의 처분행위뿐만 아니라 기왕의 처분행위를 추인하는 행위로도 할 수 있는 것이므로 그 후 법원의 허가를 얻어 소유권이전등기절차를 경료케 한 행위에 의하여 종전에 권한 없이 한 처분행위를 추인한 것이라 할 것이다(대판 2000.12.26. 99다19278).

④ [○] 대판 1986.8.26. 86프1

정답 │ ③

---

68 부재와 실종에 관한 설명으로 가장 적절하지 않은 것은? (다툼이 있는 경우 판례에 의함) [23법학경채]

① 부재자의 재산관리인이 그 권한을 초과하여 체결한 매매계약이 법원의 허가를 받지 아니하여 무효라는 이유로 소유권이전등기청구가 기각되어 확정된 후에 그 권한초과행위에 대하여 법원의 허가를 받게 되면 매수인은 다시 그 매매계약에 기한 소유권이전등기청구의 소를 제기할 수 있다.

② 부재자 본인이 정한 재산관리인이 부재자의 재산에 관한 처분권을 갖더라도 법원이 본인의 생사불명을 이유로 그 자를 재산관리인으로 선임한 후 그 자가 법원의 허가를 받지 아니하고 부재자의 재산을 처분한 경우에 그 처분행위는 무효이다.

③ 실종선고로 인하여 실종기간 만료시를 기준으로 하여 상속이 개시된 후 실종선고가 취소되어야 할 사유가 생겼지만, 실제로 실종선고가 취소되지 아니하더라도 임의로 실종기간이 만료하여 사망한 때로 간주되는 시점과는 다른 사망 시점을 정하여 이미 개시된 상속을 부정하고 이와 다른 상속관계를 인정할 수 있다.

④ 피상속인의 사망 후에 그의 자(子)에 대한 실종선고가 이루어지고 그 실종기간이 피상속인의 사망 전에 만료된 경우에 실종선고된 자는 특별한 사정이 없는 한 피상속인의 상속인이 될 수 없다.

해설

① [○] 부재자 재산관리인의 부재자 소유 부동산에 대한 매매계약에 관하여 부재자 재산관리인이 권한을 초과하여서 체결한 것으로 법원의 허가를 받지 아니하여 무효라는 이유로 소유권이전등기절차의 이행 청구가 기각되어 확정되었다고 하더라도, **패소판결의 확정 후에 위 권한초과행위에 대하여 법원의 허가를 받게 되면 다시 위 매매계약에 기한 소유권이전등기청구의 소를 제기할 수 있다**(대판 2002.1.11. 2001다41971).

② [○] 부재자가 6.25 사변 전부터 가사 일체와 재산의 관리 및 처분의 권한을 그의 모인 '甲'에게 위임하였다 가정하더라도, 甲이 부재자의 실종 후 법원에 신청하여 동 부재자의 재산관리인으로 선임된 경우에는 부재자의 생사가 분명하지 아니하여 민법 제23조의 규정에 의한 개임이라고 보지 못할 바 아니므로 이때부터 부재자의 위임에 의한 甲의 재산관리처분권한은 종료되었다고 봄이 상당하고, 따라서 그 후 甲의 부재자 재산처분에 있어서는 민법 제25조에 따른 권한 초과 행위 허가를 받아야 하며 그 허가를 받지 아니하고 한 부재자의 재산매각은 무효이다(대판 1977.4.15. 76다1437).

③ [×] 실종선고로 인하여 실종기간 만료시를 기준으로 하여 상속이 개시된 이상 설사 이후 실종선고가 취소되어야 할 사유가 생겼다고 하더라도 실제로 실종선고가 취소되지 아니하는 한, 임의로 실종기간이 만료하여 사망한 때로 간주되는 시점과는 달리 사망시점을 정하여 이미 개시된 상속을 부정하고 이와 다른 상속관계를 인정할 수는 없다(대판 1994.9.27. 94다21542).

④ [○] 사람의 생사는 중요한 것이므로 실종기간이 아무리 길더라도 실종선고를 받지 않은 자는 특별한 사정이 없는 한 생존하고 있는 것으로 '추정'되며, 사망의 사실에 대한 증명책임은 이를 주장하는 자가 부담한다. 判例도 같은 취지인바, A는 1951.7.2. 사망하였으며 그의 장남 B는 1970.1.30. 실종선고에 의해 실종기간 만료일인 1950.8.1. 사망한 것으로 된 사안에서, 判例는 "실종선고가 있기까지는 B가 '생존추정'을 받아 상속권을 주장할 수는 있으나, 후에 실종선고가 있게 되면 실종기간 만료일에 사망한 것으로 간주(소급효)되므로 B는 A의 사망 이전에 사망한 것으로 되어 상속권을 주장할 수 없다."(대판 1982.9.14. 82다144)고 한다.

정답 │ ③

69 부재와 실종에 관한 설명으로 옳지 않은 것은? (다툼이 있으면 판례에 따름)

① 부재자로부터 재산처분권을 위임받은 재산관리인은 그 재산을 처분함에 있어 법원의 허가를 받지 않아도 된다.

② 법원이 선임한 부재자 재산관리인의 권한초과행위에 대한 법원의 허가 결정은 기왕의 법률행위를 추인하는 방법으로는 할 수 없다.

③ 법원은 법원이 선임한 부재자 재산관리인으로 하여금 부재자의 재산관리 및 반환에 관하여 상당한 담보를 제공하게 할 수 있다.

④ 실종선고를 받은 자는 실종기간이 만료된 때에 사망한 것으로 본다.

⑤ 부재자의 제1순위 상속인이 있는 경우, 제2순위 상속인은 특별한 사정이 없는 한 부재자에 관한 실종선고를 청구할 수 있는 이해관계인이 아니다.

해설

① [○] 부재자가 선임한 관리인은 부재자로부터 '위임'[1]을 받은 자(수임인)이며 '임의대리인'으로서, 그 권한 등은 부재자와의 계약에 의해 정해진다. 따라서 법원은 원칙적으로 간섭하지 않는다. 대리권의 범위는 본인의 수권행위에 의해 결정된다. 따라서 만약 재산관리인에게 재산처분권까지 위임하였다면 그 재산관리인은 법원의 허가 없이도 그 재산을 '처분'할 수 있다(대판 1973.7.24. 72다2136).

② [×] 법원의 허가결정은 그 허가를 받은 재산에 대한 장래의 처분행위뿐만 아니라 기왕의 매매를 추인하는 방법으로도 할 수 있다. 따라서 부재자의 재산관리인에 의한 부재자소유 부동산매각행위의 추인행위가 법원의 허가를 얻기 전이어서 권한없이 행하여진 것이라고 하더라도, 법원의 재산관리인의 초과행위 결정의 효력은 그 허가받은 재산에 대한 장래의 처분행위뿐만 아니라 기왕의 처분행위를 추인하는 행위로도 할 수 있는 것이므로 그 후 법원의 허가를 얻어 소유권이전등기절차를 경료케 한 행위에 의하여 종전에 권한없이 한 처분행위를 추인한 것이라 할 것이다(대판 2000.12.26. 99다19278).

③ [○]

> 제26조(관리인의 담보제공, 보수) 「①항 법원은 그 선임한 재산관리인으로 하여금 재산의 관리 및 반환에 관하여 상당한 담보를 제공하게 할 수 있다.」

④ [○] '실종기간이 만료'(실종선고시가 아님)한 때에 사망한 것으로 본다(제28조).

⑤ [○] 判例에 따르면 제27조의 실종선고를 청구할 수 있는 이해관계인이라 함은 부재자의 법률상 사망으로 인하여 직접적으로 신분상 또는 경제상의 권리를 취득하거나 의무를 면하게 되는 사람만을 뜻한다. 부재자의 제2순위 상속인에 불과한 자는 부재자에 대한 실종선고 여부에 따라 상속지분에 차이가 생긴다고 하더라도 이는 부재자의 사망 간주시기에 따른 간접적인 영향에 불과하고 부재자의 실종선고 자체를 원인으로 한 직접적인 결과는 아니므로 부재자에 대한 실종선고를 청구할 이해관계인이 될 수 없다(대판 1986.10.10. 86스20).

정답 | ②

70 부재자의 재산관리에 관한 설명으로 옳지 않은 것은? (다툼이 있으면 판례에 따름)

① 법원이 선임한 재산관리인은 법원의 허가 없이 재산의 보존행위를 할 수 없다.

② 법원은 그 선임한 재산관리인으로 하여금 재산의 관리 및 반환에 관하여 상당한 담보를 제공하게 할 수 있다.

③ 법원이 선임한 재산관리인은 관리할 재산목록을 작성하여야 한다.

④ 법원은 그 선임한 재산관리인에 대하여 부재자의 재산으로 상당한 보수를 지급할 수 있다.

⑤ 법원이 선임한 부재자의 재산관리인은 그 부재자의 사망이 확인된 후라도 그에 대한 선임결정이 취소되지 않는 한 그 관리인으로서의 권한이 소멸되지 않는다.

---

1) 제680조(위임의 의의) 위임은 당사자일방이 상대방에 대하여 사무의 처리를 위탁하고 상대방이 이를 승낙함으로써 그 효력이 생긴다.

① [×] 재산관리인은 부재자의 재산에 관하여 제118조 소정의 '**관리행위**'(보존행위나 이용·개량행위)를 자유롭게 할 수 있으나, 이를 초과하는 '**처분행위**'를 하기 위하여 가정법원의 허가를 받아야 한다(제25조).

> ▶ 따라서 법원이 선임한 재산관리인은 법원의 허가 없이 재산의 보존행위를 할 수 있다.

② [O]
> 제26조(관리인의 담보제공, 보수) 「①항 법원은 그 선임한 재산관리인으로 하여금 재산의 관리 및 반환에 관하여 상당한 담보를 제공하게 할 수 있다.」

③ [O]
> 제24조(관리인의 직무) 「①항 법원이 선임한 재산관리인은 관리할 재산목록을 작성하여야 한다.」

④ [O]
> 제26조(관리인의 담보제공, 보수) 「②항 법원은 그 선임한 재산관리인에 대하여 부재자의 재산으로 상당한 보수를 지급할 수 있다.」

⑤ [O] 법원에 의하여 일단 부재자의 재산관리인의 선임결정이 있었던 이상, 부재자가 그 이전에 사망하였음이 판명되거나 사망한 것으로 간주되더라도 법원의 별도의 결정에 의하여 **선임결정이 취소되지 않는 한** 재산관리인의 권한이 소멸되지 않을 뿐만 아니라[따라서 이 경우 재산관리인은 계속하여 권한을 행사할 수 있다(대판 1970.1.27. 69다719; 대판 1981.7.28. 80다2668)], 그 **취소의 효력도 장래에 향해서만 미친다**(대판 1970.1.27. 69다719).

정답 | ①

---

71 부재자에 관한 설명 중 옳지 않은 것은? (다툼이 있는 경우 판례에 의함) [22경찰간부]

① 부재자의 재산관리인이 법원의 허가를 얻어 처분행위를 한 때에는 언제나 본인에 대하여 효력이 있다.
② 법인은 부재자가 될 수 없다.
③ 부재자의 생사가 분명하지 아니한 경우, 부재자가 정한 재산관리인이 권한을 넘는 행위를 할 때에는 법원의 허가를 얻어야 한다.
④ 법원은 그 선임한 재산관리인에 대해 부재자의 재산으로 보수를 지급할 수 있다.

① [×] 재산관리인은 부재자의 재산에 관하여 제118조 소정의 '관리행위'를 자유롭게 할 수 있으나, 이를 초과하는 '처분행위'를 하기 위하여 가정법원의 허가를 받아야 한다(제25조 1문). 그러나 법원의 허가를 얻어서 하는 처분행위의 경우에도, 그것은 부재자의 이익을 위해 처분되는 것을 전제로 한다. 따라서 허가를 얻었더라도 부재자의 이익과는 무관한 용도로 처분한 경우에는 무권대리가 된다(대결 1976.12.21. 75마551).

② [O] 부재자는 성질상 자연인에 한하며 법인은 이에 해당되지 않는다(대결 1953.5.21. 4286민재항7).

③ [O]
> 제25조(관리인의 권한) 「법원이 선임한 재산관리인이 제118조에 규정한 권한을 넘는 행위를 함에는 법원의 허가를 얻어야 한다. 부재자의 생사가 분명하지 아니한 경우에 부재자가 정한 재산관리인이 권한을 넘는 행위를 할 때에도 같다.」

④ [O]
> 제26조(관리인의 담보제공, 보수) 「②항 법원은 그 선임한 재산관리인에 대하여 부재자의 재산으로 상당한 보수를 지급할 수 있다.」

정답 | ①

72 부재자의 재산관리인에 관한 설명 중 옳지 않은 것은? (다툼이 있는 경우 판례에 의함) [22경찰간부]

① 법원이 선임한 재산관리인에게 재산관리에 필요한 처분을 명하였으나 그 후에 본인이 재산관리인을 정한 때에는 법원은 그 명령을 취소하여야 한다.

② 부재자로부터 재산처분권을 위임받은 재산관리인은 그 재산을 처분할 때에 법원의 허가를 얻을 필요가 없다.

③ 재산관리인의 처분행위에 대한 법원의 허가는 장래의 처분행위뿐만 아니라 과거의 처분행위에 대한 추인으로도 할 수 있다.

④ 법원이 선임한 재산관리인이 부재자의 사망을 확인하면 법원의 선임결정이 취소되지 않더라도 그 권한은 소멸한다.

해설

① [○]

> 제22조(부재자의 재산의 관리) 「①항 종래의 주소나 거소를 떠난 자가 재산관리인을 정하지 아니한 때에는 법원은 이해관계인이나 검사의 청구에 의하여 재산관리에 관하여 필요한 처분을 명하여야 한다. 본인의 부재 중 재산관리인의 권한이 소멸한 때에도 같다. ②항 본인이 그 후에 재산관리인을 정한 때에는 법원은 본인, 재산관리인, 이해관계인 또는 검사의 청구에 의하여 전항의 명령을 취소하여야 한다.」

② [○] 부재자로부터 재산처분권까지 위임받은 재산관리인은 그 재산을 처분함에 있어 법원의 허가를 요하는 것은 아니다(대판 1973.7.24. 72다2136).

③ [○] 법원의 허가결정은 그 허가를 받은 재산에 대한 장래의 처분행위뿐만 아니라 기왕의 매매를 추인하는 방법으로도 할 수 있다(대판 2000.12.26. 99다19278).

④ [×] 법원에 의하여 일단 부재자의 재산관리인의 선임결정이 있었던 이상, 부재자가 그 이전에 사망하였음이 판명되거나 사망한 것으로 간주되더라도 법원의 별도의 결정에 의하여 선임결정이 취소되지 않는 한 재산관리인의 권한이 소멸되지 않을 뿐만 아니라[따라서 이 경우 재산관리인은 계속하여 권한을 행사할 수 있다(대판 1970.1.27. 69다719; 대판 1981.7.28. 80다2668)], 그 취소의 효력도 장래에 향해서만 미친다(대판 1970.1.27. 69다719).

정답 | ④

73 부재자의 재산관리인에 관한 설명으로 옳지 않은 것은? (다툼이 있는 경우 판례에 의함) [22소방간부]

① 법원이 선임한 부재자의 재산관리인은 관리할 재산목록을 작성할 의무가 있다.

② 법원이 부재자의 재산관리인을 선임한 후에 부재자의 사망사실이 확인되었다면, 법원의 선임결정이 취소되지 않았다 하더라도 재산관리인은 더 이상 권한을 행사할 수 없다.

③ 부재자가 재산관리인을 정한 경우에 부재자의 생사가 분명하지 아니한 때에는 법원은 재산관리인, 이해관계인 또는 는 검사의 청구에 의하여 재산관리인을 개임할 수 있다.

④ 재산관리인은 법원의 허가 없이도 소멸시효를 중단시키는 행위를 할 수 있다.

⑤ 부재자의 재산관리인이 권한초과행위의 허가를 받고 그 선임결정이 취소되기 전에 그 허가를 받은 범위 내에서 이루어진 행위는 부재자에 대한 실종선고기간의 만료 이후에 이루어졌다고 하더라도 유효하다.

해설

① [O] 제24조(관리인의 직무) 「①항 법원이 선임한 재산관리인은 관리할 재산목록을 작성하여야 한다.」

② [×] 법원에 의하여 부재자의 재산관리인에 선임된 자는 그 부재자의 사망이 확인된 후라 할지라도 위 선임결정이 취소되지 않는
한 그 관리인으로서의 권한이 소멸되는 것이 아니다(대판 1971.3.23. 71다189).

③ [O] 제23조(관리인의 개임) 「부재자가 재산관리인을 정한 경우에 부재자의 생사가 분명하지 아니한 때에는 법원은 재산관리인,
이해관계인 또는 검사의 청구에 의하여 재산관리인을 개임할 수 있다.」

④ [O] 제25조(관리인의 권한) 「법원이 선임한 재산관리인이 제118조에 규정한 권한을 넘는 행위를 함에는 법원의 허가를 얻어야
한다. 부재자의 생사가 분명하지 아니한 경우에 부재자가 정한 재산관리인이 권한을 넘는 행위를 할 때에도 같다.」

　　▶ 재산관리인은 가정법원의 허가 없이도 부재자의 재산에 관하여 제118조 소정의 '관리행위'(보존행위나 이용·개량행위)를 자
유롭게 할 수 있다. 소멸시효를 중단시키는 행위는 일종의 보존행위의 성질을 가지므로 법원의 허가 없이도 당연히 할 수 있다.

⑤ [O] 부재자 재산관리인으로서 권한초과행위의 허가를 받고 그 선임결정이 취소되기 전에 위 권한에 의하여 이루어진 행위는 부재자
에 대한 실종선고기간이 만료된 뒤에 이루어졌다고 하더라도 유효하다(대판 1981.7.28. 80다2668).

정답 | ②

74 부재자의 재산관리인에 관한 설명으로 옳지 않은 것은?　　　　　　　　　　　　　　　　[18세무사·16소방간부 변형]

① 부재자가 재산관리인을 정하였다면 이해관계인이 재산관리인의 개임을 청구할 수 없다.

② 법원이 선임한 재산관리인은 관리할 재산목록을 작성하여야 한다.

③ 부재자의 생사가 분명하지 아니한 경우에 부재자가 정한 재산관리인은 법원의 허가 없이는 권한을 넘는 행위를
할 수 없다.

④ 법원은 그 선임한 재산관리인으로 하여금 재산의 반환에 관하여 상당한 담보를 제공하게 할 수 있다.

⑤ 법원은 그 선임한 재산관리인에 대하여 부재자의 재산으로 상당한 보수를 지급할 수 있다.

해설

① [×] 제23조(관리인의 개임) 「부재자가 재산관리인을 정한 경우에 부재자의 생사가 분명하지 아니한 때에는 법원은 재산관리인,
이해관계인 또는 검사의 청구에 의하여 재산관리인을 개임할 수 있다.」

② [O] 제24조(관리인의 직무) 「①항 법원이 선임한 재산관리인은 관리할 재산목록을 작성하여야 한다.」

③ [O] 제25조(관리인의 권한) 「법원이 선임한 재산관리인이 제118조에 규정한 권한을 넘는 행위를 함에는 법원의 허가를 얻어야
한다. 부재자의 생사가 분명하지 아니한 경우에 부재자가 정한 재산관리인이 권한을 넘는 행위를 할 때에도 같다.」

④⑤ [O] 제26조(관리인의 담보제공, 보수) 「①항 법원은 그 선임한 재산관리인으로 하여금 재산의 관리 및 반환에 관하여 상당한
담보를 제공하게 할 수 있다. ②항 법원은 그 선임한 재산관리인에 대하여 부재자의 재산으로 상당한 보수를 지급할
수 있다.」

정답 | ①

75 부재자 재산관리인에 관한 설명으로 옳은 것은? (다툼이 있으면 판례에 따름) [19세무사 · 16소방간부 변형]

① 부재자 재산관리인은 자기의 재산에 대한 것과 동일한 주의의무로 부재자의 재산을 관리하여야 한다.

② 부재자가 정한 재산관리인은 부재자의 생사가 분명하지 아니한 경우, 가정법원의 허가를 얻어 제118조에 규정한 권한을 넘는 행위를 할 수 있다.

③ 법원이 부재자 재산관리인의 권한을 정하지 않은 때에는 보존행위만을 할 수 있다.

④ 부재자 재산관리인이 법원의 허가를 받아 부동산을 매매한 후 그 허가결정이 취소되면 그 매매행위는 효력을 상실한다.

⑤ 부재자 재산관리인이 법원의 허가를 받아 처분행위를 하였으나 처분 시점에서 부재자가 이미 사망한 경우에는 부재자의 처분행위는 효력이 없다.

해설

① [×] 법원에 의해 선임된 재산관리인은 부재자와 위임계약을 맺은 것은 아니지만 그 직무의 성질상 위임에 관한 규정이 유추적용된다. 따라서 그 직무의 성질상 부재자와의 위임계약에 기하여 재산을 관리하는 경우와 동일한 의무를 부담한다.

[참조조문] 제681조(수임인의 선관의무) 「수임인은 위임의 본지에 따라 선량한 관리자의 주의로써 위임사무를 처리하여야 한다.」

② [○]
제25조(관리인의 권한) 「법원이 선임한 재산관리인이 제118조에 규정한 권한을 넘는 행위를 함에는 법원의 허가를 얻어야 한다. 부재자의 생사가 분명하지 아니한 경우에 부재자가 정한 재산관리인이 권한을 넘는 행위를 할 때에도 같다.」

③ [×] 재산관리인은 부재자의 재산에 관하여 제118조 소정의 '관리행위'를 자유롭게 할 수 있으나, 이를 초과하는 '처분행위'를 하기 위하여 가정법원의 허가를 받아야 한다(제25조 1문).

④ [×] 부재자재산관리인이 권한초과처분허가를 얻어 부동산을 매매한 후 그 허가결정이 취소되었다 할지라도 위 매매행위 당시는 그 권한초과처분허가처분이 유효한 것이고 그 후에 한 동 취소결정이 소급하여 효력을 발생하는 것이 아니다(대판 1960.2.4. 4291민상636).

⑤ [×] 법원이 선임한 부재자의 재산관리인은 그 부재자의 사망이 확인된 후라 할지라도 위 선임결정이 취소되지 않는 한 그 관리인으로서의 권한이 소멸되는 것은 아니다(대판 1971.3.23. 71다189).

정답 | ②

76 부재자에 관한 설명으로 옳은 것은? (다툼이 있으면 판례에 의함) [17 · 16소방간부 변형]

① 부재자의 재산관리인이 보존행위를 하는 경우에는 법원의 허가가 필요하다.

② 부재자는 반드시 생사불명이어야 한다.

③ 부재자가 재산관리인을 선임하면서 재산처분권까지 위임하였다면 그 재산관리인은 법원의 허가를 얻지 않고 부재자 소유의 부동산을 처분할 수 있다.

④ 재산관리인의 처분행위에 대한 법원의 허가는 장래의 처분행위에 대하여만 할 수 있다.

⑤ 부재자의 재산관리인이 법원으로부터 매각처분허가를 얻었다면 부재자와 관계없는 타인의 채무를 담보할 목적으로 부재자 소유의 부동산에 저당권을 설정하더라도 유효하다.

해설

① [×] 재산관리인은 부재자의 재산에 관하여 제118조 소정의 '관리행위'를 자유롭게 할 수 있으나, 이를 초과하는 '처분행위'를 하기 위하여 가정법원의 허가를 받아야 한다(제25조 1문).

② [×] '부재자'란 종래(과거부터 지금까지)의 주소 또는 거소를 떠나서 용이하게 돌아올 가능성이 없어서 그의 재산을 관리하여야 할 필요가 있는 자를 말한다. 따라서 부재자는 실종선고의 경우와는 달리 반드시 생사불명일 필요는 없다(대결 1953.5.21. 4286민재항7).

③ [○] 부재자로부터 재산처분권까지 위임받은 재산관리인은 그 재산을 처분함에 있어 법원의 허가를 요하는 것은 아니다(대판 1973.7.24. 72다2136).

④ [×] 부재자 재산관리인에 의한 부재자 소유의 부동산에 대한 권한초과행위(매매행위)에 대한 법원의 허가결정은 그 허가를 받은 재산에 대한 장래의 처분행위뿐만 아니라 기왕의 매매를 추인하는 방법으로도 할 수 있다(대판 2000.12.26. 99다19278).

⑤ [×] 처분행위의 상대방에 있어서 부재자 재산관리인이 법원의 매각처분허가를 얻었다 하더라도 위와 같이 부재자와 아무런 관계가 없는 남의 채무의 담보만을 위하여 부재자 재산에 근저당권을 설정하는 행위는 보통 있을 수 없는 드문 처사라 할 것이니 부재자 재산관리인의 위 근저당권설정행위는 특별한 사정이 없는 한 그 허용된 권한을 넘는 무효의 처분이라 할 것이다(대결 1976.12.21. 75마551).

정답 | ③

제7관 실종선고 및 실종선고의 취소

77 실종선고에 관한 설명으로 옳지 않은 것은? (다툼이 있는 경우 판례에 의함)　　　　　[23경찰간부]

① 甲이 침몰한 선박 중에 있었던 경우, 실종선고의 기산점은 선박이 침몰한 때이다.

② 乙이 가족관계등록부에 이미 사망한 것으로 기재되어 있는 경우, 그 추정력을 번복할 수 있는 자료가 없더라도 실종선고를 할 수 있다.

③ 丙이 잠수장비를 착용하고 바다에 입수하였다가 부상하지 아니한 채 행방불명이 된 경우, 이는 민법 제27조 제2항에서 정하는 사망의 원인이 될 위난이라고 할 수 없다.

④ 부재자에게 법률상 배우자가 있는 경우, 부재자의 친형 丁은 실종선고를 청구할 수 있는 이해관계인에 해당하지 않는다.

해설

① [○]

> 제27조(실종의 선고) 「①항 부재자의 생사가 5년간 분명하지 아니한 때에는 법원은 이해관계인이나 검사의 청구에 의하여 실종선고를 하여야 한다. ②항 전지에 임한 자, 침몰한 선박중에 있던 자, 추락한 항공기중에 있던 자 기타 사망의 원인이 될 위난을 당한 자의 생사가 전쟁종지후 또는 선박의 침몰, 항공기의 추락 기타 위난이 종료한 후 1년간 분명하지 아니한 때에도 제1항과 같다(특별실종).」

② [×] 호적부의 기재사항은 이를 번복할 만한 명백한 반증이 없는 한 진실에 부합하는 것으로 추정되므로, 호적상 이미 사망한 것으로 기재되어 있는 자는 그 호적상 사망기재의 추정력을 뒤집을 수 있는 자료가 없는 한 그 생사가 불분명한 자라고 볼 수 없어 실종선고를 할 수 없다(대결 1997.11.27. 97스4).

③ [○] 判例에 따르면 제27조 제2항에서 정하는 '사망의 원인이 될 위난'이란 "화재·홍수·지진·화산 폭발 등과 같이 일반적·객관적으로 사람의 생명에 명백한 위험을 야기하여 사망의 결과를 발생시킬 가능성이 현저히 높은 외부적 사태 또는 상황을 가리킨다고 할 것이다. 따라서 甲이 잠수장비를 착용한 채 바다에 입수하였다가 부상하지 아니한 채 행방불명되었다 하더라도, 이는 '사망의 원인이 될 위난'이라고 할 수 없다."(대결 2011.1.31. 2010스165: 즉, 5년의 실종기간의 경과가 필요하다)고 한다.

④ [○] '이해관계인'이란 법률상 이해관계를 가지는 자를 말한다. 부재자의 추정상속인·배우자·부양청구권을 갖는 친족·보증인·부 재자 재산관리인 등이 이에 속한다. 判例에 따르면 "제27조의 실종선고를 청구할 수 있는 이해관계인이라 함은 부재자의 법률상 사망 으로 인하여 직접적으로 신분상 또는 경제상의 권리를 취득하거나 의무를 면하게 되는 사람만을 뜻한다. 부재자의 제2순위 상속인에 불과한 자는 부재자에 대한 실종선고의 여부에 따라 상속지분에 차이가 생긴다고 하더라도 이는 부재자의 사망 간주시기에 따른 간접 적인 영향에 불과하고 부재자의 실종선고 자체를 원인으로 한 직접적인 결과는 아니므로 부재자에 대한 실종선고를 청구할 이해관계인 이 될 수 없다."(대판 1986.10.10. 86스20)고 한다.

▶ 부재자에게 법률상 배우자가 있는 경우, 배우자가 1순위 상속인이고 부재자의 친형 丁은 제2순위 상속인에 불과하므로(제100조 제1항) 실종선고를 청구할 수 있는 이해관계인에 해당하지 않는다.

정답 | ②

---

78 실종선고에 관한 설명으로 옳은 것은? (다툼이 있으면 판례에 의함)

[24소방간부]

① 실종선고를 받은 자는 이를 청구한 때에 사망한 것으로 본다.
② 실종자가 귀환하면 실종선고는 즉시 효력을 잃는다.
③ 부재자에게 선순위상속인이 있으면 후순위상속인은 실종선고를 청구할 이해관계인이 될 수 없다.
④ 실종자가 실종기간이 만료한 때와 다른 시기에 사망한 사실이 확인된 경우 이미 개시된 상속은 그 효력을 잃는다.
⑤ 실종선고가 취소된 경우 이를 직접원인으로 재산을 취득한 자는 선·악의를 가리지 않고 그 이익이 현존하는 한도 에서 반환하여야 한다.

해설

① [×]
> 제27조(실종의 선고) 「①항 부재자의 생사가 5년간 분명하지 아니한 때에는 법원은 이해관계인이나 검사의 청구에 의하여 실종선고를 하여야 한다.」
> 제28조(실종선고의 효과) 「실종선고를 받은 자는 전조의 기간이 만료한 때에 사망한 것으로 본다.」

▶ 따라서, 5년의 기간이 경과한 때 실종선고에 의하여 사망한 것으로 본다.

② [×] 실종자의 생존한 사실 또는 민법 제28조와 상이한 때에 사망한 사실의 증명이 있으면 법원은 본인, 이해관계인 또는 검사의 청구에 의하여 실종선고를 취소하여야 한다(제29조 제2항).

▶ 실종자가 귀환하더라도 실종선고가 즉시 효력을 잃는 것이 아니다.

③ [○] 부재자의 종손자로서, 부재자가 사망할 경우 제1순위의 상속인이 따로 있어 제2순위의 상속인에 불과한 청구인은 특별한 사정이 없는 한 위 부재자에 대하여 실종선고를 청구할 수 있는 신분상 또는 경제상의 이해관계를 가진 자라고 할 수 없다(대판 1992.4.14. 92스4).

④ [×] 상속이 개시된 이상 설사 이후 실종선고가 취소되어야 할 사유가 생겼다고 하더라도 실제로 실종선고가 취소되지 아니하는 한 임의로 실종기간이 만료하여 사망한 때로 간주되는 시점과는 달리 사망시점을 정하여 이미 개시된 상속을 부정하고 이와 다른 상속관 계를 인정할 수는 없다(대판 1981.7.7. 80다2064).

⑤ [×]
> 제29조(실종선고의 취소) 「②항 실종선고의 취소가 있을 때에 실종의 선고를 직접원인으로 하여 재산을 취득한 자가 선의 인 경우에는 그 받은 이익이 현존하는 한도에서 반환할 의무가 있고 악의인 경우에는 그 받은 이익에 이자를 붙여서 반환 하고 손해가 있으면 이를 배상하여야 한다.」

정답 | ③

79 실종선고에 관한 설명으로 옳지 않은 것은? [22소방간부]

① 부재자의 생사가 5년간 분명하지 아니한 때 법원은 이해관계인이나 검사의 청구가 있더라도 재량에 따라 실종선고를 하지 않을 수 있다.

② 실종선고를 받은 자는 실종기간이 만료한 때에 사망한 것으로 본다.

③ 실종자가 생존한 사실의 증명이 있으면 법원은 본인, 이해관계인 또는 검사의 청구에 의하여 실종선고를 취소하여야 한다.

④ 실종선고의 취소가 있을 때 실종선고를 직접 원인으로 하여 재산을 취득한 자가 선의이면 그 자는 그 받은 이익이 현존하는 한도에서 반환할 의무가 있다.

⑤ 침몰한 선박 중에 있던 자가 선박의 침몰 후 1년간 생사가 분명하지 아니한 때에는 법원은 이해관계인이나 검사의 청구에 의하여 실종선고를 하여야 한다.

해설

① [×] 제27조(실종의 선고) 「①항 부재자의 생사가 5년간 분명하지 아니한 때에는 법원은 이해관계인이나 검사의 청구에 의하여 실종선고를 하여야 한다.」

▶ 아울러 가정법원이 실종을 선고함에는 반드시 '공시최고'의 절차를 거쳐야 하고, 공시최고 기일(공고종료일로부터 6개월)이 지나도록 그 신고가 없는 때에는 법원은 '반드시' 실종선고를 하여야 한다(제27조 제1항).

② [○] 제28조(실종선고의 효과) 「실종선고를 받은 자는 전조의 기간이 만료한 때에 사망한 것으로 본다.」

③ [○] 제29조(실종선고의 취소) 「①항 실종자의 생존한 사실 또는 전조의 규정(실종기간이 만료한 때)과 상이한 때에 사망한 사실의 증명이 있으면 법원은 본인, 이해관계인 또는 검사의 청구에 의하여 실종선고를 취소하여야 한다.」

▶ 필연적 취소

④ [○] 제29조(실종선고의 취소) 「②항 실종선고의 취소가 있을 때에 실종의 선고를 직접원인으로 하여 재산을 취득한 자가 선의인 경우에는 그 받은 이익이 현존하는 한도에서 반환할 의무가 있고 악의인 경우에는 그 받은 이익에 이자를 붙여서 반환하고 손해가 있으면 이를 배상하여야 한다.」

⑤ [○] 제27조(실종의 선고) 「②항 전지에 임한 자, 침몰한 선박중에 있던 자, 추락한 항공기 중에 있던 자 기타 사망의 원인이 될 위난을 당한 자의 생사가 전쟁종지 후 또는 선박의 침몰, 항공기의 추락 기타 위난이 종료한 후 1년간 분명하지 아니한 때에도 제1항과 같다(특별실종).」

정답 | ①

80 실종선고에 관한 설명으로 옳지 않은 것은? (다툼이 있으면 판례에 따름) [23행정사]

① 부재자의 제1순위 상속인이 따로 있는 경우, 제2순위 상속인은 특별한 사정이 없는 한 부재자에 대하여 실종선고를 청구할 수 있는 이해관계인이 아니다.

② 실종선고가 취소되지 않더라도 반증을 들어 실종선고의 효과를 다툴 수 있다.

③ 실종선고의 요건이 충족되면 법원은 이해관계인이나 검사의 청구에 의하여 실종선고를 하여야 한다.

④ 실종선고를 받은 자는 특별한 사정이 없는 한 실종기간이 만료한 때에 사망한 것으로 본다.

⑤ 실종선고가 취소된 때 실종선고를 직접원인으로 재산을 취득한 자가 선의인 경우에는 그 받은 이익이 현존하는 한도에서 반환할 의무가 있다.

해설

① [○] 제27조의 실종선고를 청구할 수 있는 이해관계인이라 함은 부재자의 법률상 사망으로 인하여 직접적으로 신분상 또는 경제상의 권리를 취득하거나 의무를 면하게 되는 사람만을 뜻한다. **부재자의 제2순위 상속인에 불과한 자는 부재자에 대한 실종선고의 여부에 따라 상속지분에 차이가 생긴다고 하더라도 이는 부재자의 사망 간주시기에 따른 간접적인 영향에 불과하고 부재자의 실종선고 자체를 원인으로 한 직접적인 결과는 아니므로 부재자에 대한 실종선고를 청구할 이해관계인이 될 수 없다**(대판 1986.10.10. 86스20).

② [×] 실종선고를 받은 자는 사망한 것으로 '간주'된다(제28조). 따라서 사망한 것으로 추정되는 경우와 달리, 실종자의 생존 기타 반대 증거를 들어 선고의 효과를 다투지 못하며, 사망의 효과를 저지하려면 실종선고를 '취소'하여야 한다(대판 1995.2.17. 94다52751).

③ [○] 실종선고의 요건이 충족되면 법원은 이해관계인이나 검사의 청구에 의하여 실종선고를 '반드시' 하여야 한다(제27조 제1항).

④ [○] 민법은 '실종기간이 만료'(실종선고시가 아님)한 때에 사망한 것으로 본다(제28조).

⑤ [○]

> 제29조(실종선고의 취소) 「②항 실종의 선고가 있을 때에 실종의 선고를 직접원인으로 하여 재산을 취득한 자가 선의인 경우에는 그 받은 이익이 현존하는 한도에서 반환할 의무가 있고 악의인 경우에는 그 받은 이익에 이자를 붙여서 반환하고 손해가 있으면 이를 배상하여야 한다.」

정답 | ②

---

81 민법상 부재와 실종에 관한 설명으로 옳지 않은 것은? (다툼이 있는 경우 판례에 의함) [22소방간부]

① 부재자로부터 재산처분권까지 위임받은 재산관리인은 그 재산을 처분함에는 법원의 허가를 요하지 않는다.

② 부재자의 재산관리인은 재산관리 중에 과실 없이 받은 손해의 배상을 청구할 수 있다.

③ 실종선고 후 실종자가 살아서 돌아온 경우라도 실종선고의 취소 전에는 실종선고의 효력은 상실하지 않는다.

④ 실종기간 만료 시와 실종선고 시 사이에 부재자의 채권자가 부재자의 재산관리인에 대하여 채권을 행사하고 그에 대한 확정판결을 받은 경우, 실종선고가 취소되더라도 그 판결은 소급하여 무효가 되는 것은 아니다.

⑤ 부재자의 재산관리에 관하여 법원이 필요한 처분을 명한 후에는 부재자 본인은 법원의 허가를 얻지 않으면 재산관리인을 선임할 수 없다.

해설

① [○] 부재자로부터 재산처분권까지 위임받은 재산관리인은 그 재산을 처분함에 있어 법원의 허가를 요하는 것은 아니다(대판 1973.7.24. 72다2136).

② [○] 재산관리인은 부재자와 재산의 관리에 관해 위임계약을 맺은 것은 아니지만, 그 직무의 성질상 위임의 규정(제681조)이 준용된다. 따라서 제688조 제3항도 적용되어 재산관리인이 재산관리 중에 과실 없이 받은 손해의 배상을 청구할 수 있다.

> 참조조문 제688조(수임인의 비용상환청구권 등) 「③항 수임인이 위임사무의 처리를 위하여 과실 없이 손해를 받은 때에는 위임인에 대하여 그 배상을 청구할 수 있다.」

③ [○] 실종선고를 받은 자는 사망한 것으로 '간주'된다(제28조). 따라서 사망한 것으로 추정되는 경우와 달리, 실종자의 생존 기타 반대 증거를 들어 선고의 효과를 다투지 못하며, 사망의 효과를 저지하려면 실종선고를 '취소'하여야 한다(대판 1995.2.17. 94다52751).

> 참조조문 제28조(실종선고의 효과) 「실종선고를 받은 자는 전조의 기간이 만료한 때에 사망한 것으로 본다.」

④ [○] 실종선고의 효력이 발생하기 전에는 실종기간이 만료된 실종자라 하여도 소송상 당사자능력을 상실하는 것은 아니므로 비록 실종자를 당사자로 한 판결이 확정된 후에 실종선고가 확정되어 그 사망간주의 시점이 소 제기 전으로 소급하는 경우에도 위 판결 자체가 소급하여 당사자능력이 없는 사망한 사람을 상대로 한 판결로서 무효가 된다고는 볼 수 없다(대판 1992.7.14. 92다2455).

⑤ [×]

> 제22조(부재자의 재산의 관리) 「①항 종래의 주소나 거소를 떠난 자가 재산관리인을 정하지 아니한 때에는 법원은 이해관계인이나 검사의 청구에 의하여 재산관리에 관하여 필요한 처분을 명하여야 한다. 본인의 부재 중 재산관리인의 권한이 소멸한 때에도 같다. ②항 본인이 그 후에 재산관리인을 정한 때에는 법원은 본인, 재산관리인, 이해관계인 또는 검사의 청구에 의하여 전항의 명령을 취소하여야 한다.」

▶ 재산관리인을 정하지 아니하여 법원에 의하여 재산관리인이 선임된 경우 그 후 본인이 재산관리인을 정한 때에는 선임명령을 취소하여야 한다. 즉, 이러한 경우에도 본인은 자유롭게 재산관리인을 선임할 수 있다.

정답 | ⑤

82 실종선고에 관한 설명 중 옳지 않은 것은? (다툼이 있는 경우 판례에 의함) [22경찰간부]

① 가족관계등록부상 이미 사망으로 기재되어 있는 자에 대해서도 원칙적으로 실종선고를 할 수 있다.

② 특별한 사정이 없는 한, 실종선고에 의해 제1순위, 제2순위 상속인이 될 자가 존재하는 경우에는 제2순위 상속인이
될 자는 실종선고를 청구할 수 없다.

③ 실종선고를 받은 자의 소송절차가 중단되는 시기는 실종기간이 만료된 때가 아니라 실종선고가 확정된 때이다.

④ 실종선고가 취소되지 않으면 실종자의 생존 등의 반증이 있더라도 실종선고의 효력은 지속된다.

해설

① [×] 호적부의 기재사항은 이를 번복할 만한 명백한 반증이 없는 한 진실에 부합하는 것으로 추정되므로, 호적상 이미 사망한 것으로
기재되어 있는 자는 그 호적상 사망기재의 추정력을 뒤집을 수 있는 자료가 없는 한 그 생사가 불분명한 자라고 볼 수 없어 실종선고를
할 수 없다(대결 1997.11.27. 97스4).

② [○] 제27조의 실종선고를 청구할 수 있는 이해관계인이라 함은 부재자의 법률상 사망으로 인하여 직접적으로 신분상 또는 경제상의
권리를 취득하거나 의무를 면하게 되는 사람만을 뜻한다. 부재자의 제2순위 상속인에 불과한 자는 부재자에 대한 실종선고의 여부에
따라 상속지분에 차이가 생긴다고 하더라도 이는 부재자의 사망 간주시기에 따른 간접적인 영향에 불과하고 부재자의 실종선고 자체를
원인으로 한 직접적인 결과는 아니므로 부재자에 대한 실종선고를 청구할 이해관계인이 될 수 없다(대판 1986.10.10. 86스20).

③ [○] 부재자의 재산관리인에 의하여 소송절차가 진행되던 중 부재자 본인에 대한 실종선고가 확정되면 그 재산관리인으로서의 지위
는 종료되는 것이므로 상속인 등에 의한 적법한 소송수계가 있을 때까지는 소송절차가 중단된다(대판 1987.3.24. 85다카1151). 이
경우 소송절차가 중단되는 시기는 실종기간만료시가 아니라 실종선고 확정시이다(대판 1983.2.22. 82사18).

④ [○] 실종선고를 받은 자는 사망한 것으로 '간주'된다(제28조). 따라서 사망한 것으로 추정되는 경우와 달리, 실종자의 생존 기타 반대
증거를 들어 선고의 효과를 다투지 못하며, 사망의 효과를 저지하려면 실종선고를 '취소'하여야 한다(대판 1995.2.17. 94다52751).

정답 | ①

83 실종선고의 취소에 관한 설명 중 옳지 않은 것은? (다툼이 있는 경우 판례에 의함) [22경찰간부]

① 실종자가 실종기간이 만료한 때와 다른 시기에 사망한 사실이 있고 이해관계인이 실종선고의 취소를 청구하면 법
원은 실종선고를 취소하여야 한다.

② 가정법원은 실종선고를 취소하기 위하여 6개월 이상 공고를 하여야 한다.

③ 실종선고 후 그 취소 전에 쌍방이 선의로 한 행위의 효력은 실종선고의 취소에 의해 영향을 받지 않는다.

④ 실종선고를 받았지만 실종선고가 취소되지 않은 실종자는 다른 주소지에서 계약을 체결할 수 있다.

해설

①③ [○]

> 제29조(실종선고의 취소) 「①항 실종자의 생존한 사실 또는 전조의 규정과 상이한 때에 사망한 사실의 증명이 있으면
> 법원은 본인, 이해관계인 또는 검사의 청구에 의하여 실종선고를 취소하여야 한다. 그러나 실종선고후 그 취소 전에
> 선의로 한 행위의 효력에 영향을 미치지 아니한다.」

이때 '선의'란 실종선고가 사실에 반하는 것, 즉 실종자의 생존 또는 이시(異時) 사망을 알지 못하는 것이다. 거래안전 또는
신분관계의 안정과 실종자의 이익보호라는 두 가지 상반되는 요청 속에서 제29조 제1항 단서의 적용요건인 선의자의 범위가
문제된다. ㉠ 실종자의 이익보호를 위해 양 당사자 모두의 선의를 요한다는 쌍방선의설(다수설), ㉡ 거래안전 보호를 위해
각 당사자별로 개별적으로 판단해야 한다는 상대적 효력설, ㉢ 상대적 효력설을 기본으로 하되, '일단 선의의 자에게 재산이
귀속되면'(제29조 제2항에 의해 상속인은 이에 해당하지 않는다) 제29조 제1항 단서가 적용되어 최초의 양수인은 확정적으로
소유권을 취득하고 그 후의 전득자가 악의라도 유효하게 권리를 취득한다는 절대적 효력설(전득자 보호설)이 있다.

▶ 따라서 어느 견해에 따르든 실종선고 후 그 취소 전에 '쌍방이 선의로 한 행위의 효력'은 실종선고의 취소에 의해 영향을
받지 않는다(제29조 제1항 단서).

② [×] 가정법원이 실종을 선고함에는 반드시 '공시최고'의 절차를 거쳐야 하고, 공시최고 기일(공고종료일로부터 6개월)이 지나도록
그 신고가 없는 때에는 법원은 '반드시' 실종선고를 하여야 한다(제27조 제1항). 다만, 실종선고의 경우와는 달리 실종선고 취소의
경우에는 공시최고는 필요하지 않다(제29조 제1항).

④ [○] 실종선고가 사망의 효과를 발생시키기는 하지만, 사망에서와 같이 권리능력이 종국적·절대적으로 소멸하는 것은 아니다. 그 효과가 생기는 범위는 실종자의 '종래'의 주소(또는 거소)를 중심으로 하는 사법적 법률관계에 국한된다. 따라서 실종선고를 받았지만 실종선고가 취소되지 않은 실종자는 '다른 주소지'에서 계약을 체결할 수 있다.

정답 | ②

84 부재와 실종에 관한 설명으로 옳지 않은 것은? (다툼이 있으면 판례에 따름)　　　　　　[22세무사]

① 법인은 그 성질상 부재자가 될 수 없다.
② 실종선고를 받은 자는 실종선고가 확정된 날로부터 사망한 것으로 본다.
③ 선순위상속인이 있는 경우, 후순위상속인은 실종선고를 청구할 수 있는 이해관계인에 해당하지 않는다.
④ 실종선고 후 그 취소 전에 선의로 이루어진 행위는 실종선고의 취소에 의해 영향을 받지 않는다.
⑤ 재산관리인의 처분행위에 대한 법원의 허가는 과거의 처분행위에 대한 추인을 위해서도 할 수 있다.

해설
① [○] 부재자는 성질상 자연인에 한하며 법인은 이에 해당되지 않는다(대결 1953.5.21. 4286민재항7).
② [×] 실종선고가 확정되면 실종선고를 받은 자는 실종기간이 만료한 때에 사망한 것으로 본다(제27조, 제28조).
③ [○] 判例에 따르면 제27조의 실종선고를 청구할 수 있는 이해관계인이라 함은 부재자의 법률상 사망으로 인하여 직접적으로 신분상 또는 경제상의 권리를 취득하거나 의무를 면하게 되는 사람만을 뜻한다. 부재자의 제2순위 상속인에 불과한 자는 부재자에 대한 실종선고의 여부에 따라 상속지분에 차이가 생긴다고 하더라도 이는 부재자의 사망 간주시기에 따른 간접적인 영향에 불과하고 부재자의 실종선고 자체를 원인으로 한 직접적인 결과는 아니므로 부재자에 대한 실종선고를 청구할 이해관계인이 될 수 없다(대판 1986.10.10. 86스20).
④ [○]

> 제29조(실종선고의 취소) 「①항 실종자의 생존한 사실 또는 전조의 규정과 상이한 때에 사망한 사실의 증명이 있으면 법원은 본인, 이해관계인 또는 검사의 청구에 의하여 실종선고를 취소하여야 한다. 그러나 실종선고후 그 취소전에 선의로 한 행위의 효력에 영향을 미치지 아니한다.」

⑤ [○] 부재자의 재산관리인에 의한 부재자소유 부동산매각행위의 추인행위가 법원의 허가를 얻기 전이어서 권한없이 행하여진 것이라고 하더라도, 법원의 재산관리인의 초과행위 결정의 효력은 그 허가받은 재산에 대한 장래의 처분행위뿐만 아니라 기왕의 처분행위를 추인하는 행위로도 할 수 있는 것이므로 그 후 법원의 허가를 얻어 소유권이전등기절차를 경료케 한 행위에 의하여 종전에 권한없이 한 처분행위를 추인한 것이라 할 것이다(대판 2000.12.26. 99다19278).

정답 | ②

85 甲은 A항공기를 타고 미국으로 출장을 가던 중 그 항공기가 2016년 4월 1일 태평양상에 추락하여 생사가 불명이다. 이 사례에 관한 설명 중 가장 적절하지 않은 것은? (각 지문은 별개의 사안임. 다툼이 있는 경우 판례에 의함)　　　　　　[22법학경채]

① 2018년 5월 1일 甲에 대한 실종선고가 이루어졌다면 甲은 실종기간 만료 전까지는 생존한 것으로 보아야 한다.
② 甲의 배우자 乙은 A항공기 추락 후 1년간 甲의 생사가 분명하지 않은 경우 실종선고를 청구할 수 있다.
③ 2018년 5월 1일 甲에 대한 실종선고가 이루어졌다면 甲은 실종선고일부터 사망한 것으로 본다.
④ 2018년 5월 1일 甲에 대한 실종선고가 이루어졌고 甲의 배우자 乙은 甲의 아파트를 상속받은 후 이를 丙에게 처분하고 등기를 이전하였다. 그 이후 甲이 생존하고 있음이 판명되어 실종선고가 취소된 경우 甲과 乙이 모두 선의라면 甲은 丙을 상대로 아파트의 반환을 청구할 수 없다.

해설

① [O] 실종선고가 있은 경우에 실종자는 실종기간이 만료한 때 사망한 것으로 간주되며, 간주주의를 취하는 취지상 그때까지 그는 생존하는 것으로 '간주'된다고 할 것이다(대판 1977.3.22. 77다81).

② [O] 전지에 임한 자, 침몰한 선박 중에 있던 자, 추락한 항공기 중에 있던 자 기타 사망의 원인이 될 위난을 당한 자의 생사가 전쟁종지후 또는 선박의 침몰, 항공기의 추락 기타 위난이 종료한 후 1년간 분명하지 아니한 때 법원은 이해관계인이나 검사의 청구에 의하여 실종선고를 하여야 한다(제27조 제1항·제2항). 判例에 따르면 "제27조의 실종선고를 청구할 수 있는 이해관계인이라 함은 부재자의 법률상 사망으로 인하여 직접적으로 신분상 또는 경제상의 권리를 취득하거나 의무를 면하게 되는 사람만을 뜻한다. 배우자는 1순위 상속인이므로 실종선고를 청구할 수 있다. 그러나 부재자의 제2순위 상속인에 불과한 자는 부재자에 대한 실종선고의 여부에 따라 상속지분에 차이가 생긴다고 하더라도 이는 부재자의 사망 간주시기에 따른 간접적인 영향에 불과하고 부재자의 실종선고 자체를 원인으로 한 직접적인 결과는 아니므로 부재자에 대한 실종선고를 청구할 이해관계인이 될 수 없다(대판 1986.10.10. 86스20).

③ [×] 민법은 '실종기간이 만료'(실종선고시가 아님)한 때에 사망한 것으로 본다(제28조). 2016년 4월 1일에 항공기가 추락하면서 실종되고, 그 배우자가 실종선고를 청구하여, 2018년 5월 1일 甲에게 실종선고가 내려진 경우, 甲은 2017년 4월 1일 오후 24시에 사망한 것으로 된다.

④ [O]

> 제29조(실종선고의 취소) 「①항 실종자의 생존한 사실 또는 전조의 규정과 상이한 때에 사망한 사실의 증명이 있으면 법원은 본인, 이해관계인 또는 검사의 청구에 의하여 실종선고를 취소하여야 한다. 그러나 실종선고후 그 취소전에 선의로 한 행위의 효력에 영향을 미치지 아니한다.」

　▶ 계약의 경우 실종자의 이익보호를 위해 양 당사자 모두의 선의를 요한다는 **쌍방선의설**(다수설), 거래안전 보호를 위해 각 당사자별로 개별적으로 판단해야 한다는 상대적 효력설, 상대적 효력설을 기본으로 하되, '일단 선의의 자에게 재산이 귀속되면'(제29조 제2항에 의해 상속인은 이에 해당하지 않는다) 제29조 제1항 단서가 적용되어 최초의 양수인은 확정적으로 소유권을 취득하고 그 후의 전득자가 악의라도 유효하게 권리를 취득한다는 절대적 효력설(전득자 보호설)이 있다. 따라서 어느 견해에 따르든 실종선고 후 그 취소 전에 '쌍방이 선의로 한 행위의 효력'은 실종선고의 취소에 의해 영향을 받지 않는다.

정답 | ③

---

86 부재자의 재산관리를 위해 법원이 선임한 재산관리인에 관한 설명으로 옳지 않은 것은? (다툼이 있으면 판례에 따름)

[23세무사]

① 재산관리인이 권한 없이 부재자소유 부동산을 매각하였더라도 이후에 법원의 허가를 얻어 이전등기절차를 마쳤다면 그 처분행위는 유효하다.

② 재산관리인이 부재자의 사망을 확인하였다면 법원의 재산관리인 선임결정 취소 전이라도 권한을 행사할 수 없다.

③ 재산관리인은 부재자의 실종선고를 청구할 수 있는 이해관계인에 포함된다.

④ 재산관리인은 선량한 관리자의 주의로 직무를 처리해야 한다.

⑤ 법원은 재산관리인에 대해 부재자의 재산으로 보수를 지급할 수 있다.

해설

① [O] 재산관리인은 부재자의 재산에 관하여 제118조 소정의 '관리행위'(보존행위나 이용·개량행위)를 자유롭게 할 수 있으나, 이를 초과하는 '처분행위'를 하기 위하여 가정법원의 허가를 받아야 한다(제25조).

　▶ 법원의 허가결정은 그 허가를 받은 재산에 대한 장래의 처분행위뿐만 아니라 기왕의 매매를 추인하는 방법으로도 할 수 있다. 따라서 "부재자의 재산관리인에 의한 부재자소유 부동산매각행위의 추인행위가 법원의 허가를 얻기 전이어서 권한없이 행하여진 것이라고 하더라도, 법원의 재산관리인의 초과행위 결정의 효력은 그 **허가받은 재산에 대한 장래의 처분행위**뿐만 아니라 기왕의 처분행위를 추인하는 행위로도 할 수 있는 것이므로 그 후 법원의 허가를 얻어 소유권이전등기절차를 경료케 한 행위에 의하여 종전에 권한 없이 한 처분행위를 추인한 것이라 할 것이다"(대판 2000.12.26. 99다19278).

② [×] 법원에 의하여 일단 부재자의 재산관리인의 선임결정이 있었던 이상, 부재자가 그 이전에 사망하였음이 판명되거나 사망한 것으로 간주되더라도 법원의 별도의 결정에 의하여 **선임결정이 취소되지 않는 한** 재산관리인의 권한이 소멸되지 않을 뿐만 아니라[따라서 이 경우 재산관리인은 계속하여 권한을 행사할 수 있다(대판 1970.1.27. 69다719; 대판 1981.7.28. 80다2668)], 그 **취소의 효력**도 장래에 향해서만 미친다(대판 1970.1.27. 69다719).

③ [○]
> 제27조(실종의 선고) 「①항 부재자의 생사가 5년간 분명하지 아니한 때에는 법원은 이해관계인이나 검사의 청구에 의하여 실종선고를 하여야 한다.」

▶ '이해관계인'이란 법률상 이해관계를 가지는 자를 말한다. 부재자의 추정상속인·배우자·부양청구권을 갖는 친족·보증인·부재자 재산관리인 등이 이에 속한다.

④ [○] 재산관리인은 부재자와 재산의 관리에 관해 위임계약을 맺은 것은 아니지만, 그 직무의 성질상 위임의 규정(제681조)[2]이 준용된다. 따라서 재산관리인은 부재자의 이익을 위해 선량한 관리자의 주의로써 그 재산을 관리하여야 한다

⑤ [○]
> 제26조(관리인의 담보제공, 보수) 「②항 법원은 그 선임한 재산관리인에 대하여 부재자의 재산으로 상당한 보수를 지급할 수 있다.」

정답 | ②

---

87 부재자의 재산관리인에 관한 설명으로 옳지 않은 것은?　　　　　　[21세무사]

① 부재자가 재산관리인을 정하지 않은 때에는 법원은 이해관계인이나 검사의 청구에 의해 재산관리에 필요한 처분을 명해야 한다.

② 부재자의 부재 중에 재산관리인의 권한이 소멸한 때 법원은 이해관계인이나 검사의 청구에 의해 부재자의 실종선고를 해야 한다.

③ 법원은 그 선임한 재산관리인에게 재산의 관리 및 반환에 관해 상당한 담보를 제공하게 할 수 있다.

④ 부재자가 재산관리인을 정한 경우에 부재자의 생사가 분명하지 않은 때는 법원은 이해관계인의 청구에 의해 재산관리인을 개임할 수 있다.

⑤ 법원은 그 선임한 재산관리인에 대해 부재자의 재산으로 보수를 지급할 수 있다.

해설

① [○] ② [×]
> 제22조(부재자의 재산의 관리) 「①항 종래의 주소나 거소를 떠난 자가 재산관리인을 정하지 아니한 때에는 법원은 이해관계인이나 검사의 청구에 의하여 재산관리에 관하여 필요한 처분을 명하여야 한다. 본인의 부재 중 재산관리인의 권한이 소멸한 때에도 같다.」

▶ 법원은 청구에 따라 실종선고가 아니라 재산관리에 필요한 처분을 명해야 한다.

③⑤ [○]
> 제26조(관리인의 담보제공, 보수) 「①항 법원은 그 선임한 재산관리인으로 하여금 재산의 관리 및 반환에 관하여 상당한 담보를 제공하게 할 수 있다. ②항 법원은 그 선임한 재산관리인에 대하여 부재자의 재산으로 상당한 보수를 지급할 수 있다.」

④ [○]
> 제23조(관리인의 개임) 「부재자가 재산관리인을 정한 경우에 부재자의 생사가 분명하지 아니한 때에는 법원은 재산관리인, 이해관계인 또는 검사의 청구에 의하여 재산관리인을 개임할 수 있다.」

정답 | ②

---

2) 제681조(수임인의 선관의무) 수임인은 위임의 본지에 따라 선량한 관리자의 주의로써 위임사무를 처리하여야 한다.

88 실종선고에 관한 설명으로 옳은 것은? (다툼이 있으면 판례에 따름) [21세무사]

① 강가에서 낚시를 하고 있던 자의 생사가 1년간 분명하지 않은 경우에 이해관계인은 실종선고를 청구할 수 있다.

② 가족관계등록부상 이미 사망한 것으로 기재되어 있는 자에 대해서는 그 사망기재의 추정력을 뒤집을 수 있는 자료가 없는 한 실종선고를 할 수 없다.

③ 실종선고는 실종자의 종래 주소 또는 거소를 중심으로 하는 사법적 · 공법적 법률관계를 종료시킨다.

④ 실종자가 실종기간의 기산점 이후에 생존했음을 이유로 실종선고가 취소된 경우에는 다시 실종선고를 청구할 수 없다.

⑤ 실종선고가 취소되면 실종선고를 직접원인으로 하여 재산을 취득한 자는 악의인 경우라도 발생한 손해를 배상할 필요가 없다.

해설

① [×] 判例에 따르면 제27조 제2항에서 정하는 '사망의 원인이 될 위난'이란 화재 · 홍수 · 지진 · 화산 폭발 등과 같이 일반적 · 객관적으로 사람의 생명에 명백한 위험을 야기하여 사망의 결과를 발생시킬 가능성이 현저히 높은 외부적 사태 또는 상황을 가리킨다고 할 것이다.

▶ 낚시를 하고 있던 상황에 불과한 경우 사망의 결과를 발생시킬 가능성이 현저히 높은 상황에 포함되지 않으므로 제27조 제1항에 따른 보통실종(5년)에 해당한다.

관련판례 甲이 잠수장비를 착용한 채 바다에 입수하였다가 부상하지 아니한 채 행방불명되었다 하더라도, 이는 '사망의 원인이 될 위난'이라고 할 수 없다(대결 2011.1.31. 2010스165; 즉, 5년의 실종기간의 경과가 필요하다).

② [○] 호적(현 가족관계등록부)상 이미 사망한 것으로 기재되어 있는 자는 그 호적(현 가족관계등록부)상 사망기재의 추정력을 뒤집을 수 있는 자료가 없는 한 그 생사가 불분명한 자라고 볼 수 없어 실종선고를 할 수 없다(대결 1997.11.27. 97스4).

③ [×] 실종선고가 사망의 효과를 발생시키기는 하지만, 사망에서와 같이 권리능력이 종국적 · 절대적으로 소멸하는 것은 아니다. 그 효과가 생기는 범위는 실종자의 '종래'의 주소(또는 거소)를 중심으로 하는 '사법적' 법률관계에 국한된다. 즉 공법상의 법률관계, 예컨대 선거권 · 피선거권의 유무나 범죄의 성립 등은 실종선고와는 관계없이 결정된다.

④ [×] 실종자가 실종기간의 기산점 이후에 생존했음을 이유로 실종선고가 취소된 경우에도 그 이후 다시 요건을 갖추었다면 실종선고를 청구할 수 있다.

⑤ [×]
> 제29조(실종선고의 취소) 「②항 실종선고의 취소가 있을 때에 실종의 선고를 직접원인으로 하여 재산을 취득한 자가 선의인 경우에는 그 받은 이익이 현존하는 한도에서 반환할 의무가 있고 악의인 경우에는 그 받은 이익에 이자를 붙여서 반환하고 손해가 있으면 이를 배상하여야 한다.」

정답 | ②

89 부재와 실종에 대한 설명 중 가장 적절하지 않은 것은? (다툼이 있는 경우 판례에 의함) [20 · 18법학경채 변형]

① 부재자 재산관리인이 권한초과처분의 허가를 얻어 부동산을 매각한 후 그 허가결정이 취소되었다 하더라도 관리인의 매매행위는 유효하다.

② 부재자 재산관리인이 법원의 허가를 받고 선임결정이 취소되기 전에 한 처분행위는 그것이 부재자에 대한 실종기간 만료 후에 이루어졌더라도 유효하다.

③ 부재자 재산관리인에 의하여 소송절차가 진행되던 중 부재자 본인에 대한 실종선고가 확정되면 상속인 등에 의한 적법한 소송수계가 있을 때까지는 소송절차가 중단된다.

④ 실종선고로 인하여 실종기간 만료 시를 기준으로 상속이 개시된 이후에 실종선고의 취소사유가 발생하였다면 실종선고의 취소 없이도 이미 개시된 상속을 부정할 수 있다.

해설

① [O] 부재자재산관리인이 권한초과처분허가를 얻어 부동산을 매매한 후 그 허가결정이 취소되었다 할지라도 위 매매행위 당시는 그 권한초과처분허가처분이 유효한 것이고 그 후에 한 동 취소결정이 소급하여 효력을 발생하는 것이 아니다(대판 1960.2.4. 4291민상636).

② [O] 부재자 재산관리인으로서 권한초과행위의 허가를 받고 그 선임결정이 취소되기 전에 위 권한에 의하여 이루어진 행위는 부재자에 대한 실종선고기간이 만료된 뒤에 이루어졌다고 하더라도 유효하다(대판 1981.7.28. 80다2668).

③ [O] 부재자의 재산관리인이 부재자의 대리인으로서 소를 제기하여 그 소송계속 중에 부재자에 대한 실종선고가 확정되어 그 소 제기 이전에 부재자가 사망한 것으로 간주되는 경우에도, 실종선고의 효력이 발생하기 전에는 실종기간이 만료된 실종자라 하여도 소송상 당사자능력을 상실하는 것은 아니므로, 실종선고가 확정된 때에 소송절차가 중단되어 부재자의 상속인 등이 이를 수계할 수 있을 뿐이고, 위 소 제기 자체가 소급하여 당사자능력이 없는 사망한 자가 제기한 것으로 되는 것은 아니다(대판 2008.6.26. 2007다11057).

④ [×] 실종선고를 받은 자는 실종기간이 만료한 때에 사망한 것으로 간주되는 것이므로, 실종선고로 인하여 실종기간 만료 시를 기준으로 하여 상속이 개시된 이상 설사 이후 실종선고가 취소되어야 할 사유가 생겼다고 하더라도 실제로 실종선고가 취소되지 아니하는 한, 임의로 실종기간이 만료하여 사망한 때로 간주되는 시점과는 달리 사망시점을 정하여 이미 개시된 상속을 부정하고 이와 다른 상속관계를 인정할 수는 없다(대판 1994.9.27. 94다21542).

정답 | ④

90 실종선고에 관한 설명으로 옳지 않은 것은? (다툼이 있으면 판례에 따름) [18세무사]

① 사망의 원인이 될 위난을 당한 자의 실종기간은 위난종료시로부터 1년이다.

② 실종선고를 받은 자는 사망한 것으로 의제되며, 실종선고가 그 자체가 법원에 의해 취소되지 않는 한 이 사망의 효과는 계속된다.

③ 가족관계등록부상 사망한 것으로 기재되어 있는 자는 그 사망기재의 추정력을 뒤집을 수 있는 자료가 없는 한 실종선고를 할 수 없다.

④ 제1순위 상속인이 있어도 제2순위 상속인은 실종선고를 청구할 수 있는 이해관계인에 해당한다.

⑤ 피상속인의 사망 후에 피상속인의 딸에 대한 실종선고가 이루어졌으나 실종기간이 피상속인의 사망 전에 만료되었다면 그 딸은 상속인이 될 수 없다.

해설

① [O]

> 제27조(실종의 선고) 「②항 전지에 임한 자, 침몰한 선박중에 있던 자, 추락한 항공기중에 있던 자 기타 사망의 원인이 될 위난을 당한 자의 생사가 전쟁종지후 또는 선박의 침몰, 항공기의 추락 기타 위난이 종료한 후 1년간 분명하지 아니한 때에도 제1항과 같다(특별실종).」

② [O] 실종선고를 받은 자는 사망한 것으로 '간주'된다(제28조). 따라서 사망한 것으로 추정되는 경우와 달리, 실종자의 생존 기타 반대증거를 들어 선고의 효과를 다투지 못하며, 사망의 효과를 저지하려면 실종선고를 '취소'하여야 한다(대판 1995.2.17. 94다52751).

③ [O] 호적(현 가족관계등록부)상 이미 사망한 것으로 기재되어 있는 자는 그 호적(현 가족관계등록부)상 사망기재의 추정력을 뒤집을 수 있는 자료가 없는 한 그 생사가 불분명한 자라고 볼 수 없어 실종선고를 할 수 없다(대결 1997.11.27. 97스4).

④ [×] 제27조의 실종선고를 청구할 수 있는 이해관계인이라 함은 부재자의 법률상 사망으로 인하여 직접적으로 신분상 또는 경제상의 권리를 취득하거나 의무를 면하게 되는 사람만을 뜻한다. 부재자의 제2순위 상속인에 불과한 자는 부재자에 대한 실종선고의 여부에 따라 상속지분에 차이가 생긴다고 하더라도 이는 부재자의 사망 간주시기에 따른 간접적인 영향에 불과하고 부재자의 실종선고 자체를 원인으로 한 직접적인 결과는 아니므로 부재자에 대한 실종선고를 청구할 이해관계인이 될 수 없다(대판 1986.10.10. 86스20).

⑤ [O] 피상속인의 사망 후에 그 피상속인의 장남에 대한 실종선고가 이루어졌으나 피상속인의 사망 전에 실종기간이 만료되어 사망간주된 경우, 그 장남은 피상속인의 재산상속인이 될 수 없다(대판 1982.9.14. 82다144).

정답 | ④

91 실종선고에 관한 설명으로 옳은 것은? (다툼이 있는 경우 판례에 의함)

① 가족관계등록부에 이미 사망한 것으로 기재된 사람에 대하여도 실종선고를 할 수 있다.

② 추락한 항공기 중에 있던 자의 실종기간은 항공기의 추락을 행정청이 확인한 때로부터 기산한다.

③ 실종선고가 확정되기 전이라면, 실종기간이 만료된 실종자를 당사자로 하여 선고된 판결도 유효하다.

④ 실종선고를 받은 자는 사망한 것으로 간주되지만, 살아서 돌아온 경우에는 실종선고의 효과가 당연히 소멸한다.

⑤ 잠수장비를 착용한 채 바다에 입수하였다가 부상하지 아니한 상태로 행방불명되었다고 하면 특별한 사정이 없는 한 1년의 특별실종기간이 적용된다.

해설

① [×] 호적(현 가족관계등록부)상 이미 사망한 것으로 기재되어 있는 자는 그 호적(현 가족관계등록부)상 사망기재의 추정력을 뒤집을 수 있는 자료가 없는 한 그 생사가 불분명한 자라고 볼 수 없어 실종선고를 할 수 없다(대결 1997.11.27. 97스4).

② [×]

> 제27조(실종의 선고) 「①항 부재자의 생사가 5년간 분명하지 아니한 때에는 법원은 이해관계인이나 검사의 청구에 의하여 실종선고를 하여야 한다(보통실종). ②항 전지에 임한 자, 침몰한 선박중에 있던 자, 추락한 항공기중에 있던 자 기타 사망의 원인이 될 위난을 당한 자의 생사가 전쟁종지후 또는 선박의 침몰, 항공기의 추락 기타 위난이 종료한 후 1년간 분명하지 아니한 때에도 제1항과 같다(특별실종).」

▶ 부재자의 '생사 불분명'이 일정기간 계속되어야 하는데, 보통실종(그 '기산점'에 관해 민법은 정하고 있지 않지만, 통설은 부재자의 생존을 증명할 수 있는 최후의 소식이 있었던 때를 기준으로 한다)의 경우에는 5년, 특별실종의 경우에는 1년이다. 생사가 분명하지 않다는 것은 생존의 증명도 사망의 증명도 할 수 없는 상태를 말한다.

③ [○] 실종자를 당사자로 한 판결이 확정된 후에 실종선고가 확정되어 그 사망간주의 시점이 소 제기 전으로 소급하는 경우에도, 위 판결 자체가 소급하여 당사자능력이 없는 사망한 사람을 상대로 한 판결로서 무효가 되는 것은 아니다(대판 1992.7.14. 92다2455).

④ [×] 실종선고를 받은 자는 사망한 것으로 '간주'된다(제28조). 따라서 사망한 것으로 추정되는 경우와 달리, 실종자의 생존 기타 반대 증거를 들어 선고의 효과를 다투지 못하며, 사망의 효과를 저지하려면 실종선고를 '취소'하여야 한다(대판 1995.2.17. 94다52751).

⑤ [×] 判例에 따르면 제27조 제2항에서 정하는 '사망의 원인이 될 위난'이란 화재·홍수·지진·화산 폭발 등과 같이 일반적·객관적으로 사람의 생명에 명백한 위험을 야기하여 사망의 결과를 발생시킬 가능성이 현저히 높은 외부적 사태 또는 상황을 가리킨다고 할 것이다. 따라서 甲이 잠수장비를 착용한 채 바다에 입수하였다가 부상하지 아니한 채 행방불명되었다 하더라도, 이는 '사망의 원인이 될 위난'이라고 할 수 없다(대결 2011.1.31. 2010스165; 즉 5년의 실종기간의 경과가 필요하다).

정답 | ③

92 甲은 2015년 8월 초 원양어선을 타고 태평양에서 조업하던 중, 그 선박이 침몰하여 같은 해 8월 20일 실종되었다. 甲의 배우자 乙은 2017년 1월 5일 법원에 실종선고를 청구하였다. 이에 관한 설명으로 옳지 않은 것은? (각 지문은 독립적임)

[18소방간부]

① 甲이 출항하기 전에 선임된 재산관리인에 의하여 실종선고 청구 당시까지 적절한 재산관리가 이루어지고 있었더라도, 乙은 甲의 실종선고를 청구할 수 있다.

② 甲은 乙이 법원에 실종선고를 청구한 때로부터 1년의 기간이 만료한 때부터 사망한 것으로 간주한다.

③ 甲에 대한 실종선고가 있고 난 후에는 甲이 실종기간 만료한 때와 다른 시기에 사망하였다는 확증이 있더라도, 곧 그 실종선고의 효력이 상실되는 것은 아니다.

④ 甲에 대한 실종선고가 확정되면, 甲의 재산은 乙에게 상속되고 乙은 재혼할 수 있다.

⑤ 실종선고를 받은 甲이 생환하여 실종선고가 취소된 경우, 甲의 생존사실을 알지 못하고 실종선고를 직접원인으로 하여 재산을 상속받은 乙은 받은 이익이 현존하는 한도에서 반환해야 한다.

해설

① [○] 제27조의 실종선고를 청구할 수 있는 이해관계인이라 함은 부재자의 법률상 사망으로 인하여 직접적으로 신분상 또는 경제상의 권리를 취득하거나 의무를 면하게 되는 사람만을 뜻한다.

▶ 배우자, 추정상속인, 수유자, 법정대리인, 재산관리인 등이 해당한다. 따라서 배우자는 재산관리인에 의하여 적절한 재산관리가 이루어지고 있더라도 실종선고를 청구할 수 있다.

② [×]

> 제27조(실종의 선고) 「②항 전지에 임한 자, 침몰한 선박중에 있던 자, 추락한 항공기중에 있던 자 기타 사망의 원인이 될 위난을 당한 자의 생사가 전쟁종지후 또는 선박의 침몰, 항공기의 추락 기타 위난이 종료한 후 1년간 분명하지 아니한 때에도 제1항과 같다(특별실종).」

③ [○] 실종선고를 받은 자는 사망한 것으로 '간주'된다(제28조). 따라서 사망한 것으로 추정되는 경우와 달리, 실종자의 생존 기타 반대증거를 들어 선고의 효과를 다투지 못하며, 사망의 효과를 저지하려면 실종선고를 '취소'하여야 한다(대판 1995.2.17. 94다52751).

④ [○] 실종선고가 확정되면 사망한 것으로 간주되므로, 실종자의 재산에 대해 상속이 개시되고, 잔존배우자는 재혼을 할 수 있게 된다.

⑤ [○]

> 제29조(실종선고의 취소) 「②항 실종선고의 취소가 있을 때에 실종의 선고를 직접원인으로 하여 재산을 취득한 자가 선의인 경우에는 그 받은 이익이 현존하는 한도에서 반환할 의무가 있고 악의인 경우에는 그 받은 이익에 이자를 붙여서 반환하고 손해가 있으면 이를 배상하여야 한다.」

정답 | ②

제1관 총설
제2관 법인의 설립

> ### ⊕ 핵심정리 재단법인 설립시 출연재산의 귀속시기
>
> #### 1. 출연행위를 착오를 이유로 취소할 수 있는지 여부
>
> '서면에 의한 출연'이더라도 민법총칙 규정에 따라 출연자가 착오에 기한 의사표시라는 이유로 출연의 의사표시를 취소할 수 있고(제555조에서 서면에 의한 증여의 해제를 제한하고 있으나 이는 해제에 있어서만 적용되는 것이고 이와 요건·효과가 다른 민법총칙상의 취소에는 적용이 될 수 없다), 상대방 없는 단독행위인 재단법인에 대한 출연행위라고 하여 달리 볼 것은 아니다. 이 경우 출연자는 재단법인의 성립 여부나 출연된 재산의 '기본재산인 여부와 관계없이' 그 의사표시를 취소할 수 있다(98다9045). 즉, 주무관청의 허가가 필요 없다(제43조, 제42조 제2항 참고).
>
> #### 2. 생전처분으로 재단법인을 설립하는 경우
>
> ##### (1) 출연재산이 부동산의 경우
>
> 判例는 "출연자와 법인간에는(대내관계) 등기 없이도 제48조에서 규정하는 때에 법인에 귀속되지만, 법인이 그것을 가지고 제3자에게 '대항'하기 위해서는(대외관계) 제186조의 원칙에 돌아가 그 등기를 필요로 한다."(전합 78다481)고 판시하여 '소유권의 상대적 귀속'을 인정하고 있다.
>
> 따라서 재단법인 명의의 등기가 경료되기 전이라면, 설립자의 채권자가 그 부동산에 관하여 신청한 강제집행에 대하여 재단법인은 제3자이의의 소를 제기할 수 없다(제3자이의의 소는 소유권자만이 제기할 수 있기 때문이다).
>
> ##### (2) 출연재산이 채권인 경우
>
> 지명채권의 양도에는 당사자의 합의 외에 다른 요건을 필요로 하지 않으므로, 제48조가 정하는 시기에 법인에 귀속한다는 데 문제가 없다(제450조의 통지나 승낙은 대항요건에 불과).
>
> #### 3. 유언으로 재단법인을 설립하는 경우
>
> 判例는 "유언으로 재단법인을 설립하는 경우에, 재단법인이 등기를 마치지 아니하였다면 선의의 제3자에 대하여 대항할 수 없다."(93다8054)고 하는바, 이는 경우에 따라서는 '악의의 제3자에게는 대항할 수 있다'라는 취지로 해석될 수 있다.
>
> #### 4. 기본재산의 처분·편입과 정관의 변경
>
> 재단법인을 설립하기 위해 출연한 '기본재산'은 재단법인의 실체를 이루며, 이것은 정관의 필요적 기재사항이다(제43조). 따라서 判例는 재단법인의 기본재산의 ⅰ) 처분(저당권설정행위는 불포함), ⅱ) 경매절차에 의한 매각, ⅲ) 기본재산을 수동채권으로 한 상계뿐만 아니라 ⅳ) 기본재산에의 편입, ⅴ) 명의신탁해지에 따른 원상회복과 같은 기본재산의 '증가'도 모두 정관의 변경사항이 되므로 주무관청의 허가를 얻어야 그 효력이 생기고(제45조 제3항), 그 허가 없이 한 처분행위는 무효가 된다고 한다(90다8558). 그리고 주무관청의 허가 없는 기본재산의 처분을 금하는 법의 취지상 채권계약으로서도 그 효력이 없다(73다1975)(강행규정 위반에 따른 절대적 무효).

01 법인 또는 비법인사단에 관한 설명으로 가장 적절하지 않은 것은? (다툼이 있는 경우 판례에 의함)

[23법학경채]

① 비법인사단에 있어 사원의 지위는 규약에 의하여 양도 또는 상속될 수 없다.

② 법인의 정관에 이사의 대표권 제한에 관한 규정이 있으나 그 제한에 관한 내용이 등기되어 있지 않다면 법인은 그와 같은 정관의 규정에 대하여 제3자에게 대항할 수 없다.

③ 생전처분으로 재단법인을 설립하는 경우에 출연재산인 부동산은 출연자와 법인과의 관계에 있어서 그 출연행위에 터잡아 법인이 성립되면 그로써 법인성립시에 법인에게 귀속된다.

④ 비법인사단의 대표자의 행위가 대표자 개인의 사리를 도모하기 위한 것이었다고 하더라도 외관상, 객관적으로 직무에 관한 행위라고 인정할 수 있다면 민법 제35조 제1항의 직무에 관한 행위에 해당한다 할 것이나, 그 대표자의 행위가 직무에 관한 행위에 해당하지 아니함을 알고 있었던 피해자는 비법인사단에게 손해배상책임을 물을 수 없다.

해설

① [×] 사단법인의 사원의 지위는 양도 또는 상속할 수 없다고 규정한 민법 제56조의 규정은 강행규정이라고 할 수 없으므로, 비법인사단에서도 사원의 지위는 규약이나 관행에 의하여 양도 또는 상속될 수 있다(대판 1997.9.26. 95다6205).

② [○]

> 제60조(이사의 대표권에 대한 제한의 대항요건) 「이사의 대표권에 대한 제한은 등기하지 아니하면 제삼자에게 대항하지 못한다.」

③ [○] 출연자와 법인 간에는(대내관계) 등기 없이도 제48조에서 규정하는 때에 법인에 귀속되지만, 법인이 그것을 가지고 제3자에게 '대항'하기 위해서는(대외관계) 제186조의 원칙에 돌아가 그 등기를 필요로 한다(대판 1979.12.11. 전합 78다481).

④ [○] 민법은 권리능력 없는 사단의 법적 지위에 관한 규정을 두고 있지 않지만, 권리능력 없는 사단은 법인등기를 하지 않았을 뿐 법인의 실질을 갖고 있는 것이다. 따라서 사단법인에 관한 규정 중에서 법인격을 전제로 하는 것(법인등기 등)을 제외하고는 법인격 없는 사단에 유추적용해야 한다(대판 1992.10.9. 92다23087). 구체적으로 判例는 불법행위능력(제35조)(대판 2008.1.8. 2005다3471) 등이 유추적용된다고 한다.

정답 | ①

02 법인에 관한 설명으로 옳지 않은 것은? (다툼이 있으면 판례에 의함)

[24소방간부]

① 법인은 법률 또는 관습법에 의하는 외에 임의로 설립하지 못한다.

② 법인은 상속인으로 지정될 수 없다.

③ 법인의 명예가 훼손된 경우 법인은 가해자에게 그 회복에 적당한 처분을 청구할 수 있다.

④ 이사의 대표권에 대한 제한은 이를 정관에 기재하지 않으면 효력이 없다.

⑤ 법인이 해산한 때에는 특별한 사정이 없는 한 해산 당시의 이사가 청산인이 된다.

해설

① [×]

> 제31조(법인성립의 준칙) 「법인은 법률의 규정에 의함이 아니면 성립하지 못한다.」

② [○]

> 제1000조(상속의 순위) 「①항 상속에 있어서는 다음 순위로 상속인이 된다.
> 1. 피상속인의 직계비속
> 2. 피상속인의 직계존속
> 3. 피상속인의 형제자매
> 4. 피상속인의 4촌 이내의 방계혈족」

▶ 법인이 상속인이 될 수 있다는 규정은 없다.

③ [○] 법인의 목적사업수행에 영향을 미칠 정도로 법인의 명예신용을 침해한 경우에는 그 침해자에 대하여 불법행위를 원인으로 손해배상을 청구할 수 있다(대판 1965.11.30. 65다1701).

> 제764조(명예훼손의 경우의 특칙) 「타인의 명예를 훼손한 자에 대하여는 법원은 피해자의 청구에 의하여 손해배상에 갈음하거나 손해배상과 함께 명예회복에 적당한 처분을 명할 수 있다.」

④ [○]

> 제41조(이사의 대표권에 대한 제한) 「이사의 대표권에 대한 제한은 이를 정관에 기재하지 아니하면 그 효력이 없다.」

⑤ [○]

> 제82조(청산인) 「법인이 해산한 때에는 파산의 경우를 제하고는 이사가 청산인이 된다. 그러나 정관 또는 총회의 결의로 달리 정한 바가 있으면 그에 의한다.」

정답 | ①

---

03 민법상 법인에 관한 설명으로 옳은 것은? (다툼이 있으면 판례에 따름) [22행정사]

① 재단법인의 기본재산을 새롭게 편입하는 행위는 주무관청의 허가를 받지 않아도 유효하다.
② 재단법인의 감사는 민법상 필수기관이다.
③ 사단법인의 사원권은 정관에 정함이 있는 경우 상속될 수 있다.
④ 사단법인이 정관에 이사의 대표권에 관한 제한을 규정한 경우에는 이를 등기하지 않더라도 악의의 제3자에게 대항할 수 있다.
⑤ 이사 전원의 의결에 의하여 잔여재산을 처분하도록 한 사단법인의 정관 규정은 성질상 등기하여야만 제3자에게 대항할 수 있는 청산인의 대표권에 관한 제한으로 보아야 한다.

해설

① [×] 재단법인의 '기본재산의 처분행위' 정관의 변경을 초래하는 것이므로 주무관청의 허가를 얻어야 그 효력이 생기고(제45조 제3항), 그 허가 없이 한 처분행위는 무효가 된다(대판 1991.5.28. 90다8558).

② [×]

> 제66조(감사) 「법인은 정관 또는 총회의 결의로 감사를 둘 수 있다.」

▶ 주식회사에서는 감사가 필요적 상설기관이지만(상법 제409조 제1항), 민법상의 법인에서는 임의기관으로 되어 있다.

③ [○] 사단법인의 사원의 지위는 양도 또는 상속할 수 없다고 규정한 민법 제56조의 규정은 강행규정이라고 할 수 없으므로, 비법인사단에서도 사원의 지위는 규약이나 관행에 의하여 양도 또는 상속될 수 있다(대판 1997.9.26. 95다6205).

④ [×] 이사의 대표권에 대한 제한은 등기하지 아니하면 제3자에게 대항하지 못한다(제60조). 判例는 "등기가 되어 있지 않는 한, 악의의 제3자에게도 대항할 수 없다."(대판 1992.2.14. 91다24564)라고 한다.

⑤ [×] 이사 전원의 의결에 의하여 잔여재산을 처분하도록 한 정관 규정은 성질상 등기하여야만 제3자에게 대항할 수 있는 청산인의 대표권에 관한 제한이라고 볼 수 없다(대판 1980.4.8. 79다2036).

정답 | ③

04 법인에 관한 설명 중 옳은 것은?

[22경찰간부]

① 사원자격의 득실에 관한 규정은 정관에 기재하고 등기하여야 한다.

② 생전처분으로 재단법인을 설립하는 때에는 유증에 관한 규정을 준용한다.

③ 이사의 결원으로 손해가 생길 염려가 있는 경우, 법원은 특별대리인을 선임하여야 한다.

④ 이사의 임면에 관한 사항은 정관에 반드시 기재하여야 하며, 이사의 성명과 주소는 등기하여야 한다.

해설

① [×] ④ [○] ㉠ 정관에는 다음의 사항을 기재하여야 하고(제40조), 그 하나라도 빠지면 정관으로서의 효력이 생기지 않는다. 즉 '1. 목적, 2. 명칭, 3. 사무소의 소재지, 4. 자산에 관한 규정, 5. 이사의 임면에 관한 규정, 6. 사원자격의 득실에 관한 규정, 7. 존립시기나 해산사유를 정하는 때에는 그 시기 또는 사유'가 그것이다. 다만, 이 중 7.은 그 존립시기나 해산사유를 정한 때에 한해 기재하면 된다.

㉡ 법인설립등기에는 다음의 사항을 기재하여야 하는바(제49조 제2항), 법인의 그 밖의 등기가 제3자에 대한 대항요건인 데 비해(제54조 제1항), 설립등기는 법인격을 취득하기 위한 성립요건인 점에서 차이가 있다.

즉, '1. 목적, 2. 명칭, 3. 사무소, 4. 설립허가의 연월일, 5. 존립시기나 해산이유를 정한 때에는 그 시기나 사유, 6. 자산의 총액, 7. 출자의 방법을 정한 때에는 그 방법, 8. 이사의 성명, 주소 9. 이사의 대표권을 제한한 때에는 그 제한'

▶ 사원자격의 득실에 관한 규정은 정관의 필요적 기재사항이나 등기사항은 아니다(제49조). 한편 이사의 임면에 관한 규정은 정관의 필수적 기재사항이고 이사의 성명, 주소는 등기사항이다.

② [×] 생전처분으로 재단법인을 설립하는 때에는 '증여'에 관한 규정을 준용하고, 유언으로 재단법인을 설립하는 때에는 '유증'에 관한 규정을 준용한다(제47조).

③ [×]

> 제63조(임시이사의 선임) 「이사가 없거나 결원이 있는 경우에 이로 인하여 손해가 생길 염려 있는 때에는 법원은 이해관계인이나 검사의 청구에 의하여 임시이사를 선임하여야 한다.」
>
> 제64조(특별대리인의 선임) 「법인과 이사의 이익이 상반하는 사항에 관하여는 이사는 대표권이 없다. 이 경우에는 전조의 규정에 의하여 특별대리인을 선임하여야 한다.」

정답 | ④

05 정관에서 민법의 내용과 다르게 정할 수 있는 것을 모두 고른 것은?

[21법학경채]

ㄱ. 임시이사의 선임권자에 관한 사항

ㄴ. 사단법인의 사원의 지위에 대한 양도 또는 상속에 관한 사항

ㄷ. 사단법인의 정관 변경을 위한 사원총회의 의결정족수에 관한 사항

ㄹ. 이사가 수인인 경우, 법인의 사무집행에 관한 의결정족수에 관한 사항

① ㄱ, ㄴ, ㄷ   ② ㄱ, ㄴ, ㄹ

③ ㄴ, ㄷ, ㄹ   ④ ㄱ, ㄴ, ㄷ, ㄹ

해설

ㄱ. [×]
> 제63조(임시이사의 선임) 「이사가 없거나 결원이 있는 경우에 이로 인하여 손해가 생길 염려 있는 때에는 법원은 이해관계인이나 검사의 청구에 의하여 임시이사를 선임하여야 한다.」

▶ 임시이사의 선임권자는 '법원'으로 법정되어 있으므로 정관 규정에 의해 다르게 규정할 수 없다.

ㄴ. [○] 사단법인의 사원의 지위는 양도 또는 상속할 수 없다고 규정한 제56조의 규정은 강행규정이라고 할 수 없으므로, 비법인사단에서도 사원의 지위는 규약이나 관행에 의하여 양도 또는 상속될 수 있다(대판 1997.9.26. 95다6205).

[참조조문]
> 제56조(사원권의 양도, 상속금지) 「사단법인의 사원의 지위는 양도 또는 상속할 수 없다.」

ㄷ. [○]
> 제42조(사단법인의 정관의 변경) 「①항 사단법인의 정관은 총사원 3분의 2 이상의 동의가 있는 때에 한하여 이를 변경할 수 있다. 그러나 정수에 관하여 정관에 다른 규정이 있는 때에는 그 규정에 의한다.」

ㄹ. [○] 총회의 결의는 민법 또는 정관에 다른 규정이 없으면 사원 과반수의 출석과 출석사원의 결의권의 과반수로써 한다(제75조 제1항).

정답 | ③

06 민법상 법인의 설립에 관한 설명으로 옳지 않은 것은? (다툼이 있으면 판례에 따름) [21세무사]

① 사단법인의 설립행위는 요식행위이다.

② 사단법인 정관의 법적 성질은 자치법규이다.

③ 생전처분으로 재단법인을 설립하는 때에는 유증에 관한 규정을 준용한다.

④ 재단법인의 발기인은 법인설립인가를 받기 위한 준비행위로서 재산의 증여를 받을 수 있다.

⑤ 유언으로 부동산을 출연하여 재단법인을 설립하는 경우 제3자에 대한 관계에서는 등기를 마쳐야 출연부동산의 소유권이 법인에 귀속된다.

해설

① [○] ⅰ) 정관작성에 의한 사단법인의 설립행위는 서면에 의하는 '요식행위'이며, 그 성질은 장래에 성립할 사단에 법인격취득의 효과를 발생시키려는 법률행위이다. ⅱ) 설립자 전원이 합동하여 법인설립이라는 공동의 목적에 협력하는 점에서, 이를 단독행위 및 계약과 구별하여 '합동행위'라는 제3의 법률행위의 유형으로 파악한다.

② [○] 사단법인의 정관은 이를 작성한 사원뿐만 아니라 그 후에 가입한 사원이나 사단법인의 기관 등도 구속하는 점에 비추어 보면 그 법적 성질은 계약이 아니라 자치법규로 보는 것이 타당하다(대판 2000.11.24. 99다12437).

③ [×] 생전처분으로 재단법인을 설립하는 때에는 증여에 관한 규정을 준용하고, 유언으로 재단법인을 설립하는 때에는 유증에 관한 규정을 준용한다(제47조).

④ [○] 재단법인의 발기인은 법인설립인가를 받기 위한 준비행위로 재산의 증여를 받을 수 있고 그 등기의 명의신탁을 할 수 있으며 이러한 법률행위의 효과는 그 법인이 법인격을 취득함과 동시에 당연히 이를 계승한다(대판 1973.2.28. 72다2344, 2345).

⑤ [○] 유언으로 재단법인을 설립하는 경우에도 제3자에 대한 관계에서는 출연재산이 부동산인 경우는 그 법인에의 귀속에는 법인의 설립 외에 등기를 필요로 하는 것이므로, 재단법인이 그와 같은 등기를 마치지 아니하였다면 유언자의 상속인의 한 사람으로부터 부동산의 지분을 취득하여 이전등기를 마친 선의의 제3자에 대하여 대항할 수 없다(대판 1993.9.14. 93다8054).

정답 | ③

07 재단법인의 설립에 관한 설명으로 옳은 것만을 <보기>에서 있는 대로 고른 것은? (다툼이 있으면 판례에 의함)

[24소방간부]

> ㉠ 재단법인의 설립행위는 상대방 없는 단독행위이다.
> ㉡ 재단법인 설립자는 착오를 이유로 설립행위를 취소할 수 있다.
> ㉢ 재단법인의 설립은 정관의 작성과 재산의 출연을 요건으로 한다.
> ㉣ 재단법인이 소멸하는 경우 잔여재산을 다른 재단법인에 분배하는 정관 조항은 효력이 없다.

① ㉠㉡   ② ㉡㉢   ③ ㉢㉣
④ ㉠㉡㉢   ⑤ ㉠㉡㉢㉣

해설

㉠㉡ [○] 민법 제47조 제1항에 의하여 생전처분으로 재단법인을 설립하는 때에 준용되는 민법 제555조는 "증여의 의사가 서면으로 표시되지 아니한 경우에는 각 당사자는 이를 해제할 수 있다."고 함으로써 서면에 의한 증여(출연)의 해제를 제한하고 있으나, 그 해제는 민법 총칙상의 취소와는 요건과 효과가 다르므로 서면에 의한 출연이더라도 민법 총칙규정에 따라 출연자가 착오에 기한 의사표시라는 이유로 출연의 의사표시를 취소할 수 있고, 상대방 없는 단독행위인 재단법인에 대한 출연행위라고 하여 달리 볼 것은 아니다. 재단법인에 대한 출연자와 법인과의 관계에 있어서 그 출연행위에 터잡아 법인이 성립되면 그로써 출연재산은 민법 제48조에 의하여 법인 성립시에 법인에게 귀속되어 법인의 재산이 되는 것이고, 출연재산이 부동산인 경우에 있어서도 위 양당사자 간의 관계에 있어서는 법인의 성립 외에 등기를 필요로 하는 것은 아니라 할지라도, 재단법인의 출연자가 착오를 원인으로 취소를 한 경우에는 출연자는 재단법인의 성립 여부나 출연된 재산의 기본재산인 여부와 관계없이 그 의사표시를 취소할 수 있다(대판 1999.7.9. 98다9045).

㉢ [○]

> 제43조(재단법인의 정관) 「재단법인의 설립자는 일정한 재산을 출연하고 제40조 제1호 내지 제5호의 사항을 기재한 정관을 작성하여 기명날인하여야 한다.」

㉣ [×]

> 제80조(잔여재산의 귀속) 「①항 해산한 법인의 재산은 정관으로 지정한 자에게 귀속한다.」
>
> ▶ 따라서, 다른 재단법인에 분배하는 정관 조항도 가능하다.

정답 │ ④

08 甲이 생전처분으로 그 소유의 X부동산을 출연하여 민법상 A재단법인을 설립하고자 한다. 이에 관한 설명으로 옳은 것을 모두 고른 것은? (다툼이 있으면 판례에 따름)

[22세무사]

> ㄱ. 甲이 A법인의 명칭을 정하지 않고 사망한 경우, 이해관계인의 청구에 의해 법원이 이를 보충할 수 있다.
> ㄴ. X부동산의 소유권은 A법인의 설립등기와는 무관하게 甲의 출연의 의사표시가 있은 때로부터 A법인에 귀속된다.
> ㄷ. A법인의 성립 후, 기본재산인 X부동산에 관한 저당권 설정행위에 대해서는 특별한 사정이 없는 한 주무관청의 허가를 얻어야 한다.

① ㄱ   ② ㄴ   ③ ㄷ
④ ㄱ, ㄷ   ⑤ ㄴ, ㄷ

ㄱ. [○] 재단법인의 설립자가 그 명칭, 사무소 소재지 또는 이사 임면의 방법을 정하지 아니하고 사망한 때에는 이해관계인 또는 검사의 청구에 의하여 법원이 이를 정한다(제44조).

ㄴ. [×] 제48조 제1항에 의하면, 출연한 재산은 법인이 성립한 때, 즉 법인설립의 등기를 한 때부터(제33조) 재단법인에 귀속하는 것으로 된다.

ㄷ. [×] 재단법인을 설립하기 위해 출연한 '기본재산'은 재단법인의 실체를 이루며, 이러한 '기본재산의 처분'은 정관의 필요적 기재사항이다(제43조). 그러나 민법상 재단법인의 기본재산에 관한 '저당권 설정행위는' 특별한 사정이 없는 한 정관의 기재사항을 변경하여야 하는 경우에 해당하지 않으므로, 그에 관하여는 주무관청의 허가를 얻을 필요가 없다(대결 2018.7.20. 2017마1565).

정답 | ①

---

09 재단법인에 관한 설명으로 옳지 않은 것은? (다툼이 있는 경우 판례에 의함) [22소방간부]

① 재단법인의 기본재산에 대한 강제집행으로 인하여 기본재산이 변경되는 때에는 주무관청의 허가를 필요로 한다.

② 재단법인의 기본재산에 관하여 저당권을 설정하는 경우에는 특별한 사정이 없는 한 정관의 기재사항을 변경하여야 하는 경우에 해당하지 않으므로 주무관청의 허가를 얻을 필요가 없다.

③ 정관 규정에 따라 기본재산에 관하여 주무관청의 허가를 받아 근저당권을 설정한 경우라면, 그와 같이 설정된 근저당권을 실행하여 기본재산을 매각할 때에는 다시 주무관청의 허가를 받을 필요는 없다.

④ 재단법인의 설립자가 자산에 관한 규정을 정하지 아니하고 사망한 경우에는 이해관계인 또는 검사의 청구에 의하여 법원이 이를 정한다.

⑤ 재단법인에 대하여 금전채권을 가지는 자는 강제이행청구권의 실질적 실현을 위하여 필요하다는 사유만으로 재단법인을 상대로 기본재산의 처분허가신청절차를 이행할 것을 청구할 수 없다.

①② [○] ⅰ) 주무관청의 허가를 얻은 정관에 기재된 기본재산의 처분행위로 인하여 재단법인의 정관 기재사항을 변경하여야 하는 경우에는, 그에 관하여 주무관청의 허가를 얻어야 한다. 이는 재단법인의 기본재산에 대하여 강제집행을 실시하는 경우에도 동일하다. ⅱ) 민법상 재단법인의 기본재산에 관한 저당권 설정행위는 특별한 사정이 없는 한 정관의 기재사항을 변경하여야 하는 경우에 해당하지 않으므로, 그에 관하여는 주무관청의 허가를 얻을 필요가 없다(대판 2018.7.20. 2017마1565).

③ [○] 민법상 재단법인의 정관에 기본재산은 담보설정 등을 할 수 없으나 주무관청의 허가 · 승인을 받은 경우에는 이를 할 수 있다는 취지로 정해져 있고, 정관 규정에 따라 주무관청의 허가 · 승인을 받아 민법상 재단법인의 기본재산에 관하여 근저당권을 설정한 경우, 그와 같이 설정된 근저당권을 실행하여 기본재산을 매각할 때에는 주무관청의 허가를 다시 받을 필요는 없다(대판 2019.2.28. 2018마800).

④ [×]

> **제44조(재단법인의 정관의 보충)** 「재단법인의 설립자가 그 명칭, 사무소 소재지 또는 이사임면의 방법을 정하지 아니하고 사망한 때에는 이해관계인 또는 검사의 청구에 의하여 법원이 이를 정한다.」

▶ 자산에 관한 규정은 포함되지 않는다.

⑤ [○] 재단법인이 정관의 변경을 초래하는 기본재산의 처분을 위하여 주무관청의 허가를 신청할 것인지 여부는 특별한 사정이 없는 한 재단법인의 의사에 맡겨져 있으므로, 채무자인 재단법인에 다른 재산이 없어 기본재산을 처분하지 않고는 채무의 변제가 불가능하다고 하더라도, 재단법인으로부터 기본재산을 양수한 자도 아니고 금전채권자들에 불과한 자에게는 강제이행청구권의 실질적인 실현을 위하여 필요하다는 사유만으로 기본재산의 처분을 희망하지도 않는 재단법인을 상대로 주무관청에 대하여 기본재산에 대한 처분허가신청절차를 이행할 것을 청구할 권한이 없다(대판 1998.8.21. 98다19202).

정답 | ④

10 민법상 비영리법인의 설립에 관한 입법주의는? [22세무사]

① 특허주의 　　　　② 준칙주의 　　　　③ 인가주의

④ 허가주의 　　　　⑤ 자유설립주의

해설

④ [○]
> 제32조(비영리법인의 설립과 허가) 「학술, 종교, 자선, 기예, 사교 기타 영리 아닌 사업을 목적으로 하는 사단 또는 재단은 주무관청의 허가를 얻어 이를 법인으로 할 수 있다.」

정답 | ④

11 부산에 주소를 둔 甲 외 11인이 자신들을 구성원으로 하고 甲을 대표자로 하여 서울에 주된 사무소를 두는 민법상 A사단법인을 설립하고자 한다. 이에 관한 설명으로 옳은 것은? (다툼이 있으면 판례에 따름) [22세무사]

① A법인의 설립을 위하여 작성한 정관의 법적 성질은 계약이다.

② A법인은 甲의 주소지에서 설립등기를 하여야 비로소 성립한다.

③ A법인의 정관이 유효하기 위해서는 자산에 관한 규정이 반드시 기재되어야 한다.

④ A법인은 특별한 사정이 없는 한, 총사원 3분의 2에 해당하는 8인 이상의 동의를 얻으면 해산을 결의할 수 있다.

⑤ A법인은 정관의 작성 이외에 재산의 출연을 그 설립요건으로 한다.

해설

① [×] 정관의 법적 성질은 계약이 아니라 자치법규이다(대판 2000.11.24. 99다12437).

② [×]
> 제33조(법인설립의 등기) 「법인은 그 주된 사무소의 소재지에서 설립등기를 함으로써 성립한다.」

▶ A사단법인의 주된 사무소의 주소지인 서울에 설립등기하여야 한다.

③ [○] 자산에 관한 규정은 정관의 필수적 기재사항이다(제40조 제4호).

④ [×]
> 제78조(사단법인의 해산결의) 「사단법인은 총사원 4분의 3 이상의 동의가 없으면 해산을 결의하지 못한다. 그러나 정관에 다른 규정이 있는 때에는 그 규정에 의한다.」

⑤ [×] 비영리 사단법인의 설립에는 ⅰ) 목적의 비영리성, ⅱ) 설립행위(정관작성), ⅲ) 주무관청의 허가, ⅳ) 설립등기의 네 가지 요건을 갖추어야 한다. 재산의 출연은 재단법인의 성립요건이다(제43조).

정답 | ③

12 민법상 재단법인의 설립에 관한 설명으로 옳은 것은? (다툼이 있으면 판례에 따름) [23세무사]

① 법인의 존립시기나 해산사유는 정관의 필요적 기재사항이다.

② 설립자가 그 목적을 정하지 않고 사망한 때에는 이해관계인 또는 검사의 청구에 의해 법원이 이를 정할 수 있다.

③ 설립자의 생전처분으로 재단법인에 출연된 물건에 하자가 있는 경우, 설립자는 그 하자를 몰랐더라도 담보책임을 진다.

④ 설립자가 생전처분으로 부동산을 출연하여 재단법인을 설립하는 경우, 출연자와 법인과의 관계에서 출연부동산의 소유권은 그 이전등기가 있어야 법인에게 귀속된다.

⑤ 재단법인의 출연자는 재단법인이 성립한 이후에도 착오를 원인으로 출연의 의사표시를 취소할 수 있다.

해설

① [×] 사단법인에서 필요적 기재사항으로 되어 있는 '사원자격의 득실에 관한 규정'과 '법인의 존립시기나 해산사유'는 재단법인에서는 필요적 기재사항이 아니다(제43조).

② [×] 재단법인의 설립자가 그 명칭, 사무소 소재지 또는 이사 임면의 방법을 정하지 아니하고 사망한 때에는 이해관계인 또는 검사의 청구에 의하여 법원이 이를 정한다(제44조). 목적과 자산에 관한 규정은 법원이 이를 정하지 못한다.

③ [×] 담보책임은 원칙적으로 유상행위에 인정되는 것이다(제559조 참조). 따라서 재단법인 설립자의 출연행위는 '무상'인 점에서 증여나 유증과 유사하므로, 제47조는 증여 또는 유증에 관한 규정을 준용하고 있어서, 원칙적으로 담보책임은 인정되지 아니한다.

④ [×]

> **제48조(출연재산의 귀속시기)** 「①항 생전처분으로 재단법인을 설립하는 때에는 출연재산은 법인이 성립된 때로부터 법인의 재산이 된다. ②항 유언으로 재단법인을 설립하는 때에는 출연재산은 유언의 효력이 발생한 때로부터 법인에 귀속한 것으로 본다.」

判例는 "출연자와 법인 간에는(대내관계) 등기 없이도 제48조에서 규정하는 때에 법인에 귀속되지만, 법인이 그것을 가지고 제3자에게 '대항'하기 위해서는(대외관계) 제186조의 원칙에 돌아가 그 등기를 필요로 한다."(대판 1979.12.11. 전합 78다481)고 한다.

⑤ [○] 判例는 재단법인의 설립행위는 상대방 없는 단독행위인데 설립자가 착오를 이유로 출연의 의사표시를 취소할 수 있다고 한다(대판 1999.7.9. 98다9045).

정답 | ⑤

---

13 법인의 설립에 관한 설명으로 옳지 않은 것은? [18세무사]

① 민법상 법인은 영리를 목적으로 설립될 수 없다.

② 종교활동을 목적으로 하는 사단은 주무관청의 허가를 얻어 이를 법인으로 할 수 있다.

③ 법인의 사무는 주무관청이 검사, 감독한다.

④ 재단법인은 출연재산의 소재지에서 등기함으로써 성립한다.

⑤ 법인이 목적 이외의 사업을 한 경우, 주무관청은 설립허가를 취소할 수 있다.

해설

①② [○]

> **제32조(비영리법인의 설립과 허가)** 「학술, 종교, 자선, 기예, 사교 기타 영리 아닌 사업을 목적으로 하는 사단 또는 재단은 주무관청의 허가를 얻어 이를 법인으로 할 수 있다.」

▶ 비영리법인의 설립에 관하여 민법은 제31조에서 자유설립주의를 배제하고, 제32조에서 허가주의를 채택하고 있다.

③ [○]

> **제37조(법인의 사무의 검사, 감독)** 「법인의 사무는 주무관청이 검사, 감독한다.」

④ [×]
> 제33조(법인설립의 등기) 「법인은 그 주된 사무소의 소재지에서 설립등기를 함으로써 성립한다.」
> 제49조(법인의 등기사항) 「①항 법인설립의 허가가 있는 때에는 3주간 내에 주된 사무소 소재지에서 설립등기를 하여야 한다.」

⑤ [○]
> 제38조(법인의 설립허가의 취소) 「법인이 목적 이외의 사업을 하거나 설립허가의 조건에 위반하거나 기타 공익을 해하는 행위를 한 때에는 주무관청은 그 허가를 취소할 수 있다.」

정답 | ④

14 사단법인의 설립에 관한 설명으로 옳지 않은 것은? (다툼이 있으면 판례에 따름)

[19세무사]

① 사단법인은 법률의 규정에 의함이 아니면 성립하지 못한다.
② 사원자격의 득실에 관한 규정은 정관에 기재되고 등기되어야만 한다.
③ 사단법인은 그 주된 사무소의 소재지에서 설립등기를 함으로써 성립한다.
④ 사원의 지위를 상속할 수 있다는 정관규정은 유효하다.
⑤ 사단법인이 공익을 해하는 행위를 한 경우, 주무관청은 설립허가를 취소할 수 있다.

해설

① [○]
> 제31조(법인성립의 준칙) 「법인은 법률의 규정에 의함이 아니면 성립하지 못한다.」

▶ 비영리법인의 설립에 관하여 민법은 제31조에서 자유설립주의를 배제하고, 제32조에서 허가주의를 채택하고 있다.

② [×]
> 제49조(법인의 등기사항) 「①항 법인설립의 허가가 있는 때에는 3주간 내에 주된 사무소 소재지에서 설립등기를 하여야 한다. ②항 전항의 등기사항은 다음과 같다. 1. 목적 2. 명칭 3. 사무소 4. 설립허가의 연월일 5. 존립시기나 해산이유를 정한 때에는 그 시기 또는 사유 6. 자산의 총액 7. 출자의 방법을 정한 때에는 그 방법 8. 이사의 성명, 주소 9. 이사의 대표권을 제한한 때에는 그 제한」

▶ 사원자격의 득실에 관한 규정은 사단법인에 있어서 정관의 필요적 기재사항이나 설립등기사항은 아니다.

③ [○]
> 제33조(법인설립의 등기) 「법인은 그 주된 사무소의 소재지에서 설립등기를 함으로써 성립한다.」

④ [○] 사단법인의 사원의 지위는 양도 또는 상속할 수 없다고 규정한 제56조의 규정은 강행규정이라고 할 수 없으므로, 비법인사단에서도 사원의 지위는 규약이나 관행에 의하여 양도 또는 상속될 수 있다(대판 1997.9.26. 95다6205).

참조조문
> 제56조(사원권의 양도, 상속금지) 「사단법인의 사원의 지위는 양도 또는 상속할 수 없다.」

⑤ [○]
> 제38조(법인의 설립허가의 취소) 「법인이 목적 이외의 사업을 하거나 설립허가의 조건에 위반하거나 기타 공익을 해하는 행위를 한 때에는 주무관청은 그 허가를 취소할 수 있다.」

정답 | ②

15 사단법인의 설립에 관한 설명으로 옳지 않은 것은?　　　　　　　　　　　　　　　　　　[20세무사]

① 민법상 법인이라도 반드시 공익을 목적으로 할 필요는 없다.

② 존립시기나 해산사유를 정하지 않아서 기재하지 않은 정관은 정관으로서의 효력이 없다.

③ 설립등기는 종된 사무소 소재지에 하여서는 안 된다.

④ 사단법인의 설립행위는 서면으로 하는 요식행위이다.

⑤ 정관의 임의적 기재사항도 정관에 기재되면 필수적 기재사항과 동일한 효력을 가진다.

해설

① [○] '영리 아닌 사업'을 목적으로 하여야 한다(제32조). 비영리사업의 목적을 달성하기 위해 필요한 한도에서 영리행위를 하는 것은 허용되지만, 이 경우에도 그 수익은 사업의 목적을 위해 쓰여야 하고 구성원에게 분배되어서는 안 된다. 영리 아닌 사업이면 되고, 반드시 공익을 목적으로 할 필요는 없다.

② [×] 정관에는 다음의 사항을 기재하여야 하고(제40조), 그 하나라도 빠지면 정관으로서의 효력이 생기지 않는다. 즉 '1. 목적, 2. 명칭, 3. 사무소의 소재지, 4. 자산에 관한 규정, 5. 이사의 임면에 관한 규정, 6. 사원자격의 득실에 관한 규정, 7. 존립시기나 해산사유를 정하는 때에는 그 시기 또는 사유'가 그것이다. 다만, 이 중 7.은 그 존립시기나 해산사유를 정한 때에 한해 기재하면 된다.

③ [○]

> 제33조(법인설립의 등기) 「법인은 그 주된 사무소의 소재지에서 설립등기를 함으로써 성립한다.」
>
> 제49조(법인의 등기사항) 「①항 법인설립의 허가가 있는 때에는 3주간 내에 주된 사무소 소재지에서 설립등기를 하여야 한다.」

④ [○]　ⅰ) 정관작성에 의한 사단법인의 설립행위는 서면에 의하는 '요식행위'이며, 그 성질은 장래에 성립할 사단에 법인격취득의 효과를 발생시키려는 법률행위이다. ⅱ) 설립자 전원이 합동하여 법인설립이라는 공동의 목적에 협력하는 점에서, 이를 단독행위 및 계약과 구별하여 '합동행위'라는 제3의 법률행위의 유형으로 파악한다.

⑤ [○] 정관에는 그 밖의 사항도 기재할 수 있고, 그 내용에 특별한 제한은 없다. 이를 임의적 기재사항이라고 하는데, 이것도 일단 정관에 기재되면 필요적 기재사항과 같은 효과가 있으며, 그 변경에는 정관변경의 절차를 거쳐야 한다.

정답 | ②

---

16 민법상 법인의 설립에 관한 설명 중 옳지 않은 것은? (다툼이 있으면 판례에 의함)　　　　　[19소방간부]

① 유언으로 재단법인을 설립하는 때에는 출연재산은 유언자가 유언을 한 때로부터 법인의 재산이 된다.

② 재단법인의 설립자가 이사 임면의 방법을 정하지 아니하고 사망한 때에는 이해관계인 또는 검사의 청구에 의해 법원이 이를 정한다.

③ 법인은 주된 사무소의 소재지에서 설립등기를 함으로써 성립한다.

④ 출연한 재산이 재단법인의 기본재산인 경우에도 출연자는 착오를 원인으로 출연의 의사표시를 취소할 수 있다.

⑤ 법인이 목적 이외의 사업을 한 경우, 주무관청은 설립허가를 취소할 수 있다.

해설

① [×]

> 제48조(출연재산의 귀속시기) 「①항 생전처분으로 재단법인을 설립하는 때에는 출연재산은 법인이 성립된 때로부터 법인의 재산이 된다. ②항 유언으로 재단법인을 설립하는 때에는 출연재산은 유언의 효력이 발생한 때로부터 법인에 귀속한 것으로 본다.」

② [○]

> 제44조(재단법인의 정관의 보충) 「재단법인의 설립자가 그 명칭, 사무소 소재지 또는 이사 임면의 방법을 정하지 아니하고 사망한 때에는 이해관계인 또는 검사의 청구에 의하여 법원이 이를 정한다.」

▶ 참고로 사단법인에는 해당 규정이 없으며 목적과 자산은 정해진 상태이어야 한다.

③ [○]

> 제33조(법인설립의 등기) 「법인은 그 주된 사무소의 소재지에서 설립등기를 함으로써 성립한다.」

④ [○] 判例는 "재단법인의 설립행위는 상대방 없는 단독행위인데 설립자가 착오를 이유로 출연의 의사표시를 취소할 수 있다."라고 한다(대판 1999.7.9. 98다9045).

⑤ [○]
> 제38조(법인의 설립허가의 취소) 「법인이 목적 이외의 사업을 하거나 설립허가의 조건에 위반하거나 기타 공익을 해하는 행위를 한 때에는 주무관청은 그 허가를 취소할 수 있다.」

정답 | ①

17 민법상 법인에 대한 설명으로 가장 적절하지 않은 것은? (다툼이 있는 경우 판례에 의함) [18법학경채]

① 비영리법인은 주무관청의 허가를 얻어야만 설립할 수 있다.

② 법인은 그 주된 사무소의 소재지에서 설립등기를 함으로써 성립하고, 법률의 규정에 좇아 정관으로 정한 목적의 범위 내에서 권리와 의무의 주체가 된다.

③ 재단법인의 설립자가 그 명칭, 사무소 소재지 또는 이사 임면의 방법을 정하지 아니하고 사망한 때에는 이해관계인의 청구에 의하여 검사가 이를 정한다.

④ 유언으로 부동산을 출연하여 재단법인을 설립하는 경우, 재단법인이 그 부동산에 관한 소유권이전등기를 마치지 아니하였다면 유언자의 상속인으로부터 부동산을 취득하여 이전등기를 마친 선의의 제3자에게 대항할 수 없다.

해설

① [○]
> 제32조(비영리법인의 설립과 허가) 「학술, 종교, 자선, 기예, 사교 기타 영리 아닌 사업을 목적으로 하는 사단 또는 재단은 주무관청의 허가를 얻어 이를 법인으로 할 수 있다.」

▶ 비영리법인의 설립에 관하여 민법은 제31조에서 자유설립주의를 배제하고, 제32조에서 허가주의를 채택하고 있다.

② [○]
> 제33조(법인설립의 등기) 「법인은 그 주된 사무소의 소재지에서 설립등기를 함으로써 성립한다.」
> 제34조(법인의 권리능력) 「법인은 법률의 규정에 좇아 정관으로 정한 목적의 범위 내에서 권리와 의무의 주체가 된다.」

③ [×]
> 제44조(재단법인의 정관의 보충) 「재단법인의 설립자가 그 명칭, 사무소 소재지 또는 이사 임면의 방법을 정하지 아니하고 사망한 때에는 '이해관계인 또는 검사의 청구'에 의하여 '법원이' 이를 정한다.」

▶ 참고로 사단법인에는 해당 규정이 없으며 목적과 자산은 정해진 상태이어야 한다.

④ [○] 유언으로 재단법인을 설립하는 경우에도 제3자에 대한 관계에서는 출연재산이 부동산인 경우는 그 법인에의 귀속에는 법인의 설립 외에 등기를 필요로 하는 것이므로, 재단법인이 그와 같은 등기를 마치지 아니하였다면 유언자의 상속인의 한 사람으로부터 부동산의 지분을 취득하여 이전등기를 마친 선의의 제3자에 대하여 대항할 수 없다(대판 1993.9.14. 93다8054).

판례해설 이러한 判例는 '악의의 제3자에게는 대항할 수 있다'라는 취지로 해석될 수 있다.

정답 | ③

18 민법상 사단법인 설립시 정관의 필요적 기재사항이 아닌 것은? [17행정사]

① 목적 ② 명칭
③ 사무소의 소재지 ④ 자산에 관한 규정
⑤ 이사자격의 득실에 관한 규정

해설

①②③④ [○] 정관에는 다음의 사항을 기재하여야 하고(제40조), 그 하나라도 빠지면 정관으로서의 효력이 생기지 않는다. 즉 '1. 목적, 2. 명칭, 3. 사무소의 소재지, 4. 자산에 관한 규정, 5. 이사의 임면에 관한 규정, 6. 사원자격의 득실에 관한 규정, 7. 존립시기나 해산사유를 정하는 때에는 그 시기 또는 사유'가 그것이다. 다만, 이 중 7.은 그 존립시기나 해산사유를 정한 때에 한해 기재하면 된다.

⑤ [×] 이사가 아니라 '사원'자격의 득실에 관한 규정이 사단법인 설립시 정관의 필요적 기재사항이다.

정답 | ⑤

19 사단법인의 정관에 관한 설명으로 옳지 않은 것은? (다툼이 있으면 판례에 따름) [18세무사]

① 자산에 관한 규정은 정관에 포함되어야 한다.
② 정관은 정관에 그 변경방법의 규정이 없어도 변경이 가능하다.
③ 정관의 변경은 주무관청의 허가를 얻어야 효력이 있다.
④ 정관의 법적 성질은 계약이 아니라 자치법규이다.
⑤ 사원의 지위를 양도할 수 있다는 정관규정은 무효이다.

해설

① [○] 정관에는 다음의 사항을 기재하여야 하고(제40조), 그 하나라도 빠지면 정관으로서의 효력이 생기지 않는다. 즉 '1. 목적, 2. 명칭, 3. 사무소의 소재지, 4. 자산에 관한 규정, 5. 이사의 임면에 관한 규정, 6. 사원자격의 득실에 관한 규정, 7. 존립시기나 해산사유를 정하는 때에는 그 시기 또는 사유'가 그것이다. 다만, 이 중 7.은 그 존립시기나 해산사유를 정한 때에 한해 기재하면 된다.

②③ [○] | 제42조(사단법인의 정관의 변경) 「①항 사단법인의 정관은 총사원 3분의 2 이상의 동의가 있는 때에 한하여 이를 변경할 수 있다. 그러나 정수에 관하여 정관에 다른 규정이 있는 때에는 그 규정에 의한다. ②항 정관의 변경은 주무관청의 허가를 얻지 아니하면 그 효력이 없다.」

④ [○] 사단법인의 정관은 이를 작성한 사원뿐만 아니라 그 후에 가입한 사원이나 사단법인의 기관 등도 구속하는 점에 비추어 보면 그 법적 성질은 계약이 아니라 자치법규로 보는 것이 타당하므로, 이는 어디까지나 객관적인 기준에 따라 그 규범적인 의미 내용을 확정하는 법규해석의 방법으로 해석되어야 하는 것이지, 작성자의 주관이나 해석 당시의 사원의 다수결에 의한 방법으로 자의적으로 해석될 수는 없다(대판 2000.11.24. 99다12437).

[판례해설] 判例는 사단법인의 정관작성행위는 법률행위에 해당하나 일단 작성된 정관은 계약이 아닌 '자치법규'로서의 성질이 가진다고 보아 그 해석은 법률행위 해석의 방법이 아닌 법규 해석의 방법에 따라야 하는 것으로 보았다.

⑤ [×] 사단법인의 사원의 지위는 양도 또는 상속할 수 없다고 규정한 제56조의 규정은 강행규정이라고 할 수 없으므로, 비법인사단에서도 사원의 지위는 규약이나 관행에 의하여 양도 또는 상속될 수 있다(대판 1997.9.26. 95다6205).

[참조조문] 제56조(사원권의 양도, 상속금지) 「사단법인의 사원의 지위는 양도 또는 상속할 수 없다.」

정답 | ⑤

20 재단법인에 관한 설명으로 옳지 않은 것은?

① 설립자는 일정한 재산을 출연하고 법률에서 정한 사항을 기재한 정관을 작성하여 기명날인하여야 한다.

② 설립자가 사무소 소재지를 정하지 않고 사망한 경우 이해관계인의 청구가 있더라도 법원이 이를 정할 수 없다.

③ 설립자가 생전처분으로 재단법인을 설립하는 경우 증여에 관한 규정이 적용된다.

④ 재단법인의 등기사항 중 변경사항이 있는 경우 3주간 내에 변경등기를 하여야 한다.

⑤ 사업연도를 정한 재단법인은 성립한 때 및 그 연도 말에 재산목록을 작성하여야 한다.

해설

① [O]
> 제43조(재단법인의 정관) 「재단법인의 설립자는 일정한 재산을 출연하고 제40조 제1호 내지 제5호(목적, 명칭, 사무소의 소재지, 자산에 관한 규정, 이사의 임면에 관한 규정)의 사항을 기재한 정관을 작성하여 기명날인하여야 한다.」

② [×]
> 제44조(재단법인의 정관의 보충) 「재단법인의 설립자가 그 명칭, 사무소 소재지 또는 이사 임면의 방법을 정하지 아니하고 사망한 때에는 이해관계인 또는 검사의 청구에 의하여 법원이 이를 정한다.」

▶ 참고로 사단법인에는 해당 규정이 없으며 목적과 자산은 정해진 상태이어야 한다.

③ [O] 생전처분으로 재단법인을 설립하는 때에는 증여에 관한 규정을 준용하고, 유언으로 재단법인을 설립하는 때에는 유증에 관한 규정을 준용한다(제47조).

④ [O]
> 제52조(변경등기) 「제49조 제2항의 사항(법인의 설립등기사항) 중에 변경이 있는 때에는 3주간 내에 변경등기를 하여야 한다.」

⑤ [O]
> 제55조(재산목록과 사원명부) 「①항 법인은 성립한 때 및 매년 3월내에 재산목록을 작성하여 사무소에 비치하여야 한다. 사업연도를 정한 법인은 성립한 때 및 그 연도 말에 이를 작성하여야 한다. ②항 사단법인은 사원명부를 비치하고 사원의 변경이 있는 때에는 이를 기재하여야 한다.」

정답 | ②

제3관 법인의 능력

⊕ 핵심정리 대표기관의 행위에 대한 법인의 책임관계

1. 법인의 계약책임

(1) 요건(대, 권, 범)

대표기관의 행위에 대해 법인이 상대방에 대해 계약책임을 지기 위해서는 ⅰ) 대표기관의 행위일 것, ⅱ) 법인의 권리능력 범위 내의 행위일 것, ⅲ) 대표권의 범위 내의 행위일 것을 요한다.

(2) 법인의 권리능력

제34조의 '정관으로 정한 목적의 범위'와 관련하여 判例는 "목적을 수행하는 데 있어서 직접·간접으로 필요한 행위는 모두 포함한다."(91다8821등)고 하며, "목적수행에 필요한지 여부도 행위의 객관적 성질에 따라 추상적으로 판단할 것이지 행위자의 주관적, 구체적 의사에 따라 판단할 것은 아니다."(86다카1349)라고 판시하여 그 목적의 범위를 확대하는 경향이 다(객, 추, 주, 구).

따라서 대표기관의 주관적, 구체적 의사가 '대표권남용'의 의사였다고 하더라도 행위의 객관적, 추상적 성질이 법인이 목적수행에 필요한 행위라면 정관에서 정한 목적의 범위에 해당한다.

(3) 대표권 남용

判例의 경우 대리권남용과 같이 대체로 제107조 제1항 단서 유추적용설과 그 견해를 같이 하나(86다카371), 주식회사의 대표이사의 대표권남용에 대해서는 신의칙설에 따라 판단한 것도 있다(86다카1522). 다만 후자의 경우 상대방이 악의인 경우에만 회사가 책임을 면할 수 있다고 한다.

(4) 대표권의 유월·일탈

1) 법령에서 규정된 절차를 위반한 경우

判例는 계약책임(대리법리)이 아닌 불법행위책임(제35조)으로 해결하고 있다. 즉 "학교법인이 감독청의 허가를 받지 않고 금원을 차용한 행위는 강행규정인 사립학교법 제28조 위반으로 무효"라고 판시하여 사립학교법 제28조를 법률행위의 효력발생요건으로 보고 있으며, 제126조의 표현대리에 관한 규정이 적용되지 아니한다(83다548)고 하여 표현대리책임의 성립을 부정한다.

2) 정관에서 규정된 절차를 위반한 경우

민법은 '이사의 대표권에 대한 제한은 정관에 기재하여야 효력이 있다'(제41조)고 하여 정관의 기재를 효력요건으로 하고 있고, '이사의 대표권제한은 이를 등기하지 않으면 제3자에게 대항하지 못한다'(제49조 제2항 제9호, 제60조)고 하여 등기를 대항요건으로 하고 있다.

여기에서 정관에 규정된 대표권 제한이 등기되지 않은 경우 대항할 수 없는 제60조의 제3자의 범위에 대해 등기에 의한 법률관계의 통일과 명확화를 기한다는 취지에서 判例는 선·악을 불문한다는 무제한설의 입장이다(91다24564).

2. 법인의 불법행위책임

(1) 요건(대, 직, 불)

법인의 불법행위책임이 성립하기 위한 요건은 ⅰ) 대표기관의 행위일 것, ⅱ) 직무관련성이 있을 것(외형이론), ⅲ) 대표기관의 불법행위가 제750조의 요건을 갖추고 있을 것을 요한다(제35조 제1항 1문).

1) 대표기관의 행위

'법인의 대표자'에는 법인을 실질적으로 운영하면서 법인을 사실상 대표하여 법인의 사무를 집행하는 사람을 포함한다(2008다15438).

2) 직무에 관하여(직무관련성)

a. 직무관련성의 의미(외형이론)

判例는 외형상 법인의 직무행위라고 인정할 수 있는 것이라면, 대표자 개인의 사리를 도모하기 위한 것이었거나(대표권남용) 또는 법령의 규정에 위배된 것이었다(강행규정 위반) 하더라도 직무에 관한 행위에 해당한다고 한다(2003다15280).

b. 외형이론의 적용배제요건

'직무에 관하여'의 범위를 확장하는 것은 거래의 안전을 위한 것이므로, 대표기관의 행위가 직무집행에 관한 것이 아니라는 점에 대하여 상대방이 '선의'이고 '중대한 과실'이 없어야 한다(2002다27088). 따라서 상대방이 '경과실'로 인하여 몰랐을 경우 상대방은 법인에 대하여 불법행위책임을 물을 수는 있지만, 과실상계를 함으로써 양자의 이익을 보호할 수 있다.

3) 불법행위의 일반적 요건

손해의 '타인성'의 경우 判例는 대표기관의 임무해태(횡령) 등의 잘못으로 1차적으로 법인이 손해를 입고, 그 결과 사원의 경제적 이익이 침해되는 손해를 '간접적인 손해'라고 하면서, 이때 그 사원은 법인이 배상책임을 부담하는 타인의 범주에 해당하지 않는 것으로 보았다(99다19384).

(2) 효과

① 법인의 불법행위가 성립하는 경우 '법인'은 피해자에게 손해를 배상해야 하고(제35조 제1항 1문), '대표기관'도 자기의 손해배상책임을 면하지 못하며(제35조 제1항 2문), 법인의 책임과 기관의 책임은 부진정연대채무의 관계에 있게 된다. '사원 등'은 사원총회·이사회의 의결에 찬성하였다는 이유만으로 불법행위책임을 부담한다고 할 수는 없고, 대표자와 공동으로 불법행위를 저질렀거나 이에 가담하였다고 볼 만한 사정이 있을 때 제3자에 대하여 위 대표자와 연대하여 손해배상책임을 진다(2006다37465). ② 법인의 불법행위가 성립하지 않는 경우 '기관' 개인만이 제750조에 의해 불법행위책임을 진다. 이 경우 그 의사에 찬성하거나 의결을 집행한 '사원·이사 및 기타 대표자'는 그들 사이에 공동불법행위의 성립 여부를 불문하고 연대하여 배상한다(제35조 제2항).

(3) 불법행위책임과 부당이득반환책임의 관계

무효인 법률행위의 거래 상대방은 양자를 '선택'하여 행사할 수 있으나, '중첩'적으로 행사할 수는 없다. 가령 부당이득을 반환받은 한도에서는 손해배상의 범위가 감축된다(92다56087). 그러나 부당이득반환책임의 경우에는 불법행위책임과는 달리 과실상계가 참작되지 않기 때문에, 경우에 따라서 거래 상대방으로써는 부당이득반환청구가 보다 효과적인 구제수단이 될 수 있다.

3. 이사

(1) 임기만료된 이사에게 후임 이사의 선임시까지의 업무수행권이 인정되는지 여부(한정 적극)

"법인 이사의 ⅰ) 임기가 만료(사임) 되었음에도 불구하고 ⅱ) 그 후임 이사의 선임이 없거나 ⅲ) 또는 있었다고 하더라도 그 선임결의가 무효이고, 남아 있는 다른 이사만으로는 정상적인 법인의 활동을 할 수 없는 경우, 구 이사는 후임 이사가 선임될 때까지 민법 제691조의 규정을 유추하여 구 '종전'의 직무를 수행할 수 있다"(2010다2107). "이러한 사임한 대표자의 직무수행권은 법인이 '정상적인 활동을 중단하게 되는 처지를 피하기 위하여 보충적으로 인정'되는 것이다"(2001다7599).

(2) 법인이 정당한 이유 없이도 이사를 해임할 수 있는지 여부(적극) 및 이사에 대한 해임사유를 정관에 정한 경우의 법적 성질

"법인과 이사의 법률관계는 위임 유사의 관계이고, 위임계약은 쌍방 누구나 정당한 이유 없이도 언제든지 해지할 수 있는 것이어서, 제689조 제1항에 따라 법인은 이사의 임기 만료 전에도 이사를 해임할 수 있으나, 불리한 시기에 부득이한 사유 없이 해지한 경우에 한하여 제689조 제2항에 따라 상대방에게 그로 인한 손해배상책임을 질 뿐이다"(2013마1801). 다만, "제689조는 임의규정이므로 법인이 정관으로 별도의 규정을 두는 것은 가능하다. 이 경우 그 규정은 이사의 신분을 보장하는 의미도 아울러 가지고 있어 이를 단순히 주의적 규정으로 볼 수는 없고, 법인으로서는 이사의 중대한 의무위반 또는 정상적인 사무집행 불능 등의 특별한 사정이 없는 이상, 정관에서 정하지 아니한 사유로 이사를 해임할 수는 없다"(2011다41741).

(3) 법인 이사의 사임의 의사표시의 법적 성질 및 철회가부

"법인의 이사는 법인에 대한 일방적인 사임의 의사표시에 의하여 법률관계를 종료시킬 수 있고(상대방 있는 단독행위), 그 의사표시가 수령권 있는 기관에 도달됨으로써 효력을 발생하는 것이며, 법인의 승낙이 있어야만 효력이 있는 것은 아니다"(92다749). 한편 이 경우, "그 의사표시가 효력을 발생한 이후에는 임의로 이를 철회할 수 없다"(93다28799). 따라서 법인이 정관에 이사 사임의 의사표시의 효력발생시기에 관하여 특별한 규정을 둔 경우, "이사가 사임의 의사표시를 하였더라도 정관에 따라 사임의 효력이 발생하기 전에는 그 사임의사를 자유롭게 철회할 수 있다"(2007다17109).

(4) 대표권의 제한(정, 복, 이, 사)

이사의 대표권 제한은 ① 정관에 의한 제한, ② 사원총회의 의결에 의한 제한(제59조 제1항 단서), ③ 이익상반의 경우(제64조), ④ 복임권의 제한(제62조)이 있다.

---

21 법인에 관한 설명 중 옳은 것은? (다툼이 있는 경우 판례에 의함) [22경찰간부]

① 특별한 사정이 없는 한, 법인의 불법행위책임이 성립하는 사안에 대해 사원이 총회의결에 찬성한 경우에는 그 사원은 법인과 연대하여 책임을 부담한다.

② 사단법인의 총회는 소집통지에 의해 통지한 사항에 관해서만 결의할 수 있으므로 정관으로도 달리 정할 수 없다.

③ 재단법인의 기본재산변경은 정관을 변경하여 주무관청의 허가를 얻어야 효력이 있다.

④ 대표기관이 고의로 불법행위를 하면 피해자에게 과실이 있더라도 과실상계는 할 수 없다.

① [×]

> 제35조(법인의 불법행위능력)「①항 법인은 이사 기타 대표자가 그 직무에 관하여 타인에게 가한 손해를 배상할 책임이 있다. 이사 기타 대표자는 이로 인하여 자기의 손해배상책임을 면하지 못한다. ②항 법인의 목적범위 외의 행위로 인하여 타인에게 손해를 가한 때에는 그 사항의 의결에 찬성하거나 그 의결을 집행한 사원, 이사 및 기타 대표자가 연대하여 배상하여야 한다.」

> ▶ 법인의 불법행위책임이 성립하는 경우는 대표기관과 법인이 (부진정)연대하여 불법행위 책임을 부담하고(제35조 제1항), 법인의 불법행위책임이 성립하지 않는 경우(법인의 목적범위 외의 행위로 인하여 타인에게 손해를 가한 때) 그 사항의 의결에 찬성하거나 그 의결을 집행한 사원, 이사 및 기타 대표자가 연대하여 배상하여야 한다(제35조 제2항).

② [×] 총회는 '정관에 다른 규정이 없으면' 통지한 사항에 관하여만 결의할 수 있다(제72조). 즉, 사단법인의 총회는 소집통지에 의해 통지한 사항에 관하여서만 결의할 수 있으나, 정관으로 이와 달리 정할 수도 있다.

③ [○] 재단법인을 설립하기 위해 출연한 '기본재산'은 재단법인의 실체를 이루며, 이러한 '기본재산의 처분'은 정관의 필요적 기재사항이다(제43조). 재단법인의 정관의 변경은 사단법인의 정관변경과 마찬가지로 주무관청의 허가를 얻지 아니하면 그 효력이 없다(제45조 제3항, 제42조 제2항).

④ [×]

> 제396조(과실상계)「채무불이행에 관하여 채권자에게 과실이 있는 때에는 법원은 손해배상의 책임 및 그 금액을 정함에 이를 참작하여야 한다.」
> 제763조(준용규정)「제396조의 규정은 불법행위로 인한 손해배상에 준용한다.」

따라서 법인에 대한 손해배상책임원인이 대표기관의 고의적인 불법행위라고 하더라도, 피해자에게 그 불법행위 내지 손해발생에 과실이 있다면 법원은 과실상계의 법리에 좇아 손해배상의 책임 및 그 금액을 정함에 있어 이를 참작하여야 한다(대판 1987.12.8. 86다카1170). 참고로 피해자의 부주의를 이용하여 고의로 불법행위를 저지른 자가 바로 그 피해자의 부주의를 이유로 자신의 책임을 감하여 달라고 주장하는 것은 신의칙상 허용될 수 없는데(대판 2010.10.14. 2010다48561), 고의에 의한 불법행위의 경우에도 위와 같은 결과가 초래되지 않는 경우에는 과실상계나 공평의 원칙에 기한 책임의 제한은 얼마든지 가능하다고 보아야 할 것이다(대판 2007.10.25. 2006다16758, 16765).

> ▶ 법인에 대한 손해배상 책임원인이 대표기관의 고의적인 불법행위인 경우 피해자에게 과실이 있다면 과실상계는 적용될 수 있다(제396조, 제763조).

정답 | ③

---

22 甲법인의 대표이사 乙은 대표자로서의 모든 권한을 丙에게 포괄적으로 위임하여 丙이 실질적으로 甲법인의 사실상 대표자로서 그 사무를 집행하고 있다. 이에 관한 설명으로 옳은 것을 모두 고른 것은? (다툼이 있으면 판례에 따름)
[22행정사]

> ㄱ. 甲의 사무에 관한 丙의 대행행위는 원칙적으로 甲에게 효력이 미치지 않는다.
> ㄴ. 丙이 외관상 직무행위로 인하여 丁에게 손해를 입힌 경우, 甲은 특별한 사정이 없는 한 丁에 대하여 법인의 불법행위책임에 관한 민법 제35조의 손해배상책임을 진다.
> ㄷ. 만약 甲이 비법인사단이라면 乙은 甲의 사무 중 정관에서 대리를 금지한 사항의 처리에 대해서도 丙에게 포괄적으로 위임할 수 있다.

① ㄱ   ② ㄴ   ③ ㄱ, ㄴ
④ ㄱ, ㄷ   ⑤ ㄴ, ㄷ

해설

ㄱ. [○] 이사는 원칙적으로 자신이 스스로 대표권을 행사하여야 한다. 다만, 정관 또는 사원총회의 결의로 금지하지 않은 사항에 한하여 타인으로 하여금 '특정의 행위'를 대리하게 할 수 있다(제62조). 따라서 이사는 '포괄적인 복임권'은 없다. 만약 대표자가 타인에게 업무를 포괄적으로 위임한 경우 그 포괄적 수임인이 법인의 사무를 행하더라도 이는 제62조에 위반된 것이어서 그 효력이 법인에는 미치지 아니한다(대판 2011.4.28. 2008다15438).

ㄴ. [○] '법인의 대표자'에는 그 명칭이나 직위 여하, 또는 대표자로 등기되었는지 여부를 불문하고 당해 법인을 실질적으로 운영하면서 법인을 사실상 대표하여 법인의 사무를 집행하는 사람을 포함한다(대판 2011.4.28. 2008다15438).

ㄷ. [×] 비법인사단에 대하여는 사단법인에 관한 민법 규정 가운데 법인격을 전제로 하는 것을 제외하고는 이를 유추적용하여야 하는데, 민법 제62조에 비추어 보면 비법인사단의 대표자는 정관 또는 총회의 결의로 금지하지 아니한 사항에 한하여 타인으로 하여금 특정한 행위를 대리하게 할 수 있을 뿐 비법인사단의 제반 업무처리를 포괄적으로 위임할 수는 없으므로 비법인사단 대표자가 행한 타인에 대한 업무의 포괄적 위임과 그에 따른 포괄적 수임인의 대행행위는 민법 제62조를 위반한 것이어서 비법인사단에 대하여 그 효력이 미치지 않는다(대판 2011.4.28. 2008다15438).

정답 | ③

23 민법상 법인의 법률행위와 불법행위에 관한 설명으로 옳지 않은 것은? (다툼이 있는 경우 판례에 의함)

[22소방간부]

① 법인이 대표기관을 통하여 법률행위를 한 경우에는 대리에 관한 규정이 준용된다.

② 법인의 불법행위가 성립하기 위한 대표자의 직무행위에는 대표자 개인의 사리를 도모하기 위한 직무행위는 포함되지 않는다.

③ 법인의 대표권이 없는 이사가 직무에 관한 불법행위를 한 경우 법인은 민법 제35조에 따른 불법행위책임을 지지 않는다.

④ 법인의 대표기관의 직무에 관한 고의적 불법행위로 인한 손해배상청구의 경우에도 피해자의 과실에 대해서는 과실상계의 법리가 적용될 수 있다.

⑤ 민법 제35조에 따른 법인의 불법행위가 성립하는 경우 개인으로서 대표기관은 피해자에게 법인과 함께 배상책임을 진다.

해설

① [○]
> 제59조(이사의 대표권) 「②항 법인의 대표에 관하여는 대리에 관한 규정을 준용한다.」

　　▶ 따라서 이사 간 법인을 대표함에 있어서는 법인을 위한 것임을 표시하여야 하며(제114조), 또한 무권대리·표현대리의 규정을 포함한 모든 대리의 규정이 법인의 대표에 준용된다.

② [×] 判例는 "외형상 법인의 직무행위라고 인정할 수 있는 것이라면, 대표자 개인의 사리를 도모하기 위한 것이었거나(대표권남용) 또는 법령의 규정에 위배된 것이었다(강행규정 위반) 하더라도 직무에 관한 행위에 해당한다."라고 한다(대판 2004.2.27. 2003다15280).

③⑤ [○] 제35조 제1항에서의 '법인의 대표자'에는 그 명칭이나 직위 여하, 또는 대표자로 등기되었는지 여부를 불문하고 당해 법인을 실질적으로 운영하면서 법인을 사실상 대표하여 법인의 사무를 집행하는 사람을 포함한다(대판 2011.4.28. 2008다15438). 아울러 '대표권이 없는 이사'는 법인의 기관이기는 하지만 대표기관은 아니기 때문에 그들의 행위로 인하여 법인의 불법행위가 성립하지 않는다(대판 2005.12.23. 2003다30159).

④ [○] '직무에 관하여'의 범위를 확장하는 것은 거래의 안전을 도모하기 위한 것이므로, 대표기관의 행위가 실질적으로 직무집행에 관한 것이 아니라는 점에 대하여 상대방이 '선의'이고 '중대한 과실'이 없어야 한다(대판 2003.7.25. 2002다27088).

　　▶ 따라서 상대방이 '경과실'로 인하여 몰랐을 경우 상대방은 법인에 대하여 불법행위책임을 물을 수는 있지만, 과실상계(제396조, 제763조)를 함으로써 양자의 이익을 보호할 수 있을 것이다.

정답 | ②

24 민법상 법인의 능력에 관한 설명으로 옳지 않은 것은? (다툼이 있는 경우 판례에 의함) [22소방간부]

① 법인의 목적범위 내의 행위라도 이사의 대표권은 정관으로 제한할 수 있고, 이를 등기하면 제3자에게 대항할 수 있다.

② 법인의 불법행위책임 요건(민법 제35조)이 구비되면 법인은 피해자에게 그 손해를 배상하여야 하지만, 법인이 그 대표기관의 선임·감독에 과실 없음을 증명한 경우에는 그 책임을 면한다.

③ 해산한 법인은 청산의 범위 내에서만 권리가 있고 의무를 부담한다.

④ 법인은 법률의 규정에 좇아 정관으로 정한 목적의 범위 내에서 권리와 의무의 주체가 될 수 있는데(민법 제34조), 그 "정관으로 정한 목적의 범위"에는 정관에 목적으로 명시된 사항에 한정되는 것은 아니고, 그 목적을 수행하는데 직접 또는 간접으로 필요한 행위가 모두 포함된다.

⑤ 법인은 타인으로부터 상속을 받을 수는 없지만, 특정유증뿐만 아니라 포괄유증도 받을 수 있다.

해설

① [O] ⅰ) 민법은 '이사의 대표권에 대한 제한은 정관에 기재하여야 효력이 있다'(제41조)라고 하여 정관의 기재를 효력요건으로, ⅱ) '이사의 대표권 제한은 이를 등기하지 않으면 제3자에게 대항하지 못한다'(제60조)라고 하여 등기를 대항요건으로 하고 있다.

② [×]

> **제35조(법인의 불법행위능력)** 「①항 법인은 이사 기타 대표자가 그 직무에 관하여 타인에게 가한 손해를 배상할 책임이 있다. 이사 기타 대표자는 이로 인하여 자기의 손해배상책임을 면하지 못한다.」

▶ 법인의 불법행위책임 성립에 있어서 면책 요건에 대한 규정은 없다.

③ [O] 해산한 법인이 청산법인이 되고 '청산의 목적범위 내'에서만 권리를 갖고 의무를 부담하므로(제81조), 청산이라는 목적을 변경하거나 해산 전의 본래의 적극적인 사업을 행하는 것은 청산법인의 권리능력의 범위를 벗어나는 것이 된다.

④ [O] 判例는 "목적을 수행하는 데 있어서 직접·간접으로 필요한 행위는 모두 포함한다."라고 하며(대판 1991.11.22. 91다8821 등), "목적수행에 필요한지 여부도 행위의 객관적 성질에 따라 추상적으로 판단할 것이지 행위자의 주관적, 구체적 의사에 따라 판단할 것은 아니다."(대판 1987.9.8. 86다카1349)라고 판시하고 있다.

⑤ [O] 자연인을 전제로 하는 권리, 즉 생명권·상속권(다만, 포괄유증을 받음으로써 동일한 효과를 거둘 수 있다)·육체상의 자유권 등은 법인이 가질 수 없다.

정답 | ②

---

25 민법상 비영리법인에 관한 설명 중 가장 적절하지 않은 것은? (다툼이 있는 경우 판례에 의함) [21법학경채]

① 비영리법인은 법령을 위반하지 않은 정관에서 정한 바에 따라 초상권을 가질 수 있다.

② 비영리법인은 주무관청의 허가를 받아 그 주된 사무소에서 설립등기를 함으로써 성립한다.

③ 비영리법인은 법령을 위반하지 않은 정관으로 정한 목적의 범위 내에서 유증을 받을 수 있다.

④ 비영리법인은 법령을 위반하지 않은 정관으로 정한 목적의 범위 내에서 성년후견인이 될 수 있다.

해설

① [×] 사람의 신체적 특징에 관한 초상권은 비영리법인에게 인정되지 않는다(대판 2021.4.29. 2020다227455).

② [O]

> **제33조(법인설립의 등기)** 「법인은 그 주된 사무소의 소재지에서 설립등기를 함으로써 성립한다.」

③ [O] 자연인을 전제로 하는 권리, 즉 생명권·상속권(다만 포괄유증을 받음으로써 동일한 효과를 거둘 수 있다)·육체상의 자유권 등은 법인이 가질 수 없다.

④ [O] 법인은 미성년후견인은 될 수 없다. 이와 달리 성년후견·한정후견·특정후견의 경우에는 법인도 후견인이 될 수 있다(제930조 제2항, 제959조의3, 제959조의9).

정답 | ①

26 법인의 권리능력과 설립 등에 관한 설명 중 가장 적절하지 않은 것은? (다툼이 있는 경우 판례에 의함)

[19법학경채]

① 법인은 법률의 규정에 좇아 정관으로 정한 목적의 범위 내에서 권리와 의무의 주체가 된다.

② 재단법인은 유언으로 성립될 수 없다.

③ 법인이 목적 이외의 사업을 하거나 설립허가의 조건에 위반하거나 기타 공익을 해하는 행위를 한 경우, 주무관청은 그 허가를 취소할 수 있다.

④ 법인의 사무는 주무관청이 검사 및 감독한다.

해설

① [○] 　제34조(법인의 권리능력) 「법인은 법률의 규정에 좇아 정관으로 정한 목적의 범위 내에서 권리와 의무의 주체가 된다.」

▶ 법인의 권리능력은 제34조에 의해 '법률의 규정'과 '정관상 목적'에 의한 제한을 받는다. 또한 법문에는 없지만 법인은 '성질'상의 제한도 받는다고 해석된다(통설).

② [×] 생전처분으로 재단법인을 설립하는 때에는 증여에 관한 규정을 준용하고, 유언으로 재단법인을 설립하는 때에는 유증에 관한 규정을 준용한다(제47조).

③ [○] 　제38조(법인의 설립허가의 취소) 「법인이 목적 이외의 사업을 하거나 설립허가의 조건에 위반하거나 기타 공익을 해하는 행위를 한 때에는 주무관청은 그 허가를 취소할 수 있다.」

④ [○] 　제37조(법인의 사무의 검사, 감독) 「법인의 사무는 주무관청이 검사, 감독한다.」

정답 | ②

---

27 법인의 능력에 관한 설명 중 가장 적절하지 않은 것은? (다툼이 있는 경우 판례에 의함)

[22법학경채]

① 법인도 권리능력이 있으므로 재산상속을 받을 수 있다.

② 법인의 대표기관이 권한을 남용하여 자신의 개인적 이익을 목적으로 대표권의 범위에 속하는 행위를 하는 경우에는 원칙적으로 법인의 행위로 되므로 법인이 책임을 부담한다.

③ 법인은 법률의 규정에 좇아 정관으로 정한 목적의 범위 내에서 권리와 의무의 주체가 되는데 "목적의 범위 내"의 의미는 정관에서 열거한 목적과 그 목적을 수행하는 데 있어 직접 또는 간접적으로 필요한 행위를 말한다.

④ 법인이 그 대표자의 불법행위로 인하여 손해배상의무를 지는 것은 그 대표자의 직무에 관한 행위로 인하여 손해가 발생한 것임을 요한다 할 것이나, 그 직무에 관한 것이라는 의미는 행위의 외형상 법인의 대표자의 직무행위라고 인정할 수 있는 것이라면 설사 그것이 대표자 개인의 사리를 도모하기 위한 것이었거나 혹은 법령의 규정에 위배된 것이었다 하더라도 위의 직무에 관한 행위에 해당한다.

해설

① [×] 자연인을 전제로 하는 권리인 상속권은 법인이 가질 수 없다(다만, 포괄유증을 받음으로써 동일한 효과를 거둘 수 있다).

② [○] 법인의 태도자 대표권을 남용한 경우 제59조 제2항에 의해 대리권남용에 관한 이론이 그대로 적용된다. 즉, 判例의 경우 대리권 남용과 같이 대체로 제107조 제1항 단서 유추적용설과 그 견해를 같이(주식회사의 대표이사의 대표권남용에 대해서는 신의칙설에 따라 판단한 것도 있음) 상대방이 그 사실을 알았거나 알 수 있었을 경우가 아니라면 원칙적으로 계약상 책임을 부담한다.

③ [○] 判例는 "목적을 수행하는 데 있어서 직접·간접으로 필요한 행위는 모두 포함한다."(대판 1991.11.22. 91다8821 등)라고 하며 "목적수행에 필요한지 여부도 행위의 객관적 성질에 따라 추상적으로 판단할 것이지 행위자의 주관적, 구체적 의사에 따라 판단할 것은 아니다."(대판 1987.9.8. 86다카1349)라고 판시하고 있다.

④ [○] 判例는 외형상 법인의 직무행위라고 인정할 수 있는 것이라면, 대표자 개인의 사리를 도모하기 위한 것이었거나(대표권남용) 또는 법령의 규정에 위배된 것이었다(강행규정 위반) 하더라도 직무에 관한 행위에 해당한다고 한다(대판 2004.2.27. 2003다15280).

정답 | ①

28 민법상 법인의 능력에 관한 설명으로 옳지 <u>않은</u> 것은? (다툼이 있으면 판례에 따름) [22세무사]

① 법인은 그의 명예를 침해한 자에 대하여 불법행위책임을 물을 수 있다.

② 정관에서 정한 목적을 수행함에 있어서 간접적으로 필요한 행위에 대해서도 법인의 권리능력이 인정된다.

③ 법인의 대표에 관하여 무권대리에 관한 규정이 준용될 수 있다.

④ 감사의 행위에 대해서도 민법 제35조에 의한 법인의 불법행위책임이 성립한다.

⑤ 대표권남용에 대하여 상대방이 악의이면 대표권남용행위는 법인에게 그 효력이 미치지 않는다.

해설

① [○] 민법 제764조에서 말하는 명예라 함은 사람의 품성, 덕행, 명예, 신용 등 세상으로부터 받는 객관적인 평가를 말하는 것이고 특히 법인의 경우에는 그 사회적 명예, 신용을 가리키는 데 다름없는 것으로 명예를 훼손한다는 것은 그 사회적 평가를 침해하는 것을 말하고 이와 같은 법인의 명예가 훼손된 경우에 그 법인은 상대방에 대하여 불법행위로 인한 손해배상과 함께 명예 회복에 적당한 처분을 청구할 수 있고, 종중과 같이 소송상 당사자능력이 있는 비법인사단 역시 마찬가지이다(대판 1997.10.24. 96다17851).

② [○] 判例는 목적달성에 필요한 범위 내라고 판시하나, 직접적인 필요에 한정하지 않고 간접적으로 필요한 행위도 포함하며, 필요한지 여부도 객관적 성질에 따라 추상적으로 판단해야 한다고 하여 범위를 넓히고 있다(대판 1987.12.8. 86다카1230).

③ [○] 법인의 대표에 관하여는 대리에 관한 규정을 준용한다(제59조 제2항).

④ [×] 법인이 불법행위책임을 지는 것은 '이사 기타 대표자'의 불법행위에 대하여서이다. 법인의 대표기관에는 이사 이외에, 임시이사·특별대리인·직무대행자·청산인이 있다. 감사는 대표기관이 아니므로 이에 해당하지 않는다.

⑤ [○] 대표권 남용에 대하여는 제59조 제2항에 의해 대리권남용에 관한 이론이 그대로 적용된다. 다만, 判例의 경우 대리권남용과 같이 대체로 제107조 제1항 단서 유추적용설(상대방이 악의 또는 과실이 있다면 무효)과 그 견해를 같이 하나, 주식회사의 대표이사의 대표권남용에 대해서는 신의칙설에 따라 판단한 것도 있는데, 후자의 경우 상대방에게 중대한 과실이 있는 경우에도 회사는 책임을 면할 수 없다고 설시하고 있다(대판 1987.10.13. 86다카1522; 대판 2016.8.24. 2016다222453). 따라서 상대방이 악의인 경우에는 법인에게 효과가 미치지 않는다.

정답 | ④

29 민법상 법인의 불법행위능력에 관한 설명으로 옳은 것은? (다툼이 있으면 판례에 따름) [23행정사]

① 법인의 대표자는 법인을 사실상 대표하는지 여부와 관계없이 대표자로 등기되었는지 여부만을 기준으로 판단하여야 한다.

② 법인의 대표자가 부정한 대표행위를 한 경우에 그 행위가 직무범위 내에 있더라도 법인의 불법행위가 성립될 여지가 없다.

③ 행위의 외형상 법인의 대표자의 직무행위라고 인정되더라도 법령의 규정에 위배된 것이라면 직무에 관한 행위에 해당하지 않는다.

④ 법인의 대표자의 행위로 법인의 불법행위책임이 성립하는 경우, 특별한 사정이 없는 한 법인만이 피해자에게 불법행위책임을 진다.

⑤ 법인의 대표자의 행위가 직무행위에 해당하지 아니함을 피해자 자신이 경과실로 알지 못한 경우에는 법인에게 손해배상책임을 물을 수 있다.

해설

① [×] '법인의 대표자'에는 그 명칭이나 직위 여하, 또는 대표자로 등기되었는지 여부를 불문하고 당해 법인을 실질적으로 운영하면서 법인을 사실상 대표하여 법인의 사무를 집행하는 사람을 포함한다(대판 2011.4.28. 2008다15438).

②④ [×] 제35조(법인의 불법행위능력) 「①항 법인은 이사 기타 대표자가 그 직무에 관하여 타인에게 가한 손해를 배상할 책임이 있다. 이사 기타 대표자는 이로 인하여 자기의 손해배상책임을 면하지 못한다.」

③ [×] 判例는 외형상 법인의 직무행위라고 인정할 수 있는 것이라면, 대표자 개인의 사리를 도모하기 위한 것이었거나(대표권남용) 또는 법령의 규정에 위배된 것이었다(강행규정 위반) 하더라도 제35조 제1항의 직무에 관한 행위에 해당한다고 한다(대판 2004.2.27. 2003다15280).

⑤ [○] '직무에 관하여'의 범위를 확장하는 것은 거래의 안전을 도모하기 위한 것이므로, 대표기관의 행위가 실질적으로 직무집행에 관한 것이 아니라는 점에 대하여 상대방이 '선의'이고 '중대한 과실'이 없어야 한다(대판 2003.7.25. 2002다27088). 따라서 상대방이 '경과실'로 인하여 몰랐을 경우 상대방은 법인에 대하여 불법행위책임을 물을 수는 있지만, 과실상계(제396조, 제763조)[3]를 함으로써 양자의 이익을 보호할 수 있을 것이다.

정답 | ⑤

30 법인의 불법행위에 관한 설명으로 옳지 않은 것은? (다툼이 있는 경우 판례에 의함)   [23경찰간부]

① 법인 대표자의 차금행위가 법인에 대하여 불법행위가 되는 경우에는 민법상 사용자책임과 법인의 불법행위책임이 경합적으로 병존하게 된다.

② 대표권이 없는 이사의 행위로 인한 경우에는 특별한 사정이 없는 한 법인의 불법행위가 성립하지 않는다.

③ 법인의 사원은 특별한 사정이 없는 한 사원총회의 의결에 찬성하였다는 이유만으로는 제3자에 대하여 불법행위책임을 부담하지 않는다.

④ 대표자의 행위가 직무에 관한 행위에 해당하지 아니함을 피해자가 안 경우에는 법인의 불법행위책임이 성립하지 않는다.

해설

① [×] 제35조는 법인 자체의 책임인데 반해 제756조[4]는 타인의 행위에 대한 책임이라는 점에서 책임구조를 달리하므로, 법인의 불법행위책임이 성립하는 경우에는 사용자책임은 성립하지 않는다(대판 1978.3.14. 78다132). 그러나 '법인의 대표기관이 아닌 피용자'의 사무집행과 관련하여 타인에게 손해를 가한 때에는 제756조가 적용될 수 있다(대판 2009.11.26. 2009다57033).

② [○] '대표권이 없는 이사'는 법인의 기관이기는 하지만 대표기관은 아니기 때문에 그들의 행위로 인하여 법인의 불법행위가 성립하지 않는다(대판 2005.12.23. 2003다30159).

③ [○] 사원총회, 대의원 총회, 이사회의 의결은 원칙적으로 법인의 내부행위에 불과하므로 특별한 사정이 없는 한 그 사항의 의결에 찬성하였다는 이유만으로 제3자의 채권을 침해한다거나 대표자의 행위에 가공 또는 방조한 자로서 제3자에 대하여 불법행위책임을 부담한다고 할 수는 없고, 대표자와 공동으로 불법행위를 저질렀거나 이에 가담하였다고 볼 만한 사정이 있을 때 제3자에 대하여 위 대표자와 연대하여 손해배상책임을 진다(대판 2009.1.30. 2006다37465).

④ [○] 대표기관의 행위가 실질적으로 직무집행에 관한 것이 아니라는 점에 대하여 상대방이 '선의'이고 '중대한 과실'이 없어야 대표기관의 행위에 대해 법인이 제35조 제1항의 불법행위책임을 부담한다(대판 2003.7.25. 2002다27088). 따라서 대표자의 행위가 직무에 관한 행위에 해당하지 아니함을 피해자가 안 경우에는 법인의 불법행위책임이 성립하지 않는다.

정답 | ①

---

3) **제396조(과실상계)** 채무불이행에 관하여 채권자에게 과실이 있는 때에는 법원은 손해배상의 책임 및 그 금액을 정함에 이를 참작하여야 한다.
   제763조(준용규정) 제396조의 규정은 불법행위로 인한 손해배상에 준용한다.

4) **제756조(사용자의 배상책임)** ① 타인을 사용하여 어느 사무에 종사하게 한 자는 피용자가 그 사무집행에 관하여 제3자에게 가한 손해를 배상할 책임이 있다. 그러나 사용자가 피용자의 선임 및 그 사무감독에 상당한 주의를 한 때 또는 상당한 주의를 하여도 손해가 있을 경우에는 그러하지 아니하다.

31 사단법인 甲의 대표자 乙이 직무에 관한 불법행위로 丙에게 손해를 가하였다. 甲의 불법행위능력(민법 제35조)에 관한 설명으로 옳지 않은 것은? (다툼이 있으면 판례에 따름) [21행정사]

① 甲의 불법행위가 성립하여 甲이 丙에게 손해를 배상하면 甲은 乙에게 구상할 수 있다.

② 乙이 법인을 실질적으로 운영하면서 사실상 대표하여 사무를 집행하였더라도 대표자로 등기되지 않았다면 민법 제35조에서 정한 '대표자'에 해당하지 않는다.

③ 甲의 불법행위책임은 그가 乙의 선임·감독에 주의를 다하였음을 이유로 면책되지 않는다.

④ 乙의 행위가 외형상 대표자의 직무행위로 인정되는 경우라면 그것이 乙 개인의 이익만을 도모하기 위한 것이라도 직무에 관한 행위에 해당한다.

⑤ 乙이 청산인인 경우에도 甲의 불법행위책임이 성립할 수 있다.

해설

① [○] 기관은 선량한 관리자의 주의로 그 의무를 행하여야 하므로(제61조), 법인이 피해자에게 손해를 배상한 경우에는 기관 개인에 대하여 구상권을 행사할 수 있다(제65조).

② [×] ⑤ [○] 제35조 제1항에서의 '법인의 대표자'에는 그 명칭이나 직위 여하, 또는 대표자로 등기되었는지 여부를 불문하고 당해 법인을 실질적으로 운영하면서 법인을 사실상 대표하여 법인의 사무를 집행하는 사람을 포함한다(대판 2011.4.28. 2008다15438).
▶ 제35조 제1항의 대표기관에는 청산인(제82조, 제83조)도 포함된다.

③ [○]
> 제35조(법인의 불법행위능력) 「①항 법인은 이사 기타 대표자가 그 직무에 관하여 타인에게 가한 손해를 배상할 책임이 있다. 이사 기타 대표자는 이로 인하여 자기의 손해배상책임을 면하지 못한다.」

▶ 면책에 대하여는 규정되어 있지 않으므로 선임·감독에 주의의무를 다하였음을 증명하여도 면책될 수 없다.

④ [○] 직무에 관한 것이라는 의미는 행위의 외형상 법인의 대표자의 직무행위라고 인정할 수 있는 것이라면 설사 그것이 대표자 개인의 사리를 도모하기 위한 것이었거나 혹은 법령의 규정에 위배된 것이었다 하더라도 위의 직무에 관한 행위에 해당한다고 보아야 한다(대판 2004.2.27. 2003다15280).

정답 | ②

32 법인의 불법행위능력에 대한 설명으로 가장 적절하지 않은 것은? (다툼이 있는 경우 판례에 의함) [18법학경채]

① 법인을 실질적으로 운영하면서 사실상 대표하여 법인의 사무를 집행하는 사람이 법인의 대표자로 등기되어 있지 않은 경우, 법인은 그가 그 직무에 관하여 타인에게 가한 손해를 배상할 책임이 없다.

② 법인의 불법행위가 성립하는 경우에도 가해행위를 한 대표자는 자기의 손해배상책임을 면하지 못한다.

③ 법인의 목적범위 외의 행위로 인하여 타인에게 손해를 가한 때에는 그 사항의 의결에 찬성하거나 그 의결을 집행한 사원, 이사 및 기타 대표자가 연대하여 배상하여야 한다.

④ 법인 대표자의 행위가 직무에 관한 행위에 해당하지 아니함을 중대한 과실로 알지 못한 피해자는 법인에게 손해배상책임을 물을 수 없다.

해설

① [×] 제35조 제1항에서의 '법인의 대표자'에는 그 명칭이나 직위 여하, 또는 대표자로 등기되었는지 여부를 불문하고 당해 법인을 실질적으로 운영하면서 법인을 사실상 대표하여 법인의 사무를 집행하는 사람을 포함한다(대판 2011.4.28. 2008다15438). 아울러 '대표권이 없는 이사'는 법인의 기관이기는 하지만 대표기관은 아니기 때문에 그들의 행위로 인하여 법인의 불법행위가 성립하지 않는다(대판 2005.12.23. 2003다30159).

② [○]
> 제35조(법인의 불법행위능력) 「①항 법인은 이사 기타 대표자가 그 직무에 관하여 타인에게 가한 손해를 배상할 책임이 있다. 이사 기타 대표자는 이로 인하여 자기의 손해배상책임을 면하지 못한다.」

③ [○]
> 제35조(법인의 불법행위능력) 「②항 법인의 목적 범위 외의 행위로 인하여 타인에게 손해를 가한 때에는 그 사항의 의결에 찬성하거나 그 의결을 집행한 사원, 이사 및 기타 대표자가 연대하여 배상하여야 한다.」

④ [○] '직무에 관하여'의 범위를 확장하는 것은 거래의 안전을 도모하기 위한 것이므로, 대표기관의 행위가 실질적으로 직무집행에 관한 것이 아니라는 점에 대하여 상대방이 '선의'이고 '중대한 과실'이 없어야 한다(대판 2003.7.25. 2002다27088).
> [관련판례] 중대한 과실이라 함은 거의 고의에 가까운 정도의 주의를 결여하고, 공평의 관점에서 상대방을 구태여 보호할 필요가 없다고 봄이 상당하다고 인정되는 상태를 말한다(대판 2003.7.25. 2002다27088).

정답 | ①

33 법인의 불법행위책임에 관한 설명으로 옳은 것은? (다툼이 있으면 판례에 따름) [18세무사]

① 대표권이 없는 이사의 행위로는 법인의 불법행위가 성립하지 않는다.
② 감사의 불법행위에 대해서도 법인의 불법행위가 성립한다.
③ 대표자의 행위가 외형상 비법인사단의 행위로 보이지만 개인의 이익을 위한 것인 경우, 비법인사단의 불법행위는 성립하지 않는다.
④ 법인의 불법행위책임이 인정되는 경우, 그 사항의 결의에 찬성한 사원은 특별한 사정이 없는 한 법인과 연대하여 책임을 진다.
⑤ 법인이 피해자에게 불법행위에 의한 손해배상을 한 경우에 대표기관에 대하여 구상권을 행사할 수 없다.

해설

① [○] 제35조 제1항에서의 '법인의 대표자'에는 그 명칭이나 직위 여하, 또는 대표자로 등기되었는지 여부를 불문하고 당해 법인을 실질적으로 운영하면서 법인을 사실상 대표하여 법인의 사무를 집행하는 사람을 포함한다(대판 2011.4.28. 2008다15438). 아울러 '대표권이 없는 이사'는 법인의 기관이기는 하지만 대표기관은 아니기 때문에 그들의 행위로 인하여 법인의 불법행위가 성립하지 않는다(대판 2005.12.23. 2003다30159).

② [×] 이사(제57조)·임시이사(제63조)·직무대행자(제60조의2)·특별대리인(제64조)·청산인(제82조) 등이 그 대표기관이다. 따라서 이사에 의해 선임된 특정행위에 대한 대리인(제62조), 지배인, 사원총회, '감사' 등은 대표기관에 해당하지 않는다.

③ [×] 주택조합과 같은 비법인사단의 대표자가 직무에 관하여 타인에게 손해를 가한 경우 그 사단은 제35조 제1항의 유추적용에 의하여 그 손해를 배상할 책임이 있으며, 비법인사단의 대표자의 행위가 대표자 개인의 사리를 도모하기 위한 것이었거나 혹은 법령의 규정에 위배된 것이었다 하더라도 외관상, 객관적으로 직무에 관한 행위라고 인정할 수 있는 것이라면 제35조 제1항의 직무에 관한 행위에 해당한다(대판 2003.7.25. 2002다27088).

④ [×] 사원총회, 대의원 총회, 이사회의 의결은 원칙적으로 법인의 내부행위에 불과하므로 특별한 사정이 없는 한 그 사항의 의결에 찬성하였다는 이유만으로 제3자의 채권을 침해한다거나 대표자의 행위에 가공 또는 방조한 자로서 제3자에 대하여 불법행위책임을 부담한다고 할 수는 없고, 대표자와 공동으로 불법행위를 저질렀거나 이에 가담하였다고 볼 만한 사정이 있을 때 제3자에 대하여 위 대표자와 연대하여 손해배상책임을 진다(대판 2009.1.30. 2006다37465).
▶ 제35조 제2항은 법인의 불법행위책임이 인정되지 않는 경우에 적용되는 규정임을 주의하여야 한다.

⑤ [×] ⅰ) 법인이 배상책임을 지는 경우에도 대표기관은 자기의 손해배상책임을 면하지 못한다(제35조 제1항 2문). 이 경우 법인의 책임과 기관의 책임은 부진정연대채무의 관계에 있게 된다. ⅱ) 기관은 선량한 관리자의 주의로 그 의무를 행하여야 하므로(제61조), 법인이 피해자에게 손해를 배상한 경우에는 기관 개인에 대하여 구상권을 행사할 수 있다(제65조).

정답 | ①

34 법인의 불법행위책임에 관한 설명으로 옳지 않은 것은? (다툼이 있으면 판례에 의함) [18소방간부]

① 법인의 불법행위가 성립하기 위해서는 이사 기타 대표자의 행위가 불법행위에 해당해야 한다.

② 행위의 외형상 이사 기타 대표자의 직무에 관한 행위라고 하더라도, 실제로는 법인의 정관 목적범위 내의 행위가 아니라면, 법인의 불법행위가 성립하지 않는다.

③ 대표권이 없는 이사는 법인의 기관이기는 하지만, 그 이사의 행위로 인하여 법인의 불법행위가 성립하지 않는다.

④ 법인의 불법행위가 성립할 경우, 이사 기타 대표자는 자신의 손해배상책임을 면하지 못한다.

⑤ 법인의 목적범위 외의 행위로 인하여 타인에게 손해를 가한 때에는 그 사항의 의결에 찬성하거나 그 의결을 집행한 사원, 이사 및 기타 대표자가 연대하여 배상하여야 한다.

해설

① [O] ⅰ) 법인이 불법행위책임을 지기 위해서는 이사 기타 대표자의 행위가 <u>일반불법행위의 성립요건(제750조)을 충족시켜야</u> 한다. 즉 대표기관 개인에게 책임능력이 있어야 하고, 고의 또는 과실이 있어야 하며, 가해행위가 위법하여야 하고, '피해자가 손해'를 입어야 한다(대판 1999.7.27. 99다19384).

② [×] 통설·판례는 행위의 외형을 기준으로 직무관련성 여부를 판단한다. 즉 '직무에 관한 행위'인지 여부는 주관적·구체적으로 판단할 것이 아니라 객관적·추상적으로 판단하여야 하며, 여기에는 외형상 대표기관의 직무집행행위라고 볼 수 있는 행위 및 직무집행행위와 사회관념상의 관련성(견련성)을 가지는 행위를 포함한다.

　▶ 따라서 행위의 외형상 이사 기타 대표자의 직무에 관한 행위라면 실제로는 법인의 정관 목적 범위 내의 행위가 아니더라도 법인의 불법행위가 성립될 수 있다.

③ [O] 제35조 제1항에서의 '법인의 대표자'에는 그 명칭이나 직위 여하, 또는 대표자로 등기되었는지 여부를 불문하고 당해 법인을 실질적으로 운영하면서 법인을 사실상 대표하여 법인의 사무를 집행하는 사람을 포함한다(대판 2011.4.28. 2008다15438). 아울러 '대표권이 없는 이사'는 법인의 기관이기는 하지만 대표기관은 아니기 때문에 그들의 행위로 인하여 법인의 불법행위가 성립하지 않는다(대판 2005.12.23. 2003다30159).

④ [O]
> 제35조(법인의 불법행위능력) 「①항 법인은 이사 기타 대표자가 그 직무에 관하여 타인에게 가한 손해를 배상할 책임이 있다. 이사 기타 대표자는 이로 인하여 자기의 손해배상책임을 면하지 못한다.」

⑤ [O]
> 제35조(법인의 불법행위능력) 「②항 법인의 목적 범위 외의 행위로 인하여 타인에게 손해를 가한 때에는 그 사항의 의결에 찬성하거나 그 의결을 집행한 사원, 이사 및 기타 대표자가 연대하여 배상하여야 한다.」

정답 | ②

---

35 제35조(법인의 불법행위능력)에 관한 설명으로 옳은 것은? (다툼이 있으면 판례에 따름) [20·19행정사 변형]

① 제35조 소정의 '이사 기타 대표자'에는 대표권 없는 이사가 포함된다.

② 법인의 불법행위가 성립하는 경우, 대표자의 행위가 피해자에 대한 불법행위를 구성한다면 그 대표자도 피해자에 대하여 손해배상책임을 면하지 못한다.

③ 법인의 불법행위가 성립하여 법인이 피해자에게 배상한 경우, 법인은 대표자 개인에 대하여 구상권을 행사할 수 없다.

④ 법인의 대표자의 행위가 직무에 관한 행위에 해당하지 아니함을 피해자가 경과실로 알지 못한 경우 법인의 불법행위책임은 성립하지 않는다.

⑤ 법인의 대표자의 행위가 법령의 규정에 위배된 것이라면 외관상, 객관적으로 직무에 관한 행위라고 인정되더라도 제35조 제1항의 직무에 관한 행위에 해당하지 않는다.

해설

① [×] ② [○] 제35조 제1항에서의 '법인의 대표자'에는 그 명칭이나 직위 여하, 또는 대표자로 등기되었는지 여부를 불문하고 당해 법인을 실질적으로 운영하면서 법인을 사실상 대표하여 법인의 사무를 집행하는 사람을 포함한다(대판 2011.4.28. 2008다15438). 아울러 '대표권이 없는 이사'는 법인의 기관이기는 하지만 대표기관은 아니기 때문에 그들의 행위로 인하여 법인의 불법행위가 성립하지 않는다(대판 2005.12.23. 2003다30159).

참조조문 | **제35조(법인의 불법행위능력)** 「①항 법인은 이사 기타 대표자가 그 직무에 관하여 타인에게 가한 손해를 배상할 책임이 있다. 이사 기타 대표자는 이로 인하여 자기의 손해배상책임을 면하지 못한다.」

③ [×] ⅰ) 법인이 배상책임을 지는 경우에도 대표기관은 자기의 손해배상책임을 면하지 못한다(제35조 제1항 2문). 이 경우 법인의 책임과 기관의 책임은 부진정연대채무의 관계에 있게 된다. ⅱ) 기관은 선량한 관리자의 주의로 그 의무를 행하여야 하므로(제61조), 법인이 피해자에게 손해를 배상한 경우에는 기관 개인에 대하여 구상권을 행사할 수 있다(제65조).

④ [×] '직무에 관하여'의 범위를 확장하는 것은 거래의 안전을 도모하기 위한 것이므로, 대표기관의 행위가 실질적으로 직무집행에 관한 것이 아니라는 점에 대하여 상대방이 '선의'이고 '중대한 과실'이 없어야 한다(대판 2003.7.25. 2002다27088). 따라서 상대방이 '경과실'로 인하여 몰랐을 경우 상대방은 법인에 대하여 불법행위책임을 물을 수는 있지만, 과실상계(제396조, 제763조)를 함으로써 양자의 이익을 보호할 수 있을 것이다.

⑤ [×] 외형상 법인의 직무행위라고 인정할 수 있는 것이라면, 대표자 개인의 사리를 도모하기 위한 것이었거나(대표권남용) 또는 법령의 규정에 위배된 것이었다(강행규정 위반) 하더라도 직무에 관한 행위에 해당한다(대판 2004.2.27. 2003다15280).

정답 | ②

36 민법상 법인의 불법행위책임에 관한 설명으로 옳은 것은? (다툼이 있으면 판례에 따름) [23세무사]

① 법인의 불법행위책임에 관한 민법 제35조는 법인 아닌 사단에도 유추적용된다.

② 학교법인 대표자의 직무상 차금(借金)행위가 불법행위가 되는 경우, 법인은 민법상 사용자 배상책임을 진다.

③ 법인의 불법행위책임이 성립하는 경우, 피해자는 직접 대표자에 대해 손해배상을 청구할 수 없다.

④ 대표자의 행위가 직무에 관한 행위에 해당하지 않음을 피해자가 알고 있었다 하더라도 외형상 직무행위로 보인다면 법인은 그로 인한 손해배상책임을 진다.

⑤ 법인의 실질적 운영자로서 법인 사무를 집행함에도 대표자로 등기되어 있지 않은 자는 민법 제35조에서 정한 대표자로 볼 수 없다.

해설

① [○] 주택조합과 같은 비법인사단의 대표자가 직무에 관하여 타인에게 손해를 가한 경우 그 사단은 민법 제35조 제1항의 유추적용에 의하여 그 손해를 배상할 책임이 있다(대판 2003.7.25. 2002다27088).

② [×] 제35조는 법인 자체의 책임인데 반해 제756조[5]는 타인의 행위에 대한 책임이라는 점에서 책임구조를 달리하므로, 법인의 불법행위책임이 성립하는 경우에는 사용자책임은 성립하지 않는다(통설, 대판 1978.3.14. 78다132).

③ [×] 법인의 불법행위책임이 성립하는 경우는 대표기관과 법인이 (부진정)연대하여 불법행위 책임을 부담한다(제35조 제1항).

④ [×] 법인의 대표자의 행위가 직무에 관한 행위에 해당하지 아니함을 피해자 자신이 알았거나 또는 중대한 과실로 인하여 알지 못한 경우에는 법인에게 손해배상책임을 물을 수 없다(대판 2004.3.26. 2003다34045).

⑤ [×] 법인의 대표자'에는 그 명칭이나 직위 여하, 또는 대표자로 등기되었는지 여부를 불문하고 당해 법인을 실질적으로 운영하면서 법인을 사실상 대표하여 법인의 사무를 집행하는 사람을 포함한다(대판 2011.4.28. 2008다15438).

정답 | ①

---

5) **제756조(사용자의 배상책임)** ① 타인을 사용하여 어느 사무에 종사하게 한 자는 피용자가 그 사무집행에 관하여 제3자에게 가한 손해를 배상할 책임이 있다. 그러나 사용자가 피용자의 선임 및 그 사무감독에 상당한 주의를 한 때 또는 상당한 주의를 하여도 손해가 있을 경우에는 그러하지 아니하다.

37 법인의 불법행위책임에 관한 설명으로 옳지 않은 것은? (다툼이 있으면 판례에 따름) [17·15행정사 변형]

① 대표권이 없는 이사의 행위로 인하여는 법인의 불법행위가 성립하지 않는다.

② 외형상 법인의 대표자의 직무행위라고 인정할 수 있는 것이라면 그것이 법령규정에 위반한 행위라도 직무에 관한 행위에 해당한다.

③ 법인의 대표자의 행위가 직무에 관한 행위에 해당하지 아니함을 피해자가 중대한 과실로 인하여 알지 못한 경우에 법인은 손해배상책임을 부담하지 않는다.

④ 이사의 대표권에 대한 제한은 정관에 기재하여야 효력이 발생하고, 등기하면 제3자에게 대항할 수 있다.

⑤ 법인의 권리능력을 벗어나는 행위의 효과는 법인에게 귀속되지 않기 때문에 이로 인하여 상대방이 손해를 입었더라도 그 행위를 집행한 대표기관은 책임을 부담하지 않는다.

해설

① [O] '대표권이 없는 이사'는 법인의 기관이기는 하지만 대표기관은 아니기 때문에 그들의 행위로 인하여 법인의 불법행위가 성립하지 않는다(대판 2005.12.23. 2003다30159).

② [O] 외형상 법인의 직무행위라고 인정할 수 있는 것이라면, 대표자 개인의 사리를 도모하기 위한 것이었거나(대표권남용) 또는 법령의 규정에 위배된 것이었다(강행규정 위반) 하더라도 직무에 관한 행위에 해당한다(대판 2004.2.27. 2003다15280).

③ [O] '직무에 관하여'의 범위를 확장하는 것은 거래의 안전을 도모하기 위한 것이므로, 대표기관의 행위가 실질적으로 직무집행에 관한 것이 아니라는 점에 대하여 상대방이 '선의'이고 '중대한 과실'이 없어야 한다(대판 2003.7.25. 2002다27088).

<u>관련판례</u> 중대한 과실이라 함은 거의 고의에 가까운 정도의 주의를 결여하고, 공평의 관점에서 상대방을 구태여 보호할 필요가 없다고 봄이 상당하다고 인정되는 상태를 말한다(대판 2003.7.25. 2002다27088).

④ [O] i) 민법은 '이사의 대표권에 대한 제한은 정관에 기재하여야 효력이 있다'(제41조)라고 하여 정관의 기재를 효력요건으로, ii) '이사의 대표권 제한은 이를 등기하지 않으면 제3자에게 대항하지 못한다'(제60조)라고 하여 등기를 대항요건으로 하고 있다.

⑤ [X]

> 제35조(법인의 불법행위능력) 「②항 법인의 목적 범위 외의 행위로 인하여 타인에게 손해를 가한 때에는 그 사항의 의결에 찬성하거나 그 의결을 집행한 사원, 이사 및 기타 대표자가 연대하여 배상하여야 한다.」

정답 | ⑤

38 법인에 관한 다음 설명 중 옳은 것은? (다툼이 있는 경우 판례에 의함) [출제예상]

① 법인 대표자의 직무행위로 타인에게 손해가 발생한 경우에 그러한 직무행위가 법령의 규정에 위배된 것이거나 대표자 개인의 사리를 도모하기 위한 것이었다면 이러한 법률행위는 무효이므로 법인의 불법행위책임이 성립할 수 없다.

② 민법상 재단법인이 전세권을 기본재산으로 하는 정관변경을 하면서 주무관청의 허가를 얻은 경우에도 전세권소멸통고에 대해서는 다시 별도로 주무관청의 허가를 받아야 한다.

③ 민법상 재단법인의 기본재산에 관한 저당권 설정행위는 특별한 사정이 없는 한 정관의 기재사항을 변경하여야 하는 경우에 해당하지 않으므로, 그에 관하여는 주무관청의 허가를 얻을 필요가 없다. 만약 민법상 재단법인의 '정관'에 기본재산은 담보설정 등을 할 수 없으나 주무관청의 허가·승인을 받은 경우에는 이를 할 수 있다는 취지로 정해져 있고, 정관 규정에 따라 주무관청의 허가·승인을 받아 민법상 재단법인의 기본재산에 관하여 근저당권을 설정한 경우, 그와 같이 설정된 근저당권을 실행하여 기본재산을 매각할 때에는 주무관청의 허가를 다시 받을 필요는 없다.

④ 법인과 이사의 법률관계는 위임 유사의 관계이고, 위임계약은 원래 해지의 자유가 인정되어 쌍방 누구나 정당한 이유 없이도 언제든지 해지할 수 있는 것이다. 따라서 법인의 정관에 이사의 해임사유에 관한 규정이 있는 경우라도, 이는 주위적 규정이므로 정관에서 정하지 않은 사유로 이사를 해임할 수 있다.

해설

① [×] 법인이 그 대표자의 불법행위로 인하여 손해배상의무를 지는 것은 그 대표자의 직무에 관한 행위로 인하여 손해가 발생한 것임을 요한다 할 것이나, 그 직무에 관한 것이라는 의미는 행위의 외형상 법인의 대표자의 직무행위라고 인정할 수 있는 것이라면 설사 그것이 대표자 개인의 사리를 도모하기 위한 것이었거나 혹은 법령의 규정에 위배된 것이었다 하더라도 위의 직무에 관한 행위에 해당한다고 보아야 한다(대판 2004.2.27. 2003다15280).

② [×] **사실관계** 원고들이 피고 비영리법인(설치에 관한 근거법령에 민법 중 재단법인에 관한 규정이 준용되도록 정하고 있음)에 대해 전세권을 설정해 주었다가, 민법상 전세권소멸통고를 하고 전세권설정등기의 말소를 구하였는데, 피고가 전세권이 기본재산으로서 주무관청의 허가 없이 소멸할 수 없다고 항변한 사안에서, 원심은 피고가 전세권을 기본재산으로 하는 정관변경을 하면서 주무관청의 허가를 얻은 이상 전세권소멸통고에 대해서 다시 별도로 주무관청의 허가를 받을 필요 없다고 보아, 피고의 항변을 배척하였고, 대법원은 이러한 원심의 판단이 기존 대법원 판례의 취지와 부합하는 것으로 타당하다고 보아 상고기각한 사례이다(대판 2021.5.7. 2020 다289828).

③ [○] ⅰ) 제32조, 제40조 제4호, 제42조 제2항, 제43조, 제45조 제3항, 제1항에 의하면, 재단법인은 정관에 재단법인의 자산에 관한 규정을 두어야 하고, 재단법인의 설립과 정관의 변경에는 주무관청의 허가를 얻어야 한다. 따라서 주무관청의 허가를 얻은 정관에 기재된 기본재산의 처분행위로 인하여 재단법인의 정관 기재사항을 변경하여야 하는 경우에는, 그에 관하여 주무관청의 허가를 얻어야 한다. 이는 재단법인의 기본재산에 대하여 강제집행을 실시하는 경우에도 동일하나, 주무관청의 허가는 반드시 사전에 얻어야 하는 것은 아니므로, 재단법인의 정관변경에 대한 주무관청의 허가는, 경매개시요건은 아니고, 경락인의 소유권취득에 관한 요건이다. 그러므로 집행법원으로서는 그 허가를 얻어 제출할 것을 특별매각조건으로 경매절차를 진행하고, 매각허가결정 시까지 이를 제출하지 못하면 매각불허가결정을 하면 된다. ⅱ) 민법상 재단법인의 기본재산에 관한 저당권 설정행위는 특별한 사정이 없는 한 정관의 기재사항을 변경하여야 하는 경우에 해당하지 않으므로, 그에 관하여는 주무관청의 허가를 얻을 필요가 없다(대결 2018.7.20. 2017마1565). 민법상 재단법인의 정관에 기본재산은 담보설정 등을 할 수 없으나 주무관청의 허가·승인을 받은 경우에는 이를 할 수 있다는 취지로 정해져 있고, 정관 규정에 따라 주무관청의 허가·승인을 받아 민법상 재단법인의 기본재산에 관하여 근저당권을 설정한 경우, 그와 같이 설정된 근저당권을 실행하여 기본재산을 매각할 때에는 주무관청의 허가를 다시 받을 필요는 없다(대결 2019.2.28. 2018마800).

쟁점정리 기본재산의 처분·편입과 정관의 변경

재단법인을 설립하기 위해 출연한 '기본재산'은 재단법인의 실체를 이루며, 이것은 정관의 필요적 기재사항이다(제43조)[그러나 재단법인의 기본재산이 아닌 재산의 매각은 정관의 변경을 초래하는 것이 아니므로 주무관청의 허가를 필요로 하는 것이 아니다(대판 1967.12.19. 67다1337)]. 따라서 ⅰ) 재단법인의 기본재산을 '처분'하거나(기본재산에 관한 '저당권 설정행위'는 이에 해당하지 않으므로 주무관청의 허가가 필요 없다.; 대결 2018.7.20. 2017마1565), ⅱ) 경매절차에 의해 매각하거나(기본재산에 대한 강제집행실시; 주무관청의 허가는 반드시 사전에 얻어야 하는 것은 아니므로, 재단법인의 정관변경에 대한 주무관청의 허가는 경매개시요건은 아니고 경락인의 소유권취득에 관한 요건이다.; 대결 2018.7.20. 2017마1565), ⅲ) 기본재산을 수동채권으로 상계하거나(대판 1998.12.11. 97다9970), ⅳ) 추가로 기본재산에 '편입'시키거나, ⅴ) 명의신탁해지에 따른 원상회복(대판 1991.5.28. 90다8558) 등과 같은 기본재산의 증가도 모두 정관의 변경사항이 되므로 주무관청의 허가를 얻어야 그 효력이 생기고(제45조 제3항), 그 허가 없이 한 처분행위는 무효가 된다(대판 1991.5.28. 90다8558). 그리고 주무관청의 허가 없는 기본재산의 처분을 금하는 법의 취지상 채권계약으로서도 그 효력이 없다(대판 1974.6.11. 73다1975).

④ [×] 법인과 이사의 법률관계는 신뢰를 기초로 한 위임 유사의 관계이고, 위임계약은 원래 해지의 자유가 인정되어 쌍방 누구나 정당한 이유 없이도 언제든지 해지할 수 있는 것이어서, 제689조 제1항에 따라 법인은 이사의 임기 만료 전에도 이사를 해임할 수 있으나, 불리한 시기에 부득이한 사유 없이 해지한 경우에 한하여 제689조 제2항에 따라 상대방에게 그로 인한 손해배상책임을 질 뿐이다(대결 2014.1.17. 2013마1801).

다만, 제689조는 임의규정이므로 법인이 정관으로 이사의 해임사유 및 절차 등에 관해 별도의 규정을 두는 것은 가능하다. 이 경우 그 규정은 법인과 이사와의 관계를 명확히 함은 물론 이사의 신분을 보장하는 의미도 아울러 가지고 있어 이를 단순히 주의적 규정으로 볼 수는 없고, 따라서 법인으로서는 이사의 중대한 의무위반 또는 정상적인 사무집행 불능 등의 특별한 사정이 없는 이상, 정관에서 정하지 아니한 사유로 이사를 해임할 수는 없다(대판 2013.11.28. 2011다41741).

정답 | ③

제4관 법인의 기관

39 민법상 법인에 관한 설명으로 옳은 것은? (다툼이 있는 경우 판례에 의함) [23경찰간부]

① 법인은 이사의 임기가 만료하기 전에는 원칙적으로 정당한 이유 없이 이사를 해임할 수 없다.

② 법인의 대표이사가 직무집행정지 가처분 결정에 의해 대표권이 정지된 기간 중에 체결한 계약은 절대적 무효이므로, 그 후 가처분 신청이 취하되더라도 그 계약이 유효로 되지 않는다.

③ 사단법인의 정관변경은 총사원 3분의 2 이상의 동의가 있으면 주무관청의 허가가 없더라도 그 효력이 발생한다.

④ 사단법인의 사원들이 정관의 규범적 의미 내용과 다른 해석을 사원총회의 결의라는 방법으로 표명한 경우, 그 결의에 의한 해석은 그 사단법인의 사원을 구속하는 효력이 있다.

해설

① [×] 법인과 이사의 법률관계는 신뢰를 기초로 한 위임 유사의 관계이고, 위임계약은 원래 해지의 자유가 인정되어 쌍방 누구나 정당한 이유 없이도 언제든지 해지할 수 있는 것이어서, 제689조 제1항에 따라 법인은 이사의 임기 만료 전에도 이사를 해임할 수 있으나, 불리한 시기에 부득이한 사유 없이 해지한 경우에 한하여 제689조 제2항에 따라 상대방에게 그로 인한 손해배상책임을 질 뿐이다(대결 2014.1.17. 2013마1801).

② [○] 대판 2008.5.29. 2008다4537

③ [×]

> **제42조(사단법인의 정관의 변경)** 「①항 사단법인의 정관은 총사원 3분의 2 이상의 동의가 있는 때에 한하여 이를 변경할 수 있다. 그러나 정수에 관하여 정관에 다른 규정이 있는 때에는 그 규정에 의한다. ②항 정관의 변경은 주무관청의 허가를 얻지 아니하면 그 효력이 없다.」

④ [×] 判例는 사단법인의 정관작성행위는 법률행위에 해당하나 일단 작성된 정관은 계약이 아닌 '자치법규'로서의 성질이 가진다고 보아 그 해석은 법률행위 해석의 방법이 아닌 법규해석의 방법에 따라야 하는 것으로 보았다. 따라서 작성자의 주관이나 해석 당시의 사원의 다수결에 의한 방법으로 자의적으로 해석될 수는 없다고 한다(대판 2000.11.24. 99다12437).

정답 | ②

40 법인의 이사에 관한 설명으로 가장 적절하지 않은 것은? (다툼이 있는 경우 판례에 의함) [23법학경채]

① 이사가 수인인 경우에는 정관에 다른 규정이 없으면 법인의 사무집행은 이사의 과반수로써 결정한다.

② 사단법인의 이사는 그 권한 내에서 정관 또는 총회의 결의로 금지하지 아니한 사항에 한하여 타인으로 하여금 법인의 특정한 행위를 대리하게 할 수 있다.

③ 법인과 이사의 이익이 상반하는 사항이 발생한 때에 법원은 그 이사 외에 대표권을 갖고 있는 다른 이사가 존재하는 경우에도 이해관계인이나 검사의 청구에 의하여 임시이사를 선임하여야 한다.

④ 복수의 이사가 그 임무를 해태하여 법인에 손해를 입힌 경우에 그 이사들은 법인에 대하여 연대하여 손해배상의 책임이 있다.

해설

① [○]

> **제58조(이사의 사무집행)** 「②항 이사가 수인인 경우에는 정관에 다른 규정이 없으면 법인의 사무집행은 이사의 과반수로써 결정한다.」

② [○]

> **제62조(이사의 대리인 선임)** 「이사는 정관 또는 총회의 결의로 금지하지 아니한 사항에 한하여 타인으로 하여금 특정한 행위를 대리하게 할 수 있다.」

③ [×]

> 제63조(임시이사의 선임) 「이사가 없거나 결원이 있는 경우에 이로 인하여 손해가 생길 염려 있는 때에는 법원은 이해관계인이나 검사의 청구에 의하여 임시이사를 선임하여야 한다.」
>
> 제64조(특별대리인의 선임) 「법인과 이사의 이익이 상반하는 사항에 관하여는 이사는 대표권이 없다. 이 경우에는 전조의 규정에 의하여 특별대리인을 선임하여야 한다.」

④ [○]

> 제65조(이사의 임무해태) 「이사가 그 임무를 해태한 때에는 그 이사는 법인에 대하여 연대하여 손해배상의 책임이 있다.」

정답 | ③

41

민법상 법인에 관한 설명으로 옳지 않은 것은? (다툼이 있는 경우 판례에 의함) [22소방간부]

① 법인의 임시이사는 사원총회에서 임명한다.

② 이사의 성명, 주소는 등기사항이다.

③ 법인과 이사의 이익이 상반되는 경우 특별대리인을 선임하여야 한다.

④ 사단법인의 사원의 지위는 양도 또는 상속할 수 없다고 규정한 민법 제56조의 규정은 강행규정이 아니므로, 사원의 지위는 정관의 규정에 의하여 양도 또는 상속될 수 있다.

⑤ 민법상 법인에서 이사가 다수 있는 경우에도 이사회를 구성하여야 하는 것은 아니다.

해설

① [×]

> 제63조(임시이사의 선임) 「이사가 없거나 결원이 있는 경우에 이로 인하여 손해가 생길 염려 있는 때에는 법원은 이해관계인이나 검사의 청구에 의하여 임시이사를 선임하여야 한다.」

▶ 임시이사 선임의 주체는 사원총회가 아닌 '법원'이다.

② [○] 이사의 성명·주소는 설립등기사항이다(제49조 제2항 제8호).

③ [○] 법인과 이사의 이익상반행위에 대하여는 대표권이 없으며, '특별대리인'이 법인을 대표한다(제64조).

④ [○] 사단법인의 사원의 지위는 양도 또는 상속할 수 없다고 규정한 제56조의 규정은 강행규정이라고 할 수 없으므로, 비법인사단에서도 사원의 지위는 규약이나 관행에 의하여 양도 또는 상속될 수 있다(대판 1997.9.26. 95다6205).

⑤ [○] 사원총회는 사단법인에서 필수기관에 해당하나 이사회는 민법상 필수기관에 해당하지 않으므로 반드시 이사회를 구성하여 할 필요는 없다.

정답 | ①

42

민법상 법인의 기관에 관한 설명으로 옳지 않은 것은? (다툼이 있으면 판례에 따름) [22세무사]

① 직무대행자는 법인의 통상사무에 속하는 행위를 할 수 있다.

② 법인에는 반드시 이사와 감사를 두어야 한다.

③ 대표이사로부터 포괄적으로 업무를 위임받아 이루어진 타인의 대리행위는 법인에게 그 효력이 미치지 않는다.

④ 감사는 이사의 업무집행에 관하여 부정이 있음을 발견한 때에 이를 보고하기 위하여 총회를 소집할 수 있다.

⑤ 이사의 대표권제한을 등기하지 않으면 이로써 악의의 제3자에게 대항하지 못한다.

① [○]
> 제60조의2(직무대행자의 권한) 「①항 제52조의2의 직무대행자는 가처분명령에 다른 정함이 있는 경우 외에는 법인의 통상 사무에 속하지 아니한 행위를 하지 못한다. 다만, 법원의 허가를 얻은 경우에는 그러하지 아니하다.」

② [×]
> 제66조(감사) 「법인은 정관 또는 총회의 결의로 감사를 둘 수 있다.」

   ▶ 반드시 두어야 하는 것이 아니므로 감사는 임의기관이다.

③ [○] 정관 또는 사원총회의 결의로 금지하지 않은 사항에 한하여 타인으로 하여금 '특정의 행위'를 대리하게 할 수 있다(제62조). 따라서 이사는 '포괄적인 복임권'은 없다. 만약 대표자가 타인에게 업무를 포괄적으로 위임한 경우 그 포괄적 수임인이 법인의 사무를 행하더라도 이는 제62조에 위반된 것이어서 그 효력이 법인에는 미치지 아니한다(대판 2011.4.28. 2008다15438).

④ [○]
> 제67조(감사의 직무) 「감사의 직무는 다음과 같다. 1. 법인의 재산상황을 감사하는 일 2. 이사의 업무집행의 상황을 감사하는 일 3. 재산상황 또는 업무집행에 관하여 부정, 불비한 것이 있음을 발견한 때에는 이를 총회 또는 주무관청에 보고하는 일 4. 전호의 보고를 하기 위하여 필요있는 때에는 총회를 소집하는 일」

⑤ [○]
> 제60조(이사의 대표권에 대한 제한의 대항요건) 「이사의 대표권에 대한 제한은 등기하지 아니하면 제삼자에게 대항하지 못한다.」

   ▶ 판례는, '제3자'의 범위에 관해 대표권의 제한이 등기되지 않은 한 법인은 이를 악의의 제3자에게도 대항할 수 없다고 한다(대판 1992.2.14. 91다24564).

정답 | ②

---

43 민법상 법인의 대표에 관한 설명으로 옳지 않은 것은? (다툼이 있으면 판례에 따름)   [21세무사]

① 임시이사는 법인의 대표기관이다.
② 법인의 대표기관은 정관에 정한 목적을 수행하는 데 있어 간접으로 필요한 행위를 할 수 있다.
③ 법인의 대표기관의 행위가 대표권남용인 것을 상대방이 안 경우에 법인은 상대방에 대해 계약상 책임을 지지 않는다.
④ 재단법인과 이사의 이익이 상반하는 사항에 대해서는 특별대리인이 선임되기 전까지 그 이사에게 대표권이 있다.
⑤ 이사가 여럿 있는 경우에 정관에 다른 특별한 규정이 없으면 법인의 사무집행은 이사의 과반수로써 결정한다.

해설

① [○] 임시이사는 이사가 임명될 때까지 이사와 동일한 권한을 가지는 법인의 대표기관에 해당한다(대판 2013.6.13. 2012다40332).
② [○] 判例는 "목적을 수행하는 데 있어서 직접·간접으로 필요한 행위는 모두 포함한다."(대판 1991.11.22. 91다8821 등)고 하며 "목적수행에 필요한지 여부도 행위의 객관적 성질에 따라 추상적으로 판단할 것이지 행위자의 주관적, 구체적 의사에 따라 판단할 것은 아니다."(대판 1987.9.8. 86다카1349)라고 판시하고 있다.
③ [○] '직무에 관하여'의 범위를 확장하는 것은 거래의 안전을 도모하기 위한 것이므로, 대표기관의 행위가 실질적으로 직무집행에 관한 것이 아니라는 점에 대하여 상대방이 '선의'이고 '중대한 과실'이 없어야 한다(대판 2003.7.25. 2002다27088).
④ [×] 법인과 이사의 이익상반행위에 대하여는 대표권이 없으며, '특별대리인'이 법인을 대표한다(제64조). 이사가 제64조를 위반하여 법인을 대표한 경우에, 그 행위는 무권대표행위로서 법인에 대하여 효력이 없다. 다만, 표현대리가 성립할 여지는 있다.
⑤ [○] 이사는 정관의 규정 및 총회의 의결에 따라 모든 내부적 사무를 집행할 권한이 있으며(제58조 제1항), 이사가 여럿인 경우에는 그 과반수로써 결정한다(제58조 제2항).

정답 | ④

44 甲은 A법인(이하 'A'라 함)의 대표이사이다. 이에 관한 설명으로 옳지 않은 것은? [20세무사]

① 甲으로부터 포괄적으로 업무를 위임받아 행한 乙의 대행행위는 A에 대하여 그 효력이 미치지 않는다.

② A를 사실상 대표하여 법인사무를 집행하는 자가 丙이라면 그 자의 명칭, 직위 여하를 불문하고 제35조 제1항의 법인의 대표자로 볼 수 있다.

③ 甲이 자신의 자동차 구매를 위하여, A의 시설확충 명목으로 X은행으로부터 대출을 받았더라도, 甲의 차용행위는 A의 사무집행행위에 속한다.

④ 위 ③에서 대출로 인하여 손해를 입은 X은행이 甲의 대출 목적을 알았다면, A에게 불법행위에 따른 손해배상책임을 물을 수 없다.

⑤ 위 ③에서 A가 X은행에 대하여 불법행위책임을 지는 경우, A의 사원 丁은 甲의 대출건에 관한 의결에 찬성한 것만으로도 X은행에 대하여 불법행위책임을 부담한다.

해설

① [○] 이사는 원칙적으로 자신이 스스로 대표권을 행사하여야 한다. 다만, 정관 또는 사원총회의 결의로 금지하지 않은 사항에 한하여 타인으로 하여금 '특정의 행위'를 대리하게 할 수 있다(제62조). 따라서 이사는 '포괄적인 복임권'은 없다. 만약 대표자가 타인에게 업무를 포괄적으로 위임한 경우 그 포괄적 수임인이 법인의 사무를 행하더라도 이는 제62조에 위반된 것이어서 그 효력이 법인에는 미치지 아니한다(대판 2011.4.28. 2008다15438).

② [○] 제35조 제1항에서의 '법인의 대표자'에는 그 명칭이나 직위 여하, 또는 대표자로 등기되었는지 여부를 불문하고 당해 법인을 실질적으로 운영하면서 법인을 사실상 대표하여 법인의 사무를 집행하는 사람을 포함한다(대판 2011.4.28. 2008다15438).

③ [○] 외형상 법인의 직무행위라고 인정할 수 있는 것이라면, 대표자 개인의 사리를 도모하기 위한 것이었거나(대표권남용) 또는 법령의 규정에 위배된 것이었다(강행규정 위반) 하더라도 직무에 관한 행위에 해당한다(대판 2004.2.27. 2003다15280).

▶ 甲의 자동차 구매는 대표자 개인의 사리를 도모한 것이나, A의 시설 확충 명목으로 대출을 받은 것은 직무에 관한 행위에 해당한다.

④ [○] '직무에 관하여'의 범위를 확장하는 것은 거래의 안전을 도모하기 위한 것이므로, 대표기관의 행위가 실질적으로 직무집행에 관한 것이 아니라는 점에 대하여 상대방이 '선의'이고 '중대한 과실'이 없어야 한다(대판 2003.7.25. 2002다27088).

▶ 상대방인 X은행이 甲의 대출목적을 알았다는 것은 甲의 대출행위가 실질적으로 직무집행에 관한 것이 아니라는 점에 대해 '악의'라는 것이므로 불법행위 책임을 물을 수 없다.

⑤ [×] 判例는 "사원총회, 대의원 총회, 이사회의 의결은 원칙적으로 법인의 내부행위에 불과하므로 특별한 사정이 없는 한 그 사항의 의결에 찬성하였다는 이유만으로 제3자의 채권을 침해한다거나 대표자의 행위에 가공 또는 방조한 자로서 제3자에 대하여 불법행위책임을 부담한다고 할 수는 없고, 대표자와 공동으로 불법행위를 저질렀거나 이에 가담하였다고 볼 만한 사정이 있을 때 제3자에 대하여 위 대표자와 연대하여 손해배상책임을 진다."(대판 2009.1.30. 2006다37465)라고 한다.

▶ 제35조 제2항은 법인의 불법행위책임이 인정되지 않는 경우에 적용되는 규정임을 주의하여야 한다. 사원 丁이 甲의 행위에 가담하였다고 볼 만한 사정이 없으므로 불법행위 책임지지 않는다.

정답 | ⑤

45 甲 법인의 대표자가 乙에게 대표자의 모든 권한을 포괄적으로 위임하여 乙이 실질적으로 법인의 대표자로서 그 법인의 사무를 집행하고 있었다. 그러던 중 乙이 외관상 직무에 관한 행위로 丙에게 손해를 가하였다. 이에 대한 설명 중 옳지 않은 것을 모두 고른 것은? (다툼이 있으면 판례에 의함) [17소방간부]

ㄱ. 甲 법인의 대표자가 행한 乙에 대한 업무의 포괄적 위임과 포괄적 수임인 乙의 대행행위는 원칙적으로 甲 법인에 효력이 미친다.

ㄴ. 만약 乙이 대표자로 등기되어 있지 않았다면, 丙은 甲 법인을 상대로 제35조에서 정한 법인의 불법행위책임에 따른 손해배상을 청구할 수 없다.

ㄷ. 乙의 행위가 자신의 이익을 도모하기 위한 것이라면 언제나 직무관련성이 부정되므로, 丙은 더 이상 甲 법인을 상대로 제35조에서 정한 법인의 불법행위책임에 따른 손해배상을 청구할 수 없다.

① ㄴ   ② ㄱ, ㄴ   ③ ㄱ, ㄷ
④ ㄴ, ㄷ   ⑤ ㄱ, ㄴ, ㄷ

해설

ㄱ. [×] 이사는 원칙적으로 자신이 스스로 대표권을 행사하여야 한다. 다만, 정관 또는 사원총회의 결의로 금지하지 않은 사항에 한하여 타인으로 하여금 '특정의 행위'를 대리하게 할 수 있다(제62조). 따라서 이사는 '포괄적인 복임권'은 없다. 만약 대표자가 타인에게 업무를 포괄적으로 위임한 경우 그 포괄적 수임인이 법인의 사무를 행하더라도 이는 제62조에 위반된 것이어서 그 효력이 법인에는 미치지 아니한다(대판 2011.4.28. 2008다15438).

ㄴ. [×] 제35조 제1항에서의 '법인의 대표자'에는 그 명칭이나 직위 여하, 또는 대표자로 등기되었는지 여부를 불문하고 당해 법인을 실질적으로 운영하면서 법인을 사실상 대표하여 법인의 사무를 집행하는 사람을 포함한다(대판 2011.4.28. 2008다15438).

ㄷ. [×] 외형상 법인의 직무행위라고 인정할 수 있는 것이라면, 대표자 개인의 사리를 도모하기 위한 것이었거나(대표권남용) 또는 법령의 규정에 위배된 것이었다(강행규정 위반) 하더라도 직무에 관한 행위에 해당한다(대판 2004.2.27. 2003다15280).

정답 | ⑤

46 민법상 법인의 기관에 관한 설명으로 옳지 않은 것은? (다툼이 있으면 판례에 의함) [19소방간부]

① 법인은 이사를 두어야 한다.
② 재단법인은 감사를 둘 수 있다.
③ 이사의 성명, 주소는 등기사항이다.
④ 이사의 대표권은 정관 또는 사원총회 의결에 의해 제한될 수 있다.
⑤ 이사는 법인의 제반 사무처리를 타인에게 포괄적으로 위임할 수 있다.

해설

① [○]
제57조(이사) 「법인은 이사를 두어야 한다.」

▶ 이사는 대외적으로 법인을 대표(대표기관)하고, 대내적으로 법인의 업무를 집행하는(업무집행기관) 기관으로서 사단법인, 재단법인 모두의 '상설적 필요기관'이다. 그 수에는 제한이 없으므로(제57조, 제58조) 정관에서 임의로 정할 수 있다(제40조, 제43조). 다만, 자연인만이 이사가 될 수 있다(통설).

② [○]
제66조(감사) 「법인은 정관 또는 총회의 결의로 감사를 둘 수 있다.」

▶ 주식회사에서는 감사가 필요적 상설기관이지만(상법 제409조 제1항), 민법상의 법인에서는 임의기관으로 되어 있다. 따라서 감사의 성명과 주소는 정관의 필요적 기재사항은 아니다.

③ [○] 이사의 성명·주소는 설립등기사항이다(제49조 제2항 제8호). 참고로 '설립등기'가 법인격을 취득하기 위한 성립요건인 데 비해(제33조), 그 밖의 등기는(제50조 분사무소설치·제51조 사무소이전·제52조 등기사항의 변경·제85조 해산) 제3자에 대한 대항요건이다(제54조 제1항).

④ [○] 사단법인의 경우 이사의 대표권은 사원총회의 의결에 의하여도 제한할 수 있다(제59조 제1항 단서). 그러나 그 경우에도 대표권 자체를 박탈하는 것은 허용되지 않는다(대판 1958.6.26. 4290민상659).

참조조문 제59조(이사의 대표권) 「①항 이사는 법인의 사무에 관하여 각자 법인을 대표한다. 그러나 정관에 규정한 취지에 위반할 수 없고 특히 사단법인은 총회의 의결에 의하여야 한다.」

⑤ [×] 이사는 원칙적으로 자신이 스스로 대표권을 행사하여야 한다. 다만, 정관 또는 사원총회의 결의로 금지하지 않은 사항에 한하여 타인으로 하여금 '특정의 행위'를 대리하게 할 수 있다(제62조). 따라서 이사는 '포괄적인 복임권'은 없다(대판 2011.4.28. 2008다 15438).

관련판례 사립학교법 제27조, 제62조에 의하면 학교법인의 이사는 특정한 행위를 다른 이사에게 대리하게 할 수 있으나 학교법인의 제반사무처리를 포괄적으로 위임할 수는 없다(대판 1989.5.9. 87다카2407).

정답 | ⑤

---

47 법인의 기관에 관한 설명 중 가장 적절하지 않은 것은?

[19법학경채]

① 법인은 이사를 두어야 하며, 이사는 법인의 사무를 집행한다.

② 법인의 대표에 관하여는 대리에 관한 규정을 준용한다.

③ 이사는 선량한 관리자의 주의로 그 직무를 행하여야 한다.

④ 이사가 없거나 결원이 있는 경우에 이로 인하여 손해가 생길 염려가 있는 때에는 법원은 특별대리인을 선임하여야 한다.

해설

① [○]
제57조(이사) 「법인은 이사를 두어야 한다.」
제58조(이사의 사무집행) 「①항 이사는 법인의 사무를 집행한다.」

② [○]
제59조(이사의 대표권) 「②항 법인의 대표에 관하여는 대리에 관한 규정을 준용한다.」

▶ 따라서 이사 간 법인을 대표함에 있어서는 법인을 위한 것임을 표시하여야 하며(제114조), 또한 무권대리·표현대리의 규정을 포함한 모든 대리의 규정이 법인의 대표에 준용된다.

③ [○]
제61조(이사의 주의의무) 「이사는 선량한 관리자의 주의로 그 직무를 행하여야 한다.」

④ [×]
제63조(임시이사의 선임) 「이사가 없거나 결원이 있는 경우에 이로 인하여 손해가 생길 염려 있는 때에는 법원은 이해관계인이나 검사의 청구에 의하여 임시이사를 선임하여야 한다.」

쟁점정리 이사 - 대외적 권한(대표권 제한: 이익상반의 경우)

법인과 이사의 이익상반행위에 대하여는 대표권이 없으며, '특별대리인'이 법인을 대표한다(제64조). 이사가 제64조를 위반하여 법인을 대표한 경우에, 그 행위는 무권대표행위로서 법인에 대하여 효력이 없다. 다만 표현대리가 성립할 여지는 있다.

정답 | ④

48 법인의 이사와 감사에 관한 설명으로 옳지 않은 것은?   [24소방간부]

① 퇴임한 이사에 관한 등기를 말소하지 않은 법인은 그 이사가 종전의 직무에 관하여 한 행위의 무효로 선의·무과실의 제3자에게 대항하지 못한다.

② 이사는 정관 또는 총회의 결의로 금지하지 않은 사항에 관하여 타인으로 하여금 포괄적으로 대리하게 할 수 있다.

③ 이사가 여러 명일 때에도 이사회를 구성하여야 하는 것은 아니다.

④ 이사의 부존재 또는 결원으로 손해가 생길 염려가 있을 때에는 법원은 이해관계인 또는 검사의 청구로 임시이사를 선임하여야 한다.

⑤ 감사는 임의기관이다.

해설

① [○]
> 제54조(설립등기 이외의 등기의 효력과 등기사항의 공고) 「①항 설립등기 이외의 본절의 등기사항은 그 등기 후가 아니면 제삼자에게 대항하지 못한다.」

② [×]
> 제62조(이사의 대리인 선임) 「이사는 정관 또는 총회의 결의로 금지하지 아니한 사항에 한하여 타인으로 하여금 특정한 행위를 대리하게 할 수 있다.」

③ [○] 이사회에 관해서는 민법에 명문의 규정이 없으므로, 이사가 여러 명인 경우라도 반드시 이사회를 구성하여야 하는 것은 아니다.

④ [○]
> 제63조(임시이사의 선임) 「이사가 없거나 결원이 있는 경우에 이로 인하여 손해가 생길 염려 있는 때에는 법원은 이해관계인이나 검사의 청구에 의하여 임시이사를 선임하여야 한다.」

⑤ [○]
> 제66조(감사) 「법인은 정관 또는 총회의 결의로 감사를 둘 수 있다.」

정답 | ②

49 민법상 법인의 이사에 관한 설명으로 옳은 것은? (다툼이 있으면 판례에 따름)   [23세무사]

① 신임이사에 대한 변경등기 전에 그 이사가 한 직무행위는 법인에 대하여 무효이다.

② 이사의 대표권 제한을 등기하지 않아도 정관에 규정하였다면, 악의의 제3자에 대하여 대항할 수 있다.

③ 이사가 직무상의 특정 행위를 위해 선임한 대리인은 법인의 기관이 아니지만, 그 대리행위의 효과는 법인에 귀속한다.

④ 이사가 수인인 경우에 정관에 다른 규정이 없으면 각자가 법인의 내부적 사무집행을 결정한다.

⑤ 법인과 이사의 이익이 상반되는 사항에 대한 특별대리인은 사원총회에 의해 선임된다.

① [×] 이사의 성명과 주소는 필요적 등기사항이다(제49조). 따라서 이사의 선임·해임·퇴임이 있는 경우 이를 등기하지 않은 때에는 제3자에게 '대항'할 수 없다(제54조 제1항). 즉, 법인의 등기사항을 등기하지 아니한 경우 제3자와의 관계에서 대항할 수 없다고 규정하고 있을 뿐, 내부적 관계에서 변경등기 경료 전의 신임이사의 직무행위는 법인에 대하여 유효하다.

② [×] 민법은 '이사의 대표권에 대한 제한은 정관에 기재하여야 효력이 있다.'(제41조)고 하여 정관의 기재를 효력요건으로 하고 있고, '이사의 대표권 제한은 이를 등기하지 않으면 제3자에게 대항하지 못한다.'(제49조 제2항 제9호, 제60조)라고 하여 등기를 대항요건으로 하고 있다.

  判例는 "등기가 되어 있지 않는 한, 악의의 제3자에게도 대항할 수 없다."(대판 1992.2.14. 91다24564)라고 한다.

③ [○] 이사는 원칙적으로 자신이 스스로 대표권을 행사하여야 한다. 다만, 정관 또는 사원총회의 결의로 금지하지 않은 사항에 한하여 타인으로 하여금 '특정의 행위'를 대리하게 할 수 있다(제62조).

  ▶ 이사가 직무상의 특정 행위를 위해 선임한 대리인은 '법인의 기관'이 아니지만, 법인의 대리인이므로 그 대리행위의 효과는 법인에 귀속한다.

④ [×] 이사가 수인인 경우에는 정관에 다른 규정이 없으면 법인의 사무집행은 이사의 과반수로써 결정한다(제58조 제2항).

⑤ [×]

> 제64조(특별대리인의 선임) 「법인과 이사의 이익이 상반하는 사항에 관하여는 이사는 대표권이 없다. 이 경우에는 전조의 규정에 의하여(이해관계인이나 검사의 청구에 의하여) 특별대리인을 선임하여야 한다.」

정답 | ③

---

50 법인의 이사 등에 관한 설명으로 옳은 것은?   [19세무사]

① 정관에 이사의 해임사유에 관한 규정이 있는 경우, 법인은 특별한 사정이 없는 한 정관에서 정하지 아니한 사유로 이사를 해임할 수 없다.

② 이사의 대표권에 대한 제한은 등기하여야 효력이 있다.

③ 법인의 특별대리인은 대표권이 없다.

④ 이사는 정관 또는 총회의 결의로 금지하지 아니한 사항에 대하여 포괄적 대리권을 수여할 수 있다.

⑤ 법인과 이사의 이익이 상반하는 경우, 임시이사를 둘 수 있다.

① [○] 제689조는 임의규정이므로 법인이 정관으로 이사의 해임사유 및 절차 등에 관해 별도의 규정을 두는 것은 가능하다. 이 경우 그 규정은 법인과 이사와의 관계를 명확히 함은 물론 이사의 신분을 보장하는 의미도 아울러 가지고 있어 이를 단순히 주의적 규정으로 볼 수는 없고, 따라서 법인으로서는 이사의 중대한 의무위반 또는 정상적인 사무집행 불능 등의 특별한 사정이 없는 이상, 정관에서 정하지 아니한 사유로 이사를 해임할 수는 없다(대판 2013.11.28. 2011다41741).

② [×] ⅰ) 민법은 '이사의 대표권에 대한 제한은 정관에 기재하여야 효력이 있다'(제41조)라고 하여 정관의 기재를 효력요건으로, ⅱ) '이사의 대표권 제한은 이를 등기하지 않으면 제3자에게 대항하지 못한다'(제60조)라고 하여 등기를 대항요건으로 하고 있다.

③⑤ [×] 법인과 이사의 이익상반행위에 대하여는 대표권이 없으며, '특별대리인'이 법인을 대표한다(제64조). 이사가 제64조를 위반하여 법인을 대표한 경우에, 그 행위는 무권대표행위로서 법인에 대하여 효력이 없다. 다만, 표현대리가 성립할 여지는 있다.

> (참조조문) 제63조(임시이사의 선임) 「이사가 없거나 결원이 있는 경우에 이로 인하여 손해가 생길 염려 있는 때에는 법원은 이해관계인이나 검사의 청구에 의하여 임시이사를 선임하여야 한다.」

④ [×] 이사는 원칙적으로 자신이 스스로 대표권을 행사하여야 한다. 다만, 정관 또는 사원총회의 결의로 금지하지 않은 사항에 한하여 타인으로 하여금 '특정의 행위'를 대리하게 할 수 있다(제62조). 따라서 이사는 '포괄적인 복임권'은 없다. 만약 대표자가 타인에게 업무를 포괄적으로 위임한 경우 그 포괄적 수임인이 법인의 사무를 행하더라도 이는 제62조에 위반된 것이어서 그 효력이 법인에는 미치지 아니한다(대판 2011.4.28. 2008다15438).

정답 | ①

51 이사에 대한 설명 중 가장 적절하지 않은 것은? (다툼이 있는 경우 판례에 의함)　　　　　[20법학경채]

① 대표권이 없는 이사의 행위로는 법인의 불법행위가 성립하지 않는다.

② 이사의 대표권의 제한은 이를 등기하지 않으면 악의의 제3자에게도 대항할 수 없다.

③ 대표이사가 법인의 사업목적 범위를 벗어나 타인의 손해배상의무를 연대보증한 경우에 법인은 손해배상책임이 있다.

④ 정관에 이사의 해임사유에 관한 규정이 있는 경우에 법인은 특별한 사정이 없는 한 정관에서 정하지 아니한 사유로 이사를 해임할 수 없다.

해설

① [○] '대표권이 없는 이사'는 법인의 기관이기는 하지만 대표기관은 아니기 때문에 그들의 행위로 인하여 법인의 불법행위가 성립하지 않는다(대판 2005.12.23. 2003다30159).

② [○] ⅰ) 민법은 '이사의 대표권에 대한 제한은 정관에 기재하여야 효력이 있다'(제41조)라고 하여 정관의 기재를 효력요건으로, ⅱ) '이사의 대표권 제한은 이를 등기하지 않으면 제3자에게 대항하지 못한다'(제60조)라고 하여 등기를 대항요건으로 하고 있다. 判例는 "등기가 되어 있지 않는 한, 악의의 제3자에게도 대항할 수 없다."(대판 1992.2.14. 91다24564)라고 한다.

③ [×] ⅰ) '대표권제한설'도 있으나, ⅱ) 제34조의 표제가 문언상 '권리능력'이라고 명시되어 있는 점에서 현행법의 해석론으로는 '권리능력제한설'(통설, 대판 1974.11.26. 74다310)이 타당하다. 이에 따르면 정관상의 목적 설정에 의해 법인의 권리능력이 제한되고, 이 범위에서 행위능력을 가지며, 그 목적을 넘은 경우에는 법인에 대한 관계에서 '확정적 무효'가 된다. 따라서 법인에게 계약상의 책임은 생기지 않는다. 그러나 법인의 불법행위책임(제35조 제1항), 부당이득반환의무(제741조)는 문제될 수 있다.
　▶ 따라서 대표이사가 법인의 사업목적 범위를 벗어나 타인의 손해배상의무를 연대보증하였다 하더라도 법인은 연대보증인이라 할 수 없으므로 그 손해배상책임이 없다.

④ [○] 제689조는 임의규정이므로 법인이 정관으로 이사의 해임사유 및 절차 등에 관해 별도의 규정을 두는 것은 가능하다. 이 경우 그 규정은 법인과 이사와의 관계를 명확히 함은 물론 이사의 신분을 보장하는 의미도 아울러 가지고 있어 이를 단순히 주의적 규정으로 볼 수는 없고, 따라서 법인으로서는 이사의 중대한 의무위반 또는 정상적인 사무집행 불능 등의 특별한 사정이 없는 이상, 정관에서 정하지 아니한 사유로 이사를 해임할 수는 없다(대판 2013.11.28. 2011다41741).

정답 | ③

52 민법상 법인에 관한 설명 중 옳은 것은?　　　　　[16소방간부]

① 이사가 수인인 경우 이사들은 연대하여 법인을 대표한다.

② 법인 아닌 사단의 재산은 사원의 공유에 속한다.

③ 총사원 5분의 1 이상이 청구한 임시총회는 법원의 허가를 얻어 이사가 소집한다.

④ 유언으로 재단법인을 설립할 때에는 출연재산은 재단법인의 성립 시에 법인에 귀속한다.

⑤ 이사의 대표권에 대한 제한은 정관에 기재하여야 효력이 생기고, 이를 등기하여야 제3자에게 대항할 수 있다.

해설

① [×]
> 제59조(이사의 대표권) 「①항 이사는 법인의 사무에 관하여 각자 법인을 대표한다. 그러나 정관에 규정한 취지에 위반할 수 없고 특히 사단법인은 총회의 의결에 의하여야 한다.」

② [×] 권리능력 없는 사단의 재산소유는 '총유'로 하며(제275조 제1항), 총유물의 관리 및 처분은 정관 기타 규약에 정한 바가 없으면 '사원총회'의 결의에 의한다(제275조 제2항, 제276조 제1항). 그리고 각 구성원들은 사용·수익만을 할 수 있다(제276조 제2항). 즉, 공유나 합유와 달리 구성원의 지분권이 없다.

③ [×] ⅰ) [소수사원의 소집청구] 총사원의 5분의 1 이상에 해당하는 사원은 회의의 목적사항을 제시하여 이사에게 임시총회의 소집을 청구할 수 있다. 이 정수는 정관으로 증감할 수 있다(제70조 제2항). ⅱ) [소수사원에 의한 소집] 소수사원의 소집청구가 있는 때에는 이사는 임시총회를 소집하여야 한다(제70조 제2항 1문). 그러나 그 청구가 있은 후 2주일 내에 이사가 임시총회소집의 절차를 밟지 아니한 때에는, 청구한 소수사원은 법원의 허가를 얻어 이를 소집할 수 있다(제70조 제3항).

④ [×]
> 제48조(출연재산의 귀속시기) 「②항 유언으로 재단법인을 설립하는 때에는 출연재산은 유언의 효력이 발생한 때로부터 법인에 귀속한 것으로 본다.」

⑤ [○] ⅰ) 민법은 '이사의 대표권에 대한 제한은 정관에 기재하여야 효력이 있다'(제41조)라고 하여 정관의 기재를 효력요건으로, ⅱ) '이사의 대표권 제한은 이를 등기하지 않으면 제3자에게 대항하지 못한다'(제60조)라고 하여 등기를 대항요건으로 하고 있다.

정답 | ⑤

---

53 민법상 사단법인의 사원총회에 관한 설명으로 옳지 않은 것은? [22세무사]

① 이사는 매년 1회 이상 통상총회를 소집하여야 한다.

② 사단법인의 사무는 정관으로 이사 또는 기타 임원에게 위임한 사항 외에는 총회의 결의에 의하여야 한다.

③ 총사원의 5분의 1 이상이 회의의 목적사항을 제시하여 총회의 소집을 요구하는 경우, 정관에 다른 규정이 없는 한 이사는 임시총회를 소집하여야 한다.

④ 총회의 의사에 관하여는 의사록을 작성하여야 하며, 이사는 의사록을 주된 사무소에 비치하여야 한다.

⑤ 총회에서의 결의가 유효하기 위해서는 원칙적으로 총회의 소집일 1주일 전까지 총회 소집 통지가 과반수 이상의 사원에게 도달하여야 한다.

해설

① [○]
> 제69조(통상총회) 「사단법인의 이사는 매년 1회 이상 통상총회를 소집하여야 한다.」

② [○]
> 제68조(총회의 권한) 「사단법인의 사무는 정관으로 이사 또는 기타 임원에게 위임한 사항외에는 총회의 결의에 의하여야 한다.」

③ [○]
> 제70조(임시총회) 「②항 총사원의 5분의 1 이상으로부터 회의의 목적사항을 제시하여 청구한 때에는 이사는 임시총회를 소집하여야 한다. 이 정수는 정관으로 증감할 수 있다.」

④ [○]
> 제76조(총회의 의사록) 「①항 총회의 의사에 관하여는 의사록을 작성하여야 한다. ②항 의사록에는 의사의 경과, 요령 및 결과를 기재하고 의장 및 출석한 이사가 기명날인하여야 한다. ③항 이사는 의사록을 주된 사무소에 비치하여야 한다.」

⑤ [×]
> 제71조(총회의 소집) 「총회의 소집은 1주간전에 그 회의의 목적사항을 기재한 통지를 발하고 기타 정관에 정한 방법에 의하여야 한다.」

정답 | ⑤

54 법인의 기관에 관한 설명으로 옳은 것은? (다툼이 있으면 판례에 따름) [18세무사]

① 정관에 다른 규정이 없으면, 이사가 수인인 경우 법인의 사무집행은 이사의 과반수로써 결정하고 공동으로 법인을 대표한다.
② 사원총회는 법인의 의사를 결정하고, 그 결정을 집행할 권한을 가진다.
③ 정관에 다른 규정이 없으면, 재단법인은 이사의 업무를 감독하기 위하여 감사를 두어야 한다.
④ 직무대행자는 법인의 통상사무에 속하는 행위를 할 수 있다.
⑤ 법원은 임시이사 선임결정을 한 후 사정변경이 생겨 그 선임결정이 부당하다고 인정될 경우에도 이를 취소할 수 없다.

해설
① [×] 이사는 정관의 규정 및 총회의 의결에 따라 모든 내부적 사무를 집행할 권한이 있으며(제58조 제1항), 이사가 여럿인 경우에는 그 과반수로써 결정한다(제58조 제2항). 그러나 이는 대내적인 제한일 뿐이며, 대외적으로는 각자대표가 원칙이므로(제59조 제1항), 이사가 과반수의 결의 없이 단독으로 대외적인 대표행위를 하였더라도 유효하고, 다만 그 이사는 법인에게 채무불이행책임이나 불법행위책임을 진다.
② [×] 사단법인에는 의사결정기관으로서 사원총회가 있다. 사원총회는 전사원으로 구성되는 의결기관이며 반드시 두어야 하는 필요기관으로서 정관에 의해서도 폐지할 수 없다.
　　▶ 법인의 사무 집행은 이사의 권한이다.
③ [×]

> 제66조(감사) 「법인은 정관 또는 총회의 결의로 감사를 둘 수 있다.」

　　▶ 주식회사에서는 감사가 필요적 상설기관이지만(상법 제409조 제1항), 민법상의 법인에서는 임의기관으로 되어 있다. 따라서 감사의 성명과 주소는 정관의 필요적 기재사항은 아니다.
④ [○] ⅰ) 직무대행자는 법인의 통상사무에 속하는 행위만을 할 수 있다. 통상사무가 아닌 행위도 할 수 있기 위해서는, 가처분명령에서 이를 허용하거나 또는 법원의 허가를 얻어야 한다(제60조의2 제1항). ⅱ) 다만, 직무대행자가 이에 위반한 행위를 한 경우에도 법인은 선의의 제3자에 대하여는 책임을 진다(제60조의2 제2항).
⑤ [×] 제63조에 의한 임시이사의 선임은 비송사건절차법의 규제를 받는 것인바, 법원은 임시이사 선임결정을 한 후에 사정변경이 생겨 그 선임결정이 부당하다고 인정될 때에는 이를 취소 또는 변경할 수 있다(대결 1992.7.3. 91마730).

정답 | ④

55 甲 사단법인(이하 '甲 법인')에는 A, B, C 3인의 이사가 있다. 이에 관한 설명으로 옳지 않은 것은? (다툼이 있으면 판례에 의함) [18소방간부]

① A, B, C의 임면에 관한 사항은 甲 법인 정관의 필요적 기재사항이다.
② A, B, C는 정관 또는 총회의 결의로 금지하지 않은 사항에 한하여 타인으로 하여금 甲 법인을 위한 특정한 행위를 대리하게 할 수 있다.
③ 甲 법인과 A의 이익이 상반되는 사항에 대해서는 법원은 A를 대신할 임시이사를 선임하여야 한다.
④ 甲 법인의 정관에서 A, B, C 3인이 공동으로 대표행위를 하도록 정해져 있는 경우, 이러한 사항을 등기하지 않으면 악의의 제3자에게도 대항하지 못한다.
⑤ A, B, C는 선량한 관리자의 주의로 이사의 직무를 행하여야 한다.

해설
① [○] 정관에는 다음의 사항을 기재하여야 하고(제40조), 그 하나라도 빠지면 정관으로서의 효력이 생기지 않는다. 즉, '1. 목적, 2. 명칭, 3. 사무소의 소재지, 4. 자산에 관한 규정, 5. 이사의 임면에 관한 규정, 6. 사원자격의 득실에 관한 규정, 7. 존립시기나 해산사유를 정하는 때에는 그 시기 또는 사유'가 그것이다. 다만, 이 중 7.은 그 존립시기나 해산사유를 정한 때에 한해 기재하면 된다.
② [○] 이사는 원칙적으로 자신이 스스로 대표권을 행사하여야 한다. 다만, 정관 또는 사원총회의 결의로 금지하지 않은 사항에 한하여 타인으로 하여금 '특정의 행위'를 대리하게 할 수 있다(제62조).

③ [×] 법인과 이사의 이익상반행위에 대하여는 대표권이 없으며, '특별대리인'이 법인을 대표한다(제64조).

참조조문 제63조(임시이사의 선임) 「이사가 없거나 결원이 있는 경우에 이로 인하여 손해가 생길 염려 있는 때에는 법원은 이해 관계인이나 검사의 청구에 의하여 임시이사를 선임하여야 한다.」

④ [○] ⅰ) 민법은 '이사의 대표권에 대한 제한은 정관에 기재하여야 효력이 있다'(제41조)라고 하여 정관의 기재를 효력요건으로, ⅱ) '이사의 대표권 제한은 이를 등기하지 않으면 제3자에게 대항하지 못한다'(제60조)라고 하여 등기를 대항요건으로 하고 있다. 判例는 "등기가 되어 있지 않는 한, 악의의 제3자에게도 대항할 수 없다."(대판 1992.2.14. 91다24564)라고 한다.

⑤ [○] 제61조(이사의 주의의무) 「이사는 선량한 관리자의 주의로 그 직무를 행하여야 한다.」

정답 | ③

---

56 민법상 법인의 대표권에 관한 설명으로 옳지 않은 것은? (다툼이 있으면 판례에 따름) [18행정사]

① 이사의 대표권 제한에 관한 정관의 규정이 등기되어 있지 않으면, 법인은 그 규정으로 악의의 제3자에게도 대항할 수 없다.

② 법인과 이사의 이익상반행위로 특별대리인을 선임하는 경우, 법원은 이해관계인이나 검사의 청구에 의하여 선임하여야 한다.

③ 민법 규정에 의하여 선임된 직무대행자가 그 권한을 정한 규정에 위반하여 법인의 통상사무 범위를 벗어난 행위를 한 경우, 법인은 선의의 제3자에 대하여 책임을 진다.

④ 대표자의 행위가 직무에 관한 행위에 해당하지 아니함을 피해자가 중과실로 알지 못한 경우에도, 피해자는 법인에게 손해배상책임을 물을 수 있다.

⑤ 법인의 대표에 관하여는 대리에 관한 규정을 준용한다.

해설

① [○] ⅰ) 민법은 '이사의 대표권에 대한 제한은 정관에 기재하여야 효력이 있다'(제41조)라고 하여 정관의 기재를 효력요건으로, ⅱ) '이사의 대표권 제한은 이를 등기하지 않으면 제3자에게 대항하지 못한다'(제60조)라고 하여 등기를 대항요건으로 하고 있다. 判例는 "등기가 되어 있지 않는 한, 악의의 제3자에게도 대항할 수 없다."(대판 1992.2.14. 91다24564)라고 한다.

② [○] 제64조(특별대리인의 선임) 「법인과 이사의 이익이 상반하는 사항에 관하여는 이사는 대표권이 없다. 이 경우에는 전조의 규정에 의하여(이해관계인이나 검사의 청구에 의하여) 특별대리인을 선임하여야 한다.」

참조조문 제63조(임시이사의 선임) 「이사가 없거나 결원이 있는 경우에 이로 인하여 손해가 생길 염려 있는 때에는 법원은 이해관계인이나 검사의 청구에 의하여 임시이사를 선임하여야 한다.」

③ [○] ⅰ) 직무대행자는 법인의 통상사무에 속하는 행위만을 할 수 있다. 통상사무가 아닌 행위도 할 수 있기 위해서는, 가처분명령에서 이를 허용하거나 또는 법원의 허가를 얻어야 한다(제60조의2 제1항). ⅱ) 다만, 직무대행자가 이에 위반한 행위를 한 경우에도 법인은 선의의 제3자에 대하여는 책임을 진다(제60조의2 제2항).

④ [×] '직무에 관하여'의 범위를 확장하는 것은 거래의 안전을 도모하기 위한 것이므로, 대표기관의 행위가 실질적으로 직무집행에 관한 것이 아니라는 점에 대하여 상대방이 '선의'이고 '중대한 과실'이 없어야 한다(대판 2003.7.25. 2002다27088).

⑤ [○] 제59조(이사의 대표권) 「②항 법인의 대표에 관하여는 대리에 관한 규정을 준용한다.」

▶ 따라서 이사 간 법인을 대표함에 있어서는 법인을 위한 것임을 표시하여야 하며(제114조), 또한 무권대리 · 표현대리의 규정을 포함한 모든 대리의 규정이 법인의 대표에 준용된다.

정답 | ④

57 민법상 법인에 관한 설명으로 옳은 것은? [16행정사]

① 사교 등 비영리를 목적으로 하는 사단은 주무관청의 허가 없이 신고만으로 법인을 설립할 수 있다.

② 이사가 없는 경우에 이로 인하여 손해가 생길 염려 있는 경우, 법원은 이해관계인의 청구에 의하여 특별대리인을 선임하여야 한다.

③ 법인이 주사무소 소재지를 관할하는 등기소의 관할구역 외로 주사무소를 이전하는 경우, 구소재지에서는 3주간 내에 이전등기를 하고 신소재지에서는 3주간 내에 설립등기사항을 등기하여야 한다.

④ 이사의 대표권에 대한 제한은 이를 정관에 기재하지 아니하여도 그 효력이 있다.

⑤ 법인은 정관 또는 총회의 결의로 감사를 두어야 한다.

해설

① [×]
> 제32조(비영리법인의 설립과 허가) 「학술, 종교, 자선, 기예, 사교 기타 영리 아닌 사업을 목적으로 하는 사단 또는 재단은 주무관청의 허가를 얻어 이를 법인으로 할 수 있다.」

▶ 비영리법인의 설립에 관하여 민법은 제31조에서 자유설립주의를 배제하고, 제32조에서 허가주의를 채택하고 있다.

② [×]
> 제63조(임시이사의 선임) 「이사가 없거나 결원이 있는 경우에 이로 인하여 손해가 생길 염려 있는 때에는 법원은 이해관계인이나 검사의 청구에 의하여 임시이사를 선임하여야 한다.」

[쟁점정리] 이사 – 대외적 권한(대표권 제한: 이익상반의 경우)
법인과 이사의 이익상반행위에 대하여는 대표권이 없으며, '특별대리인'이 법인을 대표한다(제64조). 이사가 제64조를 위반하여 법인을 대표한 경우에, 그 행위는 무권대표행위로서 법인에 대하여 효력이 없다. 다만, 표현대리가 성립할 여지는 있다.

③ [○]
> 제51조(사무소 이전의 등기) 「①항 법인이 그 사무소를 이전하는 때에는 구소재지에서는 3주간 내에 이전등기를 하고 신소재지에서는 동 기간 내에 제49조 제2항에 게기한 사항을 등기하여야 한다. ②항 동일한 등기소의 관할구역 내에서 사무소를 이전한 때에는 그 이전한 것을 등기하면 된다.」

④ [×] ⅰ) 민법은 '이사의 대표권에 대한 제한은 정관에 기재하여야 효력이 있다'(제41조)라고 하여 정관의 기재를 효력요건으로, ⅱ) '이사의 대표권 제한은 이를 등기하지 않으면 제3자에게 대항하지 못한다'(제60조)라고 하여 등기를 대항요건으로 하고 있다.

⑤ [×]
> 제66조(감사) 「법인은 정관 또는 총회의 결의로 감사를 둘 수 있다.」

▶ 주식회사에서는 감사가 필요적 상설기관이지만(상법 제409조 제1항), 민법상의 법인에서는 임의기관으로 되어 있다. 따라서 감사의 성명과 주소는 정관의 필요적 기재사항은 아니다.

정답 | ③

58 민법상 법인의 기관에 관한 설명으로 옳지 않은 것은? (다툼이 있으면 판례에 의함) [20소방간부]

① 이사의 대표권에 대한 제한은 이를 등기하지 않으면 악의의 제3자에게도 대항하지 못한다.

② 감사는 필요한 경우 임시총회를 소집할 수 있다.

③ 법인과 이사의 이익이 상반하는 사항에 관하여는 이해관계인이나 검사의 청구에 의하여 임시이사를 선임하여야 한다.

④ 법인의 이사가 여러 명인 경우, 정관에 다른 규정이 없으면 법인사무에 관하여 각자 법인을 대표한다.

⑤ 법인의 이사가 여러 명인 경우, 정관에 다른 규정이 없으면 법인의 사무집행은 이사의 과반수로써 결정한다.

해설

① [〇] ⅰ) 민법은 '이사의 대표권에 대한 제한은 **정관에 기재하여야** 효력이 있다'(제41조)라고 하여 정관의 기재를 **효력요건**으로, ⅱ) '이사의 대표권 제한은 이를 등기하지 않으면 제3자에게 대항하지 못한다'(제60조)라고 하여 등기를 대항요건으로 하고 있다. 判例는 "등기가 되어 있지 않는 한, <u>악의의 제3자에게도 대항할 수 없다</u>."(대판 1992.2.14. 91다24564)라고 한다.

② [〇] 재산상황 또는 업무집행에 관하여 부정·불비한 점을 발견하여 이를 <u>보고할 필요가 있는 때에는 감사는 임시총회를 소집</u>할 수 있다(제67조 제4호).

③ [×] 법인과 이사의 이익상반행위에 대하여는 대표권이 없으며, '**특별대리인**'이 법인을 대표한다(제64조).

> [참조조문] **제63조(임시이사의 선임)** 「이사가 없거나 결원이 있는 경우에 이로 인하여 손해가 생길 염려 있는 때에는 법원은 이해관계인이나 검사의 청구에 의하여 임시이사를 선임하여야 한다.」

④⑤ [〇] 이사는 정관의 규정 및 총회의 의결에 따라 모든 내부적 사무를 집행할 권한이 있으며(제58조 제1항), **이사가 여럿인 경우**에는 그 과반수로써 결정한다(제58조 제2항). 그러나 이는 대내적인 제한일 뿐이며, 대외적으로는 각자대표가 원칙이므로(제59조 제1항), 이사가 과반수의 결의 없이 단독으로 대외적인 대표행위를 하였더라도 유효하고, 다만 그 이사는 법인에게 채무불이행책임이나 불법행위책임을 진다.

정답 | ③

59 민법상 법인의 기관에 관한 설명으로 옳은 것은? (다툼이 있으면 판례에 따름)   [20세무사]

① 감사는 법인의 대표기관이 아니지만, 그 성명과 주소는 등기하여야 한다.

② 이사의 사임 의사표시가 효력을 발생하기 위해서는 이사회의 결의나 관할 관청의 승인이 있어야 한다.

③ 검사는 법인의 특별대리인 선임을 청구할 수 없다.

④ 이사의 대표권 제한에 관한 정관규정이 등기되어 있지 않으면, 법인은 그 규정과 관련하여 제3자의 선의·악의를 불문하고 그에게 대항할 수 없다.

⑤ 감사는 재산상황에 관한 부정을 발견한 때에 이를 총회에 보고할 수는 있으나, 총회를 소집할 수는 없다.

해설

① [×]
> **제66조(감사)** 「법인은 정관 또는 총회의 결의로 감사를 둘 수 있다.」

▶ 주식회사에서는 감사가 필요적 상설기관이지만(상법 제409조 제1항), 민법상의 법인에서는 임의기관으로 되어 있다. 따라서 감사의 성명과 주소는 정관의 필요적 기재사항은 아니다(등기사항이 아니다).

② [×] 법인의 이사는 법인에 대한 일방적인 사임의 의사표시에 의하여 법률관계를 종료시킬 수 있고(상대방 있는 단독행위), 그 의사표시가 수령권한 있는 기관에 도달됨으로써 효력을 발생하는 것이며, 법인의 승낙(이사회의 결의나 관할관청의 승인)이 있어야만 효력이 있는 것은 아니다(대판 1992.7.24. 92다749).

③ [×]
> **제64조(특별대리인의 선임)** 「법인과 이사의 이익이 상반하는 사항에 관하여는 이사는 대표권이 없다. 이 경우에는 전조의 규정에 의하여(이해관계인이나 **검사의 청구에 의하여**) 특별대리인을 선임하여야 한다.」

▶ 감사는 이해관계인으로서 특별대리인 선임청구권자에 해당한다.

④ [〇] ⅰ) 민법은 '이사의 대표권에 대한 제한은 **정관에 기재하여야** 효력이 있다'(제41조)라고 하여 정관의 기재를 **효력요건**으로, ⅱ) '이사의 대표권 제한은 이를 등기하지 않으면 제3자에게 대항하지 못한다'(제60조)라고 하여 등기를 대항요건으로 하고 있다. 判例는 "등기가 되어 있지 않는 한, <u>악의의 제3자에게도 대항할 수 없다</u>."(대판 1992.2.14. 91다24564)라고 한다.

⑤ [×] 재산상황 또는 업무집행에 관하여 부정·불비한 점을 발견하여 이를 <u>보고할 필요가 있는 때에는 감사는 임시총회를 소집</u>할 수 있다(제67조 제4호).

정답 | ④

60 법인의 사원총회에 관한 설명으로 옳지 않은 것은?

[20세무사]

① 정관에 다른 규정이 없는 한 사원총회에서 1주일 전에 통지하지 않은 사항에 대해서는 결의할 수 없다.

② 정관으로 각 사원의 결의권이 불평등한 것으로 정할 수 있다.

③ 사단법인과 어느 사원과의 관계 사항을 의결하는 경우에는 그 사원은 결의권이 없다.

④ 정관에 다른 규정이 있다면 사원총회를 거치지 않고도 임의해산할 수 있다.

⑤ 결의권은 대리인을 통하여도 행사할 수 있는데, 그 경우 당해 사원은 출석한 것으로 한다.

해설

① [○] 총회는 '정관에 다른 규정이 없으면' 통지한 사항에 관하여만 결의할 수 있다(제72조). 소집통지에 기재하지 않은 사항을 결의한 때에는 그 결의는 무효이다.

> **[참조조문]** 제71조(총회의 소집) 「총회의 소집은 1주간 전에 그 회의의 목적사항을 기재한 통지를 발하고 기타 정관에 정한 방법에 의하여야 한다.」

②⑤ [○] '정관에 다른 규정이 없는 한', 각 사원의 결의권은 평등으로 하며, 이 결의권은 서면이나 대리인을 통해 행사할 수 있다(제73조). 그 경우 당해 사원은 출석한 것으로 한다(제75조 제2항).

③ [○] 사단법인과 어느 사원과의 관계사항을 의결하는 경우에는, 그 사원은 결의권이 없다(제74조). '관계사항'이란, 어느 사원이 사원인 지위와 관계없이 개인적으로 갖는 이해관계에 관한 사항을 말한다.

④ [×] 사단법인은 총회의 결의에 의해 해산하며(제77조 제2항), 이를 임의해산이라고 한다. 이것은 사원총회의 전권사항이고, 정관에 의해서도 달리 정할 수 없다. 해산결의에는 정관에 다른 규정이 없으면 총사원 4분의 3 이상의 동의가 있어야 한다(제78조).

정답 | ④

---

61 민법상 법인의 기관에 관한 설명으로 옳지 않은 것은? (다툼이 있으면 판례에 따름)

[19·15행정사 변형]

① 민법상 이사의 임기를 제한하는 규정은 없다.

② 사원총회의 결의는 민법 또는 정관에 다른 규정이 없으면 사원 과반수의 출석과 출석사원의 과반수로써 한다.

③ 이사는 정관 또는 총회의 결의로 금지하지 아니한 사항에 한하여 타인으로 하여금 특정한 행위를 대리하게 할 수 있다.

④ 임시이사 선임의 요건인 '이사가 없거나 결원이 있는 경우'란 이사가 전혀 없거나 정관에서 정한 인원수에 부족이 있는 경우를 말한다.

⑤ 정관에 이사의 해임사유에 관한 규정이 있는 경우에는 이사의 중대한 의무 위반이 있어도 법인은 정관에서 정하지 아니한 사유로 이사를 해임할 수 없다.

해설

① [○] 민법은 이사의 임기에 관한 규정을 두고 있지 않다.

② [○] 총회의 결의는 민법 또는 정관에 다른 규정이 없으면 사원 과반수의 출석과 출석사원의 결의권의 과반수로써 한다(제75조 제1항). 서면이나 대리인을 통해 결의권을 행사한 경우에는 출석한 것으로 한다(제75조 제2항).

③ [○] 이사는 원칙적으로 자신이 스스로 대표권을 행사하여야 한다. 다만, 정관 또는 사원총회의 결의로 금지하지 않은 사항에 한하여 타인으로 하여금 '특정의 행위'를 대리하게 할 수 있다(제62조).

④ [○] 제63조에서 임시이사 선임의 요건으로 정하고 있는 '이사가 없거나 결원이 있는 경우'라 함은 이사가 전혀 없거나 정관에서 정한 인원수에 부족이 있는 경우를 말하고, '이로 인하여 손해가 생길 염려가 있는 때'라 함은 통상의 이사선임절차에 따라 이사가 선임되기를 기다릴 때에 법인이나 제3자에게 손해가 생길 우려가 있는 것을 의미한다(대결 2009.11.19. 전합 2008마699).

⑤ [×] 제689조는 임의규정이므로 법인이 정관으로 이사의 해임사유 및 절차 등에 관해 별도의 규정을 두는 것은 가능하다. 이 경우 그 규정은 법인과 이사와의 관계를 명확히 함은 물론 이사의 신분을 보장하는 의미도 아울러 가지고 있어 이를 단순히 주의적 규정으로 볼 수는 없고, 따라서 법인으로서는 이사의 중대한 의무위반 또는 정상적인 사무집행 불능 등의 특별한 사정이 없는 이상, 정관에서 정하지 아니한 사유로 이사를 해임할 수는 없다(대판 2013.11.28. 2011다41741).

정답 | ⑤

62 법인의 기관에 관한 설명으로 옳지 않은 것은?

① 민법상의 비영리사단법인을 설립하고자 하는 경우에는 감사를 선임하지 않아도 된다.

② 이사는 정관 또는 총회의 결의로 금지하지 아니한 사항에 한하여 타인으로 하여금 특정한 행위를 대리하게 할 수 있다.

③ 법인과 이사의 이익이 상반하는 사항에 관하여는 특별대리인을 선임하여야 한다.

④ 사단법인의 사무는 정관으로 이사 또는 기타 임원에게 위임한 사항 외에는 총회의 결의에 의하여야 한다.

⑤ 민법은 임시총회의 소집을 위한 정족수를 총사원의 5분의 1 이상으로 정하고 있는데, 정관으로 이 정수를 증가시키는 것은 가능하지만, 이보다 감소시키는 것은 허용되지 않는다.

해설

① [○]

> 제66조(감사) 「법인은 정관 또는 총회의 결의로 감사를 둘 수 있다.」

> ▶ 주식회사에서는 감사가 필요적 상설기관이지만(상법 제409조 제1항), 민법상의 법인에서는 임의기관으로 되어 있다. 따라서 감사의 성명과 주소는 정관의 필요적 기재사항은 아니다.

② [○] 이사는 원칙적으로 자신이 스스로 대표권을 행사하여야 한다. 다만, 정관 또는 사원총회의 결의로 금지하지 않은 사항에 한하여 타인으로 하여금 '특정의 행위'를 대리하게 할 수 있다(제62조).

③ [○] 법인과 이사의 이익상반행위에 대하여는 대표권이 없으며, '특별대리인'이 법인을 대표한다(제64조).

[참조조문]

> 제63조(임시이사의 선임) 「이사가 없거나 결원이 있는 경우에 이로 인하여 손해가 생길 염려 있는 때에는 법원은 이해관계인이나 검사의 청구에 의하여 임시이사를 선임하여야 한다.」

④ [○]

> 제68조(총회의 권한) 「사단법인의 사무는 정관으로 이사 또는 기타 임원에게 위임한 사항외에는 총회의 결의에 의하여야 한다.」

⑤ [×] ⅰ) [소수사원의 소집청구] 총사원의 5분의 1 이상에 해당하는 사원은 회의의 목적사항을 제시하여 이사에게 임시총회의 소집을 청구할 수 있다. 이 정수는 정관으로 증감할 수 있다(제70조 제2항). ⅱ) [소수사원에 의한 소집] 소수사원의 소집청구가 있는 때에는 이사는 임시총회를 소집하여야 한다(제70조 제2항 1문). 그러나 그 청구가 있은 후 2주일 내에 이사가 임시총회소집의 절차를 밟지 아니한 때에는, 청구한 소수사원은 법원의 허가를 얻어 이를 소집할 수 있다(제70조 제3항).

정답 | ⑤

63 민법상 사단법인의 기관에 관한 설명으로 옳지 않은 것은? (다툼이 있으면 판례에 따름) [18행정사]

① 이사의 임면에 관한 사항은 정관의 임의적 기재사항이다.

② 사단법인의 이사는 매년 1회 이상 통상총회를 소집하여야 한다.

③ 이사가 수인인 경우, 정관에 다른 규정이 없으면 법인의 사무집행은 이사의 과반수로써 결정한다.

④ 감사는 필요기관이 아니다.

⑤ 사원총회의 의결사항은 정관에 다른 규정이 없으면, 총회를 소집할 때 미리 통지된 사항에 한한다.

해설

① [×] 정관에는 다음의 사항을 기재하여야 하고(제40조), 그 하나라도 빠지면 정관으로서의 효력이 생기지 않는다. 즉, '1. 목적, 2. 명칭, 3. 사무소의 소재지, 4. 자산에 관한 규정, 5. 이사의 임면에 관한 규정, 6. 사원자격의 득실에 관한 규정, 7. 존립시기나 해산사유를 정하는 때에는 그 시기 또는 사유'가 그것이다. 다만, 이 중 7.은 그 존립시기나 해산사유를 정한 때에 한해 기재하면 된다.

② [○] 사단법인의 이사는 매년 1회 이상 통상총회를 소집하여야 한다(제69조).

③ [○] 이사는 정관의 규정 및 총회의 의결에 따라 모든 내부적 사무를 집행할 권한이 있으며(제58조 제1항), 이사가 여럿인 경우에는 그 과반수로써 결정한다(제58조 제2항). 그러나 이는 대내적인 제한일 뿐이며, 대외적으로는 각자대표가 원칙이므로(제59조 제1항), 이사가 과반수의 결의 없이 단독으로 대외적인 대표행위를 하였더라도 유효하고, 다만 그 이사는 법인에게 채무불이행책임이나 불법행위책임을 진다.

④ [○]

> 제66조(감사) 「법인은 정관 또는 총회의 결의로 감사를 둘 수 있다.」

▶ 주식회사에서는 감사가 필요적 상설기관이지만(상법 제409조 제1항), 민법상의 법인에서는 임의기관으로 되어 있다. 따라서 감사의 성명과 주소는 정관의 필요적 기재사항은 아니다.

⑤ [○] 총회는 '정관에 다른 규정이 없으면' 통지한 사항에 관하여만 결의할 수 있다(제72조). 소집통지에 기재하지 않은 사항을 결의한 때에는 그 결의는 무효이다.

참조조문

> 제71조(총회의 소집) 「총회의 소집은 1주간 전에 그 회의의 목적사항을 기재한 통지를 발하고 기타 정관에 정한 방법에 의하여야 한다.」

정답 | ①

64 법인에 관한 설명으로 옳지 않은 것은? (다툼이 있으면 판례에 의함)

① 대표권이 없는 이사도 법인의 기관이므로 그의 행위로 인하여 법인의 불법행위가 성립할 수 있다.

② 법인의 이사회에서 법인과 어느 이사와의 관계 사항을 의결하는 경우에 그 이사는 의결권을 행사할 수 없으나 의사정족수 산정의 기초가 되는 이사의 수에는 포함되고, 다만 결의 성립에 필요한 출석이사에는 산입되지 않는다.

③ "사단법인의 사원의 지위는 양도 또는 상속할 수 없다."고 규정한 제56조는 임의규정이다.

④ 임시이사 선임에 관한 제63조는 법인 아닌 사단이나 재단에 유추적용된다.

⑤ 재단법인 설립을 위해 부동산을 출연한 경우 출연자와 재단법인 사이에서는 제48조에 의하여 법인이 성립한 때에 그 부동산의 소유권이 재단법인에 귀속한다.

해설

① [×] '대표권이 없는 이사'는 법인의 기관이기는 하지만 대표기관은 아니기 때문에 그들의 행위로 인하여 법인의 불법행위가 성립하지 않는다(대판 2005.12.23. 2003다30159).

② [○] 제74조는 사단법인과 어느 사원과의 관계사항을 의결하는 경우 그 사원은 의결권이 없다고 규정하고 있으므로, 제74조의 유추해석상 민법상 법인의 이사회에서 법인과 어느 이사와의 관계사항을 의결하는 경우에는 그 이사는 의결권이 없다. 이때 의결권이 없다는 의미는 이해관계 있는 이사는 이사회에서 의결권을 행사할 수는 없으나 의사정족수 산정의 기초가 되는 이사의 수에는 포함되고, 다만 결의 성립에 필요한 출석이사에는 산입되지 아니한다고 풀이함이 상당하다(대판 2009.4.9. 2008다1521).

③ [○] 사단법인의 사원의 지위는 양도 또는 상속할 수 없다고 규정한 제56조의 규정은 강행규정이라고 할 수 없으므로, 비법인사단에서도 사원의 지위는 규약이나 관행에 의하여 양도 또는 상속될 수 있다(대판 1997.9.26. 95다6205).

> 참조조문 **제56조(사원권의 양도, 상속금지)** 「사단법인의 사원의 지위는 양도 또는 상속할 수 없다.」

④ [○] 민법은 권리능력 없는 사단의 법적 지위에 관한 규정을 두고 있지 않지만, 권리능력 없는 사단은 법인등기를 하지 않았을 뿐 법인의 실질을 갖고 있는 것이다. 따라서 사단법인에 관한 규정 중에서 법인격을 전제로 하는 것(법인등기 등)을 제외하고는 법인격 없는 사단에 유추적용해야 한다(대판 1992.10.9. 92다23087).
구체적으로 判例는 사원총회 결의방법(제73조 제2항, 제75조 제2항), 포괄위임금지 규정(제62조), 대표자의 업무집행(제40조, 제58조, 제68조), 청산인 선임(제82조), 사원권의 양도·상속금지 규정(제56조), 임시이사의 선임(제63조)(대판 2009.11.19. 전합 2008마699) 등이 유추적용된다고 한다.

> 관련판례 제63조는 법인의 조직과 활동에 관한 것으로서 법인격을 전제로 하는 조항이 아니고, 법인 아닌 사단이나 재단의 경우에도 이사가 없거나 결원이 생길 수 있으며, 통상의 절차에 따른 새로운 이사의 선임이 극히 곤란하고 종전 이사의 긴급처리권도 인정되지 아니하는 경우에는 사단이나 재단 또는 타인에게 손해가 생길 염려가 있을 수 있으므로, 제63조는 법인 아닌 사단이나 재단에도 유추적용할 수 있다(대판 2009.11.19. 전합 2008마699).

⑤ [○] 判例는 "출연자와 법인 간에는(대내관계) 등기 없이도 제48조에서 규정하는 때에 법인에 귀속되지만, 법인이 그것을 가지고 제3자에게 '대항'하기 위해서는(대외관계) 제186조의 원칙에 돌아가 그 등기를 필요로 한다."(대판 1979.12.11. 전합 78다481)라고 판시하고 있다.

> 판례해설 判例의 경우 구체적 타당성을 기하려 하였으나, 형식주의를 취하고 있는 현행 민법 하에서 소유권의 상대적 귀속을 인정한 점(대내관계와 대외관계의 소유권을 다르게 판단)에서 민법의 결단에 위배되는 측면이 있다(전합 78다481 소수의견 및 학계의 통설).

정답 | ①

65 민법상 법인에 관한 설명 중 옳은 것(○)과 옳지 않은 것(×)을 올바르게 조합한 것은? (다툼이 있는 경우 판례에 의함)

[19변호사 변형]

ㄱ. 법인의 정관에 대표권의 제한에 관한 규정이 있으나 그와 같은 취지가 등기되어 있지 않다면, 법인은 그와 거래한 상대방이 그와 같은 정관의 규정에 대하여 선의냐 악의냐에 관계없이 그 상대방에 대하여 위 대표권 제한 사실로써 대항할 수 없다.

ㄴ. 법인은 언제든지 이사를 해임할 수 있지만, 법인의 정관에 이사의 해임사유에 관한 규정이 있는 경우에는 법인은 이사의 중대한 의무위반 또는 정상적인 사무집행 불능 등의 특별한 사정이 없는 한 정관에서 정하지 아니한 사유로는 이사를 해임할 수 없다.

ㄷ. 이사가 없거나 결원이 생겨서 이로 인하여 법인에 손해가 생길 염려 있는 경우뿐만 아니라 법인과 이사의 이익이 상반하는 사항이 생긴 경우에, 법원은 이해관계인이나 검사의 청구에 의하여 특별대리인을 선임하여야 한다.

ㄹ. 법원의 가처분명령에 의해 선임된 이사직무대행자는 그 명령에 다른 정함이 있는 경우 외에는 법원의 허가없이 법인의 통상사무에 속하지 아니한 행위를 하지 못하고, 만약 위 직무대행자가 그에 위반한 행위를 한 경우 법인은 선의의 제3자에 대하여 책임을 진다.

① ㄱ(×), ㄴ(×), ㄷ(○), ㄹ(×) ② ㄱ(○), ㄴ(×), ㄷ(×), ㄹ(×)
③ ㄱ(○), ㄴ(○), ㄷ(×), ㄹ(○) ④ ㄱ(×), ㄴ(○), ㄷ(○), ㄹ(○)

해설

ㄱ. [○] **대표권 제한**
이사의 대표권에 대한 제한은 등기하지 아니하면 제3자에게 대항하지 못한다(제60조). 법인의 정관에 법인 대표권의 제한에 관한 규정이 있으나 그와 같은 취지가 등기되어 있지 않다면 법인은 그와 같은 정관의 규정에 대하여 선의냐 악의냐에 관계없이 제3자에 대하여 대항할 수 없다(대판 1992.2.14. 91다24564).
[비교판례] 비법인사단의 경우에는 대표자의 대표권 제한에 관하여 등기할 방법이 없어 제60조의 규정을 준용할 수 없고, 비법인사단의 대표자가 정관에서 사원총회의 결의를 거쳐야 하도록 규정한 대외적 거래행위에 관하여 이를 거치지 아니한 경우라도, 이와 같은 사원총회 결의사항은 비법인사단의 내부적 의사결정에 불과하다 할 것이므로, 그 거래 상대방이 그와 같은 대표권 제한 사실을 알았거나 알 수 있었을 경우가 아니라면 그 거래행위는 유효하다고 봄이 상당하고, 이 경우 거래의 상대방이 대표권 제한 사실을 알았거나 알 수 있었음은 이를 주장하는 비법인사단 측이 주장·입증하여야 한다(대판 2003.7.22. 2002다64780).

ㄴ. [○] **법인이 이사를 정당한 이유 없이 해임할 수 있는지 여부**
법인과 이사의 법률관계는 신뢰를 기초로 한 위임 유사의 관계로 볼 수 있는데, 제689조 제1항에서는 위임계약은 각 당사자가 언제든지 해지할 수 있다고 규정하고 있으므로, 법인은 원칙적으로 이사의 임기 만료 전에도 이사를 해임할 수 있지만, 이러한 민법의 규정은 임의규정에 불과하므로 법인이 자치법규인 정관으로 이사의 해임사유 및 절차 등에 관하여 별도의 규정을 두는 것도 가능하다. 그리고 이와 같이 법인이 정관에 이사의 해임사유 및 절차 등을 따로 정한 경우 그 규정은 법인과 이사와의 관계를 명확히 함은 물론 이사의 신분을 보장하는 의미도 아울러 가지고 있어 이를 단순히 주의적 규정으로 볼 수는 없다. 따라서 법인의 정관에 이사의 해임사유에 관한 규정이 있는 경우 법인으로서는 이사의 중대한 의무위반 또는 정상적인 사무집행 불능 등의 특별한 사정이 없는 이상, 정관에서 정하지 아니한 사유로 이사를 해임할 수 없다(대판 2013.11.28. 2011다41741).

ㄷ. [×] **임시이사와 특별대리인**
ⅰ) 이사가 없거나 결원이 있는 경우에 이로 인하여 손해가 생길 염려 있는 때에는 법원은 이해관계인이나 검사의 청구에 의하여 임시이사를 선임하여야 한다(제63조). ⅱ) 법인과 이사의 이익이 상반하는 사항에 관하여는 이사는 대표권이 없다. 이 경우에는 전조의 규정에 의하여 특별대리인을 선임하여야 한다(제64조).

ㄹ. [○] **직무대행자의 권한**
제52조의2의 직무대행자는 가처분명령에 다른 정함이 있는 경우 외에는 법인의 통상사무에 속하지 아니한 행위를 하지 못한다. 다만, 법원의 허가를 얻은 경우에는 그러하지 아니하다(제60조의2 제1항). 직무대행자가 제1항의 규정에 위반한 행위를 한 경우에도 법인은 선의의 제3자에 대하여 책임을 진다(제60조의2 제2항).

정답 | ③

제5관 법인의 소멸

66 민법상 법인의 소멸에 관한 설명으로 옳은 것은? (다툼이 있으면 판례에 따름) [23세무사]

① 법인은 해산으로 권리능력을 상실한다.

② 법원은 직권으로 청산인을 해임할 수 없다.

③ 법인의 해산과 청산은 주무관청이 검사·감독한다.

④ 해산등기 없이도 법인의 해산 사실을 제3자에게 대항할 수 있다.

⑤ 법인은 채권신고기간 내의 변제금지로 인한 채권자의 지연손해에 대하여 배상책임을 진다.

해설

① [×] 법인에는 자연인에서와 같은 상속제도가 없으므로, 법인의 소멸은 일정한 절차를 거쳐 단계적으로 이루어진다. ⅰ) 먼저 '해산'에 의해 법인의 본래의 활동을 정지하고, ⅱ) 이어서 재산을 정리하는 '청산'의 단계로 들어간다. 법인이 소멸하는 시점은 '해산'시가 아니라 '청산이 종료한 때'이다.

② [×] 중요한 사유가 있는 때에는 법원은 직권 또는 이해관계인이나 검사의 청구에 의하여 청산인을 해임할 수 있다(제84조).

③ [×] '해산·청산'은 법원이 검사·감독한다(제95조).

④ [×] 청산인은 파산의 경우를 제하고는 주된 사무소 및 분사무소 소재지에서 등기하여야 한다(제85조). 이러한 해산등기는 대항요건이다. 따라서 해산등기를 하기 전에는 제3자에게 해산사실을 가지고 대항할 수 없다(대판 1984.9.25. 84다카493).

⑤ [○] 청산인은 제88조 제1항의 채권신고기간 내에는 채권자에 대하여 변제하지 못한다. 그러나 법인은 채권자에 대한 지연손해배상의 의무를 면하지 못한다(제90조).

정답 | ⑤

67 민법상 법인의 해산 및 청산에 관한 설명으로 옳지 않은 것은? (다툼이 있으면 판례에 따름) [22세무사]

① 사단법인은 사원이 1인으로 된 경우에 해산한다.

② 법인의 해산과 청산은 법원이 검사·감독한다.

③ 청산종결등기가 이루어지더라도 청산사무가 종결되지 않는 한 그 범위 내에서 청산법인은 존속한다.

④ 청산인이 알고 있는 채권자가 채권신고 기간 내에 채권신고를 하지 않더라도 그를 청산으로부터 제외하지 못한다.

⑤ 법인의 청산절차에 관한 민법규정에 반하는 정관규정은 무효이다.

해설

① [×] 제77조(해산사유) 「②항 사단법인은 사원이 없게 되거나 총회의 결의로도 해산한다.」

② [○] 제95조(해산, 청산의 검사, 감독) 「법인의 해산 및 청산은 법원이 검사, 감독한다.」

③ [○] 법인이 소멸하는 시점은 해산등기나 청산종결등기시가 아니라 '청산사무가 종료한 때'이다. 그러므로 청산종결의 등기가 되었더라도 청산사무가 종결되지 않은 때에는 그 한도에서는 청산법인으로 존속한다(대판 1995.2.10. 94다13473).

④ [○] 제89조(채권신고의 최고) 「청산인은 알고 있는 채권자에 대하여는 각각 그 채권신고를 최고하여야 한다. 알고 있는 채권자는 청산으로부터 제외하지 못한다.」

⑤ [○] 청산절차는 제3자의 이해관계에 중대한 영향을 미치기 때문에 모두 강행규정이며(대판 1995.2.10. 94다13473), 정관에서 달리 정하더라도 그것은 무효이다.

정답 | ①

68 민법상 법인의 해산과 청산에 관한 설명으로 옳지 않은 것은? (다툼이 있으면 판례에 따름) [22행정사]

① 해산한 법인은 청산의 목적범위 내에서만 권리가 있고 의무를 부담한다.

② 사단법인 총회의 해산결의는 정관에 다른 규정이 없는 한 총사원의 4분의 3 이상의 동의가 필요하다.

③ 민법상 청산절차에 관한 규정에 반하는 잔여재산의 처분행위는 특별한 사정이 없는 한 무효이다.

④ 청산 중의 법인은 변제기에 이르지 아니한 채권에 대해서도 변제할 수 있다.

⑤ 법인의 청산인은 채권신고기간 내에는 채권자에 대하여 변제하지 못하므로 법인은 그 기간 동안의 지연손해배상의 무를 면한다.

해설

① [○]
> 제81조(청산법인) 「해산한 법인은 청산의 목적범위 내에서만 권리가 있고 의무를 부담한다.」

② [○]
> 제78조(사단법인의 해산결의) 「사단법인은 총사원 4분의 3 이상의 동의가 없으면 해산을 결의하지 못한다. 그러나 정관에 다른 규정이 있는 때에는 그 규정에 의한다.」

③ [○] 잔여재산은 정관으로 지정한 자에게 귀속한다(제80조 제1항). 그 지정은 직접적인 지정뿐만 아니라, 이사회의 결의에 의해 잔여재산을 처분하도록 하는 간접적인 지정, 즉 지정하는 방법을 정한 경우도 포함한다(대판 1995.2.10. 94다13473). 이에 위반하여 한 잔여재산의 처분행위는 무효이다(대판 1980.4.8. 79다2036).

④ [○]
> 제91조(채권변제의 특례) 「①항 청산중의 법인은 변제기에 이르지 아니한 채권에 대하여도 변제할 수 있다.」

⑤ [×]
> 제90조(채권신고기간내의 변제금지) 「청산인은 제88조제1항의 채권신고기간 내에는 채권자에 대하여 변제하지 못한다. 그러나 법인은 채권자에 대한 지연손해배상의 의무를 면하지 못한다.」

정답 | ⑤

---

69 민법상 법인의 해산 및 청산에 관한 설명으로 옳은 것은? (다툼이 있으면 판례에 따름) [21세무사]

① 비법인사단인 교회의 교인이 존재하지 않는 경우 청산법인에 관한 민법규정이 유추적용된다.

② 법인의 목적달성이 불능한 경우에는 설립허가가 취소된 경우에 한하여 법인은 해산할 수 있다.

③ 청산사무가 종료되지 않았더라도 청산종결등기가 마쳐지면 청산법인은 소멸한다.

④ 청산중에 법인의 채무초과상태가 분명하게 되어 청산인이 파산선고를 신청하면, 그 즉시 청산인의 임무는 종료된다.

⑤ 정관으로 이사 전원의 의결에 의하여 잔여재산을 처분하도록 하였으나 이를 등기하지 않은 경우, 그 정관을 위반한 잔여재산처분은 상대방이 이에 대해 선의라면 특별한 사정이 없는 한 유효하다.

해설

① [○] 비법인사단에 대하여는 사단법인에 관한 민법규정 중 법인격을 전제로 하는 것을 제외한 규정들을 유추적용하여야 할 것이므로 비법인사단인 교회의 교인이 존재하지 않게 된 경우 그 교회는 해산하여 청산절차에 들어가서 청산의 목적범위 내에서 권리·의무의 주체가 되며, 이 경우 해산 당시 그 비법인사단의 총회에서 향후 업무를 수행할 자를 선정하였다면 민법 제82조 제1항을 유추하여 그 선임된 자가 청산인으로서 청산 중의 비법인사단을 대표하여 청산업무를 수행하게 된다(대판 2003.11.14. 2001다32687).

② [×]
> 제77조(해산사유) 「①항 법인은 존립기간의 만료, 법인의 목적의 달성 또는 달성의 불능 기타 정관에 정한 해산사유의 발생, 파산 또는 설립허가의 취소로 해산한다.」

▶ 설립허가의 취소는 법인 해산 사유 중의 하나일 뿐이다.

③ [×] 법인이 소멸하는 시점은 해산등기나 청산종결등기시가 아니라 '청산사무가 종료한 때'이다. 그러므로 청산종결의 등기가 되었더라도 청산사무가 종결되지 않은 때에는 그 한도에서는 청산법인으로 존속한다(대판 1995.2.10. 94다13473).

④ [×]

> 제93조(청산중의 파산) 「①항 청산 중 법인의 재산이 그 채무를 완제하기에 부족한 것이 분명하게 된 때에는 청산인은 지체없이 파산선고를 신청하고 이를 공고하여야 한다. ②항 청산인은 파산관재인에게 그 사무를 인계함으로써 그 임무가 종료한다.」

⑤ [×] 청산절차에 관한 민법의 규정(제80조, 제81조, 제87조)은 강행규정이므로, 청산법인이나 그 청산인이 청산법인의 목적 범위 외의 행위를 한 때에는 무효이다(대판 1980.4.8. 79다2036).

정답 | ①

---

70 민법상 사단법인에 관한 설명으로 옳지 않은 것은? (다툼이 있으면 판례에 따름) [20행정사]

① 이사는 원칙적으로 법인의 제반 업무처리를 대리인에게 포괄적으로 위임할 수 없다.

② 정관의 규범적 의미와 다른 해석이 사원총회의 결의에 의해 표명되었더라도 이는 법원을 구속하는 효력이 없다.

③ 이사의 임면에 관한 사항은 정관의 임의적 기재사항이다.

④ 이사회의 결의사항에 이해관계가 있는 이사는 의결권이 없다.

⑤ 민법상 청산절차에 관한 규정에 반하는 잔여재산 처분행위는 특단의 사정이 없는 한 무효이다.

해설

① [○] 이사는 원칙적으로 자신이 스스로 대표권을 행사하여야 한다. 다만, 정관 또는 사원총회의 결의로 금지하지 않은 사항에 한하여 타인으로 하여금 '특정의 행위'를 대리하게 할 수 있다(제62조). 따라서 이사는 '포괄적인 복임권'은 없다. 만약 대표자가 타인에게 업무를 포괄적으로 위임한 경우 그 포괄적 수임인이 법인의 사무를 행하더라도 이는 제62조에 위반된 것이어서 그 효력이 법인에는 미치지 아니한다(대판 2011.4.28. 2008다15438).

　(관련판례) 사립학교법 제27조, 제62조에 의하면 학교법인의 이사는 특정한 행위를 다른 이사에게 대리하게 할 수 있으나 학교법인의 제반사무처리를 포괄적으로 위임할 수는 없다(대판 1989.5.9. 87다카2407).

② [○] 사단법인의 정관은 이를 작성한 사원뿐만 아니라 그 후에 가입한 사원이나 사단법인의 기관 등도 구속하는 점에 비추어 보면 그 법적 성질은 계약이 아니라 자치법규로 보는 것이 타당하므로, 어느 시점의 사단법인의 사원들이 정관의 규범적인 의미 내용과 다른 해석을 사원총회의 결의라는 방법으로 표명하였다 하더라도 그 결의에 의한 해석은 그 사단법인의 구성원인 사원들이나 법원을 구속하는 효력이 없다(대판 2000.11.24. 99다12437).

③ [×] 정관에는 다음의 사항을 기재하여야 하고(제40조), 그 하나라도 빠지면 정관으로서의 효력이 생기지 않는다. 즉, '1. 목적, 2. 명칭, 3. 사무소의 소재지, 4. 자산에 관한 규정, 5. 이사의 임면에 관한 규정, 6. 사원자격의 득실에 관한 규정, 7. 존립시기나 해산사유를 정하는 때에는 그 시기 또는 사유'가 그것이다. 다만, 이 중 7.은 그 존립시기나 해산사유를 정한 때에 한해 기재하면 된다.

④ [○] 제74조는 사단법인과 어느 사원과의 관계사항을 의결하는 경우 그 사원은 의결권이 없다고 규정하고 있으므로, 제74조의 유추해석상 민법상 법인의 이사회에서 법인과 어느 이사와의 관계사항을 의결하는 경우에는 그 이사는 의결권이 없다(대판 2009.4.9. 2008다1521).

⑤ [○] 청산이란 해산한 법인이 잔무를 처리하고 재산을 정리하여 완전히 소멸할 때까지의 절차를 말한다. 이러한 청산절차는 제3자의 이해관계에 중대한 영향을 미치기 때문에 모두 '강행규정'이며(대판 1995.2.10. 94다13473), 정관에서 달리 정하더라도 그것은 무효이다.

정답 | ③

71 법인의 당연해산사유에 해당하는 것은? (다툼이 있으면 판례에 따름) [20세무사]

① 설립허가 조건에 위반한 경우
② 공익을 해하는 행위를 한 경우
③ 목적 외의 사업 수행을 한 경우
④ 주무관청 허가 없이 정관을 변경한 경우
⑤ 법인설립 후 목적 달성이 불능하게 된 경우

해설

①②③ [×]

> 제38조(법인의 설립허가의 취소) 「법인이 목적 이외의 사업을 하거나 설립허가의 조건에 위반하거나 기타 공익을 해하는 행위를 한 때에는 주무관청은 그 허가를 취소할 수 있다.」

▶ 위 사유는 설립허가의 취소사유일 뿐이고, 설립허가가 취소되었다는 사실 자체가 법인의 당연해산사유임을 주의해야 한다.

④ [×]

> 제42조(사단법인의 정관의 변경) 「①항 사단법인의 정관은 총사원 3분의 2 이상의 동의가 있는 때에 한하여 이를 변경할 수 있다. 그러나 정수에 관하여 정관에 다른 규정이 있는 때에는 그 규정에 의한다. ②항 정관의 변경은 주무관청의 허가를 얻지 아니하면 그 효력이 없다.」

▶ 주무관청의 허가 없이 정관을 변경한 경우, 정관변경이 무효일 뿐 해산사유가 아니다.

⑤ [○]

> 제77조(해산사유) 「①항 법인은 존립기간의 만료, 법인의 목적의 달성 또는 달성의 불능 기타 정관에 정한 해산사유의 발생, 파산 또는 설립허가의 취소로 해산한다.」

정답 | ⑤

---

72 민법상 법인의 해산 및 청산에 관한 설명으로 옳지 않은 것은? [18소방간부]

① 법인의 해산 및 청산은 주무관청이 검사, 감독한다.
② 해산한 법인은 청산의 목적 범위 내에서만 권리가 있고 의무를 부담한다.
③ 청산 중의 법인은 변제기에 이르지 아니한 채권에 대하여도 변제할 수 있다.
④ 청산으로부터 제외된 채권자는 법인의 채무를 완제한 후 귀속권리자에게 인도하지 아니한 재산에 대하여서만 변제를 청구할 수 있다.
⑤ 청산이 종결된 때에는 청산인은 3주간 내에 이를 등기하고 주무관청에 신고하여야 한다.

해설

① [×]

> 제95조(해산, 청산의 검사, 감독) 「법인의 해산 및 청산은 법원이 검사, 감독한다.」

> [참조조문] 제37조(법인의 사무의 검사, 감독) 「법인의 사무는 주무관청이 검사, 감독한다.」

② [○] 해산한 법인은 청산법인이 되고 '청산의 목적범위 내'에서만 권리를 갖고 의무를 부담하므로(제81조), 청산이라는 목적을 변경하거나 해산 전의 본래의 적극적인 사업을 행하는 것은 청산법인의 권리능력의 범위를 벗어나는 것이 된다.

③ [○]

> 제91조(채권변제의 특례) 「①항 청산 중의 법인은 변제기에 이르지 아니한 채권에 대하여도 변제할 수 있다.」

④ [○]

> 제92조(청산으로부터 제외된 채권) 「청산으로부터 제외된 채권자는 법인의 채무를 완제한 후 귀속권리자에게 인도하지 아니한 재산에 대하여서만 변제를 청구할 수 있다.」

⑤ [○]

> 제94조(청산종결의 등기와 신고) 「청산이 종결한 때에는 청산인은 3주간 내에 이를 등기하고 주무관청에 신고하여야 한다.」

정답 | ①

73 청산인의 직무권한으로 볼 수 없는 것은?

① 해산등기와 해산신고
② 파산사무의 집행
③ 채권의 추심 및 채무의 변제
④ 현존사무의 종결
⑤ 잔여재산의 양도

해설

① [○]
> 제86조(해산신고) 「①항 청산인은 파산의 경우를 제하고는 그 취임 후 3주간 내에 전조 제1항의 사항(해산등기)을 주무관청에 신고하여야 한다. ②항 청산 중에 취임한 청산인은 그 성명 및 주소를 신고하면 된다.」

② [×] 파산의 경우에는 '채무자 회생 및 파산에 관한 법률'에 따라 법원에 의해 선임된 파산관재인이 파산재단을 대표한다(동법 제355조 이하). 따라서 파산사무의 집행은 파산관재인의 직무에 속한다.

③④⑤ [○]
> 제87조(청산인의 직무) 「①항 청산인의 직무는 다음과 같다. 1. 현존사무의 종결 2. 채권의 추심 및 채무의 변제 3. 잔여재산의 인도」

정답 | ②

74 민법상 법인의 소멸에 관한 설명으로 옳지 않은 것은? (다툼이 있으면 판례에 의함)

① 사원총회는 청산법인의 최고 의사결정기관으로 존속한다.
② 청산인은 제88조 제1항의 채권신고기간 내에는 채권자에 대하여 변제하지 못한다.
③ 청산 중의 법인은 변제기에 이르지 아니한 채권에 대해서도 변제할 수 있다.
④ 법인이 해산한 경우, 파산의 경우를 제외하고는 정관 또는 총회의 결의로 달리 정한 바가 없으면 원칙적으로 해산 당시의 이사가 청산인이 된다.
⑤ 법인 해산 후의 잔여재산 처분에 관하여 정관에서 민법 규정과 달리 정하고 있는 경우, 그 정관에서 정한 바가 민법 규정에 우선하여 적용된다.

해설

① [○] 청산법인은 해산 전의 법인과 동일성이 유지되므로 해산 전의 기관, 즉 사원총회·감사 등의 기관은 그대로 존속하고 이사는 청산인이 된다.
▶ 따라서 사원총회는 청산법인의 최고의 의사결정기관이다.

② [○]
> 제90조(채권신고기간내의 변제금지) 「청산인은 제88조 제1항의 채권신고기간 내에는 채권자에 대하여 변제하지 못한다. 그러나 법인은 채권자에 대한 지연손해배상의 의무를 면하지 못한다.」

③ [○]
> 제91조(채권변제의 특례) 「①항 청산 중의 법인은 변제기에 이르지 아니한 채권에 대하여도 변제할 수 있다.」

④ [○] 법인이 해산한 때에는 정관에서 청산인이 될 자를 정하지 않고 또 총회의 결의도 없으면 해산 당시의 이사가 청산인이 된다(제82조). 이와 관련하여 判例는 "회사가 해산한 경우 합병 또는 파산의 경우 외에는 정관에 다른 규정이 있거나 주주총회에서 따로 청산인을 선임하지 아니하였다면 이사가 당연히 청산인이 되고 이사가 임기만료 되면 새로운 이사를 선임할 수 있다 할 것이므로 청산법인의 주주총회에서 청산인을 선임하지 아니하고 이사를 선임하였다 하여 그 선임결의가 그 자체로서 무효가 된다고 볼 수 없다."(대판 1989.9.12. 87다카2691)라고 한다.

⑤ [×] 청산이란 해산한 법인이 잔무를 처리하고 재산을 정리하여 완전히 소멸할 때까지의 절차를 말한다. 이러한 청산절차는 제3자의 이해관계에 중대한 영향을 미치기 때문에 모두 '강행규정'이며(대판 1995.2.10. 94다13473), 정관에서 달리 정하더라도 그것은 무효이다.

정답 | ⑤

75 법인에 관한 사항 중 법원의 권한 사항이 아닌 것은? [16소방간부]

① 임시이사의 선임   ② 법인사무의 감독   ③ 청산인의 선임
④ 법인의 해산   ⑤ 특별대리인의 선임

해설

① [○] 제63조(임시이사의 선임) 「이사가 없거나 결원이 있는 경우에 이로 인하여 손해가 생길 염려 있는 때에는 법원은 이해관계인이나 검사의 청구에 의하여 임시이사를 선임하여야 한다.」

② [×] ④ [○] 제95조(해산, 청산의 검사, 감독) 「법인의 해산 및 청산은 법원이 검사, 감독한다.」

참조조문 제37조(법인의 사무의 검사, 감독) 「법인의 사무는 주무관청이 검사, 감독한다.」

③ [○] 청산인이 될 자가 없거나 청산인의 결원으로 인하여 손해가 생길 염려가 있는 때에는, 법원은 직권 또는 이해관계인이나 검사의 청구에 의하여 청산인을 선임할 수 있다(제83조).

⑤ [○] 제64조(특별대리인의 선임) 「법인과 이사의 이익이 상반하는 사항에 관하여는 이사는 대표권이 없다. 이 경우에는 전조의 규정에 의하여(법원은 이해관계인이나 검사의 청구에 의하여) 특별대리인을 선임하여야 한다.」

정답 | ②

---

76 법인의 청산에 관한 설명으로 옳지 않은 것은? (다툼이 있으면 판례에 따름) [20세무사]

① 청산절차에 관한 규정은 강행규정이다.
② 청산법인이 청산 목적과 관계없이 한 행위는 특별한 사정이 없는 한 무효이다.
③ 청산인이 알고 있는 채권자에 대하여는 채권신고를 하지 않았더라도 청산에서 제외하지 못한다.
④ 재단법인의 정관에 잔여재산의 귀속권리자를 지정하지 아니하거나 이를 지정하는 방법을 정하지 아니한 경우, 이사 또는 청산인은 주무관청의 허가를 얻어 그 법인의 목적에 유사한 목적을 위하여 그 재산을 처분할 수 있다.
⑤ 청산사무가 종료되지 않았더라도 청산종결등기가 경료되었다면 청산법인은 소멸한다.

해설

① [○] 청산이란 해산한 법인이 잔무를 처리하고 재산을 정리하여 완전히 소멸할 때까지의 절차를 말한다. 이러한 청산절차는 제3자의 이해관계에 중대한 영향을 미치기 때문에 모두 '강행규정'이며(대판 1995.2.10. 94다13473), 정관에서 달리 정하더라도 그것은 무효이다.

② [○] 청산절차에 관한 규정은 소위 강행규정이므로 만일 그 청산법인이나 그 청산인이 청산법인의 목적범위 외의 행위를 한 때는 무효이다(대판 1980.4.8. 79다2036).

③ [○] 제89조(채권신고의 최고) 「청산인은 알고 있는 채권자에게 대하여는 각각 그 채권신고를 최고하여야 한다. 알고 있는 채권자는 청산으로부터 제외하지 못한다.」

④ [○] 제80조(잔여재산의 귀속) 「①항 해산한 법인의 재산은 정관으로 지정한 자에게 귀속한다. ②항 정관으로 귀속권리자를 지정하지 아니하거나 이를 지정하는 방법을 정하지 아니한 때에는 이사 또는 청산인은 주무관청의 허가를 얻어 그 법인의 목적에 유사한 목적을 위하여 그 재산을 처분할 수 있다. 그러나 사단법인에 있어서는 총회의 결의가 있어야 한다.」

⑤ [×] 법인이 소멸하는 시점은 해산등기나 청산종결등기시가 아니라 '청산사무가 종료한 때'이다. 그러므로 청산종결의 등기가 되었더라도 청산사무가 종결되지 않은 때에는 그 한도에서는 청산법인으로 존속한다(대판 1995.2.10. 94다13473).

정답 | ⑤

77 법인의 해산 및 청산에 관한 설명으로 옳은 것은? (다툼이 있으면 판례에 따름) [18세무사]

① 비법인사단인 교회의 구성원이 1인이 된 것은 교회의 해산사유에 해당한다.

② 법인의 설립허가취소는 일반적 행동의 자유에 대한 침해 여부와 과잉금지의 원칙 등을 고려하여 엄격하게 판단하여야 한다.

③ 정관의 규정에 따른 잔여재산의 처분행위는 민법의 청산절차에 관한 규정에 반하더라도 유효하다.

④ 청산으로부터 제외된 채권자는 귀속권리자에게 인도된 재산에 대해서만 변제를 청구할 수 있다.

⑤ 법인이 파산한 때에는 이사가 청산인이 된다.

해설

① [×] 비법인사단에 대하여는 사단법인에 관한 민법규정 중 법인격을 전제로 하는 것을 제외한 규정들을 유추적용하여야 할 것이므로 비법인사단인 교회의 교인이 존재하지 않게 된 경우 그 교회는 해산하여 청산절차에 들어가서 청산의 목적범위 내에서 권리·의무의 주체가 된다(대판 2003.11.14. 2001다32687).

  ▶ 교회의 교인이 1인이라도 있으면 교회의 해산사유가 아니다.

② [○] 법인의 해산을 초래하는 설립허가취소는 헌법 제10조에 내재된 일반적 행동의 자유에 대한 침해 여부와 과잉금지의 원칙 등을 고려하여 엄격하게 판단하여야 한다(대판 2017.12.22. 2016두49891).

③ [×] 청산이란 해산한 법인이 잔무를 처리하고 재산을 정리하여 완전히 소멸할 때까지의 절차를 말한다. 이러한 청산절차는 제3자의 이해관계에 중대한 영향을 미치기 때문에 모두 '강행규정'이며(대판 1995.2.10. 94다13473), 정관에서 달리 정하더라도 그것은 무효이다.

④ [×]
> 제92조(청산으로부터 제외된 채권) 「청산으로부터 제외된 채권자는 법인의 채무를 완제한 후 귀속권리자에게 인도하지 아니한 재산에 대하여서만 변제를 청구할 수 있다.」

⑤ [×] 파산의 경우에는 '채무자 회생 및 파산에 관한 법률'에 따라 법원에 의해 선임된 파산관재인이 파산재단을 대표한다(동법 제355조 이하).

정답 | ②

제6관 정관의 변경 등 기타규정

78 민법상 법인의 정관 변경에 관한 설명으로 옳지 않은 것은? (다툼이 있으면 판례에 따름) [23세무사]

① 사단법인의 정관 변경은 사원총회의 전속적 권한에 속한다.

② 정관상 임의적 기재사항을 변경할 때에는 정관변경절차를 거치지 않아도 된다.

③ 사단법인의 정관에 그 변경 방법이 없어도 정관 변경이 가능하다.

④ 재단법인의 기본재산을 변경하기 위해서는 정관 변경이 필요하다.

⑤ 정관 변경은 주무관청의 허가를 얻어야 효력이 발생한다.

① [○] 사원총회는 정관으로 이사 또는 기타 임원에게 위임한 사항을 제외한 법인의 모든 사무에 대해 이를 결의할 권한이 있다(제68조). 특히 '정관의 변경'(제42조) 및 '임의해산'(제77조 제2항)은 총회의 법정전권사항으로서 정관에 의하여도 다른 기관의 권한으로 하지 못한다.

② [×] 정관에는 그 밖의 사항도 기재할 수 있고, 그 내용에 특별한 제한은 없다. 이를 임의적 기재사항이라고 하는데, 이것도 일단 정관에 기재되면 필요적 기재사항과 같은 효과가 있으며, 그 변경에는 정관변경의 절차(제42조)를 거쳐야 한다.

③ [○] 사단법인은 정관에 다른 규정이 없는 한 총사원 3분의 2 이상의 동의로 정관을 변경할 수 있다(제42조 제1항).

④ [○] 재단법인의 기본재산에 관한 사항은 정관의 기재사항으로서 기본재산의 변경은 정관의 변경을 초래하기 때문에 주무부장관의 허가를 받아야 하고, 따라서 이미 기본재산으로 되어 있는 재산을 처분하는 행위는 물론, 새로이 기본재산으로 편입하는 행위도 주무부장관의 허가가 있어야만 유효하다고 할 것이므로 어떤 재산이 재단법인의 기본재산에 편입되었다고 인정하기 위하여서는 그 편입에 관한 주무부장관의 허가가 있었음이 먼저 입증되어야 한다(대판 1982.9.28. 82다카499).

⑤ [○] 사단법인과 재단법인 모두 정관변경시 주무관청의 허가를 받아야 효력이 있다(제42조 제2항, 제45조 제3항).

정답 | ②

---

79 법인의 정관변경에 관한 설명으로 옳지 않은 것은? [19세무사]

① 사단법인은 정관에 다른 규정이 없는 한 총사원 3분의 2 이상의 동의로 정관을 변경할 수 있다.

② 사단법인의 정관변경은 주무관청의 허가를 얻어야 효력이 있다.

③ 재단법인의 정관은 그 변경방법을 정관에 정하지 않았더라도 언제든지 이사회 전원의 결의를 통하여 변경할 수 있다.

④ 재단법인의 정관변경은 주무관청의 허가를 얻어야 효력이 있다.

⑤ 임의적 기재사항도 정관에 기재된 이상 그것을 변경할 때에는 정관변경절차를 거쳐야 한다.

① [○] 정관의 변경에는 그 정수에 관해 정관에 다른 규정이 없는 한, 총사원 3분의 2 이상의 동의가 있어야 한다(제42조 제1항).

② [○] 정관의 변경은 주무관청의 허가를 얻지 않으면 그 효력이 없다(제42조 제2항).

③ [×] ⅰ) 설립자가 정관 속에서 그 정관의 변경방법을 정하고 있는 경우(제45조 제1항), ⅱ) 재단법인의 목적달성을 위하여 필요한 때에는 명칭 또는 사무소의 소재지를 변경할 수 있으며(제45조 제2항), ⅲ) 재단법인의 목적을 달성할 수 없는 때에는 설립자나 이사는 주무관청의 허가를 얻어 설립의 취지를 참작하여 목적 기타 정관의 규정도 변경할 수 있다(제46조).

④ [○] 재단법인의 정관의 변경은 사단법인의 정관변경과 마찬가지로 주무관청의 허가를 얻지 아니하면 그 효력이 없다(제45조 제3항, 제42조 제2항).

⑤ [○] 정관에는 그 밖의 사항도 기재할 수 있고, 그 내용에 특별한 제한은 없다. 이를 임의적 기재사항이라고 하는데, 이것도 일단 정관에 기재되면 필요적 기재사항과 같은 효과가 있으며, 그 변경에는 정관변경의 절차를 거쳐야 한다.

정답 | ③

80 민법상 법인의 정관에 관한 설명으로 옳은 것을 모두 고른 것은? (다툼이 있으면 판례에 따름) [19행정사]

ㄱ. 정관의 변경사항이 등기사항인 경우에는 등기하여야 정관변경의 효력이 생긴다.
ㄴ. 재단법인의 기본재산에 관한 저당권설정행위는 특별한 사정이 없는 한 정관의 기재사항을 변경하여야 하는 경우에 해당하지 않는다.
ㄷ. 사단법인의 정관을 변경하기 위해서는 정관에 다른 규정이 없는 한 사원총회에서 총사원 3분의 2 이상의 동의가 있어야 한다.

① ㄷ   ② ㄱ, ㄴ   ③ ㄱ, ㄷ
④ ㄴ, ㄷ   ⑤ ㄱ, ㄴ, ㄷ

해설

ㄱ. [×] '설립등기'가 법인격을 취득하기 위한 성립요건인 데 비해(제33조), 그 밖의 등기는(제50조 분사무소설치, 제51조 사무소이전, 제52조 등기사항의 변경, 제85조 해산) 제3자에 대한 대항요건이다(제54조 제1항).
   ▶ 따라서 정관의 변경사항이 등기사항인 경우에도 등기 없이 정관변경의 효력은 발생하되 제3자에게 대항할 수 없을 뿐이다.
ㄴ. [○] 기본재산에 관한 '저당권 설정행위'는 주무관청의 허가가 필요 없다(대결 2018.7.20. 2017마1565).
ㄷ. [○] 정관의 변경에는 그 정수에 관해 정관에 다른 규정이 없는 한, 총사원 3분의 2 이상의 동의가 있어야 한다(제42조 제1항).

정답 | ④

81 재단법인에 대한 설명 중 가장 적절하지 않은 것은? (다툼이 있으면 판례에 의함) [20법학경채]

① 재단법인에 새로이 기본재산으로 편입하는 행위는 주무관청의 허가가 있어야만 유효하다.
② 재단법인의 기본재산에 대한 저당권설정행위에 관하여는 특별한 사정이 없는 한 주무관청의 허가를 얻어야만 한다.
③ 재단법인의 기본재산에 대하여 강제집행을 실시하는 경우, 주무관청의 허가는 경매개시요건이 아니다.
④ 재단법인의 정관변경 결의는 적법 유효하나 주무관청의 인가처분에 하자가 있다면 그 인가처분의 무효나 취소를 주장할 수 있다.

해설

① [○] 재단법인의 기본재산에 관한 사항은 정관의 기재사항으로서 기본재산의 변경은 정관의 변경을 초래하기 때문에 주무장관의 허가를 받아야 하고, 따라서 기존의 기본재산을 처분하는 행위는 물론 새로이 기본재산으로 편입하는 행위도 주무장관의 허가가 있어야 유효하다(대판 1991.5.28. 90다8558).
② [×] 기본재산에 관한 '저당권 설정행위'는 주무관청의 허가가 필요 없다(대결 2018.7.20. 2017마1565).
③ [○] 경매절차에 의한 기본재산의 매각(기본재산에 대한 강제집행실시)도 기본재산의 처분행위이므로 주무관청의 허가가 필요하다. 다만 주무관청의 허가는 반드시 사전에 얻어야 하는 것은 아니므로, 재단법인의 정관변경에 대한 주무관청의 허가는 경매개시요건은 아니고 경락인의 소유권취득에 관한 요건이다(대결 2018.7.20. 2017마1565).
④ [○] 재단법인의 정관의 변경은 사단법인의 정관변경과 마찬가지로 주무관청의 허가를 얻지 아니하면 그 효력이 없다(제45조 제3항, 제42조 제2항). 判例는 "제45조와 제46조에서 말하는 재단법인의 정관변경의 '허가'는 법률상의 표현이 허가로 되어 있기는 하나, 그 성질에 있어 법률행위의 효력을 보충해 주는 것이지 일반적 금지를 해제하는 것이 아니므로, 그 법적 성격은 '인가'로 보아야 한다."고 한다(대판 1996.5.16. 전합 95누4810). 이에 따르면 그 불허가처분에 대해서는 행정소송으로 다툴 수 있다.

정답 | ②

제7관 대표기관의 행위에 대한 법인의 책임관계

제8관 권리능력 없는 사단

⊕ **핵심정리 권리능력 없는 사단**

1. 권리능력 없는 사단(조합과 구별)

ⅰ) 사단으로서의 실체는 가지고 있지만, ⅱ) 주무관청의 허가를 얻어 설립등기를 마치지 않아 법인격을 갖지 못한 조직형태를 말한다. 判例에 따르면 조합과 비법인사단과의 구별은 명칭에 구애됨이 없이 그 '단체성의 강약'을 기준으로 판단하며, 사단으로서의 실체적 요건을 구비했다고 하기 위해서는 ⅰ) 사단적 성격을 가지는 규약(정관)을 만들어 이에 근거하여 대표자를 두는 등의 조직을 갖추고 있고, ⅱ) 업무집행방법이 다수결의 원칙에 의하여 행하여지며, ⅲ) 구성원의 가입·탈퇴 등으로 인한 변경에 관계없이 단체 그 자체가 존속되고, ⅳ) 기타 단체로서의 주요사항이 확정되어 있어야 한다고 한다(사, 다, 변, 주).

2. 종중관련 판례

(1) 고유한 의미의 종중

'종중'이란 공동선조의 후손들에 의하여 선조의 분묘수호 및 봉제사와 후손 상호간의 친목을 목적으로 형성되는 '자연발생적인 종족단체'로서 비법인사단이나(93다27703), 이러한 종중은 관습상 당연히 성립하는 것으로 조직행위를 요하지 않으며(2001다5296), 대표자 선임이나 성문의 규약을 요구하지도 않는다(96다25715). 공동선조와 성과 본을 같이 하는 후손은 성년이 되면 남녀를 불문하고 의사와 관계없이 당연히 구성원이 된다(전합 2002다1178). 종중재산은 종중원의 총유라고 본다. 判例는 종중 토지 매각대금의 분배에 관한 종중총회의 결의가 무효인 경우, 새로운 종중총회의 결의 없이 종원이 곧바로 종중을 상대로 분배금의 지급을 구할 수는 없다고 한다(2007다42310, 42327).

(2) 종중 유사의 단체

判例는 공동선조의 후손들 중 특정지역 거주자나 특정 범위 내의 자들만으로 구성된 '고유한 의미의 종중'은 있을 수 없고, 이는 '종중 유사의 단체'로 그 자체로 비법인사단이 될 수는 있다고 한다(2018다264628). 그러나 공동선조의 후손 중 일부에 의하여 인위적인 조직행위를 거쳐 성립된 '종중 유사 단체'는 사적 자치의 원칙 내지 결사의 자유에 따라 그 구성원의 자격이나 가입조건을 자유롭게 정할 수 있음이 원칙이라고 한다(2009다17783).
나아가 '종중 유사의 비법인사단'은 실질적으로 공동의 목적을 달성하기 위하여 공동의 재산을 형성하고 일을 주도하는 사람을 중심으로 계속적으로 사회적인 활동을 하여 온 경우에는 이미 그 무렵부터 단체로서의 실체가 존재한다고 하여야 하며, 따라서 계속적으로 공동의 일을 수행하여 오던 일단의 사람들이 어느 시점에 이르러 비로소 창립총회를 열어 조직체로서의 실체를 갖추었다면, 그 실체로서의 조직을 갖추기 이전부터 행한 행위나 또는 그때까지 형성한 재산은, 모두 이 사회적 실체로서의 조직에게 귀속되는 것으로 봄이 타당하다고 한다(2018다264628).

3. 비법인사단의 법적규율

사단법인에 관한 규정 중에서 '법인격을 전제로 하는 것을 제외'(제60조 등)하고는 법인격 없는 사단에 유추적용해야 한다(92다23087).

4. 총유물의 관리·처분행위(제276조 제1항)

(1) 총유물의 관리·처분의 개념

"총유물의 관리 및 처분이라 함은 총유물 그 자체에 관한 이용·개량행위나 법률적·사실적 처분행위를 의미하는 것이므로, [보증계약과 같은] 단순한 채무부담행위는 총유물의 관리·처분행위라고 볼 수 없다."고 한다(전합 2004다60072·60089).

☑ **총유물의 관리 및 처분인지 문제된 사안**

① [설계용역계약] "재건축조합이 재건축사업의 시행을 위하여 설계용역계약을 체결하는 것은 단순한 채무부담행위에 불과하여 총유물 그 자체에 대한 관리 및 처분행위라고 볼 수 없다"(2002다64780). ② [매매, 채무승인] "비법인사단이 총유물에 관한 매매계약을 체결하는 행위는 총유물 그 자체의 처분이 따르는 채무부담행위로서 총유물의 처분행위에 해당하나, 그 매매계약에 의하여 부담하고 있는 채무의 존재를 인식하고 있다는 뜻을 표시하는 데 불과한 소멸시효 중단사유로서의 승인은 총유물 그 자체의 관리·처분이 따르는 행위가 아니어서 총유물의 관리·처분행위라고 볼 수 없다"(2009다64383).

(2) 사원총회의 결의를 결한 총유물의 관리·처분

권리능력 없는 사단의 재산소유는 총유로 하며(제275조 제1항), 총유물의 관리 및 처분은 정관 기타 규약에 정한 바가 없으면 사원총회의 결의에 의한다(제275조 제2항, 제276조 제1항). 判例에 따르면 총회결의를 거치지 않은 총유물의 관리 및 처분행위는 '무효'이고(2000다0246). 이는 처분권 없이 처분한 경우에 해당하므로 '표현대리가 적용될 여지도 없다'고 한다(2001다73626). 따라서 상대방이 선의였는지 여부는 문제되지 않는다.

5. 보존행위

총유의 경우에는 공유나 합유의 경우처럼 보존행위는 구성원 각자가 할 수 있다(제265조 단서, 제272조)는 규정이 없으므로 보존행위를 함에도 제276조 제1항에 따른 사원총회의 결의를 거치거나 정관이 정하는 바에 따른 절차(제275조 제2항 참조)를 거쳐야 한다(2012다112299).

☑ 총유재산에 관한 소송

① [당사자적격] 判例는 "총유재산에 관한 소송은 법인 아닌 사단이 그 명의로 사원총회의 결의를 거쳐 하거나(민소법 제52조) 또는 그 구성원 전원이 당사자가 되어 필수적 공동소송의 형태로 할 수 있을 뿐 총회의 결의를 거치더라도 (설령 대표자라도)구성원 개인이 할 수는 없다"(전합 2004다44971).

② [채권자대위소송] ㉠ "그러나 이러한 절차는 비법인사단의 대표자가 비법인사단 명의로 총유재산에 관한 소를 제기하는 경우에 비법인사단의 의사결정과 특별수권을 위하여 필요한 내부적인 절차이다. 따라서 비법인사단이 총유재산에 관한 권리를 행사하지 아니하고 있어 비법인사단의 채권자가 채권자대위권에 기하여 비법인사단의 총유재산에 관한 권리를 대위 행사하는 경우에는 (채권자대위권은 그 권리행사에 채무자의 동의를 필요로 하는 것은 아니므로) 사원총회의 결의 등 비법 인사단의 내부적인 의사결정절차를 거칠 필요가 없다"(2014다211336). ㉡ "원칙적으로 채무자가 제3채무자에게 이미 재판상 행사한 권리를 채권자가 채무자를 '대위'하여 행사할 수는 없다(권리불행사 요건). 그러나 비법인사단인 채무자 명의로 제기 된 제3채무자를 상대로 한 소가 '사원총회 결의가 없었다는 이유'로 각하되어 판결이 확정된 경우에는, 채무자가 스스로 제3채무자에 대한 권리를 행사하였다고 볼 수 없어 채권자가 채무자인 비법인사단을 대위할 수 있다"(2018다210539).

6. 비법인사단에서 정관으로 정한 대표권 제한을 위반한 경우의 효과

(1) 제60조(대표권 제한) 규정의 비법인사단에의 적용 여부

判例는 이사의 대표권 제한에 관한 제41조 규정(효력요건)은 비법인사단에 유추적용될 수 있으나, 비법인사단의 경우에는 대표자의 대표권 제한에 관하여 등기할 방법이 없어 제60조 규정(대항요건)은 유추적용할 수 없다(2002다64780).

(2) 제126조의 표현대리 성립 여부

대표권 제한을 위반한 대표기관의 행위는 무권대표행위로서 제126조의 표현대리의 성립여부가 문제된다(제59조 제2항의 유추적용). 이에 대해 判例는 상대방이 '대표권제한 및 그 위반사실'을 알았거나 알 수 있었을 경우가 아니라면 그 거래행위 는 원칙적으로 유효하다고 보고, 대표권제한 및 그 위반 사실을 상대방이 알았거나 알 수 있었다는 점을 비법인사단 측이 주장·입증하여야 한다고 본다(전합 2004다60072).

[판례해설] 判例가 거래 상대방의 악의·과실을 문제삼은 것은 법인 대표에 준용되는(제59조 제2항) 대리규정 가운데 제126 조를 준용한 것으로 보인다(다수설).

---

82 법인 아닌 사단에 관한 설명으로 옳지 않은 것은? (다툼이 있는 경우 판례에 의함) [23경찰간부]

① 법인의 권리능력의 범위에 관한 민법 제34조는 법인 아닌 사단에 유추적용될 수 있다.

② 법인 아닌 사단인 입주자대표회의가 사업 주체에 대하여 갖는 하자보수청구권의 관리처분은 정관 기타 규약 등에 달리 정한 바가 없으면 총회의 결의를 거쳐야 한다.

③ 법인 아닌 사단의 구성원은 특별한 사정이 없는 한 총유재산의 보존을 위한 소를 단독으로 제기할 수 없다.

④ 법인 아닌 사단이 타인 간의 금전채무를 보증하는 행위는 총유물의 관리·처분행위에 해당한다.

해설

① [○] 민법은 권리능력 없는 사단의 법적 지위에 관한 규정을 두고 있지 않지만, 권리능력 없는 사단은 법인등기를 하지 않았을 뿐 법인의 실질을 갖고 있는 것이다. 따라서 사단법인에 관한 규정 중에서 법인격을 전제로 하는 것(법인등기 등)을 제외하고는 법인격 없는 사단에 유추적용해야 한다(대판 1992.10.9. 92다23087). 判例는 제34조(권리능력) 규정도 유추적용된다고 한다(대판 2010.5.27. 2006다72109).

② [○] 입주자대표회의가 사업주체에 대하여 갖는 하자보수청구권은 입주자대표회의 구성원들의 준총유에 속하는 재산권이라고 할 것이다. 따라서 입주자대표회의가 사업주체에 대한 하자보수청구권을 관리 · 처분하려면 입주자대표회의의 정관 기타 규약에 따르거나 그러한 규약이 없는 경우에는 민법 제275조의 규정에 따라 입주자대표회의 구성원 총회의 결의에 의하여야 한다(대판 2007.1.26. 2002다73333).

③ [○] 총유재산에 관한 소송행위와 관련(당사자적격의 문제)하여 判例는 "총유재산에 관한 소송은 법인 아닌 사단이 그 명의로 사원총회의 결의를 거쳐 하거나(민사소송법 제52조 참조) 또는 그 구성원 전원이 당사자가 되어 필수적 공동소송의 형태로 할 수 있을 뿐 총회의 결의를 거치더라도 (설령 대표자라도) 구성원 개인이 할 수는 없다."(대판 2005.9.15. 전합 2004다44971)고 판시하고 있다. 그럼에도 불구하고 비법인사단의 대표자 개인이 총유재산의 보존행위로서 소를 제기한 때에는 법원은 당사자적격 흠결을 이유로 부적법 각하하여야 한다.

④ [×] 총유물의 관리 및 처분이라 함은 총유물 그 자체에 관한 이용 · 개량행위나 법률적 · 사실적 처분행위를 의미하는 것이므로, 보증계약과 같은 단순한 채무부담행위는 총유물의 관리 · 처분행위라고 볼 수 없다(대판 2007.4.19. 전합 2004다60072 · 60089).

정답 | ④

83 법인 아닌 사단에 관한 설명으로 옳지 않은 것은? (다툼이 있으면 판례에 의함) [24소방간부]

① 고유한 의미의 종중은 자연발생적 종족집단이므로 특별한 조직행위를 필요로 하지 않는다.

② 법인 아닌 사단의 구성원들이 2개의 독립된 사단으로 나뉘어 종전 사단의 재산을 공동소유하는 방식의 사단분열은 인정되지 않는다.

③ 법인 아닌 사단의 대표자가 직무에 관하여 타인에게 손해를 가한 때에도 그 사단은 그 손해를 배상할 책임을 진다.

④ 법인 아닌 사단의 정관이나 규약으로 달리 정하지 않는 한 사원총회의 결의를 얻지 않은 총유물의 처분행위는 무효이다.

⑤ 법인 아닌 사단인 교회가 일부 교인들의 탈퇴로 분열된 경우 종전 교회의 재산은 잔존 교인들과 탈퇴한 교인들의 총유이다.

해설

① [○] 종중이 성립되기 위하여는 특별한 조직행위를 필요로 하지 않고 다만 공동선조의 분묘수호와 제사 및 종중원 상호간의 친목을 목적으로 하는 자연발생적인 종족집단체가 됨으로써 족하다(대판 1989.4.11. 88다카95).

② [○] [다수의견] 우리 민법이 사단법인에 있어서 구성원의 탈퇴나 해산은 인정하지만 사단법인의 구성원들이 2개의 법인으로 나뉘어 각각 독립한 법인으로 존속하면서 종전 사단법인에게 귀속되었던 재산을 소유하는 방식의 사단법인의 분열은 인정하지 아니한다. 그 법리는 법인 아닌 사단에 대하여도 동일하게 적용되며, 법인 아닌 사단의 구성원들의 집단적 탈퇴로써 사단이 2개로 분열되고 분열되기 전 사단의 재산이 분열된 각 사단들의 구성원들에게 각각 총유적으로 귀속되는 결과를 초래하는 형태의 법인 아닌 사단의 분열은 허용되지 않는다(대판 2006.4.20. 2004다37775).

③ [○] 비법인사단의 대표자가 직무에 관하여 타인에게 손해를 가한 경우 그 사단은 민법 제35조 제1항의 유추적용에 의하여 그 손해를 배상할 책임이 있고, 비법인사단의 대표자의 행위가 대표자 개인의 사리를 도모하기 위한 것이었거나 혹은 법령의 규정에 위배된 것이었다 하더라도 외관상, 객관적으로 직무에 관한 행위라고 인정할 수 있다면 민법 제35조 제1항의 직무에 관한 행위에 해당한다 할 것이나, 한편 그 대표자의 행위가 직무에 관한 행위에 해당하지 아니함을 피해자 자신이 알았거나 또는 중대한 과실로 인하여 알지 못한 경우에는 비법인사단에게 손해배상책임을 물을 수 없다(대판 2008.1.18. 2005다34711).

④ [○] 민법 제275조, 제276조 제1항은 총유물의 관리 및 처분에 관하여는 정관이나 규약에 정한 바가 있으면 그에 의하되 정관이나 규약에서 정한 바가 없으면 사원총회의 결의에 의하도록 규정하고 있으므로, 이러한 절차를 거치지 아니한 총유물의 관리 · 처분행위는 무효라 할 것이고, 이 법리는 민법 제278조에 의하여 소유권 이외의 재산권에 대하여 준용되고 있다(대판 2014.2.13. 2012다112299).

⑤ [×] 교회가 법인 아닌 사단으로서 존재하는 이상 그 법률관계를 둘러싼 분쟁을 소송 등의 방법으로 해결함에 있어서는 법인 아닌 사단에 관한 민법의 일반 이론에 따라 교회의 실체를 파악하고 교회의 재산 귀속에 대하여 판단하여야 한다. 이에 따라 법인 아닌 사단의 재산관계와 그 재산에 대한 구성원의 권리 및 구성원 탈퇴, 특히 집단적인 탈퇴의 효과 등에 관한 법리는 교회에 대하여도 동일하게 적용되어야 한다. 따라서 교인들은 교회 재산을 총유의 형태로 소유하면서 사용·수익할 것인데, 일부 교인들이 교회를 탈퇴하여 그 교회 교인으로서의 지위를 상실하게 되면 탈퇴가 개별적인 것이든 집단적인 것이든 이와 더불어 종전 교회의 총유 재산의 관리처분에 관한 의결에 참가할 수 있는 지위나 그 재산에 대한 사용·수익권을 상실하고, 종전 교회는 잔존 교인들을 구성원으로 하여 실체의 동일성을 유지하면서 존속하며 종전 교회의 재산은 그 교회에 소속된 잔존 교인들의 총유로 귀속됨이 원칙이다(대판 2010.5.27. 2009다67658).

정답 | ⑤

84 법인 아닌 사단에 관한 설명으로 옳지 않은 것은? (다툼이 있으면 판례에 따름) [23세무사]

① 일부 신도들이 사찰 운영에 반대하여 신도회에서 탈퇴한 경우에는 사찰이 분열된 것으로 인정된다.
② 교회의 구성원들이 집합체로서 물건을 소유할 때에는 총유로 한다.
③ 종중규약에 다른 규정이 없으면, 종원은 대리인을 통하여 결의권을 행사할 수 있다.
④ 대표권 제한에 관한 정관을 위반한 대표자의 거래행위는 상대방이 선의·무과실인 경우에 유효하다.
⑤ 비법인사단의 이사가 없어서 법원이 선임한 임시이사는 원칙적으로 정식이사와 동일한 권한을 가진다.

해설

① [×] 사찰은 신도들이 사찰의 운영이나 재산의 관리·처분에 관여하는 정도에 의하여 재단 또는 사단인 사찰로 구분되기는 하지만 일반의 재단 또는 사단과는 달리 이념적 요소로서의 불교 교의, 행위적 요소로서의 법요 집행, 조직적 요소로서의 승려와 신도, 물적 요소로서의 토지, 불당 등 시설이 결합되어 성립하는 것이므로, 일단 사찰이 성립한 이상 그 분열은 인정되지 않고 그 요소의 하나인 신도회도 분열될 수 없는 것이며, 일부 승려나 신도들이 사찰이 내세우는 종지 또는 사찰의 운영에 반대하여 탈종한다거나 신도회에서 탈퇴하였다 하더라도 이를 가리켜 사찰 또는 신도회가 분열되었다고 할 수는 없다(대판 1997.12.9. 94다41249).
'우리 민법이 사단법인에 있어서 구성원의 탈퇴나 해산은 인정하지만, 사단법인의 구성원들이 2개의 법인으로 나뉘어 각각 독립한 법인으로 존속하면서 종전 사단법인에게 귀속되었던 재산을 소유하는 방식의 사단법인의 분열은 인정하지 않기 때문에' 법인 아닌 사단인 교회의 경우에도 분열을 인정할 수 없다는 입장으로 변경되었다(대판 2006.4.20. 전합 2004다37775).
② [○] 민법은 '법인이 아닌 사단의 사원이 집합체로서 물건을 소유할 때에는 총유로 한다.'고 규정한다(제275조 제1항). 따라서 비법인 사단인 교회의 구성원들이 집합체로서 물건을 소유할 때에는 총유로 한다.
③ [○] 종중총회의 결의방법에 있어 종중규약에 다른 규정이 없는 이상 종원은 서면이나 대리인으로 결의권을 행사할 수 있으므로 일부 종원이 총회에 직접 출석하지 아니하고 다른 출석 종원에 대한 위임장 제출방식에 의하여 종중의 대표자 선임 등에 관한 결의권을 행사하는 것도 허용된다(대판 2000.2.25. 99다20155).
④ [○] 비법인사단의 경우에는 대표자의 대표권 제한에 관하여 등기할 방법이 없어 민법 제60조의 규정을 준용할 수 없고, 비법인사단의 대표자가 정관에서 사원총회의 결의를 거쳐야 하도록 규정한 대외적 거래행위에 관하여 이를 거치지 아니한 경우라도, 이와 같은 사원총회 결의사항은 비법인사단의 내부적 의사결정에 불과하다 할 것이므로, 그 거래 상대방이 그와 같은 대표권 제한 사실을 알았거나 알 수 있었을 경우가 아니라면 그 거래행위는 유효하다고 봄이 상당하다(대판 2003.7.22. 2002다64780).
⑤ [○] 민법 제63조에 의하여 법원이 선임한 임시이사는 원칙적으로 정식이사와 동일한 권한을 가진다(대판 2013.6.13. 2012다40332).

정답 | ①

85 민법상 비법인사단에 관한 설명으로 옳지 않은 것은? (다툼이 있으면 판례에 따름) [22세무사]

① 비법인사단과 민법상 조합을 구별함에 있어서는 단체성의 강약을 기준으로 판단하여야 한다.
② 법인의 불법행위책임에 관한 민법 제35조의 규정은 비법인사단에 유추적용된다.
③ 고유한 의미의 종중은 종중원의 신분이나 지위를 박탈시킬 수 없다.
④ 사원총회의 결의를 거쳤다 하더라도 비법인사단의 구성원 중 1인은 총유재산에 대한 소송의 당사자가 될 수 없다.
⑤ 교회는 비법인사단에 해당하므로 합병 및 분열이 인정된다.

해설

① [○] 判例는 조합과 비법인사단과의 구별은 명칭에 구애됨이 없이 일반적으로 그 단체성의 강약을 기준으로 판단해야 한다고 판시하고 있다(대판 1999.4.23. 99다4504 등).
② [○] 사단의 권리능력(행위능력)(제34조) · 대표기관의 권한과 그 대표의 형식 · 대표기관의 불법행위로 인한 사단의 배상책임(제35조)의 규정은 비법인사단에게도 유추적용된다(통설, 제35조와 관련하여서는 대판 2003.7.25. 2002다27088).
③ [○] 고유의 의미의 종중이란 공동선조의 분묘수호와 제사 및 종중원 상호간의 친목 등을 목적으로 하는 자연발생적인 관습상의 종족집단체로서 특별한 조직행위를 필요로 하는 것이 아니고, 공동선조의 후손은 당연히 그 구성원(종원)이 되는 것이며 그중 일부를 임의로 그 구성원에서 배제할 수 없으므로, 특정지역 내에 거주하는 일부 종중원만을 그 구성원으로 하는 단체는 종중 유사의 단체에 불과하고 고유의 의미의 종중은 될 수 없다(대판 2002.4.12. 2000다16800).
④ [○] 총유재산에 관한 소송은 법인 아닌 사단이 그 명의로 사원총회의 결의를 거쳐 하거나 또는 그 구성원 전원이 당사자가 되어 필수적 공동소송의 형태로 할 수 있을 뿐 그 사단의 구성원은 설령 그가 사단의 대표자라거나 사원총회의 결의를 거쳤다 하더라도 그 소송의 당사자가 될 수 없고, 이러한 법리는 총유재산의 보존행위로서 소를 제기하는 경우에도 마찬가지라 할 것이다(대판 2005.9.15. 전합 2004다44971).
⑤ [×] 과거 判例는 교회의 분열을 인정하였으나 최근 전원합의체 판결은 "우리 민법이 사단법인에 있어서 구성원의 탈퇴나 해산은 인정하지만, 사단법인의 구성원들이 2개의 법인으로 나뉘어 각각 독립한 법인으로 존속하면서 종전 사단법인에게 귀속되었던 재산을 소유하는 방식의 사단법인의 분열은 인정하지 않기 때문에" 법인 아닌 사단인 교회의 경우에도 분열을 인정할 수 없다는 입장으로 변경되었다(대판 2006.4.20. 전합 2004다37775).

정답 | ⑤

86 법인 아닌 사단인 종중에 관한 설명으로 옳은 것은? (다툼이 있는 경우 판례에 의함) [23경찰간부]

① 종중은 특별한 조직행위를 필요로 하지 않지만, 성문규약은 반드시 있어야 한다.
② 고유한 의미의 종중의 경우에도 공동선조의 후손들은 종중을 양분하는 것과 같은 종중분열을 할 수 있다.
③ 자녀의 성(姓)과 본(本)이 모(母)의 성과 본으로 변경되었을 경우, 성년인 그 자녀는 모가 속한 종중의 공동선조와 성과 본을 같이 하는 후손으로서 당연히 종중의 구성원이 된다.
④ 종중의 대표 자격이 있는 연고항존자가 직접 종중총회를 소집하지 않고 다른 종중원의 종중총회 소집에 동의하여 그 종중원으로 하여금 소집하게 한 경우, 그와 같은 종중총회소집은 권한 없는 자의 소집이라고 보아야 한다.

해설

① [×] 종중이란 공동선조의 후손들에 의하여 선조의 분묘수호 및 봉제사와 후손 상호 간의 친목을 목적으로 형성되는 '자연발생적인 종족단체'로서 선조의 사망과 동시에 후손에 의하여 성립하는 것이며, 종중의 규약이나 관습에 따라 선출된 대표자 등에 의하여 대표되는 정도로 조직을 갖추고 지속적인 활동을 하고 있다면 비법인사단으로서의 단체성이 인정된다(대판 1994.9.30. 93다27703). 이러한 종중은 관습상 당연히 성립하는 것으로 조직행위를 요하지 않으며(대판 2002.6.28. 2001다5296), 대표자 선임이나 성문의 규약을 요구하지도 않는다(대판 1997.11.14. 96다25715).
② [×] 고유의 의미의 종중의 경우에는 종중이 종원의 자격을 박탈한다든지 종중원이 종중을 탈퇴할 수 없는 것이어서 공동선조의 후손들은 종중을 양분하는 것과 같은 종중분열을 할 수 없는 것이고, 따라서 한 개의 종중이 내분으로 인하여 사실상 2개로 분파된 상태에서 별도의 종중총회가 개최되어 종중대표자로 선임된 자는 그 분파의 대표자일 뿐 종중의 대표자로 볼 수는 없다(대판 1998.2.27. 97도1993).

③ [○] 종중이 자연발생적 종족집단이기는 하나 종래 관습법에서도 입양된 양자가 양부가 속한 종중의 종원이 되는 등 종중 구성원의 변동이 허용되었으므로, 민법 제781조 제6항에 따라 자녀의 복리를 위하여 자녀의 성과 본을 변경할 필요가 있어 자녀의 성과 본이 모의 성과 본으로 변경되었을 경우, 성년인 그 자녀는 모가 속한 종중의 공동선조와 성과 본을 같이 하는 후손으로서 당연히 종중의 구성원이 된다(대판 2022.5.26. 2017다260940).

④ [×] 종중의 대표 자격이 있는 연고항존자가 직접 종회를 소집하지 아니하였더라도 그가 다른 종중원의 종회 소집에 동의하여 그 종중원으로 하여금 소집케 하였다면 종회 소집을 전혀 권한 없는 자의 소집이라고 볼 수 없다(대판 1996.6.14. 96다2729).

정답 | ③

87 민법상 비법인사단에 관한 설명으로 옳은 것은? (다툼이 있으면 판례에 따름) [23행정사]

① 비법인사단에는 대표권 제한의 등기에 관한 규정이 적용되지 않는다.

② 비법인사단이 총유물에 관한 매매계약을 체결하는 행위는 총유물의 처분행위가 아니다.

③ 교회가 의결권을 가진 교인 2/3 이상의 찬성으로 소속 교단을 탈퇴한 경우, 종전 교회의 재산은 탈퇴한 교회 소속 교인들의 총유로 귀속되지 않는다.

④ 비법인사단의 구성원은 지분권에 기하여 총유물의 보존행위를 할 수 있다.

⑤ 비법인사단이 타인 간의 금전채무를 보증하는 행위는 총유물의 관리·처분행위로 볼 수 있다.

해설

① [○] 민법은 '이사의 대표권에 대한 제한은 정관에 기재하여야 효력이 있다'(제41조)고 하여 정관의 기재를 효력요건으로, '이사의 대표권 제한은 이를 등기하지 않으면 제3자에게 대항하지 못한다'(제60조)고 하여 등기를 대항요건으로 하고 있다.
判例는 이사의 대표권 제한에 관한 제41조는 권리능력 없는 사단에 유추적용될 수 있으나, 제60조는 성질상 권리능력 없는 사단에 적용될 수 없다고 한다(대판 2003.7.23. 2002다64780).

② [×] 비법인사단이 총유물에 관한 매매계약을 체결하는 행위는 총유물 그 자체의 처분이 따르는 채무부담행위로서 총유물의 처분행위에 해당한다(대판 2009.11.26. 2009다64383).

③ [×] '소속 교단의 탈퇴·변경'이란 교회의 '동일성'을 유지한 채로 지교회가 그 소속 교단에서 탈퇴하거나 소속 교단을 변경하는 것을 말하는 것으로 이것이 허용된다는 데에는 다툼이 없지만 그 요건이 문제된다. 이와 관련하여 과거 判例는 교인 전원의 의사에 의하여만 가능하다고 하였으나, 변경된 判例는 "소속 교단에서의 탈퇴 내지 소속 교단의 변경은 사단법인 정관변경에 준하여 의결권을 가진 교인 2/3 이상의 찬성에 의한 결의를 필요로 하고(제42조 제1항의 유추적용)(제78조의 유추적용에 따른 3/4 이상의 찬성이 필요한 '해산'사유가 아님), 그 결의요건을 갖추어 소속 교단을 탈퇴하거나 다른 교단으로 변경한 경우에 종전 교회의 실체는 이와 같이 교단을 탈퇴한 교회로서 존속하고 종전 교회 재산은 위 탈퇴한 교회 소속 교인들의 총유로 귀속된다."(대판 2006.4.20. 전합 2004다37775)고 한다.

④ [×] 총유의 경우에는 공유나 합유의 경우처럼 보존행위는 구성원 각자가 할 수 있다(제265조 단서, 제272조)는 규정이 없으므로 보존행위를 함에도 제276조 제1항에 따른 사원총회의 결의를 거치거나 정관이 정하는 바에 따른 절차(제275조 제2항 참조)를 거쳐야 한다(대판 2014.2.13. 2012다112299).
▶ 비법인사단의 구성원인 '사원'은 공유지분권이나 합유지분권과 같은 지분권이 없을 뿐만 아니라 총유물의 보존행위와 관련하여 "총유재산에 관한 소송은 법인 아닌 사단이 그 명의로 사원총회의 결의를 거쳐 하거나(민사소송법 제52조 참조) 또는 그 구성원 전원이 당사자가 되어 필수적 공동소송의 형태로 할 수 있을 뿐 총회의 결의를 거치더라도 (설령 대표자라도) 구성원 개인이 할 수는 없다"(대판 2005.9.15. 전합 2004다44971).

⑤ [×] 권리능력 없는 사단의 재산소유는 '총유'로 하며(제275조 제1항), 총유물의 관리 및 처분은 정관 기타 규약에 정한 바가 없으면 '사원총회'의 결의에 의한다(제275조 제2항, 제276조 제1항).
총유물의 관리 및 처분이라 함은 총유물 그 자체에 관한 이용·개량행위나 법률적·사실적 처분행위를 의미하는 것이므로, 보증계약과 같은 단순한 채무부담행위는 총유물의 관리·처분행위라고 볼 수 없다(대판 2007.4.19. 전합 2004다60072·60089).

정답 | ①

88 권리능력 없는 사단과 재단에 관한 설명 중 가장 적절하지 않은 것은? (다툼이 있는 경우 판례 및 판례의 다수의 견에 의함) [22법학경채]

① 권리능력 없는 사단이나 재단도 그 대표자가 있으면 소송상의 당사자능력을 가진다.

② 권리능력 없는 사단이나 재단도 대표자나 관리인이 있는 경우 부동산을 그 사단이나 재단의 명의로 등기할 수 있다.

③ 권리능력 없는 사단의 경우에는 대표자의 대표권 제한에 관해 등기할 방법이 없어 이사의 대표권 제한에 관한 민법 제60조는 준용될 수 없다.

④ 다수의 교인들이 종교적 신념 등의 이유에서 종전의 교회에서 탈퇴하여 새로운 교파에 들어가는 경우 종전 교회의 재산은 탈퇴한 교인들과 잔존 교인들의 총유에 속하는 것이 원칙이다.

해설

① [○] ┌───┐
민사소송법 제52조(법인이 아닌 사단 등의 당사자능력) 「법인이 아닌 사단이나 재단은 대표자 또는 관리인이 있는 경우에는 그 사단이나 재단의 이름으로 당사자가 될 수 있다.」
└───┘

② [○] 부동산등기법은 권리능력 없는 사단에 등기능력을 부여하여 권리능력 없는 사단의 재산귀속을 공시할 수 있는 길을 열어두고 있다(동법 제26조 제1항).

┌─참조조문───┐
부동산등기법 제26조(법인 아닌 사단 등의 등기신청) 「①항 종중(宗中), 문중(門中), 그 밖에 대표자나 관리인이 있는 법인 아닌 사단(社團)이나 재단(財團)에 속하는 부동산의 등기에 관하여는 그 사단이나 재단을 등기권리자 또는 등기의무자로 한다.」
└───┘

③ [○] 비법인사단의 경우에는 대표자의 대표권 제한에 관하여 등기할 방법이 없어 민법 제60조의 규정을 준용할 수 없고, 비법인사단의 대표자가 정관에서 사원총회의 결의를 거쳐야 하도록 규정한 대외적 거래행위에 관하여 이를 거치지 아니한 경우라도, 이와 같은 사원총회 결의사항은 비법인사단의 내부적 의사결정에 불과하다 할 것이므로, 그 거래 상대방이 그와 같은 대표권 제한 사실을 알았거나 알 수 있었을 경우가 아니라면 그 거래행위는 유효하다고 봄이 상당하고, 이 경우 거래의 상대방이 대표권 제한 사실을 알았거나 알 수 있었음은 이를 주장하는 비법인사단 측이 주장·입증하여야 한다(대판 2003.7.23. 2002다64780).

④ [×] 判例는 "소속 교단에서의 탈퇴 내지 소속 교단의 변경은 사단법인 정관변경에 준하여 의결권을 가진 교인 2/3 이상의 찬성에 의한 결의를 필요로 하고(제42조 제1항의 유추적용)(제78조의 유추적용에 따른 3/4 이상의 찬성이 필요한 '해산'사유가 아님), 그 결의요건을 갖추어 소속 교단을 탈퇴하거나 다른 교단으로 변경한 경우에 종전 교회의 실체는 이와 같이 교단을 탈퇴한 교회로서 존속하고 종전 교회 재산은 위 탈퇴한 교회 소속 교인들의 총유로 귀속된다."(대판 2006.4.20. 전합 2004다37775)라고 한다.
▶ 탈퇴한 교인들과 잔존 교인들의 총유가 되는 것이 아니라 탈퇴한 교회 소속 교인들의 총유로 귀속된다.

정답 | ④

89 민법상 비법인사단에 관한 설명으로 옳지 않은 것은? (다툼이 있으면 판례에 따름) [20행정사]

① 이사가 없거나 결원이 있는 경우 임시이사의 선임에 관한 제63조 규정은 비법인사단에도 유추적용될 수 있다.

② 비법인사단의 사원이 집합체로서 물건을 소유할 때에는 총유로 한다.

③ 비법인사단이 타인 간의 금전채무를 보증하는 행위는 총유물의 관리·처분행위로 볼 수 없다.

④ 비법인사단에서 사원의 지위는 규약이나 관행에 의하여 양도 또는 상속될 수 없다.

⑤ 비법인사단의 대표자가 직무에 관하여 타인에게 손해를 가한 경우, 제35조 제1항의 유추적용에 의해 비법인사단은 그 손해를 배상할 책임이 있다.

① [○] 민법은 권리능력 없는 사단의 법적 지위에 관한 규정을 두고 있지 않지만, 권리능력 없는 사단은 법인등기를 하지 않았을 뿐 법인의 실질을 갖고 있는 것이다. 따라서 사단법인에 관한 규정 중에서 법인격을 전제로 하는 것(법인등기 등)을 제외하고는 법인격 없는 사단에 유추적용해야 한다(대판 1992.10.9. 92다23087). 구체적으로 判例는 사원총회 결의방법(제73조 제2항, 제75조 제2항), 포괄위임금지 규정(제62조), 대표자의 업무집행(제40조, 제58조, 제68조), 청산인 선임(제82조), 사원권의 양도·상속금지 규정(제56조), 임시이사의 선임(제63조)(대판 2009.11.19. 전합 2008마699) 등이 유추적용된다고 한다.

  관련판례 제63조는 법인의 조직과 활동에 관한 것으로서 법인격을 전제로 하는 조항이 아니고, 법인 아닌 사단이나 재단의 경우에도 이사가 없거나 결원이 생길 수 있으며, 통상의 절차에 따른 새로운 이사의 선임이 극히 곤란하고 종전 이사의 긴급처리권도 인정되지 아니하는 경우에는 사단이나 재단 또는 타인에게 손해가 생길 염려가 있을 수 있으므로, 제63조는 법인 아닌 사단이나 재단에도 유추적용할 수 있다(대판 2009.11.19. 전합 2008마699).

② [○] 권리능력 없는 사단의 재산소유는 '총유'로 하며(제275조 제1항), 총유물의 관리 및 처분은 정관 기타 규약에 정한 바가 없으면 '사원총회'의 결의에 의한다(제275조 제2항, 제276조 제1항). 그리고 각 구성원들은 사용·수익만을 할 수 있다(제276조 제2항). 즉, 공유나 합유와 달리 구성원의 지분권이 없다.

③ [○] 총유물의 관리 및 처분이라 함은 총유물 그 자체에 관한 이용·개량행위나 법률적·사실적 처분행위를 의미하는 것이므로, 보증계약과 같은 단순한 채무부담행위는 총유물의 관리·처분행위라고 볼 수 없다(대판 2007.4.19. 전합 2004다60072·60089).

④ [×] 사단법인의 사원의 지위는 양도 또는 상속할 수 없다고 규정한 제56조의 규정은 강행규정이라고 할 수 없으므로, 비법인사단에서도 사원의 지위는 규약이나 관행에 의하여 양도 또는 상속될 수 있다(대판 1997.9.26. 95다6205).

  참조조문 제56조(사원권의 양도, 상속금지) 「사단법인의 사원의 지위는 양도 또는 상속할 수 없다.」

⑤ [○] 사단의 권리능력(행위능력)(제34조)·대표기관의 권한과 그 대표의 형식·대표기관의 불법행위로 인한 사단의 배상 책임(제35조)의 규정은 비법인사단에게도 유추적용된다(통설, 제35조와 관련한 아래 2002다27088 판결).

  관련판례 주택조합과 같은 비법인사단의 대표자가 직무에 관하여 타인에게 손해를 가한 경우 그 사단은 제35조 제1항의 유추적용에 의하여 그 손해를 배상할 책임이 있으며, 비법인사단의 대표자의 행위가 대표자 개인의 사리를 도모하기 위한 것이었거나 혹은 법령의 규정에 위배된 것이었다 하더라도 외관상, 객관적으로 직무에 관한 행위라고 인정할 수 있는 것이라면 제35조 제1항의 직무에 관한 행위에 해당한다(대판 2003.7.25. 2002다27088).

정답 | ④

90 민법상 비법인사단에 관한 설명으로 옳지 않은 것은? (다툼이 있으면 판례에 따름) [18행정사]

① 비법인사단의 사원이 집합체로서 물건을 소유할 때에는 총유로 한다.

② 대표자는 비법인사단의 제반 업무처리를 대리인에게 포괄적으로 위임할 수 없다.

③ 대표자 또는 관리인이 있는 비법인사단은 그 사단에 속하는 부동산에 관하여 등기능력을 가진다.

④ 비법인사단 소유의 재산에 대한 대표자의 처분행위가 사원총회의 결의를 거치지 않아 무효가 되더라도, 상대방이 선의인 경우에는 그 처분행위에 대하여 제126조의 표현대리 법리가 준용된다.

⑤ 비법인사단의 대표자가 직무에 관하여 타인에게 손해를 가한 경우, 그 사단은 제35조 제1항의 유추적용에 의하여 그 손해를 배상할 책임이 있다.

해설

① [O] 권리능력 없는 사단의 재산소유는 '총유'로 하며(제275조 제1항), 총유물의 관리 및 처분은 정관 기타 규약에 정한 바가 없으면 '사원총회'의 결의에 의한다(제275조 제2항, 제276조 제1항). 그리고 각 구성원들은 사용·수익만을 할 수 있다(제276조 제2항). 즉 공유나 합유와 달리 구성원의 지분권이 없다.

② [O] 민법은 권리능력 없는 사단의 법적 지위에 관한 규정을 두고 있지 않지만, 권리능력 없는 사단은 법인등기를 하지 않았을 뿐 법인의 실질을 갖고 있는 것이다. 따라서 사단법인에 관한 규정 중에서 법인격을 전제로 하는 것(법인등기 등)을 제외하고는 법인격 없는 사단에 유추적용해야 한다(대판 1992.10.9. 92다23087). 구체적으로 判例는 사원총회 결의방법(제73조 제2항, 제75조 제2항), 포괄위임금지 규정(제62조), 대표자의 업무집행(제40조, 제58조, 제68조), 청산인 선임(제82조), 사원권의 양도·상속금지 규정(제56조), 임시이사의 선임(제63조)(대판 2009.11.19. 전합 2008마699) 등이 유추적용된다고 한다.

③ [O] 부동산등기법은 권리능력 없는 사단에 등기능력을 부여하여 권리능력 없는 사단의 재산귀속을 공시할 수 있는 길을 열어두고 있다(동법 제26조 제1항).

> [참조조문] **부동산등기법 제26조(법인 아닌 사단 등의 등기신청)**「①항 종중(宗中), 문중(門中), 그 밖에 대표자나 관리인이 있는 법인 아닌 사단(社團)이나 재단(財團)에 속하는 부동산의 등기에 관하여는 그 사단이나 재단을 등기권리자 또는 등기의무자로 한다.」

④ [×] 判例에 따르면 총회결의를 거치지 않은 총유물의 관리 및 처분행위는 '무효'이고(대판 2001.5.29. 2000다10246), 이는 처분권한 없이 처분한 경우에 해당하므로 표현대리가 적용될 여지도 없다고 한다(대판 2009.2.12. 2006다23312 등). 따라서 상대방이 선의였는지 여부는 문제되지 않는다.

⑤ [O] 사단의 권리능력(행위능력)(제34조)·대표기관의 권한과 그 대표의 형식·대표기관의 불법행위로 인한 사단의 배상 책임(제35조)의 규정은 비법인사단에게도 유추적용된다(통설, 제35조와 관련한 2002다27088 판결).

정답 | ④

---

91 비법인사단에 관한 설명으로 옳지 않은 것은? (다툼이 있으면 판례에 의함) [21소방간부]

① 비법인사단의 대표자가 직무에 관하여 타인에게 손해를 가한 경우, 법인의 불법행위에 관한 규정이 유추적용된다.

② 비법인사단도 대표자 또는 관리인이 있는 경우에는 그 사단의 이름으로 민사소송의 당사자가 될 수 있다.

③ 이사가 결원인 경우, 임시이사의 선임에 관한 제63조는 비법인사단에도 유추적용된다.

④ 비법인사단에 있어 구성원인 사원이 없게 되면 곧바로 사단이 소멸하므로 더 이상 소송상의 당사자능력을 인정할 수 없다.

⑤ 비법인사단에서 이사의 대표권에 대한 제한이 정관에 기재되어 있는 경우에 그 대표권의 제한을 거래상대방이 알았거나 알 수 있었을 경우가 아니라면 그 거래행위는 유효하다.

해설

① [O] 사단의 권리능력(행위능력)(제34조)·대표기관의 권한과 그 대표의 형식·대표기관의 불법행위로 인한 사단의 배상 책임(제35조)의 규정은 비법인사단에게도 유추적용된다(통설, 제35조와 관련한 아래 2002다27088 판결).

> [관련판례] 주택조합과 같은 비법인사단의 대표자가 직무에 관하여 타인에게 손해를 가한 경우 그 사단은 제35조 제1항의 유추적용에 의하여 그 손해를 배상할 책임이 있으며, 비법인사단의 대표자의 행위가 대표자 개인의 사리를 도모하기 위한 것이었거나 혹은 법령의 규정에 위배된 것이었다 하더라도 외관상, 객관적으로 직무에 관한 행위라고 인정할 수 있는 것이라면 제35조 제1항의 직무에 관한 행위에 해당한다(대판 2003.7.25. 2002다27088).

② [O]
> **민사소송법 제52조(법인이 아닌 사단 등의 당사자능력)**「법인이 아닌 사단이나 재단은 대표자 또는 관리인이 있는 경우에는 그 사단이나 재단의 이름으로 당사자가 될 수 있다.」

③ [O] 민법은 권리능력 없는 사단의 법적 지위에 관한 규정을 두고 있지 않지만, 권리능력 없는 사단은 법인등기를 하지 않았을 뿐 법인의 실질을 갖고 있는 것이다. 따라서 사단법인에 관한 규정 중에서 법인격을 전제로 하는 것(법인등기 등)을 제외하고는 법인격 없는 사단에 유추적용해야 한다(대판 1992.10.9. 92다23087). 구체적으로 判例는 사원총회 결의방법(제73조 제2항, 제75조 제2항), 포괄위임금지 규정(제62조), 대표자의 업무집행(제40조, 제58조, 제68조), 청산인 선임(제82조), 사원권의 양도·상속금지 규정(제56조), 임시이사의 선임(제63조)(대판 2009.11.19. 전합 2008마699) 등이 유추적용된다고 한다.

관련판례 제63조는 법인의 조직과 활동에 관한 것으로서 법인격을 전제로 하는 조항이 아니고, 법인 아닌 사단이나 재단의 경우에도 이사가 없거나 결원이 생길 수 있으며, 통상의 절차에 따른 새로운 이사의 선임이 극히 곤란하고 종전 이사의 긴급처리권도 인정되지 아니하는 경우에는 사단이나 재단 또는 타인에게 손해가 생길 염려가 있을 수 있으므로, 제63조는 법인 아닌 사단이나 재단에도 유추적용할 수 있다(대판 2009.11.19. 전합 2008마699).

④ [×] 법인 아닌 사단에 대하여는 사단법인에 관한 민법규정 가운데서 법인격을 전제로 하는 것을 제외하고는 이를 유추적용하여야 할 것인바, 사단법인에 있어서는 사원이 없게 된다고 하더라도 이는 해산사유가 될 뿐 막바로 권리능력이 소멸하는 것이 아니므로 법인 아닌 사단에 있어서도 구성원이 없게 되었다 하여 막바로 그 사단이 소멸하여 소송상의 당사자능력을 상실하였다고 할 수는 없고 청산사무가 완료되어야 비로소 그 당사자능력이 소멸하는 것이다(대판 1992.10.9. 92다23087).

⑤ [○] 임원회의의 결의 등을 거치도록 한 규약은 대표권을 제한하는 규정에 해당하는 것이므로, 거래 상대방이 그와 같은 대표권 제한 및 그 위반 사실을 알았거나 과실로 인하여 이를 알지 못한 때에는 그 거래행위가 무효로 된다고 봄이 상당하며, 이 경우 그 거래 상대방이 대표권 제한 및 그 위반 사실을 알았거나 알지 못한 데에 과실이 있다는 사정은 그 거래의 무효를 주장하는 측이 이를 주장·입증하여야 한다(대판 2007.4.19. 전합 2004다60072·60089).

정답 | ④

---

92 비법인사단에 관한 설명으로 옳지 않은 것은? (다툼이 있으면 판례에 따름) [18세무사]

① 비법인사단인 교회의 대표자가 교회를 위하여 취득한 권리·의무는 교회에 귀속한다.
② 종중은 관리 중인 분묘를 훼손한 자에 대하여 불법행위책임을 물을 수 있다.
③ 부동산은 비법인사단의 명의로 등기할 수 있다.
④ 종중의 토지에 대한 수용보상금은 정관 기타 규약에 다른 규정이 없으면 종중총회의 결의 없이 분배가 가능하다.
⑤ 비법인사단의 각 사원은 정관 기타 규약에 따라 총유물을 사용·수익할 수 있다.

해설

① [○] 교회가 그 실체를 갖추어 법인 아닌 사단으로 성립한 경우에 교회의 대표자가 교회를 위하여 취득한 권리의무는 교회에 귀속되나, 교회가 아직 실체를 갖추지 못하여 법인 아닌 사단으로 성립하기 전에 설립의 주체인 개인이 취득한 권리의무는 그것이 앞으로 성립할 교회를 위한 것이라 하더라도 바로 법인 아닌 사단인 교회에 귀속될 수는 없다(대판 2008.2.28. 2007다37394).

② [○] 공동선조의 후손들로 구성된 종중이 선조 분묘를 수호 관리하여 왔고, 타인에 의한 그 분묘 등의 훼손행위가 있었다면 종중은 불법행위를 원인으로 한 손해배상의 청구를 할 수 있다(대판 1992.3.13. 91다30491).

③ [○] 부동산등기법은 권리능력 없는 사단에 등기능력을 부여하여 권리능력 없는 사단의 재산귀속을 공시할 수 있는 길을 열어두고 있다(동법 제26조 제1항).

참조조문 부동산등기법 제26조(법인 아닌 사단 등의 등기신청) 「①항 종중(宗中), 문중(門中), 그 밖에 대표자나 관리인이 있는 법인 아닌 사단(社團)이나 재단(財團)에 속하는 부동산의 등기에 관하여는 그 사단이나 재단을 등기권리자 또는 등기의무자로 한다.」

④ [×] 비법인사단인 종중의 토지에 대한 수용보상금은 종원의 총유에 속하고, 그 수용보상금의 분배는 총유물의 처분에 해당하므로, 정관 기타 규약에 달리 정함이 없는 한 종중총회의 결의에 의하여 그 수용보상금을 분배할 수 있고, 그 분배 비율, 방법, 내용 역시 결의에 의하여 자율적으로 결정할 수 있다(대판 2010.9.30. 2007다74775).

⑤ [○] 각 구성원들은 사용·수익만을 할 수 있다(제276조 제2항). 즉, 공유나 합유와 달리 구성원의 지분권이 없다. 또한 비법인사단의 구성원의 지위를 상실하게 되면 그 총유재산에 대하여는 권리를 주장할 수 없다(제277조).

정답 | ④

93 법인 아닌 사단에 관한 설명으로 옳은 것은? (다툼이 있으면 판례에 따름) [20세무사]

① 종중총회가 종중의 토지에 대한 수용보상금을 종원에게 분배하기로 결의하였다면, 종원은 종중에 대하여 직접 분배금 지급을 청구할 수 있다.

② 법인 아닌 사단의 구성원 개인이 사원총회의 결의를 거쳤다면 총유재산에 관한 소송의 당사자가 될 수 있다.

③ 교회의 구성원들이 각각 독립한 2개의 교회로 나뉘어 존속하면서 종전 교회에서 귀속되었던 재산을 소유하는 방식의 분열도 인정된다.

④ 종중총회의 소집통지는 반드시 서면으로 하여야 한다.

⑤ 단체로서의 실체를 갖추고 독자적인 활동을 하고 있더라도 사단법인의 하부조직은 사단법인과는 별개의 독립된 법인 아닌 사단으로 볼 수 없다.

해설

① [O] 비법인사단인 종중의 토지에 대한 수용보상금은 종원의 총유에 속하고, 그 수용보상금의 분배는 총유물의 처분에 해당하므로, 정관 기타 규약에 달리 정함이 없는 한 종중총회의 결의에 의하여 그 수용보상금을 분배할 수 있고, 그 분배 비율, 방법, 내용 역시 결의에 의하여 자율적으로 결정할 수 있다(대판 2010.9.30. 2007다74775).

② [X] 총유재산에 관한 소송행위와 관련(당사자적격의 문제)하여 判例는 "총유재산에 관한 소송은 법인 아닌 사단이 그 명의로 사원총회의 결의를 거쳐 하거나(민사소송법 제52조 참조) 또는 그 구성원 전원이 당사자가 되어 필수적 공동소송의 형태로 할 수 있을 뿐 총회의 결의를 거치더라도 (설령 대표자라도)구성원 개인이 할 수는 없다."(대판 2005.9.15. 전합 2004다44971)라고 판시하고 있다.

③ [X] 교회의 분열이란 종교적 신념 등 원인여하 불문하고 다수의 교인들이 종전의 교회에서 탈퇴하여 '동일성·계속성'을 인정할 수 없는 새로운 교회를 구성하는 것을 말한다. 이와 관련하여 과거 判例는 교회의 분열을 인정하였으나 최근 전원합의체 판결은 "우리 민법이 사단법인에 있어서 구성원의 탈퇴나 해산은 인정하지만, 사단법인의 구성원들이 2개의 법인으로 나뉘어 각각 독립한 법인으로 존속하면서 종전 사단법인에게 귀속되었던 재산을 소유하는 방식의 사단법인의 분열은 인정하지 않기 때문에" 법인 아닌 사단인 교회의 경우에도 분열을 인정할 수 없다는 입장으로 변경되었다(대판 2006.4.20. 전합 2004다37775).

④ [X] 소집통지의 방법은 반드시 직접 서면으로 하여야만 하는 것은 아니고 구두 또는 전화로 하여도 되고 다른 종중원이나 세대주를 통하여 하여도 무방하나(대판 2000.2.25. 99다20155), 총회의 소집은 1주간 전에 그 회의의 목적사항을 기재한 통지를 발하고 기타 정관에 정한 방법에 의하여야 하는바(제71조), 제71조의 법정 유예기간 규정에 위반하여 소집한 종중총회 결의는 무효이다(대판 1995.11.7. 94다7669).

⑤ [X] 사단법인의 하부조직의 하나라 하더라도 스스로 위와 같은 단체로서의 실체를 갖추고 독자적인 활동을 하고 있다면 사단법인과는 별개의 독립된 비법인사단으로 볼 것이다(대판 2018.4.26. 2015다211289).

정답 | ①

94 비법인사단에 관한 설명으로 옳지 <u>않은</u> 것을 모두 고른 것은? (다툼이 있으면 판례에 따름)

ㄱ. 비법인사단의 대표자가 직무에 관하여 타인에게 손해를 가한 경우에 비법인사단은 불법행위책임을 부담한다.

ㄴ. 비법인사단에 이사의 결원이 생긴 경우에는 임시이사 선임에 관한 민법 규정이 유추적용되지 않는다.

ㄷ. 비법인사단에는 대표권 제한 등기에 관한 규정이 적용되지 않는다.

ㄹ. 비법인사단이 타인 간의 금전채무를 보증하는 행위는 총유물의 관리·처분행위라고 볼 수 있다.

ㅁ. 비법인사단이 성립되기 이전에 설립주체인 개인이 취득한 권리의무는 설립 후의 비법인사단에 귀속될 수 있다.

① ㄱ, ㄴ, ㄹ   ② ㄱ, ㄷ, ㅁ   ③ ㄴ, ㄷ, ㄹ
④ ㄴ, ㄷ, ㅁ   ⑤ ㄴ, ㄹ, ㅁ

해설

ㄱ. [○] 사단의 권리능력(행위능력)(제34조)·대표기관의 권한과 그 대표의 형식·대표기관의 불법행위로 인한 사단의 배상 책임(제35조)의 규정은 비법인사단에게도 유추적용된다.

ㄴ. [×] 민법은 권리능력 없는 사단의 법적 지위에 관한 규정을 두고 있지 않지만, 권리능력 없는 사단은 법인등기를 하지 않았을 뿐 법인의 실질을 갖고 있는 것이다. 따라서 사단법인에 관한 규정 중에서 법인격을 전제로 하는 것(법인등기 등)을 제외하고는 법인격 없는 사단에 유추적용해야 한다(대판 1992.10.9. 92다23087). 구체적으로 判例는 사원총회 결의방법(제73조 제2항, 제75조 제2항), 포괄위임금지 규정(제62조), 대표자의 업무집행(제40조, 제58조, 제68조), 청산인 선임(제82조), 사원권의 양도·상속금지 규정(제56조), 임시이사의 선임(제63조)(대판 2009.11.19. 전합 2008마699) 등이 유추적용된다고 한다.

ㄷ. [○] 判例는 이사의 대표권 제한에 관한 제41조는 권리능력 없는 사단에 유추적용될 수 있으나, 제60조는 성질상 권리능력 없는 사단에 적용될 수 없다고 한다(대판 2003.7.23. 2002다64780).

ㄹ. [×] 총유물의 관리 및 처분이라 함은 총유물 그 자체에 관한 이용·개량행위나 법률적·사실적 처분행위를 의미하는 것이므로, 보증계약과 같은 단순한 채무부담행위는 총유물의 관리·처분행위라고 볼 수 없다(대판 2007.4.19. 전합 2004다60072·60089).

ㅁ. [×] 교회가 그 실체를 갖추어 법인 아닌 사단으로 성립한 경우에 교회의 대표자가 교회를 위하여 취득한 권리의무는 교회에 귀속되나, 교회가 아직 실체를 갖추지 못하여 법인 아닌 사단으로 성립하기 전에 설립의 주체인 개인이 취득한 권리의무는 그것이 앞으로 성립할 교회를 위한 것이라 하더라도 바로 법인 아닌 사단인 교회에 귀속될 수는 없다(대판 2008.2.28. 2007다37394).

정답 | ⑤

95 법인과 비법인사단에 관한 다음 설명 중 가장 옳은 것은? (다툼이 있는 경우 판례에 의하고, 전원합의체 판결의 경우 다수의견에 의함) [20서기보]

① 대표이사가 대표권의 범위 내에서 한 행위라도 회사의 영리목적과 관계없이 자기 또는 제3자의 이익을 도모할 목적으로 그 권한을 남용한 것이라면 원칙적으로 회사에 대하여 무효이다.

② 제35조 제1항은 "법인은 이사 기타 대표자가 그 직무에 관하여 타인에게 가한 손해를 배상할 책임이 있다."라고 규정하고 있는데, 여기서 '법인의 대표자'란 당해 법인을 실질적으로 운영하면서 법인을 사실상 대표하였는지를 불문하고, 대표자로 등기되어 법인의 사무를 집행하는 사람에 한정된다.

③ 법인 아닌 사단은 사단의 실질은 가지고 있으나 아직 권리능력을 취득하지 못한 것이므로, 법인 아닌 사단의 사원은 집합체로서 재산을 소유할 수 없고, 법인 아닌 사단은 대표자가 있더라도 그 사단의 이름으로 소송의 당사자가 될 수 없다.

④ 공동선조의 후손 중 일부에 의하여 인위적인 조직행위를 거쳐 성립된 종중 유사단체는 사적 임의단체라는 점에서 자연발생적인 종족집단인 고유한 의미의 종중과 그 성질을 달리하므로, 종중 유사단체의 규약에서 공동선조의 후손 중 남성만으로 그 구성원을 한정하고 있다 하더라도 특별한 사정이 없는 한 그 규약이 양성평등 원칙을 정한 헌법 제11조 및 제103조를 위반하여 무효라고 볼 수는 없다.

해설

① [×] 대표이사의 대표권한 범위를 벗어난 행위라 하더라도 그것이 회사의 권리능력의 범위 내에 속한 행위이기만 하면 대표권의 제한을 알지 못하는 제3자가 그 행위를 회사의 대표행위라고 믿은 신뢰는 보호되어야 하고, 대표이사가 대표권의 범위 내에서 한 행위는 설사 대표이사가 회사의 영리목적과 관계없이 자기 또는 제3자의 이익을 도모할 목적으로 그 권한을 남용한 것이라 할지라도 일단 회사의 행위로서 유효하고, 다만 그 행위의 상대방이 대표이사의 진의를 알았거나 알 수 있었을 때에는 회사에 대하여 무효가 되는 것이며, 이는 민법상 법인의 대표자가 대표권한을 남용한 경우에도 마찬가지이다(대판 2004.3.26. 2003다34045).

② [×] 제35조 제1항은 "법인은 이사 기타 대표자가 그 직무에 관하여 타인에게 가한 손해를 배상할 책임이 있다"라고 정한다. 여기서 '법인의 대표자'에는 그 명칭이나 직위 여하, 또는 대표자로 등기되었는지 여부를 불문하고 당해 법인을 실질적으로 운영하면서 법인을 사실상 대표하여 법인의 사무를 집행하는 사람을 포함한다고 해석함이 상당하다(대판 2011.4.28. 2008다15438).

③ [×] 권리능력 없는 사단의 사원은 집합체로서 재산을 '총유'하며(제275조), 권리능력 없는 사단도 그 대표자가 있으면 소송상의 당사자능력을 가진다(민사소송법 제52조).

④ [○] 대판 2011.2.24. 2009다17783

[비교판례] 종원의 자격을 성년 남자로만 제한하는 종래 관습은 사회 구성원들이 가지고 있던 법적 확신은 상당 부분 흔들리거나 약화되어 있고, 무엇보다도 헌법상 남녀평등의 원칙(헌법 제11조 제1항, 제36조 제1항)을 최상위규범으로 하는 변화된 우리의 전체 법질서에 부합하지 아니하여 정당성과 합리성이 있다고 할 수 없어 더 이상 법적 효력을 가질 수 없게 되었다(대판 2005.7.21. 전합 2002다1178).

정답 | ④

96 권리능력 없는 사단과 재단에 관한 다음 설명 중 가장 옳은 것은? (다툼이 있는 경우 판례에 의하고, 전원합의체 판결의 경우 다수의견에 의함)

[19서기보]

① 이사가 결원인 경우 임시이사 선임에 관한 제63조는 법인의 조직에 관한 것으로 법인격을 전제로 하는 조항이므로 법인 아닌 사단이나 재단의 경우에는 적용될 수 없다.

② 비법인사단이 타인 간의 금전채무를 보증하는 행위는 총유물 그 자체의 관리·처분이 따르지 아니하는 단순한 채무부담행위에 불과하여 이를 총유물의 관리·처분행위라고 볼 수 없다.

③ 종중 총회의 소집통지는 종중의 규약이나 관례가 없는 한 통지 가능한 모든 종원에게 소집통지를 적당한 방법으로 통지를 함으로써 각자가 회의의 토의와 의결에 참여할 수 있는 기회를 주어야 하고, 일부 종원에게 이러한 소집통지를 결여한 채 개최된 종중 총회의 결의는 그 효력이 없으나, 그 결의가 통지 가능한 종원 중 과반수의 찬성을 얻은 것이라고 한다면 효력이 있다.

④ 비법인사단인 교회의 대표자는 총유물인 교회 재산의 처분에 관하여 교인총회의 결의를 거치지 아니하고는 이를 대표하여 행할 권한이 없으나, 거래 안전을 위해 교회 대표자가 권한 없이 행한 교회 재산의 처분행위에 대하여는 제126조의 표현대리에 관한 규정이 준용된다.

해설

① [×] 이사의 결원으로 인하여 법인에 발생할 손해를 방지하기 위하여 임시이사를 선임할 수 있도록 한 제63조는 법인의 조직과 활동에 관한 것으로서 법인격을 전제로 하는 조항은 아니므로, 법인 아닌 사단에도 유추적용될 수 있다(대판 2009.11.19. 전합 2008마699).

② [○] 권리능력 없는 사단의 재산소유는 총유로 하며(제275조 제1항), 총유물의 관리 및 처분은 정관 기타 규약에 정한 바가 없으면 사원총회의 결의에 의한다(제275조 제2항, 제276조 제1항). 이때 총유물의 관리 및 처분이라 함은 총유물 그 자체에 관한 이용·개량행위나 법률적·사실적 처분행위를 의미하는 것이므로, 보증계약과 같은 단순한 채무부담행위는 총유물의 관리·처분행위라고 볼 수 없다(대판 2007.4.19. 전합 2004다60072·60089).

③ [×] 종중 총회의 소집통지는 종중의 규약이나 관례가 없는 한 통지 가능한 모든 종원에게 적당한 방법으로 통지를 함으로써 각자가 회의의 토의와 의결에 참여할 수 있는 기회를 주어야 하고 일부 종원에게 이러한 소집통지를 결여한 채 개최된 종중 총회의 결의는 그 효력이 없고, 이는 그 결의가 통지 가능한 종원 중 과반수의 찬성을 얻은 것이라고 하여 달리 볼 것은 아니나, 소집통지를 받지 아니한 종원이 다른 방법에 의하여 이를 알게 된 경우에는 그 종원이 종중 총회에 참석하지 않았다고 하더라도 그 종중 총회의 결의를 무효라고 할 수 없다(대판 2006.10.27. 2006다23695).

④ [×] 비법인사단인 교회의 대표자는 총유물인 교회 재산의 처분에 관하여 교인총회의 결의를 거치지 아니하고는 이를 대표하여 행할 권한이 없다. 그리고 교회의 대표자가 권한 없이 행한 교회 재산의 처분행위에 대하여는 제126조의 표현대리에 관한 규정이 준용되지 아니한다(대판 2009.2.12. 2006다23312).

▶ 즉, 判例에 따르면 총회결의를 거치지 않은 총유물의 관리 및 처분행위는 '무효'이고, 이는 처분권한 없이 처분한 경우에 해당하므로 표현대리가 적용될 여지도 없다고 한다.

정답 | ②

97 법인에 관한 다음 설명 중 가장 옳지 않은 것은? (다툼이 있는 경우 판례에 의하고, 전원합의체 판결의 경우 다수 의견에 의함)

[18서기보]

① 법원의 직무집행정지 가처분결정에 의하여 회사를 대표할 권한이 정지된 대표이사가 그 정지기간 중에 체결한 계약은 원칙적으로 무효이나, 그 후 가처분 신청의 취하에 의하여 보전집행이 취소된 경우 집행의 효력은 소급적으로 소멸하므로 대표이사가 앞서 체결한 계약은 유효하게 된다.

② 법인의 정관에 법인대표권의 제한에 관한 규정이 있으나 그와 같은 취지가 등기되어 있지 않다면 법인은 그와 같은 정관의 규정에 대하여 선의냐 악의냐에 관계없이 제3자에 대하여 대항할 수 없다.

③ 민법상 법인의 이사회 결의에 무효사유가 있는 경우에는 이해관계인은 언제든지 또 어떤 방법에 의하든지 그 무효를 주장할 수 있다.

④ 재단법인의 기본재산의 변경은 정관의 변경을 초래하기 때문에 주무관청의 허가를 받아야 하는데, 기존의 기본재산을 처분하는 행위는 물론 새로이 기본재산으로 편입하는 행위도 주무관청의 허가가 있어야 유효하다.

해설

① [×] 법원의 직무집행정지 가처분결정에 의해 회사를 대표할 권한이 정지된 대표이사가 그 정지기간 중에 체결한 계약은 절대적으로 무효이고, 그 후 가처분신청의 취하에 의하여 보전집행이 취소되었다 하더라도 집행의 효력은 <u>장래를 향하여 소멸할 뿐</u> 소급적으로 <u>소멸하는 것은 아니라 할 것이므로</u>, 가처분신청이 취하되었다 하여 무효인 계약이 유효하게 되지는 않는다(대판 2008.5.29. 2008다4537).

② [○] 민법은 '이사의 대표권에 대한 제한은 정관에 기재하여야 효력이 있다'(제41조)라고 하여 정관의 기재를 효력요건으로 하고 있고, '이사의 대표권제한은 이를 등기하지 않으면 제3자에게 대항하지 못한다'(제49조 제2항 제9호, 제60조)라고 하여 등기를 대항요건으로 하고 있다. 判例는 제60조의 제3자의 범위와 관련하여 "등기가 되어 있지 않는 한, 악의의 제3자에게도 대항할 수 없다."(대판 1992.2.14. 91다24564)라고 한다.

③ [○] 대판 2003.4.25. 2000다60197

④ [○] 대판 1982.9.28. 82다카499

정답 | ①

98 판례에 따를 때 다음 중 총유물의 관리·처분행위에 해당하는 것은?
[13서기보]

① 종중이 그 소유 토지의 매매를 중개한 중개업자에게 중개 수수료를 지급하기로 하는 약정을 체결하는 행위
② 주택건설촉진법에 의하여 설립된 재건축조합이 재건축사업의 시행을 위하여 설계용역계약을 체결하는 행위
③ 비법인사단이 총회의 결의에 따라 총유물에 관한 매매계약을 체결한 경우, 비법인사단의 대표자가 그 매매계약에 따라 발생한 채무에 대하여 소멸시효 중단의 효력이 있는 승인을 하는 행위
④ 종중 소유의 토지에 대한 수용보상금을 분배하는 행위

해설

권리능력 없는 사단의 재산소유는 총유로 하며(제275조 제1항), 총유물의 관리 및 처분은 정관 기타 규약에 정한 바가 없으면 사원총회의 결의에 의한다(제275조 제2항, 제276조 제1항).
총유물의 관리 및 처분이라 함은 총유물 그 자체에 관한 이용·개량행위나 법률적·사실적 처분행위를 의미하는 것이므로, **단순한 채무부담행위는 총유물의 관리·처분행위라고 볼 수 없다**(대판 2007.4.19. 전합 2004다60072·60089).

① [×] 종중이 그 소유의 이 사건 토지의 매매를 중개한 중개업자에게 중개수수료를 지급하기로 하는 약정을 체결하는 것은 총유물 그 자체의 관리·처분이 따르지 아니하는 단순한 채무부담행위에 불과하여 이를 총유물의 관리·처분행위라고 할 수 없다(대판 2012.4.12. 2011다107900).

② [×] 총유물의 관리 및 처분행위라 함은 총유물 그 자체에 관한 법률적·사실적 처분행위와 이용, 개량행위를 말하는 것으로서 재건축조합이 재건축사업의 시행을 위하여 설계용역계약을 체결하는 것은 단순한 채무부담행위에 불과하여 총유물 그 자체에 대한 관리 및 처분행위라고 볼 수 없다(대판 2003.7.22. 2002다64780).

③ [×] 비법인사단이 총유물에 관한 매매계약을 체결하는 행위는 총유물 그 자체의 처분이 따르는 채무부담행위로서 총유물의 처분행위에 해당하나, 그 매매계약에 의하여 부담하고 있는 채무의 존재를 인식하고 있다는 뜻을 표시하는 데 불과한 소멸시효 중단사유로서의 **승인은 총유물 그 자체의 관리·처분이 따르는 행위가 아니어서 총유물의 관리·처분행위라고 볼 수 없다**(대판 2009.11.26. 2009다64383).

④ [○] 비법인사단인 종중의 토지에 대한 수용보상금은 종원의 총유에 속하고, 위 수용보상금의 분배는 총유물의 처분에 해당하므로 정관 기타 규약에 달리 정함이 없는 한 종중총회의 분배결의가 없으면 종원이 종중에 대하여 직접 분배청구를 할 수 없으나, 종중 토지에 대한 수용보상금을 종원에게 분배하기로 결의하였다면, 그 분배대상자라고 주장하는 종원은 종중에 대하여 직접 분배금의 청구를 할 수 있다(대판 1994.4.26. 93다32446).

정답 | ④

99 법인 아닌 사단에 관한 설명 중 옳지 않은 것은? (다툼이 있는 경우 판례에 의함) [17변호사 변형]

① 법인 아닌 사단의 사원이 존재하지 않게 된 경우에도 그 법인 아닌 사단은 청산사무가 완료될 때까지 청산의 목적 범위 내에서 권리의무의 주체가 된다.

② 법인 아닌 사단의 정관에 특별한 규정이 없는 경우 법인 아닌 사단의 대표자가 타인 간의 금전채무를 보증하기 위해 사원총회 결의를 거칠 필요는 없다.

③ 법인 아닌 사단의 총회 소집권자가 총회 소집을 철회하는 경우 반드시 총회 소집과 동일한 방식으로 통지해야 할 필요는 없고, 총회 구성원들에게 소집 철회의 결정이 있었음이 알려질 수 있는 적절한 조치를 취하는 것으로 충분하다.

④ 법인 아닌 사단의 채권자가 채권자대위권에 기하여 법인 아닌 사단의 총유재산에 대한 권리를 대위행사하는 경우, 사원총회의 결의 등 법인 아닌 사단의 내부적 의사결정 절차를 거쳐야 한다.

해설

① [○] 법인 아닌 사단에 대하여는 사단법인에 관한 민법규정 가운데서 법인격을 전제로 하는 것을 제외하고는 이를 유추적용하여야 할 것인바, 사단법인에 있어서는 사원이 없게 된다고 하더라도 이는 해산사유가 될 뿐 막바로 권리능력이 소멸하는 것이 아니므로 법인 아닌 사단에 있어서도 구성원이 없게 되었다 하여 막바로 그 사단이 소멸하여 소송상의 당사자능력을 상실하였다고 할 수는 없고 청산사무가 완료되어야 비로소 그 당사자능력이 소멸하는 것이다(대판 1992.10.9. 92다23087).

② [○] 권리능력 없는 사단의 재산소유는 총유로 하며(제275조 제1항), 총유물의 관리 및 처분은 정관 기타 규약에 정한 바가 없으면 사원총회의 결의에 의한다(제275조 제2항, 제276조 제1항). 이와 관련하여 判例는 "총유물의 관리 및 처분이라 함은 총유물 그 자체에 관한 이용·개량행위나 법률적·사실적 처분행위를 의미하는 것이므로, (보증계약과 같은) 단순한 채무부담행위는 총유물의 관리·처분행위라고 볼 수 없다."라고 한다(대판 2007.4.19. 전합 2004다60072·60089).

[관련판례] 判例에 따르면 총회결의를 거치지 않은 총유물의 관리 및 처분행위는 '무효'이고(대판 2001.5.29. 2000다10246), 이는 처분권한 없이 처분한 경우에 해당하므로 표현대리가 적용될 여지도 없다고 한다(대판 2009.2.12. 2006다23312 등). 따라서 상대방이 선의였는지 여부는 문제되지 않는다.

③ [○] 법인이나 법인 아닌 사단의 총회에 있어서 총회의 소집권자가 총회의 소집을 철회·취소하는 경우에는 반드시 총회의 소집과 동일한 방식으로 그 철회·취소를 총회 구성원들에게 통지하여야 할 필요는 없고, 총회 구성원들에게 소집의 철회·취소결정이 있었음이 알려질 수 있는 적절한 조치가 취하여지는 것으로써 충분히 그 소집 철회·취소의 효력이 발생한다(대판 2007.4.12. 2006다77593).

④ [×] 비법인사단이 총유재산에 관한 소를 제기할 때에는 정관에 다른 정함이 있는 등의 특별한 사정이 없는 한 사원총회의 결의를 거쳐야 하지만(대판 2011.7.28. 2010다97044 등 참조), 이는 비법인사단의 대표자가 비법인사단 명의로 총유재산에 관한 소를 제기하는 경우에 비법인사단의 의사결정과 특별수권을 위하여 필요한 내부적인 절차이다. 채권자대위권은 채무자가 스스로 자기의 권리를 행사하지 아니하는 때에 채권자가 채무자에 대한 채권을 보전하기 위하여 채무자의 의사와는 상관없이 채무자의 권리를 대위하여 행사할 수 있는 권리로서 그 권리행사에 채무자의 동의를 필요로 하는 것은 아니므로, 비법인사단이 총유재산에 관한 권리를 행사하지 아니하고 있어 비법인사단의 채권자가 채권자대위권에 기하여 비법인사단의 총유재산에 관한 권리를 대위행사하는 경우에는 사원총회의 결의 등 비법인사단의 내부적인 의사결정절차를 거칠 필요가 없다(대판 2014.9.25. 2014다211336).

정답 | ④

100 다음 중 권리능력 없는 사단에 관한 판례의 입장과 다른 것은? [12변호사 변형]

① 부도난 회사의 채권자들이 채권단을 조직하여 대표자를 선임하고 채권회수에 관한 권한을 위임하였더라도, 정관을 제정하거나 사단으로서 실체를 가지기 위한 조직행위가 없었다면 그 채권단을 권리능력 없는 사단으로 볼 수 없다.

② 권리능력 없는 사단은 특별한 규정이 있는 경우를 제외하고는 일반적으로 법인격이 인정되지 아니하므로, 법원은 임시이사의 선임에 관한 제63조를 준용하여 임시이사를 선임할 수 없다.

③ 권리능력 없는 사단이 당사자인 소송에서 대표자에게 적법한 대표권이 있는지 여부는 소송요건에 관한 것으로서 법원의 직권조사사항이므로, 법원에게 판단의 기초자료인 사실과 증거를 직권으로 탐지할 의무까지는 없다 하더라도, 이미 제출된 자료에 의하여 대표권의 적법성에 의심이 갈 만한 사정이 엿보인다면 법원은 그에 관하여 심리·조사할 의무가 있다.

④ 권리능력 없는 사단인 교회의 소속 교인의 일부가 종전의 교회에서 탈퇴하여 별도의 교회를 설립하고 새로운 교단에 들어가는 경우, 사단법인 정관변경에 준하여 의결권을 가진 교인 3분의 2 이상의 찬성에 의한 결의의 요건을 갖추었다면, 종전 교회의 재산은 탈퇴한 교인들의 총유로 귀속된다.

해설

① [○] 判例는 부도난 회사의 채권자들이 조직한 채권단이 비법인사단으로서의 실체를 갖추지 못했다는 이유로 그 당사자능력을 부인하였다. 즉, "민사소송법 제48조가 비법인의 당사자능력을 인정하는 것은 법인이 아닌 사단이나 재단이라도 사단 또는 재단으로서의 실체를 갖추고 대표자 또는 관리인을 통하여 사회적 활동이나 거래를 하는 경우에는, 그로 인하여 발생하는 분쟁은 그 단체의 이름으로 당사자가 되어 소송을 통하여 해결하게 하고자 함에 있다 할 것이므로 여기서 말하는 사단이라 함은 일정한 목적을 위하여 조직된 다수인의 결합체로서 대외적으로 사단을 대표할 기관에 관한 정함이 있는 단체를 말한다(대판 1999.4.23. 99다4504).

② [×] 권리능력 없는 사단은 법인등기를 하지 않았을 뿐 법인의 실질을 갖고 있는 것이다. 따라서 사단법인에 관한 규정 중에서 법인격을 전제로 하는 것(법인등기)을 제외하고는 법인격 없는 사단에 유추적용해야 한다. 최근 전원합의체 판결은 "제63조 '이사가 없거나 결원이 있는 경우에 이로 인하여 손해가 생길 염려 있는 때에는 법원은 이해관계인이나 검사의 청구에 의하여 임시이사를 선임하여야 한다'는 법인의 조직과 활동에 관한 것으로서 법인격을 전제로 하는 조항은 아니므로, 법인 아닌 사단에도 유추적용될 수 있다."(대결 2009.11.19. 전합 2008마699)라고 판시하였다.

③ [○] 권리능력 없는 사단의 당사자 소송에서 대표자의 대표권은 소송대리인에 대한 자격에 관한 것으로서 소송요건에 관한 것이므로 직권조사사항이다. 判例에 의하면 직권조사사항은 직권조사방식(당사자의 사실의 주장 및 증거제출 책임은 요구하므로 직권탐지의무는 배제되고, 자백의 구속력도 인정되지 않는 방식)에 의하므로 직권탐지의무까지는 없더라도 현출된 자료에서 의심되는 사정이 있으면 심리·조사할 의무는 인정된다.

종중이 당사자인 사건에 있어서 그 종중의 대표자에게 적법한 대표권이 있는지 여부는 소송요건에 관한 것으로서 법원의 직권조사사항이므로, 법원으로서는 그 판단의 기초자료인 사실과 증거를 직권으로 탐지할 의무까지는 없다 하더라도, 이미 제출된 자료들에 의하여 그 대표권의 적법성에 의심이 갈만한 사정이 엿보인다면 상대방이 이를 구체적으로 지적하여 다투지 않더라도 이에 관하여 심리, 조사할 의무가 있다(대판 1991.10.11. 91다21039).

④ [○] 교인들의 집단 탈퇴시 교회재산의 귀속관계(이하 대판 2006.4.20. 전합 2004다37775)

ⅰ) [원칙] 일부 교인들이 교회를 탈퇴하여 그 교회 교인으로서의 지위를 상실하게 되면 탈퇴가 개별적인 것이든 집단적인 것이든 종전 교회의 총유 재산의 관리처분에 관한 의결에 참가할 수 있는 지위나 그 재산에 대한 사용·수익권을 상실하고, 종전 교회는 잔존 교인들을 구성원으로 하여 실체의 동일성을 유지하면서 존속하며 종전 교회의 재산은 그 교회에 소속된 잔존 교인들의 총유로 귀속됨이 원칙이다.

ⅱ) [예외] 소속 교단에서의 탈퇴 내지 소속 교단의 변경은 사단법인 정관변경에 준하여 의결권을 가진 교인 2/3 이상의 찬성에 의한 결의를 필요로 하고(제42조 제1항 유추적용), 그 결의요건을 갖추어 소속 교단을 탈퇴하거나 다른 교단으로 변경한 경우에 종전 교회의 실체는 교단을 탈퇴한 교회로서 존속하고 종전 교회 재산은 위 탈퇴한 교회 소속 교인들의 총유로 귀속된다.

정답 | ②

101 甲 종중(이하 '甲'이라 함)은 비법인사단이고 그 대표자는 丙이다. 甲의 대표자 丙은 乙과 종중회관 신축에 관한 도급계약을 체결하였다. 이에 관한 설명 중 옳지 않은 것은? [20변호사 변형]

① 甲은 자기 명의로 신축건물의 소유권보존등기를 마칠 수 있다.

② 甲으로부터 도급계약상의 보수(報酬)를 받지 못한 乙은 甲에 대한 집행권원을 얻어 甲의 재산에 대해 강제집행을 할 수 있다.

③ 丙이 甲의 직무를 행하면서 타인에게 손해를 가하였더라도 甲은 권리의무의 주체가 아니므로 불법행위로 인한 손해배상책임을 부담하지 않는다.

④ 甲의 정관에서 대표자가 건물신축에 관한 도급계약을 체결할 때에는 임원회의 결의를 거치도록 하였으나, 丙이 임원회의 결의를 거치지 않았다 하더라도 乙이 그 사실을 알았거나 알 수 있었을 경우가 아니라면 위 계약은 유효하다.

해설

① [○] 비법인사단의 등기능력
종중(宗中), 문중(門中), 그 밖에 대표자나 관리인이 있는 법인 아닌 사단(社團)이나 재단(財團)에 속하는 부동산의 등기에 관하여는 그 사단이나 재단을 등기권리자 또는 등기의무자로 한다(부동산등기법 제26조 제1항).

② [○] 비법인사단의 소송능력
법인이 아닌 사단으로서 대표자 또는 관리인이 있는 경우에는 민사소송에 있어서 당사자능력이 있다(민사소송법 제52조).

③ [×] 대표기관의 불법행위로 인한 비법인사단의 배상책임
주택조합과 같은 비법인사단의 대표자가 직무에 관하여 타인에게 손해를 가한 경우 그 사단은 제35조 제1항의 유추적용에 의하여 그 손해를 배상할 책임이 있으며, 비법인사단의 대표자의 행위가 대표자 개인의 사리를 도모하기 위한 것이었거나 혹은 법령의 규정에 위배된 것이었다 하더라도 외관상, 객관적으로 직무에 관한 행위라고 인정할 수 있는 것이라면 제35조 제1항의 직무에 관한 행위에 해당한다(대판 2003.7.25. 2002다27088).

④ [○] 비법인사단에서 정관에 의한 이사의 대표권 제한의 문제(제60조 vs 제126조)
判例는 이사의 대표권 제한에 관한 제41조는 권리능력 없는 사단에 유추적용될 수 있으나, 제60조는 성질상 권리능력 없는 사단에 적용될 수 없다고 판시하고 있는바(대판 2003.7.23. 2002다64780), 최근에 判例는 이에 더하여서 "임원회의의 결의 등을 거치도록 한 규약은 대표권을 제한하는 규정에 해당하는 것이므로, 거래 상대방이 그와 같은 대표권 제한 및 그 위반 사실을 알았거나 과실로 인하여 이를 알지 못한 때에는 그 거래행위가 무효로 된다고 봄이 상당하며, 이 경우 그 거래 상대방이 대표권 제한 및 그 위반 사실을 알았거나 알지 못한 데에 과실이 있다는 사정은 그 거래의 무효를 주장하는 측이 이를 주장·입증하여야 한다."(대판 2007.4.19. 전합 2004다60072·60089)고 판시하고 있다(반면 반대의견은 위 규약을 제275조 제2항 소정의 '정관 기타 계약'이라고 전제하였다).

정답 | ③

102 종중에 관한 설명 중 옳지 않은 것은? (다툼이 있는 경우 판례에 의함)

[21변호사 변형]

① 고유 의미의 종중이란 공동선조의 분묘 수호와 제사, 종원 상호간 친목 등을 목적으로 하는 자연발생적인 관습상 종족집단체로서 특별한 조직행위를 필요로 하는 것이 아니다.

② 종중 토지 매각대금의 분배는 정관 기타 규약에 달리 정함이 없는 한 종중총회의 결의에 의하여만 할 수 있고, 이러한 분배결의가 없으면 종원이 종중에 대하여 직접 분배청구를 할 수 없다.

③ 공동 선조의 자손인 성년 여자를 종중원으로 인정한 대법원 전원합의체 판결 이후에는 종중총회 개최를 위하여 남자 종중원들에게만 소집통지를 하고, 여자 종중원들에게 소집통지를 하지 않는 경우 그 종중총회에서의 결의는 효력이 없다.

④ 종중의 임원은 종중 재산의 관리·처분에 관한 사무를 처리함에 있어 종중 규약 또는 종중총회의 결의에 따라야 할 의무는 있으나 선량한 관리자로서의 주의를 다하여야 할 의무는 없다.

해설

① [○] **고유 의미의 종중**이란 공동선조의 분묘 수호와 제사, 종원 상호간 친목 등을 목적으로 하는 '자연발생적인 관습상 종족집단체'로서 특별한 조직행위를 필요로 하는 것이 아니고, 공동선조의 후손은 그 의사와 관계없이 성년이 되면 당연히 그 구성원(종원)이 되는 것이며 그중 일부 종원을 임의로 그 종원에서 배제할 수 없다. 따라서 공동선조의 후손 중 특정 범위 내의 자들만으로 구성된 종중이란 있을 수 없으므로, 만일 공동선조의 후손 중 특정 범위 내의 종원만으로 조직체를 구성하여 활동하고 있다면 이는 본래의 의미의 종중으로는 볼 수 없고, '종중 유사의 권리능력 없는 사단'이 될 수 있을 뿐이다(대판 2019.2.14. 2018다264628).

② [○] **종중 토지 매각대금의 분배에 관한 종중총회의 결의가 무효인 경우, 새로운 종중총회의 결의 없이 종원이 곧바로 종중을 상대로 분배금의 지급을 구할 수 있는지 여부(소극)**

총유인인 종중 토지 매각대금의 분배는 정관 기타 규약에 달리 정함이 없는 한 종중총회의 결의에 의하여만 처분할 수 있고 이러한 분배결의가 없으면 종원이 종중에 대하여 직접 분배청구를 할 수 없다. 따라서 종중 토지 매각대금의 분배에 관한 종중총회의 결의가 무효인 경우, 종원은 그 결의의 무효확인 등을 소구하여 승소판결을 받은 후 새로운 종중총회에서 공정한 내용으로 다시 결의하도록 함으로써 그 권리를 구제받을 수 있을 뿐이고 새로운 종중총회의 결의도 거치지 아니한 채 종전 총회결의가 무효라는 사정만으로 곧바로 종중을 상대로 하여 <u>스스로 공정하다고 주장하는 분배금의 지급을 구할 수는 없다</u>(대판 2010.9.9. 2007다42310. 42327).

③ [○] 종중 총회를 개최함에 있어서는, 특별한 사정이 없는 한 족보 등에 의하여 소집통지 대상이 되는 종중원의 범위를 확정한 후 국내에 거주하고 소재가 분명하여 통지가 가능한 모든 종중원에게 개별적으로 소집통지를 함으로써 각자가 회의와 토의 및 의결에 참가할 수 있는 기회를 주어야 하므로, 일부 종중원에 대한 소집통지 없이 개최된 종중 총회에서의 결의는 그 효력이 없다. 대법원 2005.7.21. 2002다1178 전원합의체 판결 이후에는 공동 선조의 자손인 성년 여자도 종중원이므로, 종중 총회 당시 남자 종중원들에게만 소집통지를 하고 여자 종중원들에게 소집통지를 하지 않은 경우 그 종중 총회에서의 결의는 효력이 없다(대판 2010.2.11. 2009다83650).

④ [×] 종중과 위임에 유사한 계약관계에 있는 종중의 임원은 종중재산의 관리·처분에 관한 사무를 처리함에 있어 종중규약 또는 종중총회의 결의에 따라야 함은 물론 선량한 관리자로서의 주의를 다하여야 할 의무가 있다(대판 2017.10.26. 2017다231249).

정답 | ④

제4장

권리의 객체

제1관 서설

01 물건에 관한 설명으로 옳지 않은 것은? (다툼이 있는 경우 판례에 의함) [23경찰간부]

① 토지에서 분리된 수목은 동산이다.

② 1필의 토지 일부는 분필을 하지 않는 한 그 일부의 토지 위에 지상권을 설정할 수 없다.

③ 다른 물건과 외부적·객관적으로 구별되고 특정되어 있는 집합동산은 양도담보의 대상이 될 수 있다.

④ 경매의 대상이 된 토지 위에 생립하고 있는 채무자 소유의 미등기 수목은 명인방법을 갖추는 등 특별한 사정이 없는 한 그 수목의 가액을 포함하여 경매 대상 토지를 평가한 후 이를 최저경매가격으로 공고하여야 한다.

해설

① [O] 미분리의 천연과실과 수목의 집단은 토지의 일부이지만 명인방법이라는 공시방법을 갖춘 때에는 독립한 부동산으로서 소유권의 객체가 된다. 다만 토지에서 분리된 수목은 동산이다.

② [×] 물건의 일부나 집단에 대해 공시가 가능한 경우에는 예외적으로 그 자체가 하나의 물건이 될 수 있다. 부동산의 일부에 대한 '전세권, 지상권'등은 물건의 일부에 대한 공시가 가능한 경우이다(부동산등기법 제69조).

③ [O] 判例는 일반적으로 일단의 증감 변동하는 동산(양만장의 뱀장어, 농장의 돼지, 제강회사가 제품생산에 필요하여 반입하는 원자재 등)을 '하나의 물건으로 보아' 이를 채권담보의 목적으로 삼으려는 이른바 유동집합물에 대한 양도담보설정계약체결도 가능하며, 이 경우 그 목적동산이 담보설정자의 다른 물건과 구별될 수 있도록 그 종류·장소 또는 수량지정 등의 방법에 의하여 '특정'되어 있으면 그 '전부를 하나의 재산권'으로 보아 이에 대해 유효한 담보권의 설정이 된 것으로 볼 수 있다고 한다(대판 1990.12.26. 88다카 20224). 즉, 이는 소유권 기타의 물권은 하나의 '특정'한 물건에만 성립할 수 있다는 원칙인 '일물일권주의'에 반하지 않는다고 한다.

④ [O] 경매의 대상이 된 토지 위에 생립하고 있는 채무자 소유의 미등기 수목은 토지의 구성 부분으로서 토지의 일부로 간주되어 특별한 사정이 없는 한 토지와 함께 경매되는 것이므로 그 수목의 가액을 포함하여 경매 대상 토지를 평가하여 이를 최저경매가격으로 공고하여야 하고, 다만 입목에 관한 법률에 따라 등기된 입목이나 명인방법을 갖춘 수목의 경우에는 독립하여 거래의 객체가 되므로 토지 평가에 포함되지 아니한다(대결1998.10.28. 98마1817).

정답 | ②

02 물건에 관한 설명으로 가장 적절하지 않은 것은? (다툼이 있으면 판례에 의함) [23법학경채]

① 사람의 유체·유골은 매장·관리·제사·공양의 대상이 될 수 있는 유체물이다.

② 입목에 관한 법률에 따라 등기된 입목이나 명인방법을 갖춘 수목의 경우에는 토지와 독립하여 거래의 객체가 된다.

③ 토지 소유자로부터 단층건물의 신축공사를 도급받은 수급인이 사회통념상 독립한 건물이라고 볼 수 없는 정착물을 토지에 설치한 상태에서 공사가 중단된 경우에 그 정착물은 토지의 부합물에 불과하다.

④ 1동의 건물에 대하여 구분소유가 성립하기 위해서는 구분된 건물부분이 구조상이용상 독립성을 갖추어야 하지만, 물리적으로 구획된 건물부분을 각가 구분소유권의 객체로 하려는 구분행위는 불필요하다.

해설

① [○] 유체(遺體)·유골(遺骨)이 물건인지 문제되는바, 일반적으로 물건성은 인정하지만 ⊙ 그 내용은 보통의 소유권과 같이 사용·수익·처분(포기)할 수 없고 오로지 매장·제사 등의 권리와 의무를 내용으로 하는 '특수한 소유권'으로 보아야 하고, ⓒ 이러한 권리는 '제사를 주재하는 자'(상주)에게 귀속한다(제1008조의3).

② [○] 물권변동에 관한 성립요건주의를 채택하고 있는 민법에서 명인방법은 부동산의 등기 또는 동산의 인도와 같이 입목에 대하여 물권변동의 성립요건 또는 효력발생요건에 해당하므로 식재된 입목에 대하여 명인방법을 실시해야 그 토지와 독립하여 소유권을 취득한다. 이는 토지와 분리하여 입목을 처분하는 경우뿐만 아니라, 입목의 소유권을 유보한 채 입목이 식재된 토지의 소유권을 이전하는 경우에도 마찬가지이다(대판 2021.8.19. 2020다266375).

③ [○] 건물의 신축공사를 도급받은 수급인이 사회통념상 독립한 건물이라고 볼 수 없는 정착물을 토지에 설치한 상태에서 공사가 중단된 경우에 위 정착물은 토지의 부합물에 불과하다(대결 2008.5.30. 2007마98).

④ [×] 물리적으로는 건물의 일부라고 하더라도 그것이 독립된 건물로서 사용할 수 있는 때에는, '구분행위'(대표적으로 구분등기)가 있음을 전제로 독립된 건물로서 인정된다(예컨대 아파트와 같은 구분소유권: 대판 1999.7.27. 98다35020).

정답 | ④

03 물건에 관한 설명으로 옳은 것은? (다툼이 있으면 판례에 의함)

[24소방간부]

① 온천에 관한 권리는 관습법상 물권이다.

② 부동산은 종물이 될 수 없다.

③ 주물의 소유자가 아닌 자가 주물에 부속한 물건은 종물이 될 수 없다.

④ 주물 위에 설정된 담보물권의 효력은, 특별한 사정이 없는 한, 그 설정 후의 종물에 미치지 않는다.

⑤ 적법한 권원 없이 타인의 토지에 농작물을 경작한 자는 명인방법을 갖추어야 그 농작물의 소유권을 취득할 수 있다.

해설

① [×] 온천에 관한 권리를 관습상의 물권 내지 준물권이었다고 할 수 없고 또 원천을 굴착함으로써 지하에서 용출되는 온천수는 민법 제235조나 제236조에서 말하는 공용수 또는 생활상 필요한 용수에 해당되는 것이라고도 볼 수 없다(대판 1972.8.29. 72다1243).

② [×] 독립한 부동산도 종물이 될 수 있다(대판 1988.2.23. 87다카600).

③ [○] 종물은 물건의 소유자가 그 물건의 상용에 공하기 위하여 자기 소유인 다른 물건을 이에 부속하게 한 것을 말하므로 주물과 다른 사람의 소유에 속하는 물건은 종물이 될 수 없다(대판 2008.5.8. 2007다36933).

④ [×]

> 제358조(저당권의 효력의 범위) 「저당권의 효력은 저당부동산에 부합된 물건과 종물에 미친다. 그러나 법률에 특별한 규정 또는 설정행위에 다른 약정이 있으면 그러하지 아니하다.」

⑤ [×] 적법한 경작권 없이 타인의 토지를 경작하였더라도 그 경작한 입도(立稻)가 성숙하여 독립한 물건으로서의 존재를 갖추었으면 입도의 소유권은 경작자에게 귀속한다(대판 1979.8.28. 79다784). 判例의 입장에 따를 때, 별도의 명인방법을 갖추지 않아도 된다.

정답 | ③

04 민법상 물건에 관한 설명으로 옳지 않은 것은? (다툼이 있으면 판례에 따름)

① 물건이라 함은 유체물 및 전기 기타 관리할 수 있는 자연력을 말한다.
② 관리할 수 있다는 것은 배타적 지배가 가능하여 거래객체로 될 수 있는 상태를 의미한다.
③ 토지의 정착물은 토지의 일부로 별개의 부동산이 될 수 없다.
④ 동산과 부동산은 그 요건을 달리하여 취득시효의 대상이 된다.
⑤ 부동산 이외의 물건은 동산이다.

해설

① [○]
> 제98조(물건의 정의) 「본법에서 물건이라 함은 유체물 및 전기 기타 관리할 수 있는 자연력을 말한다.」

② [○] 유체물이든 무체물이든 물건은 '관리할 수 있는 것'이어야 한다. 이것은 배타적 지배를 할 수 있는 것을 의미한다. 따라서 해·달·별·공기 등은 유체물이지만, 배타적 지배를 할 수 있는 것이 아니기 때문에 물건이 되지 못한다.

③ [×]
> 제99조(부동산, 동산) 「①항 토지 및 그 정착물은 부동산이다.」

> ▶ 토지의 정착물이란 토지에 고정되어 쉽게 이동할 수 없는 물건으로서, 그러한 상태대로 사용하는 것이 물건의 본래의 성질로 되는 것을 말한다. 토지의 정착물은 모두 부동산이지만, ㉠ 토지와 별개의 독립된 부동산으로 되는 것(건물), ㉡ 토지의 구성부분으로서 토지의 일부에 지나지 않는 것(담장·교량·도로의 포장), ㉢ 사안에 따라 토지의 일부로 되기도 하고 토지와는 독립된 별개의 물건으로 다루어질 수도 있는 것(수목·미분리의 과실·농작물)이 있다.

④ [○] 20년간 소유의 의사로 평온, 공연하게 부동산을 점유하는 자는 등기함으로써 그 소유권을 취득한다(제245조 제1항). 10년간 소유의 의사로 평온, 공연하게 동산을 점유한 자는 그 소유권을 취득한다(제246조 제1항).

⑤ [○]
> 제99조(부동산, 동산) 「②항 부동산 이외의 물건은 동산이다.」

정답 | ③

---

05 다음의 내용 중 옳은 것은? (다툼이 있는 경우 판례에 의함)

① 소유자가 자신의 임야에 있는 자연석을 조각하여 석불을 제작한 경우, 그 석불은 임야와 독립된 소유권의 객체가 될 수 없다.
② 명인방법을 갖추지 않거나 등기되지 않은 수목은 토지와 분리되지 않더라도 독립된 부동산으로 인정된다.
③ 단층건물의 신축공사를 도급받은 수급인이 사회통념상 독립한 건물이라고 볼 수 없는 정착물을 토지에 설치한 상태에서 공사가 중단된 경우, 그 정착물은 토지의 부합물에 불과하다.
④ 특별한 사정이 없는 한, 토지의 일부에 대해서는 전세권을 설정할 수 없다.

해설

① [×] 임야에 있는 자연석을 조각하여 제작한 석불이라도 그 임야의 일부분을 구성하는 것이라고는 할 수 없고 임야와 독립된 소유권의 대상이 된다(대판 1970.9.22. 70다1494).

② [×] 명인방법(明認方法)을 갖춘 수목의 집단이나 '입목'(立木)은 토지와 독립된 별개의 물건으로 취급된다. 특히 토지에 부착된 수목의 집단에 대해 그 소유자가 '입목에 관한 법률'에 의해 입목등기부에 소유권보존등기를 한 것을 '입목'(立木)이라 하는데 입목은 이를 부동산으로 보고 입목의 소유자는 토지와 분리하여 입목을 양도하거나 또는 저당권의 목적으로 할 수 있다.

③ [○]
> 제256조(부동산에의 부합) 「부동산의 소유자는 그 부동산에 부합한 물건의 소유권을 취득한다. 그러나 타인의 권원에 의하여 부속된 것은 그러하지 아니하다.」

건물의 신축공사를 도급받은 수급인이 사회통념상 독립한 건물이라고 볼 수 없는 정착물을 토지에 설치한 상태에서 공사가 중단된 경우에 위 정착물은 토지의 부합물에 불과하다(대결 2008.5.30. 2007마98).

④ [×] 물권의 객체는 하나의 물건으로 다루어지는 '독립물'이어야 하며, 물건의 일부나 구성부분 또는 물건의 집단은 원칙적으로 물권의 객체가 되지 못한다. 이처럼 하나의 독립된 물건에 대해 하나의 물권을 인정하는 원칙을 '일물일권주의'(一物一權主義)라고 한다. 이러한 원칙은 물건의 일부나 집단 위에 하나의 물권을 인정하여야 할 사회적 필요나 실익이 없으며, 물건의 일부나 집단 위에 하나의 물권을 인정하면 그 공시가 곤란하기 때문이다. 그러나 물건의 일부나 집단에 대해 공시가 가능한 경우에는 예외적으로 물권의 객체가 될 수 있다.

▶ 1필의 토지 일부 위에 용익물권의 설정은 가능하다. 특히 토지 또는 건물의 일부에 대해 전세권을 설정할 수 있는데, 이들 경우에는 그 범위가 등기 또는 도면을 통해 공시된다(부동산등기법 제72조). 이처럼 부동산의 일부에 대한 '전세권'등은 물건의 일부에 대한 공시가 가능한 경우이다.

정답 | ③

06 물건에 관한 설명으로 옳지 않은 것은? (다툼이 있으면 판례에 따름) [23행정사]

① 물건이라 함은 유체물 및 전기 기타 관리할 수 있는 자연력을 말한다.
② 주유소의 주유기는 특별한 사정이 없는 한 주유소 건물의 종물이다.
③ 타인의 토지 위에 권원 없이 식재한 수목의 소유권은 특별한 사정이 없는 한 식재한 자에게 속한다.
④ 물건의 용법에 의하여 수취하는 산출물은 천연과실이다.
⑤ 최소한의 기둥과 지붕 및 주벽이 있는 건물은 토지와는 별개의 독립한 물건으로 인정될 수 있다.

해설

① [○]

> 제98조(물건의 정의) 「본법에서 물건이라 함은 유체물 및 전기 기타 관리할 수 있는 자연력을 말한다.」

② [○] 종물은 주물의 구성부분이 아니며, 주물의 경제적 효용을 돕기 위하여 경제적으로 부속되어 있는 물건에 지나지 않으므로 법률상 '독립한 물건'이어야 한다. 따라서 주물에 '부합'[6]된 물건은 개념상 종물이 될 수 없다. 예를 들어 判例는 주유소의 주유기는 주유소의 종물에 해당하지만, 주유소의 지하에 매설된 유류 저장탱크는 토지에 '부합'하므로 종물이 아니라고 한다(대판 1995.6.29. 94다6345).

③ [×] 토지에 식재된 수목은 '토지의 부합물'이므로, 타인의 토지상에 '권원'없이 식재한 수목의 소유권은 토지소유자에게 귀속되고 '권원'에 의하여 식재한 경우에는 그 소유권이 식재한 자에게 있다(대판 1980.9.30. 80도1874)(제256조 참조)[7].

④ [○]

> 제101조(천연과실, 법정과실) 「①항 물건의 용법에 의하여 수취하는 산출물은 천연과실이다.」

⑤ [○] 건물은 토지의 정착물로서 부동산이나, 민법은 건물을 토지와 별개의 부동산으로 다루고 있다. 최소한의 기둥과 지붕 그리고 주벽이 이루어지면 독립한 부동산으로서의 건물의 요건을 갖춘 것이라고 보아야 한다(대판 2002.4.26. 2000다16350).

정답 | ③

---

6) 소유자를 달리하는 두 개 이상의 물건이 결합되어 물리적, 사회적, 경제적으로 보아 분리하지 못할 상태로 되는 것을 말한다.
   제256조(부동산에의 부합) 부동산의 소유자는 그 부동산에 부합한 물건의 소유권을 취득한다. 그러나 타인의 권원에 의하여 부속된 것은 그러하지 아니하다.
7) 제256조(부동산에의 부합) 부동산의 소유자는 그 부동산에 부합한 물건의 소유권을 취득한다. 그러나 타인의 권원에 의하여 부속된 것은 그러하지 아니하다.

07 물건에 관한 설명으로 옳은 것은? (다툼이 있으면 판례에 따름) [22행정사]

① 주물의 소유자의 상용에 공여되고 있더라도 주물 자체의 효용과 관계가 없는 물건은 종물이 아니다.

② 원본채권이 양도되면 특별한 사정이 없는 한 이미 변제기에 도달한 이자채권도 당연히 함께 양도된다.

③ 주물을 처분할 때 종물을 제외하거나 종물만을 별도로 처분하는 특약은 무효이다.

④ 피상속인이 유언으로 자신의 유골의 매장장소를 지정한 경우, 제사주재자는 피상속인의 의사에 따를 법률적 의무를 부담한다.

⑤ '종물은 주물의 처분에 따른다'고 규정한 민법 제100조 제2항의 '처분'에는 공법상 처분은 포함되지 않는다.

해설

① [○] 종물은 사회관념상 주물의 경제적 효용을 다하게 하는 작용을 해야 한다. 따라서 주물의 소유자나 이용자의 상용에 공여되고 있더라도 주물 그 자체의 효용과는 직접 관계가 없는 물건, 예컨대 TV · 책상 등은 가옥의 종물이 아니다(대판 1985.3.26. 84다카269; 호텔의 각 방실에 시설된 TV, 전화기 등의 집기는 호텔건물의 종물이 아니라는 사례).

② [×] 원본채권이 양도되면 이자채권도 함께 양도되는 것이 원칙이다. 그러나 변제기가 이미 도래한 이자채권은 독립성이 강하므로, 원본채권이 양도되더라도 이미 변제기에 도달한 이자채권이 당연히 같이 양도되는 것은 아니다(대판 1989.3.28. 88다카12803).

③ [×] 제100조는 강행규정이 아니다. 따라서 당사자는 특약으로 주물을 처분할 때에 종물을 제외할 수 있고, 종물만을 따로 처분할 수 있다(대판 1978.12.26. 78다2028).

④ [×] 사자(死者)가 생전에 자신의 유체 · 유골을 '처분'하는 의사를 표시한 경우에도 그것은 법정유언사항은 아니므로 제사주재자가 이에 법률적으로 구속되는 것은 아니며, 종국적으로는 제사주재자의 의사에 따르게 된다. 다만, 그 처분방법이 사회질서에 반하지 않는 한 사자의 유지에 따른 처분행위는 유효하다(대판 2008.11.20. 전합 2007다27670).

⑤ [×] 종물은 주물의 처분에 따른다(제100조 제2항). 즉, 종물은 주물과 법률적 운명을 같이 한다. 여기서 '처분'이라 함은 물권적 처분뿐만 아니라 채권적 처분도 포함하는 넓은 의미이다. 나아가 주물의 권리관계가 처분행위 이외에 공법상의 처분이나 법률규정에 의하여 생긴 경우에도 위 원칙이 적용된다.

정답 | ①

08 물건에 관한 설명으로 옳지 않은 것은? (다툼이 있는 경우 판례에 의함) [22소방간부]

① 분묘에 안치되어 있는 피상속인의 유골은 제사나 공양의 대상이 될 수 있는 유체물로서 그 제사주재자에게 승계된다.

② 건축 중인 건물이 기둥만을 갖춘 채 아직 지붕이나 주벽을 갖추지 못하고 있다면 토지의 부합물에 불과하다.

③ 천연과실은 그 원물로부터 분리하는 때에 이를 수취할 권리자에게 속한다.

④ 주물의 효용과 직접 관계가 없는 물건이라 하더라도 주물의 소유자 또는 이용자의 편익에 제공 되고 있으면 종물에 해당한다.

⑤ 주물의 소유자가 아닌 자의 물건은 종물이 될 수 없다.

해설

① [○] 유체(遺體)·유골(遺骨)이 물건인지 문제되는바, 일반적으로 물건성은 인정하지만 ⑦ 그 내용은 보통의 소유권과 같이 사용·수익·처분(포기)할 수 없고 오로지 매장·제사 등의 권리와 의무를 내용으로 하는 '특수한 소유권'으로 보아야 하고, ⑥ 이러한 권리는 '제사를 주재하는 자'(상주)에게 귀속하며(제1008조의3), ⑥ 사자(死者)가 생전에 자신의 유체·유골을 '처분'하는 의사를 표시한 경우에도 그것은 법정유언사항은 아니므로 제사주재자가 이에 법률적으로 구속되는 것은 아니며, 종국적으로는 제사주재자의 의사에 따르게 된다(대판 2008.11.20. 전합 2007다27670).

② [○] ⅰ) 건물은 토지의 정착물로서 부동산이나, 민법은 건물을 토지와 별개의 부동산으로 다루고 있다. ⅱ) 최소한의 기둥과 지붕 그리고 주벽이 이루어지면 독립한 부동산으로서의 건물의 요건을 갖춘 것이라고 보아야 한다(대판 2002.4.26. 2000다16350).

③ [○]

> 제102조(과실의 취득) 「①항 천연과실은 그 원물로부터 분리하는 때에 이를 수취할 권리자에게 속한다.」

④ [×] 종물은 사회관념상 계속해서 주물의 경제적 효용을 다하게 하는 작용을 해야 한다. ⑦ 따라서 일시적 용도에 쓰이는 물건은 종물이 아니며(대판 1988.2.23. 87다카600), ⑥ 주물의 소유자나 이용자의 상용에 공여되고 있더라도 주물 그 자체의 효용과는 직접 관계가 없는 물건, 예컨대 TV·책상 등은 가옥의 종물이 아니다(대판 1985.3.26. 84다카269; 호텔의 각 방실에 시설된 TV, 전화기 등의 집기는 호텔건물의 종물이 아니라는 사례).

⑤ [○] 주물과 종물은 동일한 법률적 운명에 따르므로 타인의 권리를 침해하는 일이 없도록 '원칙적'으로 모두 동일한 소유자에게 속해야 한다. 다만 '예외적'으로 제3자의 권리를 해하지 않는 범위에서는 다른 소유자에 속하는 물건도 종물이 될 수 있다(통설).

정답 | ④

09 물건에 관한 설명 중 가장 적절하지 않은 것은? (다툼이 있는 경우 판례에 의함)   [22법학경채]

① 토지의 정착물은 모두 부동산이다.

② 원칙적으로 경작 중인 농작물은 토지에 부합되어 있으므로 독립된 물건이 되지 못한다.

③ 토지의 소유권은 정당한 이익이 있는 범위 내에서 토지의 상하에 미친다.

④ 입목에 관한 법률의 적용을 받지 않는 수목의 집단은 독립한 부동산이 될 수 없다.

해설

① [○]

> 제99조(부동산, 동산) 「①항 토지 및 그 정착물은 부동산이다.」

② [○] 判例는 적법한 경작권 없이 타인의 토지를 경작하였더라도, 그 경작한 입도(立稻)가 성숙하여 독립한 물건으로서의 존재를 갖추었으면 명인방법이 없이도 입도의 소유권은 경작자에게 귀속한다고 한다(대판 1968.6.4. 68다613, 614).

③ [○]

> 제212조(토지소유권의 범위) 「토지의 소유권은 정당한 이익있는 범위 내에서 토지의 상하에 미친다.」

④ [×] 입목에 관한 법률의 적용을 받지 않더라도 명인방법(明認方法)을 갖춘 수목의 집단은 토지와 독립된 별개의 물건으로 취급된다.

정답 | ④

10 물건에 관한 설명으로 옳지 않은 것은? (다툼이 있으면 판례에 따름) [22세무사]

① 지하의 온천수는 토지의 구성부분이다.

② 동산과 부동산은 그 요건을 달리하지만 모두 취득시효의 대상이 된다.

③ 1필의 토지의 일부에 대해서는 이를 분할하지 않는 한 용익물권을 설정할 수 없다.

④ 입목등기부에 소유권보존등기가 된 수목의 집단은 저당권의 객체가 될 수 있다.

⑤ 건물의 신축공사를 도급받은 수급인이 사회통념상 독립한 건물이라고 볼 수 없는 정착물을 토지에 설치한 상태에서 공사가 중단된 경우, 그 정착물은 토지의 부합물에 불과하다.

해설

① [O] 지하수와 온천수는 토지의 구성부분으로서 독립된 물권의 객체가 아니다(대판 1972.8.29. 72다1243).

② [O]

> 제245조(점유로 인한 부동산소유권의 취득기간) 「①항 20년간 소유의 의사로 평온, 공연하게 부동산을 점유하는 자는 등기함으로써 그 소유권을 취득한다.」
>
> 제246조(점유로 인한 동산소유권의 취득기간) 「①항 10년간 소유의 의사로 평온, 공연하게 동산을 점유한 자는 그 소유권을 취득한다.」

③ [×] 물건의 일부나 집단에 대해 공시가 가능한 경우에는 예외적으로 그 자체가 하나의 물건이 될 수 있다. 부동산의 일부에 대한 전세권 등은 물건의 일부에 대한 공시가 가능한 경우이다.

④ [O] 토지에 부착된 수목의 집단에 대해 그 소유자가 입목에 관한 법률에 의해 입목등기부에 소유권보존등기를 한 것을 '입목'이라 하는데, 입목은 이를 부동산으로 보고, 입목의 소유자는 토지와 분리하여 입목을 양도하거나 또는 저당권의 목적으로 할 수 있다.

⑤ [O] 건물의 신축공사를 도급받은 수급인이 사회통념상 독립한 건물이라고 볼 수 없는 정착물을 토지에 설치한 상태에서 공사가 중단된 경우에 위 정착물은 토지의 부합물에 불과하여 이러한 정착물에 대하여 유치권을 행사할 수 없는 것이고, 또한 공사중단시까지 발생한 공사금 채권은 토지에 관하여 생긴 것이 아니므로 위 공사금 채권에 기하여 토지에 대하여 유치권을 행사할 수도 없는 것이다(대결 2008.5.30. 2007마98).

정답 | ③

---

11 물건에 관한 설명 중 적절하지 않은 것을 모두 고른 것은? (다툼이 있는 경우 판례에 의함) [21법학경채]

ㄱ. 전기 기타 관리할 수 있는 자연력은 부동산이다.

ㄴ. 종물과 주물의 관계에 관한 법리는 물건 상호간의 관계에 적용되며, 권리 상호간에는 적용되지 않는다.

ㄷ. 두 개의 물건 중 하나가 다른 물건의 상용에 공하여 진 경우에 그 물건의 소유자가 다르면 양자 간에 주물과 종물관계가 성립하지 않는다.

ㄹ. 공장저당권의 효력은 그 설정행위에 다른 약정이 있는 등의 특별한 사정이 없는 한 공장저당 목적물에 부합된 물건과 종물에 당연히 미친다.

① ㄱ, ㄴ
② ㄷ, ㄹ
③ ㄱ, ㄴ, ㄷ
④ ㄴ, ㄷ, ㄹ

해설

ㄱ. [×]

> 제98조(물건의 정의)「본법에서 물건이라 함은 유체물 및 전기 기타 관리할 수 있는 자연력을 말한다.」
> 제99조(부동산, 동산)「①항 토지 및 그 정착물은 부동산이다. ②항 부동산 이외의 물건은 동산이다.」

▶ 따라서 전기 기타 관리할 수 있는 자연력도 물건에 속하며, 전기 기타 관리할 수 있는 자연력은 토지나 그 정착물로는 볼 수 없으므로 동산에 속한다.

ㄴ. [×] 제100조 제2항은 "종물은 주물의 처분에 따른다."라고 규정하고 있는바, 위 종물과 주물의 관계에 관한 법리는 물건 상호간의 관계뿐 아니라, 권리 상호간에도 적용되는 것이지만, 어떤 권리를 다른 권리에 대하여 종된 권리라고 할 수 있으려면 종물과 마찬가지로 다른 권리의 경제적 효용에 이바지하는 관계에 있어야 한다(대판 2014.6.12. 2012다92159).

ㄷ. [○] 주물과 종물은 동일한 법률적 운명에 따르므로 타인의 권리를 침해하는 일이 없도록 '원칙적'으로 모두 동일한 소유자에게 속해야 한다.

ㄹ. [○] 법률에 특별한 규정 또는 설정행위에 다른 약정이 없는 한, 주물 위에 설정된 저당권의 효력은 종물에도 미친다(제358조).

[참조조문] 제358조(저당권의 효력의 범위)「저당권의 효력은 저당부동산에 부합된 물건과 종물에 미친다. 그러나 법률에 특별한 규정 또는 설정행위에 다른 약정이 있으면 그러하지 아니하다.」

정답 | ①

---

12 물건에 관한 설명으로 옳지 않은 것은? (다툼이 있으면 판례에 따름)

[20세무사]

① 건물의 개수는 공부상의 등록에 의해서만 결정된다.
② 권원에 따라 타인의 토지에 식재한 수목의 집단도 명인방법을 갖추면 독립한 물건이 된다.
③ 독립한 부동산도 종물이 될 수 있다.
④ 당사자는 특약으로 종물만을 별도로 처분할 수 있다.
⑤ 외부적·객관적으로 특정이 가능하다면 유동집합물 전부를 하나의 물건으로 취급할 수 있다.

해설

① [×] 건물은 일정한 면적, 공간의 이용을 위하여 지상, 지하에 건설된 구조물을 말하는 것으로서, 건물의 개수는 토지와 달리 공부상의 등록에 의하여 결정되는 것이 아니라 사회통념 또는 거래관념에 따라 물리적 구조, 거래 또는 이용의 목적물로서 관찰한 건물의 상태 등 객관적 사정과 건축한 자 또는 소유자의 의사 등 주관적 사정을 참작하여 결정되는 것이다(대판 1997.7.8. 96다36517).

② [○] ⅰ) 토지에 식재된 수목은 토지의 부합물이나, ⅱ) 명인방법(明認方法)을 갖춘 수목의 집단이나 ⅲ) '입목'(立木)은 토지와 독립된 별개의 물건으로 취급된다.

③ [○] 독립한 물건이면 되고 동산이어야 하는 것은 아니다. 判例는 낡은 가재도구 등의 보관장소로 사용되고 있는 방과 연탄창고 및 공동변소 등은 본채에서 떨어져 축조되어 있더라도 본채의 종물로 인정한다(대판 1991.5.14. 91다2779).

④ [○]

> 제100조(주물, 종물)「②항 종물은 주물의 처분에 따른다.」

▶ 본조는 강행규정이 아니다. 따라서 당사자는 특약으로 주물을 처분할 때에 종물을 제외할 수 있고, 종물만을 따로 처분할 수 있다(대판 1978.12.26. 78다2028).

⑤ [○] 判例는 일반적으로 일단의 증감 변동하는 동산(양만장의 뱀장어, 농장의 돼지, 제강회사가 제품생산에 필요하여 반입하는 원자재 등)을 '하나의 물건으로 보아' 이를 채권담보의 목적으로 삼으려는 이른바 유동집합물에 대한 양도담보설정계약체결도 가능하며, 이 경우 그 목적동산이 담보설정자의 다른 물건과 구별될 수 있도록 그 종류·장소 또는 수량지정 등의 방법에 의하여 '특정'되어 있으면 그 '전부를 하나의 재산권'으로 보아 이에 대해 유효한 담보권의 설정이 된 것으로 볼 수 있다고 한다(대판 1990.12.26. 88다카22224). 즉, 이는 소유권 기타의 물권은 하나의 '특정'한 물건에만 성립할 수 있다는 원칙인 '일물일권주의'에 반하지 않는다고 한다.

정답 | ①

13 물건에 관한 설명으로 옳은 것은? (다툼이 있으면 판례에 따름) [19세무사]

① 주물과 종물은 법률적 운명을 같이 하므로 1개의 물건이 된다.
② 원상복구가 사회통념상 불가능한 상태에 이른 포락지라 하더라도 토지소유권의 객체가 될 수 있다.
③ 관리할 수 있는 자연력은 물건이 아니다.
④ 건물의 대지가 아닌 다른 인접한 필지의 지하에 설치된 정화조는 건물의 구성부분이므로 그 건물의 종물이 아니다.
⑤ 1동의 건물이 구분건물로 구성되어 있더라도 1동의 건물의 일부는 독립한 소유권의 객체가 되지 못한다.

해설

① [×] 종물은 주물의 구성부분이 아니며, 주물의 경제적 효용을 돕기 위하여 경제적으로 부속되어 있는 물건에 지나지 않으므로 법률상 '독립한 물건'이어야 한다.
② [×] 바다 또는 하천에 인접한 토지가 태풍·해일·홍수 등에 의한 제방의 유실·하천의 범람·지표의 유실 또는 지반의 침하 등으로 침수되어 바다의 일부가 되거나 또는 하천의 바닥이 되는 일이 있는데, 이를 토지의 '포락'이라고 한다. 判例는 포락을 두 경우로 나누어, 과다한 비용을 들이지 않고서 원상복구가 가능하고 또 그 원상복구를 할 경제적 가치가 있는 때에는 원소유자에게 귀속하지만, 그렇지 않은 경우 즉 토지로서의 효용을 상실한 때에는 종전 소유권은 소멸한다고 한다(대판 1972.9.26. 71다2488).
③ [×]

> 제98조(물건의 정의) 「본법에서 물건이라 함은 유체물 및 전기 기타 관리할 수 있는 자연력을 말한다.」

④ [○] '정화조'는 건물의 종물이라기보다는 건물의 구성부분으로 본다(대판 1993.12.10. 93다42399).
⑤ [×] 물리적으로는 건물의 일부라고 하더라도 그것이 독립된 건물로서 사용할 수 있는 때에는, '구분행위'(대표적으로 구분등기)가 있음을 전제로 독립된 건물로서 인정된다(예컨대 아파트와 같은 구분소유권; 대판 1999.7.27. 98다35020).

정답 | ④

---

14 민법상 물건에 관한 설명으로 옳은 것은? (다툼이 있으면 판례에 따름) [16·15행정사 변형]

① 전기 기타 관리할 수 있는 자연력은 물건이 아니다.
② 주물의 소유자나 이용자의 사용에 공여되고 있으면 주물 그 자체의 효용과 직접 관계가 없는 물건이라도 종물에 해당한다.
③ 입목에 관한 법률에 따른 입목등기를 하지 않은 수목이더라도 명인방법을 갖추면 토지와 독립된 부동산으로서 거래의 객체가 된다.
④ 천연과실은 수취할 권리의 존속기간일수의 비율로 취득한다.
⑤ 당사자는 주물을 처분할 때에 특약으로 종물만을 별도로 처분할 수 없다.

해설

① [×]

> 제98조(물건의 정의) 「본법에서 물건이라 함은 유체물 및 전기 기타 관리할 수 있는 자연력을 말한다.」

② [×] 종물은 사회관념상 계속해서 주물의 경제적 효용을 다하게 하는 작용을 해야 한다. ⅰ) 따라서 일시적 용도에 쓰이는 물건은 종물이 아니며(대판 1988.2.23. 87다카600), ⅱ) 주물의 소유자나 이용자의 상용에 공여되고 있더라도 주물 그 자체의 효용과는 직접 관계가 없는 물건, 예컨대 TV·책상 등은 가옥의 종물이 아니다(대판 1985.3.26. 84다카269; 호텔의 각 방실에 시설된 TV, 전화기 등의 집기는 호텔건물의 종물이 아니라는 사례).
③ [○] ⅰ) 토지에 식재된 수목은 토지의 부합물이나, ⅱ) 명인방법(明認方法)을 갖춘 수목의 집단이나 ⅲ) '입목'(立木)은 토지와 독립된 별개의 물건으로 취급된다.
④ [×]

> 제102조(과실의 취득) 「①항 천연과실은 그 원물로부터 분리하는 때에 이를 수취할 권리자에게 속한다. ②항 법정과실은 수취할 권리의 존속기간일수의 비율로 취득한다.」

⑤ [×]

> 제100조(주물, 종물) 「②항 종물은 주물의 처분에 따른다.」

▶ 본조는 강행규정이 아니다. 따라서 당사자는 특약으로 주물을 처분할 때에 종물을 제외할 수 있고, 종물만을 따로 처분할 수 있다(대판 1978.12.26. 78다2028).

정답 | ③

제2관 주물과 종물

⊕ 핵심정리 주물과 종물

1. 주물·종물이론의 유추적용

> 甲은 자신 소유 X토지와 그 지상 Y건물 중에서 Y건물만을 乙에게 양도하고 건물소유권이전등기를 경료해 주었다. 그 후 乙은 다시 丙에게 Y건물을 양도하고 건물소유권이전등기를 경료해 주었다(현재는 丙이 X토지와 Y건물을 사용·수익하고 있다).
> (1) 만약 甲과 乙이 Y건물 소유를 위한 X토지에 대한 아무런 계약관계를 맺은바가 없다면, 甲은 丙을 상대로 건물을 철거하고 토지를 인도할 것을 요구할 수 있는가?
> (2) 만약 甲과 乙이 Y건물 소유를 위한 X토지에 관한 임대차계약을 맺은 경우라면, 甲은 乙과의 임대차계약을 해지하고 丙을 상대로 건물을 철거하고 토지를 인도할 것을 요구할 수 있는가?[8]

Ⅰ. 건물이 양도되면서 그 건물을 위한 관습법상 법정지상권이 양도되는 경우
  ① 乙의 관습법상 법정지상권 취득 여부(결론은 제187조에 의해 등기 없이 당연 인정) → ② 丙의 관습법상 법정지상권 취득 여부[ⅰ) 乙과 丙 사이 채권계약의 내용(제100조 제2항의 유추적용) → ⅱ) 丙의 관습법상 법정지상권 취득 여부(결론은 제187조 단서에 의해 등기가 있어야 인정)] → ③ 甲의 丙에 대한 청구 인용 여부(결론은 제213조 단서에 의해 부정)[9]

Ⅱ. 건물이 양도되면서 그 건물을 위한 대지의 임차권이 양도되는 경우
  ① 乙의 대항력 있는 임차권 취득 여부(결론은 제622조 제1항에 의해 인정)[10] → ② 丙의 대항력 있는 임차권 취득 여부[ⅰ) 乙과 丙 사이 채권계약의 내용(결론은 丙은 제100조 제2항의 유추적용에 의해 임차권 취득) → ⅱ) 丙의 대항력 있는 임차권 취득 여부(결론은 丙은 제629조에 의해 임대인 甲에게는 임차권을 대항할 수 없다)[11]] → ③ 甲의 丙에 대한 청구 인용 여부(결론은 소위 '배신행위론' 적용에 의해 부정)

2. 종물의 요건(상, 부, 동, 독)

종물의 요건은 ⅰ) 주물의 상용에 이바지할 것, ⅱ) 주물에 부속된 것일 것(장소적 밀접성), ⅲ) 주물로부터 독립된 물건일 것, ⅳ) 원칙적으로 주물·종물 모두 동일한 소유자에게 속할 것(제100조 제1항)을 요한다. ⅲ) 요건과 관련하여 判例는 주유소의 주유기는 주유소의 종물에 해당하지만(94다6345), 주유소의 지하에 매설된 유류 저장탱크는 토지에 부합하므로 종물이 아니라고 한다(94다6345).

---

8) 지상권은 양도가 자유로우나 지상권 취득을 위해 등기를 요하고, 임차권은 임차권 취득을 위해 등기(대항요건)가 필요없는 대신 임대인의 동의가 필요하다는 점을 주의해야 한다.

9) 乙은 법정지상권을 가지고 있으므로 甲은 그러한 지상권의 부담을 안고 있는 것이며, 한편 丙은 자신의 지상권이전청구권을 보전하기 위해 乙이 甲에 대하여 갖는 법정지상권에 기한 지상권설정등기청구권을 대위행사할 수 있다(제404조). 따라서 그러한 의무 있는 甲이 등기청구권자인 丙에게 건물철거를 청구하는 것은 '신의칙'상 허용될 수 없다는 것이 判例의 태도이다(87다카279). 단, 判例이론은 '일반조항으로의 도피'로써 문제가 있다는 것이 일반적인 견해이다.

10) 判例는 토지와 건물 중 건물만을 양도하면서 따로 건물을 위해 대지에 대해 '임대차계약'을 체결한 경우에는, 그 대지에 성립하는 관습법상의 법정지상권을 포기한 것으로 본다.

11) "제622조의 대항력은 토지에 관하여 권리를 취득한 제3자에 대하여 임대차의 효력을 주장할 수 있음을 규정한 취지임에 불과할 뿐, 건물의 소유권과 함께 건물의 소유를 목적으로 한 토지의 임차권을 취득한 사람이 토지의 임대인에 대한 관계에서 그의 동의가 없이도 임차권의 취득을 대항할 수 있는 것까지 규정한 것이라고는 볼 수 없다"(92다24950).

3. 종물의 효과

(1) 저당권의 경우

특별한 규정 또는 설정행위에 다른 약정이 없는 한, 주물 위에 설정된 저당권의 효력은 종물에도 미친다(제358조). 종물이 저당권 설정 후에 생긴 것이라도 저당권의 효력이 미친다(71마757).

① 判例는 제358조 본문의 규정은 저당부동산에 관한 '종된 권리'에도 유추적용되어 건물에 대한 저당권의 효력은 대지이용권인 (법정)지상권이나(95다52864) 임차권(92다24950)에도 미친다고 한다. 다만 임차권의 경우 제629조(임대인의 동의)의 제한이 있으나, 임차인의 변경이 임대인에 대한 배신행위가 아니라는 특별한 사정이 있는 때에는, 임대인의 동의가 없더라도 임차권의 이전을 임대인에게 대항할 수 있다.

② "부동산이 임의경매된 경우에 그 부동산에 부합된 물건은 그것이 부합될 당시에 누구의 소유이었는지를 가릴 것 없이 그 부동산을 낙찰받은 사람이 소유권을 취득하지만, 그 부동산의 상용에 공하여진 물건일지라도 그 물건이 부동산의 소유자가 아닌 다른 사람의 소유인 때에는 '종물'이라고 할 수 없으므로 부동산에 대한 저당권의 효력에 미칠 수 없어 부동산의 낙찰자가 당연히 그 소유권을 취득하는 것은 아니며, 그 소유권을 취득하기 위해서는 그 물건이 '경매의 목적물'로 되었고 낙찰자가 선의이며 과실 없이 그 물건을 '점유'하는 등으로 선의취득의 요건을 갖추어야 한다"(2007다36933).

(2) 주물에 대해 공시방법을 갖춘 경우에 종물에 대한 공시방법이 필요 없는지 여부

判例는 지상권이 딸린 건물을 매도한 경우 제100조 제2항을 유추하여 건물의 소유권뿐만 아니라 그 지상권도 양도한 것으로 보는데, 다만 지상권이전등기가 있어야만 지상권이 건물양수인에게 이전하는 것이고 건물소유권 이전등기로써 당연히 지상권까지 이전되는 것은 아니라고 한다(전합 84다카1131). 다만 주된 권리에 관하여 별도의 공시방법 없이 물권변동의 효과가 발생하는 경우(예컨대 경락으로 인한 소유권 취득)에는 종된 권리에 관하여도 별도의 공시방법 없이 물권변동의 효과가 발생한다(제187조 본문 참조).

이러한 법리는 사해행위의 수익자 또는 전득자가 건물의 소유자로서 법정지상권을 취득한 후 채무자와 수익자 사이에 행하여진 건물의 양도에 대한 채권자취소권의 행사에 따라 수익자와 전득자 명의의 소유권이전등기가 말소된 다음 경매절차에서 건물이 매각되는 경우에도 마찬가지로 적용된다(2012다73158).

---

15 주물과 종물에 관한 설명으로 옳은 것은? (다툼이 있는 경우 판례에 의함) [23경찰간부]

① 종물은 주물의 일부이거나 구성부분이어야 한다.

② 저당권의 효력은 원칙적으로 당해 저당부동산의 종물에 미치지 않는다.

③ 주물을 처분할 때에는 특약으로 종물을 제외할 수 있고, 종물만을 별도로 처분할 수도 있다.

④ 물건이 주물의 소유자의 상용에 이바지하고 있다면, 주물 그 자체의 효용과 직접 관계가 없더라도 종물이 된다.

해설

① [×] 종물은 주물의 구성부분이 아니며, 주물의 경제적 효용을 돕기 위하여 경제적으로 부속되어 있는 물건에 지나지 않으므로 법률상 '독립한 물건'이어야 한다. 따라서 주물에 '부합'된 물건·주물의 일부·주물의 구성부분은 개념상 종물이 될 수 없다.

② [×]

> **제358조(저당권의 효력의 범위)** 「저당권의 효력은 저당부동산에 부합된 물건과 종물에 미친다. 그러나 법률에 특별한 규정 또는 설정행위에 다른 약정이 있으면 그러하지 아니하다.」

③ [○] 당사자는 특약으로 주물을 처분할 때에 종물을 제외할 수 있고, 종물만을 따로 처분할 수 있다(대판 1978.12.26. 78다2028).

④ [×] 주물의 소유자나 이용자의 상용에 공여되고 있더라도 주물 그 자체의 효용과는 직접 관계가 없는 물건, 예컨대 TV·책상 등은 가옥의 종물이 아니다(대판 1985.3.26. 84다카269: 호텔의 각 방실에 시설된 TV, 전화기 등의 집기는 호텔건물의 종물이 아니라는 사례).

정답 | ③

16 주물과 종물 또는 원물과 과실에 관한 설명으로 가장 적절한 것은? (다툼이 있으면 판례에 의함) [23법학경채]

① 국립공원의 입장료는 '토지의 사용대가'라는 민법상 과실에 해당한다.

② 주물의 소유자나 이용자의 사용에 공여되고 있더라도 주물 자체의 효용과 관계 없는 물건은 종물이 아니다.

③ "종물은 주물의 처분에 따른다."는 민법 제100조 제2항은 강행규정이므로 당사자는 주물을 처분할 때에 특약으로 종물만을 별도로 처분할 수 없다.

④ 돼지를 양도담보의 목적물로 하여 소유권을 양도하되 점유개정의 방법으로 양도담보설정자가 계속하여 점유·관리하면서 무상으로 사용·수익하기로 약정한 경우 양도담보 목적물로서 원물인 돼지가 출산한 새끼돼지는 특별한 사정이 없는 한 양도담보권자에게 귀속된다.

해설

① [×] '국립공원의 입장료'는 수익자 부담의 원칙에 따라 국립공원의 유지·관리비용의 일부를 입장객에게 부담시키는 것에 지나지 않고, 토지의 사용대가가 아닌 점에서 민법상의 과실은 아니다(대판 2001.12.28. 2000다27749).

② [○] 주물의 소유자나 이용자의 상용에 공여되고 있더라도 주물 그 자체의 효용과는 직접 관계가 없는 물건, 예컨대 TV·책상 등은 가옥의 종물이 아니다(대판 1985.3.26. 84다카269).

③ [×] 당사자는 특약으로 주물을 처분할 때에 종물을 제외할 수 있고, 종물만을 따로 처분할 수 있다(대판 1978.12.26. 78다2028).

④ [×] 점유개정에 의한 동산양도담보에 있어 목적물의 사용수익권은 특별한 사정이 없는 한 담보설정자에게 있으며, 천연과실의 수취권은 사용수익권자에게 있으므로 천연과실인 새끼돼지는 원물인 돼지의 사용수익권을 갖는 양도담보설정자에게 귀속한다(제102조 제1항 참조)(대판 1996.9.10. 96다25463).

정답 | ②

17 주물과 종물 및 원물과 과실에 관한 설명으로 옳은 것은? (다툼이 있으면 판례에 따름) [23세무사]

① 민법상 주물의 소유자와 종물의 소유자는 동일인이 아니어도 된다.

② '종물은 주물의 처분에 따른다'는 법리는 압류와 같은 공법상의 처분에도 적용된다.

③ 물건의 사용대가로 받은 물건은 천연과실이다.

④ 천연과실은 그 원물로부터 분리하는 때 수취할 권리의 존속기간일수의 비율로 취득한다.

⑤ 민법상 법정과실의 수취에 관한 규정은 강행규정이다.

해설

① [×] 주물과 종물은 동일한 법률적 운명에 따르므로 타인의 권리를 침해하는 일이 없도록 '원칙적으로' 모두 동일한 소유자에게 속해야 한다(대판 2008.5.8. 2007다36933, 36940).

② [○] 특별한 사정없이 종물만에 대하여 강제집행을 할 수 없다. 일괄매수하게 하는 것이 물건의 효용상 바람직하며, 또 그렇게 하더라도 채권자에게 특별히 불이익을 주는 것은 아니기 때문이다. 判例도 "민법 제100조 제2항에서의 처분은 처분행위에 의한 권리변동뿐 아니라 주물의 권리관계가 '압류'(강제집행)와 같은 공법상의 처분 등에 의하여 생긴 경우에도 적용된다."고 한다(대판 2006.10.26. 2006다29020).

③ [×]

> 제101조(천연과실, 법정과실) 「①항 물건의 용법에 의하여 수취하는 산출물은 천연과실이다. ②항 물건의 사용대가로 받는 금전 기타의 물건은 법정과실로 한다.」

④ [×]

> 제102조(과실의 취득) 「①항 천연과실은 그 원물로부터 분리하는 때에 이를 수취할 권리자에게 속한다. ②항 법정과실은 수취할 권리의 존속기간일수의 비율로 취득한다.」

⑤ [×] 법정과실의 수취에 관한 규정은 강행규정이 아니므로, 당사자가 이와 다른 특약을 맺은 때에는 그에 따른다.

정답 | ②

18 주물과 종물에 관한 설명 중 옳은 것은? (다툼이 있는 경우 판례에 의함) [22경찰간부]

① 주물이 부동산인 경우, 종물은 반드시 동산이어야 한다.

② A 물건 자체의 효용과 관계없는 B 물건이 A 물건의 사용에 공여되고 있는 경우, B 물건은 A 물건의 종물이다.

③ 특별한 사정이 없는 한, 주물과 종물관계가 성립하기 위해서는 주물과 종물의 소유자는 동일하여야 한다.

④ 당사자가 주물을 처분하면서 종물을 제외하기로 합의하더라도 주물의 매도인은 주물뿐만 아니라 종물의 소유권까지 매수인에게 이전하여야 한다.

해설

① [×]

> 제100조(주물, 종물) 「①항 물건의 소유자가 그 물건의 상용에 공하기 위하여 자기소유인 다른 물건을 이에 부속하게 한 때에는 그 부속물은 종물이다. ②항 종물은 주물의 처분에 따른다.」

종물은 독립한 물건이면 되고 동산이어야 하는 것은 아니다. 判例는 낡은 가재도구 등의 보관장소로 사용되고 있는 방과 연탄창고 및 공동변소 등은 본채(부동산)에서 떨어져 축조되어 있더라도 본채의 종물로 인정한다(대판 1991.5.14. 91다2779).

② [×] 종물은 사회관념상 계속해서 주물의 경제적 효용을 다하게 하는 작용을 해야 한다. 주물의 소유자나 이용자의 상용에 공여되고 있더라도 주물 그 자체의 효용과는 직접 관계가 없는 물건, 예컨대 TV · 책상 등은 가옥의 종물이 아니다(대판 1985.3.26. 84다카269; 호텔의 각 방실에 시설된 TV, 전화기 등의 집기는 호텔건물의 종물이 아니라는 사례).

③ [O] 주물과 종물은 동일한 법률적 운명에 따르므로 타인의 권리를 침해하는 일이 없도록 '원칙적'으로 모두 동일한 소유자에게 속해야 한다. 다만, '예외적'으로 제3자의 권리를 해하지 않는 범위에서는 다른 소유자에 속하는 물건도 종물이 될 수 있다(통설).

④ [×] 제100조는 강행규정이 아니다. 따라서 당사자는 특약으로 주물을 처분할 때에 종물을 제외할 수 있고, 종물만을 따로 처분할 수 있다(대판 1978.12.26. 78다2028).

  ▶ 따라서 당사자가 주물을 처분하면서 종물을 제외하기로 합의하였다면 주물의 매도인은 주물에 대한 소유권만 매수인에게 이전하면 된다.

정답 | ③

19 주물과 종물에 관한 설명으로 옳은 것은? (다툼이 있으면 판례에 따름) [22세무사]

① 종물만을 별도로 처분하기로 하는 당사자 사이의 특약은 효력이 없다.

② 권리 상호간에는 주물과 종물의 관계에 관한 법리가 적용될 수 없다.

③ 어느 건물이 주된 건물의 소유자의 상용에 공여되고 있더라도 주된 건물 그 자체의 효용과 직접 관계가 없으면 종물이 아니다.

④ 종물은 주물의 처분에 따른다고 하는 경우, 그 처분에 채권적 처분은 포함되지 않는다.

⑤ 주물과 종물은 그 법률적 운명을 같이 하므로 하나의 물건이다.

해설

① [×]

> 제100조(주물, 종물) 「②항 종물은 주물의 처분에 따른다.」

▶ 본조는 강행규정이 아니다. 따라서 당사자는 특약으로 주물을 처분할 때에 종물을 제외할 수 있고, 종물만을 따로 처분할 수 있다(대판 1978.12.26. 78다2028).

② [×] 제100조 제2항은 "종물은 주물의 처분에 따른다."라고 규정하고 있는바, 위 종물과 주물의 관계에 관한 법리는 물건 상호간의 관계뿐 아니라, 권리 상호간에도 적용되는 것이지만, 어떤 권리를 다른 권리에 대하여 종된 권리라고 할 수 있으려면 종물과 마찬가지로 다른 권리의 경제적 효용에 이바지하는 관계에 있어야 한다(대판 2014.6.12. 2012다92159).

③ [○] 종물은 사회관념상 계속해서 주물의 경제적 효용을 다하게 하는 작용을 해야 한다. ㉠ 따라서 일시적 용도에 쓰이는 물건은 종물이 아니며(대판 1988.2.23. 87다카600), ㉡ 주물의 소유자나 이용자의 상용에 공여되고 있더라도 주물 그 자체의 효용과는 직접 관계가 없는 물건, 예컨대 TV·책상 등은 가옥의 종물이 아니다(대판 1985.3.26. 84다카269; 호텔의 각 방실에 시설된 TV, 전화기 등의 집기는 호텔건물의 종물이 아니라는 사례).

④ [×] 이 "처분"에는 소유권의 양도나 저당권의 설정과 같은 물권적 처분뿐만 아니라, 매매·임대차와 같은 채권적 처분도 포함한다.

⑤ [×] 종물은 주물의 구성부분이 아니며, 주물의 경제적 효용을 돕기 위하여 경제적으로 부속되어 있는 물건에 지나지 않으므로 법률상 '독립한 물건'이어야 한다. 判例는 주유소의 주유기는 주유소의 종물에 해당하지만, 주유소의 지하에 매설된 유류 저장탱크는 토지에 '부합'하므로 종물이 아니라고 한다(대판 1995.6.29. 94다6345).

정답 | ③

---

20 주물과 종물에 관한 설명으로 옳지 않은 것은? (다툼이 있으면 판례에 의함) [20소방간부]

① 주물과 별도로 종물만 처분하는 것도 가능하다.
② 부동산도 종물이 될 수 있다.
③ 종물은 주물의 구성부분이어야 한다.
④ 주물과 종물은 동일한 소유자에게 속하여야 한다.
⑤ 호텔의 각 방실에 시설된 전화기는 호텔 건물에 대한 종물이라고 할 수 없다.

해설

① [○]

> 제100조(주물, 종물) 「②항 종물은 주물의 처분에 따른다.」

▶ 본조는 강행규정이 아니다. 따라서 당사자는 특약으로 주물을 처분할 때에 종물을 제외할 수 있고, 종물만을 따로 처분할 수 있다(대판 1978.12.26. 78다2028).

② [○] 독립한 물건이면 되고 동산이어야 하는 것은 아니다. 判例는 낡은 가재도구 등의 보관장소로 사용되고 있는 방과 연탄창고 및 공동변소 등은 본채에서 떨어져 축조되어 있더라도 본채의 종물로 인정한다(대판 1991.5.14. 91다2779).

③ [×] 종물은 주물의 구성부분이 아니며, 주물의 경제적 효용을 돕기 위하여 경제적으로 부속되어 있는 물건에 지나지 않으므로 법률상 '독립한 물건'이어야 한다(대판 1995.6.29. 94다6345).

④ [○] 주물과 종물은 동일한 법률적 운명에 따르므로 타인의 권리를 침해하는 일이 없도록 '원칙적'으로 모두 동일한 소유자에게 속해야 한다.

⑤ [○] 종물은 사회관념상 계속해서 주물의 경제적 효용을 다하게 하는 작용을 해야 한다. ㉠ 따라서 일시적 용도에 쓰이는 물건은 종물이 아니며(대판 1988.2.23. 87다카600), ㉡ 주물의 소유자나 이용자의 상용에 공여되고 있더라도 주물 그 자체의 효용과는 직접 관계가 없는 물건, 예컨대 TV·책상 등은 가옥의 종물이 아니다(대판 1985.3.26. 84다카269; 호텔의 각 방실에 시설된 TV, 전화기 등의 집기는 호텔건물의 종물이 아니라는 사례).

정답 | ③

21 주물·종물에 관한 설명으로 옳지 않은 것은? (다툼이 있는 경우 판례에 의함) [21소방간부]

① 종물은 주물로부터 독립한 물건이어야 하고, 동산에 한정되지 않는다.

② 건물의 임차인이 그 사용의 편익을 위해 임대인의 동의를 받아 건물에 부속한 임차인 소유의 물건은 종물이다.

③ 주물의 소유자나 이용자의 사용에 공여되고 있더라도 주물 그 자체의 효용과 직접 관계가 없는 물건은 종물이 아니다.

④ 주물과 종물에 관한 제100조는 권리 상호간의 관계에도 유추적용될 수 있다.

⑤ 당사자는 특약으로 주물을 처분할 때에 종물을 제외할 수 있고, 종물만을 따로 처분할 수도 있다.

해설

① [○] 독립한 물건이면 되고 동산이어야 하는 것은 아니다. 判例는 낡은 가재도구 등의 보관장소로 사용되고 있는 방과 연탄창고 및 공동변소 등은 본채에서 떨어져 축조되어 있더라도 본채의 종물로 인정한다(대판 1991.5.14. 91다2779).

② [×] 주물과 종물은 동일한 법률적 운명에 따르므로 타인의 권리를 침해하는 일이 없도록 '원칙적'으로 모두 **동일한 소유자**에게 속해야 한다.
  ▶ 임차인은 주물인 '건물'의 소유자가 아니므로 임차인이 주물인 건물에 부속시킨 임차인 소유 물건은 종물이 될 수 없다.

③ [○] 종물은 사회관념상 계속해서 주물의 경제적 효용을 다하게 하는 작용을 해야 한다. ㉠ 따라서 일시적 용도에 쓰이는 물건은 종물이 아니며(대판 1988.2.23. 87다카600), ㉡ 주물의 소유자나 이용자의 상용에 공여되고 있더라도 <u>주물 그 자체의 효용과는 직접 관계가 없는 물건</u>, 예컨대 TV·책상 등은 가옥의 종물이 아니다(대판 1985.3.26. 84다카269; 호텔의 각 방실에 시설된 TV, 전화기 등의 집기는 호텔건물의 종물이 아니라는 사례).

④ [○] 제100조 제2항은 "종물은 주물의 처분에 따른다."라고 규정하고 있는바, 위 종물과 주물의 관계에 관한 법리는 <u>물건 상호간의 관계뿐 아니라, 권리 상호간에도 적용되는 것</u>이지만, 어떤 권리를 다른 권리에 대하여 종된 권리라고 할 수 있으려면 종물과 마찬가지로 다른 권리의 경제적 효용에 이바지하는 관계에 있어야 한다(대판 2014.6.12. 2012다92159).

⑤ [○]
> 제100조(주물, 종물) 「②항 종물은 주물의 처분에 따른다.」

  ▶ 본조는 강행규정이 아니다. 따라서 당사자는 **특약**으로 주물을 처분할 때에 종물을 제외할 수 있고, 종물만을 따로 처분할 수 있다(대판 1978.12.26. 78다2028).

정답 | ②

22 주물·종물의 법리에 관한 설명으로 옳은 것은? (다툼이 있으면 판례에 따름) [19세무사]

① 주물 그 자체의 효용과 직접 관계가 없더라도 주물의 소유자나 이용자의 사용에 공여되고 있다면 종물이 된다.

② 원본채권이 양도되면 이미 변제기에 도달한 이자채권도 당연히 함께 양도된다.

③ 건물에 대한 저당권이 실행된 경우, 건물의 소유권이 경락인에게 이전되더라도 그 건물의 소유를 위한 대지의 임차권은 함께 이전되지 않는다.

④ 주물을 점유하여 시효취득하면 점유하지 않은 종물도 시효취득한다.

⑤ 종물은 주물의 처분에 따른다고 하였을 때 처분에는 물권적 처분뿐만 아니라 채권적 처분도 포함된다.

해설

① [×] 종물은 사회관념상 계속해서 주물의 경제적 효용을 다하게 하는 작용을 해야 한다. ① 따라서 **일시적 용도에 쓰이는 물건**은 종물이 아니며(대판 1988.2.23. 87다카600), ② 주물의 소유자나 이용자의 상용에 공여되고 있더라도 **주물 그 자체의 효용과는 직접 관계가 없는 물건**, 예컨대 TV·책상 등은 가옥의 종물이 아니다(대판 1985.3.26. 84다카269; 호텔의 각 방실에 시설된 TV, 전화기 등의 집기는 호텔건물의 종물이 아니라는 사례).

② [×] 어떤 권리를 다른 권리에 대하여 종된 권리라고 할 수 있으려면 종물과 마찬가지로 다른 권리의 경제적 효용에 이바지하는 관계에 있어야 한다(대판 2014.6.12. 2012다92159). 예컨대 ① **원본채권**이 양도되면 이자채권도 함께 양도되는 것이 원칙이다. 그러나 변제기가 이미 도래한 이자채권은 **독립성**이 강하므로, 원본채권이 양도되더라도 이미 변제기에 도달한 이자채권이 당연히 같이 양도되는 것은 아니다(대판 1989.3.28. 88다카12803). ② 건물의 소유권이 이전되면 그 건물을 위한 대지의 임차권 내지 지상권도 함께 양도된다(대판 1996.4.26. 95다52864).

③ [×] 判例는 제358조 본문의 규정은 저당부동산에 관한 '종된 권리'에도 유추적용되어 건물에 대한 저당권의 효력은 그 대지이용권인 (법정)지상권이나(대판 1996.4.26. 95다52864) 임차권(대판 1993.4.13. 92다24950)에도 미친다고 한다.

> **참조조문** 제358조(저당권의 효력의 범위) 「저당권의 효력은 저당부동산에 부합된 물건과 종물에 미친다. 그러나 법률에 특별한 규정 또는 설정행위에 다른 약정이 있으면 그러하지 아니하다.」

④ [×] ⑤ [○] 종물은 주물의 처분에 따른다(제100조 제2항). 즉, 종물은 주물과 법률적 운명을 같이 한다. 여기서 '**처분**'이라 함은 물권적 처분뿐만 아니라 **채권적 처분도 포함하는 넓은 의미**이다. 나아가 주물의 권리관계가 처분행위 이외에 공법상의 처분이나 법률규정에 의하여 생긴 경우에도 위 원칙이 적용된다. 그러나 '점유 기타 사실관계에 기한 권리의 득실·변경'에 대해서는 위 규정은 의미가 없다. 예컨대 주물을 점유에 의하여 시효취득하여도 종물도 점유하지 않는 한 그 효력은 종물에 미치지 않는다.

정답 | ⑤

제3관 원물과 과실

23 원물과 과실에 관한 설명 중 옳지 않은 것은? (다툼이 있는 경우 판례에 의함) [22경찰간부]

① 특별한 사정이 없는 한, 천연과실은 그 원물로부터 분리하는 때에 이를 수취할 권리자에게 속한다.

② 은비(隱祕)로 점유를 취득한 선의의 점유자는 점유물의 과실을 수취할 수 있다.

③ 명인방법을 갖춘 미분리의 과실은 타인의 소유권의 객체가 될 수 있다.

④ 특별한 사정이 없는 한, 수취할 권리의 존속기간일수의 비율이 아닌 다른 방식으로 법정과실을 취득하기로 당사자가 합의한 경우에 그 합의는 유효하다.

해설

① [○] 천연과실은 그 원물로부터 '**분리하는 때**'에 이를 수취할 권리자에게 속한다(제102조 제1항).

② [×]

> 제201조(점유자와 과실) 「①항 선의의 점유자는 점유물의 과실을 취득한다. ②항 악의의 점유자는 수취한 과실을 반환하여야 하며 소비하였거나 과실로 인하여 훼손 또는 수취하지 못한 경우에는 그 과실의 대가를 보상하여야 한다. ③항 전항의 규정은 폭력 또는 은비에 의한 점유자에 준용한다.」

③ [○] 미분리과실(과수의 열매 등)은 독립한 물건이 아니므로 일반적으로 독립한 물권의 객체로 되지 못하지만, 명인방법을 갖추면 독립한 소유권의 객체로 된다.

④ [○] 법정과실은 수취할 권리의 '**존속기간일수**'의 비율로 취득한다(제102조 제2항). 법정과실의 계산이 주·월·년으로 정하여진 경우에도 일수비율로 분배된다. 본조는 강행규정이 아니므로, 당사자가 이와 다른 특약을 맺은 때에는 그에 따른다.

정답 | ②

24 다음의 내용 중 옳지 않은 것은? (다툼이 있는 경우 판례에 의함) [22경찰간부]

① 국립공원의 입장료는 민법상 과실이 아니다.

② 저당권의 실행으로 부동산이 경매된 경우, 그 부동산에 부합된 물건의 소유권은 매각 대금을 다 낸 매수인이 취득한다.

③ 특별한 사정이 없는 한, 매매목적물의 인도 전이라도 매수인이 매매대금을 완납한 때에 그 이후의 과실수취권은 매수인에게 귀속된다.

④ 특별한 사정이 없는 한, 원본채권이 양도된 경우에 그 원본채권에서 발생한 이자채권 중 변제기에 도달한 이자채권은 당연히 양수인에게 양도된다.

해설

① [○] 법정과실이란 물건의 사용의 대가로 받는 금전 기타의 물건으로서(제101조 제2항), '사용대가'는 타인에게 물건을 사용케 하고 사용 후에 원물 자체 또는 그 물건과 동종·동질·동량의 것을 반환하여야 할 법률관계가 있는 경우에 인정된다. 따라서 물건의 매매대금과 같이 소유권이전의 대가인 것은 법정과실이 아니다. 마찬가지로, '국립공원의 입장료'는 수익자 부담의 원칙에 따라 국립공원의 유지·관리비용의 일부를 입장객에게 부담시키는 것에 지나지 않고, 토지의 사용대가가 아닌 점에서 민법상의 과실은 아니다(대판 2001.12.28. 2000다27749).

② [○]

> 제358조(저당권의 효력의 범위) 「저당권의 효력은 저당부동산에 부합된 물건과 종물에 미친다.」

> ▶ 따라서 저당권의 실행으로 부동산이 경매된 경우, 그 부동산에 부합된 물건의 소유권은 매각 대금을 다 낸 매수인이 취득한다(제187조). 判例도 동일한 취지에서 "저당권의 실행으로 부동산이 경매된 경우에 그 부동산에 부합된 물건은 그것이 부합될 당시에 누구의 소유이었는지를 가릴 것 없이 그 부동산을 낙찰받은 사람이 소유권을 취득하지만"(대판 2008.5.8. 2007다 36933, 36940)이라고 판시한 바 있다.

③ [○] ⅰ) 매매계약이 있은 후 매수인이 매도인에게 목적물을 '인도'받았는데 매수인 자신의 의무인 매매대금을 지급하고 있지 않은 경우라면 매수인은 매매대금 및 매매대금의 '이자'(과실)까지 매도인에게 지급해야 하고, ⅱ) 반대로 매도인이 매수인에게 대금을 지급받았는데 자신의 의무인 소유권이전등기를 경료하였더라도 목적물을 '인도'하고 있지 않다면 매도인은 목적물 및 목적물에 대한 '사용이익'(과실)까지 매수인에게 인도해야 한다(제587조).

> ▶ 제587조는 목적물의 사용이익과 대금의 이자 사이의 등가성을 선언한 것으로 이해되고 있다. 대법원도 민법 제587조는 "매매당사자 사이의 형평을 꾀하기 위하여 매매목적물이 인도되지 아니하더라도 매수인이 대금을 완제한 때에는 그 시점 이후의 과실은 매수인에게 귀속되지만, 매매목적물이 인도되지 아니하고 또한 매수인이 대금을 완제하지 아니한 때에는 매도인의 이행지체가 있더라도 과실은 매도인에게 귀속되는 것이므로 매수인은 인도의무의 지체로 인한 손해배상금의 지급을 구할 수 없다."라고 보고 있다(대판 2004.4.23. 2004다8210).

④ [×] 제100조가 규정하는 주물·종물은 물건 상호간의 관계에 관한 것이지만, 이러한 결합관계는 주된 권리·종된 권리 간에도 유추적용된다(통설). 예컨대 원본채권이 양도되면 이자채권도 함께 양도되는 것이 원칙이다. 그러나 변제기가 이미 도래한 이자채권은 독립성이 강하므로, 원본채권이 양도되더라도 이미 변제기에 도달한 이자채권이 당연히 같이 양도되는 것은 아니다(대판 1989.3.28. 88다카12803).

정답 | ④

25 원물과 과실에 관한 설명 중 가장 적절한 것은? (다툼이 있는 경우 판례에 의함) [21법학경채]

① 주식배당금은 법정과실이다.

② 은비(隱祕)로 점유를 취득한 선의의 점유자는 점유물의 과실을 취득한다.

③ 특별한 사정이 없는 한, 매매계약 있은 후에도 인도하지 아니한 목적물로부터 생긴 과실은 매도인에게 속한다.

④ 적법한 경작권 없이 타인의 토지를 경작하였더라도 그 경작한 입도가 성숙하여 독립한 물건으로서의 존재를 갖추었으면 입도의 소유권은 토지의 소유자에게 귀속한다.

해설

① [×] 물건으로부터 생기는 수익을 '과실'이라 하고, 과실을 생기게 하는 물건을 '원물'이라고 한다. 천연과실이든 법정과실이든 물건이어야 하고, 또 물건인 원물로부터 생긴 것이어야 한다. 따라서 권리에 대한 과실이나(주식배당금·특허권의 사용료 등), 임금과 같은 노동의 대가, 원물의 사용대가로서 노무를 제공받는 것 등은 민법상의 과실이 아니다.

② [×]

> 제201조(점유자와 과실) 「②항 악의의 점유자는 수취한 과실을 반환하여야 하며 소비하였거나 과실로 인하여 훼손 또는 수취하지 못한 경우에는 그 과실의 대가를 보상하여야 한다. ③항 전항의 규정은 폭력 또는 은비에 의한 점유자에게 준용한다.」

③ [○]

> 제587조(과실의 귀속) 「매매계약 있은 후에도 인도하지 아니한 목적물로부터 생긴 과실은 매도인에게 속한다.」

④ [×] 判例는 적법한 경작권 없이 타인의 토지를 경작하였더라도, 그 경작한 입도(立稻)가 성숙하여 독립한 물건으로서의 존재를 갖추었으면 입도의 소유권은 경작자에게 귀속한다고 한다. 심지어 명인방법을 갖출 필요도 없다고 한다(대판 1968.6.4. 68다613, 614).

정답 | ③

---

26 원물과 과실에 관한 설명으로 옳지 않은 것은? (다툼이 있으면 판례에 따름)

[21세무사]

① 천연과실에는 유기물과 인공적·무기적으로 수취되는 물건도 포함된다.
② 전세권자는 천연과실의 수취권자가 될 수 있다.
③ 주식배당금은 법정과실이다.
④ 국립공원의 입장료는 토지의 사용대가라는 민법상 과실이 아니다.
⑤ 법정과실은 수취할 권리의 존속기간일수의 비율로 취득한다.

해설

① [○]

> 제101조(천연과실, 법정과실) 「①항 물건의 용법에 의하여 수취하는 산출물은 천연과실이다.」

② [○] 과실의 수취권자는 원칙적으로 원물의 소유자(제211조)이지만, 예외적으로 선의의 점유자(제201조), 용익권자(전세권자), 담보권자, 매도인(제589조), 임차인(제618조), 친권자(제923조), 유증의 수증자(제1079조)에게도 수취권이 인정된다.

③ [×] 물건으로부터 생기는 수익을 '과실'이라 하고, 과실을 생기게 하는 물건을 '원물'이라고 한다. 천연과실이든 법정과실이든 물건이어야 하고, 또 물건인 원물로부터 생긴 것이어야 한다. 따라서 권리에 대한 과실이나(주식배당금·특허권의 사용료 등), 임금과 같은 노동의 대가, 원물의 사용대가로서 노무를 제공받는 것 등은 민법상의 과실이 아니다.

④ [○] 국립공원의 입장료는 수익자 부담의 원칙에 따라 국립공원의 유지·관리비용의 일부를 입장객에게 부담시키는 것에 지나지 않고, 토지의 사용대가가 아닌 점에서 민법상의 과실은 아니다(대판 2001.12.28. 2000다27749).

⑤ [○]

> 제102조(과실의 취득) 「②항 법정과실은 수취할 권리의 존속기간일수의 비율로 취득한다.」

▶ 본 규정은 임의규정이므로 당사자가 다른 약정을 하는 것은 상관없다.

정답 | ③

27 과실에 관한 설명으로 옳지 않은 것은? (다툼이 있으면 판례에 의함) [18소방간부]

① 물건의 용법에 의하여 수취하는 산출물은 천연과실이다.

② 천연과실은 그 원물을 점유한 때에 이를 수취할 권리자에게 속한다.

③ 주식배당금과 같은 권리의 과실은 민법상 천연과실이 될 수 없다.

④ 법정과실은 당사자가 다르게 약정하지 않는 한 수취할 권리의 존속기간일수의 비율로 취득한다.

⑤ 법률상 원인 없이 타인의 물건을 사용함으로써 얻는 이득은 그 물건의 과실에 준한다.

해설

① [○]
> 제101조(천연과실, 법정과실) 「①항 물건의 용법에 의하여 수취하는 산출물은 천연과실이다.」

② [×]
> 제102조(과실의 취득) 「①항 천연과실은 <u>그 원물로부터 분리하는 때에</u> 이를 수취할 권리자에게 속한다.」

③ [○] 물건으로부터 생기는 수익을 '과실'이라 하고, 과실을 생기게 하는 물건을 '원물'이라고 한다. 천연과실이든 법정과실이든 물건이어야 하고, 또 물건인 원물로부터 생긴 것이어야 한다. 따라서 <u>권리에 대한 과실이나(주식배당금·특허권의 사용료 등), 임금과 같은 노동의 대가, 원물의 사용대가로서 노무를 제공받는 것 등은 민법상의 과실이 아니다.</u>

④ [○]
> 제102조(과실의 취득) 「②항 법정과실은 수취할 권리의 존속기간일수의 비율로 취득한다.」

▶ 본 규정은 <u>임의규정</u>이므로 당사자가 다른 약정을 하는 것은 상관없다.

⑤ [○] 건물을 사용함으로써 얻는 이득은 그 건물의 과실에 준하는 것이므로 선의의 점유자는 비록 법률상 원인없이 타인의 건물을 사용하여 그에게 손해를 입혔다고 하더라도 그 사용대가인 차임상당의 부당이득을 반환할 필요가 없다(제201조 제1항, 대판 1996.1.26. 95다44290).

정답 | ②

MEMO

제5장

권리 변동

제1관 법률행위 총설
제2관 법률행위의 요건 및 종류

01 법률행위의 효력발생요건으로 볼 수 없는 것은? (다툼이 있는 경우 판례에 의함)　　　　[23경찰간부]

① 농지에 관한 매매계약에서 '농지취득자격증명'

② 유효한 정지조건부 법률행위에서 '조건의 성취'

③ 유효한 시기부 법률행위에서 '기한의 도래'

④ 토지거래허가구역 내의 일반적인 토지매매계약에 관한 '관할 관청의 허가'

해설

① [×] 농지법 제8조 제1항 소정의 농지취득자격증명은 농지를 취득하는 자가 그 소유권에 관한 등기를 신청할 때에 첨부하여야 할 서류로서(동조 제4항), 농지를 취득하는 자에게 농지취득의 자격이 있다는 것을 증명하는 것일 뿐 농지취득의 원인이 되는 법률행위의 효력을 발생시키는 요건은 아니다(대판 1998.2.27. 97다49251).

②③ [○] 개별적인 법률행위에 대하여 특별히 요구되는 '특별효력요건'으로, 대부분 법률에 규정되어 있으나 당사자 간의 약정에 의하여 요구될 수도 있다. 예컨대 대리행위에 있어서 대리권의 존재, 조건부·기한부 법률행위에서의 조건의 성취·기한의 도래 등을 들 수 있다.

④ [○] (구)'국토이용관리법'(현행 부동산 거래신고 등에 관한 법률)에 따라 토지거래허가를 요하는 경우 허가를 받지 못하면 부동산 매매계약은 무효이다. 단 '유동적 무효'이다(대판 1991.12.24. 전합 90다12243).

정답 | ①

02 법률행위에 관한 설명으로 옳지 않은 것은? (다툼이 있으면 판례에 따름)　　　　[23세무사]

① 법률행위는 의사표시를 불가결의 요소로 한다.

② 유증은 상대방 없는 단독행위이다.

③ 무권리자와의 거래로 권리를 취득하는 것은 가능하지 않다.

④ 채권양도는 이행의 문제를 남기지 않는 처분행위이다.

⑤ 상호 대가적인 의미가 없는 출연을 내용으로 하는 법률행위는 유상행위라고 할 수 없다.

해설

① [○] 법률행위란 의사표시를 불가결의 요소로 하는 사법상의 법률요건이며, 의사표시란 일정한 법률효과의 발생을 목적으로 하는 의사의 표시행위로서, 법률행위의 본질적 구성 부분이다.

② [○] 단독행위는 상대방에 대한 통지를 요건으로 하는지에 따라 ㉠ 채무면제(계약의 형태로도 할 수 있다), 상계12)(계약의 형태로도 할 수 있다), 취소, 해제·해지(계약의 형태로도 할 수 있다)와 같은 '상대방 있는 단독행위'와 ㉡ 유언, 유증, 재단법인의 설립행위, 소유권 포기와 같은 '상대방 없는 단독행위'로 나뉜다.

---

12) 채권자와 채무자가 서로 같은 종류의 채권·채무를 가지는 경우에 그 채권과 채무를 대등액에 있어서 소멸케 하는 의사표시를 말한다(제492조).

③ [×] 처분행위(직접적으로 권리의 변동을 생기게 하는 행위로 물권행위)는 처분권한이 있는 자가 해야만 효력이 있기 때문에, 처분권한이 없는 자가 한 처분행위(물권행위)는 상대방이 공시방법(등기 또는 점유)을 갖추었다고 하더라도 원칙적으로 효력이 없다. 즉 '어느 누구도 자기가 가지는 것 이상의 권리를 타인에게 줄 수 없다'는 로마법상의 원칙은 근대민법의 원칙으로 유지되고 있기 때문이다. 그러나 참고로 채권행위의 경우에는 이행기까지 권리를 취득하여 이행을 하면 되므로, 우리 민법은 타인 권리의 매매도 유효하다는 입장이다(제569조 참조). 따라서 무권리자와 채권계약을 맺는 것은 가능하다.

④ [○] 준물권행위는 물권 이외의 권리를 종국적으로 변동시키고 이행이라는 문제를 남기지 않는 법률행위이다. 채권양도가 그 예이다. 가령 A가 B에 대하여 가지고 있는 채권을 C에게 양도하게 되면(채권양도) 채권은 C에게 이전되며, 뒤에 따로 이전행위를 할 필요가 없다.

⑤ [○] 자기의 출연과 대가적으로 상대방의 출연이 있는 것이 유상행위이고(매매·임대차 등), 그러한 대가관계가 없는 것이 무상행위이다(증여·사용대차). 유상행위에는 매매에 관한 규정이 준용되고(제567조), 담보책임은 원칙적으로 유상행위에 인정되는 것이다(제559조 참조).

정답 | ③

03 법률행위의 성립 및 효력에 관한 설명으로 옳은 것은? (다툼이 있으면 판례에 따름) [23세무사]

① 매매계약은 성립 당시에 당사자가 누구인지가 구체적으로 특정되어 있어야 성립할 수 있다.

② 강행법규에 위반하여 무효인 법률행위라도 당사자는 추인을 통하여 그 법률행위에 효력을 부여할 수 있다.

③ 매매계약이 강행법규에 위반되어 무효인 경우에도 표현대리가 성립할 수 있다.

④ 공인중개사 자격이 없는 자가 우연한 기회에 단 1회 타인 간의 거래행위를 중개한 경우, 그에 따른 중개수수료 지급약정이 부동산 중개보수 제한에 관한 규정들에 위반하였다면 중개보수 약정은 규정의 한도를 초과하는 부분에서 무효이다.

⑤ 법률행위의 효력요건은 원칙적으로 법률행위의 효과를 주장하는 자가 증명하여야 한다.

해설

① [○] 계약이 성립하기 위해서는 당사자 사이에 의사의 합치가 있어야 한다. 이러한 의사의 합치는 계약의 내용을 이루는 모든 사항에 관하여 있어야 하는 것은 아니지만, 그 본질적 사항이나 중요 사항에 관해서는 구체적으로 의사의 합치가 있거나 적어도 장래 구체적으로 특정할 수 있는 기준과 방법 등에 관한 합의는 있어야 한다. 한편 당사자가 의사의 합치가 이루어져야 한다고 표시한 사항에 대하여 합의가 이루어지지 않은 경우에는 특별한 사정이 없는 한 계약은 성립하지 않는다. 매매계약은 매도인이 재산권을 이전하는 것과 매수인이 대금을 지급하는 것에 관하여 쌍방 당사자가 합의함으로써 성립하므로 매매계약 체결 당시에 반드시 매매목적물과 대금을 구체적으로 특정할 필요는 없지만, 적어도 매매계약의 당사자인 매도인과 매수인이 누구인지는 구체적으로 특정되어 있어야만 매매계약이 성립할 수 있다(대판 2021.1.14. 2018다223054).

② [×]

> 제139조(무효행위의 추인) 「무효인 법률행위는 추인하여도 그 효력이 생기지 아니한다. 그러나 당사자가 그 무효임을 알고 추인한 때에는 새로운 법률행위로 본다.」

그러나 사회질서에 반하는 법률행위(제103조·제104조)나 강행규정 위반(제105조)의 경우와 같은 '절대적 무효'의 경우에는 추인에 의하여 유효로 될 수 없다(대판 2002.3.15. 2001다77352).

③ [×] 판례는 대리인이 강행규정에 위반되는 법률행위를 한 경우 표현대리를 적용할 수도 없다고 본다(대판 1996.8.23. 94다38199).

④ [×] 공인중개사 자격이 없는 자가 중개사무소 개설등록을 하지 아니한 채 부동산중개업을 하면서 체결한 중개수수료 지급약정의 효력에 관해, 대법원은 이에 관련되는 '부동산중개업법'을 강행법규로 보아, 이를 무효로 하였다(대판 2010.12.23. 2008다75119). 다만, 공인중개사 자격이 없는 자가 우연한 기회에 단 1회 타인 간의 거래행위를 중개한 경우와 같이 '중개를 업으로 한' 것이 아니라면, 그에 따른 중개수수료 지급약정이 강행법규에 위배되어 무효라고 할 것은 아니라고 한다(다만, 그 약정이 부당하게 과다하여 신의칙 등에 반한다고 볼 만한 사정이 있는 경우에는 그에 따른 감액된 보수액만을 청구할 수 있다고 한다: 대판 2012.6.14. 2010다86525).

⑤ [×] 법률행위의 성립요건은 법률행위의 효과를 주장하는 자가 이를 입증하여야 한다. 한편 법률행위가 성립하게 되면 그 효력을 발생하는 것이 원칙이므로, 그 효력요건의 부존재는 법률행위의 무효를 주장하는 자가 이를 입증하여야 한다.

정답 | ①

04 법률행위의 효력이 유효하기 위한 요건 중에서 특별효력요건에 해당하지 않는 것은? (다툼이 있으면 판례에 따름)

[17세무사]

① 미성년자의 법률행위에 대한 법정대리인의 동의
② 대리행위에서의 대리권의 존재
③ 시기(始期) 있는 법률행위에서의 기한의 도래
④ 재단법인의 기본재산 처분에 대한 주무관청의 허가
⑤ 법률행위에서 표의자의 의사능력의 존재

해설

①②③ [○] ⑤ [×] 효력요건에는 ㉠ 모든 법률행위에 대하여 공통적으로 요구되는 '일반효력요건'으로, ⅰ) 당사자가 능력(권리능력·의사능력·행위능력)을 갖출 것, ⅱ) 목적이 확정성·실현가능성·적법성·사회적 타당성을 갖출 것, ⅲ) 의사와 표시가 일치하고 의사표시에 하자가 없을 것을 요구한다. ㉡ 그리고 개별적인 법률행위에 대하여 특별히 요구되는 '특별효력요건'으로, 대부분 법률에 규정되어 있으나 당사자 간의 약정에 의하여 요구될 수도 있다(예컨대 미성년자의 법률행위에 대한 법정대리인의 동의, 대리행위에 있어서 대리권의 존재, 조건부·기한부 법률행위에서의 조건·기한의 성취).

④ [○] 재단법인의 기본재산에 관한 사항은 정관의 기재사항으로서 기본재산의 변경은 정관의 변경을 초래하기 때문에 주무장관의 허가를 받아야 하고, 따라서 기존의 기본재산을 처분하는 행위는 물론 새로이 기본재산으로 편입하는 행위도 주무장관의 허가가 있어야 유효하다(대판 1991.5.28. 90다8558).

▶ 주무관청의 허가는 재단법인의 정관 변경을 위한 특별효력요건에 해당한다.

정답 | ⑤

---

05 법률행위에 관한 설명으로 옳지 않은 것은? (다툼이 있는 경우 판례에 의함)

[23경찰간부]

① 재매매예약은 의무부담행위로서 단독행위이다.
② 민법상 채무면제는 단독행위이다.
③ 부동산 매매계약은 유상행위이다.
④ 재단법인 설립행위는 요식행위이다.

해설

① [×] ② [○] 단독행위는 상대방에 대한 통지를 요건으로 하는지에 따라 ㉠ 채무면제(계약의 형태로도 할 수 있다), 상계[13](계약의 형태로도 할 수 있다), 취소, 해제·해지(계약의 형태로도 할 수 있다)와 같은 '상대방 있는 단독행위'와 ㉡ 유언, 유증, 재단법인의 설립행위, 소유권 포기와 같은 '상대방 없는 단독행위'로 나뉜다.

▶ ② '채무면제'는 채권자가 채무자에게 하는 상대방 있는 단독행위이나 ① '재매매예약'은 매도인이 나중에 목적물을 다시 사겠다고 예약하는 것으로 당사자약정으로 성립하는 계약이다.

③ [○] 유상계약(有償契約)은 계약의 당사자가 상호간에 대가적(對價的) 의의를 갖는 출연(出捐: 경제적 손실)을 하는 계약을 말하는 것으로, 대표적으로 매매를 들 수 있다. 아울러 유상계약이 아닌 계약을 무상계약(無償契約)이라고 하는바, 대표적으로 증여를 들 수 있다.

④ [○] '요식행위'란 일정한 방식을 필요로 하는 법률행위를 말하는 것으로서, 불요식행위와 대응되는 개념이다. 재단법인 설립행위는 재단법인의 설립자는 재산을 출연하고, 일정한 사항이 기재된 정관을 작성하여 기명날인하여야 하는(제43조) 요식행위이다.

정답 | ①

---

13) 채권자와 채무자가 서로 같은 종류의 채권·채무를 가지는 경우에 그 채권과 채무를 대등액에 있어서 소멸케 하는 의사표시를 말한다(제492조).

06 준법률행위에 해당하는 것을 모두 고른 것은?

　ㄱ. 채무의 승인

　ㄴ. 채권양도의 통지

　ㄷ. 매매계약의 해제

　ㄹ. 무권대리인의 상대방이 본인에게 하는 무권대리행위의 추인 여부에 대한 확답의 최고

① ㄱ, ㄴ 　　　　　② ㄴ, ㄷ　　　　　③ ㄷ, ㄹ

④ ㄱ, ㄴ, ㄹ　　　　⑤ ㄴ, ㄷ, ㄹ

해설

ㄱ.ㄴ.ㄹ. [○] ㄷ. [×] 법률행위는 당사자가 의욕하는 대로 법률효과가 발생하는 것이 아니라 법률규정에 의하여 발생하는 것을 말한다. 준법률행위는 의사표시와 함께 적법행위에 속하는 법률사실이며, 그것은 의사의 통지·관념의 통지 등으로 나누어진다. ⅰ) '의사의 통지'는 자기의 의사를 타인에게 통지하는 행위이다. 그런데 여기의 의사는 직접 법률효과에 향하여져 있는 것이 아닌 점에서 의사표시와 다르다. 즉, 의사의 통지에 대하여는 (모든 준법률행위에 관하여 그렇듯이) 행위자의 의사를 묻지 않고 민법이 독자적인 평가에 의하여 법률효과를 부여하고 있다. 제한능력자의 상대방이 하는 추인 여부의 확답의 최고(제15조), 무권대리행위의 상대방이 하는 추인 여부 확답의 최고(제131조) 등이 그 예이다. ⅱ) '관념의 통지'는 어떤 사실(특히 과거 또는 장래의 사실)을 알리는 행위이며, 사실의 통지라고도 한다. 사원총회 소집의 통지(제71조), 채권양도의 통지(제450조 제1항), 채무의 승인(제168조 제3호)가 그 예이다.

▶ 해제는 유효하게 성립한 '계약'의 효력을 소급적으로 소멸시키는 상대방 있는 단독행위로 '법률행위'에 해당한다.

정답 | ④

07 법률행위에 관한 설명으로 옳은 것을 모두 고른 것은?

　ㄱ. 대리권의 수여는 비출연행위에 해당한다.

　ㄴ. 소유권의 포기는 상대방 없는 단독행위이다.

　ㄷ. 의사표시의 존재는 법률행위의 성립요건으로서 법률행위의 효과를 주장하는 자가 증명하여야 한다.

① ㄱ　　　　　　　② ㄴ　　　　　　　③ ㄷ

④ ㄴ, ㄷ　　　　　⑤ ㄱ, ㄴ, ㄷ

해설

ㄱ. [○] 출연행위는 자기의 재산을 감소시키고 타인의 재산을 증가하게 하는 법률행위이고, 비출연행위는 타인의 재산을 증가하게 하지는 않고 자기의 재산을 감소시키거나 직접 재산의 증감을 일어나게 하지 않는 행위이다. 가령 매매·임대차 등의 채권계약·소유권양도행위·저당권설정행위·채권양도 등은 출연행위이고, 소유권 포기·대리권 수여 등은 비출연행위이다.

ㄴ. [○] 단독행위는 상대방에 대한 통지를 요건으로 하는지에 따라 ㉠ 채무면제, 상계와 같은 '상대방 있는 단독행위'와 ㉡ 유언, 유증, 재단법인의 설립행위, 소유권 포기와 같은 '상대방 없는 단독행위'로 나뉜다.

▶ 소유권의 포기는 상대방 없는 단독행위에 속한다.

ㄷ. [○] 당사자, 목적, 의사표시의 존재 등이 법률행위의 일반적 성립요건이며, 법률행위의 효력을 주장하는 자가 증명해야 한다.

정답 | ⑤

08 상대방 없는 단독행위에 해당하는 것은?

① 계약해지
② 채무면제
③ 유언자의 유언
④ 상계의 의사표시
⑤ 취소의 의사표시

해설

①②④⑤ [×] ⅰ) 하나의 의사표시만으로 성립하는 법률행위가 단독행위이다. 단독행위는 하나의 의사표시만으로 법률효과가 생기고, 특히 상대방 있는 단독행위에서는 그에 따라 상대방의 권리의무에 일방적으로 영향을 미치게 되므로, 누가 어느 경우에 이를 행사할 수 있는지는 법률로 정한다. ⅱ) 단독행위는 상대방에 대한 통지를 요건으로 하는지에 따라 '상대방 있는 단독행위'와 '상대방 없는 단독행위'로 나뉜다.

▶ 법정대리인의 동의, 채무면제, 상계, 추인, 취소, 계약의 해제·해지 등과 같은 상대방 있는 단독행위는 법률효과가 발생하려면 의사표시가 상대방에게 도달하여야 한다.

③ [○] 유언(유증), 재단법인의 설립행위, 소유권과 점유권의 포기, 상속의 포기 등과 같은 상대방이 없는 단독행위는 의사표시가 어떤 특정한 상대방에게 행하여질 필요가 없다.

정답 | ③

09 법률행위의 분류에 관한 설명 중 옳지 않은 것은?

① 채권양도는 준물권행위로서 처분행위의 일종이다.
② 유언은 상대방 없는 단독행위의 일종이다.
③ 금전소비대차계약은 저당권설정계약의 종된 행위이다.
④ 추심을 위한 채권양도는 민법상의 신탁행위에 속한다.
⑤ 사인행위(死因行爲)도 행위 자체는 생전에 이루어져야 한다.

해설

① [○] 준물권행위란 물권 이외의 권리(채권·무체재산권 등)를 종국적으로 변동시키고 이행이라는 문제를 남기지 않는 법률행위(예컨대 채권양도·무체재산권의 양도·채무면제 등)로서, 물권행위와 함께 처분행위에 속한다.

② [○] 유언(유증), 재단법인의 설립행위, 소유권과 점유권의 포기, 상속의 포기 등과 같은 상대방이 없는 단독행위는 의사표시가 어떤 특정한 상대방에 행하여질 필요가 없다.

③ [×] 어떤 법률행위가 유효하게 성립하기 위하여 다른 법률행위의 존재를 필요로 하는 경우에 그 법률행위를 종된 행위라 하고, 그 전제가 되는 행위를 주된 행위라 한다. 예컨대 담보권설정계약·보증계약은 주된 행위인 금전소비대차계약을 전제로 하는 종된 행위이다.

④ [○] 신탁행위는 법률행위의 하나로서 일정한 '경제상의 목적'을 위해 '권리이전'의 형태를 취하는 점에 그 특색이 있다. 양도담보나 추심을 위한 채권양도가 이러한 구성을 취한다. 여기서는 그 경제상의 목적, 즉 담보나 추심을 위해 권리를 이전한다는 점에 대해 당사자 간에 진정한 합의가 있다는 점에서 허위표시가 아니다.

⑤ [○] 유언·사인증여와 같이 행위자의 사망으로 그 효력이 생기는 법률행위를 사인행위라고 하고, 그 밖에 보통의 행위를 생전행위라고 한다. 사인행위도 행위 자체는 생전에 이루어져야 하고 다만 그 효력이 사망으로 생기는 것이다.

정답 | ③

다음 중 법률행위가 아닌 것은?

① 甲이 乙의 편입학시험을 대신 쳐 주고 사례금으로 200만원을 받기로 한 약속

② 甲이 乙에게 무상으로 극장표를 주겠다는 약속

③ 甲이 乙에게 10만원의 채무 대신에 시가 5만원의 중고휴대폰을 주기로 한 약속

④ 甲이 乙에게 망년회 후 대가 없이 집까지 차를 태워주겠다는 약속

⑤ 乙이 甲에 대하여 부담하고 있던 5만원의 채무를 甲이 면제해 주겠다고 하는 약속

해설

① [○] 편입학시험을 대신 쳐 주고 사례금을 받기로 한 약속은 선량한 풍속 기타 사회질서에 위반하여 <u>무효인 법률행위</u>이다.

> 참조조문 제103조(반사회질서의 법률행위) 「선량한 풍속 기타 사회질서에 위반한 사항을 내용으로 하는 법률행위는 무효로 한다.」

② [○]
> 제554조(증여의 의의) 「증여는 당사자 일방이 무상으로 재산을 상대방에 수여하는 의사를 표시하고 상대방이 이를 승낙함으로써 그 효력이 생긴다.」

▶ 증여는 계약의 일종으로 법률행위인 채권행위이다.

③ [○]
> 제466조(대물변제) 「채무자가 채권자의 승낙을 얻어 본래의 채무이행에 가름하여 다른 급여를 한 때에는 변제와 같은 효력이 있다.」

▶ 대물변제란 채무자가 부담하고 있는 본래의 급부에 가름하여 다른 급부를 현실적으로 함으로써 채권을 소멸시키는 채권자 · 변제자(채무자) 사이의 계약으로 채권행위이다.

④ [×] <u>호의관계</u>란 법적인 의무가 없음에도 불구하고 호의로 어떤 이익을 주고받는 생활관계를 말한다. 호의관계는 법률관계와는 존재의 평면을 달리하는 비법률관계로서, 원칙적으로 법의 규율을 받지 않고 도덕 · 종교 · 관습적 규율을 받는 생활관계이다.

⑤ [○]
> 제506조(면제의 요건, 효과) 「채권자가 채무자에게 채무를 면제하는 의사를 표시한 때에는 채권은 소멸한다. 그러나 면제로써 정당한 이익을 가진 제3자에게 대항하지 못한다.」

▶ 채무면제는 채권을 무상으로 소멸시키는 채권자의 채무자에 대한 단독행위이지만, 채무면제의 청약과 승낙에 의한 계약에 의해서 동일한 법률효과를 발생시킬 수 있다.

정답 | ④

제3관 법률행위 해석

⊕ 핵심정리 법률행위 해석

1. 법률행위 해석의 방법

상대방 있는 의사표시의 경우 법률행위 해석의 방법은 ① 일정한 표시에 관하여 당사자가 사실상 '일치'하여 이해한 경우에는 그 의미대로 효력을 인정하는 '자연적 해석'을 하여야 하고(오표시무해의 원칙), ② 일치 여부가 확정되지 않는 때에는 '상대방'이 그 표시에 부여한 의미를 탐구하는 '규범적 해석'을 하여야 하며, ③ 그 해석의 결과 법률행위에 흠결이 발견되면 법관이 당사자의 '가정적 의사'를 고려하여 이를 보충하는 '보충적 해석'을 하여야 한다.

2. 법률행위 해석의 객체(대상: 표시주의)

"법률행위의 해석은 당사자의 내심의 의사가 어떤지에 관계없이 그 문언의 내용에 의하여 당사자가 그 표시행위에 부여한 객관적 의미를 합리적으로 해석하여야 하는 것이다"(2000다40858).

3. 오표시무해의 원칙

甲이 국가 소유인 X토지를 불하받는 과정에서 서로 간의 착오로 인접한 국가 소유의 Y토지로 잘못 표기하여 매매계약이 체결된 사안에서, "계약의 해석에 있어서는 형식적인 문구에만 얽매여서는 아니되고 쌍방 당사자의 진정한 의사가 무엇인가를 탐구하여야 하는 것이므로, 계약서에 그 목적물을 X토지가 아닌 Y토지로 표시하였다 하여도, 위 X토지에 관하여 이를 매매의 목적물로 한다는 쌍방 당사자의 의사합치가 있는 이상, 위 매매계약은 X토지에 관하여 '성립'하였다"(93다2629)고 한다. 그리고 이러한 법리는 계약 당사자들이 오류를 인지하지 못한 채 당사자들의 합치된 의사와 달리 착오로 계약상 지위가 잘못 기재된 계약서에 그대로 기명날인이나 서명을 한 경우에도 동일하게 적용된다고 한다(2016다242334).

[판례해설] 이처럼 잘못 표시를 하였더라도 자연적 해석에 의해 당사자 의사의 합치가 인정되는 이상, 착오에 의한 취소는 발생할 여지가 없다(오표시무해의 원칙). 그러나 이러한 判例는 법률행위 해석의 대상이 '표시행위에 부여한 객관적 의미'를 밝히는 작업이라고 본 기존의 判例(2000다40858)와는 구별된다.

4. 계약당사자의 결정

(1) 타인명의를 사용한 법률행위

1) 계약당사자 확정의 기준

타인의 명의를 사용하여 행한 법률행위의 경우에 대해 최근의 판결들은 "누가 그 계약의 당사자인가를 먼저 확정하여야 할 것"이라고 보아 법률행위 해석을 통한 당사자 확정의 문제로 보고 있다. 즉, 먼저 ① '자연적 해석'을 통하여 행위자와 상대방의 의사가 '일치'한 경우에는 그 일치하는 의사대로 행위자 또는 명의자의 행위로 확정하고, ② 그러한 일치하는 의사를 확정할 수 없는 경우에는 '규범적 해석'을 통하여 '상대방'이 행위자의 표시를 어떻게 이해했어야 하는가에 따라 당사자가 결정되어야 한다고 한다(94다4912).

2) '계약명의자'가 당사자로 확정되는 경우

법률행위 해석에 의하여 계약명의자가 당사자로 확정되는 경우 대리에 관한 규정이 (유추)적용될 수 있다.

a. 행위자에게 대리권이 있거나 명의사용을 허락받은 경우

이 경우에는 일반적으로 행위자에게 대리의사가 있고, 判例는 현명의 경우 반드시 대리인임을 표시하여 행위하여야 하는 것은 아니고 '본인명의'로도 할 수 있다고 하므로(63다67), 결국 유권대리의 법률관계로 처리된다. 따라서 명의인이 권리를 취득하고 의무를 부담한다(제114조).

b. 행위자에게 대리권이 없거나 타인명의를 무단으로 모용한 경우

이 경우에는 일반적으로 행위자에게 대리의사가 없고, 현명도 있다고 할 수 없지만 타인의 이름으로 법률행위를 하였다는 점에서 무권대리 규정이 유추적용된다. 한편 이 경우 判例는 "특별한 사정이 있는 경우에 한하여 제126조의 표현대리의 법리를 유추적용할 수 있다."고 하며 "여기서 특별한 사정이란 ⅰ) 본인을 모용한 사람에게 본인을 대리할 '기본대리권'이 있었고, ⅱ) 상대방으로서는 위 모용자가 본인 자신으로서 본인의 권한을 행사하는 것으로 믿은 데 '정당한 사유'가 있었던 사정을 의미한다."(2001다49814)고 한다.

예를 들어 判例는 본인으로부터 아파트에 관한 '임대' 등 일체의 관리권한을 위임받아 본인으로 가장하여 아파트를 임대한 바 있는 대리인이 다시 자신을 본인으로 가장하여 임차인에게 아파트를 '매도'한 경우 권한을 넘은 표현대리의 법리를 유추적용하여 본인에 대하여 그 행위의 효력이 미치는 것으로 보았다(92다52436).

(2) 금융실명제하에서 예금계약의 당사자

① 원칙적으로 예금명의자이다. ② 그러나 예금명의자의 예금반환청구권을 배제하고 출연자 등과 예금계약을 체결하여 출연자 등에게 예금반환청구권을 귀속시키겠다는 '명확한 의사의 합치'가 있으면(묵시적으로는 불가능) 예외적으로 예금계약의 당사자는 출연자 등이다. 이러한 의사의 합치는 실명확인 절차를 거쳐 작성된 예금계약서 등의 증명력을 번복하기에 충분할 정도의 명확한 증명력을 가진 구체적이고 객관적인 증거에 의하여 매우 엄격하게 인정되어야 한다(전합 2008다45828).

(3) 차명대출 – 명의대여자가 당사자로 되는 경우

1) 비진의표시로 무효인지 여부

判例는 법률상 또는 사실상의 장애로 자기 명의로 대출받을 수 없는 자를 위하여 대출금채무자로서의 명의를 빌려준 자에게 그와 같은 채무부담의 의사가 없다고 할 수 없으므로 그 의사표시를 비진의표시에 해당한다고 볼 수 없다. 설사 비진의표시로 인정하더라도 비진의임을 상대방이 알았거나 알 수 있었어야 그 의사표시가 무효로 된다. 그러나 여기서 말하는 '진의'는 채무부담이라는 법률상의 효과를 받지 않겠다는 의사를 의미하므로, 대출금을 타인이 사용한다는 것을 채권자가 아는 것만으로는 진의를 알았거나 알 수 있었다고 볼 수는 없다(97다8403 등).

2) 통정허위표시로 무효인지 여부

원칙적으로는 차명대출의 경우 통정허위표시로 볼 수 없으나, 判例에 따르면 상대방이 대출명의를 명의대여자로 할 뿐 명의대여자에게 책임을 지우지 않는다는 '양해'를 하고 대출을 한 경우라면 명의대여자를 당사자로 한 의사표시는 통정허위표시로 무효가 되어 명의대여자가 책임을 면할 수 있으며(98다48989), 이 경우 실제 채무자인 명의차용자가 채무자가 되어 상대방에게 책임을 진다고 한다.

판례해설 이러한 判例의 결론은 자연적 해석의 결과라고 할 수 있다. 즉 이론상으로는 이 경우 통정허위표시로서 무효라고 판단(항변)하기 전에 명의대여자는 계약당사자가 아니라고 판단(부인)하는 것이 타당하다(물론 判例가 통정허위표시라고 판단한 것은 명의대여자가 그러한 취지의 항변을 했기 때문이다).

---

11 법률행위의 해석에 관한 설명으로 옳지 않은 것은? (다툼이 있는 경우 판례에 의함) [23경찰간부]

① 사실인 관습은 법령으로서의 효력이 없는 단순한 관행으로서 법률행위 당사자의 의사를 보충하는 기능을 한다.

② 부동산 매매계약에서 쌍방당사자가 X토지를 매매목적물로 삼았으나 그 목적물의 지번에 착오를 일으켜 계약서상 그 목적물을 Y토지로 표시하였더라도 X토지를 매매목적물로 한다는 당사자 쌍방의 의사합치가 있는 이상 그 매매계약은 X토지에 관하여 성립한다.

③ 계약당사자 쌍방이 계약의 전제나 기초가 되는 사항에 관하여 같은 내용으로 착오를 하고 이로 인하여 그에 관한 구체적 약정을 하지 않았다면, 당사자가 그러한 착오가 없을 때에 약정하였을 것으로 보이는 내용으로 당사자의 주관적 의사를 보충하여 계약을 해석하여야 한다.

④ 법률행위의 해석은 당사자가 그 표시행위에 부여한 객관적 의미를 명백하게 확정하는 것으로서, 특별한 사정이 없는 한 당사자의 내심의 의사가 어떤지에 관계없이 그 문언의 내용에 의해 당사자가 그 표시행위에 부여한 객관적 의미를 합리적으로 해석해야 한다.

해설

① [O] 제1조는 관습법의 법원으로서의 보충적 효력을 인정하는 데 반하여, 제106조는 일반적으로 사적 자치가 인정되는 분야에서의 관습의 법률행위의 해석기준이나 의사보충적 효력을 정한 것이다(대판 1983.6.14. 80다3231).

② [O] 甲이 국가 소유인 X토지를 불하받는 과정에서 서로 간의 착오로 인접한 국가 소유의 Y토지로 잘못 표기하여 매매계약이 체결된 사안에서, 判例는 "계약의 해석에 있어서는 형식적인 문구에만 얽매여서는 아니되고 쌍방 당사자의 진정한 의사가 무엇인가를 탐구하여야 하는 것이므로, 계약서에 그 목적물을 X토지가 아닌 Y토지로 표시하였다 하여도, 위 X토지에 관하여 이를 매매의 목적물로 한다는 쌍방 당사자의 의사합치가 있은 이상, 위 매매계약은 X토지에 관하여 '성립'한 것으로 보아야 한다."(대판 1993.10.26. 93다2629)고 보아 착오를 이유로 취소할 수 없다고 한다.

③ [×] 당사자 쌍방의 공통하는 동기의 착오의 경우 判例는 최근에 명시적으로 '보충적 해석'에 의한 수정가능성을 인정하였으나, 실제로 대부분의 判例에서는 의사표시가 법률행위의 중요부분일 경우 취소를 인정하여 왔다. 즉, 대법원은 계약취소에 앞서 당사자의 의사를 보충하여 계약을 해석할 것을 요구하고 있는바, 여기서 '보충되는 당사자의 의사'란 "당사자의 실제 의사 또는 주관적 의사가 아니라 계약의 목적, 거래관행, 적용법규, 신의칙 등에 비추어 객관적으로 추인되는 정당한 이익조정 의사(가정적 의사)를 말한다."(대판 2006.11.23. 2005다13288)고 한다.

④ [O] 법률행위의 해석이란 당사자가 그 표시행위에 부여한 객관적인 의미를 명백하게 확정하는 것으로서, 서면에 사용된 문구에 구애받을 것은 아니지만 어디까지나 당사자의 내심적 의사의 여하에 관계없이 그 서면의 기재 내용에 의하여 당사자가 그 표시행위에 부여한 객관적 의미를 합리적으로 해석하여야 하는 것이다(대판 1994.3.25. 93다32668).

정답 | ③

12 법률행위의 해석에 관한 설명 중 옳지 않은 것은? (다툼이 있는 경우 판례에 의함) [22경찰간부]

① 계약당사자 쌍방이 A 물건을 계약 목적물로 삼았지만, 착오로 계약서에는 B 물건을 목적물로 기재한 경우, 계약서에 기재된 B 물건이 아닌 A 물건에 관한 계약이 성립한다.

② 부동산의 명의수탁자가 신탁자와 함께 그 부동산에 관한 매매계약서의 매도인란에 자신의 서명 날인을 하고, 매매계약 영수증에도 서명 날인을 한 경우, 명의수탁자의 의사는 신탁자의 매매계약상 매도인의 의무를 자신이 공동으로 부담하겠다는 의미로 해석하여야 한다.

③ 법률행위의 해석기준이 될 수 있는 사실인 관습은 사회의 관행에 의하여 발생한 사회생활규범인 점에서 관습법과 같지만, 사회의 법적 확신이나 인식에 의하여 법적 규범으로서 승인된 정도에 이르지 않았다는 점에서 관습법과 차이가 있다.

④ 甲이 乙을 통하여 丙의 부동산을 매수함에 있어 매수인 명의를 乙 명의로 하기로 甲·乙·丙이 합의하였다면 특별한 사정이 없는 한 대외적으로는 乙이 아닌 甲을 매매 당사자로 보아야 함이 원칙이다.

해설

① [○] 의사표시의 당사자가 표시를 사실상 같은 의미로 이해한 경우, 즉 표의자의 잘못된 표시에도 불구하고 상대방이 표의자의 진의를 올바르게 파악하였을 때에는, 자연적 해석방법이 적용되어 표의자의 진의에 따른 법률효과가 주어지게 된다(誤表示無害의 原則; falsa demonstratio non nocet).

　　甲이 국가 소유인 X토지를 불하받는 과정에서 서로 간의 착오로 인접한 국가 소유의 Y토지로 잘못 표기하여 매매계약이 체결된 사안에서, "계약의 해석에 있어서는 형식적인 문구에만 얽매여서는 아니되고 쌍방 당사자의 진정한 의사가 무엇인가를 탐구하여야 하는 것이므로, 계약서에 그 목적물을 X토지가 아닌 Y토지로 표시하였다 하여도, 위 X토지에 관하여 이를 매매의 목적물로 한다는 쌍방 당사자의 의사합치가 있는 이상, 위 매매계약은 X토지에 관하여 '성립'한 것으로 보아야 한다."(대판 1993.10.26. 93다2629)라고 한다.

　　▶ 계약당사자 쌍방이 A 물건을 계약 목적물로 삼았지만, 착오로 계약서에는 B 물건을 목적물로 기재한 경우, 당사자 쌍방이 의욕한 목적물은 A 물건이므로 '자연적 해석'에 따라 매매계약은 A 물건에 관하여 성립한다.

② [○] 부동산의 명의수탁자가 신탁자와 함께 매매계약서의 매도인란에 자신의 서명 날인을 하고 매매대금 영수증에도 서명 날인을 하여 준 경우, 명의수탁자의 의사는 신탁자의 매매계약상의 매도인으로서의 의무를 자신이 공동으로 부담하겠다는 의미로 해석하여야 한다(대판 2000.10.6. 2000다27923).

③ [○] 사실인 관습이란 '법적 확신을 얻지 못한 관행'으로 '법률행위 해석의 기준'이 된다(제106조). 즉, 법률행위의 해석기준이 될 수 있는 사실인 관습은 사회의 관행에 의하여 발생한 사회생활규범인 점에서 관습법과 같지만, 사회의 법적 확신이나 인식에 의하여 법적 규범으로서 승인된 정도에 이르지 않았다는 점에서 관습법과 차이가 있다.

④ [×] 어떤 사람이 타인을 통하여 부동산을 매수하면서 매수인 명의 및 소유권이전등기 명의를 타인 명의로 하기로 한 경우에, 매수인 및 등기 명의의 신탁관계는 그들 사이의 내부적인 관계에 불과하므로, 상대방이 '명의신탁자'를 매매당사자로 이해하였다는 등의 특별한 사정이 없는 한 대외적으로는 계약명의자인 타인을 매매당사자로 보아야 한다(대판 2016.7.22. 2016다207928).

　　▶ 甲이 乙을 통하여 丙의 부동산을 매수함에 있어 매수인 명의를 乙 명의로 하기로 甲·乙·丙이 합의하였다면 특별한 사정이 없는 한 대외적으로는 계약명의자인 乙을 매매당사자로 보아야 한다.

정답 | ④

13 법률행위의 해석에 관한 설명으로 옳지 않은 것은? (다툼이 있으면 판례에 따름) [22세무사]

① 동일한 사항에 관하여 내용을 달리하는 문서가 중복하여 작성된 경우, 특별한 사정이 없는 한 마지막에 작성된 문서에 작성자의 최종적인 의사가 담겨 있다고 해석하여야 한다.

② 매매계약사항에 이의가 있을 때 매도인의 해석에 따르기로 하는 약정은 법원을 구속하지 못한다.

③ 임의규정과 다른 관습이 있는 경우, 당사자의 의사가 명확하지 않은 때에는 그 관습에 의한다.

④ 정관의 규범적인 의미내용과 다른 해석이 사원총회의 결의로 표명된 경우, 그 결의에 의한 해석은 사원들을 구속하는 효력이 없다.

⑤ 계약당사자 쌍방이 모두 X물건을 계약의 목적물로 삼았으나 계약서에는 착오로 Y물건을 목적물로 기재한 경우, Y물건에 관하여 계약이 성립한 것으로 보아야 한다.

해설

① [○] 동일한 사항에 관하여 내용을 달리하는 문서가 중복하여 작성된 경우에는 마지막에 작성된 문서에 작성자의 최종적인 의사가 담겨 있다고 해석하는 것이 일반적이라고 할 수 있다(대판 2013.1.16. 2011다102776).

② [○] 매매계약서에 계약사항에 대한 이의가 생겼을 때에는 매도인의 해석에 따른다는 조항은 법원의 법률행위해석권을 구속하는 조항이라고 볼 수 없다(대판 1974.9.24. 74다1057).

③ [○]

> 제106조(사실인 관습) 「법령 중의 선량한 풍속 기타 사회질서에 관계없는 규정과 다른 관습이 있는 경우에 당사자의 의사가 명확하지 아니한 때에는 그 관습에 의한다.」

④ [○] 사단법인의 정관은 이를 작성한 사원뿐만 아니라 그 후에 가입한 사원이나 사단법인의 기관 등도 구속하는 점에 비추어 보면 그 법적 성질은 계약이 아니라 자치법규로 보는 것이 타당하므로, 이는 어디까지나 객관적인 기준에 따라 그 규범적인 의미 내용을 확정하는 법규해석의 방법으로 해석되어야 하는 것이지, 작성자의 주관이나 해석 당시의 사원의 다수결에 의한 방법으로 자의적으로 해석될 수는 없다 할 것이어서, 어느 시점의 사단법인의 사원들이 정관의 규범적인 의미 내용과 다른 해석을 사원총회의 결의라는 방법으로 표명하였다 하더라도 그 결의에 의한 해석은 그 사단법인의 구성원인 사원들이나 법원을 구속하는 효력이 없다(대판 2000.11.24. 99다12437).

⑤ [×] 부동산의 매매계약에 있어 쌍방 당사자가 모두 특정의 X토지를 계약의 목적물로 삼았으나 그 목적물의 지번 등에 관하여 착오를 일으켜 계약을 체결함에 있어서는 계약서상 그 목적물을 X토지와는 별개인 Y토지로 표시하였다 하여도 X토지에 관하여 이를 매매의 목적물로 한다는 쌍방 당사자의 의사합치가 있는 이상 위 매매계약은 X토지에 관하여 성립한 것으로 보아야 할 것이다(대판 1993.10.26. 93다2629, 2636).

정답 | ⑤

14 법률행위 해석에 관한 설명으로 옳지 않은 것은? (다툼이 있으면 판례에 따름) [21세무사]

① 의사표시의 해석은 법률적 판단의 영역에 속한다.

② 당사자 일방이 주장하는 계약의 내용이 상대방에게 중대한 책임을 부과하게 되는 경우에는 그 계약의 해석은 더욱 엄격하게 하여야 한다.

③ 처분문서의 성립의 진정함이 인정되고 그 기재내용을 부인할 만한 반증이 없으면 법원은 처분문서에 기재된 문언대로 의사표시의 존재와 내용을 인정하여야 한다.

④ 하나의 법률관계에 관해 서로 모순된 내용을 담은 여러 개의 계약서가 순차로 작성되었으나 그 우열관계가 정해지지 않았다면 원칙적으로 먼저 작성된 계약서가 우선한다.

⑤ 쌍방 당사자가 모두 특정의 A토지를 계약의 목적물로 삼았으나 착오로 계약서상 목적물을 B토지로 표시한 경우 계약 목적물은 A토지이다.

해설

① [O] 의사표시와 관련하여, 당사자에 의하여 무엇이 표시되었는가 하는 점과 그것으로써 의도하려는 목적을 확정하는 것은 사실인정의 문제이고, 인정된 사실을 토대로 그것이 가지는 법률적 의미를 탐구 확정하는 것은 이른바 의사표시의 해석으로서, 이는 사실인정과는 구별되는 법률적 판단의 영역에 속하는 것이다(대판 2011.1.13. 2010다69940).

②③ [O] 계약당사자 간에 어떠한 계약내용을 처분문서인 서면으로 작성한 경우에 문언의 객관적인 의미가 명확하다면 특별한 사정이 없는 한 문언대로의 의사표시의 존재와 내용을 인정하여야 하지만, 그 문언의 객관적인 의미가 명확하게 드러나지 않는 경우에는 그 문언의 내용과 계약이 이루어지게 된 동기 및 경위, 당사자가 계약에 의하여 달성하려고 하는 목적과 진정한 의사, 거래의 관행 등을 종합적으로 고찰하여 사회정의와 형평의 이념에 맞도록 논리와 경험의 법칙, 그리고 사회일반의 상식과 거래의 통념에 따라 계약의 내용을 합리적으로 해석하여야 하고, 특히 당사자 일방이 주장하는 계약의 내용이 상대방에게 중대한 책임을 부과하게 되는 경우에는 그 문언의 내용을 더욱 엄격하게 해석하여야 한다(대판 1995.5.23. 95다6465).

④ [×] 복수의 임대차계약서 중 어느 서면에 따라 계약 내용을 정할 것인지 여부에 관하여 判例는 "하나의 법률관계를 둘러싸고 각기 다른 내용을 정한 여러 개의 계약서가 순차로 작성되어 있는 경우 당사자가 그러한 계약서에 따른 법률관계나 우열관계를 명확하게 정하고 있다면 그와 같은 내용대로 효력이 발생한다. 그러나 여러 개의 계약서에 따른 법률관계 등이 명확히 정해져 있지 않다면 각각의 계약서에 정해져 있는 내용 중 서로 양립할 수 없는 부분에 관해서는 원칙적으로 나중에 작성된 계약서에서 정한 대로 계약 내용이 변경되었다고 해석하는 것이 합리적이다."(대판 2020.12.30. 2017다17603)라고 한다.

⑤ [O] 계약의 해석에 있어서는 형식적인 문구에만 얽매여서는 아니되고 쌍방 당사자의 진정한 의사가 무엇인가를 탐구하여야 하는 것이므로, 계약서에 그 목적물을 X토지가 아닌 Y토지로 표시하였다 하여도, 위 X토지에 관하여 이를 매매의 목적물로 한다는 쌍방 당사자의 의사합치가 있은 이상, 위 매매계약은 X토지에 관하여 '성립'한 것으로 보아야 한다(대판 1993.10.26. 93다2629).

정답 | ④

---

15 법률행위의 해석에 관한 설명으로 옳지 않은 것은? (다툼이 있으면 판례에 따름) [20행정사]

① 일반적으로 계약의 당사자가 누구인지는 그 계약에 관여한 당사자의 의사해석의 문제에 해당한다.

② 의사표시의 해석은 당사자가 그 표시행위에 부여한 객관적인 의미를 명백하게 확정하는 것이다.

③ 표의자와 그 상대방이 생각한 의미가 서로 다른 경우, 합리적인 상대방의 시각에서 표의자가 표시한 내용을 어떻게 이해하였는지 고려하여 객관적·규범적으로 해석하여야 한다.

④ 법률행위의 내용이 처분문서로 작성된 경우 문서에 부여된 객관적 의미와 관계없이 원칙적으로 당사자의 내심적 의사에 구속되어 그 내용을 해석하여야 한다.

⑤ 법률행위의 내용이 처분문서로 작성된 경우 문언의 객관적인 의미가 명확하다면 특별한 사정이 없는 한 문언대로 의사표시의 존재와 내용을 인정하여야 한다.

해설

① [O] 일반적으로 계약의 당사자가 누구인지는 계약에 관여한 당사자의 의사해석의 문제에 해당한다. 당사자 사이에 법률행위의 해석을 둘러싸고 이견이 있어 당사자의 의사해석이 문제되는 경우에는 법률행위의 내용, 그러한 법률행위가 이루어진 동기와 경위, 법률행위에 의하여 달성하려는 목적, 당사자의 진정한 의사 등을 종합적으로 고찰하여 논리와 경험칙에 따라 합리적으로 해석하여야 한다(대판 2018.1.25. 2016다238212).

② [O] ④ [×] 의사표시의 해석은 당사자가 그 표시행위에 부여한 객관적인 의미를 명백하게 확정하는 것으로서, 계약당사자 사이에 어떠한 계약 내용을 처분문서의 서면으로 작성한 경우에, 서면에 사용된 문구에 구애받지는 아니하지만 어디까지나 당사자의 '내심적 의사의 여하에 관계없이' 서면의 기재 내용에 의하여 당사자가 그 표시행위에 부여한 객관적 의미를 논리와 경험의 법칙에 따라 합리적으로 해석하여야 한다(대판 2016.12.1. 2015다228799).

③ [O] 당사자들이 공통적으로 의사표시를 명확하게 인식하고 있다면, 그것이 당사자가 표시한 문언과 다르더라도 당사자들의 공통적인 인식에 따라 의사표시를 해석하여야 한다. 그러나 의사표시를 한 사람이 생각한 의미가 상대방이 생각한 의미와 다른 경우에는 의사표시를 수령한 상대방이 합리적인 사람이라면 표시된 내용을 어떻게 이해하였다고 볼 수 있는지를 고려하여 의사표시를 객관적·규범적으로 해석하여야 한다(대판 2017.2.15. 2014다19776).

⑤ [O] 계약당사자 사이에 어떠한 계약내용을 처분문서인 서면으로 작성한 경우에 문언의 객관적인 의미가 명확하다면, 특별한 사정이 없는 한 문언대로 의사표시의 존재와 내용을 인정하여야 한다(대판 2020.1.30. 2019다279474).

정답 | ④

16 법률행위의 해석에 대한 설명 중 가장 적절하지 않은 것은? (다툼이 있는 경우 판례에 의함) [20법학경채]

① 계약을 체결하는 행위자가 타인의 이름으로 법률행위를 한 경우, 행위자 또는 명의인 가운데 계약 당사자가 누구인 지는 계약에 관여한 당사자의 의사해석 문제에 해당한다.

② "계약사항에 대한 이의가 생겼을 때에는 매도인의 해석에 따른다."는 매매계약서 조항은 법원의 법률행위 해석권 을 구속하는 조항이라고 볼 수 없다.

③ 처분문서의 기재 내용이 부동문자로 인쇄되어 있더라도 곧바로 당사자의 합의의 내용이라고 단정할 수는 없고, 구체적 사안에 따라 당사자의 의사를 고려하여 그 계약 내용의 의미를 파악하고 그것이 예문에 불과한 것인지의 여부를 판단하여야 한다.

④ 부동산의 매매계약에서 쌍방 당사자가 甲 토지를 계약의 목적물로 삼았으나 그 목적물의 지번 등에 관하여 착오를 일으켜 乙 토지로 표시한 계약을 체결한 경우, 이를 원인으로 乙 토지에 이루어진 매수인 명의의 소유권이전등기는 유효하다.

해설

① [○] 계약을 체결하는 행위자가 타인의 이름으로 법률행위를 한 경우에 행위자 또는 명의인 가운데 계약 당사자가 누구인지는 계약에 관여한 당사자의 의사해석 문제에 해당한다. 행위자와 상대방의 의사가 일치하는 경우에는 그 일치한 의사대로 행위자 또는 명의인을 계약 당사자로 확정하여야 하고, 행위자와 상대방의 의사가 일치하지 않는 경우에는 그 계약의 성질·내용·목적·체결 경위 등 그 계약 체결 전후의 구체적인 여러 사정을 토대로 상대방이 합리적인 사람이라면 행위자와 명의자 중 누구를 계약 당사자로 이해할 것인 지에 의하여 계약 당사자를 결정하여야 한다(대판 2016.12.29. 2015다226519).

② [○] 매매계약서에 계약사항에 대한 이의가 생겼을 때에는 매도인의 해석에 따른다는 조항은 법원의 법률행위해석권을 구속하는 조항이라고 볼 수 없다(대판 1974.9.24. 74다1057).

③ [○] 처분문서의 기재 내용이 부동문자로 인쇄되어 있다면 인쇄된 예문에 지나지 아니하여 그 기재를 합의의 내용이라고 볼 수 없는 경우도 있으므로 처분문서라 하여 곧바로 당사자의 합의의 내용이라고 단정할 수는 없고 구체적 사안에 따라 당사자의 의사를 고려하여 그 계약 내용의 의미를 파악하고 그것이 예문에 불과한 것인지의 여부를 판단하여야 한다(대판 1997.11.28. 97다36231).

④ [×] 부동산의 매매계약에 있어 쌍방 당사자가 모두 특정의 甲 토지를 계약의 목적물로 삼았으나 그 목적물의 지번 등에 관하여 착오를 일으켜 계약을 체결함에 있어서는 계약상의 그 목적물을 甲 토지와는 별개인 乙 토지로 표시하였다 하여도, 甲 토지에 관하여 이를 매매의 목적물로 한다는 쌍방 당사자의 의사합치가 있는 이상 그 매매계약은 甲 토지에 관하여 성립한 것으로 보아야 하고 乙 토지에 관하여 매매계약이 체결된 것으로 보아서는 안 될 것이며, 만일 乙 토지에 관하여 그 매매계약을 원인으로 하여 매수인 명의로 소유권이전등기가 경료되었다면 이는 원인 없이 경료된 것으로서 무효이다(대판 1996.8.20. 96다19581).

정답 | ④

17 "부동산 매매계약에서 당사자 쌍방이 모두 X토지를 그 목적물로 삼았으나 X토지의 지번에 착오를 일으켜 계약체결 시에 계약서상으로는 그 목적물을 Y토지로 표시한 경우라도, X토지를 매매 목적물로 한다는 당사자 쌍방의 의사합 치가 있는 이상 그 매매계약은 X토지에 관하여 성립한 것으로 보아야 한다."고 하는 법률행위의 해석방법은? [23행정사]

① 문언해석 ② 통일적 해석 ③ 자연적 해석
④ 규범적 해석 ⑤ 보충적 해석

해설

①②④⑤ [×] ③ [○] 甲이 국가 소유인 X토지를 불하받는 과정에서 서로 간의 착오로 인접한 국가 소유의 Y토지로 잘못 표기하여 매매계약이 체결된 사안에서, 判例는 "계약의 해석에 있어서는 형식적인 문구에만 얽매여서는 아니되고 쌍방 당사자의 진정한 의사가 무엇인가를 탐구하여야 하는 것이므로, 계약서에 그 목적물을 X토지가 아닌 Y토지로 표시하였다 하여도, 위 X토지에 관하여 이를 매매의 목적물로 한다는 쌍방 당사자의 의사합치가 있은 이상, 위 매매계약은 X토지에 관하여 '성립'한 것으로 보아야 한다."고 판시하 면서, 자연적 해석을 법률행위 해석의 한 방식으로 인정하였다(대판 1993.10.26. 93다2629).

정답 | ③

제4관 계약당사자 결정

18 甲이 乙과 계약을 체결하면서 丙의 이름으로 계약서를 작성한 경우에 관한 설명으로 옳지 않은 것은? (다툼이 있으면 판례에 따름) [19세무사]

① 일반적으로 계약당사자가 누구인지는 계약에 관여한 당사자의 의사해석의 문제이다.

② 甲과 乙 모두 甲이 계약당사자라고 이해한 경우에는 甲이 계약당사자가 된다.

③ 계약당사자가 甲과 丙 중 누구인지에 관하여 甲과 乙의 의사가 일치하지 않고, 乙의 입장에서 합리적으로 평가할 때 甲이 계약당사자로 이해될 경우에는 甲이 계약당사자가 된다.

④ (甲이 丙의 대리인인 경우) 甲과 乙 모두 丙이 계약당사자라고 이해한 경우에는 甲의 대리권 존부 문제와는 무관하게 丙이 계약당사자가 된다.

⑤ 계약당사자에 관하여 甲과 乙의 의사가 일치하지 않고, 乙의 입장에서 합리적으로 평가할 때 丙이 계약당사자로 이해될 경우라도 丙이 허무인인 경우에는 甲이 계약당사자가 된다.

해설

① [○] 일반적으로 계약의 당사자가 누구인지는 계약에 관여한 당사자의 의사해석의 문제에 해당한다. 당사자 사이에 법률행위의 해석을 둘러싸고 이견이 있어 당사자의 의사해석이 문제가 되는 경우에는 법률행위의 내용, 그러한 법률행위가 이루어진 동기와 경위, 법률행위에 의하여 달성하려는 목적, 당사자의 진정한 의사 등을 종합적으로 고찰하여 논리와 경험칙에 따라 합리적으로 해석하여야 한다(대판 2019.1.17. 2016다256999).

②③ [○] 상대방과의 사이에 계약 체결의 행위를 하는 사람이 다른 사람 행세를 하여 그 타인의 이름을 사용하여 계약서 기타 계약에 관련된 서면 등이 작성되었다고 하더라도, 행위자와 상대방이 모두 행위자 자신이 계약의 당사자라고 이해한 경우, 또는 그렇지 아니하다고 하더라도 상대방의 입장에서 합리적으로 평가할 때 행위자 자신이 계약의 당사자가 된다고 보는 경우에는, 행위자가 계약의 당사자가 되고 그 계약의 효과는 행위자에게 귀속된다(대판 2013.10.11. 2013다52622).

④ [○] 일방 당사자가 대리인을 통하여 계약을 체결하는 경우에 있어서 계약의 상대방이 대리인을 통하여 본인과 사이에 계약을 체결하려는 데 의사가 일치하였다면 대리인의 대리권 존부 문제와는 무관하게 상대방과 본인이 그 계약의 당사자이다(대판 2003.12.12. 2003다44059).

⑤ [×] 타인의 이름을 임의로 사용하여 계약을 체결한 경우에는 누가 계약의 당사자인가를 먼저 확정하여야 하는데, 행위자 또는 명의자 가운데 누구를 당사자로 할 것인지에 관하여 행위자와 상대방의 의사가 일치한 경우에는 일치하는 의사대로 행위자의 행위 또는 명의자의 행위로서 확정하여야 하지만, 그러한 일치하는 의사를 확정할 수 없을 경우에는 계약의 성질, 내용, 목적, 체결경위 및 계약체결을 전후한 구체적인 제반 사정을 토대로 상대방이 합리적인 인간이라면 행위자와 명의자 중 누구를 계약당사자로 이해할 것인가에 의하여 당사자를 결정하고, 이에 터 잡아 계약의 성립 여부와 효력을 판단하여야 한다. 이는 그 타인이 허무인인 경우에도 마찬가지이다(대판 2012.10.11. 2011다12842).

▶ 상대방인 乙의 입장에서 합리적으로 평가할 때 계약당사자가 丙이라면 허무인 丙이 계약당사자가 된다.

정답 | ⑤

제1관 법률행위 목적의 확정

제2관 법률행위 목적의 실현 가능

제3관 법률행위 목적의 적법

01 법률행위의 목적에 관한 설명으로 옳은 것은? (다툼이 있으면 판례에 따름) [22세무사]

① 법률행위가 성립하기 위해서는 성립 당시에 이미 법률행위의 목적이 확정되어 있어야 한다.

② 법률행위의 목적이 물리적으로 가능하더라도 사회통념상 불가능한 것은 불능에 해당한다.

③ 법률행위의 목적이 사회적 타당성을 결여하였더라도 개별적인 강행법규에 위반하지 않았다면 그 법률행위는 유효하다.

④ 법률행위는 효력규정뿐만 아니라 단속규정에 위반하는 경우에도 무효로 된다.

⑤ 강행규정을 위반하여 계약이 무효라도 계약상대방이 선의·무과실이라면 진의 아닌 의사표시의 법리가 적용될 수 있다.

해설

① [×] 목적의 확정은 법률행위의 성립 당시에 확정될 필요는 없고 목적이 실현된 시점까지 확정될 수 있으면 된다. 즉, 判例는 "매매 목적물과 대금은 반드시 그 계약 체결 당시에 구체적으로 확정하여야 하는 것은 아니고 이를 사후에라도 구체적으로 확정할 수 있는 방법과 기준이 정하여져 있으면 족하다."(대판 1996.4.26. 94다34432)라고 한다.

② [○] 불능 여부는 사회통념에 의하여 정하여진다. 즉, 채무의 이행이 불가능하다는 것은 ⅰ) 절대적·물리적으로 불가능한 경우만이 아니라 ⅱ) 사회생활상 경험칙이나 거래상의 관념에 비추어 볼 때 채권자가 채무자의 이행의 실현을 기대할 수 없는 경우도 포함한다 (가령 한강에 가라앉은 반지를 찾아주기로 하는 약정).

③ [×] 법률행위를 규제할 강행규정이 없더라도 그것이 사회질서에 위반하는 경우에는 제103조에 의해 무효가 된다.

④ [×] 단속규정은 그에 위반하여도 벌칙의 적용이 있을 뿐이고 행위 자체의 사법상 효과에는 영향이 없는 것을 말한다.

⑤ [×] 계약체결의 요건을 규정하고 있는 강행법규에 위반한 계약은 무효이므로 그 경우에 계약상대방이 선의·무과실이더라도 민법 제107조의 비진의의사표시의 법리 또는 표현대리 법리가 적용될 여지는 없다(대판 2016.5.12. 2013다49381).

정답 | ②

02 법률행위의 목적에 관한 설명으로 옳은 것은? (다툼이 있으면 판례에 따름) [17세무사]

① 법률행위가 성립하기 위해서는 법률행위 당시에 그 목적이 확정되어 있어야 한다.

② 법률행위는 효력규정에 위반한 경우는 물론이고 단속규정에 위반한 경우에도 무효로 된다.

③ 법률행위의 목적 실현이 후발적으로 불가능하게 되더라도 그로 인하여 법률행위가 무효로 되는 것은 아니다.

④ 동기가 불법인 경우에는 그 동기가 표시되지 않아 상대방이 인식하지 못하더라도 법률행위는 무효로 된다.

⑤ 법률행위의 목적이 사회적 타당성을 결여하였더라도 개별적인 강행법규에 위반하지 않았다면 그 법률행위는 유효하다.

해설

① [×] '법률행위의 해석'을 거쳐 그 내용을 확정할 수 있어야만 한다. 다만, 목적의 확정은 법률행위의 성립 당시에 확정될 필요는 없고 목적이 실현된 시점까지 확정될 수 있으면 된다. 즉, 判例는 "매매 목적물과 대금은 반드시 그 계약 체결 당시에 구체적으로 확정하여야 하는 것은 아니고 이를 사후에라도 구체적으로 확정할 수 있는 방법과 기준이 정하여져 있으면 족하다."(대판 1996.4.26. 94다34432)라고 한다.

② [×] 단속규정은 국가가 일정한 행위를 단속할 목적으로 그것을 금지하거나 제한하지만 그 위반에 대해 형벌이나 과태료를 부과할 수 있을 뿐 그 행위의 사법상의 효력에는 영향이 없는 경우를 말하고, 효력규정은 그 규정에 위반하는 행위의 사법상의 효력이 부정되어 무효로 되는 경우를 말한다.

③ [O] 민법은 원시적 불능은 원칙적으로 '무효'를 전제로 이에 대한 손해배상은 계약체결상의 과실책임(제535조)이나 담보책임(제570조 이하)을 통해, 후발적 불능은 '유효'를 전제로 채무불이행책임(제390조)이나 위험부담(제537조, 제538조)을 통해 규율하고 있다.

④ [×] 제103조에 의하여 무효로 되는 반사회질서 행위는 법률행위의 목적인 권리의무의 내용이 선량한 풍속 기타 사회질서에 위반되는 경우뿐만 아니라, 그 내용 자체는 반사회질서적인 것이 아니라고 하여도 법률적으로 이를 강제하거나 법률행위에 반사회질서적인 조건 또는 금전적인 대가가 결부됨으로써 반사회질서적 성질을 띠게 되는 경우 및 표시되거나 상대방에게 알려진 법률행위의 동기가 반사회질서적인 경우를 포함한다(대판 2017.4.13. 2016다275433).

▶ 따라서 동기가 불법이라 하더라도 상대방이 인식하지 못하고 있는 경우에는 법률행위가 무효로 되지 않는다.

⑤ [×] ⅰ) 강행규정은 선량한 풍속 기타 사회질서를 법률로 구체화한 것이므로 양자는 동일하다는 견해도 있으나, ⅱ) 개별 강행규정에 위반되지 않더라도 일반규정인 제103조에 위반되는 경우도 있을 수 있으므로 '구별설'이 타당하다.

▶ 따라서 법률행위의 목적이 개개의 강행법규에 위반하지 않더라도 선량한 풍속 기타 사회질서에 위반하는 때, 즉 사회적 타당성을 결여한 경우에는 무효이다.

정답 | ③

---

03 다음 법률행위의 사법상 효력의 유무(유효는 O, 무효는 ×)가 바르게 표시된 것은? (다툼이 있는 경우 판례에 의함)

[22법학경채]

> ㉠ 금융투자업자가 투자자에게 손실보전 또는 이익보장을 약속하는 행위를 금지하고 이를 위반하는 경우 벌칙규정을 두고 있는 구 증권거래법에 위배되는 투자수익보전 약정
> ㉡ 조세포탈과 부동산투기 등을 방지하기 위하여 등기하지 아니하고 제3자에게 전매하는 행위를 형사처벌하는 부동산등기 특별조치법을 위반한 중간생략등기합의
> ㉢ 의료법을 위반하여 의료인이나 의료법인 아닌 자가 의료기관을 개설하여 운영하면서 의료기관의 운영 및 손익 등이 의료인이 아닌 자에게 귀속되도록 하는 내용의 약정
> ㉣ 부동산중개업법 및 동법 시행규칙에서 정한 부동산중개 수수료의 상한을 초과하는 약정 중 그 초과부분

① ㉠(O) ㉡(×) ㉢(×) ㉣(×)　　② ㉠(×) ㉡(O) ㉢(×) ㉣(×)
③ ㉠(O) ㉡(×) ㉢(O) ㉣(O)　　④ ㉠(×) ㉡(O) ㉢(O) ㉣(×)

해설

㉠ [×] 증권회사 또는 그 임·직원의 부당권유행위를 금지하는 증권거래법상 손실보전약정(투자수익보장약정)금지규정에 위반한 투자수익보장약정은 무효이다(대판 1996.8.23. 94다38199).

㉡ [O] 부동산등기 특별조치법상 조세포탈과 부동산투기 등을 방지하기 위하여 위 법률 제2조 제2항 및 제8조 제1호에서 등기하지 아니하고 제3자에게 전매하는 행위를 일정 목적범위 내에서 형사처벌하도록 되어 있으나 이로써 순차매도한 당사자 사이의 중간생략등기합의에 관한 사법상 효력까지 무효로 한다는 취지는 아니다(대판 1993.1.26. 92다39112).

㉢ [×] 의사와 의사 아닌 자가 각 그 재산을 출자하여 함께 병원을 개설한 후 그것을 운영하여 얻은 수입을 동등한 비율로 배분하기로 하는 내용의 약정은 강행법규인 의료법 제30조 제2항 위반으로 무효이다(대판 2003.9.23. 2003두1493).

㉣ [×] 구 부동산중개업법 등 관련 법령에 정한 한도를 초과한 중개수수료 약정에 의한 경제적 이익이 귀속되는 것을 방지하여야 할 필요가 있으므로, 부동산 중개수수료에 관한 위와 같은 규정들은 중개수수료 약정 중 소정의 한도를 초과하는 부분에 대한 사법상의 효력을 제한하는 이른바 강행법규에 해당하고, 따라서 구 부동산중개업법 등 관련 법령에서 정한 한도를 초과하는 부동산 중개수수료 약정은 그 한도를 초과하는 범위 내에서 무효이다(대판 2007.12.20. 2005다32159).

정답 | ②

04 다음 중 무효가 아닌 것은? (다툼이 있는 경우 판례에 의함) [22경찰간부]

① 특별한 사정이 없는 한, 하도급거래 공정화에 관한 법률 제17조를 위반하여 하도급 대금을 물품으로 지급하기로 한 약정

② 공인중개사 자격없이 부동산중개업을 하는 자와 부동산중개를 의뢰한 자간 부동산중개수수료 지급에 관한 약정

③ 대주가 일반 개인이며, 대차원금이 1천만원인 금전소비대차계약에서의 약정이자율이 이자제한법에서 정하는 최고 이자율을 초과한 경우에 그 초과부분

④ 오로지 보험사고를 가장하여 보험금을 취득할 목적으로 체결한 생명보험계약

해설

① [×] 하도급거래 공정화에 관한 법률 제17조는 '원사업자는 수급사업자의 의사에 반하여 하도급대금을 물품으로 지급하여서는 아니된다.'라고 규정하고 있고, 같은 법 제20조는 '원사업자는 하도급거래와 관련하여 우회적인 방법에 의하여 실질적으로 이 법의 적용을 면탈하려는 행위를 하여서는 아니된다.'라고 규정하고 있으나, 하도급거래 공정화에 관한 법률은 그 조항에 위반된 도급 또는 하도급약정의 효력에 관하여는 아무런 규정을 두지 않는 반면 위의 조항을 위반한 원사업자를 벌금형에 처하도록 하면서 그 조항 위반행위 중 일정한 경우만을 공정거래위원회에서 조사하게 하여 그 위원회로 하여금 그 결과에 따라 원사업자에게 시정조치를 명하거나 과징금을 부과하도록 규정하고 있을 뿐이어서 그 조항은 그에 위배한 원사업자와 수급사업자간의 계약의 사법상의 효력을 부인하는 조항이라고 볼 것은 아니다(대판 2003.5.16. 2001다27470).

② [○] 공인중개사 자격이 없는 자가 중개사무소 개설등록을 하지 아니한 채 부동산중개업을 하면서 체결한 중개수수료 지급약정의 효력에 관해, 대법원은 이에 관련되는 '부동산중개업법'을 강행법규로 보아, 이를 무효로 하였다(대판 2010.12.23. 2008다75119). 다만, 공인중개사 자격이 없는 자가 우연한 기회에 단 1회 타인 간의 거래행위를 중개한 경우와 같이 '중개를 업으로 한'것이 아니라면, 그에 따른 중개수수료 지급약정이 강행법규에 위배되어 무효라고 할 것은 아니라고 한다(다만 그 약정이 부당하게 과다하여 신의칙 등에 반한다고 볼 만한 사정이 있는 경우에는 그에 따른 감액된 보수액만을 청구할 수 있다고 한다; 대판 2012.6.14. 2010다86525).

③ [○]

> 이자제한법 제2조(이자의 최고한도) 「①항 금전대차에 관한 계약상의 최고이자율은 연 25퍼센트를 초과하지 아니하는 범위 안에서 대통령령으로 정한다(2021.7.7. 시행 중인 시행령에 따르면 연 20%). ③항 계약상의 이자로서 제1항에서 정한 최고이자율을 초과하는 부분은 무효로 한다. ⑤항 대차원금이 10만원 미만인 대차의 이자에 관하여는 제1항을 적용하지 아니한다.」

▶ 따라서 대차원금이 1천만원인 금전소비대차계약에서의 약정이자율이 이자제한법에서 정하는 최고이자율을 초과한 경우에 그 초과부분은 **이자제한법 제2조 제3항에 따라 무효이다**(일부무효).

④ [○] 보험계약자가 다수의 보험계약을 통하여 보험금을 부정취득할 목적으로 보험계약을 체결한 경우 보험계약은 민법 제103조의 선량한 풍속 기타 사회질서에 반하여 무효이다(대판 2009.5.28. 2009다12115; 대판 2017.4.7. 2014다234827).

정답 | ①

05 강행규정이 아닌 것은? (다툼이 있으면 판례에 따름) [19행정사]

① 신의성실의 원칙에 관한 제2조

② 권리능력의 존속기간에 관한 제3조

③ 미성년자의 행위능력에 관한 제5조

④ 사단법인의 사원권의 양도, 상속금지에 관한 제56조

⑤ 법인해산 시 잔여재산의 귀속에 관한 제80조

① [○] 신의성실의 원칙에 반하는 것 또는 권리남용은 강행규정에 위배되는 것이므로 당사자의 주장이 없더라도 법원은 직권으로 판단할 수 있다(대판 1995.12.22. 94다42129).
② [○] 민법상의 능력에 관한 모든 규정은 강행규정이다. 따라서 권리능력의 존속기간에 관한 제3조도 강행규정이다.
③ [○] 미성년자의 법률행위에 법정대리인의 동의를 요하도록 하는 것은 강행규정인데, 위 규정에 반하여 이루어진 신용구매계약을 미성년자 스스로 취소하는 것을 신의칙 위반을 이유로 배척한다면, 이는 오히려 위 규정에 의해 배제하려는 결과를 실현시키는 셈이 되어 미성년자 제도의 입법 취지를 몰각시킬 우려가 있으므로, 법정대리인의 동의 없이 신용구매계약을 체결한 미성년자가 사후에 법정대리인의 동의 없음을 사유로 들어 이를 취소하는 것이 신의칙에 위배된 것이라고 할 수 없다(대판 2007.11.16. 2005다71659).
④ [×] "사단법인의 사원의 지위는 양도 또는 상속할 수 없다."라고 한 제56조의 규정은 강행규정은 아니라고 할 것이므로, 정관에 의하여 이를 인정하고 있을 때에는 양도·상속이 허용된다(대판 1992.4.14. 91다26850).
⑤ [○] 청산절차에 관한 규정은 모두 제3자의 이해관계에 중대한 영향을 미치는 것으로서 강행규정이므로, 해산한 법인이 잔여재산의 귀속자에 관한 정관규정에 반하여 잔여재산을 달리 처분할 경우 그 처분행위는 청산법인의 목적범위 외의 행위로서 특단의 사정이 없는 한 무효이다(대판 2000.12.8. 98두5279).

정답 | ④

---

06 다음 중 임의규정에 해당하는 것을 모두 고른 것은? (다툼이 있으면 판례에 따름) [20세무사]

ㄱ. 미성년자의 법률행위에 법정대리인의 동의를 요구하는 규정
ㄴ. 천연과실의 귀속에 관한 규정
ㄷ. 일부무효의 법리에 관한 규정

① ㄱ
② ㄷ
③ ㄱ, ㄴ
④ ㄴ, ㄷ
⑤ ㄱ, ㄴ, ㄷ

해설

ㄱ. [강행규정] 미성년자의 법률행위에 법정대리인의 동의를 요하도록 하는 것은 강행규정인데, 위 규정에 반하여 이루어진 신용구매계약을 미성년자 스스로 취소하는 것을 신의칙 위반을 이유로 배척한다면, 이는 오히려 위 규정에 의해 배제하려는 결과를 실현시키는 셈이 되어 미성년자 제도의 입법 취지를 몰각시킬 우려가 있으므로, 법정대리인의 동의 없이 신용구매계약을 체결한 미성년자가 사후에 법정대리인의 동의 없음을 사유로 들어 이를 취소하는 것이 신의칙에 위배된 것이라고 할 수 없다(대판 2007.11.16. 2005다71659).
ㄴ. [임의규정] 과실의 귀속(취득)에 관한 제102조 규정은 당사자 사이의 내부관계를 정한 것에 불과하므로 임의규정이고, 따라서 당사자가 다른 약정을 할 수가 있다.
ㄷ. [임의규정] 법률행위의 일부무효법리에 관한 제137조 규정은 임의규정으로서 법률행위자치(의사자치)의 원칙이 지배하는 영역에서 그 적용이 없다(대판 2013.4.26. 2011다9068).

정답 | ④

07 강행법규에 위반한 법률행위에 관한 설명으로 옳은 것은? (다툼이 있으면 판례에 따름) [20행정사]

① 강행법규에 위반한 자가 스스로 그 약정의 무효를 주장하는 것은 특별한 사정이 없는 한 신의칙에 반한다.

② 형사사건에 대한 의뢰인과 변호사의 성공보수약정은 강행법규 위반으로서 무효일 뿐 반사회적 법률행위는 아니다.

③ 부동산을 등기하지 않고 순차적으로 매도하는 중간생략등기합의는 강행법규에 위반하여 무효이다.

④ 개업공인중개사가 중개의뢰인과 직접 거래하는 행위를 금지하는 공인중개사법 규정은 강행규정이 아니라 단속규정이다.

⑤ 강행법규를 위반하여 무효인 계약에 대해서는 그 상대방의 선의·무과실에 따라 표현대리 법리가 적용된다.

해설

① [×] 미성년자의 법률행위에 법정대리인의 동의를 요하도록 하는 것은 강행규정인데, 위 규정에 반하여 이루어진 신용구매계약을 미성년자 스스로 취소하는 것을 신의칙 위반을 이유로 배척한다면, 이는 오히려 위 규정에 의해 배제하려는 결과를 실현시키는 셈이 되어 미성년자 제도의 입법 취지를 몰각시킬 우려가 있으므로, 법정대리인의 동의 없이 신용구매계약을 체결한 미성년자가 사후에 법정대리인의 동의 없음을 사유로 들어 이를 취소하는 것이 신의칙에 위배된 것이라고 할 수 없다(대판 2007.11.16. 2005다71659).

② [×] 형사사건에 관하여 체결된 성공보수약정이 가져오는 여러 가지 사회적 폐단과 부작용 등을 고려하면, 구속영장청구 기각, 보석 석방, 집행유예나 무죄 판결 등과 같이 의뢰인에게 유리한 결과를 얻어내기 위한 변호사의 변론활동이나 직무수행 그 자체는 정당하다 하더라도, 형사사건에서의 성공보수약정은 수사·재판의 결과를 금전적인 대가와 결부시킴으로써, 기본적 인권의 옹호와 사회정의의 실현을 사명으로 하는 변호사 직무의 공공성을 저해하고, 의뢰인과 일반 국민의 사법제도에 대한 신뢰를 현저히 떨어뜨릴 위험이 있으므로, 선량한 풍속 기타 사회질서에 위배되는 것으로 평가할 수 있다(대판 2015.7.23. 전합 2015다200111).

③ [×] 부동산등기특별조치법상 조세포탈과 부동산투기 등을 방지하기 위하여 위 법률 제2조 제2항 및 제8조 제1호에서 등기하지 아니하고 제3자에게 전매하는 행위를 일정 목적범위 내에서 형사처벌하도록 되어 있으나 이로써 순차매도한 당사자 사이의 중간생략등기 합의에 관한 사법상 효력까지 무효로 한다는 취지는 아니다(대판 1993.1.26. 92다39112).

④ [○] 개업공인중개사 등이 중개의뢰인과 직접 거래를 하는 행위를 금지하는 공인중개사법 제33조 제6호의 규정 취지는 개업공인중개사 등이 거래상 알게 된 정보를 자신의 이익을 꾀하는데 이용하여 중개의뢰인의 이익을 해하는 경우가 있으므로 이를 방지하여 중개의뢰인을 보호하고자 함에 있는바, 위 규정에 위반하여 한 거래행위가 사법상의 효력까지도 부인하지 않으면 안 될 정도로 현저히 반사회성, 반도덕성을 지닌 것이라고 할 수 없을 뿐만 아니라 행위의 사법상의 효력을 부인하여야만 비로소 입법 목적을 달성할 수 있다고 볼 수 없고, 위 규정을 효력규정으로 보아 이에 위반한 거래행위를 일률적으로 무효라고 할 경우 중개의뢰인이 직접 거래임을 알면서도 자신의 이익을 위해 한 거래도 단지 직접 거래라는 이유로 효력이 부인되어 거래의 안전을 해칠 우려가 있으므로, 위 규정은 강행규정이 아니라 단속규정이다(대판 2017.2.3. 2016다259677).

⑤ [×] 계약체결의 요건을 규정하고 있는 강행법규에 위반한 계약은 무효이므로 그 경우에 계약상대방이 선의·무과실이더라도 제107조의 비진의표시의 법리 또는 표현대리 법리가 적용될 여지는 없다(대판 2016.5.12. 2013다49381).

정답 | ④

08 민법상 강행규정을 위반한 법률행위의 효과에 관한 설명으로 옳지 않은 것은? (다툼이 있으면 판례에 따름)

[23행정사]

① 강행규정을 위반한 법률행위는 당사자의 주장이 없더라도 법원이 직권으로 판단할 수 있다.

② 강행규정을 위반하여 확정적 무효가 된 법률행위는 특별한 사정이 없는 한 당사자의 추인에 의해 유효로 할 수 없다.

③ 강행규정에 위반하여 무효인 계약의 상대방이 그 위반사실에 대하여 선의·무과실이더라도 표현대리의 법리가 적용될 여지는 없다.

④ 강행규정에 위반한 약정을 한 자가 스스로 그 약정의 무효를 주장하는 것은 특별한 사정이 없는 한 신의성실 원칙에 반하여 허용될 수 없다.

⑤ 법률의 금지에 위반되는 행위라도 그것이 선량한 풍속 기타 사회질서에 위반하지 않는 경우에는 민법 제746조가 규정하는 불법원인에 해당하지 않는다.

해설

① [○] 신의성실의 원칙 위반 또는 권리남용은 강행규정에 위배되는 것으로서 당사자의 주장이 없더라도 법원은 직권으로 판단할 수 있다(대판 2015.3.20. 2013다88829).

② [○]

> **제139조(무효행위의 추인)** 「무효인 법률행위는 추인하여도 그 효력이 생기지 아니한다. 그러나 당사자가 그 무효임을 알고 추인한 때에는 새로운 법률행위로 본다.」

그러나 사회질서에 반하는 법률행위(제103조·제104조)나 강행규정 위반(제105조)의 경우와 같은 '절대적 무효'의 경우에는 추인에 의하여 유효로 될 수 없다(대판 2002.3.15. 2001다77352).

③ [○] 判例는 대리인이 강행규정에 위반되는 법률행위를 한 경우 표현대리를 적용할 수도 없다고 본다(대판 1996.8.23. 94다38199).

④ [×] 강행법규에 위반한 자가 스스로 그 약정의 무효를 주장하는 것이 신의칙에 위반되는 권리의 행사라는 이유로 그 주장을 배척한다면 이는 오히려 강행법규에 의하여 배제하려는 결과를 실현시키는 셈이 되어 입법 취지를 몰각하게 되므로 달리 특별한 사정이 없는 한 위와 같은 주장은 신의칙에 반하는 것이라고 할 수 없다(대판 2006.10.12. 2005다75729).

⑤ [○] 判例에 의하면 "설사 법률의 금지함(강행규정)에 위반한 경우라 할지라도 그것이 선량한 풍속 기타 사회질서에 위반하지 않는 경우에는 제746조14)의 불법에 해당하지 않는다."라고 보아 반환청구를 할 수 있다고 한다(대판 1983.11.22. 83다430).

정답 | ④

---

09 법률행위에 관한 설명으로 옳지 않은 것은? (다툼이 있으면 판례에 따름)

[19세무사]

① 강행법규에 위반한 계약에는 계약상대방이 선의·무과실이더라도 비진의표시의 법리 또는 표현대리 법리가 적용될 여지가 없다.

② 세무사법을 위반하여 세무사와 세무사 자격이 없는 사람 사이에 이루어진 세무대리의 동업 및 이익분배약정은 무효이다.

③ 강행법규를 위반한 자가 스스로 그 약정의 무효를 주장하는 것은 특별한 사정이 없는한 권리남용에 해당되거나 신의성실원칙에 반한다.

④ 법률행위 일부가 강행법규인 효력규정에 위반되어 무효가 되는 경우, 개별 법령에 일부무효의 효력에 관한 규정이 없다면 원칙적으로 법률행위의 전부가 무효가 된다.

⑤ 사법상의 계약 기타 법률행위가 일정한 행위를 금지하는 법 규정에 위반하여 행하여신 경우, 그 법률행위가 무효인가 또는 그 효력이 제한되는가의 여부는 당해 법규정의 해석에 따라 정해진다.

---

14) **제746조(불법원인급여)** 불법의 원인으로 인하여 재산을 급여하거나 노무를 제공한 때에는 그 이익(부당이득)의 반환을 청구하지 못한다. 그러나 그 불법원인이 수익자에게만 있는 때에는 그러하지 아니하다.

해설

① [○] 계약체결의 요건을 규정하고 있는 강행법규에 위반한 계약은 무효이므로 그 경우에 계약상대방이 선의·무과실이더라도 제107조의 비진의표시의 법리 또는 표현대리 법리가 적용될 여지는 없다(대판 2016.5.12. 2013다49381).

② [○] 세무사와 세무사 자격이 없는 사람 사이에 이루어진 세무대리의 동업 및 이익분배 약정은 무효이고, 나아가 그와 같이 무효인 약정을 종료시키면서 기왕의 출자금의 단순한 반환을 넘어 동업으로 인한 경제적 이익을 상호 분배하는 내용의 정산약정을 하였다면 이 또한 강행법규인 위 각 규정의 입법 취지를 몰각시키는 것으로서 무효이다(대판 2015.4.19. 2013다35788).

③ [×] 미성년자의 법률행위에 법정대리인의 동의를 요하도록 하는 것은 강행규정인데, 위 규정에 반하여 이루어진 신용구매계약을 미성년자 스스로 취소하는 것을 신의칙 위반을 이유로 배척한다면, 이는 오히려 위 규정에 의해 배제하려는 결과를 실현시키는 셈이 되어 미성년자 제도의 입법 취지를 몰각시킬 우려가 있으므로, 법정대리인의 동의 없이 신용구매계약을 체결한 미성년자가 사후에 법정대리인의 동의 없음을 사유로 들어 이를 취소하는 것이 신의칙에 위배된 것이라고 할 수 없다(대판 2007.11.16. 2005다71659).

④ [○] 법률행위의 일부가 강행법규인 효력규정에 위반되어 무효가 되는 경우 그 부분의 무효가 나머지 부분의 유효·무효에 영향을 미치는가의 여부를 판단할 때에는, 개별 법령이 일부 무효의 효력에 관한 규정을 두고 있는 경우에는 그에 따르고, 그러한 규정이 없다면 제137조 본문에서 정한 바에 따라서 원칙적으로 법률행위의 전부가 무효가 된다(대판 2017.11.9. 2015다44274).

⑤ [○] 사법상의 계약 기타 법률행위가 일정한 행위를 금지하는 구체적 법규정을 위반하여 행해진 경우에 법률행위가 무효인가 또는 법원이 법률행위 내용의 실현에 대한 조력을 거부하거나 다른 내용으로 효력을 제한하여야 하는가 여부는, 당해 법규정이 가지는 넓은 의미에서의 법률효과에 관한 문제로서, 법규정의 해석에 따라 정해진다(대판 2018.10.12. 2015다219528).

정답 | ③

제4관 법률행위 목적의 사회적 타당성

⊕ 핵심정리 제103조

1. 제103조에 의하여 무효로 되는 법률행위

ⅰ) 법률행위의 내용이 선량한 풍속 기타 사회질서에 위반되는 경우뿐만 아니라, ⅱ) 그 내용 자체는 반사회질서적인 것이 아니라고 하여도 법률적으로 이를 강제하거나 법률행위에 반사회질서적인 조건 또는 금전적인 대가가 결부됨으로써 반사회질서적 성질을 띠게 되는 경우 및 ⅲ) 표시되거나 '상대방에게 알려진' 법률행위의 동기가 반사회질서적인 경우를 포함한다(99다38613).

(1) 정의 관념에 반하는 행위

1) 형법상 범죄로 되는 행위를 목적으로 하는 계약처럼 '법률행위 자체'가 정의 관념에 반하는 행위

범죄행위에 해당한다고 하여 모두 반사회적 법률행위에 해당하는 것은 아니다. 예컨대 강제집행을 면할 '목적'으로 부동산에 허위의 근저당권설정등기를 마친 경우(2003다70041: 제108조 제1항에 해당하여 무효), 양도소득세를 회피할 '목적'으로 부동산을 명의신탁한 것이라 하더라도 그러한 이유 때문에 반사회적 법률행위로서 위 명의신탁이 무효라고 할 수 없다(96다16334: 부동산실명법 제4조 제1항에 해당하여 무효). 그러나 보험계약자가 다수의 보험계약을 통하여 보험금을 부정취득할 목적으로 보험계약을 체결한 경우, 이러한 보험계약은 선량한 풍속 기타 사회질서에 위반하여 무효이다(2009다12115).

2) 원래는 사회통념상 정당한 행위임에도 불구하고 그에 대한 '대가가 결합'함으로써 정의 관념에 반하는 행위

① [성공보수약정] 종전 판례는 민사 및 형사사건 모두 성공보수약정은 원칙적으로 유효하고, 다만 약정된 보수액이 부당하게 과다한 경우에는 예외적으로 상당한 범위 내의 보수액만을 청구할 수 있다고 보았는데, '형사사건의 성공보수약정'에 대해서는 수사·재판의 결과를 금전적인 대가와 결부시킴으로써, 변호사 직무의 공공성을 저해하고, 사법제도에 대한 신뢰를 현저히 떨어뜨릴 위험이 있으므로, 제103조에 의해 무효가 되는 것으로 견해를 바꾸었다(전합 2015다200111). ② [증언약정] ⊙ 타인의 소송에서 사실을 증언하는 조건으로 그 소송의 일방 당사자 등으로부터 통상적으로 용인될 수 있는 수준을 넘어서는 대가를 제공받기로 하는 약정은 무효이며(2009다56283), ⓒ '대가제공의 내용에 기존 채무의 변제를 위한 부분이 포함'되어 있더라도, 전체적으로 통상 용인될 수 있는 수준을 넘는 급부를 하기로 한 것이라면, 당해 약정은 기존 채무를 제외한 부분만이 아니라 '전부'가 제103조 위반으로 무효이다(2016다25140).

3) 부동산 이중매매(상세한 내용은 채권총론 참고)

判例는 '자유경쟁의 원칙'상 단지 이중매매라는 것만으로는 정의에 반한다고 보기 어려우나, 제2매수인이 매도인의 '배임행위에 적극가담'한 경우에는 정의관념에 반하므로 제103조 위반으로 무효라고 한다(93다55289).

☑ 부동산 이중매매 이외에 판례가 취하는 배임행위에 대한 적극가담의 법리

① [명의신탁해지 후 매매] 수탁자가 단순히 등기명의만 수탁받았을 뿐 그 부동산을 처분할 권한이 없는 줄을 잘 알면서 수탁자에게 실질소유자 몰래 수탁재산을 불법 처분하도록 유도한 경우(92다1148), ② [점유취득시효 완성 후 매매] 부동산에 관한 취득시효가 완성된 후 부동산소유자에게 취득시효를 주장하였는데 소유자가 제3자에게 처분하고 제3자가 이에 적극 가담한 경우(92다47892), ③ [제1매매 후 상속재산분할협의] 공동상속인 중의 1인이 상속부동산을 타인에게 매도한 후 등기 전에 다른 상속인이 매도인의 배임행위에 적극가담하는 형태로 상속재산을 협의분할하여 받은 경우, 상속재산 협의분할 중 '그 매도인의 법정상속분에 관한 부분'은 반사회적 법률행위로서 무효라고 한다(제137조 단서의 일부무효)(95다54426, 54433).

(2) 인륜에 반하는 행위

1) 혼인질서나 가족질서에 반하는 계약

일부일처제(제810조 참조)에 반하는 법률행위는 무효이다. 즉 첩계약은 처의 동의 유무에 관계없이 무효일 뿐만 아니라 본처에 대하여 불법행위가 성립한다(67다1134)[다만 본처가 기왕의 부첩관계에 대하여 용서한 때에는 그것이 손해배상청구권의 포기라고 해석되는 한 유효하다(96므1434)]. 아울러 부첩관계의 종료를 해제조건으로 하는 증여계약은 그 조건만이 무효인 것이 아니라 증여계약 자체가 무효이다(66다530)(제151조 제1항). 단, 첩에게 재산을 증여하는 것이 첩의 생존을 유지하고 출생한 자녀의 양육을 보장하기 위한 것인 때에는 유효하다(80다458).

2) 윤락행위와 관련한 약정

윤락행위를 목적으로 술을 파는 업소가 종업원에게 지급하였던 선불금에 따른 채권은 제103조 위반으로 무효이며, 이미 지급한 것은 불법원인급여에 해당하여 업주는 선불금의 반환을 청구할 수 없다(2004다27488).

(3) 지나치게 사행적인 행위

判例에 따르면 도박채무 부담행위 및 그 변제약정이 반사회질서 위반으로 무효라 하더라도, 그 무효는 변제약정의 이행행위에 해당하는 위 부동산을 제3자에게 처분한 대금으로 도박채무의 변제에 충당한 부분에 한정되고, 부동산 처분에 관한 대리권을 도박 채권자에게 수여한 행위 부분까지 무효라고 볼 수는 없으므로, 위와 같은 사정을 알지 못하는 거래 상대방인 제3자가 도박 채무자로부터 그 대리인인 도박 채권자를 통하여 위 부동산을 매수한 행위까지 무효가 된다고 할 수는 없다(94다40147).

(4) 법률행위의 성립과정에서 강박이라는 불법적 방법이 사용된 경우

判例는 강박행위는 그것 자체가 사회질서에 반할지라도 법률행위가 제110조에 의하여 취소될 수 있을 뿐 원칙적으로 제103조(제104조)에 의하여 무효는 아니라고 한다.

2. 반사회질서 법률행위의 효과

(1) 무효

이러한 무효는 '절대적'이고 '확정적'이어서, 당사자의 추인에 의하여 유효로 될 수 없고(72다2249), 이러한 무효는 이를 주장할 이익이 있는 자는 누구든지 무효를 주장할 수 있다(2015다11281). 아울러 최근 判例에 따르면 반사회적 법률행위에 따른 무효도 취소 등의 요건을 갖춘다면 선택적으로 취소를 주장할 수 있다고 한다(2014다234827).

(2) 부당이득반환

① 사회질서에 위반된 법률행위의 결과 상대방에게 부동산 소유권이전등기를 한 경우 이는 제746조의 불법원인급여에 해당하여 반환청구가 허용되지 않으며, 그 결과 '반사적 효과'로서 상대방에게 그 소유권이 귀속된다(전합 79다483).

② 그러나 주의할 것은 그렇다고 불법원인 급여를 받은 상대방이 제3자에게 소유권에 기한 물권적 청구권을 행사할 수 있는 것은 아니다. 만약 甲이 乙회사 직원의 배임행위에 적극가담하여 그에게 별도의 대가제공을 약속하면서 원래 공매대상이었던 乙회사 소유 X건물을 저렴하게 매수하고 甲명의로 소유권이전등기를 마쳤다면(제103조 위반) 그 후 甲이 X건물을 매매계약 전부터 사용하고 있는 불법점유자 丙을 상대로 소유권에 기해 X건물의 인도를 구하는 소를 제기하더라도 이는 인용될 수 없다(2015다11281).

(3) 제3자 보호

그 무효인 당사자로부터 목적물을 전득한 제3자도 보호받지 못한다(2007다82875). 다만 전득자는 독자적인 보호규정, 예컨대 선의취득 또는 취득시효의 요건을 갖춘 때에는 이에 의하여 권리를 취득하는 것이 가능하다.

10 甲은 그 소유의 X토지를 乙에게 매도하고 중도금까지 수령한 후 이전등기를 마치기 전에 이러한 사실을 잘 알고 있는 丙으로부터 X토지를 자신에게 매도하라는 적극적인 권유를 받았고, 甲은 이에 응하여 丙에게 X토지를 매도한 후 丙 명의로 소유권이전등기가 마쳐졌다. 다음 설명 중 옳지 않은 것은? (다툼이 있는 경우 판례에 의함)

[23경찰간부]

① 甲과 丙 사이의 매매계약은 무효이다.

② 乙은 甲을 대위하여 丙에 대해 소유권이전등기의 말소를 청구할 수 있다.

③ 甲은 丙을 상대로 丙에게 이전된 소유권을 부당이득으로 반환청구할 수 있다.

④ 乙은 X토지에 대한 소유권이전등기청구권 보전을 위해 甲·丙 사이에 체결된 매매계약에 대하여 채권자취소권을 행사할 수 없다.

해설

① [○] 부동산 이중매매는 '계약자유(자유경쟁)의 원칙'에 비추어 유효함이 원칙이다. 그러나 제2매수인이 매도인의 '배임행위에 적극 가담(권유)'한 경우에는 '정의관념'에 반하므로 반사회질서 행위로서 무효이다(대판 1994.3.11. 93다55289).

　▶ 제2매수인 丙은 이미 제1매수인 乙에게 매도된 X토지를 자신에게 매도하라는 적극적인 권유를 하였으므로 甲과 丙 사이의 이중매매는 제103조에 해당하여 무효이다.

② [○] ③ [×] 제1매수인은 매도인에 대한 소유권이전등기청구권이라는 '채권'을 보전하기 위해서 매도인의 제2매수인에 대한 등기말소청구권을 '대위[15]'할 수 있는지 문제된다. 반사회질서의 법률행위로 무효가 되는 경우에 있어서, 등기의 이전은 급여에 해당하고 매도인과 제2매수인 모두에게 불법의 원인이 있다고 보여지므로 제746조 본문이 적용된다고 할 수 있다. 따라서 매도인은 제2매수인의 등기의 말소를 청구할 수 없게 되고 결국 제1매수인은 '대위할 권리'가 없게 되어 소유권을 취득할 수 없게 되는 것이 아닌가 하는 의문이 있다.

이에 대해 判例는 "반사회적인 이중매매의 경우에 제1매수인은 매도인을 대위하여 제2매수인에 대해 등기의 말소를 청구할 수 있다."(대판 1983.4.26. 83다카57)고 하였다. 그러나 구체적인 논거는 제시하지 않았다.

　▶ 判例에 따르면 甲은 丙을 상대로 丙에게 이전된 소유권을 부당이득으로 반환청구할 수 없으나(제746조 본문), 이러한 甲의 丙에 대한 부당이득반환청구권(소유권이전등기의 말소)을 甲의 채권자 乙이 '대위'할 수는 있다고 한다(제404조).

④ [○] 判例는 채권자취소권[16]이 총채권자를 위한 책임재산의 보전제도라는 점을 들어 소유권이전등기청구권과 같은 '특정채권'을 보전하기 위하여는 행사될 수 없다고 한다(대판 1999.4.27. 98다56690)(제407조[17] 참고).

정답 | ③

11 사회질서에 반하는 법률행위에 해당하여 무효로 되는 것을 모두 고른 것은? (다툼이 있는 경우 판례에 의함)

[23경찰간부]

ㄱ. 무허가건물 소유자의 통상적인 임대행위

ㄴ. 형사사건에서 변호사가 성공보수금을 약정하는 행위

ㄷ. 성립과정에서 강박이라는 불법적 방법이 사용된 것에 불과한 법률행위

ㄹ. 변호사 아닌 자가 승소를 조건으로 소송의뢰인으로부터 소송물 일부를 양도받기로 약정하는 행위

① ㄱ, ㄴ

② ㄴ, ㄷ

③ ㄴ, ㄹ

④ ㄱ, ㄴ, ㄹ

---

15) **제404조(채권자대위권)** ① 채권자는 자기의 채권을 보전하기 위하여 채무자의 권리를 행사할 수 있다. 그러나 일신에 전속한 권리는 그러하지 아니하다.

16) **제406조(채권자취소권)** ① 채무자가 채권자를 해함을 알고 재산권을 목적으로 한 법률행위를 한 때에는 채권자는 그 취소 및 원상회복을 법원에 청구할 수 있다. 그러나 그 행위로 인하여 이익을 받은 자나 전득한 자가 그 행위 또는 전득당시에 채권자를 해함을 알지 못한 경우에는 그러하지 아니하다.

17) **제407조(채권자취소의 효력)** 전조의 규정에 의한 취소와 원상회복은 모든 채권자의 이익을 위하여 그 효력이 있다.

ㄱ. [유효] 무허가건물 소유자의 통상적인 임대행위는 유효하다(대판 1987.3.24. 86다카164 등 참고).
ㄴ. [무효] ⅰ) 判例는 '형사사건의 성공보수약정'은 수사·재판의 결과를 금전적인 대가와 결부시킴으로써, 변호사 직무의 공공성을 저해하고, 사법제도에 대한 신뢰를 현저히 떨어뜨릴 위험이 있으므로, 선량한 풍속 기타 사회질서에 위배된다고 하나(대판 2015.7.23. 전합 2015다200111), ⅱ) 민사사건은 대립하는 당사자 사이의 사법상 권리 또는 법률관계에 관한 쟁송으로서 형사사건과 달리 그 결과가 승소와 패소 등으로 나누어지므로 사적 자치의 원칙이나 계약자유의 원칙에 비추어 보더라도 '민사사건의 성공보수약정'이 허용됨에 아무런 문제가 없다고 한다. 다만 약정된 보수액이 부당하게 과다한 경우에는 예외적으로 상당한 범위 내의 보수액만을 청구할 수 있다고 판시하고 있다(대판 2009.7.9. 2009다21249; 대판 2018.5.17. 전합 2016다3583: 다만, 이러한 보수 청구의 제한은 어디까지나 계약자유의 원칙에 대한 예외를 인정하는 것이므로, 법원은 그에 관한 합리적인 근거를 명확히 밝혀야 한다).
ㄷ. [유효] 강박행위는 그것 자체가 사회질서에 반할지라도 법률행위가 제110조에 의하여 취소될 수 있을 뿐 원칙적으로 제103조에 해당하여 무효로 되지는 않는다(대판 1993.7.16. 92다41528, 92다41535).
ㄹ. [무효] 변호사 아닌 자가 승소를 조건으로 소송의뢰인으로부터 소송물 일부를 양도받기로 약정하는 행위는 그 자체가 반사회적 성질을 가진다(대판 1987.4.28. 86다카1802).

정답 | ③

12 반사회질서의 법률행위에 관한 설명으로 가장 적절하지 않은 것은? (다툼이 있는 경우 판례에 의함)

[23법학경채]

① 당사자가 불법도박의 자금에 제공할 목적으로 이를 알고 있는 상대방으로부터 금전을 차용한 때에 그 대차계약은 반사회질서의 법률행위에 해당한다.
② 보험계약자가 다수의 보험계약을 통하여 보험금을 부정취득할 목적으로 보험계약을 체결한 경우에도 그 보험계약은 민법 제103조 소정의 선량한 풍속 기타 사회질서에 반하는 계약에 해당하지 않는다.
③ 부동산 이중매매를 사회질서에 반하는 법률행위로서 무효라고 하기 위해서는 제2양수인이 양도인의 배임행위를 아는 것만으로는 부족하고, 나아가 그 배임행위를 유인, 교사하거나 이에 협력하는 등 적극 가담하는 것이 필요하다.
④ 어떠한 일이 있어도 이혼하지 아니하겠다는 각서를 써 준 경우에 그 의사표시는 신분행위의 의사결정을 구속하는 것으로서 공서양속에 위배하여 무효이다.

① [○] 법률행위의 내용이 선량한 풍속 기타 사회질서에 반하는 것이어야 한다. 이와 관련하여 判例는 "제103조에 의하여 무효로 되는 '법률행위'는 ⊙ 법률행위의 내용이 선량한 풍속 기타 사회질서에 위반되는 경우뿐만 아니라, ⓒ 그 내용 자체는 반사회질서적인 것이 아니라고 하여도 … (중략) … 표시되거나 상대방에게 알려진 법률행위의 동기가 반사회질서적인 경우를 포함(대판 2001.2.9. 99다38613)"하고, "도박자금에 제공할 '목적'(동기의 불법)으로 금전을 대여하는 계약이 이에 포함된다(대판 1959.7.16. 4291민상260)."고 한다.
② [×] 보험계약자가 다수의 보험계약을 통하여 보험금을 부정취득할 목적으로 보험계약을 체결한 경우, 이러한 보험계약은 선량한 풍속 기타 사회질서에 위반하여 무효이다(대판 2009.5.28. 2009다12115).
③ [○] 부동산 이중매매는 '계약자유(자유경쟁)의 원칙'에 비추어 유효함이 원칙이다. 그러나 제2매수인이 매도인의 '배임행위에 적극 가담(권유)'한 경우에는 '정의 관념'에 반하므로 반사회질서 행위로서 무효이다(대판 1994.3.11. 93다55289).
④ [○] 절대로 이혼하지 않겠다는 내용의 각서(대판 1969.8.19. 69므18)는 무효이다.

정답 | ②

13 반사회적 법률행위에 관한 설명으로 옳지 않은 것은? (다툼이 있으면 판례에 따름) [23세무사]

① 당사자 일방의 반사회적 동기가 법률행위 당시에 이미 상대방에게 알려졌다면 그 법률행위는 무효이다.

② 강제집행을 면할 목적으로 부동산에 허위의 근저당권설정등기를 경료하는 행위는 반사회적 법률행위로 볼 수 없다.

③ 해외파견된 근로자가 귀국일로부터 일정기간 소속회사에 근무하여야 한다는 사규나 약정은 반사회적 법률행위라고 할 수 없다.

④ 의무의 강제에 의하여 얻어지는 채권자의 이익에 비하여 약정된 위약벌이 과도하게 무겁다면 반사회적 법률행위가 될 수 있다.

⑤ 법률행위의 성립과정에서 강박이라는 불법적 방법이 사용되었다는 이유만으로도 반사회적 법률행위가 될 수 있다.

해설

① [O] 判例는 "제103조는 표시되거나 상대방에게 알려진 법률행위의 동기가 반사회질서적인 경우를 포함한다."라고 판시하고 있다(대판 2001.2.9. 99다38613).

② [O] 형법상 범죄로 되는 행위를 목적으로 하는 계약이 전형적인 것이며, 이에 한하지 않고 이에 준하는 부정행위를 하는 계약도 정의에 반하는 계약으로 무효가 된다. 그러나 범죄행위에 해당한다고 하여 모두 반사회적 법률행위에 해당하는 것은 아니다. 예컨대 세금포탈, 강제집행 면탈 목적인 경우에 그 자체로 반사회적 법률행위에 해당하는 것은 아니다(대판 2004.5.28. 2003다70041).

③ [O] 해외파견된 근로자가 귀국일로부터 일정기간 소속회사에 근무하여야 한다는 사규나 약정은 민법 제103조 또는 제104조에 위반된다고 할 수 없고, 일정기간 근무하지 않으면 해외 파견 소요경비를 배상한다는 사규나 약정은 근로계약기간이 아니라 경비반환채무의 면제기간을 정한 것이므로 근로기준법 제21조에 위배하는 것도 아니다(대판 1982.6.22. 82다카90).

④ [O] 의무의 강제에 의하여 얻어지는 채권자의 이익에 비해 약정된 '위약벌[18]'이 과도하게 무거울 때에는 그 일부 또는 전부가 공서양속에 반하여 무효로 된다(대판 2015.12.10. 2014다14511: 계약이행의 대가인 58억 원의 3배 가까이 되는 146억 원을 위약벌로 정한 사안에서 제103조 위반으로 무효라고 판단한 사안).

⑤ [×] 강박행위는 그것 자체가 사회질서에 반할지라도 법률행위가 제110조에 의하여 취소될 수 있을 뿐 원칙적으로 제103조에 해당하여 무효로 되지는 않는다(대판 1993.7.16. 92다41528, 92다41535).

정답 | ⑤

14 다음의 내용 중 옳지 않은 것은? (다툼이 있는 경우 판례에 의함) [22경찰간부]

① 불공정한 법률행위에 관한 민법 제104조는 공경매에도 적용된다.

② 특별한 사정이 없는 한, 부첩관계를 해소하면서 상대방의 장래 생활대책 마련을 위해 복수의 부동산 중 한 필지를 증여하기로 하는 당사자 간의 약정은 유효이다.

③ 민사소송에 관한 변호사선임계약에서 부당하게 과다하지 않은 성공보수 약정은 특별한 사정이 없는 한 반사회질서의 법률행위에 해당하지 않는다.

④ 제1매수인으로부터 부동산의 매매대금 전부를 지급받은 매도인이 이 사실을 알고 있는 제2매수인과 그 부동산에 대한 매매계약을 체결한 경우, 특별한 사정이 없는 한 그 제2매수인과의 부동산매매계약은 유효이다.

---

18) 위약벌은 당사자 사이에 의무이행을 확보하기 위하여 의무부담자에게 압력을 가하기 위한 수단으로 약정되는 '사적 제재(私的 制裁)'로서 채무불이행이 있으면 채무자는 손해의 유무를 묻지 않고 또 실제 손해가 있으면 위약벌 외에 이 손해도 배상하여야 한다.

해설

① [×] 제104조는 사적자치의 원칙에 대한 제한원리이므로 '공경매'에는 적용되지 않는다(대결 1980.3.21. 80마77).

② [○] 일부일처제(제810조 참조)에 반하는 법률행위는 무효이다. 즉, 첩계약은 처의 동의 유무에 관계없이 무효일 뿐만 아니라 본처에 대하여 불법행위가 성립한다. 아울러 부첩관계의 종료를 해제조건으로 하는 증여계약은 그 조건만이 무효인 것이 아니라 증여계약 자체가 무효이다(대판 1966.6.21. 66다530)(제151조 제1항). 그러나 첩에게 재산을 증여하는 것이 불륜관계의 계속을 위해서가 아니라 첩계약을 '종료'시키면서 첩의 생존을 유지하고 출생한 자녀의 양육을 보장하기 위한 것인 때에는 유효하다(대판 1980.6.24. 80다458).

③ [○] 종전 判例는 민사 및 형사사건 모두 성공보수약정은 원칙적으로 유효하고, 다만 약정된 보수액이 부당하게 과다한 경우에는 예외적으로 상당한 범위 내의 보수액만을 청구할 수 있다고 보았는데(대판 2009.7.9. 2009다21249; 대판 2018.5.17. 전합 2016다3583; 다만, 이러한 보수 청구의 제한은 어디까지나 계약자유의 원칙에 대한 예외를 인정하는 것이므로, 법원은 그에 관한 합리적인 근거를 명확히 밝혀야 한다), '형사사건의 성공보수약정'에 대해서는 수사·재판의 결과를 금전적인 대가와 결부시킴으로써, 변호사 직무의 공공성을 저해하고, 사법제도에 대한 신뢰를 현저히 떨어뜨릴 위험이 있으므로, 제103조에 의해 무효가 되는 것으로 견해를 바꾸었다(대판 2015.7.23. 전합 2015다200111).

　▶ 따라서 여전히 민사소송에 관한 변호사선임계약에서 부당하게 과다하지 않은 성공보수 약정은 특별한 사정이 없는 한 반사회질서의 법률행위에 해당하지 않는다.

④ [○] 부동산 이중매매와 관련하여 통설·判例는 '자유경쟁의 원칙'상 단지 이중매매라는 것만으로는 정의에 반한다고 보기 어려우나, 제2매수인이 매도인의 '배임행위에 적극가담'한 경우에는 정의관념에 반하므로 제103조 위반으로 무효라고 한다(대판 1994.3.11. 93다55289).

　▶ 따라서 제2매수인이 단순악의인 사정만으로는 이중매매가 제103조 위반으로 무효라고 볼 수 없다.

정답 | ①

---

15 선량한 풍속 기타 사회질서에 반하는 법률행위에 해당하지 않는 것은? (다툼이 있으면 판례에 따름) [23행정사]

① 살인할 것을 조건으로 증여한 경우

② 형사사건에 관하여 보수약정과 별개로 성공보수를 약정한 경우

③ 강제집행을 면할 목적으로 부동산에 허위의 근저당권등기를 마친 경우

④ 수증자가 매도인의 매수인에 대한 배임행위에 적극 가담하여 매매목적 부동산을 증여받은 경우

⑤ 당초부터 오로지 보험사고를 가장하여 보험금을 취득할 목적으로 생명보험계약을 체결한 경우

해설

①⑤ [○] ③ [×] 형법상 범죄로 되는 행위를 목적으로 하는 계약처럼 '법률행위 자체'가 정의 관념에 반하는 행위는 제103조의 '선량한 풍속 기타 사회질서에 반하는 법률행위'에 해당하여 무효이다. 따라서 살인할 것을 조건으로 증여한 경우, 보험계약자가 <u>다수의 보험계약을 통하여 보험금을 부정취득할 목적</u>으로 보험계약을 체결한 경우, 이러한 보험계약은 선량한 풍속 기타 사회질서에 위반하여 무효이다(대판 2009.5.28. 2009다12115).

그러나 범죄행위에 해당한다고 하여 모두 반사회적 법률행위에 해당하는 것은 아니다. 예컨대 <u>세금포탈, 강제집행 면탈 목적인 경우</u>에 그 자체로 반사회적 법률행위에 해당하는 것은 아니다. 따라서 강제집행을 면할 '목적'으로 부동산에 허위의 근저당권설정등기를 마친 것이라 하더라도 그러한 이유 때문에 반사회적 법률행위로서 무효라고 할 수 없다(대판 2004.5.28. 2003다70041: 다만, 제108조 제1항에 해당하여 무효).

② [○] ㉠ 判例는 '형사사건의 성공보수약정'은 수사·재판의 결과를 금전적인 대가와 결부시킴으로써, 변호사 직무의 공공성을 저해하고, 사법제도에 대한 신뢰를 현저히 떨어뜨릴 위험이 있으므로, 선량한 풍속 기타 사회질서에 위배된다고 하나(대판 2015.7.23. 전합 2015다200111), ㉡ 민사사건은 대립하는 당사자 사이의 사법상 권리 또는 법률관계에 관한 쟁송으로서 형사사건과 달리 그 결과가 승소와 패소 등으로 나누어지므로 사적 자치의 원칙이나 계약자유의 원칙에 비추어 보더라도 '민사사건의 성공보수약정'이 허용됨에 아무런 문제가 없다고 한다. 다만, 약정된 보수액이 부당하게 과다한 경우에는 예외적으로 상당한 범위 내의 보수액만을 청구할 수 있다고 판시하고 있다(대판 2009.7.9. 2009다21249; 대판 2018.5.17. 선합 2016다3583: 다만, 이러한 보수 청구의 제한은 어디까지나 계약자유의 원칙에 대한 예외를 인정하는 것이므로, 법원은 그에 관한 합리적인 근거를 명확히 밝혀야 한다).

④ [O] 부동산 이중매매는 '계약자유(자유경쟁)의 원칙'에 비추어 유효함이 원칙이다. 그러나 제2매수인이 매도인의 '배임행위에 적극 가담(권유)'한 경우에는 '정의관념'에 반하므로 반사회질서 행위로서 무효이다(대판 1994.3.11. 93다55289). 동일한 취지에서 아버지가 그 소유 부동산을 원고에게 매도하여 원고로부터 등기독촉을 받고 있는 사정을 알면서 아버지로부터 위 부동산을 증여받은 경우에는 제103조에 해당하여 무효이다(대판 1982.2.9. 81다1134).

정답 | ③

16 다음의 사례에 대한 설명 중 적절하지 않은 것을 모두 고른 것은? (다툼이 있는 경우 판례에 의함)[21법학경채]

甲은 A지방자치단체의 계약담당공무원인 乙에게 A가 발주하는 공사를 자신이 수주할 수 있도록 도와줄 것과 그 대가로 청자를 줄 것을 제안하고, 이를 수락한 乙에게 청자를 주었다. 그러나 그 공사는 甲에게 낙찰되지 않았으며, 乙은 실수로 청자를 깨뜨렸다.

ㄱ. 甲과 乙 간의 계약은 무효이다.
ㄴ. 만일, 해당 공사가 甲에게 낙찰되었다면 甲과 乙 간의 계약은 유효이다.
ㄷ. 만일, 甲이 乙에게 청자를 인도하기 전이라면 甲은 乙의 청구에 따라 乙에게 청자를 인도하여야 한다.
ㄹ. 甲이 乙에게 청자의 반환을 청구하였을 경우에 乙은 甲에게 깨진 청자 또는 그 대가를 반환할 필요가 없다.

① ㄱ, ㄴ
② ㄴ, ㄷ
③ ㄷ, ㄹ
④ ㄱ, ㄹ

해설

ㄱ. [O] ㄴ. [×] '위임계약'이 행정청의 허가 등을 목적으로 하는 신청행위를 대상으로 하는 경우에 수임인이 허가를 얻기 위하여 공무원의 직무 관련 사항에 관하여 특별한 청탁을 하면서 '뇌물공여 등 로비를 하는 자금이 보수액에 포함'되어 있다면 위임계약은 반사회질서적인 조건이 결부됨으로써 제103조에 따라 무효이다(대판 2016.2.18. 2015다35560).

ㄷ. [×] 사회질서에 위반된 법률행위는 무효이다(제103조). 이에 따른 무효는 '절대적'이고 '확정적'이어서, 당사자의 추인에 의하여 유효로 될 수 없다(대판 1973.5.22. 72다2249).
▶ 따라서 乙이 청구하더라도 甲은 청자를 인도할 필요가 없다.

ㄹ. [O] 사회질서에 위반된 법률행위의 결과 상대방에게 부동산 소유권이전등기를 한 경우 이는 제746조의 불법원인급여에 해당하여 반환청구가 허용되지 않으며, 그 결과 '반사적 효과'로서 상대방에게 그 소유권이 귀속된다. 따라서 급여한 물건의 소유권이 여전히 자기에게 있다고 하여 소유권에 기한 반환청구도 할 수 없다(대판 1979.11.13. 전합 79다483).

정답 | ②

17 반사회질서의 법률행위에 관한 설명으로 옳지 않은 것은? (다툼이 있으면 판례에 따름) [22세무사]

① 법률행위가 반사회질서의 법률행위로서 무효가 되는지는 법률행위 당시를 기준으로 판단하여야 한다.

② 어떠한 경우에도 이혼하지 않겠다는 약정은 반사회질서의 법률행위에 해당한다.

③ 반사회질서의 법률행위에 의하여 조성된 비자금을 소극적으로 은닉하기 위하여 임치한 것은 반사회질서의 법률행위로 볼 수 없다.

④ 상대방에게 표시된 법률행위의 동기가 사회질서에 반하는 경우에는 반사회질서의 법률행위가 성립할 수 있다.

⑤ 계약당사자의 자유의사에 의하여 불가항력으로 인한 손해를 계약당사자의 일방만이 부담한다는 특약을 한 경우, 특별한 사정이 없는 한 반사회질서의 법률행위에 해당한다.

해설

① [○] 원칙적으로 '법률행위시'를 기준으로 한다(대판 2015.7.23. 2015다200111). 다만, 법률행위시에는 유효하였으나 그 후 사정변경으로 사회질서 위반으로 된 결과 그 이행의 요구가 신의칙에 위반되는 때에는 그 이행을 거절할 수 있다(대판 2001.11.9. 2001다44987).

② [○] 어떠한 일이 있더라도 이혼하지 않겠다는 각서를 배우자의 한 쪽이 다른 쪽에 교부하였다 하여도, 그것은 신분행위의 의사결정을 구속하는 것으로서 무효이다(대판 1969.8.19. 69므18).

③ [○] 반사회적 행위에 의하여 조성된 재산이 이른바 비자금을 소극적으로 은닉하기 위하여 임치한 것이 사회질서에 반하는 법률행위로 볼 수 없다(대판 2001.4.10. 2000다49343).

④ [○] 판례는 "민법 제103조에 의하여 무효로 되는 법률행위는 법률행위의 내용이 선량한 풍속 기타 사회질서에 위반되는 경우뿐만 아니라, 그 내용 자체는 반사회질서적인 것이 아니라고 하여도 법률적으로 이를 강제하거나 법률행위에 반사회질서적인 조건 또는 금전적인 대가가 결부됨으로써 반사회질서적 성질을 띠게 되는 경우 및 표시되거나 상대방에게 알려진 법률행위의 동기가 반사회질서적인 경우를 포함한다."(대판 2001.2.9. 99다38613)라고 판시한 바 있다.

⑤ [×] 불가항력으로 인한 손해를 계약당사자의 일방만이 부담한다는 내용의 특약을 하였다 하더라도 이를 당연무효라고 할 수 없다(대판 1963.5.15. 63다111).

정답 | ⑤

18 반사회질서 법률행위에 관한 설명으로 옳지 않은 것은? (다툼이 있으면 판례에 따름) [20행정사]

① 해외파견 근로자의 귀국 후 일정기간 소속 회사에 근무토록 한 약정은 특별한 사정이 없는 한 반사회적 법률행위라고 할 수 없다.

② 반사회적 법률행위로서 무효인 계약은 당사자가 무효임을 알고 추인하여도 원칙적으로는 새로운 법률행위로 볼 수 없다.

③ 매매계약의 동기가 반사회적이고 그 동기가 외부에 표시된 경우 그 매매계약은 무효이다.

④ 어느 법률행위가 선량한 풍속 기타 사회질서에 위반하는지는 특별한 사정이 없는 한 그 법률행위 당시를 기준으로 판단한다.

⑤ 수사기관에서 허위 진술의 대가를 지급하기로 한 약정은 그 대가가 적정하다면 반사회적 법률행위에 해당하지 않는다.

해설

① [○] 해외파견된 근로자가 귀국일로부터 일정기간 소속회사에 근무하여야 한다는 사규나 약정은 제103조 또는 제104조에 위반된다고 할 수 없고, 일정기간 근무하지 않으면 해외 파견 소요경비를 배상한다는 사규나 약정은 근로계약기간이 아니라 경비반환채무의 면제기간을 정한 것이므로 근로기준법 제21조에 위배하는 것도 아니다(대판 1982.6.22. 82다카90).

② [○] 사회질서에 위반된 법률행위는 무효이다(제103조). 이에 따른 무효는 '절대적'이고 '확정적'이어서, 당사자의 추인에 의하여 유효로 될 수 없다(대판 1973.5.22. 72다2249).

③ [○] 判例는 "제103조는 표시되거나 상대방에게 알려진 법률행위의 동기가 반사회질서적인 경우를 포함한다."라고 판시하고 있다(대판 2001.2.9. 99다38613).

④ [○] 원칙적으로 '법률행위시'를 기준으로 한다. 다만, 법률행위시에는 유효하였으나 그 후 사정변경으로 사회질서 위반으로 된 결과 그 이행의 요구가 신의칙에 위반되는 때에는 그 이행을 거절할 수 있다(대판 2001.11.9. 2001다44987).

관련판례 선량한 풍속 기타 사회질서는 부단히 변천하는 가치관념으로서 어느 법률행위가 이에 위반되어 제103조에 의하여 무효인지는 법률행위가 이루어진 때를 기준으로 판단하여야 하고, 또한 그 법률행위가 유효로 인정될 경우의 부작용, 거래자유의 보장 및 규제의 필요성, 사회적 비난의 정도, 당사자 사이의 이익균형 등 제반 사정을 종합적으로 고려하여 사회통념에 따라 합리적으로 판단하여야 한다(대판 2015.7.23. 전합 2015다200111).

⑤ [×] 정당행위에 의하여 이익을 얻게 되는 자가 감사의 뜻으로 금전적 대가를 지급하는 것은 사회에서 흔히 있는 일이므로 이를 일률적으로 반사회적 행위로 볼 수는 없다. 그러나 '대가에 관한 약정'이라면 그 '급부의 상당성 여부를 판단할 필요 없이' 제103조에 위반된다(대판 2001.4.24. 2000다71999).

정답 | ⑤

19 다음 중 민법 제103조 반사회질서의 법률행위에 해당하지 않는 것을 모두 고른 것은? (다툼이 있는 경우 판례에 의함)

[22법학경채]

ㄱ 형사사건에서 변호사의 성공보수 약정
ㄴ 어느 당사자가 그 증언이 필요함을 기화로 증언하여 주는 대가로 통상적으로 용인될 수 있는 정도의 급부를 제공받기로 한 약정
ㄷ 부첩관계를 해소하면서 장래의 생활대책을 마련해 주기 위해 금전지급을 약정하는 행위
ㄹ 제2매수인이 매도인의 배임행위에 적극 가담하여 이루어진 부동산의 이중매매계약
ㅁ 부첩관계인 부부생활의 종료를 해제조건으로 하는 증여계약

① ㄱ, ㄴ
② ㄴ, ㄷ
③ ㄷ, ㄹ
④ ㄷ, ㅁ

해설

ㄱ [제103조 위반에 해당] 종전 判例는 민사 및 형사사건 모두 성공보수약정은 원칙적으로 유효하고, 다만 약정된 보수액이 부당하게 과다한 경우에는 예외적으로 상당한 범위 내의 보수액만을 청구할 수 있다고 보았는데(대판 2009.7.9. 2009다21249; 대판 2018.5.17. 전합 2016다3583; 다만, 이러한 보수 청구의 제한은 어디까지나 계약자유의 원칙에 대한 예외를 인정하는 것이므로, 법원은 그에 관한 합리적인 근거를 명확히 밝혀야 한다), '형사사건의 성공보수약정'에 대해서는 수사·재판의 결과를 금전적인 대가와 결부시킴으로써, 변호사 직무의 공공성을 저해하고, 사법제도에 대한 신뢰를 현저히 떨어뜨릴 위험이 있으므로, 제103조에 의해 무효가 되는 것으로 견해를 바꾸었다(대판 2015.7.23. 전합 2015다200111).

ㄴ [제103조 위반이 아님] 타인의 소송에서 사실을 증언하는 증인이 그 증언을 조건으로 그 소송의 일방 당사자 등으로부터 '통상적으로 용인'될 수 있는 수준을 넘어서는 대가를 제공받기로 하는 약정은 무효이다(대판 2010.7.29. 2009다56283).
▶ 통상적으로 용인할 수 있는 정도 급부를 제공받기로 한 약정은 제103조 위반으로 볼 수 없다.

ㄷ [제103조 위반이 아님] ㅁ [제103조 위반에 해당] 일부일처제(제810조 참조)에 반하는 법률행위는 무효이다. 부첩관계의 종료를 해제조건으로 하는 증여계약은 그 조건만이 무효인 것이 아니라 증여계약 자체가 무효이다(대판 1966.6.21. 66다530)(제151조 제1항). 그러나 첩에게 재산을 증여하는 것이 불륜관계의 계속을 위해서가 아니라 첩계약을 '종료'시키면서 첩의 생존을 유지하고 출생한 자녀의 양육을 보장하기 위한 것인 때에는 유효하다(대판 1980.6.24. 80다458).

ㄹ [제103조 위반에 해당] 부동산 이중매매는 '계약자유의 원칙'에 비추어 유효함이 원칙이다. 그러나 제2매수인이 매도인의 '배임행위에 적극 가담'한 경우에는 반사회질서 행위로서 무효가 된다(대판 1977.4.12. 75다1780).

정답 | ②

20 반사회질서의 법률행위에 해당하는 것을 모두 고른 것은? (다툼이 있으면 판례에 따름)

> ㄱ. 수사기관에서 참고인으로 자신이 잘 알지 못하는 내용에 대한 허위 진술의 대가로 작성된 각서에 기한 급부의 약정
> ㄴ. 강제집행을 면하기 위해 부동산에 허위의 근저당권설정등기를 경료하는 행위
> ㄷ. 전통사찰의 주지직을 거액의 금품을 대가로 양도·양수하기로 하는 약정이 있음을 알고도 이를 묵인한 상태에서 한 종교법인의 주지임명행위

① ㄱ   ② ㄷ   ③ ㄱ, ㄴ

④ ㄴ, ㄷ   ⑤ ㄱ, ㄴ, ㄷ

해설

ㄱ. [○] 수사기관에서 참고인으로 진술하면서 자신이 잘 알지 못하는 내용에 대하여 허위의 진술을 하는 경우에 그 허위 진술행위가 범죄행위를 구성하지 않는다고 하여도 이러한 행위 자체는 국가사회의 일반적인 도덕관념이나 국가사회의 공공질서이익에 반하는 행위라고 볼 것이니, 그 급부의 상당성 여부를 판단할 필요 없이 허위 진술의 대가로 작성된 각서에 기한 급부의 약정은 민법 제103조 소정의 반사회적질서행위로 무효이다(대판 2001.4.24. 2000다71999).

ㄴ. [×] 강제집행 면탈 목적인 경우에 그 자체로 반사회적 법률행위에 해당하는 것은 아니다. 따라서 강제집행을 면할 '목적'으로 부동산에 허위의 근저당권설정등기를 마친 경우 무효라고 할 수 없다(대판 2004.5.28. 2003다70041).

ㄷ. [×] 전통사찰의 주지직을 거액의 금품을 대가로 양도·양수하기로 하는 약정이 있음을 알고도 이를 묵인 혹은 방조한 상태에서 한 종교법인의 주지임명행위는 그 임명행위 자체가 선량한 풍속 기타 사회질서에 반한다고 할 수는 없고, 법률적으로 이를 강제하거나, 법률행위에 반사회질서적인 조건이나 금전적 대가가 결부됨으로써 반사회질서적 성질을 띠게 되는 경우 또는 표시되거나 상대방에게 알려진 법률행위의 동기가 반사회질서적인 경우에도 해당한다고 보기도 어렵다(대판 2001.2.9. 99다38613).

정답 | ①

21 반사회질서의 법률행위에 대한 설명 중 가장 적절하지 않은 것은? (다툼이 있는 경우 판례에 의함)

① 반사회질서의 법률행위는 형사법규에 저촉되는 범죄행위에 국한되지 않는다.

② 부동산 이중매매가 반사회적 법률행위에 해당하는 경우 당해 부동산을 제2매수인으로부터 다시 취득한 제3자가 제3매수인이 당해 부동산의 소유권을 유효하게 취득한 것으로 믿었다면, 이중매매계약이 유효하다고 주장할 수 있다.

③ 양도소득세를 회피하기 위한 방법으로 매매계약을 체결하였더라도 그 매매계약이 반사회적 법률행위로서 무효라고 할 수 없다.

④ "공무원의 직무에 관한 사항에 관하여 특별한 청탁을 하게 하고 그 보수로 돈을 지급한다"는 내용의 약정은 사회질서에 반하여 무효이다.

해설

① [○] 반사회질서의 법률행위는 반드시 형사법규에 저촉되는 범죄행위에 국한되지 아니한다(대판 1972.10.31. 72다1455).

② [×] 이중매매계약이 제103조에 해당하여 '절대적 무효'인 경우, 당해 부동산을 제2매수인으로부터 다시 취득한 제3자는 설사 제2매수인이 당해 부동산의 소유권을 유효하게 취득한 것으로 믿었더라도 이중매매계약이 유효하다고 주장할 수 없다(대판 1996.10.25. 96다29151).

③ [○] 범죄행위에 해당한다고 하여 모두 반사회적 법률행위에 해당하는 것은 아니다. 예컨대 세금포탈, 강제집행 면탈 목적인 경우에 그 자체로 반사회적 법률행위에 해당하는 것은 아니다. ⊙ 즉, 양도소득세의 일부를 회피할 '목적'으로 매매계약서에 실제로 거래한 가액을 매매대금으로 기재하지 아니하고 그보다 낮은 금액을 매매대금으로 기재한 경우(대판 2007.6.14. 2007다3285), ⓒ 강제집행을 면할 '목적'으로 부동산에 허위의 근저당권설정등기를 마치거나(대판 2004.5.28. 2003다70041; 다만, 제108조 제1항에 해당하여 무효) ⓒ 양도소득세를 회피할 '목적'으로 부동산을 명의신탁한 것이라 하더라도 그러한 이유 때문에 반사회적 법률행위로서 위 명의신탁이 무효라고 할 수 없다(대판 1991.9.13. 96다16334, 16341; 다만, 부동산실명법 제4조 제1항에 해당하여 무효).

④ [○] '위임계약'이 행정청의 허가 등을 목적으로 하는 신청행위를 대상으로 하는 경우에 수임인이 허가를 얻기 위하여 공무원의 직무 관련 사항에 관하여 특별한 청탁을 하면서 '뇌물공여 등 로비를 하는 자금이 보수액에 포함'되어 있다면 위임계약은 반사회질서적인 조건이 결부됨으로써 제103조에 따라 무효이다(대판 2016.2.18. 2015다35560).

정답 | ②

---

22 반사회질서의 법률행위에 해당하는 것은? (다툼이 있으면 판례에 따름) [20세무사]

① 부첩관계 단절을 정지조건으로 하는 금전지급약정
② 강제집행을 면할 목적으로 부동산에 허위의 근저당권설정등기를 마친 행위
③ 양도소득세를 회피하기 위해 자신 앞으로 소유권이전등기를 하지 않은 채로 체결한 매매계약
④ 수사기관에 허위 진술을 해주는 대가로 금전을 지급하기로 하는 약정
⑤ 비자금을 소극적으로 은닉하기 위한 임치계약

해설

① [×] 일부일처제에 반하는 법률행위는 무효이다. 즉, 첩계약은 처의 동의 유무에 관계없이 무효일 뿐만 아니라 본처에 대하여 불법행위가 성립한다. 아울러 부첩관계의 종료를 해제조건으로 하는 증여계약은 그 조건만이 무효인 것이 아니라 증여계약 자체가 무효이다(대판 1966.6.21. 66다530). 그러나 첩에게 재산을 증여하는 것이 불륜관계의 계속을 위해서가 아니라 첩의 생존을 유지하고 출생한 자녀의 양육을 보장하기 위한 것인 때에는 유효하다(대판 1980.6.24. 80다458).

▶ 부첩관계를 해소하기로 하는 마당에 노력과 비용등의 희생을 배상 내지 위자하고 또 원고의 장래 생활대책을 마련해 준다는 뜻에서 금원을 지급하기로 약정한 것이라면 부첩관계를 해소하는 마당에 위와 같은 의미의 금전지급약정은 공서양속에 반하지 않는다.

②③ [×] 범죄행위에 해당한다고 하여 모두 반사회적 법률행위에 해당하는 것은 아니다. 예컨대 세금포탈, 강제집행 면탈 목적인 경우에 그 자체로 반사회적 법률행위에 해당하는 것은 아니다. ⊙ 즉, 양도소득세의 일부를 회피할 '목적'으로 매매계약서에 실제로 거래한 가액을 매매대금으로 기재하지 아니하고 그보다 낮은 금액을 매매대금으로 기재한 경우(대판 2007.6.14. 2007다3285), ⓒ 강제집행을 면할 '목적'으로 부동산에 허위의 근저당권설정등기를 마치거나(대판 2004.5.28. 2003다70041; 다만, 제108조 제1항에 해당하여 무효) ⓒ 양도소득세를 회피할 '목적'으로 부동산을 명의신탁(자신 앞으로 소유권이전등기를 하지 않고 타인 명의로 소유권이전등기 경료)한 것이라 하더라도 그러한 이유 때문에 반사회적 법률행위로서 위 명의신탁이 무효라고 할 수 없다(대판 1991.9.13. 96다16334, 16341; 다만, 부동산실명법 제4조 제1항에 해당하여 무효).

④ [○] 정당행위에 의하여 이익을 얻게 되는 자가 감사의 뜻으로 금전적 대가를 지급하는 것은 사회에서 흔히 있는 일이므로 이를 일률적으로 반사회적 행위로 볼 수는 없다. 그러나 '허위진술의 대가에 관한 약정'이라면 그 급부의 상당성 여부를 판단할 필요 없이 제103조에 위반된다(대판 2001.4.24. 2000다71999).

⑤ [×] 반사회적 행위에 의하여 조성된 재산인 이른바 비자금을 소극적으로 은닉하기 위하여 임치(보관)한 것이 사회질서에 반하는 법률행위로 볼 수 없다(대판 2001.4.10. 2000다49343).

정답 | ④

23 반사회질서의 법률행위가 아닌 것은? (다툼이 있으면 판례에 따름)

① 변호사가 아닌 자가 승소를 조건으로 소송당사자로부터 소송목적물의 일부를 양도받기로 한 경우

② 수증자가 매도인의 배임행위에 적극 가담하여 그로부터 매매목적물을 증여받은 경우

③ 해외연수 근로자가 귀국 후 일정기간 근무하지 않으면 그 소요경비를 배상한다는 약정을 한 경우

④ 보험계약자가 다수의 보험계약을 통하여 보험금을 부정 취득할 목적으로 보험계약을 체결한 경우

⑤ 부첩관계의 종료를 해제조건으로 하여 증여계약이 체결된 경우

해설

① [○] 변호사 아닌 甲과 소송당사자인 乙이 甲은 乙이 소송당사자로 된 민사소송사건에 관하여 乙을 승소시켜주고 乙은 소송물의 일부인 임야지분을 그 대가로 甲에게 양도하기로 약정한 경우, 위 약정은 강행법규인 변호사법 제78조 제2호에 위반되는 반사회적 법률행위로서 무효이다.

② [○] **부동산 이중매매**와 관련하여 통설·判例는 '자유경쟁의 원칙'상 단지 이중매매라는 것만으로는 정의에 반한다고 보기 어려우나, 제2매수인이 매도인의 '배임행위에 적극가담'한 경우에는 정의관념에 반하므로 제103조 위반으로 무효라고 한다(대판 1994.3.11. 93다55289). 여기서 '적극 가담'이란 목적물이 제1양수인에게 양도된 사실을 제2양수인이 안다는 것만으로 부족하고, 적어도 양도인의 배임행위에 공모 내지 협력하거나 양도사실을 알면서 제2양도행위를 요청하거나 유도하여 계약에 이르게 하는 정도가 되어야 한다(대판 1994.3.11. 93다55289). 아버지가 그 소유 부동산을 원고에게 매도하여 원고로부터 등기독촉을 받고 있는 사정을 알면서 아버지로부터 위 부동산을 증여받은 경우(대판 1982.2.9. 81다1134)가 이에 해당한다.

③ [×] 해외파견된 근로자가 귀국일로부터 일정기간 소속회사에 근무하여야 한다는 사규나 약정은 제103조 또는 제104조에 위반된다고 할 수 없고, 일정기간 근무하지 않으면 해외 파견 소요경비를 배상한다는 사규나 약정은 근로계약기간이 아니라 경비반환채무의 면제기간을 정한 것이므로 근로기준법 제21조에 위배하는 것도 아니다(대판 1982.6.22. 82다카90).

④ [○] 보험계약자가 다수의 보험계약을 통하여 보험금을 부정취득할 목적으로 보험계약을 체결한 경우, 이러한 보험계약은 선량한 풍속 기타 사회질서에 위반하여 무효이다(대판 2009.5.28. 2009다12115).

⑤ [○] 부첩관계의 종료를 해제조건으로 하는 증여계약은 그 조건만이 무효인 것이 아니라 증여계약 자체가 무효이다(대판 1966.6.21. 66다530).

정답 | ③

24 제103조의 반사회질서의 법률행위에 관한 설명 중 가장 적절하지 않은 것은?

① 당사자가 도박의 자금에 제공할 목적으로 금전의 대차계약을 한 경우, 그 대차계약은 반사회질서의 법률행위에 해당한다.

② 강제집행을 면할 목적으로 부동산에 허위의 근저당권설정등기를 경료하는 행위는 반사회질서의 법률행위에 해당한다.

③ 법률행위의 내용 그 자체는 반사회질서적인 것이 아니라고 하여도, 법률행위에 반사회질서적인 조건이 결부됨으로써 반사회질서적 성질을 띠게 되면, 그 법률행위는 제103조에 의하여 무효로 된다.

④ 피보험자를 살해하여 보험금을 편취할 목적으로 체결한 생명보험계약은 사회질서에 위배되는 행위로서 무효이다.

해설

① [○] 도박자금에 제공할 목적으로 금전의 대차를 한 때에는 그 대차계약은 제103조의 반사회질서의 법률행위로 무효이다(대판 1973.5.22. 72다2249).

② [×] 범죄행위에 해당한다고 하여 모두 반사회적 법률행위에 해당하는 것은 아니다. 예컨대 세금포탈, 강제집행 면탈 목적인 경우에 그 자체로 반사회적 법률행위에 해당하는 것은 아니다. ㉠ 즉, 양도소득세의 일부를 회피할 '목적'으로 매매계약서에 실제로 거래한 가액을 매매대금으로 기재하지 아니하고 그보다 낮은 금액을 매매대금으로 기재한 경우(대판 2007.6.14. 2007다3285), ㉡ 강제집행을 면할 '목적'으로 부동산에 허위의 근저당권설정등기를 마치거나(대판 2004.5.28. 2003다70041; 다만, 제108조 제1항에 해당하여 무효) ㉢ 양도소득세를 회피할 '목적'으로 부동산을 명의신탁(자신 앞으로 소유권이전등기를 하지 않고 타인 명의로 소유권이전등기 경료)한 것이라 하더라도 그러한 이유 때문에 반사회적 법률행위로서 위 명의신탁이 무효라고 할 수 없다(대판 1991.9.13. 96다16334, 16341; 다만, 부동산실명법 제4조 제1항에 해당하여 무효).

③ [○] 제103조에 의하여 무효로 되는 '법률행위'는 ㉠ 법률행위의 내용이 선량한 풍속 기타 사회질서에 위반되는 경우뿐만 아니라, ㉡ 그 내용 자체는 반사회질서적인 것이 아니라고 하여도 ⅰ) 법률적으로 이를 강제하거나(혼인하지 않기로 하고, 위반 시 위약금을 지급하기로 하는 약정 등 자유로워야 할 법률행위를 법률적으로 강제하는 것), ⅱ) 법률행위에 반사회질서적인 조건 또는 ⅲ) 금전적인 대가가 결부됨으로써 반사회질서적 성질을 띠게 되는 경우 및 ⅳ) 표시되거나 상대방에게 알려진 법률행위의 동기가 반사회질서적인 경우를 포함한다(대판 2001.2.9. 99다38613).

④ [○] 피보험자를 살해하여 보험금을 편취할 목적으로 체결한 생명보험계약은 사회질서에 위배되는 행위로서 무효이다(대판 2000.2.11. 99다49064).

정답 | ②

---

25 법률행위 내용의 사회적 타당성에 관한 설명으로 옳지 않은 것은? (다툼이 있으면 판례에 의함) [18소방간부]

① 형사사건에 관하여 의뢰인과 변호사 사이의 성공보수약정은 선량한 풍속 기타 사회질서에 위반되어 무효이다.

② 어느 법률행위가 선량한 풍속 기타 사회질서에 위반되어 무효가 되는지는 법률행위가 이루어진 때를 기준으로 판단하여야 한다.

③ 법률행위의 당사자가 법령 중의 선량한 풍속 기타 사회질서와 관계없는 규정과 다른 의사를 표시한 때에는 그 의사에 의한다.

④ 지방자치단체가 골프장사업계획승인과 관련하여 사업자로부터 기부금을 지급받기로 한 증여계약은 사회질서에 반하여 무효이다.

⑤ 사회적 타당성을 잃은 법률행위의 당사자는 그 무효로써 그 법률행위의 유효를 믿은 선의의 제3자에게 대항할 수 없다.

① [○] 형사사건에 관하여 체결된 성공보수약정이 가져오는 여러 가지 사회적 폐단과 부작용 등을 고려하면, 구속영장청구 기각, 보석 석방, 집행유예나 무죄 판결 등과 같이 의뢰인에게 유리한 결과를 얻어내기 위한 변호사의 변론활동이나 직무수행 그 자체는 정당하다 하더라도, 형사사건에서의 성공보수약정은 수사·재판의 결과를 금전적인 대가와 결부시킴으로써, 기본적 인권의 옹호와 사회정의의 실현을 사명으로 하는 변호사 직무의 공공성을 저해하고, 의뢰인과 일반 국민의 사법제도에 대한 신뢰를 현저히 떨어뜨릴 위험이 있으므로, 선량한 풍속 기타 사회질서에 위배되는 것으로 평가할 수 있다(대판 2015.7.23. 전합 2015다200111).

② [○] 선량한 풍속 기타 사회질서는 부단히 변천하는 가치관념으로서 어느 법률행위가 이에 위반되어 제103조에 의하여 무효인지는 법률행위가 이루어진 때를 기준으로 판단하여야 하고, 또한 그 법률행위가 유효로 인정될 경우의 부작용, 거래자유의 보장 및 규제의 필요성, 사회적 비난의 정도, 당사자 사이의 이익균형 등 제반 사정을 종합적으로 고려하여 사회통념에 따라 합리적으로 판단하여야 한다(대판 2015.7.23. 전합 2015다200111).

③ [○]

> 제105조(임의규정) 「법률행위의 당사자가 법령 중의 선량한 풍속 기타 사회질서에 관계없는 규정과 다른 의사를 표시한 때에는 그 의사에 의한다.」

④ [○] 지방자치단체가 골프장사업계획승인과 관련하여 사업자로부터 기부금을 지급받기로 한 증여계약은 공무수행과 결부된 금전적 대가로서 그 조건이나 동기가 사회질서에 반하므로 제103조에 의해 무효이다(대판 2009.12.10. 2007다63966).

⑤ [×] 반사회적 법률행위는 절대적 무효이므로, 선의의 제3자에게도 대항할 수 있다(대판 2008.3.27. 2007다82875).

정답 | ⑤

---

26 반사회적 법률행위로서 무효인 경우에 해당하지 않는 것은? (다툼이 있으면 판례에 의함) [20소방간부]

① 보험계약자가 다수의 보험계약을 통하여 보험금을 부정취득할 목적으로 체결한 보험계약

② 당사자가 도박자금에 제공할 목적으로 금전대차를 한 후 그 무효임을 알고 추인한 경우

③ 소송에서 허위가 아닌 진실대로 증언해 줄 것을 조건으로 통상적으로 용인될 수 있는 정도를 초과하는 급부를 제공받기로 한 약정

④ 부첩관계의 종료를 해제조건으로 하는 증여계약

⑤ 부정행위(不正行爲)를 용서받는 대가로 손해를 배상함과 아울러 가정에 충실하겠다는 취지에서 처(妻)에게 부동산을 양도하되, 부부관계가 유지되는 동안에는 처(妻)가 임의로 처분할 수 없다는 제한을 붙인 약정

해설

① [○] 보험계약자가 다수의 보험계약을 통하여 보험금을 부정취득할 목적으로 보험계약을 체결한 경우, 이러한 보험계약은 선량한 풍속 기타 사회질서에 위반하여 무효이다(대판 2009.5.28. 2009다12115).

② [○] 도박자금에 제공할 목적으로 금전의 대차를 한 때에는 그 대차계약은 제103조의 반사회질서의 법률행위로 무효이다(대판 1973.5.22. 72다2249).

③ [○] 타인의 소송에서 사실을 증언하는 증인이 그 증언을 조건으로 그 소송의 일방 당사자 등으로부터 '통상적으로 용인'될 수 있는 수준을 넘어서는 대가를 제공받기로 하는 약정은 무효이다(대판 2010.7.29. 2009다56283).

④ [○] 부첩관계의 종료를 해제조건으로 하는 증여계약은 그 조건만이 무효인 것이 아니라 증여계약 자체가 무효이다(대판 1966.6.21. 66다530).

⑤ [×] 부정행위를 용서받는 대가로 손해를 배상함과 아울러 가정에 충실하겠다는 서약의 취지에서 처에게 부동산을 양도하되, 부부관계가 유지되는 동안에는 처가 임의로 처분할 수 없다는 제한을 붙인 약정은 선량한 풍속 기타 사회질서에 위반되는 것이라고 볼 수 없다(대판 1992.10.27. 92므204, 211).

정답 | ⑤

27 甲이 그 소유의 X주택을 乙에게 매도하였다. 甲이 소유권이전등기를 마치기 전에 그 사정을 잘 아는 丙은 망설이는 甲에게 X주택을 그에게 매도할 것을 적극권유하였다. 甲은 X주택을 다시 丙에게 매도하고 소유권이전등기를 마쳤다. 이에 관한 설명으로 옳은 것만을 <보기>에서 있는 대로 고른 것은? (다툼이 있으면 판례에 의함)

[24소방간부]

ㄱ. 乙은 甲에게 채무불이행을 이유로 손해배상을 청구할 수 있다.
ㄴ. 乙은 甲과의 매매계약을 해제할 수 있다.
ㄷ. 乙은 丙에게 불법행위를 이유로 손해배상을 청구할 수 있다.
ㄹ. 丙으로부터 X주택을 매수·취득한 제3자는 그가 선의일 때에도 甲과 丙의 매매계약의 유효를 乙에게 주장할 수 없다.

① ㄱ, ㄴ   ② ㄱ, ㄹ   ③ ㄱ, ㄴ, ㄹ
④ ㄴ, ㄷ, ㄹ   ⑤ ㄱ, ㄴ, ㄷ, ㄹ

해설

㉠ [○]
> **제390조(채무불이행과 손해배상)** 「채무자가 채무의 내용에 좇은 이행을 하지 아니한 때에는 채권자는 손해배상을 청구할 수 있다. 그러나 채무자의 고의나 과실없이 이행할 수 없게 된 때에는 그러하지 아니하다.」

▶ 甲과 乙은 매매계약을 체결하였으므로, 乙은 매매계약의 불이행을 이유로 손해배상을 청구할 수 있다.

㉡ [○]
> **제544조(이행지체와 해제)** 「당사자 일방이 그 채무를 이행하지 아니하는 때에는 상대방은 상당한 기간을 정하여 그 이행을 최고하고 그 기간 내에 이행하지 아니한 때에는 계약을 해제할 수 있다. 그러나 채무자가 미리 이행하지 아니할 의사를 표시한 경우에는 최고를 요하지 아니한다.」

▶ 乙은 甲을 대위하여 丙에게 소유권이전등기말소청구의 소를 제기할 수 있는바, 소유권의 회복이 가능하다는 점에서 이행불능 상태에 있다고 볼 수는 없다(대판 2010.4.29. 2009다99129 참조). 다만, 甲의 乙에 대한 소유권이전등기를 경료하여 줄 의무의 이행지체를 이유로 계약해제는 가능하다.

㉢ [○] 독립한 경제주체 간의 경쟁적 계약관계에 있어서는 단순히 제3자가 채무자와 채권자 간의 계약내용을 '알면서' 채무자와 채권자 간에 체결된 계약에 위반되는 내용의 계약을 체결한 것만으로는 제3자의 고의·과실 및 위법성을 인정하기에 부족하고, ⅰ) 제3자가 채무자와 적극 공모하였다거나 또는 ⅱ) 제3자가 기망·협박 등 사회상규에 반하는 수단을 사용하거나 ⅲ) 채권자를 해할 의사로 채무자와 계약을 체결하였다는 등의 특별한 사정이 있는 경우에 한하여 제3자의 고의·과실 및 위법성을 인정하여야 한다(대판 2001.5.8. 99다38699).

▶ 丙은 제1매매계약이 있었음을 알면서도 적극적으로 제2매매계약 체결을 권유하였기 때문에 고의, 과실을 인정할 수 있어 제3자 채권침해를 이유로 한 불법행위 책임이 성립한다.

㉣ [○] 부동산의 이중매매가 반사회적 법률행위에 해당하는 경우에는 이중매매계약은 절대적으로 무효이므로, 당해 부동산을 제2매수인으로부터 다시 취득한 제3자는 설사 제2매수인이 당해 부동산의 소유권을 유효하게 취득한 것으로 믿었더라도 이중매매계약이 유효하다고 주장할 수 없다(대판 1996.10.25. 96다29151).

▶ 丙으로부터 다시 매수한 자는 선의이더라도 별도의 제3자 보호규정도 없고, 등기의 공신력도 인정되지 않는 현행 민법상 보호될 수 없다.

정답 │ ⑤

28 甲이 자신의 X 부동산을 乙에게 매도하고 중도금까지 수령하였는데, 그 사실을 잘 아는 丙은 甲의 배임행위에 적극 가담하여 매매계약을 체결하고 자신의 명의로 X 부동산에 대해 소유권이전등기를 마쳤다. 이에 관한 설명으로 옳은 것은? (다툼이 있으면 판례에 의함)   [19소방간부]

① 甲 · 丙 사이의 매매계약은 유효하다.
② 乙은 丙에게 X 부동산의 소유권이전등기를 청구할 수 있다.
③ 甲은 丙에게 X 부동산의 소유권이전등기의 말소를 청구할 수 없다.
④ 乙은 甲을 대위하여 丙에게 X 부동산의 소유권이전등기의 말소를 청구할 수 없다.
⑤ 만약 丁이 丙으로부터 X 부동산을 전득할 당시 선의이면 丁은 X 부동산의 소유권을 취득한다.

해설

① [×] 부동산 이중매매는 '계약자유의 원칙'에 비추어 유효함이 원칙이다. 그러나 제2매수인이 매도인의 '배임행위에 적극 가담'한 경우에는 반사회질서 행위로서 무효가 된다(대판 1977.4.12. 75다1780).

[관련판례] 이중매매를 사회질서에 반하는 법률행위로서 무효라고 하기 위하여는, 제2매수인이 이중매매 사실을 아는 것만으로는 부족하고, 나아가 매도인의 배임행위(또는 배신행위)를 유인, 교사하거나 이에 협력하는 등 적극적으로 가담하는 것이 필요하며, 그와 같은 사유가 있는지를 판단할 때에는 이중매매계약에 이른 경위, 약정된 대가 등 계약 내용의 상당성 또는 특수성 및 양도인과 제2매수인의 관계 등을 종합적으로 살펴보아야 한다(대판 2013.6.27. 2011다5813).

② [×] 매도인의 매수인에 대한 배임행위에 가담하여 증여를 받아 이를 원인으로 소유권이전등기를 경료한 수증자에 대하여 매수인은 매도인을 대위하여 위 등기의 말소를 청구할 수는 있으나 직접 청구할 수는 없다는 것은 형식주의 아래서의 등기청구권의 성질에 비추어 당연하다(대판 1983.4.26. 83다카57).

▶ 매매의 경우에도 마찬가지 법리가 적용된다.

③ [○] 제746조는 단지 부당이득제도만을 제한하는 것이 아니라 동법 제103조와 함께 사법의 기본이념으로서, 결국 사회적 타당성이 없는 행위를 한 사람은 스스로 불법한 행위를 주장하여 복구를 그 형식 여하에 불구하고 소구할 수 없다는 이상을 표현한 것이므로, 급여를 한 사람은 그 원인행위가 법률상 무효라 하여 상대방에게 부당이득반환청구를 할 수 없음은 물론 급여한 물건의 소유권은 여전히 자기에게 있다고 하여 소유권에 기한 반환청구도 할 수 없고 따라서 급여한 물건의 소유권은 급여를 받은 상대방에게 귀속된다(대판 1979.11.13. 79다483).

④ [×] 반사회적인 이중매매의 경우에 제1매수인은 매도인을 대위하여 제2매수인에 대해 등기의 말소를 청구할 수 있다(대판 1983.4.26. 83다카57)라고 하였다.

▶ 그러나 判例는 구체적인 논거는 제시하지 않았다.

⑤ [×] 예외적으로 권리자가 부실등기를 알면서 방치한 경우에는 제108조 제2항 유추적용이 가능하나(대판 1991.12.27. 91다3208), 判例에 따르면 제103조 위반으로 무효가 되면 이는 '절대적 무효'이므로 그 무효인 당사자로부터 목적물을 전득한 제3자도 보호받지 못한다고 한다(대판 2008.3.27. 2007다82875).

정답 | ③

29 제103조와 관련한 다음 설명 중 옳은 것은? (다툼이 있을 경우 판례에 따를 것) [출제예상]

① 보험계약자가 타인의 생활상의 부양이나 경제적 지원을 목적으로 보험자와 사이에 타인을 보험수익자로 하는 생명보험이나 상해보험 계약을 체결하였으나, 만약 위 보험계약이 제103조 소정의 선량한 풍속 기타 사회질서에 반하여 무효라면 보험자가 이미 보험수익자에게 급부한 것은 불법원인급여이므로 반환을 구할 수 없다.

② 업무상 재해로 사망한 근로자의 직계가족 등을 특별채용하기로 하는 단체협약은 선량한 풍속 기타 사회질서에 반하여 무효이다.

③ 공동상속인(甲과 乙) 중 甲이 丙에게 상속부동산을 매도한 후 소유권이전등기를 경료하기 전에, 그 매매사실을 알고 있는 乙이 甲을 교사하여 그 부동산을 乙의 소유로 하는 상속재산 협의분할을 하여 그 명의로 소유권이전등기를 한 경우, 丙은 甲을 대위하여 상속부동산 전부에 대해 소유권이전등기말소를 청구할 수 있다.

④ 보험계약자가 다수의 보험계약을 통하여 보험금을 부정취득할 목적으로 보험계약을 체결한 경우 보험계약은 제103조의 선량한 풍속 기타 사회질서에 반하여 무효이다. 제103조 위반으로 인한 보험계약의 무효와 고지의무 위반을 이유로 한 보험계약의 해지나 취소는 그 요건이나 효과가 다르지만 각각의 요건을 모두 충족한다면 위와 같은 구제수단이 병존적으로 인정되고, 이 경우 보험자는 보험계약의 무효, 해지 또는 취소를 선택적으로 주장할 수 있다.

해설

① [×] ⅰ) 보험계약자가 다수의 보험계약을 통하여 보험금을 부정취득할 목적으로 보험계약을 체결한 경우, 이러한 목적으로 체결된 보험계약에 의하여 보험금을 지급하게 하는 것은 보험계약을 악용하여 부정한 이득을 얻고자 하는 사행심을 조장함으로써 사회적 상당성을 일탈하게 될 뿐만 아니라, 합리적인 위험의 분산이라는 보험제도의 목적을 해치고 위험발생의 우발성을 파괴하며 다수의 선량한 보험가입자들의 희생을 초래하여 보험제도의 근간을 해치게 되므로, 이와 같은 보험계약은 제103조 소정의 선량한 풍속 기타 사회질서에 반하여 무효라고 할 것이다. 한편 보험계약자가 그 보험금을 부정취득할 목적으로 다수의 보험계약을 체결하였는지에 관하여는 이를 직접적으로 인정할 증거가 없더라도, 보험계약자의 직업 및 재산상태, 다수의 보험계약의 체결 경위, 보험계약의 규모, 보험계약 체결 후의 정황 등 제반 사정에 기하여 그와 같은 목적을 추인할 수 있다. ⅱ) 보험계약자가 타인의 생활상의 부양이나 경제적 지원을 목적으로 보험자와 사이에 타인을 보험수익자로 하는 생명보험이나 상해보험 계약을 체결하여 보험수익자가 보험금 청구권을 취득한 경우, 보험자의 보험수익자에 대한 급부는 보험수익자에 대한 보험자 자신의 고유한 채무를 이행한 것이다. 따라서 보험자는 보험계약이 무효이거나 해제되었다는 것을 이유로 보험수익자를 상대로 하여 그가 이미 보험수익자에게 급부한 것의 반환을 구할 수 있고, 이는 타인을 위한 생명보험이나 상해보험이 제3자를 위한 계약의 성질을 가지고 있다고 하더라도 달리 볼 수 없다(대판 2018.9.13. 2016다255125).
▶ 불법의 원인은 보험계약자에게만 있고, 보험자와 보험수익자에게는 불법의 원인이 없으므로 제746조가 아니라 제741조가 적용된 사례이다.

② [×] 사용자가 노동조합과의 단체교섭에 따라 업무상 재해로 인한 사망 등 일정한 사유가 발생하는 경우 조합원의 직계가족 등을 채용하기로 하는 내용의 단체협약을 체결하였다면, 그와 같은 단체협약이 사용자의 채용의 자유를 과도하게 제한하는 정도에 이르거나 채용 기회의 공정성을 현저히 해하는 결과를 초래하는 등의 특별한 사정이 없는 한 선량한 풍속 기타 사회질서에 반한다고 단정할 수 없다(대판 2020.8.27. 전합 2016다248998).

③ [×] 공동상속인 중 1인이 제3자에게 상속 부동산을 매도한 뒤 그 앞으로 소유권이전등기가 경료되기 전에 그 매도인과 다른 공동상속인들 간에 그 부동산을 매도인 외의 다른 상속인 1인의 소유로 하는 내용의 상속재산 협의분할이 이루어져 그 앞으로 소유권이전등기를 한 경우에, 그 상속재산 협의분할은 상속개시된 때에 소급하여 효력이 발생하고 등기를 경료하지 아니한 제3자는 제1015조 단서 소정의 소급효가 제한되는 제3자에 해당하지 아니하는바, 이 경우 상속재산 협의분할로 부동산을 단독으로 상속한 자가 협의분할 이전에 공동상속인 중 1인이 그 부동산을 제3자에게 매도한 사실을 알면서도 상속재산 협의분할을 하였을 뿐 아니라, 그 매도인의 배임행위(또는 배신행위)를 유인·교사하거나 이에 협력하는 등 적극적으로 가담한 경우에는 그 상속재산 협의분할 중 그 '매도인의 법정상속분에 관한 부분'은 제103조 소정의 반사회질서의 법률행위에 해당한다(대판 1996.4.26. 95다54426, 54433).
▶ 지문에서 상속부동산 전부가 아니라 매도인 甲의 상속분에 한하여 '일부무효'가 된다(제137조 단서).

④ [○] **반사회적 법률행위에 따른 무효와 해지·취소의 경합 여부(적극)**
보험계약자가 다수의 보험계약을 통하여 보험금을 부정취득할 목적으로 보험계약을 체결한 경우 보험계약은 제103조의 선량한 풍속 기타 사회질서에 반하여 무효이다. 보험계약을 체결하면서 중요한 사항에 관한 보험계약자의 고지의무 위반이 사기에 해당하는 경우에는 보험자는 상법의 규정에 의하여 계약을 해지할 수 있음은 물론 보험계약에서 정한 취소권 규정이나 민법의 일반원칙에 따라 보험계약을 취소할 수 있다. 따라서 보험금을 부정취득할 목적으로 다수의 보험계약이 체결된 경우에 제103조 위반으로 인한 보험계약의 무효와 고지의무 위반을 이유로 한 보험계약의 해지나 취소는 그 요건이나 효과가 다르지만, 개별적인 사안에서 각각의 요건을 모두 충족한다면 위와 같은 구제수단이 병존적으로 인정되고, 이 경우 보험자는 보험계약의 무효, 해지 또는 취소를 선택적으로 주장할 수 있다(대판 2017.4.7. 2014다234827).

정답 | ④

제5관 불공정한 법률행위

⊕ 핵심정리 제104조

1. 불공정한 법률행위의 요건

① 객관적 요건으로 ⅰ) '법률행위시를 기준'으로 급부와 반대급부의 '현저한' 불균형이 존재하고, ⅱ) 피해자의 궁박·경솔·무경험 중 어느 하나가 존재해야 한다(경솔·무경험은 대리인을 기준, 궁박은 본인을 기준). ② 주관적 요건으로 判例는 피해당사자의 사정을 알면서 이를 이용하려는 의사, 즉 폭리자의 의도(악의)를 요구하고 있다.

2. 제103조와의 관계

제103조와 제104조의 관계에 대해 判例는 제104조가 제103조의 예시에 지나지 않는 것으로 해석한다(99다56833 참고). 이에 의하면 제104조의 요건에 해당하지 않더라도 제103조의 요건을 충족하여 무효가 될 수 있다.

3. 효과

① [절대적 무효] 불공정한 법률행위는 절대적, 확정적 무효이다(제104조). 따라서 목적부동산이 제3자에게 이전된 경우에 제3자가 선의라 하여도 그 소유권을 취득하지 못하고(63다479), 추인에 의해서도 그 법률행위가 유효로 될 수 없다(94다10900).

② [불법원인급여] 부당이득반환과 관련하여 불법의 원인이 폭리행위자에게만 있으므로 상대방, 즉 피해자는 제746조 단서에 의해 이행한 것의 반환을 청구할 수 있는 데 반해, 폭리행위자는 제746조 본문에 의해 자기가 이행한 것의 반환을 청구할 수 없다.

③ [무효행위의 전환] 判例는 매매대금의 과다로 말미암아 불공정한 법률행위에 해당하는 매매계약에 대해서, 선행하는 조정절차에서 제시된 금액을 기준으로 당사자의 가정적 의사를 추론하여 그 매매대금을 '적정한 금액'으로 감액하여 매매계약의 유효성을 인정하였다. 즉, 제104조에 해당하여 무효인 경우에도 제138조(무효행위의 전환)가 적용될 수 있다고 한다(2009다50308).

4. 적용범위

判例는 ① 구속된 남편을 구하기 위하여 궁박한 상태에서 '채권을 포기하는 행위'(단독행위)는 불공정한 법률행위에 해당한다(75다92)고 한다. ② 그러나 '기부행위'(무상행위)와 같이 아무런 대가관계 없이 일방이 상대방에게 일방적인 급부를 하는 법률행위는 급부와 반대급부의 불균형의 문제는 발생하지 않는다(99다56833)고 한다. 다만 외형상 당사자 일방이 상대방에게 일방적인 급부를 하는 경우라 하더라도 그 이면에 실질적인 반대급부(대가적인 재산상 이익)가 있으면 제104조가 적용될 수 있다. 따라서 상간자(相姦者)에 대하여 간통으로 인한 위자료청구권을 포기하는 대신에 그로부터 일정한 돈을 받기로 한 경우에는 제104조가 적용될 수 있지만(96다47951), 제3자로서 진정한 것을 취하하는 대가로 피진정인에게서 일정한 돈을 받기로 한 경우에는 제104조가 적용될 수 없다(99다56833)[사안에서 대법원은 '진정이나 그 취하하는 원고(제3자)가 국민으로서 가지는 청원권의 행사 및 그 철회에 해당하여 성질상 대가적 재산적 이익'으로 평가될 수 없다고 보고 있다].

---

30 불공정한 법률행위(민법 제104조)에 관한 설명으로 옳은 것은? (다툼이 있는 경우 판례에 의함) [23경찰간부]

① 민법 제104조는 무상계약에도 적용될 수 있다.

② 민법 제104조는 경매에 의한 재산권 이전의 경우에도 적용될 수 있다.

③ 민법 제104조에 따라 무효인 법률행위는 원칙적으로 추인에 의하여 유효로 될 수 있다.

④ 단독행위의 경우에도 대가관계를 상정할 수 있는 한 민법 제104조가 적용될 수 있다.

해설

① [×] 判例는 "기부행위(증여계약)와 같이 아무런 대가관계 없이 일방이 상대방에게 일방적인 급부를 하는 법률행위는 그 공정성 여부를 논의할 수 있는 성질의 법률행위가 아니다."(대판 2000.2.11. 99다56833)라고 판시함으로써 편무·무상계약은 '원칙적'으로 제104조가 적용되지 않는다는 입장을 취하고 있다.

② [×] 제104조는 사적자치의 원칙에 대한 제한원리이므로 '공경매'에는 적용되지 않는다(대결 1980.3.21. 80마77).

③ [×] 불공정한 법률행위는 절대적, 확정적 무효이다(제104조). 따라서 <u>추인에 의해서도 그 법률행위가 유효로 될 수 없다</u>(대판 1994.6.24. 94다10900).

④ [○] 구속된 남편을 구하기 위하여 궁박한 상태에서 '채권을 포기하는 행위'(단독행위)는 불공정한 법률행위에 해당한다고 판시한바 있다(대판 1975.5.13. 75다92). 즉, 단독행위의 경우에도 대가관계를 상정할 수 있는 한 제104조가 적용될 수 있다.

정답 | ④

---

31 민법 제104조(불공정한 법률행위)에 관한 설명으로 가장 적절하지 않은 것은? (다툼이 있는 경우 판례에 의함)

[23법학경채]

① 피해 당사자의 상대방 당사자에게 폭리행위의 악의가 없으면 불공정한 법률행위가 성립하지 않는다.

② 객관적으로 급부와 반대급부 사이에 현저한 불균형이 존재하지 않으면 불공정한 법률행위가 성립하지 않는다.

③ 특별한 사정이 없는 한 법률행위가 불공정한 법률행위로서 무효인 경우에는 추인에 의하여 유효로 될 수 없다.

④ 대리인에 의하여 법률행위가 이루어진 경우에 그 법률행위가 불공정한 법률행위에 해당하는지 여부를 판단함에 있어서 경솔과 무경험은 본인을 기준으로 하여 판단한다.

해설

① [○] 피해당사자가 궁박·경솔 또는 무경험의 상태에 있었다고 하더라도 그 상대방 당사자에게 피해당사자의 사정을 알면서 이를 이용하려는 의사, 즉 폭리행위의 악의가 없었다면 불공정한 법률행위는 성립하지 않는다(대판 1986.12.23. 86다카536).

② [○] 判例는 급부와 반대급부 사이에 2배 정도의 불균형이 있는 정도로는 현저한 불균형으로 인정하지 않는 등 제104조를 적용함에 있어 신중한 태도를 보이고 있다. 그리고 어떠한 법률행위가 불공정한 법률행위에 해당하는지는 '법률행위시'를 기준으로 판단하여야 한다(대판 2013.9.26. 2010다42075).

③ [○] 불공정한 법률행위는 절대적, 확정적 무효이다(제104조). 따라서 추인에 의해서도 그 법률행위가 유효로 될 수 없다(대판 1994.6.24. 94다10900).

④ [×] 피해자의 대리인에 의한 법률행위의 경우 법률행위시를 기준으로 경솔·무경험은 대리인을 기준으로 하여야 하고, 궁박은 본인을 기준으로 하여야 한다(대판 1972.4.25. 71다2255).

정답 | ④

---

32 불공정한 법률행위의 요건에 관한 설명으로 옳지 않은 것은? (다툼이 있으면 판례에 따름)

[23세무사]

① 궁박에는 경제적인 궁박뿐만 아니라 정신적·심리적인 궁박도 포함된다.

② 무경험은 일반적인 생활경험이 아니라 해당 법률행위가 속한 특정 영역에서의 경험부족을 의미한다.

③ 대리인에 의한 법률행위에서 궁박은 본인을 기준으로 판단한다.

④ 불공정한 법률행위가 성립하기 위해서는 폭리행위자가 상대방의 궁박, 경솔 또는 무경험을 이용하려는 의사가 있어야 한다.

⑤ 불공정한 법률행위가 성립하기 위해서는 급부와 반대급부 사이에 현저한 불균형이 존재하여야 한다.

해설

① [○] 여기에서 '궁박'이라 함은 '급박한 곤궁'을 의미하는 것으로서 경제적 원인에 기인할 수도 있고 정신적 또는 심리적 원인에 기인할 수도 있다(대판 2002.10.22. 2002다38927).

② [×] '무경험'이란 어느 특정 영역에 있어서의 경험부족이 아니라 거래일반에 대한 경험부족을 뜻한다(대판 2002.10.22. 2002다38927).

③ [○] 피해자의 대리인에 의한 법률행위의 경우 법률행위시를 기준으로 경솔·무경험은 대리인을 기준으로 하여야 하고, 궁박은 본인을 기준으로 하여야 한다(대판 1972.4.25. 71다2255).

④ [○] 判例는 "피해당사자가 궁박·경솔 또는 무경험의 상태에 있었다고 하더라도 그 상대방 당사자에게 피해당사자의 사정을 알면서 이를 이용하려는 의사, 즉 폭리행위의 악의가 없었다면 불공정한 법률행위는 성립하지 않는다."(대판 1986.12.23. 86다카536)고 판시함으로써 원칙적으로 폭리자의 의도(악의)를 요구하고 있다. 다만 判例는 알고 있을 것, 편승할 것, 인식하고 있을 것 등 다양한 표현을 쓰고 있다.

⑤ [○] 급부와 반대급부 사이에 현저한 불균형이 있어야 한다(제104조). 급부와 반대급부 사이의 '현저한 불균형'은 구체적·개별적 사안에 있어서 일반인의 사회통념에 따라 결정하여야 한다.

정답 | ②

---

33 민법 제104조 불공정한 법률행위에 관한 설명 중 가장 적절하지 않은 것은? (다툼이 있는 경우 판례에 의함)

[22법학경채]

① 무상행위에는 적용되지 않는다.

② 제104조는 제103조 사회질서 위반의 일종으로 보아야 한다.

③ 급부와 반대급부 사이의 "현저한 불균형"은 시가와의 차액 또는 시가와의 배율로 판단한다.

④ 계약 체결 당시를 기준으로 전체적인 계약 내용을 종합적으로 고려한 결과 불공정한 것이 아니라면 사후에 외부적 환경의 급격한 변화로 인하여 계약당사자 일방에게 큰 손실이 발생하고 상대방에게 그에 상응하는 큰 이익이 발생하는 구조라고 하여 그것만으로 그 계약이 불공정한 계약에 해당한다고 말할 수 없다.

해설

① [○] 判例는 "기부행위(증여계약)와 같이 아무런 대가관계 없이 일방이 상대방에게 일방적인 급부를 하는 법률행위는 그 공정성 여부를 논의할 수 있는 성질의 법률행위가 아니다."(대판 2000.2.11. 99다56833)라고 판시함으로써 편무·무상계약은 '원칙적'으로 제104조가 적용되지 않는다는 입장을 취하고 있다.

② [○] 통설과 判例는 제104조가 제103조의 예시에 지나지 않는 것으로 해석한다. 따라서 제104조의 요건을 완전히 갖추지 못한 법률행위라도 제103조에 의해 무효로 될 수 있다.

③ [×] 급부와 반대급부 사이의 '현저한 불균형'은 단순히 시가와의 차액 또는 시가와의 배율로 판단할 수 있는 것은 아니고 구체적·개별적 사안에 있어서 일반인의 사회통념에 따라 결정하여야 한다. 그 판단에 있어서는 피해 당사자의 궁박·경솔·무경험의 정도가 아울러 고려되어야 하고, 당사자의 주관적 가치가 아닌 거래상의 객관적 가치에 의하여야 한다(대판 2010.7.15. 2009다50308).

④ [○] 어떠한 법률행위가 불공정한 법률행위에 해당하는지는 '법률행위시'를 기준으로 판단하여야 한다(대판 2013.9.26. 2010다42075). 따라서 "계약 체결 당시를 기준으로 전체적인 계약 내용에 따른 권리의무관계를 종합적으로 고려한 결과 불공정한 것이 아니라면, 사후에 외부적 환경의 급격한 변화에 따라 계약당사자 일방에게 큰 손실이 발생하고 상대방에게는 그에 상응하는 큰 이익이 발생할 수 있는 구조라고 하여 그 계약이 당연히 불공정한 계약에 해당한다고 말할 수 없다(대판 2013.9.26. 전합 2011다53683 등: 사정변경의 원칙에 의한 해지권 등 문제).

정답 | ③

34 불공정한 법률행위에 관한 설명으로 옳지 않은 것은? (다툼이 있으면 판례에 따름) [22세무사]

① 불공정한 법률행위의 성립을 위해서는 폭리자에게 피해자의 궁박, 경솔 또는 무경험을 알고서 이를 이용하려는 의사가 있어야 한다.

② 급부와 반대급부 사이에 현저한 불균형이 존재한다는 것만으로 피해자의 궁박, 경솔 또는 무경험이 추정되는 것은 아니다.

③ 불공정한 법률행위에 관한 민법의 규정은 비법인사단의 총회 결의에는 적용될 수 없다.

④ 불공정한 법률행위로서 무효인 경우, 피해자는 자기가 이행한 것의 반환을 청구할 수 있다.

⑤ 대리인에 의한 법률행위에서 궁박 여부는 대리인이 아닌 본인을 기준으로 판단하여야 한다.

해설

① [○] 判例는 "피해당사자가 궁박·경솔 또는 무경험의 상태에 있었다고 하더라도 그 상대방 당사자에게 피해당사자의 사정을 알면서 이를 이용하려는 의사, 즉 폭리행위의 악의가 없었다면 불공정한 법률행위는 성립하지 않는다."(대판 1986.12.23. 86다카536)라고 판시함으로써 원칙적으로 폭리자의 의도(악의)를 요구하고 있다.

② [○] 법률행위가 현저하게 공평을 잃었다고 해서 곧 그것이 궁박·경솔 또는 무경험에 기인한 것으로 추정되지는 않으므로, 무효를 주장하는 자가 주관적·객관적 요건 모두를 주장·입증하여야 한다(대판 1970.11.24. 70다2065).

③ [×] 어업권의 소멸로 인한 손실보상금은 어촌계의 잉여금과는 달리 그 성질이 달라서 어업권의 소멸로 손실을 입게 된 어촌계원에게 공평하고 적정하게 분배되어야 할 것이므로, 어업권의 소멸로 인한 손실보상금의 분배에 관한 어촌계 총회의 결의 내용이 각 계원의 어업권 행사 내용, 어업의존도, 계원이 보유하고 있는 어업장비나 멸실된 어업시설 등의 제반 사정을 참작한 손실의 정도에 비추어 볼 때 현저하게 불공정한 때에는 그 결의는 무효이다(대판 1999.7.27. 98다46167). 따라서 비법인사단의 결의에도 판례는 제104조가 적용을 긍정한다.

④ [○] 아직 이행이 없었다면 이행할 필요가 없다. 그런데 이미 이행을 한 경우에 불공정한 법률행위 또한 반사회적 법률행위의 일종이므로 제746조(불법원인급여)가 적용된다. 다만, 불법의 원인이 폭리행위자에게만 있으므로 상대방, 즉 피해자는 제746조 단서에 의해 이행한 것의 반환을 청구할 수 있는 데 반해, 폭리행위자는 제746조 본문에 의해 자기가 이행한 것의 반환을 청구할 수 없다.

⑤ [○] 피해자의 대리인에 의한 법률행위의 경우 법률행위시를 기준으로 경솔·무경험은 대리인을 기준으로 하여야 하고, 궁박은 본인을 기준으로 하여야 한다(대판 1972.4.25. 71다2255).

정답 | ③

35 불공정한 법률행위에 관한 설명으로 옳은 것은? (다툼이 있으면 판례에 따름) [22행정사]

① 불공정한 법률행위는 원칙적으로 추인에 의해서 유효로 될 수 없다.

② 궁박은 경제적 원인에 기인하는 것을 말하며, 심리적 원인에 기인할 수 없다.

③ 특별한 사정이 없는 한 경솔·궁박은 본인을 기준으로 판단하고, 무경험은 대리인을 기준으로 판단한다.

④ 법률행위가 현저하게 공정성을 잃은 경우, 그 법률행위 당사자의 궁박·경솔·무경험은 추정된다.

⑤ 불공정한 법률행위에는 무효행위의 전환에 관한 민법 제138조는 적용되지 않는다.

해설

① [○] 불공정한 법률행위는 확정적 무효이다(제104조), 추인에 의해서도 그 법률행위가 유효로 될 수 없다(대판 1994.6.24. 94다10900).

② [×] 민법 제104조 소정의 "궁박"이라 함은 "급박한 곤궁"을 의미하는 것이고 이는 경제적 원인에 기인 할 수도 있고, 정신적 또는 심리적 원인에 기인할 수도 있으며, 당사자가 궁박의 상태에 있었는지 여부는 그의 신분과 재산상태 및 그가 처한 상황의 절박성의 정도 등 제반 상황을 종합하여 구체적으로 판단하여야 한다(대판 1992.4.14. 91다23660).

③ [×] 피해자의 대리인에 의한 법률행위의 경우 법률행위시를 기준으로 경솔·무경험은 대리인을 기준으로 하여야 하고, 궁박은 본인을 기준으로 하여야 한다(대판 1972.4.25. 71다2255).

④ [×] 법률행위가 현저하게 공평을 잃었다고 해서 곧 그것이 궁박·경솔 또는 무경험에 기인한 것으로 추정되지는 않으므로, 무효를 주장하는 자가 주관적·객관적 요건 모두를 주장·입증하여야 한다(대판 1970.11.24. 70다2065).

⑤ [×] 判例는 매매대금의 과다로 말미암아 불공정한 법률행위에 해당하는 매매계약에 대해서, 선행하는 조정절차에서 제시된 금액을 기준으로 당사자의 '가정적 의사'를 추론하여 그 매매대금을 '적정한 금액'으로 감액하여 매매계약의 유효성을 인정하였다. 즉, 제104조에 해당하여 무효인 경우에도 제138조(무효행위의 전환)가 적용될 수 있다고 한다(대판 2010.7.15. 2009다50308).

정답 | ①

36 민법 제104조에 따른 불공정한 법률행위에 관한 설명 중 가장 적절한 것은? (다툼이 있는 경우 판례에 의함)
[21법학경채]

① 불공정한 법률행위에 관한 제104조는 공경매에도 적용된다.

② 궁박은 '급박한 곤궁'을 의미하는 것으로서 경제적 원인에 기인할 수도 있고, 정신적 또는 심리적 원인에 기인할 수도 있다.

③ 현저히 공정을 잃은 법률행위라 함은 자기의 급부에 비하여 균형을 잃은 반대급부를 하게 하여 재산적 이익을 얻는 행위를 의미한다.

④ 대리인에 의하여 법률행위가 이루어진 경우에 그 법률행위가 제104조의 불공정한 법률행위에 해당하는지 여부를 판단함에 있어 경솔은 본인을 기준으로 판단하여야 한다.

해설

① [×] 제104조는 사적자치의 원칙에 대한 제한원리이므로 경매에는 적용되지 않는다. 判例도 "경매에 있어서는 불공정한 법률행위 또는 채무자에게 불리한 약정에 관한 것으로서 효력이 없다는 제104조, 제608조는 적용될 여지가 없다."(대결 1980.3.21. 80마77)라고 한다.

② [○] '궁박'이란 벗어날 길이 없는 어려운 상태를 말하며, 경제적인 어려움에 한정되지 않고 신체적·정신적 어려움도 포함(대판 1996.6.14. 94다46374)되며 일시적인 경우도 해당된다.

③ [×] 제104조가 규정하는 현저히 공정을 잃은 법률행위라 함은 자기의 급부에 비하여 현저하게 균형을 잃은 반대급부를 하게 하여 부당한 재산적 이익을 얻는 행위를 의미한다(대판 2000.2.11. 99다56833).
▶ "현저하게"라는 단어가 들어가야 맞는 지문이 된다.

④ [×] 피해자의 대리인에 의한 법률행위의 경우 법률행위시를 기준으로 경솔·무경험은 대리인을 기준으로 하여야 하고, 궁박은 본인을 기준으로 하여야 한다(대판 1972.4.25. 71다2255).

정답 | ②

37 불공정한 법률행위에 관한 설명 중 가장 적절하지 않은 것은? (다툼이 있는 경우 판례에 의함) [19법학경채]

① 불공정한 법률행위가 성립하기 위하여는 궁박·경솔·무경험의 요건이 모두 충족되어야 한다.

② 불공정한 법률행위가 성립하기 위한 요건인 궁박이라 함은 급박한 곤궁을 의미하는 것으로서 경제적 원인에 기인할 수도 있고 정신적 또는 심리적 원인에 기인할 수도 있다.

③ 어떠한 법률행위가 불공정한 법률행위에 해당하는지는 법률행위시를 기준으로 판단하여야 한다.

④ 증여계약과 같이 아무런 대가관계 없이 당사자 일방이 상대방에게 일방적인 급부를 하는 법률행위는 그 공정성 여부를 논의할 수 있는 성질의 법률행위가 아니다.

해설

① [×] 피해자의 궁박·경솔·무경험은 모두 갖추어져야 하는 요건이 아니고 어느 하나만 갖추어져도 충분하다(대판 1993.10.12. 93다19924).

② [○] '궁박'이란 벗어날 길이 없는 어려운 상태를 말하며, 경제적인 어려움에 한정되지 않고 신체적·정신적 어려움도 포함(대판 1996.6.14. 94다46374)되며 일시적인 경우도 해당된다.

③ [○] 어떠한 법률행위가 불공정한 법률행위에 해당하는지는 '법률행위시'를 기준으로 판단하여야 한다(대판 2013.9.26. 2010다42075).

④ [○] 判例는 "기부행위(증여계약)와 같이 아무런 대가관계 없이 일방이 상대방에게 일방적인 급부를 하는 법률행위는 그 공정성 여부를 논의할 수 있는 성질의 법률행위가 아니다."(대판 2000.2.11. 99다56833)라고 판시함으로써 편무·무상계약은 '원칙적'으로 제104조가 적용되지 않는다는 입장을 취하고 있다.

정답 | ①

38 반사회적 법률행위나 불공정한 법률행위에 관한 설명으로 옳지 않은 것은? (다툼이 있으면 판례에 따름)

[19세무사]

① 경매에는 불공정한 법률행위의 법리가 적용되지 않는다.

② 대리인에 의한 법률행위의 경우, 경솔 또는 무경험은 대리인을 기준으로 판단하지만, 궁박의 여부는 본인을 기준으로 판단한다.

③ 불공정한 법률행위로 무효가 되면 추인에 의해서도 법률행위가 유효로 될 수 없다.

④ 형사사건에 관하여 2019년 현재 체결된 성공보수약정은 반사회적 법률행위에 해당하지 않는다.

⑤ 양도소득세를 줄이기 위해 매매계약서를 실제 거래금액보다 낮은 금액으로 작성하는 행위는 반사회적 법률행위가 아니다.

해설

① [○] 경매에 있어서는 불공정한 법률행위 또는 채무자에게 불리한 약정에 관한 것으로서 효력이 없다는 제104조, 제608조는 적용될 여지가 없다(대결 1980.3.21. 80마77).

② [○] 피해자의 대리인에 의한 법률행위의 경우 법률행위시를 기준으로 경솔·무경험은 대리인을 기준으로 하여야 하고, 궁박은 본인을 기준으로 하여야 한다(대판 1972.4.25. 71다2255).

③ [○] 사회질서에 위반된 법률행위는 무효이다(제103조). 이에 따른 무효는 '절대적'이고 '확정적'이어서, 당사자의 추인에 의하여 유효로 될 수 없다(대판 1973.5.22. 72다2249).

④ [×] 형사사건에 관하여 체결된 성공보수약정이 가져오는 여러 가지 사회적 폐단과 부작용 등을 고려하면, 구속영장청구 기각, 보석석방, 집행유예나 무죄 판결 등과 같이 의뢰인에게 유리한 결과를 얻어내기 위한 변호사의 변론활동이나 직무수행 그 자체는 정당하다 하더라도, 형사사건에서의 성공보수약정은 수사·재판의 결과를 금전적인 대가와 결부시킴으로써, 기본적 인권의 옹호와 사회정의의 실현을 사명으로 하는 변호사 직무의 공공성을 저해하고, 의뢰인과 일반 국민의 사법제도에 대한 신뢰를 현저히 떨어뜨릴 위험이 있으므로, 선량한 풍속 기타 사회질서에 위배되는 것으로 평가할 수 있다. 다만 종래 이루어진 보수약정의 경우에는 보수약정이 성공보수라는 명목으로 되어 있다는 이유만으로 제103조에 의하여 무효라고 단정하기는 어렵다. 그러나 대법원이 이 판결을 통하여 형사사건에 관한 성공보수약정이 선량한 풍속 기타 사회질서에 위배되는 것으로 평가할 수 있음을 명확히 밝혔음에도 불구하고 향후에도 성공보수약정이 체결된다면 이는 제103조에 의하여 무효로 보아야 한다(대판 2015.7.23. 전합 2015다200111).

⑤ [○] 범죄행위에 해당한다고 하여 모두 반사회적 법률행위에 해당하는 것은 아니다. 예컨대 세금포탈, 강제집행 면탈 목적인 경우에 그 자체로 반사회적 법률행위에 해당하는 것은 아니다. ㉠ 즉, 양도소득세의 일부를 회피할 '목적'으로 매매계약서에 실제로 거래한 가액을 매매대금으로 기재하지 아니하고 그보다 낮은 금액을 매매대금으로 기재한 경우(대판 2007.6.14. 2007다3285), ㉡ 강제집행을 면할 '목적'으로 부동산에 허위의 근저당권설정등기를 마치거나(대판 2004.5.28. 2003다70041: 다만, 제108조 제1항에 해당하여 무효) ㉢ 양도소득세를 회피할 '목적'으로 부동산을 명의신탁한 것이라 하더라도 그러한 이유 때문에 반사회적 법률행위로서 위 명의신탁이 무효라고 할 수 없다(대판 1991.9.13. 96다16334, 16341: 다만, 부동산실명법 제4조 제1항에 해당하여 무효).

정답 | ④

39 폭리행위에 관한 설명 중 옳은 것은? (다툼이 있는 경우 판례에 의함)　　　　　[19소방간부]

① 증여와 같은 무상행위에도 폭리행위에 관한 제104조가 적용된다.

② 폭리행위가 되기 위해서는 당사자 일방의 궁박, 경솔, 무경험의 요건이 모두 다 충족되어야 한다.

③ 대리인에 의한 법률행위의 경우에는 궁박, 경솔, 무경험의 요건은 모두 다 대리인을 기준으로 판단하여야 한다.

④ 폭리행위는 무효이며 설사 법정추인의 요건이 충족되더라도 유효하게 될 수 없다.

⑤ 폭리행위의 피해자가 이미 이행한 경우에는 이는 불법원인급여에 해당하므로, 자신이 급부한 것의 반환을 청구할 수 없다.

해설

① [×] 判例는 "기부행위(증여계약)와 같이 아무런 대가관계 없이 일방이 상대방에게 일방적인 급부를 하는 법률행위는 그 공정성 여부를 논의할 수 있는 성질의 법률행위가 아니다."(대판 2000.2.11. 99다56833)라고 판시함으로써 편무·무상계약은 '원칙적'으로 제104조가 적용되지 않는다는 입장을 취하고 있다.

② [×] 피해자의 **궁박·경솔·무경험**은 모두 갖추어져야 하는 요건이 아니고 **어느 하나만** 갖추어져도 충분하다(대판 1993.10.12. 93다19924).

③ [×] 피해자의 대리인에 의한 법률행위의 경우 법률행위시를 기준으로 경솔·무경험은 대리인을 기준으로 하여야 하고, 궁박은 본인을 기준으로 하여야 한다(대판 1972.4.25. 71다2255).

④ [○] 불공정한 법률행위는 절대적, 확정적 무효이다(제104조). 따라서 추인에 의해서도 그 법률행위가 유효로 될 수 없다(대판 1994.6.24. 94다10900).

⑤ [×] 불공정한 법률행위는 무효이므로 아직 이행이 없었다면 이행할 필요가 없다. 그런데 이미 이행을 한 경우에 불공정한 법률행위 또한 반사회적 법률행위의 일종이므로 제746조(불법원인급여)가 적용된다. 다만, 불법의 원인이 폭리행위자에게만 있으므로 상대방, 즉 피해자는 제746조 단서에 의해 이행한 것의 반환을 청구할 수 있는 데 반해, 폭리행위자는 제746조 본문에 의해 자기가 이행한 것의 반환을 청구할 수 없다.

정답 | ④

40 불공정한 법률행위에 관한 설명으로 옳은 것은? (다툼이 있으면 판례에 따름) [18세무사]

① 당사자 일방이 대가 없이 상대방에게 일방적인 급부를 하는 법률행위는 불공정한 법률행위가 될 수 없다.

② 피해자의 궁박한 상태가 인정되면 상대방에게 이를 이용하려는 의사가 없어도 불공정한 법률행위가 인정될 수 있다.

③ 불공정한 법률행위에 해당하여 무효인 경우에는 무효행위의 전환에 관한 규정이 적용될 수 없다.

④ 쌍무계약이 불공정한 법률행위에 해당하여 무효라도 그 계약에 관한 부제소합의는 원칙적으로 유효하다.

⑤ 계약 당시를 기준으로 불공정한 것이 아니라도 그 후 외부적 환경에 의하여 현저한 급부의 불균형이 발생하면 불공정한 법률행위가 인정된다.

해설

① [○] 判例는 "기부행위(증여계약)와 같이 아무런 대가관계 없이 일방이 상대방에게 일방적인 급부를 하는 법률행위는 그 공정성 여부를 논의할 수 있는 성질의 법률행위가 아니다."(대판 2000.2.11. 99다56833)라고 판시함으로써 편무·무상계약은 '원칙적'으로 제104조가 적용되지 않는다는 입장을 취하고 있다.

② [×] 判例는 "피해당사자가 궁박·경솔 또는 무경험의 상태에 있었다고 하더라도 그 상대방 당사자에게 피해당사자의 사정을 알면서 이를 이용하려는 의사, 즉 폭리행위의 악의가 없었다면 불공정한 법률행위는 성립하지 않는다."(대판 1986.12.23. 86다카536)라고 판시함으로써 원칙적으로 폭리자의 의도(악의)를 요구하고 있다.

③ [×] 判例는 매매대금의 과다로 말미암아 불공정한 법률행위에 해당하는 매매계약에 대해서, 선행하는 조정절차에서 제시된 금액을 기준으로 당사자의 '가정적 의사'를 추론하여 그 매매대금을 '적정한 금액'으로 감액하여 매매계약의 유효성을 인정하였다. 즉, 제104조에 해당하여 무효인 경우에도 제138조(무효행위의 전환)가 적용될 수 있다고 한다(대판 2010.7.15. 2009다50308).

④ [×] 매매계약과 같은 쌍무계약이 급부와 반대급부와의 불균형으로 말미암아 제104조에서 정하는 '불공정한 법률행위'에 해당하여 무효라고 한다면, 그 계약으로 인하여 불이익을 입는 당사자로 하여금 위와 같은 불공정성을 소송 등 사법적 구제수단을 통하여 주장하지 못하도록 하는 부제소합의(소를 제기하지 않기로 하는 합의) 역시 다른 특별한 사정이 없는 한 무효이다(대판 2010.7.15. 2009다50308).

⑤ [×] 계약 체결 당시를 기준으로 전체적인 계약 내용에 따른 권리의무관계를 종합적으로 고려한 결과 불공정한 것이 아니라면, 사후에 외부적 환경의 급격한 변화에 따라 계약당사자 일방에게 큰 손실이 발생하고 상대방에게는 그에 상응하는 큰 이익이 발생할 수 있는 구조라고 하여 그 계약이 당연히 불공정한 계약에 해당한다고 말할 수 없다(대판 2013.9.26. 전합 2011다53683 등: 사정변경의 원칙에 의한 해지권 등 문제).

정답 | ①

41 친권자 甲이 미성년자 乙을 대리하여 丙과 체결한 乙 소유 부동산에 관한 매매계약이 제104조에 따라 궁박으로 인한 불공정한 법률행위에 해당하는 경우에 관한 설명으로 옳지 않은 것은? [21소방간부]

① 궁박상태에 있었는지 여부에 대하여는 甲을 기준으로 판단한다.

② 乙이 얻을 급부와 반대급부 사이에는 현저한 불균형이 존재하였어야 한다.

③ 계약금을 지급한 丙이 아직 잔금을 지급하지 않았다면, 丙은 이제 잔금을 지급할 필요가 없다.

④ 丙에게는 궁박한 사정을 알면서 이를 이용하려는 의사, 즉 폭리행위의 악의가 존재하였어야 한다.

⑤ 후에 성년자가 된 乙이 위 매매계약을 추인하더라도, 원칙적으로 위 매매계약은 유효로 될 수 없다.

해설

① [×] 피해자의 대리인에 의한 법률행위의 경우 법률행위시를 기준으로 경솔·무경험은 대리인을 기준으로 하여야 하고, 궁박은 본인을 기준으로 하여야 한다(대판 1972.4.25. 71다2255).
▶ 즉, 사안의 경우 궁박으로 인한 불공정한 법률행위에 해당하므로 본인인 乙을 기준으로 판단한다.

② [○] 제104조의 불공정한 법률행위는 피해 당사자가 궁박, 경솔 또는 무경험의 상태에 있고 상대방 당사자가 그와 같은 피해 당사자 측의 사정을 알면서 이를 이용하려는 폭리행위의 악의를 가지고 객관적으로 급부와 반대급부 사이에 현저한 불균형이 존재하는 법률행위를 한 경우에 성립한다(대판 2010.7.15. 2009다50308).

③ [○] 불공정한 법률행위는 무효이므로 아직 이행이 없었다면 이행할 필요가 없다.

④ [○] 判例는 "피해당사자가 궁박·경솔 또는 무경험의 상태에 있었다고 하더라도 그 상대방 당사자에게 피해당사자의 사정을 알면서 이를 이용하려는 의사, 즉 폭리행위의 악의가 없었다면 불공정한 법률행위는 성립하지 않는다."(대판 1986.12.23. 86다카536)라고 판시함으로써 원칙적으로 폭리자의 의도(악의)를 요구하고 있다.

⑤ [○] 불공정한 법률행위는 절대적, 확정적 무효이다(제104조). 따라서 추인에 의해서도 그 법률행위가 유효로 될 수 없다(대판 1994.6.24. 94다10900).

정답 | ①

42 법률행위의 무효에 관한 설명 중 옳은 것을 모두 고른 것은?

[21변호사 변형]

ㄱ. 농지법에 따른 제한을 회피하고자 부동산 실권리자명의 등기에 관한 법률을 위반하여 무효인 명의신탁약정에 따라 명의신탁자가 명의수탁자에게 등기를 넘겨주는 행위는, 사회질서에 반하는 행위여서 민법 제746조 본문의 불법원인급여에 해당되어, 명의신탁자가 명의수탁자를 상대로 진정명의 회복을 원인으로 한 소유권이전등기를 구할 수 없다.

ㄴ. 매매계약이 약정된 매매대금의 과다로 말미암아 민법 제104조에서 정하는 '불공정한 법률행위'에 해당하여 무효인 경우에도 무효행위의 전환에 관한 같은 법 제138조가 적용될 수 있어, 당사자 쌍방이 위와 같은 무효를 알았더라면 대금을 다른 액으로 정하여 매매계약에 합의하였을 것이라고 예외적으로 인정되는 경우에는, 그 대금액을 내용으로 하는 매매계약이 유효하게 성립한다.

ㄷ. 무권리자가 타인의 권리를 처분한 경우에는 특별한 사정이 없는 한 권리가 이전되지 않지만 권리자가 무권리자의 처분을 추인하는 것은 허용되며, 그 경우 민법 제130조의 무권대리에 관한 규정 및 같은 법 제133조의 추인의 효력에 관한 규정을 유추적용할 수 있다.

ㄹ. 다른 자의 대리인으로서 계약을 맺은 자가 그 대리권을 증명하지 못하고 또 본인의 추인을 받지 못한 경우에는 계약이 무효이기 때문에 계약의 상대방은 그 대리인에게 계약을 이행할 책임을 물을 수 없다.

① ㄱ, ㄴ
② ㄱ, ㄷ
③ ㄱ, ㄹ
④ ㄴ, ㄷ

해설

ㄱ. [×] 농지법에 따른 제한을 회피하고자 명의신탁을 한 사안이라고 해서 불법원인급여 규정의 적용 여부를 달리 판단할 이유는 없다. 단순한 행정명령에 불과한 농지법상의 처분명령을 이행하지 않았다고 해서 그 행위가 강행법규에 위반된다고 단정할 수도 없거니와, 그 이유만으로 처분명령 회피의 목적으로 이루어진 급여를 불법원인급여라고 할 수도 없다. 부동산실명법과 농지법의 규율 내용, 제재수단의 정도와 방법 등을 고려하면, 부동산실명법 위반이 농지법 위반보다 위법성이 더 크다고 볼 수밖에 없다. 부동산실명법을 위반한 명의신탁약정에 따라 마친 명의신탁등기를 불법원인급여라고 인정할 수 없음은 위에서 본 바와 같다. 농지법상의 처분명령을 회피하는 방법으로 명의신탁약정을 한 경우처럼 명의신탁약정과 그보다 위법성이 약한 단순한 행정명령 불이행의 행위가 결합되어 있다고 하더라도, 그 이유만으로 불법원인급여 규정의 적용 여부를 달리 판단할 수는 없다(대판 2019.6.20. 전합 2013다218156).

ㄴ. [○] 매매계약이 약정된 매매대금의 과다로 말미암아 제104조에서 정하는 '불공정한 법률행위'에 해당하여 무효인 경우에도 무효행위의 전환에 관한 제138조가 적용될 수 있다. 따라서 당사자 쌍방이 위와 같은 무효를 알았더라면 대금을 다른 액으로 정하여 매매계약에 합의하였을 것이라고 예외적으로 인정되는 경우에는, 그 대금액을 내용으로 하는 매매계약이 유효하게 성립한다(대판 2010.7.15. 2009다50308).

▶ 判例는 매매대금의 과다로 말미암아 불공정한 법률행위에 해당하는 매매계약에 대해서, 선행하는 조정절차에서 제시된 금액을 기준으로 당사자의 '가정적 의사'를 추론하여 그 매매대금을 '적정한 금액'으로 감액하여 매매계약의 유효성을 인정하였다. 즉, 제104조에 해당하여 무효인 경우에도 제138조(무효행위의 전환)가 적용될 수 있다고 한다(대판 2010.7.15. 2009다50308).

ㄷ. [○] 무권리자 처분행위의 추인(소급효)

判例에 따르면 "권리자가 무권리자의 처분을 추인하면 무권대리에 대해 본인이 추인을 한 경우와 당사자들 사이의 이익상황이 유사하므로, 무권대리의 추인에 관한 제130조, 제133조 등을 무권리자의 추인에 유추적용할 수 있다. 따라서 무권리자의 처분이 계약으로 이루어진 경우에 권리자가 이를 추인하면 원칙적으로 그 계약의 효과가 계약을 체결했을 때에 '소급'하여 권리자에게 귀속된다고 보아야 한다."(대판 2017.6.8. 2017다3499)라고 한다.

ㄹ. [×] 무권대리인의 책임의 내용

상대의 선택에 좇아 이행 또는 손해배상의 책임을 진다(제135조 제1항; 선택채권). 이때 상대방이 계약의 이행을 선택한 경우 무권대리인은 마치 자신이 계약의 당사자가 된 것처럼 계약에서 정한 채무를 이행할 책임을 지는 것이다. 따라서 위 계약에서 채무불이행에 대비하여 손해배상액의 예정에 관한 조항을 둔 때에는 무권대리인은 조항에서 정한 바에 따라 산정한 손해액을 지급하여야 한다. 이 경우에도 손해배상액의 예정에 관한 제398조가 적용됨은 물론이다(대판 2018.6.28. 2018다210775).

정답 | ④

43 제104조와 관련한 다음 설명 중 틀린 것은? (다툼이 있을 경우 판례에 따를 것) [출제예상]

① 공사 수급인이 도급한도를 초과하여 공사대금을 지급받은 사실을 알게 된 제3자가 이를 행정기관에 진정하고 진정을 취하하는 조건으로 수급인이 받는 공사대금채권 중 5,000만원을 지급받기로 약정한 경우는 제103조에 위반된다.

② 매매대금의 과다로 말미암아 매매계약이 제104조가 정하는 불공정한 법률행위로서 무효가 된 경우라도 무효행위의 전환에 관한 제138조가 적용될 수 있다.

③ '계약 체결 당시'를 기준으로 불공정한 법률행위가 아니라도, 사후에 외부적 환경의 급격한 변화에 따라 계약당사자 일방에게 큰 손실이 발생하고 상대방에게는 그에 상응하는 큰 이익이 발생할 수 있는 구조라면 원칙적으로 불공정한 계약에 해당한다.

④ 구속된 남편을 구하기 위하여 채무자인 회사에 대한 물품외상대금채권을 포기한 것은 불공정한 법률행위에 해당한다.

해설

① [○] 判例는 제104조가 제103조의 예시에 지나지 않는 것으로 해석한다. 따라서 제104조의 요건을 완전히 갖추지 못한 법률행위라도 제103조에 의해 무효로 될 수 있다(대판 2000.2.11. 99다56833).

　ⅰ) 제104조 위반 여부(소극): 증여계약과 같이 아무런 대가관계 없이 당사자 일방이 상대방에게 일방적인 급부를 하는 법률행위는 그 공정성 여부를 논의할 수 있는 성질의 법률행위가 아니다.

　ⅱ) 제103조 위반 여부(적극): 행정기관에 진정서를 제출하여 상대방을 궁지에 빠뜨린 다음 이를 취하하는 조건으로 거액의 급부를 제공받기로 약정한 경우, 제103조 소정의 반사회질서의 법률행위에 해당한다.

② [○] 최근에 判例는 매매대금의 과다로 말미암아 불공정한 법률행위에 해당하는 매매계약에 대해서, 선행하는 조정절차에서 제시된 금액을 기준으로 당사자의 가정적 의사를 추론하여 그 매매대금을 '적정한 금액'으로 감액하여 매매계약의 유효성을 인정하였다. 즉, 제104조에 해당하여 무효인 경우에도 제138조(무효행위의 전환)가 적용될 수 있다고 한다(대판 2010.7.15. 2009다50308).

③ [×] 불공정성 판단시기

어떠한 법률행위가 불공정한 법률행위에 해당하는지는 법률행위시를 기준으로 판단하여야 한다. 따라서 계약 체결 당시를 기준으로 전체적인 계약 내용에 따른 권리의무관계를 종합적으로 고려한 결과 불공정한 것이 아니라면, 사후에 외부적 환경의 급격한 변화에 따라 계약당사자 일방에게 큰 손실이 발생하고 상대방에게는 그에 상응하는 큰 이익이 발생할 수 있는 구조라고 하여 그 계약이 당연히 불공정한 계약에 해당한다고 말할 수 없다(대판 2013.9.26. 전합 2013다26746; 대판 2013.9.26. 전합 2011다53683; 대판 2013.9.26. 전합 2012다13637).

④ [○] 불공정한 법률행위의 적용범위 −단독행위−

判例는 구속된 남편을 구하기 위하여 궁박한 상태에서 '채권을 포기하는 행위'(단독행위)는 불공정한 법률행위에 해당한다고 판시한 바 있다(대판 1975.5.13. 75다92).

정답 | ③

제1관 총설
제2관 비진의표시

> ⊕ **핵심정리 비진의표시**
>
> 1. 제107조가 적용되기 위한 요건(의, 표, 알)
>
>   ⅰ) 의사표시의 존재, ⅱ) 표시와 진의의 불일치, ⅲ) 표의자가 그러한 사실을 알고 있을 것을 요한다.
>
> 2. 제107조 진의 아닌 의사표시에 있어서의 진의의 의미
>
>   '진의'란 "특정한 내용의 의사표시를 하고자 하는 표의자의 생각을 말하는 것이지 표의자가 진정으로 마음속에서 바라는 사항을 뜻하는 것은 아니다"(99다34475). 따라서, "비록 재산을 강제로 뺏긴다는 것이 표의자의 본심으로 잠재되어 있었다 하여도 표의자가 강박에 의하여서나마 증여를 하기로 하고 그에 따른 증여의 의사표시를 한 이상 증여의 내심의 효과의사가 결여된 것이라고 할 수는 없다"(92다41528).
>
> 3. 사용자의 지시 내지 강요에 의해 근로자가 사직서를 제출한 경우
>
>   判例는 사용자의 '지시나 강요'에 의해 근로자가 사직서를 낸 경우에 그 사직의 의사표시는 비진의표시에 해당하고, 또 그 사정을 사용자도 안 것으로 보아 무효라고 본다(제107조 제1항 단서). 따라서 이는 부당해고가 되어 해고무효로 된다(92다3670 등). 그러므로 근로제공과 관련한 피용자의 급부불능은 사용자의 부당해고로 인한 것이므로 제538조 제1항 1문의 '채권자에게 책임 있는 사유'로 인한 불능이라고 본다. 따라서 피용자는 원칙적으로 부당해고가 없었더라면, 계속 근로하였을 경우의 임금 상당액의 지급을 청구할 수 있다(94다45753, 45760 등). 그러나 判例는 위와 같은 사정만으로 강박에 의한 의사표시로까지 구성하지는 않는다.

01 진의 아닌 의사표시에 관한 설명으로 옳지 않은 것은? (다툼이 있는 경우 판례에 의함)   [23경찰간부]

① 진의 아닌 의사표시는 원칙적으로 표시된 대로 효력이 발생한다.

② 대출절차상의 편의를 위하여 명의를 빌려 준 사람이 채무 부담의 의사를 가졌다고 하더라도 특별한 사정이 없는 한 그 의사표시는 진의 아닌 의사표시에 해당한다.

③ 공무원이 사직의 의사표시를 하여 의원면직 처분을 한 경우에는 진의 아닌 의사표시에 관한 민법의 규정이 적용되지 않는다.

④ 진의란 특정한 내용의 의사표시를 하고자 하는 표의자의 생각을 말하는 것이고, 표의자가 진정으로 마음속에서 바라는 사항을 뜻하는 것은 아니다.

해설

① [○] 비진의표시는 원칙적으로 표시된 대로 효력을 발생한다(제107조 제1항 본문).

② [×] 법률상 또는 사실상의 장애로 자기 명의로 대출받을 수 없는 자를 위하여 대출금채무자로서의 명의를 빌려준 자에게 그와 같은 채무부담의 의사가 없다고 할 수 없으므로 그 의사표시를 비진의표시에 해당한다고 볼 수 없다(대판 1997.7.25. 97다8403 등: 일명 '차명대출' 사안).

③ [○] '공무원'이 사직의 의사표시를 하여 의원면직처분을 하는 경우, 비록 사직원제출자의 내심의 의사가 사직할 뜻이 아니었다고 하더라도 진의 아닌 의사표시에 관한 민법 제107조는 공법행위에는 준용되지 아니하므로 그 의사가 외부에 표시된 이상 그 의사는 표시된 대로 효력을 발생한다(대판 1997.12.12. 97누13962).

④ [○] 제107조의 '진의'의 의미와 관련하여 判例에 따르면 "특정한 내용의 의사표시를 하고자 하는 표의자의 생각을 말하는 것이지 표의자가 진정으로 마음속에서 바라는 사항을 뜻하는 것은 아니(다)"(대판 2004.4.25. 99다34475)라고 한다.

정답 | ②

---

02 진의 아닌 의사표시에 관한 설명으로 가장 적절하지 않은 것은? (다툼이 있는 경우 판례에 의함) [23법학경채]

① 진의란 특정한 내용의 의사표시를 하고자 하는 표의자의 생각을 말하는 것이지 표의자가 진정으로 마음속에서 바라는 사항을 뜻하는 것이 아니다.

② 효과의사가 없는 명백히 사교적인 농담의 경우에도 진의 아닌 의사표시의 문제가 발생한다.

③ 진의 아닌 의사표사기 무효인 경우 그 무효는 선의의 제3자에게 대항하지 못한다.

④ 어떠한 의사표시가 진의 아닌 의사표시로서 무효라고 주장하는자가 그 증명책임을 부담한다.

해설

① [○] '진의'의 의미와 관련하여 判例에 따르면 "특정한 내용의 의사표시를 하고자 하는 표의자의 생각을 말하는 것이지 표의자가 진정으로 마음속에서 바라는 사항을 뜻하는 것은 아니다"(대판 2004.4.25. 99다34475).

② [×] 진의 아닌 의사표시로 되기 위하여 우선 일정한 효과의사를 추단할 만한 행위가 있어야 한다. 따라서 법률효과의 발생을 의욕하지 않는 것이 분명한 경우(연극배우의 대사)에는 문제되지 않는다.

③ [○]

> 제107조(진의 아닌 의사표시)「②항 전항의 의사표시의 무효는 선의의 제삼자에게 대항하지 못한다.」

④ [○] 어떠한 의사표시가 비진의 의사표시로서 무효라고 주장하는 경우에 그 입증책임은 그 주장자에게 있다(대판 1992.5.22. 92다2295).

정답 | ②

---

03 진의 아닌 의사표시에 관한 설명으로 옳은 것은? (다툼이 있으면 판례에 따름) [23세무사]

① 진의 아닌 의사표시의 규정은 상대방 있는 단독행위에도 적용된다.

② 진의 아닌 의사표시는 표시된 의사와 내심의 의사가 다르다는 것을 표의자가 인식하지 못한 경우도 포함한다.

③ 진의 아닌 의사표시임을 표의자의 상대방이 알고 있었다면 그 의사표시는 효력이 있다.

④ 혼인할 의사 없이 혼인의 청약을 하였고 상대방이 청약을 믿고 승낙하였다면 혼인의 합의는 유효하다.

⑤ 특정 물건을 매도할 의사로 증여한다는 청약을 하였는데 상대방이 청약을 믿고 승낙을 하였다면 매매계약이 체결된 것이다.

해설

① [○] 계약뿐만 아니라 취소·해제·상계 등 상대방 있는 단독행위에도 제107조가 적용된다.
② [×] '비진의표시'란 표시행위의 의미가 표의자의 진의와 다르다는 것, 즉 의사와 표시의 불일치를 표의자 스스로 알면서 하는 의사표시를 말한다. 상대방과의 통정이 없다는 점에서 허위표시와 구별되며, 표시가 진의와 다름을 표의자가 알고 있다는 점에서 착오와 구별된다.
③ [×]

> 제107조(진의 아닌 의사표시) 「①항 의사표시는 표의자가 진의 아님을 알고 한 것이라도 그 효력이 있다. 그러나 상대방이 표의자의 진의 아님을 알았거나 이를 알 수 있었을 경우에는 무효로 한다.」

④ [×] 가족법의 신분행위에서는 진의를 절대적으로 중시하므로 비진의표시는 무효로 되며 제107조는 적용되지 않는다.
⑤ [×] 비진의표시는 원칙적으로 표시한 대로 그 효과가 발생한다(제107조 제1항). 따라서 증여한다는 청약을 믿고 승낙을 한 경우이므로 증여계약이 체결된 것으로 될 것이다.

정답 | ①

04 비진의표시(민법 제107조)에 관한 설명으로 옳은 것은? (다툼이 있는 경우 판례에 의함) [22소방간부]

① 통정허위표시에 의한 법률행위는 동시에 비진의표시에 의한 법률행위가 될 수 있다.
② 비진의표시에서의 진의란 표의자가 진정으로 마음속으로 바라는 사항을 의미한다.
③ 어떠한 의사표시가 비진의표시로서 무효라고 주장하는 경우에 그 증명책임은 그 주장자에게 있다.
④ 비진의표시는 표의자가 진의 아님을 알고 한 것이기 때문에 원칙적으로 그 효력이 발생하지 않는다.
⑤ 민법 제107조는 상대방 있는 단독행위에는 적용되지 않는다.

해설

① [×] '비진의표시'란 표시행위의 의미가 표의자의 진의와 다르다는 것, 즉 의사와 표시의 불일치를 표의자 스스로 알면서 하는 의사표시를 말한다. 상대방과의 통정이 없다는 점에서 허위표시와 구별되며, 표시가 진의와 다름을 표의자가 알고 있다는 점에서 착오와 구별된다.
   ▶ 그러므로 통정허위표시에 의한 법률행위는 동시에 비진의표시에 의한 법률행위가 될 수 없다.
② [×] 표시행위의 의미에 대응하는 표의자의 효과의사, 즉 '진의'가 존재하지 않아야 한다. '진의'의 의미와 관련하여 判例에 따르면 "특정한 내용의 의사표시를 하고자 하는 표의자의 생각을 말하는 것이지 표의자가 진정으로 마음속에서 바라는 사항을 뜻하는 것은 아니(다)"(대판 2004.4.25. 99다34475)라고 한다.
③ [○] 어떠한 의사표시가 비진의 의사표시로서 무효라고 주장하는 경우에 그 입증책임은 그 주장자에게 있다(대판 1992.5.22. 92다2295).
④ [×]

> 제107조(진의 아닌 의사표시) 「①항 의사표시는 표의자가 진의 아님을 알고 한 것이라도 그 효력이 있다. 그러나 상대방이 표의자의 진의 아님을 알았거나 이를 알 수 있었을 경우에는 무효로 한다.」

   ▶ 따라서 진의 아닌 의사표시는 원칙적으로 표시된 대로 효력을 발생한다.
⑤ [×] 비진의표시에 관한 제107조는 계약은 물론 상대방 있는 단독행위에도 적용되나 가족법상의 행위, 주식인수의 청약, 어음행위, 공법행위, 소송행위, 신분행위에는 적용되지 않는다.

정답 | ③

05 진의 아닌 의사표시에 관한 설명 중 옳지 않은 것은? (다툼이 있는 경우 판례에 의함) [22경찰간부]

① 재산을 강제로 뺏긴다는 것이 의사표시자의 본심으로 잠재되어 있었더라도 의사표시자가 강박에 의해 증여하기로 하고, 그에 따라 증여의 의사를 표시한 이상 증여의 내심의 효과의사가 결여된 것은 아니다.

② 상대방이 진의 아닌 의사표시라는 점을 알지 못하였지만, 이에 대해 경과실이 있는 경우에 그 의사표시는 유효이다.

③ 대리행위에서 진의 아닌 의사표시에 해당하는지의 여부는 본인이 아닌 대리인을 표준으로 한다.

④ 근로자들이 의원면직의 형식을 빌렸을 뿐 실제로는 사용자의 지시에 따라 진의 아닌 사직의 의사표시를 하였고, 사용자가 이러한 사정을 알면서 이를 수리하였다면 그 사직의 의사표시는 무효이다.

해설

① [○] 표의자가 의사표시의 내용을 진정으로 마음속에서 바라지는 아니하였다고 하더라도 당시의 상황에서는 그것을 최선이라고 판단하여 그 의사표시를 하였을 경우에는 이를 내심의 효과의사가 결여된 진의 아닌 의사표시라고 할 수 없다(대판 2004.4.25. 99다34475). 따라서 비록 재산을 강제로 뺏긴다는 것이 표의자의 본심으로 잠재되어 있었다 하여도 표의자가 강박에 의하여서나마 증여를 하기로 하고 그에 따른 증여의 의사표시를 한 이상 증여의 내심의 효과의사가 결여된 것이라고 할 수는 없다(대판 1993.7.16. 92다41528).

② [×] 상대방이 표의자의 진의 아님을 알았거나(악의) 알 수 있었을 경우(경과실)에는 비진의표시는 무효이다(제107조 제1항 단서).

③ [○]

> 제116조(대리행위의 하자) 「①항 의사표시의 효력이 의사의 흠결, 사기, 강박 또는 어느 사정을 알았거나 과실로 알지 못한 것으로 인하여 영향을 받을 경우에 그 사실의 유무는 대리인을 표준하여 결정한다.」

▶ 대리행위가 진의 아닌 의사표시에 해당하는지 여부와 관련하여 진의가 있는지 여부는 대리인을 기준으로 판단하여야 한다.

④ [○] 근로자들이 의원면직의 형식을 빌렸을 뿐 실제로는 '사용자의 지시'에 따라 진의 아닌 사직의 의사표시를 하였고 사용자가 이러한 사정을 알면서 위 사직의 의사표시를 수리하였다면 위 사직의 의사표시는 민법 제107조에 해당하여 무효라 할 것이고 사용자가 그중 일부만을 선별수리하여 이들을 의원면직처리한 것은 정당한 이유나 정당한 절차를 거치지 아니한 해고조치로서 근로기준법 제27조 등의 강행법규에 위배되어 당연무효이다(대판 1992.5.26. 92다3670).

정답 | ②

---

06 진의 아닌 의사표시에 관한 설명 중 가장 적절한 것은? (다툼이 있는 경우 판례에 의함) [22법학경채]

① 진의 아닌 의사표시는 원칙적으로 무효이다.

② 진의 아닌 의사표시의 무효는 선의의 제3자에게 대항할 수 있다.

③ 대리행위에서 진의 아닌 의사표시인지 여부는 본인을 기준으로 판단한다.

④ 진의 아닌 의사표시에 관한 규정은 대리권 남용의 경우에도 유추적용 될 수 있다.

해설

① [×]

> 제107조(진의 아닌 의사표시) 「①항 의사표시는 표의자가 진의 아님을 알고 한 것이라도 그 효력이 있다.」

② [×] 비진의표시가 예외적으로 무효로 되는 경우에도 그 무효는 선의의 제3자에게 대항하지 못한다(제107조 제2항).

③ [×] 의사표시의 효력이 의사의 흠결, 사기, 강박 또는 어느 사정을 알았거나 과실로 알지 못한 것으로 인하여 영향을 받을 경우에 그 사실의 유무는 대리인을 표준으로 하여 결정한다(제116조 제1항).

▶ 대리행위에서 진의 아닌 의사표시인지 여부는 대리인을 표준으로 하여 결정하여야 한다.

④ [○] 제107조 제1항 단서는 형평에 부합하는 규정이므로 이해관계가 유사한 경우에 이를 유추적용함으로써 그 적용범위를 확대하는 것이 바람직하다는 것이 判例와 학설의 태도이다. 특히 대표권남용 및 대리권남용의 사례에서 동 조항이 유추적용되고 있다.

정답 | ④

07 진의 아닌 의사표시에 관한 설명으로 옳은 것은? (다툼이 있으면 판례에 따름) [22세무사]

① 진의 아닌 의사표시는 원칙적으로 무효이다.

② 강박에 의해 증여를 한 경우, 증여의 의사가 있더라도 그 증여는 진의 아닌 의사표시가 된다.

③ 공무원이 사직의 의사표시를 하여 의원면직처분을 한 경우, 진의 아닌 의사표시에 관한 민법 규정이 준용되지 않는다.

④ 법률상 장애로 자기 명의로 대출받을 수 없는 자를 위해 대출금 채무자로서의 명의를 빌려준 자의 대출기관에 대한 채무부담의 의사표시는 원칙적으로 진의 아닌 의사표시가 된다.

⑤ 진의와 표시가 일치하지 않음을 표의자가 알지 못한 경우에도 진의 아닌 의사표시가 성립할 수 있다.

해설

① [×] 제107조(진의 아닌 의사표시) 「①항 의사표시는 표의자가 진의 아님을 알고 한 것이라도 그 효력이 있다.」

▶ 원칙적으로는 유효하고 예외적으로 상대방이 진의 아님을 알았거나 알 수 있을 때 무효이다.

② [×] '진의'의 의미와 관련하여 判例에 따르면 "특정한 내용의 의사표시를 하고자 하는 표의자의 생각을 말하는 것이지 표의자가 진정으로 마음속에서 바라는 사항을 뜻하는 것은 아니(다)"(대판 2004.4.25. 99다34475)라고 한다. 그러므로, 표의자가 의사표시의 내용을 진정으로 마음속에서 바라지는 아니하였다고 하더라도 당시의 상황에서는 그것을 최선이라고 판단하여 그 의사표시를 하였을 경우에는 이를 내심의 효과의사가 결여된 진의 아닌 의사표시라고 할 수 없다(대판 2004.4.25. 99다34475). 따라서 비록 재산을 강제로 뺏긴다는 것이 표의자의 본심으로 잠재되어 있었다 하여도 표의자가 강박에 의하여서나마 증여를 하기로 하고 그에 따른 증여의 의사표시를 한 이상 증여의 내심의 효과의사가 결여된 것이라고 할 수는 없다(대판 1993.7.16. 92다41528).

③ [○] '공무원'이 사직의 의사표시를 하여 의원면직처분을 하는 경우, 비록 사직원제출자의 내심의 의사가 사직할 뜻이 아니었다고 하더라도 진의 아닌 의사표시에 관한 민법 제107조는 공법행위에는 준용되지 아니하므로 그 의사가 외부에 표시된 이상 그 의사는 표시된 대로 효력을 발생한다(대판 1997.12.12. 97누13962).

④ [×] 제3자가 채무자로 하여금 제3자를 대리하여 금융기관으로부터 대출을 받도록 하여 그 대출금을 채무자가 부동산의 매수자금으로 사용하는 것을 승낙하였을 뿐이라고 볼 수 있는 경우, 제3자의 의사는 특별한 사정이 없는 한 대출에 따른 경제적인 효과는 채무자에게 귀속시킬지라도 법률상의 효과는 자신에게 귀속시킴으로써 대출금채무에 대한 주채무자로서의 책임을 지겠다는 것으로 보아야 할 것이므로, 제3자가 대출을 받음에 있어서 한 표시행위의 의미가 제3자의 진의와는 다르다고 할 수 없다(대판 1997.7.25. 97다8403).

▶ 제3자에게 자신에게 법률상의 효과를 귀속시키겠다는 의사는 존재하기 때문에 비진의 의사표시라고 볼 수 없다.

⑤ [×] 비진의표시란 표시행위의 의미가 표의자의 진의와 다르다는 것, 의사와 표시의 불일치를 표의자 스스로 알면서 하는 의사표시를 말한다. 상대방과의 통정이 없다는 점에서 허위표시와 구별되며, 표시가 진의와 다름을 표의자가 알고 있다는 점에서 착오와 구별된다.

정답 | ③

08 민법 제107조의 진의 아닌 의사표시(비진의 의사표시)에 관한 설명 중 가장 적절하지 않은 것은? (다툼이 있는 경우 판례에 의함) [21법학경채]

① 계약체결의 요건을 규정하고 있는 강행법규에 위반한 계약은 무효이므로 그 경우에 계약상대방이 선의·무과실이더라도 민법 제107조의 비진의 의사표시의 법리를 주장할 수 없다.

② 증권회사 직원 甲이 남편을 안심시키려는 용도로만 사용한다는 고객 乙의 요청에 따라 乙과의 친분 및 거래관계상 乙의 부탁을 거절하기가 어려운 입장에서 증권투자로 인한 '乙의 손해에 대하여 책임을 지겠다'는 내용의 각서를 乙에게 작성해 준 경우 비진의 의사표시로서 무효이다.

③ 공무원들이 사직할 뜻이 없이 일괄사표를 제출하고 선별수리하는 형식으로 의원면직된 경우, 민법 제107조가 적용되어 그 사직의 의사표시는 무효가 된다.

④ 비록 재산을 강제로 뺏긴다는 것이 표의자의 본심으로 잠재되어 있었다 하여도 표의자가 강박에 의하여서나마 증여를 하기로 하고 그에 따른 증여의 의사표시를 하였다면 증여의 내심의 효과의사가 결여된 것이라고 할 수는 없다.

해설

① [○] 계약체결의 요건을 규정하고 있는 강행법규에 위반한 계약은 무효이므로 그 경우에 계약상대방이 선의·무과실이더라도 제107조의 비진의표시의 법리 또는 표현대리 법리가 적용될 여지는 없다(대판 2016.5.12. 2013다49381).

② [○] 증권회사 직원이 증권투자로 인한 고객의 손해에 대하여 책임을 지겠다는 내용의 각서를 작성해 준 경우, 그 각서를 단지 그 동안의 손실에 대하여 사과하고 그 회복을 위해 최선을 다하겠다는 의미로 해석하는 것은 경험칙과 논리칙에 반하지만, 그 각서가 남편을 안심시키려는 고객의 요청에 따라 작성된 경위 등에 비추어 비진의 의사표시로서 무효이다(대판 1999.2.12. 98다45744).

③ [×] 공무원이 사직의 의사표시를 하여 의원면직처분을 하는 경우, 비록 사직원제출자의 내심의 의사가 사직할 뜻이 아니었다고 하더라도 진의 아닌 의사표시에 관한 제107조는 공법행위에는 준용되지 아니하므로 그 의사가 외부에 표시된 이상 그 의사는 표시된 대로 효력을 발생한다(대판 1997.12.12. 97누13962).

④ [○] 대판 1993.7.16. 92다41528

정답 | ③

09 진의 아닌 의사표시에 관한 설명으로 옳지 않은 것은? (다툼이 있으면 판례에 의함) [20·16소방간부 변형]

① 진의 아닌 의사표시는 원칙적으로 표시된 대로 효력을 발생한다.

② 표의자가 진의와 표시가 일치하지 않는다는 것을 알고 있어야 한다.

③ 대리행위에 있어서 진의 아닌 의사표시인지의 여부는 대리인을 표준으로 결정한다.

④ 혼인이나 입양과 같은 가족법상의 신분행위에 대해서는 진의 아닌 의사표시에 관한 제107조가 적용되지 않는다.

⑤ 공무원의 사직의 의사표시를 하여 의원면직처분을 하는 경우, 사직원 제출자의 내심의 의사가 사직할 뜻이 아니었고 면직처분을 한 자가 이와 같은 의사를 알고 있었다면 제107조에 의하여 그 사직의 의사표시는 무효이다.

해설

① [○]

> 제107조(진의 아닌 의사표시) 「①항 의사표시는 표의자가 진의 아님을 알고한 것이라도 그 효력이 있다. 그러나 상대방이 표의자의 진의 아님을 알았거나 이를 알 수 있었을 경우에는 무효로 한다.」

> ▶ 따라서 진의 아닌 의사표시는 원칙적으로 표시된 대로 효력을 발생한다.

② [○] 비진의표시의 경우 표의자가 스스로 진의와 표시의 불일치를 알고 있어야 한다.

③ [○]

> 제116조(대리행위의 하자) 「①항 의사표시의 효력이 의사의 흠결(비진의표시, 허위표시, 착오), 사기, 강박 또는 어느 사정을 알았거나 과실로 알지 못한 것으로 인하여 영향을 받을 경우에 그 사실의 유무는 대리인을 표준하여 결정한다.」

④ [○] 당사자의 진의가 절대적으로 존중되는 **가족법상의 행위**(비진의표시는 항상 무효: 의사주의), 공법상(대판 2000.11.14. 99두5481 등)·소송법상 의사표시 및 거래의 안전이 중시되는 주식인수의 청약(상법 제302조 제3항) 등에 대하여는 제107조가 적용되지 않는다(비진의표시는 항상 유효: 표시주의).

> ▶ 혼인·이혼·입양·인지 등과 같은 가족법상의 형성적 신분행위에는 당사자의 진의를 절대적으로 필요 하므로 제107조가 적용되지 않는다.

⑤ [×] 공무원이 사직의 의사표시를 하여 의원면직처분을 하는 경우, 비록 사직원제출자의 내심의 의사가 사직할 뜻이 아니었다고 하더라도 진의 아닌 의사표시에 관한 제107조는 공법행위에는 준용되지 아니하므로 그 의사가 외부에 표시된 이상 그 의사는 표시된 대로 효력을 발생한다(대판 1997.12.12. 97누13962).

정답 | ⑤

10 진의 아닌 의사표시에 대한 설명 중 적절하지 않은 것은? (다툼이 있는 경우 판례에 의함) [20법학경채]

① 대리행위에서 진의 아닌 의사표시인지 여부 및 상대방이 진의 아님을 알았거나 알 수 있었는지 여부는 대리인을 표준으로 정한다.

② 표의자가 의사표시의 내용을 진정으로 마음속에서 바라지는 아니하였다고 하더라도 당시의 상황에서 그것을 최선이라고 판단하여 그 의사표시를 하였을 경우, 이를 내심의 효과의사가 결여된 진의 아닌 의사표시라고 할 수 없다.

③ 근로자가 사용자의 지시에 따라 일괄하여 사직서를 작성·제출할 당시 그 사직서에 기하여 의원면직처리될지 모른다는 점을 인식하였다고 하더라도 이것만으로는 그의 내심에 사직의 의사가 있었던 것이라고 할 수 없다.

④ 총완결이라고 쓰지 아니하면 돈을 주지 않겠다고 하여 당시 궁박한 사정에 비추어 우선 돈을 받기 위하여 이를 영수증에 거짓 기재한 것이라면, 총완결이라는 의사표시는 진의 아닌 의사표시로서 당연무효이다.

해설

① [O]

> 제116조(대리행위의 하자) 「①항 의사표시의 효력이 의사의 흠결(비진의표시, 허위표시, 착오), 사기, 강박 또는 어느 사정을 알았거나 과실로 알지 못한 것으로 인하여 영향을 받을 경우에 그 사실의 유무는 대리인을 표준하여 결정한다.」

② [O] 표의자가 의사표시의 내용을 진정으로 마음속에서 바라지는 아니하였다고 하더라도 당시의 상황에서는 그것을 최선이라고 판단하여 그 의사표시를 하였을 경우에는 이를 내심의 효과의사가 결여된 진의 아닌 의사표시라고 할 수 없다(대판 2004.4.25. 99다34475).

③ [O] 진의 아닌 의사표시인지의 여부는 효과의사에 대응하는 내심의 의사가 있는지 여부에 따라 결정되는 것인바, 근로자가 사용자의 지시에 좇아 일괄하여 사직서를 작성 제출할 당시 그 사직서에 기하여 의원면직처리될지 모른다는 점을 인식하였다고 하더라도 이것만으로 그의 내심에 사직의 의사가 있는 것이라고 할 수 없다(대판 1991.7.12. 90다11554).

④ [X] 총완결이라는 문언이 부기된 영수증에 있어서 동 영수증 작성 경위가 그렇게 쓰지 아니하면 돈을 주지 않겠다고 하기에 당시 궁박한 사정에 비추어 우선 돈받기 위하여 거짓 기재한 것이라는 이유만으로는 총완결이란 의사표시가 당연무효라고 할 수 없다(대판 1969.7.8. 69다563).

정답 | ④

11 진의 아닌 의사표시에 관한 설명으로 옳은 것은? (다툼이 있으면 판례에 따름) [20·19세무사 변형]

① 진의는 표의자가 진정으로 마음속에서 바라는 사항을 말한다.

② 객관적으로 보아 명백히 사교적인 농담의 경우에도 상대방이 그 표시를 믿었다면 효력이 발생한다.

③ 제107조 제1항 단서의 진의 아닌 의사표시의 무효에 관한 규정은 공법행위에 적용되지 않는다.

④ 진의 아닌 의사표시의 무효에 대항할 수 있기 위해서 제3자는 선의이며 무과실이어야 한다.

⑤ 대리인에 의하여 이루어진 진의 아닌 의사표시가 제3자의 이익을 위한 배임적인 것임을 상대방이 알았더라도 그 의사표시의 효력은 본인에게 미친다.

해설

① [X] 표시행위의 의미에 대응하는 표의자의 효과의사, 즉 '진의'가 존재하지 않아야 한다. '진의'의 의미와 관련하여 判例에 따르면 "특정한 내용의 의사표시를 하고자 하는 표의자의 생각을 말하는 것이지 표의자가 진정으로 마음속에서 바라는 사항을 뜻하는 것은 아니(다)"(대판 2004.4.25. 99다34475)라고 한다.

② [X] 진의 아닌 의사표시로 되기 위하여 우선 일정한 효과의사를 추단할 만한 행위가 있어야 한다. 따라서 법률효과의 발생을 의욕하지 않는 것이 분명한 경우(연극배우의 대사)에는 문제되지 않는다.

  ▶ 사교적인 명백한 농담, 연극배우의 대사 등과 같이 법률관계의 발생을 의욕 하는 의사표시가 아닌 경우에는 의사표시가 있다고 할 수 없으므로 비진의표시의 문제가 생기지 않는다.

③ [O] 전역지원의 의사표시가 진의 아닌 의사표시라 하더라도 그 무효에 관한 법리를 선언한 제107조 제1항 단서의 규정은 그 성질상 사인의 공법행위에는 적용되지 않는다 할 것이므로 그 표시된 대로 유효한 것으로 보아야 한다(대판 1994.1.11. 93누10057).

④ [×] 통정한 허위표시에 의하여 외형상 형성된 법률관계로 생긴 채권을 가압류한 경우, 그 가압류권자는 허위표시에 기초하여 새로운 법률상 이해관계를 가지게 되므로 제108조 제2항의 제3자에 해당한다고 봄이 상당하고, 또한 제108조 제2항의 제3자는 선의이면 족하고 무과실은 요건이 아니다(대판 2004.5.28. 2003다70041).

⑤ [×] 진의 아닌 의사표시가 대리인에 의하여 이루어지고 대리인의 진의가 본인의 이익이나 의사에 반하여 자기 또는 제3자의 이익을 위한 배임적인 것임을 상대방이 알았거나 알 수 있었을 경우에는 제107조 제1항 단서의 유추해석상 대리인의 행위에 대하여 본인은 아무런 책임을 지지 않는다고 보아야 하고, 상대방이 대리인의 표시의사가 진의 아님을 알았거나 알 수 있었는지는 표의자인 대리인과 상대방 사이에 있었던 의사표시 형성 과정과 내용 및 그로 인하여 나타나는 효과 등을 객관적인 사정에 따라 합리적으로 판단하여야 한다(대판 2011.12.22. 2011다64669).

정답 | ③

12 비진의표시와 관련한 다음 설명 중 틀린 것은?

[출제예상]

① 비록 표의자가 의사표시의 내용을 진정으로 마음속에서 바라지는 아니하였다고 하더라도 당시의 상황에서는 그것을 최선이라고 판단하여 그 의사표시를 하였을 경우에는 이를 내심의 효과의사가 결여된 진의 아닌 의사표시라고 할 수 없다.

② 근로자가 사용자의 지시에 좇아 일괄하여 사직서를 작성·제출할 당시에 그 사직서에 기하여 의원면직처리될지도 모른다는 점을 인식하였다면, 이것만으로 그의 내심에 사직의 의사가 있는 것이라고 할 수 있다.

③ 법정대리인인 친권자의 대리행위가 남용인 경우 행위의 상대방이 이러한 사실을 알았거나 알 수 있었을 때에는 그 행위의 효과가 자(子)에게는 미치지 않지만, 그에 따라 외형상 형성된 법률관계를 기초로 하여 새로운 법률상 이해관계를 맺은 선의의 제3자에 대하여는 누구도 그와 같은 사정을 들어 대항할 수 없으며, 제3자가 악의라는 사실에 관한 주장·증명책임은 무효를 주장하는 자에게 있다.

④ 은행으로부터 대출을 받을 수 없는 신용불량자 乙을 위하여 甲은 자신의 명의를 빌려주고, 그 경위를 모르는 丙은 은행으로부터 1,000만원을 대출받게 해주었다. 변제기에 이르러 丙이 甲에게 반환청구를 한 경우, 원칙적으로 甲은 乙이 실질적인 채무자라고 주장하면서 丙의 청구를 거절할 수 없다.

해설

① [O] 진의 아닌 의사표시에 있어서의 '진의'란 특정한 내용의 의사표시를 하고자 하는 표의자의 생각을 말하는 것이지 표의자가 진정으로 마음속에서 바라는 사항을 뜻하는 것은 아니므로 표의자가 의사표시의 내용을 진정으로 마음 속에서 바라지는 아니하였다고 하더라도 당시의 상황에서는 그것이 최선이라고 판단하여 그 의사표시를 하였을 경우에는 이를 내심의 효과의사가 결여된 진의 아닌 의사표시라고 할 수 없다(대판 2001.1.19. 2000다51919, 51926).

② [×] 사용자의 지시 내지 강요에 의하여 근로자가 사직서를 낸 경우
"진의 아닌 의사표시인지의 여부는 효과의사에 대응하는 내심의 의사가 있는지 여부에 따라 결정되는 것인바, 근로자가 사용자의 지시에 좇아 일괄하여 사직서를 작성 제출할 당시 그 사직서에 기하여 의원면직처리될지 모른다는 점을 인식하였다고 하더라도 이것만으로 그의 내심에 사직의 의사가 있는 것이라고 할 수 없다(대판 1991.7.12. 90다11554).

③ [O] 법정대리인인 친권자의 대리행위가 객관적으로 볼 때 미성년자 본인에게는 경제적인 손실만을 초래하는 반면, 친권자나 제3자에게는 경제적인 이익을 가져오는 행위이고 행위의 상대방이 이러한 사실을 알았거나 알 수 있었을 때에는 제107조 제1항 단서의 규정을 유추적용하여 행위의 효과가 자(子)에게는 미치지 않는다고 해석함이 타당하나, 그에 따라 외형상 형성된 법률관계를 기초로 하여 새로운 법률상 이해관계를 맺은 선의의 제3자에 대하여는 같은 조 제2항의 규정을 유추적용하여 누구도 그와 같은 사정을 들어 대항할 수 없으며, 제3자가 악의라는 사실에 관한 주장·증명책임은 무효를 주장하는 자에게 있다(대판 2018.4.26. 2016다3201).

⑤ [O] 차명대출(借名貸出)
ⅰ) 법률상 또는 사실상의 장애로 자기 명의로 대출받을 수 없는 자를 위하여 대출금채무자로서의 명의를 빌려준 자에게 그와 같은 채무부담의 의사가 없다고 할 수 없으므로 그 의사표시를 비진의표시에 해당한다고 볼 수 없다. ⅱ) 설사 비진의표시로 인정하더라도 비진의임을 상대방이 알았거나 알 수 있었어야 그 의사표시가 무효로 된다. 그러나 여기서 말하는 '진의'는 채무부담이라는 법률상의 효과를 받지 않겠다는 의사를 의미하므로, 대출금을 타인이 사용한다는 것을 채권자가 아는 것만으로는 진의를 알았거나 알 수 있었다고 볼 수는 없다(대판 1997.7.25. 97다8403).

정답 | ②

제3관 통정한 허위의 의사표시

⊕ 핵심정리 통정허위표시

1. 제108조가 적용되기 위한 요건(의, 표, 알, 통)

ⅰ) 의사표시의 존재, ⅱ) 표시와 진의의 불일치, ⅲ) 표의자가 그러한 사실을 알고 있을 것, ⅳ) 상대방과의 통정이 있을 것을 요한다.

구별 가장행위 속에 실제로 다른 행위를 할 의사가 감추어진 경우(가령 증여를 매매로 가장한 경우)에, 그 감추어진 행위를 '은닉행위'라고 한다. 그런데 은닉행위의 효력에 대하여는 그 행위 자체에 관한 규정(즉 증여에 관한 규정)이 적용되어야 할 것이다(자연적 해석). 따라서 가장행위인 매매가 무효이더라도, 은닉행위인 증여는 유효이고, 서면에 의하지 않았다면 제555조에 의해 해제될 수 있을 뿐이다(91다6160).

2. 제108조 통정허위표시에 있어서의 통정의 의미

진의가 없는 의사표시의 외형만을 서로 짜고 일치시키는 것을 말하는 것으로 상대방과의 '합의'를 의미하고, 상대방이 단순히 이를 '인식'하고 있는 것만으로는 부족하다(2002다38675). 判例는 아버지가 아들에게, 남편이 아내에게 부동산을 매도하여 소유권이전등기를 하는 것은 이례에 속하는 일로서 가장매매로 '추정'한다.

3. 제746조와의 관계

허위표시 자체가 제746조의 '불법'은 아니기 때문에 제746조는 적용되지 않는다(2003다70041).

4. 제406조와의 관계

무효와 취소의 '이중효'의 이론적 측면뿐만 아니라 통정허위표시의 경우에는 사해행위의 전형적 방법으로 쓰이고 있다는 현실적인 측면과 통정허위표시의 경우 제3자의 보호법리(제108조 제2항)에 의해 채무자의 재산이 일탈될 가능성에 비추어 채권자가 사해행위를 주장하여 그 취소를 구할 실익이 있기 때문에 判例는 허위표시도 제406조(채권자취소권)의 '법률행위'에 해당하는 것으로 해석한다(84다카68).

5. 제108조 제2항

(1) 제3자의 의미

제108조 제2항의 제3자는 허위표시의 당사자와 그 포괄승계인 외의 자로서, 허위표시에 의하여 외형상 형성된 법률관계를 토대로 ⅰ) 실질적으로 ⅱ) 새로운 ⅲ) 법률상 이해관계를 맺은 자를 의미한다(94다12074). 이러한 제3자는 특별한 사정이 없는 한 선의로 추정되며, 무과실은 요건이 아니다(70다466).

1) 제3자에 해당하는 경우

① 가장양수인으로부터 목적부동산을 양수한 자가 제3자의 전형적인 예이다. 관련하여 가장양도인으로부터의 양수인과 가장양수인으로부터의 양수인의 우열이 문제되는 경우 "가장양수인으로부터의 양수인이 가장매매로 인한 가등기 및 이에 대한 본등기의 원인이 된 각 의사표시가 허위임을 알지 못하였다면, 가장양도인으로부터의 양수인은 선의의 제3자에게 허위표시의 무효를 주장할 수 없고, 따라서 가장양수인으로부터의 양수인 명의의 소유권이전등기는 유효하다."(94다12074)고 한다.

② 전세권설정계약이 없으면서도 임대차계약에 기한 임차보증금 반환채권을 담보할 목적으로 또는 금융기관으로부터 자금을 융통할 목적으로 임차인과 임대인이 합의하여 임차인 명의로 전세권설정등기를 마친 경우, 그 전세권설정은 통정허위표시에 해당하여 무효이나 ⅰ) 그 전세권에 근저당권을 설정한 채권자와(2006다58912) 그러한 전세권 근저당권부 채권을 가압류한 가압류권자(2012다49292), ⅱ) 그 전세권부채권을 가압류한 채권자(2009다35743)에 대하여는 무효를 주장할 수 없다고 한다.

③ ⅰ) 채무자와 허위표시에 기초한 채무에 대해 보증을 한 자가 보증채무를 이행하여 채무자에 대해 구상권을 취득한 경우, 그 구상권 취득에는 보증채무의 부종성으로 인하여 주채무가 유효하게 존재할 것이 필요하므로, 결국 그 보증인은 채무자의 채권자에 대한 채무부담행위라는 허위표시에 기초하여 구상권 취득에 관한 법률상 이해관계를 가지게 되었다고 보아야 하므로 제3자에 해당한다(99다51258)고 한다. 다만, 보증채무부담행위 그 자체만으로는 제3자에 해당하지 않는다. ⅱ) 그러나 가장채무의 보증인이 선의이지만 '중과실'로 가장채권자에게 보증채무를 이행한 경우, 보증인은 가장채무자(통정허위표시의 당사자)에게는 구상권을 행사할 수 있지만, 선의의 구상보증인들(통정허위표시의 무효를 주장하는 다른 제3자)에게까지 구상보증채무의 이행을 구하는 것은 권리남용에 해당하여 허용되지 않는다고 한다(위 판결의 재상고심).

④ 가장소비대차의 대주가 파산한 경우의 파산관재인은 파산자와는 독립한 지위에서 파산채권자 전체의 공동의 이익을 위하여 직무를 행하게 됨을 이유로 제3자에 해당한다(2004다68366)고 한다. 그리고 파산관재인의 선의는 추정되고, 파산채권자 중 1인이라도 선의이면 파산관재인은 선의로 다루어진다고 한다(2004다10299). 이러한 법리는 제110조 제3항의 제3자에 대한 판단에서도 마찬가지이다(2009다96083).

⑤ 가장매매에 기한 대금채권의 양수인 기타 가장채권의 양수인도 제3자에 해당한다고 한다. 즉, 통정허위표시에 의하여 금융기관과의 사이에 대출명의인이 된 자는(차명대출 사안) 제108조 제2항에 의해 그 금융기관으로부터 그 채권을 양수한 한국자산관리공사에 대하여 대출계약의 무효를 주장할 수 없다고 한다(2002다31537).

⑥ "통정한 허위표시에 의하여 외형상 형성된 법률관계로 생긴 채권을 가압류한 경우, 그 가압류권자는 허위표시에 기초하여 새로운 법률상 이해관계를 가지게 되므로 제108조 제2항의 제3자에 해당한다."(2003다70041)고 한다.

⑦ 제3자로부터의 전득자는 제3자가 선의라면 전득자는 선·악을 불문하고 보호되는바, 이는 제108조 제2항이 문제되는 것은 아니다[즉, 선의의 제3자의 개입에 의하여 허위표시의 하자는 치유되었다(엄폐물의 법칙)]. 반면 제3자가 악의이고 전득자가 선의인 경우에는 제108조 제2항에 의하여 전득자가 보호될 수 있다(2012다49492).

⑧ 채권의 가장양도에서 채무자는 ⅰ) 채권의 양도인이 채무자에게 채무의 이행을 청구할 때 선의의 채무자는 채권양수인에게 변제하여야 함을 이유로 거절할 수 없다(82다594; 이 판결은 채무자가 가장양수인에게 지급하지 않고 있는 동안에 양도가 허위표시에 기한 것임이 밝혀진 경우를 전제로 하고 있음을 주의해야 한다). ⅱ) 그러나 채권의 가장양도인이 채무자에게 채무의 이행을 청구하였는데 채무자는 이미 채권의 양도가 유효한 것으로 믿고 채권 양수인에게 채무를 이행해 버린 경우, 채무자는 채권의 가장양도에 터 잡아 '채무의 변제'라는 새로운 이해관계를 맺었기 때문에 제3자에 해당하는 것으로 보아야 한다(다수설). 따라서 채무자는 이를 이유로 변제를 거절할 수 있다. 물론 채무자는 그 밖에 제452조 제1항에 의한 항변, 채권의 준점유자에 대한 변제(제470조) 항변 등을 할 수도 있다. [비교판례] 이에 반해 가장양도된 채권에 대하여 그 양수인의 채권자가 채권압류 및 '추심명령'을 받은 경우에는 단순히 추심권을 취득한 자에 불과한 것이 아니라, 허위의 양도계약을 기초로 실질적으로 새로운 법률상 이해관계를 맺은 제3자에 해당한다고 한다(2013다59753).

⑨ 통정한 허위표시에 의하여 외형상 형성된 법률관계로 생긴 채권(사안에서는 근저당권부채권)을 가압류한 경우, 그 가압류권자는 제108조 제2항의 제3자에 해당하나, '기본계약이 부존재'(근저당권설정계약과 기본계약은 별개이다) 하는 경우 '가압류결정의 무효'를 이유로 당해 가압류권자는 등기상 이해관계 있는 제3자로서 근저당권의 말소에 대한 승낙의 의사표시를 할 의무가 있다(부동산등기법 제57조 제1항)고 한다(2003다70041).

2) 제3자에 해당하지 않는 경우

① 대리인이나 대표기관이 허위표시를 한 경우에 본인이나 법인, ② 가장의 제3자를 위한 계약에서 제3자는 제108조 제2항의 제3자에 해당하지 않는다. ③ A가 B로부터 금전을 차용하고 그 담보로 A의 부동산에 가등기를 하기로 약정하였는데, 채권자들의 강제집행을 우려하여 C에게 가장양도하고 이를 B 앞으로 가등기를 해 준 경우, B는 형식상은 가장양수인(C)으로부터 가등기를 한 것이지만 실질적으로 새로운 법률원인에 의한 것이 아니므로 제3자에 해당하지 않는다. 다만 B의 가등기는 실체관계에 부합하는 것으로서, C 앞으로의 소유권등기가 허위표시임을 B가 알았건 몰랐건 간에, 실제의 소유자인 A는 B에 대한 채무를 이행하지 않고서는 B 명의의 가등기의 말소를 구할 수 없다(즉 B가 보호받는 것은 제108조의 선의의 제3자 보호와는 별개의 것이다)(80다1403). ④ 통정한 허위의 의사표시에 기하여 허위 가등기가 설정된 후 그 원인이 된 통정허위표시가 당사자 간에 철회되었으나 그 외관인 허위 가등기가 미처 제거되지 않고 잔존하는 동안에 가등기 명의인이 임의로 소유권이전의 본등기를 마친 것이라면, 위 본등기를 토대로 다시 소유권이전등기를 마친 자는 제108조 제2항의 '제3자'에 해당하지 않는다(2019다280375).

(2) 무효를 주장할 수 없는 자의 범위

선의의 제3자에게 대항하지 못하는 자는 '당사자 및 포괄승계인'에 한정되지 않고, 그 누구도 허위표시의 무효를 대항하지 못한다(94다12074 등).

(3) 제108조 제2항의 유추적용

등기의 공신력을 인정하지 않는 우리 민법 제도하에서 부동산 물권변동의 거래안전을 위해 判例는 "예외적으로 권리자가 부실등기(대표적으로 위조등기)를 알면서 방치한 경우에는 민법 제108조 제2항 유추적용이 가능하다."(91다3208)[19]고 하여 제한적 긍정설이다.

---

19) [주로 무권리자의 처분행위에서 문제] "乙이 甲으로부터 부동산에 관한 담보권설정의 대리권만 수여받고도 그 부동산에 관하여 자기 앞으로 소유권이전등기를 하고 이어서 丙에게 그 소유권이전등기를 경료한 경우, 丙은 乙을 甲의 대리인으로 믿고서 위 등기의 원인행위를 한 것도 아니고, 甲도 乙 명의의 소유권이전등기가 경료된 데 대하여 이를 통정·용인하였거나 이를 알면서 방치하였다고 볼 수 없다면 이에 제126조나 제108조 제2항을 유추할 수는 없다."

13 통정허위표시에 기초하여 새로운 법률상의 이해관계를 맺은 제3자에 해당하지 않은 자를 모두 고른 것은? (다툼이 있는 경우 판례에 의함) [23경찰간부]

ㄱ. 채권의 가장양수인으로부터 추심을 위하여 채권을 양수한 자
ㄴ. 가장매매의 매수인으로부터 매매예약에 기하여 소유권이전청구권 보전을 위한 가등기권을 취득한 자
ㄷ. 자신의 채권을 보전하기 위하여 가장양도인의 가장양수인에 대한 권리를 대위행사하는 채권자

① ㄱ, ㄴ
② ㄱ, ㄷ
③ ㄴ, ㄷ
④ ㄱ, ㄴ, ㄷ

해설

허위표시의 무효는 선의의 제3자에게 대항하지 못한다(제108조 제2항). 일반적으로 제3자란 당사자와 그의 포괄승계인 이외의 자를 말하지만, 허위표시를 기초로 하여 별개의 법률원인에 의하여 고유한 법률상의 이익을 갖는 법률관계에 들어간 자를 보호한다는 취지에 따라, 제108조 제2항의 제3자는 당사자 및 포괄승계인 이외의 자로서 '허위표시에 의하여 외형상 형성된 법률관계를 토대로 ⅰ) 실질적으로 ⅱ) 새로운 ⅲ) 법률상 이해관계를 맺은 자'로 한정된다는 것이 통설과 判例(대판 2003.3.28. 2002다72125)의 입장이다.

ㄱ. [제3자 ×] 채권의 가장양수인으로부터 '추심을 위하여' 채권을 양수한 자는 제3자라고 할 수 없으나, 이에 반해 가장양도된 채권에 대하여 그 양수인의 채권자가 채권압류 및 '추심명령'을 받은 경우에는 단순히 추심권을 취득한 자에 불과한 것이 아니라, 허위의 양도계약을 기초로 실질적으로 새로운 법률상 이해관계를 맺은 제3자에 해당한다고 한다(대판 2014.4.10. 2013다59753).

ㄴ. [제3자 ○] 원심이 본건에 있어 허위표시에 의하여 소유권을 취득한 매수인 피고 2와의 사이의 매매계약에 인한 소유권이전청구권 보존을 위한 가등기권을 취득한 허위표시의 제3자인 피고 3에게 그 악의 있었음을 주장 입증한 흔적이 없이 만연히 허위표시에 인한 무효등기를 전제로 이루워진 가등기도 따라서 무효라는 판단아래 피고 3에게 가등기말소를 명하였음은 허위표시의 제3자에 대한 효력을 잘못 이해하므로서 심리를 다하지 아니하였거나 판결이유에 모순있다(대판 1970.9.29. 70다466).

ㄷ. [제3자 ×] 자신의 채권을 보전하기 위하여 가장양도인의 가장양수인에 대한 권리를 대위행사하는 채권자는 제3자에 해당하지 않는다 (통설).

정답 | ②

14 甲은 강제집행을 면하기 위해 乙과 짜고 자신 소유의 X토지를 허위의 매매계약에 따라 乙 명의로 소유권이전등기를 해 주었다. 그 후 乙은 위 토지에 관하여 丙과 매매계약을 체결하고 丙 명의로 소유권이전등기를 마쳐주었다. 다음 설명 중 옳지 않은 것은? (명의신탁은 고려하지 않고, 다툼이 있는 경우 판례에 의함) [23경찰간부]

① 甲과 乙 사이의 매매계약은 원칙적으로 무효이다.
② 丙이 甲·乙 간의 가장매매에 대하여 악의인 경우, 甲은 丙에게 X토지의 소유권이전등기말소를 청구할 수 있다.
③ 丙이 甲·乙 간의 가장매매에 대하여 선의더라도 그에게 과실이 있으면 X토지의 소유권을 취득하지 못한다.
④ 丙이 甲·乙 간의 가장매매에 대하여 악의이더라도 丙으로부터 X토지를 매수하여 그 소유권을 이전받은 자가 선의라면 甲은 그 자에 대하여 허위표시의 무효를 주장할 수 없다.

해설

① [O] 제108조의 '통정'이란 진의가 없는 의사표시의 외형만을 서로 짜고 일치시키는 것을 말하는 것으로 상대방과의 '합의'를 의미하고, 상대방이 단순히 이를 '인식'하고 있는 것만으로는 부족하다(대판 2003.4.8. 2002다38675). 통정허위표시는 당사자 사이에서는 언제나 무효이다(제108조 제1항).

　▶ 따라서 甲과 乙 사이의 매매계약은 통정허위표시로 원칙적으로 무효이다.

② [O] ③ [×] 가장행위에 의하여 급부한 당사자는 부당이득 또는 소유권에 기하여 물권적 청구권을 청구할 수 있으며, 허위표시 자체가 제746조의 '불법'은 아니기 때문에 제746조는 적용되지 않는다(대판 2004.5.28. 2003다70041). 다만, 허위표시의 무효는 선의의 제3자에게 대항하지 못하는바(제108조 제2항), 선의란 의사표시가 허위표시임을 모르는 것을 말한다. 무과실은 요건이 아니다(대판 2004.5.28. 2003다70041).

　▶ 따라서 제3자 丙이 甲·乙 간의 가장매매에 대하여 악의인 경우, 甲은 丙에게 X토지의 소유권이전등기말소를 청구할 수 있으나, 丙이 甲·乙 간의 가장매매에 대하여 선의라면 과실이 있더라도 X토지의 소유권을 취득할 수 있다.

④ [O] 제3자로부터의 전득자는 제3자가 선의라면 전득자는 선·악을 불문하고 보호되는바, 이는 제108조 제2항이 문제되는 것은 아니다[선의의 제3자의 개입에 의하여 허위표시의 하자는 치유되었다고 보아야 한다(엄폐물의 법칙)]. 반면 제3자가 악의이고 전득자가 선의인 경우에는 제108조 제2항에 의하여 전득자가 보호될 수 있다(대판 2013.2.15. 2012다49292).

정답 | ③

---

15 다음 중 통정한 허위의 의사표시에 해당하지 않는 것은? (다툼이 있는 경우 판례에 의함)　[23법학경채]

① 당사자들이 외면적으로 표시된 법률행위 속에 실제로는 다른 행위를 할 의사를 감추고 그에 관하여 상호 합의가 있는 경우 내면적으로 의욕한 법률행위

② 실질적으로 주채무자가 실제 대출받고자 하는 채무액에 대하여 채무부담의사 없는 제3자를 형식상의 주채무자로 내세우고, 채권자가 이를 양해하여 그 제3자에 대해서는 채무자로서 책임을 지우지 않을 의도하에 작성받은 제3자 명의의 대출 약정

③ 채권자가 주택임대차보호법상의 대항력을 취득하는 방법으로 오직 자신의 채권을 채무자로부터 우선변제받을 목적으로 주택임대차계약의 형식만을 빌려 그 채권을 임대차보증금으로 하기로 한 채무자와의 합의

④ 종합건설업자로 등록되어 있지 아니한 수급인이 도급인과 건축도급계약을 체결하면서 당사자의 합의하에 계약상의 수급인 명의를 종합건설업자로 등록된 사업자로 표시하여 도급계약서를 작성한 경우 종합건설업자로 등록된 사업자와 도급인 명의로 작성된 도급계약

해설

① [×] 은닉행위의 효력에 대하여는 그 행위 자체에 관한 규정(즉, 증여에 관한 규정)이 적용되어야 할 것이다(자연적 해석). 따라서 가장행위인 매매가 무효이더라도, 은닉행위인 증여는 유효이고, 서면에 의하지 않았다면 제555조에 의해 해제될 수 있을 뿐이다(대판 1991.9.10. 91다6160).

② [O] 判例에 따르면 상대방이 대출명의를 명의대여자로 할 뿐 명의대여자에게 책임을 지우지 않는다는 '양해'를 하고 대출을 한 경우라면 명의대여자를 당사자로 한 의사표시는 통정허위표시로 무효이다(대판 1999.3.12. 98다48989).

③ [O] 채권자가 주택임대차보호법 제3조 제1항의 대항력을 취득하는 방법으로 기존 채권을 우선변제받을 목적으로 주택임대차계약의 형식을 빌려 기존 채권을 임대차보증금으로 하기로 하고 주택의 인도와 주민등록을 마침으로써 주택임대차로서의 대항력을 취득한 것처럼 외관을 만들었을 뿐 실제 주택을 주거용으로 사용·수익할 목적을 갖지 아니 한 계약은 주택임대차계약으로서는 통정허위표시에 해당되어 무효라고 할 것이므로 이에 주택임대차보호법이 정하고 있는 대항력을 부여할 수는 없다(대판 2002.3.12. 2000다24184, 24191).

④ [O] 종합건설업자로 등록되어 있지 아니한 수급인이 건축도급계약을 체결하면서 당사자의 합의하에 수급인 명의를 종합건설업자로 등록된 사업자로 표시하여 도급계약서를 작성한 경우, 위 사업자와 도급인 사이에 작성된 계약서에 의한 도급계약은 통정허위표시로서 무효라 할 것이다(대판 2009.7.23. 2006다45855).

정답 | ①

16 통정허위표시에 관한 설명으로 옳지 않은 것은? (다툼이 있으면 판례에 의함)

① 통정허위표시로 채권을 양도한 채권자는 채무자에게 양도행위의 무효를 주장할 수 있다.

② 통정허위표시는 무효이므로 그 당사자는 계약에 따른 채무를 이행할 의무가 없다.

③ 통정허위표시의 무효를 주장하는 당사자 일방은 상대방에게 손해배상을 청구하지 못한다.

④ 통정허위표시로 매매한 매도인은 그 사실을 모르고 목적부동산에 관하여 가등기를 한 제3자에게 허위표시의 무효로 대항할 수 있다.

⑤ 통정허위표시자는 통정허위표시의 사실을 모른 제3자로부터 그 행위의 목적물을 양수한 전득자가 악의일 때에도 그에게 통정허위표시의 무효로 대항하지 못한다.

해설

① [○] 제108조(통정한 허위의 의사표시)「①항 상대방과 통정한 허위의 의사표시는 무효로 한다. ②항 전항의 의사표시의 무효는 선의의 제3자에게 대항하지 못한다.」

▶ 통정허위표시의 당사자 간에는 무효이므로 허위로 채권을 양도한 채권자는 무효를 주장할 수 있으며, 통정허위표시된 법률행위를 기초로 실질적으로 새로운 이해관계를 맺은 자가 아닌 채무자는 선의의 제3자가 아니므로 무효를 주장할 수 있다.

② [○] 계약이 무효이므로 당사자에게 계약의 효력에 따른 권리의무가 발생하지 않는다.

③ [○] (통정한 허위의 의사표시로서) 무효인 법률행위는 그 법률행위가 성립한 당초부터 당연히 효력이 발생하지 않는 것이므로, 무효인 법률행위에 따른 법률효과를 침해하는 것처럼 보이는 위법행위나 채무불이행이 있다고 하여도 법률효과의 침해에 따른 손해는 없는 것이므로 그 손해배상을 청구할 수는 없다(대판 2003.3.28. 2002다72125).

④ [×] 원심이 허위표시에 의하여 소유권을 취득한 매수인 피고 2와의 사이의 매매계약에 의한 소유권이전청구권 보존을 위한 가등기권을 취득한 허위표시의 제3자인 피고 3에게 그 악의 있었음을 주장 및 입증한 흔적이 없이 만연히 허위표시에 인한 무효등기를 전제로 이루어진 가등기도 따라서 무효라는 판단 아래 피고 3에게 가등기말소를 명하였음은 허위표시의 제3자에 대한 효력을 잘못 이해함으로서 심리를 다하지 아니하였거나 판결이유에 모순이 있다 할 것이다(대판 1970.9.29. 70다466).

⑤ [○] 제3자로부터의 전득자는 제3자가 선의라면 전득자는 선·악을 불문하고 보호되는바, 이는 제108조 제2항이 문제되는 것은 아니다[선의의 제3자의 개입에 의하여 허위표시의 하자는 치유되었다고 보아야 한다(엄폐물의 법칙)]. 반면 제3자가 악의이고 전득자가 선의인 경우에는 제108조 제2항에 의하여 전득자가 보호될 수 있다(대판 2013.2.15. 2012다49292).

정답 | ④

17 통정허위표시에 관한 설명으로 옳지 않은 것은? (다툼이 있으면 판례에 따름)

[23세무사]

① 통정허위표시의 무효는 원칙적으로 누구든지 주장할 수 있다.

② 민법 제108조 제2항의 선의의 제3자에 대하여는 누구도 통정허위표시의 무효를 주장하지 못한다.

③ 허위의 전세권설정계약에 기하여 등기가 마쳐진 전세권에 저당권을 설정받은 자는 민법 제108조 제2항의 제3자에 해당한다.

④ 가장의 채권양도에서 아직 채무를 변제하지 않은 채무자는 민법 제108조 제2항의 제3자에 해당한다.

⑤ 파산자가 통정한 허위의 의사표시를 통하여 발생한 가장채권을 보유하던 중 파산이 선고된 경우, 파산관재인은 민법 제108조 제2항의 제3자에 해당한다.

해설

① [O] 허위표시는 당사자 사이에서는 언제나 무효이다(제108조 제1항). 원칙적으로 누구든지 그 무효를 주장할 수 있다(대판 2003.3.28. 2002다72125).

② [O] 제108조 제2항의 '대항하지 못한다'는 것은 허위표시의 무효를 주장할 수 없다는 뜻으로, 선의의 제3자에게 대항하지 못하는 자는 '당사자 및 포괄승계인'에 한정되지 않고, 그 누구도 허위표시의 무효를 대항하지 못한다(대판 1996.4.26. 94다12074 등).

③ [O] 사정이 이러하다면 소외인과 피고 사이에 있어서는 위 임대차계약만이 유효하고 외형만 작출된 위 전세권설정계약은 무효라고 주장할 수 있다고 하더라도, 제3자인 원고와 사이에 있어서는 원고가 그와 같은 사정을 알고 있었던 경우에만 그러한 주장을 할 수 있다고 할 것이다(대판 2006.2.9. 2005다59864).

④ [X] 채권의 가장양도에서 채무자는 채권의 양도인이 채무자에게 채무의 이행을 청구할 때 선의의 채무자는 채권 양수인에게 변제하여야 함을 이유로 거절할 수 없다. 이와 관련하여 判例는 동일한 취지로 "퇴직금 채무자는 원채권자인 소외(甲)이 소외(乙)에게 퇴직금채권을 양도했다고 하더라도 그 퇴직금을 양수인에게 지급하지 않고 있는 동안에 위 양도계약이 허위표시란 것이 밝혀진 이상 위 허위표시의 선의의 제3자임을 내세워 진정한 퇴직금전부채권자에게 그 지급을 거절할 수 없다."고 한다(대판 1983.1.18. 82다594). 가장의 채권양도에서 아직 채무를 변제하지 않은 채무자는 민법 제108조 제2항의 제3자에 해당하지 않는다.

⑤ [O] 대법원은 "가장소비대차의 대주가 파산한 경우의 파산관재인[20]은 파산자와는 독립한 지위에서 파산채권자 전체의 공동의 이익을 위하여 직무를 행하게 됨을 이유로 제3자에 해당한다."라고 보고 있다(대판 2005.5.12. 2004다68366).

정답 | ④

---

20) 법원에 의해 선임되어 파산 재단의 관리 및 처분, 파산 채권의 조사와 확정, 재단 채권의 변제 등 파산 절차상의 중심적 활동을 행하는 공공 기관

18 다음 중 통정한 허위의 의사표시에 있어 제3자에 해당하는 자를 모두 고른 것은? (다툼이 있는 경우 판례에 의함)

[22경찰간부]

가. 가장매매의 목적물에 대하여 저당권을 설정받은 자
나. 가장저당권설정계약이 무효라는 사실을 알지 못하고 그 피담보채권에 대해 가압류를 한 자
다. 채무자가 상대방과 통정하여 가장채권을 보유하고 있다가 파산된 때에 그 파산자의 파산채권자 전부가 악의인 경우에 있어 파산관재인
라. 채권의 가장양도에 있어서 채무자의 상속인
마. 대리인이 상대방과 통정한 허위의 의사표시를 한 경우에 그 대리행위에서의 본인

① 가, 나, 다
② 가, 다, 라
③ 나, 라, 마
④ 다, 라, 마

해설

가. [○] 일반적으로 제3자란 당사자와 그의 포괄승계인 이외의 자를 말하지만, 허위표시를 기초로 하여 별개의 법률원인에 의하여 고유한 법률상의 이익을 갖는 법률관계에 들어간 자를 보호한다는 취지에 따라, 제108조 제2항의 제3자는 당사자 및 포괄승계인 이외의 자로서 '허위표시에 의하여 외형상 형성된 법률관계를 토대로 ⅰ) 실질적으로 ⅱ) 새로운 ⅲ) 법률상 이해관계를 맺은 자'로 한정된다는 것이 통설과 判例(대판 2003.3.28. 2002다72125)의 입장이다. 아울러 제3자는 선의로 추정된다(대판 1970.9.29. 70다466).
 ▶ 따라서 가장매매의 목적물에 대하여 저당권을 설정받은 자는 제108조 제2항의 제3자에 해당한다.

나. [○] 통정한 허위표시에 의하여 외형상 형성된 법률관계로 생긴 채권을 가압류한 경우, 그 가압류권자는 허위표시에 기초하여 새로운 법률상 이해관계를 가지게 되므로 제108조 제2항의 제3자에 해당한다(대판 2004.5.28. 2003다70041).

다. [○] 대법원은 "가장소비대차의 대주가 파산한 경우의 파산관재인[21]은 파산자와는 독립한 지위에서 파산채권자 전체의 공동의 이익을 위하여 직무를 행하게 됨을 이유로 제3자에 해당한다."라고 보고 있다(대판 2005.5.12. 2004다68366). 그리고 "파산관재인의 선의는 추정되고, 다만 파산관재인 개인의 선의·악의를 기준으로 할 수는 없고 총파산채권자 중 1인이라도 선의이면 파산관재인은 선의로 다루어진다."라고 하는데, 이는 만일 파산관재인 개인을 기준으로 선의 여부를 판단하게 되는 경우 파산관재인이 누가 되는가에 따라 가장채권이 파산재단에 속하는지 여부가 달라지게 되는 불합리가 생기기 때문이다(대판 2006.11.10. 2004다10299).
 ▶ 출제 측 정답은 ○라고 되어 있는데, 질문내용이 '통정한 허위의 의사표시에 있어 제3자에 해당하는 자'라고 묻고 있어 굳이 ○라고 한다면 '제3자'에는 해당하나, '무효를 대항할 수 있는 제3자'에는 해당하지 않는다는 취지로 볼 수 있다. 그러나 파산채권자 전부가 악의인 경우에 있어 파산관재인은 제108조 제2항에 의해 보호받을 수 있는 '선의의 제3자'는 아니라는 점에서 바람직한 출제는 아니라고 판단된다. 아마 이의를 신청했다면 받아들여졌을 지문이다.

라. [×] 채권의 가장양도에서 채무자는 채권의 양도인이 채무자에게 채무의 이행을 청구할 때 선의의 채무자는 채권 양수인에게 변제하여야 함을 이유로 거절할 수 없다. 이 경우 채무자는 가장양도에 터 잡아 새로운 이해관계를 맺은 바가 없기 때문이다(대판 1983.1.18. 82다594; 이 판결은 채무자가 가장양수인에게 지급하지 않고 있는 동안에 양도가 허위표시에 기한 것임이 밝혀진 경우를 전제로 하고 있음을 주의해야 한다).
 ▶ 채무자의 상속인은 채무자의 포괄승계인이므로 채무자와 동일하게 다루어지므로 채권의 가장양도에서 채무자의 상속인은 제108조 제2항의 제3자가 아니다.

마. [×]
> 제116조(대리행위의 하자) 「①항 의사표시의 효력이 의사의 흠결, 사기, 강박 또는 어느 사정을 알았거나 과실로 알지 못한 것으로 인하여 영향을 받을 경우에 그 사실의 유무는 대리인을 표준하여 결정한다.」

 ▶ 대리인과 상대방이 '허위표시'를 한 경우에는 본인의 선의·악의에 상관없이 허위표시는 무효이다(제108조 제1항). 이 경우 본인은 선의의 제3자에 해당하지 않는다(제108조 제2항).

정답 | ①

---

21) 법원에 의해 선임되어 파산 재단의 관리 및 처분, 파산 채권의 조사와 확정, 재단 채권의 변제 등 파산 절차상의 중심적 활동을 행하는 공공 기관

19 통정허위표시에 관한 설명으로 옳지 않은 것은? (다툼이 있으면 판례에 따름)   [23행정사]

① 채무자의 법률행위가 통정허위표시인 경우에도 채권자취소권의 대상이 될 수 있다.

② 가장 근저당권설정계약이 유효하다고 믿고 그 피담보채권을 가압류한 자는 허위표시의 무효로부터 보호되는 선의의 제3자에 해당한다.

③ 의사표시의 진의와 표시의 불일치에 관하여 상대방과 사이에 합의가 있으면 통정허위표시가 성립한다.

④ 통정허위표시에 따른 법률효과를 침해하는 것처럼 보이는 위법행위가 있는 경우에도 그에 따른 손해배상을 청구할 수 없다.

⑤ 자신의 채권을 보전하기 위해 가장양도인의 가장양수인에 대한 권리를 대위행사하는 채권자는 허위표시를 기초로 새로운 법률상의 이해관계를 맺은 제3자에 해당한다.

해설

① [○] 통설 및 判例(대판 1984.7.24. 84다카68)는 허위표시도 제406조(채권자취소권)의 '법률행위'에 해당하는 것으로 해석한다. 왜냐하면 무효와 취소의 '이중효'22)의 이론적 측면뿐만 아니라 통정허위표시의 경우에는 사해행위의 전형적 방법으로 쓰이고 있다는 현실적인 측면과 통정허위표시의 경우 제3자의 보호법리(제108조 제2항)에 의해 채무자의 재산이 일탈될 가능성이 있어 채권자가 사해행위를 주장하여 그 취소를 구할 실익이 있기 때문이다.

② [○] 대법원은 "통정한 허위표시에 의하여 외형상 형성된 법률관계로 생긴 채권을 가압류한 경우, 그 가압류권자는 허위표시에 기초하여 새로운 법률상 이해관계를 가지게 되므로 제108조 제2항의 제3자에 해당한다."(대판 2004.5.28. 2003다70041)고 한다.

③ [○] 제108조 제1항에서의 '통정'이란 진의가 없는 의사표시의 외형만을 서로 짜고 일치시키는 것을 말하는 것으로 상대방과의 '합의'를 의미하고, 상대방이 단순히 이를 '인식'하고 있는 것만으로는 부족하다(대판 2003.4.8. 2002다38675).

④ [○] (통정한 허위의 의사표시로서) 무효인 법률행위는 그 법률행위가 성립한 당초부터 당연히 효력이 발생하지 않는 것이므로, 무효인 법률행위에 따른 법률효과를 침해하는 것처럼 보이는 위법행위나 채무불이행이 있다고 하여도 법률효과의 침해에 따른 손해는 없는 것이므로 그 손해배상을 청구할 수는 없다(대판 2003.3.28. 2002다72125).

⑤ [×] 일반적으로 제3자란 당사자와 그의 포괄승계인 이외의 자를 말하지만, 허위표시를 기초로 하여 별개의 법률원인에 의하여 고유한 법률상의 이익을 갖는 법률관계에 들어간 자를 보호한다는 취지에 따라, 제108조 제2항의 제3자는 당사자 및 포괄승계인 이외의 자로서 '허위표시에 의하여 외형상 형성된 법률관계를 토대로 ⅰ) 실질적으로 ⅱ) 새로운 ⅲ) 법률상 이해관계를 맺은 자'로 한정된다는 것이 통설과 判例(대판 2003.3.28. 2002다72125)의 입장이다.

▶ 자신의 채권을 보전하기 위해 가장양도인의 가장양수인에 대한 권리를 대위행사(제404조)23)하는 채권자는 허위표시를 기초로 새로운 법률상의 이해관계를 맺은 제3자에 해당하지 않는다.

정답 | ⑤

20 통정허위표시(민법 제108조)에 관한 설명으로 옳은 것은? (다툼이 있는 경우 판례에 의함)   [22소방간부]

① 통정허위표시에 의한 법률행위는 채권자취소권의 대상이 될 수 없다.

② 통정허위표시에서 보호받는 제3자는 선의이며 무과실이어야 한다.

③ 허위의 주채무를 보증한 보증인이라 하더라도 보증채무를 이행한 때에는 통정허위표시의 무효로부터 보호되는 제3자에 해당한다.

④ 통정허위표시에 의한 매수인으로부터 부동산을 취득한 제3자는 통정허위표시의 무효로부터 보호받기 위해서 자신이 선의임을 증명하여야 한다.

⑤ 가장전세권에 근저당권을 취득한 전세권근저당권자는 통정허위표시의 무효로부터 보호되는 제3자에 해당할 수 없다.

---

22) 무효와 취소의 '이중효'란 무효와 취소는 논리필연적으로 구분되는 것은 아니며, 무효와 취소는 법률효과를 뒷받침하는 근거로서 결국은 입법정책의 문제에 속한다고 할 수 있으며, 무효인 행위라도 법적으로 '無'는 아니다. 따라서 무효인 법률행위도 취소의 대상이 된다는 이론이다.

23) 제404조(채권자대위권) ① 채권자는 자기의 채권을 보전하기 위하여 채무자의 권리를 행사할 수 있다. 그러나 일신에 전속한 권리는 그러하지 아니하다. ② 채권자는 그 채권의 기한이 도래하기 전에는 법원의 허가없이 전항의 권리를 행사하지 못한다. 그러나 보전행위는 그러하지 아니하다.

해설

① [×] 무효와 취소는 논리필연적으로 구분되는 것은 아니며, 무효와 취소는 법률효과를 뒷받침하는 근거로서 결국은 입법정책의 문제에 속한다고 할 수 있으며, 무효인 행위라도 법적으로 '無'는 아니다. 따라서 무효인 법률행위도 취소의 대상이 된다(통설 및 判例). 문제는 취소에 따른 실익인바, 判例(대판 1996.12.6. 95다24982)는 통정허위표시도 채권자취소권(제406조)의 대상이 될 수 있다고 한다. 이 경우 제3자가 허위표시에 관해 선의이더라도(제108조 제2항) 사해의 의사가 있는 경우에는 채권자는 제3자를 상대로 채권자취소권을 행사할 수 있는 '실익'이 있다.

② [×] 선의란 의사표시가 허위표시임을 모르는 것을 말한다. 제3자는 선의로 추정되므로 제3자가 악의라는 사실은 그것을 주장하는 자가 입증해야 한다(대판 1970.9.29. 70다466). 무과실은 요건이 아니다(대판 2004.5.28. 2003다70041).

③ [○] 대법원은 "채무자와 허위표시에 기초한 채무에 대해 보증을 한 자가 보증채무를 이행하여 채무자에 대해 구상권을 취득한 경우, 그 구상권 취득에는 보증채무의 부종성으로 인하여 주채무가 유효하게 존재할 것이 필요하므로, 결국 그 보증인은 채무자의 채권자에 대한 채무부담행위라는 허위표시에 기초하여 구상권 취득에 관한 법률상 이해관계를 가지게 되었다고 보아야 하므로 제3자에 해당한다."라고 한다(대판 2000.7.6. 99다51258: 다만, 보증채무부담행위 그 자체만으로는 제108조 제2항의 제3자에 해당하지 않는다).

④ [×] 제3자로부터의 전득자는 제3자가 선의라면 전득자는 선·악을 불문하고 보호되는바, 이는 제108조 제2항이 문제되는 것은 아니다[선의의 제3자의 개입에 의하여 허위표시의 하자는 치유되었다고 보아야 한다(엄폐물의 법칙)]. 반면 제3자가 악의이고 전득자가 선의인 경우에는 제108조 제2항에 의하여 전득자가 보호될 수 있다(대판 2013.2.15. 2012다49292).

⑤ [×] 대법원은 전세권설정계약이 없으면서도 임대차계약에 기한 임차보증금 반환채권을 담보할 목적으로 또는 금융기관으로부터 자금을 융통할 목적으로 임차인과 임대인이 합의하여 임차인 명의로 전세권설정등기를 마친 경우, 그 전세권설정은 통정허위표시에 해당하여 무효이나 ⅰ) 그 전세권에 근저당권을 설정한 채권자(대판 2008.3.13. 2006다58912)(제371조 참조), ⅱ) 그 전세권부채권을 가압류한 채권자(대판 2010.3.25. 2009다35743)에 대하여는 무효를 주장할 수 없다고 한다.

정답 | ③

---

21 통정허위표시에 관한 설명으로 옳지 않은 것을 모두 고른 것은? (다툼이 있으면 판례에 따름) [22세무사]

> ㄱ. 남편 甲이 동거하는 배우자 乙에게 X토지를 매도하고 소유권이전등기를 마친 경우, 특별한 사정이 없는 한 그 매매계약은 가장매매로 추정될 수 있다.
>
> ㄴ. 甲으로부터 가장행위로 자금을 차용한 乙의 차용금채무를 연대보증한 丙이 그 보증채무를 이행하여 구상권을 취득한 경우, 丙은 통정허위표시를 기초로 새로운 이해관계를 맺은 제3자에 해당하지 않는다.
>
> ㄷ. 乙이 甲으로부터 그 소유의 X토지를 가장매수한 후 악의의 丙에게 매도한 경우, 甲은 丙으로부터 이를 전득한 선의의 丁에게 허위표시의 무효를 주장할 수 없다.

① ㄱ   ② ㄴ   ③ ㄷ
④ ㄱ, ㄷ   ⑤ ㄴ, ㄷ

해설

ㄱ. [○] 특별한 사정없이 동거하는 부부간에 있어 남편이 처에게 토지를 매도하고 그 소유권이전등기까지 경료한다 함은 이례에 속하는 일로서 가장매매라고 추정하는 것이 경험칙에 비추어 타당하다(대판 1978.4.25. 78다226).

ㄴ. [×] 대법원은 채무자와 허위표시에 기초한 채무에 대해 보증을 한 자가 보증채무를 이행하여 채무자에 대해 구상권[24]을 취득한 경우, 그 구상권 취득에는 보증채무의 부종성으로 인하여 주채무가 유효하게 존재할 것이 필요하므로, 결국 그 보증인은 채무자의 채권자에 대한 채무부담행위라는 허위표시에 기초하여 구상권 취득에 관한 법률상 이해관계를 가지게 되었다고 보아야 하므로 제3자에 해당한다고 한다(대판 2000.7.6. 99다5125: 다만, 보증채무부담행위 그 자체만으로는 제108조 제2항의 제3자에 해당하지 않는다).

ㄷ. [○] 판례는, 甲이 乙의 임차보증금반환채권을 담보하기 위하여 통정허위표시로 乙에게 전세권설정등기를 마친 후 丙이 이러한 사정을 알면서도 乙에 대한 채권을 담보하기 위하여 위 전세권에 대하여 전세권근저당권설정등기를 마쳤는데, 그 후 丁이 丙의 전세권근저당권부 채권을 가압류하고 압류명령을 받은 사안에서, 丁이 통정허위표시에 관하여 선의라면 비록 丙이 악의라 하더라도 허위표시자는 丁에 대하여 전세권이 통정허위표시로서 무효임을 주장할 수 없다고 한다(대판 2013.2.15. 2012다49292).

정답 | ②

---

24) '구상권'은 타인을 위하여 변제를 한 사람이 그 타인에 대하여 가지는 반환청구의 권리를 말한다.

22 통정허위표시를 기초로 새로운 법률상의 이해관계를 맺은 제3자를 모두 고른 것은? (다툼이 있으면 판례에 따름)

[22 행정사]

ㄱ. 가장매매의 매수인으로부터 그와의 매매계약에 의한 소유권이전청구권 보전을 위한 가등기를 마친 자

ㄴ. 허위의 선급금 반환채무 부담행위에 기하여 그 채무를 보증하고 이행까지 하여 구상권을 취득한 자

ㄷ. 가장소비대차에 있어 대주의 계약상의 지위를 이전받은 자

① ㄱ   ② ㄷ   ③ ㄱ, ㄴ

④ ㄱ, ㄷ   ⑤ ㄴ, ㄷ

해설

ㄱ. [○] 가장양수인으로부터 목적부동산을 양수한 자(대판 1996.4.26. 94다12074)가 제3자의 전형적인 예이다. 참고로 가장양도인으로부터의 양수인과 가장양수인으로부터의 양수인의 우열이 문제되는 사안에서 判例는 "가장양수인으로부터의 양수인이 가장매매로 인한 가등기 및 이에 대한 본등기의 원인이 된 각 의사표시가 허위임을 알지 못하였다면, 가장양도인으로부터의 양수인은 이러한 선의의 제3자에게 허위표시의 무효를 주장할 수 없고, 따라서 가장양수인으로부터의 양수인 명의의 소유권이전등기는 유효하다."(대판 1996.4.26. 94다12074)라고 한다.

ㄴ. [○] 대법원은 채무자와 허위표시에 기초한 채무에 대해 보증을 한 자가 보증채무를 이행하여 채무자에 대해 구상권을 취득한 경우, 그 구상권 취득에는 보증채무의 부종성으로 인하여 주채무가 유효하게 존재할 것이 필요하므로, 결국 그 보증인은 채무자의 채권자에 대한 채무부담행위라는 허위표시에 기초하여 구상권 취득에 관한 법률상 이해관계를 가지게 되었다고 보아야 하므로 제3자에 해당한다고 한다(대판 2000.7.6. 99다5125: 다만, 보증채무부담행위 그 자체만으로는 제108조 제2항의 제3자에 해당하지 않는다).

ㄷ. [×] 구 상호신용금고법(2000.1.28. 법률 제6203호로 개정되기 전의 것) 소정의 계약이전은 금융거래에서 발생한 계약상의 지위가 이전되는 사법상의 법률효과를 가져오는 것이므로, 계약이전을 받은 금융기관은 계약이전을 요구받은 금융기관과 대출채무자 사이의 통정허위표시에 따라 형성된 법률관계를 기초로 하여 새로운 법률상 이해관계를 가지게 된 민법 제108조 제2항의 제3자에 해당하지 않는다(대판 2004.1.15. 2002다31537).

정답 | ③

---

23 민법 제108조의 통정허위표시에 관한 설명 중 가장 적절하지 않은 것은? (다툼이 있는 경우 판례에 의함)

[21법학경채]

① 甲명의로 대출을 받아 乙로 하여금 이를 사용하도록 하기 위한 목적으로, 甲이 은행을 직접 방문하여 금전소비대차약정서에 주채무자로서 서명 · 날인한 경우, 특별한 사정이 없는 한 甲의 진의와 표시에 불일치가 있다고 보기는 어렵다.

② 통정한 허위표시에 의하여 외형상 형성된 법률관계로 생긴 채권을 가압류한 경우, 그 가압류권자는 허위표시에 기초하여 새로운 법률상 이해관계를 가지게 된 제3자에 해당하지 않는다.

③ 매도인이 매수인과 주식매매계약서상의 매매대금은 금 8,000원으로 하고 나머지 실질적인 매매대금은 매수인이 매도인의 처와 상의하여 그에게 적절히 지급하겠다고 한 경우 실지매매대금에 의한 매매계약은 유효하다.

④ 실제 주택을 주거용으로 사용 · 수익할 목적을 갖지 않고 주택임대차로서의 대항력을 취득한 것처럼 외관을 만들었을 뿐이라면 채권자의 기존 채권을 임대차보증금으로 하기로 한 채권자와 채무자의 주택임대차계약은 통정허위표시에 해당되어 무효이다.

① [○] 법률상 또는 사실상의 장애로 자기 명의로 대출받을 수 없는 자를 위하여 대출금채무자로서의 명의를 빌려준 자에게 그와 같은 채무부담의 의사가 없다고 할 수 없으므로 그 의사표시를 비진의표시에 해당한다고 볼 수 없다(대판 1997.7.25. 97다8403).

② [×] 통정한 허위표시에 의하여 외형상 형성된 법률관계로 생긴 채권을 가압류한 경우, 그 가압류권자는 허위표시에 기초하여 새로운 법률상 이해관계를 가지게 되므로 제108조 제2항의 제3자에 해당한다고 봄이 상당하다(대판 2004.5.28. 2003다70041).

③ [○] 매매계약상의 대금 8천원이 적극적 은닉행위를 수반하는 허위표시라 하더라도, 실지 지급하여야 할 매매대금의 약정이 있는 이상 위 매매대금에 관한 외형행위가 아닌 내면적 은닉행위는 유효하고, 따라서 실지 매매대금에 의한 위 매매계약은 유효하다(대판 1993.8.27. 93다12930).

④ [○] 채권자가 주택임대차보호법상의 대항력을 취득하는 방법으로 기존 채권을 우선변제 받을 목적으로 주택임대차계약의 형식을 빌려 기존 채권을 임대차보증금으로 하기로 하고 주택의 인도와 주민등록을 마침으로써 주택임대차로서의 대항력을 취득한 것처럼 외관을 만들었을 뿐 실제 주택을 주거용으로 사용·수익할 목적을 갖지 아니한 계약은 주택임대차계약으로서는 통정허위표시에 해당되어 무효라고 할 것이므로 이에 주택임대차보호법이 정하고 있는 대항력을 부여할 수는 없다(대판 2002.3.12. 2000다24184·24191).

정답 | ②

24 통정허위표시에 관한 설명으로 옳지 않은 것은? (다툼이 있으면 판례에 따름) [19·18세무사 변형]

① 허위표시는 상대방 있는 단독행위에도 적용된다.
② 대리인이 상대방과 통정하여 허위표시를 한 경우, 상대방은 본인이 선의이면 허위표시의 무효를 주장할 수 없다.
③ 추심을 위한 채권양도는 허위표시가 아니다.
④ 허위표시에서 선의의 제3자로부터 권리를 취득한 자는 전득 시 악의이더라도 유효하게 권리를 취득한다.
⑤ 허위표시로 인한 무효는 과실 있는 선의의 제3자에게도 대항할 수 없다.

① [○] 허위표시는 계약은 물론이고 상대방 있는 단독행위에도 적용된다. 그러나 상대방 없는 단독행위에는 적용되지 않는다.

② [×] 대리인과 상대방이 통정하여 허위표시를 한 경우에는 원칙적으로 본인의 선·악의를 불문하고 그 허위표시는 본인과의 관계에서는 무효이고, 본인은 제108조 제2항에서 말하는 선의의 제3자로서도 보호를 받을 수 없다.

③ [○] 신탁행위는 법률행위의 하나로서 일정한 '경제상의 목적'을 위해 '권리이전'의 형태를 취하는 점에 그 특색이 있다. 양도담보나 추심을 위한 채권양도가 이러한 구성을 취한다. 여기서는 그 경제상의 목적, 즉 담보나 추심을 위해 권리를 이전한다는 점에 대해 당사자 간에 진정한 합의가 있다는 점에서 허위표시가 아니다.

④ [○] 제3자로부터의 전득자는 제3자가 선의라면 전득자는 선·악을 불문하고 보호되는바, 이는 제108조 제2항이 문제되는 것은 아니다[선의의 제3자의 개입에 의하여 허위표시의 하자는 치유되었다고 보아야 한다(엄폐물의 법칙)]. 반면 제3자가 악의이고 전득자가 선의인 경우에는 제108조 제2항에 의하여 전득자가 보호될 수 있다(대판 2013.2.15. 2012다49292).

⑤ [○] 선의란 의사표시가 허위표시임을 모르는 것을 말한다. 제3자는 선의로 추정되므로 제3자가 악의라는 사실은 그것을 주장하는 자가 입증해야 한다(대판 1970.9.29. 70다466). 무과실은 요건이 아니다(대판 2004.5.28. 2003다70041).

정답 | ②

25 허위표시에 관한 설명으로 옳은 것을 모두 고른 것은? (다툼이 있으면 판례에 따름) [18행정사]

ㄱ. 허위표시의 무효로서 대항할 수 있는 제3자의 범위는 허위표시를 기초로 새로운 법률상 이해관계를 맺었는지에 따라 실질적으로 파악해야 한다.

ㄴ. 가장매도인이 가장매수인으로부터 부동산을 취득한 제3자에게 자신의 소유권을 주장하려면 특별한 사정이 없는 한, 가장매도인은 그 제3자의 악의를 증명하여야 한다.

ㄷ. 허위표시를 한 자는 그 의사표시가 무효라는 사실을 주장할 수 없다.

① ㄱ   ② ㄴ   ③ ㄱ, ㄴ

④ ㄱ, ㄷ   ⑤ ㄴ, ㄷ

해설

ㄱ. [○] ㄷ. [×] 상대방과 통정한 허위의 의사표시는 무효이고 누구든지 그 무효를 주장할 수 있는 것이 원칙이나, 허위표시의 당사자와 포괄승계인 이외의 자로서 허위표시에 의하여 외형상 형성된 법률관계를 토대로 실질적으로 새로운 법률상 이해관계를 맺은 선의의 제3자에 대하여는 허위표시의 당사자뿐만 아니라 그 누구도 허위표시의 무효를 대항하지 못하는 것인바, 제3자의 범위는 권리관계에 기초하여 형식적으로만 파악할 것이 아니라 허위표시행위를 기초로 하여 새로운 법률상 이해관계를 맺었는지 여부에 따라 실질적으로 파악하여야 한다(대판 2000.7.6. 99다51258).

ㄴ. [○] 제3자는 선의로 추정되므로 제3자가 악의라는 사실은 그것을 주장하는 자가 입증해야 한다(대판 1970.9.29. 70다466).

정답 | ③

26 다음 보기의 통정허위표시에 대한 설명 중 적절한 것은 모두 몇 개인가? (다툼이 있는 경우 판례에 의함) [20법학경채]

ㄱ. 가장소비대차의 대주가 파산한 경우의 파산관재인은 허위표시에서 보호받는 제3자에 해당한다.

ㄴ. 통정허위표시에서 보호받는 제3자의 범위는 권리관계에 기초하여 형식적으로만 파악할 것이 아니라 허위표시행위를 기초로 하여 새로운 법률상 이해관계를 맺었는지 여부에 따라 실질적으로 파악하여야 한다.

ㄷ. 채무자의 법률행위가 통정허위표시라면 무효인 법률행위이므로 채권자취소권의 대상이 되지 않는다.

ㄹ. 허위표시는 불법이므로, 그 의무가 이행된 경우에는 불법원인급여에 해당한다.

ㅁ. 동거하는 부부 사이에 특별한 사정없이 남편이 처에게 토지를 매도하고 그 소유권이전등기까지 경료하였다는 사실만으로는 가장매매라고 추정할 수 없다.

① 2개   ② 3개

③ 4개   ④ 5개

해설

ㄱ. [○] 대법원은 "가장소비대차의 대주가 파산한 경우의 파산관재인은 파산자와는 독립한 지위에서 파산채권자 전체의 공동의 이익을 위하여 직무를 행하게 됨을 이유로 제3자에 해당한다."라고 보고 있다(대판 2005.5.12. 2004다68366).

ㄴ. [○] 제3자의 범위는 권리관계에 기초하여 형식적으로만 파악할 것이 아니라 허위표시행위를 기초로 하여 새로운 법률상 이해관계를 맺었는지 여부에 따라 실질적으로 파악하여야 한다(대판 2000.7.6. 99다51258).

ㄷ. [×] 통설 및 判例(대판 1984.7.24. 84다카68)는 허위표시도 제406조(채권자취소권)의 '법률행위'에 해당하는 것으로 해석한다. 왜 나하면 무효와 취소의 '이중효'의 이론적 측면뿐만 아니라 통정허위표시의 경우에는 사해행위의 전형적 방법으로 쓰이고 있다는 현실 적인 측면과 통정허위표시의 경우 제3자의 보호법리(제108조 제2항)에 의해 채무자의 재산이 일탈될 가능성이 있어 채권자가 사해행 위를 주장하여 그 취소를 구할 실익이 있기 때문이다.

ㄹ. [×] 예를 들어 강제집행을 면할 목적으로 부동산에 허위의 근저당설정등기를 경료하는 행위는 제103조 위반의 반사회적 행위라고 할 수 없다. 따라서 가장행위에 의하여 급부한 당사자는 부당이득 또는 소유권에 기하여 물권적 청구권을 청구할 수 있으며, 허위표시 자체가 제746조의 '불법'은 아니기 때문에 제746조는 적용되지 않는다(대판 2004.5.28. 2003다70041).

ㅁ. [×] 이 요건은 무효를 주장하는 자가 증명해야 하는데, 실제로 이를 증명하기가 쉽지 않아서 간접사실·보조사실에 의하여 추정되는 것이 보통이다. 判例는 장인과 사위 사이의 농지매매(대판 1965.5.31. 65다623), 부부 간의 부동산매매도 특단의 사정이 없는 한 허위표시로 추정된다고 한다(대판 1978.4.25. 78다226).

정답 | ①

---

27 A는 채권자로부터 강제집행을 면할 목적으로, 내심으로는 증여할 의사가 전혀 없음에도 불구하고 자신이 소유하 는 X 부동산을 B에게 증여하기로 하였다. 이에 관한 설명으로 옳지 않은 것은? [19소방간부]

① B가 A의 진의를 알지 못하였거나 주의를 기울이더라도 알 수 없었던 경우에는, A는 X 부동산을 B에게 양도할 의무를 부담한다.

② B가 A의 진의를 알 수 있었던 경우에는 A와 B 사이의 증여계약은 무효이다.

③ A와 B가 통정하여 증여계약을 체결한 경우에 그 계약은 무효이다.

④ A와 B가 통정하여 체결한 증여계약에 따라 A가 X 부동산을 B에게 양도하였다면, A는 B에게 통정한 허위의 의사 표시였음을 이유로 X 부동산의 반환을 청구할 수 없다.

⑤ A와 B의 증여계약이 통정허위표시로 체결되고, 이를 알지 못한 C가 B로부터 X 부동산을 매수한 경우에, A는 그 증여계약이 무효임을 주장하여 C에게 대항할 수 없다.

해설

①② [○]

> 제107조(진의 아닌 의사표시) 「①항 의사표시는 표의자가 진의 아님을 알고한 것이라도 그 효력이 있다. 그러나 상대방 이 표의자의 진의 아님을 알았거나 이를 알 수 있었을 경우에는 무효로 한다.」

▶ 따라서 상대방이 선의·무과실이라면 비진의표시라도 증여계약은 유효하므로, A는 X 부동산 양도의무를 부담한다.

③⑤ [○]

> 제108조(통정한 허위의 의사표시) 「①항 상대방과 통정한 허위의 의사표시는 무효로 한다. ②항 전항의 의사표시의 무 효는 선의의 제3자에게 대항하지 못한다.」

④ [×] 허위표시는 당사자 사이에서는 언제나 무효이다(제108조 제1항).

▶ 따라서 이행을 하고 있지 않으면 이행할 필요가 없고, 허위표시 그 자체는 제746조 소정의 '불법의 원인'에 해당하지 아니하므로 이미 이행한 후이면 그 반환을 청구할 수 있다.

정답 | ④

28 통정허위표시에 있어서 제3자에 관한 설명으로 옳지 않은 것은? (다툼이 있으면 판례에 의함) [18소방간부]

① 허위표시의 당사자와 포괄승계인 이외의 자로서 허위표시에 의해 외형상 형성된 법률관계를 토대로 실질적으로 새로운 법률상 이해관계를 맺은 선의의 제3자를 제외한 누구에 대하여도 허위표시는 무효이다.

② 허위표시로 채권이 양도된 후, 양수인의 채권자가 그 채권에 대하여 압류·추심명령을 받은 경우, 그 채권양도가 허위표시로 무효이더라도 양수인의 채권자는 제3자에 해당한다.

③ 제3자는 특별한 사정이 없는 한 선의로 추정되므로, 제3자가 악의라는 사실에 관한 주장·입증책임은 그 허위표시의 무효를 주장하는 자에게 있다.

④ 허위표시에서 제3자가 당해 허위표시가 무효라는 주장에 대항하기 위해서는 선의이며 무과실이어야 한다.

⑤ 제3자가 대리인을 통하여 법률상 이해관계를 맺은 경우, 제3자의 선의 여부에 대하여는 대리인을 표준으로 하여 결정하여야 한다.

해설

① [○] 제108조 제2항의 제3자는 당사자 및 포괄승계인 이외의 자로서 '허위표시에 의하여 외형상 형성된 법률관계를 토대로 ⅰ) 실질적으로 ⅱ) 새로운 ⅲ) 법률상 이해관계를 맺은 자'로 한정된다는 것이 통설과 判例(대판 2003.3.28. 2002다72125)의 입장이다.

② [○] 대법원은 "통정한 허위표시에 의하여 외형상 형성된 법률관계로 생긴 채권을 가압류한 경우, 그 가압류권자는 허위표시에 기초하여 새로운 법률상 이해관계를 가지게 되므로 제108조 제2항의 제3자에 해당한다."(대판 2004.5.28. 2003다70041)라고 한다.

③ [○] ④ [×] 선의란 의사표시가 허위표시임을 모르는 것을 말한다. 제3자는 선의로 추정되므로 제3자가 악의라는 사실은 그것을 주장하는 자가 입증해야 한다(대판 1970.9.29. 70다466). 무과실은 요건이 아니다(대판 2004.5.28. 2003다70041).

⑤ [○]

> 제116조(대리행위의 하자) 「①항 의사표시의 효력이 의사의 흠결(비진의표시, 허위표시, 착오), 사기, 강박 또는 어느 사정을 알았거나 과실로 알지 못한 것으로 인하여 영향을 받을 경우에 그 사실의 유무는 대리인을 표준하여 결정한다.」

정답 | ④

29 통정한 허위의 의사표시에서 제3자에 해당하지 않는 자는? (다툼이 있으면 판례에 따름) [20세무사]

① 가장매매로 양도된 부동산에 대하여 저당권을 설정받은 자

② 허위로 양도된 임대차보증금반환채권에 대하여 채권압류 및 추심명령을 받은 자

③ 파산채무자가 통정한 허위의 의사표시를 통하여 가장채권을 보유하는 중 파산이 선고된 경우의 파산관재인

④ 가장소비대차의 계약상 지위를 이전받은 자

⑤ 허위의 전세권설정계약에 따라 설정된 전세권에 저당권을 설정받은 자

해설

①⑤ [○] 가장양수인으로부터 저당권을 설정받은 자도 제3자에 해당한다. 이와 관련하여 대법원은 전세권설정계약이 없으면서도 임대차계약에 기한 임차보증금 반환채권을 담보할 목적으로 또는 금융기관으로부터 자금을 융통할 목적으로 임차인과 임대인이 합의하여 임차인 명의로 전세권설정등기를 마친 경우, 그 전세권설정은 통정허위표시에 해당하여 무효이나 ⅰ) 그 전세권에 근저당권을 설정한 채권자(대판 2008.3.13. 2006다58912), ⅱ) 그 전세권부채권을 가압류한 채권자(대판 2010.3.25. 2009다35743)에 대하여는 무효를 주장할 수 없다고 한다.

② [○] 임대차보증금반환채권이 양도된 후 양수인의 채권자가 임대차보증금반환채권에 대하여 채권압류 및 추심명령을 받았는데 임대차보증금반환채권 양도계약이 허위표시로서 무효인 경우, 채권자는 그로 인해 외형상 형성된 법률관계를 기초로 실질적으로 새로운 법률상 이해관계를 맺은 제3자에 해당한다(대판 2014.4.10. 2013다59753).

③ [○] 대법원은 "가장소비대차의 대주가 파산한 경우의 파산관재인은 파산자와는 독립한 지위에서 파산채권자 전체의 공동의 이익을 위하여 직무를 행하게 됨을 이유로 제3자에 해당한다."라고 보고 있다(대판 2005.5.12. 2004다68366).

④ [×] 구 상호신용금고법(2000.1.28. 법률 제6203호로 개정되기 전의 것) 소정의 계약이전은 금융거래에서 발생한 계약상의 지위가 이전되는 사법상의 법률효과를 가져오는 것이므로, 계약이전을 받은 금융기관은 계약이전을 요구받은 금융기관과 대출채무자 사이의 통정허위표시에 따라 형성된 법률관계를 기초로 하여 새로운 법률상 이해관계를 가지게 된 민법 제108조 제2항의 제3자에 해당하지 않는다(대판 2004.1.15. 2002다31537).

정답 | ④

---

30 통정허위표시에 기하여 새롭게 이해관계를 맺은 제3자에 해당하지 않는 사람은? (다툼이 있으면 판례에 따름)

[20행정사]

① 통정허위표시인 매매계약에 기하여 부동산소유권을 취득한 양수인으로부터 그 부동산을 양수한 사람

② 통정허위표시인 채권양도계약의 양도인에 대하여 채무를 부담하고 있던 사람

③ 통정허위표시인 저당권설정행위로 취득한 저당권의 실행으로 그 목적인 부동산을 경매에서 매수한 사람

④ 통정허위표시인 금전소비대차계약에서 대주가 파산한 경우 파산관재인으로 선임된 사람

⑤ 통정허위표시에 의하여 부동산소유권을 취득한 양수인과 매매계약을 체결하고 소유권이전등기청구권 보전을 위한 가등기를 마친 사람

해설

① [○] 가장양수인으로부터 목적부동산을 양수한 자(대판 1996.4.26. 94다12074)가 제3자의 전형적인 예이다. 이와 관련하여 가장양도인으로부터의 양수인과 가장양수인으로부터의 양수인의 우열이 문제되는 사안에서 判例는 "가장양수인으로부터의 양수인이 가장매매로 인한 가등기 및 이에 대한 본등기의 원인이 된 각 의사표시가 허위임을 알지 못하였다면, 가장양도인으로부터의 양수인은 이러한 선의의 제3자에게 허위표시의 무효를 주장할 수 없고, 따라서 가장양수인으로부터의 양수인 명의의 소유권이전등기는 유효하다."(대판 1996.4.26. 94다12074)라고 한다.

② [×] 채권의 가장양도에서 채무자는 채권의 양도인이 채무자에게 채무의 이행을 청구할 때 선의의 채무자는 채권 양수인에게 변제하여야 함을 이유로 거절할 수 없다. 이 경우 채무자는 가장양도에 터 잡아 새로운 이해관계를 맺은 바가 없기 때문이다(대판 1983.1.18. 82다594; 이 판결은 채무자가 가장양수인에게 지급하지 않고 있는 동안에 양도가 허위표시에 기한 것임이 밝혀진 경우를 전제로 하고 있음을 주의해야 한다).

③ [○] 채권자와 채무자가 통모하여 허위의 의사표시로써 저당권설정 행위를 하고 채권자가 그 저당권을 실행하여 경매절차가 적법하게 진행된 결과 제3자가 경락으로 소유권을 취득코 그 이전등기를 종료한 경우에 선의의 제3자에게는 그 허위표시를 주장하여 대항할 수 없다(대판 1957.3.23. 4289민상580).

④ [○] 대법원은 "가장소비대차의 대주가 파산한 경우의 파산관재인은 파산자와는 독립한 지위에서 파산채권자 전체의 공동의 이익을 위하여 직무를 행하게 됨을 이유로 제3자에 해당한다."라고 보고 있다(대판 2005.5.12. 2004다68366).

⑤ [○] 허위표시에 의하여 소유권을 취득한 매수인과의 매매계약에 기한 소유권이전청구권 보존을 위한 가등기권을 취득한 자는 제108조 제2항의 제3자에 해당하므로, 그가 선의이면 허위표시의 무효로 대항할 수 없다(대판 1970.9.29. 70다466).

정답 | ②

31 통정허위표시에 있어서 제3자에 해당하지 않는 경우는? (다툼이 있는 경우 판례에 의함) [16소방간부]

① 가장소비대차에서 대주의 지위를 이전받은 자
② 통정허위표시에 의한 채권을 가압류한 자
③ 가장행위에 기한 전세권부 채권을 가압류한 자
④ 가장양수인으로부터 저당권을 설정받은 자
⑤ 가장소비대차에 기한 채권의 양수인

해설

① [×] ⑤ [○] 가장매매에 기한 대금채권의 양수인 기타 가장채권의 양수인도 제3자에 해당한다고 할 것이다(대판 2011.4.28. 2010
다10035). 이와 관련하여 대법원은 통정허위표시에 의하여 금융기관과의 사이에 대출명의인이 된 자는(**차명대출 사안**) 제108조 제2
항에 의해 그 금융기관으로부터 그 채권을 양수한 한국자산관리공사에 대하여 대출계약의 무효를 주장할 수 없다고 한다. **다만**, 이와
달리 구 상호신용금고법에 따라 '**계약이전**'(계약인수)을 받은 금융기관은 제3자에 해당하지 않는다고 하였다(대판 2004.1.15. 2002
다31537).

② [○] 임대차보증금반환채권이 양도된 후 양수인의 채권자가 임대차보증금반환채권에 대하여 채권압류 및 추심명령을 받았는데 임대차
보증금반환채권 양도계약이 허위표시로서 무효인 경우, 채권자는 그로 인해 외형상 형성된 법률관계를 기초로 실질적으로 새로운 법률
상 이해관계를 맺은 제3자에 해당한다(대판 2014.4.10. 2013다59753).

③④ [○] 가장양수인으로부터 저당권을 설정받은 자도 제3자에 해당한다. 이와 관련하여 대법원은 전세권설정계약이 없으면서도 임대
차계약에 기한 임차보증금 반환채권을 담보할 목적으로 또는 금융기관으로부터 자금을 융통할 목적으로 임차인과 임대인이 합의하여
임차인 명의로 전세권설정등기를 마친 경우, 그 전세권설정은 통정허위표시에 해당하여 무효이나 ⅰ) 그 전세권에 근저당권을 설정한
채권자(대판 2008.3.13. 2006다58912), ⅱ) 그 전세권부채권을 가압류한 채권자(대판 2010.3.25. 2009다35743)에 대하여는 무
효를 주장할 수 없다고 한다.

정답 ㅣ ①

32 통정한 허위표시에 대한 제108조 제2항의 제3자에 해당하지 않는 자는? (다툼이 있는 경우 판례에 의함) [18법학경채]

① 상대방과 통정한 허위의 의사표시를 통하여 가장채권을 보유하고 있던 자가 파산이 선고된 경우 그 파산자의 파산
관재인
② 주채무자의 기망행위에 의하여 주채무가 있는 것으로 믿고 보증계약을 체결한 다음 그에 따라 보증채무자로서 그
채무까지 이행한 보증인
③ 임대차보증금반환채권이 양도된 후 양수인의 채권자가 임대차보증금반환채권에 대하여 채권압류 및 추심명령을
받았는데 임대차보증금반환채권 양도계약이 허위표시로서 무효인 경우에 있어 양수인의 채권자
④ 甲이 부동산의 매수자금을 乙로부터 차용하고 담보조로 가등기를 경료하기로 약정하고, 채권자들의 강제집행을
우려하여 丙에게 가장양도한 후, 乙 앞으로 가등기를 경료케 한 경우에 있어 乙

해설

① [○] 대법원은 "가장소비대차의 대주가 파산한 경우의 파산관재인은 파산자와는 독립한 지위에서 파산채권자 전체의 공동의 이익을 위하여 직무를 행하게 됨을 이유로 제3자에 해당한다."라고 보고 있다(대판 2005.5.12. 2004다68366).

② [○] 대법원은 "채무자와 허위표시에 기초한 채무에 대해 보증을 한 자가 보증채무를 이행하여 채무자에 대해 구상권을 취득한 경우, 그 구상권 취득에는 보증채무의 부종성으로 인하여 주채무가 유효하게 존재할 것이 필요하므로, 결국 그 보증인은 채무자의 채권자에 대한 채무부담행위라는 허위표시에 기초하여 구상권 취득에 관한 법률상 이해관계를 가지게 되었다고 보아야 하므로 제3자에 해당한다."라고 한다(대판 2000.7.6. 99다51258: 다만, 보증채무부담행위 그 자체만으로는 제108조 제2항의 제3자에 해당하지 않는다).

③ [○] 임대차보증금반환채권이 양도된 후 양수인의 채권자가 임대차보증금반환채권에 대하여 채권압류 및 추심명령을 받았는데 임대차 보증금반환채권 양도계약이 허위표시로서 무효인 경우, 채권자는 그로 인해 외형상 형성된 법률관계를 기초로 실질적으로 새로운 법률 상 이해관계를 맺은 제3자에 해당한다(대판 2014.4.10. 2013다59753).

④ [×] 甲이 부동산의 매수자금을 乙로부터 차용하고 담보조로 가등기를 경료하기로 약정한 후 채권자들의 강제집행을 우려하여 丙에 게 가장양도한 후 乙 앞으로 가등기를 경료케 한 경우에 있어서 乙은 형식상은 가장 양수인으로부터 가등기를 경료받은 것으로 되어 있으나 실질적인 새로운 법률원인에 의한 것이 아니므로 통정허위 표시에서의 제3자로 볼 수 없다(대판 1982.5.25. 80다1403).

정답 | ④

33 허위표시에 기초하여 새로운 법률상의 이해관계를 맺은 자(통정허위표시에서의 제3자)에 해당하지 않는 것은? (다툼이 있으면 판례에 의함)
[17소방간부]

① 채권의 가장양도에서 가장양수인에게 채무를 변제하지 않고 있었던 채무자

② 甲의 기망행위에 의하여 허위인 甲의 乙에 대한 채무를 선의로 보증하고 그 보증채무를 이행하여 구상권을 취득 한 자

③ 허위표시인 근저당권설정계약이 유효하다고 믿고 그 피담보채권에 대하여 가압류한 자

④ 허위표시인 전세권설정계약에 기하여 등기까지 마친 전세권에 대하여 저당권을 취득한 자

⑤ 가장매매의 매수인으로부터 매매계약에 의한 소유권이전청구권 보전을 위한 가등기를 마친 자

해설

① [×] 채권의 가장양도에서 채무자는 채권의 양도인이 채무자에게 채무의 이행을 청구할 때 선의의 채무자는 채권 양수인에게 변제하여 야 함을 이유로 거절할 수 없다. 이 경우 채무자는 가장양도에 터 잡아 새로운 이해관계를 맺은 바가 없기 때문이다(대판 1983.1.18. 82다594; 이 판결은 채무자가 가장양수인에게 지급하지 않고 있는 동안에 양도가 허위표시에 기한 것임이 밝혀진 경우를 전제로 하고 있음을 주의해야 한다).

② [○] 대법원은 "채무자와 허위표시에 기초한 채무에 대해 보증을 한 자가 보증채무를 이행하여 채무자에 대해 구상권을 취득한 경우, 그 구상권 취득에는 보증채무의 부종성으로 인하여 주채무가 유효하게 존재할 것이 필요하므로, 결국 그 보증인은 채무자의 채권자에 대한 채무부담행위라는 허위표시에 기초하여 구상권 취득에 관한 법률상 이해관계를 가지게 되었다고 보아야 하므로 제3자에 해당한 다."라고 한다(대판 2000.7.6. 99다51258: 다만, 보증채무부담행위 그 자체만으로는 제108조 제2항의 제3자에 해당하지 않는다).

③ [○] 대법원은 "통정한 허위표시에 의하여 외형상 형성된 법률관계로 생긴 채권을 가압류한 경우, 그 가압류권자는 허위표시에 기초하 여 새로운 법률상 이해관계를 가지게 되므로 제108조 제2항의 제3자에 해당한다."(대판 2004.5.28. 2003다70041)라고 한다.

④ [○] 가장양수인으로부터 저당권을 설정받은 자도 제3자에 해당한다. 이와 관련하여 대법원은 전세권설정계약이 없으면서도 임대차 계약에 기한 임차보증금 반환채권을 담보할 목적으로 또는 금융기관으로부터 자금을 융통할 목적으로 임차인과 임대인이 합의하여 임차인 명의로 전세권설정등기를 마친 경우, 그 전세권설정은 통정허위표시에 해당하여 무효이나 ⅰ) 그 전세권에 근저당권을 설정한 채권자(대판 2008.3.13. 2006다58912), ⅱ) 그 전세권부채권을 가압류한 채권자(대판 2010.3.25. 2009다35743)에 대하여는 무 효를 주장할 수 없다고 한다.

⑤ [○] 허위표시에 의하여 소유권을 취득한 매수인과의 매매계약에 기한 소유권이전청구권 보존을 위한 가등기권을 취득한 자는 제108 조 제2항의 제3자에 해당하므로, 그가 선의이면 허위표시의 무효로 대항할 수 없다(대판 1970.9.29. 70다466).

정답 | ①

34 甲과 乙은 강제집행을 면할 목적으로 서로 통모하여 甲 소유의 X 토지를 乙에게 매도하는 내용의 허위매매계약서를 작성하고, 이에 근거하여 乙 앞으로 소유권이전등기를 마쳤다. 이에 관한 설명으로 옳지 않은 것은? (다툼이 있으면 판례에 따름)

[17행정사]

① 甲은 X 토지에 대하여 乙 명의의 소유권이전등기의 말소를 청구할 수 있다.
② 乙의 채권자 丙이 乙 명의의 X 토지를 가압류하면서 丙이 甲과 乙 사이의 매매계약이 허위표시임을 알았다면 丙의 가압류는 무효이다.
③ 乙이 사망한 경우 甲은 乙의 단독상속인 丁에게 X 토지에 대한 매매계약의 무효를 주장할 수 있다.
④ 乙의 채권자 丙이 乙 명의의 X 토지를 가압류한 경우 丙이 보호받기 위해서는 선의이고 무과실이어야 한다.
⑤ 乙 명의의 X 토지를 가압류한 丙은 특별한 사정이 없는 한 선의로 추정된다.

해설

① [○] 허위표시는 당사자 사이에서는 언제나 무효이다(제108조 제1항).
  ▶ 따라서 이행을 하고 있지 않으면 이행할 필요가 없고, 허위표시 그 자체는 제746조 소정의 '불법의 원인'에 해당하지 아니하므로 이미 이행한 후이면 그 반환을 청구할 수 있다.
② [○] 대법원은 "통정한 허위표시에 의하여 외형상 형성된 법률관계로 생긴 채권을 가압류한 경우, 그 가압류권자는 허위표시에 기초하여 새로운 법률상 이해관계를 가지게 되므로 제108조 제2항의 제3자에 해당한다."(대판 2004.5.28. 2003다70041)라고 한다.
  ▶ 제108조 제2항의 제3자는 선의이어야 하는 바, 甲과 乙 사이의 매매계약이 허위표시임을 알았던 丙은 보호받을 수 없고 따라서 丙의 가압류는 무효이다.
③ [○] 상대방과 통정한 허위의 의사표시는 무효이고 누구든지 그 무효를 주장할 수 있는 것이 원칙이나, '허위표시의 당사자와 포괄승계인 이외의 자'로서 허위표시에 의하여 외형상 형성된 법률관계를 토대로 실질적으로 새로운 법률상 이해관계를 맺은 선의의 제3자에 대하여는 허위표시의 당사자뿐만 아니라 그 누구도 허위표시의 무효를 대항하지 못한다(대판 2000.7.6. 99다51258).
  ▶ 그런데 가장매매의 매수인으로부터 그 지위를 상속받은 상속인은 포괄승계인이므로 제108조 제2항의 제3자에 해당하지 아니한다.
④ [×] 통정한 허위표시에 의하여 외형상 형성된 법률관계로 생긴 채권을 가압류한 경우, 그 가압류권자는 허위표시에 기초하여 새로운 법률상 이해관계를 가지게 되므로 제108조 제2항의 제3자에 해당한다고 봄이 상당하고, 또한 제108조 제2항의 제3자는 선의이면 족하고 무과실은 요건이 아니다(대판 2004.5.28. 2003다70041).
⑤ [○] 선의란 의사표시가 허위표시임을 모르는 것을 말한다. 제3자는 선의로 추정되므로 제3자가 악의라는 사실은 그것을 주장하는 자가 입증해야 한다(대판 1970.9.29. 70다466).

정답 | ④

35 통정허위표시에 관한 설명 중 옳지 않은 것은? (각 지문은 독립적이며, 판례에 의함) [18변호사 변형]

① 甲이 실제 차주인 丙에 대한 여신제한 등의 규정을 회피하기 위하여 甲 자신 명의로 금융기관 乙과의 소비대차계약서에 서명날인했다 하더라도, 乙과 소비대차에 따른 법률효과를 丙에게 귀속시키기로 약정하거나 乙이 이를 양해하는 등 특별한 사정이 없는 이상, 甲과 乙 사이의 소비대차계약은 통정허위표시가 아니며 甲이 이 소비대차계약에 따른 채무를 부담한다.

② 甲과 乙은 甲 소유의 부동산에 관하여 통정허위표시로 근저당권설정계약을 체결하고 이에 따른 乙 명의의 근저당권설정등기를 마쳤으나, 위 근저당권의 피담보채권을 성립시키는 법률행위는 없었다. 그 뒤 乙의 채권자 丙이 이 근저당권부 채권을 가압류한 경우, 丙은 위 근저당권설정계약이 통정허위표시임을 몰랐다 하더라도 이 근저당권말소에 대하여 등기상 이해관계인으로서 승낙할 의무가 있다.

③ 甲이 부동산의 매수자금을 乙로부터 차용하고 그 담보조로 乙에게 가등기를 해 주기로 약정하였으나 그 부동산에 대한 자신의 다른 채권자들의 강제집행을 우려하여 丙에게 이 부동산을 가장양도한 다음 丙이 乙에게 가등기를 경료해 준 경우, 乙은 통정허위표시에서의 제3자에 해당하지 않는다.

④ 甲이 통정허위표시로 乙에게 甲 소유의 부동산에 관한 전세권설정등기를 해 준 이후 丙이 이 전세권을 목적으로 한 근저당권설정등기를 마친 다음 丁이 丙의 전세권근저당권부 채권을 가압류한 경우, 설사 丁이 선의라 하더라도 丙이 악의인 이상 甲은 丁에게 위 전세권이 무효임을 주장할 수 있다.

해설

① [○] 명의차용자가 당사자로 되는 경우
밑줄원칙적으로는 차명대출의 경우 통정허위표시로 볼 수 없으나(대판 1998.9.4. 98다17909), 判例에 따르면 상대방이 대출명의를 명의대여자로 할 뿐 명의대여자에게 책임을 지우지 않는다는 '양해'를 하고 대출을 한 경우라면 명의대여자를 당사자로 한 의사표시는 통정허위표시로 무효가 되어 명의대여자가 책임을 면할 수 있으며(대판 1999.3.12. 98다48989), 이 경우 실제 채무자인 명의차용자가 채무자가 되어 상대방에게 책임을 진다고 한다(대판 1996.8.23. 96다18076).

② [○] 허위의 근저당권설정계약과 제3자 보호
근저당권은 그 담보할 채무의 최고액만을 정하고, 채무의 확정을 장래에 보류하여 설정하는 저당권으로서(제357조 제1항), 계속적인 거래관계로부터 발생하는 다수의 불특정채권을 장래의 결산기에서 일정한 한도까지 담보하기 위한 목적으로 설정되는 담보권이므로, 근저당권설정행위와는 별도로 근저당권의 피담보채권을 성립시키는 법률행위가 있어야 한다. 한편, 근저당권이 있는 채권이 가압류되는 경우, 근저당권설정등기에 부기등기의 방법으로 그 피담보채권의 가압류사실을 기입등기하는 목적은 근저당권의 피담보채권이 가압류되면 담보물권의 수반성에 의하여 종된 권리인 근저당권에도 가압류의 효력이 미치게 되어 피담보채권의 가압류를 공시하기 위한 것이므로, 만일 근저당권의 피담보채권이 존재하지 않는다면 그 가압류명령은 무효라고 할 것이고, 근저당권을 말소하는 경우에 가압류권자는 등기상 이해관계 있는 제3자로서 근저당권의 말소에 대한 승낙의 의사표시를 하여야 할 의무가 있다(대판 2004.5.28. 2003다70041).

▶ 즉, 判例는 통정한 허위표시에 의하여 외형상 형성된 법률관계로 생긴 채권(사안에서는 근저당권부채권)을 가압류한 경우, 그 가압류권자는 허위표시에 기초하여 새로운 법률상 이해관계를 가지게 되므로 제108조 제2항의 제3자에 해당한다고 한다. 다만, 사안과 같이 근저당권설정행위에 대해서만 허위의 의사표시가 있었고, 그 근저당권의 피담보채권을 성립시키는 허위의 의사표시는 없었던 경우는 결국 제3자는 보호받을 수 없다고 한다. 즉, '기본계약의 부존재와 가압류결정의 무효'를 이유로 丙은 등기상 이해관계 있는 제3자로서 근저당권의 말소에 대한 승낙의 의사표시를 할 의무가 있다고 한다(대판 2004.5.28. 2003다70041).

③ [○] 허위표시의 무효로 대항할 수 없는 제3자 – 기존의 채권자
통정허위표시의 무효를 대항할 수 없는 제3자란 허위표시의 당사자 및 포괄승계인 이외의 자로서 허위표시에 의하여 외형상 형성된 법률관계를 토대로 새로운 법률원인으로써 이해관계를 갖게 된 자를 말한다. 따라서, 소외인(甲)이 부동산의 매수자금을 피고(乙)로부터 차용하고 담보조로 가등기를 경료하기로 약정한 후 채권자들의 강제집행을 우려하여 소외인 (丙)에게 가장양도한 후 피고(乙) 앞으로 가등기를 경료케 한 경우에 있어서 피고(乙)는 형식상은 가장 양수인(丙)으로부터 가등기를 경료받은 것으로 되어 있으나 실질적인 새로운 법률원인에 의한 것이 아니므로 통정허위 표시에서의 제3자로 볼 수 없다(대판 1982.5.25. 80다1403).

▶ 다만, 위 사안에서 判例는 乙의 가등기는 실체관계에 부합하는 것으로서, 丙 앞으로의 소유권등기가 허위표시임을 乙이 알았건 몰랐건 간에, 실제의 소유자인 甲은 乙에 대한 채무를 이행하지 않고서는 乙명의의 가등기의 말소를 구할 수 없다고 판시하였다(즉, 乙이 보호받는 것은 제108조의 선의의 제3자 보호와는 별개의 것이다; 대판 1982.5.25. 80다1403).

④ [×] 허위표시의 무효로 대항할 수 없는 제3자 – 가장전세권의 전세권근저당권부 채권을 가압류한 가압류권자

실제로는 전세권설정계약을 체결하지 아니하였으면서도 임대차계약에 기한 임차보증금반환채권을 담보할 목적 또는 금융기관으로부터 자금을 융통할 목적으로 임차인과 임대인 사이의 합의에 따라 임차인 명의로 전세권설정등기를 경료한 경우에, 위 전세권설정계약이 통정허위표시에 해당하여 무효라 하더라도 위 전세권설정계약에 의하여 형성된 법률관계에 기초하여 새로이 법률상 이해관계를 가지게 된 제3자에 대하여는 그 제3자가 그와 같은 사정을 알고 있었던 경우에만 그 무효를 주장할 수 있다. 그리고 여기에서 선의의 제3자가 보호될 수 있는 법률상 이해관계는 위 전세권설정계약의 당사자를 상대로 하여 직접 법률상 이해관계를 가지는 경우 외에도 그 법률상 이해관계를 바탕으로 하여 다시 위 전세권설정계약에 의하여 형성된 법률관계와 새로이 법률상 이해관계를 가지게 되는 경우도 포함된다(대판 2013.2.15. 2012다49292).

[사실관계] 丙의 전세권근저당권부 채권은 통정허위표시에 의하여 외형상 형성된 전세권을 목적물로 하는 전세권근저당권의 피담보채권이고, 丁은 이러한 丙의 전세권근저당권부 채권을 가압류하고 압류명령을 얻음으로써 그 채권에 관한 담보권인 전세권근저당권의 목적물에 해당하는 전세권에 대하여 새로이 법률상 이해관계를 가지게 되었으므로, 丁이 통정허위표시에 관하여 선의라면 비록 丙이 악의라 하더라도 허위표시자는 그에 대하여 전세권이 통정허위표시에 의한 것이라는 이유로 대항할 수 없다(대판 2013.2.15. 2012다49292).

[쟁점정리] 제3자로부터의 전득자는 제3자가 선의라면 전득자는 선·악을 불문하고 보호되는바, 이는 제108조 제2항이 문제되는 것은 아니다[선의의 제3자의 개입에 의하여 허위표시의 하자는 치유되었다고 보아야 한다(엄폐물의 법칙)]. 반면 제3자가 악의이고 전득자가 선의인 경우에는 제108조 제2항에 의하여 전득자가 보호될 수 있다(대판 2013.2.15. 2012다49492).

정답 | ④

36 통정허위표시에 관한 제108조 제2항의 '제3자'에 해당하지 않는 자를 모두 고른 것은? (다툼이 있는 경우 판례에 의함)

[14변호사 변형]

ㄱ. 甲과 乙 사이의 허위의 의사표시에 기한 채무를 보증하고 그에 따라 보증채무자로서 그 채무를 이행한 경우, 보증인 丙

ㄴ. 근로자 甲이 乙회사에 대한 퇴직금채권을 丙에게 가장양도하였으나, 乙 회사가 아직 퇴직금을 가장양수인 丙에게 지급하지 않고 있던 중, 위 퇴직금채권이 법원의 전부명령에 의하여 丁에게 이전된 경우, 퇴직금채무자 乙 회사

ㄷ. 甲 금융기관과 乙 사이의 통정한 허위표시에 따라 甲이 乙에 대하여 취득한 외형상의 채권을 한국자산관리공사 丙이 인수한 경우, 채권양수인 丙

ㄹ. 甲이 상대방 乙과 통정한 허위의 의사표시를 통하여 가장채권을 보유하고 있다가 파산선고를 받은 경우, 파산관재인 丙

ㅁ. 甲이 자신의 소유인 X토지에 관하여 채권자 乙에게 담보가등기를 경료하기로 약정한 상태에서 그 토지를 丙에게 가장양도하고 소유권이전등기를 마친 다음 丙에게 지시하여 乙에게 가등기를 경료케 하여 준 경우, 채권자 乙

① ㄱ, ㄴ
② ㄱ, ㄹ
③ ㄴ, ㄷ
④ ㄴ, ㅁ

해설

일반적으로 제3자란 당사자와 그의 포괄승계인 이외의 자를 말하지만, 허위표시를 기초로 하여 별개의 법률원인에 의하여 고유한 법률상의 이익을 갖는 법률관계에 들어간 자를 보호한다는 취지에 따라, 제108조 제2항의 제3자는 위와 같은 제3자 중 '허위표시에 의하여 외형상 형성된 법률관계를 토대로 ⅰ) 실질적으로 ⅱ) 새로운 ⅲ) 법률상 이해관계를 맺은 자'로 한정된다는 것이 통설과 判例의 입장이다.

ㄱ. **[제3자 ○]** 대법원은 채무자와 허위표시에 기초한 채무에 대해 보증을 한 자가 보증채무를 이행하여 채무자에 대해 구상권을 취득한 경우, 그 구상권 취득에는 보증채무의 부종성으로 인하여 주채무가 유효하게 존재할 것이 필요하므로, 결국 그 보증인은 채무자의 채권자에 대한 채무부담행위라는 허위표시에 기초하여 구상권 취득에 관한 법률상 이해관계를 가지게 되었다고 보아야 하므로 제3자에 해당한다고 한다(대판 2000.7.6. 99다51258). 다만, 보증채무부담행위 그 자체만으로는 제108조 제2항의 제3자에 해당하지 않는다.

[관련쟁점] 그러나 가장채무의 보증인이 선의이지만 '중과실'로 가장채권자에게 보증채무를 이행한 사안에서, 보증인은 가장채무자(통정허위표시의 당사자)에게는 구상권을 행사할 수 있지만, 선의의 구상보증인들(통정허위표시의 무효를 주장하는 다른 제3자)에게까지 구상보증채무의 이행을 구하는 것은 권리남용에 해당하여 허용되지 않는다고 한다(위 99다51258의 재상고심 판결).

ㄴ. **[제3자 ×]** 채권의 가장양도에서 채무자는 채권의 양도인이 채무자에게 채무의 이행을 청구할 때 선의의 채무자는 채권 양수인에게 변제하여야 함을 이유로 거절할 수 없다. 이 경우 채무자는 가장양도에 터 잡아 새로운 이해관계를 맺은 바가 없기 때문이다(대판 1983.1.18. 82다594; 이 판결은 채무자가 가장양수인에게 지급하지 않고 있는 동안에 양도가 허위표시에 기한 것임이 밝혀진 경우를 전제로 하고 있음을 주의해야 한다).

[관련쟁점] 그러나 채권의 가장양도인이 채무자에게 채무의 이행을 청구하였는데 채무자는 이미 채권의 양도가 유효한 것으로 믿고 채권 양수인에게 채무를 이행해 버린 경우, 채무자는 채권의 가장양도에 터 잡아 '채무의 변제'라는 새로운 이해관계를 맺었기 때문에 제3자에 해당하는 것으로 보아야 한다(다수설). 따라서 채무자는 이를 이유로 변제를 거절할 수 있다. 물론 채무자는 그 밖에 제452조 제1항에 의한 항변, 채권의 준점유자에 대한 변제(제470조) 항변 등을 할 수도 있다.

ㄷ. **[제3자 ○]** 가장매매에 기한 대금채권의 양수인 기타 가장채권의 양수인도 제3자에 해당한다고 할 것이다(제548조 제1항 단서와 비교). 이와 관련하여 대법원은 통정허위표시에 의하여 금융기관과의 사이에 대출명의인이 된 자는 제108조 제2항에 의해 그 금융기관으로부터 그 채권을 양수한 한국자산관리공사에 대하여 대출계약의 무효를 주장할 수 없다고 한다(대판 2004.1.15. 2002다31537).

[비교판례] 계약해제로 인한 원상회복의무는 제3자의 권리를 해하지 못한다(제548조 제1항 단서). 이때 제3자의 범위와 관련하여 判例는 "그 해제된 계약으로부터 생긴 법률효과를 기초로 하여 '해제 전'에 새로운 이해관계를 가졌을 뿐 아니라 등기·인도 등으로 완전한 권리를 취득한 자"를 말한다고 하여(대판 2002.10.11. 2002다33502), 判例는 채권의 양수인이 취득한 권리는 채권에 불과하고 대세적 효력을 갖는 권리가 아니어서 (대항요건을 갖추었더라도) 채권의 양수인은 제3자에 해당하지 않는다고 한다(대판 2003.1.24. 2000다22850 등).

ㄹ. **[제3자 ○]** 대법원은 "가장소비대차의 대주가 파산한 경우의 파산관재인은 파산자와는 독립한 지위에서 파산채권자 전체의 공동의 이익을 위하여 직무를 행하게 됨을 이유로 제3자에 해당한다."라고 보고 있다(대판 2005.5.12. 2004다68366).

[관련쟁점] 그리고 "파산관재인의 선의는 추정되고, 다만 파산관재인 개인의 선의·악의를 기준으로 할 수는 없고 총파산채권자 중 1인이라도 선의이면 파산관재인은 선의로 다루어진다."라고 하는데, 이는 만일 파산관재인 개인을 기준으로 선의 여부를 판단하게 되는 경우 파산관재인이 누가 되는가에 따라 가장채권이 파산재단에 속하는지 여부가 달라지게 되는 불합리가 생기기 때문이다(대판 2006.11.10. 2004다10299).

ㅁ. **[제3자 ×]** 甲이 乙로부터 금전을 차용하고 그 담보로 甲의 부동산에 가등기를 하기로 약정하였는데, 채권자들의 강제집행을 우려하여 丙에게 가장양도하고 이를 乙 앞으로 가등기를 해 준 경우, 乙은 형식상은 가장양수인(丙)으로부터 가등기를 한 것이지만 실질적으로 새로운 법률원인에 의한 것이 아니므로 제3자에 해당하지 않는다(대판 1982.5.25. 80다1403).

[관련쟁점] 다만, 乙의 가등기는 실체관계에 부합하는 것으로서, 丙 앞으로의 소유권등기가 허위표시임을 乙이 알았건 몰랐건 간에, 실제의 소유자인 甲은 乙에 대한 채무를 이행하지 않고서는 乙 명의의 가등기의 말소를 구할 수 없다(즉, 乙이 보호받는 것은 제108조의 선의의 제3자 보호와는 별개의 것이다).

정답 | ④

제4관 착오에 의한 의사표시

⊕ 핵심정리 착오에 의한 의사표시

1. 제109조가 적용되기 위한 요건(착, 중, 중)

ⅰ) 의사표시에서 착오의 존재, ⅱ) 법률행위 내용의 중요부분에 착오가 있을 것, ⅲ) 표의자에게 중대한 과실이 없을 것을 요한다.

2. 동기의 착오

(1) 문제점

동기의 착오란 표시상의 효과의사에 대응하는 내심의 효과의사 자체는 존재하지만, 내심의 효과의사를 결정하도록 한 동기가 인식사실과 일치하지 않는 경우를 말한다. 이러한 동기는 '표의자가 의사표시를 하게 된 이유'로서 의사표시의 구성요소가 아니므로, 동기의 착오가 제109조의 '법률행위 내용(의사표시)의 착오'에 해당하는지 문제된다.

(2) 판례

1) 일방착오

① 동기를 당해 의사표시의 내용으로 삼을 것을 상대방에게 표시한 경우 그 착오를 이유로 계약을 취소할 수 있다고 보아 기본적으로 동기표시설의 입장이다. 다만, 의사표시의 해석상 그 동기가 법률행위의 내용으로 되어 있다고 인정되면 충분하고, 당사자들 사이에 별도로 그 동기를 의사표시의 내용으로 삼기로 하는 '합의'까지 이루어질 필요는 없다고 한다.

② 동기가 상대방으로부터 제공되거나 유발된 경우 判例는 동기의 표시 여부를 묻지 않고 대부분 법률행위의 중요부분을 인정하여 취소를 인정한다.

2) 쌍방에 공통하는 동기의 착오

이 경우에는 계약내용을 '수정'하는 것이 당사자의 의사에 부합하는 측면이 있어 최근에 判例는 명시적으로 '보충적 해석'에 의한 수정가능성을 인정하였으나, 실제로 대부분의 判例에서는 의사표시가 법률행위의 중요부분일 경우 취소를 인정하여 왔다.

3. 중요부분의 착오

判例는 '이중적 기준설'에 따라 주관적 현저성과 객관적 현저성이 있어야 된다고 하나, 착오로 인하여 표의자가 '경제적 불이익'을 입은 것이 아니라면, 이를 법률행위 내용의 중요부분의 착오라 할 수 없다고 하였는데, 이는 객관적 현저성이 결여되었음을 의미하는 것으로 보인다(2006다41457).

判例는 ① 토지의 현황·경계에 관한 착오, 근저당권설정계약상 채무자의 동일성에 관한 물상보증인의 착오, 다른 문서로 잘못 알고 서명·날인한 경우는 중요부분의 착오이므로 취소할 수 있다고 한다. ② 반면에 지적의 부족, 일반적으로 매매목적물의 시가는 중요부분의 착오가 아니라고 한다. 다만 시가차이가 현저한 경우 중요부분의 착오가 될 수 있고, 이때에는 일부취소가 가능하다고 한다(97다44737).

4. 중대한 과실

判例는 ① 공장을 경영하는 자가 새로운 공장을 설립할 목적으로 토지를 매수함에 있어 토지상에 공장을 건축할 수 있는지 여부를 관할 관청에 알아보지 아니한 경우(92다38881)에는 중대한 과실이 있다고 하나, ② 골동품도자기 매매계약을 체결함에 있어 매수인이 전문적 감정인의 감정을 거치지 아니한 채 매매계약을 체결한 경우(96다26657)에는 중대한 과실이 있다고 보기는 어렵다고 한다. ③ 표의자에게 중대한 과실이 있음은 '상대방'이 증명해야 한다.

예외 상대방이 표의자의 착오를 알면서 이를 이용한 경우에, 표의자에게 중대한 과실이 있더라도 표의자는 그 의사표시를 취소할 수 있다고 할 것이다(2013다49794).

5. (경과실) 표의자의 상대방에 대한 신뢰이익 배상책임

判例는 "ⅰ) 과실로 인하여 착오에 빠져 계약을 체결한 것이나 ⅱ) 그 착오를 이유로 계약을 취소한 것이 '위법'하다고 할 수는 없다."(97다카3023)라고 판시하여 취소자의 불법행위책임을 부정한 바 있다.

6. 해제와 착오취소의 경합

判例는 매도인이 매수인의 중도금지급채무 불이행을 이유로 매매계약을 적법하게 해제한 후라도, 매수인은 계약해제에 따라 자신이 부담하게 될 손해배상책임(제551조)을 피하기 위해 착오를 이유로 위 매매계약을 취소하여 이를 무효로 돌릴 수 있다고 한다(95다24982).

37 착오에 관한 설명으로 옳지 않은 것은? (다툼이 있는 경우 판례에 의함) [23경찰간부]

① 착오로 인하여 표의자가 경제적 불이익을 입은 것이 아니라면 이를 법률행위 내용의 중요부분의 착오라고 할 수 없다.

② 상대방이 표의자의 착오를 알면서 이를 이용한 경우라도, 그 착오가 표의자의 중대한 과실로 인한 것이라면 표의자는 그 의사표시를 취소할 수 없다.

③ 매수인의 중도금 미지급을 이유로 매도인이 매매계약을 적법하게 해제한 후라도 매수인은 착오를 이유로 그 계약을 취소할 수 있다.

④ 표의자에게 중대한 과실이 있는지 여부는 착오에 의한 의사표시의 효력을 부인하는 착오자의 상대방이 증명하여야 한다.

해설

① [○] 대판 2006.12.7. 2006다41457

② [×] 상대방이 표의자의 착오를 알면서 이를 이용한 경우에, 표의자에게 중대한 과실이 있더라도 표의자는 그 의사표시를 취소할 수 있다(대판 1955.11.10. 4288민상321; 대판 2014.11.27. 2013다49794). 제109조 제1항 단서가 상대방의 이익을 보호하기 위한 것이지만 이러한 경우에는 상대방의 보호가치가 부정되므로 그 규정의 적용이 배제되어야 하기 때문이다.

③ [○] 判例는 '매도인'이 매수인의 중도금 지급 채무불이행을 이유로 매매계약을 적법하게 해제한 후에도(소급적 소멸), '매수인'이 착오를 이유로 취소권을 행사하여 매매계약 전체를 무효로 돌릴 수 있다고 판시하여 경합을 인정한다(대판 1996.12.6. 95다24982). 왜냐하면 무효와 취소의 '이중효'의 이론적 측면뿐만 아니라 이를 인정할 경우 매수인으로서는 계약해제의 효과로서 발생하는 손해배상책임을 지는 불이익(제548조·제551조)을 피할 수 있는 실익도 있기 때문이다.

④ [○] 착오를 이유로 의사표시를 취소하는 자(표의자)는 ㉠ 법률행위의 내용에 착오가 있었다는 사실과 함께 ㉡ 그 착오가 의사표시에 결정적인 영향을 미쳤다는 점, 즉 만약 그 착오가 없었더라면 의사표시를 하지 않았을 것이라는 점을 증명하여야 한다(대판 2008. 1.17. 2007다74188). ㉢ 이에 반해 표의자에게 중대한 과실이 없을 것은 상대방측의 (재)항변 사유이므로 표의자의 상대방이 입증해야 한다(제109조 제1항 단서)(대판 2005.5.12. 2005다6228).

정답 | ②

38 의사표시의 착오에 있어서 중대한 과실에 관한 설명으로 옳지 않은 것은? (다툼이 있으면 판례에 따름)
[23세무사]

① 토지의 매수인은 측량을 하거나 지적도와 대조하는 등의 방법으로 매매목적물이 지적도상의 그것과 정확히 일치하는지 여부를 미리 확인하여야 할 주의의무가 없다.

② 토지를 임차하여 공장을 신설하려는 자가 공장신설허가가 불가능한 토지에 대하여 관할관청에 알아보지도 않고 임대차계약을 체결하였다면 그에게 중대한 과실이 인정된다.

③ 신용보증기금의 신용보증서를 담보로 금융채권자금을 대출해 준 금융기관이 위 대출자금이 모두 상환되지 않았음에도 착오로 신용보증기금에게 신용보증서 담보설정 해지를 통지하였다면 금융기관에게 중대한 과실이 인정된다.

④ 취소를 원하는 표의자는 자신의 착오에 중대한 과실이 없음을 스스로 증명하여야 한다.

⑤ 중대한 과실에 의한 착오가 표의자에게 있음을 상대방이 알면서 이를 이용하였다면 그 의사표시는 취소할 수 있다.

해설

① [○] 토지매매에서 특별한 사정이 없는 한 매수인에게 측량을 하거나 지적도와 대조하는 등의 방법으로 매매목적물이 지적도상의 그 것과 정확히 일치하는지 여부를 미리 확인하여야 할 주의의무가 있다고 볼 수 없다(대판 2020.3.26. 2019다288232).

② [○] 공장을 경영하는 자가 공장이 협소하여 새로운 공장을 설립할 목적으로 토지를 매수함에 있어 토지상에 공장을 건축할 수 있는지 여부를 관할관청에 알아보지 아니한 과실이 중대한 과실에 해당한다(대판 1993.6.29. 92다38881).

③ [○] 신용보증기금의 신용보증서를 담보로 금융채권자금을 대출해 준 금융기관이 위 대출자금이 모두 상환되지 않았음에도 착오로 신용보증기금에게 신용보증서 담보설정 해지를 통지한 경우, 그 해지의 의사표시는 민법 제109조 제1항 단서 소정의 중대한 과실에 기한 것이다(대판 2000.5.12. 99다64995).

④ [×] 착오를 이유로 의사표시를 취소하는 자(표의자)는 ㉠ 법률행위의 내용에 착오가 있었다는 사실과 함께 ㉡ 그 착오가 의사표시에 결정적인 영향을 미쳤다는 점, 즉 만약 그 착오가 없었더라면 의사표시를 하지 않았을 것이라는 점을 증명하여야 한다(대판 2008.1. 17. 2007다74188). ㉢ 이에 반해 표의자에게 중대한 과실이 없을 것은 상대방 측의 (재)항변 사유이므로 표의자의 상대방이 입증해야 한다(제109조 제1항 단서)(대판 2005.5.12. 2005다6228).

⑤ [○] 상대방이 표의자의 착오를 알면서 이를 이용한 경우에, 표의자에게 중대한 과실이 있더라도 표의자는 그 의사표시를 취소할 수 있다(대판 1955.11.10. 4288민상321; 대판 2014.11.27. 2013다49794).

정답 | ④

---

39 착오로 인한 의사표시에 관한 설명으로 옳지 않은 것은? (다툼이 있으면 판례에 따름)　[23세무사]

① 동기가 법률행위의 내용이 되기 위하여 당사자 사이에 그 동기를 의사표시의 내용으로 한다는 합의까지 있을 필요는 없다.

② 동기의 착오가 상대방에 의하여 유발된 경우에는 동기가 상대방에 표시되지 않았더라도 법률행위를 취소할 수 있다.

③ 착오를 이유로 한 의사표시의 취소는 선의의 제3자에게 대항하지 못한다.

④ 매매계약 내용의 중요 부분에 착오가 있는 경우 매수인은 매도인의 하자담보책임이 성립하는지와 상관없이 착오를 이유로 매매계약을 취소할 수 있다.

⑤ 과실로 인한 착오를 이유로 법률행위를 취소한 자는 그 취소로 발생한 상대방의 손해를 배상하여야 한다.

해설

① [○] 동기를 당해 의사표시의 내용으로 삼을 것을 상대방에게 표시하고, 제109조의 나머지 요건까지 충족하였다면 그 착오를 이유로 계약을 취소할 수 있다고 보아 기본적으로 동기표시설의 입장이다(대판 2000.5.12. 2000다12259 등). 다만, 의사표시의 해석상 그 동기가 법률행위의 내용으로 되어 있다고 인정되면 충분하고, 당사자들 사이에 별도로 그 동기를 의사표시의 내용으로 삼기로 하는 '합의'까지 이루어질 필요는 없다고 한다(대판 2000.5.12. 2000다12259).

② [○] 동기가 상대방으로부터 제공되거나 유발된 경우 判例는 동기의 표시 여부를 묻지 않고 대부분 법률행위의 중요부분을 인정하여 취소를 인정한다(대판 1996.7.26. 94다25964 등).

③ [○]
> 제109조(착오로 인한 의사표시) 「②항 전항의 의사표시의 취소는 선의의 제3자에게 대항하지 못한다.」

④ [○] 判例는 "착오로 인한 취소 제도와 매도인의 하자담보책임 제도는 취지가 서로 다르고, 요건과 효과도 구별된다. 따라서 매매계약 내용의 중요 부분에 착오가 있는 경우 매수인은 매도인의 하자담보책임이 성립하는지와 상관없이 착오를 이유로 매매계약을 취소할 수 있다."(대판 2018.9.13. 2015다78703)고 판시하여 제580조(물건의 하자담보책임)[25]와 제109조의 경합을 처음으로 명시적으로 인정하였다. 따라서 이러한 判例에 따르면 설령 하자를 안 날로부터 6개월이 지났더라도(제582조), 제146조의 제척기간이 지나지 않았다면 착오를 이유로 취소할 수 있다.

⑤ [×] 判例는 전문건설공제조합이 경과실로 인하여 착오에 빠져 계약보증서를 발급하고 그 착오를 이유로 보증계약을 취소하자 상대방(채권자)이 제750조의 불법행위로 인한 손해배상을 청구한 사안에서 "ⅰ) (경)과실로 인하여 착오에 빠져 계약을 체결한 것과, ⅱ) 그 착오를 이유로 계약을 취소한 것 모두 '위법'하다고는 할 수 없다"(대판 1997.8.22. 97다13023)고 하여 불법행위책임을 부정한다.

정답 | ⑤

---

25) 제580조(매도인의 하자담보책임) ① 매매의 목적물에 하자가 있는 때에는 제575조 제1항의 규정(손해배상청구 및 계약해제권)을 준용한다. 그러나 매수인이 하자있는 것을 알았거나 과실로 인하여 이를 알지 못한 때에는 그러하지 아니하다.

40 착오로 인한 의사표시에 관한 설명으로 옳지 않은 것은? (다툼이 있으면 판례에 따름) [22행정사]

① 법률행위 내용의 중요부분에 착오가 있는 경우, 그 착오가 표의자의 중과실로 인한 것이 아니라면 특별한 사정이 없는 한 이를 이유로 의사표시를 취소할 수 있다.

② 표의자는 자신에게 중과실이 없음에 대한 주장·증명책임을 부담한다.

③ 착오로 인한 의사표시에 관한 민법 제109조 제1항의 적용은 당사자의 합의로 배제할 수 있다.

④ 착오로 인하여 표의자가 경제적 불이익을 입지 않았다면 이는 법률행위 내용의 중요부분의 착오로 볼 수 없다.

⑤ 표의자가 장래에 있을 어떤 사항의 발생이 미필적임을 알아 그 발생을 예기한 데 지나지 않는 경우, 그 기대가 이루어지지 않은 것을 착오로 볼 수는 없다.

해설

① [○]
> 제109조(착오로 인한 의사표시) 「①항 의사표시는 법률행위의 내용의 중요부분에 착오가 있는 때에는 취소할 수 있다. 그러나 그 착오가 표의자의 중대한 과실로 인한 때에는 취소하지 못한다.」

② [×] 착오를 이유로 의사표시를 취소하는 자(표의자)는 법률행위의 내용에 착오가 있었다는 사실과 함께 그 착오가 의사표시에 결정적인 영향을 미쳤다는 점, 즉 만약 그 착오가 없었더라면 의사표시를 하지 않았을 것이라는 점을 증명하여야 한다(대판 2008.1.17. 2007다74188). 이에 반해 표의자에게 중대한 과실이 없을 것은 상대방 측의 (재)항변 사유이므로 표의자의 상대방이 입증해야 한다(제109조 제1항 단서)(대판 2005.5.12. 2005다6228).

③ [○] 착오규정은 '임의규정'으로 당사자의 합의로 착오로 인한 의사표시 취소에 관한 민법 제109조 제1항의 적용을 배제할 수 있다(대판 2016.4.15. 2013다9769422).

④ [○] 착오로 인하여 표의자가 경제적 불이익을 입은 것이 아니라면, 이를 법률행위 내용의 중요부분의 착오라 할 수 없다(대판 2006.12.7. 2006다41457).

⑤ [○] 단순히 '장래의 미필적 사실의 발생에 대한 기대나 예상'이 빗나간 것에 불과한 것은 착오라고 할 수 없다고 한다(대판 2011.6.24. 2008다44368 등). 예컨대 매매계약 당시 장차 도시계획이 변경되어 호텔 등의 신축에 대한 인·허가를 받을 수 있을 것이라고 생각하였으나 그 후 생각대로 되지 않은 경우, 이는 법률행위 당시를 기준으로 장래의 미필적 사실의 발생에 대한 기대나 예상이 빗나간 것에 불과할 뿐 착오라고 할 수는 없다고 한다(대판 2007.8.23. 2006다15755).

정답 | ②

41 착오에 의한 의사표시에 관한 설명으로 옳지 않은 것은? (다툼이 있으면 판례에 따름) [23행정사]

① 착오로 인하여 표의자가 경제적 불이익을 입은 것이 아니라면 이를 법률행위 내용의 중요부분의 착오라고 할 수 없다.

② 기망행위로 인하여 법률행위의 내용으로 표시되지 않은 동기에 관하여 착오를 일으킨 경우에도 표의자는 그 법률행위를 사기에 의한 의사표시를 이유로 취소할 수 있다.

③ 대리인에 의한 계약체결의 경우, 특별한 사정이 없는 한 착오의 유무는 대리인을 표준으로 판단하여야 한다.

④ 매도인이 매수인의 채무불이행을 이유로 매매계약을 적법하게 해제한 후라도 매수인은 착오를 이유로 취소권을 행사할 수 있다.

⑤ 착오로 인한 의사표시에 있어서 표의자의 중대한 과실 유무에 관한 증명책임은 그 상대방이 아니라 착오자에게 있다.

해설

① [○] 착오가 법률행위 내용의 중요 부분에 있다고 하기 위하여는 표의자에 의하여 추구된 목적을 고려하여 합리적으로 판단하여 볼 때 표시와 의사의 불일치가 객관적으로 현저하여야 하고, 만일 그 착오로 인하여 표의자가 무슨 경제적인 불이익을 입은 것이 아니라면 이를 법률행위 내용의 중요 부분의 착오라고 할 수 없다(대판 2006.12.7. 2006다41457).

② [○] ㉠ 判例는 타인의 기망행위에 의하여 '동기의 착오'가 발생한 때에는 사기와 착오의 경합을 인정한다(대판 1969.6.24. 68다1749). ㉡ 그러나 타인의 기망행위에 의하여 '표시상의 착오'가 발생한 경우에는 사기를 이유로 취소할 수 없고, 착오를 이유로만 취소할 수 있다고 한다. 즉, "사기에 의한 의사표시란 타인의 기망행위로 말미암아 착오에 빠지게 된 결과 어떠한 의사표시를 하게 되는 경우이므로 거기에는 의사와 표시의 불일치가 있을 수 없고, 단지 의사의 형성과정 즉 의사표시의 동기에 착오가 있는 것에 불과하며, 이 점에서 고유한 의미의 착오에 의한 의사표시와 구분되는데, 제3자의 기망행위에 의하여 신원보증서류에 서명날인한다는 착각에 빠진 상태로 연대보증의 서면에 서명날인한 경우 이른바 표시상의 착오에 해당하므로, 상대방이 그러한 제3자의 기망행위 사실을 알았거나 알 수 있었을 경우가 아닌 한 의사표시자가 취소권을 행사할 수 없다는 제110조 제2항의 규정을 적용할 것이 아니라, 착오에 의한 의사표시에 관한 법리만을 적용하여 취소권 행사의 가부를 가려야 한다."(대판 2005.5.27. 2004다43824)고 한다.

③ [○]

> 제116조(대리행위의 하자) 「①항 의사표시의 효력이 의사의 흠결, 사기, 강박 또는 어느 사정을 알았거나 과실로 알지 못한 것으로 인하여 영향을 받을 경우에 그 사실의 유무는 대리인을 표준하여 결정한다.」

④ [○] 判例는 '매도인'이 매수인의 중도금 지급 채무불이행을 이유로 매매계약을 적법하게 해제한 후에도(소급적 소멸), '매수인'이 착오를 이유로 취소권을 행사하여 매매계약 전체를 무효로 돌릴 수 있다고 판시하여 경합을 인정한다(대판 1996.12.6. 95다24982). 왜냐하면 무효와 취소의 '이중효'의 이론적 측면뿐만 아니라 이를 인정할 경우 매수인으로서는 계약해제의 효과로서 발생하는 손해배상책임을 지는 불이익(제548조·제551조)을 피할 수 있는 실익도 있기 때문이다.

⑤ [×] 착오를 이유로 의사표시를 취소하는 자(표의자)는 ㉠ 법률행위의 내용에 착오가 있었다는 사실과 함께 ㉡ 그 착오가 의사표시에 결정적인 영향을 미쳤다는 점, 즉 만약 그 착오가 없었더라면 의사표시를 하지 않았을 것이라는 점을 증명하여야 한다(대판 2008.1.17. 2007다74188). ㉢ 이에 반해 표의자에게 중대한 과실이 없을 것은 상대방측의 (재)항변 사유이므로 표의자의 상대방이 입증해야 한다(제109조 제1항 단서)(대판 2005.5.12. 2005다6228).

정답 | ⑤

---

42 착오에 의한 의사표시에 관한 설명 중 옳은 것은? (특별한 사정이 있는 경우를 제외하며, 다툼이 있는 경우 판례에 의함)

[22경찰간부]

① 당사자가 의사표시의 내용으로 삼은 동기에 착오가 있고 그 착오가 상대방에 의해 유발된 경우, 의사표시자는 법률행위 내용의 중요부분에 대한 착오가 없더라도 동기의 착오를 이유로 그 의사표시를 취소할 수 있다.

② 당사자는 합의를 통해 착오로 인한 의사표시 취소에 관한 민법 제109조 제1항의 적용을 배제할 수 있다.

③ 의사표시자가 착오를 이유로 의사표시를 취소하기 위해서는 중과실이 없음을 증명하여야 한다.

④ 법률행위의 내용 중 사소한 부분에 대한 착오가 있더라도 선의 및 무과실인 의사표시자는 착오를 이유로 그 의사표시를 취소할 수 있다.

해설

① [×] 제109조에 의하여 계약을 취소하려면, 당사자 사이에 동기를 계약의 내용으로 삼아 그것이 법률행위의 중요부분에 해당하고 그 동기가 의사표시의 상대방에게 표시된 경우이거나(대판 2000.5.12. 2000다12259), 적어도 상대방에 의해 유발된 경우라야 한다(대판 1994.6.10. 93다24810).

　▶ 따라서 당사자가 의사표시의 내용으로 삼은 동기에 착오가 있고 그 착오가 상대방에 의해 유발된 경우, 의사표시자는 법률행위 내용의 중요부분에 대한 착오가 있어야 동기의 착오를 이유로 그 의사표시를 취소할 수 있다.

② [○] 착오규정은 '임의규정'으로 당사자의 합의로 착오로 인한 의사표시 취소에 관한 민법 제109조 제1항의 적용을 배제할 수 있다(대판 2016.4.15. 2013다97694).

③ [×] 착오를 이유로 취소를 주장하기 위해서는 ㉠ 법률행위 내용의 착오, ㉡ 중요부분에 관한 착오, ㉢ 취소의 의사표시 및 그 도달사실을 증명해야 한다(제109조 제1항). 이에 대해 표의자에게 중대한 과실이 없을 것은 상대방 측의 (재)항변 사유이므로 상대방이 입증해야 한다(제109조 제1항 단서). 따라서 착오를 이유로 의사표시를 취소하는 자는 법률행위의 내용에 착오가 있었다는 사실과 함께 그 착오가 의사표시에 결정적인 영향을 미쳤다는 점, 즉 만약 그 착오가 없었더라면 의사표시를 하지 않았을 것이라는 점을 증명하여야 한다(대판 2008.1.17. 2007다74188).

　▶ 착오를 이유로 취소하는 경우 상대방이 중과실이 있음을 증명하여야 한다.

④ [×] 민법은 표의자가 착오를 이유로 의사표시를 취소할 수 있도록 하되, 그 요건을 제한한다(제109조 제1항). 즉, 법률행위의 중요부분에 착오가 있고, 또 그 착오에 중과실이 없어야 하므로 사소한 부분의 착오가 있다면 의사표시를 취소할 수 없다.

정답 | ②

43 착오로 인한 의사표시(민법 제109조)에 관한 설명으로 옳지 않은 것은? (다툼이 있는 경우 판례에 의함)

[22소방간부]

① 착오로 인하여 착오자에게 경제적으로 유리해진 경우에는 착오를 원인으로 취소할 수 없다.

② 착오의 존재 여부는 의사표시 당시를 기준으로 판단하므로, 장래의 불확실한 사실은 착오의 대상이 되지 않는다.

③ 동기의 착오가 상대방에 의하여 유발된 경우에는 착오를 이유로 취소할 수 있다.

④ 매매계약 내용의 중요 부분에 착오가 있는 경우 매수인은 매도인의 하자담보책임이 성립하는지와 상관없이 착오를 이유로 매매계약을 취소할 수 있다.

⑤ 상대방이 표의자의 착오를 알고 이를 이용한 경우 그 착오가 표의자의 중대한 과실로 인한 것이라도 표의자는 의사표시를 취소할 수 있다.

해설

① [○] 착오를 이유로 취소하기 위해서는 법률행위 내용의 중요부분에 착오가 있어야 하는바(제109조 제1항), 이에 대한 판단은 判例에 따르면 이른바 '이중적 기준설'에 따라 행하여진다(대판 2003.4.11. 2002다70884 등). ⅰ) 우선 표의자가 그러한 착오가 없었더라면 그 의사표시를 하지 않았으리라고 생각될 정도로 중요한 것이어야 한다(주관적 현저성). ⅱ) 다음으로, 일반인도 표의자의 입장에 섰더라면 그러한 의사표시를 하지 않았으리라고 생각될 정도로 중요한 것이어야 한다(객관적 현저성).
다만, 최근에는 객관적 표준만을 제시하는 판결도 보인다(대판 2006.12.7. 2006다41457). 즉 착오로 인하여 표의자가 경제적 불이익을 입은 것이 아니라면, 이를 법률행위 내용의 중요부분의 착오라 할 수 없다고 하였는데, 이는 객관적 현저성이 결여되었음을 의미하는 것으로 보인다.

② [×] 判例는 '장래의 불확실한 사실자체'에 관한 것이라도 착오에 해당한다고 하나(대판 1994.6.10. 93다24810: 장래에 부과될 양도소득세 등의 세액에 관한 착오), 이와 달리 단순히 '장래의 미필적 사실의 발생에 대한 기대나 예상'이 빗나간 것에 불과한 것은 착오라고 할 수 없다고 한다(대판 2011.6.24. 2008다44368 등).

③ [○] 判例는 동기를 당해 의사표시의 내용으로 삼을 것을 상대방에게 표시한 경우 그 착오를 이유로 계약을 취소할 수 있다고 보아 기본적으로 동기표시설의 입장이다. 그러나 동기가 상대방으로부터 제공되거나 유발된 경우 判例는 동기의 표시 여부를 묻지 않고 대부분 법률행위내용의 중요부분의 착오로 보아 취소를 인정한다(대판 1997.8.26. 97다6063 등).

④ [○] 최근 判例는 "착오로 인한 취소 제도와 매도인의 하자담보책임 제도는 **취지**가 서로 다르고, **요건과 효과도 구별**된다. 따라서 매매계약 내용의 중요 부분에 착오가 있는 경우 매수인은 매도인의 하자담보책임이 성립하는지와 상관없이 착오를 이유로 매매계약을 취소할 수 있다."(대판 2018.9.13. 2015다78703)라고 판시하여 **제580조(물건의 하자담보책임)**와 제109조의 **경합**을 처음으로 명시적으로 인정하였다.

⑤ [○] 상대방이 표의자의 착오를 알면서 이를 이용한 경우에, 표의자에게 **중대한 과실**이 있더라도 표의자는 그 의사표시를 취소할 수 있다(대판 1955.11.10. 4288민상321; 대판 2014.11.27. 2013다49794). 제109조 제1항 단서가 상대방의 이익을 보호하기 위한 것이지만 이러한 경우에는 상대방의 보호가치가 부정되므로 그 규정의 적용이 배제되어야 하기 때문이다.

정답 | ②

44 착오로 인한 의사표시에 관한 설명으로 옳지 않은 것은? (다툼이 있으면 판례에 따름) [22세무사]

① 대리인이 의사표시를 하는 경우, 착오의 유무는 대리인을 표준으로 판단하여야 한다.

② 동기의 착오가 상대방에 의해 유발된 경우, 동기의 표시 여부와 무관하게 의사표시의 취소가 인정될 수 있다.

③ 착오로 인한 의사표시의 취소에 관한 민법 제109조 제1항의 적용을 배제하기로 하는 당사자의 합의는 유효하다.

④ 착오로 인하여 표의자가 경제적 불이익을 입은 것이 아니라면 이를 법률행위 내용의 중요부분의 착오라고 할 수 없다.

⑤ 상대방이 표의자의 착오를 알면서 이를 이용한 경우라도 표의자에게 중과실이 있으면, 표의자는 착오에 의한 의사표시를 취소할 수 없다.

해설

① [○] 제116조

② [○] 귀속해제된 토지인데도 귀속재산인 줄로 잘못 알고 국가에 증여를 한 경우 이러한 착오는 일종의 동기의 착오라 할 것이나 그 동기를 제공한 것이 관계 공무원이었고 그러한 동기의 제공이 없었더라면 위 토지를 선뜻 국가에게 증여하지는 않았을 것이라면 위 동기는 증여행위의 중요부분을 이룬다고 할 것이므로 뒤늦게 그 착오를 알아차리고 증여계약을 취소했다면 그 취소는 적법하다(대판 1978.7.11. 78다719).

③ [○] 당사자의 합의로 착오로 인한 의사표시 취소에 관한 민법 제109조 제1항의 적용을 배제할 수 있다(대판 2016.4.15. 2013다 97694).

④ [○] 착오가 법률행위 내용의 중요 부분에 있다고 하기 위하여는 표의자에 의하여 추구된 목적을 고려하여 합리적으로 판단하여 볼 때 표시와 의사의 불일치가 객관적으로 현저하여야 하고, 만일 그 착오로 인하여 표의자가 무슨 경제적인 불이익을 입은 것이 아니라면 이를 법률행위 내용의 중요 부분의 착오라고 할 수 없다(대판 2006.12.7. 2006다41457).

⑤ [×] 민법 제109조 제1항 단서는 의사표시의 착오가 표의자의 중대한 과실로 인한 때에는 그 의사표시를 취소하지 못한다고 규정하고 있는데, 위 단서 규정은 표의자의 상대방의 이익을 보호하기 위한 것이므로, 상대방이 표의자의 착오를 알고 이를 이용한 경우에는 착오가 표의자의 중대한 과실로 인한 것이라고 하더라도 표의자는 의사표시를 취소할 수 있다(대판 2014.11.27. 2013다49794).

정답 | ⑤

45 민법상 의사표시에 관한 설명 중 적절한 것을 모두 고른 것은 (다툼이 있는 경우 판례에 의함) [21법학경채]

ㄱ. 매매계약 당시 장차 도시계획이 변경되어 공동주택, 호텔 등의 신축에 대한 인·허가를 받을 수 있을 것이라고 생각하였으나 그 후 생각대로 되지 않은 경우, 이는 착오라고 할 수는 없다.

ㄴ. 근저당권설정자 또는 보증인이 그 계약서에 나타난 채무자(甲)가 마음속으로 채무자라고 본 사람(乙)의 이름을 빌린 것에 불과하여 계약 당시에 甲과 乙이 같은 사람이 아닌 것을 알았어도 그 계약을 맺을 것이라고 보여지는 경우도 중요 부분의 착오에 해당한다.

ㄷ. 토지거래허가를 신청하기 전 단계에서, 그 토지거래상 사기강박을 이유로 토지거래의 취소를 주장할 수 있는 당사자는 이러한 사유를 주장하여 거래허가 신청협력에 거절의사를 일방적으로 명백히 하여 계약을 확정적으로 무효화시킬 수 있다.

ㄹ. 甲이 자신이 최대주주이던 A금융회사로 하여금 실질상 자신 소유인 B회사에 부실대출을 하도록 개입하였다고 판단한 A금융회사의 새로운 경영진이, 甲에게 위 대출금채무를 연대보증하지 않으면 甲소유의 C회사에 대한 어음대출금을 회수하여 부도를 내겠다고 위협하여 甲이 법적 책임 없는 위 대출금채무를 연대보증하였다면 강박에 의한 의사표시에 해당한다.

① ㄱ, ㄴ

② ㄴ, ㄷ

③ ㄷ, ㄹ

④ ㄱ, ㄷ

해설

ㄱ. [O] 判例는 '장래의 불확실한 사실자체'에 관한 것이라도 착오에 해당한다고 한다(대판 1994.6.10. 93다24810: 장래에 부과될 양도소득세 등의 세액에 관한 착오). 이와 달리 단순히 '장래의 미필적 사실의 발생에 대한 기대나 예상'이 빗나간 것에 불과한 것은 착오라고 할 수 없다고 한다(대판 2011.6.24. 2008다44368 등). 예컨대 매매계약 당시 장차 도시계획이 변경되어 호텔 등의 신축에 대한 인·허가를 받을 수 있을 것이라고 생각하였으나 그 후 생각대로 되지 않은 경우, 이는 법률행위 당시를 기준으로 장래의 미필적 사실의 발생에 대한 기대나 예상이 빗나간 것에 불과할 뿐 착오라고 할 수는 없다고 한다(대판 2007.8.23. 2006다15755).

ㄴ. [×] 근저당권설정계약 또는 보증계약을 맺음에 있어서 채무자가 누구인가에 관한 착오는 중요부분에 관한 착오라고 볼 것이나, 근저당권설정자 또는 보증인이 그 계약서에 나타난 채무자가 마음속으로 채무자라고 본 사람의 이름을 빌린 것에 불과하여 계약당시에 위 두 사람이 같은 사람이 아닌 것을 알았더라도 그 계약을 맺을 것이라고 보여지는 등 특별한 사정이 있는 경우에는 형식상 사람의 동일성에 관한 착오가 있는 것처럼 보이더라도 이를 가지고 법률행위의 중요부분에 관한 착오라고는 볼 수 없다(대판 1986.8.19. 86다카448).

ㄷ. [O] 국토이용관리법상 규제구역 내에 속하는 토지거래에 관하여 관할 도지사로부터 거래허가를 받지 아니한 거래계약은 처음부터 위 허가를 배제하거나 잠탈하는 내용의 계약이 아닌 한 허가를 받기까지는 유동적 무효의 상태에 있고 거래 당사자는 거래허가를 받기 위하여 서로 협력할 의무가 있으나, 그 토지거래가 계약 당사자의 표시와 불일치한 의사(비진의표시, 허위표시 또는 착오) 또는 사기, 강박과 같은 하자 있는 의사에 의하여 이루어진 경우에는, 이들 사유에 의하여 그 거래의 무효 또는 취소를 주장할 수 있는 당사자는 그러한 거래허가를 신청하기 전 단계에서 이러한 사유를 주장하여 거래허가신청 협력에 대한 거절의사를 일방적으로 명백히 함으로써 그 계약을 확정적으로 무효화시키고 자신의 거래허가절차에 협력할 의무를 면할 수 있다(대판 1997.11.14. 97다36118).

ㄹ. [×] 甲이 자신이 최대주주이던 A금융회사로 하여금 실질상 자신 소유인 B회사에 부실대출을 하도록 개입하였다고 판단한 A금융회사의 새로운 경영진이 甲에게 위 대출금채무를 연대보증하지 않으면 甲 소유의 C회사에 대한 어음대출금을 회수하여 부도를 내겠다고 위협하여 甲이 법적 책임 없는 위 대출금채무를 연대보증한 사안에서, 강박에 의한 의사표시에 해당하지 않는다(대판 2000.3.23. 99다64049).

정답 | ④

---

46 착오에 의한 의사표시에 대한 설명 중 가장 적절한 것은? (다툼이 있는 경우 판례에 의함) [20법학경채]

① 토지의 현황·경계에 관한 착오는 매매계약의 중요부분에 대한 착오가 아니다.

② 법률에 관한 착오는 그것이 법률행위 내용의 중요부분에 관한 것이더라도 표의자는 그 의사표시를 취소할 수 없다.

③ 매도인이 중도금지급채무 불이행을 이유로 매매계약을 적법하게 해제한 후라면, 매수인은 착오를 이유로 한 취소권을 행사할 수 없다.

④ 의사표시의 동기에 착오가 있었음을 이유로 표의자가 이를 취소하기 위해서는 그 동기가 상대방에게 표시되고 의사표시 내용의 중요부분의 착오로 인정된 경우이어야 한다.

해설

① [×] ㉠ 토지 1,389평을 전부 경작할 수 있는 농지인 줄 알고 매수하고 소유권이전등기를 하였으나 측량결과 약 600평이 하천을 이루고 있는 경우(대판 1968.3.26. 67다2160), ㉡ 인접 대지의 경계선이 자신의 대지의 경계선과 일치하는 것으로 잘못 알고 그 경계선에 담장을 설치하기로 합의한 경우(대판 1989.7.25. 88다카9364), ㉢ 약 325평의 토지를 매수하면서 '그 토지에 인접한 매실나무 밭 바로 앞부분 약 80평이 포함되고 인접한 도로 부분 약 40평이 포함되지 않는다'고 토지의 경계를 잘못 인식한 경우(대판 2020.3.26. 2019다288232), ㉣ 매매대상 토지 중 20~30평 정도만 도로에 편입될 것이라는 중개인의 말을 믿고 주택 신축을 위하여 토지를 매수하였고, 그와 같은 사정이 계약체결과정에서 현출되어 매도인도 이를 알고 있었는데, 실제로는 전체 면적의 약 30%에 해당하는 197평이 도로에 편입된 경우(대판 2000.5.12. 2000다12259), 각각 '법률행위 내용의 중요부분의 착오'에 해당하는 것으로 보아 취소를 인정하였다.

② [×] '법률에 관한 착오'(양도소득세가부과될 것인데도 부과되지 아니하는 것으로 오인)라도 그것이 법률행위의 내용의 중요부분에 관한 것인 때(경제적 불이익이 인정되는 경우)에는 착오를 이유로 취소할 수 있다(대판 1981.11.10. 80다2475).

③ [×] 判例는 매도인이 매수인의 중도금 지급 채무불이행을 이유로 매매계약을 적법하게 해제한 후에도(소급적 소멸), 매수인이 착오를 이유로 취소권을 행사하여 매매계약 전체를 무효로 돌릴 수 있다고 판시하여 경합을 인정한다(대판 1996.12.6. 95다24982).

④ [○] 동기는 법률행위 내용 그 자체는 아니지만, 효과의사를 결정하는 이유라는 점에서 법률행위의 내용과 전혀 무관하다고 할 수 없어 제109조의 착오에 동기의 착오를 포함시킬 것인가가 문제된다. "동기를 당해 의사표시의 내용으로 삼을 것을 상대방에게 표시한 경우 그 착오를 이유로 계약을 취소할 수 있다."라고 보아 기본적으로 동기표시설의 입장이다. 다만, 의사표시의 해석상 그 동기가 법률행위의 내용으로 되어 있다고 인정되면 충분하고, 당사자들 사이에 별도로 그 동기를 의사표시의 내용으로 삼기로 하는 '합의'까지 이루어질 필요는 없다고 한다(대판 2000.5.12. 2000다12259).

[관련판례] 동기가 상대방으로부터 제공되거나 유발된 경우 判例는 동기의 표시 여부를 묻지 않고 대부분 법률행위의 중요부분을 인정하여 취소를 인정한다(대판 1996.7.26. 94다25964 등).

정답 | ④

47
착오에 관한 설명으로 옳지 않은 것은? (다툼이 있으면 판례에 따름)　　　　　　[18 · 19세무사]

① 사자(使者)가 甲에게 전달할 의사표시를 乙에게 전달할 경우 착오로 보지 않는다.
② 상대방이 표의자의 착오를 알고 이용한 경우에는 표의자에게 중과실이 있더라도 의사표시를 취소할 수 있다.
③ 착오로 인한 취소권의 행사는 당사자들의 합의에 의하여 배제할 수 없다.
④ 매매계약에 따른 양도소득세 산정에 착오가 있었으나 관계 법령이 개정되어 위 착오로 인한 불이익이 소멸한 경우, 의사표시의 취소는 신의칙상 허용될 수 없다.
⑤ 착오를 이유로 법률행위를 취소한 경우, 표의자가 경과실이 있더라도 상대방은 불법행위로 인한 손해배상을 청구할 수 없다.

해설

① [○] 사자(使者)란 본인이 결정한 내심적 의사를 '표시'하거나 '전달'함으로써 표시행위의 완성에 협력하는 자를 말한다. 이미 완성하여 있는 의사표시를 전달기관이 잘못 전달한 경우(예컨대 서신을 딴 주소에 오달한 경우)에는 의사표시의 부도달 문제(제111조 제1항)이며 착오의 문제가 아니다.

[참조조문] 제111조(의사표시의 효력발생시기) 「①항 상대방이 있는 의사표시는 상대방에게 도달한 때에 그 효력이 생긴다.」

② [○] 상대방이 표의자의 착오를 알면서 이를 이용한 경우에, 표의자에게 중대한 과실이 있더라도 표의자는 그 의사표시를 취소할 수 있다(대판 1955.11.10. 4288민상321; 대판 2014.11.27. 2013다49794). 제109조 제1항 단서가 상대방의 이익을 보호하기 위한 것이지만 이러한 경우에는 상대방의 보호가치가 부정되므로 그 규정의 적용이 배제되어야 하기 때문이다.

③ [×] 제109조(착오로 인한 의사표시) 「①항 의사표시는 법률행위의 내용의 중요부분에 착오가 있는 때에는 취소할 수 있다. 그러나 그 착오가 표의자의 중대한 과실로 인한 때에는 취소하지 못한다. ②항 전항의 의사표시의 취소는 선의의 제3자에게 대항하지 못한다.」

현행 민법은 표의자가 착오를 이유로 의사표시를 취소할 수 있도록 하되, 그 요건을 제한한다(제109조 제1항). 즉, 법률행위의 중요부분에 착오가 있고, 또 그 착오에 중과실이 없어야 한다. 이러한 착오규정은 '임의규정'으로 당사자의 합의로 착오로 인한 의사표시 취소에 관한 제109조 제1항의 적용을 배제할 수 있다(대판 2016.4.15. 2013다97694).

④ [○] ㉠ 양도소득세에 관한 법률의 내용에 착오를 일으켜 토지를 매도하였지만 그 후 법률의 개정으로 불이익이 소멸된 경우(대판 1995.3.24. 94다44620), ㉡ 기부채납한 시설물의 부지에 대한 소유권의 귀속에 착오가 있었지만 표의자가 그 시설물을 약정대로 사용하는 데에 사실상 아무런 문제가 없는 경우(대판 1999.2.23. 98다47924), ㉢ 기술신용보증기금이 심사대상기업의 사업장에 가압류되어 있었음에도 이를 모르고 보증을 하였으나 그 가압류가 피보전권리 없이 부당하게 발령된 것으로 밝혀진 경우에(대판 1998.9.22. 98다23706), 각각 착오가 있었다고 하여 그로 인하여 표의자가 무슨 경제적 불이익을 입은 것도 아니라는 이유로 중요부분의 착오에 해당하지 않는다고 보았다.

[관련판례] '법률에 관한 착오'(양도소득세가 부과될 것인데도 부과되지 아니하는 것으로 오인)라도 그것이 법률행위의 내용의 중요부분에 관한 것인 때(경제적 불이익이 인정되는 경우)에는 착오를 이유로 취소할 수 있다(대판 1981.11.10. 80다2475).

⑤ [○] 判例는 전문건설공제조합이 경과실로 인하여 착오에 빠져 계약보증서를 발급하고 그 착오를 이유로 보증계약을 취소하자 상대방(채권자)이 제750조의 불법행위로 인한 손해배상을 청구한 사안에서 "ⅰ) (경)과실로 인하여 착오에 빠져 계약을 체결한 것과, ⅱ) 그 착오를 이유로 계약을 취소한 것 모두 '위법'하다고는 할 수 없다."(대판 1997.8.22. 97다13023)라고 하여 불법행위 책임을 부정한다.

정답 | ③

48 제109조의 착오로 인한 의사표시에 관한 설명 중 가장 적절하지 않은 것은? (다툼이 있는 경우 판례에 의함)

[19법학경채]

① 제109조 제1항의 중대한 과실이란 표의자의 직업, 행위의 종류, 목적 등에 비추어 보통 요구되는 주의를 현저히 결여한 것을 말한다.

② 상대방이 표의자의 착오를 알고 이를 이용한 경우, 그 착오가 표의자의 중대한 과실로 인한 것일지라도 표의자는 의사표시를 취소할 수 있다.

③ 동기의 착오가 법률행위의 내용의 중요부분의 착오에 해당함을 이유로 표의자가 법률행위를 취소하려면 그 동기를 당해 의사표시의 내용으로 삼을 것을 상대방에게 표시하고, 의사표시의 해석상 법률행위의 내용으로 되어 있다고 인정되어야 한다.

④ 착오를 이유로 의사표시를 취소하는 자는 법률행위의 내용에 착오가 있었다는 사실만을 증명하면 충분하고, 착오가 없었더라면 의사표시를 하지 않았을 것이라는 점까지 증명할 필요는 없다.

해설

① [○] '중대한 과실'이란 표의자의 직업, 행위의 종류, 목적 등에 비추어 당해 행위에 일반적으로 요구되는 주의를 현저하게 결여한 것을 말한다(대판 2000.5.12. 2000다12259). 중대한 과실의 유무는 구체적 사실관계에서 보통인이 베풀어야 할 주의를 표준으로 객관적으로 판단되어야 하나(추상적 경과실), 표의자의 직업 등 개인사정이 당해 거래에 영향을 주는 경우(예금거래에서 은행원의 착오)에는 그것도 고려하여야 한다.

② [○] 상대방이 표의자의 착오를 알면서 이를 이용한 경우에, 표의자에게 중대한 과실이 있더라도 표의자는 그 의사표시를 취소할 수 있다(대판 1955.11.10. 4288민상321; 대판 2014.11.27. 2013다49794). 제109조 제1항 단서가 상대방의 이익을 보호하기 위한 것이지만 이러한 경우에는 상대방의 보호가치가 부정되므로 그 규정의 적용이 배제되어야 하기 때문이다.

③ [○] "동기를 당해 의사표시의 내용으로 삼을 것을 상대방에게 표시한 경우 그 착오를 이유로 계약을 취소할 수 있다."고 보아 기본적으로 동기표시설의 입장이다. 다만, 의사표시의 해석상 그 동기가 법률행위의 내용으로 되어 있다고 인정되면 충분하고, 당사자들 사이에 별도로 그 동기를 의사표시의 내용으로 삼기로 하는 '합의'까지 이루어질 필요는 없다고 한다(대판 2000.5.12. 2000다12259).

④ [×] 착오를 이유로 취소를 주장하기 위해서는 ⅰ) 법률행위 내용의 착오, ⅱ) 중요부분에 관한 착오, ⅲ) 취소의 의사표시 및 그 도달사실을 증명해야 한다(제109조 제1항). 이에 대해 표의자에게 중대한 과실이 없을 것은 상대방 측의 (재)항변 사유이다(제109조 제1항 단서). 따라서 착오를 이유로 의사표시를 취소하는 자는 법률행위의 내용에 착오가 있었다는 사실과 '함께' 그 착오가 의사표시에 결정적인 영향을 미쳤다는 점, 즉 만약 그 착오가 없었더라면 의사표시를 하지 않았을 것이라는 점을 증명하여야 한다(대판 2008.1.17. 2007다74188).

정답 | ④

49 착오로 인한 의사표시에 관한 설명으로 옳지 않은 것은? (다툼이 있으면 판례에 따름) [17행정사]

① 의사표시의 동기에 착오가 있더라도 당사자 사이에서 그 동기를 의사표시의 내용으로 삼은 경우에는 의사표시의 내용의 착오가 되어 취소할 수 있다.

② 착오로 인한 의사표시에 있어서 표의자에게 중대한 과실이 있는지의 여부에 관한 증명책임은 표의자에게 있다.

③ 근저당권설정계약에서 채무자의 동일성에 관한 착오는 법률행위 내용의 중요부분에 관한 착오에 해당한다.

④ 대리인에 의한 계약 체결의 경우 착오의 유무는 대리인을 표준으로 결정한다.

⑤ 당사자는 합의를 통하여 착오로 인한 의사표시 취소에 관한 제109조 제1항의 적용을 배제할 수 있다.

해설

① [○] 判例는 "동기를 당해 의사표시의 내용으로 삼을 것을 상대방에게 표시한 경우 그 착오를 이유로 계약을 취소할 수 있다."고 보아 기본적으로 동기표시설의 입장이다. 다만, 의사표시의 해석상 그 동기가 법률행위의 내용으로 되어 있다고 인정되면 충분하고, 당사자들 사이에 별도로 그 동기를 의사표시의 내용으로 삼기로 하는 '합의'까지 이루어질 필요는 없다고 한다(대판 2000.5.12. 2000다12259).

[관련판례] 동기가 상대방으로부터 제공되거나 유발된 경우 判例는 동기의 표시 여부를 묻지 않고 대부분 법률행위의 중요부분을 인정하여 취소를 인정한다(대판 1996.7.26. 94다25964 등).

② [×] 착오를 이유로 의사표시를 취소하는 자는 법률행위의 내용에 착오가 있었다는 사실과 '함께' 그 착오가 의사표시에 결정적인 영향을 미쳤다는 점, 즉 만약 그 착오가 없었더라면 의사표시를 하지 않았을 것이라는 점을 증명하여야 한다(대판 2008.1.17. 2007다74188).

▶ 중대한 과실이 있다는 증명책임은 표의자로 하여금 그 의사표시를 취소케 하지 않으려는 상대방이 부담한다.

③ [○] 甲이 채무자란이 백지로 된 근저당권설정계약서를 제시받고 그 채무자가 乙인 것으로 알고 근저당권설정자로 서명날인을 하였는데 그 후 채무자가 丙으로 되어 근저당권설정등기가 경료된 경우, 甲은 그 소유의 부동산에 관하여 근저당권설정계약상의 채무자를 丙이 아닌 乙로 오인한 나머지 근저당설정의 의사표시를 한 것이고, 이와 같은 채무자의 동일성에 관한 착오는 법률행위 내용의 중요부분에 관한 착오에 해당한다(대판 1995.12.22. 95다37087).

[관련판례] 근저당권설정계약 또는 보증계약을 맺음에 있어서 채무자가 누구인가에 관한 착오는 중요부분에 관한 착오라고 볼 것이나, 근저당권설정자 또는 보증인이 그 계약서에 나타난 채무자가 마음속으로 채무자라고 본 사람의 이름을 빌린 것에 불과하여 계약당시에 위 두 사람이 같은 사람이 아닌 것을 알았더라도 그 계약을 맺을 것이라고 보여지는 등 특별한 사정이 있는 경우에는 형식상 사람의 동일성에 관한 착오가 있는 것처럼 보이더라도 이를 가지고 법률행위의 중요부분에 관한 착오라고는 볼 수 없다(대판 1986.8.19. 86다카448).

④ [○]

> 제116조(대리행위의 하자) 「①항 의사표시의 효력이 의사의 흠결(비진의표시, 허위표시, 착오), 사기, 강박 또는 어느 사정을 알았거나 과실로 알지 못한 것으로 인하여 영향을 받을 경우에 그 사실의 유무는 대리인을 표준하여 결정한다.」

⑤ [○] 현행 민법은 표의자가 착오를 이유로 의사표시를 취소할 수 있도록 하되, 그 요건을 제한한다(제109조 제1항). 즉, 법률행위의 중요부분에 착오가 있고, 또 그 착오에 중과실이 없어야 한다. 이러한 착오규정은 '임의규정'으로 당사자의 합의로 착오로 인한 의사표시 취소에 관한 제109조 제1항의 적용을 배제할 수 있다(대판 2016.4.15. 2013다97694).

정답 | ②

50 甲은 X 토지의 경계를 잘못 인식한 채로 X 토지의 소유자 乙로부터 이를 매수하는 계약을 체결하였다. 이에 관한 설명으로 옳은 것을 모두 고른 것은? (다툼이 있으면 판례에 따름) [20세무사]

ㄱ. 甲이 중요부분에 착오를 일으켰지만 과실이 없는 경우, 甲은 특별한 사정이 없는 한 자신의 의사표시를 취소할 수 있다.

ㄴ. X 토지에 대하여 표시된 지적과 비교했을 때 실면적이 부족하더라도 그 차이가 지극히 근소하다면 중요부분의 착오가 인정되지 않는다.

ㄷ. 중요부분의 착오는 일반인이 아닌 甲을 기준으로 판단해야 한다.

ㄹ. 특별한 사정이 없는 한 甲은 X 토지가 지적도와 정확히 일치하는지 여부를 미리 확인하여야 할 주의의무가 있다.

① ㄱ, ㄴ   ② ㄴ, ㄷ   ③ ㄷ, ㄹ

④ ㄱ, ㄴ, ㄷ   ⑤ ㄱ, ㄴ, ㄹ

해설

ㄱ. [○] ⅰ) 토지 1,389평을 전부 경작할 수 있는 농지인 줄 알고 매수하고 소유권이전등기를 하였으나 측량결과 약 600평이 하천을 이루고 있는 경우(대판 1968.3.26. 67다2160), ⅱ) 인접 대지의 경계선이 자신의 대지의 경계선과 일치하는 것으로 잘못 알고 그 경계선에 담장을 설치하기로 합의한 경우(대판 1989.7.25. 88다카9364), ⅲ) 약 325평의 토지를 매수하면서 "그 토지에 인접한 매실나무 밭 바로 앞부분 약 80평이 포함되고 인접한 도로 부분 약 40평이 포함되지 않는다."라고 토지의 경계를 잘못 인식한 경우(대판 2020.3.26. 2019다288232), ⅳ) 매매대상 토지 중 20~30평 정도만 도로에 편입될 것이라는 중개인의 말을 믿고 주택 신축을 위하여 토지를 매수하였고, 그와 같은 사정이 계약체결과정에서 현출되어 매도인도 이를 알고 있었는데, 실제로는 전체 면적의 약 30%에 해당하는 197평이 도로에 편입된 경우(대판 2000.5.12. 2000다12259), 각각 '법률행위 내용의 중요부분의 착오'에 해당하는 것으로 보아 취소를 인정하였다.

▶ 목적물의 경계에 대한 착오는 중요부분의 착오에 해당하고, 甲은 그 착오에 과실이 없다면 착오를 이유로 그 의사표시를 취소할 수 있다.

ㄴ. [○] 매수인이 그 목적물의 면적이 계약서에 표시된 면적이 있는 것으로 오신을 하였더라도 이는 동기의 착오로 될 수는 있을 뿐(대판 1956.2.23. 4288민상559), 그 차이가 근소한 때에는 법률행위의 중요부분에 관한 착오라고 할 수 없다(대판 1984.4.10. 83다카1328, 1329). 다만, 그 면적 차이가 현저하게 큰 때에는 중요부분에 관한 착오가 될 수 있다.

ㄷ. [×] ⅰ) 이에 대한 판단은 判例에 따르면 이른바 '이중적 기준설'에 따라 행하여진다(대판 2003.4.11. 2002다70884 등). ⓐ 우선 표의자가 그러한 착오가 없었더라면 그 의사표시를 하지 않았으리라고 생각될 정도로 중요한 것이어야 한다(주관적 현저성). ⓑ 다음으로, 일반인도 표의자의 입장에 섰더라면 그러한 의사표시를 하지 않았으리라고 생각될 정도로 중요한 것이어야 한다(객관적 현저성). ⅱ) 다만. 최근에는 객관적 표준만을 제시하는 판결도 보인다(대판 2006.12.7. 2006다41457). 즉, 착오로 인하여 표의자가 경제적 불이익을 입은 것이 아니라면, 이를 법률행위 내용의 중요부분의 착오라 할 수 없다고 하였는데, 이는 객관적 현저성이 결여되었음을 의미하는 것으로 보인다.

ㄹ. [×] 골동품도자기 매매계약을 체결함에 있어 매수인이 전문적 감정인의 감정을 거치지 아니한 채 매매계약을 체결한 경우(대판 1997.8.22. 96다26657: 고려청자로 알고 매수한 도자기가 진품이 아닌 것으로 밝혀진 사례), 토지매매에서 매수인이 매매목적물과 지적도와의 일치를 미리 확인하지 않은 경우(대판 2020.3.26. 2019다288232), 건축사 자격이 없이 건축연구소를 개설한 건축학 교수와 재건축아파트 설계용역계약을 체결한 재건축조합이 상대방의 건축사 자격 유무를 조사하지 아니하여 그의 무자격을 알지 못한 경우(대판 2003.4.11. 2002다70884)에는 중대한 과실이 없다고 한다.

정답 | ①

51 착오의 의사표시에 관한 설명으로 옳지 않은 것은? (다툼이 있으면 판례에 따름) [20행정사]

① 동기의 착오를 이유로 취소하려면 당사자 사이에 동기를 의사표시의 내용으로 하는 합의가 필요하다.

② 착오를 이유로 취소하기 위해서는 일반인이 표의자라면 그러한 의사표시를 하지 않았을 정도의 중요부분에 착오가 있어야 한다.

③ 착오를 이유로 취소할 수 없는 중대한 과실은 표의자의 직업 등에 비추어 보통 요구되는 주의를 현저히 결여한 것을 말한다.

④ 매매계약이 적법하게 해제된 후에도 착오를 이유로 그 매매계약을 취소할 수 있다.

⑤ 상대방의 기망으로 표시상의 착오에 빠진 자의 행위에 대하여 착오취소의 법리가 적용된다.

해설

① [×] "동기를 당해 의사표시의 내용으로 삼을 것을 상대방에게 표시한 경우 그 착오를 이유로 계약을 취소할 수 있다."고 보아 기본적으로 동기표시설의 입장이다. 다만, 의사표시의 해석상 그 동기가 법률행위의 내용으로 되어 있다고 인정되면 충분하고, 당사자들 사이에 별도로 그 동기를 의사표시의 내용으로 삼기로 하는 '합의'까지 이루어질 필요는 없다고 한다(대판 2000.5.12. 2000다12259).

② [○] 이에 대한 판단은 判例에 따르면 이른바 '이중적 기준설'에 따라 행하여진다(대판 2003.4.11. 2002다70884 등). ⊙ 우선 표의자가 그러한 착오가 없었더라면 그 의사표시를 하지 않았으리라고 생각될 정도로 중요한 것이어야 한다(주관적 현저성). ⓒ 다음으로, 일반인도 표의자의 입장에 섰더라면 그러한 의사표시를 하지 않았으리라고 생각될 정도로 중요한 것이어야 한다(객관적 현저성).

③ [○] '중대한 과실'이란 표의자의 직업, 행위의 종류, 목적 등에 비추어 당해 행위에 일반적으로 요구되는 주의를 현저하게 결여한 것을 말한다(대판 2000.5.12. 2000다12259).

④ [○] 判例는 매도인이 매수인의 중도금 지급 채무불이행을 이유로 매매계약을 적법하게 해제한 후에도(소급적 소멸), 매수인이 착오를 이유로 취소권을 행사하여 매매계약 전체를 무효로 돌릴 수 있다고 판시하여 경합을 인정한다(대판 1996.12.6. 95다24982).

⑤ [○] 判例는 ⅰ) 타인의 기망행위에 의하여 '동기의 착오'가 발생한 때에는 사기와 착오의 경합을 인정하나, ⅱ) 타인의 기망행위에 의하여 '표시상의 착오'가 발생한 경우에는 사기를 이유로 취소할 수 없고(제110조), 착오를 이유로만 취소할 수 있다고 한다(대판 2005.5.27. 2004다43824).

정답 | ①

52 법률행위의 착오에 대한 설명으로 가장 적절한 것은? (다툼이 있는 경우 판례에 의함) [18법학경채]

① 부동산매매에 있어 시가에 관한 착오는 동기의 착오로 가격 차이의 정도가 현저한 경우라도 중요부분의 착오가 될 수 없다.

② 표의자가 착오로 인하여 행한 의사표시가 중요부분을 구성한다면 경제적인 불이익을 입은 것이 아니더라도 법률행위 내용의 중요부분의 착오이다.

③ 당사자의 합의로 착오로 인한 의사표시 취소에 관한 제109조 제1항의 적용을 배제할 수 없다.

④ 甲이 채무자란이 백지로 된 근저당권설정계약서를 제시받고 그 채무자가 乙인 것으로 알고 근저당권설정자로 서명날인을 하였는데, 그 후 채무자가 丙으로 되어 근저당권설정등기가 경료된 경우 이는 채무자에 대한 착오로 중요부분의 착오에 해당한다.

해설

① [×] 매매목적물의 시가는 중요부분의 착오가 아니나(대판 1984.4.10. 81다239), 시가 차이가 현저한 경우 중요부분의 착오가 될 수 있고, 이때에는 '일부취소'가 가능하다(대판 1998.2.10. 97다44737).

② [×] 최근에는 객관적 표준만을 제시하는 판결도 보인다(대판 2006.12.7. 2006다41457). 즉, 착오로 인하여 표의자가 경제적 불이익을 입은 것이 아니라면, 이를 법률행위 내용의 중요부분의 착오라 할 수 없다고 하였는데, 이는 객관적 현저성이 결여되었음을 의미하는 것으로 보인다.

③ [×] 현행 민법은 표의자가 착오를 이유로 의사표시를 취소할 수 있도록 하되, 그 요건을 제한한다(제109조 제1항). 즉, 법률행위의 중요부분에 착오가 있고, 또 그 착오에 중과실이 없어야 한다. 이러한 착오규정은 '임의규정'으로 당사자의 합의로 착오로 인한 의사표시 취소에 관한 제109조 제1항의 적용을 배제할 수 있다(대판 2016.4.15. 2013다97694).

④ [○] 甲이 채무자란이 백지로 된 근저당권설정계약서를 제시받고 그 채무자가 乙인 것으로 알고 근저당권설정자로 서명날인을 하였는데 그 후 채무자가 丙으로 되어 근저당권설정등기가 경료된 경우, 甲은 그 소유의 부동산에 관하여 근저당권설정계약상의 채무자를 丙이 아닌 乙로 오인한 나머지 근저당설정의 의사표시를 한 것이고, 이와 같은 채무자의 동일성에 관한 착오는 법률행위 내용의 중요부분에 관한 착오에 해당한다(대판 1995.12.22. 95다37087).

정답 | ④

53 착오로 인한 의사표시에 관한 다음 설명 중 가장 옳은 것은? (다툼이 있는 경우 판례에 의하고, 전원합의체 판결의 경우 다수의견에 의함)

[21서기보]

① 동기의 착오를 이유로 법률행위를 취소하려면 당사자들 사이에 별도로 그 동기를 의사표시의 내용으로 삼기로 하는 합의까지 이루어져야 한다.

② 화해계약의 의사표시에 착오가 있더라도 이것이 당사자의 자격이나 화해계약의 대상인 분쟁 이외의 사항에 관한 것이 아니고 분쟁의 대상인 법률관계 자체에 관한 것일 때에는 이를 취소할 수 없다.

③ 매도인의 하자담보책임이 성립하는 경우에는 매매계약 내용의 중요 부분에 착오가 있는 경우에도 매수인이 착오를 이유로 매매계약을 취소할 수 없다.

④ 소취하합의의 의사표시는 법률행위의 내용의 중요부분에 착오가 있음을 이유로 취소할 수 없다.

해설

① [×] 判例는 "동기를 당해 의사표시의 내용으로 삼을 것을 상대방에게 표시한 경우 그 착오를 이유로 계약을 취소할 수 있다."라고 보아 기본적으로 동기표시설의 입장이다. 다만, 의사표시의 해석상 그 동기가 법률행위의 내용으로 되어 있다고 인정되면 충분하고, 당사자들 사이에 별도로 그 동기를 의사표시의 내용으로 삼기로 하는 '합의'까지 이루어질 필요는 없다고 한다(대판 2000.5.12. 2000다12259).

② [○] 화해는 당사자가 사실에 반한다는 것을 감수하면서 서로 양보하여 분쟁을 종료시키는 데에 목적을 두는 계약이므로, 화해의 목적인 '분쟁사항'이 사실과 다르더라도 착오를 이유로 취소하는 것은 허용되지 않는다(제733조 본문). 따라서 '분쟁 이외의 사항'에 착오가 있는 때에는, 착오를 이유로 화해계약을 취소할 수 있다(제733조 단서). 여기서 '분쟁 이외의 사항'이라 함은 분쟁의 대상이 아니라 그 분쟁의 전제 또는 기초가 된 사항으로서, 쌍방 당사자 사이에 다툼이 없어 양보의 대상이 되지 않았던 사실을 말한다(대판 1997.4.11. 95다48414).

③ [×] 判例는 "착오로 인한 취소 제도와 매도인의 하자담보책임 제도는 취지가 서로 다르고, 요건과 효과도 구별된다. 따라서 매매계약 내용의 중요 부분에 착오가 있는 경우 매수인은 매도인의 하자담보책임이 성립하는지와 상관없이 착오를 이유로 매매계약을 취소할 수 있다."(대판 2018.9.13. 2015다78703)라고 판시하여 제580조와 제109조의 경합을 처음으로 명시적으로 인정하였다. 따라서 이러한 判例에 따르면 설령 하자를 안 날로부터 6개월이 지났더라도(제582조), 제146조의 제척기간이 지나지 않았다면 착오를 이유로 취소할 수 있다.

④ [×] 소취하합의의 의사표시 역시 제109조에 따라 법률행위의 내용의 중요 부분에 착오가 있는 때에는 취소할 수 있을 것이다. 이때 착오를 이유로 의사표시를 취소하는 자는 법률행위의 내용에 착오가 있었다는 사실과 함께 착오가 의사표시에 결정적인 영향을 미쳤다는 점, 즉 만일 착오가 없었더라면 의사표시를 하지 않았을 것이라는 점을 증명하여야 한다(대판 2020.10.15. 2020다227523, 227530).

정답 | ②

54 의사표시의 착오에 관한 다음 설명 중 가장 옳지 않은 것은? [17서기보]

① 동기의 착오가 법률행위의 내용의 중요부분의 착오에 해당함을 이유로 표의자가 법률행위를 취소하는 경우 당사자들 사이에 그 동기를 의사표시의 내용으로 삼기로 하는 합의까지 이루어질 필요는 없다.

② 착오로 인하여 표의자가 경제적인 불이익을 입은 것이 아니라고 하더라도 법률행위 내용의 중요부분의 착오가 될 수 있다.

③ 표의자가 행위를 할 당시에 장래에 있을 어떤 사항의 발생이 미필적임을 알아 그 발생을 예기한 데 지나지 않는 경우는 표의자의 심리상태에 인식과 대조에 불일치가 있다고 할 수 없어 착오로 다룰 수 없다.

④ 착오에 의한 의사표시에서 취소할 수 없는 표의자의 '중대한 과실'이라 함은 표의자의 직업, 행위의 종류, 목적 등에 비추어 보통 요구되는 주의를 현저히 결여하는 것을 의미한다.

해설

① [○] 동기의 착오가 법률행위의 내용의 중요부분의 착오에 해당함을 이유로 표의자가 법률행위를 취소하려면 그 동기를 당해 의사표시의 내용으로 삼을 것을 상대방에게 표시하고 의사표시의 해석상 법률행위의 내용으로 되어 있다고 인정되면 충분하고 당사자들 사이에 별도로 그 동기를 의사표시의 내용으로 삼기로 하는 합의까지 이루어질 필요는 없지만, 그 법률행위의 내용의 착오는 보통 일반인이 표의자의 입장에 섰더라면 그와 같은 의사표시를 하지 아니하였으리라고 여겨질 정도로 그 착오가 중요한 부분에 관한 것이어야 한다(대판 2000.5.12. 2000다12259).

② [×] 착오를 이유로 취소하기 위해서는 법률행위 내용의 중요부분에 착오가 있어야 하는바(제109조 제1항), 이에 대한 판단은 判例에 따르면 이른바 '이중적 기준설'에 따라 행하여진다(대판 2003.4.11. 2002다70884 등). ⅰ) 우선 표의자가 그러한 착오가 없었더라면 그 의사표시를 하지 않았으리라고 생각될 정도로 중요한 것이어야 한다(주관적 현저성). ⅱ) 다음으로, 일반인도 표의자의 입장에 섰더라면 그러한 의사표시를 하지 않았으리라고 생각될 정도로 중요한 것이어야 한다(객관적 현저성). 다만, 최근에는 객관적 표준만을 제시하는 판결도 보인다(대판 2006.12.7. 2006다41457). 즉, 착오로 인하여 표의자가 경제적 불이익을 입은 것이 아니라면, 이를 법률행위 내용의 중요부분의 착오라 할 수 없다고 하였는데, 이는 객관적 현저성이 결여되었음을 의미하는 것으로 보인다.

③ [○] 判例는 일반적으로 착오를 의사표시의 내용과 내심의 의사가 일치하지 않는 것을 표시자가 모르는 것이라고 한다(대판 1985.4.23. 84다카890). 특히 判例는 '장래의 불확실한 사실자체'에 관한 것이라도 착오에 해당한다고 하나(대판 1994.6.10. 93다24810: 장래에 부과될 양도소득세 등의 세액에 관한 착오), 이와 달리 단순히 '장래의 미필적 사실의 발생에 대한 기대나 예상'이 빗나간 것에 불과한 것은 착오라고 할 수 없다고 한다(대판 2011.6.24. 2008다44368 등).

④ [○] 대판 2000.5.12. 2000다12259

정답 | ②

55 甲은 乙의 기망에 의해 신원보증 서류에 서명날인한다는 착각에 빠져 乙의 丙에 대한 채무를 보증하는 서면에 서명날인하였다. 이에 관한 설명 중 옳은 것(○)과 옳지 않은 것(×)을 올바르게 조합한 것은? (각 지문은 독립적이며, 다툼이 있는 경우 판례에 의함) [출제예상]

ㄱ. 丙이 乙의 기망사실을 알았거나 알 수 있었다면 甲은 사기에 의한 의사표시를 이유로 丙과의 보증계약을 취소할 수 있다.
ㄴ. 乙과 丙이 공모하여 甲을 기망하였다면 甲은 상대방에 의해 유발된 동기의 착오를 이유로 丙과의 보증계약을 취소할 수 있다.
ㄷ. 甲이 착각에 빠진 점에 관하여 설사 중과실이 있다 하더라도 丙이 이를 알고 이용한 경우에는 甲은 착오를 이유로 丙과의 보증계약을 취소할 수 있다.
ㄹ. 甲이 착각에 빠진 점에 관하여 경과실이 있는 경우, 甲의 착오를 이유로 한 취소가 허용되어 이로 인해 丙이 손해를 입었다면, 丙은 甲을 상대로 불법행위에 의한 손해배상을 청구할 수 있다.

① ㄱ(○), ㄴ(×), ㄷ(×), ㄹ(○)　　　② ㄱ(×), ㄴ(×), ㄷ(○), ㄹ(×)
③ ㄱ(×), ㄴ(○), ㄷ(×), ㄹ(○)　　　④ ㄱ(×), ㄴ(○), ㄷ(○), ㄹ(×)

해설

ㄱ. [×] 법률행위 내용의 착오와 사기의 경합
　　판례는 타인의 기망행위에 의하여 '동기의 착오'가 발생한 때에는 사기와 착오의 경합을 인정한다(대판 1969.6.24. 68다1749). 그러나 타인의 기망행위에 의하여 '표시상의 착오'가 발생한 경우에는 사기를 이유로 취소할 수 없고, 착오를 이유로만 취소할 수 있다고 한다.
　　즉, "사기에 의한 의사표시란 타인의 기망행위로 말미암아 착오에 빠지게 된 결과 어떠한 의사표시를 하게 되는 경우이므로 거기에는 의사와 표시의 불일치가 있을 수 없고, 단지 의사의 형성과정 즉 의사표시의 동기에 착오가 있는 것에 불과하며, 이 점에서 고유한 의미의 착오에 의한 의사표시와 구분되는데, 제3자의 기망행위에 의하여 신원보증서류에 서명날인한다는 착각에 빠진 상태로 연대보증의 서면에 서명날인한 경우 이른바 표시상의 착오에 해당하므로, 상대방이 그러한 제3자의 기망행위 사실을 알았거나 알 수 있었을 경우가 아닌 한 의사표시자가 취소권을 행사할 수 없다는 제110조 제2항의 규정을 적용할 것이 아니라, 착오에 의한 의사표시에 관한 법리만을 적용하여 취소권 행사의 가부를 가려야 한다."(대판 2005.5.27. 2004다43824)라고 한다.
　　▶ 따라서, 판례에 따르면 사안에서 丙이 제3자 乙의 기망사실을 알았거나 알 수 있었느냐에 상관없이(제110조 제2항) 甲은 사기에 의한 의사표시를 이유로 丙과의 보증계약을 취소할 수 없다.

ㄴ. [×] 위 ㄱ.에서 살핀 바와 같이 판례에 따르면 제3자(채무자)의 기망행위에 의하여 신원보증서류에 서명날인한다는 착각에 빠진 상태로 연대보증의 서면에 서명날인한 경우는 '표시상의 착오'에 해당하므로, 사안은 '동기의 착오'가 아니다.
　　▶ 따라서 乙과 丙이 공모하여 甲을 기망하였더라도 甲은 상대방에 의해 유발된 동기의 착오를 이유로 丙과의 보증계약을 취소할 수 없고, 법률행위 내용의 착오를 이유로 취소할 수 있을 뿐이다.

ㄷ. [○] 상대방이 표의자의 착오를 알면서 이용한 경우
　　착오가 표의자의 중대한 과실로 인한 때에는 취소하지 못한다(제109조 제1항 단서). 그러나 상대방이 표의자의 착오를 알면서 이를 이용한 경우에는 표의자에게 중대한 과실이 있더라도 표의자는 그 의사표시를 취소할 수 있다(대판 1955.11.10. 4288민상321; 대판 2014.11.27. 2013다49794). 이러한 경우에는 상대방의 보호가치가 부정되므로 제109조 제1항 단서의 적용이 배제되어야 하고, 또한 상대방이 표의자의 중대한 과실을 원용하여 표의자의 취소권을 부인하는 것은 신의칙에 반하기 때문이다.
　　▶ 따라서, 판례에 따르면 甲이 착각에 빠진 점에 관하여 설사 중과실이 있다 하더라도 丙이 이를 알고 이용한 경우에는 甲은 착오를 이유로 丙과의 보증계약을 취소할 수 있다.

ㄹ. [×] 경과실 표의자의 상대방에 대한 신뢰이익 배상책임
　　판례는 전문건설공제조합이 경과실로 인하여 착오에 빠져 계약보증서를 발급하고 그 착오를 이유로 보증계약을 취소하자 상대방이 제750조의 불법행위로 인한 손해배상을 청구한 사안에서 "ⅰ) (경)과실로 인하여 착오에 빠져 계약을 체결한 것과, ⅱ) 그 착오를 이유로 계약을 취소한 것 모두 '위법'하다고는 할 수 없다."(대판 1997.8.22. 97다카13023)라고 하여 불법행위 책임을 부정하고 있다.
　　▶ 따라서 甲이 착각에 빠진 점에 관하여 경과실이 있는 경우, 甲의 착오를 이유로 한 취소가 허용되어 이로 인해 丙이 손해를 입었더라도, 판례에 따르면 丙은 甲을 상대로 불법행위에 의한 손해배상을 청구할 수 없다.

정답 | ②

56 착오에 관한 다음 설명 중 틀린 것은? (다툼이 있는 경우에는 판례에 의함)

[출제예상]

① 매매계약 내용의 중요 부분에 착오가 있는 경우, 매수인이 매도인의 하자담보책임이 성립하는지와 상관없이 착오를 이유로 매매계약을 취소할 수 있다.

② 동기의 착오가 상대방의 부정한 방법에 의하여 유발되었거나 상대방으로부터 제공된 경우에는 동기가 표시되지 않았더라도 표의자는 착오를 이유로 의사표시를 취소할 수 있다.

③ 토지매매에서 매수인에게 측량을 하거나 지적도와 대조하는 등의 방법으로 매매목적물이 지적도상의 그것과 정확히 일치하는지 여부를 미리 확인하여야 할 주의의무가 있다. 따라서 매수인은 토지의 현황과 경계에 착오가 있다고 하더라도 착오를 이유로 취소할 수 없다.

④ 甲은 국유지인 X 대지 위에 Y 건물을 신축하여 국가에 기부채납하는 대신 X 대지 및 Y 건물에 대한 사용수익권을 받기로 약정하였다. 사용수익허가의 조건은 건물의 감정평가액 8억원을 기부채납금액으로 하고 대지 및 건물의 연간사용료를 2억원으로 하여 사용료 합계가 기부채납액에 달하는 기간 동안의 사용료를 면제하는 것이었다. 그 과정에서 甲과 국가는 기부채납이 부가가치세 부과대상인 줄을 모르고 계약조건을 결정하였다. 후에 甲에게 기부채납에 대하여 1억원의 부가가치세가 부과되었다. 判例는 이러한 경우에 당사자가 부가가치세에 관한 착오가 없었더라면 약정하였을 것으로 보이는 내용으로 당사자의 의사를 보충하여 계약을 해석할 가능성이 있다는 입장이다.

해설

① [○] 제109조 제1항에 의하면 법률행위 내용의 중요 부분에 착오가 있는 경우 착오에 중대한 과실이 없는 표의자는 법률행위를 취소할 수 있고, 제580조 제1항, 제575조 제1항에 의하면 매매의 목적물에 하자가 있는 경우 하자가 있는 사실을 과실 없이 알지 못한 매수인은 매도인에 대하여 하자담보책임을 물어 계약을 해제하거나 손해배상을 청구할 수 있다. 착오로 인한 취소 제도와 매도인의 하자담보책임 제도는 취지가 서로 다르고, 요건과 효과도 구별된다. 따라서 매매계약 내용의 중요 부분에 착오가 있는 경우 매수인은 매도인의 하자담보책임이 성립하는지와 상관없이 착오를 이유로 매매계약을 취소할 수 있다(대판 2018.9.13. 2015다78703).

② [○] 判例는 동기를 당해 의사표시의 내용으로 삼을 것을 상대방에게 표시한 경우 그 착오를 이유로 계약을 취소할 수 있다고 보아 기본적으로 동기표시설의 입장이다. 그러나 동기가 상대방으로부터 제공되거나 유발된 경우 判例는 동기의 표시 여부를 묻지 않고 대부분 법률행위내용의 중요부분의 착오로 보아 취소를 인정한다(대판 1997.8.26. 97다6063 등).

③ [×] 토지의 현황과 경계에 착오가 있어 계약을 체결하기 전에 이를 알았다면 계약의 목적을 달성할 수 없음이 명백하여 계약을 체결하지 않았을 것으로 평가할 수 있을 경우에 계약의 중요부분에 관한 착오가 인정된다. 법률행위 내용의 중요부분에 착오가 있는 때에는 그 의사표시를 취소할 수 있으나 그 착오가 표의자의 중대한 과실로 인한 때에는 취소하지 못한다. 여기서 '중대한 과실'이란 표의자의 직업, 행위의 종류, 목적 등에 비추어 보통 요구되는 주의를 현저히 게을리한 것을 의미한다. 토지매매에서 특별한 사정이 없는 한 매수인에게 측량을 하거나 지적도와 대조하는 등의 방법으로 매매목적물이 지적도상의 그것과 정확히 일치하는지 여부를 미리 확인하여야 할 주의의무가 있다고 볼 수 없다(대판 2020.3.26. 2019다288232).

④ [○] 당사자 쌍방의 공통하는 동기의 착오(보충적 해석)

判例의 경우 최근에 명시적으로 '보충적 해석'에 의한 수정가능성을 인정하였으나, 실제로 대부분의 判例에서는 의사표시가 법률행위의 중요부분일 경우 취소를 인정하여 왔다(대판 2006.11.23. 2005다13288).

계약당사자 쌍방이 계약의 전제나 기초가 되는 사항에 관하여 같은 내용으로 착오가 있고 이로 인하여 그에 관한 구체적 약정을 하지 아니하였다면, 당사자가 그러한 착오가 없을 때에 약정하였을 것으로 보이는 내용으로 당사자의 의사를 보충하여 계약을 해석할 수 있는바, 여기서 보충되는 당사자의 의사는 당사자의 실제 의사 또는 주관적 의사가 아니라 계약의 목적, 거래관행, 적용법규, 신의칙 등에 비추어 객관적으로 추인되는 정당한 이익조정 의사를 말한다(대판 2006.11.23. 2005다13288).

판례해설 위 판결은 공통착오로 인해 일정한 의사표시를 하지 않은 경우, 그 의사표시의 흠결을 보충적 해석을 통해 메울 수 있음을 인정하였다. 그러나 구체적 사안에서는 이를 부정한바, 국가와 기부채납자가 국유지인 대지 위에 건물을 신축하여 기부채납하고 위 대지 및 건물에 대한 사용수익권을 받기로 약정하면서 그 기부채납이 부가가치세 부과대상인 것을 모른 채 계약을 체결한 사안에서, 두 계약당사자의 진의(眞意)가 국가가 부가가치세를 부담하는 것이었다고 추정하여 그러한 내용으로 계약을 수정 해석하여야 한다고 본 원심판결을 파기하였다.

정답 | ③

제5관 사기 또는 강박에 의한 의사표시

⊕ 핵심정리 사기 또는 강박에 의한 의사표시

1. 사기 또는 강박에 의한 의사표시의 성립요건

① 사기에 의한 의사표시가 성립하기 위해서는 ⅰ) 사기자의 2단의 고의[26], ⅱ) 기망행위(사기) ⅲ) 기망행위의 위법성, ⅳ) 기망행위와 착오 사이에 그리고 착오와 의사표시 사이에 인과관계가 존재하여야 한다(고, 기, 위, 인). ② 강박에 의한 의사표시가 성립하기 위해서는 ⅰ) 강박자의 2단의 고의[27], ⅱ) 강박행위, ⅲ) 강박행위의 위법성, ⅳ) 강박행위와 공포 및 공포와 의사표시 사이에 각각 인과관계가 있어야 한다(고, 강, 위, 인).

2. 위법성 판단기준

(1) 기망행위

부작위에 의한 기망은 고지 또는 설명의무가 전제되어야 하는바, 고지의무의 대상이 되는 것은 직접적인 법령의 규정뿐 아니라 널리 계약상·관습상 또는 조리상 일반원칙에 의하여도 인정될 수 있다(2004다48515). ① 判例에 따르면 아파트 분양자는 아파트단지 인근에 공동묘지가 조성되어 있는 사실이나(2005다5812) 아파트 단지 인근에 쓰레기 매립장이 건설 예정인 사실을(2004다48515) 수분양자에게 고지할 신의칙상의 의무가 있다고 하였다(사기취소 및 불책 성립 가능). ② 그러나 수분양자의 전매이익에 영향을 미칠 사항들에 관하여 분양자가 가지는 정보를 밝혀야 할 신의칙상의 의무는 없다고 하였다(2009다86000). 判例는 매매계약(2012다54997) 또는 교환계약(2000다54406)에서의 시가에 대한 묵비의 경우 위법성을 부정하였다.

(2) 강박행위

강박에 의하여 달성하려고 한 '목적'과 그 '수단'인 강박행위의 양자를 고려하여 위법성 유무를 판단하여야 한다. 判例는 적법절차(형사절차)의 고지로써 추구하는 목적이 정당하지 아니한 경우 전체적으로 위법하다고 한다(99다64049등).

3. 취소의 효과

사기·강박에 의한 의사표시가 취소되면, 그 의사표시를 요소로 하는 법률행위가 소급적으로 무효로 된다(제141조). 다만 최근 判例 중에는 소급효를 제한하여 근로계약이 사기에 의한 것으로 취소되면 이미 제공된 근로자의 노무를 기초로 형성된 취소 이전의 법률관계까지 효력을 잃는 것은 아니라고 하여 '장래효'를 인정하기도 한다(2013다25194, 25200).

4. 제110조 제2항의 제3자

제110조 제2항의 제3자의 범위확정은 사기를 당한 표의자와 사기에 가담하지 아니한 의사표시 수령자의 '이익형량'의 문제인 바, 判例는 상대방의 피용자는 제3자에 해당하나, 대리인은 제3자에 해당하지 않는다고 한다(98다60828; 제116조 참조). 구체적으로 ⊙ 회사의 '대리권 없는 기획실 과장'의 사기가 문제된 경우에는 제3자성을 인정하였고(96다41496), ⓒ '상법상 지배인에 해당하는 은행의 출장소장'의 사기가 문제된 경우에는 제3자성을 부정하였다(98다60828).

5. 제110조 제3항의 선의의 제3자

취소 후 말소등기 전에 이해관계를 맺은 선의의 제3자도 보호된다(75다533).

6. 다른 제도와의 관계

(1) 사기와 착오의 경합

判例는 ① 타인의 기망행위에 의하여 '동기의 착오'가 발생한 때에는 사기와 착오의 경합을 인정하나(68다1749), ② 타인의 기망행위에 의하여 '표시상의 착오'가 발생한 경우에는 사기를 이유로 취소할 수 없고(제110조), 착오를 이유로만 취소할 수 있다고 한다(2004다43824).

(2) 하자담보책임과의 관계

사기·강박에 의해 하자 있는 물건을 매수한 경우에는 의사형성과정에 위법한 요소가 개입한 특수한 경우이므로 착오와는 달리 매수인은 하자담보책임과 사기·강박에 의한 취소권을 선택적으로 주장할 수 있다고 보아야 한다(73다268: 제570조와의 경합을 인정한 사안).

---

26) 사기자에게 표의자를 기망하여 착오에 빠지게 하려는 고의와, 그 착오에 기하여 표의자로 하여금 의사표시를 하게 하려는 고의가 있어야 한다.
27) 표의자에게 공포심을 일으키려는 고의와, 그 공포심에 기해 의사표시를 하게 하려는 고의가 있어야 한다.

(3) 불법행위책임과의 관계

사기·강박이 불법행위의 요건을 갖춘 때에는 채권자는 양자를 '선택적'으로 행사할 수 있다. ① 다만, **법률행위를 취소하여 부당이득반환을 받은 때에는** 그 반환받은 범위 내에서는 손해가 회복되므로 그 반환받은 범위 내에서는 손해배상청구권을 '중첩적'으로 행사할 수 없다(92다56087). ② 그러나 **법률행위를 취소하지 않은 경우에도** 불법행위를 원인으로 한 손해배상청구권은 가지나, 그 손해액을 계산함에 있어서는 피기망자(피강박자)가 법률행위의 효력으로써 보유하게 된 급부의 가액을 공제하여야 할 것이다(79다1746).

57 사기·강박에 의한 의사표시에 관한 설명으로 옳지 않은 것은? (다툼이 있는 경우 판례에 의함) [23경찰간부]

① 사기나 강박에 의한 소송행위는 원칙적으로 취소할 수 없다.

② 상대방의 단순한 피용자는 제3자의 사기에 관해 규정한 민법 제110조 제2항의 제3자에 해당한다.

③ 매매계약의 당사자 일방이 목적물의 시가를 묵비하여 상대방에게 고지하지 않은 것은 특별한 사정이 없는 한 기망행위에 해당하지 않는다.

④ 강박에 의한 의사표시가 취소됨과 동시에 불법행위를 구성하는 경우, 채권자는 그 취소로 인한 부당이득반환청구권과 불법행위로 인한 손해배상청구권을 중첩적으로 행사할 수 있다.

해설

① [○] '소송행위'에도 특별한 사정이 없는 한 민법상의 법률행위에 관한 규정은 적용이 없는 것이므로 소송행위가 강박에 의하여 이루어진 것임을 이유로 취소할 수는 없다(대판 1997.10.10. 96다35484).

② [○] 判例는 "제110조 제2항에서 정한 제3자에 해당되지 아니한다고 볼 수 있는 자란 '그 의사표시에 관한 상대방의 대리인 등 상대방과 동일시할 수 있는 자'만을 의미하고(제116조 참조), 단순히 상대방의 피용자이거나 상대방이 사용자책임을 져야 할 관계에 있는 **피용자에 지나지 않는 자는 상대방과 동일시할 수는 없어 이 규정에서 말하는 제3자에 해당한다고 보아야 한다.**"라고 판시하고 있다(대판 1998.1.23. 96다41496).

③ [○] 일반적으로 매매거래에서 매수인은 목적물을 염가로 구입할 것을 희망하고 매도인은 목적물을 고가로 처분하기를 희망하는 이해상반의 지위에 있으며, 각자가 자신의 지식과 경험을 이용하여 최대한으로 자신의 이익을 도모할 것으로 예상되기 때문에, 당사자 일방이 알고 있는 정보를 상대방에게 사실대로 고지하여야 할 신의칙상 의무가 인정된다고 볼만한 특별한 사정이 없는 한, 매수인이 목적물의 시가를 묵비하여 매도인에게 고지하지 아니하거나 혹은 시가보다 낮은 가액을 시가라고 고지하였다 하더라도, 상대방의 의사결정에 불법적인 간섭을 하였다고 볼 수 없으므로 불법행위가 성립한다고 볼 수 없다(대판 2014.4.10. 2012다54997: 다만, 사안의 경우 시가의 착오는 동기의 착오에 해당하나, 判例는 예외는 있지만 시가의 착오는 일반적으로 중요부분의 착오가 아니라고 한다).

④ [×] 제110조는 취소권을 주어서 계약의 구속에서 해방시키는 제도이고 제750조는 피해자에게 손해를 배상시키는 제도라는 점에서 양자는 고유한 목적을 갖는 별개의 제도이므로, 사기·강박이 불법행위의 요건을 갖춘 때에는 채권자는 양자를 '선택적'으로 행사할 수 있다(청구권 경합). 다만, **법률행위를 취소하여 부당이득반환을 받은 때에는** 그 반환받은 범위 내에서는 손해가 회복되므로 그 반환받은 범위 내에서는 손해배상청구권을 '중첩적'으로 행사할 수 없다(대판 1993.4.27. 92다56087).

정답 | ④

58 사기에 의한 의사표시에 관한 설명으로 가장 적절하지 않은 것은? (다툼이 있는 경우 판례에 의함)

[23법학경채]

① 설명 또는 고지의무가 있는 계약당사자의 침묵은 기망행위가 될 수 있다.

② 상대방의 대리인이 의사표시자에게 사기를 행한 경우 의사표시자는 상대방이 그 사실을 알았거나 알 수 있었을 경우에 한하여 자신의 의사표시를 취소할 수 있다.

③ 상대방의 기망행위로 인하여 의사결정의 동기에 관하여 착오를 일으킨 경우 의사표시자는 자신의 의사표시를 취소할 수 있다.

④ 상대방의 사기에 의해 계약체결의 의사표시를 한 피해자는 계약의 취소를 하지 않고 상대방에게 불법행위로 인한 손해배상만을 청구할 수도 있다.

해설

①④ [O] 아파트 분양자는 아파트 단지 인근에 쓰레기 매립장이 건설예정인 사실을 분양계약자에게 고지할 신의칙상 의무가 있다. 따라서 이 경우 분양자가 그 고지를 하지 않은 경우 부작위에 의한 기망행위에 해당하여 수분양자는 분양계약을 취소하고 분양대금의 반환을 구할 수도 있고, 사기에 의한 불법행위를 이유로 손해배상을 청구할 수도 있다(대판 2006.10.12. 2004다48515).

② [×] 判例는 "제110조 제2항에서 정한 제3자에 해당되지 아니한다고 볼 수 있는 자란 '그 의사표시에 관한 상대방의 대리인 등 상대방과 동일시할 수 있는 자'만을 의미하고(제116조 참조), 단순히 상대방의 피용자이거나 상대방이 사용자책임을 져야 할 관계에 있는 피용자에 지나지 않는 자는 상대방과 동일시할 수는 없어 이 규정에서 말하는 제3자에 해당한다고 보아야 한다."고 판시하고 있다(대판 1998.1.23. 96다41496).

③ [O] 判例는 타인의 기망행위에 의하여 '동기의 착오'가 발생한 때에는 사기와 착오의 경합을 인정한다(대판 1969.6.24. 68다1749).

정답 | ②

59 제3자의 사기에 관한 설명으로 옳지 않은 것은? (다툼이 있으면 판례에 의함)

[24소방간부]

① 상대방이 사용자책임을 져야 하는 그의 피용자도 제3자가 될 수 있다.

② 제3자의 사기를 이유로 의사표시를 취소하면 법률행위는 처음부터 무효이다.

③ 제3자의 사기로 상대방 없는 의사표시를 한 표의자는 그 의사표시를 취소할 수 있다.

④ 제3자의 사기로 계약을 체결한 자는 이를 취소하지 않고 제3자에게 불법행위로 인한 손해배상을 청구할 수 있다.

⑤ 상대방의 대리인의 사기로 상대방에게 의사표시를 한 표의자는 상대방이 그 사실을 알았거나 알 수 있었을 경우에만 그 의사표시를 취소할 수 있다.

해설

① [O] 의사표시의 상대방이 아닌 자로서 기망행위를 하였으나 민법 제110조 제2항에서 정한 제3자에 해당되지 아니한다고 볼 수 있는 자란 그 의사표시에 관한 상대방의 대리인 등 상대방과 동일시할 수 있는 자만을 의미하고, 단순히 상대방의 피용자이거나 상대방이 사용자책임을 져야 할 관계에 있는 피용자에 지나지 않는 자는 상대방과 동일시할 수는 없어 이 규정에서 말하는 제3자에 해당한다 (대판 1998.1.23. 96다41496).

② [O]

> 제141조(취소의 효과) 「취소된 법률행위는 처음부터 무효인 것으로 본다. 다만, 제한능력자는 그 행위로 인하여 받은 이익이 현존하는 한도에서 상환할 책임이 있다.」

③ [O]

> 제110조(사기, 강박에 의한 의사표시) 「①항 사기나 강박에 의한 의사표시는 취소할 수 있다. ②항 상대방 있는 의사표시에 관하여 제3자가 사기나 강박을 행한 경우에는 상대방이 그 사실을 알았거나 알 수 있었을 경우에 한하여 그 의사표시를 취소할 수 있다.」

▶ 상대방이 없으므로 제2항은 문제되지 않고, 제1항에 따라 언제든지 취소할 수 있다.

④ [○] 제3자의 사기행위로 인하여 피해자가 주택건설사와 사이에 주택에 관한 분양계약을 체결하였다고 하더라도 제3자의 사기행위 자체가 불법행위를 구성하는 이상, 제3자로서는 그 불법행위로 인하여 피해자가 입은 손해를 배상할 책임을 부담하는 것이므로, 피해 자가 제3자를 상대로 손해배상청구를 하기 위하여 반드시 그 분양계약을 취소할 필요는 없다(대판 1998.3.10. 97다55829).

⑤ [×] 상대방 있는 의사표시에 관하여 제3자가 사기나 강박을 한 경우에는 상대방이 그 사실을 알았거나 알 수 있었을 경우에 한하여 그 의사표시를 취소할 수 있으나, 상대방의 대리인 등 상대방과 동일시할 수 있는 자의 사기나 강박은 제3자의 사기·강박에 해당하 지 아니한다(대판 1999.2.23. 98다60829).

정답 | ⑤

60 사기에 의한 의사표시에 관한 설명 중 옳지 않은 것은? (다툼이 있는 경우 판례에 의함)   [22경찰간부]

① 아파트단지 인근에 대규모 공동묘지가 조성되어 있는 사실을 알고 있는 아파트 분양자는 그 사실을 알지 못하는 수분양자에게 이를 고지할 신의칙상 의무를 부담하므로 그 사실을 고지하지 아니한 것은 부작위에 의한 기망행위 에 해당한다.

② 의사표시자가 상대방의 대리인에 의한 사기에 따라 의사표시를 한 경우에도 상대방이 선의 및 무과실이라면 의사 표시자는 그 의사표시를 취소할 수 없다.

③ 의사표시자가 제3자의 사기로 상대방에게 의사표시를 한 경우, 상대방이 의사표시를 수령할 당시 그 사실을 알았 다면 의사표시자는 그 의사표시를 취소할 수 있다.

④ 당사자가 거래에 있어서 중요한 사항에 관하여 구체적 사실을 신의성실의 의무에 비추어 비난받을 정도의 방법으 로 그 사실을 알지 못하는 상대방에게 허위로 고지한 것은 기망행위에 해당한다.

해설

① [○] 우리 사회의 통념상으로는 공동묘지가 주거환경과 친한 시설이 아니어서 분양계약의 체결 여부 및 가격에 상당한 영향을 미치는 요인일 뿐만 아니라, 대규모 공동묘지 가까이에서 조망할 수 있는 곳에 아파트단지가 들어선다는 것은 통상 예상하기 어렵다는 점을 감안할 때, 아파트 분양자는 아파트단지 인근에 공동묘지가 조성되어 있는 사실을 수분양자에게 고지할 신의칙상의 의무가 있다(대판 2007.6.1. 2005다5812, 5829, 5836).

② [×] 判例에 따르면 ㉠ 대리인이 사기나 강박을 당하지 않는 한 본인이 사기나 강박을 당했더라도 본인은 대리행위를 취소할 수 없다 고 한다(제116조 제1항). ㉡ 그러나 대리인의 사기나 강박에 의하여 상대방이 의사표시를 한 경우에 상대방은 본인이 그 사실을 알았 는지 여부를 묻지 않고 제110조 제1항에 의하여 취소할 수 있다(대리인은 제110조 제2항에서 정하는 '제3자'가 아니다).

▶ 따라서 의사표시자가 '상대방의 대리인'에 의한 사기에 따라 의사표시를 한 경우에도 이는 곧 '상대방'의 사기이므로(제116조 제1 항) 상대방이 선의 및 무과실이라도 의사표시자는 그 의사표시를 취소할 수 있다.

③ [○]

> 제110조(사기, 강박에 의한 의사표시) 「①항 사기나 강박에 의한 의사표시는 취소할 수 있다. ②항 상대방 있는 의사표시에 관하여 제3자가 사기나 강박을 행한 경우에는 상대방이 그 사실을 알았거나 알 수 있었을 경우에 한하여 그 의사표시를 취소할 수 있다.」

④ [○] 상품의 선전·광고에 있어 다소의 과장이나 허위가 수반되는 것은 그것이 일반 상거래의 관행과 신의칙에 비추어 시인될 수 있는 한 기망성이 결여된다고 하겠으나, 거래에 있어서 중요한 사항에 관하여 구체적 사실을 신의성실의 의무에 비추어 비난받을 정도 의 방법으로 허위로 고지한 경우에는 기망행위에 해당한다(대판 2009.4.23. 2009다1313).

정답 | ②

61 사기에 의한 의사표시에 관한 설명으로 옳지 않은 것은? (다툼이 있으면 판례에 따름) [23행정사]

① 사기에 의한 의사표시에는 의사와 표시의 불일치가 있을 수 없고, 단지 의사표시의 동기에 착오가 있는 것에 불과하다.

② 사기의 의사표시로 인해 부동산의 소유권을 취득한 자로부터 그 부동산의 소유권을 새로이 취득한 제3자는 특별한 사정이 없는 한 선의로 추정된다.

③ 교환계약의 당사자가 자기 소유의 목적물의 시가를 묵비하는 것은 특별한 사정이 없는 한 기망행위가 되지 않는다.

④ 상대방의 대리인에 의한 사기는 민법 제110조 제2항 소정의 제3자의 사기에 해당하지 않는다.

⑤ 계약이 제3자의 위법한 사기행위로 체결된 경우, 표의자는 그 계약을 취소하지 않는 한 제3자를 상대로 그로 인해 발생한 손해의 배상을 청구할 수 없다.

해설

① [O] 사기에 의한 의사표시란 타인의 기망행위로 말미암아 '착오'에 빠지게 된 결과 어떠한 의사표시를 하게 되는 경우이므로 거기에는 의사와 표시의 불일치가 있을 수 없고, 단지 의사의 형성과정 즉 의사표시의 동기에 착오가 있는 것에 불과하며, 이 점에서 고유한 의미의 착오에 의한 의사표시와 구분된다(대판 2005.5.27. 2004다43824).

② [O] 사기의 의사표시로 인한 매수인으로부터 부동산의 권리를 취득한 제3자는 특별한 사정이 없는 한 선의로 추정할 것이므로 사기로 인하여 의사표시를 한 부동산의 양도인이 제3자에 대하여 사기에 의한 의사표시의 취소를 주장하려면 제3자의 악의를 입증할 필요가 있다고 할 것이다(대판 1970.11.24. 70다2155).

③ [O] 判例는 매매계약(대판 2014.4.10. 2012다54997) 또는 교환계약[28](대판 2002.9.4. 2000다54406, 54413)에서의 시가에 대한 묵비의 경우 위법성을 부정하였다.

④ [O] 判例는 "제110조 제2항에서 정한 제3자에 해당되지 아니한다고 볼 수 있는 자란 '그 의사표시에 관한 상대방의 대리인 등 상대방과 동일시 할 수 있는 자'만을 의미하고(제116조 참조), 단순히 상대방의 피용자이거나 상대방이 사용자책임을 져야 할 관계에 있는 피용자에 지나지 않는 자는 상대방과 동일시할 수는 없어 이 규정에서 말하는 제3자에 해당한다고 보아야 한다."고 판시하고 있다(대판 1998.1.23. 96다41496).

⑤ [×] 제3자의 사기행위로 인하여 피해자가 주택건설사와 사이에 주택에 관한 분양계약을 체결하였다고 하더라도 제3자의 사기행위 자체가 불법행위를 구성하는 이상, 제3자로서는 그 불법행위로 인하여 피해자가 입은 손해를 배상할 책임을 부담하는 것이므로, 피해자가 제3자를 상대로 손해배상청구를 하기 위하여 반드시 그 분양계약을 취소할 필요는 없다(대판 1998.3.10. 97다55829).

정답 | ⑤

62 강박에 의한 의사표시에 관한 설명 중 옳지 않은 것은? (다툼이 있는 경우 판례에 의함) [22경찰간부]

① 부정행위에 대한 고소 또는 고발이 부정한 이익의 취득을 목적으로 하는 경우에는 위법한 강박행위가 될 수 있다.

② 강박행위는 강박자의 고의에 의해서만 성립하고, 과실에 의해서는 성립하지 않는다.

③ 상대방의 강박이 의사표시자의 의사결정의 자유를 완전히 박탈하는 정도에 이르지 아니하고 이를 제한하는 정도에 그친 경우, 그 의사표시자의 의사표시는 취소할 수 있음에 그치고 무효라고 볼 수 없다.

④ 강박에 의한 의사표시의 취소에 대해 대항하고자 하는 제3자는 자신의 선의를 증명하여야 한다.

해설

① [O] 일반적으로 부정행위에 대한 고소, 고발은 그것이 부정한 이익을 목적으로 하는 것이 아닌 때에는 정당한 권리행사가 되어 위법하다고 할 수 없으나, 부정한 이익의 취득을 목적으로 하는 경우에는 위법한 강박행위가 되는 경우가 있고 목적이 정당하다 하더라도 행위나 수단 등이 부당한 때에는 위법성이 있는 경우가 있을 수 있다(대판 1992.12.24. 92다25120).

② [O] 강박에 의한 의사표시라 함은 타인의 강박행위로 인하여 '공포심'에 빠져서 한 의사표시를 말한다. '강박자'는 표의자에게 공포심을 일으키려는 고의와, 그 공포심에 기해 의사표시를 하게 하려는 고의가 있어야 한다(2단의 고의). 따라서 강박행위는 강박자의 고의에 의해서만 성립하고, 과실에 의해서는 성립하지 않는다.

---

28) 교환은 당사자 쌍방이 금전 이외의 재산권을 서로 이전할 것을 약정함으로써 성립하는 계약이다(제596조 참조). 당사자 간에 서로 '금전 이외의 재산권'을 이전하는 점에서, 재산권 이전의 대가로 매수인이 금전을 지급하는 매매와 구별된다.

③ [○] 상대방 또는 제3자의 강박에 의하여 의사결정의 자유가 완전히 박탈(절대적 강박)된 상태에서 이루어진 의사표시는 효과의사에 대응하는 내심의 의사가 결여된 것이므로 무효라고 볼 수 밖에 없으나, 강박이 의사결정의 자유를 완전히 박탈하는 정도에 이르지 아니하고 이를 제한하는 정도에 그친 경우에는 그 의사표시는 취소할 수 있음에 그치고 무효라고까지 볼 수 없다(대판 1984.12.11. 84다카1402).

④ [×]
> 제110조(사기, 강박에 의한 의사표시)「③항 전2항의 의사표시의 취소는 선의의 제3자에게 대항하지 못한다.」

여기서 '선의'란 의사표시가 사기, 강박임을 모르는 것을 말한다. 제3자는 선의로 추정되므로 제3자가 악의라는 사실은 그것을 주장하는 자가 입증해야 한다(대판 1970.9.29. 70다466).

정답 | ④

63

사기 및 강박에 의한 의사표시에 관한 설명으로 옳지 않은 것은? (다툼이 있으면 판례에 따름) [23세무사]

① 제3자의 기망에 의하여 연대보증서류를 신원보증서류로 알고 서명날인한 경우 사기를 이유로 이를 취소하지 못한다.

② 아파트단지 인근에 쓰레기 매립장이 건설예정인 사실을 알고도 분양자가 이를 모르는 수분양자에게 고지하지 않은 경우, 사기를 이유로 분양계약의 취소가 가능하다.

③ 상대방 있는 의사표시에 관하여 제3자가 사기를 행한 경우에 상대방이 그 사실을 알 수 없었다고 하더라도 표의자는 그 의사표시를 취소할 수 있다.

④ 의사결정의 자유가 완전히 박탈될 정도의 강박에 의한 의사표시는 무효로 보아야 한다.

⑤ 목적이 정당하더라도 수단이 부당한 때에는 위법한 강박에 해당할 수 있다.

해설

① [○] ㉠ 判例는 타인의 기망행위에 의하여 '동기의 착오'가 발생한 때에는 사기와 착오의 경합을 인정한다(대판 1969.6.24. 68다1749). ㉡ 그러나 타인의 기망행위에 의하여 '표시상의 착오'가 발생한 경우에는 사기를 이유로 취소할 수 없고, 착오를 이유로만 취소할 수 있다고 한다. 즉, "사기에 의한 의사표시란 타인의 기망행위로 말미암아 착오에 빠지게 된 결과 어떠한 의사표시를 하게 되는 경우이므로 거기에는 의사와 표시의 불일치가 있을 수 없고, 단지 의사의 형성과정 즉 의사표시의 동기에 착오가 있는 것에 불과하며, 이 점에서 고유한 의미의 착오에 의한 의사표시와 구분되는데, 제3자의 기망행위에 의하여 신원보증서류에 서명날인한다는 착각에 빠진 상태로 연대보증의 서면에 서명날인한 경우 이른바 표시상의 착오에 해당하므로, 상대방이 그러한 제3자의 기망행위 사실을 알았거나 알 수 있었을 경우가 아닌 한 의사표시자가 취소권을 행사할 수 없다는 제110조 제2항의 규정을 적용할 것이 아니라, 착오에 의한 의사표시에 관한 법리만을 적용하여 취소권 행사의 가부를 가려야 한다."(대판 2005.5.27. 2004다43824)고 한다.

② [○] 원심이 그 판시와 같은 사정을 종합하여 이 사건 아파트 단지 인근에 이 사건 쓰레기 매립장이 건설예정인 사실이 신의칙상 피고가 분양계약자들에게 고지하여야 할 대상이라고 본 것은 정당하고, 위 사실이 주택공급에 관한 규칙 제8조 제4항에서 규정하고 있는 모집공고 고지하여야 할 사항에 포함되지 않으므로 고지의무가 없다는 피고의 이 부분 상고이유는 받아들일 수 없다(대판 2006.10.12. 2004다48515).

③ [×]
> 제110조(사기, 강박에 의한 의사표시)「②항 상대방 있는 의사표시에 관하여 제3자가 사기나 강박을 행한 경우에는 상대방이 그 사실을 알았거나 알 수 있었을 경우에 한하여 그 의사표시를 취소할 수 있다.」

④ [○] 상대방 또는 제3자의 강박에 의하여 의사결정의 자유가 완전히 박탈(절대적 강박)된 상태에서 이루어진 의사표시는 효과의사에 대응하는 내심의 의사가 결여된 것이므로 무효라고 볼 수밖에 없으나, 강박이 의사결정의 자유를 완전히 박탈하는 정도에 이르지 아니하고 이를 제한하는 정도에 그친 경우에는 그 의사표시는 취소할 수 있음에 그치고 무효라고까지 볼 수 없다(대판 1984.12.11. 84다카1402).

⑤ [○] 일반적으로 부정행위에 대한 고소, 고발은 그것이 부정한 이익을 목적으로 하는 것이 아닌 때에는 정당한 권리행사가 되어 위법하다고 할 수 없으나, 부정한 이익의 취득을 목적으로 하는 경우에는 위법한 강박행위가 되는 경우가 있고 목적이 정당하다 하더라도 행위나 수단 등이 부당한 때에는 위법성이 있는 경우가 있을 수 있다(대판 1992.12.24. 92다2512). 즉, 목적과 수단이 모두 정당해야 위법성이 부정될 수 있다.

정답 | ③

64 사기 · 강박에 의한 의사표시(민법 제110조)에 관한 설명으로 옳지 않은 것은? (다툼이 있는 경우 판례에 의함)

[22소방간부]

① 법률행위가 사기를 이유로 취소되는 경우에 그 법률행위가 동시에 불법행위를 구성하는 때에는 취소에 따른 부당이득반환청구권과 불법행위로 인한 손해배상청구권은 경합하여 병존하므로, 채권자는 어느 것이라도 선택하여 행사할 수 있지만 중첩적으로 행사할 수는 없다.

② 상대방 있는 의사표시에 관하여 제3자가 사기나 강박을 행한 경우에는 상대방이 그 사실을 알았거나 알 수 있었을 경우에 한하여 그 의사표시를 취소할 수 있다.

③ 상품의 선전 · 광고에 다소의 과장이나 허위가 수반되는 것은 그것이 일반 상거래의 관행과 신의칙에 비추어 시인될 수 있는 한 기망행위가 아니다.

④ 소송행위가 강박에 의하여 이루어진 경우 민법 제110조를 이유로 취소할 수 있다.

⑤ 어떤 의사표시가 강박에 의한 의사표시가 되기 위해서는 상대방이 불법으로 어떤 해악을 고지함으로 말미암아 공포를 느끼고 의사표시를 하여야 한다.

해설

① [○] 제110조는 취소권을 주어서 계약의 구속에서 해방시키는 제도이고 제750조는 피해자에게 손해를 배상시키는 제도라는 점에서 양자는 고유한 목적을 갖는 별개의 제도이므로, 사기 · 강박이 불법행위의 요건을 갖춘 때에는 채권자는 양자를 선택적으로 행사할 수 있다.
 ⅰ) 다만, 법률행위를 취소하여 부당이득반환을 받은 때에는 그 반환받은 범위 내에서는 손해가 회복되므로 그 반환받은 범위 내에서는 손해배상청구권을 중첩적으로 행사할 수 없다(대판 1993.4.27. 92다56087). ⅱ) 그러나 법률행위를 취소하지 않은 경우에도 불법행위를 원인으로 한 손해배상청구권은 가지나, 그 손해액을 계산함에 있어서는 피기망자(피강박자)가 법률행위의 효력으로써 보유하게 된 급부의 가액을 공제하여야 할 것이다(대판 1980.2.26. 79다1746).

② [○]
> 제110조(사기, 강박에 의한 의사표시) 「②항 상대방 있는 의사표시에 관하여 제3자가 사기나 강박을 행한 경우에는 상대방이 그 사실을 알았거나 알 수 있었을 경우에 한하여 그 의사표시를 취소할 수 있다.」

③ [○] 상품의 선전 · 광고에 다소의 과장이나 허위가 수반되는 것은 그것이 일반 상거래의 관행과 신의칙에 비추어 시인될 수 있는 한 기망성이 결여된다고 하겠으나, 거래에 있어서 중요한 사항에 관하여 구체적 사실을 신의성실의 의무에 비추어 비난받을 정도의 방법으로 허위로 고지한 경우에는 기망행위에 해당한다(대판 2014.1.23. 2012다84417).

④ [×] 민법상의 법률행위에 관한 규정은 민사소송법상의 소송행위에는 특별한 규정 기타 특별한 사정이 없는 한 적용이 없는 것이므로 소송행위가 강박에 의하여 이루어진 것임을 이유로 취소할 수는 없다(대판 1997.10.10. 96다35484).

⑤ [○] 강박에 의한 의사표시 의의
강박에 의한 의사표시란 타인의 강박행위로 인하여 '공포심'에 빠져서 한 의사표시를 말한다.

정답 | ④

65 사기 · 강박에 의한 의사표시에 관한 설명 중 가장 적절하지 않은 것은? (다툼이 있는 경우 판례에 의함)

[22법학경채]

① 신의칙상 고지의무 있는 자의 고지의무위반은 부작위에 의한 기망행위에 해당한다.

② 제3자의 사기행위로 피해자가 계약을 체결한 경우, 피해자는 그 계약을 취소하지 않는 한 제3자에 대하여 불법행위로 인한 손해배상을 청구할 수 없다.

③ 상대방 있는 의사표시에 관하여 제3자가 사기를 행한 경우에는 상대방이 그 사실을 알았거나 알 수 있었을 경우에 한하여 그 의사표시를 취소할 수 있다

④ 일반적으로 부정행위에 대한 고소 · 고발이나 언론에의 제보 등은 그 목적이 정당하다 하더라도 행위나 수단 등이 부당한 때에는 위법성이 인정될 여지가 있다.

해설

① [○] 부작위에 의한 기망은 고지 또는 설명의무가 전제되어야 한다. 判例에 따르면 고지의무의 대상이 되는 것은 직접적인 법령의 규정뿐 아니라 널리 계약상·관습상 또는 조리상 일반원칙에 의하여도 인정될 수 있다(대판 2007.6.1. 2005다5812; 대판 2006. 10.12. 2004다48515 등). 재산적 거래관계에 있어서 계약의 일방 당사자가 상대방에게 계약의 효력에 영향을 미치거나 상대방의 권리 확보에 위험을 가져올 수 있는 구체적 사정을 고지하였다면 상대방이 계약을 체결하지 아니하거나 적어도 그와 같은 내용 또는 조건으로 계약을 체결하지 아니하였을 것임이 경험칙상 명백한 경우 계약 당사자는 신의성실의 원칙상 상대방에게 미리 그와 같은 사정을 고지할 의무가 있다(대판 2014. 7.24. 2013다97076).

② [×] 피해자는 **법률행위를 취소하지 않은 경우에도** 불법행위를 원인으로 한 손해배상청구권은 가진다. 다만, 손해액을 계산함에 있어서는 피기망자(피강박자)가 법률행위의 효력으로써 보유하게 된 급부의 가액을 공제하여야 할 것이다(대판 1980.2.26. 79다1746).

③ [○]

> 제110조(사기, 강박에 의한 의사표시) 「②항 상대방있는 의사표시에 관하여 제삼자가 사기나 강박을 행한 경우에는 상대방이 그 사실을 알았거나 알 수 있었을 경우에 한하여 그 의사표시를 취소할 수 있다.」

④ [○] 일반적으로 부정행위에 대한 고소, 고발은 그것이 부정한 이익을 목적으로 하는 것이 아닌 때에는 정당한 권리행사가 되어 위법하다고 할 수 없으나, 부정한 이익의 취득을 목적으로 하는 경우에는 위법한 강박행위가 되는 경우가 있고 목적이 정당하다 하더라도 행위나 수단 등이 부당한 때에는 위법성이 있는 경우가 있을 수 있다(대판 1992.12.24. 92다25120).

정답 | ②

---

66 사기에 의한 의사표시에 관한 설명으로 옳지 않은 것은? (다툼이 있으면 판례에 따름) [22행정사]

① 광고에 있어 다소의 과장은 일반 상거래의 관행과 신의칙에 비추어 시인될 수 있는 한 기망성이 결여된다.

② 부작위에 의한 기망행위에서 고지의무는 조리상 일반원칙에 의해서는 인정될 수 없다.

③ 사기에 의한 의사표시가 인정되기 위해서는 의사표시자에게 재산상의 손실을 주려는 사기자의 고의는 필요하지 않다.

④ 기망행위로 인하여 법률행위의 내용으로 표시되지 않은 동기에 관하여 착오를 일으킨 경우에도 그 법률행위를 사기에 의한 의사표시를 이유로 취소할 수 있다.

⑤ 사기에 의한 의사표시의 취소는 선의의 제3자에게 대항하지 못한다.

해설

① [○] 상품의 선전·광고에 있어 다소의 과장이나 허위가 수반되는 것은 그것이 일반 상거래의 관행과 신의칙에 비추어 시인될 수 있는 한 기망성이 결여된다고 하겠으나, 거래에 있어서 중요한 사항에 관하여 구체적 사실을 신의성실의 의무에 비추어 비난받을 정도의 방법으로 허위로 고지한 경우에는 기망행위에 해당한다(대판 2009.4.23. 2009다1313).

② [×] **부작위에 의한 기망은** 고지 또는 설명의무가 전제되어야 하는데, 判例에 따르면 고지의무의 대상이 되는 것은 직접적인 법령의 규정뿐 아니라 널리 계약상·관습상 또는 조리상 일반원칙에 의하여도 인정될 수 있다고 한다(대판 2007.6.1. 2005다5812; 대판 2006.10.12. 2004다48515 등).

③ [○] 사기자에게 표의자를 기망하여 '착오'에 빠지게 하려는 고의와, 그 '착오'에 기하여 표의자로 하여금 의사표시를 하게 하려는 '고의'가 있어야 하지만 재산상의 손실을 주려는 고의까지는 필요하지 않다.

④ [○] 사기에 의한 의사표시란 타인의 기망행위로 말미암아 착오에 빠지게 된 결과 어떠한 의사표시를 하게 되는 경우이므로 거기에는 의사와 표시의 불일치가 있을 수 없고, 단지 의사의 형성과정, 즉 의사표시의 동기에 착오가 있는 것에 불과하다(대판 2005.5.27. 2004다43824).

⑤ [○] 사기 혹은 강박을 이유로 한 의사표시의 취소는 선의의 제3자에게 대항하지 못한다(제110조 제3항).

정답 | ②

67 사기·강박에 의한 의사표시에 관한 설명으로 옳지 않은 것은? (다툼이 있으면 판례에 따름)　[22세무사]

① 계약당사자 사이에 신의칙상 고지의무가 인정되는 경우, 고지의무위반은 부작위에 의한 기망행위가 될 수 있다.

② 부정행위에 대한 고소가 부정한 이익의 취득을 목적으로 하는 경우, 그 고소는 위법한 강박행위가 될 수 있다.

③ 매매목적물에 하자가 있음에도 이를 속이고 매도한 경우, 사기를 이유로 한 의사표시의 취소와 하자담보책임은 경합할 수 있다.

④ 본인의 피용자의 기망행위로 상대방이 매매계약을 체결한 경우, 상대방은 본인이 기망행위를 알았는지를 불문하고 매매계약을 취소할 수 있다.

⑤ 소송행위가 강박에 의하여 이루어진 것임을 이유로 이를 취소할 수는 없다.

해설

① [○] 부작위에 의한 기망은 고지 또는 설명의무가 전제되어야 하는데, 判例에 따르면 고지의무의 대상이 되는 것은 직접적인 법령의 규정뿐 아니라 널리 **계약상·관습상 또는 조리상 일반원칙**에 의하여도 인정될 수 있다고 한다(대판 2007.6.1. 2005다5812; 대판 2006.10.12. 2004다48515 등).

② [○] 일반적으로 부정행위에 대한 고소, 고발은 그것이 부정한 이익을 목적으로 하는 것이 아닌 때에는 정당한 권리행사가 되어 위법하다고 할 수 없으나, **부정한 이익의 취득을 목적**으로 하는 경우에는 위법한 강박행위가 되는 경우가 있고 목적이 정당하다 하더라도 행위나 수단 등이 부당한 때에는 위법성이 있는 경우가 있을 수 있다(대판 1992.12.24. 92다25120).

③ [○] 判例는 "민법 제569조가 타인의 권리의 매매를 유효로 규정한 것은 선의의 매수인의 신뢰이익을 보호하기 위하여 규정한 것이므로 매수인이 매도인의 기망에 의하여 타인의 물건을 매도인의 것으로 잘못 알고 매수한다는 의사표시를 한 것이고 만일 **타인의 물건인줄 알았더라면 매수하지 아니하였을 사정**이 있는 경우에는 매수인은 민법 제110조에 의하여 매수의 의사표시를 취소할 수 있다."(대판 1973.10.23. 73다268)라고 한다.

④ [×] 판례는 대리인 등 상대방과 동일시할 수 있는 자는 제3자에 해당하지 않지만, 단순히 상대방의 피용자에 지나지 않는 자는 제3자에 해당한다고 한다(대판 1999.2.23. 98다60828, 60835). 따라서 제3자 사기·강박이므로 알았거나 알 수 있었을 경우에만 취소할 수 있다(제110조 제2항).

⑤ [○] 민법상의 법률행위에 관한 규정은 민사소송법상의 소송행위에는 특별한 규정 기타 특별한 사정이 없는 한 적용이 없는 것이므로 소송행위가 강박에 의하여 이루어진 것임을 이유로 취소할 수는 없다(대판 1997.10.10. 96다35484).

정답 | ④

---

68 의사와 표시의 불일치에 관한 설명 중 옳지 않은 것은? (다툼이 있으면 판례에 의함)　[19소방간부]

① 기망행위로 인해 법률행위의 동기에 관하여 착오를 한 경우, 그 법률행위를 사기에 의한 의사표시로서 취소할 수 없다.

② 어떠한 의사표시가 진의 아닌 의사표시로서 무효라고 주장하는 경우, 그 증명책임은 그 주장자에게 있다.

③ 법률행위를 함에 있어 자신의 중대한 과실로 인하여 착오를 한 자는 법률행위 내용의 중요부분에 착오가 있는 경우에도 그 법률행위를 취소할 수 없다.

④ 법률행위 취소의 원인이 될 '강박'에는 권리행사를 통하여 부정한 이익을 얻고자 하는 경우도 포함될 수 있다.

⑤ 통정허위표시에 의하여 외형상 형성된 법률관계로 생긴 채권을 가압류한 경우, 그 가압류권자는 허위표시에 기초하여 새로운 법률상 이해관계를 가지게 되므로 제108조 제2항의 제3자에 해당한다.

① [×] 判例는 ⅰ) 타인의 기망행위에 의하여 '동기의 착오'가 발생한 때에는 사기와 착오의 경합을 인정하나, ⅱ) 타인의 기망행위에 의하여 '표시상의 착오'가 발생한 경우에는 사기를 이유로 취소할 수 없고(제110조), 착오를 이유로만 취소할 수 있다고 한다(대판 2005.5.27. 2004다43824).

▶ 즉, 사기에 의하여 한 의사표시는 법률행위의 중요부분에 착오가 없더라도 이를 취소할 수 있다(대판 1969.6.24. 68다1749).

② [○] 어떠한 의사표시가 비진의 의사표시로서 무효라고 주장하는 경우에 그 입증책임은 그 주장자에게 있다(대판 1992.5.22. 92다2295).

③ [○]
> 제109조(착오로 인한 의사표시) 「①항 의사표시는 법률행위의 내용의 중요부분에 착오가 있는 때에는 취소할 수 있다. 그러나 그 착오가 표의자의 중대한 과실로 인한 때에는 취소하지 못한다.」

④ [○] 일반적으로 부정행위에 대한 고소, 고발은 그것이 부정한 이익을 목적으로 하는 것이 아닌 때에는 정당한 권리행사가 되어 위법하다고 할 수 없으나, 부정한 이익의 취득을 목적으로 하는 경우에는 위법한 강박행위가 되는 경우가 있고 목적이 정당하다 하더라도 행위나 수단 등이 부당한 때에는 위법성이 있는 경우가 있을 수 있다(대판 1992.12.24. 92다25120).

⑤ [○] 통정한 허위표시에 의하여 외형상 형성된 법률관계로 생긴 채권을 가압류한 경우, 그 가압류권자는 허위표시에 기초하여 새로운 법률상 이해관계를 가지게 되므로 제108조 제2항의 제3자에 해당한다고 봄이 상당하고, 또한 제108조 제2항의 제3자는 선의이면 족하고 무과실은 요건이 아니다(대판 2004.5.28. 2003다70041).

정답 | ①

---

69 사기·강박에 의한 의사표시에 관한 설명으로 옳은 것은? (다툼이 있으면 판례에 따름) [20세무사]

① 사기에 의한 의사표시의 경우, 의사와 표시의 불일치가 존재한다.
② 강박행위가 위법하지 않아도 강박에 의한 의사표시로서 취소할 수 있다.
③ 기망행위로 인한 동기의 착오의 경우, 표의자는 자신의 의사표시를 사기에 의한 의사표시로서 취소할 수 없다.
④ 특별한 사정이 있다면 강박에 의한 법률행위는 하자 있는 의사표시로서 취소되는 것에 그치지 않고 무효가 될 수도 있다.
⑤ 강박에 의한 의사표시로서 취소하기 위해서는 고의 또는 과실에 의한 강박행위가 있어야 한다.

해설

① [×] 대법원은 "사기에 의한 의사표시란 타인의 기망행위로 말미암아 착오에 빠지게 된 결과 어떠한 의사표시를 하게 되는 경우이므로 거기에는 의사와 표시의 불일치가 있을 수 없고, 단지 의사의 형성과정 즉 의사표시의 동기에 착오가 있는 것에 불과하며, 이 점에서 고유한 의미의 착오에 의한 의사표시와 구분된다."(대판 2005.5.27. 2004다43824)라고 한다.

② [×] 강박에 의한 의사표시로서 취소할 수 있으려면 ⅰ) 강박자의 고의, ⅱ) 강박행위, ⅲ) 강박행위의 위법성, ⅳ) 강박행위·공포심·의사표시 간의 인과관계가 있어야 한다.

③ [×] 判例는 ⅰ) 타인의 기망행위에 의하여 '동기의 착오'가 발생한 때에는 사기와 착오의 경합을 인정하나, ⅱ) 타인의 기망행위에 의하여 '표시상의 착오'가 발생한 경우에는 사기를 이유로 취소할 수 없고(제110조), 착오를 이유로만 취소할 수 있다고 한다(대판 2005.5.27. 2004다43824).

[관련판례] 기망행위로 인하여 법률행위의 중요부분에 관하여 착오를 일으킨 경우 뿐만 아니라 법률행위의 내용으로 표시되지 아니한 의사결정의 동기에 관하여 착오를 일으킨 경우에도 표의자는 그 법률행위를 사기에 의한 의사표시로서 취소할 수 있다(대판 1985.4.9. 85도167).

④ [○] 강박에 의한 법률행위가 하자 있는 의사표시로서 취소되는 것에 그치지 않고 나아가 무효로 되기 위하여는, 강박의 정도가 단순한 불법적 해악의 고지로 상대방으로 하여금 공포를 느끼도록 하는 정도가 아니고, 의사표시자로 하여금 의사결정을 스스로 할 수 있는 여지를 완전히 박탈한 상태에서 의사표시가 이루어져 단지 법률행위의 외형만이 만들어진 것에 불과한 정도이어야 한다(대판 2003.5.13. 2002다73708).

⑤ [×] 표의자에게 공포심을 일으키려는 고의와, 그 공포심에 기해 의사표시를 하게 하려는 고의가 있어야 한다(2단의 고의).

▶ 강박행위는 강박자의 고의에 의해서만 성립하며, 과실에 의한 강박은 인정되지 않는다.

정답 | ④

70 사기에 의한 의사표시에 관한 설명 중 가장 적절하지 않은 것은? (다툼이 있는 경우 판례에 의함) [19법학경채]

① 사기에 의한 의사표시란 타인의 기망행위로 말미암아 착오에 빠지게 된 결과 어떠한 의사표시를 하게 되는 경우를 말한다.

② 제3자에 의한 사기행위로 계약을 체결한 경우, 그 계약을 취소하지 않고 제3자에 대하여 불법행위로 인한 손해배상청구를 할 수 있다.

③ 상대방 있는 의사표시에 관하여 제3자가 사기를 행한 경우에는 상대방이 그 사실을 알았을 경우에 한하여 그 의사표시를 취소할 수 있다.

④ 상품의 선전·광고에 있어 다소의 과장이나 허위가 수반되는 것은 그것이 일반 상거래의 관행과 신의칙에 비추어 시인될 수 있는 한 기망성이 결여된다.

해설

① [O] 대법원은 "사기에 의한 의사표시란 타인의 기망행위로 말미암아 착오에 빠지게 된 결과 어떠한 의사표시를 하게 되는 경우이다."(대판 2005.5.27. 2004다43824)라고 한다.

② [O] 제3자의 사기행위로 인하여 피해자가 주택건설사와 사이에 주택에 관한 분양계약을 체결하였다고 하더라도 제3자의 사기행위 자체가 불법행위를 구성하는 이상, 제3자로서는 그 불법행위로 인하여 피해자가 입은 손해를 배상할 책임을 부담하는 것이므로, 피해자가 제3자를 상대로 손해배상청구를 하기 위하여 반드시 그 분양계약을 취소할 필요는 없다(대판 1998.3.10. 97다55829).

③ [×]
> 제110조(사기, 강박에 의한 의사표시) 「②항 상대방 있는 의사표시에 관하여 제3자가 사기나 강박을 행한 경우에는 상대방이 그 사실을 알았거나 알 수 있었을 경우에 한하여 그 의사표시를 취소할 수 있다.」

④ [O] 사회생활에 있어서는 타인의 부지와 착오를 이용하는 것이 어느 정도는 허용되어야 하므로, 기망행위가 거래상 요구되는 신의성실의 원칙에 반하는 것일 때 비로소 위법한 기망행위라고 할 수 있다.

[관련판례] 상품의 선전·광고에 다소의 과장이나 허위가 수반되는 것은 그것이 일반 상거래의 관행과 신의칙에 비추어 시인될 수 있는 한 기망성이 결여된다고 하겠으나, 거래에 있어서 중요한 사항에 관하여 구체적 사실을 신의성실의 의무에 비추어 비난받을 정도의 방법으로 허위로 고지한 경우에는 기망행위에 해당한다(대판 2014.1.23. 2012다84417).

정답 | ③

---

71 사기에 의한 의사표시에 대한 설명 중 가장 적절하지 않은 것은? (다툼이 있는 경우 판례에 의함) [18법학경채]

① 사기에 의한 의사표시란 타인의 기망행위로 말미암아 착오에 빠지게 된 결과 어떠한 의사표시를 하게 되는 경우이므로 거기에는 의사와 표시의 불일치가 있을 수 없고, 단지 의사의 형성과정, 즉 의사표시의 동기에 착오가 있는 것에 불과하다.

② 단순히 상대방의 피용자이거나 상대방이 사용자책임을 져야 할 관계에 있는 피용자에 지나지 않는 자는 상대방과 동일시할 수 있는 자이므로 제110조 제2항의 '상대방 있는 의사표시에 관하여 제3자가 사기나 강박을 행한 경우'의 제3자에 해당하지 않는다.

③ 아파트 분양자가 아파트 단지 인근에 쓰레기 매립장이 건설예정인 사실을 분양계약자에게 고지하지 않은 경우 상대방이 그에 관한 고지를 받았더라면 그 거래를 하지 않았을 것임이 경험칙상 명백하다면 부작위에 의한 기망행위에 해당한다.

④ 매도인을 기망하여 사기에 의한 의사표시를 행하게 한 매수인으로부터 부동산의 권리를 전득한 제3자라도 특별한 사정이 없는 한 선의로 추정된다.

해설

① [○] 사기에 의한 의사표시란 타인의 기망행위로 말미암아 착오에 빠지게 된 결과 어떠한 의사표시를 하게 되는 경우이므로 거기에는 의사와 표시의 불일치가 있을 수 없고, 단지 의사의 형성과정 즉 의사표시의 동기에 착오가 있는 것에 불과하며, 이 점에서 고유한 의미의 착오에 의한 의사표시와 구분된다(대판 2005.5.27. 2004다43824).

② [×] 判例는 "제110조 제2항에서 정한 제3자에 해당되지 아니한다고 볼 수 있는 자란 '그 의사표시에 관한 상대방의 대리인 등 상대방과 동일시 할 수 있는 자'만을 의미하고(제116조 참조), 단순히 상대방의 피용자이거나 상대방이 사용자책임을 져야 할 관계에 있는 피용자에 지나지 않는 자는 상대방과 동일시할 수는 없어 이 규정에서 말하는 제3자에 해당한다고 보아야 한다."라고 판시하고 있다.

[관련판례] 의사표시의 상대방이 아닌 자로서 기망행위를 하였으나 제110조 제2항에서 정한 제3자에 해당되지 아니한다고 볼 수 있는 자란 그 의사표시에 관한 상대방의 대리인 등 상대방과 동일시할 수 있는 자만을 의미하고, 단순히 상대방의 피용자이거나 상대방이 사용자책임을 져야 할 관계에 있는 피용자에 지나지 않는 자는 상대방과 동일시할 수는 없어 이 규정에서 말하는 제3자에 해당한다(대판 1998.1.23. 96다41496).

③ [○] 부작위에 의한 기망은 고지 또는 설명의무가 전제되어야 한다. 判例에 따르면 고지의무의 대상이 되는 것은 직접적인 법령의 규정뿐 아니라 널리 계약상·관습상 또는 조리상 일반원칙에 의하여도 인정될 수 있다고 한다(아래 대판 2007.6.1. 2005다5812; 2004다48515 등). 아파트 분양자는 아파트 단지 인근에 쓰레기 매립장이 건설예정인 사실을 분양계약자에게 고지할 신의칙상 의무가 있다고 한다(대판 2006.10.12. 2004다48515). 따라서 이 경우 분양자가 그 고지를 하지 않은 경우 부작위에 의한 기망행위에 해당하여 수분양자는 분양계약을 취소하고 분양대금의 반환을 구할 수도 있고, 사기에 의한 불법행위를 이유로 손해배상을 청구할 수도 있다고 한다.

④ [○] 사기의 의사표시로 인한 매수인으로부터 부동산의 권리를 취득한 제3자는 특별한 사정이 없는 한 선의로 추정할 것이므로 사기로 인하여 의사표시를 한 부동산의 양도인이 제3자에 대하여 사기에 의한 의사표시의 취소를 주장하려면 제3자의 악의를 입증할 필요가 있다(대판 1970.11.24. 70다2155).

정답 | ②

---

72 사기·강박에 의한 의사표시에 관한 설명으로 옳지 않은 것은? (다툼이 있으면 판례에 따름) [19세무사]

① 상대방의 과실 있는 기망행위로 표의자가 착오에 빠져 의사표시를 한 경우, 표의자는 사기에 의한 의사표시를 이유로 취소할 수 없다.

② 부작위에 의한 기망행위로도 사기에 의한 의사표시가 성립할 수 있다.

③ 소송행위가 강박에 의하여 이루어진 것임을 이유로 취소할 수는 없다.

④ 의사결정의 자유를 완전히 박탈하는 정도의 강박에 의한 의사표시는 무효이다.

⑤ 상대방의 대리인이 기망행위를 한 경우에는 상대방이 그 기망사실에 대해 선의·무과실이면 표의자는 의사표시를 취소할 수 없다.

해설

① [○] 사기자에게 표의자를 기망하여 '착오'에 빠지게 하려는 고의와, 그 '착오'에 기하여 표의자로 하여금 의사표시를 하게 하려는 고의가 있어야 한다(2단의 고의).

▶ 사기행위는 사기자의 고의에 의해서만 성립하며, 과실에 의한 사기는 인정되지 않는다.

② [○] 적극적으로 허위의 사실을 날조하는 것뿐만 아니라, 소극적으로 진실한 사실을 숨기는 것도 기망행위이다. 다만, 부작위에 의한 기망은 고지 또는 설명의무가 전제되어야 한다.

③ [○] 민법상의 법률행위에 관한 규정은 민사소송법상의 소송행위에는 특별한 규정 기타 특별한 사정이 없는 한 적용이 없는 것이므로 소송행위가 강박에 의하여 이루어진 것임을 이유로 취소할 수는 없다(대판 1997.10.10. 96다35484).

④ [○] 강박에 의한 법률행위가 하자 있는 의사표시로서 취소되는 것에 그치지 않고 나아가 무효로 되기 위하여는, 강박의 정도가 단순한 불법적 해악의 고지로 상대방으로 하여금 공포를 느끼도록 하는 정도가 아니고, 의사표시자로 하여금 의사결정을 스스로 할 수 있는 여지를 완전히 박탈한 상태에서 의사표시가 이루어져 단지 법률행위의 외형만이 만들어진 것에 불과한 정도이어야 한다(대판 2003.5.13. 2002다73708).

⑤ [×] 상대방 있는 의사표시에 관하여 제3자가 사기나 강박을 한 경우에는 상대방이 그 사실을 알았거나 알 수 있었을 경우에 한하여 그 의사표시를 취소할 수 있으나, 상대방의 대리인 등 상대방과 동일시할 수 있는 자의 사기나 강박은 제3자의 사기·강박에 해당하지 아니한다(대판 1999.2.23. 98다60828).

▶ 따라서 사기나 강박을 당한 자는 선의·무과실이라 하더라도 취소할 수 있다.

정답 | ⑤

73 다음의 법률관계에 관한 설명으로 옳은 것은? (다툼이 있는 경우 판례에 의함) [20소방간부]

> 甲은 자신의 소유인 X 토지 인근에 혐오시설이 들어설 것이라는 乙의 거짓정보 제공에 속아, 마침 공장을 신축할 부지를 찾고 있던 丙에게 X 토지를 급히 매도하고 이전등기를 해 주었다. 丙은 丁으로부터 공장신축자금을 빌리면서 담보로 X 토지에 저당권을 설정해 주었다.

① 乙에게 甲을 기망하여 착오에 빠지게 하려는 고의가 없었더라도, 甲은 사기를 이유로 위 매매계약을 취소할 수 있다.

② 乙의 기망사실을 丙이 알았는지 여부와 상관없이 甲은 丙과의 매매계약을 취소할 수 있다.

③ 乙의 사기를 이유로 한 甲의 매매계약 취소가 유효한 경우, 丁이 선의이더라도 과실이 있으면 甲은 丁에게 저당권설정등기의 말소를 구할 수 있다.

④ 甲이 丙에게 X 토지를 시세보다 비싼 값에 매도하였더라도, 다른 요건이 충족되면 甲은 사기를 이유로 위 매매계약을 취소할 수 있다.

⑤ 甲이 사기를 이유로 丙과의 매매계약을 취소할 수 있다면, 甲은 乙에 대하여 불법행위에 따른 손해배상을 청구할 수 없다.

해설

① [×] 사기자에게 표의자를 기망하여 '착오'에 빠지게 하려는 고의와, 그 '착오'에 기하여 표의자로 하여금 의사표시를 하게 하려는 고의가 있어야 한다(2단의 고의).
  ▶ 사기행위는 사기자의 <u>고의</u>에 의해서만 성립하며, 과실에 의한 사기는 인정되지 않는다.

② [×]
> 제110조(사기, 강박에 의한 의사표시) 「②항 상대방 있는 의사표시에 관하여 제3자가 사기나 강박을 행한 경우에는 상대방이 그 사실을 알았거나 알 수 있었을 경우에 한하여 그 의사표시를 취소할 수 있다.」

③ [×]
> 제110조(사기, 강박에 의한 의사표시) 「①항 사기나 강박에 의한 의사표시는 취소할 수 있다. ②항 상대방 있는 의사표시에 관하여 제3자가 사기나 강박을 행한 경우에는 상대방이 그 사실을 알았거나 알 수 있었을 경우에 한하여 그 의사표시를 취소할 수 있다. ③항 전2항의 의사표시의 취소는 선의의 제3자에게 대항하지 못한다.」

  ▶ 제3자는 선의이면 족하고 무과실은 요건이 아니다.

④ [O] ⅰ) 사기자의 고의 ⅱ) 기망행위 ⅲ) 위법성 ⅳ) 기망행위·착오·의사표시 간의 인과관계라는 4가지 요건을 갖추면 사기에 의한 의사표시가 성립한다.
  ▶ 시세보다 비싸게 매매계약이 체결되었다 하더라도 기망행위에 따른 착오가 없었다면 피기망자가 매도하지 않았을 수도 있으므로 사기에 의한 의사표시가 성립할 수 있다.

⑤ [×] 제3자의 사기행위로 인하여 피해자가 주택건설사와 사이에 주택에 관한 분양계약을 체결하였다고 하더라도 제3자의 사기행위 자체가 불법행위를 구성하는 이상, 제3자로서는 그 불법행위로 인하여 피해자가 입은 손해를 배상할 책임을 부담하는 것이므로, 피해자가 제3자를 상대로 손해배상청구를 하기 위하여 반드시 그 분양계약을 취소할 필요는 없다(대판 1998.3.10. 97다55829).

정답 | ④

---

74 사기·강박에 의한 의사표시에 관한 설명으로 옳은 것은? (다툼이 있으면 판례에 따름) [18세무사 · 17행정사 변형]

① 상대방이 해악을 가하겠다고 고지하였지만 표의자가 그에 공포심을 느끼지 않고서 상대방이 원하는 대로의 의사표시를 하였다면 그 의사표시에는 하자가 없다.

② 사기를 이유로 매매계약을 취소한 경우 취소의 의사표시가 상대방에게 도달한 때로부터 무효이다.

③ 상대방이 기망행위를 이유로 취소하려면 법률행위 내용의 중요부분에 관한 기망행위여야 한다.

④ 설명의무가 있더라도 단순히 고지하지 않고 침묵한 것이라면 기망행위가 되지 않는다.

⑤ 대리인이 상대방을 기망하여 계약을 체결한 경우 상대방은 본인이 대리인의 기망사실을 알았거나 알 수 있었을 때에 한하여 취소할 수 있다.

해설

① [○] 강박행위와 공포 및 공포와 의사표시 사이에 각각 인과관계가 있어야 한다. 이때의 인과관계 역시 주관적인 것에 지나지 않아도 상관없다(대판 2003.5.13. 2002다73708).

② [×]

> 제141조(취소의 효과) 「취소된 법률행위는 처음부터 무효인 것으로 본다.」

> (관련판례) 다만, 최근 判例 중에는 소급효를 제한하여 근로계약이 사기에 의한 것으로 취소되면 이미 제공된 근로자의 노무를 기초로 형성된 취소 이전의 법률관계까지 효력을 잃는 것은 아니라고 하여 '장래효'를 인정하기도 한다(대판 2017.12.22. 2013다25194, 25200).

③ [×] 사기에 의하여 한 의사표시는 법률행위의 중요부분에 착오가 없더라도 이를 취소할 수 있다(대판 1969.6.24. 68다1749).

④ [×] 기망행위란 표의자(피기망자)로 하여금 사실과 다른 그릇된 관념을 가지게 하거나 이를 강화 또는 유지하려는 모든 행위를 말한다. 적극적으로 허위의 사실을 날조하는 것뿐만 아니라, 소극적으로 진실한 사실을 숨기는 것도 기망행위이다.

⑤ [×] 상대방 있는 의사표시에 관하여 제3자가 사기나 강박을 한 경우에는 상대방이 그 사실을 알았거나 알 수 있었을 경우에 한하여 그 의사표시를 취소할 수 있으나, 상대방의 대리인 등 상대방과 동일시할 수 있는 자의 사기나 강박은 제3자의 사기·강박에 해당하지 아니한다(대판 1999.2.23. 98다60828).

▶ 따라서 본인이 대리인의 사기나 강박의 사실을 알았는지 여부를 묻지 않고, 상대방은 제110조 제1항에 따라 언제나 대리인에 의한 의사표시를 취소할 수 있다.

정답 | ①

---

75 사기·강박에 의한 의사표시에 관한 설명으로 옳지 않은 것은? (다툼이 있으면 판례에 의함)

[19·18·17소방간부 변형]

① 사기·강박에 의한 의사표시의 취소는 선의의 제3자에게 대항하지 못한다.

② 대리인의 기망행위로 계약을 체결한 상대방은 본인이 선의이면 계약을 취소할 수 없다.

③ 강박으로 의사결정의 자유가 완전히 박탈되어 법률행위의 외형만 갖춘 의사표시는 무효이다.

④ 교환계약의 당사자 일방이 자기 소유 목적물의 시가를 묵비한 것은 특별한 사정이 없는 한 기망행위가 아니다.

⑤ 제3자의 사기로 계약을 체결한 경우, 제3자의 사기행위 자체가 불법행위를 구성한다면 피해자는 그 계약을 취소하지 않고 그 제3자에게 불법행위책임을 물을 수 있다.

해설

① [○]

> 제110조(사기, 강박에 의한 의사표시) 「①항 사기나 강박에 의한 의사표시는 취소할 수 있다. ②항 상대방 있는 의사표시에 관하여 제3자가 사기나 강박을 행한 경우에는 상대방이 그 사실을 알았거나 알 수 있었을 경우에 한하여 그 의사표시를 취소할 수 있다. ③항 전2항의 의사표시의 취소는 선의의 제3자에게 대항하지 못한다.」

② [×] 상대방 있는 의사표시에 관하여 제3자가 사기나 강박을 한 경우에는 상대방이 그 사실을 알았거나 알 수 있었을 경우에 한하여 그 의사표시를 취소할 수 있으나, 상대방의 대리인 등 상대방과 동일시할 수 있는 자의 사기나 강박은 제3자의 사기·강박에 해당하지 아니한다(대판 1999.2.23. 98다60828).

▶ 대리인의 기망행위로 계약을 체결한 상대방은 본인이 선의·악의를 불문하고 언제나 계약을 취소할 수 있다.

③ [○] 상대방 또는 제3자의 강박에 의하여 의사결정의 자유가 완전히 박탈(절대적 강박)된 상태에서 이루어진 의사표시는 효과의사에 대응하는 내심의 의사가 결여된 것이므로 무효라고 볼 수 밖에 없으나, 강박이 의사결정의 자유를 완전히 박탈하는 정도에 이르지 아니하고 이를 제한하는 정도에 그친 경우에는 그 의사표시는 취소할 수 있음에 그치고 무효라고까지 볼 수 없다(대판 1984.12.11. 84다카1402).

④ [○] 判例는 선전광고에서 다소의 과장된 허위가 수반되거나(대판 2001.5.29. 99다55601), 매매계약(대판 2014.4.10. 2012다54997) 또는 교환계약(대판 2002.9.4. 2000다54406, 54413)에서의 시가에 대한 묵비의 경우 위법성을 부정하였다.

⑤ [○] 제3자의 사기행위로 인하여 피해자가 주택건설사와 사이에 주택에 관한 분양계약을 체결하였다고 하더라도 제3자의 사기행위 자체가 불법행위를 구성하는 이상, 제3자로서는 그 불법행위로 인하여 피해자가 입은 손해를 배상할 책임을 부담하는 것이므로, 피해자가 제3자를 상대로 손해배상청구를 하기 위하여 반드시 그 분양계약을 취소할 필요는 없다(대판 1998.3.10. 97다55829).

정답 | ②

76 사기에 의한 의사표시에 관한 설명으로 옳지 않은 것은? (다툼이 있으면 판례에 의함) [20소방간부]

① 토지거래허가를 받지 않아 유동적 무효 상태에 있는 거래계약에 관하여도 그 거래가 사기에 의하여 이루어졌다면 사기에 의한 계약 취소의 대상이 될 수 있다.

② 제3자의 기망행위에 의하여 신원보증서류에 서명날인한다는 착각에 빠진 상태로 연대보증의 서면에 서명날인한 경우, 제110조에 정한 사기에 의한 의사표시의 법리가 적용된다.

③ 거래상대방의 피용자도 제110조 제2항에 정한 제3자의 사기에 의한 의사표시에서의 제3자에 해당할 수 있다.

④ 매도인을 기망하여 부동산을 매수한 자로부터 그 부동산의 권리를 취득한 제3자는 특별한 사정이 없는 한 선의로 추정되므로, 그 매도인이 사기를 이유로 한 취소로써 제3자에게 대항하기 위해서는 그 제3자의 악의를 증명해야 한다.

⑤ 사기에 의한 의사표시를 취소한 이후에 이해관계를 가지게 된 제3자도 사기에 의한 의사표시 및 그 취소사실을 몰랐다면 제110조 제3항의 제3자에 해당한다.

해설

① [○] 국토이용관리법상 규제구역 내에 속하는 토지거래에 관하여 관할 도지사로부터 거래허가를 받지 아니한 거래계약은 처음부터 위 허가를 배제하거나 잠탈하는 내용의 계약이 아닌 한 허가를 받기까지는 유동적 무효의 상태에 있고 거래 당사자는 거래허가를 받기 위하여 서로 협력할 의무가 있으나, 그 토지거래가 계약 당사자의 표시와 불일치한 의사(비진의표시, 허위표시 또는 착오) 또는 사기, 강박과 같은 하자 있는 의사에 의하여 이루어진 경우에는, 이들 사유에 의하여 그 거래의 무효 또는 취소를 주장할 수 있는 당사자는 그러한 거래허가를 신청하기 전 단계에서 이러한 사유를 주장하여 거래허가신청 협력에 대한 거절의사를 일방적으로 명백히 함으로써 그 계약을 확정적으로 무효화시키고 자신의 거래허가절차에 협력할 의무를 면할 수 있다(대판 1997.11.14. 97다36118).

② [×] 사기에 의한 의사표시란 타인의 기망행위로 말미암아 착오에 빠지게 된 결과 어떠한 의사표시를 하게 되는 경우이므로 거기에는 의사와 표시의 불일치가 있을 수 없고, 단지 의사의 형성과정, 즉 의사표시의 동기에 착오가 있는 것에 불과하며, 이 점에서 고유한 의미의 착오에 의한 의사표시와 구분되는데, 제3자의 기망행위에 의하여 신원보증서류에 서명날인한다는 착각에 빠진 상태로 연대보증의 서면에 서명날인한 경우 이른바 표시상의 착오에 해당하므로, 상대방이 그러한 제3자의 기망행위 사실을 알았거나 알 수 있었을 경우가 아닌 한 의사표시자가 취소권을 행사할 수 없다는 제110조 제2항의 규정을 적용할 것이 아니라, 착오에 의한 의사표시에 관한 법리만을 적용하여 취소권 행사의 가부를 가려야 한다(대판 2005.5.27. 2004다43824).
▶ 타인의 기망행위에 의하여 '표시상의 착오'가 발생한 경우에는 사기를 이유로 취소할 수 없고, 착오를 이유로만 취소할 수 있다.

③ [○] 의사표시의 상대방이 아닌 자로서 기망행위를 하였으나 제110조 제2항에서 정한 제3자에 해당되지 아니한다고 볼 수 있는 자란 그 의사표시에 관한 상대방의 대리인 등 상대방과 동일시할 수 있는 자만을 의미하고, 단순히 상대방의 피용자이거나 상대방이 사용자 책임을 져야 할 관계에 있는 피용자에 지나지 않는 자는 상대방과 동일시할 수는 없어 이 규정에서 말하는 제3자에 해당한다(대판 1998.1.23. 96다41496).

④ [○] 사기의 의사표시로 인한 매수인으로부터 부동산의 권리를 취득한 제3자는 특별한 사정이 없는 한 선의로 추정할 것이므로 사기로 인하여 의사표시를 한 부동산의 양도인이 제3자에 대하여 사기에 의한 의사표시의 취소를 주장하려면 제3자의 악의를 입증할 필요가 있다(대판 1970.11.24. 70다2155).

⑤ [○] 제110조 제3항의 제3자는 원칙적으로 '취소의 의사표시가 있기 전에' 이해관계를 맺은 자를 의미한다. 그런데 외부에서는 의사표시가 취소할 수 있는 것인지, 취소되었는지도 잘 알 수가 없기 때문에 判例는 취소 후 말소등기 전에 이해관계를 맺은 선의의 제3자도 보호된다고 한다(대판 1975.12.23. 75다533).
(관련판례) 사기에 의한 법률행위의 의사표시를 취소하면 취소의 소급효로 인하여 그 행위의 시초부터 무효인 것으로 되는 것이요 취소한 때에 비로소 무효로 되는 것이 아니므로 취소를 주장하는 자와 양립되지 아니하는 법률관계를 가졌던 것이 취소 이전에 있었던가 이후에 있었던가는 가릴 필요없이 사기에 의한 의사표시 및 그 취소사실을 몰랐던 모든 제3자에 대하여는 그 의사표시의 취소를 대항하지 못한다고 보아야 할 것이고 이는 거래안전의 보호를 목적으로 하는 민법 110조 제3항의 취지에도 합당한 해석이 된다(대판 1975.12.23. 75다533).

정답 | ②

77 사기에 의한 의사표시에 관한 다음 설명 중 옳은 것은? (다툼이 있는 경우 판례에 의할 것) [출제예상]

① 매수인이 목적물의 시가를 묵비하여 매도인에게 고지하지 아니하거나 혹은 시가보다 낮은 가액을 시가라고 고지하였다면 원칙적으로 불법행위가 성립한다.

② 부동산 분양계약에 있어서 분양자가 수분양자의 전매이익에 영향을 미칠 가능성이 있는 사항들에 관하여 분양자가 가지는 정보를 밝혀야 할 신의칙상의 의무가 있으므로 그러한 정보를 고지하지 아니한 것은 부작위에 의한 기망에 해당한다.

③ 사기·강박에 의한 의사표시가 취소되면, 그 의사표시를 요소로 하는 법률행위가 소급적으로 무효로 되므로, 근로계약의 의사표시가 사기에 의한 것으로 취소되면 이미 제공된 근로자의 노무를 기초로 형성된 취소 이전의 법률관계까지 효력을 잃는다.

④ 영업양도계약이 양수인의 사기를 원인으로 취소되는 경우에 양수인의 기망이 불법행위를 구성하는 때에는 양도인은 취소의 효과로 생기는 부당이득반환청구권과 불법행위로 인한 손해배상청구권 중 선택하여 행사할 수 있다.

해설

① [×] **매매거래에서 매수인이 목적물의 시가를 고지하지 아니하거나 시가보다 낮은 가액을 시가라고 고지한 경우, 불법행위가 성립하는지 여부(원칙적 소극)**
일반적으로 매매거래에서 매수인은 목적물을 염가로 구입할 것을 희망하고 매도인은 목적물을 고가로 처분하기를 희망하는 이해상반의 지위에 있으며, 각자가 자신의 지식과 경험을 이용하여 최대한으로 자신의 이익을 도모할 것으로 예상되기 때문에, 당사자 일방이 알고 있는 정보를 상대방에게 사실대로 고지하여야 할 신의칙상 의무가 인정된다고 볼만한 특별한 사정이 없는 한, 매수인이 목적물의 시가를 묵비하여 매도인에게 고지하지 아니하거나 혹은 시가보다 낮은 가액을 시가라고 고지하였다 하더라도, 상대방의 의사결정에 불법적인 간섭을 하였다고 볼 수 없으므로 불법행위가 성립한다고 볼 수 없다. 더구나 매수인이 목적물의 시가를 미리 알고 있었던 것이 아니라 목적물의 시가를 알기 위하여 감정평가법인에 의뢰하여 감정평가법인이 산정한 평가액을 매도인에게 가격자료로 제출하는 경우라면, 특별한 사정이 없는 한 매수인에게 평가액이 시가 내지 적정가격에 상당하는 것인지를 살펴볼 신의칙상 의무가 있다고 할 수 없고, 이러한 법리는 법적 성격이 사법상 매매인 공유재산의 매각에서도 마찬가지이다(대판 2014.4.10. 2012다54997).
비교판례 백화점의 변칙세일광고, 즉 상품의 판매가격을 실제보다 높이 책정한 후 이 가격을 기준으로 할인가격을 정하여 실제는 상품의 정상가격으로 판매한 사안에서, 이러한 변칙세일은 물품구매동기에서 중요한 요소인 가격조건에 관하여 기망이 이루어진 것으로서 그 사술의 정도가 사회적으로 용인될 수 있는 상술의 정도를 넘어선 위법한 것으로 사기를 이유로 한 취소할 수 있다고 판시하였다(대판 1993.8.13. 92다52665).

② [×] 분양자가 수분양자가 전매이익을 노리고 분양을 받으려는 것을 알면서 수분양자로 하여금 전매이익의 발생 여부나 그 액에 관하여 거래관념상 용납될 수 없는 방법으로 잘못 판단하게 함으로써 분양계약에 이르게 하였다는 등의 특별한 사정이 없는 한, 분양자에게 그 대립당사자로서 스스로 이익을 추구하여 행위하는 수분양자에 대하여 최초분양인지, 전매분양인지를 포함하여 수분양자의 전매이익에 영향을 미칠 가능성이 있는 사항들에 관하여 분양자가 가지는 정보를 밝혀야 할 신의칙상의 의무가 있다거나, 나아가 그러한 정보를 밝혀 고지하지 아니하면 그것이 부작위에 의한 기망에 해당하여 제110조 제1항에서 정하는 사기가 된다고 쉽사리 말할 수 없다(대판 2010.2.25. 2009다86000).
비교판례 判例에 따르면 우리 사회의 통념상으로는 공동묘지가 주거환경과 친한 시설이 아니어서 분양계약의 체결 여부 및 가격에 상당한 영향을 미치는 요인일 뿐만 아니라, 대규모 공동묘지 가까이에서 조망할 수 있는 곳에 아파트단지가 들어선다는 것은 통상 예상하기 어렵다는 점을 감안할 때, 아파트 분양자는 아파트단지 인근에 공동묘지가 조성되어 있는 사실을 수분양자에게 고지할 신의칙상의 의무가 있다고 하면서, 그 고지를 하지 않은 경우 부작위에 의한 기망행위에 해당한다고 한다(대판 2007.6.1. 2005다5812, 5829, 5836). 같은 취지의 것으로, 아파트 분양자는 아파트 단지 인근에 쓰레기 매립장이 건설예정인 사실을 분양계약자에게 고지할 신의칙상 의무가 있다고 한다(대판 2006.10.12. 2004다48515).

③ [×] 근로계약은 근로자가 사용자에게 근로를 제공하고 사용자는 이에 대하여 임금을 지급하는 것을 목적으로 체결된 계약으로서(근로기준법 제2조 제1항 제4호) 기본적으로 그 법적 성질이 사법상 계약이므로 계약 체결에 관한 당사자들의 의사표시에 무효 또는 취소의 사유가 있으면 상대방은 이를 이유로 근로계약의 무효 또는 취소를 주장하여 그에 따른 법률효과의 발생을 부정하거나 소멸시킬 수 있다. 다만 그와 같이 근로계약의 무효 또는 취소를 주장할 수 있다 하더라도 근로계약에 따라 그동안 행하여진 근로자의 노무 제공의 효과를 소급하여 부정하는 것은 타당하지 않으므로 이미 제공된 근로자의 노무를 기초로 형성된 취소 이전의 법률관계까지 효력을 잃는다고 보아서는 아니 되고, 취소의 의사표시 이후 장래에 관하여만 근로계약의 효력이 소멸된다고 보아야 한다(대판 2017.12.22. 2013다25194, 25200).

④ [○] 사기·강박에 따른 취소와 불법행위책임과의 관계(선택적 경합)

제110조는 취소권을 주어서 계약의 구속에서 해방시키는 제도이고 제750조는 피해자에게 손해를 배상시키는 제도라는 점에서 양자는 고유한 목적을 갖는 별개의 제도이므로, 사기·강박이 불법행위의 요건을 갖춘 때에는 채권자는 양자를 선택적으로 행사할 수 있다. ⅰ) 다만, 법률행위를 취소하여 부당이득반환을 받은 때에는 그 반환받은 범위 내에서는 손해가 회복되므로 그 반환받은 범위 내에서는 손해배상청구권을 중첩적으로 행사할 수 없다(대판 1993.4.27. 92다56087). ⅱ) 그러나 법률행위를 취소하지 않은 경우에도 불법행위를 원인으로 한 손해배상청구권은 가지나, 그 손해액을 계산함에 있어서는 피기망자(피강박자)가 법률행위의 효력으로써 보유하게 된 급부의 가액을 공제하여야 할 것이다(대판 1980.2.26. 79다1746).

정답 | ④

78 의사표시의 취소에 관한 설명 중 옳은 것을 모두 고른 것은?

[16변호사 변형]

ㄱ. 甲이 제3자의 기망행위에 의하여 신원보증서류에 서명날인한다는 착각에 빠진 상태로 연대보증의 서면에 서명날인하였다면, 甲은 연대보증계약의 상대방이 위 기망행위를 알았거나 알 수 있었을 경우에만 연대보증계약을 취소할 수 있다.

ㄴ. 원고가 피고를 상대로 매매계약의 이행을 청구하는 소송에서 피고가 착오를 이유로 매매계약의 취소를 주장하는 경우, 피고는 착오가 자신의 중대한 과실에 의한 것이 아니라는 점에 대한 증명책임을 진다.

ㄷ. 상대방이 표의자의 착오를 알고 이를 이용한 경우에는 착오가 표의자의 중대한 과실로 인한 것이라고 하더라도 표의자는 의사표시를 취소할 수 있다.

ㄹ. 경과실로 인해 착오에 빠진 표의자가 착오를 이유로 자신의 의사표시를 취소하였더라도 이로 인해 상대방에 대하여 불법행위로 인한 손해배상책임을 지지 않는다.

① ㄱ, ㄴ
② ㄱ, ㄹ
③ ㄷ, ㄹ
④ ㄱ, ㄴ, ㄷ

해설

ㄱ. [×] 사기에 의한 의사표시란 타인의 기망행위로 말미암아 착오에 빠지게 된 결과 어떠한 의사표시를 하게 되는 경우이므로 거기에는 의사와 표시의 불일치가 있을 수 없고, 단지 의사의 형성과정, 즉 의사표시의 동기에 착오가 있는 것에 불과하며, 이 점에서 고유한 의미의 착오에 의한 의사표시와 구분되는데, 제3자의 기망행위에 의하여 신원보증서류에 서명날인한다는 착각에 빠진 상태로 연대보증의 서면에 서명날인한 경우 이른바 표시상의 착오에 해당하므로, 상대방이 그러한 제3자의 기망행위 사실을 알았거나 알 수 있었을 경우가 아닌 한 의사표시자가 취소권을 행사할 수 없다는 제110조 제2항의 규정을 적용할 것이 아니라, 착오에 의한 의사표시에 관한 법리만을 적용하여 취소권 행사의 가부를 가려야 한다(대판 2005.5.27. 2004다43824).

즉, 判例는 ⅰ) 타인의 기망행위에 의하여 '동기의 착오'가 발생한 때에는 사기와 착오의 경합을 인정하나(대판 1969.6.24. 68다1749), ⅱ) 타인의 기망행위에 의하여 '표시상의 착오'가 발생한 경우에는 사기를 이유로 취소할 수 없고(제110조), 착오를 이유로만 취소할 수 있다고 한다(대판 2005.5.27. 2004다43824).

▶ 따라서 지문은 착오에 의한 취소만 가능하고, 제3자에 의한 사기라고 볼 수 없어 제110조 제2항이 적용되지 않으므로 甲은 연대보증계약의 상대방이 위 기망행위를 알았거나 알 수 있었을 경우에만 연대보증계약을 취소할 수 있는 것이 아니다.

ㄴ. [×] 표의자에게 '중대한 과실'이 없을 것은 재항변 사유에 해당한다. 따라서 원고가 피고를 상대로 이행을 청구할 경우, 피고는 착오를 이유로 매매계약의 취소를 주장할 수 있고, 원고는 착오가 피고의 중대한 과실이라는 점에 대한 증명책임을 진다. 判例도 "제109조 제1항 단서에서 규정하는 착오한 표의자의 중대한 과실 유무에 관한 주장과 입증책임은 착오자가 아니라 의사표시를 취소하게 하지 않으려는 상대방에게 있는 것"(대판 2005.5.12. 2005다6228)이라고 판시하였다.

ㄷ. [○] 의사표시는 법률행위의 내용의 중요부분에 착오가 있는 때에는 취소할 수 있다(제109조 제1항 본문). 그러나 그 착오가 표의자의 중대한 과실로 인한 때에는 취소하지 못한다(제109조 제1항 단서). 그런데 判例는 "상대방이 표의자의 착오를 알면서 이를 이용한 경우에, 표의자에게 중대한 과실이 있더라도 표의자는 그 의사표시를 취소할 수 있다고 할 것이다."(대판 1955.11.10. 4288민상321; 대판 2014.11.27. 2013다49794)라고 판시하였다. 제109조 제1항 단서가 상대방의 이익을 보호하기 위한 것이지만 이러한 경우에는 상대방의 보호가치가 부정되므로 그 규정의 적용이 배제되어야 하고, 또한 상대방이 표의자의 중대한 과실을 원용하여 표의자의 취소권을 부인하는 것은 신의칙에 반하기 때문이다.

ㄹ. [○] 判例는 전문건설공제조합이 경과실로 인하여 착오에 빠져 계약보증서를 발급하고 그 착오를 이유로 보증계약을 취소하자 상대방이 제750조의 불법행위로 인한 손해배상을 청구한 사안에서 "ⅰ) (경)과실로 인하여 착오에 빠져 계약을 체결한 것과, ⅱ) 그 착오를 이유로 계약을 취소한 것 모두 '위법'하다고는 할 수 없다."(대판 1997.8.22. 97다카13023)라고 하여 불법행위책임을 부정하고 있다. 결국 判例에 의하면 표의자에게 착오에 대한 경과실이 있더라도 중과실이 아닌 이상 법률행위를 취소할 수 있으며, 취소로 인해 상대방이 손해를 입더라도 계약을 취소한 것이 위법하다 할 수 없어 불법행위로 인한 손해배상책임은 부정된다.

정답 | ③

79 다음은 의사표시에 관한 민법규정이다. 빈칸에 들어갈 말을 가장 옳게 나열한 것은? (다툼이 있는 경우 판례에 의하고, 전원합의체 판결의 경우 다수의견에 의함) [20서기보]

ㄱ. 의사표시는 표의자가 진의 아님을 알고 한 것이라도 그 효력이 있다. 그러나 상대방이 표의자의 진의아님을 알았거나 이를 알 수 있었을 경우에는 (㉠).

ㄴ. 의사표시는 법률행위의 내용의 중요부분에 착오가 있는 때에는 (㉡). 그러나 그 착오가 표의자의 중대한 과실로 인한 때에는 그러하지 아니하다.

ㄷ. 상대방과 통정한 허위의 의사표시는 (㉢).

ㄹ. 상대방 있는 의사표시에 관하여 제3자가 사기나 강박을 행한 경우에는 상대방이 그 사실을 알았거나 알수 있었을 경우에 한하여 그 의사표시를 (㉣).

ㅁ. 취소권은 (㉤)로부터 3년 내에, 법률행위를 한 날로부터 10년 내에 행사하여야 한다.

	㉠	㉡	㉢	㉣	㉤
①	무효로 한다	취소할 수 있다	무효로 한다	무효로 한다	취소원인을 안 날
②	무효로 한다	취소할 수 있다	무효로 한다	취소할 수 있다	추인할 수 있는 날
③	무효로 한다	무효로 한다	무효로 한다	취소할 수 있다	취소원인을 안 날
④	취소할 수 있다	취소할 수 있다	취소할 수 있다	무효로 한다	추인할 수 있는 날

해설

㉠ 의사표시는 표의자가 진의 아님을 알고 한 것이라도 그 효력이 있다. 그러나 상대방이 표의자의 진의 아님을 알았거나 이를 알 수 있었을 경우에는 **무효로 한다**(제107조 제1항).

㉡ 의사표시는 법률행위의 내용의 중요부분에 착오가 있는 때에는 **취소할 수 있다**. 그러나 그 착오가 표의자의 중대한 과실로 인한 때에는 그러하지 아니하다(제109조 제1항).

㉢ 상대방과 통정한 허위의 의사표시는 **무효로 한다**(제108조 제1항).

㉣ 상대방있는 의사표시에 관하여 제3자가 사기나 강박을 행한 경우에는 상대방이 그 사실을 알았거나 알 수 있었을 경우에 한하여 그 의사표시를 **취소할 수 있다**(제110조 제2항).

㉤ 취소권은 **추인할 수 있는 날**로부터 3년 내에, 법률행위를 한 날로부터 10년 내에 행사하여야 한다(제146조).

정답 | ②

80 의사표시에 관한 다음 설명 중 가장 옳지 않은 것은?

[16서기보]

① 계약을 체결함에 있어 당해 계약으로 인한 법률효과에 관하여 제대로 알지 못하였다 하더라도 이는 계약체결에 관한 의사표시의 착오의 문제가 될 뿐이고, 계약이 쌍방의사의 불합치로 성립되지 않은 것은 아니다.

② 통정허위표시의 당사자가 그 무효를 주장할 수 없는 제3자는 선의이고 무과실일 것을 요한다.

③ 토지를 시가보다 비싸게 산 경우 착오에 의한 의사표시를 이유로 취소할 수 없다.

④ 강박에 의한 법률행위가 하자 있는 의사표시로서 취소되는 것에 그치지 아니하고 더 나아가 무효로 되기 위해서는 강박의 정도가 극심하여 의사표시자의 의사결정의 자유가 완전히 박탈되는 정도에 이른 것임을 요한다.

해설

① [○] 계약의 성립을 위한 의사표시의 객관적 합치 여부를 판단함에 있어, 처분문서인 계약서가 있는 경우에는 특별한 사정이 없는 한 계약서에 기재된 대로의 의사표시의 존재 및 내용을 인정하여야 하고, 계약을 체결함에 있어 당해 계약으로 인한 법률효과에 관하여 제대로 알지 못하였다 하더라도 이는 계약체결에 관한 의사표시의 착오의 문제가 될 뿐이다(대판 2009.4.23. 2008다96291).

② [×] 허위표시에서의 제3자는 선의이면 족하고 무과실은 요건이 아니다(대판 2006.3.10. 2002다1321).

③ [○] 매매거래에 있어서 매도인이 매도당시 목적물의 시가를 몰라서 대금과 시가에 간격이 생겨도 이는 의사결정의 연유(동기)의 착오에 불과하다(대판 1992.10.23. 92다29337). 이것은 매수인이 목적물의 시가를 모르고 매수하는 경우에도 같다(대판 1985.4.23. 84다카890). 다만, 매매목적물의 시가는 중요부분의 착오가 아니나(대판 1984.4.10. 81다239), 시가 차이가 현저한 경우 중요부분의 착오가 될 수 있고, 이때에는 '일부취소'가 가능하다(대판 1998.2.10. 97다44737).

④ [○] 강박의 정도가 극심하여 표의자의 의사결정의 자유가 박탈될 정도인 경우(절대적 강박)에는 의사 자체가 없는 것이 되어 '무효'이다(대판 2002.12.10. 2002다56031 등).

정답 | ②

81 민법상 '제3자'에 관한 설명 중 옳지 않은 것을 모두 고른 것은?

[20변호사 변형]

ㄱ. 정관에 의한 법인 이사에 대한 대표권 제한 규정은 등기하지 아니하면 정관 규정에 대한 선의, 악의에 관계없이 제3자에게 대항할 수 없다.

ㄴ. 제한능력으로 인한 의사표시의 취소는 선의의 제3자에게 대항할 수 없다.

ㄷ. 당사자의 궁박, 경솔, 무경험으로 인하여 현저하게 공정을 잃은 법률행위의 무효는 선의의 제3자에게 대항할 수 없다.

ㄹ. 무권대리행위의 추인에 따른 계약의 소급효는 배타적 권리를 취득한 제3자에게도 미친다.

ㅁ. 상대방 있는 의사표시에 관하여 제3자 甲이 강박을 행한 경우 그 의사표시의 취소는 그 의사표시를 기초로 새로운 이해관계를 맺은 선의의 제3자 乙에게 대항할 수 없다.

① ㄱ, ㄴ, ㅁ   ② ㄱ, ㄷ, ㄹ

③ ㄴ, ㄷ, ㄹ   ④ ㄴ, ㄹ, ㅁ

해설

ㄱ. [○] 제60조의 제3자의 범위

민법은 '이사의 대표권에 대한 제한은 정관에 기재하여야 효력이 있다'(제41조)라고 하여 정관의 기재를 효력요건으로 하고 있고, '이사의 대표권제한은 이를 등기하지 않으면 제3자에게 대항하지 못한다'(제49조 제2항 제9호, 제60조)고 하여 등기를 대항요건으로 하고 있다. 判例는 "등기가 되어 있지 않는 한, 악의의 제3자에게도 대항할 수 없다."(대판 1992.2.14. 91다24564)라고 한다.

ㄴ. [×] 제한능력자 제도의 목적

민법은 제한능력자가 독자적으로 한 법률행위는 원칙적으로 '취소'할 수 있다고 규정하고 있다(제5조 제2항, 제10조 제1항, 제13조 제4항). 즉, 유리하다고 생각되면 취소 안 하면 그만이지만, 취소를 하게 되면 소급해서 무효가 되고(제141조), 이것은 모든 사람에 대한 관계에서 무효가 되는 절대적 효력이 있다(제5조 제2항, 제10조 제1항, 제13조 제4항에서는 제107조 이하에서 정한 선의의 제3자 보호규정이 없다). 이 점에서 제한능력자제도는 거래의 안전을 희생시키는 것을 감수하면서 제한능력자 본인을 보호하는 데 그 목적을 두고 있다(강행규정성; 대판 2007.11.16. 2005다71659 등).

ㄷ. [×] 절대적 무효

불공정한 법률행위는 절대적, 확정적 무효이다(제104조). 따라서 목적부동산이 제3자에게 이전된 경우에 제3자가 선의라 하여도 그 소유권을 취득하지 못하고(대판 1963.11.7. 63다479), 추인에 의해서도 그 법률행위가 유효로 될 수 없다(대판 1994.6.24. 94다10900).

ㄹ. [×] 무권대리행위의 추인

추인으로 무권대리행위는 '소급'하여 확정적으로 유효하게 되나(제133조 본문), 추인의 소급효는 '제3자의 권리'를 해하지 못한다(제133조 단서). 이때 소급효가 제한되는 것은 무권대리행위의 상대방이 취득한 권리와 제3자가 취득한 권리가 모두 배타적 효력을 가지는 경우에 한한다(대판 1963.4.18. 62다223; 따라서 이때 제3자라 함은 등기부상 권리를 주장할 수 있는 자를 말한다).

ㅁ. [○] 제110조 제3항의 제3자

사기 혹은 강박을 이유로 한 의사표시의 취소는 선의의 제3자에게 대항하지 못한다(제110조 제3항). 判例는 이에 대해 "사기를 이유로 한 법률행위의 취소로써 대항할 수 없는 제110조 제3항 소정의 제3자라 함은 사기에 의한 의사표시의 당사자 및 포괄승계인 이외의 자로서 사기에 의한 의사표시를 기초로 하여 새로운 법률원인으로써 이해관계를 맺은 자를 의미한다."(대판 1997.12.26. 96다44860)라고 판시하였다.

정답 | ③

제6관 의사표시의 효력발생

⊕ **핵심정리 의사표시의 효력발생**

민법은 상대방 있는 의사표시는 그 통지가 상대방에 도달한 때로부터 그 효력이 생긴다고 하여 '도달주의'를 채택하고 있다(제111조 제1항). 이때 '도달'이란 상대방의 지배권 내에 들어가 사회통념상 일반적으로 알 수 있는 상태에 이른 것을 말하고, 상대방이 현실적으로 수령하였거나 내용을 알았을 것까지 요하지는 않는다(97다31281).

예컨대 채권양도통지서가 들어 있는 우편물을 채무자의 가정부가 수령한 직후에 한 집에 거주하고 있던 채권양도인이 그 우편물을 바로 회수해 간 경우(83다카439)에는 도달이 된 것으로 볼 수 없다.

82 매도인 甲은 매수인 乙의 채무불이행을 이유로 매매계약을 해제하면서 그 의사표시를 내용증명우편을 통해 乙에게 발송하였다. 다음 설명 중 옳지 않은 것은? (다툼이 있는 경우 판례에 의함) [23경찰간부]

① 甲이 내용증명우편 발송 후에 사망하더라도 해제의 의사표시의 효력에 영향을 미치지 않는다.

② 내용증명우편이 乙에게 도달한 후에는 乙이 이를 알기 전이라도 특별한 사정이 없는 한 甲은 해제의 의사표시를 철회할 수 없다.

③ 내용증명우편이 발송되고 달리 반송되지 않았다면 특별한 사정이 없는 한 그 무렵에 乙에게 송달되었다고 보는 것이 상당하다.

④ 내용증명우편이 행위능력자인 乙에게 도달한 후에 乙이 성년후견개시의 심판을 받았다면 해제의 의사표시는 그 효력을 잃게 된다.

해설

① [O] ④ [×]

> 제111조(의사표시의 효력발생시기) 「②항 의사표시자가 그 통지를 발송한 후 사망하거나 제한능력자가 되어도
> 의사표시의 효력에 영향을 미치지 아니한다.」

② [O]

> 제111조(의사표시의 효력발생시기) 「①항 상대방이 있는 의사표시는 상대방에게 도달한 때에 그 효력이 생긴다.」

의사표시는 상대방에게 도달한 때에 그 효력이 생기므로, 발송 후라도 도달 전에는 그 의사표시를 '철회'할 수 있다. 따라서 의사
표시가 도달된 이후에는 상대방이 이를 알기 전이라도 표의자가 이를 '철회'하지 못한다(제527조).

③ [O] 도달에 대한 증명책임은 그 도달을 주장하는 자에게 있다. 判例는 ㉠ '내용증명29)(배달증명) 등 등기취급'으로 발송한 때에는
반송되지 않는 한 도달된 것으로 추정되지만(대판 1997.2.25. 96다38322), ㉡ '보통우편'으로 발송한 때에는 비록 반송된 사실이
없더라도 우편제도상 도달된 것으로 추정할 수 없다고 한다(대판 2002.7.26. 2000다25002).

정답 | ④

83 의사표시의 효력 발생에 관한 설명으로 가장 적절하지 않은 것은?　　　　　　[23법학경채]

① 의사표시자가 상대방에게 의사표시의 통지를 발송한 후 사망하더라도 원칙적으로 그 의사표시의 효력에 영향을
미치지 아니한다.

② 특별한 사정이 없는 한 의사표시자는 의사표시를 발송한 후 도달하기 전까지 임의로 그 의사표시를 철회할 수 있
으나 그 철회의 의사표시는 늦어도 먼저 발송한 의사표시와 동시에 도달하여야 한다.

③ 의사표시의 상대방이 의사표시를 받은 때에 제한능력자인 경우 특별한 사정이 없는 한 의사표시자는 그 의사표시
로써 대항할 수 없다.

④ 의사표시의 효력발생시기에 대해 규정하고 있는 민법 제111조는 강행규정이다.

해설

① [O]

> 제111조(의사표시의 효력발생시기) 「②항 의사표시자가 그 통지를 발송한 후 사망하거나 제한능력자가 되어도 의사표시의
> 효력에 영향을 미치지 아니한다.」

② [O] 의사표시는 상대방에게 도달한 때에 그 효력이 생기므로, 발송 후라도 도달 전에는 그 의사표시를 '철회'할 수 있다. 따라서 의사
표시가 도달된 이후에는 상대방이 이를 알기 전이라도 표의자가 이를 '철회'하지 못한다(제527조).

③ [O]

> 제112조(제한능력자에 대한 의사표시의 효력) 「의사표시의 상대방이 의사표시를 받은 때에 제한능력자인 경우에는 의사표
> 시자는 그 의사표시로써 대항할 수 없다. 다만, 그 상대방의 법정대리인이 의사표시가 도달한 사실을 안 후에는 그러하지
> 아니하다.」

④ [×] 민법은 상대방 있는 의사표시는 그 통지가 상대방에 도달한 때로부터 그 효력이 생긴다고 하여 '도달주의'를 채택하고 있다(제
111조 제1항). 다만, 도달주의의 원칙을 정한 제111조는 임의규정이다. 따라서 당사자의 약정에 의하여 의사표시의 효력발생시기를
달리 정할 수 있다.

정답 | ④

---

29) 내용증명은 발송인이 언제, 누구에게, 어떤 내용의 문서를 발송했는지 우체국장이 공적인 입장에서 증명해 주는 우편 제도이다. 내용증명우편은 통상우
편으로는 증명을 할 수 없으므로 반드시 등기우편으로 하여 기록을 남겨야 한다. 또한 일반적으로 같은 내용의 우편을 3통 작성하여 1통은 내용 문서의
원본으로 수취인이 가지고, 2통은 우체국과 발송인이 1통씩 보관한다.

84 의사표시의 효력발생시기에 관한 설명으로 옳지 않은 것은? (다툼이 있으면 판례에 의함) [24소방간부]

① 보통우편의 방법으로 우편물이 발송되었다는 사실만으로는 그 우편물이 상당한 기간 내에 도달하였다고 추정할 수 없다.

② 상대방이 정당한 사유없이 수령을 거부한 때에도 그가 의사표시의 내용을 알 수 있는 객관적 상태에 있으면 의사표시의 도달이 인정된다.

③ 사단법인 총회소집의 통지에는 발신주의가 적용된다.

④ 의사표시의 상대방이 제한능력자일 경우 제한능력자는 그가 수령한 의사표시의 효력을 주장하지 못한다.

⑤ 표의자가 과실없이 상대방을 알지 못하거나 상대방의 소재를 모르는 경우 그는 민사소송법의 공시 송달 규정에 의하여 의사표시를 송달할 수 있다.

해설

① [O] 내용증명우편이나 등기우편과는 달리, 보통우편의 방법으로 발송되었다는 사실만으로는 그 우편물이 상당한 기간 내에 도달하였다고 추정할 수 없고, 송달의 효력을 주장하는 측에서 증거에 의하여 이를 입증하여야 한다(대판 2009.12.10. 2007두20140).

② [O] 상대방이 정당한 사유 없이 통지의 수령을 거절한 경우에는 상대방이 그 통지의 내용을 알 수 있는 객관적 상태에 놓여 있는 때에 그 효력이 생기는 것으로 보아야 한다(대판 2016.3.24. 2015다71795).

③ [O]

> 제71조(총회의 소집) 「총회의 소집은 1주간 전에 그 회의의 목적사항을 기재한 통지를 발하고 기타 정관에 정한 방법에 의하여야 한다.」

④ [×]

> 제112조(제한능력자에 대한 의사표시의 효력) 「의사표시의 상대방이 의사표시를 받은 때에 제한능력자인 경우에는 의사표시자는 그 의사표시로써 대항할 수 없다. 다만, 그 상대방의 법정대리인이 의사표시가 도달한 사실을 안 후에는 그러하지 아니하다.」

> ▶ 이 규정은 제한능력자 보호를 위한 것이므로 제한능력자 스스로는 의사표시의 도달을 주장할 수 있고, 다만 상대방인 의사표시자가 의사표시의 도달을 주장할 수 없다고 해석된다(통설).

⑤ [O]

> 제113조(의사표시의 공시송달) 「표의자가 과실없이 상대방을 알지 못하거나 상대방의 소재를 알지 못하는 경우에는 의사표시는 민사소송법 공시송달의 규정에 의하여 송달할 수 있다.」

정답 | ④

85 의사표시의 효력발생에 관한 설명으로 옳지 않은 것은? (다툼이 있으면 판례에 따름) [23세무사]

① 의사표시의 도달은 사회관념상 채무자가 통지의 내용을 알 수 있는 객관적 상태에 놓여진 경우에 인정된다.

② 유언은 유언이 공개되어 유언의 사실이 인지될 수 있을 때에 효력이 생긴다.

③ 표의자가 의사표시의 통지를 발송한 후 사망하더라도 그 효력에는 영향을 미치지 않는다.

④ 우편물이 등기취급의 방법으로 발송된 경우, 반송되는 등의 특별한 사정이 없는 한 그 무렵 수취인에게 배달되었다고 보아야 한다.

⑤ 의사표시의 도달은 그 효력 발생을 주장하는 자가 증명하여야 한다.

해설

① [○]
> 제111조(의사표시의 효력발생시기) 「①항 상대방이 있는 의사표시는 상대방에게 도달한 때에 그 효력이 생긴다.」

> ▶ 이때 '도달'이란 상대방의 지배권 내에 들어가 사회통념상 일반적으로 알 수 있는 객관적 상태에 이른 것을 말하고, 상대방이 현실적으로 수령하였거나 내용을 알았을 것까지 요하지는 않는다(대판 1997.11.25. 97다31281).

② [×] 유언은 유언자가 사망한 때로부터 그 효력이 생긴다(제1073조 제1항).

③ [○]
> 제111조(의사표시의 효력발생시기) 「②항 의사표시자가 그 통지를 발송한 후 사망하거나 제한능력자가 되어도 의사표시의 효력에 영향을 미치지 아니한다.」

④ [○] 내용증명 우편물이 발송되고 반송되지 아니하면, 특단의 사정이 없는 한, 그 무렵에 송달되었다고 볼 것이다(대판 1980.1.15. 79다1498).

⑤ [○] 도달에 대한 증명책임은 그 도달을 주장하는 자에게 있다. 判例는 ㉠ '내용증명[30](배달증명) 등 등기취급'으로 발송한 때에는 반송되지 않는 한 도달된 것으로 추정되지만(대판 1997.2.25. 96다38322), ㉡ '보통우편'으로 발송한 때에는 비록 반송된 사실이 없더라도 우편제도상 도달된 것으로 추정할 수 없다고 한다(대판 2002.7.26. 2000다25002).

정답 | ②

---

86 의사표시의 효력 발생에 관한 설명 중 옳지 않은 것은? (특별한 사정이 있는 경우를 제외하며, 다툼이 있는 경우 판례에 의함) [22경찰간부]

① 상대방 없는 의사표시의 효력은 표시행위가 완료된 때에 생긴다.

② 의사표시자가 통지를 발송한 후 사망한 경우에 그 자의 사망은 의사표시의 효력에 영향을 미치지 않는다.

③ 무권대리의 상대방이 본인에게 추인 여부의 확답을 최고한 경우, 본인의 확답의 효력은 그 의사표시를 발한 때에 발생한다.

④ 의사표시를 받은 상대방이 피특정후견인인 경우, 의사표시자는 의사표시로써 그 상대방에게 대항할 수 없다.

해설

① [○] 상대방 없는 의사표시에서는 의사표시를 수령할 특정의 상대방이 없기 때문에 '표시행위가 완료'된 때에 효력을 발생하게 되며(표백주의), 특별한 문제가 없다.

② [○]
> 제111조(의사표시의 효력발생시기) 「①항 상대방이 있는 의사표시는 상대방에게 도달한 때에 그 효력이 생긴다. ②항 의사표시자가 그 통지를 발송한 후 사망하거나 제한능력자가 되어도 의사표시의 효력에 영향을 미치지 아니한다.」

③ [○]
> 제131조(상대방의 최고권) 「대리권 없는 자가 타인의 대리인으로 계약을 한 경우에 상대방은 상당한 기간을 정하여 본인에게 그 추인 여부의 확답을 최고할 수 있다. 본인이 그 기간 내에 확답을 발하지 아니한 때에는 추인을 거절한 것으로 본다.」

> ▶ 민법은 상대방 있는 의사표시에서는 그것이 상대방에게 도달한 때로부터 그 효력이 생기는 '도달주의'를 원칙으로 하는데(제111조 제1항), 위 최고의 경우에는 최고기간 내에 발송하면 되는 '발신주의'를 예외적으로 채택하고 있다.

④ [×]
> 제112조(제한능력자에 대한 의사표시의 효력) 「의사표시의 상대방이 의사표시를 받은 때에 제한능력자인 경우에는 의사표시자는 그 의사표시로써 대항할 수 없다. 다만, 그 상대방의 법정대리인이 의사표시가 도달한 사실을 안 후에는 그러하지 아니하다.」

> ▶ 특정후견의 심판이 있어도 피특정후견인의 행위능력은 제한되지 않는다. 즉, 피특정후견인은 제한능력자가 아니므로 피특정후견인에 대한 의사표시는 유효하다.

정답 | ④

---

30) 내용증명은 발송인이 언제, 누구에게, 어떤 내용의 문서를 발송했는지 우체국장이 공적인 입장에서 증명해 주는 우편 제도이다. 내용증명우편은 통상우편으로는 증명을 할 수 없으므로 반드시 등기우편으로 하여 기록을 남겨야 한다. 또한 일반적으로 같은 내용의 우편을 3통 작성하여 1통은 내용 문서의 원본으로 수취인이 가지고, 2통은 우체국과 발송인이 1통씩 보관한다.

87 의사표시의 효력발생에 관한 설명으로 옳지 않은 것은? (다툼이 있는 경우 판례에 의함)

① 원칙적으로 상대방 있는 의사표시는 상대방에게 도달한 때에 그 효력이 생긴다.

② 표의자가 과실 없이 상대방의 소재를 알지 못하는 경우에는 의사표시는 민사소송법 공시송달의 규정에 의하여 송달할 수 있다.

③ 의사표시자가 그 통지를 발송한 후 사망하거나 제한능력자가 되면 그 의사표시는 무효이다.

④ 의사표시의 상대방이 의사표시를 받은 때에 제한능력자인 경우에는 원칙적으로 수령능력이 인정 되지 않는다.

⑤ 채권양도의 통지에서의 도달은 의사표시와 마찬가지로 사회관념상 채무자가 통지의 내용을 알 수 있는 객관적 상태에 놓였을 때를 지칭하고, 그 통지를 채무자가 현실적으로 수령하였거나 그 통지의 내용을 알았을 것까지는 필요하지 않다.

해설

① [○] ③ [×]
> 제111조(의사표시의 효력발생시기) 「①항 상대방이 있는 의사표시는 상대방에게 도달한 때에 그 효력이 생긴다. ②항 의사표시자가 그 통지를 발송한 후 사망하거나 제한능력자가 되어도 의사표시의 효력에 영향을 미치지 아니한다.」

② [○]
> 제113조(의사표시의 공시송달) 「표의자가 과실없이 상대방을 알지 못하거나 상대방의 소재를 알지 못하는 경우에는 의사표시는 민사소송법 공시송달의 규정에 의하여 송달할 수 있다.」

④ [○]
> 제112조(제한능력자에 대한 의사표시의 효력) 「의사표시의 상대방이 의사표시를 받은 때에 제한능력자인 경우에는 의사표시자는 그 의사표시로써 대항할 수 없다. 다만, 그 상대방의 법정대리인이 의사표시가 도달한 사실을 안 후에는 그러하지 아니하다.」

⑤ [○] 채권양도의 통지와 같은 준법률행위의 도달은 의사표시와 마찬가지로 사회관념상 채무자가 통지의 내용을 알 수 있는 객관적 상태에 놓여졌을 때를 지칭하고, 그 통지를 채무자가 현실적으로 수령하였거나 그 통지의 내용을 알았을 것까지는 필요하지 않다(대판 1983.8.23. 82다카439).

정답 | ③

88 의사표시의 효력 발생에 관한 설명 중 가장 적절한 것은? (다툼이 있는 경우 판례에 의함)

① 격지자간의 계약에서 청약의 의사표시는 상대방에 도달한 때에 효력이 있다.

② 상대방 있는 의사표시는 상대방이 그 내용을 현실적으로 안 때로부터 효력이 생긴다.

③ 표의자의 과실로 상대방의 소재를 알지 못하는 경우에 의사표시를 공시송달할 수 있다.

④ 의사표시가 상대방에게 도달하였으나 상대방이 이행에 착수하기 전에는 그 의사표시를 철회할 수 있다.

해설

① [○] 청약은 의사표시이고 효력발생시기에 대하여 특별히 규정하고 있지 아니하므로 도달주의 원칙에 따라 도달한 때 효력이 있다(제111조 제1항).

② [×] '도달'이란 상대방의 지배권 내에 들어가 사회통념상 일반적으로 알 수 있는 상태에 이른 것을 말하고, 상대방이 현실적으로 수령하였거나 내용을 알았을 것까지 요하지는 않는다(대판 1997.11.25. 97다31281).

③ [×]
> 제113조(의사표시의 공시송달) 「표의자가 과실없이 상대방을 알지 못하거나 상대방의 소재를 알지 못하는 경우에는 의사표시는 민사소송법 공시송달의 규정에 의하여 송달할 수 있다.」

▶ 과실로 상대방의 소재를 알지 못하는 경우에는 공시송달할 수 없다.

④ [×] 의사표시는 상대방에게 도달한 때에 그 효력이 생기므로, 따라서 의사표시가 도달된 이후에는 상대방이 이행의 착수 전이라도 표의자가 이를 '철회'하지 못한다(제527조).

정답 | ①

89 의사표시에 관한 설명으로 옳지 않은 것은? [22행정사]

① 청약의 의사표시는 그 표시가 상대방에게 도달한 때에 그 효력이 생긴다.

② 의사표시자가 청약의 의사표시를 발송한 후 사망하였다면, 그 의사표시는 처음부터 무효인 것으로 본다.

③ 행위능력을 갖춘 미성년자에게는 특별한 사정이 없는 한 의사표시의 수령능력이 인정된다.

④ 표의자가 과실없이 상대방을 알지 못하는 경우, 민사소송법 공시송달의 규정에 의하여 의사표시를 송달할 수 있다.

⑤ 의사표시의 상대방이 의사표시를 받은 때에 제한능력자인 경우, 특별한 사정이 없는 한 의사표시자는 그 의사표시로써 대항할 수 없다.

해설

① [O] 청약에 효력발생시기에 대하여는 별도의 규정이 없으므로 도달주의 일반원칙에 따라 청약의 의사표시가 상대방에게 도달한 때 효력이 생긴다.

> 제111조(의사표시의 효력발생시기) 「①항 상대방이 있는 의사표시는 상대방에게 도달한 때에 그 효력이 생긴다.」

② [×]
> 제111조(의사표시의 효력발생시기) 「②항 의사표시자가 그 통지를 발송한 후 사망하거나 제한능력자가 되어도 의사표시의 효력에 영향을 미치지 아니한다.」

③ [O] 민법은 제한능력자를 수령제한능력자로 하고 있다. 그러나 제한능력자가 예외적으로 행위능력을 가지는 경우에는 수령능력도 인정된다.

④ [O]
> 제113조(의사표시의 공시송달) 「표의자가 과실없이 상대방을 알지 못하거나 상대방의 소재를 알지 못하는 경우에는 의사표시는 민사소송법 공시송달의 규정에 의하여 송달할 수 있다.」

⑤ [O]
> 제112조(제한능력자에 대한 의사표시의 효력) 「의사표시의 상대방이 의사표시를 받은 때에 제한능력자인 경우에는 의사표시자는 그 의사표시로써 대항할 수 없다. 다만, 그 상대방의 법정대리인이 의사표시가 도달한 사실을 안 후에는 그러하지 아니하다.」

정답 | ②

90 의사표시의 효력발생에 관한 설명으로 옳지 않은 것은? (다툼이 있으면 판례에 따름) [22 세무사]

① 표의자가 과실 없이 상대방을 알지 못한 경우에는 의사표시는 민사소송법상 공시송달의 규정에 의하여 송달할 수 있다.

② 상대방 있는 의사표시에서 표의자가 그 통지를 발송한 후 사망하더라도 의사표시의 효력에 영향을 미치지 않는다.

③ 상대방이 정당한 사유 없이 통지의 수령을 거절하는 경우에도 통지의 내용을 알 수 있는 객관적인 상태에 놓인 때에 의사표시가 도달한 것으로 보아야 한다.

④ 미성년자에게 매매계약 취소의 의사표시가 도달하더라도 미성년자는 그 의사표시의 도달을 주장할 수 없다.

⑤ 표의자는 특별한 사정이 없는 한 의사표시가 상대방에게 도달하기 전에 그 의사표시를 철회할 수 있다.

해설

① [○]

> 제113조(의사표시의 공시송달) 「표의자가 과실없이 상대방을 알지 못하거나 상대방의 소재를 알지 못하는 경우에는 의사표시는 민사소송법 공시송달의 규정에 의하여 송달할 수 있다.」

② [○]

> 제111조(의사표시의 효력발생시기) 「②항 의사표시자가 그 통지를 발송한 후 사망하거나 제한능력자가 되어도 의사표시의 효력에 영향을 미치지 아니한다.」

③ [○] '도달'이란 사회통념상 상대방이 통지의 내용을 알 수 있는 객관적 상태에 놓여 있는 경우를 가리키는 것으로서, 상대방이 통지를 현실적으로 수령하거나 통지의 내용을 알 것까지는 필요로 하지 않는다. 채무자가 사회통념상 그 통지의 내용을 알 수 있는 객관적 상태에 놓여졌다고 인정됨으로써 족하다(대판 2010.4.15. 2010다57).

④ [×]

> 제112조(제한능력자에 대한 의사표시의 효력) 「의사표시의 상대방이 의사표시를 받은 때에 제한능력자인 경우에는 의사표시자는 그 의사표시로써 대항할 수 없다. 다만, 그 상대방의 법정대리인이 의사표시가 도달한 사실을 안 후에는 그러하지 아니하다.」

　▶ 표의자가 의사표시의 도달, 즉 효력의 발생을 주장할 수 없다는 것이므로, 제한능력자가 그 도달을 주장하는 것은 무방하다.

⑤ [○] 의사표시는 상대방에게 도달한 때에 그 효력이 생기므로, 발송 후라도 도달 전에는 그 의사표시를 철회할 수 있다.

정답 | ④

---

91 의사표시의 효력발생에 관한 설명으로 가장 적절하지 않은 것은? (다툼이 있는 경우 판례에 의함) [21법학경채]

① 법인이 정관에서 이사의 사임절차나 사임의 의사표시의 효력발생시기에 관하여 특별규정을 두고 있다면 의사표시의 효력발생시기에 관한 도달주의 원칙을 규정한 민법 제111조의 규정은 적용되지 않는다.

② 상대방이 정당한 사유 없이 의사표시 통지의 수령을 거절한 경우에는 상대방이 통지를 발송한 때 의사표시의 효력이 생기는 것으로 보아야 한다.

③ 의사표시의 상대방이 의사표시를 받은 때에 제한능력자인 경우에는 의사표시자는 그 의사표시로써 특별한 사정이 없는 한 대항할 수 없다.

④ 채권양도의 통지와 같은 준법률행위의 도달은 의사표시의 도달과 마찬가지로 상대방이 현실적으로 수령하였거나 그 내용을 알았을 것까지 요하지는 않는다.

해설

① [○] 법인이 정관에 이사 사임의 의사표시의 효력발생시기에 관하여 특별한 규정을 둔 경우, 이사가 사임의 의사표시를 하였더라도 정관에 따라 사임의 효력이 발생하기 전에는 그 사임의사를 자유롭게 철회할 수 있다(대판 2008.9.25. 2007다17109).

② [×] 도달주의 취지상 상대방이 정당한 사유 없이 통지의 수령을 거절한 경우에는, 상대방이 그 통지의 내용을 알 수 있는 '객관적 상태에 놓여 있는 때'에 의사표시의 효력이 생기는 것으로 보아야 한다(대판 2008.6.12. 2008다19973). 같은 취지에서 상대방이 부당하게 등기취급 우편물의 수취를 거부함으로써 우편물의 내용을 알 수 있는 '객관적 상태의 형성을 방해'한 경우, 그러한 상태가 형성되지 아니하였다는 사정만으로 발송인의 의사표시 효력을 부정할 수는 없다. 이 경우 의사표시의 효력 발생 시기는 수취 거부 시이며, 우편물의 수취 거부가 신의성실의 원칙에 반하는지 판단하는 방법 및 우편물의 수취를 거부한 것에 정당한 사유가 있는지에 관한 증명책임의 소재는 수취 거부를 한 상대방에게 있다(대판 2020.8.20. 2019두34630).

③ [○]

> 제112조(제한능력자에 대한 의사표시의 효력) 「의사표시의 상대방이 의사표시를 받은 때에 제한능력자인 경우에는 의사표시자는 그 의사표시로써 대항할 수 없다. 다만, 그 상대방의 법정대리인이 의사표시가 도달한 사실을 안 후에는 그러하지 아니하다.」

④ [○] '도달'이란 상대방의 지배권 내에 들어가 사회통념상 일반적으로 알 수 있는 상태에 이른 것을 말하고, 상대방이 현실적으로 수령하였거나 내용을 알았을 것까지 요하지는 않는다(대판 1997.11.25. 97다31281).

정답 | ②

92 의사표시의 효력 발생에 관한 설명으로 옳은 것은? (다툼이 있으면 판례에 따름) [18세무사]

① 상대방 없는 의사표시에 대해서는 도달주의가 원칙이다.

② 상대방 있는 의사표시에 있어서 표의자가 그 통지를 발송한 후 사망하더라도 의사표시의 효력에는 영향이 없다.

③ 의사표시가 도달하였다고 하기 위해서는 의사표시의 상대방이 통지를 현실적으로 수령하여 그 내용을 알았어야 한다.

④ 표의자는 의사표시를 발신한 이상, 상대방에게 도달하기 전이라도 철회할 수 없다.

⑤ 제한능력자에게 의사표시를 한 경우 제한능력자의 법정대리인이 의사표시가 도달한 사실을 알았더라도 그 의사표시로써 대항할 수 없다.

해설

① [×] 상대방 없는 의사표시에서는 의사표시를 수령할 특정의 상대방이 없기 때문에 '표시행위가 완료'된 때에 효력을 발생하게 되며 (표백주의), 특별한 문제가 없다.

② [○]
> 제111조(의사표시의 효력발생시기) 「②항 의사표시자가 그 통지를 발송한 후 사망하거나 제한능력자가 되어도 의사표시의 효력에 영향을 미치지 아니한다.」

③ [×] '도달'이란 상대방의 지배권 내에 들어가 사회통념상 일반적으로 알 수 있는 상태에 이른 것을 말하고, 상대방이 현실적으로 수령 하였거나 내용을 알았을 것까지 요하지는 않는다(대판 1997.11.25. 97다31281).

④ [×] 의사표시는 상대방에게 도달한 때에 그 효력이 생기므로, 발송 후라도 도달 전에는 그 의사표시를 '철회'할 수 있다. 따라서 의사표시가 도달된 이후에는 상대방이 이를 알기 전이라도 표의자가 이를 '철회'하지 못한다(제527조).

> 참조조문 제527조(계약의 청약의 구속력) 「계약의 청약은 이를 철회하지 못한다.」

⑤ [×]
> 제112조(제한능력자에 대한 의사표시의 효력) 「의사표시의 상대방이 의사표시를 받은 때에 제한능력자인 경우에는 의사표시자는 그 의사표시로써 대항할 수 없다. 다만, 그 상대방의 법정대리인이 의사표시가 도달한 사실을 안 후에는 그러하지 아니하다.」

정답 | ②

93 의사표시의 효력 발생 등에 관한 설명 중 가장 적절하지 않은 것은? [19 · 18법학경채 변형]

① 상대방 있는 의사표시는 원칙적으로 상대방에게 도달한 때에 그 효력이 생긴다.

② 의사표시자가 그 통지를 발송한 후 사망한 경우, 특별한 사정이 없는 한 그 의사표시는 효력이 없다.

③ 내용증명우편이나 등기우편과는 달리, 보통우편의 방법으로 발송되었다는 사실만으로는 그 우편물이 상당한 기간 내에 도달하였다고 추정할 수 없다.

④ 표의자가 과실 없이 상대방을 알지 못하거나 상대방의 소재를 알지 못하는 경우에 의사표시는 민사소송법 공시송 달의 규정에 의하여 송달할 수 있다.

해설

① [○] ② [×]

> 제111조(의사표시의 효력발생시기) 「①항 상대방이 있는 의사표시는 상대방에게 도달한 때에 그 효력이 생긴다. ②항 의사표시자가 그 통지를 발송한 후 사망하거나 제한능력자가 되어도 의사표시의 효력에 영향을 미치지 아니한다.」

③ [○] 도달에 대한 증명책임은 그 도달을 주장하는 자에게 있다. 判例는 ⑦ '내용증명(배달증명) 등 등기취급'으로 발송한 때에는 반송되지 않는 한 도달된 것으로 추정되지만(대판 1997.2.25. 96다38322), ⑥ '보통우편'으로 발송한 때에는 비록 반송된 사실이 없더라도 우편제도상 도달된 것으로 추정할 수 없다고 한다(대판 2002.7.26. 2000다25002).

④ [○]

> 제113조(의사표시의 공시송달) 「표의자가 과실없이 상대방을 알지 못하거나 상대방의 소재를 알지 못하는 경우에는 의사표시는 민사소송법 공시송달의 규정에 의하여 송달할 수 있다.」

정답 | ②

---

94 의사표시에 관한 설명으로 옳은 것은?　　　　　　　　　　　　　　　　[16행정사]

① 의사표시자가 그 통지를 발송한 후 사망하여도 의사표시의 효력에 영향을 미치지 아니한다.

② 진의 아닌 의사표시에서 상대방이 표의자의 진의 아님을 알았거나 알 수 있었을 경우, 표의자는 그 의사표시를 취소할 수 있다.

③ 표의자가 과실로 상대방의 소재를 알지 못하는 경우, 의사표시는 민사소송법 공시송달의 규정에 의하여 송달할 수 있다.

④ 상대방이 있는 의사표시는 상대방이 요지(了知)한 때에 그 효력이 생긴다.

⑤ 상대방이 있는 의사표시에 관하여 제3자가 강박을 행한 경우, 상대방이 그 사실을 알았던 경우에 한하여 그 의사표시를 취소할 수 있다.

해설

① [○] ④ [×]

> 제111조(의사표시의 효력발생시기) 「①항 상대방이 있는 의사표시는 상대방에게 도달한 때에 그 효력이 생긴다. ②항 의사표시자가 그 통지를 발송한 후 사망하거나 제한능력자가 되어도 의사표시의 효력에 영향을 미치지 아니한다.」

② [×]

> 제107조(진의 아닌 의사표시) 「①항 의사표시는 표의자가 진의 아님을 알고한 것이라도 그 효력이 있다. 그러나 상대방이 표의자의 진의 아님을 알았거나 이를 알 수 있었을 경우에는 무효로 한다. ②항 전항의 의사표시의 무효는 선의의 제3자에게 대항하지 못한다.」

▶ 원칙적 유효, 예외적 무효

③ [×]

> 제113조(의사표시의 공시송달) 「표의자가 과실없이 상대방을 알지 못하거나 상대방의 소재를 알지 못하는 경우에는 의사표시는 민사소송법 공시송달의 규정에 의하여 송달할 수 있다.」

⑤ [×]

> 제110조(사기, 강박에 의한 의사표시) 「②항 상대방 있는 의사표시에 관하여 제3자가 사기나 강박을 행한 경우에는 상대방이 그 사실을 알았거나 알 수 있었을 경우에 한하여 그 의사표시를 취소할 수 있다.」

정답 | ①

95 의사표시의 효력 발생에 관한 설명으로 옳은 것은? (다툼이 있으면 판례에 의함) [20소방간부]

① 표의자의 과실로 상대방의 소재를 알지 못하는 경우, 의사표시를 공시송달할 수 있다.

② 의사표시자가 통지를 발송한 후 사망한 경우, 그 의사표시는 무효가 된다.

③ 의사표시의 부도달 또는 연착으로 인한 불이익은, 특별한 사정이 없는 한 표의자의 상대방이 부담한다.

④ 제한능력자에 대한 의사표시의 도달을 그 법정대리인이 안 경우, 표의자가 그 의사표시의 효력 발생을 주장할 수 있다.

⑤ 채권양도통지서가 들어 있는 우편물을 채무자의 가정부가 수령한 경우, 그 직후 한 집에 거주하고 있는 채권양도인이 그 우편물을 회수하였더라도 그 통지서는 채무자에게 도달한 것이다.

해설

① [×]

> 제113조(의사표시의 공시송달) 「표의자가 과실없이 상대방을 알지 못하거나 상대방의 소재를 알지 못하는 경우에는 의사표시는 민사소송법 공시송달의 규정에 의하여 송달할 수 있다.」

② [×]

> 제111조(의사표시의 효력발생시기) 「②항 의사표시자가 그 통지를 발송한 후 사망하거나 제한능력자가 되어도 의사표시의 효력에 영향을 미치지 아니한다.」

③ [×] 의사표시의 불착(不着)·연착(延着)은 모두 표의자의 불이익으로 돌아간다.

④ [O]

> 제112조(제한능력자에 대한 의사표시의 효력) 「의사표시의 상대방이 의사표시를 받은 때에 제한능력자인 경우에는 의사표시자는 그 의사표시로써 대항할 수 없다. 다만, 그 상대방의 법정대리인이 의사표시가 도달한 사실을 안 후에는 그러하지 아니하다.」

⑤ [×] 채권양도통지서가 들어 있는 우편물을 채무자의 가정부가 수령한 직후에 한 집에 거주하고 있던 채권양도인이 그 우편물을 바로 회수해 간 경우, "그 우편물의 내용이 무엇이었는지를 가정부가 알고 있었다는 등의 특별한 사정이 없는 이상, 그 통지는 사회관념상 채무자가 그 통지의 내용을 알 수 있는 객관적 상태에 놓여졌던 것이라고 볼 수 없어 '도달'되었다고 볼 수 없다(대판 1983.8.23. 83다카439).

정답 | ④

96 의사표시의 효력 발생에 관한 설명으로 옳지 않은 것은? (다툼이 있는 경우 판례에 의함) [21소방간부]

① 제한능력자를 상대방으로 한 의사표시의 경우, 특별한 사정이 없는 한 표의자는 의사표시의 도달을 주장할 수 없지만, 제한능력자는 도달한 것으로 인정할 수 있다.

② 도달이라 함은 사회통념상 상대방이 통지의 내용을 알 수 있는 객관적 상태에 놓여 있는 경우를 가리키는 것으로서, 상대방이 통지를 현실적으로 수령하거나 통지의 내용을 알 것까지는 필요로 하지 않는다.

③ 우편법 소정의 규정에 따라 우편물이 배달되었다면 언제나 상대방 있는 의사표시의 통지가 상대방에게 도달하였다고 볼 수 있다.

④ 격지자 간의 계약에서 청약에 대한 승낙의 의사표시는 다른 요건을 충족하였음을 전제로 의사표시를 발송한 때에 그 효력이 발생하며, 따라서 그때에 계약이 성립한다.

⑤ 상대방이 정당한 사유 없이 통지의 수령을 거절한 경우에는 상대방이 그 통지의 내용을 알 수 있는 객관적 상태에 놓여 있는 때에 의사표시의 효력이 생기는 것으로 보아야 한다.

해설

① [O]

> 제112조(제한능력자에 대한 의사표시의 효력) 「의사표시의 상대방이 의사표시를 받은 때에 제한능력자인 경우에는 의사표시자는 그 의사표시로써 대항할 수 없다. 다만, 그 상대방의 법정대리인이 의사표시가 도달한 사실을 안 후에는 그러하지 아니하다.」

   ▶ 그러나 제한능력자가 의사표시의 도달을 주장하는 것은 허용된다.

② [O] '도달'이란 상대방의 지배권 내에 들어가 사회통념상 일반적으로 알 수 있는 상태에 이른 것을 말하고, 상대방이 현실적으로 수령하였거나 내용을 알았을 것까지 요하지는 않는다(대판 1997.11.25. 97다31281).

③ [×] 우편법 소정의 규정에 따라 우편물이 배달되었다고 하여 언제나 상대방 있는 의사표시의 통지가 상대방에게 도달하였다고 볼 수는 없으며, 등기우편물에 기재된 사무소에서 본인의 사무원임을 확인한 후 우편물을 교부하였다는 우편집배원의 진술이나 우편법 등의 규정을 들어 그 등기우편물의 수령인을 본인의 사무원 또는 고용인으로 추정할 수는 없다(대판 1997.11.25. 97다31281).

④ [O] 격지자 간의 계약은 '승낙'의 통지를 '발송'한 때에 성립한다(제531조). 유의할 것은 격지자와 대화자의 구별은 거리적·장소적 관념이 아니라 시간적 관념이라는 점이다.

> [참조조문] 제531조(격지자간의 계약성립시기) 「격지자간의 계약은 승낙의 통지를 발송한 때에 성립한다.」

⑤ [O] 도달주의 취지상 상대방이 정당한 사유 없이 통지의 수령을 거절한 경우에는, 상대방이 그 통지의 내용을 알 수 있는 '객관적 상태에 놓여 있는 때'에 의사표시의 효력이 생기는 것으로 보아야 한다(대판 2008.6.12. 2008다19973).

정답 | ③

---

97 甲은 자기 소유의 부동산을 1억원에 매도하겠다는 청약을 등기우편으로 乙에게 보냈다. 이에 관한 설명으로 옳지 않은 것은? (다툼이 있으면 판례에 따름)   [19행정사]

① 甲의 청약은 乙에게 도달한 때에 효력이 생긴다.

② 甲이 등기우편을 발송한 후 성년후견개시의 심판을 받은 경우, 乙에게 도달한 甲의 청약은 효력이 발생하지 않는다.

③ 甲의 등기우편은 반송되는 등 특별한 사정이 없는 한 乙에게 배달된 것으로 인정하여야 한다.

④ 甲은 등기우편이 乙에게 도달하기 전에 자신의 청약을 철회할 수 있다.

⑤ 甲의 청약이 효력을 발생하기 위해서 乙이 그 내용을 알 것까지는 요하지 않는다.

해설

① [O] ② [×]

> 제111조(의사표시의 효력발생시기) 「①항 상대방이 있는 의사표시는 상대방에게 도달한 때에 그 효력이 생긴다. ②항 의사표시자가 그 통지를 발송한 후 사망하거나 제한능력자가 되어도 의사표시의 효력에 영향을 미치지 아니한다.」

③ [O] 우편물이 등기취급의 방법으로 발송된 경우에는 반송되는 등의 특별한 사정이 없는 한 그 무렵 수취인에게 배달되었다고 보아야 한다(대판 2007.12.27. 2007다51758).

④ [O]

> 제527조(계약의 청약의 구속력) 「계약의 청약은 이를 철회하지 못한다.」

   ▶ 청약이 효력을 발생한 때에는 청약자가 임의로 철회하지 못한다. 따라서 청약이 특정인에게 도달하여 효력을 발생하기 전에는 청약자가 자유로이 철회할 수 있다.

⑤ [O] '도달'이란 상대방의 지배권 내에 들어가 사회통념상 일반적으로 알 수 있는 상태에 이른 것을 말하고, 상대방이 현실적으로 수령하였거나 내용을 알았을 것까지 요하지는 않는다(대판 1997.11.25. 97다31281).

정답 | ②

제1관 대리권 총설

제2관 대리권 관계

제3관 대리행위

제4관 대리의 효과

⊕ 핵심정리 대리제도 일반

1. 대리인이 한 의사표시가 본인에게 그 효력이 발생하기 위한 요건

ⅰ) 대리권의 범위 내에서, ⅱ) 본인을 위한 것임을 표시하여야 한다(제114조).

2-1. 대리에 있어 쟁점구조

> ① 본인의 무권대리 항변(부인) 검토 → ② 상대방의 표현대리 재항변 검토 → ③ 본인의 대리권 남용 재재항변 검토[31]
> ① 상대방의 유권대리 인정시 → ② 본인의 대리권 남용의 재항변 검토[32]

2-2. 이해상반행위, 친권남용, 법정대리권을 기본대리권으로 한 제126조의 표현대리 성부

(1) 제921조 제1항의 이해상반행위

이해상반행위란 친권자를 위해서는 이익이 되고, 미성년자를 위해서는 불이익이 되는 행위(제921조 제1항)를 말하는바, 判例는 "제921조 제1항의 이해상반행위란 행위의 객관적 성질상 친권자와 자 사이에 이해의 대립이 생길 우려가 있는 행위를 가리키는 것으로서 친권자의 의도나 그 행위의 결과로 실질적 이해의 대립이 생겼는가의 여부는 묻지 아니하는 것이라"고 하여(96다10270) 형식적 판단설의 입장이다.

判例는 ① [긍정] 상속재산 분할협의에서 공동상속인인 친권자가 다른 공동상속인인 미성년자를 대리하여 상속재산 분할협의를 하는 경우(2007다17482) 이해상반행위에 해당한다고 한다. ② [부정] 그러나 친권자인 母가 자신이 대표이사 겸 대주주로 있는 주식회사의 채무 보증을 위하여 자신과 미성년인 子의 공유재산을 담보로 제공한 행위(96다10270), A의 공동상속인이 배우자 乙, 성년의 자 B, 미성년자 甲인 경우 乙이 자신의 상속을 포기함과 동시에 甲을 대리하여 甲의 상속을 포기하는 행위는(88다카28044), 각각 이해상반행위에 해당하지 않는다고 한다.

(2) 친권의 남용

친권자의 친권행사도 일종의 법정대리권의 행사인 이상 대리권 남용이론이 동일하게 적용되어야 하며, 단지 친권의 상실제도(제924조 이하)가 있다는 특수성이 있을 뿐이다. ① 判例도 "ⅰ) 법정대리인인 친권자의 대리행위가 객관적으로 볼 때 미성년자 본인에게는 경제적인 손실만을 초래하는 반면, 친권자나 제3자에게는 경제적인 이익을 가져오는 행위이고, ⅱ) 그 행위의 상대방이 이러한 사실을 알았거나 알 수 있었을 때에는, 제107조 제1항 단서의 규정을 유추적용하여 그 행위의 효과는 자(子)에게는 미치지 않는다."(2011다64669[33])고 한다. ② 아울러 최근 判例는 친권남용의 경우 제107조 제1항 단서뿐만 아니라 제107조 제2항의 규정도 유추적용될 수 있다는 입장이다(2016다3201). ③ 다만 判例는 친권의 행사에는 넓은 재량이 인정되므로 최종적으로 친권의 남용 여부를 판단할 때 신중한 태도를 보이고 있다(91다32466,[34] 2008다73731 등).

---

31) 표현대리의 성립요건으로서 '선의·무과실'의 인식 대상은 '대리권의 존재(범위·존속)'임에 반해서 대리권 남용이론에서 악의 또는 과실의 인식 대상은 '대리인의 대리권남용 의사'여서 양자의 인식 대상이 다르기 때문에 표현대리가 성립하는 경우에도 대리권남용이 있을 수 있다는 견해가 유력하다(86다카1004).

32) 표현대리는 무권대리의 일종이기 때문에 여기에는 다시 표현대리 성립 여부를 검토하지 않는다.

33) 사실관계 미성년자 甲 소유의 부동산에 대해 법정대리인 乙이 자신의 유흥비를 마련하기 위해 시세보다 훨씬 저렴한 가격으로 甲을 대리하여 丙과 매매계약을 체결한 경우, 丙이 그러한 사정을 알았거나 알 수 있었다면 그 매매계약의 효력은 甲에게 미치지 않는다.

3. 사자

사자는 본인이 '효과의사'를 결정하나, 대리는 대리인 자신이 '효과의사'를 결정한다는 점에서 본질적인 차이가 있다. 判例는 제126조의 표현대리 규정은 일반적인 권리외관 이론에 그 기초를 두고 있는 것이므로 '사실행위'를 하는 사자에게도 유추적용할 수 있다는 입장이다(61다192).

4. 수권행위

(1) 수권행위의 독자성 및 유인성 인정 여부

① [독자성] 判例는 위임과 대리권수여는 별개의 독립된 행위로서, 위임은 위임자와 수임자 간의 내부적인 채권 · 채무관계를 말하고, 대리권은 대리인의 행위의 효과가 본인에게 미치는 대외적 자격을 말하는 것(4294민상251)이라고 하여 수권행위의 '독자성을 긍정'하고 있다.

② [유인성] 원인된 법률관계가 종료하면 임의대리권도 그 때부터 소멸한다(제128조 전문). 문제는 원인된 법률관계가 무효 · 취소되어 실효되면, (그 자체로는 흠 없는) 수권행위도 실효되는지 문제되나 제128조 전문 등을 고려할 때 '유인설'이 타당하다. 이 경우 소급효가 있는지 여부가 문제되나, 소급효를 인정하는 입장에 의하면 상대방은 표현대리의 법리에 의하여 보호받을 수 있다.

(2) 수권행위의 방식

수권행위로써 백지위임장이 교부되면 ① '성명백지'의 경우 백지위임장 작성자의 의도와는 달리 그 위임장이 전전 유통되어 대리인의 성명이 보충되었다면 제125조 표현대리가, ② '내용백지'의 경우 대리인이 본인으로부터 부탁받지 않은 사항을 보충하였다면 제126조의 표현대리가 성립할 수 있다.

예컨대 A가 B에게 1억원을 차용할 것을 부탁하면서 수임인 및 위임사항이 백지로 된 위임장을 교부하였는데, B가 다시 C에게 위 위임장을 교부하여 C가 A를 대리하여 D로부터 돈을 빌린 경우, C의 대리행위는 무권대리행위가 된다. 이때 C가 1억원 범위 내에서 차용했으면 제125조, 1억원을 초과해서 차용했으면 제126조가 중첩적으로 적용된다.

(3) 수권행위의 해석

判例는 ① 임의대리권은 그 권한에 부수하여 상대방의 의사표시를 수령하는 이른바 수령대리권을 포함하고, 매매계약체결의 대리권을 수여받은 대리인은 중도금과 잔금을 수령할 권한을 가지며(93다39379), 상대방에 대해 약정된 매매대금 지급기일을 연기하여 줄 권한도 가진다고 한다(91다43107). ② 그러나 본인을 대리하여 금전소비대차 내지 그를 위한 담보권설정계약을 체결할 권한을 수여받은 대리인에게 본래의 계약관계를 '해제'할 대리권까지 있다고 볼 수는 없다고 한다(92다39365).

5. 대리권의 제한

(1) 자기계약 · 쌍방대리

1) 원칙적 금지, 예외적 허용

자기계약, 쌍방대리는 금지되나, '채무의 이행'이나 본인이 자기계약 또는 쌍방대리를 '허락'하는 경우에 대리행위는 유효하다(제124조 본문). 判例는 대주와 차주가 사채알선업자에게 쌍방을 대리하여 금전 소비대차계약을 체결하도록 승낙한 경우, 특별한 사정이 없는 한 차주의 변제를 수령할 권한도 사채알선업자에게 인정된다고 한다(97다12273).

2) 위반의 효과

제124조에 위반한 대리행위는 절대적 무효로 되는 것이 아니라 무권대리행위로 되며, 따라서 본인은 이를 추인할 수 있다(제130조). 判例는 부동산 입찰절차에서 동일물건에 관하여 이해관계가 다른 2인 이상의 대리인이 된 경우에는 그 대리인이 한 입찰은 원칙적으로 무효라고 한다(2003마44).

(2) 공동대리

대리인이 수인인 때에는 각자가 본인을 대리한다(제119조 본문). 즉 '각자대리'가 원칙이다. 그러나 법률(예컨대, 친권의 부모 공동행사; 제909조 제2항) 또는 수권행위에서 달리 정한 때에는 공동으로만 대리하여야 한다. 공동대리에서 '공동'의 의미와 관련하여 의사결정의 공동인지 의사표시의 공동인지가 문제되나, 공동대리제도의 취지상 일반적으로 전자로 해석된다.

---

34) [사실관계] "미성년자의 (단독)친권자인 母가 미성년자에게는 오로지 불이익만을 주는데도 자기 오빠의 사업을 위하여 미성년자 소유의 부동산을 제3자에게 담보로 제공하였고, 제3자도 그와 같은 사정을 잘 알고 있었다고 하더라도, 그와 같은 사실만으로 母의 근저당권 설정행위가 바로 친권을 남용한 경우에 해당한다고는 볼 수 없다."

6. 대리권 남용(이론)

'대리권의 남용'이란 대리인이 형식적으로는 '대리권의 범위 내'에서 한 행위이지만 실질적으로 그것이 자기 또는 제3자의 이익을 도모하기 위하여 대리행위를 하는 경우를 말한다.

判例는 대체로 대리인의 진의가 사익 도모에 있다는 것을 상대방이 알았거나 알 수 있었을 경우에는 제107조 제1항 단서를 유추하여 '무효'로 보아야 한다고 하나(86다카371), 주식회사의 대표이사의 '대표권 남용'에 대해서는 대리권 남용 행위 자체는 '유효'하지만, 상대방이 '악의'로 취득한 권리를 행사하는 것은 신의칙상 허용되지 않는다고 판단한 것도 있다(86다카1522 ; 2016다222453).

7. 현명주의(제114조, 제115조)

대리인이 그 권한 내에서 한 의사표시가 직접 본인에게 그 효력이 생기려면 '본인을 위한 것임을 표시'하여야 한다(제114조 제1항). 다만 여기서 '본인을 위한다는 것'은 본인에게 법률효과를 귀속시키려는 의사를 의미하고, 본인의 이익을 위해서라는 뜻은 아니다.

① '대리인의 이름을 사용하는 현명행위'와 관련하여 判例는 '매매위임장을 제시'하고 매매계약을 체결하면서 매매계약서에 대리인의 이름만을 기재하더라도, 그것은 소유자를 대리하여 매매계약을 체결한 것으로 보아야 한다고 하며(제115조 참조; 81다카1349), ② '본인의 이름을 사용하는 현명행위'와 관련하여 判例는 반드시 대리인임을 표시하여 행위하여야 하는 것은 아니고 '본인명의'로도 할 수 있다는 입장이다(63다67).

8. 대리행위의 하자(제116조)

의사표시의 효력이 의사의 흠결, 사기, 강박 또는 어느 사정을 알았거나 과실로 알지 못한 것으로 인하여 영향을 받을 경우에 그 사실의 유무는 대리인을 표준으로 하여 결정한다(제116조 제1항). 예를 들어 '부동산의 이중매매'에서 제2매수인의 대리인이 매도인의 배임행위에 적극가담한 경우, 본인이 그러한 사정을 몰랐거나 반사회성을 야기한 것이 아니라고 할지라도 그 매매계약은 제103조 위반으로 무효가 된다(97다45532).

---

01 대리에 관한 설명으로 옳지 않은 것은? (다툼이 있는 경우 판례에 의함) [23경찰간부]

① 대리권한의 범위를 정하지 않은 대리인은 대리의 목적인 물건의 성질을 변하지 아니하는 범위에서 그 이용뿐만 아니라 개량행위도 할 수 있다.

② 의사표시의 효력이 상대방의 강박으로 인하여 영향을 받을 경우에 그 사실의 유무는 특별한 사정이 없는 한 대리인을 표준하여 결정한다.

③ 매매계약에 관한 대리권을 수여받은 자가 매매계약을 체결할 당시에 매매위임장을 제시하였지만 매매계약서에 대리관계의 표시 없이 대리인 자신의 이름을 매도인으로 기재한 경우, 특별한 사정이 없는 한 대리인이 매도인으로서 타인의 물건을 매매한 것으로 볼 수 없다.

④ 특정한 법률행위를 위임받은 대리인이 본인의 지시에 좇아 그 행위를 한 때에도 본인은 자기가 과실로 알지 못한 사정에 관하여 대리인의 부지를 주장할 수 있다.

해설

① [O] 제118조(대리권의 범위) 「권한을 정하지 아니한 대리인은 다음 각 호의 행위만을 할 수 있다. 1. 보존행위 2. 대리의 목적인 물건이나 권리의 성질을 변하지 아니하는 범위에서 그 이용 또는 개량하는 행위」

② [O] ④ [×] 제116조(대리행위의 하자) 「①항 의사표시의 효력이 의사의 흠결(비진의표시, 허위표시, 착오), 사기, 강박 또는 어느 사정을 알았거나 과실로 알지 못한 것으로 인하여 영향을 받을 경우에 그 사실의 유무는 대리인을 표준하여 결정한다. ②항 특정한 법률행위를 위임한 경우에 대리인이 본인의 지시에 좇아 그 행위를 한 때에는 본인은 자기가 안 사정 또는 과실로 인하여 알지 못한 사정에 관하여 대리인의 부지를 주장하지 못한다.」

③ [○]

> 제115조(본인을 위한 것임을 표시하지 아니한 행위) 「대리인이 본인을 위한 것임을 표시하지 아니한 때에는 그 의사표시는 자기를 위한 것으로 본다. 그러나 상대방이 대리인으로서 한 것임을 알았거나 알 수 있었을 때에는 전조 제1항의 규정을 준용한다.」

'매매위임장'을 제시하고 매매계약을 체결하면서 매매계약서에 대리인의 이름만을 기재하더라도, 그것은 소유자(본인)를 대리하여 매매계약을 체결한 것으로 보아야 한다(제115조 단서 참조)(대판 1982.5.25. 81다1349, 81다카1209).

정답 | ④

02 임의대리권에 관한 설명으로 가장 적절하지 않은 것은? (다툼이 있는 경우 판례에 의함)　　　　[23법학경채]

① 특별한 사정이 없는 한 대리인이 파산하면 그의 대리권은 소멸된다.

② 대리권에는 특별한 사정이 없는 한 그 권한에 부수하여 상대방의 의사표시를 수령하는 수령대리권이 포함된다.

③ 본인을 대리하여 금전소비대차계약 체결의 권한을 수여받은 대리인은 특별한 사정이 없는 한 그 계약관계를 해제할 대리권까지 있다.

④ 매매계약의 체결과 이행에 관하여 포괄적으로 대리권을 수여받은 경우 특별한 사정이 없는 한 대리인은 약정된 매매대금 지급기일을 연기해줄 수 있는 권한까지 있다.

해설

① [○]

> 제127조(대리권의 소멸사유) 「대리권은 다음 각 호의 어느 하나에 해당하는 사유가 있으면 소멸된다. 2. 대리인의 사망, 성년후견의 개시 또는 파산」

②④ [○] 判例는 임의대리권은 그 권한에 부수하여 상대방의 의사표시를 수령하는 이른바 수령대리권을 포함하고, ⓛ 매매계약체결의 대리권을 수여받은 대리인은 중도금과 잔금을 수령할 권한을 가지며(대판 1994.2.8. 93다39379), ⓒ 매매계약의 체결과 이행에 관하여 '포괄적'으로 대리권을 수여받은 대리인은 상대방에 대해 약정된 매매대금 지급기일을 연기하여 줄 권한도 가진다고 한다(대판 1992.4.14. 91다43107).

③ [×] 특별한 사정이 없는 한 본인을 대리하여 금전소비대차 내지 그를 위한 담보권설정계약을 체결할 권한을 수여받은 대리인에게 본래의 계약관계를 '해제'(취소)할 대리권까지 있다고 볼 수는 없다(대판 1993.1.15. 92다39365; 대판 2008.6.12. 2008다11276).

정답 | ③

03 대리에 관한 설명으로 옳은 것은? (다툼이 있으면 판례에 의함)　　　　[24소방간부]

① 임의대리의 경우 원인된 법률관계가 종료할 때까지 수권행위를 철회하지 못한다.

② 본인을 대리하여 계약을 체결한 경우 불공정한 법률행위를 판단할 때에 무경험, 경솔, 궁박은 대리인을 기준으로 한다.

③ 대리인이 본인을 대리하여 본인 소유의 부동산을 매도한 경우 대금청구권과 소유권이전의무만이 아니라 하자담보권과 취소권도 직접 본인에게 귀속한다.

④ 임의대리인은, 특별한 사정이 없는 한, 그의 책임으로 복대리인을 선임할 수 있다.

⑤ 본인을 위하여 계약을 체결한 대리인은, 다른 사정이 없는 한, 계약을 해제할 권한을 가진다.

해설

① [×]
> 제128조(임의대리의 종료) 「법률행위에 의하여 수여된 대리권은 전조의 경우 외에 그 원인된 법률관계의 종료에 의하여 소멸한다. 법률관계의 종료 전에 본인이 수권행위를 철회한 경우에도 같다.」

② [×] 대리인에 의하여 법률행위가 이루어진 경우 그 법률행위가 민법 제104조의 불공정한 법률행위에 해당하는지 여부를 판단함에 있어서 경솔과 무경험은 대리인을 기준으로 하여 판단하고, 궁박은 본인의 입장에서 판단하여야 한다(대판 2002.10.22. 2002다38927).

③ [○]
> 제114조(대리행위의 효력) 「①항 대리인이 그 권한 내에서 본인을 위한 것임을 표시한 의사표시는 직접본인에게 대하여 효력이 생긴다.」

④ [×]
> 제120조(임의대리인의 복임권) 「대리권이 법률행위에 의하여 부여된 경우에는 대리인은 본인의 승낙이 있거나 부득이한 사유 있는 때가 아니면 복대리인을 선임하지 못한다.」

⑤ [×] 어떠한 계약의 체결에 관한 대리권을 수여받은 대리인이 수권된 법률행위를 하게 되면 그것으로 대리권의 원인된 법률관계는 원칙적으로 목적을 달성하여 종료하는 것이고, 법률행위에 의하여 수여된 대리권은 그 원인된 법률관계의 종료에 의하여 소멸하는 것이므로(민법 제128조), 그 계약을 대리하여 체결하였던 대리인이 체결된 계약의 해제 등 일체의 처분권과 상대방의 의사를 수령할 권한까지 가지고 있다고 볼 수는 없다(대판 2015.12.23. 2013다81019).

정답 | ③

---

04 대리에 관한 설명 중 옳지 않은 것은? (다툼이 있는 경우 판례에 의함)　　　[22경찰간부]

① 대리권을 수여한 본인은 대리인이 제한능력자임을 이유로 대리행위를 취소할 수 없다.
② 대리인에게 대리권이 있다는 것에 대한 증명책임은 대리행위가 유효하다고 주장하는 자에게 있다.
③ 수동대리의 경우 상대방이 본인에 대한 의사표시임을 대리인에게 표시하지 않더라도 본인에게 그 효력이 생긴다.
④ 대리인이 본인을 위한 것임을 표시하지 아니한 경우, 그 의사표시의 상대방이 대리인으로서 한 것임을 알았거나 알 수 있었을 때에는 직접 본인에 대하여 효력이 생긴다.

해설

① [○]
> 제117조(대리인의 행위능력) 「대리인은 행위능력자임을 요하지 아니한다.」

　　따라서 본인은 상대방에게 대리인이 제한능력자임을 이유로 대리행위의 취소를 주장할 수 없다.

② [○] 표현대리가 성립된다고 하여 무권대리의 성질이 유권대리로 전환되는 것은 아니므로, 양자의 구성요건 해당사실 즉 주요사실은 서로 다르다고 볼 수밖에 없다. 그러므로 (대리행위가 유효하다고 주장하는 상대방의) 유권대리에 관한 주장 가운데 무권대리에 속하는 표현대리의 주장이 포함되어 있다고 볼 수 없다(대판 1983.12.13. 83다카1489).
　▶ 대리인이 한 의사표시의 효과는 모두 '직접' 본인에게 생기는바, 대리인이 한 의사표시가 직접 본인에게 그 효력이 생기려면 ⅰ) 대리권의 범위 내에서, ⅱ) 본인을 위한 것임을 표시하여야 한다(제114조). 이는 대리행위가 유효하다고 주장하는 상대방에게 증명책임이 있다.

③ [×]
> 제114조(대리행위의 효력) 「①항 대리인이 그 권한 내에서 본인을 위한 것임을 표시한 의사표시는 직접본인에게 대하여 효력이 생긴다. ②항 전항의 규정은 대리인에게 대한 제3자의 의사표시에 준용한다.」

　▶ 즉, 수동대리에서는 상대방 쪽에서 본인에 대한 의사표시임을 표시하여야 한다(제114조 제2항).

④ [○]
> 제115조(본인을 위한 것을 표시하지 아니한 행위) 「대리인이 본인을 위한 것임을 표시하지 아니한 때에는 그 의사표시는 자기를 위한 것으로 본다. 그러나 상대방이 대리인으로서 한 것임을 알았거나 알 수 있었을 때에는 전조 제1항의 규정을 준용한다.」

정답 | ③

05 甲은 X토지의 소유자 乙로부터 X토지의 매도에 관한 대리권을 수여받은 후에 丙과 이에 관한 매매계약을 체결하였다. 다음 설명 중 옳은 것은? (다툼이 있는 경우 판례에 의함)   [23경찰간부]

① 甲은 매매계약의 체결에 관한 대리권을 수여받았으므로 특별한 사정이 없는 한 체결된 계약을 해제할 권한까지 가지고 있다.

② 甲이 매매계약의 체결과 이행에 관하여 포괄적으로 대리권을 수여받은 경우, 특별한 사정이 없는 한 丙에 대하여 약정된 매매대금 지급기일을 연기해 줄 권한은 갖지 않는다.

③ 甲이 丙을 기망한 경우에는 특별한 사정이 없는 한 乙이 그 사실을 알았거나 알 수 있었는지 여부에 관계없이 丙은 기망을 이유로 자신의 의사표시를 취소할 수 있다.

④ 甲이 丙으로부터 매매계약에서 약정한 바에 따라 잔금을 수령하였더라도, 특별한 사정이 없는 한 甲이 잔금을 乙에게 전달하지 않았다면 丙의 잔금지급채무는 소멸하지 않는다.

해설

① [×] 특별한 사정이 없는 한 본인을 대리하여 금전소비대차 내지 그를 위한 담보권설정계약을 체결할 권한을 수여받은 대리인에게 본래의 계약관계를 '해제'(취소)할 대리권까지 있다고 볼 수는 없다(대판 1993.1.15. 92다39365; 대판 2008.6.12. 2008다11276).

② [×] 매매계약의 체결과 이행에 관하여 '포괄적'으로 대리권을 수여받은 대리인은 상대방에 대해 약정된 매매대금 지급기일을 연기하여 줄 권한도 가진다고 한다(대판 1992.4.14. 91다43107).

③ [○]

> 제116조(대리행위의 하자) 「①항 의사표시의 효력이 의사의 흠결(비진의표시, 허위표시, 착오), 사기, 강박 또는 어느 사정을 알았거나 과실로 알지 못한 것으로 인하여 영향을 받을 경우에 그 사실의 유무는 대리인을 표준하여 결정한다.」

  ▶ 따라서 대리인 甲이 상대방 丙을 기망한 경우에는 특별한 사정이 없는 한 본인 乙이 그 사실을 알았거나 알 수 있었는지 여부에 관계없이 丙은 기망을 이유로 자신의 의사표시를 취소할 수 있다.

④ [×] 계약이 적법한 대리인에 의하여 체결된 경우에 대리인은 다른 특별한 사정이 없는 한 본인을 위하여 계약상 급부를 변제로서 수령할 권한도 가진다. 그리고 대리인이 그 권한에 기하여 계약상 급부를 수령한 경우에, 그 법률효과는 계약 자체에서와 마찬가지로 직접 본인에게 귀속되고 대리인에게 돌아가지 아니한다(대판 2011.8.18. 2011다20871).

  ▶ 따라서 대리인 甲이 상대방 丙으로부터 매매계약에서 약정한 바에 따라 잔금을 수령하였다면, 특별한 사정이 없는 한 甲이 잔금을 본인 乙에게 전달하지 않았더라도 丙의 잔금지급채무는 소멸한다.

정답 | ③

06 민법상 임의대리에 관한 설명으로 옳지 않은 것은? (다툼이 있으면 판례에 따름)   [23세무사]

① 사실행위의 대리는 인정되지 않는다.

② 수권행위는 본인과 대리인의 합동행위이다.

③ 원인된 법률관계의 존속 중에도 본인은 수권행위를 철회할 수 있다.

④ 대리인이 성년후견개시심판을 받으면 그의 대리권은 소멸한다.

⑤ 매매계약의 체결과 이행에 관하여 포괄적으로 대리권을 수여받은 대리인은 특별한 사정이 없는 한 상대방에 대하여 약정된 매매대금 지급기일을 연기하여 줄 수 있다.

해설

① [○] 대리는 사적 자치와 관련되는 제도이므로, 의사표시를 요소로 하는 법률행위에 한해 인정된다(제114조). 사실행위나 불법행위에 대해서는 대리가 허용되지 않는다.

② [×] 수권행위는 대리인에게 일정한 지위 또는 자격을 부여하는 것에 불과하고 어떤 권리나 의무를 부여하는 것이 아닌 점[따라서 민법은 '대리인은 행위능력자임을 요하지 않는다.'라고 규정하고 있다(제117조)] 등을 고려할 때 '상대방 있는 단독행위'로 보는 것이 타당하다(대판 1997.12.12. 95다20775). 따라서 수권행위에 대리인의 승낙은 필요치 않다.

③ [○]

> 제128조(임의대리의 종료) 「법률행위에 의하여 수여된 대리권은 전조의 경우 외에 그 원인된 법률관계의 종료에 의하여 소멸한다. 법률관계의 종료 전에 본인이 수권행위를 철회한 경우에도 같다.」

▶ 원인된 법률관계의 존속 중에도 본인은 수권행위를 철회할 수 있다(제128조 단서).

④ [○]

> 제127조(대리권의 소멸사유) 「대리권은 다음 각 호의 어느 하나에 해당하는 사유가 있으면 소멸된다. 1. 본인의 사망 2. 대리인의 사망, 성년후견의 개시 또는 파산」

⑤ [○] 부동산의 소유자로부터 매매계약을 체결할 대리권을 수여받은 대리인은 특별한 다른 사정이 없는 한 그 매매계약에서 약정한 바에 따라 중도금이나 잔금을 수령할 수도 있다고 보아야 하고, 매매계약의 체결과 이행에 관하여 포괄적으로 대리권을 수여받은 대리인은 특별한 다른 사정이 없는 한 상대방에 대하여 약정된 매매대금지급기일을 연기하여 줄 권한도 가진다고 보아야 할 것이다(대판 1992.4.14. 91다43107).

정답 | ②

---

07 임의대리권에 관한 설명 중 옳지 않은 것은? (다툼이 있는 경우 판례에 의함)　　　　[22경찰간부]

① 부동산의 소유자로부터 매매계약 체결의 대리권을 수여받은 대리인은 특별한 사정이 없는 한 잔금을 수령할 권한이 있다.

② 대여금의 영수권한만을 위임받은 대리인은 본인의 특별수권이 없더라도 대여금채무의 일부를 면제할 수 있다.

③ 특별한 사정이 없는 한, 본인을 대리하여 금전소비대차 내지 그를 위한 담보권설정계약을 체결할 권한을 수여받은 대리인에게 본래의 계약관계를 해제할 대리권까지 있다고 볼 수 없다.

④ 매매계약의 체결과 이행에 관하여 포괄적으로 대리권을 수여받은 대리인은 특별한 사정이 없는 한 상대방에 대하여 약정된 매매대금 지급기일을 연기해 줄 권한도 가진다고 볼 수 있다.

해설

① [○] 매매계약체결의 대리권을 수여받은 대리인은 중도금과 잔금을 수령할 권한을 가진다(대판 1994.2.8. 93다39379).

② [×] 대여금의 영수권한만을 위임받은 대리인이 그 대여금 채무의 일부를 면제하기 위하여는 본인의 특별수권이 필요하다(대판 1981.6.23. 80다3221).

③ [○] 특별한 사정이 없는 한 본인을 대리하여 금전소비대차 내지 그를 위한 담보권설정계약을 체결할 권한을 수여받은 대리인에게 본래의 계약관계를 '해제'(취소)할 대리권까지 있다고 볼 수는 없다(대판 1993.1.15. 92다39365; 대판 2008.6.12. 2008다11276).

④ [○] 매매계약의 체결과 이행에 관하여 '포괄적'으로 대리권을 수여받은 대리인은 상대방에 대해 약정된 매매대금 지급기일을 연기하여 줄 권한도 가진다(대판 1992.4.14. 91다43107).

정답 | ②

08 대리권의 범위와 제한에 관한 설명 중 옳지 않은 것은? (다툼이 있는 경우 판례에 의함)

① 특별한 사정이 없는 한, 본인의 허락이 있으면 쌍방대리도 허용된다.

② 대리인이 수인인 경우, 법률 또는 수권행위에 다른 정한 바가 없는 한 각자가 본인을 대리한다.

③ 권한을 정하지 아니한 대리인은 대리의 목적인 물건이나 권리의 성질을 변하지 아니하는 범위에서 그 이용 또는 개량하는 행위를 할 수 있다.

④ 해산한 법인의 대표청산인이 정관 규정에 따라 잔여재산이전의무의 이행으로서 잔여재산을 그 대표청산인이 대표자를 겸하고 있던 귀속권리자에게 이전하는 경우 쌍방대리 금지에 반한다.

해설

① [○]

> 제124조(자기계약, 쌍방대리) 「대리인은 '본인의 허락'이 없으면 본인을 위하여 자기와 법률행위를 하거나 동일한 법률행위에 관하여 당사자쌍방을 대리하지 못한다. 그러나 채무의 이행은 할 수 있다.」

② [○]

> 제119조(각자대리) 「대리인이 수인인 때에는 각자가 본인을 대리한다. 그러나 법률 또는 수권행위에 다른 정한 바가 있는 때에는 그러하지 아니하다.」

③ [○]

> 제118조(대리권의 범위) 「권한을 정하지 아니한 대리인은 다음 각 호의 행위만을 할 수 있다. 1. 보존행위 2. 대리의 목적인 물건이나 권리의 성질을 변하지 아니하는 범위에서 그 이용 또는 개량하는 행위」

④ [×]

> 제80조(잔여재산의 귀속) 「①항 해산한 법인의 재산은 정관으로 지정한 자에게 귀속한다. ②항 정관으로 귀속권리자를 지정하지 아니하거나 이를 지정하는 방법을 정하지 아니한 때에는 이사 또는 청산인은 주무관청의 허가를 얻어 그 법인의 목적에 유사한 목적을 위하여 그 재산을 처분할 수 있다. 그러나 사단법인에 있어서는 총회의 결의가 있어야 한다. ③항 전2항의 규정에 의하여 처분되지 아니한 재산은 국고에 귀속한다.」

> 제124조(자기계약, 쌍방대리) 「대리인은 본인의 허락이 없으면 본인을 위하여 자기와 법률행위를 하거나 동일한 법률행위에 관하여 당사자쌍방을 대리하지 못한다. <u>그러나 채무의 이행은 할 수 있다.</u>」

[관련판례] 이와 관련하여 判例는 "해산한 법인이 해산시 잔여재산이 지정한 자에게 귀속한다는 정관 규정에 따라 구체적으로 확정된 잔여재산이전의무의 이행으로서 잔여재산인 토지를 그 귀속권리자에게 이전하는 것은 <u>채무의 이행에 불과하므로</u> 그 귀속권리자의 대표자를 겸하고 있던 해산한 법인의 대표청산인에 의하여 잔여재산 토지에 관한 소유권이전등기가 그 귀속권리자에게 경료되었다고 하더라도 이는 쌍방대리금지 원칙에 반하지 않는다."(대판 2000.12.8. 98두5279)라고 판시하고 있다.

정답 | ④

09 甲의 임의대리인 乙은 자신의 이름으로 甲의 대리인 丙을 선임하였다. 다음 설명 중 옳은 것을 모두 고른 것은? (다툼이 있는 경우 판례에 의함)

[22경찰간부]

가. 甲과 丙 사이에는 어떠한 권리 · 의무관계도 없다.

나. 乙은 甲의 승낙으로 丙을 선임하였더라도 甲에 대하여 丙의 선임·감독에 관한 책임을 진다.

다. 丙이 甲의 지명으로 선임된 경우, 乙은 丙의 불성실함을 알면서도 甲에게 통지나 그 해임을 태만하였다면 책임이 있다.

라. 丙이 甲의 지명으로 선임된 경우, 乙의 대리권이 소멸하더라도 丙의 대리권은 소멸하지 않는다.

① 가, 나

② 가, 라

③ 나, 다

④ 다, 라

해설

가. [×]

> 제123조(복대리인의 권한) 「①항 복대리인은 그 권한 내에서 본인을 대리한다. ②항 복대리인은 본인이나 제3자에 대하여 대리인과 동일한 권리의무가 있다.」

복대리인은 본인의 대리인이지만 대리인에 의해 선임된 자이므로 이론상으로는 본인과의 사이에 본인의 대리인이라는 사실 외에는 어떠한 내부관계도 발생하지 않는다. 그러나 민법 제123조 제2항은 편의상 본인과 복대리인 사이에도 본인과 대리인 사이에 있어서와 마찬가지의 내부관계가 생기는 것으로 의제하고 있다. 따라서 예컨대 대리인이 수임인인 경우에 복대리인도 본인에 대해서 수임인으로서의 권리의무를 지게 된다.

▶ 따라서 甲과 丙(복대리인) 사이에는 甲과 乙(대리인) 사이에서와 동일한 권리의무가 있다.

나.다. [○] 임의대리인이 '본인의 승낙'이나 '부득이한 사유'로 복대리인을 선임한 때에는 본인에 대하여 그 선임 및 감독에 대해서 책임을 져야 한다(제121조 제1항). 그러나 본인의 지명에 따라서 복대리인을 선임한 경우에는 책임이 경감된다. 즉, 그 부적임 또는 불성실함을 알고 본인에 대한 통지나 그 해임을 게을리한 때에 한해서 책임을 진다(제121조 제2항).

▶ 甲의 승낙으로 선임하였더라도 대리인 乙은 복대리인 丙에 대하여 선임 감독에 대한 책임을 진다. 본인의 지명으로 복대리인이 선임된 경우 부적임 또는 불성실함을 하는 경우에는 본인에 대한 통지나 해임해야 할 의무를 부담하므로 대리인 乙이 복대리인으로 지명된 丙의 불성실함을 알면서도 본인 甲에게 통지나 그 해임을 태만하였다면 책임이 있다.

라. [×] 복대리권은 ⅰ) 본인에 대한 대리권이므로 대리권 일반의 소멸사유(제127조)에 의하여, ⅱ) 대리인 · 복대리인 간의 수권관계 소멸에 의하여, ⅲ) 대리인의 대리권(모권)의 소멸에 의하여 소멸한다.

▶ 丙이 甲의 지명으로 선임된 경우와 상관없이 복대리인 丙은 乙의 대리권이 소멸하면 丙의 대리권도 소멸한다.

정답 | ③

10 임의대리권의 범위에 관한 설명으로 옳지 않은 것은? (다툼이 있으면 판례에 따름)

[22행정사]

① 임의대리권의 범위는 원칙적으로 수권행위에 의하여 정해진다.

② 특별한 사정이 없는 한 통상의 임의대리권은 필요한 한도에서 수령대리권을 포함한다.

③ 매도인으로부터 매매계약체결에 대한 대리권을 수여받은 자는 특별한 사정이 없는 한 그 매매계약에 따른 중도금을 수령할 권한이 있다.

④ 매도인으로부터 매매계약의 체결과 이행에 대해 포괄적인 대리권을 수여받은 자는 특별한 사정이 없는 한 약정된 매매대금의 지급기일을 연기해 줄 권한이 없다.

⑤ 부동산을 매수할 권한을 수여받은 자는 원칙적으로 그 부동산을 처분할 권한이 없다.

해설

① [○] 임의대리권의 범위는 수권행위에 의해 정해진다. 따라서 그 구체적인 범위는 '수권행위의 해석'을 통해 결정된다.

②③ [○] ④ [×] 判例는 ① 임의대리권은 그 권한에 부수하여 상대방의 의사표시를 수령하는 이른바 수령대리권을 포함하고, ⓒ 매매계약체결의 대리권을 수여받은 대리인은 중도금과 잔금을 수령할 권한을 가지며(대판 1994.2.8. 93다39379), ⓒ 매매계약의 체결과 이행에 관하여 '포괄적'으로 대리권을 수여받은 대리인은 상대방에 대해 약정된 매매대금 지급기일을 연기하여 줄 권한도 가진 다고 한다(대판 1992.4.14. 91다43107).

⑤ [○] 부동산을 매수할 권한을 수여받은 대리인에게 그 부동산을 처분할 대리권까지 있다고는 볼 수 없는 것이 원칙이다(대판 1957.10.21. 4290민상461, 462).

정답 | ④

11 대리에 관한 설명 중 가장 적절한 것은? (다툼이 있는 경우 판례에 의함) [22법학경채]

① 대리인이 다수인 경우에 대리인은 원칙적으로 공동으로 본인을 대리한다.

② 임의대리인은 본인의 승낙이 있는 때가 아니면 복대리인을 선임할 수 없다.

③ 권한을 정하지 아니한 대리인은 보존행위, 이용행위 또는 개량 행위를 제한 없이 할 수 있다.

④ 통상의 임의대리권에는 그 권한에 부수하여 필요한 한도에서 상대방의 의사표시를 수령할 수 있는 수령대리권이 포함되어 있다.

해설

① [×]

> 제119조(각자대리) 「대리인이 수인인 때에는 각자가 본인을 대리한다. 그러나 법률 또는 수권행위에 다른 정한 바가 있는 때에는 그러하지 아니하다.」

② [×]

> 제120조(임의대리인의 복임권) 「대리권이 법률행위에 의하여 부여된 경우에는 대리인은 본인의 승낙이 있거나 부득이한 사유있는 때가 아니면 복대리인을 선임하지 못한다.」

③ [×] 대리권이 있기는 하지만 수권행위의 해석을 통해서도 그 범위를 명백히 정할 수 없는 경우에 그 대리인은 보존행위(제118조 제1호)와 '물건이나 권리의 성질을 변하지 아니하는 범위'에서 이용행위·개량행위(제118조 제2호)만을 할 수 있다

④ [○] 判例는 임의대리권은 그 권한에 부수하여 상대방의 의사표시를 수령하는 이른바 수령대리권을 포함한다고 본다(대판 1994.2.8. 93다39379).

정답 | ④

12 민법상 대리에 관한 설명으로 옳지 않은 것은? (다툼이 있으면 판례에 따름) [22세무사]

① 수권행위는 묵시적 의사표시로도 할 수 있다.

② 채권양도의 통지와 같은 관념의 통지에 대해서는 대리가 허용되지 않는다.

③ 본인의 의사결정을 절대적으로 필요로 하는 신분상의 법률행위를 대리하는 행위는 특별한 사정이 없는 한 무효이다.

④ 임의대리권은 원칙적으로 그 원인된 법률관계의 종료에 의하여 소멸한다.

⑤ 대리행위의 상대방이 본인에게 계약의 이행을 청구하는 경우, 그 상대방은 대리인에게 대리권이 있음을 증명하여야 한다.

① [○] 判例에 따르면 "수권행위는 불요식의 행위로서 명시적인 의사표시에 의함이 없이 묵시적인 의사표시에 의하여 할 수도 있으며, 어떤 사람이 대리인의 외양을 가지고 행위하는 것을 본인이 알면서도 이의를 하지 아니하고 방임하는 등 사실상의 용태에 의하여 대리권의 수여가 추단되는 경우도 있다."(대판 2016.5.26. 2016다203315)라고 한다.

② [×] 대리는 사적 자치와 관련되는 제도이므로, 원칙적으로 의사표시를 요소로 하는 '법률행위'에 한해 인정된다(제114조). 그러나 준법률행위 중에서 '의사의 통지'(최고)와 '관념의 통지'(채권양도통지, 채무승인 등)에 관하여는 의사표시에 관한 규정이 유추적용되므로 대리도 가능하다(대판 1997.6.27. 95다40977).

③ [○] 혼인, 유언 등 가족법상 법률행위에는 일반적으로 대리가 허용되지 않는다.

④ [○]

> 제128조(임의대리의 종료) 「법률행위에 의하여 수여된 대리권은 전조의 경우 외에 그 원인된 법률관계의 종료에 의하여 소멸한다. 법률관계의 종료 전에 본인이 수권행위를 철회한 경우에도 같다.」

⑤ [○] 대리권이 있다는 점에 대한 입증책임은 그 효과를 주장하는 자에게 있다(대판 2008.9.25. 2008다42195).

정답 | ②

13 대리행위에 관한 설명으로 옳지 않은 것은? (다툼이 있으면 판례에 따름) [22세무사]

① 매매계약체결의 대리권을 수여받은 자는 특별한 사정이 없는 한 중도금이나 잔금을 수령할 권한도 갖는다.

② 본인의 허락이 있는 경우에는 자기계약 또는 쌍방대리도 유효하다.

③ 친권자의 재산을 자(子)에게 증여하면서 친권자가 수증자로서의 자(子)의 지위를 대리하는 것은 이해상반행위에 해당하여 무효이다.

④ 특정한 법률행위의 위임에서 대리인이 본인의 지시에 좇아 그 행위를 한 경우, 본인은 자기가 안 사정에 관하여 대리인의 부지를 주장하지 못한다.

⑤ 대리인이 수인인 때에는 원칙적으로 각자가 본인을 대리한다.

해설

① [○] 임의대리권의 범위는 수권행위의 해석을 통하여 정해지는데, 判例는 매매계약체결의 대리권을 수여받은 대리인은 중도금과 잔금을 수령할 권한을 가진다고 본다(대판 1994.2.8. 93다39379).

② [○]

> 제124조(자기계약, 쌍방대리) 「대리인은 본인의 허락이 없으면 본인을 위하여 자기와 법률행위를 하거나 동일한 법률행위에 관하여 당사자 쌍방을 대리하지 못한다. 그러나 채무의 이행은 할 수 있다.」

③ [×] 법정대리인인 친권자가 부동산을 매수하여 이를 그 子에게 증여하는 행위는 미성년인 자에게 이익만을 주는 행위이므로 친권자와 자 사이의 이해상반행위에 속하지 아니하고, 또 자기계약이지만 유효하다(대판 1981.10.13. 81다649).

④ [○]

> 제116조(대리행위의 하자) 「②항 특정한 법률행위를 위임한 경우에 대리인이 본인의 지시에 좇아 그 행위를 한 때에는 본인은 자기가 안 사정 또는 과실로 인하여 알지 못한 사정에 관하여 대리인의 부지를 주장하지 못한다.」

⑤ [○]

> 제119조(각자대리) 「대리인이 수인인 때에는 각자가 본인을 대리한다. 그러나 법률 또는 수권행위에 다른 정한 바가 있는 때에는 그러하지 아니하다.」

정답 | ③

14 다음 중 乙(대리인)의 행위가 특별한 사정이 없는 한 대리행위로서 효력이 없는 것은 모두 몇 개인가? (다툼이 있는 경우 판례에 의함)

[21법학경채]

ㄱ. 甲에게 부동산 매수인의 대리권을 수여받은 乙이 스스로 乙소유의 부동산을 甲의 대리인 자격으로 매수하는 계약을 체결하는 행위

ㄴ. 甲에게 부동산 매수의 대리권을 수여받은 乙이 甲의 대리인으로서 丙 소유의 부동산을 丙의 대리인의 자격으로 매수하는 계약을 체결하는 행위

ㄷ. 甲에게 대리권을 수여받은 乙이 임의로 복대리인을 선임하는 행위

ㄹ. 甲에게 주택에 대한 대리권을 수여받은 乙이 그 주택을 수선하는 행위

ㅁ. 甲에게 甲 소유의 부동산에 대한 매매계약을 체결할 대리권을 수여받은 乙이 매매계약에서 약정한 중도금이나 잔금을 수령하는 행위

① 2개   ② 3개
③ 4개   ④ 5개

해설

ㄱ. ㄴ. [효력 없음]

> 제124조(자기계약, 쌍방대리) 「대리인은 본인의 허락이 없으면 본인을 위하여 자기와 법률행위를 하거나 동일한 법률행위에 관하여 당사자쌍방을 대리하지 못한다. 그러나 채무의 이행은 할 수 있다.」

▶ 위 ㄱ.의 경우 대리인 乙이 체결한 부동산 매수계약은 자기계약에 해당하고, ㄴ.의 경우 쌍방대리에 해당하므로 제124조에 의해 원칙적으로 무효이다.

ㄷ. [효력 없음]

> 제120조(임의대리인의 복임권) 「대리권이 법률행위에 의하여 부여된 경우에는 대리인은 본인의 승낙이 있거나 부득이한 사유 있는 때가 아니면 복대리인을 선임하지 못한다.」

▶ ㄷ.의 경우 본인의 승낙이나 부득이한 사유가 전제되어 있지 않은 지문이므로 乙의 복대리인 선임행위는 무효이다.

ㄹ. [효력 있음] '보존행위'란 재산의 가치를 현상 그대로 유지하는 것을 목적으로 하는 행위를 말하는데, 가옥 등 물건의 수선, 소멸시효의 중단, 미등기부동산의 등기, 기한이 도래한 채권의 추심이나 채무의 변제, 부패하기 쉬운 물건의 매각 등이 이에 해당한다. 권한을 정하지 아니한 대리인은 이 보존행위를 무제한으로 할 수 있다.

> [참조조문] 제118조(대리권의 범위) 「권한을 정하지 아니한 대리인은 다음 각 호의 행위만을 할 수 있다. 1. 보존행위 2. 대리의 목적인 물건이나 권리의 성질을 변하지 아니하는 범위에서 그 이용 또는 개량하는 행위」

ㅁ. [효력 있음] "일반적으로 말하면 수권행위의 통상의 내용으로서의 임의대리권은 그 권한에 부수하여 필요한 한도에서 상대방의 의사표시를 수령하는 이른바 수령대리권을 포함하는 것으로 보아야 한다. 따라서 부동산의 소유자로부터 매매계약을 체결할 대리권을 수여받은 대리인은 특별한 사정이 없는 한 그 매매계약에서 약정한 바에 따라 중도금이나 잔금을 수령할 권한도 있다고 보아야 한다(대판 1994.2.8. 93다39379).

정답 | ②

15 대리에 관한 설명으로 옳지 않은 것은? (다툼이 있으면 판례에 따름) [22행정사]

① 대리인은 행위능력자임을 요하지 아니한다.

② 사실상의 용태에 의하여 대리권의 수여가 추단될 수 있다.

③ 임의대리의 원인된 법률관계가 종료하기 전이라도 본인은 수권행위를 철회할 수 있다.

④ 수권행위에서 권한을 정하지 아니한 대리인은 보존행위만을 할 수 있다.

⑤ 복대리인은 본인의 대리인이다

해설

① [O]

> 제117조(대리인의 행위능력) 「대리인은 행위능력자임을 요하지 아니한다.」

② [O] 判例에 따르면 "수권행위는 불요식의 행위로서 명시적인 의사표시에 의함이 없이 묵시적인 의사표시에 의하여 할 수도 있으며, 어떤 사람이 대리인의 외양을 가지고 행위하는 것을 본인이 알면서도 이의를 하지 아니하고 방임하는 등 사실상의 용태에 의하여 대리권의 수여가 추단되는 경우도 있다."(대판 2016.5.26. 2016다203315)라고 한다.

③ [O]

> 제128조(임의대리의 종료) 「법률행위에 의하여 수여된 대리권은 전조의 경우외에 그 원인된 법률관계의 종료에 의하여 소멸한다. 법률관계의 종료 전에 본인이 수권행위를 철회한 경우에도 같다.」

> ▶ 본인은 내부적 법률관계가 종료하기 전이라도 수권행위를 철회할 수 있다(제128조 후단).

④ [×] 대리권이 있기는 하지만 수권행위의 해석을 통해서도 그 범위를 명백히 정할 수 없는 경우에 그 대리인은 보존행위(제118조 제1호)와 '물건이나 권리의 성질을 변하지 아니하는 범위'에서 이용행위·개량행위(제118조 제2호)를 할 수 있다.

⑤ [O] 복대리인은 대리인이고, 또 대리인의 대리인이 아닌 '본인의 대리인'이다(제123조 제1항).

정답 | ④

---

16 민법상 대리에 관한 설명으로 옳지 않은 것은? (다툼이 있으면 판례에 따름) [21세무사]

① 매매계약 체결의 대리권을 수여받은 대리인은 특별한 사정이 없는 한 중도금을 수령할 권한이 있다.

② 권한의 정함이 없는 대리인은 기한이 도래한 채무를 변제할 수 있다.

③ 대리인이 수인인 경우 대리인은 특별한 사정이 없는 한 각자가 본인을 대리한다.

④ 대리인의 쌍방대리는 금지되나 채무의 이행은 가능하므로, 쌍방의 허락이 없더라도 경개계약을 체결할 수 있다.

⑤ 사채알선업자가 대주와 차주 쌍방을 대리하여 소비대차계약을 유효하게 체결한 경우, 사채알선업자는 특별한 사정이 없는 한 차주가 한 변제를 수령할 권한이 있다.

해설

① [O] 부동산의 소유자로부터 매매계약을 체결할 대리권을 수여받은 대리인은 특별한 사정이 없는 한 그 매매계약에서 약정한 바에 따라 중도금이나 잔금을 수령할 권한도 있다고 보아야 한다(대판 1994.2.8. 93다39379).

② [O]

> 제118조(대리권의 범위) 「권한을 정하지 아니한 대리인은 다음 각 호의 행위만을 할 수 있다. 1. 보존행위 2. 대리의 목적인 물건이나 권리의 성질을 변하지 아니하는 범위에서 그 이용 또는 개량하는 행위」

> ▶ 기한이 도래한 채무를 변제하는 것은 보존행위에 해당하므로 권한의 정함이 없는 대리인도 할 수 있다.

③ [O]

> 제119조(각자대리) 「대리인이 수인인 때에는 각자가 본인을 대리한다. 그러나 법률 또는 수권행위에 다른 정한 바가 있는 때에는 그러하지 아니하다.」

④ [×]

> 제124조(자기계약, 쌍방대리) 「대리인은 본인의 허락이 없으면 본인을 위하여 자기와 법률행위를 하거나 동일한 법률행위에 관하여 당사자쌍방을 대리하지 못한다. 그러나 채무의 이행은 할 수 있다.」

⑤ [○] 判例는 대주와 차주가 사채알선업자에게 쌍방을 대리하여 금전 소비대차계약을 체결하도록 승낙한 경우, 특별한 사정이 없는 한 차주의 변제를 수령할 권한도 사채알선업자에게 인정된다고 한다(대판 1997.7.8. 97다12273).

정답 | ④

17 대리에 관한 설명으로 가장 적절하지 않은 것은? (다툼이 있는 경우 판례에 의함) [19 · 18법학경채 변형]

① 대리인이 그 권한 내에서 본인을 위한 것임을 표시한 의사표시는 직접 본인에게 대하여 효력이 생긴다.

② 대리인이 본인을 위한 것임을 표시하지 아니한 때에는 특별한 사정이 없는 한 그 의사표시는 자기를 위한 것으로 본다.

③ 대리에 의한 의사표시의 효력이 사기 또는 강박으로 인하여 영향을 받을 경우에는 특별한 사정이 없으면 그 사실의 유무는 본인을 표준하여 결정한다.

④ 법률의 규정 또는 수권행위에서 다른 정한 바가 없는 경우, 대리인이 수인(數人)인 때에는 각자가 본인을 대리한다.

해설

① [○]
> 제114조(대리행위의 효력) 「①항 대리인이 그 권한 내에서 본인을 위한 것임을 표시한 의사표시는 직접본인에게 대하여 효력이 생긴다.」

② [○]
> 제115조(본인을 위한 것임을 표시하지 아니한 행위) 「대리인이 본인을 위한 것임을 표시하지 아니한 때에는 그 의사표시는 자기를 위한 것으로 본다. 그러나 상대방이 대리인으로서 한 것임을 알았거나 알 수 있었을 때에는 전조 제1항의 규정을 준용한다(직접 본인에 대하여 효력이 생긴다).」

③ [×]
> 제116조(대리행위의 하자) 「①항 의사표시의 효력이 의사의 흠결(비진의표시, 허위표시, 착오), 사기, 강박 또는 어느 사정을 알았거나 과실로 알지 못한 것으로 인하여 영향을 받을 경우에 그 사실의 유무는 대리인을 표준하여 결정한다.」

④ [○]
> 제119조(각자대리) 「대리인이 수인인 때에는 각자가 본인을 대리한다. 그러나 법률 또는 수권행위에 다른 정한 바가 있는 때에는 그러하지 아니하다.」

정답 | ③

18 대리에 관한 설명으로 옳지 않은 것은? (다툼이 있으면 판례에 따름) [19행정사]

① 대리인은 행위능력자임을 요하지 않는다.

② 유언은 대리가 허용되지 않는다.

③ 대리에 있어 본인을 위한 것임을 표시하는 현명은 묵시적으로 할 수는 없다.

④ 임의대리의 경우 그 원인된 법률관계의 종료 전에 본인이 수권행위를 철회할 수 있다.

⑤ 대리인이 수인인 때에는 원칙적으로 각자가 본인을 대리한다.

해설

① [○]

> 제117조(대리인의 행위능력) 「대리인은 행위능력자임을 요하지 아니한다.」

② [○] 사실행위나 불법행위에 대해서는 대리가 허용되지 않는다. 그리고 혼인, 유언 등 가족법상 법률행위도 일반적으로 대리가 허용되지 않는다.

[쟁점정리] 대리가 인정되는 범위

대리는 사적 자치와 관련되는 제도이므로, 원칙적으로 의사표시를 요소로 하는 '법률행위'에 한해 인정된다(제114조). 그러나 준법률행위 중에서 '의사의 통지'(최고)와 '관념의 통지'(채권양도통지, 채무승인 등)에 관하여는 의사표시에 관한 규정이 유추적용되므로 대리도 가능하다(대판 1997.6.27. 95다40977).

③ [×] 대리에 있어 본인을 위한 것임을 표시하는 이른바 현명은 반드시 명시적으로만 할 필요는 없고 묵시적으로도 할 수 있는 것이고, 나아가 현명을 하지 아니한 경우라도 여러 사정에 비추어 대리인으로서 행위한 것임을 상대방이 알았거나 알 수 있었을 때에는 제115조 단서의 규정에 의하여 본인에게 효력이 미치는 것이다(대판 2008.5.15. 2007다14759).

④ [○]

> 제128조(임의대리의 종료) 「법률행위에 의하여 수여된 대리권은 전조(대리권의 소멸사유)의 경우 외에 그 원인된 법률관계의 종료에 의하여 소멸한다. 법률관계의 종료 전에 본인이 수권행위를 철회한 경우에도 같다.」

⑤ [○]

> 제119조(각자대리) 「대리인이 수인인 때에는 각자가 본인을 대리한다. 그러나 법률 또는 수권행위에 다른 정한 바가 있는 때에는 그러하지 아니하다.」

정답 | ③

19 당사자 일방으로부터 부동산매매계약의 체결에 관한 대리권만 수여받은 대리인이 특별한 사정이 없는 한 할 수 있는 행위에 해당하는 것은? (다툼이 있으면 판례에 따름) [20행정사]

① 매도인을 대리하여 중도금이나 잔금을 수령하는 행위
② 매도인을 대리하여 약정된 매매대금의 지급기일을 연기해 주는 행위
③ 매도인을 대리하여 잔금채권을 담보로 대출을 받는 행위
④ 매도인을 대리하여 매매계약을 해제하는 행위
⑤ 매도인을 대리하여 매매목적 부동산을 처분하는 행위

해설

① [○] 임의대리에 있어서 대리권의 범위는 수권행위(대리권수여행위)에 의하여 정하여지는 것이므로 어느 행위가 대리권의 범위 내의 행위인지의 여부는 개별적인 수권행위의 내용이나 그 해석에 의하여 판단할 것이나, 일반적으로 말하면 수권행위의 통상의 내용으로서의 임의대리권은 그 권한에 부수하여 필요한 한도에서 상대방의 의사표시를 수령하는 이른바 수령대리권을 포함하는 것으로 보아야 한다. 따라서 부동산의 소유자로부터 매매계약을 체결할 대리권을 수여받은 대리인은 특별한 사정이 없는 한 그 매매계약에서 약정한 바에 따라 중도금이나 잔금을 수령할 권한도 있다고 보아야 한다(대판 1994.2.8. 93다39379).

② [×] 매매계약의 체결과 이행에 관하여 포괄적으로 대리권을 수여 받은 대리인은 특별한 다른 사정이 없는 한 상대방에 대하여 약정된 매매대금지급기일을 연기하여 줄 권한도 가진다고 보아야 할 것이다(대판 1992.4.14. 91다43107).
  ▶ 매매계약 체결할 대리권을 수여 받은 대리인과 매매계약 체결과 이행에 관하여 포괄적 대리권을 수여 받은 대리인은 대리권의 범위가 다름을 주의해야 한다.

③ [×] 예금계약의 체결을 위임받은 자가 가지는 대리권에 당연히 그 예금을 담보로 대출을 받거나 이를 처분할 수 있는 대리권이 포함되어 있는 것은 아니다(대판 2002.6.14. 2000다38992).
  ▶ 부동산매매계약의 체결을 위임받은 자의 대리권도 마찬가지 법리가 적용된다.

④ [×] 어떠한 계약의 체결에 관한 대리권을 수여받은 대리인이 수권된 법률행위를 하게 되면 그것으로 대리권의 원인된 법률관계는 원칙적으로 목적을 달성하여 종료하는 것이고, 법률행위에 의하여 수여된 대리권은 그 원인된 법률관계의 종료에 의하여 소멸하는 것이므로(제128조), 그 계약을 대리하여 체결하였던 대리인이 체결된 계약의 해제 등 일체의 처분권과 상대방의 의사를 수령할 권한까지 가지고 있다고 볼 수는 없다(대판 2015.12.23. 2013다81019).

⑤ [×] 법률행위에 의하여 수여된 대리권은 그 원인된 법률관계의 종료에 의하여 소멸하는 것이므로 특별한 다른 사정이 없는 한 부동산을 매수할 권한을 수여받은 대리인에게 그 부동산을 처분할 대리권도 있다고 볼 수 없다(대판 1991.2.12. 90다7364).

정답 | ①

20 대리권에 관한 설명으로 옳지 않은 것은? (다툼이 있으면 판례에 따름) [20세무사]

① 매매계약의 체결에 관하여 대리권을 수여받은 대리인은 특별한 사정이 없는 한 그 계약에 따른 잔금을 수령할 권한이 있다.

② 예금계약의 체결에 관하여 대리권을 수여받은 대리인은 그 예금을 담보로 대출을 받을 수 있는 권한이 있다.

③ 권한을 정하지 않은 대리인은 대리의 목적인 물건이나 권리의 성질이 변하지 않는 범위에서 이를 이용 또는 개량하는 행위를 할 수 있다.

④ 상대방으로부터 대여금의 수령을 위임받은 대리인에게는 그 상대방의 대여금채무 일부를 면제할 수 있는 권한이 없다.

⑤ 매매계약의 체결과 이행에 관하여 포괄적 대리권을 수여받은 대리인은 특별한 사정이 없는 한 약정된 매매대금 지급기일을 연기해 줄 권한이 있다.

해설

① [○] 부동산의 소유자로부터 매매계약을 체결할 대리권을 수여받은 대리인은 특별한 사정이 없는 한 그 매매계약에서 약정한 바에 따라 중도금이나 잔금을 수령할 권한도 있다고 보아야 한다(대판 1994.2.8. 93다39379).

② [×] 예금계약의 체결을 위임받은 자가 가지는 대리권에 당연히 그 예금을 담보로 대출을 받거나 이를 처분할 수 있는 대리권이 포함되어 있는 것은 아니다(대판 2002.6.14. 2000다38992).

③ [○]
> 제118조(대리권의 범위) 「권한을 정하지 아니한 대리인은 다음 각 호의 행위만을 할 수 있다. 1. 보존행위 2. 대리의 목적인 물건이나 권리의 성질을 변하지 아니하는 범위에서 그 이용 또는 개량하는 행위」

④ [○] 대여금의 영수권한만을 위임받은 대리인이 그 대여금 채무의 일부를 면제하기 위하여는 본인의 특별수권이 필요하다(대판 1981.6.23. 80다3221).

⑤ [○] 매매계약의 체결과 이행에 관하여 포괄적으로 대리권을 수여 받은 대리인은 특별한 다른 사정이 없는 한 상대방에 대하여 약정된 매매대금지급기일을 연기하여 줄 권한도 가진다고 보아야 할 것이다(대판 1992.4.14. 91다43107).

정답 | ②

21 권한을 정하지 아니한 대리인이 할 수 없는 행위는? [16소방간부]

① 채권의 추심

② 예금의 주식 전환

③ 소멸시효의 중단

④ 기한이 도래한 채무의 변제

⑤ 무이자부 채권을 이자부 채권으로 전환

해설

① ③ ④ [○] '보존행위'란 재산의 가치를 현상 그대로 유지하는 것을 목적으로 하는 행위를 말하는데, 가옥 등 물건의 수선, 소멸시효의 중단, 미등기부동산의 등기, 기한이 도래한 채권의 추심이나 채무의 변제, 부패하기 쉬운 물건의 매각 등이 이에 해당한다. 권한을 정하지 아니한 대리인은 이 보존행위를 무제한으로 할 수 있다.

② [×] ⑤ [○] '이용행위'란 대리의 목적인 물건이나 권리를 사용·수익하는 행위(예컨대 물건의 임대, 금전의 이자부 대여 등)를 말하고, '개량행위'란 대리의 목적인 물건이나 권리의 사용가치 또는 교환가치를 증가시키는 행위(예컨대 무이자부 채권을 이자부 채권으로 전환하는 행위, 설정된 저당권의 해소 등)를 말한다. 그런데 권한을 정하지 아니한 대리인은 보존행위와는 달리 이용행위와 개량행위를 대리의 목적인 물건이나 권리의 성질을 변하지 않게 하는 범위 내에서만 할 수 있다. 따라서 예금을 주식으로 전환하거나 은행예금을 개인에게 빌려주는 것은 성질을 변하게 하는 것이 되어 할 수 없다.

> **참조조문** 제118조(대리권의 범위) 「권한을 정하지 아니한 대리인은 다음 각 호의 행위만을 할 수 있다. 1. 보존행위 2. 대리의 목적인 물건이나 권리의 성질을 변하지 아니하는 범위에서 그 이용 또는 개량하는 행위」

정답 | ②

---

22 대리권의 제한에 관한 설명으로 옳은 것은? (다툼이 있으면 판례에 따름) [23세무사]

① 수권행위에 의해 대리권의 범위가 정해지지 않은 임의대리인은 처분행위도 할 수 있다.

② 본인에게 수인의 대리인이 존재한다면 이들은 공동하여 대리행위를 하여야 함이 원칙이다.

③ 본인의 허락이 있으면 대리인은 쌍방대리를 할 수 있다.

④ 대리인이 본인의 허락 없이 본인을 위하여 자기와 계약하였다면 그 계약은 강행법규 위반으로 확정적 무효이다.

⑤ 부동산 매도의 대리인이 본인을 위한 매매계약시 상대방으로부터 강박을 당한 경우, 특별한 사정이 없는 한 그 대리인은 해당 매매계약을 취소할 수 있다.

해설

① [×]
> 제118조(대리권의 범위) 「권한을 정하지 아니한 대리인은 다음 각 호의 행위만을 할 수 있다. 1. 보존행위 2. 대리의 목적인 물건이나 권리의 성질을 변하지 아니하는 범위에서 그 이용 또는 개량하는 행위」

② [×]
> 제119조(각자대리) 「대리인이 수인인 때에는 각자가 본인을 대리한다. 그러나 법률 또는 수권행위에 다른 정한 바가 있는 때에는 그러하지 아니하다.」

③ [○] 본인이 자기계약 또는 쌍방대리를 허락한 경우에는 그 대리행위는 유효하다(제124조 본문).

④ [×] 자기계약 또는 쌍방대리는 금지되며(제124조), 이에 위반한 행위는 무권대리가 된다. 따라서 본인은 사후에 이를 추인함으로써 그 효과를 받을 수는 있다(제130조).

⑤ [×] 의사표시의 효력이 의사의 흠결, 사기, 강박 또는 어느 사정을 알았거나 과실로 알지 못한 것으로 인하여 영향을 받을 경우에 그 사실의 유무는 대리인을 표준으로 하여 결정한다(제116조 제1항). 그러나 대리행위의 하자로부터 생기는 효과(무효·취소)는 본인에게 귀속한다.

정답 | ③

23 대리권의 범위와 제한에 관한 설명으로 옳지 않은 것은? (다툼이 있으면 판례에 의함) [18소방간부]

① 대리권의 범위가 정해지지 아니한 대리인이라 하더라도 보존행위, 이용행위, 개량행위는 제한 없이 할 수 있다.

② 대리인이 수인인 때에는 각자가 본인을 대리하는 것이 원칙이다.

③ 본인의 허락이 있으면 자기계약이나 쌍방대리도 허용된다.

④ 당사자 사이에 다툼이 없고 이행기가 도래한 채무이행에 대해서는 쌍방대리가 허용된다.

⑤ 부동산 소유자를 대리하여 매매계약을 체결할 권한이 있는 대리인은 특별한 사정이 없는 한 그 잔대금도 수령할 권한이 있다.

해설

① [×]

> 제118조(대리권의 범위) 「권한을 정하지 아니한 대리인은 다음 각 호의 행위만을 할 수 있다. 1. 보존행위 2. 대리의 목적인 물건이나 권리의 성질을 변하지 아니하는 범위에서 그 이용 또는 개량하는 행위」

　▶ 보존행위는 무제한으로 할 수 있으나, 이용행위와 개량행위는 물건이나 권리의 성질을 변하지 않게 하는 범위 내에서만 할 수 있다.

② [○]

> 제119조(각자대리) 「대리인이 수인인 때에는 각자가 본인을 대리한다. 그러나 법률 또는 수권행위에 다른 정한 바가 있는 때에는 그러하지 아니하다.」

③ [○]

> 제124조(자기계약, 쌍방대리) 「대리인은 본인의 허락이 없으면 본인을 위하여 자기와 법률행위를 하거나 동일한 법률행위에 관하여 당사자쌍방을 대리하지 못한다. 그러나 채무의 이행은 할 수 있다.」

④ [○] ㉠ 이미 확정되어 있는 법률관계를 단순히 결제하는 데 불과하고, 새로운 이해관계를 창설하는 것이 아닌 '채무의 이행'에 관하여는 자기계약 또는 쌍방대리가 허용된다(제124조 단서). 예컨대 법무사가 등기권리자와 등기의무자 쌍방을 대리하여 등기를 신청하는 경우가 그러하다. 상계나 채무면제도 채무이행에 준하는 것이므로 자기계약·쌍방대리가 허용된다. ㉡ 다만, 채무의 이행이라도 새로운 이해관계를 생기게 하는 대물변제(제466조)나 경개(제500조) 또는 기한이 도래하지 않은 채무의 이행의 경우에는 자기계약 또는 쌍방대리가 허용되지 않는다.

　▶ 당사자 사이에 다툼이 없고 이행기가 도래한 채무의 이행은 새로운 이해관계의 변경을 수반하지 않으므로 자기계약이나 쌍방대리가 허용된다.

⑤ [○] 부동산의 소유자로부터 매매계약을 체결할 대리권을 수여받은 대리인은 특별한 사정이 없는 한 그 매매계약에서 약정한 바에 따라 중도금이나 잔금을 수령할 권한도 있다고 보아야 한다(대판 1994.2.8. 93다39379).

정답 ｜ ①

---

24 민법상 대리행위에 관한 설명으로 옳지 않은 것은? (다툼이 있으면 판례에 따름) [23세무사]

① 현명 없는 대리인의 행위는 원칙적으로 자신을 위한 것으로 추정된다.

② 매도인의 배임행위에 적극 가담하여 대리인이 이중매매계약을 체결한 경우, 매수인인 본인이 이에 대해 선의라 하더라도 그 매매계약의 반사회성은 인정된다.

③ 특정한 법률행위를 대리인에게 위임하였더라도 본인 또한 스스로 그 법률행위를 할 수 있다.

④ 대리권 남용의 경우 진의 아닌 의사표시에 관한 민법 제107조 제1항 단서를 유추적용하는 것이 주류적 판례의 입장이다.

⑤ 대리행위가 대리권 남용으로 무효라 하더라도 그 행위를 기초로 하여 새로운 이해관계를 맺은 선의의 제3자는 보호된다고 함이 주류적 판례의 입장이다.

해설

① [×] 대리인이 본인을 위한 것임을 표시하지 아니한 경우(대리인의 성명만이 표시된 경우)에는 그 의사표시는 자기(대리인)를 위한 것으로 본다(제115조 본문)(추정이 아닌 간주).

②③ [○] '부동산의 이중매매'에서 제2매수인의 대리인이 매도인의 배임행위에 적극가담한 경우, 본인이 그러한 사정을 몰랐거나 반사회성을 야기한 것이 아니라고 할지라도 그 매매계약은 제103조 위반으로 무효가 된다(대판 1998.2.27. 97다45532).

④ [○] 대리권 남용의 법률구성으로는 ⅰ) 제107조 제1항 단서 유추적용설(非眞意表示說), ⅱ) 권리남용설(信義則說), ⅲ) 무권대리설(代理權否認說)이 있으며, 判例는 대체로 대리인의 진의가 사익 도모에 있다는 것을 상대방이 알았거나 알 수 있었을 경우에는 제107조 제1항 단서를 유추하여 '무효'로 보아야 한다는 제107조 제1항 단서 유추적용설과 그 견해를 같이 한다(대판 1987.11.10. 86다카371).

⑤ [○] 법정대리인인 친권자의 대리행위가 객관적으로 볼 때 미성년자 본인에게는 경제적인 손실만을 초래하는 반면, 친권자나 제3자에게는 경제적인 이익을 가져오는 행위이고 행위의 상대방이 이러한 사실을 알았거나 알 수 있었을 때에는 민법 제107조 제1항 단서의 규정을 유추적용하여 행위의 효과가 자(子)에게는 미치지 않는다고 해석함이 타당하나, 그에 따라 외형상 형성된 법률관계를 기초로 하여 새로운 법률상 이해관계를 맺은 선의의 제3자에 대하여는 같은 조 제2항의 규정을 유추적용하여 누구도 그와 같은 사정을 들어 대항할 수 없으며, 제3자가 악의라는 사실에 관한 주장·증명책임은 무효를 주장하는 자에게 있다(대판 2018.4.26. 2016다3201).

정답 | ①

25 대리에 관한 설명으로 옳지 않은 것은? (다툼이 있으면 판례에 따름)

[19세무사]

① 사실상의 용태에 의하여 대리권의 수여가 추단되는 경우도 있다.
② 수동대리의 경우 상대방이 본인에 대한 의사표시라는 것을 표시해야 한다.
③ 임의대리인은 행위능력이 있어야 한다.
④ 대리권을 수여하는 수권행위는 묵시적인 의사표시에 의하여도 할 수 있다.
⑤ 대리인은 본인의 허락이 없으면 본인을 위하여 자기와 법률행위를 하거나 동일한 법률행위에 관하여 당사자 쌍방을 대리하지 못하지만, 채무의 이행은 할 수 있다.

해설

①④ [○] 임의대리권은 본인이 대리인에게 대리권을 수여하여야 발생하는바, 본인이 대리인에게 대리권을 수여하는 행위를 '수권행위'라고 한다. 判例에 따르면 "수권행위는 불요식의 행위로서 명시적인 의사표시에 의함이 없이 묵시적인 의사표시에 의하여 할 수도 있으며, 어떤 사람이 대리인의 외양을 가지고 행위하는 것을 본인이 알면서도 이의를 하지 아니하고 방임하는 등 사실상의 용태에 의하여 대리권의 수여가 추단되는 경우도 있다."(대판 2016.5.26. 2016다203315)라고 한다.

② [○]

> 제114조(대리행위의 효력) 「①항 대리인이 그 권한 내에서 본인을 위한 것임을 표시한 의사표시는 직접본인에게 대하여 효력이 생긴다. ②항 전항의 규정은 대리인에게 대한 제3자의 의사표시에 준용한다.」

▶ 수동대리에서는 상대방 쪽에서 본인에 대한 의사표시임을 표시하여야 한다.

③ [×]

> 제117조(대리인의 행위능력) 「대리인은 행위능력자임을 요하지 아니한다.」

⑤ [○]

> 제124조(자기계약, 쌍방대리) 「대리인은 본인의 허락이 없으면 본인을 위하여 자기와 법률행위를 하거나 동일한 법률행위에 관하여 당사자쌍방을 대리하지 못한다. 그러나 채무의 이행은 할 수 있다.」

정답 | ③

26 甲이 乙에게 대리권을 수여한 경우, 별도의 특약이 없다면 민법상 그 대리권이 소멸하는 사유가 아닌 것은?

[22소방간부]

① 甲의 사망   ② 乙의 사망   ③ 乙의 한정후견의 개시

④ 乙의 파산   ⑤ 乙의 성년후견의 개시

해설

①②④⑤ [○] ③ [×]

> 제127조(대리권의 소멸사유)「대리권은 다음 각 호의 어느 하나에 해당하는 사유가 있으면 소멸된다. 1. 본인의 사망 2. 대리인의 사망, 성년후견의 개시 또는 파산」

▶ 대리인의 한정후견 개시는 대리권 소멸사유가 아니다.

정답 | ③

27 민법에서 정한 임의대리권의 소멸사유에 해당하지 않는 것은?

[18행정사 · 18세무사 변형]

① 본인의 사망

② 대리인의 사망

③ 본인의 성년후견 개시

④ 본인과 대리인 사이의 원인된 법률관계의 종료

⑤ 본인과 대리인 사이의 원인된 법률관계의 종료 전 수권행위 철회

해설

①② [○] ③ [×]

> 제127조(대리권의 소멸사유)「대리권은 다음 각 호의 어느 하나에 해당하는 사유가 있으면 소멸된다. 1. 본인의 사망 2. 대리인의 사망, 성년후견의 개시 또는 파산」

▶ 본인의 성년후견의 개시와 파산은 대리권 소멸사유가 아니다.

④⑤ [○]

> 제128조(임의대리의 종료)「법률행위에 의하여 수여된 대리권은 전조(대리권의 소멸사유)의 경우 외에 그 원인된 법률관계의 종료에 의하여 소멸한다. 법률관계의 종료 전에 본인이 수권행위를 철회한 경우에도 같다.」

정답 | ③

28 민법상 대리행위의 현명에 관한 설명으로 옳은 것을 모두 고른 것은? (다툼이 있으면 판례에 따름)

[20세무사]

> ㄱ. 현명이 없는 대리행위라도 상대방이 대리인으로서 한 것임을 알았을 때에는 본인에 대하여 효력이 있다.
>
> ㄴ. 현명은 명시적으로 할 수 있을 뿐이고 묵시적으로 할 수는 없다.
>
> ㄷ. 현명주의는 법인의 대표자에게도 동일하게 인정된다.

① ㄱ   ② ㄴ   ③ ㄱ, ㄷ

④ ㄴ, ㄷ   ⑤ ㄱ, ㄴ, ㄷ

해설

ㄱ. [○]
> 제115조(본인을 위한 것임을 표시하지 아니한 행위) 「대리인이 본인을 위한 것임을 표시하지 아니한 때에는 그 의사표시는 자기를 위한 것으로 본다. 그러나 상대방이 대리인으로서 한 것임을 알았거나 알 수 있었을 때에는 전조 제1항의 규정을 준용한다(직접 본인에 대하여 효력이 생긴다).」

ㄴ. [×] 대리에 있어 본인을 위한 것임을 표시하는 이른바 현명은 반드시 명시적으로만 할 필요는 없고 묵시적으로도 할 수 있는 것이고, 나아가 현명을 하지 아니한 경우라도 여러 사정에 비추어 대리인으로서 행위한 것임을 상대방이 알았거나 알 수 있었을 때에는 제115조 단서의 규정에 의하여 본인에게 효력이 미치는 것이다(대판 2008.5.15. 2007다14759).

ㄷ. [○]
> 제59조(이사의 대표권) 「②항 법인의 대표에 관하여는 대리에 관한 규정을 준용한다.」

▶ 따라서 이사간 법인을 대표함에 있어서는 법인을 위한 것임을 표시하여야 하며(제114조), 또한 무권대리·표현대리의 규정을 포함한 모든 대리의 규정이 법인의 대표에 준용된다.

정답 | ③

29 대리에 관한 설명으로 옳지 않은 것은? (다툼이 있으면 판례에 따름)

[19·18세무사 변형]

① 대리인이 대리권 범위 내에서 본인 명의로 법률행위를 한 경우, 본인에게 법률효과가 귀속된다.

② 표현대리행위가 성립하는 경우에 상대방에게 과실이 있다면 과실상계의 법리를 유추적용하여 본인의 책임을 감경할 수 있다.

③ 법정대리인은 그 책임으로 복대리인을 선임할 수 있다.

④ 복수의 대리인이 있는 경우에 법률의 규정이나 수권행위에서 특별히 정하고 있지 않는 한 각자가 본인을 대리한다.

⑤ 부모의 일방이 공동명의로 미성년의 자를 대리한 경우, 다른 일방의 의사에 반하더라도 상대방이 악의가 아니면 그 효력이 있다.

해설

① [○] 判例는 반드시 대리인임을 표시하여 행위하여야 하는 것은 아니고 '본인명의'로도 할 수 있다는 입장이다(대판 1963.5.9. 63다67). 즉, 대리인이 본인으로부터 대리권을 수여받아 마치 본인인 것처럼 행세하여 상대방과 법률행위를 한 경우 이는 결국 법률행위 해석을 통한 당사자 확정의 문제라고 하겠다. 따라서 행위자의 개성이 특히 의미를 갖는 경우가 아니라면 통상 명의자인 본인이 법률행위의 당사자가 되고 이때 대리인의 행위는 유권대리가 되어 그 효과가 본인에게 귀속한다(대판 1987.6.23. 86다카1411).

② [×] 본인은 표현대리행위에 대해 그 효과를 받는다. 判例는 "표현대리가 성립하는 경우에 그 본인은 표현대리행위에 의하여 전적인 책임을 져야 하고, 상대방에게 과실이 있다고 하더라도 과실상계의 법리를 유추적용하여 본인의 책임을 경감할 수 없다."(대판 1996.7.12. 95다49554)라고 한다.

③ [○]

> 제122조(법정대리인의 복임권과 그 책임) 「법정대리인은 그 책임으로 복대리인을 선임할 수 있다. 그러나 부득이한 사유로 인한 때에는 전조 제1항에 정한 책임만(본인에게 대하여 그 선임ㆍ감독에 관한 책임)이 있다.」

④ [○]

> 제119조(각자대리) 「대리인이 수인인 때에는 각자가 본인을 대리한다. 그러나 법률 또는 수권행위에 다른 정한 바가 있는 때에는 그러하지 아니하다.」

⑤ [○]

> 제920조의2(공동친권자의 일방이 공동명의로 한 행위의 효력) 「부모가 공동으로 친권을 행사하는 경우 부모의 일방이 공동명의로 자를 대리하거나 자의 법률행위에 동의한 때에는 다른 일방의 의사에 반하는 때에도 그 효력이 있다. 그러나 상대방이 악의인 때에는 그러하지 아니한다.」

정답 | ②

---

30 대리에 관한 설명 중 옳은 것은?
[16소방간부]

① 대리인이 대리행위를 할 때에는 본인의 이익을 위한 것임을 표시하여야 본인에 대하여 효력이 생긴다.
② 대리인은 본인을 위하여 법률행위를 하는 자이므로 행위능력자이어야 한다.
③ 대리인이 수인인 때에는 법률 또는 수권행위에 달리 정한 바가 없는 때에는 각자가 본인을 대리한다.
④ 복대리인은 대리인이 선임한 자로서 본인을 대리하지 않는다.
⑤ 대리인은 본인의 허락을 얻어도 본인을 위하여 자기와 법률행위를 할 수 없다.

해설

① [×]

> 제114조(대리행위의 효력) 「①항 대리인이 그 권한 내에서 본인을 위한 것임을 표시한 의사표시는 직접본인에게 대하여 효력이 생긴다.」

② [×]

> 제117조(대리인의 행위능력) 「대리인은 행위능력자임을 요하지 아니한다.」

③ [○]

> 제119조(각자대리) 「대리인이 수인인 때에는 각자가 본인을 대리한다. 그러나 법률 또는 수권행위에 다른 정한 바가 있는 때에는 그러하지 아니하다.」

④ [×]

> 제123조(복대리인의 권한) 「①항 복대리인은 그 권한 내에서 본인을 대리한다.」

⑤ [×]

> 제124조(자기계약, 쌍방대리) 「대리인은 본인의 허락이 없으면 본인을 위하여 자기와 법률행위를 하거나 동일한 법률행위에 관하여 당사자쌍방을 대리하지 못한다. 그러나 채무의 이행은 할 수 있다.」

정답 | ③

31 법률행위의 대리에 관한 설명으로 옳은 것은? (다툼이 있으면 판례에 따름) [17행정사]

① 권한의 범위가 정해지지 않은 임의대리인은 부패하기 쉬운 농산물을 처분할 수 없다.

② 대리인은 행위능력자이어야 한다.

③ 부동산 입찰절차에서 동일 물건에 관하여 이해관계가 다른 2인 이상의 대리인이 된 경우에는 그 대리인이 한 입찰은 무효이다.

④ 예금계약의 체결을 위임받은 자의 대리권에는 당연히 그 예금을 담보로 하여 대출을 받거나 이를 처분할 수 있는 대리권이 포함되어 있다.

⑤ 복대리인은 그 권한 내에서 대리인을 대리한다.

해설

① [×] '보존행위'란 재산의 가치를 현상 그대로 유지하는 것을 목적으로 하는 행위를 말하는데, 가옥 등 물건의 수선, 소멸시효의 중단, 미등기부동산의 등기, 기한이 도래한 채권의 추심이나 채무의 변제, 부패하기 쉬운 물건의 매각 등이 이에 해당한다. 권한을 정하지 아니한 대리인은 이 보존행위를 무제한으로 할 수 있다.

> 참조조문 제118조(대리권의 범위) 「권한을 정하지 아니한 대리인은 다음 각 호의 행위만을 할 수 있다. 1. 보존행위 2. 대리의 목적인 물건이나 권리의 성질을 변하지 아니하는 범위에서 그 이용 또는 개량하는 행위」

② [×] 제117조(대리인의 행위능력) 「대리인은 행위능력자임을 요하지 아니한다.」

③ [○] 제124조(자기계약, 쌍방대리)에 위반한 대리행위는 절대적 무효로 되는 것이 아니라 무권대리행위로 되며, 따라서 본인은 이를 추인할 수 있다(제130조). 判例는 부동산 입찰절차에서 동일물건에 관하여 이해관계가 다른 2인 이상의 대리인이 된 경우에는 그 대리인이 한 입찰은 원칙적으로 무효라고 한다(대결 2004.2.13. 2003마44).

④ [×] 예금계약의 체결을 위임받은 자가 가지는 대리권에 당연히 그 예금을 담보로 대출을 받거나 이를 처분할 수 있는 대리권이 포함되어 있는 것은 아니다(대판 2002.6.14. 2000다38992).

⑤ [×] 제123조(복대리인의 권한) 「①항 복대리인은 그 권한 내에서 본인을 대리한다.」

정답 | ③

---

32 대리에 관한 설명으로 옳지 않은 것은? (다툼이 있으면 판례에 따름) [20세무사]

① 본인은 계약 내용을 잘 알지 못하고 대리권을 수여하였더라도 대리인이 그 내용을 알면서 계약을 체결하였다면, 본인은 그 내용에 관한 착오를 이유로 계약을 취소할 수 없다.

② 대리인이 수인인 경우 법률 또는 수권행위에 달리 정함이 없으면 각자가 본인을 대리한다.

③ 법률행위에 의하여 수여된 대리권은 그 원인된 법률관계의 종료에 의하여 소멸한다.

④ 법률행위에 의하여 수여된 대리권은 법률관계의 종료 전에 본인의 수권행위 철회에 의하여 소멸한다.

⑤ 대리인이 적극적으로 가담하여 부동산의 이중매매계약을 체결한 경우, 본인이 그러한 사정을 몰랐다면 그 매매계약은 유효하다.

해설

① [○] 매수인이 대리인을 통하여 분양택지 매수지분의 매매계약을 체결한 경우, 대리행위의 하자의 유무는 대리인을 표준으로 판단하여야 하므로, 대리인이 매도인과 분양자와의 매매계약에 있어서 매수인의 1인으로서 그 계약 내용, 잔금의 지급 기일, 그 지급 여부 및 연체 지연손해금 액수에 관하여 잘 알고 있었다고 인정되는 때에는, 설사 매수인이 연체 지연손해금 여부 및 그 액수에 관하여 모른 채로 대리인에게 대리권을 수여하여 매도인과의 사이에 그 매매계약을 체결하였다고 하더라도, 매수인으로서는 그 자신의 착오를 이유로 매도인과의 매매계약을 취소할 수는 없게 되었다고 볼 여지가 있다(대판 1996.2.13. 95다41406).

② [○]
> 제119조(각자대리) 「대리인이 수인인 때에는 각자가 본인을 대리한다. 그러나 법률 또는 수권행위에 다른 정한 바가 있는 때에는 그러하지 아니하다.」

③④ [○]
> 제128조(임의대리의 종료) 「법률행위에 의하여 수여된 대리권은 전조(대리권의 소멸사유)의 경우 외에 그 원인된 법률관계의 종료에 의하여 소멸한다. 법률관계의 종료 전에 본인이 수권행위를 철회한 경우에도 같다.」

⑤ [×] '부동산의 이중매매'에서 제2매수인의 대리인이 매도인의 배임행위에 적극가담한 경우, 본인이 그러한 사정을 몰랐거나 반사회성을 야기한 것이 아니라고 할지라도 그 매매계약은 제103조 위반으로 무효가 된다(대판 1998.2.27. 97다45532).

정답 | ⑤

33 대리에 관한 다음 설명 중 가장 옳은 것은?

[18서기보]

① 제135조 제1항은 "타인의 대리인으로 계약을 한 자가 그 대리권을 증명하지 못하고 또 본인의 추인을 얻지 못한 때에는 상대방의 선택에 좇아 계약의 이행 또는 손해배상의 책임이 있다."라고 규정하고 있는데, 위 규정에 따른 무권대리인의 상대방에 대한 책임은 무과실책임이다.

② 무권리자가 타인의 권리를 처분한 경우에는 특별한 사정이 없는 한 권리가 이전되지 않고, 무권리자의 처분이 계약으로 이루어진 경우에 권리자가 이를 추인하더라도 그 계약의 효과가 계약을 체결했을 때에 소급하여 권리자에게 귀속되는 것은 아니다.

③ 대리권 없는 자가 한 계약은 본인의 추인이 있을 때까지 상대방은 본인이나 그 대리인에 대하여 이를 철회할 수 있고, 이는 계약 당시에 상대방이 대리권 없음을 안 때에도 마찬가지이다.

④ 대리인은 보존행위 및 대리의 목적인 물건이나 권리의 성질을 변하지 아니하는 범위에서 이를 이용하거나 개량하는 행위만을 할 수 있다.

해설

① [○] 제135조 제1항은 '타인의 대리인으로 계약을 한 자가 그 대리권을 증명하지 못하고 또 본인의 추인을 얻지 못한 때에는 상대방의 선택에 좇아 계약의 이행 또는 손해배상의 책임이 있다.'라고 규정하고 있다. 위 규정에 따른 무권대리인의 상대방에 대한 책임은 무과실책임으로서 대리권의 흠결에 관하여 대리인에게 과실 등의 귀책사유가 있어야만 인정되는 것이 아니고, 무권대리행위가 제3자의 기망이나 문서위조 등 위법행위로 야기되었다고 하더라도 책임은 부정되지 아니한다(대판 2014.2.27. 2013다213038).

② [×] 권리자가 무권리자의 처분을 추인하면 무권대리에 대해 본인이 추인을 한 경우와 당사자들 사이의 이익상황이 유사하므로, 무권대리의 추인에 관한 제130조, 제133조 등을 무권리자의 추인에 유추적용할 수 있다. 따라서 무권리자의 처분이 계약으로 이루어진 경우에 권리자가 이를 추인하면 원칙적으로 계약의 효과가 계약을 체결했을 때에 소급하여 권리자에게 귀속된다고 보아야 한다(대판 2017.6.8. 2017다3499).

③ [×]
> 제134조(상대방의 철회권) 「대리권 없는 자가 한 계약은 본인의 추인이 있을 때까지 상대방은 본인이나 그 대리인에 대하여 이를 철회할 수 있다. 그러나 계약당시에 상대방이 대리권 없음을 안 때에는 그러하지 아니하다.」

④ [×]
> 제118조(대리권의 범위) 「권한을 정하지 아니한 대리인은 다음 각 호의 행위만을 할 수 있다. 1. 보존행위 2. 대리의 목적인 물건이나 권리의 성질을 변하지 아니하는 범위에서 그 이용 또는 개량하는 행위」

▶ 제118조는 대리권이 있기는 하지만 수권행위의 해석을 통해서도 그 범위를 명백히 정할 수 없는 경우에 적용되므로, 대리권의 범위가 명백하거나 표현대리가 성립할 때에는 적용되지 않는다(대판 1964.12.8. 64다968 참조).

정답 | ①

34 법률행위의 대리에 관한 다음 설명 중 가장 옳은 것은? [17서기보]

① 甲이 대리권 없이 乙의 대리인으로서 丙과 매매계약을 체결한 경우 甲의 대리행위가 대리권 소멸 후의 표현대리로 인정되는 경우라면 권한을 넘은 표현대리는 성립할 수 없다.

② 甲이 乙의 무권대리인 丙과 매매계약을 체결한 경우 乙은 丙의 무권대리행위를 추인할 수 있고, 乙의 추인이 있을 경우 위 매매계약은 장래에 향하여 효력이 발생한다.

③ 乙소유의 X토지에 관하여 매매계약을 체결할 대리권을 수여받은 甲이 매수인 丙으로부터 잔금을 수령하였다면 甲이 잔금을 乙에게 전달하지 않았더라도 丙의 잔금지급채무는 소멸한다.

④ 乙의 부동산을 매도할 대리권을 수여받은 甲이 마치 자신이 乙인 것처럼 행세하여 乙의 부동산을 丙에게 매도하였다면 丙은 乙에게 소유권이전등기를 청구할 수 없다.

해설

① [×] 제126조에서 말하는 권한을 넘은 표현대리는 현재에 대리권을 가진 자가 그 권한을 넘은 경우에 성립하는 것이지, 현재에 아무런 대리권도 가지지 아니한 자가 본인을 위하여 한 어떤 대리행위가 과거에 이미 가졌던 대리권을 넘은 경우에까지 성립하는 것은 아니라고 할 것이고, 한편 과거에 가졌던 대리권이 소멸되어 제129조에 의하여 표현대리로 인정되는 경우에 그 표현대리의 권한을 넘는 대리행위가 있을 때에는 제126조에 의한 표현대리가 성립할 수 있다(대판 2008.1.31. 2007다74713).
  ▶ 제129조의 표현대리가 성립할 수 있다면 그에 기하여 대리권이 존재하는 것처럼 다루어지므로, 표현대리제도의 취지에 비추어 볼 때 제129조의 범위를 넘는 때에는 제126조가 중첩적으로 적용된다.

② [×] > 제133조(추인의 효력) 「추인은 다른 의사표시가 없는 때에는 계약시에 '소급'하여 그 효력이 생긴다. 그러나 제3자의 권리를 해하지 못한다.」

③ [○] 判例는 임의대리권은 그 권한에 부수하여 상대방의 의사표시를 수령하는 이른바 수령대리권을 포함하고, 매매계약체결의 대리권을 수여받은 대리인은 중도금과 잔금을 수령할 권한을 가진다고 한다(대판 1994.2.8. 93다39379).
  ▶ 따라서 乙소유의 X토지에 관하여 매매계약을 체결할 대리권을 수여받은 甲이 매수인 丙으로부터 잔금을 수령하였다면 이는 유권대리이므로 그 법률효과가 본인 乙에게 미치므로 甲이 잔금을 乙에게 전달하지 않았더라도 丙의 잔금지급채무는 소멸한다.

④ [×] 대리인이 그 권한 내에서 한 의사표시가 직접 본인에게 그 효력이 생기려면 '본인을 위한 것임을 표시'하여야 한다(제114조 제1항). 즉, 대리인의 대리행위시 법률행위의 귀속주체가 본인임을 표시하는 현명을 요구하는 것을 '현명주의'라고 한다. 判例는 반드시 대리인임을 표시하여 행위하여야 하는 것은 아니고 '본인명의'로도 할 수 있다는 입장이다(대판 1963.5.9. 63다67).
  ▶ 따라서 乙의 부동산을 매도할 대리권을 수여받은 甲이 마치 자신이 乙인 것처럼 행세하여 乙의 부동산을 丙에게 매도하였다면 이는 유권대리이므로 그 법률효과가 본인 乙에게 미치므로 丙은 乙에게 소유권이전등기를 청구할 수 있다.

정답 | ③

35 대리에 관한 다음 설명 중 가장 옳지 않은 것은? [16서기보]

① 의사표시의 효력이 의사의 흠결, 사기, 강박 또는 어느 사정을 알았거나 과실로 알지 못한 것으로 인하여 영향을 받을 경우에 그 사실의 유무는 대리인을 표준하여 결정한다.

② 교회의 대표자는 교회 재산의 처분에 관하여 교인총회의 결의를 거치지 아니하고는 이를 대표하여 행할 권한이 없으므로, 이러한 교회의 대표자가 권한 없이 행한 교회 재산의 처분행위에 대하여는 제126조의 표현대리에 관한 규정이 준용되지 아니한다.

③ 표현대리행위가 성립하는 경우에 그 본인은 표현대리행위에 의하여 전적인 책임을 져야 하지만, 상대방에게 과실이 있는 경우에는 과실상계의 법리를 유추적용하여 본인의 책임을 경감할 수 있으므로, 그 본인이 반환할 금액에서 상대방의 과실이 참작되어 감액되어야 한다.

④ 복대리인은 본인이나 제3자에 대하여 대리인과 동일한 권리의무가 있다.

해설

① [○] 제116조 제1항
② [○] 비법인사단인 교회의 대표자는 총유물인 교회 재산의 처분에 관하여 교인총회의 결의를 거치지 아니하고는 이를 대표하여 행할 권한이 없다. 그리고 교회의 대표자가 권한 없이 행한 교회 재산의 처분행위에 대하여는 제126조의 표현대리에 관한 규정이 준용되지 아니한다(대판 2009.2.12. 2006다23312).

> 쟁점정리 권리능력 없는 사단의 재산소유는 총유로 하며(제275조 제1항), 총유물의 관리 및 처분은 정관 기타 규약에 정한 바가 없으면 사원총회의 결의에 의한다(제275조 제2항, 제276조 제1항). 관련하여 判例에 따르면 사원총회결의를 거치지 않은 총유물의 관리 및 처분행위는 '무효'이고(대판 2001.5.29. 2000다10246), 이는 처분권한 없이 처분한 경우에 해당하므로 표현대리가 적용될 여지도 없다고 한다(대판 2009.2.12. 2006다23312 등).

③ [×] 표현대리행위가 성립하는 경우에 그 본인은 표현대리행위에 의하여 전적인 책임을 져야 하고, 상대방에게 과실이 있다고 하더라도 과실상계의 법리를 유추적용하여 본인의 책임을 경감할 수 없다(대판 1996.7.12. 95다49554).

  ▶ 과실상계는 본래 채무불이행 내지 불법행위로 인한 손해배상책임에 대해 인정되는 것이고(제396조, 제763조), 채무내용에 따른 본래의 급부의 이행을 구하는 경우에 적용될 것이 아니다.

④ [○] 제123조 제2항

정답 | ③

---

36 甲은 乙에게 매매계약체결의 대리권을 수여하였고, 乙은 甲을 대리하여 丙 소유의 토지에 관하여 丙과 매매계약을 체결하였다. 그 계약의 효력이 甲에게 미치는 경우를 모두 고른 것은? (다툼이 있으면 판례에 따름)

[18행정사]

ㄱ. 甲이 피한정후견인 乙에게 대리권을 수여하여 위 계약이 체결된 경우
ㄴ. 甲이 수권행위를 통하여 乙과 丁이 공동으로 대리하도록 정하였음에도 乙이 단독의 의사결정으로 위 계약을 체결한 경우
ㄷ. 乙이 위 토지에 대한 丙의 선행 매매사실을 알면서도 丙의 배임적 이중매매행위에 적극 가담하여 위 계약을 체결하였으나 이러한 사실을 甲이 알지 못한 경우

① ㄱ　　　　　　　　② ㄷ　　　　　　　　③ ㄱ, ㄴ
④ ㄴ, ㄷ　　　　　　⑤ ㄱ, ㄴ, ㄷ

해설

ㄱ. [○]

> 제117조(대리인의 행위능력) 「대리인은 행위능력자임을 요하지 아니한다.」

ㄴ. [×] 공동대리에 위반한 대리행위는 무권대리행위가 된다. 다만, 본인의 추인이 있으면 유효로 되고, 나아가 제126조의 표현대리가 성립할 여지가 많을 것이다.

ㄷ. [×] '부동산의 이중매매'에서 제2매수인의 대리인이 매도인의 배임행위에 적극가담한 경우, 본인이 그러한 사정을 몰랐거나 반사회성을 야기한 것이 아니라고 할지라도 그 매매계약은 제103조 위반으로 무효가 된다(대판 1998.2.27. 97다45532).

정답 | ④

제5관 복대리

1. 개념

복대리인이라 함은 대리인이 그의 권한 내의 행위를 행하게 하기 위해 대리인 자신의 이름으로 선임한 '본인의 대리인'이다.

2. 임의대리인의 복임권

임의대리인은 본인의 승낙이 있거나 또는 부득이한 사유가 있는 때에 한하여 예외적으로 복임권을 가질 뿐이다(제120조). 다만 判例는 "대리의 목적인 법률행위의 성질상 대리인 자신에 의한 처리가 필요하지 아니한 경우(예를 들어 단순업무)에는 본인이 복대리 금지의 의사를 명시하지 아니하는 한 복대리인의 선임에 관하여 묵시적인 승낙이 있는 것으로 보는 것이 타당하다."(94 다30690)라고 판시함으로써 복대리의 인정에 관대한 태도를 취하고 있다.

그러나 오피스텔의 분양업무(94다30690)나 아파트의 분양업무(97다56099)는 그 성질상 분양 위임을 받은 수임인의 능력에 따라 그 분양사업의 성공 여부가 결정되는 사무로서, 본인의 명시적인 승낙 없이는 복대리인의 선임이 허용되지 아니하는 경우로 보아야 한다고 한다.

3. 복대리의 경우 표현대리가 성립할 수 있는지 여부

(1) 복대리와 제125조의 표현대리

判例는 복임권이 없는 임의대리인이 복대리인을 선임(제120조 위반)하여 그 복대리인이 본인의 이름으로 대리행위를 한 경우 복대리인 선임행위가 대리권수여의 표시에 해당하는 것으로 보아 제125조의 표현대리를 적용하고 있다(79다1193).

(2) 복대리와 제126조의 표현대리

복대리인 선임권이 없는 대리인에 의하여 선임된 복대리인의 권한도 기본대리권이 될 수 있다고 하여 제126조의 표현대리가 성립할 수 있다고 보았다(97다48982).

(3) 복대리와 제129조의 표현대리

判例는 대리인이 대리권 소멸(제127조의 본인 사망) 후 복대리인을 선임하여 대리행위를 시킨 경우에도, "표현대리의 법리는 거래의 안전을 위하여 일반적인 권리외관 이론에 그 기초를 두고 있는 것인 점에 비추어 볼 때 제129조에 의한 표현대리가 성립할 수 있다."(97다55317)고 한다.

---

37 복대리에 관한 설명으로 가장 적절한 것은? (다툼이 있는 경우 판례에 의함) [23법학경채]

① 복대리인은 대리인을 대리한다.
② 법정대리인은 원칙적으로 본인의 승낙이나 부득이한 사유가 없더라도 복대리인을 선임할 수 있다.
③ 법정대리인이 선임한 복대리인은 법정대리인이다.
④ 법정대리인의 복대리인 선임행위는 대리행위이다.

해설

① [×] 제123조(복대리인의 권한) 「①항 복대리인은 그 권한 내에서 <u>본인을</u> 대리한다.」

② [○] 제122조(법정대리인의 복임권과 그 책임) 「법정대리인은 그 책임으로 복대리인을 선임할 수 있다. 그러나 부득이한 사유로 인한 때에는 전조 제1항에 정한 책임만이 있다.」

③④ [×] 복대리인은 '대리인'이 자신의 권한 및 이름으로 '선임'한 자이다. 따라서 복대리인 선임행위는 '수권행위'이지 대리행위가 아니며, 대리인의 선임행위가 필요하므로 복대리인은 언제나 임의대리인이다.

정답 | ②

38 복대리에 관한 설명으로 옳은 것은? (다툼이 있으면 판례에 의함)

[24소방간부]

① 복대리인은 대리인이 그의 이름으로 선임한 본인의 대리인이다.
② 복대리권의 범위는 대리권의 범위와 일치하여야 한다.
③ 대리권이 소멸한 때에도 복대리권은 소멸하지 않는다.
④ 대리권이 소멸한 후에는 대리인이 선임한 복대리인과 상대방 사이에 표현대리관계가 성립할 수 없다.
⑤ 부득이한 사유로 복대리인을 선임한 대리인은 본인에 대하여 책임이 없다.

해설

① [○]
> 제123조(복대리인의 권한) 「①항 복대리인은 그 권한 내에서 본인을 대리한다.」

② [×]
> 제123조(복대리인의 권한) 「②항 복대리인은 본인이나 제3자에 대하여 대리인과 동일한 권리의무가 있다.」

③ [×] 대리권 일반의 소멸사유(제127조)에 의하여, 대리인의 대리권(모권)의 소멸에 의하여 소멸한다.
④ [×] 대리인이 대리권 소멸 후 직접 상대방과 사이에 대리행위를 하는 경우는 물론 대리인이 대리권 소멸 후 복대리인을 선임하여 복대리인으로 하여금 상대방과 사이에 대리행위를 하도록 한 경우에도, 상대방이 대리권 소멸 사실을 알지 못하여 복대리인에게 적법한 대리권이 있는 것으로 믿었고 그와 같이 믿은 데 과실이 없다면 민법 제129조에 의한 표현대리가 성립할 수 있다(대판 1998.5.29. 97다55317).

⑤ [×]
> 제120조(임의대리인의 복임권) 「대리권이 법률행위에 의하여 부여된 경우에는 대리인은 본인의 승낙이 있거나 부득이한 사유 있는 때가 아니면 복대리인을 선임하지 못한다.」
> 제121조(임의대리인의 복대리인선임의 책임) 「①항 전조의 규정에 의하여 (임의)대리인이 복대리인을 선임한 때에는 본인에게 대하여 그 선임감독에 관한 책임이 있다.」

정답 | ①

39 복대리에 관한 설명으로 옳지 않은 것은? (다툼이 있으면 판례에 따름)

[23세무사]

① 대리인은 자신의 이름으로 복대리인을 선임한다.
② 복대리인은 본인의 대리인이다.
③ 대리인이 복대리인을 선임하더라도 대리인의 대리권은 소멸하지 않는다.
④ 본인과 복대리인 사이에는 내부적 계약관계가 인정되지 않으므로 그에 기한 권리·의무도 인정되지 않는다.
⑤ 대리인이 대리권 소멸 후 선임한 복대리인의 대리행위에 관해서도 표현대리가 성립할 수 있다.

해설

① [○] 복대리인은 '대리인'이 자신의 권한 및 이름으로 '선임'한 자이다. 따라서 복대리인 선임행위는 '수권행위'이지 대리행위가 아니다.
② [○] 복대리인은 대리인이고, 또 대리인의 대리인이 아닌 '본인의 대리인'이다(제123조 제1항).
③ [○] 대리인이 복대리인을 선임하더라도 대리인의 대리권은 소멸하는 것이 아니라 존속한다. 그래서 복임행위는 대리권의 '병존적 설정행위'라고 보는 것이 통설적 견해이다.
④ [×]
> 제123조(복대리인의 권한) 「②항 복대리인은 본인이나 제3자에 대하여 대리인과 동일한 권리의무가 있다.」

> 복대리인은 본인의 대리인이지만 대리인에 의해 선임된 자이므로 이론상으로는 본인과의 사이에 본인의 대리인이라는 사실 외에는 어떠한 내부관계도 발생하지 않는다. 그러나 민법 제123조 제2항은 편의상 본인과 복대리인 사이에도 본인과 대리인 사이에 있어서와 마찬가지의 내부관계가 생기는 것으로 의제하고 있다. 따라서 예컨대 대리인이 수임인인 경우에 복대리인도 본인에 대해서 수임인으로서의 권리의무를 지게 된다.

⑤ [○] 대리인이 대리권 소멸 후 복대리인을 선임하여 대리행위를 시킨 경우에도, 표현대리의 법리는 거래의 안전을 위하여 일반적인 권리외관 이론에 그 기초를 두고 있는 것인 점에 비추어 볼 때 제129조에 의한 표현대리가 성립할 수 있다(대판 1998.5.29. 97다55317).

정답 | ④

40 본인 甲, 임의대리인 乙, 복대리인 丙 사이의 법률관계에 관한 설명으로 옳지 않은 것은? (다툼이 있으면 판례에 따름)

[22세무사]

① 丙은 乙이 자신의 이름으로 선임한 甲의 대리인이다.

② 乙은 甲의 승낙이 있거나 부득이한 사유가 있는 때가 아니면 丙을 선임하지 못한다.

③ 丙의 대리권은 특별한 사정이 없는 한 乙의 대리권이 소멸하더라도 존속한다.

④ 丙이 자신의 권한 내에서 한 대리행위의 효과는 특별한 사정이 없는 한 甲에게 직접귀속된다.

⑤ 乙이 甲의 지명에 따라 丙을 선임한 경우, 乙은 그 부적임 또는 불성실함을 알고 甲에 대한 통지나 해임을 게을리 한 때에는 책임을 진다.

해설

① [○] 복대리인은 대리인이 자신의 권한 및 이름으로 선임한 자이다.

② [○]

> 제120조(임의대리인의 복임권) 「대리권이 법률행위에 의하여 부여된 경우에는 대리인은 본인의 승낙이 있거나 부득이한 사유있는 때가 아니면 복대리인을 선임하지 못한다.」

③ [×] 복대리인은 대리인의 복임권에 기하여 선임된 자이므로 대리인의 감독을 받을 뿐 아니라 대리인의 대리권의 존재 및 범위에 의존한다. 따라서 대리인의 대리권보다 그 범위가 넓을 수 없고 대리권이 소멸하면 복대리권도 소멸한다.

④ [○]

> 제123조(복대리인의 권한) 「①항 복대리인은 그 권한 내에서 본인을 대리한다.」

⑤ [○]

> 제121조(임의대리인의 복대리인선임의 책임) 「②항 대리인이 본인의 지명에 의하여 복대리인을 선임한 경우에는 그 부적임 또는 불성실함을 알고 본인에게 대한 통지나 그 해임을 태만한 때가 아니면 책임이 없다.」

정답 | ③

41 복대리에 관한 설명으로 옳은 것은?

[23행정사]

① 복대리인은 대리인의 대리인이다.

② 법정대리인은 언제나 복임권이 있다.

③ 대리인이 파산하여도 복대리권은 소멸하지 않는다.

④ 임의대리인은 본인의 승낙이 있는 때에 한하여 복임권을 갖는다.

⑤ 복대리인이 선임되면 특별한 사정이 없는 한 대리인의 대리권은 소멸한다.

해설

① [×] 복대리인은 '대리인이 그의 권한 내의 행위'를 하게 하기 위하여 '대리인 자신의 이름'으로 선임한 '본인의 대리인'이다.

② [○]

> 제122조(법정대리인의 복임권과 그 책임) 「법정대리인은 그 책임으로 복대리인을 선임할 수 있다.」

▶ 법정대리인은 언제든지 복임권이 있다(제122조 본문).

③ [×] 복대리인은 대리인의 지휘·감독을 받을 뿐만 아니라, 복대리인의 대리권은 대리인의 대리권에 의존하므로 대리인의 대리권이 소멸하면 복대리인의 대리권도 소멸한다.

> 제127조(대리권의 소멸사유) 「대리권은 다음 각 호의 어느 하나에 해당하는 사유가 있으면 소멸된다. 1. 본인의 사망 2. 대리인의 사망, 성년후견의 개시 또는 파산」

④ [×]

> 제120조(임의대리인의 복임권) 「대리권이 법률행위에 의하여 부여된 경우에는 대리인은 본인의 승낙이 있거나 부득이한 사유있는 때가 아니면 복대리인을 선임하지 못한다.」

▶ 부득이한 사유 있는 때에도 복임권을 갖는다.

⑤ [×] 대리인이 복대리인을 선임하더라도 대리인의 대리권은 소멸하는 것이 아니라 존속한다. 그래서 복임행위는 대리권의 '병존적 설정행위'라고 보는 것이 통설적 견해이다.

정답 | ②

---

42 복대리에 관한 설명으로 옳은 것은?

[19·16행정사 변형]

① 복대리인은 대리인의 대리인이다.
② 법정대리인은 복대리인을 선임하지 못한다.
③ 복대리인의 대리권은 대리인의 대리권의 범위를 넘을 수 있다.
④ 임의대리인이 부득이한 사유로 복대리인을 선임한 경우, 본인에 대하여 그 선임·감독에 관한 책임이 있다.
⑤ 복대리인이 선임된 후 대리인의 대리권이 소멸하더라도 복대리권은 소멸하지 않는다.

해설

① [×]

> 제123조(복대리인의 권한) 「①항 복대리인은 그 권한 내에서 본인을 대리한다.」

② [×]

> 제122조(법정대리인의 복임권과 그 책임) 「법정대리인은 그 책임으로 복대리인을 선임할 수 있다. 그러나 부득이한 사유로 인한 때에는 전조 제1항에 정한 책임만이 있다.」

③⑤ [×] 복대리인은 대리인의 지휘·감독을 받을 뿐만 아니라, 복대리인의 대리권은 대리인의 대리권에 의존하므로 대리인의 대리권이 소멸하면 복대리인의 대리권도 소멸한다. 그리고 복대리인의 대리권의 범위는 대리인의 대리권 범위 내여야 한다.

④ [○]

> 제120조(임의대리인의 복임권) 「대리권이 법률행위에 의하여 부여된 경우에는 대리인은 본인의 승낙이 있거나 부득이한 사유 있는 때가 아니면 복대리인을 선임하지 못한다.」
>
> 제121조(임의대리인의 복대리인선임의 책임) 「①항 전조의 규정에 의하여 대리인이 복대리인을 선임한 때에는 본인에게 대하여 그 선임감독에 관한 책임이 있다.」

정답 | ④

43 복대리에 관한 설명으로 옳지 않은 것은? [18세무사]

① 대리인이 복대리인을 선임한 때에는 대리인의 대리권은 소멸한다.

② 복대리인은 본인에 대하여 대리인과 동일한 권리의무가 있다.

③ 대리인의 대리권이 소멸하면 복대리인의 대리권도 소멸한다.

④ 법정대리인은 언제든지 복대리인을 선임할 수 있다.

⑤ 법정대리인의 복대리인은 본인의 임의대리인이다.

해설

① [×] 대리인이 복대리인을 선임하더라도 대리인의 대리권은 소멸하는 것이 아니라 존속한다. 그래서 복임행위는 대리권의 '**병존적 설정행위**'라고 보는 것이 통설적 견해이다.

② [○]

> 제123조(복대리인의 권한) 「②항 복대리인은 본인이나 제3자에 대하여 대리인과 동일한 권리의무가 있다.」

▶ 복대리인은 대리인과 동일한 권리의무가 있으며(제123조 제2항), 복대리인이 다시 복대리인을 선임해야 할 실제적인 필요성도 있기 때문에 긍정하는 견해가 일반적이다. 다만, 복대리인은 임의대리인이기 때문에 본인의 승낙이 있거나 부득이한 사유가 있는 경우에만 다시 복대리인을 선임할 수 있다.

③ [○] 복대리인은 대리인의 지휘·감독을 받을 뿐만 아니라, 복대리인의 대리권은 대리인의 대리권에 의존하므로 대리인의 대리권이 소멸하면 복대리인의 대리권도 소멸한다. 그리고 복대리인의 대리권의 범위는 대리인의 대리권 범위 내여야 한다.

④ [○]

> 제122조(법정대리인의 복임권과 그 책임) 「법정대리인은 그 책임으로 복대리인을 선임할 수 있다. 그러나 부득이한 사유로 인한 때에는 전조 제1항에 정한 책임만이 있다.」

⑤ [○] 복대리인은 임의대리인이 선임한 경우는 물론 법정대리인이 선임한 경우에도 **언제나** 본인의 임의대리인이다.

정답 | ①

---

44 복대리에 관한 설명으로 옳지 않은 것은? [18소방간부]

① 복대리인은 대리인이 그의 대리권 범위 내의 행위를 하게 하기 위하여 본인의 이름으로 선임한 본인의 대리인이다.

② 대리권이 법률행위에 의하여 부여된 경우, 대리인은 본인의 승낙이 있거나 부득이한 사유가 있는 때가 아니면 복대리인을 선임하지 못한다.

③ 임의대리인이 본인의 지명으로 복대리인을 선임한 경우, 그 부적임이나 불성실함을 알고 본인에 대한 통지나 그 해임을 태만한 때가 아니면 책임이 없다.

④ 복대리인은 본인이나 제3자에 대하여 대리인과 동일한 권리의무가 있다.

⑤ 법정대리인은 그 책임으로 복대리인을 선임할 수 있다.

해설

① [×]

> 제123조(복대리인의 권한) 「①항 복대리인은 그 권한 내에서 본인을 대리한다.」

복대리인은 대리인이 자신의 권한 및 이름으로 '**선임**'한 자이다. 따라서 복대리인 선임행위는 수권행위이지 '대리행위가 아니다'.

▶ 복대리인은 대리인이 그의 권한 내의 행위를 행하게 하기 위하여 '**대리인 자신**'의 이름으로 선임한 '**본인**'의 대리인이다.

② [○] 임의대리인의 복임권(범위)

> 제120조(임의대리인의 복임권) 「대리권이 법률행위에 의하여 부여된 경우에는 대리인은 본인의 승낙이 있거나 부득이한 사유 있는 때가 아니면 복대리인을 선임하지 못한다.」

▶ 임의대리인은 본인의 승낙이 있거나 또는 부득이한 사유가 있는 때에 한하여 **예외적으로 복임권을 가질 뿐**이다(제120소). 따라서 원칙적으로 임의대리인에게는 복임권이 없다. 왜냐하면 임의대리인은 본인의 신임을 받는 자이며 언제든지 사임할 수 있는 자이기 때문이다.

③ [○]

제121조(임의대리인의 복대리인선임의 책임) 「②항 대리인이 본인의 지명에 의하여 복대리인을 선임한 경우에는 그 부적임 또는 불성실함을 알고 본인에게 대한 통지나 그 해임을 태만한 때가 아니면 책임이 없다.」

④ [○]

제123조(복대리인의 권한) 「②항 복대리인은 본인이나 제3자에 대하여 대리인과 동일한 권리의무가 있다.」

▶ 복대리인은 대리인과 동일한 권리의무가 있으며(제123조 제2항), 복대리인이 다시 복대리인을 선임해야 할 실제적인 필요성도 있기 때문에 긍정하는 견해가 일반적이다. 다만, 복대리인은 임의대리인이기 때문에 본인의 승낙이 있거나 부득이한 사유가 있는 경우에만 다시 복대리인을 선임할 수 있다.

⑤ [○]

제122조(법정대리인의 복임권과 그 책임) 「법정대리인은 그 책임으로 복대리인을 선임할 수 있다. 그러나 부득이한 사유로 인한 때에는 전조 제1항에 정한 책임(본인에게 대하여 그 선임·감독에 관한 책임)만이 있다.」

정답 | ①

45 민법상 복대리에 대한 설명 중 가장 적절하지 않은 것은? (다툼이 있는 경우 판례에 의함) [20법학경채]

① 법정대리인은 그 책임으로 복대리인을 선임할 수 있다.

② 임의대리에서 대리의 목적인 법률행위의 성질상 대리인 자신에 의한 처리가 필요하지 아니한 경우, 본인이 복대리금지의 의사를 명시하지 아니하는 한, 복대리인의 선임에 관하여 묵시적인 승낙이 있는 것으로 보는 것이 타당하다.

③ 대리인이 본인의 지명에 의하여 복대리인을 선임한 경우 원칙적으로 본인에 대하여 그 선임·감독에 관한 책임을 진다.

④ 복대리인은 본인이나 제3자에 대하여 대리인과 동일한 권리의무가 있다.

해설

① [○]

제122조(법정대리인의 복임권과 그 책임) 「법정대리인은 그 책임으로 복대리인을 선임할 수 있다. 그러나 부득이한 사유로 인한 때에는 전조 제1항에 정한 책임(본인에게 대하여 그 선임·감독에 관한 책임)만이 있다.」

② [○] 判例는 "대리의 목적인 법률행위의 성질상 대리인 자신에 의한 처리가 필요하지 아니한 경우(예를 들어, 단순업무)에는 본인이 복대리 금지의 의사를 명시하지 아니하는 한 복대리인의 선임에 관하여 묵시적인 승낙이 있는 것으로 보는 것이 타당하다."(대판 1996.1.26. 94다30690)라고 판시함으로써 복대리의 인정에 관대한 태도를 취하고 있다.

③ [×]

제120조(임의대리인의 복임권) 「대리권이 법률행위에 의하여 부여된 경우에는 대리인은 본인의 승낙이 있거나 부득이한 사유 있는 때가 아니면 복대리인을 선임하지 못한다.」

제121조(임의대리인의 복대리인선임의 책임) 「②항 대리인이 본인의 지명에 의하여 복대리인을 선임한 경우에는 그 부적임 또는 불성실함을 알고 본인에게 대한 통지나 그 해임을 태만한 때가 아니면 책임이 없다.」

④ [○]

제123조(복대리인의 권한) 「②항 복대리인은 본인이나 제3자에 대하여 대리인과 동일한 권리의무가 있다.」

정답 | ③

46 민법상, 임의대리인 甲이 선임한 복대리인 乙과 법정대리인 A가 선임한 복대리인 B가 있을 때, 甲과 A의 복임권과 본인에 대한 책임에 관한 설명으로 옳지 않은 것은?

[20소방간부]

① 甲은 원칙적으로 乙을 선임할 복임권을 갖지 못하고, 본인의 승낙이나 부득이한 사유가 있을 때에만 예외적으로 복임권을 가진다.

② 甲이 선임한 乙이 적임이 아니거나 乙에 대한 감독을 게을리한 경우에만, 甲은 본인에게 책임이 있다.

③ 甲이 본인의 지명에 의하여 乙을 선임한 경우, 甲이 乙의 부적임 또는 불성실함을 알고도 본인에 대한 통지나 그 해임을 태만히 한 때가 아니면 甲은 본인에게 책임이 없다.

④ 특별한 사정이 없는 한, A는 B의 대리행위에 관하여 그 선임·감독상 과실이 있는지를 묻지 않고 본인에 대하여 모든 책임을 진다.

⑤ A가 부득이한 사유로 B를 선임한 경우, A는 B의 부적임 또는 불성실함을 알고도 본인에 대한 통지나 그 해임을 태만히 한 때가 아니면 본인에게 책임이 없다.

해설

① [O]

> 제120조(임의대리인의 복임권) 「대리권이 법률행위에 의하여 부여된 경우에는 대리인은 본인의 승낙이 있거나 부득이한 사유 있는 때가 아니면 복대리인을 선임하지 못한다.」

▶ 임의대리인은 본인의 승낙이 있거나 또는 부득이한 사유가 있는 때에 한하여 예외적으로 복임권을 가질 뿐이다(제120조). 따라서 원칙적으로 임의대리인에게는 복임권이 없다. 왜냐하면 임의대리인은 본인의 신임을 받는 자이며 언제든지 사임할 수 있는 자이기 때문이다.

②③ [O]

> 제121조(임의대리인의 복대리인선임의 책임) 「①항 전조의 규정에 의하여 (임의)대리인이 복대리인을 선임한 때에는 본인에게 대하여 그 선임감독에 관한 책임이 있다. ②항 (임의)대리인이 본인의 지명에 의하여 복대리인을 선임한 경우에는 그 부적임 또는 불성실함을 알고 본인에게 대한 통지나 그 해임을 태만한 때가 아니면 책임이 없다.」

▶ 임의대리인이 복대리인을 선임한 때에는 본인에 대하여 그 선임 및 감독에 대해서 책임을 져야 한다(제121조 제1항). 그러나 본인의 지명에 따라서 복대리인을 선임한 경우에는 책임이 경감된다. 즉, 그 부적임 또는 불성실함을 알고 본인에 대한 통지나 그 해임을 게을리한 때에 한해서 책임을 진다(제121조 제2항).

④ [O] ⑤ [×]

> 제122조(법정대리인의 복임권과 그 책임) 「법정대리인은 그 책임으로 복대리인을 선임할 수 있다. 그러나 부득이한 사유로 인한 때에는 전조 제1항에 정한 책임(본인에게 대하여 그 선임·감독에 관한 책임)만이 있다.」

▶ 법정대리인은 복대리인의 행위에 대해서는 자신에게 선임 및 감독상의 과실이 있든 없든 全책임을 져야 한다(제122조 본문). 단, 부득이한 사유로 복대리인을 선임한 경우에는 임의대리인의 책임과 같은 범위로 책임이 경감된다(제122조 단서, 제121조 제1항).

정답 | ⑤

47 甲소유의 X 토지에 관하여 매매계약의 체결에 관한 대리권을 수여받은 乙은 甲의 승낙을 얻어 복대리인인 丙을 선임하였다. 그 후 乙은 丁의 이익을 위하여 시가보다 훨씬 낮은 금액으로 丁과 X 토지 매매계약을 체결하였고, 丁도 그 사실을 알고 있었다. 이에 관한 설명으로 옳은 것은? (다툼이 있으면 판례에 따름)

[20세무사]

① 乙은 언제든지 丁과 합의하여 매매계약을 해제할 수 있다.

② 丙은 그의 권한 내에서 乙을 대리한다.

③ 丙은 甲에 대해서는 乙과 동일한 의무가 있지만, 丁에 대해서는 그렇지 않다.

④ 丁은 甲을 상대로 X 토지의 소유권이전등기를 청구할 수 있다.

⑤ 丁이 선의인 戊에게 X 토지를 매도하고 소유권이전등기를 넘겨준 경우, 甲은 戊를 상대로 소유권이전등기의 말소를 청구할 수 없다.

① [×] 어떠한 계약의 체결에 관한 대리권을 수여받은 대리인이 수권된 법률행위를 하게 되면 그것으로 대리권의 원인된 법률관계는 원칙적으로 목적을 달성하여 종료하는 것이고, 법률행위에 의하여 수여된 대리권은 그 원인된 법률관계의 종료에 의하여 소멸하는 것이므로(제128조), 그 계약을 대리하여 체결하였던 대리인이 체결된 계약의 해제 등 일체의 처분권과 상대방의 의사를 수령할 권한까지 가지고 있다고 볼 수는 없다(대판 2015.12.23. 2013다81019).

② [×]

> 제123조(복대리인의 권한) 「①항 복대리인은 그 권한 내에서 **본인**을 대리한다.」

③ [×]

> 제123조(복대리인의 권한) 「②항 복대리인은 **본인이나 제3자**에 대하여 대리인과 동일한 권리의무가 있다.」

▶ 복대리인은 대리인과 동일한 권리의무가 있으며(제123조 제2항), 복대리인이 다시 복대리인을 선임해야 할 실제적인 필요성도 있기 때문에 긍정하는 견해가 일반적이다. 다만, 복대리인은 임의대리인이기 때문에 본인의 승낙이 있거나 부득이한 사유가 있는 경우에만 다시 복대리인을 선임할 수 있다.

④ [×] ⑤ [○] ⅰ) "진의 아닌 의사표시가 대리인에 의하여 이루어지고 대리인의 진의가 본인의 이익이나 의사에 반하여 자기 또는 제3자의 이익을 위한 배임적인 것임을 상대방이 알았거나 알 수 있었을 경우에는 제107조 제1항 단서의 유추해석상 대리인의 행위에 대하여 본인은 아무런 책임을 지지 않는다고 보아야 하고, 상대방이 대리인의 표시의사가 진의 아님을 알았거나 알 수 있었는지는 표의자인 대리인과 상대방 사이에 있었던 의사표시 형성 과정과 내용 및 그로 인하여 나타나는 효과 등을 객관적인 사정에 따라 합리적으로 판단하여야 한다(대판 2011.12.22. 2011다64669). ⅱ) 그에 따라 외형상 형성된 법률관계를 기초로 하여 새로운 법률상 이해관계를 맺은 선의의 제3자에 대하여는 같은 조 제2항의 규정을 유추적용하여 누구도 그와 같은 사정을 들어 대항할 수 없으며, 제3자가 악의라는 사실에 관한 주장·증명책임은 무효를 주장하는 자에게 있다(대판 2018.4.26. 2016다3201).

정답 | ⑤

제6관 표현대리

제6-1관 제125조의 표현대리

제6-2관 제126조의 표현대리

제6-3관 제129조의 표현대리

⊕ 핵심정리 표현대리

1. 표현대리의 본질

判例는 "유권대리에 관한 주장 속에 무권대리에 속하는 표현대리의 주장이 포함되어 있다고 볼 수 없다."(83다카1489)고 하여 표현대리가 무권대리임을 밝혔다.

2. 제125조의 표현대리

(1) 성립요건(표, 내, 상, 선)

제125조의 표현대리가 적용되기 위해서는 ⅰ) 대리권 수여의 표시, ⅱ) 표시된 대리권의 범위 내에서 한 행위, ⅲ) 표시의 통지를 받은 상대방과의 대리행위, ⅳ) 상대방의 선의·무과실이 있을 것을 요한다.

(2) 수권표시의 방법

判例는 ① "본인에 의한 대리권 수여의 표시는 반드시 대리권 또는 대리인이라는 말을 사용하여야 하는 것이 아니라 사회통념상 대리권을 추단할 수 있는 직함이나 명칭 등의 사용을 승낙 또는 묵인한 경우에도 인정된다."(97다53762)고 하나, ② 중개인에게 오피스텔 분양에 대해 중개를 부탁하고 수수료 지급을 약속한 것은 사실행위이기 때문에 제125조의 대리권 수여의 표시가 아니라고 한다(96다51271).

(3) 법정대리

判例 중에는 호적상으로만 친권자로 되어 있는 자가 미성년자의 법정대리인으로서 '소송위임'에 관하여 대리행위를 한 사안에서, 그 행위를 대리권 흠결로 보아 무효로 보면서도 제125조의 표현대리의 적용을 부정한 것이 있다(4287민상208).

3. 제126조의 표현대리

(1) 성립요건(기, 넘, 정)

제126조의 표현대리가 적용되기 위해서는 ⅰ) 기본대리권의 존재, ⅱ) 권한을 넘은 표현대리행위의 존재, ⅲ) 상대방의 정당한 이유가 있을 것을 요한다.

(2) 기본대리권의 존재

　1) 사실행위

　　判例는 "증권회사로부터 위임받은 고객의 유치, 투자상담(권유), 위탁매매약정실적의 제고의 업무는 사실행위에 불과하므로 이를 기본대리권으로 하여서는 권한초과의 표현대리가 성립할 수 없다."(91다32190)고 한다.

　2) 표현대리권

　　표현대리제도의 취지에 비추어 볼 때 제125조 또는 제129조의 범위를 넘는 때에는 그 범위를 넘는 부분에 대해서는 제126조가 (중첩적으로) 적용된다.

　3) 제한능력자를 위한 법정대리에 제126조의 표현대리가 성립할 수 있는지 여부

　　判例는 "한정치산자의 후견인이 친족회(개정 민법은 종전의 친족회제도를 폐지하고, 가정법원이 사안에 따라 후견감독인을 선임할 수 있는 것으로 바꾸었다)의 동의 없이 피후견인의 부동산을 처분한 경우(제950조 제1항 제4호 참조)에도 거래의 상대방이 친족회의 동의가 갖추어진 것이라고 믿을만한 정당한 이유가 있는 때에는, 본인인 한정치산자에게 그 효력이 있고 제950조 제2항(현행법 제950조 제3항)에 따른 취소권을 행사할 수 없다"(97다3828)고 판시하여 긍정설을 취하고 있다.

(3) 권한을 넘은 표현대리행위의 존재

　① [무권리자의 처분행위] 判例에 따르면 관리에 관한 대리권한을 가진 대리인이 자기 명의로 원인무효의 등기를 한 후 이를 제3자에게 매도하는 경우에는 "계약의 당사자는 대리인과 제3자로서 그 대리인이 본인의 대리인으로서 그러한 계약을 하였다고는 볼 수 없으므로 제126조의 표현대리가 적용될 여지가 없다"(71다2365).

　② [타인명의를 사용한 법률행위] 그러나 대리인이 현명하지 않은 채 본인인 것처럼 가장하여 월권행위를 한 경우에, 判例는 원칙적으로 현명을 요구하지만, 특별한 사정이 있으면 현명이 없더라도 제126조의 유추적용을 긍정한다(92다52436).

(4) 정당한 이유의 존재

　1) 정당한 이유의 의미 및 판단시기

　　判例에 따르면 정당한 이유라 함은 상대방의 '과실'이 없는 경우를 말한다 하고, 이러한 사정의 유무는 '대리행위시'(사실심변론종결시가 아님)를 기준으로 제반사정을 고려하여 객관적으로 판단하여야 한다고 한다(88다카3219).

　2) 정당한 이유의 증명책임

　　判例는 상대방에게 정당한 이유의 증명책임이 있다고 한다(68다694).

4. 제129조의 표현대리

(1) 성립요건(소, 내, 선)

제129조의 표현대리가 적용되기 위해서는 ⅰ) 존재하였던 대리권의 소멸, ⅱ) 대리인이 권한 내의 행위를 할 것, ⅲ) 상대방의 선의·무과실을 요한다.

(2) 법정대리

判例는 친권자가 미성년자의 재산관리를 해왔는데, 미성년자가 성년이 된 이후에 그 子의 재산을 처분한 사안에서 제129조의 성립을 긍정한바(74다199), 법정대리의 경우에도 제129조의 표현대리가 적용된다고 한다.

48 대리에 관한 설명으로 옳지 않은 것은? (다툼이 있는 경우 판례에 의함) [23경찰간부]

① 법정대리권은 권한을 넘은 표현대리의 기본대리권이 될 수 있다.

② 표현대리행위가 성립하는 경우에 상대방에게 과실이 있다고 하더라도 과실상계의 법리를 유추적용하여 본인의 책임을 경감할 수 없다.

③ 아파트 분양업무는 그 성질상 분양 위임을 받은 수임인의 능력에 따라 그 분양사업의 성공 여부가 결정되는 사무이므로 특별한 사정이 없는 한 본인의 명시적인 승낙 없이는 복대리인의 선임이 허용되지 않는다.

④ 무권대리행위가 제3자의 위법한 기망행위로 야기된 경우라면 상대방에 대한 무권대리인의 책임은 부정된다.

해설

① [O] 권한을 넘은 표현대리 규정은 거래의 안전을 도모하여 거래상대방의 이익을 보호하려는 데에 그 취지가 있으므로 임의대리뿐만 아니라 법정대리에도 적용된다(대판 1997.6.27. 97다3828 등).

② [O] 본인은 표현대리행위에 대해 그 효과를 받는다. 判例는 "표현대리가 성립하는 경우에 그 본인은 표현대리행위에 의하여 전적인 책임을 져야 하고, 상대방에게 과실이 있다고 하더라도 과실상계[35]의 법리를 유추적용하여 본인의 책임을 경감할 수 없다."고 한다(대판 1996.7.12. 95다49554).

③ [O]

> 제120조(임의대리인의 복임권) 「대리권이 법률행위에 의하여 부여된 경우에는 대리인은 본인의 승낙이 있거나 부득이한 사유있는 때가 아니면 복대리인을 선임하지 못한다.」

오피스텔의 분양업무(대판 1996.1.26. 94다30690)나 **아파트의 분양업무**(대판 1999.9.3. 97다56099)는 그 성질상 분양 위임을 받은 수임인의 능력에 따라 그 분양사업의 성공 여부가 결정되는 사무로서, 본인의 명시적인 승낙 없이는 복대리인의 선임이 허용되지 아니하는 경우로 보아야 한다고 한다.

④ [×] 제135조에 따른 무권대리인의 상대방에 대한 책임은 **무과실책임**으로서 대리권의 흠결에 관하여 대리인에게 과실 등의 귀책사유가 있어야만 인정되는 것이 아니고, 무권대리행위가 제3자의 기망이나 문서위조 등 위법행위로 야기되었다고 하더라도 책임은 부정되지 아니한다(대판 2014.2.27. 2013다213038).

정답 | ④

49 표현대리에 관한 설명으로 옳은 것은? (다툼이 있는 경우 판례에 의함) [23경찰간부]

① 대리권 소멸 후의 표현대리가 인정되는 경우에는 이를 기본대리권으로 하는 권한을 넘은 표현대리가 성립할 여지가 없다.

② 비법인사단인 교회의 대표자가 권한 없이 행한 교회 재산의 처분행위에 대하여는 권한을 넘은 표현대리에 관한 규정이 준용되지 않는다.

③ 대리인이 사술을 써서 대리행위의 표시를 하지 아니하고 단지 본인의 성명을 모용하여 자기가 마치 본인인 것처럼 기망하여 본인 명의로 직접 법률행위를 한 경우에도 특별한 사정이 없는 한 권한을 넘은 표현대리가 성립할 수 있다.

④ 사실혼 관계에 있는 부부 간에는 일상가사대리권을 기본대리권으로 하는 권한을 넘은 표현대리가 성립할 여지가 없다.

---

35) **제396조(과실상계)** 채무불이행에 관하여 채권자에게 과실이 있는 때에는 법원은 손해배상의 책임 및 그 금액을 정함에 이를 참작하여야 한다.
　　제763조(준용규정) 제396조의 규정은 불법행위로 인한 손해배상에 준용한다.

해설

① [×] 제125조 또는 제129조의 표현대리가 성립할 수 있다면 그에 기하여 대리권이 존재하는 것처럼 다루어지므로, 표현대리제도의 취지에 비추어 볼 때 제125조 또는 제129조의 범위를 넘는 때에는 제126조가 중첩적으로 적용된다고 보는 것이 타당하다(대판 2008.1.31. 2007다74713).

② [○] 判例에 따르면 총회결의를 거치지 않은 총유물의 관리 및 처분행위는 '무효'이고(대판 2001.5.29. 2000다10246), 이는 처분권한 없이 처분한 경우에 해당하므로 표현대리가 적용될 여지도 없다고 한다(대판 2009.2.12. 2006다23312 등). 따라서 상대방이 선의였는지 여부는 문제되지 않는다.

③ [×] 判例는 "사술을 써서 대리행위의 표시를 하지 아니하고 단지 본인의 성명을 모용하여 자기가 마치 본인인 것처럼 상대방을 기망하여 본인 명의로 직접 법률행위를 한 경우에는 특별한 사정이 없는 한 제126조의 표현대리는 성립될 수 없지만, ⅰ) 본인을 모용한 사람에게 본인을 대리할 '기본대리권'이 있었고, ⅱ) 상대방으로서는 위 모용자(행위자)가 본인(명의자) 자신으로서 본인의 권한을 행사하는 것으로 믿은 데 '정당한 이유'가 인정된다면 표현대리의 법리가 유추적용되어 본인에게 그 효력이 미친다."(대판 1993.2.23. 92다52436)고 한다

④ [×] 대법원은 부부가 일상가사의 범위를 벗어난 사항에 대한 대리행위를 한 경우 일상가사대리권을 기본대리권으로 하여 제126조의 표현대리를 직접적용한다(대판 1968.11.26. 68다1727, 1728). 이는 사실혼 관계에 있는 부부 간에도 마찬가지이다(대판 1984.6.26. 81다524).

정답 | ②

50 표현대리에 관한 설명으로 옳은 것은? (다툼이 있으면 판례에 의함) [24소방간부]

① 표현대리의 법리는 공법상 대리에는 적용되지 않는다.

② 상대방이 유권대리를 주장한 경우 이는 표현대리의 주장을 포함한다.

③ 표현대리가 성립하면 대리권 없는 자의 법률행위가 유권대리로 전환된다.

④ 표현대리가 성립하면 본인은 과실상계를 주장할 수 없다.

⑤ 사실혼 관계의 부부 일방은 일상가사에 관한 대리권이 없으므로 권한을 넘은 표현대리가 성립할 수 없다.

해설

① [×] 공법상 행위에도 원칙적으로 표현대리는 적용될 수 없다. 다만, 지방자치단체가 사경제의 주체로서 법률행위를 하였을 때에는 표현대리에 관한 법리가 적용된다고 한다(대판 1961.12.28. 4294민상204).

②③ [×] 유권대리에 있어서는 본인이 대리인에게 수여한 대리권의 효력에 의하여 법률효과가 발생하는 반면 표현대리에 있어서는 대리권이 없음에도 불구하고 법률이 특히 거래상대방 보호와 거래안전유지를 위하여 본래 무효인 무권대리행위의 효과를 본인에게 미치게 한 것으로서 표현대리가 성립된다고 하여 무권대리의 성질이 유권대리로 전환되는 것은 아니므로, 양자의 구성요건 해당사실, 즉 주요 사실은 다르다고 볼 수밖에 없으니 유권대리에 관한 주장 속에 무권대리에 속하는 표현대리의 주장이 포함되어 있다고 볼 수 없다(대판 1983.12.23. 83다카1489).

④ [○] 표현대리행위가 성립하는 경우에 그 본인은 표현대리행위에 의하여 전적인 책임을 져야 하고, 상대방에게 과실이 있다고 하더라도 과실상계의 법리를 유추적용하여 본인의 책임을 경감할 수 없다(대판 1996.7.12. 95다49554).

⑤ [×] 원고와 소외인이 동거를 하면서 사실상의 부부관계를 맺고 실적인 가정을 이루어 대외적으로도 부부로 행세하여 왔다면 원고와 소외인 사이에 일상가사에 관한 사항에 관하여 상호대리권이 있다고 보아야 한다. 사실혼 관계에 있는 부부의 경우 일상가사대리권을 기본대리권으로 하는 권한을 넘은 표현대리가 성립할 수 있다(대판 1980.12.23. 80다2077).

정답 | ④

51 표현대리에 관한 설명 중 옳지 않은 것은? (다툼이 있는 경우 판례에 의함) [22경찰간부]

① 소송행위에는 민법상 표현대리 규정이 적용되지 않는다.
② 법률행위가 강행법규에 위반되어 무효인 이상 표현대리의 법리가 준용될 여지는 없다.
③ 표현대리가 성립하는 경우, 상대방에게 과실이 있다고 하더라도 과실상계의 법리를 유추적용하여 본인의 책임을 경감할 수 없다.
④ 사회통념상 대리권을 추단할 수 있는 직함이나 명칭 등의 사용을 묵인한 것만으로 대리권수여의 표시가 있었다고 할 수 없다.

해설

① [○] 절차안정이 요청되는 '소송행위'에는 민법상의 표현대리 규정이 적용 또는 준용될 수 없는바, 判例도 "공정증서가 채무명의로서 집행력을 가질 수 있도록 하는 집행인낙 표시는 공증인에 대한 소송행위로서 이러한 소송행위에는 민법상의 표현대리 규정이 적용 또는 준용될 수 없다."(대판 1994.2.22. 93다42047)라고 하고, "이행지체가 있으면 즉시 강제집행을 하여도 이의가 없다는 강제집행 수락의사표시는 소송행위라 할 것이고, 이러한 소송행위에는 민법상의 표현대리규정이 적용 또는 유추적용될 수는 없다."(대판 1983.2.8. 81다카621)라고 한다.

② [○] 표현대리가 성립하기 위해서는 '표현대리행위 자체는 유효'한 것을 전제로 한다. 예컨대, 判例는 "증권회사 또는 그 임직원의 부당권유행위를 금지하는 증권거래법은 강행법규로서 이에 위배되는 주식거래에 관한 투자수익보장 약정은 무효이고, 그 약정이 강행법규에 위반되어 무효인 이상, 증권회사의 지점장에게 그와 같은 약정을 체결할 권한이 수여되었는지 여부에 불구하고 표현대리의 법리가 준용될 여지가 없다."라고 한다(대판 1996.8.23. 94다38199).

③ [○] 본인은 표현대리행위에 대해 그 효과를 받는다. 判例는 "표현대리가 성립하는 경우에 그 본인은 표현대리행위에 의하여 전적인 책임을 져야 하고, 상대방에게 과실이 있다고 하더라도 과실상계의 법리를 유추적용하여 본인의 책임을 경감할 수 없다."라고 한다(대판 1996.7.12. 95다49554).

④ [×] 본인이 다른 사람에게 자기 명의를 사용하여 법률행위를 할 것을 허락한 경우에는 보통 대리권(엄밀히는 대행권)을 수여한 것으로 해석된다. 그리고 설령 본인의 의사가 대리권을 수여하고자 하는 것이 아니었다 하더라도 이는 제125조의 '표시'에 해당한다. 이와 관련해 判例는 "본인에 의한 대리권 수여의 표시는 반드시 대리권 또는 대리인이라는 말을 사용하여야 하는 것이 아니라 사회통념상 대리권을 추단할 수 있는 직함이나 명칭(예를 들어 지배인, 관리자) 등의 사용을 승낙 또는 묵인한 경우에도 대리권 수여의 표시가 있은 것으로 볼 수 있다."(대판 1998.6.12. 97다53762)라고 한다.

정답 | ④

52 표현대리에 관한 설명 중 옳은 것을 모두 고른 것은? (다툼이 있는 경우 판례에 의함) [22법학경채]

㉠ 표현대리가 성립하면 무권대리의 성질이 유권대리로 전환된다.
㉡ 권한을 넘은 표현대리에 관한 규정은 임의대리 이외에 법정대리에도 적용된다.
㉢ 대리행위가 강행법규 위반으로 무효인 경우에는 표현대리의 법리가 적용될 수 없다.
㉣ 대리권수여의 표시에 의한 표현대리가 성립하기 위하여는 대리권이 없다는 사실에 대하여 상대방은 선의이고 무과실이어야 한다.
㉤ 대리인이 대리권 소멸 후 복대리인을 선임하여 복대리인으로 하여금 상대방과 사이에 대리행위를 하도록 한 경우에는 대리권 소멸 후의 표현대리가 성립할 수 없다.

① ㉠, ㉤
② ㉠, ㉡, ㉢
③ ㉡, ㉢, ㉣
④ ㉢, ㉣, ㉤

해설

㉠ [×] 표현대리는 외관을 신뢰한 선의·무과실의 제3자를 보호하고 거래의 안전을 보장하며, 대리제도의 신용을 유지하기 위한 제도로서 무권대리의 일종이다(통설). 判例도 "표현대리가 성립된다고 하여 무권대리의 성질이 유권대리로 전환되는 것은 아니므로, 양자의 구성요건 해당사실, 즉 주요사실은 서로 다르다고 볼 수밖에 없다. 그러므로 유권대리에 관한 주장 가운데 무권대리에 속하는 표현대리의 주장이 포함되어 있다고 볼 수 없다."(대판 1983.12.13. 83다카1489)라고 판시하여 표현대리가 무권대리임을 분명히 밝혔다.

㉡ [○] 권한을 넘은 표현대리 규정은 거래의 안전을 도모하여 거래상대방의 이익을 보호하려는 데에 그 취지가 있으므로 임의대리뿐만 아니라 법정대리에도 적용된다. 이와 관련하여 判例도 "한정치산자의 후견인이 친족회(개정 민법은 종전의 친족회제도를 폐지하고, 가정법원이 사안에 따라 후견감독인을 선임할 수 있는 것으로 바꾸었다)의 동의 없이 피후견인의 부동산을 처분한 경우(제950조 제1항 제4호 참조)에도 거래의 상대방이 친족회의 동의가 갖추어진 것이라고 믿을만한 정당한 이유가 있는 때에는, 본인인 한정치산자에게 그 효력이 있고 제950조 제2항(현행법 제950조 제3항)에 따른 취소권을 행사할 수 없다."(대판 1997.6.27. 97다3828; 다만, 이 判例에서는 친족회의 동의 여부를 확인하지 않은 잘못을 물어 상대방의 과실을 인정하였다)라고 판시하여 긍정설을 취하고 있다.

㉢ [○] 표현대리가 성립하기 위해서는 '표현대리행위 자체는 유효'한 것을 전제로 한다. 예컨대, 判例는 "증권회사 또는 그 임직원의 부당권유행위를 금지하는 증권거래법은 강행법규로서 이에 위배되는 주식거래에 관한 투자수익보장 약정은 무효이고, 그 약정이 강행법규에 위반되어 무효인 이상, 증권회사의 지점장에게 그와 같은 약정을 체결할 권한이 수여되었는지 여부에 불구하고 표현대리의 법리가 준용될 여지가 없다."라고 한다(대판 1996.8.23. 94다38199).

㉣ [○] 대리권수여의 표시에 의한 표현대리가 성립하기 위하여는 상대방은 대리권 없음을 알지 못하고 또 알지 못하는 데 과실이 없어야 한다(제125조 제1항). 참고로 判例는 저당권설정계약 당시 본인의 인감증명서와 인감도장만을 소지하였을 뿐 대리인으로서 통상 제시될 것이 기대되는 등기권리증을 소지하지 않은 사안에서 상대방의 과실을 인정하였다(대판 1984.11.13. 84다카1204).

㉤ [×] 判例는 "대리인이 대리권 소멸 후 복대리인을 선임하여 대리행위를 시킨 경우에도, 표현대리의 법리는 거래의 안전을 위하여 일반적인 권리외관 이론에 그 기초를 두고 있는 것인 점에 비추어 볼 때 제129조에 의한 표현대리가 성립할 수 있다."(대판 1998.5.29. 97다55317)라고 한다.

정답 | ③

---

53 표현대리에 관한 설명으로 옳지 않은 것은? (다툼이 있으면 판례에 따름)　　　　　　[22세무사]

① 표현대리가 성립된다고 하여 무권대리의 성질이 유권대리로 전환되는 것은 아니다.

② 대리행위가 강행법규 위반으로 무효인 경우에는 표현대리가 성립할 수 없다.

③ 표현대리의 법리는 일반적인 권리외관이론에 그 기초를 두고 있다.

④ 유권대리에 관한 주장에는 표현대리의 주장이 포함되어 있다고 볼 수 없다.

⑤ 표현대리가 성립하는 경우에도 본인은 과실상계의 법리를 유추적용하여 자신의 책임을 경감할 수 있다.

해설

①④ [○] 判例도 "표현대리가 성립된다고 하여 무권대리의 성질이 유권대리로 전환되는 것은 아니므로, 양자의 구성요건 해당사실, 즉 주요사실은 서로 다르다고 볼 수밖에 없다. 그러므로 유권대리에 관한 주장 가운데 무권대리에 속하는 표현대리의 주장이 포함되어 있다고 볼 수 없다."(대판 1983.12.13. 83다카1489)라고 한다.

② [○] 判例는 "증권회사 또는 그 임직원의 부당권유행위를 금지하는 증권거래법은 강행법규로서 이에 위배되는 주식거래에 관한 투자수익보장 약정은 무효이고, 그 약정이 강행법규에 위반되어 무효인 이상, 증권회사의 지점장에게 그와 같은 약정을 체결할 권한이 수여되었는지 여부에 불구하고 표현대리의 법리가 준용될 여지가 없다."(대판 1996.8.23. 94다38199)라고 한다.

③ [○] 判例는 표현대리는 '일반적인 권리외관이론'(예를 들어 선의취득, 취득시효제도 등)에 기초를 두고 있다고 한다(대판 1998.5.29. 97다55317).

⑤ [×] 判例는 "표현대리가 성립하는 경우에 그 본인은 표현대리행위에 의하여 전적인 책임을 져야 하고, 상대방에게 과실이 있다고 하더라도 과실상계의 법리를 유추적용하여 본인의 책임을 경감할 수 없다."(대판 1996.7.12. 95다49554)라고 한다.

정답 | ⑤

54 민법상 표현대리에 관한 설명으로 가장 적절하지 않은 것은? (다툼이 있는 경우 판례에 의함) [21법학경채]

① 권한을 넘은 표현대리에 있어서 무권대리인에게 그 권한이 있다고 믿을 만한 정당한 이유가 있는지의 여부는 대리 행위 당시를 기준으로 결정하여야 하고 매매계약 성립 이후의 사정은 고려할 것이 아니다.

② 민법 제125조의 대리권 수여의 표시에 의한 표현대리는 본인과 대리행위를 한 자 사이의 기본적인 법률관계의 성 질이나 그 효력의 유무와는 관계가 없다.

③ 등기신청행위와 같은 공법상의 행위에 대하여 대리권을 수여받은 대리인이 대물변제라는 사법행위를 한 경우 민 법 제126조의 권한을 넘은 표현대리가 성립한다.

④ 권리능력 없는 사단인 교회의 대표자가 교인총회의 결의를 거치지 아니하고 교회 재산을 처분한 행위에 대하여 민법 제126조의 권한을 넘은 표현대리 규정을 준용할 수 있다.

해설

① [○] 권한을 넘은 표현대리에 있어서 정당한 이유의 유무는 대리행위 당시를 기준으로 하여 판정하여야 하고 매매계약 성립 이후의 사정은 고려할 것이 아니다(대판 1997.6.27. 97다3828).

② [○] 제125조가 규정하는 대리권 수여의 표시에 의한 표현대리는 본인과 대리행위를 한 자 사이의 기본적인 법률관계의 성질이나 그 효력의 유무와는 관계없이 어떤 자가 본인을 대리하여 제3자와 법률행위를 함에 있어 본인이 그 자에게 대리권을 수여하였다는 표시를 제3자에게 한 경우에 성립한다(대판 2007.8.23. 2007다23425).

③ [○] 기본대리권이 등기신청행위라 할지라도 표현대리인이 그 권한을 유월하여 대물변제라는 사법행위를 한 경우에는 표현대리의 법리가 적용된다(대판 1978.3.28. 78다282).
▶ 따라서 사안의 경우, 제126조의 표현대리가 성립할 수 있다.

④ [×] 비법인사단인 교회의 대표자는 총유물인 교회 재산의 처분에 관하여 교인총회의 결의를 거치지 아니하고는 이를 대표하여 행할 권한이 없다. 그리고 교회의 대표자가 권한 없이 행한 교회 재산의 처분행위에 대하여는 제126조의 표현대리에 관한 규정이 준용되지 아니한다(대판 2009.2.12. 2006다23312).
[쟁점정리] 권리능력 없는 사단의 재산소유는 총유로 하며(제275조 제1항), 총유물의 관리 및 처분은 정관 기타 규약에 정한 바가 없으면 사원총회의 결의에 의한다(제275조 제2항, 제276조 제1항). 관련하여 判例에 따르면 사원총회결의를 거치지 않은 총유물의 관리 및 처분행위는 '무효'이고(대판 2001.5.29. 2000다10246), 이는 처분권한 없이 처분한 경우에 해당하므로 표현대리가 적용될 여지도 없다고 한다(대판 2009.2.12. 2006다23312 등).

정답 | ④

55 표현대리에 관한 설명으로 가장 적절하지 않은 것은? (다툼이 있는 경우 판례에 의함) [19법학경채]

① 유권대리에 관한 주장 속에 표현대리의 주장이 포함되어 있다고 볼 수 없다.

② 권한을 넘는 표현대리에 있어서 법정대리권은 기본대리권이 될 수 없다.

③ 사회통념상 대리권을 추단할 수 있는 직함이나 명칭 등의 사용을 본인이 승낙 또는 묵인한 경우에는 대리권 수여 의 의사표시가 있은 것으로 볼 수 있다.

④ 표현대리가 성립하면 본인은 표현대리행위에 의하여 전적인 책임을 져야 하고, 상대방에게 과실이 있더라도 과실 상계의 법리를 유추적용할 수 없다.

해설

① [O] 표현대리는 외관을 신뢰한 선의·무과실의 제3자를 보호하고 거래의 안전을 보장하며, 대리제도의 신용을 유지하기 위한 제도로서 무권대리의 일종이다(통설). 判例도 "표현대리가 성립된다고 하여 무권대리의 성질이 유권대리로 전환되는 것은 아니므로, 양자의 구성요건 해당사실, 즉 주요사실은 서로 다르다고 볼 수밖에 없다. 그러므로 유권대리에 관한 주장 가운데 무권대리에 속하는 표현대리의 주장이 포함되어 있다고 볼 수 없다."(대판 1983.12.13. 83다카1489)라고 판시하여 표현대리가 무권대리임을 분명히 밝혔다.

② [X] 권한을 넘은 표현대리 규정은 거래의 안전을 도모하여 거래상대방의 이익을 보호하려는 데에 그 취지가 있으므로 임의대리뿐만 아니라 법정대리에도 적용된다(대판 1997.6.27. 97다3828).

③ [O] 본인이 다른 사람에게 자기 명의를 사용하여 법률행위를 할 것을 허락한 경우에는 보통 대리권(엄밀히는 대행권)을 수여한 것으로 해석된다. 그리고 설령 본인의 의사가 대리권을 수여하고자 하는 것이 아니었다 하더라도 이는 제125조의 '표시'에 해당한다. 이와 관련해 判例는 "본인에 의한 대리권 수여의 표시는 반드시 대리권 또는 대리인이라는 말을 사용하여야 하는 것이 아니라 **사회통념상 대리권을 추단할 수 있는 직함이나 명칭 등의 사용을 승낙 또는 묵인한 경우**에도 대리권 수여의 표시가 있는 것으로 볼 수 있다."(대판 1998.6.12. 97다53762)라고 한다.

④ [O] 본인은 표현대리행위에 대해 그 효과를 받는다. 判例는 "표현대리가 성립하는 경우에 그 본인은 표현대리행위에 의하여 전적인 책임을 져야 하고, 상대방에게 과실이 있다고 하더라도 과실상계의 법리를 유추적용하여 본인의 책임을 경감할 수 없다."(대판 1996.7.12. 95다49554)라고 한다.

정답 | ②

---

56 표현대리에 관한 설명으로 옳지 않은 것은? (다툼이 있으면 판례에 따름)

[19세무사]

① 사회통념상 대리권을 추단할 수 있는 직함이나 명칭 등의 사용을 승낙 또는 묵인한 경우에도 대리권수여의 표시가 있는 것으로 볼 수 있다.

② 권한을 넘는 표현대리규정은 법정대리에도 적용된다.

③ 대리인이 대리권소멸 후 복대리인을 선임하여 대리행위를 하도록 한 경우에도 상대방이 대리권소멸사실에 대해 선의·무과실이라면 표현대리가 성립할 수 있다.

④ 표현대리의 법리는 일반적인 권리외관이론에 그 기초를 두고 있다.

⑤ 표현대리가 성립되면 무권대리의 성질이 유권대리로 전환된다.

해설

① [O] 본인이 다른 사람에게 자기 명의를 사용하여 법률행위를 할 것을 허락한 경우에는 보통 대리권(엄밀히는 대행권)을 수여한 것으로 해석된다. 그리고 설령 본인의 의사가 대리권을 수여하고자 하는 것이 아니었다 하더라도 이는 제125조의 '표시'에 해당한다. 이와 관련해 判例는 "본인에 의한 대리권 수여의 표시는 반드시 대리권 또는 대리인이라는 말을 사용하여야 하는 것이 아니라 **사회통념상 대리권을 추단할 수 있는 직함이나 명칭 등의 사용을 승낙 또는 묵인한 경우**에도 대리권 수여의 표시가 있는 것으로 볼 수 있다."(대판 1998.6.12. 97다53762)라고 한다.

② [O] 권한을 넘은 표현대리 규정은 거래의 안전을 도모하여 거래상대방의 이익을 보호하려는 데에 그 취지가 있으므로 임의대리뿐만 아니라 법정대리에도 적용된다(대판 1997.6.27. 97다3828).

③④ [O] 判例는 "대리인이 대리권 소멸 후 복대리인을 선임하여 대리행위를 시킨 경우에도, 표현대리의 법리는 거래의 안전을 위하여 일반적인 권리외관 이론에 그 기초를 두고 있는 것인 점에 비추어 볼 때 제129조에 의한 표현대리가 성립할 수 있다."(대판 1998.5.29. 97다55317)라고 한다.

⑤ [X] 표현대리는 외관을 신뢰한 선의·무과실의 제3자를 보호하고 거래의 안전을 보장하며, 대리제도의 신용을 유지하기 위한 제도로서 무권대리의 일종이다(통설). 判例도 "표현대리가 성립된다고 하여 무권대리의 성질이 유권대리로 전환되는 것은 아니므로, 양자의 구성요건 해당사실, 즉 주요사실은 서로 다르다고 볼 수밖에 없다. 그러므로 유권대리에 관한 주장 가운데 무권대리에 속하는 표현대리의 주장이 포함되어 있다고 볼 수 없다."(대판 1983.12.13. 83다카1489)라고 판시하여 표현대리가 무권대리임을 분명히 밝혔다.

정답 | ⑤

57 표현대리에 관한 설명으로 옳지 않은 것은? (다툼이 있는 경우 판례에 의함)

① 제125조에서 규정하는 대리권수여의 표시에 의한 표현대리는 본인과 대리행위를 한 자 사이의 기본적인 법률관계가 유효하게 성립한 경우에만 인정된다.

② 대리권소멸 후의 대리행위에 대하여 제129조의 표현대리가 성립되는 경우, 그 대리행위가 소멸한 대리권의 범위를 넘는 대리행위인 때에는 제126조에 의한 표현대리가 성립할 수 있다.

③ 대리인이 본인을 위한 것임을 표시하지 아니하고 사술을 써서 자기가 마치 본인인 것처럼 상대방을 기망하여 본인 명의로 직접 법률행위를 한 경우에는 특별한 사정이 없는 한 제126조의 권한을 넘는 표현대리가 성립하지 않는다.

④ 권한을 넘은 표현대리에 있어서 무권대리인에게 그 권한이 있다고 믿을 만한 정당한 이유가 있는가의 여부는 대리행위 당시를 기준으로 결정하여야 하고 대리행위 이후의 사정은 고려할 것이 아니다.

⑤ 제126조의 표현대리에 해당하여 본인에게 대리행위로의 직접 효과가 귀속되기 위하여는 대리행위의 상대방이 대리인으로 행위한 사람에게 실제로는 대리권이 없다는 점에 대하여 선의일 뿐만 아니라 무과실이어야 한다.

해설

① [×] 제125조가 규정하는 대리권 수여의 표시에 의한 표현대리는 본인과 대리행위를 한 자 사이의 기본적인 법률관계의 성질이나 그 효력의 유무와는 관계없이 어떤 자가 본인을 대리하여 제3자와 법률행위를 함에 있어 본인이 그 자에게 대리권을 수여하였다는 표시를 제3자에게 한 경우에 성립한다(대판 2007.8.23. 2007다23425).

② [○] 제125조 또는 제129조의 표현대리가 성립할 수 있다면 그에 기하여 대리권이 존재하는 것처럼 다루어지므로, 표현대리제도의 취지에 비추어 볼 때 제125조 또는 제129조의 범위를 넘는 때에는 제126조가 중첩적으로 적용된다고 보는 것이 타당하다(대판 2008.1.31. 2007다74713).

③ [○] 제126조의 표현대리는 대리인이 본인을 위한다는 의사를 명시 혹은 묵시적으로 표시하거나 대리의사를 가지고 권한 외의 행위를 하는 경우에 성립하고, 사술을 써서 위와 같은 대리행위의 표시를 하지 아니하고 단지 본인의 성명을 모용하여 자기가 마치 본인인 것처럼 기망하여 본인 명의로 직접 법률행위를 한 경우에는 특별한 사정이 없는 한 위 법조 소정의 표현대리는 성립될 수 없다(대판 2002.6.28. 2001다49814).

[쟁점정리] 권한을 넘은 표현대리의 존재(타인명의를 사용한 법률행위)
대리인이 현명하지 않은 채 본인인 것처럼 가장하여 월권행위를 한 경우에, 判例는 원칙적으로 현명을 요구하지만, '특별한 사정이 있으면' 현명이 없더라도 제126조의 유추적용을 긍정한다. 즉, "사술을 써서 대리행위의 표시를 하지 아니하고 단지 본인의 성명을 모용하여 자기가 마치 본인인 것처럼 상대방을 기망하여 본인 명의로 직접 법률행위를 한 경우에는 특별한 사정이 있는 경우에 한하여 제126조의 표현대리의 법리를 유추적용할 수 있다. 여기서 특별한 사정이란 ⅰ) 본인을 모용한 사람에게 본인을 대리할 '기본대리권'이 있었고, ⅱ) 상대방으로서는 위 모용자가 본인 자신으로서 본인의 권한을 행사하는 것으로 믿은 데 '정당한 사유'가 있었던 사정을 의미한다(대판 1993.2.23. 92다52436).

④ [○] 표현대리의 효과를 주장하려면 상대방이 자칭 대리인에게 대리권이 있다고 믿고 그와 같이 믿는데 정당한 이유가 있을 것을 요건으로 하는 것인바, 여기의 정당한 이유의 존부는 자칭 대리인의 대리행위가 행하여 질 때에 존재하는 제반사정을 객관적으로 관찰하여 판단하여야 하는 것이지 당해 법률행위가 이루어지고 난 훨씬 뒤의 사정을 고려하여 그 존부를 결정해야 하는 것은 아니다(대판 1987.7.7. 86다카2475).

⑤ [○] 상대방은 대리권 없음을 알지 못하고 또 알지 못하는 데 과실이 없어야 한다. 判例는 저당권설정계약 당시 본인의 인감증명서와 인감도장만을 소지하였을 뿐 대리인으로서 통상 제시될 것이 기대되는 등기권리증을 소지하지 않은 사안에서 상대방의 과실을 인정하였다(대판 1984.11.13. 84다카1204). 상대방의 악의·과실의 증명책임은 본인에게 있다는 것이 통설적 견해이다. 왜냐하면 표현대리제도는 상대방의 신뢰보호를 그 근거로 하기 때문이다. 상대방의 과실 유무는 무권대리행위 당시의 제반 사정을 객관적으로 판단하여 결정하여야 한다(대판 1974.7.9. 73다1804).

정답 | ①

58 민법 제126조(권한을 넘은 표현대리)에 관한 설명 중 옳지 않은 것은? (다툼이 있는 경우 판례에 의함)

[22경찰간부]

① 권한을 넘은 표현대리 규정은 법정대리에도 적용된다.

② 대리인이 임의로 선임한 복대리인을 통하여 권한 외의 법률행위를 한 경우 민법 제126조의 표현대리가 성립할 수 없다.

③ 무권대리인에게 권한이 있다고 믿을 만한 정당한 이유가 있는가의 여부는 대리행위가 행하여질 때에 존재하는 모든 사정을 객관적으로 관찰하여 판단하여야 한다.

④ 대리인이 본인을 위한 것임을 표시하지 아니하고 사술을 써서 자기가 마치 본인인 것처럼 상대방을 기망하여 본인 명의로 직접 법률행위를 한 경우에는 특별한 사정이 없는 한 권한을 넘은 표현대리가 성립하지 않는다.

해설

① [O] 권한을 넘은 표현대리 규정은 거래의 안전을 도모하여 거래상대방의 이익을 보호하려는 데에 그 취지가 있으므로 임의대리뿐만 아니라 법정대리에도 적용된다(대판 1997.6.27. 97다3828 등).

② [×] 判例는 "대리인이 사자 내지 임의로 선임한 복대리인을 통하여 권한 외의 법률행위를 한 경우, 상대방이 그 행위자를 대리권을 가진 대리인으로 믿었고 또한 그렇게 믿는 데에 정당한 이유가 있는 때에는, 복대리인 선임권이 없는 대리인에 의하여 선임된 복대리인의 권한도 기본대리권이 될 수 있을 뿐만 아니라, 그 행위자가 사자라고 하더라도 대리행위의 주체가 되는 대리인이 별도로 있고 그들에게 본인으로부터 기본대리권이 수여된 이상, 제126조를 적용함에 있어서 기본대리권의 흠결 문제는 생기지 않는다."(대판 1998.3.27. 97다48982)라고 한다. 즉, 判例는 대리인이 임의로 선임한 복대리인을 통하여 권한 외의 법률행위를 한 경우 제126조의 표현대리가 성립할 수 있다는 입장이다.

③ [O] 표현대리의 효과를 주장하려면 상대방이 자칭 대리인에게 대리권이 있다고 믿고 그와 같이 믿는데 정당한 이유가 있을 것을 요건으로 하는 것인바, 여기의 정당한 이유의 존부는 자칭 대리인의 대리행위가 행하여질 때에 존재하는 제반사정을 객관적으로 관찰하여 판단하여야 하는 것이지 당해 법률행위가 이루어지고 난 훨씬 뒤의 사정을 고려하여 그 존부를 결정해야 하는 것은 아니다(대판 1987.7.7. 86다카2475).

④ [O] 사술을 써서 대리행위의 표시를 하지 아니하고 단지 본인의 성명을 모용하여 자기가 마치 본인인 것처럼 상대방을 기망하여 본인 명의로 직접 법률행위를 한 경우에는 특별한 사정이 있는 경우에 한하여 민법 제126조의 표현대리의 법리를 유추적용할 수 있다. 여기서 특별한 사정이란 ⅰ) 본인을 모용한 사람에게 본인을 대리할 '기본대리권'이 있었고, ⅱ) 상대방으로서는 위 모용자가 본인 자신으로서 본인의 권한을 행사하는 것으로 믿은 데 '정당한 사유'가 있었던 사정을 의미한다(대판 1993.2.23. 92다52436).

정답 | ②

59 권한을 넘은 표현대리에 관한 설명으로 옳지 않은 것은? (다툼이 있으면 판례에 따름)

[22세무사]

① 법정대리권은 기본대리권에 포함되지 않는다.

② 대리권소멸 후의 표현대리가 인정되는 경우에도 권한을 넘은 표현대리가 성립할 수 있다.

③ 복임권 없는 대리인에 의해 선임된 복대리인이 권한 외의 대리행위를 한 경우에도 권한을 넘은 표현대리가 성립될 수 있다.

④ 권한을 넘은 표현대리에 관한 규정에 의해 보호받을 수 있는 상대방은 대리인과 직접 법률행위를 한 자에 한정된다.

⑤ 권한을 넘은 표현대리의 성립요건인 정당한 사유의 존재에 대해서는 그 대리행위의 유효를 주장하는 상대방이 증명책임을 부담한다.

해설

① [×] 부부는 일상의 가사에 관하여 서로 대리권이 있다(제827조 제1항). 대법원은 부부가 일상가사의 범위를 벗어난 사항에 대한 대리행위를 한 경우 일상가사대리권을 기본대리권으로 하여 제126조의 표현대리를 직접적용한다(대판 1968.11.26. 68다1727, 1728).

② [O] 제125조 또는 제129조의 표현대리가 성립할 수 있다면 그에 기하여 대리권이 존재하는 것처럼 다루어지므로, 표현대리제도의 취지에 비추어 볼 때 제125조 또는 제129조의 범위를 넘는 때에는 제126조가 중첩적으로 적용된다(대판 2008.1.31. 2007다74713).

③ [○] 判例는 "대리인이 사자 내지 임의로 선임한 복대리인을 통하여 권한 외의 법률행위를 한 경우, 상대방이 그 행위자를 대리권을 가진 대리인으로 믿었고 또한 그렇게 믿는 데에 정당한 이유가 있는 때에는, 복대리인 선임권이 없는 대리인에 의하여 선임된 복대리인의 권한도 기본대리권이 될 수 있을 뿐만 아니라, 그 행위자가 사자라고 하더라도 대리행위의 주체가 되는 대리인이 별도로 있고 그들에게 본인으로부터 기본대리권이 수여된 이상, 제126조를 적용함에 있어서 기본대리권의 흠결 문제는 생기지 않는다."(대판 1998.3.27. 97다48982)라고 한다.

④ [○] 표현대리에 관한 규정에 의해 보호받을 수 있는 상대방은 '대리인과 직접 법률행위를 한 자'에 한정된다. 그로부터 전득한 자는 이에 해당하지 않는다(대판 1994.5.27. 93다21521).

⑤ [○] 판례는 제126조의 법문상 표현대리를 주장하는 상대방이 정당한 이유가 있음을 입증하여야 한다고 한다(대판 1968.6.18. 68다694).

정답 | ①

60

권한을 넘은 표현대리(表現代理)에 대한 설명 중 가장 적절하지 않은 것은? (다툼이 있는 경우 판례에 의함)

[20법학경채]

① 대리인이 그 권한 외의 법률행위를 한 경우, 제3자가 대리인의 그 행위가 권한이 있다고 믿을 만한 정당한 이유가 있는 때에는 본인은 그 행위에 대하여 책임이 있다.

② 사실혼 부부의 일상가사에 관한 사항에 대하여는 상호대리권이 인정되므로 권한을 넘은 표현대리의 법리가 적용된다.

③ 권한을 넘은 표현대리는 사실행위를 기본대리권으로 삼아 성립할 수 있다.

④ 기본대리권이 등기신청행위라 할지라도 표현대리인이 그 권한을 유월하여 대물변제라는 사법행위를 한 경우에는 표현대리의 법리가 적용된다.

해설

① [○]

> 제126조(권한을 넘은 표현대리) 「대리인이 그 권한 외의 법률행위를 한 경우에 제3자가 그 권한이 있다고 믿을 만한 정당한 이유가 있는 때에는 본인은 그 행위에 대하여 책임이 있다.」

② [○] ⅰ) 대법원은 부부가 일상가사의 범위를 벗어난 사항에 대한 대리행위를 한 경우 일상가사대리권을 기본대리권으로 하여 제126조의 표현대리를 직접적용한다(대판 1968.11.26. 68다1727, 1728). ⅱ) 그러나 대법원은 '부부별산제의 취지'에 비추어 제126조의 요건인 정당한 이유의 유무를 판단함에 있어 엄격하게 판단하는바, 부부일방이 배우자 소유 부동산에 관하여 매매 등의 '처분행위'를 한 경우에 제126조의 표현대리가 인정되려면 배우자에게 일상가사대리권(법정대리권)이 있었다는 것만이 아니라 상대방이 그 배우자에게 그 행위에 관한 대리의 권한을 주었다(임의대리권)고 믿었음을 정당화할 만한 '객관적 사정'이 있어야 한다고 본다(대판 1998.7.10. 98다18988 등).

관련판례 사실상의 부부관계를 맺고 실질적인 가정을 이루어 대외적으로도 부부로 행세하여 왔다면 원고와 위 소외인 사이에 일상가사에 관한 사항에 관하여 상호대리권이 있다고 보아야 하고, 따라서 권한유월의 표현대리의 법리가 적용된다(대판 1980.12.23. 80다2077).

③ [×] 判例는 "증권회사로부터 위임받은 고객의 유치, 투자상담 및 권유, 위탁매매약정실적의 제고 등의 업무는 사실행위에 불과하므로 이를 기본대리권으로 하여서는 권한초과의 표현대리가 성립할 수 없다."(대판 1992.5.26. 91다32190)라고 판시하여 사실행위에 대한 권한수여는 기본대리권이 될 수 없다고 한다(다만, 회사의 사용자책임은 인정하였다).

비교판례 과거 判例 중에는 사실행위를 위한 使者인 경우에도 기본대리권의 존재를 긍정한 것이 있다(대판 1962.2.8. 61다192).

판례해설 이러한 判例의 태도는 모순되는 것이 아니라, 사실행위를 위한 使者의 경우에는 상대방의 입장에서 볼 때 사자인지 아니면 대리인인지를 구별하는 것이 어려워 제126조의 표현대리를 인정해야 할 필요성이 훨씬 크기 때문에 예외를 인정한 것이다.

④ [○] 기본대리권이 권한을 벗어난 행위와 같은 종류의 대리권이거나 비슷한 것일 필요는 없다(대판 1978.3.28. 78다282). 그리고 그 행위가 대리권과 아무런 관계가 없어도 무방하다(대판 1963.11.21. 63다418). 다만, '정당한 이유'의 판정에 영향을 줄 수 있다.

관련판례 기본대리권이 등기신청행위라 할지라도 표현대리인이 그 권한을 유월하여 대물변제라는 사법행위를 한 경우에는 표현대리의 법리가 적용된다(대판 1978.3.28. 78다282).

정답 | ③

61 표현대리에 관한 설명으로 옳지 않은 것은? (다툼이 있으면 판례에 따름)

① 유권대리에 관한 주장에는 표현대리의 주장이 포함되어 있지 않다.

② 강행법규에 위반하여 무효인 행위에 대해서는 표현대리의 법리가 적용되지 않는다.

③ 표현대리가 성립된다고 하여 무권대리의 성질이 유권대리로 전환되는 것은 아니다.

④ 표현대리가 성립하는 경우, 상대방에게 과실이 있으면 과실상계의 법리에 따라 본인의 책임을 경감할 수 있다.

⑤ 대리인이 사자(使者)를 통하여 권한을 넘은 법률행위를 하더라도 제126조의 표현대리가 성립할 수 있다.

해설

①③ [○] 표현대리는 외관을 신뢰한 선의·무과실의 제3자를 보호하고 거래의 안전을 보장하며, 대리제도의 신용을 유지하기 위한 제도로서 무권대리의 일종이다(통설). 判例도 "표현대리가 성립된다고 하여 무권대리의 성질이 유권대리로 전환되는 것은 아니므로, 양자의 구성요건 해당사실, 즉 주요사실은 서로 다르다고 볼 수밖에 없다. 그러므로 유권대리에 관한 주장 가운데 무권대리에 속하는 표현대리의 주장이 포함되어 있다고 볼 수 없다."(대판 1983.12.13. 83다카1489)라고 판시하여 표현대리가 무권대리임을 분명히 밝혔다.

② [○] 표현대리가 성립하기 위해서는 '표현대리행위 자체는 유효'한 것을 전제로 한다. 예컨대, 判例는 "증권회사 또는 그 임직원의 부당권유행위를 금지하는 증권거래법은 강행법규로서 이에 위배되는 주식거래에 관한 투자수익보장 약정은 무효이고, 그 약정이 강행법규에 위반되어 무효인 이상, 증권회사의 지점장에게 그와 같은 약정을 체결할 권한이 수여되었는지 여부에 불구하고 표현대리의 법리가 준용될 여지가 없다."라고 한다(대판 1996.8.23. 94다38199).

관련판례 계약체결의 요건을 규정하고 있는 강행법규에 위반한 계약은 무효이므로 그 경우에 계약상대방이 선의·무과실이더라도 제107조의 비진의표시의 법리 또는 표현대리 법리가 적용될 여지는 없다(대판 2016.5.12. 2013다49381).

④ [×] 본인은 표현대리행위에 대해 그 효과를 받는다. 判例는 "표현대리가 성립하는 경우에 그 본인은 표현대리행위에 의하여 전적인 책임을 져야 하고, 상대방에게 과실이 있다고 하더라도 과실상계의 법리를 유추적용하여 본인의 책임을 경감할 수 없다."라고 한다(대판 1996.7.12. 95다49554).

⑤ [○] 判例는 "대리인이 사자 내지 임의로 선임한 복대리인을 통하여 권한 외의 법률행위를 한 경우, 상대방이 그 행위자를 대리권을 가진 대리인으로 믿었고 또한 그렇게 믿는 데에 정당한 이유가 있는 때에는, 복대리인 선임권이 없는 대리인에 의하여 선임된 복대리인의 권한도 기본대리권이 될 수 있을 뿐만 아니라, 그 행위자가 사자라고 하더라도 대리행위의 주체가 되는 대리인이 별도로 있고 그들에게 본인으로부터 기본대리권이 수여된 이상, 제126조를 적용함에 있어서 기본대리권의 흠결 문제는 생기지 않는다."(대판 1998.3.27. 97다48982)라고 한다.

정답 | ④

62 표현대리에 대한 설명으로 가장 적절한 것은? (다툼이 있는 경우 판례에 의함)

① 타인간의 거래에 있어 세무회계상의 필요로 자기의 납세번호증을 이용하게 한 경우 그 거래에 관하여 대리권을 수여하였음을 표시하였다고 볼 수 있다.

② '대리권수여표시에 의한 표현대리'에 있어 대리권수여표시의 의미는 타인에 대한 수권행위가 있었다는 뜻의 통지가 아니라 수권행위의 의사표시를 말한다.

③ 증권회사의 직원이 아닌 자가 증권회사로부터 위임받은 고객의 유치·투자상담 및 권유 등 사실행위에 해당하는 업무를 행한 경우, 이를 기본대리권으로 하여 권한을 넘은 표현대리를 인정할 수 없다.

④ 乙이 甲으로부터 부동산에 관한 담보권설정의 대리권만 수여받고도 그 부동산에 관하여 자기 앞으로 소유권이전등기를 한 후, 이를 기초로 丙에게 소유권이전등기를 경료해 준 경우에는 특별한 사정이 없는 한 권한을 넘은 표현대리의 규정을 적용할 수 있다.

해설

① [×] 判例는 타인간의 거래에서 단지 세무회계상의 필요로 자기의 납세번호증을 이용케 하거나 단순히 인감증명서만 교부한 경우 대리권 수여의 표시가 있다고 할 수 없다고 한다(대판 1978.6.27. 78다864).

② [×] 제125조의 대리권 수여의 표시는 수권행위 그 자체는 아니고 **수권행위가 있었다는 뜻의 '관념의 통지'**로 볼 수 있다. 判例도 명확하지는 않으나 관념의 통지로 보고 있는 듯하다(대판 2007.8.23. 2007다23425).

[관련판례] 제125조가 규정하는 대리권 수여의 표시에 의한 표현대리는 본인과 대리행위를 한 자 사이의 기본적인 법률관계의 성질이나 그 효력의 유무와는 관계없이 어떤 자가 본인을 대리하여 제3자와 법률행위를 함에 있어 본인이 그 자에게 대리권을 수여하였다는 표시를 제3자에게 한 경우에 성립한다(대판 2007.8.23. 2007다23425).

③ [○] 判例는 "증권회사로부터 위임받은 고객의 유치, 투자상담 및 권유, 위탁매매약정실적의 제고 등의 업무는 사실행위에 불과하므로 이를 기본대리권으로 하여서는 권한초과의 표현대리가 성립할 수 없다."(대판 1992.5.26. 91다32190)라고 판시하여 사실행위에 대한 권한수여는 기본대리권이 될 수 없다고 한다(다만, 회사의 사용자책임은 인정하였다).

④ [×] 乙이 甲으로부터 부동산에 관한 담보권설정의 대리권만 수여받고도 그 부동산에 관하여 자기 앞으로 소유권이전등기를 하고 이어서 丙에게 그 소유권이전등기를 경료한 경우, 丙은 乙을 甲의 대리인으로 믿고서 위 등기의 원인행위를 한 것도 아니고, 甲도 乙 명의의 소유권이전등기가 경료된 데 대하여 이를 통정·용인하였거나 이를 알면서 방치하였다고 볼 수 없다면 이에 제126조나 제108조 제2항을 유추할 수는 없다(대판 1991.12.27. 91다3208).

정답 | ③

---

63 권한을 넘은 표현대리(제126조)에 관한 설명으로 옳지 않은 것은? (다툼이 있으면 판례에 따름) [18세무사]

① 기본대리권에는 법정대리권도 포함된다.

② 대리권이 소멸된 대리인이 복대리인을 선임한 경우, 그 복대리인의 대리권도 기본대리권이 될 수 있다.

③ 권한을 넘은 대리행위가 기본대리권과 동종 또는 유사한 것이 아니어도 권한을 넘은 표현대리가 성립할 수 있다.

④ 정당한 이유의 존부는 자칭대리인의 대리행위가 행하여질 때에 존재하는 모든 사정을 객관적으로 관찰하여 판단하여야 한다.

⑤ 대리행위가 강행법규 위반으로 무효인 경우라도 권한을 넘은 표현대리가 성립한다.

해설

① [○] 권한을 넘은 표현대리 규정은 거래의 안전을 도모하여 거래상대방의 이익을 보호하려는 데에 그 취지가 있으므로 임의대리뿐만 아니라 법정대리에도 적용된다(대판 1997.6.27. 97다3828).

② [○] 判例는 "대리인이 대리권 소멸 후 복대리인을 선임하여 대리행위를 시킨 경우에도, 표현대리의 법리는 거래의 안전을 위하여 일반적인 권리외관 이론에 그 기초를 두고 있는 것인 점에 비추어 볼 때 **제129조에 의한 표현대리가 성립**할 수 있다."(대판 1998.5.29. 97다55317)라고 한다.

③ [○] 기본대리권이 권한을 벗어난 행위와 같은 종류의 대리권이거나 비슷한 것일 필요는 없다(대판 1978.3.28. 78다282). 그리고 그 행위가 대리권과 아무런 관계가 없어도 무방하다(대판 1963.11.21. 63다418). 다만, '정당한 이유'의 판정에 영향을 줄 수는 있다.

[관련판례] 표현대리의 법리가 적용될 권한을 넘은 행위는 그 대리인이 가지고 있는 진실한 대리권과 동종임을 필요로 하지 않는다(대판 1963.8.31. 63다326).

④ [○] 표현대리의 효과를 주장하려면 상대방이 자칭 대리인에게 대리권이 있다고 믿고 그와 같이 믿는데 정당한 이유가 있을 것을 요건으로 하는 것인바, 여기의 정당한 이유의 존부는 자칭 대리인의 대리행위가 행하여 질 때에 존재하는 제반사정을 객관적으로 관찰하여 판단하여야 하는 것이지 당해 법률행위가 이루어지고 난 훨씬 뒤의 사정을 고려하여 그 존부를 결정해야 하는 것은 아니다(대판 1987.7.7. 86다카2475).

⑤ [×] 표현대리가 성립하기 위해서는 '**표현대리행위 자체는 유효**'한 것을 전제로 한다. 예컨대, 判例는 "증권회사 또는 그 임직원의 부당권유행위를 금지하는 증권거래법은 강행법규로서 이에 위배되는 주식거래에 관한 투자수익보장 약정은 무효이고, 그 약정이 강행법규에 위반되어 무효인 이상, 증권회사의 지점장에게 그와 같은 약정을 체결할 권한이 수여되었는지 여부에 불구하고 표현대리의 법리가 준용될 여지가 없다."라고 한다(대판 1996.8.23. 94다38199).

[관련판례] 계약체결의 요건을 규정하고 있는 강행법규에 위반한 계약은 무효이므로 그 경우에 계약상대방이 선의·무과실이더라도 제107조의 비진의표시의 법리 또는 표현대리 법리가 적용될 여지는 없다(대판 2016.5.12. 2013다49381).

정답 | ⑤

64 권한을 넘은 표현대리(제126조)에 관한 설명으로 옳지 않은 것은? (다툼이 있으면 판례에 의함)

[19 · 18소방간부 변형]

① 제126조의 표현대리가 성립하기 위해서는 무권대리인에게 법률행위에 관한 기본대리권이 있어야 한다.

② 제129조의 대리권소멸 후의 표현대리로 인정되는 경우에, 그 표현대리의 권한을 넘는 대리행위가 있을 때에는 제126조의 표현대리가 성립될 수 있다.

③ 권한을 넘은 표현대리에 있어 정당한 이유의 유무는 대리행위 당시를 기준으로 하여 판정해야 한다.

④ 정당하게 부여받은 대리권의 내용이 되는 법률행위와 표현대리행위는 같은 종류의 법률행위에 속해야 한다.

⑤ 제126조의 표현대리 규정은 임의대리뿐 아니라 법정대리에도 적용된다.

해설

① [○] 제126조에서 말하는 권한을 넘은 표현대리는 현재에 대리권을 가진 자가 그 권한을 넘은 경우에 성립하는 것이지, 현재에 아무런 대리권도 가지지 아니한 자가 본인을 위하여 한 어떤 대리행위가 과거에 이미 가졌던 대리권을 넘은 경우에까지 성립하는 것은 아니라고 할 것이다(대판 2008.1.31. 2007다74713).
   ▶ 기본대리권의 존재는 제126조 표현대리의 필요요건이다.

② [○] 제125조 또는 제129조의 표현대리가 성립할 수 있다면 그에 기하여 대리권이 존재하는 것처럼 다루어지므로, 표현대리제도의 취지에 비추어 볼 때 제125조 또는 제129조의 범위를 넘는 때에는 제126조가 중첩적으로 적용된다고 보는 것이 타당하다(대판 2008.1.31. 2007다74713).

③ [○] 표현대리의 효과를 주장하려면 상대방이 자칭 대리인에게 대리권이 있다고 믿고 그와 같이 믿는데 정당한 이유가 있을 것을 요건으로 하는 것인바, 여기의 정당한 이유의 존부는 자칭 대리인의 대리행위가 행하여 질 때에 존재하는 제반사정을 객관적으로 관찰하여 판단하여야 하는 것이지 당해 법률행위가 이루어지고 난 훨씬 뒤의 사정을 고려하여 그 존부를 결정해야 하는 것은 아니다(대판 1987.7.7. 86다카2475).

④ [×] 기본대리권이 권한을 벗어난 행위와 같은 종류의 대리권이거나 비슷한 것일 필요는 없다(대판 1978.3.28. 78다282). 그리고 그 행위가 대리권과 아무런 관계가 없어도 무방하다(대판 1963.11.21. 63다418). 다만, '정당한 이유'의 판정에 영향을 줄 수는 있다.
   관련판례 표현대리의 법리가 적용될 권한을 넘은 행위는 그 대리인이 가지고 있는 진실한 대리권과 동종임을 필요로 하지 않는다(대판 1963.8.31. 63다326).

⑤ [○] 권한을 넘은 표현대리 규정은 거래의 안전을 도모하여 거래상대방의 이익을 보호하려는 데에 그 취지가 있으므로 임의대리뿐만 아니라 법정대리에도 적용된다(대판 1997.6.27. 97다3828).

정답 | ④

65 표현대리에 관한 다음 설명 중 가장 옳지 않은 것은?

[15서기보]

① 제125조가 규정하는 대리권 수여의 표시에 의한 표현대리는 본인과 대리행위를 한 자 사이의 기본적인 법률관계의 성질이나 그 효력의 유무와는 관계없이 어떤 자가 본인을 대리하여 제3자와 법률행위를 함에 있어 본인이 그 자에게 대리권을 수여하였다는 표시를 제3자에게 한 경우에 성립한다.

② 제126조의 권한을 넘은 표현대리는 대리인이 본인을 위한다는 의사를 명시 혹은 묵시적으로 표시하거나 대리의사를 가지고 권한 외의 행위를 하는 경우에 성립하고, 사술을 써서 위와 같은 대리행위의 표시를 하지 아니하고 단지 본인의 성명을 모용하여 자기가 마치 본인인 것처럼 기망하여 본인 명의로 직접 법률행위를 한 경우에는 특별한 사정이 없는 한 위 표현대리는 성립될 수 없다.

③ 비법인사단인 교회의 대표자는 총유물인 교회 재산의 처분에 관하여 교인총회의 결의를 거치지 아니하고는 이를 대표하여 행할 권한이 없고, 교회의 대표자가 권한 없이 행한 교회 재산의 처분행위에 대하여는 제126조의 권한을 넘은 표현대리에 관한 규정이 준용된다.

④ 다른 사람이 본인을 위하여 한다는 대리문구를 어음상에 기재하지 않고 직접 본인 명의로 기명날인을 하는 방식의 어음행위가 권한 없는 자에 의하여 행하여진 경우에도, 제3자가 어음행위를 실제로 한 자에게 그와 같은 어음행위를 할 수 있는 권한이 있다고 믿을 만한 사유가 있고 본인에게 책임을 질 만한 사유가 있는 때에는 민법상의 표현대리 규정을 유추적용하여 본인에게 그 책임을 물을 수 있다.

해설

① [○] 대판 2007.8.23. 2007다23245

② [○] 타인명의를 사용한 법률행위

사술을 써서 대리행위의 표시를 하지 아니하고 단지 본인의 성명을 모용하여 자기가 마치 본인인 것처럼 상대방을 기망하여 본인 명의로 직접 법률행위를 한 경우에는 **특별한 사정이 있는 경우에 한하여 제126조의 표현대리의 법리를 유추적용할 수 있다**(대판 2002.6.28. 2001다49814).

여기서 특별한 사정이란 ⅰ) 본인을 모용한 사람에게 본인을 대리할 '기본대리권'이 있었고, ⅱ) 상대방으로서는 위 모용자(행위자)가 본인(명의자) 자신으로서 본인의 권한을 행사하는 것으로 믿은 데 '정당한 사유'가 있었던 사정을 의미한다.

③ [×] 비법인사단인 교회의 대표자는 총유물인 교회 재산의 처분에 관하여 교인총회의 결의를 거치지 아니하고는 이를 대표하여 행할 권한이 없다. 그리고 교회의 대표자가 권한 없이 행한 교회 재산의 처분행위에 대하여는 제126조의 표현대리에 관한 규정이 준용되지 아니한다(대판 2009.2.12. 2006다23312).

[쟁점정리] 권리능력 없는 사단의 재산소유는 총유로 하며(제275조 제1항), 총유물의 관리 및 처분은 정관 기타 규약에 정한 바가 없으면 사원총회의 결의에 의한다(제275조 제2항, 제276조 제1항). 관련하여 判例에 따르면 사원총회결의를 거치지 않은 총유물의 관리 및 처분행위는 '무효'이고(대판 2001.5.29. 2000다10246), 이는 처분권한 없이 처분한 경우에 해당하므로 표현대리가 적용될 여지도 없다고 한다(대판 2009.2.12. 2006다23312 등).

④ [○] 타인명의를 사용한 법률행위

다른 사람이 본인을 위하여 한다는 대리문구를 어음 상에 기재하지 않고 직접 본인 명의로 기명날인을 하여 어음행위를 하는 이른바 기관 방식 또는 서명대리 방식의 어음행위가 권한 없는 자에 의하여 행하여졌다면 이는 어음행위의 무권대리가 아니라 어음의 위조에 해당하는 것이기는 하나, 그 경우에도 ⅰ) 제3자가 어음행위를 실제로 한 자에게 그와 같은 어음행위를 할 수 있는 권한이 있다고 믿을 만한 사유가 있고, ⅱ) 본인에게 책임을 질 만한 사유가 있는 때에는 대리방식에 의한 어음행위의 경우와 마찬가지로 민법상의 표현대리 규정을 유추적용하여 본인에게 그 책임을 물을 수 있다(대판 2000.3.23. 99다50385).

정답 | ③

66 대리에 관한 다음 설명 중 가장 옳은 것은? [14서기보]

① 대리권한 없이 타인의 부동산을 매도한 자가 그 부동산을 상속한 후 소유자의 지위에서 자신의 대리행위가 무권대리로 무효임을 주장하여 등기말소 등을 구하는 것은 금반언의 원칙이나 신의성실의 원칙에 반하여 허용될 수 없다.

② 대리권이 있다는 것과 표현대리가 성립한다는 것은 그 요건사실이 다르지만 유권대리의 주장이 있으면 표현대리의 주장이 당연히 포함되는 것이므로 이 경우 법원은 표현대리의 성립 여부까지 판단해야 한다.

③ 무권대리행위가 범죄가 되는 경우 그 사실을 알고도 장기간 형사고소를 하지 아니하였다는 사실만으로도 무권대리행위에 대한 묵시적 추인을 인정할 수 있다.

④ 제127조에 규정된 대리권의 소멸사유에는 본인의 사망, 본인의 파산, 대리인의 사망, 대리인의 파산 등이 있다.

해설

① [○] A가 아들인 B 소유의 부동산을 B의 대리인인 것처럼 행세하면서 C에게 매도하였고, 이후 B가 사망하여 A가 B를 단독상속하게 된 경우, A가 자신의 매매행위가 무권대리행위여서 무효였다는 이유로 C를 상대로 부동산소유권이전등기의 말소를 구하는 것은 금반언의 원칙이나 신의성실의 원칙에 반하여 허용될 수 없다(대판 1994.9.27. 94다20617).

쟁점정리 '무권대리인이 본인을 상속하는 경우' 判例는 상대방이 선의·무과실인 경우는 무권대리인이 본인의 상속인 지위에서 추인거절권을 행사하는 것은 금반언의 원칙에 반한다고 하였으나(대판 1994.9.27. 94다20617), 상대방이 악의인 경우는 추인거절권을 행사할 수 있다고 한다(대판 1992.4.28. 91다30941).

② [×] 표현대리는 외관을 신뢰한 선의·무과실의 제3자를 보호하고 거래의 안전을 보장하며, 대리제도의 신용을 유지하기 위한 제도로서 무권대리의 일종이다(통설). 判例도 "표현대리가 성립된다고 하여 무권대리의 성질이 유권대리로 전환되는 것은 아니므로, 양자의 구성요건 해당사실, 즉 주요사실은 서로 다르다고 볼 수밖에 없다. 그러므로 유권대리에 관한 주장 가운데 무권대리에 속하는 표현대리의 주장이 포함되어 있다고 볼 수 없다."(대판 1983.12.13. 83다카1489)라고 판시하여 표현대리가 무권대리임을 분명히 밝혔다.

③ [×] 무권대리행위가 범죄가 되는 경우에 대하여 그 사실을 알고도 장기간 형사고소를 하지 아니하였다 하더라도 그 사실만으로 묵시적인 추인이 있었다고 할 수는 없다(대판 1998.2.10. 97다31113).

④ [×]
> 제127조(대리권의 소멸사유) 「대리권은 다음 각 호의 어느 하나에 해당하는 사유가 있으면 소멸된다. 1. 본인의 사망 2. 대리인의 사망, 성년후견의 개시 또는 파산」

정답 | ①

---

67 대리에 관한 설명 중 옳지 않은 것은? (각 지문은 독립적이고, 다툼이 있는 경우 판례에 의함) [15변호사 변형]

① 甲이 乙의 대리인 丙과 매매계약을 체결한 후 丙의 기망행위를 이유로 매매계약을 취소하고자 할 경우, 甲은 乙이 丙의 기망행위를 알았거나 알 수 있었는지의 여부를 불문하고 매매계약을 취소할 수 있다.

② 甲이 乙의 무권대리인 丙과 매매계약을 체결한 경우, 乙은 丙의 무권대리행위를 추인할 수 있고, 乙의 추인이 있을 경우 위 매매계약은 계약체결 당시로 소급하여 효력이 발생한다.

③ 甲의 대리인 乙은 甲의 지시에 따라 丙과 통모하여 甲 소유의 부동산에 관하여 丙과 가장매매계약을 체결하고 丙 명의로 소유권이전등기를 경료하여 주었는데, 그 후 丙이 위 부동산을 丁에게 매도하고 丁 명의로 소유권이전등기를 경료하여준 경우, 丁이 위 가장매매에 대하여 선의라면 유효하게 위 부동산의 소유권을 취득한다.

④ 甲에 의해 대리인으로 선임된 乙이 甲의 승낙 없이 丙을 복대리인으로 선임하더라도, 丙이 甲의 대리인으로 법률행위를 하면 원칙적으로 그 효과는 甲에게 귀속된다.

① [○] 제110조 제2항에서 정한 제3자에 해당되지 아니한다고 볼 수 있는 자란 '그 의사표시에 관한 상대방의 대리인 등 상대방과 동일시 할 수 있는 자'만을 의미하고, 단순히 상대방의 피용자이거나 상대방이 사용자책임을 져야 할 관계에 있는 피용자에 지나지 않는 자는 상대방과 동일시할 수는 없어 이 규정에서 말하는 제3자에 해당한다고 보아야 한다(대판 1998.1.23. 96다41496; 대판 1999.2.23. 98다60828 등).

▶ 따라서 甲은 본인 乙이 대리인 丙의 기망행위를 알았거나 알 수 있었는지의 여부를 불문하고 제110조 제1항에 따라 매매계약을 취소할 수 있다.

② [○]

> 제130조(무권대리) 「대리권 없는 자가 타인의 대리인으로 한 계약은 본인이 이를 추인하지 아니하면 본인에 대하여 효력이 없다.」
>
> 제133조(추인의 효력) 「추인은 다른 의사표시가 없는 때에는 계약시에 소급하여 그 효력이 생긴다. 그러나 제3자의 권리를 해하지 못한다.」

▶ 따라서 본인 乙이 무권대리행위를 추인하는 경우 위 매매계약은 계약체결 당시로 소급하여 효력이 발생한다.

③ [○]

> 제116조(대리행위의 하자) 「①항 의사표시의 효력이 의사의 흠결, 사기, 강박 또는 어느 사정을 알았거나 과실로 알지 못한 것으로 인하여 영향을 받을 경우에 그 사실의 유무는 대리인을 표준하여 결정한다. ②항 특정한 법률행위를 위임한 경우에 대리인이 본인의 지시에 좇아 그 행위를 한 때에는 본인은 자기가 안 사정 또는 과실로 인하여 알지 못한 사정에 관하여 대리인의 부지를 주장하지 못한다.」

▶ 대리인 乙이 대리권의 범위 내에서 본인 甲의 이름으로 부동산 매매계약을 체결하면서 상대방 丙과 통모하여 허위표시를 한 경우에는 본인 甲의 선의여부를 불문하고 의사표시는 허위표시로서 무효이고(제116조 제1항, 제108조 제1항), 그 후 丙이 丁에게 위 부동산을 양도하였다면 선의의 丁은 제108조 제2항에 의해 유효하게 위 부동산의 소유권을 취득한다.

④ [×]

> 제120조(임의대리인의 복임권) 「대리권이 법률행위에 의하여 부여된 경우에는 대리인은 본인의 승낙이 있거나 부득이한 사유있는 때가 아니면 복대리인을 선임하지 못한다.」

▶ 甲에 의해 대리인으로 선임된 '임의대리인' 乙은 본인 甲의 승낙 없이 丙을 복대리인을 선임할 수 없으므로, 乙의 복임행위는 무효이다. 따라서 丙이 甲의 대리인으로 법률행위를 하면 이는 '무권대리'행위인바, 본인 甲의 추인이 없는 한 그 효과는 甲에게 귀속되지 않는다(제130조).

정답 | ④

제7관 협의의 무권대리

⊕ 핵심정리 협의의 무권대리

1. 본인의 추인권 및 추인거절권(제130조)

(1) 방법

判例에 따르면 무권대리에 의하여 체결된 '계약의 이행을 상대방에게 청구'한 때에는 묵시적 추인이 있다고 할 수 있으나(67다2248), '장기간 이의'를 제기하지 아니하고 '방치'한 것만으로는 묵시적 추인이 있다고 할 수 없다고 한다(88다카181). 일부추인은 원칙적으로 허용되지 않지만 예외적으로 상대방의 동의가 있으면 허용된다(81다카549).

(2) 상대방

추인의 의사표시는 무권대리인, 무권대리 행위의 직접의 상대방 및 그 무권대리 행위로 인한 권리 또는 법률관계의 승계인에 대하여도 할 수 있다(80다2314). 다만 무권대리인에 대해 한 경우에는 상대방이 추인이 있었던 사실을 알지 못한 때에는 그에 대해 추인의 효과를 주장하지 못한다(제132조). 따라서 그 사실을 상대방이 모른 경우에는, 그 때까지 상대방은 무권대리인과 맺은 계약을 철회할 수 있고(제134조), 또 무권대리인에 대한 추인이 있었음을 주장할 수도 있다.

(3) 효과

추인으로 무권대리행위는 다른 의사표시가 없는 때에는 '소급'하여 확정적으로 유효하게 된다(제133조 본문). 이러한 추인의 소급효는 '제3자의 권리'를 해하지 못하는바(제133조 단서), 이 때 소급효가 제한되는 것은 무권대리행위의 상대방이 취득한 권리와 제3자가 취득한 권리가 모두 배타적 효력을 가지는 경우에 한한다(62다223). 따라서 물권변동에 있어서는 등기·인도(제186조, 제188조), 채권양도에 있어서는 확정일자 있는 통지나 승낙을 먼저 갖추는 자(제450조 제2항)가 우선한다.

(4) 무권대리인이 본인을 상속한 경우

判例는 병존설을 전제로 하여, ① 상대방이 선의·무과실인 경우는 무권대리인이 본인의 상속인 지위에서 추인거절권을 행사하는 것은 금반언의 원칙에 반한다고 하였으나(94다20617), ② 상대방이 악의인 경우는 제135조를 고려하여 추인거절권을 행사할 수 있다고 한다(91다30941).

2. 상대방의 최고권, 철회권

① [최고권] 상대방은 '상당한 기간'을 정하여 추인 여부를 확답할 것을 본인에게 최고할 수 있고, 그 기간 내에 확답을 '발송'하지 않은 경우에는 추인을 거절한 것으로 본다(제131조)(제15조와 비교). ② [철회권] 무권대리인임을 알지 못한 선의의 상대방은 본인이 추인하고 있지 않은 동안에 철회가 가능하다(제134조). 한편 判例는 상대방이 유효한 철회를 하면 무권대리행위는 확정적으로 무효가 되어 그 후에는 본인이 무권대리행위를 추인할 수 없다고 한다(2017다213838).

3. 무권대리인의 거래상대방에 대한 책임

(1) 책임의 요건(대, 표, 선, 행, 철)

ⅰ) 대리인이 대리권을 증명할 수 없을 것, ⅱ) 상대방이 무권대리인에게 대리권이 없음을 알지 못하고(선의), 또한 알지 못하는 데 과실이 없을 것(증명책임은 무권대리인에게 있다; 2018다210775), ⅲ) 본인의 추인이 없거나 표현대리가 성립하지 않을 것(다수설), ⅳ) 상대방이 아직 철회권을 행사하고 있지 않을 것, ⅴ) 무권대리인이 행위능력자일 것의 요건이 필요하다(제135조).

(2) 책임의 성질

무권대리인의 상대방에 대한 책임은 무과실책임이므로, 무권대리행위가 제3자의 기망이나 문서위조 등 위법행위로 야기되었다고 하더라도 책임은 부정되지 아니한다(2013다213038).

(3) 책임의 내용

상대방의 선택에 좇아 이행 또는 손해배상의 책임을 진다(제135조 제1항; 선택채권).
① [손해배상액의 예정] 이때 상대방이 계약의 이행을 선택한 경우 무권대리인은 자신이 계약의 당사자가 된 것처럼 계약에서 정한 채무를 이행할 책임을 진다. 따라서 위 계약에서 채무불이행에 대비하여 손해배상액의 예정에 관한 조항을 둔 때에는 무권대리인은 조항에서 정한 바에 따라 산정한 손해액을 지급하여야 하고, 이 경우에도 손해배상액의 예정에 관한 제398조가 적용된다(2018다210775). ② [소멸시효] 그리고 계약이행 또는 손해배상청구권의 소멸시효는 그 '선택권을 행사할 수 있는 때'(선택권을 행사한 때가 아님)로부터 진행하고(제166조 제1항), 이는 대리권의 증명 또는 본인의 추인을 얻지 못한 때를 의미한다(64다1156). 그리고 그 시효기간은 무권대리행위가 유권대리라면 상대방이 본인에게 가졌을 청구권의 성질에 따라 정해진다.

---

68 협의의 무권대리에 관한 설명으로 가장 적절하지 않은 것은? (다툼이 있는 경우 판례에 의함)　　[23법학경채]

① 매매계약을 체결한 무권대리인이 그 사실을 본인에게 알리고 본인이 아무런 이의 없이 매매대금 전부를 받은 경우 특별한 사정이 없는 한 그 매매계약을 추인하였다고 봄이 타당하다.

② 상대방이 유효한 철회를 하면 무권대리행위는 확정적으로 무효가 되어 그 후에는 본인이 무권대리행위를 추인할 수 없다.

③ 제한능력자인 무권대리인이 본인의 추인을 받지 못한 경우 그 무권대리인은 상대방의 선택에 따라 계약을 이행할 책임 또는 손해를 배상할 책임을 부담한다.

④ 상대방 없는 단독행위의 무권대리는 확정적으로 무효이다.

해설

① [○] 무권대리행위의 추인은 ⅰ) 무권대리행위가 있음을 알고 ⅱ) 그 행위의 효과를 자기에게 귀속시키도록 하는 단독행위로서 **묵시적인 방법으로도 할 수 있으므로**, 본인이 그 행위로 처하게 된 법적 지위를 충분히 이해하고 그럼에도 진의에 기하여 그 행위의 결과가 자기에게 귀속된다는 것을 승인한 것으로 볼 만한 사정이 있는 경우에는 묵시적으로 추인한 것으로 볼 수 있다(대판 2011.2.10. 2010다83199, 83205). 매매계약을 체결한 무권대리인으로부터 '본인이 매매대금의 전부 또는 일부를 받은 경우' 묵시적 추인이 인정된다(대판 1963.4.11. 63다64).

② [○] 判例는 제134조에서 정한 상대방의 철회권은 '선의의 상대방을 보호하기 위하여 상대방에게 부여된 권리'로서, 상대방이 유효한 철회를 하면 무권대리행위는 '확정적으로 무효'가 되어 그 후에는 본인이 무권대리행위를 추인할 수 없다고 한다(대판 2017.6.29. 2017다213838).

③ [×]

> 제135조(무권대리인의 상대방에 대한 책임)「①항 다른 자의 대리인으로서 계약을 맺은 자가 그 대리권을 증명하지 못하고 또 본인의 추인을 받지 못한 경우에는 그는 상대방의 선택에 따라 계약을 이행할 책임 또는 손해를 배상할 책임이 있다. ②항 대리인으로서 계약을 맺은 자에게 대리권이 없다는 사실을 상대방이 알았거나 알 수 있었을 때 또는 대리인으로서 계약을 맺은 사람이 제한능력자일 때에는 제1항을 적용하지 아니한다.」

④ [○] 소유권의 포기·재단법인의 설립행위와 같은 상대방 없는 단독행위의 무권대리는 언제나 무효이며, 본인이 추인이 있더라도 아무런 효력이 생기지 않는다.

정답 | ③

---

69 무권대리에 관한 설명으로 옳지 않은 것은? (다툼이 있으면 판례에 의함) [24소방간부]

① 본인은 무권대리인의 반대에도 불구하고 무권대리행위를 추인할 수 있다.

② 의사표시의 일부에 대한 본인의 추인은 상대방의 동의가 없는 한 무효이다.

③ 본인이 추인하면, 다른 의사표시가 없는 한, 무권대리행위는 그 법률행위를 한 때부터 효력이 생긴다.

④ 무권대리인이 본인의 명의로 매매계약을 체결한 경우 본인이 매매대금의 일부를 받은 때에는, 특별한 사정이 없는 한, 매매계약을 추인한 것으로 본다.

⑤ 무권대리인에게 추인의 의사표시를 한 본인은 상대방이 그 사실을 알지 못한 때에도 그 상대방에게 추인의 효과를 주장할 수 있다.

해설

① [○]

> 제130조(무권대리)「대리권 없는 자가 타인의 대리인으로 한 계약은 본인이 이를 추인하지 아니하면 본인에 대하여 효력이 없다.」

② [○] 추인은 의사표시의 전부에 대하여 행하여져야 하고, 그 일부에 대하여 추인을 하거나 그 내용을 변경하여 추인을 하였을 경우에는 상대방의 동의를 얻지 못하는 한 무효이다(대판 1982.1.26. 81다카549).

③ [○]

> 제133조(추인의 효력)「추인은 다른 의사표시가 없는 때에는 계약시에 소급하여 그 효력이 생긴다. 그러나 제3자의 권리를 해하지 못한다.」.

④ [○] 본인이 매매계약을 체결한 무권대리인으로부터 매매대금의 전부 또는 일부를 받았다면 특단의 사유가 없는 한 무권대리인의 매매계약을 추인하였다고 봄이 타당하다(대판 1963.4.11. 63다64).

⑤ [×]

> 제132조(추인, 거절의 상대방)「추인 또는 거절의 의사표시는 상대방에 대하여 하지 아니하면 그 상대방에 대항하지 못한다. 그러나 상대방이 그 사실을 안 때에는 그러하지 아니하다.」

정답 | ⑤

70 乙은 대리권 없이 甲의 대리인으로서 丙과 매매계약을 체결하였고, 자신의 대리권과 관련하여 丙과 별도로 약정하지 않았다. 이에 관한 설명 중 옳지 않은 것은? (표현대리는 성립하지 않고, 다툼이 있는 경우 판례에 의함)

[22경찰간부]

① 甲은 매매계약의 추인을 乙 또는 丙에게 할 수 있다.

② 丙이 무권대리로 인하여 취득한 권리를 양도하였다면 甲은 그 양수인에게 추인하지 못한다.

③ 丙이 乙의 대리권 없음을 알았거나 알 수 있었을 경우, 乙은 무권대리인의 책임을 지지 않는다.

④ 乙이 그 대리권을 증명하지 못하고 또 甲의 추인을 받지 못한 경우, 乙의 대리권 없음에 대하여 선의 및 무과실인 丙은 乙에게 계약의 이행을 청구할 수 있다.

해설

① [O] ② [×]

> **제132조(추인, 거절의 상대방)** 「추인 또는 거절의 의사표시는 상대방에 대하여 하지 아니하면 그 상대방에 대항하지 못한다. 그러나 상대방이 그 사실을 안 때에는 그러하지 아니하다.」

추인의 의사표시는 무권대리인, 무권대리행위의 직접의 상대방 및 그 무권대리행위로 인한 권리 또는 법률관계의 승계인에 대하여도 할 수 있다(대판 1981.4.14. 80다2314). 다만, 무권대리인에 대해 한 경우에는 상대방이 추인이 있었던 사실을 알지 못한 때에는 그에 대해 추인의 효과를 주장하지 못한다(제132조).

▶ 따라서 본인 甲은 원칙적으로 매매계약의 추인을 무권대리인 乙 또는 직접의 상대방 丙, 그 무권대리행위로 인한 권리 또는 법률관계의 승계인(양수인)에게도 추인할 수 있다.

③④ [O]

> **제135조(무권대리인의 상대방에 대한 책임)** 「①항 다른 자의 대리인으로서 계약을 맺은 자가 그 대리권을 증명하지 못하고 또 본인의 추인을 받지 못한 경우에는 그는 상대방의 선택에 따라 계약을 이행할 책임 또는 손해를 배상할 책임이 있다. ②항 대리인으로서 계약을 맺은 자에게 대리권이 없다는 사실을 상대방이 알았거나 알 수 있었을 때 또는 대리인으로서 계약을 맺은 사람이 제한능력자일 때에는 제1항을 적용하지 아니한다.」

정답 | ②

71 무권대리인 乙은 아무런 권한 없이 자신을 甲의 대리인이라고 칭하면서 丙과 甲소유의 X토지에 대한 매매계약을 체결하였다. 이에 관한 설명으로 옳지 않은 것은? (표현대리는 성립하지 않으며, 다툼이 있으면 판례에 따름)

[23행정사]

① 丙이 계약 체결 당시 乙이 무권대리인임을 알지 못하였다면, 丙은 甲의 추인이 있기 전에 乙을 상대로 계약을 철회할 수 있다.

② 丙이 계약 체결 당시 乙이 무권대리인임을 알았더라도 丙은 상당한 기간을 정하여 甲에게 추인 여부의 확답을 최고할 수 있다.

③ 甲이 乙의 무권대리행위의 내용을 변경하여 추인한 경우, 그 추인은 그에 대한 丙의 동의가 있어야 유효하다.

④ 乙이 대리권을 증명하지 못하고 甲의 추인도 받지 못한 경우, 丙은 계약 체결 당시 乙이 무권대리인임을 알았더라도 乙에게 계약의 이행이나 손해배상을 청구할 수 있다.

⑤ 계약 체결 후 乙이 甲의 지위를 단독상속한 경우, 乙은 본인의 지위에서 丙을 상대로 계약의 추인을 거절할 수 없다.

① [○]

> 제134조(상대방의 철회권) 「대리권 없는 자가 한 계약은 본인의 추인이 있을 때까지 상대방은 본인이나 그 대리인에 대하여 이를 철회할 수 있다. 그러나 계약 당시에 상대방이 대리권 없음을 안 때에는 그러하지 아니하다.」

▶ 선의의 丙은 본인 甲의 추인이 있기 전에 무권대리인 乙을 상대로 계약을 철회할 수 있다.

② [○]

> 제131조(상대방의 최고권) 「대리권 없는 자가 타인의 대리인으로 계약을 한 경우에 상대방은 상당한 기간을 정하여 본인에게 그 추인 여부의 확답을 최고할 수 있다. 본인이 그 기간 내에 확답을 발하지 아니한 때에는 추인을 거절한 것으로 본다.」

▶ 丙은 선악을 불문하고 상당한 기간을 정하여 甲에게 추인 여부의 확답을 최고할 수 있다.

③ [○] 무권대리행위의 추인은 무권대리인에 의하여 행하여진 불확정한 행위에 관하여 그 행위의 효과를 자기에게 직접 발생케 하는 것을 목적으로 하는 의사표시이며, 무권대리인 또는 상대방의 동의나 승락을 요하지 않는 단독행위로서 추인은 의사표시의 전부에 대하여 행하여져야 하고, 그 일부에 대하여 추인을 하거나 그 내용을 변경하여 추인을 하였을 경우에는 상대방의 동의를 얻지 못하는 한 무효이다(대판 1982.1.26. 81다카549).

④ [×]

> 제135조(무권대리인의 상대방에 대한 책임) 「①항 다른 자의 대리인으로서 계약을 맺은 자가 그 대리권을 증명하지 못하고 또 본인의 추인을 받지 못한 경우에는 그는 상대방의 선택에 따라 계약을 이행할 책임 또는 손해를 배상할 책임이 있다. ②항 대리인으로서 계약을 맺은 자에게 대리권이 없다는 사실을 상대방이 알았거나 알 수 있었을 때 또는 대리인으로서 계약을 맺은 사람이 제한능력자일 때에는 제1항을 적용하지 아니한다.」

▶ 악의의 丙은 무권대리인 乙에게 계약의 이행이나 손해배상을 청구할 수 없다.

⑤ [○] 判例는 병존설을 전제로 하여, 무권대리인이 본인의 상속인 지위에서 추인거절권을 행사하는 것은 금반언의 원칙에 반한다고 하였다(대판 1994.9.27. 94다20617).
　▶ 따라서 계약 체결 후 무권대리인 乙이 본인 甲의 지위를 단독상속한 경우, 乙은 본인의 지위에서 상대방 丙을 상대로 계약의 추인을 거절할 수 없다.

정답 | ④

72 무권대리에 관한 설명으로 옳은 것은? (다툼이 있으면 판례에 따름) [23세무사]

① 대리인이 대리권 소멸 후 그의 기존 대리권 범위를 벗어나는 대리행위를 한 경우 표현대리는 성립할 여지가 없다.

② 채권자에게 주채무자를 위해 보증을 서줄 의사가 있음을 밝힌 것은 특별한 사정이 없는 한 해당 보증계약에 관해 주채무자에게 대리권을 수여함을 표시한 것으로 인정된다.

③ 무권대리행위로 체결된 계약에서 위약금규정을 두고 있다면 이 규정은 무권대리인이 상대방에게 민법 제135조의 책임을 지는 경우에도 적용된다.

④ 무권대리행위의 추인이 무권대리인에 대하여 행해지면 무권대리행위의 상대방은 그 추인에 대한 선·악의를 불문하고 철회권을 상실한다.

⑤ 무권대리인이 본인을 단독상속한 경우 무권대리인은 무권대리행위에 대한 상대방의 선·악의를 불문하고 추인을 거절하지 못한다.

해설

① [×] 대리권 소멸 후의 표현대리가 성립된 경우에도 그 표현대리의 권한을 넘는 대리행위가 있을 때에는 권한을 넘은 표현대리가 성립할 수 있다(대판 1970.3.24. 70다98).

② [×] 甲이 주채무액을 알지 못한 상태에서 주채무자의 부탁으로 채권자와 보증계약 체결 여부를 교섭하는 과정에서 채권자에게 보증의사를 표시한 후 주채무가 거액인 사실을 알고서 보증계약 체결을 단념하였으나 甲의 도장과 보증용 과세증명서를 소지하게 된 주채무자가 임의로 甲을 대위하여 채권자와 사이에 보증계약을 체결한 경우, 甲이 채권자에 대하여 주채무자에게 보증계약 체결의 대리권을 수여하는 표시를 한 것이라 단정할 수 없고, 대리권 수여의 표시를 한 것으로 본다 하더라도 채권자에게는 주채무자의 대리권 없음을 알지 못한 데 과실이 있다고 보아 민법 제125조 소정의 표현대리의 성립을 부정한 사례(대판 2000.5.30. 2000다2566).

③ [○] 무권대리인이 계약에서 정한 채무를 이행하지 않으면 상대방에게 채무불이행에 따른 손해를 배상할 책임을 진다. 위 계약에서 채무불이행에 대비하여 손해배상액의 예정에 관한 조항을 둔 때에는 특별한 사정이 없는 한 무권대리인은 조항에서 정한 바에 따라 산정한 손해액을 지급하여야 한다. 이 경우에도 손해배상액의 예정에 관한 민법 제398조가 적용됨은 물론이다(대판 2018.6.28. 2018다210775).

④ [×] 추인의 의사표시는 무권대리인, 무권대리 행위의 직접의 상대방 및 그 무권대리 행위로 인한 권리 또는 법률관계의 승계인에 대하여도 할 수 있다(대판 1981.4.14. 80다2314). 다만, 무권대리인에 대해 한 경우에는 상대방이 추인이 있었던 사실을 알지 못한 때에는 그에 대해 추인의 효과를 주장하지 못한다(제132조).

▶ 따라서 그 사실을 상대방이 모른 경우에는, 그때까지 상대방은 무권대리인과 맺은 계약을 철회할 수 있고(제134조), 또 무권대리인에 대한 추인이 있었음을 주장할 수도 있다(대판 1981.4.14. 80다2314).

⑤ [×] 이 대리권 없이 乙소유 부동산을 丙에게 매도하고 丙은 丁에게 매도하여 그 소유권이전등기가 되었는데, 그 후 乙이 사망하여 그의 父 甲이 상속을 한 사안에서, 判例는 "본래 甲은 乙의 무권대리인으로서 丙에게 부동산에 대한 소유권이전등기를 이행할 의무를 지므로(제135조 제1항), 따라서 상속을 통해 그러한 의무를 이행하는 것이 가능하게 된 甲이 자신의 매매행위가 무권대리행위여서 무효라고 주장하여 丙과 丁명의의 등기의 말소를 청구하거나 부동산의 점유로 인한 부당이득금의 반환을 구하는 것은 금반언의 원칙이나 신의칙에 반하여 허용되지 않는다."고 한다(대판 1994.9.27. 94다20617).

▶ 즉, 判例는 병존설을 전제로 하여, 상대방이 선의·무과실인 경우는 무권대리인이 본인의 상속인 지위에서 추인거절권을 행사하는 것은 금반언의 원칙에 반한다고 하였으나(대판 1994.9.27. 94다20617), 상대방이 악의인 경우는 추인거절권을 행사할 수 있다고 한다(대판 1992.4.28. 91다30941).

정답 | ③

---

73 협의의 무권대리인 乙이 자신을 甲의 대리인이라고 소개하면서 丙과 매매계약을 체결한 경우에 관한 설명으로 옳지 않은 것은? (다툼이 있는 경우 판례에 의함) [22소방간부]

① 乙에게 대리권이 없음을 丙이 알았다면 丙은 甲에게 乙의 행위에 대한 추인 여부의 확답을 최고 할 수 없다.

② 丙이 매매계약을 적법하게 철회하였다면 乙의 대리행위는 확정적으로 무효가 되므로 이후 甲은 더 이상 매매계약을 추인할 수 없다.

③ 乙이 甲을 단독으로 상속한 경우, 乙은 甲의 지위에서 무권대리를 이유로 매매계약의 무효를 주장할 수 없다.

④ 甲은 乙 또는 丙뿐만 아니라 丙으로부터 권리를 승계한 자에 대해서도 무권대리행위를 추인할 수 있다.

⑤ 甲이 乙에게 매매계약에 관한 추인의 의사표시를 하였으나 丙이 그와 같은 추인의 의사표시를 알지 못하였다면 丙은 매매계약을 철회할 수 있다.

해설

① [×]
> 제131조(상대방의 최고권) 「대리권 없는 자가 타인의 대리인으로 계약을 한 경우에 상대방은 상당한 기간을 정하여 본인에게 그 추인 여부의 확답을 최고할 수 있다. 본인이 그 기간 내에 확답을 발하지 아니한 때에는 추인을 거절한 것으로 본다.」

▶ 상대방의 선·악은 불문한다.

② [○] 제134조에서 정한 상대방의 철회권은 '선의의 상대방을 보호하기 위하여 상대방에게 부여된 권리'로서, 상대방이 유효한 철회를 하면 무권대리행위는 확정적으로 무효가 되어 그 후에는 본인이 무권대리행위를 추인할 수 없다(대판 2017.6.29. 2017다213838).

③ [○] 甲이 대리권 없이 乙소유 부동산을 丙에게 매도하고 丙이 丁에게 매도하여 그 소유권이전등기가 되었는데, 그 후 乙이 사망하여 그의 父 甲이 상속을 한 사안에서, 判例는 "본래 甲은 乙의 무권대리인으로서 丙에게 부동산에 대한 소유권이전등기를 이행할 의무를 지므로(제135조 제1항), 따라서 상속을 통해 그러한 의무를 이행하는 것이 가능하게 된 甲이 자신의 매매행위가 무권대리행위여서 무효라고 주장하여 丙과 丁명의의 등기의 말소를 청구하거나 부동산의 점유로 인한 부당이득금의 반환을 구하는 것은 금반언의 원칙이나 신의칙에 반하여 허용되지 않는다."라고 한다(대판 1994.9.27. 94다20617). 즉, 判例는 병존설을 전제로 하여, 상대방이 선의·무과실인 경우는 무권대리인이 본인의 상속인 지위에서 추인거절권을 행사하는 것은 금반언의 원칙에 반한다고 하였으나(대판 1994.9.27. 94다20617), 상대방이 악의인 경우는 추인거절권을 행사할 수 있다고 한다(대판 1992.4.28. 91다30941).

④⑤ [○] 추인의 의사표시는 무권대리인, 무권대리 행위의 직접의 상대방 및 그 무권대리 행위로 인한 권리 또는 법률관계의 승계인에 대하여도 할 수 있다(대판 1981.4.14. 80다2314). 다만, 무권대리인에 대해 한 경우에는 상대방이 추인이 있었던 사실을 알지 못한 때에는 그에 대해 추인의 효과를 주장하지 못한다(제132조). 따라서 그 사실을 상대방이 모른 경우에는, 그 때까지 상대방은 무권대리인과 맺은 계약을 철회할 수 있고(제134조), 또 무권대리인에 대한 추인이 있었음을 주장할 수도 있다(대판 1981.4.14. 80다2314).

정답 | ①

---

74 협의의 무권대리에 관한 설명 중 가장 적절하지 않은 것은? (다툼이 있는 경우 판례에 의함) [22법학경채]

① 무권대리행위는 본인이 추인을 하게 되면 확정적으로 유효하게 된다.

② 무권대리 행위의 상대방이 계약당시에 무권대리행위임을 안 경우에는 본인에 대하여 추인 여부의 확답을 최고할 수 없다.

③ 무권대리 행위가 제3자의 기망이나 문서위조 등 위법행위로 야기되었다고 하더라도 무권대리인의 상대방에 대한 책임은 부정되지 않는다.

④ 무권대리인이 그 대리권을 증명하지 못하고 또 본인의 추인을 받지 못한 경우에는 특별한 사정이 없는 한 상대방의 선택에 따라 계약의 이행 또는 손해배상의 책임이 있다.

해설

① [○] 추인으로 무권대리행위는 '소급'하여 확정적으로 유효하게 된다(제133조 본문).

② [×] 대리권 없는 자가 타인의 대리인으로 계약을 한 경우에 상대방은 상당한 기간을 정하여 본인에게 그 추인 여부의 확답을 최고할 수 있다(제131조). 즉, 무권대리임을 안 경우라도 최고할 수 있다.

③ [○] 제135조에 따른 무권대리인의 상대방에 대한 책임은 **무과실책임**으로서 대리권의 흠결에 관하여 대리인에게 과실 등의 귀책사유가 있어야만 인정되는 것이 아니고, **무권대리행위가 제3자의 기망이나 문서위조 등 위법행위로 야기되었다고 하더라도 책임은 부정되지 아니한다**(대판 2014.2.27. 2013다213038).

④ [○]
> 제135조(상대방에 대한 무권대리인의 책임) 「①항 다른 자의 대리인으로서 계약을 맺은 자가 그 대리권을 증명하지 못하고 또 본인의 추인을 받지 못한 경우에는 그는 상대방의 선택에 따라 계약을 이행할 책임 또는 손해를 배상할 책임이 있다.」

정답 | ②

75 무권대리인 乙이 甲을 대리하여 甲 소유 부동산을 丙에게 매도하는 계약을 체결하였다. 이에 관한 설명으로 옳지 않은 것은? (다툼이 있으면 판례에 따름) [22세무사]

① 甲이 乙로부터 매매대금을 받은 경우, 특별한 사정이 없는 한 甲은 매매계약을 추인하였다고 볼 수 있다.
② 특별한 사정이 없는 한 매매계약은 甲이 추인한 때에 그 효력이 생긴다.
③ 甲이 추인을 거절한 경우, 매매계약은 甲에 대하여 효력이 없다.
④ 丙이 상당한 기간을 정하여 甲에게 그 추인 여부의 확답을 최고한 경우, 甲이 그 기간 내에 확답을 발하지 않은 때에는 추인을 거절한 것으로 본다.
⑤ 乙이 그 대리권을 증명하지 못하고 또 甲의 추인을 받지 못한 경우, 乙은 丙의 선택에 따라 계약을 이행하거나 손해를 배상하여야 한다.

해설

① [○] 본인이 매매계약을 체결한 무권대리인으로부터 매매대금의 전부 또는 일부를 받았다면 특단의 사유가 없는 한 무권대리인의 매매계약을 추인하였다고 봄이 타당하다(대판 1963.4.11. 63다64).

② [×]
> 제133조(추인의 효력) 「추인은 다른 의사표시가 없는 때에는 계약시에 소급하여 그 효력이 생긴다. 그러나 제삼자의 권리를 해하지 못한다.」

③ [○] 본인의 추인거절이 있으면 무권대리행위는 무효인 것으로 확정되어, 본인은 이제는 추인할 수 없으며, 상대방도 최고권(제131조)이나 철회권(제134조)을 행사할 수 없다.

④ [○]
> 제131조(상대방의 최고권) 「대리권 없는 자가 타인의 대리인으로 계약을 한 경우에 상대방은 상당한 기간을 정하여 본인에게 그 추인 여부의 확답을 최고할 수 있다. 본인이 그 기간 내에 확답을 발하지 아니한 때에는 추인을 거절한 것으로 본다.」

⑤ [○]
> 제135조(상대방에 대한 무권대리인의 책임) 「①항 다른 자의 대리인으로서 계약을 맺은 자가 그 대리권을 증명하지 못하고 또 본인의 추인을 받지 못한 경우에는 그는 상대방의 선택에 따라 계약을 이행할 책임 또는 손해를 배상할 책임이 있다.」

정답 | ②

---

76 무권대리행위에 대한 본인의 추인에 관한 설명으로 옳은 것은? (다툼이 있으면 판례에 따름) [22행정사]

① 추인은 무권대리인의 동의가 있어야 유효하다.
② 추인은 무권대리인이 아닌 무권대리행위의 상대방에게 하여야 한다.
③ 무권대리행위가 범죄가 되는 경우, 본인이 그 사실을 알고 장기간 형사고소를 하지 않았다면 묵시적 추인이 인정된다.
④ 추인은 무권대리행위가 있음을 알고 하여야 한다.
⑤ 무권대리행위의 일부에 대한 추인은 상대방의 동의가 없더라도 유효하다.

해설

① [×] 무권대리행위에 대한 본인의 추인은 유동적 무효상태의 행위에 대하여 그 행위의 효과를 자기에게 직접 발생케 하는 것을 목적으로 하는 단독행위로서 무권대리인의 동의는 필요 없다.

② [×]
> 제132조(추인, 거절의 상대방) 「추인 또는 거절의 의사표시는 상대방에 대하여 하지 아니하면 그 상대방에 대항하지 못한다. 그러나 상대방이 그 사실을 안 때에는 그러하지 아니하다.」

  ▶ 무권대리인에게 하더라도 상대방이 그 사실을 안 때에는 추인의 효력이 있다.

③ [×] 무권대리행위가 범죄가 되는 경우에 대하여 그 사실을 알고도 장기간 '형사고소'를 하지 아니하였다 하더라도 그 사실만으로 묵시적인 추인이 있었다고 할 수는 없는바, 권한 없이 기명날인을 대행하는 방식에 의하여 약속어음을 위조한 경우에 피위조자가 이를 묵시적으로 추인하였다고 인정하려면 추인의 의사가 표시되었다고 볼 만한 사유가 있어야 한다(대판 1998.2.10. 97다31113).

④ [○] 무권대리행위의 추인은 ⅰ) 무권대리행위가 있음을 알고 ⅱ) 그 행위의 효과를 자기에게 귀속시키도록 하는 단독행위로서 **묵시적인 방법으로도 할 수 있으므로**, 본인이 그 행위로 처하게 된 법적 지위를 충분히 이해하고 그럼에도 진의에 기하여 그 행위의 결과가 자기에게 귀속된다는 것을 승인한 것으로 볼 만한 사정이 있는 경우에는 묵시적으로 추인한 것으로 볼 수 있다(대판 2011.2.10. 2010다83199, 83205).

⑤ [×] '일부추인'은 원칙적으로 허용되지 않지만 예외적으로 **상대방의 동의가 있으면 허용된다**고 할 것이다(대판 1982.1.26. 81다카549).

정답 | ④

---

77 계약의 무권대리에 관한 설명 중 옳은 것은? [16소방간부]

① 추인 여부의 최고를 받은 본인이 최고 기간 내에 상대방에게 확답을 발하지 않은 경우에는 추인한 것으로 간주된다.

② 악의의 상대방도 자신의 의사표시를 철회할 수 있다.

③ 본인이 무권대리인이게 추인의 의사표시를 한 경우, 상대방은 그 사실을 알기 전까지는 자신의 의사표시를 철회할 수 있다.

④ 본인이 추인을 거절한 경우, 무권대리인은 자신의 선택에 좇아 채무이행 또는 손해배상의 책임을 진다.

⑤ 본인이 추인한 경우 다른 의사표시가 없으면 그 추인에는 소급효가 인정되지 않는다.

해설

① [×] 제131조(상대방의 최고권) 「대리권 없는 자가 타인의 대리인으로 계약을 한 경우에 상대방은 상당한 기간을 정하여 본인에게 그 추인 여부의 확답을 최고할 수 있다. 본인이 그 기간 내에 확답을 발하지 아니한 때에는 **추인을 거절한 것으로 본다**.」

② [×] 제134조(상대방의 철회권) 「대리권 없는 자가 한 계약은 본인의 추인이 있을 때까지 상대방은 본인이나 그 대리인에 대하여 이를 철회할 수 있다. 그러나 계약 당시에 상대방이 대리권 없음을 안 때에는 그러하지 아니하다(철회할 수 없다).」

③ [○] 제132조(추인, 거절의 상대방) 「추인 또는 거절의 의사표시는 상대방에 대하여 하지 아니하면 그 상대방에 대항하지 못한다. 그러나 상대방이 그 사실을 안 때에는 그러하지 아니하다.」

[관련판례] 추인의 의사표시는 무권대리인, 무권대리 행위의 직접의 상대방 및 그 무권대리 행위로 인한 권리 또는 법률관계의 승계인에 대하여도 할 수 있다(대판 1981.4.14. 80다2314). 다만, 무권대리인에 대해 한 경우에는 상대방이 추인이 있었던 사실을 알지 못한 때에는 그에 대해 추인의 효과를 주장하지 못한다(제132조). 따라서 그 사실을 상대방이 모른 경우에는, 그때까지 상대방은 무권대리인과 맺은 계약을 철회할 수 있고(제134조), 또 무권대리인에 대한 추인이 있었음을 주장할 수도 있다(대판 1981.4.14. 80다2314).

④ [×] 제135조(무권대리인의 상대방에 대한 책임) 「①항 다른 자의 대리인으로서 계약을 맺은 자가 그 대리권을 증명하지 못하고 또 본인의 추인을 받지 못한 경우에는 그는 상대방의 선택에 따라 계약을 이행할 책임 또는 손해를 배상할 책임이 있다.」

⑤ [×] 제133조(추인의 효력) 「추인은 다른 의사표시가 없는 때에는 계약시에 소급하여 그 효력이 생긴다. 그러나 제3자의 권리를 해하지 못한다.」

정답 | ③

78 계약의 무권대리에 관한 설명으로 옳은 것은? (다툼이 있으면 판례에 따름) [19·18세무사 변형]

① 무권대리의 추인은 무권대리행위의 상대방에 대해서만 할 수 있다.
② 협의의 무권대리행위는 본인에 대하여 유동적 무효가 된다.
③ 무권대리행위의 상대방은 선의인 경우에만 최고권을 행사할 수 있다.
④ 子가 대리권한 없이 父의 재산을 처분한 후 父를 단독상속한 경우, 子는 상속인의 지위에서 父의 재산에 관한 처분행위의 추인을 거절할 수 있다.
⑤ 무권대리행위의 추인은 본인만이 할 수 있다.

해설

① [×] 추인의 의사표시는 무권대리인, 무권대리 행위의 직접의 상대방 및 그 무권대리 행위로 인한 권리 또는 법률관계의 승계인에 대하여도 할 수 있다(대판 1981.4.14. 80다2314).
② [○] 대리권 없는 자가 타인의 대리인으로 한 계약은 본인이 이를 추인하지 아니하면 본인에 대하여 효력이 없다(제130조). 따라서 본조는 무권대리를 확정적으로 무효로 하지 않고 본인이 추인 또는 추인 거절을 하는 것에 따라 본인에 대한 효력 유무를 결정한다.
▶ 무권대리행위는 유동적 무효라고 할 수 있다.

> **참조조문** 제130조(무권대리) 「대리권 없는 자가 타인의 대리인으로 한 계약은 본인이 이를 추인하지 아니하면 본인에 대하여 효력이 없다.」

③ [×]

> 제131조(상대방의 최고권) 「대리권 없는 자가 타인의 대리인으로 계약을 한 경우에 상대방은 상당한 기간을 정하여 본인에게 그 추인 여부의 확답을 최고할 수 있다. 본인이 그 기간 내에 확답을 발하지 아니한 때에는 추인을 거절한 것으로 본다.」

▶ 상대방의 선·악은 불문한다.

④ [×] 甲이 대리권 없이 乙소유 부동산을 丙에게 매도하고 丙은 丁에게 매도하여 그 소유권이전등기가 되었는데, 그 후 乙이 사망하여 그의 父 甲이 상속을 한 사안에서, 判例는 "본래 甲은 乙의 무권대리인으로서 丙에게 부동산에 대한 소유권이전등기를 이행할 의무를 지므로(제135조 제1항), 따라서 상속을 통해 그러한 의무를 이행하는 것이 가능하게 된 甲이 자신의 매매행위가 무권대리행위여서 무효라고 주장하여 丙과 丁명의의 등기의 말소를 청구하거나 부동산의 점유로 인한 부당이득금의 반환을 구하는 것은 금반언의 원칙이나 신의칙에 반하여 허용되지 않는다."라고 한다(대판 1994.9.27. 94다20617). 즉, 判例는 병존설을 전제로 하여, 상대방이 선의·무과실인 경우는 무권대리인이 본인의 상속인 지위에서 추인거절권을 행사하는 것은 금반언의 원칙에 반한다고 하였으나(대판 1994.9.27. 94다20617), 상대방이 악의인 경우는 추인거절권을 행사할 수 있다고 한다(대판 1992.4.28. 91다30941).
⑤ [×] 무권대리행위의 추인은 본인뿐만 아니라 임의대리인이나 법정대리인도 할 수 있고, 본인이 사망한 경우에는 상속인도 추인할 수 있다. 그리고 무권대리인도 본인으로부터 추인에 관한 특별수권을 수여받은 경우에는 그 추인을 할 수 있다.

정답 | ②

79 무권대리의 추인에 대한 설명 중 가장 적절하지 않은 것은? (다툼이 있는 경우 판례에 의함) [20법학경채]

① 추인은 무권대리행위가 있음을 알고 그 행위의 효과를 자기에게 귀속시키도록 하는 단독행위이다.
② 본인이 무권대리행위의 추인을 무권대리인에게 한 경우 이를 알지 못한 상대방은 무권대리행위를 철회할 수 없다.
③ 무권대리행위의 일부나 그 내용을 변경하여 추인한 경우에는 상대방의 동의를 얻지 않는 한 무효이다.
④ 무권대리행위에 대하여 본인이 그것이 자기에게 효력이 없다고 이의를 제기하지 아니하고 이를 장시간에 걸쳐 방치하였다고 하여 그 무권대리행위를 추인하였다고 볼 수는 없다.

해설

①④ [○] 무권대리행위에 대해 "본인이 '장기간 이의'를 제기하지 아니하고 '방치'한 것만으로는 묵시적 추인이 있다고 할 수 없다."고 한다(대판 1990.3.27. 88다카181).

> [쟁점정리] **본인의 추인권 – 방법(묵시적 추인)**
> 무권대리행위의 추인은 ⅰ) 무권대리행위가 있음을 알고 ⅱ) 그 행위의 효과를 자기에게 귀속시키도록 하는 단독행위로서 묵시적인 방법으로도 할 수 있으므로, 본인이 그 행위로 처하게 된 법적 지위를 충분히 이해하고 그럼에도 진의에 기하여 그 행위의 결과가 자기에게 귀속된다는 것을 승인한 것으로 볼 만한 사정이 있는 경우에는 묵시적으로 추인한 것으로 볼 수 있다(대판 2011.2.10. 2010다83199, 83205).

② [×]

> **제132조(추인, 거절의 상대방)** 「추인 또는 거절의 의사표시는 상대방에 대하여 하지 아니하면 그 상대방에 대항하지 못한다. 그러나 상대방이 그 사실을 안 때에는 그러하지 아니하다.」

> [관련판례] 추인의 의사표시는 무권대리인, 무권대리행위의 직접의 상대방 및 그 무권대리 행위로 인한 권리 또는 법률관계의 승계인에 대하여도 할 수 있다(대판 1981.4.14. 80다2314). 다만, 무권대리인에 대해 한 경우에는 상대방이 추인이 있었던 사실을 알지 못한 때에는 그에 대해 추인의 효과를 주장하지 못한다(제132조). 따라서 그 사실을 상대방이 모른 경우에는, 그때까지 상대방은 무권대리인과 맺은 계약을 철회할 수 있고(제134조), 또 무권대리인에 대한 추인이 있었음을 주장할 수도 있다(대판 1981.4.14. 80다2314).

③ [○] '일부추인'은 원칙적으로 허용되지 않지만, 예외적으로 상대방의 동의가 있으면 허용된다고 할 것이다(대판 1982.1.26. 81다카549).

정답 | ②

---

80 무권대리행위의 추인에 관한 설명으로 옳지 않은 것은? (다툼이 있는 경우 판례에 의함) [21 · 17소방간부]

① 추인은 대리행위 이후에 대리권을 수여하는 것이다.

② 추인을 하게 되면 무권대리행위는 확정적으로 유효하게 된다.

③ 추인에는 특별한 방식이 요구되지 않으므로 명시적 · 묵시적으로 할 수 있다.

④ 추인은 단독행위이므로 의사표시의 요건을 갖추어야 한다.

⑤ 대리권 없는 자가 타인의 대리인으로 계약을 한 경우에 상대방은 상당한 기간을 정하여 본인에게 그 추인 여부의 확답을 최고할 수 있고, 본인은 그 기간 내에 확답을 발하지 아니한 때에는 추인을 거절한 것으로 본다.

해설

① [×] 무권대리행위의 추인은 무권대리인에 의하여 행하여진 불확정한 행위에 관하여 그 행위의 효과를 자기에게 직접 발생케 하는 것을 목적으로 하는 의사표시이며, 무권대리인 또는 상대방의 동의나 승락을 요하지 않는 단독행위로서 추인은 의사표시의 전부에 대하여 행하여져야 하고, 그 일부에 대하여 추인을 하거나 그 내용을 변경하여 추인을 하였을 경우에는 상대방의 동의를 얻지 못하는 한 무효이다(대판 1982.1.26. 81다카549).

②④ [○] 무권대리행위는 그 효력이 불확정상태에 있다가 본인의 추인 유무에 따라 본인에 대한 효력 발생 여부가 결정되는바, 그 추인은 무권대리행위가 있음을 알고 그 행위의 효과를 본인에게 귀속시키려는 의사표시이므로 추인이 있었다고 하려면 그러한 의사가 표시되었다고 볼 만한 사유가 있어야 하는데(추인은 의사표시의 요건을 갖추어야 한다), 본인이 무권대리행위의 상대방에게 의무를 이행하겠다는 의사를 적극적으로 표명한 경우에는 특별한 사정이 없으면 무권대리행위를 추인한 것으로 판단하는 데 주요한 고려 요소가 될 수 있다(대판 2015.4.23. 2013다61398).

▶ 유동적 무효인 무권대리행위는 추인에 의해 소급적으로 확정적 유효로 된다.

③ [○] 무권대리행위의 추인은 ⅰ) 무권대리행위가 있음을 알고 ⅱ) 그 행위의 효과를 자기에게 귀속시키도록 하는 단독행위로서 묵시적인 방법으로도 할 수 있으므로, 본인이 그 행위로 처하게 된 법적 지위를 충분히 이해하고 그럼에도 진의에 기하여 그 행위의 결과가 자기에게 귀속된다는 것을 승인한 것으로 볼 만한 사정이 있는 경우에는 묵시적으로 추인한 것으로 볼 수 있다(대판 2011.2.10. 2010다83199, 83205).

⑤ [○]

> **제131조(상대방의 최고권)** 「대리권 없는 자가 타인의 대리인으로 계약을 한 경우에 상대방은 상당한 기간을 정하여 본인에게 그 추인 여부의 확답을 최고할 수 있다. 본인이 그 기간 내에 확답을 발하지 아니한 때에는 추인을 거절한 것으로 본다.」

정답 | ①

81 대리권 없는 乙이 甲을 대리하여 甲 소유 X 건물에 대하여 丙과 매매계약을 체결하였다. 표현대리가 성립하지 않는 경우 이에 관한 설명으로 옳은 것은? (다툼이 있으면 판례에 따름) [20행정사]

① 계약 체결 당시 乙이 무권대리인임을 丙이 알았다면 丙은 甲에게 추인 여부의 확답을 최고할 수 없다.

② 甲은 丙에 대하여 계약을 추인할 수 있으나 乙에 대해서는 이를 추인할 수 없다.

③ 계약 체결 당시 乙이 무권대리인임을 丙이 알았더라도 甲이 추인하기 전이라면 丙은 乙을 상대로 의사표시를 철회할 수 있다.

④ 甲이 추인을 거절한 경우, 丙의 선택으로 乙에게 이행을 청구하였으나 이를 이행하지 않은 乙은 丙에 대하여 채무불이행에 따른 손해배상책임을 진다.

⑤ 甲이 사망하여 乙이 단독상속한 경우 乙은 본인의 지위에서 위 계약의 추인을 거절할 수 있다.

해설

① [×]
> 제131조(상대방의 최고권) 「대리권 없는 자가 타인의 대리인으로 계약을 한 경우에 상대방은 상당한 기간을 정하여 본인에게 그 추인 여부의 확답을 최고할 수 있다. 본인이 그 기간 내에 확답을 발하지 아니한 때에는 추인을 거절한 것으로 본다.」

▶ 상대방의 선·악은 불문한다.

② [×] 추인의 의사표시는 무권대리인, 무권대리 행위의 직접의 상대방 및 그 무권대리 행위로 인한 권리 또는 법률관계의 승계인에 대하여도 할 수 있다(대판 1981.4.14. 80다2314).

③ [×]
> 제134조(상대방의 철회권) 「대리권 없는 자가 한 계약은 본인의 추인이 있을 때까지 상대방은 본인이나 그 대리인에 대하여 이를 철회할 수 있다. 그러나 계약 당시에 상대방이 대리권 없음을 안 때에는 그러하지 아니하다(철회할 수 없다).」

④ [○] '상대방의 선택'에 좇아 이행 또는 손해배상의 책임을 진다(제135조 제1항; 선택채권). 이때 상대방이 계약의 이행을 선택한 경우 무권대리인은 마치 자신이 계약의 당사자가 된 것처럼 계약에서 정한 채무를 이행할 책임을 지는 것이다(무권대리인이 계약에서 정한 채무를 이행하지 않으면 상대방에게 채무불이행에 따른 손해를 배상할 책임을 진다). 따라서 위 계약에서 채무불이행에 대비하여 손해배상액의 예정에 관한 조항을 둔 때에는 무권대리인은 조항에서 정한 바에 따라 산정한 손해액을 지급하여야 한다. 이 경우에도 손해배상액의 예정에 관한 제398조가 적용됨은 물론이다(대판 2018.6.28. 2018다210775).

⑤ [×] 본래 甲은 乙의 무권대리인으로서 丙에게 부동산에 대한 소유권이전등기를 이행할 의무를 지므로(제135조 제1항), 따라서 상속을 통해 그러한 의무를 이행하는 것이 가능하게 된 甲이 자신의 매매행위가 무권대리행위여서 무효라고 주장하여 丙과 丁명의의 등기의 말소를 청구하거나 부동산의 점유로 인한 부당이득금의 반환을 구하는 것은 금반언의 원칙이나 신의칙에 반하여 허용되지 않는다(대판 1994.9.27. 94다20617).

정답 | ④

82 甲의 아들인 성년자 乙이 아무런 권한 없이 丙에게 甲의 대리인이라고 사칭하고, 甲 소유의 X 아파트를 丙에게 매각하였다. 다음 설명 중 옳지 않은 것은? (다툼이 있으면 판례에 따름) [16행정사]

① 乙이 丙에게 X 아파트를 매각한 직후 甲이 X 아파트를 丁에게 매각하고 소유권이전등기를 경료해 준 이후에, 甲이 乙의 무권대리행위를 추인하더라도 丁은 X 아파트의 소유권을 취득한다.

② 甲은 丙에 대하여 적극적으로 추인의 의사가 없음을 표시하여 무권대리행위를 무효로 확정지을 수 있다.

③ 丙이 매매계약 당시 乙에게 대리권이 없음을 알지 못하였던 경우, 丙은 甲의 추인이 있기 전에 乙을 상대로 매매계약을 철회할 수 있다.

④ 丙은 상당한 기간을 정하여 甲에게 X 아파트 매매계약의 추인 여부의 확답을 최고할 수 있고, 甲이 그 기간 내에 확답을 발하지 않으면 추인한 것으로 본다.

⑤ 乙이 자신의 대리권을 증명하지 못하고 甲의 추인을 받지 못한 경우, 乙은 과실이 없어도 丙의 선택에 따라 계약을 이행하거나 손해를 배상할 책임이 있다.

해설

① [○] 추인의 소급효는 '제3자의 권리'를 해하지 못하는바(제133조 단서), 이때 소급효가 제한되는 것은 무권대리행위의 상대방이 취득한 권리와 제3자가 취득한 권리가 모두 배타적 효력을 가지는 경우에 한한다(대판 1963.4.18. 62다223). 따라서 물권변동에 있어서는 등기 또는 인도(제186조, 제188조), 채권양도에 있어서는 확정일자 있는 통지나 승낙을 먼저 갖추는 자(제450조 제2항)가 우선한다.

▶ 丁도 아직 이전등기를 하고 있지 않으면 丙과 丁은 모두 소유권이전청구권이라는 채권을 가질 뿐이고 우열의 차가 없으며 먼저 이전등기를 갖춘 자가 우선하게 되는바, 사안에서 丁에게 소유권이전등기를 먼저 경료해 주었으므로 丁이 우선하여 X 아파트 소유권을 취득한다.

[관련판례] 본조 단서의 제3자라 함은 등기부상 권리를 주장할 수 있는 제3자를 지칭한다(대판 1963.4.18. 63다233).

② [○] 본인은 추인을 거절할 수 있으며, 거절방법은 추인의 경우와 같다(제132조). 추인을 거절하면 무권대리행위는 확정적으로 무효로 된다.

③ [○]

> **제134조(상대방의 철회권)** 「대리권 없는 자가 한 계약은 본인의 추인이 있을 때까지 상대방은 본인이나 그 대리인에 대하여 이를 철회할 수 있다. 그러나 계약 당시에 상대방이 대리권 없음을 안 때에는 그러하지 아니하다(철회할 수 없다).」

④ [×]

> **제131조(상대방의 최고권)** 「대리권 없는 자가 타인의 대리인으로 계약을 한 경우에 상대방은 상당한 기간을 정하여 본인에게 그 추인 여부의 확답을 최고할 수 있다. 본인이 그 기간 내에 확답을 발하지 아니한 때에는 추인을 거절한 것으로 본다.」

▶ 상대방의 선·악은 불문한다.

⑤ [○] 제135조에 따른 무권대리인의 상대방에 대한 책임은 무과실책임으로서 대리권의 흠결에 관하여 대리인에게 과실 등의 귀책사유가 있어야만 인정되는 것이 아니고, 무권대리행위가 제3자의 기망이나 문서위조 등 위법행위로 야기되었다고 하더라도 책임은 부정되지 아니한다(대판 2014.2.27. 2013다213038).

정답 | ④

83 乙이 甲소유의 X 토지를 丙에게 매도하는 계약을 체결하였다. 매매계약의 효과가 甲에게 귀속하지 않는 경우는? (다툼이 있으면 판례에 의함)

[17소방간부]

① 甲으로부터 X 토지매매의 대리권을 수여받은 乙이 甲 명의로 계약을 체결한 경우

② 甲으로부터 X 토지매매의 대리권을 수여받은 미성년자 乙이 甲을 대리하여 丙과 매매계약을 체결한 경우

③ 甲과 丙으로부터 토지매매의 대리권을 수여받은 乙이 쌍방의 허락을 받아 X 토지에 대한 매매계약을 체결한 경우

④ 무권대리인 乙이 X 토지를 丙에게 매도하였는데, 甲이 그 계약에 따른 이행을 丙에게 촉구하고 매매대금을 수령한 경우

⑤ 甲으로부터 X 토지매매의 대리권을 수여받은 乙이 오직 자기의 이익을 도모하기 위하여 매매계약을 체결하였고 丙이 乙의 의도를 알 수 있었던 경우

해설

① [○]

> 제114조(대리행위의 효력) 「①항 대리인이 그 권한 내에서 본인을 위한 것임을 표시한 의사표시는 직접 본인에게 대하여 효력이 생긴다.」

② [○]

> 제117조(대리인의 행위능력) 「대리인은 행위능력자임을 요하지 아니한다.」

③ [○]

> 제124조(자기계약, 쌍방대리) 「대리인은 본인의 허락이 없으면 본인을 위하여 자기와 법률행위를 하거나 동일한 법률행위에 관하여 당사자 쌍방을 대리하지 못한다. 그러나 채무의 이행은 할 수 있다.」

▶ 본인의 허락이 있는 경우와 채무의 이행에 있어서는 자기계약이나 쌍방대리가 허용된다.

④ [○] 判例는 매매계약을 체결한 무권대리인으로부터 '본인이 매매대금의 전부 또는 일부를 받은 경우'(대판 1963.4.11. 63다64) 묵시적 추인을 인정한다.

⑤ [×] 진의 아닌 의사표시가 대리인에 의하여 이루어지고 대리인의 진의가 본인의 이익이나 의사에 반하여 자기 또는 제3자의 이익을 위한 배임적인 것임을 상대방이 알았거나 알 수 있었을 경우에는 제107조 제1항 단서의 유추해석상 대리인의 행위에 대하여 본인은 아무런 책임을 지지 않는다고 보아야 하고, 상대방이 대리인의 표시의사가 진의 아님을 알았거나 알 수 있었는지는 표의자인 대리인과 상대방 사이에 있었던 의사표시 형성 과정과 내용 및 그로 인하여 나타나는 효과 등을 객관적인 사정에 따라 합리적으로 판단하여야 한다(대판 2011.12.22. 2011다64669).

정답 | ⑤

84 甲의 대리인이라 칭하는 乙이 甲을 대리하여 丙과 사이에 甲 소유의 X토지를 매도하는 내용의 매매계약을 체결하였다. 이에 관한 설명 중 옳지 않은 것은? [20변호사 변형]

① 甲이 乙의 대리권 없음을 이유로 丙에게 위 매매계약을 원인으로 마쳐진 소유권이전등기의 말소를 구하는 소를 제기하는 경우, 甲은 乙의 대리권 부존재를 증명하여야 한다.

② 乙이 甲으로부터 매매계약을 체결할 대리권을 수여받은 후 자기의 이익을 위하여 배임적 대리행위를 한 경우, 丙이 이러한 사실을 과실없이 알지 못한 때에는 乙의 대리행위는 甲에게 효력이 미친다.

③ 乙이 위 매매계약에 관한 대리권을 증명하지 못하고 甲의 추인도 얻지 못하여 甲에게 대리의 효력이 발생하지 않는 경우, 그 무권대리행위가 제3자 丁의 기망이나 문서위조 등 위법행위로 야기되었다면 丙은 乙을 상대로 계약의 이행이나 손해배상을 청구할 수 없다.

④ 위 매매계약에서 甲의 채무불이행에 대비한 손해배상액이예정된 경우, 乙이 무권대리인으로서 丙에 대하여 계약이행의 채무를 부담하게 되었으나 이를 이행하지 아니하여 손해배상책임을 진다면, 특별한 사정이 없는 한 그 책임은 위 손해배상액의 예정에 따라 정해진다.

해설

① [○] 등기명의인이 아닌 제3자가 개입된 처분행위에 의하여 소유권이전등기가 마쳐진 경우, 등기의 추정력을 번복하기 위하여 필요한 증명사실 및 증명책임자

등기가 있으면 등기권리(대판 2009.9.24. 2009다37831), 등기원인(대판 1994.9.13. 94다10160), 등기절차(대판 2002.2.5. 2001다72029)의 적법성이 법률상 추정된다. 뿐만 아니라 매매계약 및 등기가 대리인에 의해 행해지는 경우 대리인이 대리권을 수여받아 유효한 대리행위를 하였다는 점도 추정된다.

따라서 判例는 "소유권이전등기가 전 등기명의인의 직접적인 처분행위에 의한 것이 아니라 제3자가 그 처분행위에 개입된 경우 현 등기명의인이 그 제3자가 전 등기명의인의 대리인이라고 주장하더라도 현 소유명의인의 등기가 적법히 이루어진 것으로 추정되므로, 그 등기가 원인무효임을 이유로 그 말소를 청구하는 전 소유명의인으로서는 반대사실, 즉 그 제3자에게 전 소유명의인을 대리할 권한이 없었다든가 또는 제3자가 전 소유명의인의 등기서류를 위조하는 등 등기절차가 적법하게 진행되지 아니한 것으로 의심할 만한 사정이 있다는 등의 무효사실에 대한 증명책임을 진다."(대판 2009.9.24. 2009다37831)라고 판시하였다.

② [○] 대리권의 남용

제107조 제1항에서 규정하고 있는 진의 아닌 의사표시가 대리인에 의하여 이루어지고, 그 대리인의 진의가 본인의 이익이나 의사에 반하여 자기 또는 제3자의 이익을 위한 배임적인 것임을 그 상대방이 알았거나 알 수 있었을 경우에는 동항 단서의 유추해석상 그 대리인의 행위는 본인의 행위로 성립할 수 없으므로 본인은 대리인의 행위에 대하여 아무런 책임이 없다 할 것이며, 이때에 그 상대방이 대리인의 표시의사가 진의아님을 알았거나 알 수 있었는가의 여부는 표의자인 대리인과 상대방 사이에 있었던 의사표시의 형성과정과 그 내용 및 그로 인하여 나타나는 효과 등을 객관적 사정에 따라 합리적으로 판단하여야 한다(대판 1987.11.10. 86다카371).

[쟁점정리] 대리권 남용의 법률구성으로는 ⅰ) 제107조 제1항 단서 유추적용설(非眞意表示說), ⅱ) 권리남용설(信義則說), ⅲ) 무권대리설(代理權否認說)이 있으며, 判例는 대체로 대리인의 진의가 사익 도모에 있다는 것을 상대방이 알았거나 알 수 있었을 경우에는 제107조 제1항 단서를 유추하여 '무효'로 보아야 한다는 제107조 제1항 단서 유추적용설과 그 견해를 같이 하나(대판 1987.11.10. 86다카371), 주식회사의 대표이사의 '대표권남용'에 대해서는 대리권 남용 행위 자체는 '유효'하지만, 상대방이 '악의'로 취득한 권리를 행사하는 것은 신의칙상 허용되지 않는다고 판단한 것도 있다(대판 1987.10.13. 86다카1522; 대판 2016.8.24. 2016다222453).

③ [×] 무권대리인의 상대방에 대한 책임의 성질 및 무권대리행위가 제3자의 위법행위로 야기된 경우 책임이 부정되는지 여부(소극)

"제135조 제1항은 "타인의 대리인으로 계약을 한 자가 그 대리권을 증명하지 못하고 또 본인의 추인을 얻지 못한 때에는 상대방의 선택에 좇아 계약의 이행 또는 손해배상의 책임이 있다."라고 규정하고 있다. 위 규정에 따른 무권대리인의 상대방에 대한 책임은 무과실책임으로서 대리권의 흠결에 관하여 대리인에게 과실 등의 귀책사유가 있어야만 인정되는 것이 아니고, 무권대리행위가 제3자의 기망이나 문서위조 등 위법행위로 야기되었다고 하더라도 책임은 부정되지 아니한다(대판 2014.2.27. 2013다213038).

④ [○] 무권대리인의 책임의 내용

상대방의 선택에 좇아 이행 또는 손해배상의 책임을 진다(제135조 제1항; 선택채권). 이때 상대방이 계약의 이행을 선택한 경우 무권대리인은 마치 자신이 계약의 당사자가 된 것처럼 계약에서 정한 채무를 이행할 책임을 지는 것이다. 따라서 위 계약에서 채무불이행에 대비하여 손해배상액의 예정에 관한 조항을 둔 때에는 무권대리인은 조항에서 정한 바에 따라 산정한 손해액을 지급하여야 한다. 이 경우에도 손해배상액의 예정에 관한 제398조가 적용됨은 물론이다(대판 2018.6.28. 2018다210775).

정답 | ③

제1관 총설

제2관 법률행위의 무효

> ⊕ **핵심정리 무효**
>
> ### 1. 일부무효
>
> **(1) 일부무효가 되기 위한 요건(일, 분, 가)**
>
> ① [원칙] 일부무효는 전부무효가 원칙이다(제137조 본문). ② [예외] 그러나 일부무효가 예외적으로 일부무효가 되기 위해서는 ⅰ) 법률행위의 일체성[36]과 분할가능성이 인정되어야 하고, ⅱ) 당사자들이 그 무효부분이 없더라도 법률행위를 하였을 것이라는 가정적 의사가 인정되어야 한다(제137조 단서).
>
> **(2) 구체적인 경우**
>
> 1) 채권의 일부가 무효인 경우 저당권 등의 말소청구
>
> 判例는 담보물권의 불가분성(제370조, 제321조)을 고려하여 "채권담보의 목적으로 소유권이전등기를 한 경우에는 그 채권의 일부가 무효라고 하더라도 나머지 채권은 유효하다."고 보아 일부무효를 인정하였고, "나머지 채권이 유효한 이상 채무자는 그 채무를 변제함이 없이 말소등기절차를 구할 수 없다."(70다1250)고 한다.
>
> 2) 토지거래규제구역 내의 토지와 지상건물을 일괄하여 매매한 경우
>
> 判例는 "ⅰ) 일반적으로 토지와 그 지상의 건물은 법률적인 운명을 같이 하게 하는 것이 거래의 관행이고 ⅱ) 당사자의 의사나 경제의 관념에도 합치되므로, 매수인이 토지에 관한 거래허가가 없으면 건물만이라도 매수하였을 것이라고 볼 수 있는 특별한 사정이 인정되는 경우를 제외하고는, 토지에 대한 매매거래허가를 받기 전의 상태에서는 지상건물에 대하여도 그 거래계약 내용에 따른 이행청구 내지 채무불이행으로 인한 손해배상청구를 할 수 없다."(93다22043)고 하여 원칙적으로 전부무효라고 한다.
>
> **(3) 일부무효 법리의 적용범위 및 강행법규와의 관계**
>
> 일부만이 강행규정에 위반하는 경우 判例는 "제137조는 임의규정으로서 원칙적으로 사적자치의 원칙이 지배하는 영역에서 적용되므로 ⅰ) 법률이 별도로 일부무효의 효과를 규정하는 경우에는 이에 의하고, ⅱ) 그러한 규정이 없다면 원칙적으로 제137조가 적용될 것이나, 나머지 부분을 무효로 한다면 당해 효력규정의 취지에 명백히 반하는 결과가 초래되는 경우에는 나머지 부분까지 무효가 된다고 할 수는 없다."(2011다9068)고 한다. 따라서 "상호신용금고의 담보제공약정이 효력규정인 구 상호신용금고법 제18조의2 제4호에 위반하여 무효라고 하더라도, 그와 일체로 이루어진 대출약정까지 무효로 된다고는 할 수 없다."(2003다1601)고 한다.
>
> ### 2. 유동적 무효
>
> **(1) 개념**
>
> '유동적 무효'란 법률행위의 효력이 현재는 무효이나 추후 허가(또는 추인)에 의해 소급하여 유효한 것으로 될 여지가 있는 유동적인 상태를 말하는 것으로 '불확정적 무효'를 의미한다.
>
> **(2) 토지거래허가 없이 체결한 계약의 효력**
>
> ① [유동적 무효인 경우] 허가를 전제로 한 토지거래의 경우에는 투기거래에 대한 위험이 없다 할 것이므로 "허가가 있기 전에는 채권계약 자체도 무효이지만 허가를 받을 것을 전제로 한 계약은 유동적 무효로 보아 허가가 있으면 소급적으로 유효한 계약이 된다"(전합 90다12243).
>
> ② [처음부터 확정적 무효인 경우] 判例는 처음부터 허가를 '배제'하거나 '잠탈'하는 내용의 계약일 경우 확정적 무효로서 유효로 될 여지가 없다고 한다(전합 90다12243). 따라서 허가받을 의사 없이 중간생략등기의 합의아래 전매차익을 얻을 목적으로 전전매매한 경우 그 각각의 매매계약은 모두 확정적으로 무효이고, 전득자는 중간자의 토지거래허가신청절차 협력청구권을 대위행사할 수도 없다(96다3982).

(3) 유동적 무효상태에서의 당사자간 법률관계

1) 소유권이전등기의무와 대금지급의무(소극), 허가조건부 소유권이전등기청구(소극)

判例는 허가받기 전의 유동적 무효상태에서는 채권적 효력도 전혀 발생하지 아니하여 ① 매수인의 대금지급의무나 매도인의 소유권이전등기의무가 없고[따라서 허가를 받기 전의 상태에서 상대방의 거래계약상 채무불이행을 이유로 거래계약을 해제하거나 그로 인한 손해배상을 청구할 수도 없다(97다4357)] ② 허가가 있을 것을 조건으로 한 장래이행의 소로서의 소유권이전등기청구도 할 수 없다고 한다(전합 90다12243).

2) 토지거래허가신청절차 이행청구(적극), 그 불이행에 대한 손해배상청구(적극)

判例는 유동적 무효상태의 계약당사자는 공동으로 관할관청의 허가를 신청할 '협력할 의무'를 부담한다고 한다. 이러한 토지거래허가신청절차청구권을 피보전권리로 하여 매매목적물의 처분을 금하는 가처분을 구할 수 있고, 협력의무 불이행시 상대방은 손해배상을 청구할 수 있으며, 토지거래허가구역에 있는 토지의 매수인은 채권보전의 필요성이 있다면 토지거래허가 신청절차의 협력의무 이행청구권을 보전하기 위하여 매도인의 권리를 대위하여 행사할 수 있다(2010다50014). 그러나 判例는 일방적으로 계약을 '해제'할 수는 없다고 한다(判例는 협력의무를 일반적인 신의칙상 의무로 보아 손해배상의 법적근거를 제750조로 보는 입장).

3) 계약금 또는 손해배상의 약정(원칙적 적극), 부당이득반환청구(원칙적 소극)

判例는 ① 유동적 무효인 상태에서도 계약금의 수령자는 배액을 상환하고, 교부자는 계약금을 포기하고 계약을 '해제'할 수 있다고 한다(제565조). 이는 당사자 일방이 '이행에 착수하기 전'에만 허용되나, 유동적 무효상태에서의 '협력의무'는 그 매매계약의 효력으로서 발생하는 매도인의 재산권이전의무나 매수인의 대금지급의무와는 달리 신의칙상의 의무에 해당하는 것이어서 당사자 쌍방이 위 협력의무에 기초해 토지거래허가신청을 하고 이에 따라 관할관청으로부터 그 허가를 받았다 하더라도, 아직 그 단계에서는 당사자 쌍방 모두 매매계약의 효력으로서 발생하는 의무를 이행하였거나 이행에 착수하였다고 할 수 없다고 한다(2008다62427). ② 계약금 등은 유동적 무효상태가 확정적으로 무효로 되었을 때 비로소 부당이득으로 그 반환을 구할 수 있다고 한다(91다33766).

4) 계약상 지위인수

① 매도인과 매수인 및 제3자 사이에 '매수인의 지위'를 이전받기로 한 합의는 매도인과 매수인 사이의 매매계약에 대한 관할 관청의 허가가 있어야 효력이 발생한다(96다7762). 제3자의 매수인 지위 인수를 허용하면 사실상 허가 전의 토지에 대한 거래를 용인하는 것이 되기 때문이다.

② 따라서 이와 달리 제3자가 허가를 받기 전의 토지 매매계약상 '매도인 지위'를 인수하는 경우에는, 토지거래허가제도가 투기적 거래를 방지하고자 하는 데에 있는 점에 비추어, 애초의 매매계약에 대해 관할 관청의 허가가 있어야만 그 인수계약의 효력이 생기는 것은 아니다(2012다1863).

5) 규제구역 내의 토지와 건물을 '일괄'하여 매매한 경우에 건물만에 대한 소유권이전등기청구의 가부(원칙적 소극)(일부무효 참고)

(4) 사후적으로 확정적 무효로 되는 경우

① 불허가 처분이 있는 경우(91다33766), ② 당사자 '일방'이 유동적 무효의 무효·취소 사유를 주장하여 거래허가신청협력에 대한 거절의사를 명백히 한 때(97다36118), ③ 당사자 '쌍방'이 허가신청을 하지 않기로 명백히 한 경우(91다33766), ④ 일방의 채무가 이행불능임이 명백하고 나아가 그 상대방이 거래계약의 존속을 더 이상 바라지 않고 있는 경우(2010다31860,31877)에는 확정적으로 무효가 된다. ⑤ 만약 토지거래허가가 나지 아니한 상태에서 당해 토지에 관한 경매절차가 개시되어 제3자에게 소유권이 이전되었다면, 위 토지거래계약에 기한 소유권이전의무는 이행불능 상태이므로, 이로써 위 토지거래계약은 '확정적으로 무효'가 된다(2011다1009). 따라서 토지거래허가 없이 체결된 매매예약에 기하여 소유권이전청구권 보전을 위한 가등기가 경료되어 있는 상태에서 당해 토지가 제3자에게 낙찰되어 소유권이 이전된 경우에는 그 후 그 가등기에 기한 본등기까지 경료되었더라도 이는 효력 없는 무효의 등기라 할 것이다(유동적 무효 아님)(2012다89900). ⑥ 그러나 매매계약 체결시 일정한 기간 안에 토지거래허가를 받기로 약정한 경우, 그 약정기간이 경과하였다는 사정만으로 매매계약이 확정적으로 무효가 되는 것은 아니다(2008다50615).

(5) 사후적으로 확정적 유효로 되는 경우

① 토지거래허가를 최종적으로 받은 경우, ② 토지거래허가구역 지정을 해제하였거나, 허가구역지정기간이 만료되었음에도 허가구역 재지정을 하지 않은 경우(전합 98다40459), 허가구역 해제 후 재지정된 경우(2002다12635), 判例는 처음부터 허가를 잠탈하거나 배제하여 확정적으로 무효가 된 경우를 제외하고는 더 이상 허가를 받을 필요 없이 확정적으로 유효라고 보았다.

---

36) 복수의 법률행위가 상호 밀접한 관련성을 가지는 경우(금전소비대차와 저당권설정계약 또는 보증계약)에도 일체성이 인정된다.

3. 무효행위의 전환

(1) 요건(무, 전, 다)

　ⅰ) 일단 성립한 법률행위가 무효일 것, ⅱ) 전환의사의 존재(당사자가 그 무효를 알았더라면 다른 법률행위를 하는 것을 의욕하였으리라는 '가정적 의사'가 인정될 것), ⅲ) 다른 법률행위의 요건을 갖출 것(제138조)을 요한다.

(2) 구체적인 경우

　判例는 ① 혼인외의 출생자를 혼인 중의 출생자로 출생신고를 한 경우 그 신고는 친생자 출생신고로서는 무효이지만 '인지신고'로서는 효력이 있다고 하며(71다1983; 가족관계의 등록 등에 관한 법률 제57조), ② 상속인 중 일부의 상속포기가 무효인 경우에 상속재산의 협의분할로 전환되어 그 효력이 인정될 수 있다고 한다(88누9305). ③ 또한 타인의 子를 자기의 子로서 출생신고한 경우에도, 당사자 사이에 친생자관계를 창설하려는 명백한 의사가 있고 기타 입양의 성립요건이 모두 구비된 때에는 '입양'의 효력은 있다고 한다(전합 77다492).

4. 무효행위의 추인

(1) 요건(무, 알, 새)

　ⅰ) 무효인 법률행위의 존재, ⅱ) 무효임을 알고 추인, ⅲ) 추인시에 새로운 법률행위로서 유효요건을 갖추고 있을 것을 요한다(제139조). 다만, 사회질서에 반하는 법률행위(제103조, 제104조)나 강행규정 위반의 '절대적 무효'의 경우에는 추인에 의하여 유효로 될 수 없다(2001다77352).

(2) 방식

　1) 묵시적 추인

　　① [긍정] 判例는 만 15세가 된 후 망인(亡人)과 자신 사이에 입양이 무효임을 알면서도 망인이 사망할 때까지 아무런 이의를 하지 않고 망인을 친부모처럼 극진히 섬겼다면 묵시적으로 '입양'을 추인한 것으로 보았다(제869조 참조)(전합 77다492). 다만 무효인 신고행위에 상응하는 신분관계가 실질적으로 형성되어 있지 않은 경우에는 추인의 의사표시만으로 그 무효행위의 효력을 인정할 수 없다고 한다(2004므1484).

　　② [부정] 判例는 ㉠ 일방적 혼인신고 후 혼인의 실체 없이 육체관계를 맺고 출산하였다 하여 무효인 혼인을 추인한 것으로 볼 수는 없다고 하였고(93므430), ㉡ 당사자가 이전의 법률행위가 존재함을 알고 그 유효함을 전제로 하여 이에 터 잡은 후속행위를 하였다고 해서 그것만으로 이전의 법률행위를 묵시적으로 추인하였다고 단정할 수는 없고, 묵시적 추인을 인정하기 위해서는 이전의 법률행위가 무효임을 알거나 무효임을 의심하면서도 그 행위의 효과를 자기에게 귀속시키도록 하는 의사로 후속행위를 하였음이 인정되어야 한다(2012다106607)고 한다.

　2) 일부추인

　　判例는 "집합채권의 양도가 양도금지특약을 위반하여 무효인 경우 채무자는 일부 개별 채권을 특정하여 추인하는 것이 가능하다."고 한다(2009다47685).

(3) 효과

　1) 원칙적 장래효

　　무효행위의 추인의 효과는 소급효가 없는 것이 원칙이다(제139조). 따라서 判例는 무효인 채권양도를 추인한 경우에도 소급효가 없다고 하며(99다52817), 무효인 가등기를 유효한 등기로 전용키로 한 약정도 그 때부터 유효하고 이로써 가등기가 소급하여 유효한 등기로 전환될 수 없다고 한다(91다26546).

　2) 예외적 소급효

　　신분행위의 경우에는 신분관계의 안정을 위해 예외적으로 소급효(입양신고 당시; 判例사안에서는 친생자출생신고 당시)를 인정하였다(99므1633, 1640).

⊕ 핵심정리 무권리자의 처분행위

1. 무권리자 처분행위의 효력 및 거래상대방 보호

　타인의 권리를 처분할 권한이 없는 자가 타인의 권리를 자신의 이름으로 처분하는 것을 '무권리자 처분행위'라 한다.

(1) 효력

　'처분행위'(직접적으로 권리의 변동을 생기게 하는 행위)는 처분권한이 있는 자가 해야만 효력이 있기 때문에, 처분권한이 없는 자가 한 처분행위는 상대방이 공시방법(등기 또는 점유)을 갖추었다고 하더라도 원칙적으로 효력이 없다. 그러나 참고로 '채권행위'의 경우에는 이행기까지 권리를 취득하여 이행을 하면 되므로, 민법은 타인 권리의 매매도 유효하다는 입장이다(제569조).

(2) 거래상대방 보호

무권리자의 처분행위로 무효가 된 경우 거래상대방의 보호가 문제되는바, ① 동산의 경우에는 선의취득제도가 있으나, ② 부동산의 경우에는 보호규정이 없어 문제된다. 이에 判例는 ⅰ) 무권리자의 처분행위에 대해서 표현대리가 적용될 여지가 없다고 하나, ⅱ) 예외적으로 권리자가 부실등기를 알면서 방치한 경우에는 제108조 제2항의 유추적용이 가능하다고 한다 (91다3208 등).

2. 무권리자 처분행위에 대한 추인의 근거

종래 判例는 무권대리의 추인의 법리에 따라 해결하였으나, 최근에 判例는 "권리자의 추인으로 권리자 본인에게 위 처분행위의 효력이 발생함은 사적 자치의 원칙에 비추어 당연하고"(2001다44291)라고 하여 '사적자치의 원리'에서 구하고 있다.

다만 "무권리자의 처분이 계약으로 이루어진 경우에 권리자가 이를 추인하면 제130조, 제133조를 유추적용하여 그 계약의 효과가 계약을 체결했을 때에 '소급'하여 권리자에게 귀속된다고 보아야 한다."(2017다3499)고 판시하고 있다.

---

01 무효에 관한 설명으로 옳지 않은 것은? (다툼이 있는 경우 판례에 의함)

[23경찰간부]

① 법률행위의 일부무효에 관한 민법의 규정은 복수의 당사자 사이에 합의가 이루어진 경우에도 적용될 수 있다.

② 무효인 법률행위에 따른 법률효과를 침해하는 것처럼 보이는 위법행위가 있더라도 그에 따른 손해배상을 청구할 수는 없다.

③ 당사자가 과실 없이 이전의 법률행위가 무효임을 모르고 후속행위를 하였더라도, 특별한 사정이 없는 한 그것만으로 이전의 법률행위를 묵시적으로 추인하였다고 단정할 수는 없다.

④ 타인의 권리를 권원 없이 자기의 이름으로 처분한 후에 본인이 그 처분을 인정한 경우, 특별한 사정이 없는 한 그 처분이 인정된 때부터 본인에 대하여 그 처분의 효력이 발생한다.

해설

① [○] 대판 2010.3.25. 2009다41465

② [○] 무효인 법률행위는 그 법률행위가 성립한 당초부터 당연히 효력이 발생하지 않는 것이므로, 무효인 법률행위에 따른 법률효과를 침해하는 것처럼 보이는 위법행위나 채무불이행이 있다고 하여도 법률효과의 침해에 따른 손해는 없는 것이므로 그 손해배상을 청구할 수는 없다(대판 2003.3.28. 2002다72125). 다만, 불법행위에 기한 손해배상청구권은 유효, 무효를 불문하므로 무효인 법률행위에도 성립할 수 있다.

③ [○] 당사자가 이전의 법률행위가 존재함을 알고 그 유효함을 전제로 하여 이에 터 잡은 후속행위를 하였다고 해서 그것만으로 이전의 법률행위를 묵시적으로 추인하였다고 단정할 수는 없고, 묵시적 추인을 인정하기 위해서는 이전의 법률행위가 무효임을 알거나 적어도 무효임을 의심하면서도 그 행위의 효과를 자기에게 귀속시키도록 하는 의사로 후속행위를 하였음이 인정되어야 한다(대판 2014.3.27. 2012다106607).

④ [×] 권리자가 무권리자의 처분을 추인하면 무권대리에 대해 본인이 추인을 한 경우와 당사자들 사이의 이익상황이 유사하므로, 무권대리의 추인에 관한 제130조, 제133조 등을 무권리자의 추인에 유추적용할 수 있다. 따라서 무권리자의 처분이 계약으로 이루어진 경우에 권리자가 이를 추인하면 원칙적으로 그 계약의 효과가 계약을 체결했을 때에 '소급'하여(추인한 때가 아님) 권리자에게 귀속된다고 보아야 한다(대판 2017.6.8. 2017다3499).

정답 | ④

02 무효와 취소에 관한 설명으로 가장 적절하지 않은 것은? (다툼이 있는 경우 판례에 의함) [23법학경채]

① 토지거래허가를 받지 않아 유동적 무효 상태에 있는 계약이 거래허가신청을 하지 아니하여 확정적으로 무효가 된 경우 그 계약이 확정적으로 무효로 됨에 있어서 귀책사유가 있는 당사자도 그 계약의 무효를 주장할 수 있다.

② 무효인 법률행위가 다른 법률행위의 요건을 구비하고 당사자가 그 무효를 알았더라면 다른 법률행위를 하는 것을 의욕하였으리라고 인정될 때에는 다른 법률행위로서 효력을 가진다.

③ 의사무능력자의 법률행위가 의사능력의 흠결을 이유로 무효가 되는 경우 의사무능력자가 부담하는 반환범위는 그 행위로 인하여 받은 이익이 현존하는 한도이다.

④ 취소권은 추인할 수 있는 날로부터 3년 내에, 법률행위를 한 날로부터 10년 내에 행사하지 아니하면 소멸시효가 완성한다.

해설

① [○] 거래계약이 확정적으로 무효가 된 경우에는 거래계약이 확정적으로 무효로 됨에 있어서 귀책사유가 있는 자라고 하더라도 그 계약의 무효를 주장할 수 있다(대판 1997.7.25. 97다4357, 4364).

② [○]

> 제138조 (무효행위의 전환) 「무효인 법률행위가 다른 법률행위의 요건을 구비하고 당사자가 그 무효를 알았더라면 다른 법률행위를 하는 것을 의욕하였으리라고 인정할 때에는 다른 법률행위로서 효력을 가진다.」

③ [○] "제한능력자의 책임을 제한하는 제141조 단서는 부당이득에 있어 수익자의 반환범위를 정한 민법 제748조의 특칙으로서 제한능력자의 보호를 위해 그 선의·악의를 묻지 아니하고 반환범위를 현존 이익에 한정시키려는 데 그 취지가 있으므로, 의사능력의 흠결을 이유로 법률행위가 무효가 되는 경우에도 유추적용되어야 할 것이다."라고 판시하고 있다(대판 2009.1.15. 2008다58367).

④ [×] 통설·判例(대판 1996.9.20. 96다25371)는 일치하여 제146조가 규정하는 기간을 '제척기간'이라고 본다. 어느 것이든 먼저 경과하는 때에 취소권은 소멸한다.

정답 | ④

03 법률행위의 무효에 관한 설명으로 옳지 않은 것은? (다툼이 있으면 판례에 따름) [23세무사]

① 통정허위표시가 무효라고 해서 은닉행위가 당연히 무효로 되는 것은 아니다.

② 불공정한 법률행위에 해당하여 무효인 경우에는 무효행위의 전환에 관한 규정이 적용될 수 없다.

③ 법률행위 일부가 효력규정을 위반하여 일부무효의 법리가 적용되는 경우, 당사자의 가정적 의사를 탐구할 때 그 효력규정의 입법취지도 함께 고려하여야 한다.

④ 복수의 법률행위 중 어느 한 법률행위가 무효인 경우 그들 간 일체성이 인정된다면 일부무효의 법리가 적용될 수 있다.

⑤ 토지거래허가구역 내의 토지에 관해 애초 허가를 잠탈하는 내용으로 체결된 매매계약은 그 후 허가구역지정이 해제되더라도 유효로 되지 않는다.

해설

① [○] 당사자가 가장행위를 하는 목적 내지 형태로 크게 보아, 단순히 일정한 외관을 작출하기 위한 경우와 어떤 내용을 은폐하기 위한 경우의 2가지가 있을 수 있다. 이 중 후자와 같이 가장행위 속에 실제로 다른 행위를 할 의사가 감추어진 경우(가령 증여를 매매로 가장한 경우)에, 그 감추어진 행위를 은닉행위라고 한다. 그런데 은닉행위의 효력에 대하여는 그 행위 자체에 관한 규정(즉 증여에 관한 규정)이 적용되어야 할 것이다(자연적 해석). 따라서 가장행위인 매매가 무효이더라도, 은닉행위인 증여는 유효이고, 서면에 의하지 않았다면 제555조에 의해 해제될 수 있을 뿐이다(대판 1991.9.10. 91다6160).[37]

---

37) 서면에 의한 증여란 증여계약 당사자 간에 있어서 증여자가 자기의 재산을 상대방에게 준다는 증여의사가 문서를 통하여 확실히 알 수 있는 정도로 서면에 나타낸 증여를 말하는 것으로서 비록 서면 자체는 매매계약서, 매도증서로 되어 있어 매매를 가장하여 증여의 증서를 작성한 것이라고 하더라도 증여에 이른 경위를 아울러 고려할 때 그 서면이 바로 증여의사를 표시한 서면이라고 인정되면 이는 민법 제555조에서 말하는 서면에 해당한다.

② [×] 判例는 매매대금의 과다로 말미암아 불공정한 법률행위에 해당하는 매매계약에 대해서, 선행하는 조정절차에서 제시된 금액을 기준으로 당사자의 '가정적 의사'를 추론하여 그 매매대금을 '적정한 금액'으로 감액하여 매매계약의 유효성을 인정하였다. 즉, 제104조에 해당하여 무효인 경우에도 제138조(무효행위의 전환)가 적용될 수 있다고 한다(대판 2010.7.15. 2009다50308).

③ [○] 일부만이 강행규정에 위반하는 경우 判例는 "제137조는 임의규정으로서 원칙적으로 사적자치의 원칙이 지배하는 영역에서 적용되므로 ⅰ) 법률이 별도로 일부무효의 효과를 규정하는 경우에는 이에 의하고, ⅱ) 그러한 규정이 없다면 원칙적으로 제137조가 적용될 것이나, 나머지 부분을 무효로 한다면 당해 효력규정의 취지에 명백히 반하는 결과가 초래되는 경우에는 나머지 부분까지 무효가 된다고 할 수는 없다."(대판 2007.6.28. 2006다38161, 38178; 대판 2013.4.26. 2011다9068)라고 한다.

④ [○] 민법상 일부무효는 전부무효가 원칙이다(제137조 본문). 그러나 일부무효가 예외적으로 일부무효가 되기 위해서는 ⅰ) 법률행위의 일체성과 분할가능성이 인정되어야 하고, ⅱ) 당사자들이 그 무효부분이 없더라도 법률행위를 하였을 것이라는 가정적 의사가 인정되어야 한다(제137조 단서).
  ▶ 예를 들어 복수의 법률행위가 동시에 행하여졌다면 법률행위의 일체성을 인정할 수 있다. 그러나 법률행위가 일체인지 여부는 무엇보다도 법률행위 당사자의 의사에 의하여 판단되어야 한다. 나아가 복수의 법률행위가 상호 밀접한 관련성을 가지는 경우(금전소비대차와 저당권설정계약 또는 보증계약)에도 일체성이 인정된다. 즉, 여러 개의 계약이 체결된 경우에 그 계약 전부가 경제적, 사실적으로 일체로서 행하여져서 하나의 계약인 것과 같은 관계에 있는 경우에도 적용된다(대판 2022.3.17. 2020다288375).

⑤ [○] 토지거래허가구역 지정을 해제하였거나, 허가구역지정기간이 만료되었음에도 허가구역 지지정을 하지 않은 경우(내반 1999.6.17. 전합 98다40459), 허가구역 해제 후 재지정된 경우(대판 2002.5.14 2002다12635), 判例는 처음부터 허가를 잠탈하거나 배제하여 확정적으로 무효가 된 경우를 제외하고는 더 이상 허가를 받을 필요 없이 확정적으로 유효라고 보았다(대판 2019.1.31. 2017다228618).

정답 | ②

04 무효에 관한 설명 중 옳지 않은 것은? (다툼이 있는 경우 판례에 의함) [22경찰간부]

① 무효행위의 추인은 그 무효원인이 소멸한 후에 하여야 효력이 있다.

② 특별한 사정이 없는 한, 법률행위가 불공정한 법률행위로서 무효인 경우 추인에 의하여 유효로 될 수 없다.

③ 무효인 법률행위는 그 법률행위가 성립한 당초부터 당연히 효력이 발생하지 않지만, 무효인 법률행위에 따른 법률효과를 침해하는 것처럼 보이는 위법행위나 채무불이행이 있다면 그로 인한 손해배상을 청구할 수 있다.

④ 무효행위의 추인이 있었다는 사실에 대한 증명책임은 새로운 법률행위의 성립을 주장하는 자에게 있다.

해설

① [○]
> 제139조(무효행위의 추인) 「무효인 법률행위는 추인하여도 그 효력이 생기지 아니한다. 그러나 당사자가 그 무효임을 알고 추인한 때에는 새로운 법률행위로 본다.」

  ▶ 추인은 무효사유가 종료된 후에 하여야 하고(대판 1997.12.12. 95다38240), 추인시에 새로운 법률행위로서 유효요건을 갖추어야 한다.

② [○] 사회질서에 반하는 법률행위(제103조, 제104조)나 강행규정 위반(제105조)의 경우와 같은 '절대적 무효'의 경우에는 추인에 의하여 유효로 될 수 없다(대판 2002.3.15. 2001다77352). 예를 들어, 취득시효 완성 후 경료된 제103조 위반의 무효인 제3자 명의의 등기에 대하여 시효완성 당시의 소유자가 무효행위를 추인하여도 그 제3자 명의의 등기는 그 소유자의 불법행위에 제3자가 적극 가담하여 경료된 것으로서 사회질서에 반하여 무효이다(대판 2002.3.15. 2001다77352).

③ [×] 무효인 법률행위는 그 법률행위가 성립한 당초부터 당연히 효력이 발생하지 않는 것이므로, 무효인 법률행위에 따른 법률효과를 침해하는 것처럼 보이는 위법행위나 채무불이행이 있다고 하여도 법률효과의 침해에 따른 손해는 없는 것이므로 그 손해배상을 청구할 수는 없다(대판 2003.3.28. 2002다72125). 통정한 허위의 의사표시로 매매계약이 체결되고, 매수인이 매매로 인한 소유권이전등기청구권을 보전하기 위하여 처분금지가처분신청사무를 법무사에게 위임하였으나 법무사가 토지의 등기부상 지번과 토지대장상의 지번이 일치하는지 여부를 확인하고 그 지번이 일치하도록 신청서를 작성하여야 함에도 이를 제대로 확인하지 아니하고 토지대장상의 지번대로 토지를 특정하여 처분금지가처분신청서를 작성·제출하여 등기부상 지번과 처분금지가처분결정상의 지번이 일치하지 않는다는 이유로 그 기입등기촉탁이 등기공무원에 의하여 각하되고, 이어 국가에 의하여 공매처분 된 사안에서 판례는 위와 같은 이유로 법무사의 불법행위(제750조)나 채무불이행(제390조)에 의한 손해배상책임을 부정하였다.

④ [○] 무효행위의 추인은 법률행위가 무효임을 알고 추인해야 하는데, 이에 대한 증명책임은 새로운 법률행위의 성립을 주장하는 자에게 있다(대판 1992.5.12. 91다26546).

정답 | ③

05 법률행위의 무효와 취소에 관한 설명으로 옳은 것은? (다툼이 있으면 판례에 따름)

① 계약이 불공정한 법률행위로서 무효인 경우, 그 계약에 대한 부제소합의는 특별한 사정이 없는 한 유효하다.

② 취소할 수 있는 법률행위에서 취소권자의 상대방이 이행을 청구하는 경우에는 법정추인이 된다.

③ 매매계약이 약정된 대금의 과다로 인해 불공정한 법률행위에 해당하여 무효인 경우, 무효행위의 전환에 관한 민법 제138조는 적용될 여지가 없다.

④ 무권리자가 타인의 권리를 처분하는 계약을 체결한 경우, 권리자가 이를 추인하면 계약의 효과는 원칙적으로 계약 체결시에 소급하여 권리자에게 귀속된다.

⑤ 취소할 수 있는 법률행위의 상대방이 그 법률행위로 취득한 권리를 타인에게 임의로 양도한 경우, 특별한 사정이 없는 한 그 취소의 의사표시는 그 양수인을 상대방으로 하여야 한다.

해설

① [×] 매매계약과 같은 쌍무계약이 급부와 반대급부와의 불균형으로 말미암아 민법 제104조에서 정하는 '불공정한 법률행위'에 해당하여 무효라고 한다면, 그 계약으로 인하여 불이익을 입는 당사자로 하여금 위와 같은 불공정성을 소송 등 사법적 구제수단을 통하여 주장하지 못하도록 하는 부제소합의(소를 제기하지 않기로 하는 합의) 역시 다른 특별한 사정이 없는 한 무효이다(대판 2010.7.15. 2009다50308).

② [×]

> 제145조(법정추인) 「취소할 수 있는 법률행위에 관하여 전조의 규정에 의하여 추인할 수 있는 후에 다음 각 호의 사유가 있으면 추인한 것으로 본다. 그러나 이의를 보류한 때에는 그러하지 아니하다. 1. 전부나 일부의 이행 2. 이행의 청구 3. 경개 4. 담보의 제공 5. 취소할 수 있는 행위로 취득한 권리의 전부나 일부의 양도 6. 강제집행」

▶ 제2호의 '이행청구'와 관련하여 취소권자가 이행을 청구하는 경우를 의미하는바, 취소권자의 상대방이 이행을 청구하는 경우는 포함되지 않는다.

③ [×] 判例는 매매대금의 과다로 말미암아 불공정한 법률행위에 해당하는 매매계약에 대해서, 선행하는 조정절차에서 제시된 금액을 기준으로 당사자의 '가정적 의사'를 추론하여 그 매매대금을 '적정한 금액'으로 감액하여 매매계약의 유효성을 인정하였다. 즉, 제104 조에 해당하여 무효인 경우에도 제138조(무효행위의 전환)가 적용될 수 있다고 한다(대판 2010.7.15. 2009다50308).

④ [○] 권리자가 무권리자의 처분을 추인하면 무권대리에 대해 본인이 추인을 한 경우와 당사자들 사이의 이익상황이 유사하므로, 무권 대리의 추인에 관한 제130조, 제133조 등을 무권리자의 추인에 유추적용할 수 있다. 따라서 무권리자의 처분이 계약으로 이루어진 경우에 권리자가 이를 추인하면 원칙적으로 그 계약의 효과가 계약을 체결했을 때에 '소급'하여 권리자에게 귀속된다고 보아야 한다(대 판 2017.6.8. 2017다3499).

⑤ [×] 취소권은 형성권이므로 단독의 일방적 의사표시에 의한다. 상대방이 확정되어 있는 경우에는 상대방에 대한 의사표시로써 한다 (제142조). 그러므로 상대방이 그 권리를 제3자에게 양도한 경우 취소의 의사표시는 제3자가 아닌 원래의 상대방에게 하여야 한다.

정답 | ④

06 민법상 추인에 관한 설명으로 옳지 않은 것은?

[22소방간부]

① 취소할 수 있는 법률행위의 추인은 원칙적으로 취소의 원인이 소멸된 후에 하여야만 효력이 있다.

② 취소할 수 있는 법률행위에 관하여 민법의 규정에 따라 추인할 수 있는 후에 전부나 일부의 이행이 있으면 원칙적으로 추인한 것으로 본다.

③ 대리권 없는 자가 대리인으로 체결한 계약을 본인이 추인하는 경우 다른 의사표시가 없는 때에는 계약시에 소급하여 그 효력이 생기나, 제3자의 권리를 해하지 못한다.

④ 법정대리인 또는 후견인이 법률행위를 추인하는 경우에도 취소의 원인이 소멸된 후에 하여야만 추인의 효력이 있다.

⑤ 다른 자의 대리인으로서 계약을 맺은 자가 그 대리권을 증명하지 못하고 또 본인의 추인을 받지 못한 경우에는 원칙적으로 그는 상대방의 선택에 따라 계약을 이행할 책임 또는 손해를 배상할 책임이 있다.

해설

① [○] ④ [×]
> 제144조(추인의 요건) 「①항 추인은 취소의 원인이 소멸된 후에 하여야만 효력이 있다. ②항 제1항은 법정대리인 또는 후견인이 추인하는 경우에는 적용하지 아니한다.」

② [○] 법정추인이 되기 위한 요건은 ⅰ) 원칙적으로 취소원인이 소멸한 후에, ⅱ) 이의를 보류하지 않고(이의를 제기하면서 추인을 보류하지 않고), ⅲ) 법정추인의 사유가 있어야 한다. 통상의 추인과 달리 취소권자가 취소할 수 있는 것임을 알아야 하는 것이 아니며, 추인의 의사가 있어야 할 필요도 없다(제145조).

▶ 법정추인 사유로는 1. 전부나 일부의 이행(상대방으로부터 이행을 수령한 경우도 포함된다), 2. 이행의 청구(이행의 청구를 받는 것은 포함되지 않는다), 3. 경개(제500조 참조, 취소권자가 채권자인지 채무자인지를 불문한다), 4. 담보의 제공(취소권자가 채무자로서 제공하거나 채권자로서 제공받는 경우를 포함한다), 5. 취소할 수 있는 행위로 취득한 권리의 전부나 일부의 양도(상대방이 양도한 경우는 포함되지 않는다), 6. 강제집행(취소권자가 채권자로서 집행하거나 채무자로서 집행을 받는 경우를 포함한다)가 있다(제145조 제1호~제6호).

③ [○]
> 제133조(추인의 효력) 「추인은 다른 의사표시가 없는 때에는 계약시에 소급하여 그 효력이 생긴다. 그러나 제3자의 권리를 해하지 못한다.」

⑤ [○]
> 제135조(무권대리인의 상대방에 대한 책임) 「①항 다른 자의 대리인으로서 계약을 맺은 자가 그 대리권을 증명하지 못하고 또 본인의 추인을 받지 못한 경우에는 그는 상대방의 선택에 따라 계약을 이행할 책임 또는 손해를 배상할 책임이 있다.」

정답 | ④

07 甲은 자신 소유의 X토지에 관해 乙과 매매계약을 체결하였다. 계약 당시 甲은 乙로부터 약정된 계약금 전액을 수령하였다. X토지는 토지거래허가구역 내의 토지였으며 당시 甲과 乙은 매매계약 후 관할청의 허가를 받을 생각이었다. 이에 관한 설명으로 옳지 않은 것은? (다툼이 있으면 판례에 따름) [23세무사]

① 甲과 乙이 관할청으로부터 허가를 받으면 위 매매계약은 소급하여 확정적으로 유효하게 된다.

② 관할청에 허가신청이 접수된 후에도 甲은 계약금의 배액을 상환하면서 위 매매계약을 해제할 수 있다.

③ 관할청의 허가를 받기 전까지 甲과 乙은 상대방의 채무불이행을 이유로 하여 위 매매계약을 해제할 수 없다.

④ 관할청의 허가를 받기 전까지 乙은 유동적 무효를 이유로 甲에게 지급한 계약금을 부당이득으로 반환청구할 수 있다.

⑤ 관할청의 허가를 받기 전이라면 乙은 甲에게 허가신청절차에 협력할 것을 소구할 수 있다.

해설

① [○] 국토이용관리법상 토지거래허가 없이 체결한 매매계약의 효력은 이른바 유동적 무효로서 허가를 받기 전에는 그 계약의 물권적 효력은 물론 채권적 효력도 없는 것으로 취급하지만, 사후에 허가를 받으면 소급해서 확정적으로 유효하게 되고, 불허가가 되면 소급하여 확정적으로 무효가 된다(대판 1991.12.24. 전합 90다12243).

② [○] 계약금을 받은 매도인은 유동적 무효인 상태에서도 제565조³⁸⁾에 따라 계약금의 배액을 상환하고 적법하게 계약을 해제할 수 있으나, 당연히 제565조에 따라 당사자 일방이 '이행에 착수하기 전'에만 허용된다(대판 1997.6.27. 97다9369).

③ [○] 허가받기 전의 유동적 무효상태에서는 채권적 효력도 전혀 발생하지 아니하여 계약의 이행청구를 할 수 없어 매수인의 대금지급 의무나 매도인의 소유권이전등기의무가 없다(대판 1991.12.24. 전합 90다12243). 따라서 허가를 받기 전의 상태에서 상대방의 거래 계약상 채무불이행을 이유로 거래계약을 해제하거나 그로 인한 손해배상을 청구할 수도 없다(대판 1997.7.25. 97다4357).

④ [×] 매수인이 지급한 계약금은 그 계약이 유동적 무효상태로 있는 한 이를 부당이득으로 반환을 구할 수 없고, 유동적 무효상태가 확정적으로 무효로 되었을 때 비로소 부당이득으로 그 반환을 구할 수 있다(대판 1993.7.27. 91다33766).

⑤ [○] 유동적 무효상태의 계약당사자는 그 계약이 효력 있는 것으로 완성될 수 있도록 서로 '협력할 의무'를 부담하므로 계약당사자들은 공동으로 관할관청의 허가를 신청할 의무가 있고, 상대방은 협력의무의 이행을 소송으로 구할 이익이 있다(대판 1991.12.24. 전합 90다12243).

정답 | ④

08 甲은 부동산 거래신고 등에 관한 법률상 토지거래허가구역 내에 있는 자신 소유의 토지를 乙에게 매도하는 계약을 체결하였다. 다음 설명 중 옳은 것을 모두 고른 것은? (다툼이 있는 경우 판례에 의함) [23경찰간부]

ㄱ. 매매계약이 乙의 사기에 의해 체결된 경우, 甲은 토지거래허가를 신청하기 전 단계에서는 乙의 사기를 주장하여 거래허가신청협력에 거절의사를 일방적으로 명백히 함으로써 계약을 확정적으로 무효화시킬 수 있다.

ㄴ. 乙에게 토지거래불허가처분을 받은 데 일부 귀책사유가 있더라도 乙은 매매계약의 무효를 주장할 수 있다.

ㄷ. 乙은 토지거래허가를 받기 전의 상태에서는 그 허가를 받을 것을 조건으로 소유권이전등기청구권 보전을 위한 처분금지가처분 신청을 할 수 있다.

① ㄱ, ㄴ
② ㄱ, ㄷ
③ ㄴ, ㄷ
④ ㄱ, ㄴ, ㄷ

해설

ㄱ. [○] 당사자 '일방'이 유동적 무효의 무효·취소 사유를 주장하여 거래허가신청협력에 대한 거절의사를 명백히 한 때 토지거래계약이 사후적으로 확정적 무효로 된다(대판 1997.11.14. 97다36118: 유동적 무효 상태에 있는 거래계약에 관하여도 사기 또는 강박에 의한 계약의 취소를 주장할 수 있다).

---

38) 제565조(해약금) ① 매매의 당사자일방이 계약당시에 금전 기타 물건을 계약금, 보증금 등의 명목으로 상대방에게 교부한 때에는 당사자 간에 다른 약정이 없는 한 당사자의 일방이 '이행에 착수할 때까지' 교부자는 이를 포기하고 수령자는 그 배액을 상환하여 매매계약을 해제할 수 있다.

ㄴ. [○] 거래계약이 확정적으로 무효가 된 경우에는 거래계약이 확정적으로 무효로 됨에 있어서 귀책사유가 있는 자라고 하더라도 그 계약의 무효를 주장할 수 있다(대판 1997.7.25. 97다4357, 4364).

ㄷ. [×] 허가받기 전의 유동적 무효상태에서는 채권적 효력도 전혀 발생하지 아니하여 계약의 이행청구를 할 수 없어 매수인의 대금지급의무나 매도인의 소유권이전등기의무가 없다(대판 1991.12.24. 전합 90다12243). 따라서 이행청구를 허용하지 않는 취지에 비추어 볼 때 그 매매계약에 기한 소유권이전등기청구권 또는 토지거래계약에 관한 허가를 받을 것을 조건으로 한 소유권이전등기청구권을 피보전권리로 한 부동산처분금지가처분신청 또한 허용되지 않는다(대결 2010.8.26. 2010마818).

정답 | ①

09 甲이 토지거래허가구역 내의 그 소유의 X토지에 대하여 乙과 매매계약을 체결하고 매매계약의 원만한 이행을 위하여 거래 허가의 취득에 상호협력하기로 약정한 경우에 관한 설명으로 옳은 것은? (다툼이 있는 경우 판례에 의함)

[22소방간부]

① 거래 허가가 있기 전이라도, 甲이 소유권이전등기에 필요한 서류의 이행제공을 하였다면, 乙이 대금지급의무를 이행하지 않음을 이유로 계약을 해제할 수 있다.

② 거래 허가가 있기 전에는, 甲과 乙의 매매계약은 채권적 효력이 인정되지 않으므로, 계약의 쌍방 당사자는 허가신청 절차에 협력하지 않는 상대방에 대하여 협력의무의 이행을 소구할 수 없다.

③ 거래 허가가 있기 전에는, 甲은 乙에게 계약금의 배액을 상환하더라도 매매계약을 해제할 수는 없다.

④ 거래 허가가 있기 전에 甲이 乙에게 토지거래허가절차 협력의무의 이행과 관련하여 거절의사를 명백히 표시하였다면, 매매계약은 확정적으로 무효로 된다.

⑤ 계약체결 이후 X토지에 관한 허가구역의 지정이 해제되었다 하더라도 甲과 乙은 다른 조치 없이 곧바로 상대방에게 계약의 이행을 청구할 수는 없다.

해설

① [×] ⅰ) 허가받기 전의 유동적 무효상태에서는 채권적 효력도 전혀 발생하지 아니하여 계약의 이행청구를 할 수 없어 매수인의 대금지급의무나 매도인의 소유권이전등기의무가 없다(대판 1991.12.24. 전합 90다12243). 따라서 허가를 받기 전의 상태에서 상대방의 거래계약상 채무불이행을 이유로 거래계약을 해제하거나 그로 인한 손해배상을 청구할 수도 없다(대판 1997.7.25. 97다4357). ⅱ) 그러나 당사자 사이에 '별개의 약정'으로 매매 잔금이 그 지급기일에 지급되지 아니하는 경우 매매계약을 자동적으로 해제하기로 약정하는 것은 가능하다(대판 2010.7.22. 2010다1456).

② [×] 규제지역 내의 토지에 대하여 거래계약이 체결된 경우에 계약을 체결한 당사자 사이에 있어서는 그 계약이 효력 있는 것으로 완성될 수 있도록 서로 협력할 의무가 있음이 당연하므로, 계약의 쌍방 당사자는 공동으로 관할 관청의 허가를 신청할 의무가 있고, 이러한 의무에 위배하여 허가신청절차에 협력하지 않는 당사자에 대하여 상대방은 협력의무의 이행을 소송으로써 구할 이익이 있다(대판 1991.12.24. 전합 90다12243).

③ [×] 국토이용관리법상의 토지거래허가를 받지 않아 유동적 무효 상태인 매매계약에 있어서도 당사자 사이의 매매계약은 매도인이 계약금의 배액을 상환하고 계약을 해제함으로써 적법하게 해제된다(대판 1997.6.27. 97다9369).

④ [○] 토지거래허가구역 내의 토지에 대한 매매계약은 관할 관청으로부터 토지거래허가를 받기까지는 이른바 유동적 무효 상태에 있다고 할 것인데, 유동적 무효 상태의 계약은 관할 관청의 불허가처분이 있을 때뿐만 아니라 당사자 쌍방이 허가신청협력의무의 이행거절의사를 명백히 표시한 경우에는 허가 전 거래계약관계 즉, 계약의 유동적 무효 상태가 더 이상 지속된다고 볼 수 없고 그 계약관계는 확정적으로 무효가 된다(대판 2007.11.30. 2007다30393).

⑤ [×] ⅰ) 토지거래허가를 최종적으로 받은 경우, ⅱ) 토지거래허가구역 지정을 해제하였거나, 허가구역지정기간이 만료되었음에도 허가구역 재지정을 하지 않은 경우(대판 1999.6.17. 전합 98다40459), 허가구역 해제 후 재지정된 경우(대판 2002.5.14. 2002다12635), 判例는 처음부터 허가를 잠탈하거나 배제하여 확정적으로 무효가 된 경우를 제외하고는 더 이상 허가를 받을 필요 없이 확정적으로 유효라고 보았다(대판 2019.1.31. 2017다228618).
▶ 따라서 상대방에게 계약 이행 청구가 가능하다.

정답 | ④

10 법률행위의 무효에 관한 설명으로 옳은 것은? (다툼이 있으면 판례에 따름) [22행정사]

① 진의 아닌 의사표시는 원칙적으로 무효이다.

② 법률행위가 무효와 취소사유를 모두 포함하고 있는 경우, 당사자는 취소권이 있더라도 무효에 따른 효과를 제거하기 위해 이미 무효인 법률행위를 취소할 수 없다.

③ 법률행위의 무효는 제한능력자, 착오나 사기 · 강박에 의하여 의사표시를 한 자, 그의 대리인 또는 승계인 이외에는 주장할 수 없다.

④ 타인의 권리를 목적으로 하는 매매계약은 특별한 사정이 없는 한 유효하다.

⑤ 무효인 법률행위는 추인할 수 있는 날로부터 3년, 법률행위를 한 날로부터 10년 이후에는 추인할 수 없다.

해설

① [×] 진의 아닌 의사표시도 원칙적으로 유효하며 상대방이 알았거나 알 수 있었을 경우에 무효가 된다(제107조).

② [×] 무효와 취소는 논리필연적으로 구분되는 것은 아니며, 무효와 취소는 법률효과를 뒷받침하는 근거로서 결국은 입법정책의 문제에 속한다고 할 수 있고, 무효인 행위라도 법적으로 '無'는 아니다. 따라서 무효인 법률행위도 취소의 대상이 된다(무효와 취소의 이중효). 통설 및 判例(대판 1984.7.24. 84다카68)는 무효인 허위표시도 제406조(채권자취소권)의 '법률행위'에 해당하는 하여 취소할 수 있는 것으로 해석한다.

③ [×]
> 제140조(법률행위의 취소권자) 「취소할 수 있는 법률행위는 제한능력자, 착오로 인하거나 사기 · 강박에 의하여 의사표시를 한 자, 그의 대리인 또는 승계인만이 취소할 수 있다.」

▶ 이외에도 발생한 **취소권의 행사를 수여받은** 임의대리인이나, 법정대리인도 취소권자이다.

④ [○]
> 제569조(타인의 권리의 매매) 「매매의 목적이 된 권리가 타인에게 속한 경우에는 매도인은 그 권리를 취득하여 매수인에게 이전하여야 한다.」

▶ 민법은 타인의 권리 매매가 유효함을 전제로 그에 관한 담보책임 규정을 두고 있다.

⑤ [×]
> 제139조(무효행위의 추인) 「무효인 법률행위는 추인하여도 그 효력이 생기지 아니한다. 그러나 당사자가 그 무효임을 알고 추인한 때에는 새로운 법률행위로 본다.」

▶ 무효인 법률행위의 추인의 제척기간에 의한 제한을 두고 있지 않다.

정답 | ④

11 법률행위의 당사자 외에 선의의 제3자에 대하여도 무효를 주장할 수 있는 경우를 모두 고른 것은? (다툼이 있으면 판례에 따름)

[19행정사]

　ㄱ. 의사무능력자의 법률행위　　　　　　ㄴ. 반사회질서의 법률행위
　ㄷ. 무효인 진의 아닌 의사표시　　　　　　ㄹ. 통정한 허위의 의사표시

① ㄱ, ㄴ　　　　　　　　② ㄱ, ㄷ　　　　　　　　③ ㄷ, ㄹ
④ ㄱ, ㄴ, ㄹ　　　　　　⑤ ㄴ, ㄷ, ㄹ

해설

ㄱ.ㄴ. [○] 법률행위를 한 당사자 외에 제3자에 대한 관계에서도 무효인 것을 '절대적 무효'라고 하는데, 의사무능력자의 법률행위·강행법규에 위반하는 법률행위(제105조)·반사회질서의 법률행위(제104조, 제103조)가 이에 속한다.

ㄷ.ㄹ. [×] 법률행위의 당사자간에는 무효이지만 선의의 제3자에 대하여는 그 무효를 주장할 수 없는 것을 '상대적 무효'라고 하는데, (상대방이 알았거나 알 수 있었던) 진의 아닌 의사표시 또는 허위표시는 당사자 간에는 무효이지만, 이 무효로써 선의의 제3자에게 대항하지 못하는 것이 그러하다(제107조 제1항 단서, 제108조 제2항).

정답 | ①

---

12 제137조에서의 법률행위의 일부무효에 대한 설명 중 가장 적절하지 않은 것은? (다툼이 있으면 판례에 의함)

[20법학경채]

① 법률행위의 내용이 불가분인 경우에는 그 일부분이 무효일 때에도 일부무효의 문제는 생기지 아니한다.

② '당사자가 그 무효부분이 없더라도 법률행위를 하였을 것이라는 의사'는 법률행위의 일부분이 무효임을 법률행위 당시에 알았다면 당사자 쌍방이 이에 대비하여 의욕하였을 가정적 의사를 말한다.

③ 채권담보의 목적으로 소유권이전등기를 한 경우, 그 채권의 일부가 설사 무효라고 하더라도 나머지 채권이 유효한 이상 채무자는 이를 변제하지 않고 말소등기절차를 구할 수는 없다.

④ 일부무효는 1개의 의사표시 중의 일부가 무효인 경우만을 의미하므로, 의사표시가 여럿인 경우에는 적용되지 않는다.

해설

① [○] 일체로서 법률행위가 가분적이어야 한다. 여기서 가분성 내지 분할가능성이란 무효부분이 없더라도 나머지 부분이 독립한 법률행위로 존재할 수 있는 경우를 의미한다.
　[관련판례] 법률행위의 내용이 불가분인 경우에는 그 일부분이 무효일 때에도 일부 무효의 문제는 생기지 아니하나, 분할이 가능한 경우에는 제137조의 규정에 따라 그 전부가 무효로 될 때도 있고, 그 일부만 무효로 될 때도 있다(대판 1994.5.24. 93다58332).

② [○] 법률행위의 일부가 강행법규인 효력규정에 위반되어 무효가 되는 경우 그 부분의 무효가 나머지 부분의 유효·무효에 영향을 미치는가의 여부를 판단할 때에는, 개별 법령이 일부 무효의 효력에 관한 규정을 두고 있는 경우에는 그에 따르고, 그러한 규정이 없다면 제137조 본문에서 정한 바에 따라서 원칙적으로 법률행위의 전부가 무효가 된다. 그러나 당사자가 위와 같은 무효를 알았더라면 그 무효의 부분이 없더라도 법률행위를 하였을 것이라고 인정되는 경우에는 같은 조 단서에 따라서 그 무효 부분을 제외한 나머지 부분이 여전히 효력을 가진다. 이때 당사자의 의사는 법률행위의 일부가 무효임을 법률행위 당시에 알았다면 의욕하였을 가정적 효과의사를 가리키는 것이다(대판 2017.11.9. 2015다44274).

③ [○] 저당권 등의 말소청구와 관련하여 判例는 "채권담보의 목적으로 소유권이전등기를 한 경우에는 그 채권의 일부가 무효라고 하더라도 나머지 채권은 유효하다."라고 보아 일부무효를 인정하였고, "나머지 채권이 유효한 이상 채무자는 그 채무를 변제함이 없이 말소등기절차를 구할 수 없다."(대판 1970.9.17. 70다1250)라고 하는바, [판례해설] 이는 담보물권의 불가분성(제370조, 제321조)에 비추어 타당하다.

④ [×] 하나의 법률행위가 있어야 한다. 예를 들어 복수의 법률행위가 동시에 행하여 졌다면 법률행위의 일체성을 인정할 수 있다. 그러나 법률행위가 일체인지 여부는 무엇보다도 법률행위 당사자의 의사에 의하여 판단되어야 한다. 나아가 복수의 법률행위가 상호 밀접한 관련성을 가지는 경우(금전소비대차와 저당권설정계약 또는 보증계약)에도 일체성이 인정된다.

정답 | ④

13 법률행위의 무효에 관한 설명으로 옳지 않은 것은? (다툼이 있으면 판례에 따름) [18세무사]

① 무효인 법률행위가 물권행위이면 물권변동이 일어나지 않는다.

② 무효의 효과를 선의의 제3자에게 주장할 수 없는 경우도 있다.

③ 법률행위가 불성립된 경우에도 법률행위의 일부무효에 관한 규정이 적용될 수 있다.

④ 무효인 법률행위에 따른 법률효과를 침해하는 것처럼 보이는 채무불이행이 있더라도 손해배상을 청구할 수 없다.

⑤ 법률행위의 일부분이 무효인 경우, 다른 규정이 없으면 원칙적으로 법률행위 전부가 무효이다.

해설

① [○] 법률행위의 무효란 법률행위가 성립한 때부터 법률상 당연히 그 효력이 없는 것으로 확정된 것을 말한다.
  ▶ 따라서 무효인 채권행위가 있더라도 권리·의무가 발생하지 않고, 무효인 물권행위가 있더라도 물권변동이 일어나지 않는다.

② [○] 법률행위의 당사자 간에는 무효이지만 선의의 제3자에 대하여는 그 무효를 주장할 수 없는 것을 '상대적 무효'라고 하는데, (상대방이 알았거나 알 수 있었던) 진의 아닌 의사표시 또는 허위표시는 당사자 간에는 무효이지만, 이 무효로써 선의의 제3자에게 대항하지 못하는 것이 그러하다(제107조 제1항 단서, 제108조 제2항).

③ [×] 법률행위의 무효는 법률행위가 성립된 것을 전제로 하며, 법률행위의 불성립의 경우에는 법률행위의 무효에 관한 일반규정(법률행위의 일부무효, 무효행위의 전환, 무효행위의 추인)이 적용될 여지가 없다.

④ [○] 무효인 법률행위는 그 법률행위가 성립한 당초부터 당연히 효력이 발생하지 않는 것이므로, 무효인 법률행위에 따른 법률효과를 침해하는 것처럼 보이는 위법행위나 채무불이행이 있다고 하여도 법률효과의 침해에 따른 손해는 없는 것이므로 그 손해배상을 청구할 수는 없다(대판 2003.3.28. 2002다72125).

⑤ [○] 민법상 일부무효는 전부무효가 원칙이다(제137조 본문). 그러나 일부무효가 예외적으로 일부무효가 되기 위해서는 ⅰ) 법률행위의 일체성과 분할가능성이 인정되어야 하고, ⅱ) 당사자들이 그 무효부분이 없더라도 법률행위를 하였을 것이라는 가정적 의사가 인정되어야 한다(제137조 단서).

> **참조조문**
> 제137조(일부무효) 「법률행위의 일부분이 무효인 때에는 그 전부를 무효로 한다. 그러나 그 무효부분이 없더라도 법률행위를 하였을 것이라고 인정될 때에는 나머지 부분은 무효가 되지 아니한다.」

정답 | ③

---

14 법률행위의 무효에 관한 설명으로 옳지 않은 것은? (다툼이 있으면 판례에 의함) [18소방간부]

① 법률행위의 무효는 법률행위가 성립된 것을 전제로 하는 점에서 법률행위로서의 외형적인 모습을 갖추지 못한 경우인 법률행위의 불성립과 구분된다.

② 법률행위의 일부분이 무효인 경우, 무효부분이 없더라도 법률행위를 하였을 것이라고 인정될 때에는 나머지 부분은 무효가 되지 아니한다.

③ 무효인 법률행위에 따른 법률효과의 침해로 보이는 위법행위나 채무불이행이 있는 경우에는 그에 따른 손해의 배상을 청구할 수 있다.

④ 무효인 법률행위는 추인하여도 그 효력이 생기지 않으나, 당사자가 무효임을 알고 추인한 때에는 새로운 법률행위로 본다.

⑤ 선량한 풍속 기타 사회질서에 위반한 사항을 내용으로 하여 법률행위가 무효인 경우, 이를 주장할 이익이 있는 자는 누구든지 무효를 주장할 수 있다.

① [○] 법률행위의 무효는 법률행위가 성립된 것을 전제로 하며, 법률행위의 불성립의 경우에는 법률행위의 무효에 관한 일반규정(법률행위의 일부무효, 무효행위의 전환, 무효행위의 추인)이 적용될 여지가 없다.

▶ 법률행위 불성립은 법률행위가 성립요건을 갖추지 못하여 법률행위로서의 외형적인 모습을 갖추지 못한 경우이다.

② [○] 법률행위의 일부가 강행규정인 효력규정에 위반되어 무효가 되는 경우 그 부분의 무효가 나머지 부분의 유효·무효에 영향을 미치는가의 여부를 판단할 때에는, 개별 법령이 일부 무효의 효력에 관한 규정을 두고 있는 경우에는 그에 따르고, 그러한 규정이 없다면 제137조 본문에서 정한 바에 따라서 원칙적으로 법률행위의 전부가 무효가 된다. 그러나 당사자가 위와 같은 무효를 알았더라면 그 무효의 부분이 없더라도 법률행위를 하였을 것이라고 인정되는 경우에는 같은 조 단서에 따라서 그 무효 부분을 제외한 나머지 부분이 여전히 효력을 가진다. 이때 당사자의 의사는 법률행위의 일부가 무효임을 법률행위 당시에 알았다면 의욕하였을 가정적 효과의사를 가리키는 것이다(대판 2017.11.9. 2015다44274).

③ [×] 무효인 법률행위는 그 법률행위가 성립한 당초부터 당연히 효력이 발생하지 않는 것이므로, 무효인 법률행위에 따른 법률효과를 침해하는 것처럼 보이는 위법행위나 채무불이행이 있다고 하여도 법률효과의 침해에 따른 손해는 없는 것이므로 그 손해배상을 청구할 수는 없다(대판 2003.3.28. 2002다72125).

④ [○]

> 제139조(무효행위의 추인) 「무효인 법률행위는 추인하여도 그 효력이 생기지 아니한다. 그러나 당사자가 그 무효임을 알고 추인한 때에는 새로운 법률행위로 본다.」

⑤ [○] ⅰ) 사회질서에 위반된 법률행위는 무효이다(제103조). 이에 따른 무효는 '절대적'이고 '확정적'이어서, 당사자의 추인에 의하여 유효로 될 수 없다(대판 1973.5.22. 72다2249). ⅱ) 이러한 법률행위의 무효는 이를 주장할 이익이 있는 자는 누구든지 무효를 주장할 수 있다. 따라서 예컨대 반사회질서 법률행위를 원인으로 하여 부동산에 관한 소유권이전등기를 마쳤다 하더라도 그 등기는 원인무효로서 말소될 운명에 있으므로 등기명의자가 소유권에 기한 물권적 청구권을 행사하는 경우에, 그 권리행사의 상대방은(계약당사자 이외의 제3자도) 위와 같은 법률행위의 무효를 항변으로서 주장할 수 있다(대판 2016.3.24. 2015다11281).

정답 | ③

15 무효인 법률행위에 관한 설명으로 옳지 않은 것은? (다툼이 있으면 판례에 따름) [18·17행정사 변형]

① 무효인 재산상 법률행위를 당사자가 무효임을 알고 추인한 경우 제3자에 대한 관계에서도 처음부터 유효한 법률행위가 된다.

② 무효인 법률행위가 다른 법률행위의 요건을 구비한 경우, 당사자가 그 무효를 알았다면 다른 법률행위를 하는 것을 의욕하였으리라고 인정될 때에는 다른 법률행위로서의 효력을 가진다.

③ 무효행위의 추인은 무효원인이 소멸한 후에 하여야 효력이 있다.

④ 무효행위의 추인은 명시적일뿐만 아니라 묵시적으로도 할 수 있다.

⑤ 법률행위의 일부분이 무효인 때에는 그 전부를 무효로 한다. 그러나 무효부분이 없더라도 법률행위를 하였을 것이라고 인정될 때에는 나머지 부분은 무효가 되지 아니한다.

해설

① [×] 추인에는 원칙적으로 '소급효가 없다'. 즉, 추인한 때부터 새로운 법률행위를 한 것으로 간주될 뿐이다(제139조). 判例는 무효인 채권양도를 추인한 경우에도 소급효가 없다고 하며(대판 2000.4.7. 99다52817), 무효인 가등기를 유효한 등기로 전용키로 한 약정도 그 때부터 유효하고 이로써 가등기가 소급하여 유효한 등기로 전환될 수 없다고 한다(대판 1992.5.12. 91다26546).

[쟁점정리] 무효행위 추인의 효과(예외적 소급효)
당사자의 합의에 의하여 당사자 간에 있어서만 소급하여 행위시로부터 유효하였던 것으로 다룰 수 있는 '채권적·소급적 추인'이 인정된다(통설). 한편 判例는 입양 등의 '신분행위의 경우'에 대체행위로서의 유효요건을 갖추지 못하여 무효행위의 전환이 인정되지 않더라도(제138조 참조), 그 내용에 맞는 신분관계가 실질적으로 형성되어 당사자 쌍방이 이의 없이 그 신분관계를 계속하여 왔다면 '소급적' 추인을 인정한다(대판 2000.6.9. 99므1633, 1640).

② [○] 무효행위의 전환은 일부무효의 특수한 형태로서(다수설), 제137조의 양적 일부 무효에 대비되는 질적 일부 무효로 보아야 할 것이다.

[참조조문] **제138조(무효행위의 전환)** 「무효인 법률행위가 다른 법률행위의 요건을 구비하고 당사자가 그 무효를 알았더라면 다른 법률행위를 하는 것을 의욕하였으리라고 인정될 때에는 다른 법률행위로서 효력을 가진다.」

③ [○] 추인은 무효사유가 종료된 후에 하여야 하고(대판 1997.12.12. 95다38240), 추인시에 새로운 법률행위로서 유효요건을 갖추어야 한다. 따라서 새로운 법률행위가 요식행위이면 그 요식성을 갖추어야 한다.

④ [○] 무권대표행위나 무효행위의 추인은 무권대표행위 등이 있음을 알고 그 행위의 효과를 자기에게 귀속시키도록 하는 단독행위로서 그 의사표시의 방법에 관하여 일정한 방식이 요구되는 것이 아니므로 명시적이든 묵시적이든 묻지 않는다 할 것이지만, 묵시적 추인을 인정하기 위해서는 본인이 그 행위로 처하게 된 법적 지위를 충분히 이해하고 그럼에도 진의에 기하여 그 행위의 결과가 자기에게 귀속된다는 것을 승인한 것으로 볼 만한 사정이 있어야 할 것이므로 이를 판단함에 있어서는 관계되는 여러 사정을 종합적으로 검토하여 신중하게 하여야 한다(대판 2010.12.23. 2009다37718).

⑤ [○] 민법상 일부무효는 전부무효가 원칙이다(제137조 본문). 그러나 일부무효가 예외적으로 일부무효가 되기 위해서는 ⅰ) 법률행위의 일체성과 분할가능성이 인정되어야 하고, ⅱ) 당사자들이 그 무효부분이 없더라도 법률행위를 하였을 것이라는 가정적 의사가 인정되어야 한다(제137조 단서).

[참조조문] **제137조(일부무효)** 「법률행위의 일부분이 무효인 때에는 그 전부를 무효로 한다. 그러나 그 무효부분이 없더라도 법률행위를 하였을 것이라고 인정될 때에는 나머지 부분은 무효가 되지 아니한다.」

정답 | ①

---

16 법률행위의 무효에 관한 설명으로 가장 적절하지 않은 것은? (다툼이 있는 경우 판례에 의함)

[19·18법학경채 변형]

① 법률행위의 일부분이 무효인 때에는 그 전부가 무효로 되는 것이 원칙이다.

② 당사자가 양친자관계를 창설할 의사로 친생자출생신고를 하고 거기에 입양의 실질적 요건이 모두 구비되어 있다면 그 형식에 다소 잘못이 있더라도 입양의 효력이 발생한다.

③ 무효인 법률행위는 당사자가 무효임을 알고 추인한 경우, 소급하여 유효한 법률행위로 되는 것이 원칙이다.

④ 부동산 거래신고 등에 관한 법률(구 국토의 계획 및 이용에 관한 법률) 상 토지거래허가구역 내의 토지에 관하여 관할 행정청의 허가를 받지 아니하고 처음부터 그 허가를 배제하거나 잠탈하는 내용으로 체결된 토지거래계약은 확정적으로 무효이다.

해설

① [○] 민법상 일부무효는 전부무효가 원칙이다(제137조 본문). 그러나 일부무효가 예외적으로 일부무효가 되기 위해서는 ⅰ) 법률행위의 일체성과 분할가능성이 인정되어야 하고, ⅱ) 당사자들이 그 무효부분이 없더라도 법률행위를 하였을 것이라는 가정적 의사가 인정되어야 한다(제137조 단서).

[참조조문] **제137조(일부무효)** 「법률행위의 일부분이 무효인 때에는 그 전부를 무효로 한다. 그러나 그 무효부분이 없더라도 법률행위를 하였을 것이라고 인정될 때에는 나머지 부분은 무효가 되지 아니한다.」

② [O] 判例는 타인의 子를 자기의 子로서 출생신고한 경우에도, 당사자 사이에 친생자관계를 창설하려는 명백한 의사가 있고 기타 입양의 성립요건이 모두 구비된 때에는 '입양'의 효력은 있다고 한다(대판 1977.7.26. 전합 77다492).

③ [×] 추인에는 원칙적으로 '소급효가 없다'. 즉 추인한 때부터 새로운 법률행위를 한 것으로 간주될 뿐이다(제139조). 判例는 무효인 채권양도를 추인한 경우에도 소급효가 없다고 하며(대판 2000.4.7. 99다52817), 무효인 가등기를 유효한 등기로 전용키로 한 약정도 그때부터 유효하고 이로써 가등기가 소급하여 유효한 등기로 전환될 수 없다고 한다(대판 1992.5.12. 91다26546).

[쟁점정리] 무효행위 추인의 효과(예외적 소급효)

당사자의 합의에 의하여 당사자 간에 있어서만 소급하여 행위시로부터 유효하였던 것으로 다룰 수 있는 '채권적·소급적 추인'이 인정된다(통설). 한편 判例는 입양 등의 '신분행위의 경우'에 대체행위로서의 유효요건을 갖추지 못하여 무효행위의 전환이 인정되지 않더라도(제138조 참조), 그 내용에 맞는 신분관계가 실질적으로 형성되어 당사자 쌍방이 이의 없이 그 신분관계를 계속하여 왔다면 '소급적' 추인을 인정한다(대판 2000.6.9. 99므1633, 1640).

④ [O] 규제지역에서 토지거래허가를 받기 전의 거래계약이 처음부터 허가를 '배제'하거나 '잠탈'하는 내용의 계약일 경우 확정적 무효로서 유효로 될 여지가 없다(대판 1991.12.24. 전합 90다12243). 따라서 허가받을 의사 없이 '중간생략등기'의 합의 아래 전매차익을 얻을 목적으로 전전매매한 경우 그 각각의 매매계약은 모두 확정적으로 무효이고, 전득자는 중간자의 토지거래허가신청절차 협력청구권을 대위행사할 수도 없다(대판 1996.6.28. 96다3982).

정답 | ③

---

17 법률행위의 무효에 관한 설명으로 옳지 않은 것은? (다툼이 있으면 판례에 따름)　　[20행정사]

① 법률행위의 일부가 무효인 때에는 원칙적으로 그 전부를 무효로 한다.

② 무효인 법률행위에 따른 법률효과를 침해하는 것처럼 보이는 채무불이행이 있다면 채무불이행으로 인한 손해배상을 청구할 수 있다.

③ 불공정한 법률행위로서 무효인 경우 무효행위의 전환에 관한 제138조가 적용될 수 있다.

④ 법률행위가 불성립하는 경우 무효행위의 추인을 통해 유효로 전환할 수 없다.

⑤ 무효행위의 추인은 그 무효원인이 소멸한 후에 하여야 효력이 있다.

해설

① [O] 민법상 일부무효는 전부무효가 원칙이다(제137조 본문). 그러나 일부무효가 예외적으로 일부무효가 되기 위해서는 ⅰ) 법률행위의 일체성과 분할가능성이 인정되어야 하고, ⅱ) 당사자들이 그 무효부분이 없더라도 법률행위를 하였을 것이라는 가정적 의사가 인정되어야 한다(제137조 단서).

[참조조문]　제137조(일부무효)「법률행위의 일부분이 무효인 때에는 그 전부를 무효로 한다. 그러나 그 무효부분이 없더라도 법률행위를 하였을 것이라고 인정될 때에는 나머지 부분은 무효가 되지 아니한다.」

② [×] 무효인 법률행위는 그 법률행위가 성립한 당초부터 당연히 효력이 발생하지 않는 것이므로, 무효인 법률행위에 따른 법률효과를 침해하는 것처럼 보이는 위법행위나 채무불이행이 있다고 하여도 법률효과의 침해에 따른 손해는 없는 것이므로 그 손해배상을 청구할 수는 없다(대판 2003.3.28. 2002다72125).

③ [O] 매매대금의 과다로 말미암아 '불공정한 법률행위'에 해당하는 매매계약에 대해서, 선행하는 조정절차에서 제시된 금액을 기준으로 당사자의 가정적 의사를 추론하여 그 매매대금을 '적정한 금액'으로 감액하여 매매계약의 유효성을 인정하였다. 즉, 제104조에 해당하여 무효인 경우에도 제138조(무효행위의 전환)가 적용될 수 있다고 한다(대판 2010.7.15. 2009다50308).

④ [O] 무효행위의 전환은 일단 성립한 법률행위가 무효인 경우에 비로소 문제되므로, 법률행위가 성립하지 않은 경우에는 문제될 여지가 없다.

[쟁점정리] 법률행위 무효의 의의

법률행위의 무효는 법률행위가 성립된 것을 전제로 하며, 법률행위의 불성립의 경우에는 법률행위의 무효에 관한 일반규정(법률행위의 일부무효, 무효행위의 전환, 무효행위의 추인)이 적용될 여지가 없다.

⑤ [O] 추인은 무효사유가 종료된 후에 하여야 하고(대판 1997.12.12. 95다38240), 추인시에 새로운 법률행위로서 유효요건을 갖추어야 한다. 따라서 새로운 법률행위가 요식행위이면 그 요식성을 갖추어야 한다.

정답 | ②

18 토지거래 허가구역 내의 토지에 대한 매매계약에 관한 설명으로 옳은 것은? (다툼이 있으면 판례에 따름)

[22세무사]

① 매수인은 토지거래허가를 받기 전이라도 매도인에게 허가조건부 소유권이전등기를 청구할 수 있다.
② 매도인이 허가신청절차 협력의무를 위반한 경우, 매수인은 이를 이유로 매매계약을 해제할 수 있다.
③ 매도인의 허가신청절차 협력의무와 허가 후 매수인의 대금지급의무는 동시이행관계에 있다.
④ 처음부터 허가를 배제하는 계약을 맺어 확정적으로 무효로 된 경우, 그 후 허가구역지정이 해제되더라도 그 계약이 유효로 되는 것은 아니다.
⑤ 매도인은 토지거래허가를 받기 전에는 수령한 계약금의 배액을 상환하고 계약을 해제 할 수 없다.

해설

① [×] 허가를 얻기까지 유동적 무효의 상태에서는 그 유동적인 기간 동안은 어디까지나 무효이기 때문에, 당사자는 계약에 기한 이행청구를 할 수는 없다.
② [×] 유동적 무효의 상태에 있는 거래계약의 당사자는 상대방이 그 거래계약의 효력이 완성되도록 협력할 의무를 이행하지 아니하였음을 들어 일방적으로 유동적 무효의 상태에 있는 거래계약 자체를 해제할 수 없다(대판 1999.6.17. 98다40459).
③ [×] 매도인의 토지거래계약허가 신청절차에 협력할 의무와 토지거래허가를 받으면 매매계약 내용에 따라 매수인이 이행하여야 할 매매대금 지급의무나 이에 부수하여 매수인이 부담하기로 특약한 양도소득세 상당 금원의 지급의무 사이에는 상호 이행상의 견련성이 있다고 할 수 없으므로, 매도인으로서는 그러한 의무이행의 제공이 있을 때까지 그 협력의무의 이행을 거절할 수 있는 것은 아니다(대판 1996.10.25. 96다23825).
④ [○] 규제지역에서 토지거래허가를 받기 전의 거래계약이 처음부터 허가를 '배제'하거나 '잠탈'하는 내용의 계약일 경우 확정적 무효로서 유효로 될 여지가 없다(대판 1991.12.24. 전합 90다12243).
⑤ [×] 계약금을 받은 매도인은 유동적 무효인 상태에서도 제565조에 따라 계약금의 배액을 상환하고 적법하게 계약을 해제할 수 있다. 다만, 이 경우 당연히 제565조에 따라 당사자 일방이 '이행에 착수하기 전'에만 허용된다(대판 1997.6.27. 97다9369).

정답 | ④

19 토지거래허가구역 내의 토지매매계약에 관한 설명으로 옳지 않은 것은? (다툼이 있으면 판례에 따름)

[19세무사]

① 매수인의 매매대금의 이행제공이 있어야 매도인은 토지거래허가신청에 협력할 의무가 있다.
② 매도인은 관할 관청으로부터 종국적으로 허가를 받을 수 없을 것이라는 사유로 협력의무의 이행을 거절할 수 없다.
③ 당사자 일방은 허가를 받기 전에 상대방에 대하여 채무불이행에 의한 손해배상을 청구할 수 없다.
④ 토지거래에 대하여 관할 관청의 불허가처분이 확정된 경우에는 특별한 사정이 없으면 그 매매는 확정적으로 무효가 된다.
⑤ 당사자 일방은 상대방의 협력의무의 불이행을 이유로 유동적 무효상태의 매매계약 자체를 해제할 수는 없다.

해설

① [×] 매도인의 토지거래계약허가 신청절차에 협력할 의무와 토지거래허가를 받으면 매매계약 내용에 따라 매수인이 이행하여야 할 매매대금 지급의무나 이에 부수하여 매수인이 부담하기로 특약한 양도소득세 상당 금원의 지급의무 사이에는 상호 이행상의 견련성이 있다고 할 수 없으므로, 매도인으로서는 그러한 의무이행의 제공이 있을 때까지 그 협력의무의 이행을 거절할 수 있는 것은 아니다(대판 1996.10.25. 96다23825).
② [○] 협력의무를 소구당한 당사자는 계쟁토지에 대하여 결국 관할 관청으로부터 거래허가를 받을 수 없을 것이라는 사유를 들어 그 협력의무 자체를 거절할 수는 없다(대판 1992.10.27. 92다34414).

③ [○] ⅰ) 허가받기 전의 유동적 무효상태에서는 채권적 효력도 전혀 발생하지 아니하여 계약의 이행청구를 할 수 없어 매수인의 대금 지급의무나 매도인의 소유권이전등기의무가 없다(대판 1991.12.24. 전합 90다12243). 따라서 허가를 받기 전의 상태에서 상대방의 거래계약상 채무불이행을 이유로 거래계약을 해제하거나 그로 인한 손해배상을 청구할 수도 없다(대판 1997.7.25. 97다4357). ⅱ) 그러나 당사자 사이에 '별개의 약정'으로 매매 잔금이 그 지급기일에 지급되지 아니하는 경우 매매계약을 자동적으로 해제하기로 약정 하는 것은 가능하다(대판 2010.7.22. 2010다1456).

④ [○] 토지거래허가구역 내의 토지에 대한 매매계약은 관할 관청으로부터 토지거래허가를 받기까지는 이른바 유동적 무효 상태에 있다 고 할 것인데, 유동적 무효 상태의 계약은 관할 관청의 불허가처분이 있을 때뿐만 아니라 당사자 쌍방이 허가신청협력의무의 이행거절 의사를 명백히 표시한 경우에는 허가 전 거래계약관계, 즉 계약의 유동적 무효 상태가 더 이상 지속된다고 볼 수 없고 그 계약관계는 확정적으로 무효가 된다(대판 2007.11.30. 2007다30393).

⑤ [○] 협력의무 불이행시 상대방은 손해배상을 청구할 수 있다(대판 1995.4.28. 93다26397; 이러한 의무는 견해대립이 있으나 신의 칙상 의무이므로 법적 근거는 제750조). 그러나 유동적 무효의 상태에 있는 거래계약의 당사자는 상대방이 그 거래계약의 효력이 완성되도록 협력할 의무를 이행하지 아니하였음을 들어 일방적으로 유동적 무효의 상태에 있는 거래계약 자체를 해제할 수 없다(대판 1999.6.17. 전합 98다40459).

정답 | ①

20 甲이 토지거래허가구역 내의 자신의 토지에 대하여 乙과 매매계약을 체결한 경우에 관한 설명으로 옳은 것은? (다툼이 있으면 판례에 따름)

[19 · 16행정사 변형]

① 토지거래허가를 받기 전에도 위 계약의 채권적 효력은 발생한다.

② 토지거래허가를 받기 전에도 乙은 甲에게 소유권이전의무 불이행으로 인한 손해배상청구를 할 수 있다.

③ 위 계약체결 후 토지거래허가를 받은 경우, 위 계약은 특별한 사정이 없는 한 그 허가를 받은 때부터 유효가 된다.

④ 토지거래허가를 받기 전에 甲이 허가신청협력의무의 이행거절의사를 명백히 표시한 경우, 위 계약은 확정적으로 무효가 된다.

⑤ 토지거래허가를 받지 못하여 위 계약이 확정적으로 무효가 된 경우, 그 무효가 됨에 있어 귀책사유가 있는 자는 위 계약의 무효를 주장할 수 없다.

해설

①② [×] ⅰ) 허가받기 전의 유동적 무효상태에서는 채권적 효력도 전혀 발생하지 아니하여 계약의 이행청구를 할 수 없어 매수인의 대금지급의무나 매도인의 소유권이전등기의무가 없다(대판 1991.12.24. 전합 90다12243). 따라서 허가를 받기 전의 상태에서 상대방의 거래계약상 채무불이행을 이유로 거래계약을 해제하거나 그로 인한 손해배상을 청구할 수도 없다(대판 1997.7.25. 97다4357). ⅱ) 그러나 당사자 사이에 '별개의 약정'으로 매매 잔금이 그 지급기일에 지급되지 아니하는 경우 매매계약을 자동적으로 해제하기로 약정하는 것은 가능하다(대판 2010.7.22. 2010다1456).

③ [×] ㉠ 토지거래 허가규정은 효력규정이며 (구)국토이용관리법의 입법목적의 달성을 위해 허가없이 체결한 매매계약은 채권계약도 무효라는 견해가 있으나(절대적 무효설; 대법원 소수의견), ㉡ 허가를 전제로 한 토지거래의 경우에는 투기거래에 대한 위험이 없다 할 것이므로 "허가가 있기 전에는 채권계약 자체도 무효이지만 허가를 받을 것을 전제로 한 계약은 유동적 무효로 보아 허가가 있으면 소급적으로 유효한 계약이 된다."(대판 1991.12.24. 전합 90다12243)라고 보는 判例의 태도가 타당하다(유동적 무효설).

④ [○] 토지거래허가구역 내의 토지에 대한 매매계약은 관할 관청으로부터 토지거래허가를 받기까지는 이른바 유동적 무효 상태에 있다 고 할 것인데, 유동적 무효 상태의 계약은 관할 관청의 불허가처분이 있을 때뿐만 아니라 당사자 쌍방이 허가신청협력의무의 이행거절 의사를 명백히 표시한 경우에는 허가 전 거래계약관계, 즉 계약의 유동적 무효 상태가 더 이상 지속된다고 볼 수 없고 그 계약관계는 확정적으로 무효가 된다(대판 2007.11.30. 2007다30393).

⑤ [×] 거래계약이 확정적으로 무효가 된 경우에는 거래계약이 확정적으로 무효로 됨에 있어서 귀책사유가 있는 자라고 하더라도 그 계약의 무효를 주장할 수 있다(대판 1997.7.25. 97다4357, 4364).

정답 | ④

21 甲은 토지거래허가구역 내의 X 토지에 대하여 관할 관청으로부터 허가를 받지 않고 乙에게 매도하는 계약을 체결하였고, 乙은 계약금을 지급한 경우에 관한 설명으로 옳지 않은 것은? [17소방간부·15행정사 변형]

① 甲은 허가를 받기 전에도 특별한 사정이 없는 한 계약금의 배액을 상환하고 적법하게 계약을 해제할 수 있다.

② 甲은 매매대금의 이행제공이 있을 때까지 토지거래계약허가 신청절차에 협력할 의무의 이행을 거절할 수 있다.

③ 乙은 매매계약이 확정적으로 무효가 되지 않는 한 계약 체결시 지급한 계약금에 대하여 이를 부당이득으로 반환청구할 수 없다.

④ 매매계약과 별개의 약정으로, 甲과 乙은 매매잔금이 지급기일에 지급되지 않는 경우에 매매계약을 자동해제하기로 정할 수 있다.

⑤ 매매계약을 체결한 이후에 X 토지에 대한 토지거래허가구역지정이 해제된 경우, 甲과 乙 사이의 매매계약은 특별한 사정이 없는 한 확정적으로 유효가 된다.

해설

① [O] 계약금을 받은 매도인은 <u>유동적 무효인</u> 상태에서도 제565조에 따라 계약금의 배액을 상환하고 적법하게 계약을 해제할 수 있으나, 당연히 제565조에 따라 당사자 일방이 '이행에 착수하기 전'에만 허용된다(대판 1997.6.27. 97다9369). 그리고 당사자는 상대방에게 일정한 손해액을 배상하기로 하는 약정을 유효하게 할 수 있다(대판 1997.2.28. 96다49933).

> 참조조문 **제565조(해약금)**「①항 매매의 당사자 일방이 계약당시에 금전 기타 물건을 계약금, 보증금등의 명목으로 상대방에게 교부한 때에는 당사자간에 다른 약정이 없는 한 당사자의 일방이 이행에 착수할 때까지 교부자는 이를 포기하고 수령자는 그 배액을 상환하여 매매계약을 해제할 수 있다.」

② [×] 매도인의 토지거래계약허가 신청절차에 협력할 의무와 토지거래허가를 받으면 매매계약 내용에 따라 매수인이 이행하여야 할 매매대금 지급의무나 이에 부수하여 매수인이 부담하기로 특약한 양도소득세 상당 금원의 지급의무 사이에는 <u>상호 이행상의 견련성이 있다고 할 수 없으므로</u>, 매도인으로서는 그러한 의무이행의 제공이 있을 때까지 그 협력의무의 이행을 거절할 수 있는 것은 아니다(대판 1996.10.25. 96다23825).

③ [O] 매수인이 지급한 계약금은 <u>그 계약이 유동적 무효상태로 있는 한</u> 이를 부당이득으로 반환을 구할 수 없고, 유동적 무효상태가 확정적으로 무효로 되었을 때 비로소 부당이득으로 그 반환을 구할 수 있다(대판 1993.7.27. 91다33766).

④ [O] i) 허가받기 전의 유동적 무효상태에서는 채권적 효력도 전혀 발생하지 아니하여 계약의 이행청구를 할 수 없어 매수인의 대금 지급의무나 매도인의 소유권이전등기의무가 없다(대판 1991.12.24. 전합 90다12243). 따라서 <u>허가를 받기 전의 상태에서 상대방의 거래계약상 채무불이행을 이유로 거래계약을 해제하거나</u> 그로 인한 손해배상을 청구할 수도 없다(대판 1997.7.25. 97다4357). ii) 그러나 당사자 사이에 '별개의 약정'으로 매매 잔금이 그 지급기일에 지급되지 아니하는 경우 매매계약을 자동적으로 해제하기로 약정하는 것은 가능하다(대판 2010.7.22. 2010다1456).

⑤ [O] i) 토지거래허가를 최종적으로 받은 경우, ii) <u>토지거래허가구역 지정을 해제</u>하였거나, 허가구역지정기간이 만료되었음에도 허가구역 재지정을 하지 않은 경우(대판 1999.6.17. 전합 98다40459), 허가구역 해제 후 재지정된 경우(대판 2002.5.14. 2002다12635), 判例는 처음부터 허가를 잠탈하거나 배제하여 확정적으로 무효가 된 경우를 제외하고는 더 이상 허가를 받을 필요 없이 확정적으로 유효라고 보았다(대판 2019.1.31. 2017다228618).

정답 | ②

22 무효에 관한 설명으로 옳지 않은 것은? (다툼이 있으면 판례에 의함)

[20소방간부]

① 농지법 제8조 제1항 소정의 농지취득자격증명 없이 체결된 농지매매계약은 무효이다.

② 매매계약이 약정된 매매대금의 과다로 말미암아 제104조에서 정하는 불공정한 법률행위에 해당하여 무효인 경우에 무효행위의 전환에 관한 제138조가 적용될 수 있다.

③ 토지거래허가를 받아야 하는 토지에 대하여 甲이 허가를 받기 전에 乙에게 매도하는 계약을 체결한 경우, 나중에 토지거래허가를 받으면 甲과 乙 사이의 계약은 계약시로 소급하여 유효하게 된다.

④ 토지거래허가를 받아야 하는 토지에 대하여 甲의 허가를 받기 전에 乙에게 매도하는 계약을 체결한 경우, 그 허가 신청절차에 협력할 의무를 이행하지 아니하였음을 들어 일방적으로 그 매매계약 자체를 해제할 수 없다.

⑤ 무권리자가 타인의 권리를 자기의 권리로 처분한 경우, 권리자는 이를 추인함으로써 그 처분행위를 인정할 수 있고, 특별한 사정이 없는 한 이로써 권리자 본인에게 위 처분행위의 효력이 발생함은 사적자치의 원칙에 비추어 당연하다.

해설

① [×] 농지법 소정의 농지취득자격증명은 농지를 취득하는 자가 그 소유권에 관한 등기를 신청할 때에 첨부하여야 할 서류로서 농지를 취득하는 자에게 농지취득의 자격이 있다는 것을 증명하는 것일 뿐 농지취득의 원인이 되는 매매 등 법률행위의 효력을 발생시키는 요건은 아니다(대판 2008.2.1. 2006다27451).

② [○] 매매대금의 과다로 말미암아 '불공정한 법률행위'에 해당하는 매매계약에 대해서, 선행하는 조정절차에서 제시된 금액을 기준으로 당사자의 가정적 의사를 추론하여 그 매매대금을 '적정한 금액'으로 감액하여 매매계약의 유효성을 인정하였다. 즉, 제104조에 해당하여 무효인 경우에도 제138조(무효행위의 전환)가 적용될 수 있다고 한다(대판 2010.7.15. 2009다50308).

③ [○] ㉠ 토지거래 허가규정은 효력규정이며 (구)국토이용관리법의 입법목적의 달성을 위해 허가없이 체결한 매매계약은 채권계약도 무효라는 견해가 있으나(절대적 무효설; 대법원 소수의견), ㉡ 허가를 전제로 한 토지거래의 경우에는 투기거래에 대한 위험이 없다 할 것이므로 "허가가 있기 전에는 채권계약 자체도 무효이지만 허가를 받을 것을 전제로 한 계약은 유동적 무효로 보아 허가가 있으면 소급적으로 유효한 계약이 된다(대판 1991.12.24. 전합 90다12243)고 보는 判例의 태도가 타당하다(유동적 무효설).

④ [○] 협력의무 불이행시 상대방은 손해배상을 청구할 수 있다(대판 1995.4.28. 93다26397; 이러한 의무는 견해대립이 있으나 신의 칙상 의무이므로 법적 근거는 제750조). 그러나 유동적 무효의 상태에 있는 거래계약의 당사자는 상대방이 그 거래계약의 효력이 완성되도록 협력할 의무를 이행하지 아니하였음을 들어 일방적으로 유동적 무효의 상태에 있는 거래계약 자체를 해제할 수 없다(대판 1999.6.17. 전합 98다40459).

⑤ [○] 종래 判例는 무권대리의 추인으로 이론구성하는 입장이었으나(대판 1981.1.13. 79다2151), 최근에 判例는 "무권리자가 타인의 권리를 자기의 이름으로 또는 자기의 권리로 처분한 경우에, 권리자는 후일 이를 추인함으로써 그 처분행위를 인정할 수 있고, 특별한 사정이 없는 한 이로써 권리자 본인에게 위 처분행위의 효력이 발생함은 사적자치의 원칙에 비추어 당연하고"(대판 2001.11.9. 2001다44291)라고 판시함으로써 무권리자 처분행위에 대한 추인의 근거를 사적자치의 원리에서 구하고 있다.

정답 | ①

ㄱ. 무권대리행위의 추인의 의사표시를 무권대리인에게 한 경우, 상대방은 추인이 있었음을 알지 못하였다고 하더라도 철회할 수 없다.

ㄴ. 종중을 대표할 권한 없는 자가 종중을 대표하여 한 소송행위는 효력이 없으나 나중에 종중이 총회의결에 따라 위 소송행위를 추인하면 그 행위시로 소급하여 유효하게 되며, 이 경우 무권대리행위에 대한 추인의 경우에 있어 배타적 권리를 취득한 제3자에 대하여 그 추인의 소급효를 제한하고 있는 제133조 단서의 규정은 적용될 여지가 없다.

ㄷ. 무권대리행위의 추인은 무권대리인 또는 무권대리행위의 직접 상대방에게는 할 수 있지만, 그 무권대리행위로 인한 권리 또는 법률관계의 승계인에 대하여는 할 수 없다.

ㄹ. 취득시효 완성 당시 부동산 소유자 甲이 그 완성 사실을 알면서 그 부동산을 제3자 乙에게 처분하였고 乙 역시 이러한 사정을 알면서 위 처분행위에 적극 가담한 경우 乙 명의로 경료된 등기는 甲이 그 처분행위를 추인하여도 무효이다.

① ㄱ, ㄴ   ② ㄴ, ㄷ

③ ㄱ, ㄷ   ④ ㄷ, ㄹ

해설

ㄱ. [×]
> 제132조(추인, 거절의 상대방) 「추인 또는 거절의 의사표시는 상대방에 대하여 하지 아니하면 그 상대방에 대항하지 못한다. 그러나 상대방이 그 사실을 안 때에는 그러하지 아니하다.」
>
> 제134조(상대방의 철회권) 「대리권 없는 자가 한 계약은 본인의 추인이 있을 때까지 상대방은 본인이나 그 대리인에 대하여 이를 철회할 수 있다. 그러나 계약당시에 상대방이 대리권 없음을 안 때에는 그러하지 아니하다.」

제132조는 본인이 무권대리인에게 무권대리행위를 추인한 경우에 상대방이 이를 알지 못하는 동안에는 본인은 상대방에게 추인의 효과를 주장하지 못한다는 취지이므로 상대방은 그때까지 제134조에 의한 철회를 할 수 있고, 또 무권대리인에의 추인이 있었음을 주장할 수도 있다(대판 1981.4.14. 80다2314).

ㄴ. [○]
> 민사소송법 제60조(소송능력 등의 흠과 추인) 「소송능력, 법정대리권 또는 소송행위에 필요한 권한의 수여에 흠이 있는 사람이 소송행위를 한 뒤에 보정된 당사자나 법정대리인이 이를 추인한 경우에는, 그 소송행위는 이를 한 때에 소급하여 효력이 생긴다.」

"종중을 대표할 권한 없는 자가 종중을 대표하여 한 소송행위는 그 효력이 없으나 나중에 종중이 총회결의에 따라 위 소송행위를 추인하면 그 행위시로 소급하여 유효하게 되며 이 경우 제133조 단서의 규정은 무권대리행위에 대한 추인의 경우에 있어 배타적 권리를 취득한 제3자에 대하여 그 추인의 소급효를 제한하고 있는 것으로서 위와 같은 하자있는 소송행위에 대한 추인의 경우에는 적용될 여지가 없는 것이다(대판 1991.11.8. 91다25383).

> ▶ 대리권한의 존재는 소송행위의 유효요건이므로 권한없는 자의 소송행위는 무효이다. 다만, 무효인 소송행위도 추인할 수 있는데(민사소송법 제60조), 추인하는 경우에도 소송절차의 안정이 고려되어야 하므로 제133조 단서와 같은 제3자 보호 규정은 소송행위의 추인에는 적용될 수 없다.

ㄷ. [×] 무권대리의 추인의 의사표시는 무권대리인, 무권대리 행위의 직접 상대방 및 그 무권대리 행위로 인한 권리 또는 법률관계의 승계인에 대하여도 할 수 있다(대판 1981.4.14. 80다2314).

ㄹ. [○] 부동산 소유자가 취득시효가 완성된 사실을 알고 그 부동산을 제3자에게 처분하여 소유권이전등기를 넘겨줌으로써 취득시효 완성을 원인으로 한 소유권이전등기의무가 이행불능에 빠지게 되어 시효취득을 주장하는 자가 손해를 입었다면 불법행위를 구성한다고 할 것이고, 부동산을 취득한 제3자가 부동산 소유자의 이와 같은 불법행위에 적극 가담하였다면 이는 사회질서에 반하는 행위로서 무효라고 할 것이다. 이와 같이 취득시효 완성 후 경료된 무효인 제3자 명의의 등기에 대하여 시효완성 당시의 소유자가 무효행위를 추인하여도 그 제3자 명의의 등기는 그 소유자의 불법행위에 제3자가 적극 가담하여 경료된 것으로서 사회질서에 반하여 무효이다(대판 2002.3.15. 2001다77352).

정답 | ③

24 원칙적으로 소급효가 있는 추인을 모두 고른 것은? (다툼이 있으면 판례에 따름) [23세무사]

> ㄱ. 무권리자의 처분행위에 대한 권리자의 추인
>
> ㄴ. 무효인 가장행위에 대한 당사자의 추인
>
> ㄷ. 무권대리행위에 대한 본인의 추인

① ㄴ   ② ㄷ   ③ ㄱ, ㄴ

④ ㄱ, ㄷ   ⑤ ㄱ, ㄴ, ㄷ

해설

ㄱ. [소급효] 권리자가 무권리자의 처분을 추인하면 무권대리에 대해 본인이 추인을 한 경우와 당사자들 사이의 이익상황이 유사하므로, 무권대리의 추인에 관한 제130조, 제133조 등을 무권리자의 추인에 유추적용할 수 있다. 따라서 무권리자의 처분이 계약으로 이루어진 경우에 권리자가 이를 추인하면 원칙적으로 그 계약의 효과가 계약을 체결했을 때에 '소급'하여 권리자에게 귀속된다고 보아야 한다(대판 2017.6.8. 2017다3499).

ㄴ. [장래효]
> 제139조(무효행위의 추인) 「무효인 법률행위는 추인하여도 그 효력이 생기지 아니한다. 그러나 당사자가 그 무효임을 알고 추인한 때에는 새로운 법률행위로 본다.」

▶ 추인에는 원칙적으로 '소급효가 없다'. 즉 추인한 때부터 새로운 법률행위를 한 것으로 간주될 뿐이다(제139조).

ㄷ. [소급효]
> 제133조(추인의 효력) 「추인은 다른 의사표시가 없는 때에는 계약시에 '소급'하여 그 효력이 생긴다. 그러나 제3자의 권리를 해하지 못한다.」

정답 | ④

25 무효행위의 추인에 관한 설명 중 옳은 것을 모두 고른 것은? [19변호사 변형]

> ㄱ. 무권대리행위의 추인은 무권대리인 또는 상대방의 동의나 승낙을 요하지 않는 단독행위로서 무권대리행위 전부에 대하여 행해져야 하지만, 상대방의 동의를 얻은 경우에는 무권대리행위 일부에 대하여 추인을 하거나 그 내용을 변경하여 추인하는 것도 유효하다.
>
> ㄴ. 무권리자의 처분행위에 대하여 권리자가 추인하는 경우에는 그 처분행위의 효력이 권리자에게 미치므로, 권리자는 무권리자에 대하여 무권리자가 그 처분행위로 인하여 얻은 이득의 반환을 구할 수 없다.
>
> ㄷ. 매매계약이 민법 제104조 소정의 '불공정한 법률행위'로 무효가 되더라도 그 당사자가 그 계약에 관한 부제소 합의를 한 경우에는 무효행위의 추인에 해당하여 특별한 사정이 없는 한 위 매매계약 체결시부터 그 매매계약은 유효하게 된다.
>
> ㄹ. 부동산 소유자가 취득시효가 완성된 사실을 알고서 그 부동산을 제3자에게 처분하여 소유권이전등기를 마쳐주었는데, 그 부동산을 취득한 제3자가 부동산 소유자의 이와 같은 불법행위에 적극 가담하여 위 처분행위 및 제3자 명의의 등기가 무효인 경우, 시효완성 당시의 소유자가 그 무효행위를 추인하여도 그 제3자 명의의 등기는 무효이다.

① ㄱ, ㄴ   ② ㄱ, ㄷ

③ ㄱ, ㄹ   ④ ㄴ, ㄷ

해설

ㄱ. [○] 무권대리행위의 일부 추인

무권대리행위의 추인은 무권대리인에 의하여 행하여진 불확정한 행위에 관하여 그 행위의 효과를 자기에게 직접 발생케 하는 것을 목적으로 하는 의사표시이며, 무권대리인 또는 상대방의 동의나 승낙을 요하지 않는 단독행위로서 추인은 의사표시의 전부에 대하여 행하여져야 하고, 그 일부에 대하여 추인을 하거나 그 내용을 변경하여 추인을 하였을 경우에는 상대방의 동의를 얻지 못하는 한 무효이다(대판 1982.1.26. 81다카549).

ㄴ. [×] 권리자가 무권리자의 처분행위를 추인하더라도 이는 원래 무효이었던 처분행위를 유효하게 하여 처분행위의 상대방으로 하여금 권리를 취득하게 하는 것일 뿐, 무권리자가 권리자에 대하여 처분을 통해 받은 이익을 보유할 정당한 권원까지 부여한다고 볼 수는 없다. 따라서 권리자는 무권리자를 상대로 부당이득반환청구권을 행사할 수 있다. 이 경우 권리자의 손해는 추인 당시의 목적물의 시가 상당액이고, 무권리자의 이득은 처분대가 상당액이라고 할 것인바, 권리자는 자기의 손해를 한도로 하여 무권리자가 받은 이득의 반환을 청구할 수 있다(대판 2001.11.9. 2001다44291).

[비교판례] 불법행위로 인한 손해배상청구권(소극)

권리자는 무권리자에 대하여 불법행위를 원인으로 하여 권리의 상실에 대한 손해배상을 청구할 수는 없다. 권리자가 권리를 잃은 것은 자신이 무권리자의 처분행위를 추인함으로 인한 것이기 때문이다.

ㄷ. [×] 불공정한 법률행위에 대한 부제소합의 효력

매매계약과 같은 쌍무계약이 급부와 반대급부와의 불균형으로 말미암아 제104조에서 정하는 '불공정한 법률행위'에 해당하여 무효라고 한다면, 그 계약으로 인하여 불이익을 입는 당사자로 하여금 위와 같은 불공정성을 소송 등 사법적 구제수단을 통하여 주장하지 못하도록 하는 부제소합의 역시 다른 특별한 사정이 없는 한 무효이다(대판 2010.7.15. 2009다50308).

ㄹ. [○] 반사회질서적 법률행위에 대한 추인

부동산 소유자가 취득시효가 완성된 사실을 알고 그 부동산을 제3자에게 처분하여 소유권이전등기를 넘겨줌으로써 취득시효 완성을 원인으로 한 소유권이전등기의무가 이행불능에 빠지게 되어 시효취득을 주장하는 자가 손해를 입었다면 불법행위를 구성한다고 할 것이고, 부동산을 취득한 제3자가 부동산 소유자의 이와 같은 불법행위에 적극 가담하였다면 이는 사회질서에 반하는 행위로서 무효라고 할 것이다. 취득시효 완성 후 경료된 무효인 제3자 명의의 등기에 대하여 시효완성 당시의 소유자가 무효행위를 추인하여도 그 제3자 명의의 등기는 그 소유자의 불법행위에 제3자가 적극 가담하여 경료된 것으로서 사회질서에 반하여 무효이다(대판 2002.3.15. 2001다77352, 77369).

▶ 사회질서에 반하는 법률행위(제103조, 제104조)나 강행규정 위반(제105조)의 경우와 같은 '절대적 무효'의 경우에는 추인에 의하여 유효로 될 수 없다.

정답 | ③

---

26 법률행위의 무효에 관한 설명 중 옳지 않은 것은? (다툼이 있는 경우에는 판례에 의함) [13변호사 변형]

① 무효인 입양행위라도 그 내용에 맞는 신분관계가 실질적으로 형성되어 당사자 쌍방이 이의 없이 그 신분관계를 계속하여 왔다면 추인의 소급효가 인정될 수 있다.

② 무효인 가등기를 유효한 등기로 전용하기로 약정하였더라도 그 가등기가 소급하여 유효한 등기로 되지는 않는다.

③ 매매계약이 불공정한 법률행위에 해당하여 무효라고 하더라도, 특별한 사정이 없는 한 그 계약에 관한 부제소합의까지 무효로 되는 것은 아니다.

④ 상속재산 전부를 상속인 중 1인에게 상속시킬 방편으로 나머지 상속인들 전원이 상속포기신고를 하였으나, 그 상속포기가 제1019조 제1항의 기간을 도과한 후에 신고된 것이어서 상속포기로서의 효력이 없는 경우에도 상속재산협의분할로서의 효력은 인정될 수 있다.

해설

① [○] 무효행위의 추인에는 원칙적으로 소급효가 없다. 즉 추인한 때부터 새로운 법률행위를 한 것으로 간주될 뿐이다(제139조). 그러나 判例는 입양 등의 '신분행위의 경우'에 대체행위로서의 유효요건을 갖추지 못하여 무효행위의 전환이 인정되지 않더라도(제138조 참조), 그 내용에 맞는 신분관계가 실질적으로 형성되어 당사자 쌍방이 이의 없이 그 신분관계를 계속하여 왔다면 '소급적으로' 무효행위의 추인을 인정한다(대판 2000.6.9. 99므1633).

　[관련판례] 친생자 출생신고 당시 입양의 실질적 요건을 갖추지 못하여 입양신고로서의 효력이 생기지 아니하였더라도 그 후에 '입양의 실질적 요건을 갖추게 된 경우'에는 무효인 친생자 출생신고는 '소급적으로' 입양신고로서의 효력을 갖게 된다. 다만, 당사자 간에 무효인 신고행위에 상응하는 신분관계가 실질적으로 형성되어 있지 아니한 경우에는 무효인 신분행위에 대한 추인의 의사표시만으로 그 무효행위의 효력을 인정할 수 없다(대판 2000.6.9. 99므1633 등).

② [○] 무효행위의 추인에는 원칙적으로 소급효가 없다. 즉 추인한 때부터 새로운 법률행위를 한 것으로 간주될 뿐이다(제139조). 따라서 判例는 무효인 가등기를 유효한 등기로 전용키로 한 약정도 그 때부터 유효하고 이로써 가등기가 소급하여 유효한 등기로 전환될 수 없다고 한다(대판 1992.5.12. 91다26546).

③ [×] 매매계약과 같은 쌍무계약이 급부와 반대급부와의 불균형으로 말미암아 제104조에서 정하는 '불공정한 법률행위'에 해당하여 무효라고 한다면, 그 계약으로 인하여 불이익을 입는 당사자로 하여금 위와 같은 불공정성을 소송 등 사법적 구제수단을 통하여 주장하지 못하도록 하는 부제소합의 역시 다른 특별한 사정이 없는 한 무효이다(대판 2010.7.15. 2009다50308).

④ [○] 判例는 제138조의 무효행위의 전환과 관련하여 상속인 중 일부의 상속포기가 무효인 경우에 상속재산의 협의분할로 전환되어 그 효력이 인정될 수 있다고 한다(대판 1989.9.12. 88누9305).

　[관련판례] 상속재산 전부를 상속인 중 1인(乙)에게 상속시킬 방편으로 그 나머지 상속인들이 상속포기신고를 하였으나 그 상속포기가 제1019조 제1항 소정의 기간을 초과한 후에 신고된 것이어서 상속포기로서의 효력이 없더라도 乙과 나머지 상속인들 사이에는 乙이 고유의 상속분을 초과하여 상속재산 전부를 취득하고 나머지 상속인들은 그 상속재산을 전혀 취득하지 않기로 하는 의사의 합치가 있었다고 할 것이므로 그들 사이에 위와 같은 내용의 상속재산의 협의분할이 이루어진 것이라고 보아야 하고 공동상속인 상호간에 상속재산에 관하여 협의분할이 이루어짐으로써 공동상속인 중 1인이 고유의 상속분을 초과하여 상속재산을 취득하는 것은 상속개시 당시에 피상속인으로부터 상속에 의하여 직접 취득한 것으로 보아야 한다(대판 1989.9.12. 88누9305).

정답 | ③

---

27 토지거래허가제에 관한 다음 설명 중 가장 옳지 않은 것은? [16서기보]

① 유동적 무효의 상태에 있는 거래계약의 당사자라도 상대방이 그 거래계약의 효력이 완성되도록 협력할 의무를 이행하지 아니하였음을 들어 일방적으로 유동적 무효의 상태에 있는 거래계약 자체를 해제할 수는 없다.

② 유동적 무효상태에 있는 계약을 체결한 당사자는 쌍방 그 계약이 효력 있는 것으로 완성될 수 있도록 서로 협력할 의무가 있다고 할 것이며, 매도인이 임의로 계약금을 지급하였다면 그 계약이 유동적 무효상태로 있는 한 이를 부당이득으로 반환을 구할 수는 없다.

③ 토지거래허가신청과 관련하여 당사자 일방이 임의적으로 거래허가신청을 하였다가 불허가 받았다는 사실만으로는 당해 거래계약이 확정적으로 무효가 되는 것은 아니다.

④ 토지거래허가제도는 투기적 거래를 방지하여 정상적 거래질서를 형성하려는 데에 입법 취지가 있으므로 제3자가 토지거래허가를 받기 전의 토지 매매계약상 매수인 지위를 인수하는 경우뿐 아니라 매도인 지위를 인수하는 경우에도 최초매도인과 매수인 사이의 매매계약에 대하여 관할 관청의 허가가 있어야만 그 지위의 인수에 관한 합의의 효력이 발생한다.

해설

① [○] 유동적 무효상태의 계약당사자는 그 계약이 효력 있는 것으로 완성될 수 있도록 서로 '협력할 의무'를 부담하므로 계약당사자들은 공동으로 관할관청의 허가를 신청할 의무가 있고, 상대방은 협력의무의 이행을 소송으로 구할 이익이 있다(대판 1991.12.24. 전합 90다12243). 한편 이러한 협력의무 불이행시 상대방은 손해배상을 청구할 수 있다(대판 1995.4.28. 93다26397; 이러한 의무는 견해대립이 있으나 신의칙상 의무이므로 법적 근거는 제750조). 그러나 유동적 무효의 상태에 있는 거래계약의 당사자는 상대방이 그 거래계약의 효력이 완성되도록 협력할 의무를 이행하지 아니하였음을 들어 일방적으로 유동적 무효의 상태에 있는 거래계약 자체를 해제할 수 없다(대판 1999.6.17. 전합 98다40459).

② [○] 매수인이 지급한 계약금은 그 계약이 유동적 무효상태로 있는 한 이를 부당이득으로 반환을 구할 수 없고, 유동적 무효상태가 확정적으로 무효로 되었을 때 비로소 부당이득으로 그 반환을 구할 수 있다(대판 1993.7.27. 91다33766).

③ [○] 토지거래허가신청에 대한 관할 시장, 군수 또는 구청장의 불허가처분으로 인하여 매매계약이 확정적으로 무효 상태에 이르게 되려면 매도인과 매수인이 공동으로 허가를 받고자 국토이용관리법 제21조의3 제3항에 따라 허가신청서에 계약 내용과 토지의 이용계획 등을 진실과 부합되게 기재하여 이를 관할 시장, 군수, 또는 구청장에게 제출하였지만 그 진실된 허가신청서의 기재에도 불구하고 관할 시장, 군수 또는 구청장에 의하여 그 허가신청이 국토이용관리법 제21조의4 소정의 허가 기준에 적합하지 아니하다고 판단되는 경우를 전제로 하는 것이므로, 단지 매매계약의 일방 당사자만이 임의로 토지거래허가신청에 대한 불허가처분을 유도할 의도로 허가 신청서에 기재하도록 되어 있는 계약 내용과 토지의 이용 계획 등에 관하여 사실과 다르게 또는 불성실하게 기재한 경우라면 실제로 토지거래허가신청에 대한 불허가처분이 있었다는 사유만으로 곧바로 매매계약이 확정적인 무효 상태에 이르렀다고 할 수 없다(대판 1997.11.11. 97다36965).

④ [×] ㉠ 매도인과 매수인 및 제3자 사이에 매수인의 지위를 이전받기로 한 합의는 매도인과 매수인 사이의 매매계약에 대한 관할 관청의 허가가 있어야 효력이 발생하고, 그 허가가 없는 이상 그 세 당사자 사이의 합의만으로 유동적 무효상태의 매매계약의 매수인 지위가 제3자에게 이전하여 제3자가 매도인에 대하여 직접 토지거래허가신청절차 협력의무의 이행을 구할 수는 없다(대판 1996.7.26. 96다7762). 제3자의 매수인 지위 인수를 허용하면 사실상 허가 전의 토지에 대한 거래를 용인하는 것이 되기 때문이다. ㉡ 따라서 이와는 달리 제3자가 허가를 받기 전의 토지 매매계약상 매도인 지위를 인수하는 경우에는, 토지거래허가제도가 투기적 거래를 방지하고자 하는 데에 있는 점에 비추어, 애초의 매매계약에 대해 관할 관청의 허가가 있어야만 그 인수계약의 효력이 생기는 것은 아니다(대판 2013.12.26. 2012다1863).

정답 | ④

28 甲과 乙은 2010.1.7. 국토의 계획 및 이용에 관한 법률상 토지거래허가구역 내에 있는 甲의 X 토지를 乙에게 매도하는 매매계약을 체결하면서 "甲과 乙은 2010.2.7.까지 토지거래허가를 받는다. 乙은 甲에게 계약 당일 계약금을, 2010.3.7. 중도금을, 2010.5.7. 잔금을 지급한다. 甲은 乙로부터 잔금을 지급받음과 동시에 乙 앞으로 X 토지에 관한 소유권이전등기를 마친다."라는 내용의 약정을 하였다. 이 약정에 따라 乙은 계약 당일 甲에게 계약금을 지급하였다. 다음 설명 중 옳지 않은 것은? (각 지문은 독립적이며, 다툼이 있는 경우 판례에 의함)

[16변호사 변형]

① 甲과 乙이 토지거래허가를 신청하여 관할관청으로부터 토지거래허가를 받은 후에도 甲은 乙이 중도금지급채무의 이행에 착수하기 전에 乙로부터 지급받은 계약금의 배액을 乙에게 지급하고 매매계약을 해제할 수 있다.

② 甲과 乙이 2010.2.7.까지 토지거래허가를 받지 못하였다고 하더라도, 약정된 기간 내에 토지거래허가를 받지 못할 경우 계약해제 등의 절차 없이 곧바로 당해 매매계약을 무효로 하기로 약정하였다는 등의 특별한 사정이 없는 한, 매매계약이 확정적으로 무효가 되는 것은 아니다.

③ 매매계약이 乙의 사기에 의해 체결된 경우라도, 甲은 토지거래허가를 신청하기 전 단계에서는 乙의 사기를 이유로 매매계약의 취소를 주장하여 매매계약을 확정적으로 무효화시킬 수 없다.

④ 甲은 토지거래허가를 받기 전에는 乙이 중도금을 2010.3.7.이 도과할 때까지 지급하지 않았다 하더라도 이를 이유로 매매계약을 해제할 수 없다.

해설

① [○] 국토의 계획 및 이용에 관한 법률에 정한 토지거래계약에 관한 허가구역으로 지정된 구역 안에 위치한 토지에 관하여 매매계약이 체결된 경우 당사자는 그 매매계약이 효력이 있는 것으로 완성될 수 있도록 서로 협력할 의무가 있지만, 이러한 의무는 그 매매계약의 효력으로서 발생하는 매도인의 재산권이전의무나 매수인의 대금지급의무와는 달리 신의칙상의 의무에 해당하는 것이어서 당사자 쌍방이 위 협력의무에 기초해 토지거래허가신청을 하고 이에 따라 관할관청으로부터 그 허가를 받았다 하더라도, 아직 그 단계에서는 당사자 쌍방 모두 매매계약의 효력으로서 발생하는 의무를 이행하였거나 이행에 착수하였다고 할 수 없을 뿐만 아니라, 그 단계에서 매매계약에 대한 이행의 착수가 있다고 보아 제565조의 규정에 의한 해제권 행사를 부정하게 되면 당사자 쌍방 모두에게 해제권의 행사 기한을 부당하게 단축시키는 결과를 가져올 수도 있다. 그러므로 국토의 계획 및 이용에 관한 법률에 정한 토지거래계약에 관한 허가구역으로 지정된 구역 안의 토지에 관하여 매매계약이 체결된 후 계약금만 수수한 상태에서 당사자가 토지거래허가신청을 하고 이에 따라 관할관청으로부터 그 허가를 받았다 하더라도, 그러한 사정만으로는 아직 이행의 착수가 있다고 볼 수 없어 매도인으로서는 제565조에 의하여 계약금의 배액을 상환하여 매매계약을 해제할 수 있다(대판 2009.4.23. 2008다62427).

▶ 乙은 계약금을 지급하였고 甲과 乙간에는 다른 약정이 없으므로 당사자 일방이 이행에 착수할 때까지는 해약금에 기한 해제를 할 수 있다. 判例는 토지거래허가구역내의 부동산매매에 있어 관할관청으로부터 허가를 받았더라도 이는 이행의 착수로 보지 않으므로 甲은 토지거래허가를 받은 후에도 乙이 이행에 착수하기 전이라면 계약금의 배액을 지급하고 해제할 수 있다.

② [○] 유동적 무효 상태에 있는, 토지거래허가구역 내 토지에 관한 매매계약에서 계약의 쌍방 당사자는 공동허가신청절차에 협력할 의무가 있고, 이러한 의무에 위배하여 허가신청절차에 협력하지 않는 당사자에 대하여 상대방은 협력의무의 이행을 소구할 수도 있다. 그러므로 매매계약 체결 당시 일정한 기간 안에 토지거래허가를 받기로 약정하였다고 하더라도, 그 약정된 기간 내에 토지거래허가를 받지 못할 경우 계약해제 등의 절차 없이 곧바로 매매계약을 무효로 하기로 약정한 취지라는 등의 특별한 사정이 없는 한, 이를 쌍무계약에서 이행기를 정한 것과 달리 볼 것이 아니므로 위 약정기간이 경과하였다는 사정만으로 곧바로 매매계약이 확정적으로 무효가 된다고 할 수 없다(대판 2009.4.23. 2008다50615).

③ [×] 국토이용관리법상 규제구역 내에 속하는 토지거래에 관하여 관할 도지사로부터 거래허가를 받지 아니한 거래계약은 처음부터 위 허가를 배제하거나 잠탈하는 내용의 계약이 아닌 한 허가를 받기까지는 유동적 무효의 상태에 있고 거래 당사자는 거래허가를 받기 위하여 서로 협력할 의무가 있으나, 그 토지거래가 계약 당사자의 표시와 불일치한 의사(비진의표시, 허위표시 또는 착오) 또는 사기, 강박과 같은 하자 있는 의사에 의하여 이루어진 경우에는, 이들 사유에 의하여 그 거래의 무효 또는 취소를 주장할 수 있는 당사자는 그러한 거래허가를 신청하기 전 단계에서 이러한 사유를 주장하여 거래허가신청 협력에 대한 거절의사를 일방적으로 명백히 함으로써 그 계약을 확정적으로 무효화시키고 자신의 거래허가절차에 협력할 의무를 면할 수 있다(대판 1997.11.14. 97다36118).

▶ 유동적 무효상태에서도 별도의 무효 또는 취소사유가 있다면 이를 주장하여 확정적으로 무효화시킬 수 있다(무효와 취소의 이중효).

④ [○] 국토이용관리법상 토지거래허가구역 내에 있는 토지에 관하여 소유권 등 권리를 이전 또는 설정하는 내용의 거래계약은 관할 시장·군수 또는 구청장의 허가를 받아야만 효력이 발생하고 허가를 받기 전에는 물권적 효력은 물론 채권적 효력도 발생하지 아니하여 무효라고 보아야 할 것이므로, 따라서 허가받을 것을 전제로 하는 거래계약은 허가를 받을 때까지는 법률상 미완성의 법률행위로서 소유권 등 권리의 이전 또는 설정에 관한 거래의 효력이 전혀 발생하지 않으나 일단 허가를 받으면 그 계약은 소급하여 유효한 계약이 되고, 이와 달리 불허가가 된 때에 무효로 확정되므로 허가를 받기까지는 유동적 무효의 상태에 있다고 볼 것인바, 허가를 받을 것을 전제로 한 거래계약은 허가받기 전의 상태에서는 거래계약의 채권적 효력도 전혀 발생하지 않으므로 권리의 이전 또는 설정에 관한 어떠한 내용의 이행청구도 할 수 없고, 그러한 거래계약의 당사자로서는 허가받기 전의 상태에서 상대방의 거래계약상 채무불이행을 이유로 거래계약을 해제하거나 그로 인한 손해배상을 청구할 수 없다(대판 1997.7.25. 97다4357).

정답 | ③

제3관 법률행위의 취소

⊕ 핵심정리 취소

1. 일부취소

(1) 인정 여부 및 요건

민법상 명문의 규정은 없으나 일부무효의 법리에 관한 제137조를 법률행위의 일부취소에 관하여도 유추적용할 수 있다. 判例도 "하나의 법률행위(일체로서의 법률행위)의 일부분에만 취소사유가 있다고 하더라도 ⅰ) 그 법률행위가 가분적이거나 그 목적물의 일부가 특정될 수 있다면,[39] ⅱ) 그 나머지 부분이라도 이를 유지하려는 당사자의 가정적 의사가 인정되는 경우 그 일부만의 취소도 가능하다 할 것이고, 그 일부의 취소는 법률행위의 일부에 관하여 효력이 생긴다."고 한다(97다44737; 토지의 매매가를 감정기관의 착오로 가격을 지나치게 높게 시가보다 85%나 초과해서 청구한 경우, 정당한 감정가보다 초과된 부분의 착오취소를 긍정하였다).

(2) 목적물 일부를 매매대상에서 제외특약

判例는 "매매계약 체결시 토지의 일정 부분을 매매 대상에서 제외시키는 특약을 한 경우, 이는 매매계약의 대상 토지를 특정하여 그 일정 부분에 대하여는 매매계약이 체결되지 않았음을 분명히 한 것으로써 그 부분에 대한 어떠한 법률행위가 이루어진 것으로는 볼 수 없으므로, 그 특약만을 기망에 의한 법률행위로서 취소할 수는 없다."(98다56607)고 하였다.

판례해설 이는 법률행위 일부취소의 요건으로서 어떤 목적 혹은 목적물에 대한 법률행위가 존재함을 그 전제로 한다는 것을 밝힌 판결이다.

2. 취소할 수 있는 법률행위의 추인

(1) 추인의 요건(취, 소, 알)

ⅰ) 제140조가 규정하는 취소권자가, ⅱ) 취소원인이 소멸한 후에, ⅲ) 취소할 수 있는 것임을 알고 취소하지 않겠다는 의사표시를 해야 한다(제143조, 제144조).

(2) 취소한 법률행위의 추인

判例는 취소한 법률행위는 무효인 법률행위의 추인의 요건과 효력으로서 추인할 수는 있는바, 무효(취소)원인이 소멸한 후에 하여야 그 효력이 있다고 한다(제139조). 따라서 강박에 의한 의사표시를 이유로 증여를 취소한 후에도 취소의 원인이 종료된 후, 즉 강박상태에서 벗어난 후라면 다시 이를 무효행위의 추인의 요건과 효력으로서 추인할 수 있다고 한다(95다38240). 또한 추인하면 취소할 수 있는 법률행위(유동적 유효)는 확정적으로 유효한 행위가 되므로 추인 후에는 취소하지 못한다(제143조 제1항).

3. 법정추인

법정추인이 되기 위한 요건은 ⅰ) 원칙적으로 취소원인이 소멸한 후에, ⅱ) 이의를 보류하지 않고, ⅲ) 법정추인의 사유가 있어야 한다(소, 이, 사). 통상의 추인과 달리 취소권자가 취소할 수 있는 것임을 알아야 하는 것이 아니며, 추인의 의사가 있어야 할 필요도 없다(제145조).

4. 취소권의 단기소멸

취소권은 추인할 수 있는 날로부터 3년 내에, 법률행위를 한 날로부터 10년 내에 행사하여야 하지만(제146조), 여기에서 '추인할 수 있는 날'이라 함은 취소의 원인이 종료되고 또 취소권행사에 관한 법률상의 장애가 없어져서 취소권자가 취소의 대상인 법률행위를 추인할 수도 있고 취소할 수도 있는 상태가 된 때를 가리킨다(98다7421). 한편 취소로 인하여 발생하는 부당이득반환청구권은 그 취소권을 행사한 때로부터 소멸시효가 진행한다.

---

39) 즉 判例는 일부무효와는 달리 법률행위의 가분성과 선택적으로 '목적물의 일부가 특정될 수 있음'도 들고 있음에 주의해야 한다.

29 법률행위의 취소에 관한 설명으로 옳지 않은 것은? (다툼이 있는 경우 판례에 의함) [23경찰간부]

① 취소할 수 있는 법률행위는 그 취소권자가 추인한 후에는 그 법률행위를 다시 취소할 수 없다.

② 민법 제146조의 취소권이 적법한 기간 내에 행사되었는지의 여부는 당사자의 주장에 관계없이 법원이 당연히 조사하여 고려하여야 할 사항이다.

③ 매매계약 체결시 토지의 일정 부분을 매매대상에서 제외시키는 특약을 한 경우, 그 특약만을 기망에 의한 법률행위로서 취소할 수 있다.

④ 착오에 의한 의사표시를 한 자가 사망한 경우에는 그 상속인이 피상속인의 착오를 이유로 그 의사표시를 취소할 수 있다.

해설

① [○] 제143조(추인의 방법, 효과) 「①항 취소할 수 있는 법률행위는 제140조에 규정한 자가 추인할 수 있고 추인 후에는 취소하지 못한다.」

② [○] 제146조(취소권의 소멸) 「취소권은 추인할 수 있는 날로부터 3년 내에 법률행위를 한 날로부터 10년 내에 행사하여야 한다.」

▶ 소멸시효에서는 '변론주의'[40]의 원칙상 당사자의 주장이 있어야 법원이 이를 판단하게 되지만, 제척기간에서는 기간의 경과에 의한 권리의 소멸이 절대적인 것이므로 소송에서 당사자가 이를 주장하지 않더라도 법원이 '직권'으로 판단하여야 한다(대판 1996.9.20. 96다25371).

③ [×] 判例에 따르면 매매계약 체결시 토지의 일정부분을 매매 대상에서 제외시키는 특약을 한 경우, 그 특약만을 취소할 수는 없다고 한다. 왜냐하면 이는 매매계약의 대상 토지를 특정하여 그 일정부분에 대하여는 매매계약이 체결되지 않았음을 분명히 한 것으로 그 부분에 대한 어떠한 법률행위가 이루어진 것으로는 볼 수 없기 때문이다(대판 1999.3.26. 98다56607).

④ [○] 제140조(법률행위의 취소권자) 「취소할 수 있는 법률행위는 제한능력자, 착오로 인하거나 사기·강박에 의하여 의사표시를 한 자, 그의 대리인 또는 승계인만이 취소할 수 있다.」

▶ 따라서 포괄승계인인 상속인도 취소권자이므로 착오에 의한 의사표시를 한 자가 사망한 경우에는 그 상속인이 피상속인의 착오를 이유로 그 의사표시를 취소할 수 있다.

정답 | ③

30 법률행위의 취소에 관한 설명으로 옳지 않은 것은? (다툼이 있으면 판례에 의함) [24소방간부]

① 매수인이 매매계약을 취소한 경우 대금반환청구권은 매매를 취소한 때부터 10년의 시효로 소멸한다.

② 매도인이 매매계약을 취소한 경우 소유물반환청구권의 소멸시효는 취소권을 행사한 때부터 진행한다.

③ 착오에 의한 의사표시가 그 취소요건을 모두 갖춘 상태에서 표의자가 사망한 경우, 그 상속인은 그 의사표시를 취소할 수 있다.

④ 일부취소에 관하여는 일부무효에 관한 민법의 규정이 유추적용된다.

⑤ 취소권은 추인할 수 있는 날부터 3년, 법률행위를 한 날부터 10년 내에 행사하여야 한다.

---

40) 민사 소송에서 소송의 해결이나 심리 자료의 수집을 법원의 직권으로 하지 아니하고 당사자에게 맡기는 주의

해설

① [O] 　제162조(채권, 재산권의 소멸시효) 「①항 채권은 10년간 행사하지 아니하면 소멸시효가 완성한다.」

　▶ 일반 민사 매매계약의 취소에 따른 대금반환청구권은 성질상 부당이득반환청구권으로 10년의 소멸시효에 걸린다.

② [×] 매매계약이 합의해제 됨으로써 매수인에게 이전되었던 소유권은 당연히 매도인에게 복귀하는 것이므로 합의해제에 따른 매도인의 원상회복 청구권은 소유권에 기한 물권적 청구권이라 할 것이고 따라서 이는 소멸시효의 대상이 아니다(대판 1982.7.27. 80다2968). 이에 의할 때, 매도인이 매매계약을 취소한 경우 역시 소유권은 매도인에게 있는 것이므로 그 소유권에 기한 물권적 청구권은 소멸시효의 대상이 아니다.

③ [O] 　제140조(법률행위의 취소권자) 「취소할 수 있는 법률행위는 제한능력자, 착오로 인하거나 사기·강박에 의하여 의사표시를 한 자, 그의 대리인 또는 승계인만이 취소할 수 있다.」

④ [O] 하나의 법률행위의 일부분에만 취소사유가 있다고 하더라도 그 법률행위가 가분적이거나 그 목적물의 일부가 특정될 수 있다면, 그 나머지 부분이라도 이를 유지하려는 당사자의 가정적 의사가 인정되는 경우 그 일부만의 취소도 가능하다고 할 것이고, 그 일부의 취소는 법률행위의 일부에 관하여 효력이 생긴다 (대판 2002.9.10. 2002다21509).

⑤ [O] 　제146조(취소권의 소멸) 「취소권은 추인할 수 있는 날로부터 3년 내에 법률행위를 한 날로부터 10년 내에 행사하여야 한다.」

정답 | ②

---

31 법률행위의 취소에 관한 설명으로 옳지 않은 것은? (다툼이 있으면 판례에 따름) 　　　[23세무사]

① 무효인 법률행위는 취소의 대상이 될 수 없다.

② 착오취소의 요건이 충족되는 한, 착오로 인하여 의사표시를 한 자의 포괄승계인에게도 취소권이 인정된다.

③ 취소할 수 있는 법률행위를 유효하게 추인한 후에는 취소하지 못한다.

④ 상당 기간 계속된 근로계약이 취소된 경우 그 근로계약은 장래에 관하여만 실효된다.

⑤ 추인할 수 있는 때로부터 3년이 경과하면 취소권은 소멸한다.

해설

① [×] 통설 및 判例(대판 1984.7.24. 84다카68)는 허위표시도 제406조(채권자취소권)의 '법률행위'에 해당하는 것으로 해석한다. 왜냐하면 무효와 취소의 '이중효'[41]의 이론적 측면뿐만 아니라 통정허위표시의 경우에는 사해행위의 전형적 방법으로 쓰이고 있다는 현실적인 측면과 통정허위표시의 경우 제3자의 보호법리(제108조 제2항)에 의해 채무자의 재산이 일탈될 가능성이 있어 채권자가 사해행위를 주장하여 그 취소를 구할 실익이 있기 때문이다.

② [O] 포괄승계인(상속인)의 경우에도 취소권을 갖는다(제140조).

③ [O] 　제143조(추인의 방법, 효과) 「①항 취소할 수 있는 법률행위는 제140조에 규정한 자가 추인할 수 있고 추인 후에는 취소하지 못한다.」

④ [O] 근로계약도 기본적으로 사법상 계약이므로 계약 체결에 관한 당사자들의 의사표시에 취소 사유가 있으면 그 상대방은 이를 이유로 근로계약을 취소할 수 있으나, 그 경우에도 취소의 의사표시 이후 장래에 관하여만 근로계약의 효력이 소멸된다(대판 2017.12.22. 2013다25194, 25200).

　▶ 사기·강박에 의한 의사표시가 취소되면, 그 의사표시를 요소로 하는 법률행위가 소급적으로 무효로 된다(제141조). 다만, 최근 判例 중에는 소급효를 제한하여 근로계약이 사기에 의한 것으로 취소되면 이미 제공된 근로자의 노무를 기초로 형성된 취소 이전의 법률관계까지 효력을 잃는 것은 아니라고 하여 '장래효'를 인정하기도 한다(대판 2017.12.22. 2013다25194, 25200).

⑤ [O] 　제146조(취소권의 소멸) 「취소권은 추인할 수 있는 날로부터 3년 내에 법률행위를 한 날로부터 10년 내에 행사하여야 한다.」

정답 | ①

---

41) 무효와 취소의 '이중효'란 무효와 취소는 논리필연적으로 구분되는 것은 아니며, 무효와 취소는 법률효과를 뒷받침하는 근거로서 결국은 입법정책의 문제에 속한다고 할 수 있으며, 무효인 행위라도 법적으로 '無'는 아니다. 따라서 무효인 법률행위도 취소의 대상의 된다는 이론이다.

32 법률행위의 취소에 관한 설명으로 옳지 않은 것은? (다툼이 있으면 판례에 따름) [22세무사]

① 법률행위가 취소된 경우, 제한능력자는 현존이익의 범위에서 반환의무를 진다.

② 매도인이 채무불이행을 이유로 매매계약을 해제한 후에도 매수인은 착오를 이유로 매매계약을 취소할 수 있다.

③ 취소할 수 있는 법률행위는 추인 후에는 다시 취소할 수 없다.

④ 사기에 의해 의사표시를 한 자가 추인하는 경우, 그 추인은 취소원인이 소멸한 후에 하여야 효력이 있다.

⑤ 법정추인이 되기 위해서는 취소권자가 자신에게 취소권이 있음을 알아야 한다.

해설

① [○]
> 제141조(취소의 효과) 「취소된 법률행위는 처음부터 무효인 것으로 본다. 다만, 제한능력자는 그 행위로 인하여 받은 이익이 현존하는 한도에서 상환할 책임이 있다.」

② [○] 判例에 따르면 매도인이 매수인의 채무불이행을 이유로 매매계약을 적법하게 해제한 후, 매수인이 착오를 이유로 취소권을 행사하여 매매계약 전체를 무효로 돌릴 수 있다고 하여 경합을 인정한다(대판 1996.12.6. 95다24982).

③ [○]
> 제143조(추인의 방법, 효과) 「①항 취소할 수 있는 법률행위는 제140조에 규정한 자가 추인할 수 있고 추인 후에는 취소하지 못한다.」

④ [○]
> 제144조(추인의 요건) 「①항 추인은 취소의 원인이 소멸된 후에 하여야만 효력이 있다.」

⑤ [×] 통상의 추인과 달리 취소권자가 취소할 수 있는 것임을 알아야 하는 것이 아니며, 추인의 의사가 있어야 할 필요도 없다(제145조).

정답 | ⑤

33 법률행위의 무효와 취소에 관한 설명으로 옳은 것은? (다툼이 있으면 판례에 의함) [24소방간부]

① 사회질서의 위반을 이유로 법률행위가 무효로 되기 위하여는 그 법률행위를 원인으로 하는 급부가 이루어져야 한다.

② 무효의 가등기를 전용하기로 약정한 경우 가등기는 처음부터 효력을 가진다.

③ 폭리행위로 무효인 법률행위도 유효한 법률행위로 전환될 수 있다.

④ 무효인 법률행위를 추인하면 이는 그 자체로 유효한 법률행위가 된다.

⑤ 취소권의 행사기간은 일반 소멸시효기간이다.

해설

① [×] 선량한 풍속 기타 사회질서에 반하는 법률행위는 무효이며(제103조), 별도로 반사회질서 법률행위를 원인으로 하는 급부가 이루어질 필요는 없다.

② [×]

> 제139조(무효행위의 추인) 「무효인 법률행위는 추인하여도 그 효력이 생기지 아니한다. 그러나 당사자가 그 무효임을 알고 추인한 때에는 새로운 법률행위로 본다.」

　　▶ 무효행위의 추인은 장래효를 갖는다. [비교] 제133조 무권대리의 추인은 소급효를 갖는다.

③ [○] 매매계약이 약정된 매매대금의 과다로 말미암아 민법 제104조에서 정하는 '불공정한 법률행위'에 해당하여 무효인 경우에도 무효행위의 전환에 관한 민법 제138조가 적용되어 당사자 쌍방이 위와 같은 무효를 알았더라면 대금을 다른 액으로 정하여 매매계약에 합의하였을 것이라고 예외적으로 인정되는 경우에는 그 대금액을 내용으로 하는 매매계약이 유효하게 성립할 수 있다(대판 2011.4.28. 2010다106702).

④ [×]

> 제139조(무효행위의 추인) 「무효인 법률행위는 추인하여도 그 효력이 생기지 아니한다. 그러나 당사자가 그 무효임을 알고 추인한 때에는 새로운 법률행위로 본다.」

　　▶ 그 자체로 유효한 것이 아니라, 새로운 법률행위가 유효한 것이다.

⑤ [×] 민법 제146조는 취소권은 추인할 수 있는 날로부터 3년 내에 행사하여야 한다고 규정하고 있는바, 이때의 3년이라는 기간은 일반 소멸시효기간이 아니라 제척기간으로서 제척기간이 도과하였는지 여부는 당사자의 주장에 관계없이 법원이 당연히 조사하여 고려하여야 할 사항이다(대판 1996.9.20. 96다25371).

정답 | ③

34 법률행위의 무효와 취소에 관한 설명으로 가장 적절하지 않은 것은? (다툼이 있는 경우 판례에 의함)

[21법학경채]

① 취소할 수 있는 법률행위가 일단 취소된 이상 이미 취소되어 무효인 것으로 간주된 당초의 의사표시를 다시 확정적으로 유효하게 할 수는 없으나, 무효인 법률행위의 추인의 요건과 효력으로서 추인할 수는 있다.

② 취소한 법률행위는 처음부터 무효인 것으로 간주되더라도 근로계약이 취소되는 경우 이미 제공된 근로자의 노무를 기초로 형성된 취소 이전의 법률관계는 효력을 잃지 않는다.

③ 매매계약 체결시 토지의 일정 부분을 매매 대상에서 제외시키는 특약을 한 경우, 그 특약만을 기망에 의한 법률행위로서 취소할 수 있다.

④ 민법 제138조의 무효행위의 전환은 입양, 인지와 같은 가족법상의 행위에도 적용이 된다.

해설

① [○] 취소한 법률행위는 처음부터 무효인 것으로 간주되므로, 취소할 수 있는 법률행위가 일단 취소된 이상 그 후에는 취소할 수 있는 법률행위의 추인에 의하여 이미 취소되어 무효인 것으로 간주된 당초의 의사표시를 다시 확정적으로 유효하게 할 수는 없고, 다만 무효인 법률행위의 추인의 요건과 효력으로서 추인할 수는 있으나, 무효행위의 추인은 그 무효원인이 소멸한 후에 하여야 그 효력이 있다(대판 1997.12.12. 95다38240).

② [○] 근로계약의 무효 또는 취소를 주장할 수 있다 하더라도 근로계약에 따라 그동안 행하여진 근로자의 노무 제공의 효과를 소급하여 부정하는 것은 타당하지 않으므로 이미 제공된 근로자의 노무를 기초로 형성된 취소 이전의 법률관계까지 효력을 잃는다고 보아서는 아니 되고, 취소의 의사표시 이후 장래에 관하여만 근로계약의 효력이 소멸된다고 보아야 한다(대판 2017.12.22. 2013다25194, 25200).

③ [×] 判例에 따르면 매매계약 체결시 토지의 일정부분을 매매 대상에서 제외시키는 특약을 한 경우, 그 특약만을 취소할 수는 없다고 한다. 왜냐하면 이는 매매계약의 대상 토지를 특정하여 그 일정부분에 대하여는 매매계약이 체결되지 않았음을 분명히 한 것으로 그 부분에 대한 어떠한 법률행위가 이루어진 것으로는 볼 수 없기 때문이다(대판 1999.3.26. 98다56607).

④ [○] 判例는 타인의 子를 자기의 子로서 출생신고한 경우에도, 당사자 사이에 친생자관계를 창설하려는 명백한 의사가 있고 기타 입양의 성립요건이 모두 구비된 때에는 '입양'의 효력은 있다고 한다(대판 1977.7.26. 전합 77다492).

　　▶ 따라서 제138조(무효행위의 전환)는 입양, 인지와 같은 가족법상 행위에도 적용될 수 있다.

정답 | ③

35 법률행위의 취소에 관한 설명으로 옳지 않은 것은? [18세무사]

① 취소는 취소권자의 일방적 의사표시에 의하여 한다.

② 제한능력자가 스스로 행한 법률행위를 취소하려면 법정대리인의 동의를 얻어야 한다.

③ 최소할 수 있는 법률행위의 상대방이 확정한 경우에는 그 취소는 그 상대방에 대한 의사표시로 하여야 한다.

④ 사기·강박에 의하여 의사표시를 한 자의 상속인은 그 의사표시를 취소할 수 있다.

⑤ 취소할 수 있는 법률행위에 대하여 추인할 수 있는 자가 이의를 보류하면서 전부 이행한 경우에는 추인한 것으로 보지 않는다.

해설

①③ [○] 취소권은 형성권이므로 단독의 일방적 의사표시에 의한다. 상대방이 확정되어 있는 경우에는 상대방에 대한 의사표시로써 한다(제142조). 그러므로 상대방이 그 권리를 제3자에게 양도한 경우 취소의 의사표시는 제3자가 아닌 원래의 상대방에게 하여야 한다.

② [×] ④ [○]

> **제140조(법률행위의 취소권자)** 「취소할 수 있는 법률행위는 제한능력자, 착오로 인하거나 사기·강박에 의하여 의사표시를 한 자, 그의 대리인 또는 승계인만이 취소할 수 있다.」

> ▶ ⅰ) 제한능력자는 '단독으로' 법률행위를 취소할 수 있다. ⅱ) 착오로 인하거나 사기·강박에 의하여 의사표시를 한 자, ⅲ) 발생한 **취소권의 행사를 수여받은** 임의대리인이나, 법정대리인도 취소권자이다. ⅳ) **포괄승계인(상속)**이나 취소할 수 있는 행위에 의하여 취득한 권리의 특정승계인도 취소권자이다(제140조).

⑤ [○] 이의를 보류한 때에는 명시적으로 추인하지 않겠다는 것이므로 법정추인의 사유가 있어도 법정추인이 되지 않는다(제145조 단서). 예컨대 취소할 수 있는 법률행위에 의해 부담한 채무에 대해 강제집행을 면하기 위해 일단 변제를 하면서 그것이 추인은 아니라고 표시하였다면 법정추인은 발생하지 않는다.

[참조조문] **제145조(법정추인)** 「취소할 수 있는 법률행위에 관하여 전조의 규정에 의하여 추인할 수 있는 후에 다음 각 호의 사유가 있으면 **추인한 것으로 본다.** 그러나 **이의를 보류한 때에는** 그러하지 아니하다.」

정답 | ②

36 법률행위의 취소에 관한 설명으로 옳은 것은? (다툼이 있으면 판례에 따름) [18행정사·17소방간부 변형]

① 취소원인의 진술이 없는 취소의 의사표시는 그 효력이 없다.

② 이미 취소된 법률행위는 무효인 법률행위의 추인의 요건과 효력으로서도 추인할 수 없다.

③ 해제된 계약은 이미 소멸하여 그 효력이 없으므로 착오를 이유로 다시 취소할 수 없다.

④ 취소할 수 있는 법률행위의 추인은 취소권자가 취소할 수 있는 법률행위임을 알고서 추인하여야 한다.

⑤ 민법이 취소권을 행사할 수 있는 기간으로 정한 '추인할 수 있는 날로부터 3년, 법률행위를 한 날로부터 10년'은 소멸시효기간이다.

해설

① [×] 判例는 "취소의 의사표시란 반드시 명시적이어야 하는 것은 아니고, 취소자가 그 착오를 이유로 자신의 법률행위의 효력을 처음부터 배제하려고 한다는 의사가 드러나면 족한 것이며, **취소 원인의 진술 없이도** 취소의 의사표시는 유효한 것이므로, 신원보증서류에 서명날인하는 것으로 잘못 알고 이행보증보험약정서를 읽어보지 않은 채 서명날인한 것일 뿐 연대보증약정을 한 사실이 없다는 주장은 위 연대보증약정을 착오를 이유로 취소한다는 취지로 볼 수 있다."(대판 2005.5.27. 2004다43824)라고 하여, 법률행위의 취소를 당연한 전제로 한 소송상의 이행청구나 이행거절에는 취소의 의사표시가 포함되어 있다고 본다.

② [×] 判例는 취소한 법률행위는 **무효인 법률행위의 추인의 요건과 효력으로서** 추인할 수는 있는바, 무효(취소)원인이 소멸한 후에 하여야 그 효력이 있다고 한다(대판 1997.12.12. 95다38240; 제139조).

[관련판례] 강박에 의한 의사표시를 이유로 취소한 후 다시 이를 추인할 수 있는지에 관해, 判例는 "취소한 법률행위는 처음부터 무효인 것으로 간주되므로, 취소할 수 있는 법률행위가 일단 취소된 이상 그 후에는 취소할 수 있는 법률행위의 추인에 의하여 이미 취소되어 무효인 것으로 간주된 당초의 의사표시를 다시 확정적으로 유효하게 할 수는 없고, 다만 무효인 법률행위의 추인의 요건과 효력으로서 추인할 수는 있으나, 무효행위의 추인은 그 무효원인이 소멸한 후에 하여야 그 효력이 있으므로, 강박에 의한 의사표시임을 이유로 일단 유효하게 취소되어 당초의 의사표시가 무효로 된 후에 추인한 경우, 그 추인이 효력을 가지기 위하여는 그 무효원인이 소멸한 후일 것을 요한다고 할 것인데, 그 무효원인이란 바로 위 의사표시의 취소사유라 할 것이므로 결국 무효원인이 소멸한 후란 것은 당초의 의사표시의 성립과정에 존재하였던 취소의 원인이 종료된 후, 즉 강박상태에서 벗어난 후라고 보아야 한다."(대판 1997.12.12. 95다38240)라고 한다.

③ [×] 判例는 매도인이 매수인의 중도금 지급 채무불이행을 이유로 매매계약을 적법하게 해제한 후에도(소급적 소멸), 매수인이 착오를 이유로 취소권을 행사하여 매매계약 전체를 무효로 돌릴 수 있다고 판시하여 경합을 인정한다(대판 1996.12.6. 95다24982).

④ [○] 추인은 그 행위가 **취소할 수 있는 것임을 알고** 하여야 한다(대판 1997.5.30. 97다2986).

⑤ [×] '**추인할 수 있는 날**'이란, 취소의 원인이 종료되고 또 취소권행사에 관한 법률상의 장애가 없어져서 취소권자가 취소의 대상인 법률행위를 추인할 수도 있고 취소할 수도 있는 상태가 된 때를 가리킨다(대판 1998.11.27. 98다7421). 통설·判例(대판 1996.9.20. 96다25371)는 일치하여 제146조가 규정하는 기간을 '제척기간'이라고 본다. 어느 것이든 먼저 경과하는 때에 취소권은 소멸한다.

▶ 따라서 제척기간 도과 여부는 당사자의 주장에 관계없이 법원이 당연히 조사하여 고려하여야 할 사항이다.

정답 | ④

---

37 법률행위의 취소에 관한 설명으로 가장 적절하지 않은 것은? (다툼이 있는 경우 판례에 의함)

[19법학경채 · 17소방간부 변형]

① 제한능력자는 자신이 행한 취소할 수 있는 법률행위를 법정대리인의 동의 없이 단독으로 취소할 수 없다.

② 법률행위의 취소를 당연한 전제로 한 소송상의 이행청구를 한 경우에는 취소의 의사표시가 포함되어 있다고 볼 수 있다.

③ 하나의 법률행위의 일부에만 취소사유가 있다고 하더라도 그 법률행위가 가분적이고 그 나머지 부분이라도 이를 유지하려는 당사자의 가정적 의사가 인정되는 경우에는 그 일부만의 취소도 가능하다.

④ 취소할 수 있는 법률행위에 관하여 취소권을 가지는 자가 추인할 수 있게 된 후에 법률행위의 전부나 일부를 이행한 경우에는 특별한 사정이 없는 한 추인한 것으로 본다.

해설

① [×]

> 제140조(법률행위의 취소권자) 「취소할 수 있는 법률행위는 제한능력자, 착오로 인하거나 사기·강박에 의하여 의사표시를 한 자, 그의 대리인 또는 승계인만이 취소할 수 있다.」

▶ ⅰ) 제한능력자는 '단독으로' 법률행위를 취소할 수 있다. ⅱ) 착오로 인하거나 사기·강박에 의하여 의사표시를 한 자, ⅲ) 발생한 **취소권의 행사를 수여받은** 임의대리인이나, 법정대리인도 취소권자이다. ⅳ) 포괄승계인(상속)이나 취소할 수 있는 행위에 의하여 취득한 권리의 특정승계인도 취소권자이다(제140조).

② [○] 判例는 "**취소의 의사표시란 반드시** 명시적이어야 하는 것은 아니고, 취소자가 그 착오를 이유로 자신의 법률행위의 효력을 처음부터 배제하려고 한다는 의사가 드러나면 족한 것이며, **취소 원인의 진술 없이도** 취소의 의사표시는 유효한 것이므로, 신원보증서류에 서명날인하는 것으로 잘못 알고 이행보증보험약정서를 읽어보지 않은 채 서명날인한 것일 뿐 연대보증약정을 한 사실이 없다는 주장은 위 연대보증약정을 착오를 이유로 취소한다는 취지로 볼 수 있다."(대판 2005.5.27. 2004다43824)라고 하여, **법률행위의 취소를 당연한 전제로 한 소송상의 이행청구나 이행거절에는** 취소의 의사표시가 포함되어 있다고 본다.

③ [O] 민법상 **일부취소의 규정이 없으므로** 일부무효의 법리에 따라 그 요건을 추출해야 한다. 따라서 判例가 판시하는 바와 같이 하나의 법률행위의 일부분에만 취소사유가 있다고 하더라도 ⅰ) 그 법률행위가 **가분적**이거나 그 목적물의 일부가 **특정될 수 있다면**, ⅱ) 그 나머지 부분이라도 이를 유지하려는 당사자의 가정적 **의사**가 인정되는 경우 그 일부만의 **취소**도 가능하다(대판 2002.9.10. 2002다21509). 判例는 일부무효와는 달리 법률행위의 가분성과 선택적으로 '목적물의 일부가 특정될 수 있음'도 들고 있다.

[관련판례] 채권자와 연대보증인 사이의 연대보증계약이 주채무자의 기망에 의하여 체결되어 적법하게 취소되었으나, 그 보증책임이 금전채무로서 채무의 성격상 가분적이고 연대보증인에게 보증한도를 일정 금액으로 하는 **보증의사**가 있었으므로, 연대보증인의 연대보증계약의 취소는 그 일정 금액을 **초과하는 범위** 내에서만 효력이 생긴다(대판 2002.9.10. 2002다21509).

④ [O] ⅰ) 전부나 일부의 이행(상대방으로부터 이행을 수령한 경우도 포함된다), ⅱ) 이행의 청구(이행의 청구를 받는 것은 포함되지 않는다), ⅲ) 경개(제500조 참조, 취소권자가 채권자인지 채무자인지를 불문한다), ⅳ) 담보의 제공(취소권자가 채무자로서 제공하거나 채권자로서 제공받는 경우를 포함한다), ⅴ) 취소할 수 있는 행위로 취득한 권리의 전부나 일부의 양도(상대방이 양도한 경우는 포함되지 않는다), ⅵ) 강제집행(취소권자가 채권자로서 집행하거나 채무자로서 집행을 받는 경우를 포함한다)

정답 | ①

---

38 취소할 수 있는 법률행위의 법정추인에 해당하지 않는 것은? (다툼이 있으면 판례에 따름)

[22행정사]

① 취소할 수 있는 행위로부터 생긴 채무의 이행을 위해 취소권자가 상대방에게 일부 이행을 한 경우
② 취소할 수 있는 행위로부터 생긴 채무의 이행을 위해 취소권자가 상대방에게 이행을 청구하는 경우
③ 취소할 수 있는 행위로부터 생긴 채무의 이행을 위해 취소권자가 상대방에게 저당권을 설정해 준 경우
④ 취소권자가 취소할 수 있는 행위에 의하여 성립된 채권을 소멸시키고 그 대신 다른 채권을 성립시키는 경개를 하는 경우
⑤ 취소할 수 있는 행위로부터 취득한 권리의 전부를 취소권자의 상대방이 3자에게 양도하는 경우

해설

①②③④ [O] ⑤ [×] 법정추인의 사유

> 제145조(법정추인) 「1. 전부나 일부의 이행(상대방으로부터 이행을 수령한 경우도 포함된다), 2. 이행의 청구(이행의 청구를 받는 것은 포함되지 않는다), 3. 경개(제500조 참조, 취소권자가 채권자인지 채무자인지를 불문한다), 4. 담보의 제공(취소권자가 채무자로서 제공하거나 채권자로서 제공받는 경우를 포함한다), 5. **취소할 수 있는 행위로 취득한 권리의 전부나 일부의 양도**(상대방이 양도한 경우는 포함되지 않는다), 6. 강제집행(취소권자가 채권자로서 집행하거나 채무자로서 집행을 받는 경우를 포함한다)」

정답 | ⑤

---

39 무효 또는 취소할 수 있는 법률행위의 추인에 관한 설명으로 옳은 것은? (다툼이 있으면 판례에 따름)

[20행정사]

① 무효인 계약은 계약당사자가 무효임을 알고 추인한 경우 계약 성립시부터 새로운 법률행위를 한 것으로 본다.
② 불공정한 법률행위로서 무효인 경우 당사자가 무효임을 알고 추인하면 그 법률행위는 유효로 된다.
③ 무권리자가 타인의 권리를 처분하는 행위는 권리자가 이를 알고 추인하여도 그 처분의 효력이 발생하지 않는다.
④ 취소할 수 있는 법률행위를 추인할 수 있는 자는 그 법률행위의 취소권자이다.
⑤ 피성년후견인은 취소할 수 있는 법률행위를 단독으로 유효하게 추인할 수 있다.

해설

① [×] 추인에는 원칙적으로 '소급효가 없다'. 즉, 추인한 때부터 새로운 법률행위를 한 것으로 간주될 뿐이다(제139조). 判例는 무효인 채권양도를 추인한 경우에도 소급효가 없다고 하며(대판 2000.4.7. 99다52817), 무효인 가등기를 유효한 등기로 전용키로 한 약정도 그때부터 유효하고 이로써 가등기가 소급하여 유효한 등기로 전환될 수 없다고 한다(대판 1992.5.12. 91다26546).

[쟁점정리] **무효행위 추인의 효과(예외적 소급효)**
당사자의 합의에 의하여 당사자 간에 있어서만 소급하여 행위시로부터 유효하였던 것으로 다룰 수 있는 '채권적·소급적 추인'이 인정된다(통설). 한편 判例는 입양 등의 '신분행위의 경우'에 대체행위로서의 유효요건을 갖추지 못하여 무효행위의 전환이 인정되지 않더라도(제138조 참조), 그 내용에 맞는 신분관계가 실질적으로 형성되어 당사자 쌍방이 이의 없이 그 신분관계를 계속하여 왔다면 '소급적' 추인을 인정한다(대판 2000.6.9. 99므1633, 1640).

② [×] 불공정한 법률행위는 절대적, 확정적 무효이다(제104조). 따라서 목적부동산이 제3자에게 이전된 경우에 제3자가 선의라 하여도 그 소유권을 취득하지 못하고(대판 1963.11.7. 63다479), 추인에 의해서도 그 법률행위가 유효로 될 수 없다(대판 1994.6.24. 94다10900).

③ [×] 종래 判例는 무권대리의 추인으로 이론구성하는 입장이었으나(대판 1981.1.13. 79다2151), 최근에 判例는 "무권리자가 타인의 권리를 자기의 이름으로 또는 자기의 권리로 처분한 경우에, 권리자는 후일 이를 추인함으로써 그 처분행위를 인정할 수 있고, 특별한 사정이 없는 한 이로써 권리자 본인에게 위 처분행위의 효력이 발생함은 사적자치의 원칙에 비추어 당연하고"(대판 2001.11.9. 2001다44291)라고 판시함으로써 무권리자 처분행위에 대한 추인의 근거를 사적자치의 원리에서 구하고 있다.

④ [○] 제140조가 규정하는 취소권자와 같다. 여러 명의 추인권자 중 1인의 추인으로 다른 추인권자의 추인권은 소멸한다.

[참조조문] 제140조(법률행위의 취소권자) 「취소할 수 있는 법률행위는 제한능력자, 착오로 인하거나 사기·강박에 의하여 의사표시를 한 자, 그의 대리인 또는 승계인만이 취소할 수 있다.」

⑤ [×] 피성년후견인은 성년후견인의 동의를 얻어 법률행위를 하더라도 취소할 수 있는 것이 원칙이다. 따라서 피성년후견인은 법정대리인의 동의를 얻더라도 유효하게 추인할 수 없다.

[쟁점정리] **피성년후견인의 행위능력(원칙 – 언제나 취소 가능)**
피성년후견인의 법률행위는 원칙적으로 언제나 취소할 수 있다(정신적 제약으로 사무를 처리할 능력이 지속적으로 결여되어 있기 때문이다)(제10조 제1항). 성년후견인의 동의가 있더라도 취소할 수 있는데, 취소권자는 피성년후견인과 성년후견인이다(제141조).

정답 | ④

---

40 법률행위 추인에 관한 설명으로 옳지 않은 것은? (다툼이 있으면 판례에 따름)　　[20·19세무사 변형]

① 법률행위가 취소된 후에 취소할 수 있는 법률행위에 관한 추인으로 취소된 법률행위를 다시 확정적으로 유효하게 할 수 있다.

② 무효인 법률행위의 추인은 그 무효원인이 소멸한 후에 하여야 효력이 있다.

③ 강박에 의한 의사표시임을 이유로 취소된 법률행위를 추인하는 경우, 그 추인이 효력을 갖기 위해서는 강박상태에서 벗어난 후에 추인하여야 한다.

④ 불공정한 법률행위에 해당하여 무효인 경우에도 무효행위 전환에 관한 민법 규정이 적용될 수 있다.

⑤ 무효인 법률행위의 추인은 명시적인 방법뿐만 아니라 묵시적인 방법으로 할 수도 있다.

해설

① [×] ②③ [○] 判例는 취소한 법률행위는 무효인 법률행위의 추인의 요건과 효력으로서 추인할 수는 있는바, 무효(취소)원인이 소멸한 후에 하여야 그 효력이 있다고 한다(대판 1997.12.12. 95다38240; 제139조).

[관련판례] 강박에 의한 의사표시를 이유로 취소한 후 다시 이를 추인할 수 있는지에 관해, 判例는 "취소한 법률행위는 처음부터 무효인 것으로 간주되므로, 취소할 수 있는 법률행위가 일단 취소된 이상 그 후에는 취소할 수 있는 법률행위의 추인에 의하여 이미 취소되어 무효인 것으로 간주된 당초의 의사표시를 다시 확정적으로 유효하게 할 수는 없고, 다만 무효인 법률행위의 추인의 요건과 효력으로서 추인할 수는 있으나, 무효행위의 추인은 그 무효원인이 소멸한 후에 하여야 그 효력이 있으므로, 강박에 의한 의사표시임을 이유로 일단 유효하게 취소되어 당초의 의사표시가 무효로 된 후에 추인한 경우, 그 추인이 효력을 가지기 위하여는 그 무효원인이 소멸한 후일 것을 요한다고 할 것인데, 그 무효원인이란 바로 위 의사표시의 취소사유라 할 것이므로 결국 무효원인이 소멸한 후란 것은 당초의 의사표시의 성립과정에 존재하였던 취소의 원인이 종료된 후, 즉 강박상태에서 벗어난 후라고 보아야 한다."(대판 1997.12.12. 95다38240)라고 한다.

④ [○] 判例는 매매대금의 과다로 말미암아 불공정한 법률행위에 해당하는 매매계약에 대해서, 선행하는 조정절차에서 제시된 금액을 기준으로 당사자의 '가정적 의사'를 추론하여 그 매매대금을 '적정한 금액'으로 감액하여 매매계약의 유효성을 인정하였다. 즉, 제104조에 해당하여 무효인 경우에도 제138조(무효행위의 전환)가 적용될 수 있다고 한다(대판 2010.7.15. 2009다50308).

⑤ [○] 무권대표행위나 무효행위의 추인은 무권대표행위 등이 있음을 알고 그 행위의 효과를 자기에게 귀속시키도록 하는 단독행위로서 그 의사표시의 방법에 관하여 일정한 방식이 요구되는 것이 아니므로 명시적이든 묵시적이든 묻지 않는다 할 것이지만, 묵시적 추인을 인정하기 위해서는 본인이 그 행위로 처하게 된 법적 지위를 충분히 이해하고 그럼에도 진의에 기하여 그 행위의 결과가 자기에게 귀속된다는 것을 승인한 것으로 볼 만한 사정이 있어야 할 것이므로 이를 판단함에 있어서는 관계되는 여러 사정을 종합적으로 검토하여 신중하게 하여야 한다(대판 2010.12.23. 2009다37718).

정답 | ①

---

41 법률행위의 취소와 추인에 관한 설명 중 옳지 않은 것은?

[18 · 16소방간부 변형]

① 법률행위가 취소되면 처음부터 무효인 것으로 본다.

② 법률행위의 취소는 취소권자만이 행사할 수 있다.

③ 법정대리인이 추인하는 경우에는 취소의 원인이 소멸되지 않은 경우에도 그 효력이 있다.

④ 취소권은 추인할 수 있는 날로부터 3년 내에, 법률행위를 한 날로부터 10년 내에 행사하여야 한다.

⑤ 착오 · 사기 · 제한능력을 이유로 법률행위를 취소한 경우, 그 취소의 효과는 선의의 제3자에게 대항할 수 없다.

해설

① [○]

> 제141조(취소의 효과) 「취소된 법률행위는 처음부터 무효인 것으로 본다. 다만, 제한능력자는 그 행위로 인하여 받은 이익이 현존하는 한도에서 상환할 책임이 있다.」

▶ 취소는 일단 유효하게 성립된 법률행위를 제한능력 또는 의사표시의 결함(착오 · 사기 · 강박)을 이유로 행위시에 소급하여 소멸케 하는 특정인(취소권자)의 의사표시이다.

② [○]

> 제140조(법률행위의 취소권자) 「취소할 수 있는 법률행위는 제한능력자, 착오로 인하거나 사기 · 강박에 의하여 의사표시를 한 자, 그의 대리인 또는 승계인만이 취소할 수 있다.」

▶ ⅰ) 제한능력자는 '단독으로' 법률행위를 취소할 수 있다. ⅱ) 착오로 인하거나 사기 · 강박에 의하여 의사표시를 한 자, ⅲ) 발생한 취소권의 행사를 수여 받은 임의대리인이나, 법정대리인도 취소권자이다. ⅳ) 포괄승계인(상속)이나 취소할 수 있는 행위에 의하여 취득한 권리의 특정승계인도 취소권자이다(제140조).

③ [○] 추인은 취소원인이 소멸한 후에 하여야 한다. 즉, 제한능력자는 능력자가 된 뒤, 착오, 사기 · 강박으로 의사표시를 한 자는 비정상적인 상태에서 벗어난 뒤에 해야 한다. 다만 법정대리인은 언제나 추인할 수 있다(제144조 제2항).

④ [○]

> 제146조(취소권의 소멸) 「취소권은 추인할 수 있는 날로부터 3년 내에 법률행위를 한 날로부터 10년 내에 행사하여야 한다.」

⑤ [×] 착오나 사기 · 강박을 이유로 한 취소는 그 효과에 있어서 선의의 제3자에게 대항할 수 없는 상대적인 것이다(제109조 제2항, 제110조 제3항). 그러나 당사자의 제한능력을 이유로 하는 취소는 선의의 제3자에게도 대항할 수 있는 절대적인 것이다(제5조 제2항).

[쟁점정리] 제한능력자 제도의 목적

민법은 제한능력자가 독자적으로 한 법률행위는 원칙적으로 '취소'할 수 있다고 규정하고 있다(제5조 제2항, 제10조 제1항, 제13조 제4항). 즉, 유리하다고 생각되면 취소 안 하면 그만이지만, 취소를 하게 되면 소급해서 무효가 되고(제141조), 이것은 모든 사람에 대한 관계에서 무효가 되는 절대적 효력이 있다(제5조 제2항 등에서는 제107조 이하에서 정한 선의의 제3자 보호규정이 없다). 이 점에서 제한능력자제도는 거래의 안전을 희생시키는 것을 감수하면서 제한능력자 본인을 보호하는 데 그 목적을 두고 있다. 따라서 제한능력제도에 관한 규정은 '강행규정'으로서(대판 2007.11.16. 2005다71659 등), 이에 반하는 계약은 효력이 없다.

정답 | ⑤

42 취소할 수 있는 법률행위의 법정추인사유가 아닌 것은? [20세무사 · 17행정사 변형]

① 전부나 일부의 이행 ② 이행의 청구 ③ 이의를 보류한 경개
④ 담보의 제공 ⑤ 강제집행

해설

①②④⑤ [O] ③ [×] ⅰ) 전부나 일부의 이행(상대방으로부터 이행을 수령한 경우도 포함된다), ⅱ) 이행의 청구(이행의 청구를 받는 것은 포함되지 않는다), ⅲ) 경개(제500조 참조, 취소권자가 채권자인지 채무자인지를 불문한다), ⅳ) 담보의 제공(취소권자가 채무자로서 제공하거나 채권자로서 제공받는 경우를 포함한다), ⅴ) 취소할 수 있는 행위로 취득한 권리의 전부나 일부의 양도(상대방이 양도한 경우는 포함되지 않는다), ⅵ) 강제집행(취소권자가 채권자로서 집행하거나 채무자로서 집행을 받는 경우를 포함한다)

  ▶ 이의를 보류한 때에는 법정추인이 인정되지 않는다(제145조 단서).

정답 | ③

43 추인에 관한 설명으로 옳지 않은 것은? [20소방간부 · 19세무사 변형]

① 제한능력자의 상대방은 제한능력자가 능력자가 된 후에 그에게 1개월 이상의 기간을 정하여 그 취소할 수 있는 행위를 추인할 것인지 여부의 확답을 촉구할 수 있고, 능력자로 된 사람이 그 기간 내에 확답을 발송하지 아니하면 그 행위를 추인한 것으로 본다.

② 무권대리인이 체결한 계약은 본인이 이를 추인하지 아니하면 본인에 대하여 효력이 없다.

③ 무권대리인이 계약을 체결한 경우에 상대방은 상당한 기간을 정하여 본인에게 그 추인 여부의 확답을 최고할 수 있고, 본인이 그 기간 내에 확답을 발하지 아니한 때에는 추인한 것으로 본다.

④ 취소할 수 있는 법률행위를 추인한 후에는 취소하지 못한다.

⑤ 취소할 수 있는 법률행위에 관하여 추인할 수 있는 후에 이의를 보류하지 않은 채 이행의 청구를 하면 추인한 것으로 본다.

해설

① [O] 제15조(제한능력자의 상대방의 확답을 촉구할 권리) 「①항 제한능력자의 상대방은 제한능력자가 능력자가 된 후에 그에게 1개월 이상의 기간을 정하여 그 취소할 수 있는 행위를 추인할 것인지 여부의 확답을 촉구할 수 있다. 능력자로 된 사람이 그 기간 내에 확답을 발송하지 아니하면 그 행위를 추인한 것으로 본다.」

② [O] 대리권 없는 자가 타인의 대리인으로 한 계약은 본인이 이를 추인하지 아니하면 본인에 대하여 효력이 없다(제130조). 따라서 본조는 무권대리를 확정적으로 무효로 하지 않고 본인이 추인 또는 추인 거절을 하는 것에 따라 본인에 대한 효력 유무를 결정한다.

  ▶ 무권대리행위는 유동적 무효라고 할 수 있다.

  참조조문 제130조(무권대리) 「대리권없는 자가 타인의 대리인으로 한 계약은 본인이 이를 추인하지 아니하면 본인에 대하여 효력이 없다.」

③ [×] 제131조(상대방의 최고권) 「대리권 없는 자가 타인의 대리인으로 계약을 한 경우에 상대방은 상당한 기간을 정하여 본인에게 그 추인 여부의 확답을 최고할 수 있다. 본인이 그 기간 내에 확답을 발하지 아니한 때에는 추인을 거절한 것으로 본다.」

④ [O] 추인이 있으면 그 후로는 취소할 수 없고 그 법률행위는 완전히 유효한 것으로 확정된다(제143조 제1항).

  ▶ 따라서 그 추인 후에는 취소하지 못한다.

⑤ [O] ⅰ) 전부나 일부의 이행(상대방으로부터 이행을 수령한 경우도 포함된다), ⅱ) 이행의 청구(이행의 청구를 받는 것은 포함되지 않는다), ⅲ) 경개(제500조 참조, 취소권자가 채권자인지 채무자인지를 불문한다), ⅳ) 담보의 제공(취소권자가 채무자로서 제공하거나 채권자로서 제공받는 경우를 포함한다), ⅴ) 취소할 수 있는 행위로 취득한 권리의 전부나 일부의 양도(상대방이 양도한 경우는 포함되지 않는다), ⅵ) 강제집행(취소권자가 채권자로서 집행하거나 채무자로서 집행을 받는 경우를 포함한다)

  ▶ 상대방의 취소권자에 대한 이행의 청구(이행의 청구를 받는 것)는 법정추인사유가 아니다.

정답 | ③

44 법률행위의 무효와 취소에 관한 설명 중 옳고 그름의 표시(○, ×)가 바르게 된 것은? (다툼이 있는 경우 판례에 의함)

　　㉠ 사기·강박에 의하여 의사표시를 한 자의 상속인은 그 의사 표시를 취소할 수 없다.

　　㉡ 취소권자가 취소할 수 있는 법률행위를 적법하게 추인한 후에는 그 법률행위를 다시 취소할 수 없다.

　　㉢ 무효인 법률행위는 당사자가 무효임을 알고 추인한 경우에는 특별한 사정이 없는 한 소급하여 유효한 행위로 된다.

　　㉣ 불공정한 법률행위에 해당하여 무효인 경우에는 무효행위의 전환에 관한 민법 제138조가 적용될 수 있다.

　　㉤ 토지거래계약 허가구역 내 토지에 관하여 허가를 배제하거나 잠탈하는 내용으로 매매계약이 체결된 후 허가 구역 지정이 해제되더라도 그 매매계약은 유효로 되지 아니한다.

① ㉠(×) ㉡(○) ㉢(×) ㉣(○) ㉤(○)

② ㉠(×) ㉡(×) ㉢(○) ㉣(×) ㉤(○)

③ ㉠(○) ㉡(×) ㉢(○) ㉣(×) ㉤(×)

④ ㉠(○) ㉡(○) ㉢(×) ㉣(○) ㉤(○)

해설

㉠ [×] 취소할 수 있는 법률행위는 제한능력자, 착오로 인하거나 사기·강박에 의하여 의사표시를 한 자, 그의 대리인 또는 승계인만이 취소할 수 있다. 여기에서 승계인은 포괄승계인(상속인)도 포함된다.

㉡ [○] 추인이 있으면 그 후로는 취소할 수 없고 그 법률행위는 완전히 유효한 것으로 확정된다(제143조 제1항).

㉢ [×] 무효행위의 추인에는 원칙적으로 '소급효가 없다'. 즉, 추인한 때부터 새로운 법률행위를 한 것으로 간주될 뿐이다(제139조).

㉣ [○] 判例는 매매대금의 과다로 말미암아 불공정한 법률행위에 해당하는 매매계약에 대해서, 선행하는 조정절차에서 제시된 금액을 기준으로 당사자의 '가정적 의사'를 추론하여 그 매매대금을 '적정한 금액'으로 감액하여 매매계약의 유효성을 인정하였다. 즉, 제104조에 해당하여 무효인 경우에도 제138조(무효행위의 전환)가 적용될 수 있다고 한다(대판 2010.7.15. 2009다50308).

㉤ [○] 규제지역에서 토지거래허가를 받기 전의 거래계약이 처음부터 허가를 '배제'하거나 '잠탈'하는 내용의 계약일 경우 확정적 무효로서 유효로 될 여지가 없다(대판 1991.12.24. 전합 90다12243).

정답 | ①

45 법률행위의 무효와 취소에 관한 설명으로 옳은 것은? (다툼이 있으면 판례에 따름)

① 무효인 법률행위의 추인은 명시적으로 하여야 하고, 묵시적으로 할 수 없다.

② 법률행위가 취소되면 처음부터 무효인 것으로 되지만, 제한능력자는 그 행위로 인하여 받은 이익이 현존하는 한도에서 상환할 책임이 있다.

③ 착오에 의한 의사표시를 한 자가 사망한 경우, 그 상속인은 피상속인의 착오를 이유로 취소할 수 없다.

④ 취소권은 추인할 수 있는 날로부터 10년 내에 행사하면 된다.

⑤ 법률행위의 일부분이 무효인 경우, 그 무효부분이 없더라도 법률행위를 하였을 것이라고 인정될 때에도 그 전부를 무효로 한다.

해설

① [×] 무권대표행위나 무효행위의 추인은 무권대표행위 등이 있음을 알고 그 행위의 효과를 자기에게 귀속시키도록 하는 단독행위로서 그 의사표시의 방법에 관하여 일정한 방식이 요구되는 것이 아니므로 명시적이든 묵시적이든 묻지 않는다 할 것이지만, 묵시적 추인을 인정하기 위해서는 본인이 그 행위로 처하게 된 법적 지위를 충분히 이해하고 그럼에도 진의에 기하여 그 행위의 결과가 자기에게 귀속된다는 것을 승인한 것으로 볼 만한 사정이 있어야 할 것이므로 이를 판단함에 있어서는 관계되는 여러 사정을 종합적으로 검토하여 신중하게 하여야 한다(대판 2010.12.23. 2009다37718).

② [○]

> **제141조(취소의 효과)** 「취소된 법률행위는 처음부터 무효인 것으로 본다. 다만, 제한능력자는 그 행위로 인하여 받은 이익이 현존하는 한도에서 상환할 책임이 있다.」

> ▶ 취소는 일단 유효하게 성립된 법률행위를 제한능력 또는 의사표시의 결함(착오·사기·강박)을 이유로 행위시에 소급하여 소멸케 하는 특정인(취소권자)의 의사표시이다.

③ [×]

> **제140조(법률행위의 취소권자)** 「취소할 수 있는 법률행위는 제한능력자, 착오로 인하거나 사기·강박에 의하여 의사표시를 한 자, 그의 대리인 또는 승계인만이 취소할 수 있다.」

> ▶ ⅰ) 제한능력자는 '단독으로' 법률행위를 취소할 수 있다. ⅱ) 착오로 인하거나 사기·강박에 의하여 의사표시를 한 자, ⅲ) 발생한 취소권의 행사를 수여 받은 임의대리인이나, 법정대리인도 취소권자이다. ⅳ) 포괄승계인(상속)이나 취소할 수 있는 행위에 의하여 취득한 권리의 특정승계인도 취소권자이다(제140조).

④ [×]

> **제146조(취소권의 소멸)** 「취소권은 추인할 수 있는 날로부터 3년 내에 법률행위를 한 날로부터 10년 내에 행사하여야 한다.」

⑤ [×] 민법상 일부무효는 전부무효가 원칙이다(제137조 본문). 그러나 예외적으로 일부무효가 되기 위해서는 ⅰ) 법률행위의 일체성과 분할가능성이 인정되어야 하고, ⅱ) 당사자들이 그 무효부분이 없더라도 법률행위를 하였을 것이라는 가정적 의사가 인정되어야 한다(제137조 단서).

> [참조조문] **제137조(일부무효)** 「법률행위의 일부분이 무효인 때에는 그 전부를 무효로 한다. 그러나 그 무효부분이 없더라도 법률행위를 하였을 것이라고 인정될 때에는 나머지 부분은 무효가 되지 아니한다.」

정답 | ②

---

46 법률행위의 무효와 취소에 관한 설명으로 옳지 않은 것은? (다툼이 있으면 판례에 따름) [19행정사]

① 무효인 법률행위는 추인하여도 원칙적으로 그 효력이 생기지 않는다.

② 법률행위의 일부분이 무효인 경우에 대하여 규정하고 있는 제137조는 임의규정이다.

③ 취소할 수 있는 법률행위에서 취소권자의 상대방이 그 취소할 수 있는 행위로 취득한 권리를 양도하는 경우 법정추인이 된다.

④ 하나의 법률행위의 일부분에만 취소사유가 있다고 하더라도 그 법률행위가 가분적이거나 그 목적물의 일부가 특정될 수 있다면, 그 나머지 부분이라도 이를 유지하려는 당사자의 가정적 의사가 인정되는 경우 그 일부만의 취소도 가능하다.

⑤ 임차권양도계약과 권리금계약이 결합하여 경제적·사실적 일체로 행하여진 경우, 그 권리금계약 부분에만 취소사유가 존재하여도 특별한 사정이 없는 한 권리금계약 부분만을 따로 떼어 취소할 수는 없다.

해설

① [○]
> 제139조(무효행위의 추인) 「무효인 법률행위는 추인하여도 그 효력이 생기지 아니한다. 그러나 당사자가 그 무효임을 알고 추인한 때에는 새로운 법률행위로 본다.」

② [○] 일부만이 강행규정에 위반하는 경우 判例는 "제137조는 임의규정으로서 원칙적으로 사적자치의 원칙이 지배하는 영역에서 적용되므로 ⅰ) 법률이 별도로 일부무효의 효과를 규정하는 경우에는 이에 의하고, ⅱ) 그러한 규정이 없다면 원칙적으로 제137조가 적용될 것이나, 나머지 부분을 무효로 한다면 당해 효력규정의 취지에 명백히 반하는 결과가 초래되는 경우에는 나머지 부분까지 무효가 된다고 할 수는 없다."(대판 2007.6.28. 2006다38161, 38178; 대판 2013.4.26. 2011다9068)라고 한다. 따라서 判例는 "상호신용금고의 담보제공약정이 효력규정인 구 상호신용금고법 제18조의2 제4호에 위반하여 무효라고 하더라도, 그와 일체로 이루어진 대출약정까지 무효로 된다고는 할 수 없다."(대판 2004.6.11. 2003다1601)라고 한다.

③ [×] ⅰ) 전부나 일부의 이행(상대방으로부터 이행을 수령한 경우도 포함된다), ⅱ) 이행의 청구(이행의 청구를 받는 것은 포함되지 않는다), ⅲ) 경개(제500조 참조, 취소권자가 채권자인지 채무자인지를 불문한다), ⅳ) 담보의 제공(취소권자가 채무자로서 제공하거나 채권자로서 제공받는 경우를 포함한다), ⅴ) 취소할 수 있는 행위로 취득한 권리의 전부나 일부의 양도(상대방이 양도한 경우는 포함되지 않는다), ⅵ) 강제집행(취소권자가 채권자로서 집행하거나 채무자로서 집행을 받는 경우를 포함한다)

④ [○] 민법상 일부취소의 규정이 없으므로 일부무효의 법리에 따라 그 요건을 추출해야 한다. 따라서 判例가 판시하는 바와 같이 하나의 법률행위의 일부분에만 취소사유가 있다고 하더라도 ⅰ) 그 법률행위가 가분적이거나 그 목적물의 일부가 특정될 수 있다면, ⅱ) 그 나머지 부분이라도 이를 유지하려는 당사자의 가정적 의사가 인정되는 경우 그 일부만의 취소도 가능하다(대판 2002.9.10. 2002다21509). 判例는 일부무효와는 달리 법률행위의 가분성과 선택적으로 '목적물의 일부가 특정될 수 있음'도 들고 있다.

관련판례 "채권자와 연대보증인 사이의 연대보증계약이 주채무자의 기망에 의하여 체결되어 적법하게 취소되었으나, 그 보증책임이 금전채무로서 채무의 성격상 가분적이고 연대보증인에게 보증한도를 일정 금액으로 하는 보증의사가 있었으므로, 연대보증인의 연대보증계약의 취소는 그 일정 금액을 초과하는 범위 내에서만 효력이 생긴다(대판 2002.9.10. 2002다21509).

⑤ [○] 判例는 점포 임차권의 양수인 甲이 양도인 乙의 기망행위(매출액을 적극적으로 과장)를 이유로 乙과 체결한 권리금계약을 각 취소(해제)한다고 주장한 사안에서, "이 사건 임차권양도계약과 권리금계약의 체결 경위, 계약 내용 등을 참작할 때, 이 사건 권리금계약은 임차권양도계약과 결합하여 그 전체가 경제적, 사실적으로 일체로서 행하여진 것으로 보아야 하고, 어느 하나의 존재 없이는 당사자가 다른 하나를 의욕하지 않았을 것으로 보이므로, 권리금계약 부분만 따로 떼어 이를 취소할 수는 없다. 따라서 원심으로서는 권리금계약에 취소사유가 있다고 판단한 경우라면 마땅히 임차권양도계약까지도 취소하였어야 한다."[대판 2013.5.9. 2012다115120; 전부취소를 긍정한 사안(제137조 본문 유추적용)]라고 판시하였다.

정답 | ③

47 취소에 관한 다음 설명 중 가장 옳지 않은 것은? (다툼이 있는 경우 판례에 의하고, 전원합의체 판결의 경우 다수의견에 의함)

[19서기보]

① 당사자의 합의로 착오로 인한 의사표시 취소에 관한 제109조 제1항의 적용을 배제할 수 있다.

② 제109조 제1항 단서에 따르면 의사표시의 착오가 표의자의 중대한 과실로 인한 때에는 그 의사표시를 취소하지 못하고, 이는 상대방이 표의자의 착오를 알고 이를 이용한 경우에도 마찬가지이다.

③ 신용카드 가맹점이 미성년자와 신용구매계약을 체결할 당시 향후 그 미성년자가 법정대리인의 동의가 없었음을 들어 스스로 위 계약을 취소하지는 않으리라고 신뢰하였다 하더라도, 특별한 사정이 없는 한 법정대리인의 동의 없이 신용구매계약을 체결한 미성년자가 사후에 법정대리인의 동의 없음을 사유로 들어 이를 취소하는 것이 신의칙에 위배된 것이라고 할 수 없다.

④ 근로계약도 기본적으로 사법상 계약이므로 계약 체결에 관한 당사자들의 의사표시에 취소 사유가 있으면 그 상대방은 이를 이유로 근로계약을 취소할 수 있으나, 그 경우에도 취소의 의사표시 이후 장래에 관하여만 근로계약의 효력이 소멸된다.

해설

① [O] 의사표시는 법률행위의 내용의 중요 부분에 착오가 있는 때에는 취소할 수 있고, 의사표시의 동기에 착오가 있는 경우에는 당사자 사이에 그 동기를 의사표시의 내용으로 삼았을 때에 한하여 의사표시의 내용의 착오가 되어 취소할 수 있는 것이다. 그리고 당사자의 합의로 착오로 인한 의사표시 취소에 관한 제109조 제1항의 적용을 배제할 수 있다(대판 2016.4.15. 2013다97694).

② [×] 상대방이 표의자의 착오를 알면서 이를 이용한 경우에, 표의자에게 중대한 과실이 있더라도 표의자는 그 의사표시를 취소할 수 있다(대판 1955.11.10. 4288민상321; 대판 2014.11.27. 2013다49794).

> ▶ 제109조 제1항 단서가 상대방의 이익을 보호하기 위한 것이지만 이러한 경우에는 상대방의 보호가치가 부정되므로 그 규정의 적용이 배제되어야 하고, 또한 상대방이 표의자의 중대한 과실을 원용하여 표의자의 취소권을 부인하는 것은 신의칙에 반하기 때문이다.

③ [O] 대판 2007.11.16. 2005다71659, 71666, 71673

④ [O] 사기·강박에 의한 의사표시가 취소되면, 그 의사표시를 요소로 하는 법률행위가 소급적으로 무효로 된다(제141조). 다만, 최근 判例 중에는 소급효를 제한하여 근로계약이 사기에 의한 것으로 취소되면 이미 제공된 근로자의 노무를 기초로 형성된 취소 이전의 법률관계까지 효력을 잃는 것은 아니라고 하여 '장래효'를 인정하기도 한다(대판 2017.12.22. 2013다25194, 25200).

정답 | ②

---

48 법률행위의 취소에 관한 다음 설명 중 가장 옳지 않은 것은? [14서기보]

① 하나의 법률행위의 일부분에만 취소사유가 있다고 하더라도 그 법률행위가 가분적이거나 그 목적물의 일부가 특정될 수 있다면, 그 나머지 부분이라도 이를 유지하려는 당사자의 가정적 의사가 인정되는 경우 그 일부만의 취소도 가능하고, 그 일부의 취소는 법률행위의 일부에 관하여 효력이 생긴다.

② 동기의 착오가 법률행위의 내용의 중요부분의 착오에 해당함을 이유로 표의자가 법률행위를 취소하려면 그 동기를 당해 의사표시의 내용으로 삼을 것을 상대방에게 표시하고 의사표시의 해석상 법률행위의 내용으로 되어 있다는 것으로는 부족하고 당사자들 사이에 그 동기를 의사표시의 내용으로 삼기로 하는 합의가 이루어져야 한다.

③ 미성년자의 행위임을 이유로 법률행위를 취소하는 경우 미성년자는 그 행위로 인하여 받은 이익이 현존하는 한도에서 상환할 책임이 있다.

④ 제146조 전단은 '취소권은 추인할 수 있는 날로부터 3년 내에 행사하여야 한다'고 규정하고 있는바, 위 조항의 '추인할 수 있는 날'이란 취소의 원인이 종료되어 취소권행사에 관한 장애가 없어져서 취소권자가 취소의 대상인 법률행위를 추인할 수도 있고 취소할 수도 있는 상태가 된 때를 가리킨다.

해설

① [O] 대판 2002.9.10. 2002다21509

② [×] 동기의 착오가 법률행위의 내용의 중요부분의 착오에 해당함을 이유로 표의자가 법률행위를 취소하려면 그 동기를 당해 의사표시의 내용으로 삼을 것을 상대방에게 표시하고 의사표시의 해석상 법률행위의 내용으로 되어 있다고 인정되면 충분하고 당사자들 사이에 별도로 그 동기를 의사표시의 내용으로 삼기로 하는 합의까지 이루어질 필요는 없지만, 그 법률행위의 내용의 착오는 보통 일반인이 표의자의 입장에 섰더라면 그와 같은 의사표시를 하지 아니하였으리라고 여겨질 정도로 그 착오가 중요한 부분에 관한 것이어야 한다(대판 2000.5.12. 2000다12259).

③ [O]

> 제141조(취소의 효과) 「취소된 법률행위는 처음부터 무효인 것으로 본다. 다만, 제한능력자는 그 행위로 인하여 받은 이익이 현존하는 한도에서 상환(償還)할 책임이 있다.」

④ [O] 취소권은 추인할 수 있는 날로부터 3년 내에, 법률행위를 한 날로부터 10년 내에 행사하여야 한다(제146조). 여기서 '추인할 수 있는 날'이란, 취소의 원인이 종료되고 또 취소권행사에 관한 법률상의 장애가 없어져서 취소권자가 취소의 대상인 법률행위를 추인할 수도 있고 취소할 수도 있는 상태가 된 때를 가리킨다(대판 1998.11.27. 98다7421).

정답 | ②

49 법률행위의 취소에 관한 설명 중 옳지 않은 것은? (다툼이 있는 경우에는 판례에 의함) [15변호사 변형]

① 제한능력자의 상대방이 제한능력자가 능력자가 된 후에 그에게 1개월 이상의 기간을 정하여 그 취소할 수 있는 행위를 추인할 것인지 여부의 확답을 촉구한 경우, 능력자로 된 사람이 그 기간 내에 확답을 발송하지 아니하면 그 행위를 추인한 것으로 본다.

② 제한능력자가 맺은 계약은 추인이 있을 때까지 상대방이 그 의사표시를 철회할 수 있지만, 상대방이 계약 당시에 제한능력자임을 알았을 경우에는 그러하지 아니하다.

③ 제한능력자의 법률행위가 취소된 경우, 제한능력자는 그 행위로 인하여 받은 이익이 현존하는 한도에서는 상환할 책임이 있다.

④ 매매계약의 당사자가 사기 또는 강박 등을 이유로 매매계약을 취소한 경우, 상대방에 대하여 채무불이행으로 인한 손해배상책임을 부담할 수 있다.

해설

① [○] | 제15조(제한능력자의 상대방의 확답을 촉구할 권리) 「①항 제한능력자의 상대방은 제한능력자가 능력자가 된 후에 그에게 1개월 이상의 기간을 정하여 그 취소할 수 있는 행위를 추인할 것인지 여부의 확답을 촉구할 수 있다. 능력자로 된 사람이 그 기간 내에 확답을 발송하지 아니하면 그 행위를 추인한 것으로 본다.」

② [○] | 제16조(제한능력자의 상대방의 철회권과 거절권) 「①항 제한능력자가 맺은 계약은 추인이 있을 때까지 상대방이 그 의사표시를 철회할 수 있다. 다만, 상대방이 계약 당시에 제한능력자임을 알았을 경우에는 그러하지 아니하다.」

③ [○] | 제141조(취소의 효과) 「취소된 법률행위는 처음부터 무효인 것으로 본다. 다만, 제한능력자는 그 행위로 인하여 받은 이익이 현존하는 한도에서 상환할 책임이 있다.」

④ [✕] 매매계약의 당사자가 사기 또는 강박 등을 이유로 매매계약을 취소한 경우 매매계약의 유효를 전제로 하는 채무불이행책임이나 담보책임은 더 이상 물을 수 없다(대판 1993.4.27. 92다56087; 대판 1980.2.26. 79다1746 등).

정답 | ④

50 일부무효와 일부취소에 관한 다음 설명 중 틀린 것은? (다툼이 있는 경우 판례에 의함) [출제예상]

① 법률행위의 일부가 강행법규의 위반으로 무효인 경우, 그 법규가 일부무효의 효력을 규정하는 경우에는 그에 의하고, 그 규정이 없으면 원칙적으로 일부무효에 관한 제137조의 규정이 적용될 것이나, 당해 효력규정과 그 규정을 둔 법의 입법 취지를 고려하여 나머지 부분의 효력을 결정하여야 한다.

② 복수의 당사자가 중간생략등기의 합의를 한 경우, 그 합의는 전체로서 일체성을 가지며, 그중 한 당사자의 의사표시가 무효일 경우 나머지 당사자 사이의 합의의 유효성은 민법의 일부무효의 법리에 의하여 결정한다.

③ 토지의 매매가를 감정기관의 착오로 가격을 지나치게 높게 초과해서 청구한 경우, 정당한 감정가보다 초과된 부분의 일부 착오취소는 인정되지 않는다.

④ 기망행위에 의해 소비대차계약을 체결하고 이를 담보하기 위해 근저당권을 설정한 경우, 기망행위를 이유로 하는 근저당권설정계약의 효력은 소비대차에도 미친다.

해설

① [○] 일부무효가 되기 위한 요건(일, 분, 가)

현행 민법상 일부무효는 전부무효가 원칙이다(제137조 본문). 그러나 일부무효가 예외적으로 일부무효가 되기 위해서는 ⅰ) 법률행위의 일체성과 분할가능성이 인정되어야 하고, ⅱ) 당사자들이 그 무효부분이 없더라도 법률행위를 하였을 것이라는 가정적 의사가 인정되어야 한다(제137조 단서).

[관련판례] 일부무효 법리의 적용범위 및 강행법규와의 관계

일부만이 강행규정에 위반하는 경우 判例에 따르면 "제137조는 임의규정으로서 원칙적으로 사적자치의 원칙이 지배하는 영역에서 적용되므로 ⅰ) 법률이 별도로 일부무효의 효과를 규정하는 경우에는 이에 의하고, ⅱ) 그러한 규정이 없다면 원칙적으로 제137조가 적용될 것이나, 나머지 부분을 무효로 한다면 당해 효력규정의 취지에 명백히 반하는 결과가 초래되는 경우에는 나머지 부분까지 무효가 된다고 할 수는 없다."(대판 2007.6.28. 2006다38161, 38178; 대판 2013.4.26. 2011다9068)라고 한다.

② [○] 복수의 당사자 사이에 중간생략등기의 합의를 한 경우 그 합의는 전체로서 일체성을 가지는 것이므로, 그중 한 당사자의 의사표시가 무효인 것으로 판명된 경우 나머지 당사자 사이의 합의가 유효한지의 여부는 제137조에 정한 바에 따라 당사자가 그 무효부분이 없더라도 법률행위를 하였을 것이라고 인정되는지의 여부에 의하여 판정되어야 할 것이고, 그 당사자의 의사는 실재하는 의사가 아니라 법률행위의 일부분이 무효임을 법률행위 당시에 알았다면 당사자 쌍방이 이에 대비하여 의욕하였을 가정적 의사를 말한다. 피고들이 위 노두현에게 원고를 적법하게 대리할 권한이 없는 것을 알았다면 아무런 실체적 관계가 없는 피고들 사이에서도 소유권이전의 합의를 하지 않았을 것이라고 보아야 할 것이므로, 피고들 사이의 소유권 이전의 합의 또한 무효임을 면할 수 없다(대판 1996.2.27. 95다38875).

③ [×] 매매대금은 매매계약의 중요 부분인 목적물의 성질에 대응하는 것이기는 하나 분량적으로 가분적인 데다가 시장경제하에서 가격은 늘 변동하는 것이어서, 설사 매매대금액 결정에 있어서 착오로 인하여 다소간의 차이가 나더라도 보통은 중요 부분의 착오로 되지 않는다. 그러나 이 사건은 정당한 평가액을 기준으로 무려 85%나 과다하게 평가된 경우로서 그 가격 차이의 정도가 현저할 뿐만 아니라, 원고는 지방자치단체로서 법령의 규정에 따라 정당하게 평가된 금액을 기준으로 협의매수를 하고 또한 협의가 성립되지 않는 경우 수용 등의 절차를 거쳐 사업에 필요한 토지를 취득하도록 되어 있다. 이러한 사정들에 비추어 볼 때, 원고 시로서는 위와 같은 동기의 착오가 없었더라면 그처럼 과다하게 잘못 평가된 금액을 기준으로 협의매수계약을 체결하지 않았으리라는 점은 명백하다. 따라서 원고의 매수대금액 결정의 동기는 이 사건 협의매수계약 내용의 중요한 부분을 이루고 있다고 봄이 상당하다(대판 1998.2.10. 97다44737).

④ [○] 甲이 지능이 박약한 乙을 꾀어 돈을 빌려주어 유흥비로 쓰게 하고 실제 준 돈의 두 배가량을 채권최고액으로 하여 자기 처인 丙 앞으로 근저당권을 설정한 사안에서, 判例는 "근저당권설정계약은 독자적으로 존재하는 것이 아니라 금전소비대차계약과 결합하여 그 전체가 일체로서 행하여진 것이므로, 甲의 기망을 이유로 한 乙의 근저당권설정계약취소의 의사표시는 법률행위의 일부무효이론과 궤를 같이 하는 법률행위의 일부취소의 법리에 따라 소비대차계약을 포함한 전체에 대하여 취소의 효력이 있다."(대판 1994.9.9. 93다31191)라고 판시하였다.

정답 | ③

제4관 법률행위 무효 · 취소에 따른 급부의 청산관계

51 甲이 자신 소유의 X 토지를 乙에게 매도하면서 乙의 매매대금의 지급과 동시에 乙 앞으로 소유권이전등기를 마쳐주기로 약정하였다. 이에 관한 설명으로 옳지 않은 것은? (다툼이 있으면 판례에 따름) [22행정사]

① 甲과 乙이 소유권이전등기와 매매대금의 지급을 이행하였으나 위 매매계약이 통정허위표시로 무효인 경우, 특별한 사정이 없는 한 甲이 지급받은 매매대금과 乙명의로 마쳐진 소유권등기를 각각 부당이득으로 반환 청구할 수 있다.

② 甲과 乙의 매매계약이 甲이 미성년자임을 이유로 적법하게 취소된 경우, 甲은 특별한 사정이 없는 한 이익이 현존하는 한도에서 상환할 책임이 있다.

③ 甲이 乙의 매매대금지급 불이행을 이유로 매매계약을 적법하게 해제한 경우, 乙은 계약해제에 따른 손해배상책임을 면하기 위해 착오를 이유로 그 매매계약을 취소할 수 없다.

④ 甲과 乙이 각 소유권이전등기와 매매대금의 지급을 이행한 이후, 乙이 甲의 사기를 이유로 위 매매계약을 적법하게 취소한 경우, 甲의 매매대금반환과 乙의 소유권이전등기말소는 특별한 사정이 없는 한 동시에 이행되어야 한다.

⑤ 甲과 乙의 매매계약이 관련 법령에 따라 관할청의 허가를 받아야 함에도 아직 토지거래허가를 받지 않아 유동적 무효 상태인 경우, 乙은 甲에게 계약의 무효를 주장하여 이미 지급한 계약금의 반환을 부당이득으로 청구할 수 없다.

해설

① [○] 예를 들어, 강제집행을 면할 목적으로 부동산에 허위의 근저당설정등기를 경료하는 행위는 제108조 통정의 허위표시에 해당하여 무효이지만 제103조 위반의 반사회적 행위라고 할 수 없다. 따라서 가장행위에 의하여 급부한 당사자는 부당이득 또는 소유권에 기하여 물권적 청구권을 청구할 수 있으며, 허위표시 자체가 제746조의 '불법'은 아니기 때문에 제746조는 적용되지 않는다(대판 2004.5.28. 2003다70041).

② [○]

> **제141조(취소의 효과)** 「취소된 법률행위는 처음부터 무효인 것으로 본다. 다만, 제한능력자는 그 행위로 인하여 받은 이익이 현존하는 한도에서 상환(償還)할 책임이 있다.」

③ [×] 判例는 '매도인'이 매수인의 중도금 지급 채무불이행을 이유로 매매계약을 적법하게 해제한 후에도(소급적 소멸), '매수인'이 착오를 이유로 취소권을 행사하여 매매계약 전체를 무효로 돌릴 수 있다고 판시하여 경합을 인정한다(대판 1996.12.6. 95다24982). 왜냐하면 무효와 취소의 '이중효'의 이론적 측면뿐만 아니라 이를 인정할 경우 매수인으로서는 계약해제의 효과로서 발생하는 손해배상책임을 지는 불이익(제548조, 제551조)을 피할 수 있는 실익도 있기 때문이다.

④ [○] 判例는 민법 제549조의 취지 및 공평, 신의칙을 근거로 매도인의 반환의무와 매수인의 반환의무는 동시이행관계에 있다고 한다(대판 1993.5.14. 92다45025).

⑤ [○] 매수인이 지급한 계약금은 그 계약이 유동적 무효상태로 있는 한 이를 부당이득으로 반환을 구할 수 없고, 유동적 무효상태가 확정적으로 무효로 되었을 때 비로소 부당이득으로 그 반환을 구할 수 있다(대판 1993.7.27. 91다33766).

정답 | ③

52 법률행위의 취소에 관한 설명으로 옳지 않은 것은? (다툼이 있으면 판례에 의함) [18소방간부]

① 취소할 수 있는 법률행위는 일단 유효하지만, 취소를 하였을 때에 비로소 소급하여 무효가 된다.

② 취소할 수 있는 법률행위는 제한능력자, 착오로 인하거나 사기 · 강박에 의하여 의사표시를 한 자, 그의 대리인 또는 승계인만이 취소할 수 있다.

③ 법률행위를 취소한 경우, 제한능력자는 그 행위로 얻은 이익이 현존하는 한도에서 상환할 책임이 있다.

④ 취소할 수 있는 법률행위의 상대방이 확정된 경우, 그 취소는 그 상대방에 대한 의사표시로 하여야 한다.

⑤ 취소권은 추인할 수 있는 날로부터 3년 내에, 법률행위를 한 날로부터 5년 내에 행사하여야 한다.

해설

① [○]
> **제141조(취소의 효과)** 「취소된 법률행위는 처음부터 무효인 것으로 본다. 다만, 제한능력자는 그 행위로 인하여 받은 이익이 현존하는 한도에서 상환할 책임이 있다.」

▶ 취소는 일단 유효하게 성립된 법률행위를 제한능력 또는 의사표시의 결함(착오·사기·강박)을 이유로 행위시에 소급하여 소멸케 하는 특정인(취소권자)의 의사표시이다.

② [○]
> **제140조(법률행위의 취소권자)** 「취소할 수 있는 법률행위는 제한능력자, 착오로 인하거나 사기·강박에 의하여 의사표시를 한 자, 그의 대리인 또는 승계인만이 취소할 수 있다.」

▶ ⅰ) 제한능력자는 '단독으로' 법률행위를 취소할 수 있다. ⅱ) 착오로 인하거나 사기·강박에 의하여 의사표시를 한 자, ⅲ) 발생한 **취소권의 행사를 수여받은** 임의대리인이나, 법정대리인도 취소권자이다. ⅳ) 포괄승계인(상속)이나 취소할 수 있는 행위에 의하여 취득한 권리의 특정승계인도 취소권자이다(제140조).

③ [○] 제한능력자는 그 행위로 인하여 받은 이익이 현존하는 한도에서 상환할 책임이 있다(제141조 단서). 여기서 **현존하는 한도**라 함은 제한능력자가 취소되는 행위에 의하여 얻은 이익이 원형대로 또는 그 형태를 바꾸어서 남아 있는 한도라는 뜻이다. 예를 들어 유흥비에 지출한 경우 현존이익이 없다고 보나, 생활비·학비 등 '필요한 비용'을 지출한 때에는 다른 비용의 지출을 면한 것이므로 현존하는 것으로 된다(지출절약의 법리).

관련판례 判例는 신용카드이용계약이 제한능력을 이유로 취소되는 경우, 제한능력자가 반환하여야 할 부당이득반환의 대상은 신용카드가맹점과의 거래계약을 통하여 취득한 물품이 아니라 신용카드사가 가맹점에 대신 지급함으로써 '면제받은 물품대금채무 상당액'이고, 그와 같은 이익은 금전상의 이익으로 다른 특별한 사정이 없는 한 현존하고 있는 것으로 '추정'된다고 한다(대판 2005.4.15. 2003다60297 등).

④ [○] 취소권은 형성권이므로 단독의 일방적 의사표시에 의한다. 상대방이 확정되어 있는 경우에는 상대방에 대한 의사표시로써 한다(제142조). 그러므로 상대방이 그 권리를 제3자에게 양도한 경우 취소의 의사표시는 제3자가 아닌 원래의 상대방에게 하여야 한다.

⑤ [×]
> **제146조(취소권의 소멸)** 「취소권은 추인할 수 있는 날로부터 3년 내에 법률행위를 한 날로부터 10년 내에 행사하여야 한다.」

정답 | ⑤

---

53 법률행위의 취소에 관한 설명으로 옳지 않은 것은? (다툼이 있는 경우 판례에 의함) [21소방간부]

① 법률행위가 취소된 경우, 취소권이 행사된 때로부터 무효인 것으로 본다.

② 제한능력을 이유로 법률행위가 취소된 경우 제한능력자는 상대방에게 현존이익만 반환하면 된다.

③ 취소할 수 있는 법률행위의 추인은 그 법정대리인이나 후견인이 추인하는 경우가 아닌 이상, 취소의 원인이 소멸한 후에 하지 않으면 그 효력이 없다.

④ 미성년자가 부동산을 매도한 후에 성년자가 되어 소유권이전등기에 필요한 서류를 교부하였다면 더 이상 미성년을 이유로 매매계약을 취소할 수 없다.

⑤ 법률행위의 취소는 상대방에 대한 의사표시로 하여야 하나 그 취소의 의사표시는 특별히 재판상 행하여짐이 요구되는 경우 이외에는 특정한 방식의 요구되는 것이 아니고, 취소의 의사가 상대방에 의하여 인식될 수 있다면 어떠한 방법에 의하더라도 무방하다.

해설

① [×]

> 제141조(취소의 효과) 「취소된 법률행위는 **처음부터 무효**인 것으로 본다. 다만, 제한능력자는 그 행위로 인하여 받은 이익
> 이 현존하는 한도에서 상환할 책임이 있다.」

> ▶ 취소는 일단 유효하게 성립된 법률행위를 제한능력 또는 의사표시의 결함(착오·사기·강박)을 이유로 행위 시에 소급하여
> 소멸케 하는 특정인(취소권자)의 의사표시이다.

② [○] 제한능력자는 그 행위로 인하여 받은 이익이 현존하는 한도에서 상환할 책임이 있다(제141조 단서). 여기서 현존하는 한도라
함은 제한능력자가 취소되는 행위에 의하여 얻은 이익이 원형대로 또는 그 형태를 바꾸어서 남아 있는 한도라는 뜻이다. 예를 들어
유흥비에 지출한 경우 현존이익이 없다고 보나, 생활비·학비 등 '필요한 비용'을 지출한 때에는 다른 비용의 지출을 면한 것이므로
현존하는 것으로 된다(지출절약의 법리).

관련판례 판례는 신용카드이용계약이 제한능력을 이유로 취소되는 경우, 제한능력자가 반환하여야 할 부당이득반환의 대상은 신용카
드가맹점과의 거래계약을 통하여 취득한 물품이 아니라 신용카드사가 가맹점에 대신 지급함으로써 '면제받은 물품대금채무 상당액'이
고, 그와 같은 이익은 금전상의 이익으로 다른 특별한 사정이 없는 한 현존하고 있는 것으로 '**추정**'된다고 한다(대판 2005.4.15. 2003
다60297 등).

③ [○] 추인은 **취소원인이 소멸한 후**에 하여야 한다. 즉, 제한능력자는 능력자가 된 뒤, 착오, 사기·강박으로 의사표시를 한 자는 비정
상적인 상태에서 벗어난 뒤에 해야 한다. 다만, 법정대리인은 언제나 추인할 수 있다(제144조 제2항).

④ [○] ⅰ) **전부나 일부의 이행**(상대방으로부터 이행을 수령한 경우도 포함된다), ⅱ) 이행의 청구(이행의 청구를 받는 것은 포함되지
않는다), ⅲ) 경개(제500조 참조, 취소권자가 채권자인지 채무자인지를 불문한다), ⅳ) 담보의 제공(취소권자가 채무자로서 제공하거
나 채권자로서 제공받는 경우를 포함한다), ⅴ) 취소할 수 있는 행위로 취득한 권리의 전부나 일부의 양도(상대방이 양도한 경우는
포함되지 않는다), ⅵ) 강제집행(취소권자가 채권자로서 집행하거나 채무자로서 집행을 받는 경우를 포함한다)

> ▶ 미성년자가 부동산을 매도한 후에 성년자가 되어(**취소 원인의 소멸**) 이전등기에 필요한 서류를 '**교부**'(전부 또는 일부의 이행)한
> 경우 법정추인이 되어 이제 미성년임을 이유로 매매계약을 취소할 수 없다. 다만 이전등기에 필요한 서류의 '제공'만으로는 상대방이
> 아직 수령하지 않고 있는 한 이행이라고 볼 수 없어 법정추인이 되지 않음을 주의해야 한다.

⑤ [○] 법률행위의 취소는 상대방에 대한 의사표시로 하여야 하나 그 취소의 의사표시는 특별히 재판상 행하여짐이 요구되는 경우 이외
에는 **특정한 방식이 요구되는 것이 아니고**, 취소의 의사가 상대방에 의하여 인식될 수 있다면 어떠한 방법에 의하더라도 무방하다고
할 것이고, 법률행위의 취소를 당연한 전제로 한 소송상의 이행청구나 이를 전제로 한 이행거절 가운데는 취소의 의사표시가 포함되어
있다고 볼 수 있다(대판 1993.9.14. 93다13162).

정답 | ①

54 甲은 18세 때 시가 5,000만원에 상당하는 명화(名畵)를 법정대리인인 丙의 동의 없이 乙에게 400만원에 매도
하였으나, 그 당시 乙은 甲의 외모로 보아 그가 성년이라고 생각하였다. 현재 甲이 미성년자라고 할 때 다음 설명
중 옳은 것은? [17행정사]

① 甲은 매매계약을 취소할 수 없다.

② 丙은 매매계약을 추인할 수 있으나, 甲은 추인할 수 없다.

③ 乙이 丙에게 1개월 이상의 기간을 정하여 매매계약을 추인할 것인지 확답을 촉구한 경우, 丙이 그 기간 내에 확답을
발송하지 않으면 그 매매계약을 취소한 것으로 본다.

④ 丙이 적법하게 매매계약을 취소한 경우 그 매매계약은 취소한 때로부터 무효인 것으로 본다.

⑤ 甲이 매매대금을 전부 유흥비로 탕진한 후 丙이 매매계약을 적법하게 취소한 경우, 乙은 명화를 반환하고 매매대금
전부를 반환받을 수 있다.

해설

① [×]

> 제140조(법률행위의 취소권자) 「취소할 수 있는 법률행위는 제한능력자, 착오로 인하거나 사기·강박에 의하여 의사표시를 한 자, 그의 대리인 또는 승계인만이 취소할 수 있다.」

> ▶ i) 제한능력자는 '단독으로' 법률행위를 취소할 수 있다. ii) 착오로 인하거나 사기·강박에 의하여 의사표시를 한 자, iii) 발생한 취소권의 행사를 수여받은 임의대리인이나, 법정대리인도 취소권자이다. iv) 포괄승계인(상속)이나 취소할 수 있는 행위에 의하여 취득한 권리의 특정승계인도 취소권자이다(제140조).

② [○] 추인은 취소원인이 소멸한 후에 하여야 한다. 즉, 제한능력자는 능력자가 된 뒤, 착오, 사기·강박으로 의사표시를 한 자는 비정상적인 상태에서 벗어난 뒤에 해야 한다. 다만, 법정대리인은 언제나 추인할 수 있다(제144조 제2항).

③ [×]

> 제15조(제한능력자의 상대방의 확답을 촉구할 권리) 「①항 제한능력자의 상대방은 제한능력자가 능력자가 된 후에 그에게 1개월 이상의 기간을 정하여 그 취소할 수 있는 행위를 추인할 것인지 여부의 확답을 촉구할 수 있다. 능력자로 된 사람이 그 기간 내에 확답을 발송하지 아니하면 그 행위를 추인한 것으로 본다. ②항 제한능력자가 아직 능력자가 되지 못한 경우에는 그의 법정대리인에게 제1항의 촉구를 할 수 있고, 법정대리인이 그 정하여진 기간 내에 확답을 발송하지 아니한 경우에는 그 행위를 추인한 것으로 본다.」

④ [×]

> 제141조(취소의 효과) 「취소된 법률행위는 처음부터 무효인 것으로 본다. 다만, 제한능력자는 그 행위로 인하여 받은 이익이 현존하는 한도에서 상환할 책임이 있다.」

> ▶ 취소는 일단 유효하게 성립된 법률행위를 제한능력 또는 의사표시의 결함(착오·사기·강박)을 이유로 행위 시에 소급하여 소멸케 하는 특정인(취소권자)의 의사표시이다.

⑤ [×] 제한능력자는 그 행위로 인하여 받은 이익이 현존하는 한도에서 상환할 책임이 있다(제141조 단서). 여기서 현존하는 한도라 함은 제한능력자가 취소되는 행위에 의하여 얻은 이익이 원형대로 또는 그 형태를 바꾸어서 남아 있는 한도라는 뜻이다. 예를 들어 유흥비에 지출한 경우 현존이익이 없다고 보나, 생활비·학비 등 '필요한 비용'을 지출한 때에는 다른 비용의 지출을 면한 것이므로 현존하는 것으로 된다(지출절약의 법리).

[관련판례] 判例는 신용카드이용계약이 제한능력을 이유로 취소되는 경우, 제한능력자가 반환하여야 할 부당이득반환의 대상은 신용카드가맹점과의 거래계약을 통하여 취득한 물품이 아니라 신용카드사가 가맹점에 대신 지급함으로써 '면제받은 물품대금채무 상당액'이고, 그와 같은 이익은 금전상의 이익으로 다른 특별한 사정이 없는 한 현존하고 있는 것으로 '추정'된다고 한다(대판 2005.4.15. 2003다60297 등).

정답 | ②

---

55 미성년자 甲은 어느 날 부모로부터 십만원의 용돈을 받았는데, 부로 몰래 중고판매상 乙로부터 노트북을 백만원에 구입하기로 약속하고 계약금 십만원을 지급하였다. 이에 관한 설명으로 옳지 않은 것은? [20소방간부]

① 甲은 부모의 동의 없이 위 매매계약을 취소할 수 있다.

② 甲은 부모의 동의 없이 위 매매계약을 추인할 수 있다.

③ 甲이 乙로부터 위 노트북을 인도받은 경우, 甲의 부모가 위 매매계약을 취소하면 甲은 그 노트북을 반환하여야 한다.

④ 甲 측에서 위 매매계약을 추인하기 전에 乙이 위 매도의 의사표시를 철회하기 위해서는 매매계약 당시 甲이 미성년자임을 몰랐어야 한다.

⑤ 乙이 甲의 부모에게 상당한 기간을 정하여 위 매매계약의 추인 여부의 확답을 촉구하였는데, 그 기간 내에 확답을 발송하지 않은 경우 이를 추인한 것으로 본다.

해설

① [○] 제140조(법률행위의 취소권자) 「취소할 수 있는 법률행위는 제한능력자, 착오로 인하거나 사기·강박에 의하여 의사표시를 한 자, 그의 대리인 또는 승계인만이 취소할 수 있다.」

▶ ⅰ) 제한능력자는 '단독으로' 법률행위를 취소할 수 있다. ⅱ) 착오로 인하거나 사기·강박에 의하여 의사표시를 한 자, ⅲ) 발생한 취소권의 행사를 수여받은 임의대리인이나, 법정대리인도 취소권자이다. ⅳ) 포괄승계인(상속)이나 취소할 수 있는 행위에 의하여 취득한 권리의 특정승계인도 취소권자이다(제140조).

② [×] 추인은 취소원인이 소멸한 후에 하여야 한다. 즉, 제한능력자는 능력자가 된 뒤, 착오, 사기·강박으로 의사표시를 한 자는 비정상적인 상태에서 벗어난 뒤에 해야 한다. 다만, 법정대리인은 언제나 추인할 수 있다(제144조 제2항).

③ [○] 제한능력자는 그 행위로 인하여 받은 이익이 현존하는 한도에서 상환할 책임이 있다(제141조 단서). 여기서 현존하는 한도라 함은 제한능력자가 취소되는 행위에 의하여 얻은 이익이 원형대로 또는 그 형태를 바꾸어서 남아 있는 한도라는 뜻이다. 예를 들어 유흥비에 지출한 경우 현존이익이 없다고 보나, 생활비·학비 등 '필요한 비용'을 지출한 때에는 다른 비용의 지출을 면한 것이므로 현존하는 것으로 된다(지출절약의 법리).

[관련판례] 判例는 신용카드이용계약이 제한능력을 이유로 취소되는 경우, 제한능력자가 반환하여야 할 부당이득반환의 대상은 신용카드가맹점과의 거래계약을 통하여 취득한 물품이 아니라 신용카드사가 가맹점에 대신 지급함으로써 '면제받은 물품대금채무 상당액'이고, 그와 같은 이익은 금전상의 이익으로 다른 특별한 사정이 없는 한 현존하고 있는 것으로 '추정'된다고 한다(대판 2005.4.15. 2003다60297 등).

④ [○] 제16조(제한능력자의 상대방의 철회권과 거절권) 「①항 제한능력자가 맺은 계약은 추인이 있을 때까지 상대방이 그 의사표시를 철회할 수 있다. 다만, 상대방이 계약 당시에 제한능력자임을 알았을 경우에는 그러하지 아니하다.」

⑤ [○] 제15조(제한능력자의 상대방의 확답을 촉구할 권리) 「①항 제한능력자의 상대방은 제한능력자가 능력자가 된 후에 그에게 1개월 이상의 기간을 정하여 그 취소할 수 있는 행위를 추인할 것인지 여부의 확답을 촉구할 수 있다. 능력자로 된 사람이 그 기간 내에 확답을 발송하지 아니하면 그 행위를 추인한 것으로 본다. ②항 제한능력자가 아직 능력자가 되지 못한 경우에는 그의 법정대리인에게 제1항의 촉구를 할 수 있고, 법정대리인이 그 정하여진 기간 내에 확답을 발송하지 아니한 경우에는 그 행위를 추인한 것으로 본다.」

정답 | ②

제1관 조건부 법률행위

⊕ 핵심정리 조건부 법률행위

1. 조건의 개념

'조건'이란 법률행위의 효력의 발생 또는 소멸을 '장래의 불확실한 사실의 성부'에 의존케 하는 법률행위의 부관이다. 조건은 법률행위의 부관으로서 당해 법률행위를 구성하는 의사표시의 일체적인 내용을 이루는 것이므로, "의사표시의 일반원칙에 따라 조건의사와 그 표시가 필요하며, 그것이 표시되지 않으면 법률행위의 동기에 불과하다"(2003다10797).

2. 조건과 불확정기한의 구별

(1) 구별기준

이는 법률행위 해석의 문제로서, ① 부관이 붙은 법률행위에 있어서 부관에 표시된 사실이 발생하지 않으면 채무를 이행하지 아니하여도 된다고 보는 것이 상당한 경우에는 '조건'으로 보아야 하고, ② 표시된 사실이 발생한 때에는 물론이고 반대로 발생하지 아니하는 것이 확정된 때에도 그 채무를 이행하여야 한다고 보는 것이 상당한 경우에는 표시된 사실의 발생여부가 확정되는 것을 '불확정기한'으로 정한 것으로 보아야 한다.

(2) 구체적 예

㉠ [불확정기한] 判例는 "도급계약의 당사자들이 '수급인이 공급한 목적물을 도급인이 검사하여 합격하면, 도급인은 수급인에게 보수를 지급한다'고 정한 경우 도급인의 수급인에 대한 보수지급의무와 동시이행관계(제665조 제1항)에 있는 수급인의 목적물 인도의무를 확인한 것에 불과하고 '검사 합격'은 법률행위의 효력 발생을 좌우하는 '조건'이 아니라 보수지급시기에 관한 '불확정기한'(2017다272486)이며, 임대차계약이 해지된 후 보증금 반환에 관하여 '타인에게 임대가 되면 임차보증금을 반환하겠다'는 약정을 했는데 1년 5개월이 지나도록 임대가 되지 않고 타인의 창고로 이용되고 있는 경우도 불확정기한부 법률행위"(88다카10579)[42]라고 보았다.

㉡ [조건] 判例는 소송 진행 중 원고가 피고로부터 물품대금 해당 금액을 지급받으면, 소를 취하하고 어떠한 이의도 제기하지 않기로 하면서 '위 모든 합의사항의 이행은 원고가 피고로부터 돈을 모두 지급받은 후 그 효력이 발생한다'고 합의한 사안에는 장래 발생 여부가 불확실한 사실로서 조건으로 볼 여지가 있고, 이 사건 합의가 화해계약의 성격을 가진다고 하여 달리 볼 이유가 없다고 판단하였다(2018다201702).

3. 조건을 붙일 수 없는 법률행위

조건과 친하지 않은 법률행위에 조건을 붙인 경우 그 법률행위는 전부무효로 한다(2005마541).

4. 중간처분무효의 법리(해제조건부증여로 인한 소유권이전등기를 마친 경우 조건성취의 효과 및 조건성취 전에 수증자가 한 처분행위의 효력)

"해제조건부증여로 인한 부동산소유권이전등기를 마쳤다 하더라도 그 해제조건이 성취되면 그 소유권은 증여자에게 복귀한다고 할 것이고, 이 경우 당사자간에 별단의 의사표시가 없는 한 그 조건성취의 효과는 소급하지 아니하나(제147조), 조건성취 전에 수증자가 한 처분행위는 조건성취의 효과를 제한하는 한도 내에서는 무효라고 할 것이고, 다만 그 조건이 '(가)등기'되어 있지 않는 한 그 처분행위로 인하여 권리를 취득한 제3자에게 위 무효를 대항할 수 없다"(92다5584).[43]

---

42) 당해 판결은 위 약정을 영원히 반환하지 않을 수도 있다는 취지가 아니라 일시적으로 연기한다는 의미로 파악하여 불확정기한을 정한 것으로 보았다. 따라서 불확정기한부 법률행위에서는 그 정한 사실발생이 불가능한 경우로 판단되면, 이행기가 도래한 것으로 보기 때문에 그 즉시 보증금반환청구가 가능하다.

43) **부동산등기법 제88조(가등기의 대상):** 가등기는 제3조 각 호의 어느 하나에 해당하는 권리의 설정, 이전, 변경 또는 소멸의 청구권을 보전하려는 때에 한다. 그 청구권이 시기부 또는 정지조건부일 경우나 그 밖에 장래에 확정될 것인 경우에도 같다.
부동산등기법 제54조(권리소멸약정의 등기): 등기원인에 권리의 소멸에 관한 약정이 있을 경우 신청인은 그 약정에 관한 등기를 신청할 수 있다.

판례해설 '의무자'가 조건부 권리를 침해하는 '처분행위'(물권행위 등)를 한 경우에 그 처분행위의 효력과 관련하여 위 *判例*에 따르면 그러한 처분행위는 조건부 권리를 침해하는 범위에서 무효이다 이렇게 새겨도 제3자를 해치지는 않는바, 제3자에 대한 관계에서는 조건부 권리가 (가)등기되어야 무효를 주장할 수 있기 때문이다(동산의 경우에는 선의취득이 인정된다). 그리고 위의 효과(손해배상책임 · 처분행위의 무효)는 조건의 성취 여부가 결정될 때까지는 조건부로 발생한다고 해석하여야 한다.

01 조건에 관한 설명으로 옳지 않은 것은? (다툼이 있는 경우 판례에 의함) [23경찰간부]

① "소정의 기간 내에 이행을 하지 아니하면 계약은 당연히 해제된 것으로 한다."는 뜻을 포함하고 있는 이행청구는 그 이행청구와 동시에 그 기간 내에 이행이 없는 것을 해제조건으로 하여 미리 해제의 의사표시를 한 것으로 보아야 한다.

② 당사자가 불확정한 사실이 발생한 때를 이행기한으로 정한 경우, 그 사실의 발생이 불가능하게 된 때에도 이행기한은 도래한 것으로 보아야 한다.

③ 정지조건부 채권양도에 있어서 정지조건이 성취되었다는 사실에 대한 증명책임은 채권양도의 효력을 주장하는 자에게 있다.

④ 조건의사가 있더라도 그것이 외부에 표시되지 않으면 법률행위의 동기에 불과할 뿐이고 그것만으로는 법률행위의 부관으로서의 조건이 되는 것은 아니다.

해설

① [×] 소정의 기간 내에 이행이 없으면 계약은 당연히 해제된 것으로 한다는 뜻을 포함하고 있는 이행청구는 이행청구와 동시에 그 기간 내에 이행이 없는 것을 '정지조건'으로 하여 미리 해제의 의사를 표시한 것으로 볼 수 있다(대판 1992.12.22. 92다28549).

② [○] 이미 부담하고 있는 채무의 변제에 관하여 일정한 사실이 부관으로 붙여진 경우에는 특별한 사정이 없는 한 그것은 변제기를 유예한 것으로서 그 사실이 발생한 때 또는 발생하지 아니하는 것으로 확정된 때에 기한이 도래한다(대판 2003.8.19. 2003다2421).

③ [○] ㉠ 법률행위가 조건의 성취시 그 효력이 발생하는 정지조건부 법률행위에 해당한다는 사실은, 즉 조건의 '존재' 사실은 그 법률행위로 인한 법률효과의 발생을 저지하는 사유로서, 그 법률효과의 발생을 다투는 자에게 그 입증책임이 있다(대판 1993.9.28. 93다20832). ㉡ 이에 대해 그 조건이 '성취'되었다는 사실은 그 효력을 주장하는 자에게 그 입증책임이 있다(대판 1983.4.12. 81다카692; 대판1984.9.25. 84다카967).

④ [○] 조건은 법률행위의 부관으로서 당해 법률행위를 구성하는 의사표시의 일체적인 내용을 이루는 것이므로, "의사표시의 일반원칙에 따라 조건의사와 그 표시가 필요하며, 그것이 표시되지 않으면 법률행위의 동기에 불과하다"(대판 2003.5.13. 2003다10797).

정답 Ⅰ ①

02 조건과 기한에 관한 설명으로 옳지 않은 것은? (다툼이 있는 경우 판례에 의함) [23경찰간부]

① 기한이익 상실의 특약은 특별한 사정이 없는 한 형성권적 기한이익 상실의 특약으로 추정한다.

② 신축 중인 건물의 분양계약에 따른 중도금 지급기일을 '1층 골조공사 완료시'로 정한 경우에는 특별한 사정이 없는 한 불확정기한으로 이행기를 정한 것으로 보아야 한다.

③ 주택건설을 위한 토지매매에서 건축허가신청이 불허되면 매매계약을 무효로 하는 조건이 있었다면 그 계약은 정지조건부계약이다.

④ 조건의 성취로 인하여 불이익을 받을 당사자가 신의성실에 반하여 조건의 성취를 방해한 경우, 조건이 성취된 것으로 의제되는 시점은 이러한 신의성실에 반하는 행위가 없었더라면 조건이 성취되었으리라고 추산되는 시점이다.

해설

① [○] '채무자가 약정한 이행의무(할부금채무)를 한 번이라도 지체하였을 때에는 기한의 이익을 잃고, 즉시 채무금 전액을 변제할 것'을 특약한 경우 判例는 "기한이익 상실의 특약이 위의 양자 중 어느 것에 해당하느냐는 당사자의 의사해석의 문제이지만 일반적으로 기한이익 상실의 특약이 채권자를 위하여 둔 것인 점에 비추어 명백히 정지조건부 기한이익 상실의 특약이라고 볼 만한 특별한 사정이 없는 이상 형성권적 기한이익 상실의 특약으로 추정하는 것이 타당하다."(대판 2002.9.4. 2002다28340)고 한다.

② [○] 중도금 지급기일을 '1층 골조공사 완료시'로 정한 것은 중도금 지급의무의 이행기를 장래 도래할 시기가 확정되지 아니한 때, 즉 불확정기한으로 이행기를 정한 경우에 해당한다(대판 2005.10.7. 2005다38546).

③ [×] 주택건설을 위한 원·피고 간의 토지매매계약에 앞서 양자간의 협의에 의하여 건축허가를 필할 때 매매계약이 성립하고 건축허가 신청이 불허되었을 때에는 이를 무효로 한다는 약정 아래 이루어진 계약은 해제조건부계약이다(대판 1983.8.23. 83다카552).

④ [○]

> 제150조(조건성취, 불성취에 대한 반신의행위) 「①항 조건의 성취로 인하여 불이익을 받을 당사자가 신의성실에 반하여 조건의 성취를 방해한 때에는 상대방은 그 조건이 성취한 것으로 주장할 수 있다.」

判例는 조건성취의 방해에 대해 고의뿐만 아니라 '과실'에 의한 경우도 포함된다고 하고, 이 경우 조건이 성취된 것으로 의제되는 시점은 신의성실에 반하는 행위가 있었던 시점이 아니라 '신의성실에 반하는 행위가 없었더라면 조건이 성취되었으리라고 추산되는 시점'이라고 한다(대판 1998.12.22. 98다42356).

정답 | ③

---

03 조건과 기한에 관한 설명으로 가장 적절한 것은? (다툼이 있는 경우 판례에 의함) [23법학경채]

① 불확정한 사실이 발생한 때를 이행기로 정한 것이 불확정 기한에 해당한다면 그 사실의 발생이 불가능하게 된 때에도 이행기가 도래한 것으로 보아야 한다.

② 조건의 성취가 미정한 권리는 특별한 사정이 없는 한 일반규정에 의해서는 처분할 수 없다.

③ 이자부 소비대차의 경우 기한의 이익은 차주만이 갖는다.

④ 조건이 법률행위 당시 이미 성취한 것인 경우 그 조건이 정지조건이면 그 법률행위는 무효로 하고, 해제조건이면 조건 없는 법률행위로 한다.

해설

① [○] 이미 부담하고 있는 채무의 변제에 관하여 일정한 사실이 부관으로 붙여진 경우에는 특별한 사정이 없는 한 그것은 변제기를 유예한 것으로서 그 사실이 발생한 때 또는 발생하지 아니하는 것으로 확정된 때에 기한이 도래한다(대판 2003.8.19. 2003다2421).

② [×]

> 제149조(조건부권리의 처분 등) 「조건의 성취가 미정한 권리의무는 일반규정에 의하여 처분, 상속, 보존 또는 담보로 할 수 있다.」

③ [×]

> 제153조(기한의 이익과 그 포기) 「①항 기한은 채무자의 이익을 위한 것으로 추정한다.」

'기한의 이익'이란 기한이 도래하지 않음으로써 그동안 당사자가 받는 이익을 말하는 것으로 기한은 채무자의 이익을 위한 것으로 추정한다. 예컨대 ㉠ 채무자만이 이익을 갖는 경우로는 무이자 소비대차에서의 차주이고, ㉡ 채권자만이 이익을 갖는 경우로는 무상임치에서의 임치인이고, ㉢ 쌍방이 이익을 갖는 경우로는 이자 있는 정기예금에서의 예금주와 은행이다.

④ [×]

> 제151조(불법조건, 기성조건) 「②항 조건이 법률행위의 당시 이미 성취한 것인 경우에는 그 조건이 정지조건이면 조건 없는 법률행위로 하고 해제조건이면 그 법률행위는 무효로 한다(기성조건).」

정답 | ①

04 조건에 관한 설명으로 옳은 것은? (다툼이 있으면 판례에 의함) [24소방간부]

① 조건부 권리에 관하여 담보권을 설정할 수 없다.

② 불능조건이 해제조건이면 그 법률행위는 무효이다.

③ 해제조건부 법률행위는 조건의 성취로 효력이 생긴다.

④ 정지조건부 법률행위의 경우 권리를 취득하는 자가 조건성취를 증명하여야 한다.

⑤ 조건부 법률행위에서 조건의 내용이 선량한 풍속을 위반하는 경우 그 조건만을 분리하여 무효로 하고 나머지를 유효로 할 수 있다.

해설

① [×]
> 제149조(조건부권리의 처분 등) 「조건의 성취가 미정한 권리의무는 일반규정에 의하여 처분, 상속, 보존 또는 담보로 할 수 있다.」

② [×]
> 제151조(불법조건, 기성조건) 「③항 조건이 법률행위의 당시에 이미 성취할 수 없는 것인 경우에는 그 조건이 해제조건이면 조건없는 법률행위로 하고 정지조건이면 그 법률행위는 무효로 한다.」

③ [×]
> 제147조(조건성취의 효과) 「②항 해제조건 있는 법률행위는 조건이 성취한 때로부터 그 효력을 잃는다(장래효).」

④ [○] ㉠ 법률행위가 조건의 성취시 그 효력이 발생하는 정지조건부 법률행위에 해당한다는 사실은, 즉 조건의 '존재' 사실은 그 법률행위로 인한 법률효과의 발생을 저지하는 사유로서, 그 법률효과의 발생을 다투는 자에게 그 입증책임이 있다(대판 1993.9.28. 93다20832). ㉡ 이에 대해 그 조건이 '성취'되었다는 사실은 그 효력을 주장하는 자에게 그 입증책임이 있다(대판 1983.4.12. 81다카692; 대판 1984.9.25. 84다카967).

⑤ [×]
> 제151조(불법조건) 「①항 조건이 선량한 풍속 기타 사회질서에 위반한 것인 때에는 그 법률행위는 무효로 한다.」

▶ 조건만 무효가 되는 것이 아니라, 법률행위 전체가 무효가 된다.

정답 | ④

05 조건에 관한 설명 중 옳지 않은 것은? (다툼이 있는 경우 판례에 의함) [22경찰간부]

① 당사자는 조건성취 전에 조건성취의 효력을 소급하게 할 수 있다.

② 해제조건이 법률행위의 당시 이미 성취한 것인 경우에는 그 법률행위는 무효로 한다.

③ 조건의사가 있더라도 그것이 외부에 표시되지 않으면 그것만으로는 법률행위 부관으로서의 조건이 되는 것은 아니다.

④ 조건부 법률행위에 있어 조건의 내용 자체가 선량한 풍속 기타 사회질서에 위반하는 것이어서 무효일 경우 그 조건만을 분리하여 무효로 할 수 있다.

해설

① [○]

> 제147조(조건성취의 효과) 「①항 정지조건있는 법률행위는 조건이 성취한 때로부터 그 효력이 생긴다(장래효). ②항 해제조건 있는 법률행위는 조건이 성취한 때로부터 그 효력을 잃는다(장래효). ③항 당사자가 조건성취의 효력을 그 성취 전에 소급하게 할 의사를 표시한 때에는 그 의사에 의한다(소급효).」

② [○] 기성조건이 정지조건이면 조건 없는 법률행위가 되지만 기성조건이 해제조건이면 그 법률행위는 무효이다(기.해.무). 불능조건이 정지조건이면 그 법률행위는 무효이다.

③ [○] 조건은 법률행위의 부관으로서 당해 법률행위를 구성하는 의사표시의 일체적인 내용을 이루는 것이므로, "의사표시의 일반원칙에 따라 조건의사와 그 표시가 필요하며, 그것이 표시되지 않으면 법률행위의 동기에 불과하다(대판 2003.5.13. 2003다10797).

④ [×] 불법조건이란 조건이 '선량한 풍속 기타 사회질서에 반하는' 경우를 말한다. 불법조건이 붙어 있는 법률행위는 그 조건은 물론 법률행위 자체도 무효이다(제151조 제1항). 따라서 부첩관계의 종료를 해제조건으로 부동산을 증여한 경우 위 해제조건은 부첩관계의 종료를 방해하는 것으로 선량한 풍속 기타 사회질서에 위반하여 무효이고, 따라서 증여계약 자체도 무효가 된다(대판 1996.6.21. 66다530).

정답 ㅣ ④

---

06 법률행위의 조건과 기한에 관한 설명으로 옳은 것은? (다툼이 있으면 판례에 따름) [23행정사]

① 기한이익 상실의 특약은 특별한 사정이 없는 한 정지조건부 기한이익 상실의 특약으로 추정한다.

② 당사자가 불확정한 사실이 발생한 때를 이행기한으로 정한 경우, 그 사실의 발생이 불가능하게 된 때에는 기한의 도래로 볼 수 없다.

③ 조건성취로 불이익을 받을 자가 과실로 신의성실에 반하여 조건의 성취를 방해한 때에는 상대방은 조건이 성취된 것으로 주장할 수 없다.

④ 기한부 법률행위의 당사자가 기한도래의 효력을 그 도래 전으로 소급하게 할 의사를 표시한 때에는 그 의사에 의한다.

⑤ 조건이 성립하기 위해서는 조건의사와 그 표시가 필요하고, 조건의사가 있더라도 그것이 외부에 표시되지 않으면 원칙적으로 법률행위의 동기에 불과하다.

해설

① [×] ☑ 기한이익 상실 특약(주로 동산 할부거래, 소유권유보부 매매에서 문제)
㉠ '정지조건부 기한이익 상실 약정'은 일정한 사유가 발생하면 곧바로 채무자의 기한의 이익이 상실되어 채무의 이행기가 도래하는 약정이다. ㉡ '형성권적 기한이익 상실 약정'은 일정한 사유가 발생하면 곧바로 채무자의 기한의 이익이 상실되는 것이 아니라, 채권자가 기한이익 상실의 의사표시를 해야만 채무자의 기한의 이익이 상실되어 채무의 이행기가 도래하는 약정이다.
예를 들어 '채무자가 약정한 이행의무(할부금채무)를 한 번이라도 지체하였을 때에는 기한의 이익을 잃고, 즉시 채무금 전액을 변제할 것'을 특약한 경우 判例는 "기한이익 상실의 특약이 위의 양자 중 어느 것에 해당하느냐는 당사자의 의사해석의 문제이지만 일반적으로 기한이익 상실의 특약이 채권자를 위하여 둔 것인 점에 비추어 명백히 정지조건부 기한이익 상실의 특약이라고 볼 만한 특별한 사정이 없는 이상 형성권적 기한이익 상실의 특약으로 추정하는 것이 타당하다."(대판 2002.9.4. 2002다28340)44)고 한다.

② [×] 判例는 "이미 부담하고 있는 채무의 변제에 관하여 일정한 사실이 부관으로 붙여진 경우에는 특별한 사정이 없는 한 그것은 변제기를 유예한 것으로서 그 사실이 발생한 때 또는 발생하지 아니하는 것으로 확정된 때에 기한이 도래한다."(대판 2003.8.19. 2003다2421)고 한다. 判例는 이 경우(불확정기한) "부관으로 정한 사실의 실현이 주로 채무를 변제하는 사람의 성의나 노력에 따라 좌우되고, 채권자가 사실의 실현에 영향을 줄 수 없는 경우에는 사실이 발생하는 때는 물론이고 사실의 발생이 불가능한 것으로 확정되지는 않았더라도 합리적인 기간 내에 사실이 발생하지 않는 때에도 채무의 이행기한은 도래한다."(대판 2018.4.24. 2017다205127)고 본다.

---

44) [판례해설] 기한의 이익은 채무자의 이익으로 추정되지만(제153조 제1항) 실제 거래계에서는 이자부 금전소비대차와 같이 채권자와 채무자 모두에게 기한의 이익이 있는 경우가 일반적이다. 즉, 이 경우 채권자에게도 변제기(기한) 도래 전까지 이자를 받을 수 있는 기한이 이익이 있다. 따라서 정지조건부 기한이익 상실의 특약과 같이 즉시 이행기가 도래되는 것보다 채권자가 즉시 나머지 할부금을 청구할 지 아니면 할부기한 동안 이자를 받을지 선택할 수 있는 형성권적 기한이익 상실약정이 채권자에게 유리하다.

③ [×]
> 제150조(조건성취, 불성취에 대한 반신의행위) 「①항 조건의 성취로 인하여 불이익을 받을 당사자가 신의성실에 반하여 조건의 성취를 방해한 때에는 상대방은 그 조건이 성취한 것으로 주장할 수 있다. ②항 조건의 성취로 인하여 이익을 받을 당사자가 신의성실에 반하여 조건을 성취시킨 때에는 상대방은 그 조건이 성취하지 아니한 것으로 주장할 수 있다.」

조건성취, 불성취에 대한 반신의행위에 대해 상대방은 손해배상청구권을 선택적으로 행사할 수 있다(제148조). 判例는 조건성취의 방해에 대해 고의뿐만 아니라 '과실'에 의한 경우도 포함된다고 하고, 이 경우 조건이 성취된 것으로 의제되는 시점은 신의성실에 반하는 행위가 있었던 시점이 아니라 '신의성실에 반하는 행위가 없었더라면 조건이 성취되었으리라고 추산되는 시점'이라고 한다(대판 1998.12.22. 98다42356).

④ [×] 시기 있는 법률행위는 기한이 도래한 때로부터 그 효력이 생기고, 종기 있는 법률행위는 기한이 도래한 때로부터 그 효력을 잃는다(제152조). 그리고 기한도래의 효과는 기한 도래시부터 생기며 절대로 소급효가 없다. 당사자가 소급효의 특약을 하여도 마찬가지이다. 기한에 소급효를 인정하면 기한이 무의미해지기 때문이다.

⑤ [○] 조건은 법률행위의 부관으로서 당해 법률행위를 구성하는 의사표시의 일체적인 내용을 이루는 것이므로, "의사표시의 일반원칙에 따라 조건의사와 그 표시가 필요하며, 그것이 표시되지 않으면 법률행위의 동기에 불과하다"(대판 2003.5.13. 2003다10797).

정답 | ⑤

07 법률행위의 부관인 조건에 관한 설명으로 옳은 것은? (다툼이 있으면 판례에 따름)

[23세무사]

① 특정의 제3자가 사망하면 증여를 하겠다는 계약은 정지조건부 계약이다.
② 유언은 유언자의 사망을 정지조건으로 하는 법률행위이다.
③ 물권행위는 조건에 친하지 않은 법률행위이다.
④ 정지조건이든 해제조건이든 그 성취의 효과는 특별한 사정이 없는 한 소급하지 않는다.
⑤ 조건의 성취로 불이익을 받을 자가 과실로 신의성실에 반하여 조건의 성취를 방해한 때에는 조건의 성취가 의제될 여지가 없다.

해설

① [×] 장래의 일정한 사실의 발생 여부가 불확실한 경우가 '조건'이고, 발생이 확실한 경우가 '기한'이다. 따라서 누구의 사망시에 물건을 주기로 한 것은 발생이 확실한, 다만 기한이 정해져 있지 않은 '불확정기한'이다.

② [×] 조건은 당사자의 의사표시에 의해 부가되는 것이므로, 유언은 유언자가 사망한 때로부터 그 효력이 생긴다(제1073조)는 것은 법률의 규정에 의한 효력요건인 '법정조건'과 구별된다.

③ [×] 동산의 매매계약을 체결하면서 매도인이 대금을 모두 지급받기 전에 목적물을 매수인에게 인도하지만 대금이 모두 지급될 때까지 목적물의 소유권은 매도인에게 유보하는 내용의 소유권유보의 특약을 한 경우, 대금이 모두 지급되는 것을 '정지조건'으로 하여 소유권이전의 합의를 한 것이 된다(대판 1996.6.28. 96다14807). 즉, 물권행위에 조건을 붙이는 것을 긍정하는 것이 판례이다.

④ [○]
> 제147조(조건성취의 효과) 「①항 정지조건있는 법률행위는 조건이 성취한 때로부터 그 효력이 생긴다(장래효). ②항 해제조건 있는 법률행위는 조건이 성취한 때로부터 그 효력을 잃는다(장래효). ③항 당사자가 조건성취의 효력을 그 성취 전에 소급하게 할 의사를 표시한 때에는 그 의사에 의한다(소급효).」

⑤ [×]
> 제150조(조건성취, 불성취에 대한 반신의행위) 「①항 조건의 성취로 인하여 불이익을 받을 당사자가 신의성실에 반하여 조건의 성취를 방해한 때에는 상대방은 그 조건이 성취한 것으로 주장할 수 있다. ②항 조건의 성취로 인하여 이익을 받을 당사자가 신의성실에 반하여 조건을 성취시킨 때에는 상대방은 그 조건이 성취하지 아니한 것으로 주장할 수 있다.」

조건성취, 불성취에 대한 반신의행위에 대해 상대방은 손해배상청구권을 선택적으로 행사할 수 있다(제148조). 判例는 조건성취의 방해에 대해 고의뿐만 아니라 '과실'에 의한 경우도 포함된다고 하고, 이 경우 조건이 성취된 것으로 의제되는 시점은 신의성실에 반하는 행위가 있었던 시점이 아니라 '신의성실에 반하는 행위가 없었더라면 조건이 성취되었으리라고 추산되는 시점'이라고 한다(대판 1998.12.22. 98다42356).

정답 | ④

08 조건부 법률행위에 관한 설명으로 옳지 않은 것은? (다툼이 있는 경우 판례에 의함) [22소방간부]

① 정지조건이 있는 법률행위는 조건이 성취한 때로부터 그 효력이 생긴다.
② 당사자가 조건성취의 효력을 그 성취 전에 소급하게 할 의사를 표시한 때에는 그 의사에 의한다.
③ 조건이 선량한 풍속 기타 사회질서에 위반한 것일 때에는 그 법률행위는 조건 없는 법률행위로 본다.
④ 건축허가를 받지 못하면 토지매매계약을 무효로 하기로 한 약정은 해제조건부 법률행위에 해당한다.
⑤ 조건이 법률행위의 당시 이미 성취한 것인 경우에는 그 조건이 정지조건이면 조건 없는 법률행위로 하고 해제조건이면 그 법률행위는 무효로 한다.

해설

①② [O] ⅰ) 정지조건부 법률행위는 조건이 성취한 때로부터 효력이 생기고(제147조 제1항), ⅱ) 해제조건부 법률행위는 조건이 성취된 때로부터 효력을 잃는다(제147조 제2항). ⅲ) 이러한 조건성취의 효과는 원칙적으로 소급하지 않으나, 당사자가 조건성취의 효력을 그 성취 전에 소급하게 할 의사를 표시한 때에는 그 의사에 의한다(제147조 제3항).

③ [×]

> 제151조(불법조건) 「①항 조건이 선량한 풍속 기타 사회질서에 위반한 것인 때에는 그 법률행위는 무효로 한다.」

▶ 불법조건이란 조건이 '선량한 풍속 기타 사회질서에 반하는' 경우를 말한다. 불법조건이 붙어 있는 법률행위는 그 조건은 물론 법률행위 자체도 무효이다(제151조 제1항).

[참고판례] 부첩관계의 종료를 해제조건으로 부동산을 증여한 경우 위 해제조건은 부첩관계의 종료를 방해하는 것으로 선량한 풍속 기타 사회질서에 위반하여 무효이고, 따라서 증여계약 자체도 무효가 된다(대판 1996.6.21. 66다530).

④ [O] 매수한 토지 중 후에 공장 및 도로부지에 편입되지 않은 부분은 매도인에게 원가로 반환하기로 한 약정, 건축허가를 받지 못할 때에는 토지매매계약을 무효로 하기로 한 약정 등은 '해제조건'의 예이다(대판 1983.8.23. 83다카552).

⑤ [O]

> 제151조(불법조건, 기성조건) 「②항 조건이 법률행위의 당시 이미 성취한 것인 경우에는 그 조건이 정지조건이면 조건 없는 법률행위로 하고 해제조건이면 그 법률행위는 무효로 한다(기성조건).」

▶ 기성조건이 정지조건이면 조건 없는 법률행위가 되지만 기성조건이 해제조건이면 그 법률행위는 무효이다(기.해.무).

정답 | ③

---

09 법률행위의 조건에 관한 설명 중 가장 적절하지 않은 것은? (다툼이 있는 경우 판례에 의함) [22법학경채]

① 조건이 선량한 풍속 기타 사회질서에 위반한 것인 때에는 그 법률행위는 무효로 한다.
② 조건은 법률행위 효력의 발생 또는 소멸을 장래 발생할 것이 확실한 사실에 의존하게 하는 법률행위의 부관이다.
③ 조건을 붙이고자 하는 의사는 그것이 외부에 표시되지 않으면 법률행위의 부관으로서의 조건이 되지 아니한다.
④ 당사자가 조건성취의 효력을 그 성취 전에 소급하게 할 의사를 표시한 때에는 그 의사에 의한다.

해설

① [O]

> 제151조(불법조건, 기성조건) 「①항 조건이 선량한 풍속 기타 사회질서에 위반한 것인 때에는 그 법률행위는 무효로 한다.」

② [×] '조건'이란 법률행위의 효력의 발생 또는 소멸을 '장래의 불확실한 사실의 성부(成否)'에 의존케 하는 법률행위의 부관이다.

③ [O] 조건은 법률행위의 부관으로서 당해 법률행위를 구성하는 의사표시의 일체적인 내용을 이루는 것이므로, 의사표시의 일반원칙에 따라 조건의사와 그 표시가 필요하며, 그것이 표시되지 않으면 법률행위의 동기에 불과하다(대판 2003.5.13. 2003다10797).

④ [O]

> 제147조(조건성취의 효과) 「①항 정지조건있는 법률행위는 조건이 성취한 때로부터 그 효력이 생긴다. ②항 해제조건있는 법률행위는 조건이 성취한 때로부터 그 효력을 잃는다. ③항 당사자가 조건성취의 효력을 그 성취전에 소급하게 할 의사를 표시한 때에는 그 의사에 의한다.」

정답 | ②

10 조건부 법률행위에 관한 설명으로 옳지 않은 것은? (다툼이 있으면 판례에 따름) [22세무사]

① 조건의 경우에도 의사표시의 일반원칙에 따라 조건의사와 그 표시가 필요하다.

② 법률행위에 불법조건이 붙어 있는 경우, 그 조건은 물론 법률행위 자체도 무효이다.

③ 불능조건이 해제조건이면 조건 없는 법률행위가 된다.

④ 법률행위가 정지조건부 법률행위에 해당한다는 사실은 그 법률효과의 발생을 다투려는 자가 주장·증명하여야 한다.

⑤ 조건의 성취로 인하여 불이익을 받을 당사자가 신의칙에 반하여 조건의 성취를 방해한 경우, 조건은 그러한 방해행위가 있었던 때에 성취된 것으로 본다.

해설

① [O] 조건은 법률행위의 효력의 발생 또는 소멸을 장래의 불확실한 사실의 성부에 의존케 하는 법률행위의 부관으로서 당해 법률행위를 구성하는 의사표시의 일체적인 내용을 이루는 것이므로, 의사표시의 일반원칙에 따라 조건을 붙이고자 하는 의사, 즉 조건의사와 그 표시가 필요하며, 조건의사가 있더라도 그것이 외부에 표시되지 않으면 법률행위의 동기에 불과할 뿐이고 그것만으로는 법률행위의 부관으로서의 조건이 되는 것은 아니다(대판 2003.5.13. 2003다10797).

② [O]
> 제151조(불법조건, 기성조건) 「①항 조건이 선량한 풍속 기타 사회질서에 위반한 것인 때에는 그 법률행위는 무효로 한다.」

③ [O]
> 제151조(불법조건, 기성조건) 「③항 조건이 법률행위의 당시에 이미 성취할 수 없는 것인 경우에는 그 조건이 해제조건이면 조건없는 법률행위로 하고 정지조건이면 그 법률행위는 무효로 한다.」

④ [O] 정지조건부 법률행위에 해당한다는 사실은 즉 조건의 '존재' 사실은 그 법률행위로 인한 법률효과의 발생을 저지하는 사유로서, 법률효과의 발생을 다투는 자가 입증해야 한다(대판 1993.9.28. 93다20832).

⑤ [×] 判例는 조건성취의 방해에 대해 고의뿐만 아니라 '과실'에 의한 경우도 포함된다고 하고, 이 경우 조건이 성취된 것으로 의제되는 시점은 신의성실에 반하는 행위가 있었던 시점이 아니라 '신의성실에 반하는 행위가 없었더라면 조건이 성취되었으리라고 추산되는 시점'이라고 한다(대판 1998.12.22. 98다42356).

정답 | ⑤

11 조건에 관한 설명으로 옳지 않은 것은? [17행정사]

① 조건의 성취가 미정인 권리의무는 일반규정에 의하여 처분, 상속, 보존 또는 담보로 할 수 있다.

② 조건이 선량한 풍속 기타 사회질서에 위반한 것인 때에는 그 법률행위는 무효로 한다.

③ 당사자가 조건 성취 전에 특별한 의사표시를 하지 않으면 조건 성취의 효력은 소급효가 없다.

④ 해제조건부 법률행위의 경우 법률행위 당시 조건이 이미 성취할 수 없는 것인 때에는 그 법률행위는 무효이다.

⑤ 조건부 법률행위의 당사자는 조건의 성부가 미정인 동안에 조건의 성취로 인하여 생길 상대방의 이익을 해하지 못한다.

해설

① [O]

> 제149조(조건부권리의 처분 등) 「조건의 성취가 미정한 권리의무는 일반규정에 의하여 처분, 상속, 보존 또는 담보로 할 수 있다.」

② [O]

> 제151조(불법조건) 「①항 조건이 선량한 풍속 기타 사회질서에 위반한 것인 때에는 그 법률행위는 무효로 한다.」

③ [O] ⅰ) 정지조건부 법률행위는 조건이 성취한 때로부터 효력이 생기고(제147조 제1항), ⅱ) 해제조건부 법률행위는 조건이 성취된 때로부터 효력을 잃는다(제147조 제2항). ⅲ) 이러한 조건성취의 효과는 원칙적으로 소급하지 않으나, 당사자가 조건성취의 효력을 그 성취 전에 소급하게 할 의사를 표시한 때에는 그 의사에 의한다(제147조 제3항).

④ [X]

> 제151조(불법조건, 기성조건) 「③항 조건이 법률행위의 당시에 이미 성취할 수 없는 것인 경우에는 그 조건이 해제조건이면 조건 없는 법률행위로 하고 정지조건이면 그 법률행위는 무효로 한다(불능조건).」

⑤ [O]

> 제148조(조건부권리의 침해금지) 「조건 있는 법률행위의 당사자는 조건의 성부가 미정한 동안에 조건의 성취로 인하여 생길 상대방의 이익을 해하지 못한다.」

정답 | ④

---

12 법률행위의 조건에 관한 설명 중 옳은 것을 모두 고른 것은? [19법학경채]

> ㄱ. 정지조건 있는 법률행위는 조건이 성취한 때로부터 그 효력이 생긴다.
> ㄴ. 조건의 성취가 미정한 권리의무는 일반규정에 의하여 처분, 상속, 보존 또는 담보로 할 수 없다.
> ㄷ. 조건의 성취로 인하여 불이익을 받을 당사자가 신의성실에 반하여 조건의 성취를 방해한 때에는 상대방은 그 조건이 성취한 것으로 주장할 수 있다.
> ㄹ. 조건이 법률행위의 당시 이미 성취한 것인 경우에는 그 조건이 해제조건이면 조건 없는 법률행위로 하고 정지조건이면 그 법률행위는 무효로 한다.

① ㄱ, ㄴ
② ㄴ, ㄹ
③ ㄱ, ㄷ
④ ㄷ, ㄹ

해설

ㄱ. [O] ⅰ) 정지조건부 법률행위는 조건이 성취한 때로부터 효력이 생기고(제147조 제1항), ⅱ) 해제조건부 법률행위는 조건이 성취된 때로부터 효력을 잃는다(제147조 제2항). ⅲ) 이러한 조건성취의 효과는 원칙적으로 소급하지 않으나, 당사자가 조건성취의 효력을 그 성취 전에 소급하게 할 의사를 표시한 때에는 그 의사에 의한다(제147조 제3항).

ㄴ. [X]

> 제149조(조건부권리의 처분 등) 「조건의 성취가 미정한 권리의무는 일반규정에 의하여 처분, 상속, 보존 또는 담보로 할 수 있다.」

ㄷ. [O]

> 제150조(조건성취, 불성취에 대한 반신의행위) 「①항 조건의 성취로 인하여 불이익을 받을 당사가 신의성실에 반하여 조건의 성취를 방해한 때에는 상대방은 그 조건이 성취한 것으로 주장할 수 있다.」

ㄹ. [X]

> 제151조(불법조건, 기성조건) 「②항 조건이 법률행위의 당시 이미 성취한 것인 경우에는 그 조건이 정지조건이면 조건 없는 법률행위로 하고 해제조건이면 그 법률행위는 무효로 한다(기성조건).」

정답 | ③

13 법률행위의 조건에 관한 설명으로 옳은 것은? (다툼이 있으면 판례에 의함) [20 · 18소방간부 변형]

① 정지조건부 법률행위의 조건이 불성취로 확정되면 그 법률행위는 무효가 된다.

② 법정조건도 법률행위의 부관으로서의 조건에 해당한다.

③ 채무면제와 같은 단독행위는 조건을 붙일 수 없다.

④ 조건의 성취가 미정인 권리의무는 처분, 상속, 보존 또는 담보로 할 수 없다.

⑤ 협의이혼에는 조건을 붙일 수 있다.

해설

① [○]

> 제151조(불법조건, 기성조건) 「③항 조건이 법률행위의 당시에 이미 성취할 수 없는 것인 경우에는 그 조건이 해제조건이면 조건 없는 법률행위로 하고 정지조건이면 그 법률행위는 무효로 한다(불능조건).」

▶ 불능조건이 정지조건이면 그 법률행위는 무효이다(불.정.무).

② [×] 법률이 요구하는 요건인 '법정조건'은 법률행위의 부관으로서의 조건이 아니다.

③ [×] 단독행위의 경우 ⅰ) 상대방의 동의, ⅱ) 상대방에게 이익만을 주는 경우(채무면제 · 유증), ⅲ) 상대방이 결정할 수 있는 사실을 조건으로 한 경우(예컨대 이행지체에 빠진 상대방에게 일정한 기간을 정하여 채무의 이행을 최고하면서 그 기간 내에 이행하지 않을 경우 계약을 해제한다는 정지조건부 계약해제의 의사표시; 대판 1970.9.29. 70다1508)가 아닌 한 원칙적으로 조건을 붙일 수 없다.

▶ 채무면제는 상대방에게 이익만을 주는 경우이므로 조건을 붙일 수 있다.

④ [×]

> 제149조(조건부권리의 처분 등) 「조건의 성취가 미정한 권리의무는 일반규정에 의하여 처분, 상속, 보존 또는 담보로 할 수 있다.」

⑤ [×] ⅰ) 어음 · 수표행위는 객관적 획일성이 요구되므로 조건을 붙일 수 없음이 원칙이며(다만, 어음보증에 조건을 붙이는 것은 어음거래의 안정성을 해치지 않으므로 허용한다; 대판 1986.9.9. 84다카2310), ⅱ) 신분행위도 법률행위 즉시 효과가 발생해야 하므로 원칙적으로 조건을 붙일 수 없다(다만, 조건이 공서양속에 반하지 않는 경우에는 허용된다).

정답 | ①

14 민법상 조건에 관한 설명으로 옳지 않은 것은? (다툼이 있으면 판례에 의함) [20세무사 · 18소방간부 변형]

① 조건의사가 있더라도 외부에 표시되지 않는 이상 법률행위의 동기에 불과하다.

② 불능조건이 정지조건이면 그 법률행위는 무효이다.

③ 현상광고에 정한 지정행위의 완료에 조건을 붙일 수 있다.

④ 조건부 권리는 조건이 성취되기 전까지 담보로 제공할 수 없다.

⑤ 조건을 붙이는 것이 허용되지 않는 법률행위에 조건을 붙인 경우, 그 법률행위 전부가 무효이다.

해설

① [O] 조건은 법률행위의 부관으로서 당해 법률행위를 구성하는 의사표시의 일체적인 내용을 이루는 것이므로, "의사표시의 일반원칙에 따라 조건의사와 그 표시가 필요하며, 그것이 표시되지 않으면 법률행위의 동기에 불과하다(대판 2003.5.13. 2003다10797).

② [O]

> 제151조(불법조건, 기성조건) 「③항 조건이 법률행위의 당시에 이미 성취할 수 없는 것인 경우에는 그 조건이 해제조건이면 조건 없는 법률행위로 하고 정지조건이면 그 법률행위는 무효로 한다(불능조건).」

▶ 불능조건이 정지조건이면 그 법률행위는 무효이다(불.정.무).

③ [O] 제675조에 정하는 현상광고라 함은, 광고자가 어느 행위를 한 자에게 일정한 보수를 지급할 의사를 표시하고 이에 응한 자가 그 광고에 정한 행위를 완료함으로써 그 효력이 생기는 것으로서, 그 광고에 정한 행위의 완료에 조건이나 기한을 붙일 수 있다(대판 2000.8.22. 2000다3675).

④ [×]

> 제149조(조건부권리의 처분 등) 「조건의 성취가 미정한 권리의무는 일반규정에 의하여 처분, 상속, 보존 또는 담보로 할 수 있다.」

⑤ [O] 조건부 법률행위에 있어 조건의 내용 자체가 불법적인 것이어서 무효일 경우 또는 조건을 붙이는 것이 허용되지 아니하는 법률행위에 조건을 붙인 경우 그 조건만을 분리하여 무효로 할 수는 없고 그 법률행위 전부가 무효로 된다(대결 2005.11.8. 2005마541).

정답 | ④

---

15 법률행위의 조건에 대한 설명으로 가장 적절하지 않은 것은? (다툼이 있으면 판례에 의함) [18법학경채]

① 약혼예물의 수수는 혼인불성립을 정지조건으로 하는 증여와 유사한 행위이다.

② 불법조건이 붙은 법률행위는 정지조건이든 해제조건이든 무효이다.

③ 조건이 법률행위의 당시 이미 성취한 것인 경우에는 그 조건이 정지조건이면 조건 없는 법률행위이다.

④ 경찰시험에 합격하면 자동차를 사주기로 하였는데 부정행위를 통해 합격한 경우 상대방은 조건이 성취되지 않았다고 주장할 수 있다.

해설

① [×] ⅰ) 이미 발생한 법률행위의 효력을 그 성취에 의하여 '소멸'하게 하는 조건을 해제조건이라고 한다. ⅱ) 약혼예물의 수수는 약혼의 성립을 증명하고 혼인이 성립한 경우 당사자 내지 양가의 정리를 두텁게 할 목적으로 수수되는 것으로 '혼인의 불성립을 해제조건으로 하는 증여'와 유사한 성질을 가진다(대판 1996.5.14. 96다5506).

② [O]

> 제151조(불법조건) 「①항 조건이 선량한 풍속 기타 사회질서에 위반한 것인 때에는 그 법률행위는 무효로 한다.」

▶ 불법조건이란 조건이 '선량한 풍속 기타 사회질서에 반하는' 경우를 말한다. 불법조건이 붙어 있는 법률행위는 그 조건은 물론 법률행위 자체도 무효이다(제151조 제1항). 따라서 부첩관계의 종료를 해제조건으로 부동산을 증여한 경우 위 해제조건은 부첩관계의 종료를 방해하는 것으로 선량한 풍속 기타 사회질서에 위반하여 무효이고, 따라서 증여계약 자체도 무효가 된다(대판 1996.6.21. 66다530).

③ [O]

> 제151조(불법조건, 기성조건) 「②항 조건이 법률행위의 당시 이미 성취한 것인 경우에는 그 조건이 정지조건이면 조건 없는 법률행위로 하고 해제조건이면 그 법률행위는 무효로 한다(기성조건).」

▶ 기성조건이 정지조건이면 조건 없는 법률행위가 되지만 기성조건이 해제조건이면 그 법률행위는 무효이다(기.해.무).

④ [O]

> 제150조(조건성취, 불성취에 대한 반신의행위) 「②항 조건의 성취로 인하여 이익을 받을 당사자가 신의성실에 반하여 조건을 성취시킨 때에는 상대방은 그 조건이 성취하지 아니한 것으로 주장할 수 있다.」

정답 | ①

16 민법상 조건에 대한 설명 중 가장 적절하지 않은 것은? (다툼이 있으면 판례에 의함) [20법학경채]

① 정지조건부 법률행위에서 조건이 성취되었다는 사실의 증명책임은 이에 의하여 권리를 취득하고자 하는 측에 있다.

② 부첩관계인 부부생활의 종료를 해제조건으로 하는 증여계약은 그 조건만이 무효이다.

③ 조건 있는 법률행위의 당사자는 조건의 성부가 미정한 동안에 조건의 성취로 인하여 생길 상대방의 이익을 해하지 못한다.

④ 조건의 성취로 인하여 불이익을 받을 당사자가 신의성실에 반하여 조건의 성취를 방해한 경우, 조건이 성취된 것으로 의제되는 시점은 이러한 신의성실에 반하는 행위가 없었더라면 조건이 성취되었으리라고 추산되는 시점이다.

해설

① [○] ⅰ) 법률행위가 조건의 성취시 그 효력이 발생하는 정지조건부 법률행위에 해당한다는 사실은, 즉 조건의 '존재' 사실은 그 법률행위로 인한 법률효과의 발생을 저지하는 사유로서, 그 법률효과의 발생을 다투는 자에게 그 입증책임이 있다(대판 1993.9.28. 93다20832). ⅱ) 이에 대해 그 <u>조건이 '성취'</u>되었다는 사실은 그 효력을 주장하는 자에게 그 입증책임이 있다(대판 1983.4.12. 81다카692; 대판 1984.9.25. 84다카967).

② [×]

> **제151조(불법조건)** 「①항 조건이 선량한 풍속 기타 사회질서에 위반한 것인 때에는 그 법률행위는 무효로 한다.」

> ▶ 불법조건이란 조건이 '선량한 풍속 기타 사회질서에 반하는' 경우를 말한다. 불법조건이 붙어 있는 법률행위는 그 조건은 물론 <u>법률행위 자체도 무효이다</u>(제151조 제1항). 따라서 <u>부첩관계의 종료를 해제조건으로 부동산을 증여한 경우</u> 위 해제조건은 부첩관계의 종료를 방해하는 것으로 선량한 풍속 기타 사회질서에 위반하여 무효이고, 따라서 증여계약 자체도 무효가 된다(대판 1996.6.21. 66다530).

③ [○]

> **제148조(조건부권리의 침해금지)** 「조건 있는 법률행위의 당사자는 조건의 성부가 미정한 동안에 조건의 성취로 인하여 생길 상대방의 이익을 해하지 못한다.」

④ [○] 判例는 조건성취의 방해에 대해 고의뿐만 아니라 '과실'에 의한 경우도 포함된다고 하고, 이 경우 조건이 성취된 것으로 의제되는 시점은 신의성실에 반하는 행위가 있었던 시점이 아니라 '신의성실에 반하는 행위가 없었더라면 조건이 성취되었으리라고 추산되는 시점'이라고 한다(대판 1998.12.22. 98다42356).

정답 | ②

17 법률행위의 부관으로서 조건에 관한 다음의 설명 중 가장 옳지 않은 것은? (다툼이 있는 경우 판례에 의하고, 전원합의체 판결의 경우 다수의견에 의함) [21서기보]

① 법률행위 효력의 발생 또는 소멸을 장래의 불확실한 사실의 성부에 의존케 하는 조건을 법률행위에 붙이고자 하는 의사가 있다 하더라도 이를 외부에 표시하지 않으면 이는 법률행위의 동기에 불과한 것이다.

② 정지조건부 법률행위에 있어서 조건이 성취되었다는 사실은 이에 의하여 권리를 취득하고자 하는 측에서 증명하여야 한다.

③ 정지조건부 법률행위는 조건을 성취한 때로부터 그 효력이 생기고, 해제조건부 법률행위는 조건을 성취한 때로부터 그 효력을 잃는다.

④ 甲과 乙이 빌라 분양을 甲이 대행하고 수수료를 받기로 하는 내용의 분양전속계약을 체결하면서, 특약사항으로 "분양계약기간 완료 후 미분양 물건은 甲이 모두 인수하는 조건으로 한다."라고 정한 경우 위 특약사항은 미분양 물건 세대를 인수하지 아니할 경우 분양전속계약은 효력이 없다는 법률행위의 부관으로서 조건을 정한 것이다.

해설

① [○] '조건'이란 법률행위의 효력의 발생 또는 소멸을 '장래의 불확실한 사실의 성부(成否)'에 의존케 하는 법률행위의 부관이다. 이러한 조건은 법률행위의 부관으로서 당해 법률행위를 구성하는 의사표시의 일체적인 내용을 이루는 것이므로, 의사표시의 일반원칙에 따라 조건의사와 그 표시가 필요하며, 그것이 표시되지 않으면 법률행위의 동기에 불과하다(대판 2003.5.13. 2003다10797).

② [○] 법률행위가 조건의 성취시 그 효력이 발생하는 정지조건부 법률행위에 해당한다는 사실은, 즉 조건의 '존재' 사실은 그 법률행위로 인한 법률효과의 발생을 저지하는 사유로서, 그 법률효과의 발생을 다투는 자에게 그 입증책임이 있다(대판 1993.9.28. 93다20832). 이에 대해 그 조건이 '성취'되었다는 사실은 그 효력을 주장하는 자에게 그 입증책임이 있다(대판 1983.4.12. 81다카692; 대판 1984.9.25. 84다카96745)). 예컨대 甲이 그 소유 자동차를 정지조건부로 乙에게 증여한 경우, 乙은 증여의 성립을 이유로 甲에게 자동차의 인도를 청구할 수 있고, 甲이 이를 거절하기 위해서는 조건의 존재를 입증하여야 하며, 乙은 조건의 성취를 입증하여야 자동차의 인도를 청구할 수 있다.

③ [○] 제147조

④ [×] 甲과 乙이 빌라 분양을 甲이 대행하고 수수료를 받기로 하는 내용의 분양전속계약을 체결하면서, 특약사항으로 "분양계약기간 완료 후 미분양 물건은 甲이 모두 인수하는 조건으로 한다."라고 정한 사안에서, 위 특약사항은 甲이 분양계약기간 만료 후 미분양 세대를 인수할 의무를 부담한다는 계약의 내용을 정한 것에 불과하고, 계약의 효력발생이 좌우되게 하려는 법률행위의 부관으로서 조건을 정한 것이라고 보기는 어렵다(대판 2020.7.9. 2020다202821).

정답 | ④

제2관 기한부 법률행위

⊕ 핵심정리 기한의 이익

1. 기한과 기한의 이익의 개념

① '기한'이란 법률행위의 효력의 발생 또는 소멸을 '장래의 확실한 사실의 성부'에 의존케 하는 법률행위의 부관이다.

② '기한의 이익'이란 기한이 도래하지 않음으로써 그동안 당사자가 받는 이익을 말하는 것으로 기한은 '채무자의 이익을 위한 것'으로 추정한다(제153조 제1항).

2. 기한이익의 포기

기한의 이익은 포기할 수 있다. 예를 들어 임대인은 임대차계약 존속 중 기한의 이익을 포기하고 임대차보증금반환채권을 수동채권으로 하여 상계할 수 있다(2015다252501). 그러나 상대방의 이익을 해하여 포기하지는 못한다(제153조 제2항). 따라서 이자부 소비대차에서는 '이행기'까지의 이자를 지급하여 기한 전에 반환할 수 있다(제468조).

다만 포기의 효과는 상대적이기 때문에 연대채무자 중의 1인이 기한의 이익을 포기해도 그 효력은 다른 연대채무자에게 미치지 않고(제423조), 보증채무에 있어서 주채무자의 이익의 포기는 보증인에게 효력이 미치지 않는다(제433조 제2항).

3. 법정 기한이익 상실 사유

민법은 채무자가 담보를 손상·감소·멸실케 한 경우 등과 같이 채무자를 더 이상 신용할 수 없는 경우에 채무자의 기한의 이익을 상실시킴으로써 채무자가 기한 전의 이행청구를 거절하지 못하도록 하고 있다(제388조 각 호의 1). 다만, "기한의 이익의 상실에 관한 제388조는 임의규정이므로 당사자 사이에 위 규정과 다른 내용의 약정이 있는 경우에는 그 약정에 따라 기한의 이익의 상실 여부를 판단하여야 한다"(99다56192).

4. 기한이익 상실 특약(주로 동산 할부거래, 소유권유보부 매매에서 문제)

(1) 기한이익 상실의 특약이 정지조건부 기한이익 상실 약정인지 형성권적 기한이익 상실약정인지 판단기준

'채무자가 약정한 이행의무(할부금채무)를 한 번이라도 지체하였을 때에는 기한의 이익을 잃고, 즉시 채무금 전액을 변제할 것'을 특약한 경우 判例는 "일반적으로 기한이익 상실의 특약이 채권자를 위하여 둔 것이므로 명백히 정지조건부 기한이익 상실의 특약이라고 볼 만한 특별한 사정이 없는 이상 형성권적 기한이익 상실의 특약으로 추정하는 것이 타당하다."(2002다28340)고 한다.

---

45) "원고가 피고에게 증여를 원인으로 부동산의 소유권이전등기를 청구할 때 피고가 항변으로 '위 증여계약에 정지조건이 붙어 있음'을 주장, 증명하면 원고가 재항변으로 '그 정지조건의 성취'를 주장, 증명하여야 한다."

(2) 효과

1) 정지조건부 기한이익 상실 약정

정지조건부 기한이익 상실약정을 하였을 경우에는 기한이익 상실사유가 발생함과 동시에 이행기 도래의 효과가 발생하고, ⅰ) 채무자는 특별한 사정이 없는 한 그때부터 이행지체의 상태에 놓이게 된다(99다15184). ⅱ) 따라서 채권의 소멸시효도 그때부터 진행된다.

2) 형성권적 기한이익 상실 약정

a. 이행지체책임

일정한 사유가 발생한 것만으로 곧바로 기한의 도래가 의제되지는 않고, 채권자가 기한이익 상실의 의사표시를 한 때 비로소 기한의 도래가 의제된다. 그 구체적 효과는 법정기한이익 상실 사유가 발생한 경우와 같다.

b. 소멸시효의 기산점

判例는 "형성권적 기한이익 상실의 특약이 있는 할부채무에 있어서는 1회의 불이행이 있더라도 각 할부금에 대해 그 각 변제기의 도래시마다 그 때부터 순차로 소멸시효가 진행하고 채권자가 특히 잔존 채무 전액의 변제를 구하는 취지의 의사를 표시한 경우에 한하여 전액에 대하여 그 때부터 소멸시효가 진행하는 것이다."(2002다28340)고 한다.

---

18 기한에 관한 설명으로 옳지 않은 것은? (다툼이 있으면 판례에 따름) [23세무사]

① 부관에 표시된 사실이 발생하지 않는 것으로 확정된 때에도 채무를 이행해야 한다고 인정되면 그 사실은 조건이 아니라 불확정기한이다.

② 기한의 이익은 채무자에게 있는 것으로 추정된다.

③ 이자부소비대차에서 채무자는 상대방의 손해를 배상하고 기한 전에 변제할 수 있다.

④ 당사자간에 체결된 기한이익 상실 특약은 특별한 사정이 없는 한 형성권적 기한이익 상실의 특약으로 추정된다.

⑤ 형성권적 기한이익상실의 특약이 있는 할부채무의 경우 그 요건이 충족되면 채권자의 의사표시를 기다리지 않고 곧바로 채권 전액에 대해 소멸시효가 진행한다.

해설

① [○] 장래의 일정한 사실의 발생 여부가 불확실한 경우가 '조건'이고, 발생이 확실한 경우가 '기한'이다. 그러나 '불확정기한'은 조건과 구별하는 것이 쉽지 않으므로 법률행위의 해석에 의하여 결정한다. 判例에 따르면 "부관이 붙은 법률행위에 있어서 부관에 표시된 사실이 발생하지 않으면 채무를 이행하지 아니하여도 된다고 보는 것이 상당한 경우에는 '조건'으로 보아야 하고, 표시된 사실이 발생한 때에는 물론이고 반대로 발생하지 아니하는 것이 확정된 때에도 그 채무를 이행하여야 한다고 보는 것이 상당한 경우에는 표시된 사실의 발생여부가 확정되는 것을 '불확정기한'으로 정한 것으로 보아야 한다."(대판 2003.8.19. 2003다2421)고 한다.

② [○] 제153조(기한의 이익과 그 포기) 「①항 기한은 채무자의 이익을 위한 것으로 추정한다.」

③ [○] 당사자의 특별한 의사표시가 없으면 변제기전이라도 채무자는 변제할 수 있다. 그러나 상대방의 손해는 배상하여야 한다(제468조).
  ▶ 기한의 이익은 포기할 수 있다. 그러나 상대방의 이익을 해하지 못한다(제153조 제2항). 따라서 이자부 소비대차에서는 '이행기'까지의 이자를 지급하여 기한 전에 반환할 수 있다(제468조). 예컨대, 甲이 乙로부터 금전을 차용하면서 이자를 월 2%로 하고 변제기를 1년 후로 약정하였는데 甲이 8개월 후에 차용금을 반환하는 경우, 甲은 원금과 8개월분 이자 외에 乙이 입은 손해로서 변제기까지의 4개월분 이자를 배상하여야 하는데, 이를 4개월 앞서 지급하는 것이므로 그에 따른 중간이자를 공제하여야 한다.

④ [○] ☑ 기한이익 상실 특약(주로 동산 할부거래, 소유권유보부 매매에서 문제)
  ㉠ '정지조건부 기한이익 상실 약정'은 일정한 사유가 발생하면 곧바로 채무자의 기한의 이익이 상실되어 채무의 이행기가 도래하는 약정이다. ㉡ '형성권적 기한이익 상실 약정'은 일정한 사유가 발생하면 곧바로 채무자의 기한의 이익이 상실되는 것이 아니라, 채권자가 기한이익 상실의 의사표시를 해야만 채무자의 기한의 이익이 상실되어 채무의 이행기가 도래하는 약정이다.

예를 들어 '채무자가 약정한 이행의무(할부금채무)를 한 번이라도 지체하였을 때에는 기한의 이익을 잃고, 즉시 채무금 전액을 변제할 것'을 특약한 경우 判例는 "기한이익 상실의 특약이 위의 양자 중 어느 것에 해당하느냐는 당사자의 의사해석의 문제이지만 일반적으로 기한이익 상실의 특약이 채권자를 위하여 둔 것인 점에 비추어 명백히 정지조건부 기한이익 상실의 특약이라고 볼 만한 특별한 사정이 없는 이상 형성권적 기한이익 상실의 특약으로 추정하는 것이 타당하다."(대판 2002.9.4. 2002다28340)46)고 한다.

⑤ [×] 判例는 "이른바 형성권적 기한이익 상실의 특약이 있는 경우에는 그 특약은 채권자의 이익을 위한 것으로서 기한이익의 상실 사유가 발생하였다고 하더라도 채권자가 나머지 전액을 일시에 청구할 것인가 또는 종래대로 할부변제를 청구할 것인가를 자유로이 선택할 수 있으므로, 이와 같은 기한이익 상실의 특약이 있는 할부채무에 있어서는 1회의 불이행이 있더라도 각 할부금에 대해 그 각 변제기의 도래시마다 그때부터 순차로 소멸시효가 진행하고 채권자가 특히 잔존 채무 전액의 변제를 구하는 취지의 의사를 표시한 경우에 한하여 전액에 대하여 그때부터 소멸시효가 진행하는 것이다."(대판 2002.9.4. 2002다28340)고 한다.47)

정답 | ⑤

19

법률행위의 부관에 관한 설명으로 옳은 것은? (다툼이 있으면 판례에 따름) [22행정사]

① 상계의 의사표시에는 원칙적으로 조건을 붙일 수 있다.
② 조건부 법률행위에서 조건의 내용 자체가 불법적이어서 무효인 경우, 원칙적으로 그 조건만이 무효이고 나머지 법률행위는 유효이다.
③ 해제조건부 법률행위의 조건이 불능조건인 경우, 그 법률행위는 무효이다.
④ 시기(始期) 있는 법률행위는 기한이 도래한 때로부터 그 효력을 잃는다.
⑤ 기한은 특별한 사정이 없는 한 채무자의 이익을 위한 것으로 추정한다.

해설

① [×] 상계는 단독행위로서 '조건'을 붙이는 것은 상대방의 지위를 불안하게 하기 때문에 허용되지 않는다.

② [×]
제151조(불법조건, 기성조건) 「①항 조건이 선량한 풍속 기타 사회질서에 위반한 것인 때에는 그 법률행위는 무효로 한다.」

③ [×]
제151조(불법조건, 기성조건) 「③항 조건이 법률행위의 당시에 이미 성취할 수 없는 것인 경우에는 그 조건이 해제조건이면 조건없는 법률행위로 하고 정지조건이면 그 법률행위는 무효로 한다.」

④ [×]
제152조(기한도래의 효과) 「①항 시기있는 법률행위는 기한이 도래한 때로부터 그 효력이 생긴다.」

⑤ [O]
제153조(기한의 이익과 그 포기) 「①항 기한은 채무자의 이익을 위한 것으로 추정한다.」

정답 | ⑤

---

46) [판례해설] 기한의 이익은 채무자의 이익으로 추정되지만(제153조 제1항) 실제 거래계에서는 이자부 금전소비대차와 같이 채권자와 채무자 모두에게 기한의 이익이 있는 경우가 일반적이다. 즉, 이 경우 채권자에게도 변제기(기한) 도래 전까지 이자를 받을 수 있는 기한이 이익이 있다. 따라서 정지조건부 기한이익 상실의 특약과 같이 즉시 이행기가 도래되는 것보다 채권자가 즉시 나머지 할부금을 청구할지 아니면 할부기한 동안 이자를 받을지 선택할 수 있는 형성권적 기한이익 상실약정이 채권자에게 유리하다.

47) [판례평석] 소멸시효는 권리를 행사할 수 있는 때로부터 진행한다(제166조 제1항)고 규정하고 있는 점에 비추어 보면, 기한이익 상실 사유가 발생하면 채권자는 곧바로 나머지 전액의 지급을 청구할 수 있으므로 그때부터 나머지 전액에 대한 소멸시효가 진행한다고 보는 것이 타당하다[양창수, 민법주해(제9권), p.147; 엄동섭, '기한이익상실약관과 소멸시효', 고시연구(제375호), p.67 등 다수견해].

20 법률행위의 조건과 기한에 관한 설명으로 가장 적절하지 않은 것은? (다툼이 있는 경우 판례에 의함)

[21법학경채]

① 부관에 표시된 사실이 발생하지 않으면 채무를 이행하지 않아도 된다고 보는 것이 합리적인 경우 불확정기한으로 보아야 한다.

② 당사자가 불확정한 사실이 발생한 때를 이행기한으로 정한 경우에 있어서 그 사실이 발생한 때는 물론 그 사실의 발생이 불가능하게 된 때에도 이행기한은 도래한 것으로 보아야 한다.

③ 해제조건부증여로 인한 소유권이전등기를 마친 경우, 조건성취 전에 수증자가 처분행위를 하였다면 조건성취의 효과를 제한하는 한도 내에서는 무효이나, 그 조건이 등기되어 있지 않는 한 그 처분행위로 인하여 권리를 취득한 제3자에게 위 무효로 대항할 수 없다.

④ 기한은 채무자의 이익을 위한 것으로 추정한다.

해설

① [×] ② [○] 부관이 붙은 법률행위에 있어서 부관에 표시된 사실이 발생하지 아니하면 채무를 이행하지 아니하여도 된다고 보는 것이 상당한 경우에는 조건으로 보아야 하고, 표시된 사실이 발생한 때에는 물론이고 반대로 발생하지 아니하는 것이 확정된 때에도 그 채무를 이행하여야 한다고 보는 것이 상당한 경우에는 표시된 사실의 발생 여부가 확정되는 것을 불확정기한으로 정한 것으로 보아야 한다. 따라서 이미 부담하고 있는 채무의 변제에 관하여 일정한 사실이 부관으로 붙여진 경우에는 특별한 사정이 없는 한 그것은 변제기를 유예한 것으로서 그 사실이 발생한 때 또는 발생하지 아니하는 것으로 확정된 때에 기한이 도래한다(대판 2009.11.12. 2009다42635).

③ [○] 해제조건부증여로 인한 부동산소유권이전등기를 마쳤다 하더라도 그 해제조건이 성취되면 그 소유권은 증여자에게 복귀한다고 할 것이고, 이 경우 당사자 간에 별단의 의사표시가 없는 한 그 조건성취의 효과는 소급하지 아니하나, 조건성취 전에 수증자가 한 처분행위는 조건성취의 효과를 제한하는 한도 내에서는 무효라고 할 것이고, 다만 그 조건이 등기되어 있지 않는 한 그 처분행위로 인하여 권리를 취득한 제3자에게 위 무효를 대항할 수 없다(대판 1992.5.22. 92다5584)라고 한다.

④ [○]

> 제153조(기한의 이익과 그 포기) 「①항 기한은 채무자의 이익을 위한 것으로 추정한다.」

정답 | ①

21 조건과 기한에 관한 설명으로 옳지 않은 것은? (다툼이 있으면 판례에 의함)

[21소방간부]

① "내일 해가 서쪽에서 뜨면 컴퓨터를 사주겠다."라고 약속하였다면 이러한 증여계약은 무효이다.

② "소방간부 후보생 선발시험에 합격하면 자동차를 사주겠다."라고 약속한 경우에 약속 당시 이미 그 시험에 합격했다면 조건 없는 법률행위가 된다.

③ 조건의 성취로 인하여 이익을 받을 당사자가 신의성실에 반하여 조건을 성취시킨 때에는 상대방은 그 조건이 성취하지 아니한 것으로 주장할 수 있다.

④ 기한 있는 법률행위의 당사자는 기한의 도래가 미정인 동안에 기한의 도래로 인하여 생길 상대방의 이익을 해하지 못한다.

⑤ 당사자가 불확정한 사실이 발생한 때를 이행기한으로 정한 경우에 그 사실의 발생이 불가능하게 되었다면 이행기한은 도래한 것으로 볼 수 없다.

해설

① [○]

> 제151조(불법조건, 기성조건) 「③항 조건이 법률행위의 당시에 이미 성취할 수 없는 것인 경우에는 그 조건이 해제조건이면 조건 없는 법률행위로 하고 정지조건이면 그 법률행위는 무효로 한다(불능조건).」

▶ 불능조건이 정지조건이면 그 법률행위는 무효이다(불.정.무).

② [○]

> 제151조(불법조건, 기성조건) 「②항 조건이 법률행위의 당시 이미 성취한 것인 경우에는 그 조건이 정지조건이면 조건 없는 법률행위로 하고 해제조건이면 그 법률행위는 무효로 한다(기성조건).」

▶ 기성조건이 정지조건이면 조건 없는 법률행위가 되지만 기성조건이 해제조건이면 그 법률행위는 무효이다(기.해.무).

③ [○]

> 제150조(조건성취, 불성취에 대한 반신의행위) 「②항 조건의 성취로 인하여 이익을 받을 당사자가 신의성실에 반하여 조건을 성취시킨 때에는 상대방은 그 조건이 성취하지 아니한 것으로 주장할 수 있다.」

④ [○] 조건부 권리가 보호를 받는 만큼 기한부 권리도 보호를 받아야 한다. 따라서 기한부 권리에도 조건부 권리의 침해금지 및 처분 등에 관한 규정(제148조, 제149조)을 준용한다(제154조).

[참조조문] 조건 성취 전의 효력(소극적 보호: 손해배상책임)

> 제148조(조건부권리의 침해금지) 「조건 있는 법률행위의 당사자는 조건의 성부가 미정한 동안에 조건의 성취로 인하여 생길 상대방의 이익을 해하지 못한다.」

⑤ [×] 당사자가 불확정한 사실이 발생한 때를 이행기한으로 정한 경우, 그 사실이 발생한 때는 물론 그 사실의 발생이 불가능하게 된 때에도 그 이행기한은 도래한 것으로 보아야 한다(대판 2007.5.10. 2005다67353).

정답 | ⑤

---

22 기한에 관한 설명으로 옳지 않은 것은? (다툼이 있으면 판례에 따름) [19세무사]

① 기한부 권리는 기한이 도래하기 전에 처분, 상속, 보존 또는 담보로 할 수 있다.
② 기한은 채무자의 이익을 위한 것으로 추정한다.
③ 기한에는 소급효가 없으나 당사자의 약정에 의해 소급효를 인정할 수 있다.
④ 기한의 이익은 포기할 수 있다.
⑤ 어음에는 시기를 붙일 수 있다.

해설

① [○] 조건부 권리가 보호를 받는 만큼 기한부 권리도 보호를 받아야 한다. 따라서 기한부 권리에도 조건부 권리의 침해금지 및 처분 등에 관한 규정(제148조, 제149조)을 준용한다(제154조).

[참조조문]

> 제149조(조건부권리의 처분 등) 「조건의 성취가 미정한 권리의무는 일반규정에 의하여 처분, 상속, 보존 또는 담보로 할 수 있다.」

② [○]

> 제153조(기한의 이익과 그 포기) 「①항 기한은 채무자의 이익을 위한 것으로 추정한다.」

③ [×] ⅰ) 시기 있는 법률행위는 기한이 도래한 때로부터 그 효력이 생기고, ⅱ) 종기 있는 법률행위는 기한이 도래한 때로부터 그 효력을 잃는다(제152조). 그리고 기한도래의 효과는 기한 도래시부터 생기며 절대로 소급효가 없다. 당사자가 소급효의 특약을 하여도 마찬가지이다. 기한에 소급효를 인정하면 기한이 무의미해지기 때문이다.

④ [○]

> 제153조(기한의 이익과 그 포기) 「②항 기한의 이익은 이를 포기할 수 있다. 그러나 상대방의 이익을 해하지 못한다.」

⑤ [○] ⅰ) 신분행위는 법률행위 즉시 효과가 발생해야 하므로 시기를 붙일 수 없다. ⅱ) 어음·수표행위에 조건은 붙일 수 없지만 시기를 붙이는 것은 허용된다(왜냐하면 시기를 붙여도 법률관계를 불확실하게 하지 않기 때문이다). ⅲ) 취소·추인과 같은 소급효가 있는 법률행위에는 시기를 붙이면 소급효가 무의미해지기 때문에 시기를 붙이지 못한다.

정답 | ③

23 법률행위의 기한에 관한 설명으로 옳은 것은? (다툼이 있으면 판례에 의함) [20소방간부]

① 어음 · 수표행위에는 기한을 붙일 수 없다.

② 일정한 사실의 발생을 기한으로 한 경우, 특별한 사정이 없는 한 그 사실의 발생이 불가능한 것으로 확정된 때에 그 기한이 도래한 것으로 본다.

③ 기한이익상실의 특약은 명백히 형성권적 기한이익상실의 특약으로 볼 만한 특별한 사정이 없는 이상 정지조건부 기한이익상실의 특약으로 추정된다.

④ 상계의 의사표시에는 기한을 붙일 수 있다.

⑤ 기한은 특별한 사정이 없는 한 채권자의 이익을 위한 것으로 추정한다.

해설

① [×] ⅰ) 신분행위는 법률행위 즉시 효과가 발생해야 하므로 시기를 붙일 수 없다. ⅱ) 어음 · 수표행위에 조건은 붙일 수 없지만 시기를 붙이는 것은 허용된다(왜냐하면 시기를 붙여도 법률관계를 불확실하게 하지 않기 때문이다). ⅲ) 취소 · 추인과 같은 소급효가 있는 법률행위에는 시기를 붙이면 소급효가 무의미해지기 때문에 시기를 붙이지 못한다.

② [○] 당사자가 불확정한 사실이 발생한 때를 이행기한으로 정한 경우, 그 사실이 발생한 때는 물론 그 사실의 발생이 불가능하게 된 때에도 그 이행기한은 도래한 것으로 보아야 한다(대판 2007.5.10. 2005다67353).

③ [×] 예를 들어 '채무자가 약정한 이행의무(할부금채무)를 한 번이라도 지체하였을 때에는 기한의 이익을 잃고, 즉시 채무금 전액을 변제할 것'을 특약한 경우 判例는 "기한이익 상실의 특약이 위의 양자 중 어느 것에 해당하느냐는 당사자의 의사해석의 문제이지만 일반적으로 기한이익 상실의 특약이 채권자를 위하여 둔 것인 점에 비추어 명백히 정지조건부 기한이익 상실의 특약이라고 볼 만한 특별한 사정이 없는 이상 '형성권적' 기한이익 상실의 특약으로 추정하는 것이 타당하다."(대판 2002.9.4. 2002다28340)라고 한다.

④ [×]
> 제493조(상계의 방법, 효과) 「①항 상계는 상대방에 대한 의사표시로 한다. 이 의사표시에는 조건 또는 기한을 붙이지 못한다.」

⑤ [×]
> 제153조(기한의 이익과 그 포기) 「①항 기한은 채무자의 이익을 위한 것으로 추정한다.」

정답 | ②

---

24 부관에 관한 설명 중 옳지 않은 것은? (다툼이 있는 경우 판례에 의함) [22경찰간부]

① 당사자가 불확정한 사실이 발생한 때를 이행기한으로 정한 경우, 그 사실의 발생이 불가능하게 된 때에는 그 이행기한이 도래한 것으로 볼 수 없다.

② 조건의 성취로 인하여 이익을 받을 당사자가 신의성실에 반하여 조건을 성취시킨 때에는 상대방은 그 조건이 성취하지 아니한 것으로 주장할 수 있다.

③ 기한이익상실의 특약이 명백히 형성권적 기한이익상실의 특약이라고 볼 만한 특별한 사정이 없는 이상 정지조건부 기한이익상실의 특약으로 추정하는 것이 타당하다.

④ 부관에 표시된 사실이 발생한 때에는 물론이고 반대로 발생하지 않은 것이 확정된 때에도 채무를 이행하여야 한다고 보는 것이 합리적인 경우에는 표시된 사실 발생 여부가 확정되는 것을 불확정기한으로 정한 것으로 본다.

해설

① [×] 이미 부담하고 있는 채무의 변제에 관하여 일정한 사실이 부관으로 붙여진 경우에는 특별한 사정이 없는 한 그것은 변제기를 유예한 것으로서 그 사실이 발생한 때 또는 발생하지 아니하는 것으로 확정된 때에 기한이 도래한다(대판 2003.8.19. 2003다2421).

② [○]

> 제150조(조건성취, 불성취에 대한 반신의행위) 「①항 조건의 성취로 인하여 불이익을 받을 당사자가 신의성실에 반하여 조건의 성취를 방해한 때에는 상대방은 그 조건이 성취한 것으로 주장할 수 있다. ②항 조건의 성취로 인하여 이익을 받을 당사자가 신의성실에 반하여 조건을 성취시킨 때에는 상대방은 그 조건이 성취하지 아니한 것으로 주장할 수 있다.」

③ [×] '채무자가 약정한 이행의무(할부금채무)를 한 번이라도 지체하였을 때에는 기한의 이익을 잃고, 즉시 채무금 전액을 변제할 것'을 특약한 경우 判例는 "기한이익 상실의 특약이 위의 양자 중 어느 것에 해당하느냐는 당사자의 의사해석의 문제이지만 일반적으로 기한이익 상실의 특약이 채권자를 위하여 둔 것인 점에 비추어 명백히 정지조건부 기한이익 상실의 특약이라고 볼 만한 특별한 사정이 없는 이상 형성권적 기한이익 상실의 특약으로 추정하는 것이 타당하다."(대판 2002.9.4. 2002다28340)라고 한다.

④ [○] 장래의 일정한 사실의 발생 여부가 불확실한 경우가 '조건'이고, 발생이 확실한 경우가 '기한'이다. 그러나 '불확정기한'은 조건과 구별하는 것이 쉽지 않으므로 법률행위의 해석에 의하여 결정한다. 判例에 따르면 "㉠ 부관이 붙은 법률행위에 있어서 부관에 표시된 사실이 발생하지 않으면 채무를 이행하지 아니하여도 된다고 보는 것이 상당한 경우에는 '조건'으로 보아야 하고, ㉡ 표시된 사실이 발생한 때에는 물론이고 반대로 발생하지 아니하는 것이 확정된 때에도 그 채무를 이행하여야 한다고 보는 것이 상당한 경우에는 표시된 사실의 발생 여부가 확정되는 것을 '불확정기한'으로 정한 것으로 보아야 한다."(대판 2003.8.19. 2003다2421)라고 한다.

정답 | ①, ③

---

25 법률행위의 부관에 관한 설명으로 옳은 것은?　　　　　　　[18행정사 · 16소방간부 변형]

① 기성조건이 정지조건이면 그 법률행위는 무효이고, 해제조건이면 조건 없는 법률행위가 된다.

② 기한의 도래가 미정한 권리의무는 일반 규정에 의하여 처분, 상속, 보존 또는 담보로 할 수 있다.

③ 조건을 붙이는 것이 허용되지 않는 법률행위에 조건을 붙인 때에는 조건만을 분리하여 무효로 할 수 있고, 그 법률행위 전부를 무효로 할 수도 있다.

④ 기한은 채무자의 이익을 위한 것으로 추정되는 것이므로 당사자 사이에 기한이익의 상실에 관한 별도의 특약을 할 수는 없다.

⑤ 조건의 성취에 의해 불이익을 받게 될 자가 신의성실에 반하여 조건 성취를 방해한 경우, 상대방의 조건 성취를 주장한 시점에 조건이 성취된 것으로 본다.

해설

① [×]

> 제151조(불법조건, 기성조건) 「② 조건이 법률행위의 당시 이미 성취한 것인 경우에는 그 조건이 정지조건이면 조건 없는 법률행위로 하고 해제조건이면 그 법률행위는 무효로 한다(기성조건).」

▶ 기성조건이 정지조건이면 조건 없는 법률행위가 되지만 기성조건이 해제조건이면 그 법률행위는 무효이다(기.해.무).

② [○] 조건부 권리가 보호를 받는 만큼 기한부 권리도 보호를 받아야 한다. 따라서 기한부 권리에도 조건부 권리의 침해금지 및 처분 등에 관한 규정(제148조, 제149조)을 준용한다(제154조).

[참조조문]

> 제149조(조건부권리의 처분 등) 「조건의 성취가 미정한 권리의무는 일반규정에 의하여 처분, 상속, 보존 또는 담보로 할 수 있다.」

③ [×] 조건부 법률행위에 있어 조건의 내용 자체가 불법적인 것이어서 무효일 경우 또는 조건을 붙이는 것이 허용되지 아니하는 법률행위에 조건을 붙인 경우 그 조건만을 분리하여 무효로 할 수는 없고 그 법률행위 전부가 무효로 된다(대결 2005.11.8. 2005마541).

④ [×]

> 제153조(기한의 이익과 그 포기) 「①항 기한은 채무자의 이익을 위한 것으로 추정한다.」

민법은 채무자가 담보를 손상 · 감소 · 멸실케 한 경우 등과 같이 채무자를 더 이상 신용할 수 없는 경우에 채무자의 기한의 이익을 상실시킴으로써 채무자가 기한 전의 이행청구를 거절하지 못하도록 하고 있다(제388조 각 호의 1). 다만, "기한의 이익의 상실에 관한 제388조는 임의규정이므로 당사자 사이에 위 규정과 다른 내용의 약정이 있는 경우에는 그 약정에 따라 기한의 이익의 상실 여부를 판단하여야 한다(대판 2001.10.12. 99다56192).

⑤ [×] 判例는 조건성취의 방해에 대해 고의뿐만 아니라 '과실'에 의한 경우도 포함된다고 하고, 이 경우 조건이 성취된 것으로 의제되는 시점은 신의성실에 반하는 행위가 있었던 시점이 아니라 '신의성실에 반하는 행위가 없었더라면 조건이 성취되었으리라고 추산되는 시점'이라고 한다(대판 1998.12.22. 98다42356).

정답 | ②

---

26 법률행위의 조건과 기한에 관한 설명으로 옳은 것은? (다툼이 있으면 판례에 따름) [16·15행정사 변형]

① 조건성취로 불이익을 받을 자가 고의가 아닌 과실로 신의성실에 반하여 조건의 성취를 방해한 경우, 상대방은 조건이 성취된 것으로 주장할 수 없다.

② 정지조건이 성취되면 법률효과는 그 성취된 때로부터 발생하며, 당사자의 의사로 이를 소급시킬 수 없다.

③ 조건이 선량한 풍속 기타 사회질서에 위반한 깃인 때에는 그 조건은 무효로 되지만 ㄱ 조건이 붙은 법률행위가 무효로 되는 것은 아니다.

④ "3년 안에 甲이 사망하면 현재 甲이 사용 중인 乙 소유의 자전거를 乙이 丙에게 증여한다."는 계약은 조건부 법률행위이다.

⑤ 조건의 성취가 미정한 권리는 일반규정에 의하여 처분 할 수 없다.

해설

① [×] 判例는 조건성취의 방해에 대해 고의뿐만 아니라 '과실'에 의한 경우도 포함된다고 하고, 이 경우 조건이 성취된 것으로 의제되는 시점은 신의성실에 반하는 행위가 있었던 시점이 아니라 '신의성실에 반하는 행위가 없었더라면 조건이 성취되었으리라고 추산되는 시점'이라고 한다(대판 1998.12.22. 98다42356).

② [×] ⅰ) 정지조건부 법률행위는 조건이 성취한 때로부터 효력이 생기고(제147조 제1항), ⅱ) 해제조건부 법률행위는 조건이 성취된 때로부터 효력을 잃는다(제147조 제2항). ⅲ) 이러한 조건성취의 효과는 원칙적으로 소급하지 않으나, 당사자가 조건성취의 효력을 그 성취 전에 소급하게 할 의사를 표시한 때에는 그 의사에 의한다(제147조 제3항).

③ [×]

> 제151조(불법조건) 「①항 조건이 선량한 풍속 기타 사회질서에 위반한 것인 때에는 그 법률행위는 무효로 한다.」

> ▶ 불법조건이란 조건이 '선량한 풍속 기타 사회질서에 반하는' 경우를 말한다. 불법조건이 붙어 있는 법률행위는 그 조건은 물론 **법률행위 자체도 무효이다**(제151조 제1항). 따라서 부첩관계의 종료를 해제조건으로 부동산을 증여한 경우 위 해제조건은 부첩관계의 종료를 방해하는 것으로 선량한 풍속 기타 사회질서에 위반하여 무효이고, 따라서 증여계약 자체도 무효가 된다(대판 1996.6.21. 66다530).

④ [○] 장래의 일정한 사실의 발생 여부가 불확실한 경우가 '조건'이고, 발생이 확실한 경우가 '기한'이다. 그러나 '불확정기한'은 조건과 구별하는 것이 쉽지 않으므로 법률행위의 해석에 의하여 결정한다. 判例에 따르면 "㉠ 부관이 붙은 법률행위에 있어서 부관에 표시된 사실이 발생하지 않으면 채무를 이행하지 아니하여도 된다고 보는 것이 상당한 경우에는 '조건'으로 보아야 하고, ㉡ 표시된 사실이 발생한 때에는 물론이고 반대로 발생하지 아니하는 것이 확정된 때에도 그 채무를 이행하여야 한다고 보는 것이 상당한 경우에는 표시된 사실의 발생여부가 확정되는 것을 '불확정기한'으로 정한 것으로 보아야 한다."(대판 2003.8.19. 2003다2421)고 한다.

> ▶ '3년 안에 甲이 사망하면'이라고 한 경우에는 조건부 법률행위로 보아야 한다.

⑤ [×] 조건부 권리가 보호를 받는 만큼 기한부 권리도 보호를 받아야 한다. 따라서 기한부 권리에도 조건부 권리의 침해금지 및 처분 등에 관한 규정(제148조, 제149조)을 준용한다(제154조).

[참조조문]

> 제149조(조건부권리의 처분 등) 「조건의 성취가 미정한 권리의무는 일반규정에 의하여 처분, 상속, 보존 또는 담보할 수 있다.」

정답 | ④

27 기한부 법률행위에 관한 설명으로 옳은 것은? (다툼이 있으면 판례에 따름) [22세무사]

① 기한은 원칙적으로 채권자의 이익을 위한 것으로 추정한다.

② 불확정한 사실이 발생한 때를 이행기한으로 정한 경우, 그 사실의 발생이 불가능하게 되었다면 기한은 도래하지 않은 것으로 보아야 한다.

③ 기한부 법률행위의 당사자는 기한의 도래로 인하여 생길 상대방의 이익을 해하지 못한다.

④ 어음·수표행위에 시기(始期)를 붙이는 것은 원칙적으로 허용되지 않는다.

⑤ 형성권적 기한이익 상실의 특약이 있는 경우, 채무자는 기한이익의 상실사유의 발생으로 즉시 기한의 이익을 상실한다.

해설

① [×]
> 제153조(기한의 이익과 그 포기) 「①항 기한은 채무자의 이익을 위한 것으로 추정한다.」

② [×] 당사자가 불확정한 사실이 발생한 때를 이행기한으로 정한 경우에는 그 사실이 발생한 때는 물론 그 사실의 발생이 불가능하게 된 때에도 이행기한은 도래한 것으로 보아야 한다(대판 2002.3.29. 2001다41766).

③ [○] 기한부 권리에도 조건부 권리의 침해금지(제148조)와 조건부 권리의 처분 등(제149조)에 관한 규정을 준용한다(제154조).

④ [×] 어음·수표행위에 조건은 붙일 수 없지만 시기를 붙이는 것은 허용된다(왜냐하면 시기를 붙여도 법률관계를 불확실하게 하지 않기 때문이다).

⑤ [×] 형성권적 기한이익 상실 특약은 일정한 사유가 발생하면 곧바로 채무자의 기한의 이익이 상실되는 것이 아니라, 채권자가 기한이익 상실의 의사표시를 해야만 채무자의 기한의 이익이 상실되어 채무의 이행기가 도래하는 약정이다.

정답 | ③

---

28 당사자 간에 다른 약정이 없는 경우 기한의 이익을 갖는 자를 모두 고른 것은? [18세무사]

> ㄱ. 사용대차의 경우 차주
> ㄴ. 무상임치의 경우 수치인
> ㄷ. 이자부 소비대차의 경우 차주
> ㄹ. 이자부 소비대차의 경우 대주
> ㅁ. 무이자부 소비대차의 경우 차주

① ㄴ, ㄷ, ㄹ

② ㄴ, ㄷ, ㅁ

③ ㄱ, ㄴ, ㄹ, ㅁ

④ ㄱ, ㄷ, ㄹ, ㅁ

⑤ ㄱ, ㄴ, ㄷ, ㄹ, ㅁ

해설

ㄱ.ㅁ. [○] ㄴ. [×] 무상계약에서는 기한의 이익이 당사자(채권자와 채무자) 중 일방에게만 있다. 즉, 무상임치계약에서는 임치인(채권자), 사용대차계약이나 무이자 소비대차계약에서는 차주(채무자)에게 기한의 이익이 있다.

ㄷ.ㄹ. [○] 유상계약에서는 기한의 이익이 채권자와 채무자 쌍방에게 있는 것이 보통이다. 즉, 임대차계약에서 임대인과 임차인, 이자부 소비대차계약에서 대주와 차주에게 기한의 이익이 있다.

정답 | ④

29 기한의 이익에 관한 설명으로 옳지 않은 것은? (다툼이 있으면 판례에 따름)

① 기한의 이익이 채권자와 채무자 모두에게 있는 경우, 채무자는 채권자에게 손해를 배상하고 기한 전에 변제할 수 있다.

② 일정한 사유가 발생하면 채권자의 청구 등을 요함이 없이 당연히 기한의 이익이 상실되어 이행기가 도래하는 것으로 하는 특약은 정지조건부 기한이익상실의 특약이다.

③ 일정한 사유가 발생한 후 채권자의 통지나 청구 등 채권자의 의사행위를 기다려 비로소 이행기가 도래하는 것으로 하는 특약은 형성권적 기한이익상실의 특약이다.

④ 기한이익상실의 특약이 정지조건부 기한이익상실의 특약과 형성권적 기한이익상실의 특약 중 어느 것에 해당하느냐는 당사자의 의사해석의 문제이다.

⑤ 일반적으로 기한이익상실의 특약이 명백히 형성권적 기한이익상실의 특약이라고 볼 만한 특별한 사정이 없는 이상 정지조건부 기한이익상실의 특약으로 추정하는 것이 타당하다.

해설

① [○] 기한의 이익은 포기할 수 있다. 그러나 상대방의 이익을 해하지 못한다(제153조 제2항). 따라서 이자부 소비대차에서는 '이행기'까지의 이자를 지급(손해배상)하여 기한 전에 반환할 수 있다(제468조).

② [○] 일정한 사유가 발생하면 곧바로 채무자의 기한의 이익이 상실되어 채무의 이행기가 도래하는 약정이다.

③ [○] 일정한 사유가 발생하면 곧바로 채무자의 기한의 이익이 상실되는 것이 아니라, 채권자가 기한이익 상실의 의사표시를 해야만 채무자의 기한의 이익이 상실되어 채무의 이행기가 도래하는 약정이다.

④ [○] ⑤ [×] 예를 들어 '채무자가 약정한 이행의무(할부금채무)를 한 번이라도 지체하였을 때에는 기한의 이익을 잃고, 즉시 채무금 전액을 변제할 것'을 특약한 경우 判例는 "기한이익 상실의 특약이 위의 양자 중 어느 것에 해당하느냐는 당사자의 의사해석의 문제이지만 일반적으로 기한이익 상실의 특약이 채권자를 위하여 둔 것인 점에 비추어 명백히 정지조건부 기한이익 상실의 특약이라고 볼 만한 특별한 사정이 없는 이상 '형성권적' 기한이익 상실의 특약으로 추정하는 것이 타당하다."(대판 2002.9.4. 2002다28340)라고 한다.

정답 | ⑤

30 조건과 기한에 관한 다음 설명 중 가장 옳지 않은 것은?

① 조건의 성취가 미정한 권리의무는 일반규정에 의하여 처분, 상속, 보존 또는 담보로 할 수 있다.

② 불능조건이 정지조건이면 그 법률행위는 무효이다.

③ 기한은 채무자의 이익을 위한 것으로 추정한다.

④ 조건과 기한은 당사자의 특약으로 소급효를 인정할 수 있다.

해설

① [○] 제149조

② [○] 불능조건이란 조건이 법률행위 당시에 '이미 성취할 수 없는' 경우를 말한다. 불능조건이 정지조건이면 그 법률행위는 무효이고 불능조건이 해제조건이면 조건 없는 법률행위가 된다(제151조 제3항).

③ [○] '기한의 이익'이란 기한이 도래하지 않음으로써 그동안 당사자가 받는 이익을 말하는 것으로 기한은 채무자의 이익을 위한 것으로 추정한다(제153조 제1항). 예컨대 채무자만이 이익을 갖는 경우로는 무이자 소비대차에서의 차주이고, 채권자만이 이익을 갖는 경우로는 무상임치에서의 임치인이고, 쌍방이 이익을 갖는 경우로는 이자 있는 정기예금에서의 예금주와 은행이다.

④ [×] **조건성취 후의 효력**

정지조건부 법률행위는 조건이 성취한 때부터 효력이 생기고(제147조 제1항), 해제조건부 법률행위는 조건이 성취된 때부터 효력을 잃는다(제147조 제2항). 이러한 조건성취의 효과는 원칙적으로 소급하지 않으나, 당사자가 조건성취의 효력을 그 성취 전에 소급하게 할 의사를 표시한 때에는 그 의사에 의한다(제147조 제3항).

기한도래의 효력

시기 있는 법률행위는 기한이 도래한 때부터 그 효력이 생기고, 종기 있는 법률행위는 기한이 도래한 때부터 그 효력을 잃는다(제152조). 그리고 기한도래의 효과는 기한 도래시부터 생기며 절대로 소급효가 없다. 당사자가 소급효의 특약을 하여도 마찬가지이다. 기한에 소급효를 인정하면 기한이 무의미해지기 때문이다.

정답 | ④

31 조건과 기한에 관한 다음 설명 중 가장 옳은 것은?

[16서기보]

① 이미 부담하고 있는 채무의 변제에 관하여 일정한 사실이 부관으로 붙여진 경우에는 특별한 사정이 없는 한 그것은 변제기를 유예한 것으로서 그 사실이 발생한 때 또는 발생하지 아니하는 것으로 확정된 때에 기한이 도래한다.

② 기한은 채무자의 이익을 위한 것으로 추정되므로, 이자약정이 있는 금전소비대차의 경우 채무자가 그 기한의 이익을 포기할 경우 채권자에게 이행기까지의 이자를 지급할 필요가 없다.

③ 조건의 성취로 불이익을 받을 당사자의 지위에 있는 사람이 신의성실에 반하여 조건의 성취를 방해한 때에는 그것이 고의에 의한 경우에만 상대방은 제150조 제1항의 규정에 의하여 그 조건이 성취된 것으로 주장할 수 있을 뿐이고, 과실에 의한 경우에는 그 조건이 성취된 것으로 주장할 수 없다.

④ 상계의 의사표시에 조건을 붙일 수 있다.

해설

① [○] 장래의 일정한 사실의 발생 여부가 불확실한 경우가 '조건'이고, 발생이 확실한 경우가 '기한'이다. 그러나 '불확정기한'은 조건과 구별하는 것이 쉽지 않으므로 법률행위의 해석에 의하여 결정한다. 判例에 따르면 "⊙ 부관이 붙은 법률행위에 있어서 부관에 표시된 사실이 발생하지 않으면 채무를 이행하지 아니하여도 된다고 보는 것이 상당한 경우에는 '조건'으로 보아야 하고, ⓒ 표시된 사실이 발생한 때에는 물론이고 반대로 발생하지 아니하는 것이 확정된 때에도 그 채무를 이행하여야 한다고 보는 것이 상당한 경우에는 표시된 사실의 발생 여부가 확정되는 것을 '불확정기한'으로 정한 것으로 보아야 한다. 따라서 이미 부담하고 있는 채무의 변제에 관하여 일정한 사실이 부관으로 붙여진 경우에는 특별한 사정이 없는 한 그것은 변제기를 유예한 것으로서 그 사실이 발생한 때 또는 발생하지 아니하는 것으로 확정된 때에 기한이 도래한다."(대판 2003.8.19. 2003다24215)라고 한다.

② [×] '기한의 이익'이란 기한이 도래하지 않음으로써 그동안 당사자가 받는 이익을 말하는 것으로 기한은 채무자의 이익을 위한 것으로 추정한다(제153조 제1항). 기한의 이익은 포기할 수 있다. 그러나 상대방의 이익을 해하지 못한다(제153조 제2항). 따라서 이자부 소비대차에서는 '이행기'까지의 이자를 지급하여 기한 전에 반환할 수 있다(제468조). 예컨대, 甲이 乙로부터 금전을 차용하면서 이자를 월 2%로 하고 변제기를 1년 후로 약정하였는데 甲이 8개월 후에 차용금을 반환하는 경우, 甲은 원금과 8개월분 이자 외에 乙이 입은 손해로서 변제기까지의 4개월분 이자를 배상하여야 하는데, 이를 4개월 앞서 지급하는 것이므로 그에 따른 중간이자를 공제하여야 한다.

③ [×] 조건의 성취와 불성취 의제

ⓒ 조건의 성취로 인하여 불이익을 받을 당사자가 신의성실에 반하여 조건의 성취를 방해한 때에는 상대방은 그 조건이 성취한 것으로 주장할 수 있다(제150조 제1항). ⓒ 조건의 성취로 인하여 이익을 받을 당사자가 신의성실에 반하여 조건을 성취시킨 때에는 상대방은 그 조건이 성취하지 아니한 것으로 주장할 수 있다(제150조 제2항). 이때 상대방은 손해배상청구권을 선택적으로 행사할 수 있다(제148조). 判例는 조건성취의 방해에 대해 고의뿐만 아니라 '과실'에 의한 경우도 포함된다고 하고, 이 경우 조건이 성취된 것으로 의제되는 시점은 신의성실에 반하는 행위가 있었던 시점이 아니라 '신의성실에 반하는 행위가 없었더라면 조건이 성취되었으리라고 추산되는 시점'이라고 한다(대판 1998.12.22. 98다42356).

④ [×] 상계는 단독행위이므로, '조건'을 붙이는 것은 상대방의 지위를 불안하게 하기 때문에 허용되지 않는다. 한편 상계는 소급효를 갖기 때문에(제493조 제2항), 그 도래한 때부터 효력이 생기는 '기한'(제152조)은 이를 붙이지 못한다(제493조 제1항 2문).

정답 | ①

---

32 민법상 조건과 기한에 관한 설명 중 옳지 않은 것은? (다툼이 있는 경우 판례에 의함) [21변호사 변형]

① 당사자가 불확정한 사실이 발생한 때를 이행기한으로 정한 경우에는 그 사실이 발생한 때는 물론 그 사실의 발생이 불가능하게 된 때에도 이행기한이 도래한 것으로 보아야 한다.

② 도급계약의 당사자들이 보수의 지급시기에 관하여 "수급인이 공급한 목적물을 도급인이 검사하여 합격하면, 도급인은 수급인에게 보수를 지급한다."라고 정한 경우 '검사 합격'은 도급인의 일방적 의사에 의존하는 순수수의조건이다.

③ 조건은 법률행위에서 효과의사와 일체적인 내용을 이루는 의사표시 그 자체이고, 조건을 붙이고자 하는 의사는 법률행위의 내용으로 외부에 표시되어야 한다.

④ 유치권은 채권자의 이익을 보호하기 위한 법정담보물권으로서 당사자는 미리 유치권의 발생을 막는 특약을 할 수 있고, 그 특약에 조건을 붙일 수 있다.

해설

① [○] 불확정기한부 채무의 지체책임

당사자가 불확정한 사실이 발생한 때를 이행기한으로 정한 경우에는 그 사실이 발생한 때는 물론 그 사실의 발생이 불가능하게 된 때에도 이행기한은 도래한 것으로 보아야 한다(대판 2002.3.29. 2001다41766).

② [×] 제작물공급계약의 당사자들이 보수의 지급시기에 관하여 '수급인이 공급한 목적물을 도급인이 검사하여 합격하면, 도급인은 수급인에게 그 보수를 지급한다'는 내용으로 한 약정은 도급인의 수급인에 대한 보수지급의무와 동시이행관계에 있는 수급인의 목적물 인도의무를 확인한 것에 불과하므로, 법률행위의 효력 발생을 장래의 불확실한 사실의 성부에 의존하게 하는 법률행위의 부관인 조건에 해당하지 아니할 뿐만 아니라, 조건에 해당한다 하더라도 검사에의 합격 여부는 도급인의 일방적인 의사에만 의존하지 않고 그 목적물이 계약내용대로 제작된 것인지 여부에 따라 객관적으로 결정되므로 순수수의조건에 해당하지 않는다(대판 2006.10.13. 2004다21862).

③ [○] '조건'이란 법률행위의 효력의 발생 또는 소멸을 '장래의 불확실한 사실의 성부(成否)'에 의존케 하는 법률행위의 부관이다. 이러한 조건은 법률행위의 부관으로서 당해 법률행위를 구성하는 의사표시의 일체적인 내용을 이루는 것이므로, "의사표시의 일반원칙에 따라 조건의사와 그 표시가 필요하며, 그것이 표시되지 않으면 법률행위의 동기에 불과하다(대판 2003.5.13. 2003다10797).

④ [○] 제한물권은 이해관계인의 이익을 부당하게 침해하지 않는 한 자유로이 포기할 수 있는 것이 원칙이다. 유치권은 채권자의 이익을 보호하기 위한 법정담보물권으로서, 당사자는 미리 유치권의 발생을 막는 특약을 할 수 있고 이러한 특약은 유효하다. 유치권 배제 특약이 있는 경우 다른 법정요건이 모두 충족되더라도 유치권은 발생하지 않는데, 특약에 따른 효력은 특약의 상대방뿐 아니라 그 밖의 사람도 주장할 수 있다. 조건은 법률행위의 효력 발생 또는 소멸을 장래의 불확실한 사실의 발생 여부에 의존케 하는 법률행위의 부관으로서, 법률행위에서 효과의사와 일체적인 내용을 이루는 의사표시 그 자체라고 볼 수 있다. 유치권 배제 특약에도 조건을 붙일 수 있는데, 조건을 붙이고자 하는 의사가 있는지는 의사표시에 관한 법리에 따라 판단하여야 한다(대판 2018.1.24. 2016다234043).

정답 | ②

33 기한이익의 상실에 관한 설명 중 옳은 것(○)과 옳지 않은 것(×)을 올바르게 조합한 것은? [19변호사 변형]

ㄱ. 기한이익의 상실에 관한 민법 제388조는 임의규정이므로 당사자 사이에 위 규정과 다른 내용의 약정이 있는 경우에는 그 약정에 따라 기한이익의 상실 여부를 판단하여야 한다.

ㄴ. 일반적으로 기한이익 상실의 특약이 채무자를 위하여 둔 것인 점에 비추어 명백히 형성권적 기한이익 상실의 특약이라고 볼 만한 특별한 사정이 없는 이상 정지조건부 기한이익 상실의 특약으로 추정하는 것이 타당하다.

ㄷ. 형성권적 기한이익 상실의 특약이 있는 할부채무에 있어서는 1회의 불이행이 있더라도 각 할부금에 대해 그 각 변제기의 도래시마다 그때부터 순차로 소멸시효가 진행하고, 채권자가 특히 잔존채무 전액의 변제를 구하는 취지의 의사를 표시한 경우에 한하여 전액에 대하여 그때부터 소멸시효가 진행한다.

ㄹ. 정지조건부 기한이익 상실의 특약을 하였을 경우에는, 그 특약이 정한 기한이익 상실의 사유가 발생한 이후 특별한 사정이 없는 한 채무자가 채권자로부터 이행청구를 받은 때로부터 이행지체 상태에 놓이게 된다.

① ㄱ(○), ㄴ(○), ㄷ(×), ㄹ(×)
② ㄱ(○), ㄴ(×), ㄷ(○), ㄹ(×)
③ ㄱ(×), ㄴ(×), ㄷ(×), ㄹ(○)
④ ㄱ(×), ㄴ(○), ㄷ(○), ㄹ(×)

해설
법정기한의 이익의 상실

> 제388조(기한의 이익의 상실) 「채무자는 다음 각 호의 경우에는 기한의 이익을 주장하지 못한다. 1. 채무자가 담보를 손상, 감소 또는 멸실하게 한 때 2. 채무자가 담보제공의 의무를 이행하지 아니한 때」

ㄱ. [○] 기한의 이익의 상실에 관한 제388조는 임의규정이므로 당사자 사이에 위 규정과 다른 내용의 약정이 있는 경우에는 그 약정에 따라 기한의 이익의 상실 여부를 판단하여야 한다(대판 2001.10.12. 99다56192).

ㄴ. [×] 기한이익 상실 특약에는 ⅰ)일정한 사유가 발생하면 곧바로 채무자의 기한의 이익이 상실되어 채무의 이행기가 도래하는 약정(정지조건부 기한이익 상실 약정)과, ⅱ) 채권자가 기한이익 상실의 의사표시를 해야만 채무자의 기한의 이익이 상실되어 채무의 이행기가 도래하는 약정(형성권적 기한이익 상실 약정)이 있는데, 判例는 "기한이익 상실의 특약이 위의 양자 중 어느 것에 해당하느냐는 당사자의 의사해석의 문제이지만 일반적으로 기한이익 상실의 특약이 채권자를 위하여 둔 것인 점에 비추어 명백히 정지조건부 기한이익 상실의 특약이라고 볼 만한 특별한 사정이 없는 이상 형성권적 기한이익 상실의 특약으로 추정하는 것이 타당하다."(대판 2002.9.4. 2002다28340)라고 한다.

ㄷ. [○] 이른바 형성권적 기한이익 상실의 특약이 있는 경우에는 그 특약은 채권자의 이익을 위한 것으로서 기한이익의 상실 사유가 발생하였다고 하더라도 채권자가 나머지 전액을 일시에 청구할 것인가 또는 종래대로 할부변제를 청구할 것인가를 자유로이 선택할 수 있으므로, 이와 같은 기한이익 상실의 특약이 있는 할부채무에 있어서는 1회의 불이행이 있더라도 각 할부금에 대해 그 각 변제기의 도래시마다 그 때부터 순차로 소멸시효가 진행하고 채권자가 특히 잔존 채무 전액의 변제를 구하는 취지의 의사를 표시한 경우에 한하여 전액에 대하여 그 때부터 소멸시효가 진행하는 것이다(대판 2002.9.4. 2002다28340).

ㄹ. [×] 정지조건부 기한이익 상실약정을 하였을 경우에는 그 약정에 정한 기한이익 상실사유가 발생함과 동시에 이행기 도래의 효과가 발생하고, 채무자는 특별한 사정이 없는 한 그때부터 이행지체의 상태에 놓이게 된다(대판 1999.7.9. 99다15184). 따라서 채권의 소멸시효도 그때부터 진행된다.

정답 | ②

34 조건과 기한에 관한 설명 중 틀린 것은?　　　　　　　　　　　　　　　　　　　　[출제예상]

① 법률행위에 조건이 붙어 있는지 여부에 대한 증명책임은 그 조건의 존재를 주장하는 자에게 있다.

② 해제조건부 증여에 있어서 조건성취 전에 수증자가 한 처분행위는 조건성취의 효과를 제한하는 한도 내에서는 무효이고, 다만 그 조건이 등기되어 있지 않은 한, 그 처분행위로 인하여 권리를 취득한 제3자에게 그 무효를 대항할 수 없다.

③ 소송 진행 중 원고가 피고로부터 물품대금 해당 금액을 지급받으면, 소를 취하고 어떠한 이의도 제기하지 않기로 하면서 '위 모든 합의사항의 이행은 원고가 피고로부터 돈을 모두 지급받은 후 그 효력이 발생한다'고 합의한 사안은 '조건이 아니라 불확정기한을 정한 것'으로 보아야 한다.

④ 임대인의 임대차보증금반환채무는 장래에 실현되거나 도래할 것이 확실한 임대차계약의 종료시점에 이행기에 도달하는 것이 원칙이나, 임대인은 임대차계약 존속 중 기한의 이익을 포기하고 임대차보증금반환채권을 수동채권으로 하여 상계할 수 있고, 임대차 존속 중 임대인이 상계의 의사표시를 한 경우 임대차보증금반환채무에 관한 '기한의 이익'을 포기한 것으로 볼 수 있다.

해설

① [○] 대판 2006.11.24. 2006다35766

☑ **조건에 관한 입증책임**

조건의 존재 여부	* 법률행위에 조건이 붙어 있는지 여부에 대한 증명책임자는 조건의 존재를 주장하는 자(대판 2006.11.24. 2006다35766). a. 정지조건의 존재 여부: 그 법률행위로 인한 법률효과의 발생을 저지하는 사유로서 그 법률효과의 발생을 다투려는 자(대판 1993.9.28. 93다20832) b. 해제조건의 존재 여부: 해제조건의 존재를 주장하면서 그 효력의 소멸을 주장하는 자
조건의 성취 여부	* 조건의 성취 여부는 조건성취로 법률행위의 효과를 주장하는 자, 즉 조건성취에 의해 이익을 얻는 자 a. 정지조건의 성취: 법률행위의 효력이 발생되었다고 주장하는 자 b. 해제조건의 성취: 조건의 성취로 인하여 효력의 소멸을 주장하는 자(가령 의무를 면하게 될 자, 권리를 회복할 자)

② [○] 조건부 권리를 침해하는 처분행위의 효력(이른바 중간처분무효의 법리)

判例는 "해제조건부증여로 인한 부동산소유권이전등기를 마쳤다 하더라도 그 해제조건이 성취되면 그 소유권은 증여자에게 복귀한다고 할 것이고, 이 경우 당사자 간에 별단의 의사표시가 없는 한 그 조건성취의 효과는 소급하지 아니하나, 조건성취 전에 수증자가 한 처분행위는 조건성취의 효과를 제한하는 한도 내에서는 무효라고 할 것이고, 다만 그 조건이 등기되어 있지 않는 한 그 처분행위로 인하여 권리를 취득한 제3자에게 위 무효를 대항할 수 없다."(대판 1992.5.22. 92다5584)라고 한다.

즉, '의무자'가 조건부 권리를 침해하는 '처분행위'(물권행위 등)를 한 경우에 그 처분행위의 효력이 어떻게 되는지와 관련하여 判例(대판 1992.5.22. 92다5584)와 통설에 따르면 그러한 처분행위는 조건부 권리를 침해하는 범위에서 무효이다. 이렇게 새겨도 제3자를 해치지는 않는바, 제3자에 대한 관계에서는 조건부 권리가 (가)등기[48]되어야 무효를 주장할 수 있기 때문이다(동산의 경우에는 선의취득이 인정된다). 그리고 위의 효과(손해배상책임·처분행위의 무효)는 조건의 성취 여부가 결정될 때까지는 조건부로 발생한다고 해석하여야 한다.

③ [×] 조건은 법률행위 효력의 발생 또는 소멸을 장래의 불확실한 사실의 성부에 의존하게 하는 법률행위의 부관이다. 반면 장래의 사실이더라도 그것이 장래 반드시 실현되는 사실이면 실현되는 시기가 비록 확정되지 않더라도 이는 기한으로 보아야 한다. 법률행위에 붙은 부관이 조건인지 기한인지가 명확하지 않은 경우 법률행위의 해석을 통해서 이를 결정해야 한다. 부관에 표시된 사실이 발생하지 않으면 채무를 이행하지 않아도 된다고 보는 것이 합리적인 경우에는 조건으로 보아야 한다. 그러나 부관에 표시된 사실이 발생한 때에는 물론이고 반대로 발생하지 않는 것이 확정된 때에도 그 채무를 이행하여야 한다고 보는 것이 합리적인 경우에는 표시된 사실의 발생 여부가 확정되는 것을 불확정기한으로 정한 것으로 보아야 한다(대판 2013.8.22. 2013다27800 참조). 이러한 부관이 화해계약의 일부를 이루고 있는 경우에도 마찬가지이다(대판 2018.6.28. 2018다201702).

---

48) **부동산등기법 제88조(가등기의 대상)**: 가등기는 제3조 각 호의 어느 하나에 해당하는 권리의 설정, 이전, 변경 또는 소멸의 청구권을 보전하려는 때에 한다. 그 청구권이 시기부 또는 정지조건부일 경우나 그 밖에 장래에 확정될 것인 경우에도 같다.
부동산등기법 제54조(권리소멸약정의 등기): 등기원인에 권리의 소멸에 관한 약정이 있을 경우 신청인은 그 약정에 관한 등기를 신청할 수 있다.

사실관계 원고가 피고를 상대로 배관자재 대금의 지급을 구하는 이 사건 소를 제기하였고, 피고는 원고를 상대로 채무부존재확인과 손해배상을 구하는 소를 제기함. 소송 진행 중 원고가 피고의 채무자(거래업체)인 A, B회사로부터 물품대금 해당 금액을 지급받으면, 원고는 피고에게 일부 금액을 지급하고, 피고에 대한 나머지 청구를 포기하며, 각자 소를 취하하고 어떠한 이의도 제기하지 않고, 소송비용도 각자 부담하기로 하면서 "위 모든 합의사항의 이행은 원고가 A, B회사로부터 돈을 모두 지급받은 후 그 효력이 발생한다."고 합의한 사안에서, 합의 내용상 '원고가 A, B회사로부터 돈을 모두 지급받는다'라는 사실이 발생해야 나머지 이행의무가 성립한다고 볼 수 있는데, 원고가 위 돈을 지급받는다는 부관은 장래 발생 여부가 불확실한 사실로서 조건으로 볼 여지가 있고, 이 사건 합의가 화해계약의 성격을 가진다고 하여 달리 볼 이유가 없다고 판단하여, 그 부관을 이행의무의 기한을 정한 것으로 본 원심판결을 파기한 사례

④ [○] 임대인의 보증금반환채무에 대한 기한의 이익포기

부동산 임대차에서 수수된 임대차보증금은 차임채무, 목적물의 멸실·훼손 등으로 인한 손해배상채무 등 임대차에 따른 임차인의 모든 채무를 담보하는 것이고, 특별한 사정이 없는 한, 임대인의 임대차보증금반환채무는 장래에 실현되거나 도래할 것이 확실한 임대차계약의 종료시점에 이행기에 도달한다. 그리고 임대인으로서는 임대차보증금 없이도 부동산 임대차계약을 유지할 수 있으므로, 임대차계약이 존속 중이라도 임대차보증금반환채무에 관한 기한의 이익을 포기하고 임차인의 임대차보증금반환채권을 수동채권으로 하여 상계할 수 있고, 임대차 존속 중에 그와 같은 상계의 의사표시를 한 경우에는 임대차보증금반환채무에 관한 기한의 이익을 포기한 것으로 볼 수 있다(대판 2017.3.15. 2015다252501).

정답 | ③

제3관 기간

35 민법상 기간에 관한 설명으로 옳지 않은 것은? [23세무사]

① 기간을 주, 월 또는 연으로 정한 때에는 이를 일(日)로 환산하여 계산한다.

② 기간의 계산은 법률행위에 의하여 민법규정과 다르게 정할 수 있다.

③ 연령계산에는 출생일을 산입한다.

④ 기간의 계산은 법령이나 재판상의 처분에 다른 정한 바가 없으면 민법규정에 의한다.

⑤ 기간의 말일이 토요일 또는 공휴일에 해당한 때에는 기간은 그 익일로 만료한다.

해설

① [×] 기간을 '주·월 또는 년'으로 정한 때에는 이를 일로 환산하지 않고 역에 의하여 계산한다(제160조 제1항).

② [○] 민법에서 정한 기간의 계산방법은 사법관계뿐만 아니라 공법관계에도 통칙적으로 적용된다. 다만 당사자의 특약으로 기간의 계산방법을 달리 정할 수 있다(대판 2007.8.23. 2006다62942). 따라서 기간의 계산에 관한 민법의 규정은 강행규정은 아니다.

③ [○]

> 제158조(나이의 계산과 표시) 「나이는 출생일을 산입하여 만(滿) 나이로 계산하고, 연수(年數)로 표시한다. 다만, 1세에 이르지 아니한 경우에는 월수(月數)로 표시할 수 있다.」

④ [○]

> 제155조(본장의 적용범위) 「기간의 계산은 법령, 재판상의 처분 또는 법률행위에 다른 정한 바가 없으면 본장의 규정에 의한다.」

⑤ [○]

> 제161조(공휴일 등과 기간의 만료점) 「기간의 말일이 토요일 또는 공휴일에 해당한 때에는 기간은 그 익일로 만료한다.」

정답 | ①

36 기간에 관한 설명 중 옳지 않은 것은? (토요일 또는 공휴일을 고려하지 않고, 다툼이 있는 경우 판례에 의함)

[22경찰간부]

① 2002.12.1. 10시에 출생한 사람은 2021.12.1. 0시부터 성년자가 된다.

② 민법 제71조에 따라 사단법인의 사원총회 소집을 1주일 전까지 통지하여야 하는 경우, 사원총회일이 2001.8.9. 14시라면 늦어도 2001.8.1. 24시까지는 총회소집의 통지를 발송하여야 한다.

③ 2010.3.12. 17시에 금전을 대여하면서 그 계약 기간을 2년으로 한 경우, 그 기간은 2012.3.12. 24시에 만료한다.

④ 기간을 일, 주, 월 또는 연으로 정한 경우 기간의 초일을 산입하지 아니하도록 한 것은 당사자의 약정으로 달리 정할 수 없다.

해설

① [○]
> 제157조(기간의 기산점) 「기간을 일, 주, 월 또는 연으로 정한 때에는 기간의 초일은 산입하지 아니한다. 그러나 그 기간이 오전영시로부터 시작하는 때에는 그러하지 아니하다.」
>
> 제158조(나이의 계산과 표시) 「나이는 출생일을 산입하여 만(滿) 나이로 계산하고, 연수(年數)로 표시한다. 다만, 1세에 이르지 아니한 경우에는 월수(月數)로 표시할 수 있다.」

② [○]
> 제71조(총회의 소집) 「총회의 소집은 1주간 전에 그 회의의 목적사항을 기재한 통지를 발하고 기타 정관에 정한 방법에 의하여야 한다.」

▶ 예를 들어, 총회예정일이 2001.8.9. 14시라면, 늦어도 2001.8.1. 24시(8.2. 오전 0시)까지는 사원들에게 소집통지를 발송해야 한다("빼기7, 0시"로 외울 것).

③ [○]
> 제159조(기간의 만료점) 「기간을 일, 주, 월 또는 연으로 정한 때에는 기간말일의 '종료'로 기간이 만료한다.」

▶ 따라서 예컨대 2010.3.12. 17시에 금전을 대여하면서 그 계약 기간을 2년으로 한 경우, 그 기간은 2012.3.12. 17시가 아니라 24시에 만료한다.

④ [×]
> 제155조(본장의 적용범위) 「기간의 계산은 법령, 재판상의 처분 또는 법률행위에 다른 정한 바가 없으면 본장의 규정에 의한다.」

▶ 민법에서 정한 기간의 계산방법은 사법관계뿐만 아니라 공법관계에도 통칙적으로 적용된다. 다만, 당사자의 특약으로 기간의 계산방법을 달리 정할 수 있다(대판 2007.8.23. 2006다62942). 따라서 기간의 계산에 관한 민법의 규정은 강행규정은 아니다.

정답 ┃ ④

37 민법상 기간에 관한 설명으로 옳은 것은? (다툼이 있으면 판례에 따름)

[23행정사]

① 2023년 6월 1일(목) 14시부터 2일간의 기간이 만료하는 때는 2023년 6월 4일 24시이다.

② 2023년 6월 1일(목) 16시부터 72시간의 기간이 만료하는 때는 2023년 6월 4일 16시이다.

③ 2023년 4월 1일(토) 09시부터 2개월의 기간이 만료하는 때는 2023년 6월 2일 24시이다.

④ 2004년 5월 16일(일) 오전 7시에 태어난 사람은 2023년 5월 16일 24시에 성년자가 된다.

⑤ 민법 제157조의 초일불산입의 원칙은 강행규정이므로 당사자의 합의로 달리 정할 수 없다.

해설

① [×]

> 제157조(기간의 기산점) 「기간을 일, 주, 월 또는 연으로 정한 때에는 기간의 초일은 산입하지 아니한다. 그러나 그 기간이 오전영시로부터 시작하는 때에는 그러하지 아니하다.」
>
> 제159조(기간의 만료점) 「기간을 일, 주, 월 또는 연으로 정한 때에는 기간말일의 '종료'로 기간이 만료한다.」
>
> 제161조(공휴일 등과 기간의 만료점) 「기간의 말일이 토요일 또는 공휴일에 해당한 때에는 기간은 그 익일로 만료한다.」

▶ 기간을 '일'로 정한 경우이다. 따라서, 초일은 산입하지 않아 2023년 6월 2일(金)부터 만 2일의 지난 2023년 6월 3일(土) 24시 기간이 만료된다. 그러나 당일과 그 다음날이 토요일과 일요일이므로 그만큼 연장되어 2023년 6월 5일(월) 24시가 만료일이다.

② [○]

> 제156조(기간의 기산점) 「기간을 시, 분, 초로 정한 때에는 즉시로부터 기산한다.」

▶ 기간을 시, 분, 초로 정한 경우 초일불산입의 특례가 적용되지 않는다. 따라서 2023년 6월 1일(목) 16시부터 즉시 72시간을 계산한다. 최종적으로 2023년 6월 4일(土) 16시에 만료된다. 만료일이 토요일, 일요일 등 공휴일이더라도 제161조는 적용이 없다. 제161조는 말'일'이 공휴일 등인 경우만을 의미하므로, 시, 분, 초로 정한 경우 만료일은 무관하기 때문이다.

③ [×]

> 제157조(기간의 기산점) 「기간을 일, 주, 월 또는 연으로 정한 때에는 기간의 초일은 산입하지 아니한다. 그러나 그 기간이 오전영시로부터 시작하는 때에는 그러하지 아니하다.」
>
> 제159조(기간의 만료점) 「기간을 일, 주, 월 또는 연으로 정한 때에는 기간말일의 '종료'로 기간이 만료한다.」

▶ 기간을 '월'로 정한 경우이므로 초일은 불산입하므로, 2023년 4월 2일(일)부터 기산하여 2월이 지난 시점인 2023년 6월 2일에서 하루 전날인 2023년 6월 1일 24시에 완성된다.

④ [×]

> 제158조(나이의 계산과 표시) 「나이는 출생일을 산입하여 만(滿) 나이로 계산하고, 연수(年數)로 표시한다. 다만, 1세에 이르지 아니한 경우에는 월수(月數)로 표시할 수 있다.」

▶ 나이는 만으로 계산하므로 2004년 5월 16일(일)에 19년을 더하여, 2023년 5월 15일 24시(또는 5월 16일 00시)에 만 19세의 성년자가 된다.

⑤ [×]

> 제155조(본장의 적용범위) 「기간의 계산은 법령, 재판상의 처분 또는 법률행위에 다른 정한 바가 없으면 본장의 규정에 의한다.」

▶ 임의규정으로 법률행위로 달리 정할 수 있다.

정답 | ②

---

38 기간의 계산에 관한 설명 중 가장 적절하지 않은 것은? (다툼이 있는 경우 판례에 의함) [22법학경채]

① 2003년 5월 10일 11시에 출생한 사람은 2022년 5월 10일 0시부터 성년자가 된다.

② 기간의 말일이 토요일 또는 공휴일에 해당한 때에는 기간은 그 익일로 만료한다.

③ 기간의 계산에 관하여 법률행위에 다르게 정한 바가 있어도 민법의 기간 계산에 관한 규정이 적용된다.

④ 사단법인의 사원총회를 1주일 전에 통지해야 하는 경우, 사원 총회일이 2022년 8월 17일 14시라면 2022년 8월 9일 24시까지는 총회소집 통지를 발송하여야 한다.

해설

① [○] 연령의 계산에는 출생일을 산입한다(제158조).

② [○]

> 제161조(공휴일 등과 기간의 만료점) 「기간의 말일이 토요일 또는 공휴일에 해당한 때에는 기간은 그 익일로 만료한다.」

③ [×] 민법에서 정한 기간의 계산방법은 사법관계뿐만 아니라 공법관계에도 통칙적으로 적용된다. 다만, 당사자의 특약으로 기간의 계산방법을 달리 정할 수 있다(대판 2007.8.23. 2006다62942).

④ [○] 민법상 기간의 계산방법은 일정한 기산일로부터 소급하여 과거에 역산되는 기간에도 적용된다(대판 1989.4.11. 87다카2901).

정답 | ③

39 민법상 기간에 관한 설명으로 옳지 않은 것은? (다툼이 있으면 판례에 따름)

① 연령 계산에는 출생일을 산입한다.

② 기간의 초일(初日)이 공휴일에 해당한 때에는 기간은 그 익일부터 기산한다.

③ 기간을 시, 분, 초로 정한 때에는 즉시로부터 기산한다.

④ 기간을 주, 월 또는 연으로 정한 때에는 역(曆)에 의하여 계산한다.

⑤ 기간을 일, 주, 월로 정한 때에는 그 기간이 오전 영(零)시로부터 시작하는 때가 아니면 기간의 초일은 산입하지 않는다.

해설

① [○]

> 제158조(나이의 계산과 표시) 「나이는 출생일을 산입하여 만(滿) 나이로 계산하고, 연수(年數)로 표시한다. 다만, 1세에 이르지 아니한 경우에는 월수(月數)로 표시할 수 있다.」

② [×] ⑤ [○]

> 제157조(기간의 기산점) 「기간을 일, 주, 월 또는 연으로 정한 때에는 기간의 초일은 산입하지 아니한다. 그러나 그 기간이 오전 영시로부터 시작하는 때에는 그러하지 아니하다.」
>
> ▶ 기산점의 경우 공휴일에 대하여 특별한 규정을 두고 있지 않다.

③ [○]

> 제156조(기간의 기산점) 「기간을 시, 분, 초로 정한 때에는 즉시로부터 기산한다.」

④ [○]

> 제160조(역에 의한 계산) 「①항 기간을 주, 월 또는 연으로 정한 때에는 역에 의하여 계산한다.」

정답 | ②

40 2020년 9월 11일 09시를 기준으로 민법상 미성년자에 해당하는 자는 모두 몇 명인가? (다툼이 있는 경우 판례에 의함)

ㄱ. 2001년 9월 11일 09시에 태어난 자로서 성년후견심판에 따라 피성년후견인이 된 자

ㄴ. 2001년 9월 11일 13시에 태어난 자로서 한정후견심판에 따라 피한정후견인이 된 자

ㄷ. 2001년 9월 12일 19시에 태어난 자로서 특정후견심판에 따라 피특정후견인이 된 자

ㄹ. 2001년 9월 12일 23시에 태어난 자로서 2020년 6월 3일에 혼인과 함께 혼인신고를 한 자

① 1명   ② 2명

③ 3명   ④ 4명

해설

> 제4조(성년) 「사람은 19세로 성년에 이르게 된다.」
>
> 제158조(나이의 계산과 표시) 「나이는 출생일을 산입하여 만(滿) 나이로 계산하고, 연수(年數)로 표시한다. 다만, 1세에 이르지 아니한 경우에는 월수(月數)로 표시할 수 있다.」

주·월 또는 년의 도중에서부터 기산하는 때에는 최후의 주·월 또는 년에서 그 기산일에 해당한 날의 '전일로' 기간이 만료한다(제160조 제2항). 예를 들어 2월 28일 오후 3시부터 1개월 후의 말일은 3월 1일이 기산일이 되고 그로부터 1개월 후인 4월 1일의 전일의 만료, 즉 3월 31일 오후 12시가 된다.

ㄱ.ㄴ. [×] 초일은 2001년 9월 11일이며, 만료일은 2020년 9월 10일 24시에 성년자가 된다. 그러므로 2020년 9월 11일 9시 기준으로 성년자가 된다. 또한 성년자 또는 미성년자 해당 여부와 관련하여 성년후견 등의 개시는 고려할 필요가 없다.

ㄷ. [○] 초일은 2001년 9월 12일이며, 만료일은 2020년 9월 11일 24시가 된다. 그러므로 2020년 9월 11일 9시 기준으로 아직 미성년자이다.

ㄹ. [×] 초일은 2001년 9월 12일이며, 만료일은 2020년 9월 11일 24시가 된다. 그러므로 2020년 9월 11일 9시 기준으로 본래 아직 미성년자이다. 그러나 2020년 6월 30일 혼인신고를 하였다면, 성년의제(제826조의2)의 효과에 따라 민법상 성년자로 의제된다.

정답 | ①

---

41 기간에 관한 설명 중 옳지 않은 것은?

[16소방간부]

① 기간은 어떤 시점에서 다른 시점까지 계속된 시간이다.
② 기간의 말일이 공휴일인 때에는 기간은 그 익일(翌日)로 만료한다.
③ 기간은 법률행위의 부관이 아니다.
④ 연령계산이 있어서는 출생일을 산입한다.
⑤ 민법상의 기간에 관한 규정은 다른 규정이 없는 한 공법관계에는 적용되지 않는다.

해설

① [○] 기간이란 어느 시점에서 다른 시점까지 계속된 시간을 말한다.

② [○]
> 제161조(공휴일 등과 기간의 만료점) 「기간의 말일이 토요일 또는 공휴일에 해당한 때에는 기간은 그 익일로 만료한다.」

③ [○] 법률행위의 '부관'(附款)이란 법률행위의 효과의 발생 또는 소멸에 관하여 이를 제한하기 위하여 당해 법률행위의 내용으로서 부가되는 약관을 가리킨다. 이러한 법률행위의 부관에는 조건·기한·부담의 세 가지가 있다. 그런데 민법은 이들 가운데 조건과 기한에 관하여만 일반적 규정을 두고 있다.

▶ 이에 반해 계속되는 시간의 개념인 기간은 법률행위 효과의 발생 또는 소멸의 제한과는 무관한 **법률사실로서의 사건**에 속한다.

④ [○]
> 제158조(나이의 계산과 표시) 「나이는 출생일을 산입하여 만(滿) 나이로 계산하고, 연수(年數)로 표시한다. 다만, 1세에 이르지 아니한 경우에는 월수(月數)로 표시할 수 있다.」

⑤ [×]
> 제155조(본장의 적용범위) 「기간의 계산은 법령, 재판상의 처분 또는 법률행위에 다른 정한 바가 없으면 본장의 규정에 의한다.」

▶ 민법에서 정한 기간의 계산방법은 사법관계뿐만 아니라 공법관계에도 통칙적으로 적용된다. 다만, 당사자의 특약으로 기간의 계산방법을 달리 정할 수 있다(대판 2007.8.23. 2006다62942). 따라서 기간의 계산에 관한 민법의 규정은 강행규정은 아니다.

정답 | ⑤

42 민법상 기간에 관한 설명으로 옳지 않은 것은? [19세무사]

① 기간의 계산은 법령, 재판상의 처분 또는 법률행위에 다른 정한 바가 없으면 민법의 규정에 의한다.

② 기간을 시, 분, 초로 정한 때에는 즉시로부터 기산한다.

③ 기간을 일, 주, 월 또는 연으로 정한 때에도 그 기간이 오전 영시로부터 시작하는 경우에는 기간의 초일을 산입한다.

④ 연령계산에는 출생일을 산입하지 아니한다.

⑤ 기간의 말일이 토요일 또는 공휴일에 해당하는 때에는 그 기간은 그 익일로 만료한다.

해설

① [○]
> 제155조(본장의 적용범위)「기간의 계산은 법령, 재판상의 처분 또는 법률행위에 다른 정한 바가 없으면 본장의 규정에 의한다.」

> 민법에서 정한 기간의 계산방법은 사법관계뿐만 아니라 **공법관계에도** 통칙적으로 적용된다. 다만, 당사자의 특약으로 기간의 계산방법을 달리 정할 수 있다(대판 2007.8.23. 2006다62942). 따라서 기간의 계산에 관한 민법의 규정은 강행규정은 아니다.

② [○]
> 제156조(기간의 기산점)「기간을 시, 분, 초로 정한 때에는 즉시로부터 기산한다.」

③ [○]
> 제157조(기간의 기산점)「기간을 일, 주, 월 또는 연으로 정한 때에는 기간의 초일은 산입하지 아니한다. 그러나 그 기간이 오전 영시로부터 시작하는 때에는 그러하지 아니하다.」

④ [×]
> 제158조(나이의 계산과 표시)「나이는 출생일을 산입하여 만(滿) 나이로 계산하고, 연수(年數)로 표시한다. 다만, 1세에 이르지 아니한 경우에는 월수(月數)로 표시할 수 있다.」

⑤ [○]
> 제161조(공휴일 등과 기간의 만료점)「기간의 말일이 토요일 또는 공휴일에 해당한 때에는 기간은 그 익일로 만료한다.」

정답 | ④

43 민법상 기간에 관한 설명으로 옳은 것은? (다툼이 있으면 판례에 따름) [19법학경채 · 17행정사 변형]

① 기간이 오전 0시부터 시작하는 경우라고 하더라도 초일을 산입하지 않는다.

② 기간의 계산에 관하여 법률행위에서 다르게 정하고 있더라도 민법의 기간 계산방법이 우선한다.

③ 초일이 공휴일이라고 해서 다음 날부터 기간을 기산하는 것은 아니다.

④ 민법상 기간의 계산에 관한 규정은 공법관계에는 적용되지 않는다.

⑤ 주, 월 또는 연(年)의 처음으로부터 기간을 기산하지 아니하는 때에는 최후의 주, 월 또는 연(年)에서 그 기산일에 해당하는 날로 기간이 만료한다.

해설

① [×]
> 제157조(기간의 기산점) 「기간을 일, 주, 월 또는 연으로 정한 때에는 기간의 초일은 산입하지 아니한다. 그러나 그 기간이 오전 영시로부터 시작하는 때에는 그러하지 아니하다.」

②④ [×]
> 제155조(본장의 적용범위) 「기간의 계산은 법령, 재판상의 처분 또는 법률행위에 다른 정한 바가 없으면 본장의 규정에 의한다.」

▶ 민법에서 정한 기간의 계산방법은 사법관계뿐만 아니라 공법관계에도 통칙적으로 적용된다. 다만, 당사자의 특약으로 기간의 계산방법을 달리 정할 수 있다(대판 2007.8.23. 2006다62942). 따라서 기간의 계산에 관한 민법의 규정은 강행규정은 아니다.

③ [○] 기간의 말일이 토요일 또는 공휴일에 해당한 때에는 그 다음 날로 만료한다(제161조). 그러나 기간의 '초일'이 공휴일인 경우에는 그 적용이 없으며(대판 1982.2.23. 81누204), 공휴일이 기간 도중에 있는 때에도 마찬가지이다. 또 공휴일에는 국경일 및 일요일뿐만 아니라 임시공휴일도 포함된다(대판 1964.5.26. 63다958).
예를 들어, 甲은 乙로부터 2009년 2월 13일 14시에 카메라를 구입하면서 매매대금은 4개월 내에 지급하기로 하였다면(2009년 6월 13일은 토요일임), 甲은 2009년 6월 15일 24시(자정)까지 그 대금을 완제해야 한다.

⑤ [×] 주ㆍ월 또는 년의 도중에서부터 기산하는 때에는 최후의 주ㆍ월 또는 년에서 그 기산일에 해당한 날의 '전일로' 기간이 만료한다(제160조 제2항). 예를 들어, 2월 28일 오후 3시부터 1개월 후의 말일은 3월 1일이 기산일이 되고 그로부터 1개월 후인 4월 1일의 전일의 만료, 즉 3월 31일 오후 12시가 된다.

정답 | ③

---

44 12월 30일 15시부터 2개월이라고 할 때, 그 기간은 언제 만료하는가? (단, 다음 해 2월의 말일은 28일이며, 토요일 또는 공휴일은 고려하지 않는다)

[19소방간부]

① 2월 28일 15시
② 2월 28일 24시
③ 3월 1일 15시
④ 3월 1일 24시
⑤ 3월 2일 15시

해설

② [○] 기산일은 12월 31일이고, 만료일은 기산일의 전일인 2월 30일이어야 하나 2월은 30일이 없으므로 말일인 28일 24시이다.

참조조문
> 제157조(기간의 기산점) 「기간을 일, 주, 월 또는 연으로 정한 때에는 기간의 초일은 산입하지 아니한다. 그러나 그 기간이 오전 영시로부터 시작하는 때에는 그러하지 아니하다.」

주ㆍ월 또는 년의 도중에서부터 기산하는 때에는 최후의 주ㆍ월 또는 년에서 그 기산일에 해당한 날의 '전일로' 기간이 만료한다(제160조 제2항). 예를 들어, 2월 28일 오후 3시부터 1개월 후의 말일은 3월 1일이 기산일이 되고 그로부터 1개월 후인 4월 1일의 전일의 만료, 즉 3월 31일 오후 12시가 된다.
월 또는 년으로 정한 경우에 최종의 월에 해당일이 없는 때에는 그 월의 말일로 기간이 만료한다(제160조 제3항). 예를 들어, 1월 30일 오후 3시부터 1개월 후의 말일은 2월 31일이 되지만, 2월에는 31일이 없으므로 2월 말이 된다.

정답 | ②

45 2000년 5월 25일 오후 11시에 출생한 자가 성년이 되는 때는?

[19행정사]

① 2018년 5월 25일 오후 11시

② 2019년 5월 25일 오전 0시

③ 2019년 5월 25일 오후 11시

④ 2020년 5월 25일 오전 0시

⑤ 2020년 5월 25일 오후 11시

해설

② [○] 기산일은 2000년 5월 25일이고, 만료일은 기산일의 전일인 2019년 5월 24일 24시, 즉 5월 25일 오전 0시이다.

> [참조조문] 제4조(성년) 「사람은 19세로 성년에 이르게 된다.」
>
> 제158조(나이의 계산과 표시) 「나이는 출생일을 산입하여 만(滿) 나이로 계산하고, 연수(年數)로 표시한다. 다만, 1세에 이르지 아니한 경우에는 월수(月數)로 표시할 수 있다.」

주 · 월 또는 년의 도중에서부터 기산하는 때에는 최후의 주 · 월 또는 년에서 그 기산일에 해당한 날의 '전일로' 기간이 만료한다(제160조 제2항). 예를 들어, 2월 28일 오후 3시부터 1개월 후의 말일은 3월 1일이 기산일이 되고 그로부터 1개월 후인 4월 1일의 전일의 만료, 즉 3월 31일 오후 12시가 된다.

정답 | ②

46 제71조의 "총회의 소집은 1주간 전에 그 회의의 목적사항을 기재한 통지를 발하고 기타 정관에 정한 방법에 의하여야 한다."라는 규정에 따를 때, 총회일이 2020년 1월 17일(금) 14시로 정해졌다면, 언제까지 소집통지를 해야 하는가?

[20소방간부]

① 2020년 1월 9일(목) 24시까지 발송

② 2020년 1월 10일(금) 24시까지 발송

③ 2020년 1월 13일(월) 24시까지 발송

④ 2020년 1월 9일(목) 24시까지 도착

⑤ 2020년 1월 10일(금) 24시까지 도착

해설

① [○] 기산일은 1월 16일이고, 만료일은 1월 10일 오전 0시이다. 그러므로 늦어도 1월 9일 24시까지는 소집통지를 발송해야 한다.

> [관련판례] 민법상 기간의 계산방법은 일정한 기산일로부터 소급하여 과거에 역산되는 기간에도 적용된다(대판 1989.4.11. 87다카2901).

> 제157조(기간의 기산점) 「기간을 일, 주, 월 또는 연으로 정한 때에는 기간의 초일은 산입하지 아니한다. 그러나 그 기간이 오전 영시로부터 시작하는 때에는 그러하지 아니하다.」

정답 | ①

47 기간의 계산에 관한 설명으로 옳지 않은 것은? (다툼이 있으면 판례에 의함)

① 기간의 계산에 있어 초일을 산입하기로 하는 당사자 간의 약정은 효력이 없다.

② 2001년 11월 11일 15시에 출생한 자는 2020년 11월 10일 24시가 지나면 성년이 된다.

③ 12월 25일이 금요일인 경우, 12월 25일까지 납부하여야 할 전화요금은 12월 28일까지 납부하면 된다.

④ 3월 31일부터 기산하여 1달의 기간을 정한 경우에는 4월 30일이 경과하면 기간이 만료한다.

⑤ 병역법 제88조 제1항 제2호에서 정한 '소집일부터 3일'이라는 기간을 계산할 때에도 기간 계산에 관한 민법의 규정이 적용된다.

해설

① [×] ⑤ [○]

> 제155조(본장의 적용범위) 「기간의 계산은 법령, 재판상의 처분 또는 법률행위에 다른 정한 바가 없으면 본장의 규정에 의한다.」

▶ 민법에서 정한 기간의 계산방법은 사법관계뿐만 아니라 **공법관계에도** 통칙적으로 적용된다. 다만, 당사자의 **특약**으로 기간의 계산방법을 달리 정할 수 있다(대판 2007.8.23. 2006다62942). 따라서 기간의 계산에 관한 민법의 규정은 강행규정은 아니다.

관련판례 제155조는 "기간의 계산은 법령, 재판상의 처분 또는 법률행위에 다른 정한 바가 없으면 본장의 규정에 의한다."고 규정하고 있으므로, 기간 계산에 있어서는 당해 법령 등에 특별한 정함이 없는 한 민법의 규정에 따라야 한다. 한편 병역법 제88조 제1항 제2호는 '공익근무요원 소집통지서를 받은 사람이 정당한 사유 없이 소집기일부터 3일이 지나도 소집에 응하지 아니한 경우에는 3년 이하의 징역에 처한다'고 규정하고 있으나, 병역법은 기간 계산에 관하여 특별한 규정을 두고 있지 아니하다. 따라서 병역법 제88조 제1항 제2호에서 정한 '소집기일부터 3일'이라는 기간을 계산할 때에도 기간 계산에 관한 민법의 규정이 적용되므로, 제157조에 따라 기간의 초일은 산입하지 아니하고, 제161조에 따라 기간의 말일이 토요일 또는 공휴일에 해당하는 때에는 기간은 그 익일로 만료한다고 보아야 한다(대판 2012.12.26. 2012도13215).

② [○] 기산일은 2001년 11월 11일이고, 만료일은 기산일의 전일인 2020년 11월 10일 24시, 즉 11월 11일 오전 0시이다.

참조조문
> 제4조(성년) 「사람은 19세로 성년에 이르게 된다.」
> 제158조(나이의 계산과 표시) 「나이는 출생일을 산입하여 만(滿) 나이로 계산하고, 연수(年數)로 표시한다. 다만, 1세에 이르지 아니한 경우에는 월수(月數)로 표시할 수 있다.」

주·월 또는 년의 도중에서부터 기산하는 때에는 최후의 주·월 또는 년에서 그 기산일에 해당한 날의 '전일로' 기간이 만료한다(제160조 제2항). 예를 들어, 2월 28일 오후 3시부터 1개월 후의 말일은 3월 1일이 기산일이 되고 그로부터 1개월 후인 4월 1일의 전일의 만료, 즉 3월 31일 오후 12시가 된다.

③ [○]

> 제161조(공휴일 등과 기간의 만료점) 「기간의 말일이 토요일 또는 공휴일에 해당한 때에는 기간은 그 익일로 만료한다.」

④ [○] 주·월 또는 년의 도중에서부터 기산하는 때에는 최후의 주·월 또는 년에서 그 기산일에 해당한 날의 '전일로' 기간이 만료한다(제160조 제2항). 예를 들어, 2월 28일 오후 3시부터 1개월 후의 말일은 3월 1일이 기산일이 되고 그로부터 1개월 후인 4월 1일의 전일의 만료, 즉 3월 31일 오후 12시가 된다.

정답 | ①

48 甲은 乙에게 1천만원을 빌려주면서 대여기간을 각 대여일로부터 1개월로 약정하였다. 민법의 기간에 관한 규정에 따를 때 변제기가 옳은 것을 모두 고른 것은? (8월 15일 외에는 평일을 전제로 함)

[20행정사]

　ㄱ. 대여일: 1월 31일 14시, 변제기: 2월 28일(윤년 아님) 24시

　ㄴ. 대여일: 3월 14일 17시, 변제기: 4월 14일 17시

　ㄷ. 대여일: 7월 15일 17시, 변제기: 8월 15일(공휴일)의 익일인 8월 16일 24시

① ㄷ　　　　　　　　　　② ㄱ, ㄴ　　　　　　　　　　③ ㄱ, ㄷ
④ ㄴ, ㄷ　　　　　　　　　⑤ ㄱ, ㄴ, ㄷ

해설

ㄱ. [○] ㄴ. [×]

> 제157조(기간의 기산점) 「기간을 일, 주, 월 또는 연으로 정한 때에는 기간의 초일은 산입하지 아니한다. 그러나 그 기간이 오전 영시로부터 시작하는 때에는 그러하지 아니하다.」

　주·월 또는 년의 도중에서부터 기산하는 때에는 최후의 주·월 또는 년에서 그 기산일에 해당한 날의 '전일로' 기간이 만료한다(제160조 제2항). 예를 들어, 2월 28일 오후 3시부터 1개월 후의 말일은 3월 1일이 기산일이 되고 그로부터 1개월 후인 4월 1일의 전일의 만료, 즉 3월 31일 오후 12시가 된다.

　▶ 따라서 ⅰ) ㄱ.의 경우, 기산일은 2월 1일이고, 만료일은 기산일의 전일 2월 28일 24시, 즉 3월 1일 오전 0시이다.
　　 ⅱ) ㄴ.의 경우, 기산일은 3월 15일이고, 만료일은 기산일의 전일인 4월 14일 24시이다.

ㄷ. [○] 기산일은 7월 16일이고, 만료일은 기산일의 전일인 8월 15일 24시이나 8월 15일이 공휴일이므로 익일인 16일 24시 이다.

[참조조문] 기간의 말일이 토요일 또는 공휴일에 해당한 때에는 그 다음 날로 만료한다(제161조). 그러나 기간의 '초일'이 공휴일인 경우에는 그 적용이 없으며(대판 1982.2.23. 81누204), 공휴일이 기간 도중에 있는 때에도 마찬가지이다. 또 공휴일에는 국경일 및 일요일뿐만 아니라 임시공휴일도 포함된다(대판 1964.5.26. 63다958).

예를 들어, 甲은 乙로부터 2009년 2월 13일 14시에 카메라를 구입하면서 매매대금은 4개월 내에 지급하기로 하였다면(2009년 6월 13일은 토요일임), 甲은 2009년 6월 15일 24시(자정)까지 그 대금을 완제해야 한다.

정답 | ③

제6장

소멸시효

⊕ 핵심정리 소멸시효의 요건

1. 제척기간

제척기간을 두는 이유는 일정한 권리에 대해 행사기간을 정해 그 법률관계를 조속히 확정하려는 것에 있고, 주로 형성권에서 문제가 된다.

(1) 소멸시효와의 차이점

① 소멸시효는 그 기산일에 소급하여 효력이 생기지만(제167조), 제척기간에서는 기간이 경과한 때로부터 장래에 대하여 소멸하므로 소급효가 없다. ② 소멸시효는 중단될 수 있지만, 제척기간은 그렇지 않다(2000다26425). ③ 소멸시효에서는 변론주의의 원칙상 당사자의 주장이 있어야 법원이 판단하게 되지만, 제척기간에서는 당사자가 주장하지 않더라도 법원이 직권으로 판단하여야 한다(96다25371). ④ 소멸시효이익은 완성 후 포기할 수 있지만, 제척기간은 그렇지 않다.

(2) 형성권

判例는 형성권에 그 존속기간이 정해져 있지 않은 경우 10년의 제척기간에 걸린다고 하나(91다44766), 그에 기한 채권적 권리(부당이득반환)는 형성권을 행사한 때로부터 따로 소멸시효가 진행된다고 한다(90다13420).

(3) 제척기간의 권리행사 방법(이원설)

判例는 권리의 성질 및 법률의 규정을 종합적으로 고려하여 출소기간인 제척기간과 재판 외 행사기간인 제척기간으로 나누어 보는 견해(이원설)이다.

1) 형성권

채권자취소권과 같은 형성소권의 제척기간은 '제소기간'으로 경과시 '소각하'사유, 취소권(제146조)·매매예약완결권(제564조)과 같은 형성권의 제척기간은 '재판 외 행사기간'으로 경과시 '청구기각'사유가 된다.

2) 청구권

判例는 ① 상속회복청구권(제999조), 점유보호청구권(제204조 제3항, 제205조 제2항·제3항)의 제척기간은 '제소기간'(92다3083, 2001다8097), ② 하자담보책임에 따른 권리의 제척기간(제582조 등)은 '재판 외 행사기간'이라고 한다(2000다13571). 그리고 하자담보책임에 따른 손해배상청구권과 관련하여 채권양도의 통지는 양도인이 채권이 양도되었다는 사실을 채무자에게 알리는 것에 그치는 행위이므로, 그것만으로 제척기간 준수에 필요한 권리의 재판 외 행사에 해당한다고 할 수 없다고 한다(전합 2010다28840).

2. 소멸시효의 요건

(1) 권리가 소멸시효의 완성으로 소멸하기 위한 요건(대, 행, 기)

시효로 인하여 권리가 소멸하려면, ⅰ) 소멸시효의 대상이 될 수 있는 권리일 것(대상적격), ⅱ) 권리를 행사할 수 있음에도 불행사할 것(기산점), ⅲ) 권리불행사의 상태가 일정기간 계속될 것을 요한다(시효기간).

(2) 대상적격

(3) 기산점

1) 권리를 행사할 수 있는 때의 의미

소멸시효는 '권리를 행사할 수 있는 때'로부터 진행한다(제166조 제1항). ① [원칙] 이때 '권리를 행사할 수 있는 때'란 권리를 행사하는 데 있어 '법률상의 장애'가 없음을 말한다(이행기의 미도래·정지조건의 불성취 등). 따라서 '사실상의 장애', 즉 권리자의 개인적 사정이나 권리자가 권리의 존재를 모르거나, 모르는데 과실이 없다고 하여도 이러한 사유는 시효의 진행을 막지 못한다(2006다1381). ② [예외] 다만 권리자가 권리의 발생 여부를 알기 어려운 객관적 사정이 있고 권리자가 과실 없이 알지 못하는 경우에는 예외가 인정된다(2012다25432등).

2) 채무불이행으로 인한 손해배상청구권

채무불이행으로 인한 손해배상채권(제394조)은 본래의 채권이 확장된 것이거나 본래의 채권의 내용이 '금전채권'으로 변경된 것이므로 본래의 채권과 '동일성'을 가진다. 따라서 채무불이행으로 인한 손해배상청구권의 시효기간은 원채권의 시효기간에 따르고(2010다28031), 본래의 채권이 시효로 소멸한 때에는 손해배상채권도 함께 소멸한다(2016다45779). 문제는 그 기산점인데, 判例는 채무불이행이 발생한 때로부터 진행하는 것으로 본다(불법행위로 인한 손해배상청구권에 관해서는 제766조에서 따로 특칙을 두고 있다).

① 判例는 이행불능으로 인한 전보배상청구권의 경우 ㉠ [이행불능시] '이행불능시'(= 채무불이행시)를 기준으로 기산점을 정한다. ㉡ [패소확정시] 다만, 이때 상대방에 대한 등기가 무효임에도 그로부터의 전득자가 그 부동산을 등기부시효취득한 경우, 무효를 이유로 한 상대방의 등기말소의무가 이행불능이 되는 시점은 전득자를 상대로 한(말소청구소송 또는 진정명의회복을 위한 소유권이전등기청구) 소송에서의 패소판결 확정시이며, 시효취득시가 아니다(2005다29474)라고 한다. 같은 취지에서, "매도인 및 매수인 명의의 매매부동산에 대한 소유권이전등기의 말소의무가 원소유자의 말소등기절차이행 청구소송에서 확정되었다면 매도인의 이행불능으로 인한 손해배상액의 산정은 그 패소확정시를 기준으로 하여야 하고, 당해 등기의 말소시를 기준으로 할 것이 아니다."(80다417)고 판시한 判例도 있다.

② 判例는 대상청구권의 경우 ㉠ [원칙: 이행불능시] 매매 목적물의 수용(국유화)으로 인하여 매도인의 소유권이전등기의무가 이행불능되었을 때 매수인이 그 권리를 행사할 수 있다고 보아야 할 것이고 따라서 그때부터 소멸시효가 진행하는 것이 원칙이나, ㉡ [예외: 보상금의 지급을 구할 수 있는 방법이나 절차가 마련된 시점] 국유화가 된 사유의 특수성과 법규의 미비 등으로 그 보상금의 지급을 구할 수 있는 방법이나 절차가 없다가 상당한 기간이 지난 뒤에야 보상금청구의 방법과 절차가 마련된 경우라면, 보상금을 청구할 수 있는 방법이 마련된 시점부터 대상청구권에 대한 소멸시효가 진행한다고(99다23901) 한다.

3) 기타

① 부당이득반환청구권은 부당이득의 날로부터(무효인 경우 급부시부터 부당이득반환청구권의 소멸시효가 진행한다; 2004다50143), ② 동시이행의 항변권이 붙어 있는 채권의 경우에 이행기 도래 후에 반대급부를 제공하면 언제라도 권리를 행사할 수 있으므로 이행기부터(90다9797), ③ 보증인의 주채무자에 대한 사후구상권과 사전구상권(제422조 참조)은 그 발생원인을 서로 달리하는 별개의 독립된 권리라 할 것이므로 그 소멸시효는 각각 그 권리가 발생되어 이를 행사할 수 있는 때부터 각별로 진행한다(80다2699). 즉 사전구상권은 구상의 요건이 충족된 때, 사후구상권은 보증인이 채권자에게 보증채무를 이행한 때부터 진행한다. 그리고 공동불법행위자의 구상권은 피해자에게 현실로 손해배상금을 지급한 때로부터 진행한다(96다3791). ④ 기한이 있는 채권의 이행기가 도래한 후 채권자와 채무자가 기한을 유예하기로 합의한 경우, 소멸시효는 변경된 이행기가 도래한 때로부터 진행하고, 이와 같은 기한 유예의 합의는 묵시적으로도 가능하다(2016다274904). ⑤ 정지조건부 채권의 경우, 조건이 성취된 때부터 시효가 진행한다(제147조 참조).

(4) 시효기간

1) 일반채권 및 상사채권

① 보통 채권의 소멸시효기간은 10년이다(제162조 제1항). ② 그러나 상행위로 생긴 채권의 소멸시효기간은 5년이다(상법 제64조 본문). 다만, 다른 법령에 5년보다 단기의 시효의 규정이 있는 때에는 그 규정에 의한다(상법 제64조 단서). 참고로 判例는 상행위로 인한 매매계약이 무효로 되었음을 이유로 매매대금의 부당이득반환 청구를 하는 경우, 상거래 관계와 같은 정도로 신속하게 해결할 필요성이 있다고 볼 수 없으므로 부당이득반환청구권의 소멸시효기간은 상법 제64조가 적용되지 아니하고, 민법 제162조 제1항에 따라 10년이라고 한다(2002다64957).

2) 3년의 단기소멸시효(제163조)

a. 이자·부양료·급료·사용료 그 밖의 1년 이내의 기간으로 정한 금전 또는 물건의 지급을 목적으로 한 채권(제163조 제1호)

'1년 이내의 기간으로 정한 채권'이란 (월차임채권과 같은) 1년 이내의 정기로 지급되는 채권을 의미하는 것이지 변제기가 1년 이내인 채권을 말하는 것이 아니다. 따라서 이자채권이더라도 1년 이내의 정기로 지급하기로 한 것이 아니면 3년의 시효에 걸리지 않는다(96다25302). 또 1년 이내의 정기로 이자를 받기로 한 경우에도, 그 원본채무의 연체가 있는 경우의 그 지연배상금은 손해배상금이지 이자가 아니므로 본조의 적용이 없고 원본채권과 같다(88다카214).

비교판례 判例는 건설회사 甲의 공사인원이 공사 기간 중 乙의 객실과 식당을 사용한 데에 대한 사용료를 甲이 乙에게 '매월 말' 지급하기로 약정하였다면 이는 제164조 제1호에 정한 '숙박료 및 음식료 채권'으로 1년이지, 제163조 제1호의 3년이 아니라고 한다(2019다271012).

b. 의사 등의 치료 등에 관한 채권(제163조 제2호)

   의사의 진료비채권은 제163조 제2호의 3년의 소멸시효에 해당하는바, 判例는 장기간 입원치료를 받는 경우 소멸시효의 진행은 퇴원시가 아니라 원칙적으로 그 개개의 진료가 종료될 때마다 각각의 당해 진료에 필요한 비용의 이행기가 도래하여 소멸시효가 진행된다고 한다(2001다52568).

c. 도급받은 자 등의 공사에 관한 채권(제163조 제3호)

   이는 수급인이 도급인에 대하여 갖는 공사에 관한 채권을 말하는 것으로(63다92), 공사대금채권(수급인의 보수청구권)뿐만 아니라 그 공사에 부수되는 채권, 예를 들어 수급인의 비용상환청구권, 수급인의 제666조의 저당권설정청구권(2014다211978), 도급인의 공사협력의무(2010다56685)도 포함된다. 그러나 공동수급체 구성원들 상호간의 정산금 채권이나(2011다79838), 도급인이 수급인에 대해 갖는 권리(하자보수에 갈음하는 손해배상채권 등)는 이에 해당하지 않는다(2009다25111).

d. 생산자·상인이 판매한 생산물 및 상품의 대가(제163조 제6호)

   이러한 채권은 본래 상행위로 인한 것이어서 5년의 소멸시효가 적용되어야 하나(상법 제64조 본문), 본호의 3년의 소멸시효는 상법 제64조 단서의 '다른 법령에 이보다 단기의 시효의 규정이 있는 때'에 해당하여 본조가 우선하여 적용되는 것이다.

01 소멸시효에 관한 설명으로 옳지 않은 것은? (다툼이 있는 경우 판례에 의함) [23경찰간부]

① 채권양도의 대항요건을 갖추지 못한 채권의 양수인이 채무자를 상대로 재판상의 청구를 한 경우, 그 채권의 소멸시효는 중단되지 않는다.

② 당사자가 민법에 따른 소멸시효기간을 주장한 경우에도 법원은 직권으로 상법에 따른 소멸시효기간을 적용할 수 있다.

③ 시효중단의 효력이 미치는 민법 제169조의 승계인에는 특별한 사정이 없는 한 포괄승계인은 물론 특정승계인도 포함된다.

④ 금전채무에 대한 변제기 이후의 지연손해금은 금전채무의 이행을 지체함으로 인한 손해의 배상으로 지급되는 것이므로, 그 소멸시효기간은 특별한 사정이 없는 한 원본채권의 그것과 같다.

해설

① [×] 채권양수인이 소멸시효기간이 경과하기 전에 채무자를 상대로 소를 제기하였는데, 채권양도사실의 채무자에 대한 통지는 소멸시효기간이 경과한 후에 이루어진 경우, 위 채권의 소멸시효가 중단되는지 여부가 문제되는바, 判例는 "채권양도에 의하여 채권은 그 동일성을 잃지 않고 양도인으로부터 양수인에게 이전되며, 이러한 법리는 채권양도의 대항요건을 갖추지 못하였다고 하더라도 마찬가지인 점 등에서 비록 '대항요건을 갖추지 못하여' 채무자에게 대항하지 못한다고 하더라도 '채권의 양수인'이 채무자를 상대로 재판상의 청구를 하였다면 이는 소멸시효 중단사유인 재판상의 청구에 해당한다"(대판 2005.11.10. 2005다41818).

② [O] 민법 제162조 내지 제165조는 각종 채권의 소멸시효에 관하여 규정하고 있는데, 문제된 채권의 소멸시효기간에 관한 근거사실은 당사자가 주장·증명하여야 하는 것이지만, 어떤 시효기간의 적용을 받는가에 관한 당사자의 주장은 '법률상의 견해'에 불과하므로 법원은 이에 구속되지 않는다(대판 1997.9.13. 77다832; 대판 2006.11.10. 2005다35516).

③ [O] 대판 2015.5.28. 2014다81474

④ [O] 채무불이행으로 인한 손해배상채권(제394조)[49]은 본래의 채권이 확장된 것이거나 본래의 채권의 내용이 '금전채권'으로 변경된 것이므로 본래의 채권과 '동일성'을 가진다. 따라서 채무불이행으로 인한 손해배상청구권의 시효기간은 원채권의 시효기간에 따르고(대판 2010.9.9. 2010다28031), 본래의 채권이 시효로 소멸한 때에는 손해배상채권도 함께 소멸한다(대판 2018.2.28. 2016다45779).

정답 | ①

---

49) **제394조(손해배상의 방법)** 다른 의사표시가 없으면 손해는 금전으로 배상한다.

02 소멸시효에 관한 설명으로 옳은 것은? (다툼이 있는 경우 판례에 의함)

① 보증인이 단순히 주채무의 시효소멸에 원인만을 제공한 경우에도 특별한 사정이 없는 한 보증채무의 부종성은 부정된다.

② 사망한 사람을 피신청인으로 한 가압류신청에 의해 가압류 결정이 내려지더라도 특별한 사정이 없는 한 소멸시효는 중단되지 않는다.

③ 원인채권의 지급을 확보하기 위한 방법으로 어음이 수수된 경우, 채권자가 어음채권에 기하여 청구를 하더라도 원인채권의 소멸시효를 중단시키는 효력이 없다.

④ 확정판결로 단기소멸시효의 대상인 주채무의 소멸시효기간이 10년으로 연장된 경우, 당연히 보증채무의 소멸시효기간도 단기소멸시효의 적용이 배제되어 10년으로 연장된다.

해설

① [×] 보증인은 주채무자의 항변(예컨대 주채무의 부존재, 소멸, 소멸시효의 완성)으로 채권자에게 대항할 수 있다. 그리고 주채무자의 항변포기는 보증인에게 효력이 없다(제433조).
문제는 보증인이 자신의 보증채무에 관하여 시효의 이익을 포기하고 나서 주채무의 시효소멸을 이유로 보증채무의 소멸을 주장할 수 있는가 하는 점이다. 이에 관해 判例는 "주채무의 시효소멸에도 불구하고 보증채무를 이행하겠다는 의사를 표시한 경우 등과 같이 '부종성'을 부정하여야 할 다른 특별한 사정이 없는 한 보증인은 여전히 주채무의 시효소멸을 이유로 보증채무의 소멸을 주장할 수 있다고 보아야 한다."(대판 2012.7.12. 2010다51192)고 한다. 다만 "보증채무의 부종성을 부정하여야 할 특별한 사정이 있는 경우에는 예외적으로 보증인은 주채무의 시효소멸을 이유로 보증채무의 소멸을 주장할 수 없으나, 특별한 사정을 인정하여 보증채무의 본질적인 속성에 해당하는 부종성을 부정하려면 보증인이 주채무의 시효소멸에도 불구하고 보증채무를 이행하겠다는 의사를 표시하거나 채권자와 그러한 내용의 약정을 하였어야 하고, <u>단지 보증인이 주채무의 시효소멸에 원인을 제공하였다는 것만으로는 보증채무의 부종성을 부정할 수 없다</u>"(대판 2018.5.15. 2016다211620).

② [○] 시효중단사유로서 가압류(제168조 제2호) 등은 유효한 것이어야 하므로, 이미 사망한 자를 피신청인으로 한 가압류신청에 따른 가압류결정(당연 무효의 가압류)이 내려지더라도 소멸시효는 중단되지 않는다(대판 2006.8.24. 2004다26287).

③ [×] 원인채권의 지급을 확보하기 위한 방법으로 어음이 수수된 경우, 이러한 어음은 경제적으로 동일한 급부를 위하여 원인채권의 지급수단으로 수수된 것으로서 그 어음채권의 행사는 원인채권을 실현하기 위한 것일 뿐만 아니라, 원인채권의 소멸시효는 어음금청구소송에서 채무자의 인적항변사유에 해당하는 관계로 채권자가 어음채권의 소멸시효를 중단하여 두어도 채무자의 인적항변에 따라 그 권리를 실현할 수 없게 되는 불합리한 결과가 발생하게 되므로, <u>채권자가 어음채권에 기하여 청구를 하는 반대의 경우에는 원인채권의 소멸시효를 중단시키는 효력이 있다</u>(대판 1999.6.11. 99다16378).
[비교판례] 원인채권의 지급을 확보하기 위한 방법으로 어음이 수수된 경우에 원인채권과 어음채권은 별개로서 채권자는 그 선택에 따라 권리를 행사할 수 있고, 원인채권에 기하여 청구를 한 것만으로는 어음채권 그 자체를 행사한 것으로 볼 수 없어 <u>어음채권의 소멸시효를 중단시키지 못한다</u>(대판 1967.4.25. 67다75; 대판 1994.12.2. 93다59922).

④ [×] 判例는 연장부정설의 입장인바, 그 근거로는 "ⅰ) 판결의 확정으로 인해 소멸시효기간이 연장되는 효과는 판결의 당사자인 채권자와 주채무자 사이에 발생하는 효력에 관한 것이고, ⅱ) 보증채무가 주채무에 부종한다 하더라도 양자는 별개의 채무이고, 제440조의 의미는 '보증채무의 부종성'에 기인한 것이라기보다는 '채권자보호를 위한 특별규정'으로서, 보증인에 대한 별도의 시효중단조치가 불필요함을 의미하는 것일 뿐 중단된 이후의 시효기간까지도 당연히 보증인에게 효력이 미친다는 취지는 아니라는 것"을 들고 있다(대판 1986.11.25. 86다카1569).

정답 │ ②

03 소멸시효에 관한 설명으로 가장 적절하지 않은 것은? (다툼이 있는 경우 판례에 의함) [23법학경채]

① 소유권에 기한 물권적 청구권은 소멸시효에 걸리지 않는다.

② 채무불이행으로 인한 손해배상청구권의 소멸시효는 채무불이행시로부터 진행한다.

③ 채무불이행으로 인한 손해배상청구권의 소멸시효기간은 계약이 체결되었을 때 취득하게 될 이행청구권에 적용되는 소멸시효기간에 따른다.

④ 동시이행의 항변권이 붙어 있는 채권은 소멸시효에 걸리지 않는다.

해설

① [○] 통설·判例의 입장에 따르면 "(합의)해제에 따른 매도인의 원상회복청구권은 소유권에 기한 물권적 청구권이라 할 것이고, 따라서 이는 소멸시효의 대상이 아니다"(대판 1982.7.27. 80다2968).

② [○] 判例가 판시하는 바와 같이 손해배상청구권은 채무불이행시에 비로소 발생한 것인 만큼 '채무불이행시'부터 소멸시효가 진행한다(대판 1990.11.9. 90다카22513).

③ [○] 채무불이행으로 인한 손해배상채권(제394조)⁵⁰⁾은 본래의 채권이 확장된 것이거나 본래의 채권의 내용이 '금전채권'으로 변경된 것이므로 본래의 채권과 '동일성'을 가진다. 따라서 채무불이행으로 인한 손해배상청구권의 시효기간은 원채권의 시효기간에 따른다(대판 2010.9.9. 2010다28031).

④ [×] 부동산에 대한 매매대금 채권이 소유권이전등기청구권과 동시이행의 관계에 있다고 할지라도 매도인은 매매대금의 지급기일 이후 언제라도 그 대금의 지급을 청구할 수 있는 것이며, 다만 매수인은 매도인으로부터 그 이전등기에 관한 이행의 제공을 받기까지 그 지급을 거절할 수 있는 데 지나지 아니하므로 매매대금 청구권은 반대급부의 제공이 없더라도 그 지급기일 이후 시효의 진행에 걸린다(대판 1991.3.22. 90다9797).

정답 | ④

04 제척기간에 관한 설명으로 옳지 않은 것은? (다툼이 있으면 판례에 따름) [23세무사]

① 매매의 일방예약완결권은 제척기간의 적용을 받는다.

② 취소권의 존속기간은 제척기간이다.

③ 형성권 이외에 청구권도 제척기간의 경과에 의해 소멸할 수 있다.

④ 제척기간은 특별한 사유가 없는 한 발생한 권리를 행사할 수 있는 때로부터 기산한다.

⑤ 제척기간의 도과 여부는 당사자의 주장이 없더라도 법원이 직권으로 조사한다.

해설

① [○] 매매의 일방예약에서 예약자의 상대방이 매매예약 완결의 의사표시를 하여 매매의 효력을 생기게 하는 권리, 즉 매매예약완결권은 일종의 형성권으로서 당사자 사이에 그 행사기간을 약정한 때에는 그 기간 내에, 그러한 약정이 없는 때에는 그 예약이 성립한 때로부터 10년 내에 이를 행사하여야 하고, 그 기간을 지난 때에는 상대방이 예약 목적물인 부동산을 인도받은 경우라도 예약완결권은 제척기간의 경과로 인하여 소멸한다(대판 1997.7.25. 96다47494).

②⑤ [○] 제146조가 규정하는 기간은 소멸시효기간이 아니라 제척기간으로서, 제척기간이 경과하였는지 여부는 당사자의 주장에 관계없이 법원이 당연히 조사하여 고려하여야 한다(대판 1996.9.20. 96다25371).

③ [○] 점유보호청구권의 경우에는 1년 제척기간이 적용된다(제204조).

④ [×] 민법 제564조가 정하고 있는 매매의 일방예약에서 예약자의 상대방이 매매예약 완결의 의사표시를 하여 매매의 효력을 생기게 하는 권리, 즉 매매예약의 완결권은 일종의 형성권으로서 당사자 사이에 행사기간을 약정한 때에는 그 기간 내에, 약정이 없는 때에는 예약이 성립한 때로부터 10년 내에 이를 행사하여야 하고, 그 기간을 지난 때에는 예약 완결권은 제척기간의 경과로 인하여 소멸한다(대판 2017.1.25. 2016다42077). 즉, 제척기간은 권리가 성립한 때부터 진행한다.

---

50) **제394조(손해배상의 방법)** 다른 의사표시가 없으면 손해는 금전으로 배상한다.

☑ 소멸시효와의 관계

구분	소멸시효	제척기간
소급효	인정	부정
중단	인정	부정
포기	시효완성 후에만 가능	부정
소송상	변론주의 사항	직권으로 참작
기간의 단축	인정	부정
구별	법조문에서 소멸시효는 '소멸시효가 완성한다, 시효로 인하여 소멸한다'고 표현한 데 비해, 제척기간은 '행사(제기)하여야 한다'고 표현하고, 이를 가지고 원칙적으로 양자를 구별한다.	

정답 | ④

05 소멸시효와 제척기간에 관한 설명으로 옳은 것은? (다툼이 있으면 판례에 따름)　　　　[22행정사]

① 소멸시효가 완성되면 그 기간이 경과한 때부터 장래에 향하여 권리가 소멸하지만, 제척기간이 완성되면 그 기산일에 소급하여 권리가 소멸한다.

② 소멸시효는 그 성질상 기간의 중단이 있을 수 없지만, 제척기간은 권리자의 청구가 있으면 기간이 중단된다.

③ 소멸시효가 완성된 이후 그 이익을 포기하는 것은 원칙적으로 인정되지만, 제척기간은 그 포기가 인정되지 않는다.

④ 소멸시효 완성에 의한 권리소멸은 법원의 직권조사 사항이지만, 제척기간에 의한 권리의 소멸은 원용권자가 이를 주장하여야 한다.

⑤ 매도인의 하자담보책임에 기한 매수인의 손해배상청구권과 같이 청구권에 하여 제척기간을 정하고 있는 경우에는 제척기간이 적용되므로 소멸시효는 당연히 적용될 수 없다.

해설

① [×] 소멸시효는 그 기산일에 '소급'하여 효력이 생기지만(제167조), 제척기간에서는 기간이 경과한 때로부터 장래에 대하여 소멸하므로 소급효가 없다.

② [×] 소멸시효는 '중단'될 수 있지만, 제척기간은 그렇지 않다(대판 2003.1.10. 2000다26425).

③ [○] 소멸시효이익은 완성 후 '포기'할 수 있지만(제184조 제1항의 반대해석), 제척기간은 그렇지 않다.

④ [×] 소멸시효에서는 '변론주의'의 원칙상 당사자의 주장이 있어야 법원이 이를 판단하게 되지만, 제척기간에서는 기간의 경과에 의한 권리의 소멸이 절대적인 것이므로 소송에서 당사자가 이를 주장하지 않더라도 법원이 '직권'으로 판단하여야 한다(대판 1996.9.20. 96다25371).

⑤ [×] 判例에 따르면 하자담보책임에 기한 매수인의 손해배상청구권은 매수인이 그 사실을 안 때부터 6월의 제척기간(제582조)에 걸리는 동시에 매수인이 매매의 '목적물을 인도받은 때부터' 10년의 소멸시효(제162조 제1항)에도 걸린다고 한다(대판 2011.10.13. 2011다10266).

정답 | ③

06 소멸시효에 관한 설명으로 옳지 않은 것은? (다툼이 있으면 판례에 따름) [23행정사]

① 선택채권의 소멸시효는 선택권을 행사할 수 있는 때로부터 진행한다.

② 부작위를 목적으로 하는 채권의 소멸시효는 위반행위를 한 때로부터 진행한다.

③ 불확정기한부 채권의 소멸시효는 그 기한이 객관적으로 도래한 때로부터 진행한다.

④ 어떤 권리의 소멸시효기간이 얼마나 되는지에 대해서는 법원이 직권으로 판단할 수 없다.

⑤ 부동산에 대한 매매대금채권이 소유권이전등기청구권과 동시이행의 관계에 있는 경우, 매매대금 청구권은 그 지급 기일 이후 시효의 진행에 걸린다.

해설

① [○] 선택채권은 선택권을 행사할 수 있을 때부터 진행된다(행사한 때가 아님; 대판 2000.5.12. 98다23195).

② [○] 부작위 의무를 위반한 때로부터 진행한다(제166조 제2항). 즉, 채권이 성립한 때부터 진행하는 것이 아니라는 점을 주의할 필요가 있다.

③ [○] '확정기한부 채권'은 그 기한이 도래한 때부터 소멸시효가 진행한다. '불확정기한부 채권'은 기한이 객관적으로 도래한 때이며, 채권자가 기한의 도래를 알았는지 여부, 그에 대한 과실 유무는 묻지 않는다.

④ [×] 민법 제162조 내지 제165조는 각종 채권의 소멸시효에 관하여 규정하고 있는데, 문제된 채권의 소멸시효기간에 관한 근거사실은 당사자가 주장·증명하여야 하는 것이지만, 어떤 시효기간의 적용을 받는가에 관한 당사자의 주장은 '**법률상의 견해**'에 불과하므로 법원은 이에 구속되지 않는다(대판 1997.9.13. 77다832; 대판 2006.11.10. 2005다35516).

[비교판례] 특정시점에서 당해 권리를 행사할 수 있었던 사실은 소멸시효의 기산점에 관한 사실로서 '**주요사실**'이므로 '**당사자**'가 주장하지 않은 때를 기산점으로 하여 소멸시효의 완성을 인정하게 되면 변론주의 원칙에 위배된다(대판 1995.8.25. 94다35886).

⑤ [○] 동시이행의 항변권이 붙어 있는 채권의 경우에 이행기 도래 후에 반대급부를 제공하면 언제라도 권리를 행사할 수 있으므로 이행기부터 소멸시효가 진행한다. 判例도 "부동산에 대한 매매대금 채권이 소유권이전등기청구권과 동시이행의 관계에 있다고 할지라도 매도인은 매매대금의 지급기일 이후 언제라도 그 대금의 지급을 청구할 수 있는 것이며, 다만 매수인은 매도인으로부터 그 이전등기에 관한 이행의 제공을 받기까지 그 지급을 거절할 수 있는 데 지나지 아니하므로 매매대금 청구권은 반대급부의 제공이 없더라도 그 지급기일 이후 시효의 진행에 걸린다."(대판 1991.3.22. 90다9797)고 한다.

[비교판례] 주택임대차보호법에 따른 임대차에서 임차인이 임대차 종료 후 **동시이행항변권을 근거로 임차목적물을 계속 점유**하고 있는 경우, 보증금반환채권에 대한 소멸시효가 진행하지 않는다(대판 2020.7.9. 2016다244224, 244231). 왜냐하면 임차인의 보증금반환채권과 동시이행관계에 있는 임대인의 '**목적물인도청구권**'은 소유권 등 물권에 기초하는 경우가 많으므로, 임대인이 적극적으로 권리를 행사하는지와 관계없이 권리가 시효로 소멸하는 경우는 거의 발생하지 않는데, 만일 임차인이 임대차 종료 후 보증금을 반환받기 위해 목적물을 점유하여 적극적인 권리행사의 모습이 계속되고 있는데도 임차인의 '**보증금반환청구권**'이 시효로 소멸한다고 보면, 임차인은 목적물반환의무를 그대로 부담하면서 임대인에 대한 보증금반환채권만 상실하게 되어 부당하기 때문이다(同 判例).

정답 | ④

07 제척기간에 관한 설명으로 옳지 않은 것은? (다툼이 있으면 판례에 따름) [22세무사]

① 제척기간에는 기간의 중단이나 정지가 인정되지 않는다.

② 매매예약완결권은 형성권으로서 제척기간의 적용을 받는다.

③ 제척기간은 기간의 도과로 권리가 소멸하므로 그 포기가 인정되지 않는다.

④ 미성년자의 법률행위를 취소할 수 있는 권리는 형성권으로서 그 취소권의 존속기간은 제척기간이라고 보아야 한다.

⑤ 매매예약완결권의 행사기간을 30년으로 약정하더라도, 예약성립일로부터 10년간 예약완결권을 행사하지 않으면 그 예약완결권은 소멸한다.

해설

① [○] 제척기간은 소멸시효와는 달리 중단이나 정지가 인정되지 않는다.

② [○] 매매의 일방예약에서 예약자의 상대방이 매매예약 완결의 의사표시를 하여 매매의 효력을 생기게 하는 권리, 즉 매매예약 완결권은 일종의 형성권으로서 당사자 사이에 그 행사기간을 약정한 때에는 그 기간 내에, 그러한 약정이 없는 때에는 그 예약이 성립한 때로부터 10년 내에 이를 행사하여야 하고, 그 기간을 지난 때에는 상대방이 예약 목적물인 부동산을 인도받은 경우라도 예약완결권은 제척기간의 경과로 인하여 소멸한다(대판 1997.7.25. 96다47494).

③ [○] 제척기간에는 포기가 인정되지 않는다.

④ [○]

> 제146조(취소권의 소멸) 「취소권은 추인할 수 있는 날로부터 3년 내에 법률행위를 한 날로부터 10년 내에 행사하여야 한다.」

> ▶ 미성년자의 취소권은 146조가 정한 기간 내에 행사하여야 하는데, 통설·判例(대판 1996.9.20. 96다25371)는 일치하여 제146조가 규정하는 기간을 '제척기간'이라고 본다. 어느 것이든 먼저 경과하는 때에 취소권은 소멸한다.

⑤ [×] 민법 제564조가 정하고 있는 매매의 일방예약에서 예약자의 상대방이 매매예약 완결의 의사표시를 하여 매매의 효력을 생기게 하는 권리, 즉 매매예약의 완결권은 일종의 형성권으로서 당사자 사이에 행사기간을 약정한 때에는 그 기간 내에, 약정이 없는 때에는 예약이 성립한 때로부터 10년 내에 이를 행사하여야 하고, 그 기간을 지난 때에는 예약 완결권은 제척기간의 경과로 인하여 소멸한다. (대판 2017.1.25. 2016다42077).

> ▶ 당사자끼리 매매예약완결권의 행사기간을 정하였다면 그 기간 내에 행사하면 된다.

정답 | ⑤

---

08 소멸시효와 제척기간에 관한 설명으로 옳지 않은 것은? (다툼이 있는 경우 판례에 의함) [23경찰간부]

① 제척기간은 소멸시효와 달리 기간의 중단이 인정되지 않는다.

② 채권자대위권을 행사하는 경우, 특별한 사정이 없는 한 제3채무자는 채권자가 채무자에 대하여 가지는 채권이 시효로 소멸하였다는 주장을 할 수 있다.

③ 공유물분할청구권은 공유관계가 존속하는 한 독립하여 시효 소멸하지 않는다.

④ 도급인의 수급인에 대한 하자보수에 갈음하는 손해배상청구권에 대하여 민법상 제척기간 규정이 존재하더라도 민법상 소멸시효 규정이 적용될 수 있다.

해설

① [○] 소멸시효는 '중단'될 수 있지만, 제척기간은 그렇지 않다(대판 2003.1.10. 2000다26425).

② [×] 判例는 '채권자대위권의 행사에서 제3채무자'는 채무자가 채권자에 대하여 가지는 항변으로 대항할 수 없을 뿐더러 시효이익을 직접 받는 자에도 해당하지 않는다는 이유로 채권자의 채권이 시효로 소멸하였다고 주장할 수 없다고 한다(대판 1998.12.8. 97다31472).

③ [○] 공유물분할청구권은 공유관계에서 수반되는 형성권이므로 공유관계가 존속하는 한 그 분할청구권만이 독립하여 시효소멸될 수 없다(대판 1981.3.24. 80다1888).

④ [○] 수급인의 담보책임에 기한 하자보수에 갈음하는 손해배상청구권에 대하여는 민법 제670조 또는 제671조의 제척기간이 적용되고, 이는 법률관계의 조속한 안정을 도모하고자 하는 데에 취지가 있다. 그런데 이러한 도급인의 손해배상청구권에 대하여는 권리의 내용·성질 및 취지에 비추어 민법 제162조 제1항의 채권 소멸시효의 규정 또는 도급계약이 상행위에 해당하는 경우에는 상법 제64조의 상사시효의 규정이 적용되고, 민법 제670조 또는 제671조의 제척기간 규정으로 인하여 위 각 소멸시효 규정의 적용이 배제된다고 볼 수 없다(대판 2012.11.15. 2011다56491).

정답 | ②

09 소멸시효와 제척기간에 관한 설명으로 옳은 것은? (다툼이 있으면 판례에 의함) [20소방간부 · 18법학경채 변형]

① 소멸시효와 마찬가지로 제척기간도 중단될 수 있다.

② 소멸시효의 이익을 포기할 수 있듯이 제척기간도 그 기간 만료로 인한 이익을 포기할 수 있다.

③ 소멸시효는 법률행위에 의하여 이를 배제, 연장 또는 가중할 수 없으나, 이를 단축 또는 경감할 수 있다.

④ 소멸시효가 완성되면 그때로부터 장래에 향하여 권리가 소멸한다.

⑤ 제척기간에 의한 권리소멸은 변론주의 원칙상 당사자의 주장이 있어야 비로소 법원에서 고려된다.

해설

① [×] 소멸시효는 '중단'될 수 있지만, 제척기간은 그렇지 않다(대판 2003.1.10. 2000다26425).

② [×] 소멸시효이익은 완성 후 '포기'할 수 있지만(제184조 제1항의 반대해석), 제척기간은 그렇지 않다.

③ [○] 소멸시효와 제척기간은 당사자약정으로 그 기간을 연장할 수 없다는 점은 같으나, 소멸시효는 '단축·경감'할 수 있고(제184조 제2항), 제척기간은 단축·경감할 수 없다는 점에서 다르다.

④ [×] 소멸시효는 그 기산일에 '소급'하여 효력이 생기지만(제167조), 제척기간에서는 기간이 경과한 때로부터 장래에 대하여 소멸하므로 소급효가 없다.

⑤ [×] 소멸시효에서는 '변론주의'의 원칙상 당사자의 주장이 있어야 법원이 이를 판단하게 되지만, 제척기간에서는 기간의 경과에 의한 권리의 소멸이 절대적인 것이므로 소송에서 당사자가 이를 주장하지 않더라도 법원이 '직권'으로 판단하여야 한다(대판 1996.9.20. 96다25371).

정답 | ③

---

10 소멸시효와 제척기간에 관한 설명으로 옳지 않은 것은? (다툼이 있으면 판례에 따름) [20행정사]

① 권리자의 청구로 소멸시효가 중단된 경우 그때까지 경과된 기간은 시효기간에 산입된다.

② 소멸시효가 완성되면 그 기산일에 소급하여 권리소멸의 효과가 생긴다.

③ 소멸시효의 이익을 포기하기 위해서는 원칙적으로 소멸시효의 완성사실을 알아야 한다.

④ 제척기간의 기산점은 특별한 사정이 없는 한 원칙적으로 권리가 발생한 때이다.

⑤ 제척기간은 그 성질상 기간의 중단이 있을 수 없다.

해설

① [×]

> 제178조(중단후에 시효진행) 「①항 시효가 중단된 때에는 중단까지에 경과한 시효기간은 이를 산입하지 아니하고 중단사유가 종료한 때로부터 새로이 진행한다.」

② [○]

> 제167조(소멸시효의 소급효) 「소멸시효는 그 기산일에 소급하여 효력이 생긴다.」

③ [○] 시효이익의 포기는 의사표시이므로 시효완성의 사실을 알고서 하여야 한다. 다만 判例는 시효완성 후에 시효이익을 포기하는 듯한 행위가 있으면 시효완성사실에 대한 악의를 추정하나, 판례검토 이 경우에는 오히려 시효완성의 사실을 모르고 한 경우가 보통이므로, 위 判例는 경험칙에 어긋나는 것이다(다수설). 아울러 시효완성 사실을 모르고 기한유예 요청을 한 경우 시효이익의 포기는 되지 않으나, 判例에 따르면 기한유예요청을 하고 다시 시효완성을 원용하는 것은 신의칙(금반언)에 의해 인정되지 않는다고 한다(대판 1998.5.22. 96다24101).

④ [○] 소멸시효의 기산점은 '권리를 행사할 수 있을 때'부터 이지만(제166조 제1항), 제척기간은 그 기간의 경과 자체만으로 곧 권리소멸의 효과를 가져오게 하는 것이므로 그 기간 진행의 기산점은 특별한 사정이 없는 한 원칙적으로 '권리가 발생한 때'이다(대판 1995.11.10. 94다22682, 22699).

⑤ [○] 소멸시효는 '중단'될 수 있지만, 제척기간은 그렇지 않다(대판 2003.1.10. 2000다26425).

정답 | ①

11 소멸시효와 제척기간에 관한 설명으로 옳지 않은 것은? (다툼이 있으면 판례에 따름) [19세무사]

① 소멸시효에는 소급효가 인정되나, 제척기간에는 소급효가 인정되지 않는다.

② 소멸시효기간은 단축 또는 경감할 수 있으나, 제척기간은 단축 또는 경감할 수 없다.

③ 제146조의 취소권의 단기행사기간은 제척기간이다.

④ 소송에서 소멸시효에 따른 권리 소멸은 당사자가 주장하여야 하나, 제척기간의 경과에 따른 권리 소멸은 법원의 직권조사사항이다.

⑤ 소멸시효나 제척기간은 모두 그 기간 중 권리자가 권리를 중단하면 그때부터 다시 기간이 진행된다.

해설

① [○] **소멸시효**는 그 기산일에 '소급'하여 효력이 생기지만(제167조), 제척기간에서는 기간이 경과한 때로부터 장래에 대하여 소멸하므로 소급효가 없다.

② [○] 소멸시효와 제척기간은 당사자약정으로 그 기간을 연장할 수 없다는 점은 같으나, 소멸시효는 '**단축·경감**'할 수 있고(제184조 제2항), 제척기간은 단축·경감할 수 없다는 점에서 다르다.

③ [○] '**추인할 수 있는 날**'이란, 취소의 원인이 종료되고 또 취소권행사에 관한 법률상의 장애가 없어져서 취소권자가 취소의 대상인 법률행위를 추인할 수도 있고 취소할 수도 있는 상태가 된 때를 가리킨다(대판 1998.11.27. 98다7421). 통설·判例(대판 1996.9.20. 96다25371)는 일치하여 제146조가 규정하는 기간을 '**제척기간**'이라고 본다. 어느 것이든 먼저 경과하는 때에 취소권은 소멸한다.

④ [○] 소멸시효에서는 '**변론주의**'의 원칙상 당사자의 주장이 있어야 법원이 이를 판단하게 되지만, 제척기간에서는 기간의 경과에 의한 권리의 소멸이 절대적인 것이므로 소송에서 당사자가 이를 주장하지 않더라도 법원이 '**직권**'으로 판단하여야 한다(대판 1996.9.20. 96다25371).

⑤ [×]
> 제178조(중단후에 시효진행) 「①항 시효가 중단된 때에는 중단까지에 경과한 시효기간은 이를 산입하지 아니하고 중단사유가 종료한 때로부터 새로이 진행한다.」

정답 ｜ ⑤

---

12 제척기간에 관한 다음 설명 중 틀린 것은? (다툼이 있는 경우에는 판례에 의함) [출제예상]

① 하자담보책임에 따른 손해배상청구권과 관련하여 채권양도의 통지는 양도인이 채권이 양도되었다는 사실을 채무자에게 알리는 것에 그치는 행위이므로, 그것만으로 제척기간 준수에 필요한 권리의 재판외 행사에 해당한다고 볼 수 없다.

② 예약완결권을 그 행사의 의사표시를 담은 소장 부본을 상대방에게 송달함으로써 재판상 행사하는 경우, 소장을 제척기간 내에 법원에 제출하면 예약완결권을 제척기간 내에 적법하게 행사한 것이 된다.

③ 제척기간은 '**장래효**'가 발생하며, 소멸시효와 같은 중단·포기제도가 없고, 항변사항이 아니라 직권조사사항이다.

④ 부동산 매수인이 매도인을 상대로 하자담보책임에 기한 손해배상을 청구하는 경우, 매수인의 하자담보에 기한 손해배상청구권은 부동산을 인도받은 날부터 소멸시효가 진행하므로 그로부터 10년이 경과한 후 소를 제기하였다면 이미 배상청구권은 소멸되었다고 보아야 한다.

해설

① [○] ㉠ **채권양도의 통지는 양도인이 채권이 양도되었다는 사실을 채무자에게 알리는 것에 그치는 행위이므로, 그것만으로 제척기간 준수에 필요한 권리의 재판외 행사에 해당한다고 할 수 없다.** ㉡ 따라서 집합건물인 아파트의 입주자대표회의가 스스로 하자담보추급권에 의한 손해배상청구권을 가짐을 전제로 하여 직접 아파트의 분양자를 상대로 손해배상청구소송을 제기하였다가, 소송 계속 중에 정당한 권리자인 구분소유자들에게서 손해배상채권을 양도받고 분양자에게 통지가 마쳐진 후 그에 따라 소를 변경한 경우에는, 채권양도통지에 채권양도의 사실을 알리는 것 외에 이행을 청구하는 뜻이 별도로 덧붙여지거나 그 밖에 구분소유자들이 재판외에서 권리를 행사하였다는 등 특별한 사정이 없는 한, 위 손해배상청구권은 입주자대표회의가 위와 같이 소를 변경한 시점에 비로소 행사된 것으로 보아야 한다(대판 2012.3.22. 전합 2010다28840).

② [×] 예약완결권은 재판상이든 재판외이든 그 기간 내에 행사하면 되는 것으로서, 예약완결권자가 예약완결권 행사의 의사표시를 담은 소장 부본을 상대방에게 송달함으로써 재판상 행사하는 경우에는 그 소장 부본이 상대방에게 도달한 때에 비로소 예약완결권 행사의 효력이 발생하여 예약완결권자와 상대방 사이에 매매의 효력이 생기므로, **예약완결권 행사의 의사표시가 담긴 소장 부본이 제척기간 내에 상대방에게 송달되어야만 예약완결권자가 제척기간 내에 적법하게 예약완결권을 행사하였다고 볼 수 있다**(대판 2019.7.25. 2019다227817).

> **참조조문** **민사소송법 제265조(소제기에 따른 시효중단의 시기)** 「시효의 중단 또는 법률상 기간을 지킴에 필요한 재판상 청구는 소를 제기한 때 또는 제260조 제2항·제262조 제2항 또는 제264조 제2항의 규정에 따라 서면을 법원에 제출한 때에 그 효력이 생긴다.」

③ [○] **제척기간과 소멸시효와의 차이점**

㉠ 소멸시효는 그 기산일에 소급하여 효력이 생기지만(제167조), 제척기간에서는 기간이 경과한 때로부터 장래에 대하여 소멸하므로 소급효가 없다. ㉡ 소멸시효는 중단될 수 있지만, 제척기간은 그렇지 않다(대판 2003.1.10. 2000다26425). ㉢ **소멸시효에서는 변론주의의 원칙상 당사자의 주장이 있어야 법원이 이를 판단하게 되지만, 제척기간에서는 기간의 경과에 의한 권리의 소멸이 절대적인 것이므로 소송에서 당사자가 이를 주장하지 않더라도 법원이 직권으로 판단하여야 한다**(대판 1996.9.20. 96다25371).

④ [○] **제척기간과 소멸시효의 중첩적용 가부(적극)**

판例에 따르면 하자담보책임에 기한 매수인의 손해배상청구권은 매수인이 그 사실을 안 때부터 6월의 제척기간(제582조)에 걸리는 동시에 매수인이 매매의 '목적물을 인도받은 때부터' 10년의 소멸시효(제162조 제1항)에도 걸린다고 한다(대판 2011.10.13. 2011다10266).

사실관계 2011다10266판결은 甲이 乙 등에게서 부동산을 매수하여 소유권이전등기를 마쳤는데 위 부동산을 순차 매수한 丙이 부동산 지하에 매립되어 있는 폐기물을 처리한 후 甲을 상대로 처리비용 상당의 손해배상청구소송을 제기하였고, 甲이 丙에게 위 판결에 따라 손해배상금을 지급한 후 乙 등을 상대로 하자담보책임에 기한 손해배상으로서 丙에게 기지급한 돈의 배상을 구한 사안에서, 甲의 하자담보에 기한 손해배상청구권은 甲이 乙 등에게서 부동산을 인도받았을 것으로 보이는 소유권이전등기일로부터 소멸시효가 진행하는데, 甲이 그로부터 10년이 경과한 후 소를 제기하였으므로, 甲의 하자담보책임에 기한 손해배상청구권은 이미 소멸시효 완성으로 소멸되었다고 한 사례이다.

정답 | ②

제1관 소멸시효 대상적격

01 소멸시효에 걸리는 권리로 옳은 것은? (다툼이 있으면 판례에 따름) [23세무사]

① 취득시효 완성자가 점유를 상실한 경우의 등기청구권
② 수급인의 대금채권담보를 위한 완성물에 대한 유치권
③ 소유권에 기한 물권적 청구권
④ 점유권
⑤ 인격권

해설

① [○] ☑ **점유취득시효 완성에 의한 소유권이전등기청구권의 소멸시효**
토지에 대한 취득시효 완성으로 인한 소유권이전등기청구권은 그 토지에 대한 점유가 계속되는 한 시효로 소멸하지 아니하고, 그 후 점유를 상실하였다고 하더라도 이를 시효이익의 포기로 볼 수 있는 경우가 아닌 한 이미 취득한 소유권이전등기청구권은 바로 소멸되는 것은 아니나, 그 점유자가 점유를 상실한 때로부터 10년간 등기청구권을 행사하지 아니하면 소멸시효가 완성한다(대판 1996.3.8. 95다34866).

[비교판례] ☑ **매매에 기한 소유권이전등기청구권의 소멸시효**
시효제도의 존재이유에 비추어 보아 부동산 매수인이 그 목적물을 인도받아서 이를 사용수익하고 있는 경우에는 그 매수인을 '권리 위에 잠자는 것'으로 볼 수도 없고 또 매도인 명의로 등기가 남아 있는 상태와 매수인이 인도받아 이를 사용수익하고 있는 상태를 비교하면 매도인 명의로 잔존하고 있는 등기를 보호하기 보다는 매수인의 사용수익상태를 더욱 보호하여야 할 것이므로 그 매수인의 등기청구권은 다른 채권과는 달리 소멸시효에 걸리지 않는다(대판 1976.11.6. 전합 76다148).

② [×] 유치권은 점유라는 사실상태에 의존하기 때문에 성질상 소멸시효에 걸리지 않는다.

③ [×] 소유권은 소멸시효의 대상에 해당하지 않는다(제162조 제2항). 또한 소유권에 기한 물권적 청구권 역시 소멸시효의 대상이 아니다(대판 1982.7.27. 80다2968).

④ [×] 점유권은 점유라는 사실상태에 기하여 인정되는 것으로서, 즉 점유를 함으로써 취득하고 이를 상실함으로써 소멸한다(제192조·제328조). 따라서 소멸시효에 걸릴 여지가 없다.

⑤ [×] 재산권에 한해 소멸시효의 대상이 되므로, 가족권이나 인격권과 같은 비재산권은 소멸시효의 대상이 되지 않는다.

정답 | ①

02 소멸시효의 대상이 되는 권리는? (다툼이 있는 경우 판례에 의함) [22소방간부]

① 소유권
② 점유권
③ 공유물분할청구권
④ 공사대금지급청구권
⑤ 매매계약의 합의해제에 따른 매도인의 원상회복청구권

해설

① [×] 소유권은 그 '절대성 내지 항구성'의 성질에 따라 소멸시효에 걸리지 않는다(제162조 참조). 다만, 타인이 취득시효로 인해 소유권을 취득함으로써 소유권을 잃을 수는 있지만, 이것은 소멸시효가 적용되어서가 아니라 취득시효의 효과 때문이다.

② [×] 점유를 그 권리취득의 요건으로 하는 점유권 및 유치권은 소멸시효의 대상이 아니다.

③ [×] 취소권의 경우에도 그것이 무효임을 확인하는 성질의 것인 때에는 시효로 소멸하지 않는다(대판 1989.4.11. 87다카131). 또한 공유물분할청구권은 공유관계에서 수반되는 형성권이므로 공유관계가 존속하는 한 그 분할청구권만이 독립하여 시효소멸될 수 없다(대판 1981.3.24. 80다1888).

④ [○] 민법은 채권이 소멸시효의 대상임을 규정하는 외에 소유권을 제외한 재산권이 소멸시효의 대상임을 밝히고 있다(제162조). 조세의 부과권도 소멸시효의 대상이 된다(대판 1984.12.26. 전합 84누572). 그 외에 지상권·지역권 등의 용익물권이 소멸시효의 대상이 된다. 참고로 전세권은 그 존속기간이 10년을 넘지 못하므로(제312조 제1항), 20년의 소멸시효(제162조 제2항)에 걸리는 일은 없다.
▶ 공사대금지급청구권도 채권이므로 10년의 소멸시효 대상이 된다.

⑤ [×] 합의해제에 따른 매도인의 원상회복청구권은 소유권에 기한 물권적 청구권이라 할 것이고, 따라서 이는 소멸시효의 대상이 아니다(대판 1982.7.27. 80다2968)라고 판시함으로써 적어도 소유권에 기한 물권적 청구권은 소멸시효에 걸리지 않는다고 보고 있다.

정답 | ④

---

03 소멸시효의 대상이 되지 않는 권리를 모두 고른 것은? (다툼이 있으면 판례에 따름) [22세무사]

> ㄱ. 소유권에 기한 물권적 청구권
> ㄴ. 매수한 부동산을 인도받아 점유하고 있는 매수인의 소유권이전등기청구권
> ㄷ. 수급인이 보수(報酬)채권의 확보를 위해 완성물에 대하여 행사하고 있는 유치권

① ㄱ ② ㄴ ③ ㄱ, ㄷ
④ ㄴ, ㄷ ⑤ ㄱ, ㄴ

해설

ㄱ. [소멸시효의 대상이 아님] 소유권은 소멸시효의 대상에 해당하지 않는다(제162조 제2항). 또한 소유권에 기한 물권적 청구권 역시 소멸시효의 대상이 아니다.

ㄴ. [소멸시효의 대상이 아님] 시효제도의 존재이유에 비추어 보아 부동산 매수인이 그 목적물을 인도받아 이를 사용수익하고 있는 경우에는 그 매수인을 권리 위에 잠자는 것으로 볼 수도 없고 또 매도인 명의로 등기가 남아 있는 상태와 매수인이 인도받아 이를 사용수익하고 있는 상태를 비교하면 매도인 명의로 잔존하고 있는 등기를 보호하기보다는 매수인의 사용수익상태를 더욱 보호하여야 할 것이므로 그 매수인의 등기청구권은 다른 채권과는 달리 소멸시효에 걸리지 않는다고 해석함이 타당하다(대판 1976.11.6. 전합 76다148).

ㄷ. [소멸시효의 대상에 해당] 공식정답은 소멸시효의 대상에 해당하는 것으로 되어 있다. 피담보채권은 소멸시효에 걸릴 수 있으며 이 경우 담보물권을 행사하고 있다고 하더라도 피담보채권의 시효는 진행된다는 취지로 보인다. 그러나 담보물권(유치권·질권·저당권)은 채권을 담보하기 위해 존재하는 것이므로, 피담보채권의 소멸로써 담보물권이 소멸할 뿐이고(부종성, 제369조 참조) 피담보채권이 존속하는 데 담보물권만이 독립하여 소멸시효에 걸리지는 않는데, 본 지문은 오히려 후자의 의미에 더 가깝다.

정답 | ⑤

04 甲이 자신 소유의 X 토지를 乙에게 매도하고, 乙은 甲에게 매매대금을 모두 지급하였다. 甲과 乙이 행사하는 다음 등기청구권 중 소멸시효가 진행되는 경우를 모두 고른 것은? (다툼이 있으면 판례에 따름) [22행정사]

ㄱ. 乙이 甲을 상대로 위 매매계약에 기하여 X 토지에 대해 소유권이전등기청구권을 행사하는 경우

ㄴ. 乙이 위 매매계약에 기하여 甲으로부터 X 토지를 인도받아 사용·수익하고 있으나, 아직 甲의 명의로 소유권이전등기가 남아 있어 甲을 상대로 X 토지에 대해 소유권이전등기청구권을 행사하는 경우

ㄷ. 乙이 위 매매계약에 기하여 甲으로부터 X 토지에 대해 소유권이전등기를 경료받았으나, 이후 甲과 乙의 매매계약이 적법하게 취소되어 甲이 乙을 상대로 소유권에 기한 말소등기청구권을 행사하는 경우

① ㄱ   ② ㄴ   ③ ㄱ, ㄷ
④ ㄴ, ㄷ   ⑤ ㄱ, ㄴ, ㄷ

해설

ㄱ. [○] ㄴ. [×] 매매에 기한 등기청구권의 성질을 채권적 청구권으로 보는 견해에 의하면 제162조 제1항에 의해 10년의 소멸시효에 걸린다(다수설, 判例). 매수인이 목적물을 인도받아 사용·수익하고 있는 경우 判例는 "시효제도의 존재이유에 비추어 보아 부동산 매수인이 그 목적물을 인도받아서 이를 사용·수익하고 있는 경우에는 그 매수인을 '권리 위에 잠자는 것'으로 볼 수도 없고 또 매도인 명의로 등기가 남아 있는 상태와 매수인이 인도받아 이를 사용·수익하고 있는 상태를 비교하면 매도인 명의로 잔존하고 있는 등기를 보호하기보다는 매수인의 사용·수익상태를 더욱 보호하여야 할 것이므로 그 매수인의 등기청구권은 다른 채권과는 달리 소멸시효에 걸리지 않는다."(대판 1976.11.6. 전합 76다148)라고 판시하고 있다.

ㄷ. [×] 소유권은 소멸시효의 대상에 해당하지 않는다(제162조 제2항). 또한 소유권에 기한 물권적 청구권 역시 소멸시효의 대상이 아니다.

정답 | ①

05 소멸시효의 대상이 되는 권리를 모두 고른 것은? [19행정사]

ㄱ. 해제조건부 채권   ㄴ. 불확정기한부 채권
ㄷ. 소유권   ㄹ. 인격권

① ㄱ, ㄴ   ② ㄱ, ㄷ   ③ ㄱ, ㄹ
④ ㄴ, ㄷ   ⑤ ㄴ, ㄹ

해설

ㄱ.ㄴ. [○] 민법은 채권이 소멸시효의 대상임을 규정하는 외에 소유권을 제외한 재산권이 소멸시효의 대상임을 밝히고 있다(제162조). 조세의 부과권도 소멸시효의 대상이 된다(대판 1984.12.26. 전합 84누572). 그 외에 지상권·지역권 등의 용익물권이 소멸시효의 대상이 된다. 참고로 전세권은 그 존속기간이 10년을 넘지 못하므로(제312조 제1항), 20년의 소멸시효(제162조 제2항)에 걸리는 일은 없다.

▶ 채권은 조건부 채권인지 기한부 채권인지 불문하고 소멸시효의 대상이다.

ㄷ. [×] 소유권은 그 '절대성 내지 항구성'의 성질에 따라 소멸시효에 걸리지 않는다(제162조 참조). 다만, 타인이 취득시효로 인해 소유권을 취득함으로써 소유권을 잃을 수는 있지만, 이것은 소멸시효가 적용되어서가 아니라 취득시효의 효과 때문이다.

ㄹ. [×] 인격권과 같은 비재산권은 소멸시효에 걸리지 않는다.

정답 | ①

06 소멸시효의 대상이 되는 권리는? (다툼이 있으면 판례에 따름) [19세무사]

① 점유권
② 공유관계가 존속하는 상황에서의 공유물분할청구권
③ 근저당권설정약정에 의한 근저당권설정등기청구권
④ 소유권에 기한 물권적 청구권
⑤ 피담보채권이 존속하고 있는 담보물권

해설

① [×] 점유를 그 권리취득의 요건으로 하는 점유권 및 유치권은 소멸시효의 대상이 아니다.
② [×] 취소권의 경우에도 그것이 무효임을 확인하는 성질의 것인 때에는 시효로 소멸하지 않는다(대판 1989.4.11. 87다카131). 또한 공유물분할청구권은 공유관계에서 수반되는 형성권이므로 공유관계가 존속하는 한 그 분할청구권만이 독립하여 시효소멸될 수 없다(대판 1981.3.24. 80다1888).
③ [○] 근저당권설정약정에 기한 근저당권설정등기청구권은 그 피담보채권과는 별개의 청구권이므로 시효기간 또한 독자적으로 진행되며 그 시효기간의 경과로써 피담보채권과 별개로 소멸한다(대판 2004.2.13. 2002다7213).
④ [×] 합의해제에 따른 매도인의 원상회복청구권은 소유권에 기한 물권적 청구권이라 할 것이고, 따라서 이는 소멸시효의 대상이 아니다(대판 1982.7.27. 80다2968)라고 판시함으로써 적어도 소유권에 기한 물권적 청구권은 소멸시효에 걸리지 않는다고 보고 있다. 그 외에도 "채권담보의 목적으로 이루어지는 부동산 양도담보의 경우에 있어서 그 부동산의 등기명의가 양도담보권자 앞으로 되어 있다 할지라도 그 실질적 소유권은 양도담보권설정자에게 남아 있다고 할 것이므로 피담보채무가 변제된 이후에 설정자가 행사하는 등기청구권은 위 실질적 소유권에 기한 물권적 청구권으로서 따로이 시효소멸되는 것은 아니다."(대판 1979.2.13. 78다2412)라고 판시한 것도 있다.
⑤ [×] 담보물권(유치권·질권·저당권)은 채권을 담보하기 위해 존재하는 것이므로, 피담보채권의 소멸로써 담보물권이 소멸할 뿐이고 (부종성, 제369조 참조), 피담보채권이 존속하는 데 담보물권만이 독립하여 소멸시효에 걸리지는 않는다.

정답 | ③

07 민법상 소멸시효에 관한 설명으로 옳은 것을 모두 고른 것은? (다툼이 있으면 판례에 따름) [20행정사]

ㄱ. 소유권은 재산권이므로 소멸시효의 대상이 된다.
ㄴ. 음식점의 음식대금채권의 소멸시효는 1년이다.
ㄷ. 점유자가 점유를 상실하면 그때로부터 점유권의 소멸시효가 진행된다.

① ㄱ   ② ㄴ   ③ ㄷ
④ ㄴ, ㄷ   ⑤ ㄱ, ㄴ, ㄷ

해설

ㄱ. [×] 소유권은 그 '절대성 내지 항구성'의 성질에 따라 소멸시효에 걸리지 않는다(제162조 참조). 다만, 타인이 취득시효로 인해 소유권을 취득함으로써 소유권을 잃을 수는 있지만, 이것은 소멸시효가 적용되어서가 아니라 취득시효의 효과 때문이다.
ㄴ. [○]

> 제164조(1년의 단기소멸시효) 「다음 각 호의 채권은 1년간 행사하지 아니하면 소멸시효가 완성한다. 1. 여관, 음식점, 대석, 오락장의 숙박료, 음식료, 대석료, 입장료, 소비물의 대가 및 체당금의 채권」

ㄷ. [×] 점유를 그 권리취득의 요건으로 하는 점유권 및 유치권은 소멸시효의 대상이 아니다.

정답 | ②

제2관 소멸시효 기산점 – 권리행사 가능함에도 불행사

08 소멸시효에 관한 설명으로 옳지 않은 것은? (다툼이 있으면 판례에 의함) [24소방간부]

① 점유는 소멸시효의 적용을 받지 않는다.

② 권리자가 권리의 존재를 몰랐다는 사실은, 특별한 사정이 없는 한, 소멸시효의 진행에 영향을 미치지 않는다.

③ 20년의 소멸시효가 적용되는 권리는 확정판결이 있더라도 그 소멸시효가 단축되지 않는다.

④ 부작위를 목적으로 하는 채권은 위반행위를 한 때부터 소멸시효가 진행한다.

⑤ 공유물분할청구권은 소유권 이외의 재산권이므로 20년의 소멸시효가 적용된다.

해설

① [○]

> 제192조(점유권의 취득과 소멸) 「②항 점유자가 물건에 대한 사실상의 지배를 상실한 때에는 점유권이 소멸한다. 그러나 제204조의 규정에 의하여 점유를 회수한 때에는 그러하지 아니하다.」

  ▶ 점유는 소멸시효의 대상이 아니라, 사실상 지배의 상실로 곧바로 점유권이 소멸하는 것이다.

② [○] 소멸시효는 객관적으로 권리가 발생하여 그 권리를 행사할 수 있는 때부터 진행하고 그 권리를 행사할 수 없는 동안에는 진행하지 아니한다. 여기서 '권리를 행사할 수 없는' 경우란 그 권리행사에 법률상의 장애사유, 예컨대 기간의 미도래나 조건불성취 등이 있는 경우를 말하는 것이고, 사실상 권리의 존재나 권리행사 가능성을 알지 못하였고 알지 못함에 과실이 없다고 하여도 이러한 사유는 법률상 장애사유에 해당한다고 할 수 없다(대판 2015.9.10. 2015다212220).

③ [○] 민법 제165조의 규정은 단기의 소멸시효에 걸리는 것이라도 확정판결을 받은 권리의 소멸시효는 10년으로 한다는 뜻일 뿐 10년보다 장기의 소멸시효를 10년으로 단축한다는 의미도 아니고 본래 소멸시효의 대상이 아닌 권리가 확정판결을 받음으로써 10년의 소멸시효에 걸린다는 뜻도 아니다(대판 1981.3.24. 80다1888, 1889).

④ [○]

> 제166조(소멸시효의 기산점) 「②항 부작위를 목적으로 하는 채권의 소멸시효는 위반행위를 한 때로부터 진행한다.」

⑤ [×] 공유물분할청구권은 공유관계에서 수반되는 형성권이므로 공유관계가 존속하는 한 그 분할청구권만이 독립하여 시효에 의하여 소멸될 리 없으며 따라서 그 분할청구의 소 내지 공유물분할을 명하는 판결도 형성의 소 및 형성판결로서 소멸시효의 대상이 될 수 없다(대판 1981.3.24. 80다1888, 1889).

정답 | ⑤

09 소멸시효의 기산점에 관한 설명으로 옳지 않은 것은? (다툼이 있으면 판례에 따름) [22세무사]

① 신축 중인 건물에 관한 소유권이전등기청구권의 소멸시효는 특별한 사정이 없는 한 건물의 완공시부터 진행한다.

② 변제기가 불확정기한인 때에는 그 기한이 객관적으로 도래한 때로부터 소멸시효가 진행한다.

③ 부당이득반환청구권은 기한의 정함이 없는 채권이므로 채권자가 그 이행을 청구한 때로부터 소멸시효가 진행한다.

④ 부작위를 목적으로 하는 채권의 소멸시효는 위반행위를 한 때로부터 진행한다.

⑤ 채권자가 변제기 도래 후에 채무자에 대하여 기한을 유예한 경우, 채권의 소멸시효는 유예한 변제기로부터 다시 진행한다.

해설

① [O] 소멸시효는 객관적으로 권리가 발생하여 그 권리를 행사할 수 있는 때로부터 진행하고 그 권리를 행사할 수 없는 동안만은 진행하지 않는바, '권리를 행사할 수 없는' 경우란, 권리자가 권리의 존재나 권리행사 가능성을 알지 못하였다는 등의 사실상 장애사유가 있는 경우가 아니라, 법률상의 장애사유, 예컨대 기간의 미도래나 조건불성취 등이 있는 경우를 말하는데, 건물에 관한 소유권이전등기청구권에 있어서 그 목적물인 건물이 완공되지 아니하여 이를 행사할 수 없었다는 사유는 **법률상의 장애사유**에 해당한다 (대판 2007.8.23. 2007다28024, 28031).

▶ 소유권이전등기청구권에 있어 건물이 완공되지 아니한 사정은 법률상 장애사유이므로 법률상 장애사유가 소멸한 건물의 완공시부터 소멸시효가 진행된다.

② [O] **불확정기한부 채권'**에서 소멸시효의 기산점은 기한이 **객관적으로 도래한 때**이며, 채권자가 기한의 도래를 알았는지 여부, 그에 대한 **과실 유무는 묻지 않는다.**

③ [×] 부당이득반환청구권은 부당이득의 날로부터 ⊙ **무효인 경우 급부시부터** 부당이득반환청구권의 소멸시효가 진행한다(대판 2005.1.27. 2004다50143). ⓒ 그러나 **취소할 수 있는 경우 취소시부터** 소멸시효가 진행한다(다수설).

④ [O]

> 제166조(소멸시효의 기산점) 「②항 부작위를 목적으로 하는 채권의 소멸시효는 위반행위를 한 때로부터 진행한다.」

⑤ [O] 이행기일이 도래한 후에 채무자의 요청으로 채권자가 채무자에 대하여 기한을 유예한 경우에는 유예시까지 진행된 시효는 포기한 것으로서, 유예기간을 정하지 않았다면 변제유예의 의사를 표시한 때부터, 유예기간을 정하였다면 그 유예기간이 도래한 때부터 다시 소멸시효가 진행한다(대판 2006.9.22. 2006다22852, 22869).

정답 | ③

10 소멸시효에 관한 설명 중 옳지 않은 것은? (다툼이 있으면 판례에 의함) [16소방간부]

① 공유물분할청구권은 소멸시효에 걸리지 않는다.
② 목적부동산을 점유 중인 매수인의 등기청구권은 소멸시효에 걸리지 않는다.
③ 불확정기한부 채권은 채권자가 기한의 도래를 안 때부터 소멸시효가 진행한다.
④ 채무불이행으로 인한 손해배상청구권은 채무불이행시로부터 소멸시효가 진행한다.
⑤ 동시이행의 항변권이 붙어 있는 채권은 반대급부의 제공이 없더라도 이행기로부터 소멸시효가 진행한다.

해설

① [O] 취소권의 경우에도 그것이 무효임을 확인하는 성질의 것인 때에는 시효로 소멸하지 않는다(대판 1989.4.11. 87다카131). 또한 **공유물분할청구권은** 공유관계에서 수반되는 형성권이므로 공유관계가 존속하는 한 그 분할청구권만이 독립하여 시효소멸될 수 없다(대판 1981.3.24. 80다1888).

② [O] 判例는 "시효제도의 존재이유에 비추어 보아 부동산 매수인이 그 목적물을 인도받아서 이를 사용수익하고 있는 경우에는 그 매수인을 '권리 위에 잠자는 것'으로 볼 수도 없고 또 매도인 명의로 등기가 남아 있는 상태와 매수인이 인도받아 이를 사용수익하고 있는 상태를 비교하면 매도인 명의로 잔존하고 있는 등기를 보호하기 보다는 매수인의 사용수익상태를 더욱 보호하여야 할 것이므로 그 매수인의 등기청구권은 다른 채권과는 달리 소멸시효에 걸리지 않는다."(대판 1976.11.6. 전합 76다148)고 판시하고 있다.

③ [×] ⑤ [O] ⅰ) '확정기한부 채권'은 그 기한이 도래한 때부터 소멸시효가 진행한다. ⅱ) '불확정기한부 채권'은 기한이 **객관적으로 도래한 때**이며, 채권자가 기한의 도래를 알았는지 여부, 그에 대한 과실 유무는 묻지 않는다. ⅲ) 기한이 있는 채권의 이행기가 도래한 후 채권자와 채무자가 기한을 유예하기로 합의한 경우, 소멸시효는 변경된 이행기가 도래한 때로부터 진행하고, 이와 같은 기한 유예의 합의는 묵시적으로도 가능하다(대판 2017.4.13. 2016다274904). ⅳ) 동시이행의 항변권이 붙어 있는 채권의 경우에 이행기 도래 후에 반대급부를 제공하면 언제라도 권리를 행사할 수 있으므로 **이행기부터** 소멸시효가 진행한다(대판 1991.3.22. 90다9797).

④ [O] ⅰ) 그 '동일성'이 유지되므로 본래의 채권을 행사할 수 있는 때로부터 진행한다는 견해가 있으나, ⅱ) 손해배상청구권은 채무불이행시에 비로소 발생한 것인 만큼 채무불이행시부터 소멸시효가 진행한다는 견해가 타당하다(다수설). ⅲ) 判例도 채무불이행이 발생한 때로부터 진행하는 것으로 본다(대판 1990.11.9. 90다카22513).

정답 | ③

11 민법상 원칙적으로 적용되는 소멸시효의 기산점에 관한 설명으로 옳지 않은 것은? (다툼이 있으면 판례에 따름)

[20행정사]

① 변제기가 확정기한인 때에는 그 기한이 도래한 때부터 기산된다.

② 변제기가 불확정기한인 때에는 채권자가 기한 도래의 사실을 안 때부터 기산된다.

③ 기한의 정함이 없는 채권은 그 채권이 발생한 때부터 기산된다.

④ 부작위를 목적으로 하는 채권의 소멸시효는 위반행위를 한 때부터 진행한다.

⑤ 정지조건부 채권은 조건이 성취된 때부터 기산된다.

해설

① [○] ② [×] ⅰ) '확정기한부 채권'은 그 기한이 도래한 때부터 소멸시효가 진행한다. ⅱ) '불확정기한부 채권'은 기한이 객관적으로 도래한 때이며, 채권자가 기한의 도래를 알았는지 여부, 그에 대한 과실 유무는 묻지 않는다. ⅲ) 기한이 있는 채권의 이행기가 도래한 후 채권자와 채무자가 기한을 유예하기로 합의한 경우, 소멸시효는 변경된 이행기가 도래한 때로부터 진행하고, 이와 같은 기한 유예의 합의는 묵시적으로도 가능하다(대판 2017.4.13. 2016다274904). ⅳ) 동시이행의 항변권이 붙어 있는 채권의 경우에 이행기 도래 후에 반대급부를 제공하면 언제라도 권리를 행사할 수 있으므로 이행기부터 소멸시효가 진행한다(대판 1991.3.22. 90다9797).

③ [○] 기한을 정하지 않은 채권은 그 채권 성립(발생)시부터 시효가 진행한다. 그러나 최고 후 상당한 기간이 경과한 후에 청구할 수 있는 채권(제603조 제2항)은 최고를 할 수 있는 때로부터 상당기간이 경과한 때 시효가 진행한다.

④ [○]

> 제166조(소멸시효의 기산점) 「②항 부작위를 목적으로 하는 채권의 소멸시효는 위반행위를 한 때로부터 진행한다.」

⑤ [○] 조건이 성취된 때로부터 시효가 진행한다(제147조 참조).

[관련판례] 정지조건부 권리의 경우에는 조건미성취의 동안은 권리를 행사할 수 없어 소멸시효가 진행되지 않는다(대판 2009.12.24. 2007다64556).

[참조조문] ⅰ) 정지조건부 법률행위는 조건이 성취한 때로부터 효력이 생기고(제147조 제1항), ⅱ) 해제조건부 법률행위는 조건이 성취된 때로부터 효력을 잃는다(제147조 제2항). ⅲ) 이러한 조건성취의 효과는 원칙적으로 소급하지 않으나, 당사자가 조건성취의 효력을 그 성취 전에 소급하게 할 의사를 표시한 때에는 그 의사에 의한다(제147조 제3항).

정답 | ②

12 소멸시효의 기산점에 관한 설명으로 옳지 않은 것은? (다툼이 있으면 판례에 의함)

[21 · 17소방간부 변형]

① 소멸시효는 객관적으로 권리가 발생하고 그 권리를 행사할 수 있는 때로부터 진행하고 그 권리를 행사할 수 없는 동안에는 진행하지 아니한다.

② 권리자가 사실상 권리의 존부나 권리행사의 가능성을 알지 못한 것에 대하여 과실이 없는 경우, 권리행사에 법률상 장애사유가 있다고 보아야 한다.

③ 정지조건부 권리의 경우에는 조건 미성취의 동안은 권리를 행사할 수 없는 것이어서 소멸시효가 진행되지 않는다.

④ 기한을 정하지 않은 권리에 대한 소멸시효의 기산점은 특별한 사정이 없는 한 그 권리가 발생한 때이다.

⑤ 부작위를 목적으로 하는 권리의 경우에는 의무에 대한 위반행위를 한 때부터 소멸시효가 진행한다.

해설

① [○] ② [×] 소멸시효는 '권리를 행사할 수 있는 때'로부터 진행한다(제166조 제1항). 이때 '권리를 행사할 수 있는 때'란 권리를 행사하는 데 있어 '법률상의 장애'가 없음을 말한다(이행기의 미도래·정지조건의 불성취 등). 따라서 '사실상의 장애', 즉 권리자의 개인적 사정이나 권리자가 권리의 존재를 모르거나, 모르는데 과실이 없다고 하여도 이러한 사유는 시효의 진행을 막지 못한다(대판 2006.4.27. 2006다1381). 사실상의 장애를 인정하게 되면 소멸시효의 기산점이 불명확하게 되어 법적 안정성의 면에서 문제가 있기 때문이다(대판 1984.12.26. 전합 84누572).

쟁점정리 소멸시효의 기산점 '권리를 행사할 수 있는 때'의 의미(예외)

권리자가 권리의 발생 여부를 알기 어려운 객관적 사정이 있고 권리자가 과실 없이 알지 못하는 경우에도 위의 원칙을 관철하면 정의와 형평의 이념에 반할 뿐만 아니라 소멸시효제도의 존재이유에 부합된다고 할 수 없기 때문에 判例는 일정한 경우에 예외를 인정한다.

③ [○] 정지조건부 권리의 경우에는 조건미성취의 동안은 권리를 행사할 수 없어 소멸시효가 진행되지 않는다(대판 2009.12.24. 2007다64556).

쟁점정리 조건성취 후의 효력

ⅰ) 정지조건부 법률행위는 조건이 성취한 때로부터 효력이 생기고(제147조 제1항), ⅱ) 해제조건부 법률행위는 조건이 성취된 때로부터 효력을 잃는다(제147조 제2항). ⅲ) 이러한 조건성취의 효과는 원칙적으로 소급하지 않으나, 당사자가 조건성취의 효력을 그 성취 전에 소급하게 할 의사를 표시한 때에는 그 의사에 의한다(제147조 제3항).

▶ 따라서 조건이 성취된 때로부터 시효가 진행한다(제147조 참조).

④ [○] 기한을 정하지 않은 채권은 그 채권 성립(발생)시부터 시효가 진행한다. 그러나 최고 후 상당한 기간이 경과한 후에 청구할 수 있는 채권(제603조 제2항)은 최고를 할 수 있는 때로부터 상당기간이 경과한 때 시효가 진행한다.

⑤ [○]

> 제166조(소멸시효의 기산점) 「②항 부작위를 목적으로 하는 채권의 소멸시효는 **위반행위를 한 때로부터** 진행한다.」

정답 | ②

---

13 소멸시효의 기산점에 관한 설명으로 옳지 않은 것은? (다툼이 있으면 판례에 의함) [19소방간부·17행정사 변형]

① 채권자가 채무의 기한유예는 해주었으나 유예기간을 정하지 않았다면, 변제유예의 의사를 표시한 때로부터 다시 소멸시효가 진행한다.

② 채권이 채무불이행으로 손해배상청구권으로 바뀐 때에는 그 손해배상청구권의 소멸시효는 채무불이행이 발생한 때로부터 진행한다.

③ 소멸시효는 권리를 행사할 수 있는 때로부터 진행한다.

④ 동시이행의 항변권이 붙은 채권의 소멸시효는 그 채권의 이행기부터 진행한다.

⑤ 부작위를 목적으로 하는 채권의 소멸시효는 그 채권이 성립한 때로부터 진행한다.

해설

① [○] 채무자의 승인에 대하여 채권자가 채무의 변제를 유예해 주었다고 인정되는 경우, 만약 그 유예기간을 정하지 않았다면 변제유예의 의사를 표시한 때부터, 그리고 유예기간을 정하였다면 그 유예기간이 도래한 때부터 다시 소멸시효가 진행된다(대판 2006.9.22. 2006다22852).

② [○] ⅰ) 그 '동일성'이 유지되므로 본래의 채권을 행사할 수 있는 때부터 진행한다는 견해가 있으나, ⅱ) 손해배상청구권은 채무불이행시에 비로소 발생한 것인 만큼 채무불이행시부터 소멸시효가 진행한다는 견해가 타당하다(다수설). ⅲ) 判例도 채무불이행이 발생한 때로부터 진행하는 것으로 본다(대판 1990.11.9. 90다카22513).

③ [○] 소멸시효는 '권리를 행사할 수 있는 때'로부터 진행한다(제166조 제1항). 이때 '권리를 행사할 수 있는 때'란 권리를 행사하는 데 있어 '법률상의 장애'가 없음을 말한다(이행기의 미도래·징지조건의 불성취 등). 따라서 '사실상의 장애', 즉 권리자의 개인적 사정이나 권리자가 권리의 존재를 모르거나, 모르는데 과실이 없다고 하여도 이러한 사유는 시효의 진행을 막지 못한다(대판 2006.4.27. 2006다1381). 사실상의 장애를 인정하게 되면 소멸시효의 기산점이 불명확하게 되어 법적 안정성의 면에서 문제가 있기 때문이다(대판 1984.12.26. 전합 84누572).

④ [○] ⅰ) '확정기한부 채권'은 그 기한이 도래한 때부터 소멸시효가 진행한다. ⅱ) '불확정기한부 채권'은 기한이 객관적으로 도래한 때이며, 채권자가 기한의 도래를 알았는지 여부, 그에 대한 과실유무는 묻지 않는다. ⅲ) 기한이 있는 채권의 이행기가 도래한 후 채권자와 채무자가 기한을 유예하기로 합의한 경우, 소멸시효는 변경된 이행기가 도래한 때로부터 진행하고, 이와 같은 기한 유예의 합의는 묵시적으로도 가능하다(대판 2017.4.13. 2016다274904). ⅳ) 동시이행의 항변권이 붙어 있는 채권의 경우에 이행기 도래 후에 반대급부를 제공하면 언제라도 권리를 행사할 수 있으므로 이행기부터 소멸시효가 진행한다(대판 1991.3.22. 90다9797).

⑤ [×]

> 제166조(소멸시효의 기산점) 「②항 부작위를 목적으로 하는 채권의 소멸시효는 위반행위를 한 때로부터 진행한다.」

정답 ┃ ⑤

14 소멸시효의 기산점에 관한 설명으로 옳지 않은 것은? (다툼이 있으면 판례에 따름) [18세무사]

① 부작위를 목적으로 하는 채권의 소멸시효는 위반행위를 한 때부터 진행한다.
② 정지조건부 권리는 조건이 성취된 때부터 시효가 진행한다.
③ 변제기가 불확정기한인 때에는 채무자가 기한 도래를 안 때부터 시효가 진행한다.
④ 부당이득반환청구권은 원칙적으로 그 성립한 때부터 시효가 진행한다.
⑤ 무권대리인에 대한 상대방의 이행청구권이나 손해배상청구권은 그 선택권을 행사할 수 있는 때부터 시효가 진행한다.

해설

① [○]

> 제166조(소멸시효의 기산점) 「②항 부작위를 목적으로 하는 채권의 소멸시효는 위반행위를 한 때로부터 진행한다.」

② [○] 조건이 성취된 때로부터 시효가 진행한다(제147조 참조).

`관련판례` 정지조건부 권리의 경우에는 조건미성취의 동안은 권리를 행사할 수 없어 소멸시효가 진행되지 않는다(대판 2009.12.24. 2007다64556).

`참조조문` ⅰ) 정지조건부 법률행위는 조건이 성취한 때로부터 효력이 생기고(제147조 제1항), ⅱ) 해제조건부 법률행위는 조건이 성취된 때로부터 효력을 잃는다(제147조 제2항). ⅲ) 이러한 조건성취의 효과는 원칙적으로 소급하지 않으나, 당사자가 조건성취의 효력을 그 성취 전에 소급하게 할 의사를 표시한 때에는 그 의사에 의한다(제147조 제3항).

③ [×] ⅰ) '확정기한부 채권'은 그 기한이 도래한 때부터 소멸시효가 진행한다. ⅱ) '불확정기한부 채권'은 기한이 객관적으로 도래한 때이며, 채권자가 기한의 도래를 알았는지 여부, 그에 대한 과실 유무는 묻지 않는다. ⅲ) 기한이 있는 채권의 이행기가 도래한 후 채권자와 채무자가 기한을 유예하기로 합의한 경우, 소멸시효는 변경된 이행기가 도래한 때로부터 진행하고, 이와 같은 기한 유예의 합의는 묵시적으로도 가능하다(대판 2017.4.13. 2016다274904). ⅳ) 동시이행의 항변권이 붙어 있는 채권의 경우에 이행기 도래 후에 반대급부를 제공하면 언제라도 권리를 행사할 수 있으므로 이행기부터 소멸시효가 진행한다(대판 1991.3.22. 90다9797).

④ [○] 부당이득반환청구권은 부당이득의 날로부터, 무효인 경우 급부시부터 부당이득반환청구권의 소멸시효가 진행한다(대판 2005. 1.27. 2004다50143).

⑤ [○] 선택채권은 선택권을 행사할 수 있을 때부터 진행된다(행사한 때가 아님; 대판 2000.5.12. 98다23195).

`관련판례` 무권대리인이 대리권을 증명하지 못하고 본인의 추인도 얻지 못한 경우 상대방의 계약이행청구권이나 손해배상청구권의 소멸시효는 그 선택권을 행사할 수 있을 때부터 진행한다(대판 1963.8.22. 63다323).

정답 ┃ ③

15 민법상 소멸시효에 관한 설명으로 옳은 것은? (다툼이 있으면 판례에 따름) [19행정사]

① 판결에 의하여 확정된 채권은 판결확정 당시에 변제기가 도래하지 않아도 10년의 소멸시효에 걸린다.

② 본래의 소멸시효 기산일과 당사자가 주장하는 기산일이 서로 다른 경우에 법원은 당사자가 주장하는 기산일을 기준으로 소멸시효를 계산해야 한다.

③ 소멸시효의 기산점이 되는 '권리를 행사할 수 있는 때'란 권리를 행사하는 데 있어 사실상의 장애가 없는 경우를 말한다.

④ 어떤 권리의 소멸시효기간이 얼마나 되는지에 대해서 법원은 당사자의 주장에 따라 판단하여야 한다.

⑤ 어떤 채권이 1년의 단기소멸시효에 걸리는 경우, 그 채권의 발생원인이 된 계약에 기하여 상대방이 가지는 반대채권도 당연히 1년의 단기소멸시효에 걸린다.

해설

① [×] 제165조(판결등에 의하여 확정된 채권의 소멸시효) 「①항 판결에 의하여 확정된 채권은 단기의 소멸시효에 해당한 것이라도 그 소멸시효는 10년으로 한다. ③항 전2항의 규정은 판결 확정 당시에 변제기가 도래하지 아니한 채권에 적용하지 아니한다.」

② [O] 소멸시효의 기산일은 채권의 소멸이라고 하는 법률효과 발생의 요건에 해당하는 소멸시효기간 계산의 시발점으로서 시효소멸 항변의 법률요건을 구성하는 구체적인 사실에 해당하므로 이는 <u>변론주의의 적용대상</u>이라 할 것이고, 따라서 본래의 소멸시효 기산일과 당사자가 주장하는 기산일이 서로 다른 경우에는 변론주의의 원칙상 법원은 당사자가 주장하는 기산일을 기준으로 소멸시효를 계산하여야 하는데, 이는 당사자가 본래의 기산일보다 뒤의 날짜를 기산일로 하여 주장하는 경우는 물론이고, 특별한 사정이 없는 한 그 반대의 경우에 있어서도 마찬가지라고 보아야 할 것이다(대판 2009.12.24. 2009다60244).

③ [×] 소멸시효는 '권리를 행사할 수 있는 때'로부터 진행한다(제166조 제1항). 이때 '권리를 행사할 수 있는 때'란 권리를 행사하는 데 있어 <u>'법률상의 장애'가 없음</u>을 말한다(이행기의 미도래·정지조건의 불성취 등). 따라서 '사실상의 장애', 즉 권리자의 개인적 사정이나 권리자가 권리의 존재를 모르거나, 모르는데 과실이 없다고 하여도 이러한 사유는 시효의 진행을 막지 못한다(대판 2006.4.27. 2006다1381). 사실상의 장애를 인정하게 되면 소멸시효의 기산점이 불명확하게 되어 법적 안정성의 면에서 문제가 있기 때문이다(대판 1984.12.26. 전합 84누572).

④ [×] 어떤 권리의 소멸시효기간이 얼마나 되는지에 관한 주장은 단순한 법률상의 주장에 불과하므로 변론주의의 적용대상이 되지 않고 <u>법원이 직권으로 판단할 수 있다</u>(대판 2013.2.15. 2012다68217).

⑤ [×] 判例에 따르면 제164조 소정의 1년의 단기소멸시효는 그 각호에서 개별적으로 정하여진 채권의 채권자가 그 채권의 발생원인이 된 계약에 기하여 상대방에 대하여 부담하는 <u>반대채무에는 적용되지 않는다</u>고 한다. 따라서 그 채권의 상대방이 그 계약에 기하여 가지는 반대채권은 원칙으로 돌아가 제162조 제1항 소정의 10년의 소멸시효에 걸린다고 한다(대판 2013.11.14. 2013다65178).

정답 | ②

16 소멸시효에 관한 다음 설명 중 가장 옳은 것은? (다툼이 있는 경우 판례에 의하고, 전원합의체 판결의 경우 다수의견에 의함)

① 주택임대차보호법에 따른 임대차에서 그 기간이 끝난 후 임차인이 보증금을 반환받기 위해 목적물을 점유하고 있는 경우 보증금반환채권에 대한 소멸시효는 진행하지 않는다고 보아야 한다.

② 채권담보의 목적으로 이루어지는 부동산 양도담보의 경우에 있어서 피담보채무가 변제된 이후에 양도담보권설정자가 행사하는 등기청구권은 소멸시효의 대상이 된다.

③ 건물에 관한 소유권이전등기청구권에 있어서 그 목적물인 건물이 완공되지 아니하여 이를 행사할 수 없었다는 사유는 사실상의 장애사유에 불과하므로 소멸시효의 진행을 방해하지 않는다.

④ 금전채무의 이행지체로 인하여 발생하는 지연손해금은 제163조 제1호가 규정한 '1년 이내의 기간으로 정한 채권'에 해당하므로 3년간의 단기소멸시효의 대상이 된다.

해설

① [○] 임대차가 종료함에 따라 발생한 임차인의 목적물반환의무와 임대인의 보증금반환의무는 동시이행관계에 있다. 임차인이 임대차 종료 후 동시이행항변권을 근거로 임차목적물을 계속 점유하는 것은 임대인에 대한 보증금반환채권에 기초한 권능을 행사한 것으로서 보증금을 반환받으려는 계속적인 권리행사의 모습이 분명하게 표시되었다고 볼 수 있다(대판 2020.7.9. 2016다244224, 244231). **비교판례** 동시이행의 항변권이 붙어 있는 채권의 경우에 이행기 도래 후에 반대급부를 제공하면 언제라도 권리를 행사할 수 있으므로 이행기부터 소멸시효가 진행한다(대판 1991.3.22. 90다9797).

② [×] 채권담보의 목적으로 이루어지는 부동산 양도담보의 경우에 있어서 그 부동산의 등기명의가 양도담보권자 앞으로 되어 있다 할지라도 그 실질적 소유권은 양도담보권설정자에게 남아 있다고 할 것이므로 피담보채무가 변제된 이후에 설정자가 행사하는 등기청구권은 위 실질적 소유권에 기한 물권적 청구권으로서 따로이 시효소멸되는 것은 아니다(대판 1979.2.13. 78다2412; 부동산 양도담보의 본질에 대한 담보물권설에 따른 것으로 평가받는 判例이다).

③ [×] 신축 중인 건물에 대한 매매계약과 이 매매계약에 의한 건물에 관한 소유권이전등기청구권은 그 목적물인 건물이 완공되지 아니하면 이는 법률상의 장애사유에 해당하며, 따라서 소멸시효 기산점은 건물이 완공됨으로써 그 권리를 행사할 수 없는 법률상의 장애사유가 소멸된 때부터이다(대판 2007.8.23. 2007다28024, 28031).

④ [×] 금전채무의 이행지체로 인하여 발생하는 지연손해금은 그 성질이 손해배상금이지 이자가 아니며, 제163조 제1호의 1년 이내의 기간으로 정한 채권도 아니므로 3년간의 단기소멸시효의 대상이 되지 아니한다(대판 1995.10.13. 94다57800). 1년 이내의 정기로 이자를 받기로 한 경우에도, 그 원본채무의 연체가 있는 경우의 그 지연배상금은 손해배상금이지 이자가 아니므로 본조의 적용이 없고 원본채권의 소멸시효기간과 같다고 보아야 한다(대판 1989.2.28. 88다카214).

정답 | ①

17 소멸시효의 기산점에 관한 다음 설명 중 옳은 것은?

① 동시이행의 항변권이 붙은 채권은 이행기가 도래하더라도 소멸시효가 진행하지 않는다.

② 주택임대차보호법에 따른 임대차에서 임차인이 임대차 종료 후 동시이행항변권을 근거로 임차목적물을 계속 점유하고 있는 경우라도 보증금반환채권에 대한 소멸시효는 진행한다.

③ 토지매매로 인한 소유권이전등기의무가 이행불능된 경우, 손해배상청구권의 소멸시효는 채권자가 채무자로부터 토지를 매수한 때로부터 진행된다.

④ 법인의 불법행위책임의 경우 기산점은 대표자가 안 날부터 기산될 것이나, 법인의 대표자가 법인에 대해 불법행위를 한 경우에는 다른 임원 등이 안 때부터 기산하여야 한다. 만약 임원 등이 법인 대표자와 공동불법행위를 한 경우에는 그 임원 등을 배제하고 단기소멸시효의 기산점을 판단하여야 한다.

① [×] 부동산에 대한 매매대금 채권이 소유권이전등기청구권과 동시이행의 관계에 있다고 할지라도 매도인은 매매대금의 지급기일 이후 언제라도 그 대금의 지급을 청구할 수 있는 것이며, 다만 매수인은 매도인으로부터 그 이전등기에 관한 이행의 제공을 받기까지 그 지급을 거절할 수 있는 데 지나지 아니하므로 매매대금 청구권은 그 지급기일 이후 시효의 진행에 걸린다(대판 1991.3.22. 90다9797).

② [×] 임대차가 종료함에 따라 발생한 임차인의 목적물반환의무와 임대인의 보증금반환의무는 동시이행관계에 있다. 임차인이 임대차 종료 후 동시이행항변권을 근거로 임차목적물을 계속 점유하는 것은 임대인에 대한 보증금반환채권에 기초한 권능을 행사한 것으로서 보증금을 반환받으려는 계속적인 권리행사의 모습이 분명하게 표시되었다고 볼 수 있다. 따라서 임대차 종료 후 임차인이 보증금을 반환받기 위해 목적물을 점유하는 경우 보증금반환채권에 대한 권리를 행사하는 것으로 보아야 하고, 임차인이 임대인에 대하여 직접적인 이행청구를 하지 않았다고 해서 권리의 불행사라는 상태가 계속되고 있다고 볼 수 없다. … (중략) … 등을 종합하면, 주택임대차보호법에 따른 임대차에서 그 기간이 끝난 후 임차인이 보증금을 반환받기 위해 목적물을 점유하고 있는 경우 보증금반환채권에 대한 소멸시효는 진행하지 않는다고 보아야 한다(대판 2020.7.9. 2016다244224, 244231).

③ [×] 소멸시효의 기산점(채무불이행으로 인한 손해배상청구권)

채권이 '채무불이행'으로 인하여 손해배상청구권으로 바뀐 때에는, 그 동일성이 유지되므로 그 손해배상청구권의 시효기간은 원채권의 시효기간에 따른다(통설, 대판 2010.9.9. 2010다28031). 문제는 그 기산점인데, 손해배상청구권은 채무불이행시에 비로소 발생한 것인 만큼 채무불이행시부터 소멸시효가 진행한다는 견해가 타당하다(다수설). 判例도 채무불이행이 발생한 때로부터 진행하는 것으로 본다(대판 1990.11.9. 90다카22513).

④ [○] 불법행위로 인한 손해배상청구권의 단기소멸시효 기산점은 '손해 및 가해자를 안 날'부터 진행되며, 법인의 경우에 손해 및 가해자를 안 날은 통상 대표자가 이를 안 날을 뜻한다. 그렇지만 법인 대표자가 법인에 대하여 불법행위를 한 경우에는, 법인과 대표자의 이익은 상반되므로 법인 대표자가 그로 인한 손해배상청구권을 행사하리라고 기대하기 어려울 뿐만 아니라 일반적으로 대표권도 부인된다고 할 것이어서, 법인 대표자가 손해 및 가해자를 아는 것만으로는 부족하다. 따라서 위 경우에는 적어도 법인의 이익을 정당하게 보전할 권한을 가진 다른 대표자, 임원 또는 사원이나 직원 등이 손해배상청구권을 행사할 수 있을 정도로 이를 안 때에 비로소 단기소멸시효가 진행하고, 만약 임원 등이 법인 대표자와 공동불법행위를 한 경우에는 그 임원 등을 배제하고 단기소멸시효 기산점을 판단하여야 한다(대판 2012.7.12. 2012다20475).

▶ 법인의 불법행위책임의 경우 기산점은 대표자가 안 날부터 기산될 것이나, 법인의 대표자가 법인에 대해 불법행위를 한 경우에는 다른 임원 등이 안 때부터 기산하여야 한다(대판 2002.6.14. 2002다11441). 만약 임원 등이 법인 대표자와 공동불법행위를 한 경우에는 그 임원 등을 배제하고 단기소멸시효의 기산점을 판단하여야 한다(대판 2012.7.12. 2012다20475).

정답 | ④

제3관 시효기간(권리불행사 상태 일정기간 계속)

18 다음 중 원칙적으로 3년의 소멸시효에 걸리지 않는 채권은? (다툼이 있는 경우 판례에 의함)　　　[23경찰간부]

① 약사의 조제에 관한 채권

② 세무사의 직무에 관한 채권

③ 조산사의 근로에 관한 채권

④ 법무사에 대한 직무상 보관한 서류의 반환을 청구하는 채권

해설

①③④ [○]

> 제163조(3년의 단기소멸시효) 「다음 각 호의 채권은 3년간 행사하지 아니하면 소멸시효가 완성한다.
> 1. 이자, 부양료, 급료, 사용료 기타 1년 이내의 기간으로 정한 금전 또는 물건의 지급을 목적으로 한 채권
> 2. 의사, 조산사, 간호사 및 약사의 치료, 근로 및 조제에 관한 채권
> 3. 도급받은 자, 기사 기타 공사의 설계 또는 감독에 종사하는 자의 공사에 관한 채권
> 4. 변호사, 변리사, 공증인, 공인회계사 및 법무사에 대한 직무상 보관한 서류의 반환을 청구하는 채권
> 5. 변호사, 변리사, 공증인, 공인회계사 및 법무사의 직무에 관한 채권
> 6. 생산자 및 상인이 판매한 생산물 및 상품의 대가
> 7. 수공업자 및 제조자의 업무에 관한 채권」

② [×] 변호사, 변리사, 공증인, 공인회계사 및 법무사의 직무에 관한 채권의 소멸시효기간을 3년으로 정한 민법 제163조 제5호가 세무사 등 유사한 직무를 수행하는 다른 자격사의 직무에 관한 채권에 대하여 유추적용되지는 않는다. 아울러 세무사를 상법 제4조 또는 제5조 제1항이 규정하는 상인이라고 볼 수는 없으므로 세무사의 직무에 관한 채권의 소멸시효기간은 10년이다(대판 2022.8.25. 2021다311111).

정답 | ②

19

소멸시효의 기간에 관한 설명으로 옳지 않은 것은? (다툼이 있으면 판례에 의함) [24소방간부]

① 다른 사정이 없는 한, 부동산매매대금채권의 소멸시효는 약정한 대금지급일이 도래한 때부터 진행한다.
② 매수인이 목적부동산을 인도받은 때에는, 특별한 사정이 없는 한, 소유권이전등기청구권의 소멸시효가 진행하지 않는다.
③ 불확정기한부 채권의 소멸시효는 채무자가 그 기한이 도래하였음을 안 때부터 진행한다.
④ 수급인의 도급인에 대한 공사대금채권은 그것이 상행위로 인한 것이라도 3년의 소멸시효가 적용된다.
⑤ 소멸시효기간은 변론주의의 대상이 아니므로 법원이 직권으로 판단할 수 있다.

해설

① [○] 부동산에 대한 매매대금 채권이 소유권이전등기청구권과 동시이행의 관계에 있다고 할지라도 매도인은 매매대금의 지급기일 이후 언제라도 그 대금의 지급을 청구할 수 있는 것이며, 다만 매수인은 매도인으로부터 그 이전등기에 관한 이행의 제공을 받기까지 그 지급을 거절할 수 있는 데 지나지 아니하므로 매매대금 청구권은 그 지급기일 이후 시효의 진행에 걸린다(대판 1991.3.22. 90다9797).

② [○] 시효제도는 일정 기간 계속된 사회질서를 유지하고 시간의 경과로 인하여 곤란해지는 증거보전으로부터의 구제를 꾀하며 자기 권리를 행사하지 않고 소위 권리 위에 잠자는 자는 법적 보호에서 이를 제외하기 위하여 규정된 제도라 할 것인바, 부동산에 관하여 인도, 등기 등의 어느 한 쪽만에 대하여서라도 권리를 행사하는 자는 전체적으로 보아 그 부동산에 관하여 권리 위에 잠자는 자라고 할 수 없다 할 것이므로, 매수인이 목적 부동산을 인도받아 계속 점유하는 경우에는 그 소유권이전등기청구권의 소멸시효가 진행하지 않는다(대판 1999.3.18. 98다32175).

③ [×] 소멸시효는 객관적으로 권리가 발생하여 그 권리를 행사할 수 있는 때부터 진행하고 그 권리를 행사할 수 없는 동안에는 진행하지 아니한다. 여기서 '권리를 행사할 수 없는' 경우란 그 권리행사에 법률상의 장애사유, 예컨대 기간의 미도래나 조건불성취 등이 있는 경우를 말하는 것이고, 사실상 권리의 존재나 권리행사 가능성을 알지 못하였고 알지 못함에 과실이 없다고 하여도 이러한 사유는 법률상 장애사유에 해당한다고 할 수 없다(대판 2015.9.10. 2015다212220).
  ▶ 객관적으로 권리를 행사할 수 있는 때부터 진행하는 것이지 안 때부터 진행하는 것이 아니다. 불확정기한부 채권은 그 기한이 도래한 때나 성취가 불가능한 것으로 확정된 때부터 소멸시효가 진행된다.

④ [○] 도급받은 공사의 공사대금채권은 민법 제163조 제3호에 따라 3년의 단기소멸시효가 적용되고, 공사에 부수되는 채권도 마찬가지인데, 민법 제666조에 따른 저당권설정청구권은 공사대금채권을 담보하기 위하여 저당권설정등기절차의 이행을 구하는 채권적 청구권으로서 공사에 부수되는 채권에 해당하므로 소멸시효기간 역시 3년이다(대판 2016.10.27. 2014다211978).

⑤ [○] 어떤 권리의 소멸시효기간이 얼마나 되는지에 관한 주장은 단순한 법률상의 주장에 불과하여 변론주의의 적용대상이 되지 않으므로 법원이 직권으로 판단할 수 있다(대판 2023.12.14. 2023다248903).

정답 | ③

20 3년의 소멸시효에 걸리는 채권에 관한 설명 중 옳지 않은 것은? (다툼이 있는 경우 판례에 의함) [22경찰간부]

① 금전채무의 이행지체로 인한 지연손해금채권도 이자채권에 해당한다.
② 변제기가 1년 이내인 채권은 1년 이내의 기간으로 정한 채권에 해당하지 않는다.
③ 도급받은 자의 공사에 관한 채권에는 공사대금채권뿐만 아니라 그 공사에 부수되는 채권도 포함된다.
④ 전기요금채권은 생산자 및 상인이 판매한 생산물 및 상품의 대가에 해당한다.

해설

① [×]
> 제163조(3년의 단기소멸시효) 「다음 각 호의 채권은 3년간 행사하지 아니하면 소멸시효가 완성한다. 1. 이자, 부양료, 급료, 사용료 기타 1년 이내의 기간으로 정한 금전 또는 물건의 지급을 목적으로 한 채권」

▶ 원본채무의 연체가 있는 경우의 그 지연배상금은 손해배상금이지 이자가 아니므로 본조의 적용이 없고 원본채권의 소멸시효 기간과 같다고 보아야 한다(대판 1989.2.28. 88다카214).

② [○] 제163조의 '1년 이내의 기간으로 정한 채권'이란 1년 이내의 정기로 지급되는 채권(정기급부 채권, 대표적으로 월차임채권)을 의미하는 것이지 변제기가 1년 이내인 채권을 말하는 것이 아니다. 따라서 이자채권이더라도 1년 이내의 정기로 지급하기로 한 것이 아니면 3년의 시효에 걸리지 않는다(대판 1996.9.20. 96다25302).

③ [○]
> 제163조(3년의 단기소멸시효) 「다음 각 호의 채권은 3년간 행사하지 아니하면 소멸시효가 완성한다. 3. 도급받은 자, 기사 기타 공사의 설계 또는 감독에 종사하는 자의 공사에 관한 채권」

▶ 이는 수급인이 도급인에 대하여 갖는 공사에 관한 채권을 말하는 것으로(대판 1963.4.18. 63다92), 공사대금채권(수급인의 보수청구권)뿐만 아니라 그 공사에 부수되는 채권, 예를 들어 수급인의 비용상환청구권, 수급인의 제666조의 저당권설정청구 권(대판 2016.10.27. 2014다211978), 도급인의 공사협력의무(대판 2010.11.25. 2010다56685)도 포함된다.

④ [○]
> 제163조(3년의 단기소멸시효) 「다음 각 호의 채권은 3년간 행사하지 아니하면 소멸시효가 완성한다. 6. 생산자 및 상인이 판매한 생산물 및 상품의 대가」

▶ 전기·도시가스요금 등이 이에 해당한다. 이러한 채권은 본래 상행위로 인한 것이어서 5년의 소멸시효가 적용되어야 하나(상법 제64조 본문), 본호의 3년의 소멸시효는 상법 제64조 단서의 '다른 법령에 이보다 단기의 시효의 규정이 있는 때'에 해당하여 본 호가 우선하여 적용되는 것이다.

정답 | ①

---

21 민법상 1년의 소멸시효 기간의 적용을 받는 채권이 아닌 것은? [22행정사]

① 음식점의 음식대금채권
② 여관의 숙박대금채권
③ 판결에 의하여 확정된 채권
④ 의복 등 동산의 사용료채권
⑤ 연예인의 임금채권

해설

①②④⑤ [○] ③ [×]
> 제164조(1년의 단기소멸시효) 「다음 각 호의 채권은 1년간 행사하지 아니하면 소멸시효가 완성한다.
> 1. 여관, 음식점, 대석, 오락장의 숙박료, 음식료, 대석료, 입장료, 소비물의 대가 및 체당금의 채권
> 2. 의복, 침구, 장구 기타 동산의 사용료의 채권
> 3. 노역인, 연예인의 임금 및 그에 공급한 물건의 대금채권
> 4. 학생 및 수업자의 교육, 의식 및 유숙에 관한 교주, 숙주, 교사의 채권」
> 제165조(판결 등에 의하여 확정된 채권의 소멸시효) 「①항 판결에 의하여 확정된 채권은 단기의 소멸시효에 해당한 것이라도 그 소멸시효는 10년으로 한다.」

정답 | ③

22 다음 중 3년의 단기소멸시효에 걸리는 채권을 모두 고른 것은? (다툼이 있으면 판례에 따름)

[18세무사 · 16행정사 변형]

ㄱ. 의사의 치료에 관한 채권

ㄴ. 노역인의 임금채권

ㄷ. 도급받은 자의 공사에 관한 채권

ㄹ. 2년 후에 원금과 이자를 한꺼번에 받기로 하고 대여한 경우의 이자채권

ㅁ. 상인인 가구상이 판매한 자개장롱의 대금채권

① ㄱ, ㅁ ② ㄱ, ㄷ, ㅁ ③ ㄴ, ㄷ, ㄹ
④ ㄷ, ㄹ, ㅁ ⑤ ㄱ, ㄴ, ㄷ, ㄹ

해설

ㄱ.ㄷ.ㅁ. [○]

> 제163조(3년의 단기소멸시효) 「다음 각 호의 채권은 3년간 행사하지 아니하면 소멸시효가 완성한다.
> 1. 이자, 부양료, 급료, 사용료 기타 1년 이내의 기간으로 정한 금전 또는 물건의 지급을 목적으로 한 채권
> 2. 의사, 조산사, 간호사 및 약사의 치료, 근로 및 조제에 관한 채권
> 3. 도급받은 자, 기사 기타 공사의 설계 또는 감독에 종사하는 자의 공사에 관한 채권
> 4. 변호사, 변리사, 공증인, 공인회계사 및 법무사에 대한 직무상 보관한 서류의 반환을 청구하는 채권
> 5. 변호사, 변리사, 공증인, 공인회계사 및 법무사의 직무에 관한 채권
> 6. 생산자 및 상인이 판매한 생산물 및 상품의 대가
> 7. 수공업자 및 제조자의 업무에 관한 채권」

ㄴ. [×]

> 제164조(1년의 단기소멸시효) 「다음 각 호의 채권은 1년간 행사하지 아니하면 소멸시효가 완성한다. 3. 노역인, 연예인의 임금 및 그에 공급한 물건의 대금채권」

ㄹ. [×] '1년 이내의 기간으로 정한 채권'이란 1년 이내의 정기로 지급되는 채권(정기급부 채권, 대표적으로 월차임채권)을 의미하는 것이지 변제기가 1년 이내인 채권을 말하는 것이 아니다. 따라서 이자채권이더라도 1년 이내의 정기로 지급하기로 한 것이 아니면 3년의 시효에 걸리지 않는다(대판 1996.9.20. 96다25302). 또 1년 이내의 정기로 이자를 받기로 한 경우에도, 그 원본채무의 연체가 있는 경우의 그 지연배상금은 손해배상금이지 이자가 아니므로 본조의 적용이 없고 원본채권의 소멸시효기간과 같다고 보아야 한다 (대판 1989.2.28. 88다카214).

判例는 1개월 단위로 지급되는 집합건물의 관리비채권(대판 2007.2.22. 2005다65821), 해외로부터 지급받은 저작권 사용료를 6개월마다 정산하여 지급하기로 한 경우(대판 2018.2.28. 2016다45779) 제1호에 해당한다고 본다.

정답 | ②

23 민법상 3년의 소멸시효 기간의 적용을 받는 채권이 아닌 것은? (다툼이 있으면 판례에 따름) [23행정사]

① 의사의 치료에 관한 채권 ② 세무사의 직무에 관한 채권
③ 도급받은 자의 공사에 관한 채권 ④ 공인회계사의 직무에 관한 채권
⑤ 수공업자의 업무에 관한 채권

해설

①③④⑤ [○]

> 제163조(3년의 단기소멸시효) 「다음 각 호의 채권은 3년간 행사하지 아니하면 소멸시효가 완성한다.
> 　2. 의사, 조산사, 간호사 및 약사의 치료, 근로 및 조제에 관한 채권
> 　3. 도급받은 자, 기사 기타 공사의 설계 또는 감독에 종사하는 자의 공사에 관한 채권
> 　5. 변호사, 변리사, 공증인, 공인회계사 및 법무사의 직무에 관한 채권
> 　7. 수공업자 및 제조자의 업무에 관한 채권」

② [×] 민법 제163조 제5호에서 정하고 있는 '변호사, 변리사, 공증인, 공인회계사 및 법무사의 직무에 관한 채권'에만 3년의 단기 소멸시효가 적용되고, 세무사와 같이 그들의 직무와 유사한 직무를 수행하는 다른 자격사의 직무에 관한 채권에 대하여는 민법 제163조 제5호가 유추적용된다고 볼 수 없다. 세무사를 상법 제4조 또는 제5조 제1항이 규정하는 상인이라고 볼 수 없고, 세무사의 직무에 관한 채권이 상사채권에 해당한다고 볼 수 없으므로, 세무사의 직무에 관한 채권에 대하여는 민법 제162조 제1항에 따라 10년의 소멸시효가 적용된다(대판 2022.8.25. 2021다311111).

정답 | ②

---

24 1년의 단기소멸시효에 걸리는 채권이 아닌 것은?　　　　　　　　　　　　　　　　　[17행정사]

① 노역인의 임금채권　　　　② 의사의 치료비채권　　　　③ 여관의 숙박료채권
④ 의복의 사용료채권　　　　⑤ 음식점의 음식료채권

해설

①③④⑤ [○]

> 제164조(1년의 단기소멸시효) 「다음 각 호의 채권은 1년간 행사하지 아니하면 소멸시효가 완성한다.
> 　1. 여관, 음식점, 대석, 오락장의 숙박료, 음식료, 대석료, 입장료, 소비물의 대가 및 체당금의 채권
> 　2. 의복, 침구, 장구 기타 동산의 사용료의 채권
> 　3. 노역인, 연예인의 임금 및 그에 공급한 물건의 대금채권
> 　4. 학생 및 수업자의 교육, 의식 및 유숙에 관한 교주, 숙주, 교사의 채권」

② [×]

> 제163조(3년의 단기소멸시효) 「다음 각 호의 채권은 3년간 행사하지 아니하면 소멸시효가 완성한다. 2. 의사, 조산사, 간호사 및 약사의 치료, 근로 및 조제에 관한 채권」

정답 | ②

---

25 가구상 甲이 乙에게 고가의 가구를 외상으로 판매한 후 乙을 상대로 외상대금의 지급을 청구하는 소를 제기하였다. 다음 설명 중 옳지 않은 것은? (각 지문은 독립적이고, 판례에 의함)　　　　　　[12변호사 변형]

① 외상대금채권의 소멸시효가 완성되었더라도, 법원은 乙의 원용이 없는 한 직권으로 외상대금채권의 소멸시효가 완성되었다고 인정할 수 없다.

② 위 소송에서 乙이 외상대금채권의 변제기를 2006.4.2.이라고 주장한 경우, 증거조사결과 변제기가 2005.4.2.인 사실이 인정되더라도, 법원은 2005.4.2.을 소멸시효의 기산일로 삼아 소멸시효 완성 여부를 판단할 수 없다.

③ 위 소송에서 乙이 외상대금채권의 변제기를 2006.4.2.이라고 주장한 경우, 증거조사결과 변제기가 2007.4.2.인 사실이 인정된다면, 법원은 2007.4.2.을 소멸시효의 기산일로 삼아 소멸시효 완성 여부를 판단할 수 있다.

④ 위 소송에서 甲과 乙이 외상대금채권의 소멸시효기간을 상법이 정한 5년이라고 주장하였더라도, 법원은 그 소멸시효기간을 민법이 정한 3년으로 판단할 수 있다.

해설

① [O] 제척기간은 직권조사사항으로서 당사자의 주장이 필요 없으나, 소멸시효는 권리의 소멸에 관한 주요사실로서 변론주의 원칙상 당사자의 주장이 필요하다.

관련판례 민법상 당사자의 원용이 없어도 시효완성의 사실로서 채무는 당연히 소멸하고, 다만 소멸시효의 이익을 받는 자가 소멸시효 이익을 받겠다는 뜻을 항변하지 않는 이상 그 의사에 반하여 재판할 수 없을 뿐이다(대판 1979.2.13. 78다2157).

② [O] ③ [×] 소멸시효의 기산점은 권리를 행사할 수 있는 때로부터 진행하므로(제166조 제1항), 채무의 이행기가 정해진 경우 원칙적으로 소멸시효의 기산점은 이행기(변제기)이다. 그러나 소멸시효의 기산점은 법률효과 발생의 요건으로서 주요사실에 해당하므로 변론주의 원칙상 당사자의 주장에 구속된다.

관련판례 소멸시효의 기산일은 채무의 소멸이라고 하는 법률효과 발생의 요건에 해당하는 소멸시효 기간 계산의 시발점으로서 소멸시효 항변의 법률요건을 구성하는 구체적인 사실에 해당하므로 이는 변론주의의 적용 대상이고, 따라서 본래의 소멸시효 기산일과 당사자가 주장하는 기산일이 서로 다른 경우에는 **변론주의의 원칙상 법원은 당사자가 주장하는 기산일을 기준으로 소멸시효를 계산하여야 하는데**, 이는 당사자가 본래의 기산일보다 뒤의 날짜를 기산일로 하여 주장하는 경우는 물론이고 특별한 사정이 없는 한 그 반대의 경우에 있어서도 마찬가지이다(대판 1995.8.25. 94다35886).

④ [O] 제162조 내지 제165조는 각종 채권의 소멸시효에 관하여 규정하고 있는데, 문제된 채권의 소멸시효기간에 관한 근거사실은 당사자가 주장·증명하여야 하는 것이지만, 어떤 시효기간의 적용을 받는가에 관한 당사자의 주장은 '법률상의 견해'에 불과하므로 법원은 이에 구속되지 않는다.

관련판례 어떤 권리의 소멸시효기간이 얼마나 되는지에 관한 주장은 단순한 법률상의 주장에 불과하므로 변론주의의 적용대상이 되지 않고 법원이 직권으로 판단할 수 있다 할 것이다(대판 2008.3.27. 2006다70929, 70936).

정답 | ③

---

26 소멸시효에 관한 설명 중 가장 적절하지 않은 것은?　　　　　　　　　　　　　[22법학경채]

① 주된 권리의 소멸시효가 완성한 때에는 종속된 권리에 그 효력이 미친다.

② 정지조건부 권리에 있어서 조건 미성취의 동안은 권리를 행사할 수 없어 소멸시효가 진행되지 아니한다.

③ 의사의 치료, 변호사의 직무, 연예인의 임금 등에 관한 채권에는 3년의 단기 소멸시효가 적용된다.

④ 매수인이 목적 부동산을 인도받아 계속 점유하는 경우에 그 소유권이전등기 청구권의 소멸시효는 진행하지 않는다.

해설

① [O]
> 제183조(종속된 권리에 대한 소멸시효의 효력) 「주된 권리의 소멸시효가 완성한 때에는 종속된 권리에 그 효력이 미친다.」

② [O] 소멸시효는 '권리를 행사할 수 있는 때'(권리를 행사한 때나 권리가 발생한 때가 아님)로부터 진행한다(제166조 제1항). 이때 '권리를 행사할 수 있는 때'란 권리를 행사하는 데 있어 '법률상의 장애'가 없음을 말한다. 따라서 이행기의 미도래·정지조건의 불성취 등 법률상 장애가 있으면 소멸시효가 진행되지 않는다.

③ [×] 의사의 치료에 관한 채권(제163조 제2호), 변호사의 직무에 관한 채권(제163조 제4호)의 경우 3년의 소멸시효가 적용되나, 연예인의 임금채권은 1년의 단기소멸시효가 적용된다(제164조 제3호).

④ [O] 판례는 "시효제도의 존재이유에 비추어 보아 부동산 매수인이 그 목적물을 인도받아서 이를 사용수익하고 있는 경우에는 그 매수인을 '권리 위에 잠자는 것'으로 볼 수도 없고 또 매도인 명의로 등기가 남아 있는 상태와 매수인이 인도받아 이를 사용수익하고 있는 상태를 비교하면 매도인 명의로 잔존하고 있는 등기를 보호하기보다는 매수인의 사용수익상태를 더욱 보호하여야 할 것이므로 그 매수인의 등기청구권은 다른 채권과는 달리 소멸시효에 걸리지 않는다."(대판 1976.11.6. 전합 76다148)라고 판시하고 있다.

정답 | ③

제1관 소멸시효의 중단

⊕ 핵심정리 소멸시효의 중단

1. 재판상 청구(제170조)

(1) 행정소송

기본적 법률관계에 관한 확인청구는 그 법률관계로부터 생기는 개개의 권리의 행사도 포함한 것으로 볼 수 있으므로 判例는 ⊙ 오납한 조세에 대한 부당이득반환청구권을 실현하기 위한 수단이 되는 '과세처분의 취소 또는 무효확인을 구하는 소'는 비록 행정소송일지라도 그것은 (민사상) 부당이득반환청구권에 관한 재판상 청구에 해당한다고 한다(전합 91다32053). ⓒ 그러나 국유재산법상 변상금 부과 · 징수권이 민사상 부당이득반환청구권과 법적 성질을 달리하는 별개의 권리인 이상 전자를 행사하였다 하더라도 후자의 소멸시효가 중단된다고 할 수 없다."(2013다3576)고 한다.

(2) 응소와 시효중단

1) 응소가 제170조 제1항의 재판상 청구에 포함되는지 여부

判例는 응소행위로서 상대방의 청구를 적극적으로 다투면서 자신의 권리를 주장하는 것은 ⅰ) 자신이 권리 위에 잠자는 자가 아님을 표명한 것이고, ⅱ) (권리불행사라는) 계속된 사실상태와 상용할 수 없는 다른 사정이 발생한 때로 보아야 할 것임을 이유로 긍정설의 입장이다(전합 92다47861).

2) (채권자의) 응소가 시효중단사유가 되기 위한 요건(채, 주, 승)

채권자 ⅰ) 채무자가 제기한 소송에서, ⅱ) 응소하여 적극적으로 권리를 주장하여, ⅲ) 승소한 경우는 제170조 제1항의 '재판상 청구'에 해당하여 소멸시효가 중단된다.

a. 채무자가 제기한 소송일 것

물상보증인은 '책임'만 부담하고 채권자에 대하여는 아무런 '채무'도 부담하고 있지 아니하므로, 물상보증인이 제기한 소송에서 적극적으로 응소하더라도 이는 직접 채무자에 대하여 재판상 청구를 한 것으로 볼 수 없고(2003다30890), 이는 담보물의 제3취득자의 경우도 마찬가지이다(2006다33364).

b. 응소하여 적극적으로 권리를 주장할 것

c. 승소할 것

① 권리가 존재하지 않는다는 이유로 패소한 경우에는 시효가 중단될 여지가 없다(96다28196). ② 그러나 피고의 권리주장이 소의 각하나 취하 등에 의해 전혀 판단되지 않은 경우에는 제170조 제2항을 유추하여 6월 내에 다른 강력한 시효중단조치를 취하면 응소시에 소급하여 시효중단의 효력이 발생한다(2008다42416, 42423).

(3) 재판상 청구의 시효중단의 범위

1) 기본적 법률관계에 관한 청구와 그에 포함되는 권리

저당권이 설정되어 있더라도 저당권의 피담보채권이 시효중단되는 것은 아니다. 마찬가지로 채권자가 담보목적의 가등기를 취득한 후 그 목적토지를 인도받아 점유하더라도 담보가등기의 피담보채권의 소멸시효가 중단되는 것은 아니다(2006다12701). 다만, 근저당권설정등기청구의 소의 제기는 그 피담보채권의 재판상의 청구에 해당한다(2002다7213).

[비교판례] 채무자가 담보가등기를 경료하고 피담보채권에 대한 (지연)이자의 지급에 갈음하여 채권자로 하여금 부동산을 사용수익할 수 있도록 한 경우라면, 채권자가 사용수익하는 동안에는 채무자가 계속하여 (지연)이자를 채권자에게 '변제'하고 있는 것으로 볼 수 있어 피담보채권의 소멸시효가 중단된다(2009다51028).

2) 원인채권과 어음(수표)금채권의 청구

判例에 따르면 ㉠ 원인채권의 지급을 확보하기 위한 방법으로 어음이 수수된 경우에 원인채권과 어음채권은 별개로서 채권자는 그 선택에 따라 권리를 행사할 수 있고, 원인채권에 기하여 청구를 한 것만으로는 어음채권 그 자체를 행사한 것으로 볼 수 없어 어음채권의 소멸시효를 중단시키지 못한다(93다59922). ㉡ 그러나 채권자가 어음채권에 기하여 청구를 하는 반대의 경우에는 원인채권의 소멸시효를 중단시키는 효력이 있다고 한다(99다16378). ㉢ 또한 "만기는 기재되어 있으나 지급지, 지급을 받을 자 등과 같은 어음요건이 백지인 약속어음의 소지인이 그 백지 부분을 보충하지 않은 상태에서 어음금을 청구하는 것은 어음상의 청구권에 관하여 잠자는 자가 아님을 객관적으로 표명한 것이고 그 청구로써 어음상의 청구권에 관한 소멸시효는 중단된다. 이 경우 백지에 대한 보충권은 그 행사에 의하여 어음상의 청구권을 완성시키는 것에 불과하여 그 보충권이 어음상의 청구권과 별개로 독립하여 시효에 의하여 소멸한다고 볼 것은 아니므로 어음상의 청구권이 시효중단에 의하여 소멸하지 않고 존속하고 있는 한 이를 행사할 수 있다."(전합 2009다48312)고 한다.

3) 일부청구와 시효중단

명시적 일부청구의 경우 나머지 부분에 대해서는 시효중단의 효력이 없으나(67다529), 그 취지로 보아 채권 전부에 관하여 판결을 구하는 것으로 해석되는 경우에는(묵시적 일부청구) 전부에 대해 시효중단의 효력이 발생한다(91다43695).

4) 채권자대위청구 및 채권자취소소송

① ㉠ 채권자가 채무자를 대위하여 피대위채권을 대위행사한 경우(제404조), 채권자대위권 행사의 효과는 채무자에게 귀속되는 것이므로 채권자대위소송의 제기로 인한 소멸시효의 중단의 효과 역시 채무자에게 생긴다(2010다80930). 즉 피대위채권이 시효중단됨은 물론이다. ㉡ 한편 피보전채권의 경우 채권자대위권행사의 사실을 채권자가 채무자에게 통지한 때에는 채무자는 자기의 권리를 처분하지 못하는바(제405조 제2항), 이는 곧 압류의 효과가 생기는 것과 마찬가지이기 때문에 압류에 의한 시효중단 또는 적어도 최고로서의 효력은 인정하여야 한다. ㉢ 그리고 원고가 채권자대위권에 기해 청구를 하다가 당해 피대위채권 자체를 양수하여 양수금청구로 소를 변경한 사안에서, 判例는 이는 청구원인의 교환적 변경으로서 채권자대위권에 기한 구 청구는 취하된 것으로 보아야 하나, 양소의 소송물이 동일한 점, 시효중단의 효력은 특정승계인에게도 미치는 점(제169조), 원고를 '권리 위에 잠자는 자'로 볼 수 없는 점 등에 비추어 볼 때, 당초의 채권자대위소송으로 인한 시효중단의 효력이 소멸하지 않는다고 한다(2010다17284).

② 채권자취소소송의 경우 상대적 무효설의 입장에 따르면 채무자는 피고적격이 없다고 할 것이므로 채권자취소소송에 의하여 피보전채권에 대하여는 소멸시효가 중단되지 않는다.

5) 대항요건을 갖추지 못한 채권양도인 또는 채권양수인의 재판상 청구와 시효중단

① 判例는 채권양도에 의하여 채권은 그 동일성을 잃지 않고 양도인으로부터 양수인에게 이전되며, 이러한 법리는 채권양도의 대항요건을 갖추지 못하였다고 하더라도 마찬가지인 점 등에서 비록 '대항요건을 갖추지 못하여' 채무자에게 대항하지 못한다고 하더라도 '채권의 양수인'이 채무자를 상대로 재판상의 청구를 하였다면 이는 소멸시효 중단사유인 재판상의 청구에 해당한다고 하며(2005다41818).

② 채권양도의 '대항요건을 갖추지 못한 상태'에서 '채권양도인'이 청구소송을 제기하면 시효중단이 되는데 그 소송 중에 채무자가 채권양도의 효력을 인정하는 등의 사정으로 인하여 채권양도인의 청구가 기각된 경우 시효중단의 효력이 없어지나, 이 경우에도 채권양수인이 그로부터 6월 내에 채무자를 상대로 재판상의 청구 등을 하면 채권양도인이 최초의 재판상 청구를 한 때부터 시효가 중단된다(제169조, 제170조 제2항)(2008두20109)고 한다.

6) 채무자의 재판상 청구로 인한 시효중단의 효력이 추심채권자에게 미치는지 여부

判例는 "채무자가 권리주체의 지위에서 한 시효중단의 효력은 추심채권자에게 미친다. 따라서 채무자가 제3채무자를 상대로 제기한 금전채권의 이행소송이 압류 및 추심명령에 따른 '당사자적격의 상실'로 각하되었으나 당사자적격을 취득한 추심채권자가 각하판결이 확정된 날로부터 6개월 내에 제3채무자를 상대로 추심의 소를 제기한 경우, 채무자의 재판상 청구에 따른 시효중단의 효력이 추심채권자의 추심소송에서 그대로 유지된다."고 한다(2019다212945).

(4) 주채무의 소멸시효 연장이 보증인에게도 미치는지 여부

判例는 단기소멸시효에 해당하는 주채무가 판결로 확정되어 소멸시효가 10년으로 연장되었더라도(제165조 제1항), 연대보증인의 보증채무의 소멸시효기간은 종전의 시효기간에 따른다고 하였다(86다카1569). 그 근거로는 ⅰ) 판결의 확정으로 인해 소멸시효기간이 연장되는 효과는 판결의 당사자인 채권자와 주채무자 사이에 발생하는 효력에 관한 것이고, ⅱ) 보증채무가 주채무에 부종한다 하더라도 양자는 별개의 채무이고, 제440조의 의미는 '보증채무의 부종성'에 기인한 것이라기보다는 '채권자보호를 위한 특별규정'으로서, 보증인에 대한 별도의 시효중단조치가 불필요함을 의미하는 것일 뿐 중단된 이후의 시효기간까지도 당연히 보증인에게 효력이 미친다는 취지는 아니라는 것을 들고 있다.

[비교판례] "보증채무는 주채무와는 별개의 독립한 채무이므로 보증채무와 주채무의 소멸시효기간은 채무의 성질에 따라 각각 별개로 정해진다. 그리고 주채무자에 대한 확정판결에 의하여 민법 제163조 각 호의 단기소멸시효에 해당하는 주채무의 소멸시효기간이 10년으로 연장된 상태에서 주채무를 보증한 경우, 특별한 사정이 없는 한 보증채무에 대하여는 민법 제163조 각 호의 단기소멸시효가 적용될 여지가 없고, 성질에 따라 보증인에 대한 채권이 민사채권인 경우에는 10년, 상사채권인 경우에는 5년의 소멸시효기간이 적용된다"(2011다76105).

비교판례 담보목적물의 제3취득자 또는 물상보증인은 채권자에게 채무자의 채무와는 별개의 독립된 채무를 부담하는 것이 아니라 단지 채무자의 채무를 변제할 책임을 부담한다. 따라서 채권에 관하여 소멸시효가 중단되거나 소멸시효기간이 제165조에 따라 연장되더라도 그 효과가 그대로 미친다(2009다39530). 따라서 유치권의 피담보채권의 소멸시효기간이 확정판결 등에 의하여 10년으로 연장된 경우 매수인은 그 채권의 소멸시효기간이 연장된 효과를 부정하고 종전의 단기소멸시효기간을 원용할 수는 없다(同 判例).

2. 최고(제174조)

(1) 일반적인 최고

① 최고를 여러 번 거듭하다가 재판상 청구 등을 한 경우에 ⅰ) 시효중단의 효력은 항상 최초의 최고시에 발생하는 것이 아니라 재판상 청구 등을 한 시점을 기준으로 하여 이로부터 소급하여 6월 이내에 한 최고시에 발생하고, ⅱ) 민법 제170조의 해석상 재판상의 청구는 그 소송이 취하된 경우에는 그로부터 6월 내에 다시 재판상의 청구를 하지 않는 한 시효중단의 효력이 없고 다만 재판 외의 최고의 효력만을 갖게 된다. ⅲ) 이러한 법리는 그 소가 각하된 경우에도 마찬가지로 적용된다(2018두56435).

② 채무이행을 최고받은 채무자가 그 이행의무의 존부 등에 대하여 조사해 볼 필요가 있다는 이유로 채권자에 대해 그 이행의 유예를 구한 경우에는, 채권자가 그 회답을 받을 때까지는 최고의 효력이 계속된다고 보아야 하고, 따라서 제174조 소정의 6개월의 기간은 채권자가 채무자로부터 회답을 받은 때로부터 기산된다(94다24336).

(2) 최고로서 경매신청, 압류 또는 가압류

① 채권자가 연대채무자 1인의 소유 부동산에 대하여 경매신청을 한 경우에 이는 최고로서의 효력이 있다. 한편 이 최고는 다른 연대채무자에게도 효력이 있으므로(제416조), 채권자가 6개월 내에 '다른 연대채무자'를 상대로 재판상 청구 등을 한 때에는 그 '다른 연대채무자'에 대한 채권의 소멸시효가 중단되지만, 이로 인하여 중단된 시효는 위 경매절차가 종료된 때가 아니라 재판이 확정된 때부터 새로 진행된다. 그리고 연대채무자 1인의 소유 부동산이 경매개시결정에 따라 압류된 경우, '다른 연대채무자'에게는 시효중단의 효력이 없다(제169조 참조)(2001다22840).

② 채권자가 채무자의 제3채무자에 대한 채권을 압류 또는 가압류한 경우 채권자의 채무자에 대한 채권은 압류에 따른 시효중단의 효력이 확정적으로 발생하나, 이와 달리 압류의 대상인 채무자의 제3채무자에 대한 채권은 확정적 시효중단이 되는 것은 아니고 다만 채권자가 채무자의 제3채무자에 대한 채권에 관한 압류 및 추심명령을 받아 그 결정이 제3채무자에게 송달이 되었다면 채무자의 제3채무자에 대한 채권은 '최고'로서의 효력에 의해 시효중단이 된다(2003다16238). 예를 들어 甲이 乙의 丙에 대한 채권을 압류·추심한 경우 甲의 乙에 대한 채권(피보전채권)은 압류명령 '신청시'에 시효중단되나(중단사유 중 제168조 제2호 압류), 乙의 丙에 대한 채권(피압류채권)은 丙에게 압류·추심명령이 '송달된 때' 시효중단된다(중단사유 중 제174조 최고).

(3) 최고로서 소송고지(제405조 참조)

判例는 "ⅰ) 소송고지의 요건이 갖추어진 경우에 그 소송고지서에 고지자가 피고지자에 대하여 채무의 이행을 청구하는 의사가 표명되어 있으면 제174조 소정의 최고로서의 효력이 인정된다. ⅱ) 소송고지에 의한 최고는 보통의 최고와는 달리 법원의 행위를 통하여 이루어지는 것이므로, 민사소송법 제265조를 유추적용하여 당사자가 소송고지서를 법원에 제출한 때에 시효중단의 효력이 발생한다. ⅲ) 당해 소송이 계속 중인 동안은 최고에 의하여 권리를 행사하고 있는 상태가 지속되고 있는 것으로서, 민법 제174조에 규정된 6개월의 기간은 당해 소송이 종료된 때로부터 기산하여야 한다."(즉, 소송고지서를 제출한 때가 아니라, 그 재판이 확정된 때로부터 6개월 내에 재판상 청구 등을 하면 시효중단의 효력이 유지된다)(2014다16494)고 판시하고 있다.

3. 압류, 가압류[51] 또는 가처분

소멸시효는 (가)압류, 가처분으로 인하여 중단되는바(제168조 제2호), 이러한 가압류 등은 집행되면 그 '집행을 신청한 때'에 소급하여 시효중단의 효력이 발생한다(2016다35451).

(1) 요건(집, 유, 취, 리)

가압류 등으로 시효가 중단되기 위해서는 ⅰ) 가압류 등이 집행될 것, ⅱ) 유효할 것, ⅲ) 취소되지 않을 것, ⅳ) 시효이익을 받을 자에게 할 것을 요한다(제175조, 제176조).

1) 가압류 등이 집행될 것

집행의 신청이 있었어도 채무자의 주소불명 등으로 '집행에 착수하지 못한 때'에는 시효중단의 효과가 소급적으로 소멸된다(2010다53273). 그리고 '집행에 착수한 이상' (압류할 물건 등이 없어서) 집행불능상태가 된 경우에도 집행을 신청한 때 시효중단의 효력은 인정된다(2001두3365). 또한 이 경우에는 '집행절차가 종료된 때'부터 시효가 새로이 진행된다(2011다10044)[그러나 실제로 집행이 된 경우는 가압류집행보전의 효력이 존속하는 동안은 시효중단의 효력이 계속된다(2000다11102 등)].

2) 가압류 등이 유효할 것

가압류 등은 유효한 것이어야 하므로, 이미 사망한 자를 피신청인으로 한 가압류신청에 따른 가압류결정(당연 무효의 가압류)은 이에 해당하지 않는다(2004다26287).

3) 가압류 등이 취소되지 않을 것

압류, 가압류 및 가처분이 권리자의 청구에 의하여 또는 법률의 규정에 따르지 않음으로 인하여 취소된 경우에는 시효중단의 효력이 소급적으로 소멸한다(제175조).

① '권리자의 청구에 의하여 취소된 경우'라 함은 채권자에게 권리행사의 의사가 없음을 객관적으로 표명하는 행위를 말하는바 경매신청취하, 집행취소도 포함된다(2010다53273). ② '법률의 규정에 따르지 아니함으로 인하여 취소된 경우'라 함은 처음부터 적법한 권리행사가 있었다고 볼 수 없는 경우를 의미한다. 따라서 判例에 따르면 법률의 규정에 따른 적법한 가압류가 있었으나 제소기간의 도과로 인하여 가압류가 취소된 경우나(2010다88019), 압류가 있었으나 이후 남을 가망이 없는 경우의 경매취소를 규정한 민사집행법 제102조 제2항에 따라 경매절차가 취소된 것은 제175조에 해당하는 것은 아니어서 소멸시효 중단의 효력은 소멸하지 않는다(2014다228778).

4) 가압류 등이 시효이익을 받을 자에게 할 것

시효완성의 이익을 받을 자(채무자)가 아니라 제3자(물상보증인 또는 담보물의 제3취득자)에 대해 압류 등을 한 경우에는, 그 자(채무자)에 대하여 통지한 때에 시효중단의 효력이 발생한다(제176조).

[비교판례] 채권자가 채권보전을 위하여 채무자의 제3채무자에 대한 채권을 가압류한 경우 채무자에게 그 가압류 사실이 통지되지 않더라도 채권자의 채권에 대하여 소멸시효 중단의 효력이 발생한다(2016다8589).

(2) 효과

1) 시효중단 효과의 발생시기 및 새로운 시효진행 시기

압류, 가압류 또는 가처분이 '집행되면' 그 '집행을 신청한 때'에 소급하여 시효중단의 효력이 발생하고, '집행절차종료시'로부터 다시 시효가 진행된다. 만약, 집행채권의 소멸시효가 채무자의 채권에 대한 압류로 중단된 후, 그 '피압류채권이 기본계약관계의 해지·실효 또는 소멸시효 완성 등으로 소멸'하면 시효중단사유가 종료한 것으로 보아야 하고, 집행채권의 소멸시효는 그때부터 다시 진행한다(2016다239840).

"채무자가 아닌 제3자가 채무자의 동산을 점유하고 있는 경우, 동산에 관한 인도청구권을 가압류 하는 방법으로 가압류집행을 할 수 있고, 이 경우 가압류 효력의 발생시기는 '가압류명령이 제3자에게 송달된 때'이나, 가압류로 인한 소멸시효 중단의 효력은 '가압류 신청시'에 소급하여 발생한다"(2016다35451).

2) 시효중단의 효과가 지속되는 기간

특히 '가압류'의 경우가 문제되는바, 判例는 ㉠ 가압류에 의한 시효중단의 효력은 가압류의 집행보전의 효력이 존속하는 동안은 '계속'(가압류등기가 말소되지 않고 남아 있는 동안)되는 것이고(계속설), ㉡ 가압류의 피보전채권에 관하여 본안의 승소판결이 확정되었다고 하더라도 가압류에 의한 시효중단의 효력이 이에 흡수되어 소멸된다고 할 수는 없다고 한다(비흡수설).

3) 시효중단의 효과가 미치는 범위

判例는 채권자가 1개의 채권 중 일부에 대하여 (가)압류를 하였는데 채권의 일부만 소멸시효가 중단되고 나머지 부분은 이미 시효로 소멸한 경우, (가)압류의 효력이 시효로 소멸하지 않고 잔존하는 채권 부분에 계속 미친다고 한다(2014다13280).

4. 승인

(1) 의의 및 요건

① 승인을 할 수 있는 자는 시효이익을 받을 채무자 또는 그 대리인이다. 따라서 '면책적 채무인수'는 시효중단사유 중 승인에 해당하나, '이행인수인'이 채권자에 대하여 채무자의 채무를 승인하더라도 시효중단 사유가 되는 채무승인의 효력은 발생하지 않는다(2015다239744). ② 승인은 단지 권리의 존재를 인정하는 것에 불과한 '관념의 통지'이며, 따라서 상대방의 권리에 관한 처분의 능력이나 권한 있음을 요하지 아니한다(제177조)(이는 '의사표시'로서 처분행위인 시효이익의 포기사유로서의 승인과 구별).

(2) 시기 및 방법

소멸시효의 진행이 개시된 이후에만 가능하고, 그 이전에 승인을 하더라도 시효가 중단되지는 않는다(2001다52568). 判例는 채무자가 이자를 지급하거나, 일부변제를 하고(채무전부에 관한 시효중단), 담보를 제공하는 것은 '묵시적 승인'을 한 것으로 본다(95다39854).

---

51) 가압류집행절차는 ⅰ) 가압류신청(집행신청) → ⅱ) 가압류결정(집행개시) → ⅲ) 가압류착수(집행착수 또는 집행절차개시)이다.

01 소멸시효의 중단에 관한 설명으로 옳지 않은 것은? (다툼이 있는 경우 판례에 의함)

① 채권자의 신청에 의한 경매개시결정에 따라 연대채무자 1인이 소유하고 있는 부동산이 압류된 경우, 이로써 위 채무자 및 다른 연대채무자에 대한 채권의 소멸시효는 중단된다.

② 이행인수인이 채권자에 대하여 채무자의 채무를 승인하더라도 다른 특별한 사정이 없는 한 시효중단 사유가 되는 채무 승인의 효력은 발생하지 않는다.

③ 어느 연대채무자가 채무를 승인함으로써 그에 대한 시효가 중단되었더라도 그로 인하여 다른 연대채무자에게도 시효중단의 효력이 발생하는 것은 아니다.

④ 물상보증인이 그 피담보채무의 소멸을 이유로 제기한 저당권설정등기 말소등기절차이행청구소송에서 저당권자가 청구기각의 판결을 구하고 피담보채권의 존재를 주장하였더라도 이로써 직접 채무자에 대하여 재판상 청구를 한 것으로 볼 수는 없다.

해설

① [×] 채권자가 연대채무자 1인의 소유 부동산에 대하여 경매신청을 한 경우에 이는 최고로서의 효력이 있다. 한편 이 최고는 다른 연대채무자에게도 효력이 있으므로(제416조), 채권자가 6개월 내에 '다른 연대채무자'를 상대로 재판상 청구 등을 한 때에는 그 '다른 연대채무자'에 대한 채권의 소멸시효가 중단되지만, 이로 인하여 중단된 시효는 위 경매절차가 종료된 때가 아니라 재판이 확정된 때부터 새로 진행된다. 그리고 연대채무자 1인의 소유 부동산이 경매개시결정에 따라 압류된 경우, '다른 연대채무자'에게는 시효중단의 효력이 없다(제169조 참조)(대판 2001.8.21. 2001다22840).

②③ [O] 소멸시효 중단사유로서 승인(제168조 제3호)을 할 수 있는 자는 시효이익을 받을 채무자 또는 그 대리인이다. 따라서 '면책적 채무인수'[52]는 시효중단사유 중 승인에 해당하나, '이행인수인'[53]이 채권자에 대하여 채무자의 채무를 승인하더라도 시효중단 사유가 되는 채무승인의 효력은 발생하지 않는다(대판 2016.10.27. 2015다239744). 그리고 어느 연대채무자가 채무를 승인함으로써 그에 대한 시효가 중단되었더라도 그로 인하여 다른 연대채무자에게도 시효중단의 효력이 발생하는 것은 아니다.

④ [O] 채권자가 ⅰ) 채무자가 제기한 소송에서, ⅱ) 응소하여 적극적으로 권리를 주장하여, ⅲ) 승소한 경우는 제170조 제1항의 '재판상 청구'에 해당하여 소멸시효가 중단된다.

즉, 채무자가 제기한 소송에서 채권자가 응소하여 적극적으로 자신의 권리를 주장하는 경우이어야 한다. 따라서 담보물의 제3취득자나 물상보증인 등 시효를 원용할 수 있는 지위에 있으나 직접 의무를 부담하지 아니하는 자가 제기한 소송에서의 응소행위는 권리자의 의무자에 대한 재판상 청구에 준하는 행위에 해당한다고 볼 수 없다(대판 2007.1.11. 2006다33364 등).

정답 | ①

02 소멸시효의 중단에 관한 설명으로 옳지 않은 것은? (다툼이 있으면 판례에 의함)

① 시효중단이 효력을 미치는 승계인은 시효중단의 효과가 발생한 후 그 효과를 받는 권리를 승계한 사람을 의미한다.

② 청구를 기각하는 판결이 확정된 때에도 재심을 청구하면 소멸시효가 중단된다.

③ 물상보증인의 재산을 압류한 사실을 채무자에게 통지한 후가 아니면 채권의 시효중단은 효력이 없다.

④ 재판상 채무승인은 신청서면을 법원에 제출한 때부터 시효중단의 효력이 생긴다.

⑤ 시효가 중단된 때에는 중단사유가 종료한 때부터 새로이 소멸시효가 진행한다.

---

52) '채무인수'란 채무의 동일성을 유지하면서 채무를 인수인에게 이전시키는 계약이다. 채무인수에는 ㉠ 채무가 그 동일성을 유지하면서 종래의 채무자로부터 제3자인 인수인에게 이전하는 것을 목적으로 하는 면책적 채무인수와 ㉡ 종전채무자가 계속 채무를 부담하면서 인수인이 함께 채무를 부담하는 병존적 채무인수가 있다.

53) '이행인수'란 인수인이 채무자의 채무를 이행할 것을 약정하는 채무자와 인수인 사이의 계약을 말한다. 인수인은 채무자와의 관계에서 이행의무를 부담하며 채권자에게 직접 채무를 부담하지는 않는다. 따라서 채권자도 인수인에게 이행을 청구할 권리는 없다

해설

① [○] 집합건물의 관리를 위임받은 甲 주식회사가 구분소유자 乙을 상대로 관리비 지급을 구하는 소를 제기하여 승소판결을 받음으로써 乙의 체납관리비 납부의무의 소멸시효가 중단되었는데, 그 후 丙이 임의경매절차에서 위 구분소유권을 취득한 사안에서, 丙은 乙에게서 시효중단의 효과를 받는 체납관리비 납부의무를 중단 효과 발생 이후에 승계한 자에 해당하므로 시효중단의 효력이 丙에게도 미친다(대판 2015.5.28. 2014다81474).

② [○] 민사소송이기만 하면, 그것이 본소이든 반소이든, 이행·형성·확인의 소이든, 재심의 소(대판 1996.9.24. 96다11334)이든 이를 묻지 않는다.

③ [○]

> 제176조(압류, 가압류, 가처분과 시효중단) 「압류, 가압류 및 가처분은 시효의 이익을 받은 자에 대하여 하지 아니한 때에는 이를 그에게 통지한 후가 아니면 시효중단의 효력이 없다.」

④ [×] 승인의 효력은 그 통지가 상대방에게 도달한 때에 생긴다(대판 1995.9.29. 95다30178).

⑤ [○]

> 제178조(중단후에 시효진행) 「①항 시효가 중단된 때에는 중단까지에 경과한 시효기간은 이를 산입하지 아니하고 중단사유가 종료한 때로부터 새로이 진행한다.」

정답 | ④

---

03 소멸시효의 중단에 관한 설명으로 옳지 않은 것은? (다툼이 있으면 판례에 따름)

[23세무사]

① 시효의 중단은 당사자 및 그 승계인 간에만 효력이 있지만, 주채무자에 대한 시효의 중단은 보증인에 대하여 효력이 있다.

② 압류, 가압류 및 가처분이 법률의 규정에 따르지 않아 취소된 경우 시효중단의 효력이 없다.

③ 시효중단의 효력이 있는 승인에는 상대방의 권리에 관한 처분의 능력이나 권한 있음을 요하지 아니한다.

④ 시효중단의 효력이 있는 승인은 묵시적으로도 할 수 있다.

⑤ 채권양수인이 채권양도의 대항요건을 갖추지 못한 상태에서 채무자를 상대로 재판상 청구를 한 경우, 소멸시효 중단사유인 재판상 청구에 해당하지 않는다.

해설

① [○] 시효의 중단은 당사자 및 그 승계인 간에만 효력이 있다(제169조). 주채무자에 대한 시효의 중단은 보증인에 대하여 그 효력이 있다(제440조).

② [○] 압류, 가압류 및 가처분은 권리자의 청구에 의하여 또는 법률의 규정에 따르지 아니함으로 인하여 취소된 때에는 시효중단의 효력이 없다(제175조).

③ [○]

> 제177조(승인과 시효중단) 「시효중단의 효력 있는 승인에는 상대방의 권리에 관한 처분의 능력이나 권한 있음을 요하지 아니한다.」

④ [○] 소멸시효 중단사유로서의 승인은 시효이익을 받을 당사자인 채무자가 소멸시효의 완성으로 권리를 상실하게 될 자 또는 그 대리인에 대하여 그 권리가 존재함을 인식하고 있다는 뜻을 표시함으로써 성립하는 것인바, 그 표시의 방법은 아무런 형식을 요구하지 아니하고, 명시적이건 묵시적이건 불문하며, 묵시적인 승인의 표시는 채무자가 그 채무의 존재 및 액수에 대하여 인식하고 있음을 전제로 하여 그 표시를 대하는 상대방으로 하여금 채무자가 그 채무를 인식하고 있음을 그 표시를 통해 추단하게 할 수 있는 방법으로 행해지면 족하다(대판 2013.10.11. 2013다207125).

⑤ [×] 채권양수인이 소멸시효기간이 경과하기 전에 채무자를 상대로 소를 제기하였는데, 채권양도사실의 채무자에 대한 통지는 소멸시효기간이 경과한 후에 이루어진 경우, 위 채권의 소멸시효가 중단되는지 여부가 문제되는바, 判例는 "채권양도에 의하여 채권은 그 동일성을 잃지 않고 양도인으로부터 양수인에게 이전되며, 이러한 법리는 채권양도의 대항요건을 갖추지 못하였다고 하더라도 마찬가지인 점 등에서 비록 '대항요건을 갖추지 못하여' 채무자에게 대항하지 못한다고 하더라도 '채권의 양수인'이 채무자를 상대로 재판상의 청구를 하였다면 이는 소멸시효 중단사유인 재판상의 청구에 해당한다."(대판 2005.11.10. 2005다41818)고 한다.

정답 | ⑤

04 소멸시효의 중단에 관한 설명으로 옳지 않은 것은? (다툼이 있는 경우 판례에 의함)   [22소방간부]

① 시효의 진행이 개시되기 전의 사전승인도 시효의 중단사유가 될 수 있다.

② 시효의 중단은 원칙적으로 당사자 및 그 승계인 간에만 효력이 있다.

③ 재판상의 청구로 인하여 중단한 시효는 재판이 확정된 때로부터 새로이 진행한다.

④ 시효가 중단된 때에는 중단까지 경과한 시효기간은 이를 산입하지 아니하고 중단사유가 종료한 때로부터 새로이 진행한다.

⑤ 재판상의 청구는 소송의 각하, 기각 또는 취하의 경우에는 시효중단의 효력이 없다.

해설

① [×] 승인은 시효이익을 받을 당사자인 채무자가 그 권리의 존재를 인식하고 있다는 뜻을 표시함으로써 성립하는 것이므로, 이는 **소멸시효의 진행이 개시된 이후에만 가능**하고, 그 이전에 승인을 하더라도 시효가 중단되지는 않는다.

② [○]
> 제169조(시효중단의 효력) 「시효의 중단은 당사자 및 그 승계인 간에만 효력이 있다.」

③④ [○]
> 제178조(중단후에 시효진행) 「①항 시효가 중단된 때에는 중단까지에 경과한 시효기간은 이를 산입하지 아니하고 중단사유가 종료한 때로부터 새로이 진행한다. ②항 재판상의 청구로 인하여 중단한 시효는 전항의 규정에 의하여 재판이 확정된 때로부터 새로이 진행한다.」

⑤ [○]
> 제170조(재판상의 청구와 시효중단) 「①항 재판상의 청구는 소송의 각하, 기각 또는 취하의 경우에는 시효중단의 효력이 없다. ②항 전항의 경우에 6월 내에 재판상의 청구, 파산절차참가, 압류 또는 가압류, 가처분을 한 때에는 시효는 최초의 재판상청구로 인하여 중단된 것으로 본다.」

정답 | ①

---

05 소멸시효 중단에 관한 설명으로 옳지 않은 것은? (다툼이 있으면 판례에 따름)   [23행정사]

① 지급명령에 의한 시효중단의 효과는 지급명령을 신청한 때에 발생한다.

② 시효이익을 받을 본인의 대리인은 소멸시효 중단사유인 채무의 승인을 할 수 있다.

③ 가압류의 피보전채권에 관하여 본안의 승소판결이 확정되면 가압류에 의한 시효중단의 효력은 당연히 소멸한다.

④ 재판상의 청구로 인하여 중단한 소멸시효는 재판이 확정된 때로부터 새로이 진행한다.

⑤ 시효중단의 효력 있는 승인에는 상대방의 권리에 관한 처분능력이나 권한 있음을 요하지 않는다.

해설

① [○] 금전 그 밖의 대체물이나 유가증권의 일정한 수량의 지급을 목적으로 하는 청구에 대하여 채권자의 신청에 따라 민사소송법상의 '독촉절차'에서 법원은 채무자를 심문하지 아니한 채 간이 · 신속하게 이행에 관한 명령으로 '지급명령'을 할 수 있다(민사소송법 제462조). '지급명령'이 있으면 '지급명령신청서'를 관할법원에 제출한 때 시효중단의 효력이 생긴다(대판 2011.11.10. 2011다54686).

② [○] 승인을 할 수 있는 자는 **시효이익을 받을 채무자** 또는 그 대리인이다(대판 2016.10.27. 2015다239744).

③ [×] 判例는 ㉠ 가압류에 의한 시효중단의 효력은 가압류의 집행보전의 효력이 존속하는 동안은 '계속'(가압류등기가 말소되지 않고 남아 있는 동안)되는 것이고(계속설)(대판 2013.11.14. 2013다18622), ㉡ 가압류의 피보전채권에 관하여 본안의 승소판결이 확정되었다고 하더라도 가압류에 의한 시효중단의 효력이 이에 '흡수'되어 소멸된다고 할 수는 없다고 한다(비흡수설)(대판 2000.4.25. 2000다11102).

④ [○]
> 제178조(중단 후에 시효진행) 「②항 재판상의 청구로 인하여 중단한 시효는 전항의 규정에 의하여 재판이 확정된 때로부터 새로이 진행한다.」

⑤ [○]
> 제177조(승인과 시효중단) 「시효중단의 효력 있는 승인에는 상대방의 권리에 관한 처분의 능력이나 권한 있음을 요하지 아니한다.」

정답 | ③

06 소멸시효의 중단에 관한 설명으로 옳지 않은 것은? (다툼이 있으면 판례에 따름) [22세무사]

① 재판상 청구가 각하된 후 6월 내에 다시 재판상 청구를 하면 시효는 최초의 재판상 청구로 인하여 중단된 것으로 본다.

② 채무의 승인은 시효이익을 받을 자가 시효로 권리를 잃는 자에게 그 권리가 있음을 알고 있다는 뜻을 표시함으로써 성립하는 관념의 통지이다.

③ 시효중단의 효력 있는 승인에는 상대방의 권리에 관한 처분의 능력이나 권한 있음을 요한다.

④ 시효를 주장하는 자가 제기한 소에 대하여 권리자가 피고로서 응소하여 적극적으로 권리를 주장하고 그것이 받아들여진 경우, 시효중단의 효과가 발생한다.

⑤ 시효중단의 효과는 원칙적으로 시효중단에 관여한 당사자로부터 중단의 효과를 받는 권리를 그 중단 효과의 발생 이후에 승계한 특정승계인에게도 미친다.

해설

① [○]
> 제170조(재판상의 청구와 시효중단) 「①항 재판상의 청구는 소송의 각하, 기각 또는 취하의 경우에는 시효중단의 효력이 없다. ②항 전항의 경우에 6월 내에 재판상의 청구, 파산절차참가, 압류 또는 가압류, 가처분을 한 때에는 시효는 최초의 재판상 청구로 인하여 중단된 것으로 본다.」

② [○] 채무의 승인이란 소멸시효의 이익을 받을 자가 소멸시효완성에 의하여 권리를 잃게 될 자에 대하여 그 권리의 존재를 인식하고 있다는 것을 표시하는 관념의 통지이다.

③ [×]
> 제177조(승인과 시효중단) 「시효중단의 효력 있는 승인에는 상대방의 권리에 관한 처분의 능력이나 권한 있음을 요하지 아니한다.」

④ [○] 判例는 응소행위로서 상대방의 청구를 적극적으로 다투면서 자신의 권리를 주장하는 것은 ⅰ) 자신이 권리 위에 잠자는 자가 아님을 표명한 것이고, ⅱ) (권리불행사라는) 계속된 사실상태와 상용할 수 없는 다른 사정이 발생한 때로 보아야 할 것임을 이유로 재판상 청구에 해당하여 시효가 중단된다는 입장이다(대판 1993.12.21. 전합 92다47861).

⑤ [○] 시효중단의 효력은 당사자 및 그 승계인 간에만 미치는바, 여기서 당사자라 함은 중단행위에 관여한 당사자를 가리키고 시효의 대상인 권리 또는 청구권의 당사자는 아니며, 승계인이라 함은 '시효중단에 관여한 당사자로부터 중단의 효과를 받는 권리를 그 중단효과 발생 이후에 승계한 자'를 뜻하고, 포괄승계인은 물론 특정승계인도 이에 포함된다(대판 1997.4.25. 96다46484).

정답 | ③

07 소멸시효에 관한 설명으로 가장 적절하지 않은 것은? (다툼이 있는 경우 판례에 의함) [21법학경채]

① 甲이 乙로부터 부동산을 매수한 후 그 부동산을 인도받아 점유하고 있으나 아직 매매대금을 지급하지 않고 있으며 등기는 여전히 乙로 되어 있다. 이 경우 甲의 乙에 대한 소유권이전등기청구권은 채권적 청구권이지만 소멸시효에 걸리지 않는다.

② 보험사고가 발생한 것인지의 여부가 객관적으로 분명하지 아니하여 보험금액청구권자가 과실 없이 보험사고의 발생을 알 수 없었다고 하더라도 보험금액청구권의 소멸시효는 보험사고가 발생한 때로부터 진행한다.

③ 채권자가 피고로서 응소하여 적극적으로 권리를 주장하고 그것이 받아들여 진 경우, 시효중단사유인 '재판상의 청구'에 해당한다.

④ 채권 시효 중단사유로서의 승인은 시효이익을 받을 당사자인 채무자가 그 시효의 완성으로 권리를 상실하게 될 자 또는 그 대리인에 대하여 그 권리가 존재함을 인식하고 있다는 뜻을 표시함으로써 성립한다.

해설

① [○] '시효제도의 존재이유'에 비추어 보아 부동산 매수인이 그 목적물을 인도받아서 이를 사용수익하고 있는 경우에는 그 매수인을 '권리 위에 잠자는 것'으로 볼 수도 없고 또 매도인 명의로 등기가 남아 있는 상태와 매수인이 인도받아 이를 사용수익하고 있는 상태를 비교하면 매도인 명의로 잔존하고 있는 등기를 보호하기보다는 매수인의 사용수익상태를 더욱 보호하여야 할 것이므로 그 매수인의 등기청구권은 다른 채권과는 달리 소멸시효에 걸리지 않는다(대판 1976.11.6. 전합 76다148).

② [×] 보험금청구권은 원칙적으로 보험사고가 발생한 사실을 알았는지 여부를 묻지 않고 보험사고가 발생한 때부터 소멸시효가 진행하나(대판 2015.3.26. 2012다25432 등), 보험사고가 발생하였는지 여부가 객관적으로 분명하지 아니하여 객관적으로 보아 보험사고가 발생한 사실을 확인할 수 없는 사정이 있는 경우에는 보험금청구권자가 보험사고의 발생을 알았거나 알 수 있었던 때로부터 소멸시효가 진행한다(대판 2001.4.27. 2000다31168).

③ [○] 제168조 제1호, 제170조 제1항에서 시효중단사유의 하나로 규정하고 있는 재판상의 청구라 함은, 통상적으로는 권리자가 원고로서 시효를 주장하는 자를 피고로 하여 소송물인 권리를 소의 형식으로 주장하는 경우를 가리키지만, 이와 반대로 시효를 주장하는 자가 원고가 되어 소를 제기한 데 대하여 피고로서 응소하여 그 소송에서 적극적으로 권리를 주장하고 그것이 받아들여진 경우도 마찬가지로 이에 포함되는 것으로 해석함이 타당하다(대판 1993.12.21. 전합 92다47861).

④ [○] 소멸시효 중단사유로서의 채무승인은 시효이익을 받는 당사자인 채무자가 소멸시효의 완성으로 채권을 상실하게 될 자에 대하여 상대방의 권리 또는 자신의 채무가 있음을 알고 있다는 뜻을 표시함으로써 성립하는 이른바 '관념의 통지'로 여기에 어떠한 효과의사가 필요하지 않다(대판 2013.2.28. 2011다21556).

정답 | ②

08 소멸시효의 효력 등에 관한 설명 중 가장 적절하지 않은 것은? (다툼이 있으면 판례에 의함) [19법학경채]

① 소멸시효는 압류 또는 가압류, 가처분에 의하여 중단된다.

② 부작위를 목적으로 하는 채권의 소멸시효는 위반행위를 한 때로부터 진행한다.

③ 보증채무는 주채무와는 별개의 독립한 채무이므로 보증채무와 주채무의 소멸시효 기간은 그 채무의 성질에 따라 각각 별개로 정해진다.

④ 판결에 의하여 확정된 채권은 단기의 소멸시효에 해당한 것이라도 그 소멸시효는 5년으로 연장된다.

해설

① [○]
> 제168조(소멸시효의 중단사유) 「소멸시효는 다음 각 호의 사유로 인하여 중단된다. 1. 청구 2. 압류 또는 가압류, 가처분 3. 승인」

② [○]
> 제166조(소멸시효의 기산점) 「②항 부작위를 목적으로 하는 채권의 소멸시효는 위반행위를 한 때로부터 진행한다.」

③ [○] 보증채무는 주채무와는 별개의 독립한 채무이므로 보증채무와 주채무의 소멸시효기간은 채무의 성질에 따라 각각 별개로 정해진다. 그리고 주채무자에 대한 확정판결에 의하여 제163조 각 호의 단기소멸시효에 해당하는 주채무의 소멸시효기간이 10년으로 연장된 상태에서 주채무를 보증한 경우, 특별한 사정이 없는 한 보증채무에 대하여는 제163조 각 호의 단기소멸시효가 적용될 여지가 없고, 성질에 따라 보증인에 대한 채권이 민사채권인 경우에는 10년, 상사채권인 경우에는 5년의 소멸시효기간이 적용된다(대판 2014.6.12. 2011다76105).

④ [×]
> 제165조(판결등에 의하여 확정된 채권의 소멸시효) 「①항 판결에 의하여 확정된 채권은 단기의 소멸시효에 해당한 것이라도 그 소멸시효는 10년으로 한다.」

정답 | ④

---

09 소멸시효의 중단사유 중 청구에 해당하지 않은 것은? [16소방간부]

① 혼인관계의 종료 ② 파산절차참가 ③ 지급명령
④ 화해를 위한 소환 ⑤ 최고

해설

① [×]
> 제180조(재산관리자에 대한 제한능력자의 권리, 부부 사이의 권리와 시효정지) 「②항 부부 중 한쪽이 다른 쪽에 대하여 가지는 권리는 혼인관계가 종료된 때부터 6개월 내에는 소멸시효가 완성되지 아니한다.」

▶ 혼인관계의 종료는 소멸시효의 정지사유 중 하나이다.

② [○]
> 제171조(파산절차참가와 시효중단) 「파산절차참가는 채권자가 이를 취소하거나 그 청구가 각하된 때에는 시효중단의 효력이 없다.」

③ [○]
> 제172조(지급명령과 시효중단) 「지급명령은 채권자가 법정기간 내에 가집행신청을 하지 아니함으로 인하여 그 효력을 잃은 때에는 시효중단의 효력이 없다.」

④ [○]
> 제173조(화해를 위한 소환, 임의출석과 시효중단) 「화해를 위한 소환은 상대방이 출석하지 아니 하거나 화해가 성립되지 아니한 때에는 1월 내에 소를 제기하지 아니하면 시효중단의 효력이 없다. 임의출석의 경우에 화해가 성립되지 아니한 때에도 그러하다.」

⑤ [○]
> 제174조(최고와 시효중단) 「최고는 6월 내에 재판상의 청구, 파산절차참가, 화해를 위한 소환, 임의출석, 압류 또는 가압류, 가처분을 하지 아니하면 시효중단의 효력이 없다.」

정답 | ①

10 소멸시효의 중단에 관한 설명으로 가장 적절하지 않은 것은? (다툼이 있으면 판례에 의함) [20법학경채]

① 최고를 여러 번 거듭하다가 재판상 청구를 한 경우, 시효 중단의 효력은 최초의 최고시에 발생한다.

② 시효 완성 전에 채무의 일부를 변제한 경우, 그 수액에 관하여 다툼이 없는 한, 채무승인으로서의 효력이 있어 시효 중단의 효과가 발생한다.

③ 국가의 채무에 대한 소멸시효의 중단사유인 승인은 이를 할 권한 있는 자가 적법한 절차에 의하여 하는 것이 아니면 효력이 없다.

④ 시효의 중단은 당사자 및 그 승계인 간에만 효력이 있다.

해설

① [×] 제174조가 시효중단 사유로 규정하고 있는 <u>최고를 여러 번 거듭하다가 재판상 청구 등을 한 경우에 ⅰ) 시효중단의 효력은 항상 최초의 최고 시에 발생하는 것이 아니라 재판상 청구 등을 한 시점을 기준으로 하여 이로부터 소급하여 6월 이내에 한 최고 시에 발생하고, ⅱ) 제170조의 해석상 재판상의 청구는 그 소송이 취하된 경우에는 그로부터 6월 내에 다시 재판상의 청구를 하지 않는 한 시효중단의 효력이 없고, 다만 재판 외의 최고의 효력만을 갖게 된다.</u> ⅲ) 이러한 법리는 그 소가 각하된 경우에도 마찬가지로 적용된다(대판 2019.3.14. 2018두56435).

② [○] <u>시효완성 전에 채무의 일부를 변제한 경우에는, 그 수액에 관하여 다툼이 없는 한 채무승인으로서의 효력이 있어 시효중단의 효과가 발생한다</u>(대판 1996.1.23. 95다39854).

　　쟁점정리 判例(대판 1980.5.13. 78다1790 등)는 ⅰ) 채무자가 이자를 지급하거나, 일부변제를 하고(채무전부에 관한 시효중단), 담보를 제공하는 것은 묵시적 승인을 한 것으로 본다(대판 1996.1.23. 95다39854). ⅱ) 또한 채무자가 기한의 유예를 요청하는 것, 채무를 인수하는 것, 그리고 상계의 의사표시를 하는 것은 수동채권에 관한 한 승인을 한 것이라고 볼 것이다.

③ [○] <u>국가의 채무에 대하여 소멸시효의 중단사유인 승인은 이를 할 권한 있는 자가 적법한 절차에 의하여 하는 것이 아니면 효력이 없다</u>(대판 1970.3.10. 69다401).

④ [○]

> 제169조(시효중단의 효력) 「시효의 중단은 당사자 및 그 승계인 간에만 효력이 있다.」

정답 | ①

---

11 소멸시효의 중단에 관한 설명으로 옳지 않은 것은? [18소방간부]

① 재판상 청구로 인하여 중단된 시효는 재판이 청구된 때로부터 새로이 진행한다.

② 시효 중단의 효력이 있는 승인에는 상대방의 권리에 관한 처분의 능력이나 권한 있음을 요하지 아니한다.

③ 시효의 중단은 원칙적으로 당사자 및 그 승계인 사이에만 효력이 있다.

④ 지급명령은 채권자가 법정기간 내에 가집행신청을 하지 아니함으로 인하여 그 효력을 잃은 때에는 시효 중단의 효력이 없다.

⑤ 시효가 중단된 때에는 중단되기까지 경과한 시효기간은 이를 산입하지 아니하고, 중단사유가 종료한 때로부터 새로이 진행한다.

해설

① [×]

> 제178조(중단 후에 시효진행) 「②항 재판상의 청구로 인하여 중단한 시효는 전항의 규정에 의하여 <u>재판이 확정된 때로부터</u> 새로이 신행한다.」

② [○]

> 제177조(승인과 시효중단) 「시효중단의 효력 있는 승인에는 상대방의 권리에 관한 처분의 능력이나 권한 있음을 요하지 아니한다.」

③ [○]

> 제169조(시효중단의 효력) 「시효의 중단은 당사자 및 그 승계인 간에만 효력이 있다.」

④ [○]
제172조(지급명령과 시효중단) 「지급명령은 채권자가 법정기간내에 가집행신청을 하지 아니함으로 인하여 그 효력을 잃은 때에는 시효중단의 효력이 없다.」

⑤ [○]
제178조(중단 후에 시효진행) 「①항 시효가 중단된 때에는 중단까지에 경과한 시효기간은 이를 산입하지 아니하고 중단사유가 종료한 때로부터 새로이 진행한다.」

정답 | ①

12 시효 중단에 관한 설명으로 옳지 않은 것은? (다툼이 있으면 판례에 따름) [19세무사]

① 채권의 양수인이 채권양도의 대항요건을 갖추지 못한 상태에서 채무자를 상대로 재판상 청구를 한 경우, 소멸시효 중단사유인 재판상 청구에 해당한다.

② 가압류의 피보전채권에 관하여 본안의 승소판결이 확정된 경우에도 가압류에 의한 시효 중단의 효력은 소멸되지 않는다.

③ 채무부존재확인의 소에서 피고로서 응소하여 그 소송에서 적극적으로 권리를 주장하고 그것이 받아들여진 경우, 시효 중단사유인 재판상의 청구에 해당한다.

④ 시효 중단사유가 주채무자에 대한 압류·가압류 및 가처분인 경우, 이를 보증인에게 통지하여야 보증인에 대한 시효 중단의 효력이 발생한다.

⑤ 시효 중단의 효력이 있는 채무승인은 묵시적으로도 할 수 있다.

해설

① [○] 비록 채권양도의 대항요건을 갖추지 못하여 채무자에게 대항하지 못한다고 하더라도 채권의 양수인이 채무자를 상대로 재판상 청구를 하였다면 이는 소멸시효 중단사유인 재판상 청구에 해당한다고 보아야 한다(대판 2018.6.15. 2018다10920).

② [○] 특히 '가압류'의 경우가 문제되는바, 判例는 ㉠ 가압류에 의한 시효중단의 효력은 가압류의 집행보전의 효력이 존속하는 동안은 '계속'(가압류등기가 말소되지 않고 남아 있는 동안)되는 것이고(계속설)(대판 2000.4.25. 2000다11102; 대판 2013.11.14. 2013다18622), ㉡ 가압류의 피보전채권에 관하여 본안의 승소판결이 확정되었다고 하더라도 가압류에 의한 시효중단의 효력이 이에 '흡수'되어 소멸된다고 할 수는 없다고 한다(비흡수설)(대판 2000.4.25. 2000다11102).

③ [○] 判例는 응소행위로서 상대방의 청구를 적극적으로 다투면서 자신의 권리를 주장하는 것은 ⅰ) 자신이 권리 위에 잠자는 자가 아님을 표명한 것이고, ⅱ) (권리불행사라는) 계속된 사실상태와 상용할 수 없는 다른 사정이 발생한 때로 보아야 할 것임을 이유로 긍정설의 입장이다(대판 1993.12.21. 전합 92다47861).

④ [×] 제169조는 "시효의 중단은 당사자 및 그 승계인 간에만 효력이 있다."고 규정하고 있고, 한편 제440조는 "주채무자에 대한 시효의 중단은 보증인에 대하여 그 효력이 있다."라고 규정하고 있는바, 제440조는 제169조의 예외 규정으로서 이는 채권자 보호 내지 채권담보의 확보를 위하여 주채무자에 대한 시효중단의 사유가 발생하였을 때는 그 보증인에 대한 별도의 중단조치가 이루어지지 아니하여도 동시에 시효중단의 효력이 생기도록 한 것이고, 그 시효중단사유가 압류, 가압류 및 가처분이라고 하더라도 이를 보증인에게 통지하여야 비로소 시효중단의 효력이 발생하는 것은 아니다(대판 2005.10.27. 2005다35554).

[쟁점정리] 소멸시효 중단의 인적 범위(예외)

ⅰ) 물상보증인의 재산에 대해 압류를 한 경우에 이를 채무자에게 통지하면 채무자에 대해서도 시효가 중단되며(제176조), ⅱ) 요역지가 수인의 공유인 경우에 그 1인에 의한 지역권의 소멸시효의 중단 또는 정지는 다른 공유자에 대하여도 효력이 있고(제296조), ⅲ) 어느 연대채무자에 대한 이행청구는 다른 연대채무자에게도 효력이 있으며(제416조)(따라서 시효중단의 효력을 같이 받는다), ⅳ) 주채무자에 대한 시효의 중단은 보증인에게도 미친다(제440조).

⑤ [○] 승인에는 특별한 방식을 필요로 하지 않는다. 이 중 '묵시적 승인'은 채무자가 그 채무의 존재 및 액수에 대하여 인식하고 있음을 전제로 하여 그 표시를 대하여 상대방으로 하여금 채무자가 그 채무를 인식하고 있음을 그 표시를 통하여 추단하게 할 수 있는 방법으로 행하여지면 족하다(대판 2006.9.22. 2006다22852, 22869 등).

정답 | ④

13 소멸시효의 중단에 관한 설명으로 옳지 않은 것은? (다툼이 있으면 판례에 따름) [20세무사]

① 재심의 소제기는 시효 중단사유인 재판상의 청구에 준한다.

② 원고의 소제기에 대하여 피고가 응소를 한 경우, 응소로 인한 시효 중단의 효력은 피고가 응소한 때가 아니라 원고가 소를 제기한 때에 발생한다.

③ 시효 중단의 효력 있는 승인에는 상대방의 권리에 관한 처분권한이 있음을 요하지 않는다.

④ 원인채권의 지급을 확보하기 위하여 어음이 수수된 경우, 어음채권을 피보전권리로 한 가압류는 원인채권의 소멸시효를 중단시키는 효력이 있다.

⑤ 파산절차참가는 채권자가 이를 취소하면 시효 중단의 효력이 없다.

해설

① [○] 재판상 청구란 자기 권리를 재판상 주장하는 것을 말한다. 재판상의 청구가 시효중단의 사유가 되려면 그 청구가 채권자 또는 그 채권을 행사할 권능을 가진 자에 의하여 이루어져야 하고(대판 2014.6.26. 2013다45716), 민사소송이기만 하면, 그것이 본소이든 반소이든, 이행·형성·확인의 소이든, 재심의 소(대판 1996.9.24. 96다11334)이든 이를 묻지 않는다.

② [×] 응소행위로 인한 시효중단의 효력은 원고의 소제기시가 아니라 피고가 현실적으로 권리를 행사하여 응소한 때에 발생하며(대판 2005.12.23. 2005다59383), 답변서(준비서면)를 법원에 제출하여 법원이 상대방에게 송달하는 경우에는, 답변서(준비서면)가 법원에 제출된 때 시효가 중단된다.

③ [○]

> 제177조(승인과 시효중단) 「시효중단의 효력 있는 승인에는 상대방의 권리에 관한 처분의 능력이나 권한 있음을 요하지 아니한다.」

④ [○] 원인채권의 지급을 확보하기 위한 방법으로 어음이 수수된 경우, 이러한 어음은 경제적으로 동일한 급부를 위하여 원인채권의 지급수단으로 수수된 것으로서 그 어음채권의 행사는 원인채권을 실현하기 위한 것일 뿐만 아니라, 원인채권의 소멸시효는 어음금청구소송에서 채무자의 인적항변사유에 해당하는 관계로 채권자가 어음채권의 소멸시효를 중단하여 두어도 채무자의 인적항변에 따라 그 권리를 실현할 수 없게 되는 불합리한 결과가 발생하게 되므로, 채권자가 어음채권에 기하여 청구를 하는 반대의 경우에는 원인채권의 소멸시효를 중단시키는 효력이 있고, 이러한 법리는 어음채권을 피보전권리로 하여 채무자의 재산을 가압류함으로써 그 권리를 행사한 경우에도 마찬가지로 적용된다(대판 1961.11.9. 4293민상748; 대판 1999.6.11. 99다16378).

⑤ [○]

> 제171조(파산절차참가와 시효중단) 「파산절차참가는 채권자가 이를 취소하거나 그 청구가 각하된 때에는 시효중단의 효력이 없다.」

정답 | ②

14 소멸시효의 중단사유에 관한 설명으로 옳지 않은 것은? (다툼이 있으면 판례에 따름) [18행정사]

① 지급명령 신청은 시효 중단사유가 아니다.

② 부동산의 가압류로 중단된 시효는 특별한 사정이 없는 한, 가압류등기가 말소된 때로부터 새로이 진행된다.

③ 채무승인이 있었다는 사실은 이를 주장하는 채권자 측에서 증명하여야 한다.

④ 채무의 일부 변제로 채무승인으로서 시효 중단사유가 될 수 있다.

⑤ 시효 중단의 효력이 있는 승인에는 상대방의 권리에 관한 처분의 능력이나 권한이 있음을 요하지 않는다.

해설

① [×] 권리자가 이행의 소를 대신하여 재판기관의 공권적인 법률판단을 구하는 '지급명령의 신청'도 포함된다(대판 2011.11.10. 2011다54686; 제172조의 '지급명령'과 구별할 것). 주의할 것은 예를 들어 甲이 乙을 상대로 불법행위에 따른 손해배상금의 지급을 구하는 지급명령을 신청하였다가 '각하'되자 그로부터 6개월 내에 손해배상청구의 소를 제기한 경우 소를 제기한 날이 아니라 당초 지급명령의 신청이 있었던 때에 중단되었다고 보아야 한다는 것이 判例의 입장이다(대판 2011.11.10. 2011다54686).

② [○] 가압류에 의한 시효중단은 경매절차에서 부동산이 매각되어 가압류등기가 말소되기 전에 배당절차가 진행되어 가압류채권자에 대한 배당표가 확정되는 등의 특별한 사정이 없는 한, 채권자가 가압류집행에 의하여 권리행사를 계속하고 있다고 볼 수 있는 가압류등기가 말소된 때 그 중단사유가 종료되어, 그때부터 새로 소멸시효가 진행한다(대판 2013.11.14. 2013다18622).

③ [○] 승인이 있었다는 사실에 관하여는 이를 주장하는 자(채권자)가 주장, 증명해야 한다. 한편 判例는 원고가 소장에서 "피고들이 지연손해금의 일부를 변제하였으니 나머지 지연손해금의 지급을 구한다."는 주장을 한 것만으로는 이를 "일부변제가 있었으니 소멸시효 중단사유에 해당하는 채무의 승인이 있었다."는 취지로 주장한 것으로 볼 수 없다고 한다(대판 1978.12.26. 전합 78다1417).

④ [○] 시효완성 전에 채무의 일부를 변제한 경우에는, 그 수액에 관하여 다툼이 없는 한 채무승인으로서의 효력이 있어 시효중단의 효과가 발생한다(대판 1996.1.23. 95다39854).

[관련판례] 判例(대판 1980.5.13. 78다1790 등)는 ⅰ) 채무자가 이자를 지급하거나, 일부변제를 하고(채무전부에 관한 시효중단), 담보를 제공하는 것은 묵시적 승인을 한 것으로 본다(대판 1996.1.23. 95다39854). ⅱ) 또한 채무자가 기한의 유예를 요청하는 것, 채무를 인수하는 것, 그리고 상계의 의사표시를 하는 것은 수동채권에 관한 한 승인을 한 것이라고 볼 것이다.

⑤ [○]

> 제177조(승인과 시효중단) 「시효중단의 효력 있는 승인에는 상대방의 권리에 관한 처분의 능력이나 권한 있음을 요하지 아니한다.」

정답 | ①

제2관 소멸시효의 정지

15 소멸시효 중단 또는 정지에 관한 설명 중 옳은 것을 모두 고른 것은? (다툼이 있는 경우 판례에 의함)

[22경찰간부]

가. 임의출석의 경우에 화해가 성립되지 아니한 때에는 1월 내에 소를 제기하지 아니하면 시효중단의 효력이 없다.

나. 소멸시효의 중단사유로서의 승인과 관련하여 현존하지 아니하는 장래의 채권을 미리 승인하는 것은 채무자가 그 권리의 존재를 인식하고서 한 것이라고 볼 수 없어 허용되지 않는다.

다. 채권자가 물상보증인 소유의 부동산에 대하여 압류를 한 경우, 채무자에게 압류사실이 통지되어야만 시효 중단의 효력이 그 채무자에게 미치게 된다.

라. 천재 기타 사변으로 인하여 소멸시효를 중단할 수 없을 때에는 그 사유가 종료한 때로부터 6월내에는 시효가 완성하지 아니한다.

① 가, 나, 다
② 가, 나, 라
③ 가, 다, 라
④ 나, 다, 라

해설

가. [○]

> 제173조(화해를 위한 소환, 임의출석과 시효중단) 「화해를 위한 소환은 상대방이 출석하지 아니 하거나 화해가 성립되지 아니한 때에는 1월 내에 소를 제기하지 아니하면 시효중단의 효력이 없다. 임의출석의 경우에 화해가 성립되지 아니한 때에도 그러하다.」

나. [○] 제168조의 시효중단사유로서의 '승인'은 시효이익을 받을 당사자인 채무자가 그 권리의 존재를 인식하고 있다는 뜻을 표시함으로써 성립하는 것이므로, 이는 소멸시효의 진행이 개시된 이후에만 가능하고, 그 이전에 승인을 하더라도 시효가 중단되지는 않는다. 또한 현존하지 아니하는 장래의 채권을 미리 승인하는 것은 채무자가 그 권리의 존재를 인식하고서 한 것이라고 볼 수 없어 허용되지 않는다(대판 2001.11.9. 2001다52568).

다. [○] 시효완성의 이익을 받을 자(채무자)가 아니라 제3자(물상보증인 또는 저당부동산의 제3취득자 등)에 대해 압류 등을 한 경우에는, 그 자(채무자)에 대하여 통지한 때에 시효중단의 효력이 발생한다(제176조).

라. [×]

> 제182조(천재 기타 사변과 시효정지) 「천재 기타 사변으로 인하여 소멸시효를 중단할 수 없을 때에는 그 사유가 종료한 때로부터 1월 내에는 시효가 완성하지 아니한다.」

정답 | ①

16 소멸시효의 중단 또는 정지에 관한 설명으로 옳지 않은 것은? (다툼이 있으면 판례에 따름) [15행정사]

① 재판상의 청구는 그 소송이 취하된 경우에는 그로부터 6개월 내에 다시 재판상의 청구 등을 하지 않는 한 소멸시효 중단의 효력이 없다.

② 당연무효의 가압류·가처분은 소멸시효의 중단사유에 해당하지 않는다.

③ 부부 중 한쪽이 다른 쪽에 대하여 갖는 권리는 혼인관계가 종료된 때부터 6개월 내에는 소멸시효가 완성되지 않는다.

④ 승인은 소멸시효의 진행이 개시된 이후에만 가능하고, 그 이전에는 승인을 하더라도 시효가 중단되지 않는다.

⑤ 시효 중단의 효력이 있는 승인에는 상대방의 권리에 관한 처분의 능력이나 권한이 있을 것을 요한다.

해설

① [○]
> 제170조(재판상의 청구와 시효중단) 「①항 재판상의 청구는 소송의 각하, 기각 또는 취하의 경우에는 시효중단의 효력이 없다. ②항 전항의 경우에 6월 내에 재판상의 청구, 파산절차참가, 압류 또는 가압류, 가처분을 한 때에는 시효는 최초의 재판상청구로 인하여 중단된 것으로 본다.」

② [○] 가압류 등은 유효한 것이어야 하므로, 이미 사망한 자를 피신청인으로 한 가압류신청에 따른 가압류결정(당연 무효의 가압류)은 이에 해당하지 않는다(대판 2006.8.24. 2004다26287).

③ [○]
> 제180조(재산관리자에 대한 제한능력자의 권리, 부부 사이의 권리와 시효정지) 「②항 부부 중 한쪽이 다른 쪽에 대하여 가지는 권리는 혼인관계가 종료된 때부터 6개월 내에는 소멸시효가 완성되지 아니한다.」

④ [○] 승인은 시효이익을 받을 당사자인 채무자가 그 권리의 존재를 인식하고 있다는 뜻을 표시함으로써 성립하는 것이므로, 이는 소멸시효의 진행이 개시된 이후에만 가능하고, 그 이전에 승인을 하더라도 시효가 중단되지는 않는다.
또한 현존하지 아니하는 장래의 채권을 미리 승인하는 것은 채무자가 그 권리의 존재를 인식하고서 한 것이라고 볼 수 없어 허용되지 않는다(대판 2001.11.9. 2001다52568). 한편 승인은 시효완성 전에 하는 것이고, 시효완성 후의 승인은 소멸시효이익의 포기(제184조 제1항)로 다루어진다.

⑤ [×]
> 제177조(승인과 시효중단) 「시효중단의 효력 있는 승인에는 상대방의 권리에 관한 처분의 능력이나 권한 있음을 요하지 아니한다.」

정답 | ⑤

17 소멸시효의 중단과 정지에 관한 설명으로 옳지 않은 것은? (다툼이 있으면 판례에 따름) [20행정사]

① 미성년자가 법정대리인의 허락을 얻어 특정한 영업을 하는 경우, 제한능력자를 위한 시효 정지에 관한 제179조는 적용되지 않는다.

② 채권자가 채무자를 고소하여 형사소송이 개시되어도 이를 가지고 그 채권에 대한 소멸시효의 중단사유인 재판상 청구로 볼 수 없다.

③ 주채무자에 대한 시효의 중단은 보증인에 대하여 그 효력이 있다.

④ 공무원 파면처분의 효력을 다투고자 할 때, 파면처분 이후의 보수금채권의 소멸시효를 중단하기 위해서는 보수금 채권 자체에 관한 이행소송을 제기하여야 하며, 파면처분무효확인의 소를 제기한 것만으로는 시효 중단의 효과가 발생하지 않는다.

⑤ 동일 당사자 사이의 계속적인 금전거래로 인하여 수개의 금전채무가 있는 경우, 특별한 사정이 없다면, 채무의 일부 변제도 그것을 채무의 일부로서 변제한 이상 그 채무 전부에 관하여 시효 중단의 효력이 발생한다.

해설

① [○]

> 제179조(제한능력자의 시효정지) 「소멸시효의 기간만료 전 6개월 내에 제한능력자에게 법정대리인이 없는 경우에는 그가 능력자가 되거나 법정대리인이 취임한 때부터 6개월 내에는 시효가 완성되지 아니한다.」

▶ 미성년자가 법정대리인으로부터 허락을 얻은 특정한 영업에 관하여는 성년자와 동일한 행위능력이 있으므로(제8조 제1항), 그 영업에 관해서는 제한능력자를 위한 시효정지에 관한 제179조가 적용되지 않는다.

② [○] 형사소송은 국가형벌권의 행사가 목적이므로, 피해자가 가해자를 고소하였거나 그 고소에 기하여 형사재판이 개시되었어도 시효 중단사유가 되지 못한다. 다만, 判例는 소송촉진 등에 관한 특례법의 '배상명령신청'은 시효중단사유인 재판상의 청구에 해당한다고 한다(대판 1999.3.12. 98다18124).

③ [○] 제169조는 "시효의 중단은 당사자 및 그 승계인 간에만 효력이 있다."고 규정하고 있고, 한편 제440조는 "주채무자에 대한 시효의 중단은 보증인에 대하여 그 효력이 있다."라고 규정하고 있는바, 제440조는 제169조의 예외 규정으로서 이는 채권자 보호 내지 채권담보의 확보를 위하여 주채무자에 대한 시효중단의 사유가 발생하였을 때는 그 보증인에 대한 별도의 중단조치가 이루어지지 아니하여도 동시에 시효중단의 효력이 생기도록 한 것이고, 그 시효중단사유가 압류, 가압류 및 가처분이라고 하더라도 이를 보증인에게 통지하여야 비로소 시효중단의 효력이 발생하는 것은 아니다(대판 2005.10.27. 2005다35554).

④ [×] 기본적 법률관계에 관한 확인청구의 소의 제기는 그 법률관계로부터 생기는 개개의 권리에 대한 소멸시효의 중단사유가 된다. 예컨대, 파면처분무효확인의 소(또는 고용관계존재확인의 소)는 파면 후의 임금채권에 대한 재판상 청구에 해당하여 시효중단의 효력이 있다(대판 1978.4.11. 77다2509). 반대로 소유권의 취득시효를 중단시키는 재판상 청구에는 소유권확인청구는 물론, 소유권의 존재를 전제로 하는 다른 권리주장도 포함한다(소유물반환청구 · 등기말소청구 · 손해배상청구 등)(대판 1979.7.10. 79다569).

⑤ [○] 동일 당사자간의 계속적인 금전거래로 인하여 수개의 금전채무가 있는 경우에 채무의 일부 변제는 채무의 일부로서 변제한 이상 그 채무 전부에 관하여 시효중단의 효력을 발생하는 것으로 보아야 하고 동일 당사자 간에 계속적인 거래관계로 인하여 수개의 금전채무가 있는 경우에 채무자가 전채무액을 변제하기에 부족한 금액을 채무의 일부로 변제한 때에는 특별한 사정이 없는 한 기존의 수개의 채무전부에 대하여 승인을 하고 변제한 것으로 보는 것이 상당하다(대판 1980.5.13. 78다1790).

정답 | ④

18 소멸시효에 관한 설명으로 옳지 않은 것은? (다툼이 있으면 판례에 따름) [18행정사]

① 시효의 이익을 받은 자가 소송에서 소멸시효 완성사실을 주장하지 않으면, 그 의사에 반하여 재판할 수 없다.

② 천재 기타 사변으로 인하여 소멸시효를 중단할 수 없는 경우에는 그 사유가 종료한 때에 시효가 완성된다.

③ 부작위를 목적으로 하는 채권의 소멸시효는 위반행위를 한 때로부터 진행한다.

④ 파산절차에 의하여 확정된 채권이 확정 당시에 변제기가 이미 도래한 경우, 그 시효는 10년으로 한다.

⑤ 소멸시효는 그 기산일에 소급하여 효력이 생긴다.

해설

① [○] 소멸시효에서는 '**변론주의**'의 원칙상 당사자의 주장이 있어야 법원이 이를 판단하게 되지만, 제척기간에서는 기간의 경과에 의한 권리의 소멸이 절대적인 것이므로 소송에서 당사자가 이를 주장하지 않더라도 법원이 '직권'으로 판단하여야 한다(대판 1996.9.20. 96다25371).

② [×] 제182조(천재 기타 사변과 시효정지) 「천재 기타 사변으로 인하여 소멸시효를 중단할 수 없을 때에는 그 사유가 종료한 때로부터 1월 내에는 시효가 완성하지 아니한다.」

③ [○] 제166조(소멸시효의 기산점) 「②항 부작위를 목적으로 하는 채권의 소멸시효는 위반행위를 한 때로부터 진행한다.」

④ [○] 제165조(판결등에 의하여 확정된 채권의 소멸시효) 「①항 판결에 의하여 확정된 채권은 단기의 소멸시효에 해당한 것이라도 그 소멸시효는 10년으로 한다. ②항 파산절차에 의하여 확정된 채권 및 재판상의 화해, 조정 기타 판결과 동일한 효력이 있는 것에 의하여 확정된 채권도 전항과 같다. ③항 전2항의 규정은 판결확정 당시에 변제기가 도래하지 아니한 채권에 적용하지 아니한다.」

⑤ [○] 제167조(소멸시효의 소급효) 「소멸시효는 그 기산일에 소급하여 효력이 생긴다.」

정답 | ②

19 소멸시효에 관한 다음 설명 중 가장 옳은 것은? (다툼이 있는 경우 판례에 의하고, 전원합의체 판결의 경우 다수 의견에 의함)

[20서기보]

① 부진정연대채무에서 채무자 1인에 대한 재판상 청구 또는 채무자 1인이 행한 채무의 승인 등 소멸시효의 중단사유나 시효이익의 포기는 다른 채무자에게도 효력을 미친다.

② 시효를 주장하는 자가 제기한 소에서 채권자가 피고로서 응소하여 적극적으로 권리를 주장하였으나 그 소가 각하되거나 취하되는 등의 사유로 본안에서 그 권리주장에 관한 판단 없이 소송이 종료된 경우에는 그때부터 6월 이내에 재판상의 청구 등 다른 시효중단조치를 취한 경우에 한하여 응소시에 소급하여 시효중단의 효력이 있는 것으로 본다.

③ 채권자가 신청한 지급명령 사건이 채무자의 이의신청으로 소송으로 이행되는 경우에는 소송으로 이행된 때로부터 시효중단의 효과가 발생한다.

④ 주채무에 대한 소멸시효가 완성된 경우에는 보증채무의 소멸시효가 중단되었더라도 보증채무 역시 소멸된다. 그러나 보증채무가 소멸된 상태에서 보증인이 보증채무를 이행하거나 승인하는 경우에는 보증인의 행위에 의하여 주채무에 대한 소멸시효 이익의 포기 효과가 발생되어 보증인으로서는 주채무의 시효소멸을 이유로 보증채무의 소멸을 주장할 수 없다.

해설

① [×] 부진정연대채무에서 채무자 1인에 대한 재판상 청구 또는 채무자 1인이 행한 채무의 승인 등 소멸시효의 중단사유나 시효이익의 포기는 다른 채무자에게 효력을 미치지 않는다(대판 2017.9.12. 2017다865).

> 제169조(시효중단의 효력) 「시효의 중단은 당사자 및 그 승계인 간에만 효력이 있다.」
> 제416조(이행청구의 절대적 효력) 「어느 연대채무자에 대한 이행청구는 다른 연대채무자에게도 효력이 있다.」

② [○] 대판 2012.1.12. 2011다78606

> 제170조(재판상의 청구와 시효중단) 「①항 재판상의 청구는 소송의 각하, 기각 또는 취하의 경우에는 시효중단의 효력이 없다. ②항 전항의 경우에 6월 내에 재판상의 청구, 파산절차참가, 압류 또는 가압류, 가처분을 한 때에는 시효는 최초의 재판상청구로 인하여 중단된 것으로 본다.」

③ [×] 민사소송법 제472조 제2항은 "채무자가 지급명령에 대하여 적법한 이의신청을 한 경우에는 지급명령을 신청한 때에 이의신청된 청구목적의 값에 관하여 소가 제기된 것으로 본다."라고 규정하고 있는바, 지급명령 사건이 채무자의 이의신청으로 소송으로 이행되는 경우에 지급명령에 의한 시효중단의 효과는 소송으로 이행된 때가 아니라 지급명령을 신청한 때에 발생한다(대판 2015.2.12. 2014다228440).

④ [×] 보증인은 주채무자의 항변(예컨대 주채무의 부존재, 소멸, 소멸시효의 완성)으로 채권자에게 대항할 수 있다. 그리고 주채무자의 항변포기는 보증인에게 효력이 없다(제433조).
문제는 보증인이 자신의 보증채무에 관하여 시효의 이익을 포기하고 나서 주채무의 시효소멸을 이유로 보증채무의 소멸을 주장할 수 있는가 하는 점이다. 이에 관해 判例는 "주채무의 시효소멸에도 불구하고 보증채무를 이행하겠다는 의사를 표시한 경우 등과 같이 '부종성'을 부정하여야 할 다른 특별한 사정이 없는 한 보증인은 여전히 주채무의 시효소멸을 이유로 보증채무의 소멸을 주장할 수 있다고 보아야 한다."(대판 2012.7.12. 2010다51192)라고 한다.

정답 | ②

20 소멸시효의 중단에 관한 다음 설명 중 가장 옳지 않은 것은? [18서기보]

① 채무자 겸 저당권설정자가 피담보채무의 부존재 또는 소멸을 이유로 하여 제기한 저당권설정등기 말소청구소송에서 채권자 겸 저당권자가 청구기각의 판결을 구하면서 피담보채권의 존재를 주장하는 경우에는 피담보채권에 관하여 소멸시효 중단의 효력이 생긴다.

② 채권자의 신청에 의한 경매개시결정에 따라 연대채무자 중 1인 소유의 부동산이 압류된 경우, 압류에 의한 시효중단의 효력은 다른 연대채무자에게도 미친다.

③ 채권자가 확정판결에 기한 채권의 실현을 위하여 채무자의 제3채무자에 대한 채권에 관하여 압류 및 추심명령을 받아 그 결정이 제3채무자에게 송달이 되었다면 거기에 소멸시효 중단사유인 최고로서의 효력을 인정하여야 한다.

④ 직접점유자를 상대로 점유이전금지가처분을 한 사실을 간접점유자에게 통지한 바가 없는 경우 그 가처분은 간접점유자에 대하여 시효중단의 효력을 가지지 않는다.

해설

① [O] 응소가 제170조 제1항의 재판상 청구에 포함되는지 여부
제168조 제1호, 제170조 제1항에서 시효중단사유의 하나로 규정하고 있는 재판상의 청구라 함은, 통상적으로는 권리자가 원고로서 시효를 주장하는 자를 피고로 하여 소송물인 권리를 소의 형식으로 주장하는 경우를 가리키지만, 이와 반대로 시효를 주장하는 자가 원고가 되어 소를 제기한 데 대하여 피고로서 응소하여 그 소송에서 적극적으로 권리를 주장하고 그것이 받아들여진 경우도 마찬가지로 이에 포함되는 것으로 해석함이 타당하다(대판 1993.12.21. 전합 92다47861).
▶ 채무자 겸 저당권설정자가 피담보채무의 부존재 또는 소멸을 이유로 하여 제기한 저당권설정등기 말소청구소송에서 채권자 겸 저당권자가 청구기각의 판결을 구하면서 피담보채권의 존재를 주장하는 경우, 즉 채권자가 적극적으로 응소하는 경우에는 피담보채권에 관하여 소멸시효 중단의 효력이 생긴다.

② [×] 제174조 최고로서 경매신청, 압류 또는 가압류
채권자가 연대채무자 1인의 소유 부동산에 대하여 경매신청을 한 경우에 이는 최고로서의 효력이 있다. 한편 이 최고는 다른 연대채무자에게도 효력이 있으므로(제416조), 채권자가 6개월 내에 '다른 연대채무자'를 상대로 재판상 청구 등을 한 때에는 그 '다른 연대채무자'에 대한 채권의 소멸시효가 중단되지만, 이로 인하여 중단된 시효는 위 경매절차가 종료된 때가 아니라 재판이 확정된 때부터 새로 진행된다. 그리고 연대채무자 1인의 소유 부동산이 경매개시결정에 따라 압류된 경우, '다른 연대채무자'에게는 시효중단의 효력이 없다(제169조 참조)(대판 2001.8.21. 2001다22840).

③ [O] 채권자가 채무자의 제3채무자에 대한 채권을 압류 또는 가압류한 경우 채권자의 채무자에 대한 채권은 압류에 따른 시효중단의 효력이 확정적으로 발생하나, 이와 달리 압류의 대상인 채무자의 제3채무자에 대한 채권은 확정적 시효중단이 되는 것은 아니고, 다만 채권자가 채무자의 제3채무자에 대한 채권에 관한 압류 및 추심명령을 받아 그 결정이 제3채무자에게 송달이 되었다면 채무자의 제3채무자에 대한 채권은 '최고'로서의 효력에 의해 시효중단이 된다(대판 2003.5.13. 2003다16238).
예를 들어, 甲이 乙의 丙에 대한 채권을 압류·추심한 경우 甲의 乙에 대한 채권(피보전채권)은 압류명령 '신청시'에 시효중단되나(중단사유 중 제168조 제2호 압류), 乙의 丙에 대한 채권(피압류채권)은 丙에게 압류·추심명령이 '송달된 때' 시효중단된다(중단사유 중 제174조 최고).[54]

④ [O] 시효완성의 이익을 받을 자(채무자)가 아니라 제3자(물상보증인 또는 저당부동산의 제3취득자 등)에 대해 압류 등을 한 경우에는, 그 자(채무자)에 대하여 통지한 때에 시효중단의 효력이 발생한다(제176조). 예컨대 "직접점유자를 상대로 점유이전금지가처분을 한 뜻을 간접점유자에게 통지한 바가 없다면 가처분은 간접점유자에 대하여 시효중단의 효력을 발생할 수 없다(대판 1992.10.27. 91다41064).

정답 | ②

---

54) 압류 및 가압류의 효력은 제3채무자에게 압류 및 가압류명령이 '송달'되면 발생하나, 그로인한 시효중단 효력은 압류 및 가압류명령의 '신청시'로 소급하여 발생한다(대판 2017.4.7. 2016다35451). 민사집행법 제227조 제3항, 제291조 참조

21 소멸시효에 관한 다음 설명 중 틀린 것은?

① 1992년 11월에 시효가 완성되는 甲의 乙에 대한 채권에 대해 甲의 최후통첩(최고)이 1992년 7월에 있었으나, 채무를 이행하지 않자 1992년 12월 甲이 乙에 대해 재판상 청구를 하였다. 그러나 당해 소가 '각하'되자, 1993년 3월 적법요건을 갖추어 다시 재판상 청구를 한 경우 이미 甲의 乙에 대한 채권은 소멸시효가 완성되었다.

② 이행인수인이 채권자에 대하여 채무자의 채무를 승인하더라도 다른 특별한 사정이 없는 한 위 채무의 시효중단 사유가 되는 채무승인의 효력은 발생하지 않는다.

③ 본래의 채권이 시효로 소멸한 때에는 손해배상채권도 함께 소멸한다.

④ 부진정연대채무에서 채무자 1인에 관한 소멸시효의 중단사유는 다른 부진정연대채무자에게 효력을 미치나 시효이익의 포기는 다른 부진정연대채무자에게 효력을 미치지 않는다.

해설

① [○] ㉠ 제168조 제1호, 제170조 제1항에서 시효중단 사유의 하나로 규정하고 있는 재판상의 청구는, 권리자가 시효를 주장하는 자를 상대로 소로써 권리를 주장하는 경우뿐 아니라, 시효를 주장하는 자가 원고가 되어 소를 제기한 데 대하여 피고로서 응소하여 그 소송에서 적극적으로 권리를 주장하고 그것이 받아들여진 경우도 포함한다. 권리자인 피고가 응소하여 권리를 주장하였으나 그 소가 각하되거나 취하되는 등의 사유로 본안에서 그 권리 주장에 관한 판단 없이 소송이 종료된 경우에도 제170조 제2항을 유추적용하여 그때부터 6월 내에 재판상의 청구 등 다른 시효중단 조치를 취하면 응소 시에 소급하여 시효중단의 효력이 인정된다. ㉡ 제174조가 시효중단 사유로 규정하고 있는 최고를 여러 번 거듭하다가 재판상 청구 등을 한 경우에 시효중단의 효력은 항상 최초의 최고 시에 발생하는 것이 아니라 재판상 청구 등을 한 시점을 기준으로 하여 이로부터 소급하여 6월 이내에 한 최고 시에 발생하고, 제170조의 해석상 재판상의 청구는 그 소송이 취하된 경우에는 그로부터 6월 내에 다시 재판상의 청구를 하지 않는 한 시효중단의 효력이 없고 다만 재판 외의 최고의 효력만을 갖게 된다. 이러한 법리는 그 소가 각하된 경우에도 마찬가지로 적용된다(대판 2019.3.14. 2018두56435).

▶ 92년 7월 최고(제174조)가 있었고, 92년 12월 재판상 청구가 각하되었으므로 이 또한 최고로 볼 수 있다(제170조 제2항 및 위 判例 참고). 결국 사안과 같이 최고를 여러 번 거듭하다가 93년 3월 적법하게 재판상 청구를 한 경우, 이를 기준으로 하여 소급하여 6월 이내에 한 92년 12월의 최고만 시효중단사유로 인정될 수 있으므로, 이때에는 이미 소멸시효(92년 11월)가 완성된 후이다.

② [○] 이행인수는 채무자와 인수인 사이의 계약에 따라 인수인이 채권자에 대한 채무를 변제하기로 약정하는 것을 말한다. 이 경우 인수인은 채무자의 채무를 변제하는 등으로 면책시킬 의무를 부담하지만 채권자에 대한 관계에서 직접 이행의무를 부담하게 되는 것은 아니다. 한편 소멸시효 중단사유인 채무의 승인은 시효이익을 받을 당사자나 대리인만 할 수 있으므로 이행인수인이 채권자에 대하여 채무자의 채무를 승인하더라도 다른 특별한 사정이 없는 한 시효중단 사유가 되는 채무승인의 효력은 발생하지 않는다(대판 2016.10.27. 2015다239744).

[비교쟁점] 면책적 채무인수는 시효중단사유 중 승인에 해당한다(제168조 제3호). 따라서 소멸시효가 중단되고 채무인수일로부터 소멸시효가 새로이 진행된다.

③ [○] 채무불이행으로 인한 손해배상채권은 본래의 채권이 확장된 것이거나 본래의 채권의 내용이 변경된 것이므로 본래의 채권과 동일성을 가진다. 따라서 본래의 채권이 시효로 소멸한 때에는 손해배상채권도 함께 소멸한다. 한편 어떠한 계약상의 채무를 채무자가 이행하지 않았다고 하더라도 채권자는 여전히 해당 계약에서 정한 채권을 보유하고 있으므로, 특별한 사정이 없는 한 채무자가 채무를 이행하지 않고 있다고 하여 채무자가 법률상 원인 없이 이득을 얻었다고 할 수는 없고, 설령 채권이 시효로 소멸하게 되었다 하더라도 달리 볼 수 없다(대판 2018.2.28. 2016다45779).

[관련지문] 어떠한 계약상의 채무를 채무자가 이행하지 않았다고 하더라도 채권자는 여전히 해당 계약에서 정한 채권을 보유하고 있으므로, 특별한 사정이 없는 한 채무자가 채무를 이행하지 않고 있다고 하여 채무자가 법률상 원인 없이 이득을 얻었다고 할 수는 없고, 설령 채권이 시효로 소멸하게 되었다 하더라도 달리 볼 수 없다.

④ [×] 부진정연대채무에서 채무자 1인에 대한 재판상 청구 또는 채무자 1인이 행한 채무의 승인 등 소멸시효의 중단사유나 시효이익의 포기는 다른 채무자에게 효력을 미치지 않는다(대판 2017.9.12. 2017다865).

[참조조문] 제169조(시효중단의 효력)「시효의 중단은 당사자 및 그 승계인간에만 효력이 있다.」
제416조(이행청구의 절대적 효력)「어느 연대채무자에 대한 이행청구는 다른 연대채무자에게도 효력이 있다.」

정답 | ④

22 소멸시효에 관한 설명 중 옳은 것은? (각 지문은 독립적이며, 다툼이 있는 경우 판례에 의함) [출제예상]

① 甲 소유의 X 토지에 丙의 乙에 대한 대여금채무를 피담보채무로 하는 근저당권설정등기가 마쳐진 후 甲은 근저당권자인 乙을 상대로 위 대여금채무가 변제로 인하여 소멸하였음을 이유로 하는 근저당권설정등기 말소청구의 소를 제기하였다. 이 소송에서 乙이 적극적으로 응소하여 위 대여금채무가 변제되지 않았다고 다툰 결과 甲의 청구를 기각하는 판결이 선고되었다면 乙의 응소는 위 대여금채무의 소멸시효 중단을 위한 재판상 청구에 해당한다.

② 甲과 乙은 2005.7.1. "甲은 그 소유의 X 토지를 乙에게 매도하되, 2005.7.8. 甲이 乙 앞으로 X 토지의 소유권이전등기를 마침과 동시에 乙은 甲에게 매매대금을 지급한다."라는 내용의 계약을 체결하였다. 2015.12.28. 현재 甲과 乙이 서로 위 계약의 이행을 위한 아무런 조치를 취하지 않은 상태라면 甲의 乙에 대한 매매대금지급 청구권의 소멸시효는 완성되지 않았다.

③ 甲은 그 소유의 X 토지를 乙에게 매도 및 인도하였고, 乙은 X 토지를 사용·수익하다가 2005.7.8. 丙에게 X 토지를 매도 및 인도하였으며, 그 이후 丙이 계속하여 X 토지를 사용·수익하였다면, 2015.12.28. 현재 乙의 甲에 대한 X 토지의 소유권이전등기 청구권의 소멸시효는 완성되었다.

④ 甲은 丙의 乙에 대한 대여금채무를 연대보증하였다. 乙은 丙에 대한 대여금채권을 보전하기 위하여 丙 소유의 X 토지에 대한 가압류신청을 하였고 이에 따른 가압류결정과 가압류기입등기가 이루어졌으나, 乙은 이러한 사정을 연대보증인인 甲에게 알리지 않았다. 이 경우 가압류에 의한 시효중단의 효력은 甲에게 미친다.

해설

① [×] 타인의 채무를 담보하기 위하여 자기의 물건에 담보권을 설정한 물상보증인은 채권자에 대하여 물적 유한책임을 지고 있어 그 피담보채권의 소멸에 의하여 직접 이익을 받는 관계에 있으므로 소멸시효의 완성을 주장할 수 있는 것이지만, 채권자에 대하여는 아무런 채무도 부담하고 있지 아니하므로, 물상보증인이 그 피담보채무의 부존재 또는 소멸을 이유로 제기한 저당권설정등기 말소등기절차이행청구소송에서 채권자 겸 저당권자가 청구기각의 판결을 구하고 피담보채권의 존재를 주장하였다고 하더라도 이로써 직접 채무자에 대하여 재판상 청구를 한 것으로 볼 수는 없는 것이므로 피담보채권의 소멸시효에 관하여 규정한 제168조 제1호 소정의 '청구'에 해당하지 아니한다(대판 2004.1.16. 2003다30890).
▶ 甲은 물상보증인이므로 甲의 청구에 대한 채권자 乙의 응소는 소멸시효중단을 위한 재판상 청구에 해당하지 않는다.

② [×] 判例는 부동산 매매계약의 경우 매도인의 매매대금 청구권에 대해서는 "부동산에 대한 매매대금 채권이 소유권이전등기청구권과 동시이행의 관계에 있다고 할지라도 매도인은 매매대금의 지급기일 이후 언제라도 그 대금의 지급을 청구할 수 있는 것이며, 다만 매수인은 매도인으로부터 그 이전등기에 관한 이행의 제공을 받기까지 그 지급을 거절할 수 있는 데 지나지 아니하므로 매매대금 청구권은 그 지급기일 이후 시효의 진행에 걸린다."(대판 1991.3.22. 90다9797)면서 매수인의 소유권이전등기청구권에 대해서는 "소유권이전등기청구권은 채권적 청구권이므로 10년의 소멸시효에 걸리지만 매수인이 매매목적물인 부동산을 인도받아 점유하고 있는 이상 매매대금의 지급 여부와는 관계없이 그 소멸시효가 진행되지 아니한다."(대판 1991.3.22. 90다9797)고 판시하였다. "목적물을 인도받아서 이를 사용수익하고 있는 경우에는 그 매수인을 권리 위에 잠자는 것으로 볼 수도 없다."(대판 1976.11.6. 76다148)라는 이유에서이다.
▶ 매도인 甲의 대금채권은 2005.7.8.을 이행기로 하는 확정기한부 채권이므로 권리를 행사할 수 있는 날부터 10년의 소멸시효가 진행된다(제166조, 제162조). 따라서 2015.12.28. 현재 甲의 乙에 대한 매매대금청구권은 소멸시효가 완성되었다.

③ [×] 부동산의 매수인이 그 부동산을 인도받은 이상 이를 사용·수익하다가 그 부동산에 대한 보다 적극적인 권리행사의 일환으로 다른 사람에게 그 부동산을 처분하고 그 점유를 승계하여 준 경우에도 그 이전등기청구권의 행사 여부에 관하여 그가 그 부동산을 스스로 계속 사용·수익만 하고 있는 경우와 특별히 다를 바 없으므로 위 두 어느 경우에나 이전등기청구권의 소멸시효는 진행되지 않는다고 보아야 한다(대판 1999.3.18. 98다32175).
▶ 매수인 乙이 매매목적물인 부동산을 사용·수익하는 동안은 물론이고 丙에게 처분하고 점유를 승계하여 준 경우에도 乙의 甲에 대한 소유권이전등기청구권의 소멸시효는 중단된다.

④ [○] 소멸시효는 압류 또는 가압류, 가처분에 의해 중단된다(제168조 제2호). 그리고 주채무자에 대한 시효의 중단은 보증인에 대하여 그 효력이 있다(제440조).
▶ 따라서 채권자 乙이 주채무자 丙소유의 X부동산에 대해 가압류를 하면 시효중단의 효력은 통지 여부를 불문하고 연대보증인인 甲에게 미친다. 그러나 만약 채권자 乙이 연대보증인 甲을 상대로 시효중단행위를 했다면 주채무자 丙에게는 중단효가 미치지 않는다. 判例는 "보증채무에 대한 소멸시효가 중단되었다고 하더라도 이로써 주채무에 대한 소멸시효가 중단되는 것은 아니고, 주채무가 소멸시효 완성으로 소멸된 경우에는 보증채무도 그 채무 자체의 시효중단에 불구하고 부종성에 따라 당연히 소멸된다."(대판 2002.5.14. 2000다62476)라고 판시하였다. 한편 判例는 "채권자가 연대보증인 겸 물상보증인 소유의 담보부동산에 대하여 임의경매의 신청을 하여 경매개시결정에 따른 압류의 효력이 생겼다면 … (중략) … 경매절차에서 이해관계인인 주채무자에게 경매개시결정이 송달되었다면 주채무자는 제176조에 의하여 당해 피담보채권의 소멸시효중단의 효과를 받는다고 할 것이나, 제176조의

규정에 따라 압류사실이 통지된 것으로 볼 수 있기 위하여는 압류사실을 주채무자가 알 수 있도록 경매개시결정이나 경매기일통지서가 교부송달의 방법으로 주채무자에게 송달되어야만 하는 것이지, 이것이 우편송달(발송송달)이나 공시송달의 방법에 의하여 채무자에게 송달됨으로써 채무자가 압류사실을 알 수 없었던 경우까지도 압류사실이 채무자에게 통지되었다고 볼 수 있는 것은 아니다."(대판 1994.1.11. 93다21477)라고 판시하였다.

즉, 압류, 가압류 및 가처분은 시효의 이익을 받은 자에 대하여 하지 아니한 때에는 이를 그에게 통지한 후가 아니면 시효중단의 효력이 없는데(제176조), 이와 같은 통지로 인한 시효중단은 주로 물상보증인(또는 연대보증인 겸 물상보증인), 저당부동산의 제3취득자 등에게 집행할 때 채무자에 대한 피담보채무의 시효를 중단시키려 할 때 실익이 있다.

정답 | ④

23 소멸시효에 관한 설명 중 옳지 않은 것은? (다툼이 있는 경우에는 판례에 의함) [13변호사 변형]

① 채무불이행으로 인한 손해배상청구권의 소멸시효기간은 채무불이행시부터 진행하는데, 그 시효기간은 본래의 채권에 적용될 기간에 의한다.

② 시효중단의 효력있는 승인에는 상대방의 권리에 관한 처분의 능력이나 권한 있음을 요하지 아니한다.

③ 유치권이 성립한 부동산의 매수인은 피담보채무의 소멸시효가 완성되면 독자적으로 소멸시효를 원용할 수 있으므로, 유치권의 피담보채권의 소멸시효기간이 확정판결에 의하여 연장되었더라도 종전의 단기소멸시효기간을 원용할 수 있다.

④ 다른 채권자가 신청한 부동산경매절차에서 채무자 소유 부동산이 매각되고 그 대금이 이미 소멸시효가 완성된 채무를 피담보채무로 하는 근저당권을 가진 채권자에게 배당되어 채무 변제에 충당될 때까지 채무자가 아무런 이의를 제기하지 아니하였다면, 경매절차 진행을 채무자가 알지 못하였다는 등 다른 특별한 사정이 없는 한 채무자는 채권에 대한 소멸시효 이익을 포기한 것으로 볼 수 있다.

해설

① [○] 채권이 '채무불이행'으로 인하여 손해배상청구권으로 바뀐 때에는, 그 동일성이 유지되므로 그 손해배상청구권의 시효기간은 원 채권의 시효기간에 따른다(통설, 대판 2010.9.9. 2010다28031). 문제는 그 기산점인데, 判例는 채무불이행이 발생한 때로부터 진행하는 것으로 본다(대판 1990.11.9. 90다카22513).

② [○] 시효중단사유로서의 승인은 단지 권리의 존재를 인정하는 것에 불과하기 때문에 상대방의 권리에 관한 처분의 능력이나 권한 있음을 요하지 아니한다(제177조).

[보충쟁점] 따라서 가령 처분권한 없는 부재자재산관리인(제25조)도 유효하게 승인할 수 있다. 그러나 그 반대해석상 '관리능력'이나 '관리권한'은 있어야 하므로 제한능력자는 법정대리인의 동의가 없는 한 단독으로 유효하게 승인할 수 없다.

[관련쟁점] 시효완성 전의 채무승인은 시효중단사유이고(제168조 제3호, 제177조), 시효완성 후의 채무승인은 시효이익의 포기인바(제184조 제1항 반대해석), 시효이익의 포기는 '처분행위'이므로 처분능력과 처분권한이 있어야 한다.

③ [×] 판결에 의하여 확정된 채권은 '단기의 소멸시효에 해당한 것'이라도 그 소멸시효는 10년으로 한다(제165조 제1항). 그러나 이러한 주채무의 소멸시효기간의 연장이 '보증채무'에 대하여는 미치지 않는다(대판 1986.11.25. 86다카1569). 하지만 이와 비교하여 '담보목적물의 제3취득자 또는 물상보증인'은 채권자에게 채무자의 채무와는 별개의 독립된 채무를 부담하는 것이 아니라 단지 채무자의 채무를 변제할 책임을 부담한다. 따라서 채권에 관하여 소멸시효가 중단되거나 소멸시효기간이 제165조에 따라 연장되더라도 그 효과가 그대로 미친다(대판 2009.9.24. 2009다39530).

[관련판례] 유치권이 성립된 부동산의 매수인은 피담보채권의 소멸시효가 완성되면 시효로 인하여 채무가 소멸되는 결과 직접적인 이익을 받는 자에 해당하므로 소멸시효의 완성을 원용할 수 있는 지위에 있다고 할 것이나, 매수인은 유치권자에게 채무자의 채무와는 별개의 독립된 채무를 부담하는 것이 아니라 단지 채무자의 채무를 변제할 책임을 부담하는 점 등에 비추어 보면, 유치권의 피담보채권의 소멸시효기간이 확정판결 등에 의하여 10년으로 연장된 경우 매수인은 그 채권의 소멸시효기간이 연장된 효과를 부정하고 종전의 단기소멸시효기간을 원용할 수는 없다(대판 2009.9.24. 2009다39530).

④ [○] 채무자가 소멸시효 완성 후 채무를 일부 변제한 때에는 그 액수에 관하여 다툼이 없는 한 그 채무 전체를 묵시적으로 승인한 것으로 보아야 하고, 이 경우 시효완성의 사실을 알고 그 이익을 포기한 것으로 추정되므로, 소멸시효가 완성된 채무를 피담보채무로 하는 근저당권이 실행되어 채무자 소유의 부동산이 경락되고 그 대금이 배당되어 채무의 일부 변제에 충당될 때까지 채무자가 아무런 이의를 제기하지 아니하였다면, 경매절차의 진행을 채무자가 알지 못하였다는 등 다른 특별한 사정이 없는 한, 채무자는 시효완성의 사실을 알고 그 채무를 묵시적으로 승인하여 시효의 이익을 포기한 것으로 보아야 한다(대판 2001.6.12. 2001다3580).

정답 | ③

24 소멸시효에 관한 설명 중 옳지 않은 것은? (다툼이 있는 경우 판례에 의함)

① 정지조건부 권리의 경우 조건이 성취되지 않은 동안에는 소멸시효가 진행하지 않는다.
② 명의수탁자의 등기가 3자 간 등기명의신탁(중간생략등기형)에 해당하여 무효인 경우, 명의신탁자의 매도인에 대한 소유권이전등기청구권은 명의신탁자가 목적 부동산을 인도받아 점유하고 있는 한 소멸시효가 진행하지 않는다.
③ 채권양도의 대항요건을 갖추지 못한 상태에서 채권의 양수인이 채무자를 상대로 양수금의 지급을 재판상 청구하는 경우, 그 양수금채권의 소멸시효는 중단되지 않는다.
④ 채권자가 확정판결에 기한 채권의 실현을 위하여 채무자의 제3채무자에 대한 채권에 관하여 압류 및 추심명령을 받아 그 결정이 제3채무자에게 송달되었다면, 채무자의 제3채무자에 대한 채권에 관하여는 소멸시효 중단사유인 최고로서의 효력이 있다.

해설

① [○] 정지조건부 채권의 소멸시효 기산점
소멸시효는 권리를 행사할 수 있는 때로부터 진행하는데(제166조 제1항), 정지조건이 있는 법률행위는 조건이 성취한 때부터 그 효력이 생긴다(제147조). 따라서 정지조건부 채권은 조건이 성취된 때로부터 시효가 진행한다.

② [○] 3자 간 등기명의신탁에 의한 등기가 유효기간 경과로 무효로 된 경우, 명의신탁자의 매도인에 대한 소유권이전등기청구권
부동산의 매수인이 목적물을 인도받아 계속 점유하는 경우에는 매도인에 대한 소유권이전등기청구권은 소멸시효가 진행되지 않고, 이러한 법리는 3자 간 등기명의신탁에 의한 등기가 유효기간의 경과로 무효로 된 경우에도 마찬가지로 적용된다. 따라서 그 경우 목적 부동산을 인도받아 점유하고 있는 명의신탁자의 매도인에 대한 소유권이전등기청구권 역시 소멸시효가 진행되지 않는다(대판 2013.12.12. 2013다26647).

쟁점정리 3자 간 명의신탁약정과 그에 의한 등기가 무효로 되는 결과(부동산실명법 제4조 제1항·제2항 본문), 명의신탁된 부동산은 매도인 소유로 복귀하고, 매도인은 원인무효를 이유로 수탁자 명의의 등기의 말소를 구할 수 있다. 한편 부동산실명법은 매도인과 명의신탁자 사이의 매매계약의 효력을 부정하는 규정을 두고 있지 아니하므로 그들 사이의 매매계약은 유효한 것으로 되어(명의수탁자가 당사자로 등장하는 계약명의신탁에서와는 다름에 주의할 것), 명의신탁자는 매도인에 대하여 매매계약에 기한 소유권이전등기를 청구할 수 있고, 그 소유권이전등기청구권을 보전하기 위해 매도인을 대위하여 수탁자 명의의 등기의 말소를 구할 수 있다(대판 2002.3.15. 2001다61654). 이는 동법에서 정한 유예기간이 경과하여 명의신탁약정과 그에 따른 등기가 무효인 경우에도 마찬가지이다(대판 2011.9.18. 2009다49193, 49209).

비교판례 반면, 계약명의신탁약정과 그에 따른 등기가 부동산실명법 시행 전에 행하여진 경우, 명의신탁자가 해당부동산의 회복을 위해 명의수탁자에 대해 가지는 이러한 소유권이전등기청구권은 명의신탁자가 목적물을 점유하고 있더라도 소멸시효에 걸린다(대판 2009.7.9. 2009다23313). 만약 이 경우 소멸시효가 진행되지 않는다고 한다면 실명전환을 하지 않아 위 법률을 위반한 경우임에도 그 권리를 보호하여 주는 결과가 되기 때문이다.

③ [×] 채권양도의 대항요건을 갖추지 못한 상태에서 '채권양수인'이 채무자를 상대로 소를 제기한 경우(시효중단 인정)
채권양수인이 소멸시효기간이 경과하기 전에 채무자를 상대로 소를 제기하였는데, 채권양도사실의 채무자에 대한 통지는 소멸시효기간이 경과한 후에 이루어진 경우, 위 채권의 소멸시효가 중단되는지 여부가 문제되는바, 판례는 "채권양도에 의하여 채권은 그 동일성을 잃지 않고 양도인으로부터 양수인에게 이전되며, 이러한 법리는 채권양도의 대항요건을 갖추지 못하였다고 하더라도 마찬가지인 점 등에서 비록 '대항요건을 갖추지 못하여' 채무자에게 대항하지 못한다고 하더라도 '채권의 양수인'이 채무자를 상대로 재판상의 청구를 하였다면 이는 소멸시효 중단사유인 재판상의 청구에 해당한다."(대판 2005.11.10. 2005다41818)라고 한다.

④ [○] 최고로서 경매신청, 압류 또는 가압류
채권자가 채무자의 제3채무자에 대한 채권을 압류 또는 가압류한 경우 채권자의 채무자에 대한 채권은 압류에 따른 시효중단의 효력이 확정적으로 발생하나, 이와 달리 압류의 대상인 채무자의 제3채무자에 대한 채권은 확정적 시효중단이 되는 것은 아니고 다만 채권자가 채무자의 제3채무자에 대한 채권에 관한 압류 및 추심명령을 받아 그 결정이 제3채무자에게 송달이 되었다면 채무자의 제3채무자에 대한 채권은 최고로서의 효력에 의해 시효중단이 된다(대판 2003.5.13. 2003다16238).

정답 | ③

⊕ 핵심정리 소멸시효 완성의 효과

1. 소멸시효 완성의 효과

(1) 학설 및 판례

'소멸시효가 완성한다'(제162조 등)의 의미에 대해 ① 상대적 소멸설과 절대적 소멸설의 대립이 있으나, ② 判例는 기본적으로 절대적 소멸설의 입장인 듯하다. 다만 소멸시효의 이익을 받겠다고 항변할 수 있는 자는 권리의 소멸에 의하여 '직접 이익을 받는 자'에 한정된다고 판시하고 있는바, 이는 절대적 소멸설에 의해서는 설명이 어려운 부분이 있다. 검토하건대 권리관계의 명확성 등을 고려할 때 절대적 소멸설이 타당하다.

(2) 시효완성 후 채무자의 변제: 양설의 비교(결론에 있어 차이는 없다)

① 상대적 소멸설은 채무자가 시효완성의 사실을 알았는지 묻지 않고 원용이 없는 동안은 채권은 소멸하지 않은 것으로 다루어지므로 유효한 채무의 변제가 된다. ② 절대적 소멸설은 ⅰ) 채무자가 시효완성의 사실을 알고 변제한 때에는 시효 이익의 포기(제184조 제1항) 내지는 악의의 비채변제(제742조)가 되어 그 반환을 청구하지 못한다고 한다. ⅱ) 채무자가 시효완성의 사실을 모르고 변제한 때에는 제744조의 도의관념에 적합한 비채변제에 해당하여 그 반환을 청구하지 못한다고 한다.

2. 소멸시효 완성의 범위

(1) 시적 범위(소급효)

소멸시효는 그 기산일에 소급하여 소멸한다(제167조). 따라서 소멸시효로 채무를 면하게 되는 자는 기산일 이후의 이자 등을 지급할 의무가 없다. 다만 시효로 소멸하는 채권이 그 소멸시효가 완성하기 전에 상계할 수 있었던 것이라면 채권자는 상계할 수 있다(제495조). 이는 (매도인이나 수급인의 담보책임을 기초로 한 손해배상채권의) 제척기간이 지났으나, 제척기간이 지나기 전 상대방의 채권과 상계할 수 있었던 경우에도 마찬가지이다(2018다255648).

(2) 물적 범위

주된 권리의 소멸시효가 완성한 때에는 종속된 권리에 그 효력이 미친다(제183조).

① 원본채권이 시효로 소멸하면 이자채권의 시효기간이 남아 있다고 하더라도 시효로 소멸한다. 다만 소멸하는 종된 권리의 범위는 시효로 소멸한 주된 권리부분으로부터 발생한 종된 권리부분에 한정되므로 判例는 "금전채권의 원금 중 일부가 변제된 후 나머지 부분에 대하여 소멸시효가 완성된 경우, 소멸시효 완성의 효력은 소멸시효가 완성된 원금 부분으로부터 그 완성 전에 발생한 (지연)이자에는 미치나, 변제로 소멸한 원금 부분으로부터 그 변제 전에 발생한 (지연)이자에는 미치지 않는다."(2006다2940)고 한다. ② 본래의 채권이 시효로 소멸한 때에는 손해배상채권도 함께 소멸하며(2016다45779), ③ 저당권으로 담보한 채권이 시효의 완성 기타 사유로 인하여 소멸한 때에는 저당권도 소멸한다(제369조).

비교판례 判例는 공동불법행위자의 구상권은 피해자의 손해배상청구권에 종된 권리가 아니라고 하여 시효소멸을 인정하지 않았다(97다42830,[55] 96다3791[56]).

(3) 인적 범위

判例는 소멸시효를 주장할 수 있는 자는 권리의 소멸에 의하여 '직접 이익을 받는 자'에 한정된다고 한다(95다12446).

1) 직접수익자에 해당하는 경우

判例는 ① 채무자, ② 물상보증인(2003다30890), ③ 담보물의 제3취득자(95다12446), ④ 사해행위취소소송의 상대방이 된 '사해행위의 수익자'는 피보전채권의 소멸에 의해 직접 이익을 받는 자에 해당한다고 한다(2007다54849).

---

55) 사실관계 공동불법행위자 중 1인의 손해배상채무가 시효로 소멸한 후에 다른 공동불법행위자 1인이 피해자에게 자기의 부담 부분을 넘는 손해를 배상한 경우에도 구상권 행사 가능

56) 사실관계 공동불법행위자가 다른 공동불법행위자에 대한 구상권을 취득한 이후에 피해자의 그 다른 공동불법행위자에 대한 손해배상채권이 시효로 소멸한 경우에도 구상권 행사 가능

2) 직접수익자에 해당하지 않는 경우

① 判例는 '채무자에 대한 일반채권자'는 자기의 채권을 보전하기 위하여 필요한 한도 내에서 채무자를 대위하여 소멸시효 주장을 할 수 있을 뿐 채권자의 지위에서 독자적으로 (다른 채권자의 채무자에 대한 채권에 대해) 소멸시효의 완성을 주장할 수 없다고 한다(97다22676). 이러한 判例에 따르면 대위 원용은 허용되므로 소멸시효가 완성된 채무를 피담보채무로 하는 근저당권이 실행되어 경락대금이 배당되어 채무의 '일부 변제'에 충당될 때까지 채무자가 이의를 제기하지 아니한 경우 채무자가 시효의 이익을 '묵시적으로' 포기한 것으로 볼 수 있기는 하나, 이때 '채무자의 다른 일반채권자가 이의를 제기'하고 채무자를 대위하여 소멸시효 완성의 주장을 원용하면 시효의 이익을 묵시적으로 포기한 것으로 볼 수 없다고 한다(2014다32458).[57]

관련판례 물상보증인은 피담보채권에 대한 시효의 완성을 주장할 수 있고, 물상보증인의 채권자도 물상보증인을 '대위'하여 피담보채권의 시효소멸을 주장할 수 있다(2018다38782).

② '채권자대위권의 행사에서 제3채무자'는 채무자가 채권자에 대하여 가지는 항변으로 대항할 수 없을 뿐더러 시효이익을 직접 받는 자에도 해당하지 않는다는 이유로 채권자의 채권이 시효로 소멸하였다고 주장할 수 없다고 한다(97다31472) 다만 채무자가 이미 소멸시효를 원용한 경우에는 피보전채권이 소멸하게 되므로 제3채무자가 그 '효과'를 원용하여 피보전채권의 부존재를 주장하는 것은 허용된다(2007다64471).

3. 소멸시효이익의 포기

(1) 소멸시효이익 포기의 요건

소멸시효 완성 후의 포기는 ⅰ) 처분능력과 처분권한을 갖춘 자가 ⅱ) 시효완성 사실을 알고, ⅲ) 권리를 잃을 자에게 시효이익을 포기하는 의사표시로 할 수 있다(제184조 제1항의 반대해석).

1) 방식

判例에 따르면 소멸시효 완성 후의 ① 변제기한의 유예요청(65다2133), ② 채무의 승인과 같은 사유가 있는 경우 소멸시효이익의 묵시적 포기가 있다고 본다. 다만 시효이익의 포기에는 '효과의사'가 필요하므로, '관념의 통지'로 효과의사가 필요하지 않는 시효중단사유로서의 승인과 다르며, 따라서 채무승인만으로 언제나 시효이익의 포기가 되는 것은 아니다(2011다21556).

③ 채무의 일부를 변제한 경우도 그 '채무 전부'에 대한 시효이익을 포기한 것으로 볼 수 있다(93다14936). 判例는 ㉠ "동일 당사자 간에 계속적인 거래로 인하여 같은 종류를 목적으로 하는 수개의 채무 중 채무자가 어느 채무를 특정하지 않고 그 일부의 변제를 한 때에도 잔존채무에 대해 시효이익을 포기한 것으로 보지만, 그 채무가 별개로 성립되어 독립성을 갖고 있는 경우에는 일률적으로 그렇게만 해석할 수는 없다"(93다14936)고 하며 ㉡ "원금채무는 소멸시효가 완성되지 않았으나 이자채무의 소멸시효가 완성된 상태에서 채무자가 채무를 일부 변제한 경우, 원금채무를 승인하고 이자채무의 시효이익을 포기한 것으로 추정되므로, 채무자의 변제가 채무 전체를 소멸시키지 못하고 당사자가 변제에 충당할 채무를 지정하지 아니한 때에는 제479조, 제477조에 따른 법정변제충당의 순서에 따라 충당되어야 한다"(2013다12464)고 한다. 따라서 일부변제한 것으로는 원본에 앞서 이자에 먼저 충당하며, 이행기가 도래한 이자 중에는 이행기가 먼저 도래한 순서에 따라 충당될 것이어서(제477조 제3호 참조) 결국 먼저 시효로 소멸한 이자에 우선충당하게 될 것이다.

2) 시효완성 사실을 알고서 포기할 것

判例는 시효완성 후에 시효이익을 포기하는 듯한 행위가 있으면 시효완성사실에 대한 악의를 추정한다. 다만, 判例에 따르면 시효완성 후 채무의 승인이 있었다고 하더라도 특별한 사정이 있는 경우에는 시효이익을 포기한 것으로 단정할 수 없다고 한다. 즉, "소송에서의 상계항변은 소송상의 공격방어방법으로 피고의 금전지급의무가 인정되는 경우 자동채권으로 상계를 한다는 예비적 항변의 성격을 갖는데, 따라서 상계항변이 먼저 이루어지고 그 후 대여금채권의 소멸을 주장하는 소멸시효항변이 있었던 경우에는, 상계항변 당시 채무자인 피고에게 수동채권인 대여금채권의 시효이익을 포기하려는 효과의사가 있었다고 단정할 수 없다"(2011다56187, 56194).

(2) 소멸시효이익 포기의 효과

1) 시효이익 포기의 상대효

포기의 효과는 상대적이어서 포기할 수 있는 자가 다수인 경우에 1인의 포기는 다른 사람에게 영향을 미치지 않는다. 따라서 주채무자의 소멸시효이익의 포기는 보증인(89다카1114), 저당부동산의 제3취득자, 연대보증인(95다12446), 부진정연대채무자(2017다865) 등에 영향을 미치지 않는다.

2) 시효이익 포기의 상대효 제한법리

그러나 判例는 시효이익을 이미 포기한 자와의 법률관계를 통하여 비로소 시효이익을 원용할 이해관계를 형성한 자(판례 사안은 피담보채권의 소멸시효가 완성된 후 채무자가 저당권을 설정한 후 이를 취득한 담보물의 제3취득자)는 이미 이루어진 시효이익 포기의 효력을 부정할 수는 없다고 한다(2015다200227).[58]

4. 소멸시효의 남용

(1) 소멸시효 남용의 요건(시효 완성 전; 불행장, 시효 완성 후; 신부)

判例는 "채무자의 소멸시효에 기한 항변권의 행사도 우리 민법의 대원칙인 신의성실의 원칙과 권리남용금지의 원칙의 지배를 받는 것이어서, ⅰ) 채무자가 시효완성 전에 채권자의 권리행사나 시효중단을 불가능 또는 현저히 곤란하게 하였거나, ⅱ) 그러한 조치가 불필요하다고 믿게 하는 행동을 하였거나, ⅲ) 객관적으로 채권자가 권리를 행사할 수 없는 장애사유가 있었거나, ⅳ) 또는 일단 시효완성 후에 채무자가 시효를 원용하지 아니할 것 같은 태도를 보여 권리자로 하여금 그와 같이 신뢰하게 하였거나, ⅴ) 채권자보호의 필요성이 크고, 같은 조건의 다른 채권자가 채무의 변제를 수령하는 등의 사정이 있어 채무이행의 거절을 인정함이 현저히 부당하거나 불공평하게 되는 등의 '특별한 사정'이 있는 경우에는 채무자가 소멸시효의 완성을 주장하는 것이 신의성실의 원칙에 반하여 권리남용으로서 허용될 수 없다."(2002다32332)고 한다.

(2) 소멸시효 남용의 한계

判例는 "국가에게 국민을 보호할 의무가 있다는 사유만으로 국가가 소멸시효의 완성을 주장하는 것 자체가 신의성실의 원칙에 반하여 권리남용에 해당한다고 할 수는 없다."(98다38364등)고 한다.

(3) 소멸시효 남용의 효과

최근 전원합의체 판결은 채무자가 소멸시효의 이익을 원용하지 않을 것 같은 신뢰를 부여한 사안에서(위 소멸시효 남용의 경우 중 ⅳ) 경우), 소멸시효의 남용은 소멸시효 제도에 대한 예외적인 제한에 그쳐야 한다는 이유로 "채권자는 그러한 사정이 있는 때부터 '시효정지'의 경우에 준해 단기간 내에 권리를 행사하여야만 채무자의 소멸시효의 항변을 저지할 수 있다."(대판 2013.5.16. 전합 2012다202819)고 보았다. 그러므로 소멸시효의 항변을 저지할 수 있는 권리행사의 '상당한 기간'은 일반적으로 시효정지의 경우에 준해 '6개월'의 기간 내에 권리를 행사하여야 한다. 다만 개별 사건에서 매우 특수한 사정이 있어 그 기간을 연장하여 인정하는 것이 부득이한 경우에도, 예를 들어 불법행위로 인한 손해배상청구의 경우 그 기간은 아무리 길어도 제766조 제1항이 규정한 단기소멸시효기간인 3년을 넘을 수는 없다고 하였다(전합 2012다202819).

☑️ **소멸시효 남용의 효과와 관련한 판례**

① [국가배상청구권의 소멸시효 주장이 남용인 경우 공무원에 대한 구상권 행사 가부(원칙적 소극)] "공무원의 불법행위로 손해를 입은 피해자의 국가배상청구권의 소멸시효 기간이 지났으나 국가가 소멸시효 완성을 주장하는 것이 권리남용으로 허용될 수 없어 배상책임을 이행한 경우에는, 그 소멸시효 완성 주장이 권리남용에 해당하게 된 원인행위와 관련하여 해당 공무원이 그 원인이 되는 행위를 적극적으로 주도하였다는 등의 특별한 사정이 없는 한, 국가가 해당 공무원에게 국가배상법 제2조 제2항에 따라 구상권을 행사하는 것은 신의칙상 허용되지 않는다"(2015다200258).

② [계약명의신탁의 수탁자에 대한 부당이득반환청구권의 소멸시효주장이 남용인지 여부(소극)] 判例는 부동산실명법 시행 전에 甲 교회가 담임목사인 乙의 명의로 소위 계약명의신탁을 체결하여 선의의 매도인으로부터 건물을 매수하여 乙 명의로 등기한 후에, 甲 교회가 실명등기를 하지 않고 부동산실명법에서 정한 유예기간을 경과한 후 乙을 상대로 토지의 부당이득반환을 구하자 乙이 소멸시효 항변을 한 경우, 甲 교회가 권리를 행사할 수 없는 장애사유가 소멸된 때(乙이 甲교회의 담임 목사직에서 은퇴한 시점)로부터 민법상 '시효정지기간'이 훨씬 지나 乙에게 부당이득반환을 구하는 소를 제기하였다면, 특별한 사정이 없는 한 乙의 소멸시효 항변은 권리남용이라고 볼 수 없다고 한다(2011다90194).

③ [상속인이 피상속인과 자신을 공동원고로 하여 소를 제기한 경우] 判例는 소제기 당시 이미 사망한 당사자와 상속인을 공동원고로 표시된 손해배상청구의 소가 제기된 경우, 이미 사망한 당사자 명의로 제기된 소 부분은 부적법하여 각하되어야 하므로, 상속인이 소의 제기로써 자기 고유의 손해배상청구권뿐 아니라 이미 사망한 당사자의 손해배상청구권에 대한 자신의 상속분에 대해서까지 함께 권리를 행사한 것으로 볼 수는 없다고 보았다(2015다209002)(피해자 甲의 유족인 배우자 乙과 子 丙이 공동원고로 표시되어 국가를 상대로 손해배상청구를 한 사안. 신뢰부여일인 과거사진상규명위원회의 진상규명일로부터 3년 이내에 소를 제기하였지만, 소제기 당시 乙은 이미 사망하였으므로 乙의 손해배상청구부분은 각하되고, 진상규명일로부터 3년이 지난 후 丙이 乙의 손해배상청구권을 상속하였음을 이유로 청구금액을 추가하기 위한 청구취지 변경신청서를 제출한 경우, 이미 상속분에 대한 시효가 완성되었다고 본 사례).

---

57) [비교쟁점] 채무자가 시효이익을 '적극적으로' 포기한 때에는 '채무자에 대한 일반채권자'는 '다른 채권자의 채무자에 대한 채권'에 대해 소멸시효를 원용할 수 없다.

58) [사실관계] A는 1992년 B로부터 5천만원을 차용하면서 그 담보로 A 소유 부동산에 대해 B 앞으로 제1근저당권을 설정해 주었다. 그 후 (이 채권의 소멸시효기간 10년이 지난 때인) 2004년에 A는 위 차용금채무의 이자를 3천만 원으로 확정하고, 이를 담보하기 위해 위 부동산에 대해 B 앞으로 제2근저당권을 설정해 주었다. 2013년에 C는 A로부터 위 부동산을 매수하여 소유권을 취득한 후, B를 상대로 근저당권의 피담보채권이 소멸시효로 인해 소멸하였다는 것을 이유로 제1, 제2근저당권의 말소를 청구한 것이다. 이에 대해 대법원은 A가 B 앞으로 제2근저당권을 설정해 준 것은 소멸시효의 이익을 포기한 것으로 볼 수 있는데, 이 효력은 C에게도 미쳐 C는 독자적으로 소멸시효를 주장할 수 없다고 한다.

01 소멸시효의 효과에 관한 설명으로 옳지 않은 것은? (다툼이 있으면 판례에 의함) [24소방간부]

① 당사자는 합의로 소멸시효를 연장할 수 있다.

② 원본채권의 시효소멸은 이미 발생하여 양도된 이자채권에 영향을 미치지 않는다.

③ 주채무자가 시효이익을 포기한 경우 이는 보증채무에 영향이 없다.

④ 소멸시효가 완성한 채권이 그 완성 전에 상계할 수 있었던 것이면 채권자는 그 채권으로 상계할 수 있다.

⑤ 소멸시효가 완성한 후에 채무자가 이행기의 유예를 요청하는 것은 시효이익의 포기이다.

해설

① [×] 제184조(시효의 이익의 포기 기타) 「②항 소멸시효는 법률행위에 의하여 이를 배제, 연장 또는 가중할 수 없으나 이를 단축 또는 경감할 수 있다.」

② [○] 이자채권은 원본채권에 대하여 종속성을 갖고 있으나 이미 변제기에 도달한 이자채권은 원본채권과 분리하여 양도할 수 있고 원본채권과 별도로 변제할 수 있으며 시효로 인하여 소멸되기도 하는 등 어느 정도 독립성을 갖게 되는 것이므로, 원본채권이 양도된 경우 이미 변제기에 도달한 이자채권은 원본채권의 양도당시 그 이자채권도 양도한다는 의사표시가 없는 한 당연히 양도되지는 않는 다(대판 1989.3.28. 88다카12803).

③ [○] 주채무가 시효로 소멸한 때에는 보증인도 그 시효소멸을 원용할 수 있으며, 주채무자가 시효의 이익을 포기하더라도 보증인에게 는 그 효력이 없다(대판 1991.1.29. 89다카1114).

④ [○] 제495조(소멸시효완성된 채권에 의한 상계) 「소멸시효가 완성된 채권이 그 완성전에 상계할 수 있었던 것이면 그 채권자는 상계할 수 있다.」

⑤ [○] 채권의 소멸시효가 완성된 후에 채무자가 그 기한의 유예를 요청하였다면 그때에 소멸시효의 이익을 포기한 것으로 보아야 한다 (대판 1965.12.28. 65다2133).

정답 | ①

---

02 소멸시효에 관한 설명 중 옳지 않은 것은? (다툼이 있는 경우 판례에 의함) [22경찰간부]

① 채무자가 소멸시효 완성 후에 그 사실을 알고 채권자에 대하여 채무 일부를 변제함으로써 시효의 이익을 포기한 경우에는 그때부터 새로이 소멸시효가 진행한다.

② 소멸시효가 완성된 경우 채무자의 일반채권자는 자기의 채권 보전을 위하여 필요한 한도 내에서 채무자를 대위하 는 방법으로도 시효 소멸을 주장할 수 없다.

③ 소멸시효이익의 포기사유로서 묵시적 승인은 적어도 채무자가 채권자에 대하여 부담하는 채무의 존재에 대한 인 식의 의사를 표시함으로써 성립한다.

④ 부진정연대채무에서 채무자 1인에 대한 재판상 청구는 다른 채무자에게 시효 중단의 효력을 발생시키지 않는다.

해설

① [○] 시효이익의 포기는 '의사표시'이므로 시효완성의 사실을 알고서 하여야 한다. 判例는 시효 완성 후에 채무를 승인하거나 일부를 변제한 때에는 시효 완성의 사실을 알고 그 이익을 포기한 것이라고 추정할 수 있다고 한다(대판 2001.6.12. 2001다3580). 아울러 포기의 효과는 그 의사표시가 상대방에게 도달하는 때에 발생하며, 시효이익을 포기하면 소멸시효의 완성을 주장하지 못하고, 포기한 때부터 시효가 새로 진행한다(대판 2009.7.9. 2009다14340).

② [×] 判例는 '채무자에 대한 일반채권자'는 자기의 채권을 보전하기 위하여 필요한 한도 내에서 채무자를 대위하여 소멸시효 주장을 할 수 있을 뿐 채권자의 지위에서 독자적으로 (다른 채권자의 채무자에 대한 채권에 대해) 소멸시효의 완성을 주장할 수 없다고 한다(대판 1997.12.26. 97다22676).

③ [○] 포기는 명시적이든 묵시적이든 상관이 없다. 다만 소멸시효이익의 포기사유로서 '묵시적 승인'은 적어도 채무자가 채권자에 대하여 부담하는 채무의 존재에 대한 인식의 의사를 표시함으로써 성립한다(대판 2008.7.24. 2008다25299). 判例에 따르면 소멸시효완성 후의 변제기한의 유예요청(대판 1965.12.28. 65다2133), 일부변제(채무전부 승인)(대판 2001.6.12. 2001다3580)등이 이에 해당한다.

④ [○] 判例에 따르면 "부진정연대채무에서 채무자 1인에 대한 재판상 청구 또는 채무자 1인이 행한 채무의 승인 등 소멸시효의 중단사유나 시효이익의 포기는 다른 채무자에게 효력을 미치지 않는다."(대판 2017.9.12. 2017다865)라고 하는바, 시효중단의 효과는 당사자 외에 승계인에게만 미치기 때문이며(제169조 참조), 시효이익의 포기 또한 상대적인 효과만 있기 때문이다(대판 1995.7.11. 95다12446 등).

정답 | ②

03 소멸시효에 관한 설명으로 옳은 것은?

[18세무사]

① 소멸시효의 중단은 당사자 간에만 효력이 있다.
② 주된 권리의 소멸시효가 완성되어도 종속된 권리에는 그 효력이 미치지 않는다.
③ 소멸시효는 법률행위에 의하여 단축 또는 경감할 수 없다.
④ 시효 중단의 효력이 있는 승인에는 상대방의 권리에 관한 처분의 능력이나 권한이 있어야 한다.
⑤ 부부 중 한쪽이 다른 쪽에 대하여 가지는 권리는 혼인관계가 종료된 때부터 6개월 내에는 소멸시효가 완성되지 않는다.

해설

① [×]
> 제169조(시효중단의 효력) 「시효의 중단은 당사자 및 그 승계인 간에만 효력이 있다.」

② [×] 주된 권리의 소멸시효가 완성한 때에는 종속된 권리에 그 효력이 미친다(제183조). 본조의 실제적 의의는 주된 권리는 소멸시효가 완성하였으나 종된 권리는 아직 완성하지 않은 경우에 나타난다.

③ [×] 소멸시효와 제척기간은 당사자약정으로 그 기간을 연장할 수 없다는 점은 같으나, 소멸시효는 '단축·경감'할 수 있고(제184조 제2항), 제척기간은 단축·경감할 수 없다는 점에서 다르다.

④ [×]
> 제177조(승인과 시효중단) 「시효중단의 효력 있는 승인에는 상대방의 권리에 관한 처분의 능력이나 권한 있음을 요하지 아니한다.」

⑤ [○]
> 제180조(재산관리자에 대한 제한능력자의 권리, 부부 사이의 권리와 시효정지) 「②항 부부 중 한쪽이 다른 쪽에 대하여 가지는 권리는 혼인관계가 종료된 때부터 6개월 내에는 소멸시효가 완성되지 아니한다.」

정답 | ⑤

04 소멸시효에 관한 설명으로 옳은 것은? (다툼이 있으면 판례에 의함) [19소방간부]

① 소멸시효의 이익은 미리 포기할 수 있다.

② 법원은 어떤 권리의 소멸시효기간이 얼마나 되는지를 직권으로 판단할 수 없다.

③ 주채무자가 시효 이익을 포기하면 보증인에게 그 포기의 효력이 미친다.

④ 소멸시효를 원용할 수 있는 사람은 권리의 소멸에 의하여 직접 이익을 받는 자에 한한다.

⑤ 재판상 청구는 소송이 각하된 경우에는 시효 중단의 효력이 없으나, 기각된 경우에는 시효 중단의 효력이 있다.

해설

① [×] ⅰ) 소멸시효의 이익은 시효기간이 완성하기 전에 미리 포기하지 못한다(제184조 제1항). 시효제도는 공익적 제도이므로 개인의 의사로 미리 배척하게 하는 것은 부당하고, 또 채권자가 채무자의 궁박을 이용하여 미리 소멸시효의 이익을 포기하게 할 염려가 있기 때문이다. ⅱ) 따라서 그런 염려가 없는 시효기간을 단축하거나 시효요건을 경감하는 특약은 유효하다(제184조 제2항)(대판 2006.4.14. 2004다70253). 이는 강행규정이다.

② [×] 어떤 권리의 소멸시효기간이 얼마나 되는지에 관한 주장은 단순한 법률상의 주장에 불과하므로 변론주의의 적용대상이 되지 않고 법원이 직권으로 판단할 수 있다(대판 2013.2.15. 2012다68217).

③ [×] 포기의 효과는 상대적이어서 포기할 수 있는 자가 다수인 경우에 1인의 포기는 다른 사람에게 영향을 미치지 않는다. 判例도 직접 이익을 받는 자의 시효원용권은 채무자의 시효원용권에 기초한 것이 아닌 독자적인 것이라고 하여 채무자의 시효이익의 포기는 다른 직접수익자의 시효원용권에 영향을 미치지 않는다고 한다(대판 1995.7.11. 95다12446). 따라서 주채무자의 소멸시효이익의 포기는 보증인(대판 1991.1.29. 89다카1114), 저당부동산의 제3취득자, 물상보증인(대판 2018.11.9. 2018다38782), 연대보증인 (제433조 제2항)(대판 1995.7.11. 95다12446) 등에 영향을 미치지 않는다.

④ [○] 判例는 소멸시효의 완성을 원용할 수 있는 자는 권리의 소멸에 의하여 직접 이익을 받는 자에 한정된다고 한다(대판 1995.7.11. 95다12446).

⑤ [×]

> 제170조(재판상의 청구와 시효중단) 「①항 재판상의 청구는 소송의 각하, 기각 또는 취하의 경우에는 시효중단의 효력이 없다.」

정답 | ④

---

05 소멸시효에 관한 설명으로 옳지 않은 것은? [19소방간부 · 17행정사 변형]

① 시효의 중단은 당사자 및 그 대리인 간에만 효력이 있다.

② 주된 권리의 소멸시효가 완성한 때에는 종속된 권리에 그 효력이 미친다.

③ 파산절차참가는 채권자가 이를 취소하거나 그 청구가 각하된 때에는 시효 중단의 효력이 없다.

④ 부부 중 어느 한쪽이 다른 쪽에 대하여 가지는 권리는 혼인관계가 종료된 때부터 6개월 내에는 소멸시효가 완성하지 않는다.

⑤ 지급명령은 채권자가 법정기간 내에 가집행신청을 하지 아니함으로 인하여 그 효력을 잃은 때에는 시효 중단의 효력이 없다.

해설

① [×]
> 제169조(시효중단의 효력) 「시효의 중단은 당사자 및 그 승계인 간에만 효력이 있다.」

② [○] 주된 권리의 소멸시효가 완성한 때에는 종속된 권리에 그 효력이 미친다(제183조). 본조의 실제적 의의는 주된 권리는 소멸시효가 완성하였으나 종된 권리는 아직 완성하지 않은 경우에 나타난다.

③ [○]
> 제171조(파산절차참가와 시효중단) 「파산절차참가는 채권자가 이를 취소하거나 그 청구가 각하된 때에는 시효중단의 효력이 없다.」

④ [○]
> 제180조(재산관리자에 대한 제한능력자의 권리, 부부 사이의 권리와 시효정지) 「②항 부부 중 한쪽이 다른 쪽에 대하여 가지는 권리는 혼인관계가 종료된 때부터 6개월 내에는 소멸시효가 완성되지 아니한다.」

⑤ [○]
> 제172조(지급명령과 시효중단) 「지급명령은 채권자가 법정기간 내에 가집행신청을 하지 아니함으로 인하여 그 효력을 잃은 때에는 시효중단의 효력이 없다.」

정답 | ①

---

06 소멸시효의 정지와 시효 이익의 포기 등에 관한 설명으로 옳지 않은 것은? (다툼이 있으면 판례에 의함)

[19법학경채]

① 소멸시효의 기간 만료 전 6개월 내에 제한능력자에게 법정대리인이 없는 경우에는 그가 능력자가 되거나 법정대리인이 취임한 때부터 6개월 내에는 시효가 완성되지 아니한다.

② 천재 기타 사변으로 인하여 소멸시효를 중단할 수 없을 때에는 그 사유가 종료한 때로부터 1개월 내에는 시효가 완성하지 아니한다.

③ 시효 이익을 받을 채무자는 소멸시효가 완성되기 전에 미리 시효이익을 포기할 수 있다.

④ 소멸시효는 법률행위에 의하여 이를 배제, 연장 또는 가중할 수 없다.

해설

① [○]
> 제179조(제한능력자의 시효정지) 「소멸시효의 기간만료 전 6개월 내에 제한능력자에게 법정대리인이 없는 경우에는 그가 능력자가 되거나 법정대리인이 취임한 때부터 6개월 내에는 시효가 완성되지 아니한다.」

② [○]
> 제182조(천재 기타 사변과 시효정지) 「천재 기타 사변으로 인하여 소멸시효를 중단할 수 없을 때에는 그 사유가 종료한 때로부터 1월 내에는 시효가 완성하지 아니한다.」

③ [×] ④ [○] ⅰ) 소멸시효의 이익은 시효기간이 완성하기 전에 미리 포기하지 못한다(제184조 제1항). 시효제도는 공익적 제도이므로 개인의 의사로 미리 배척하게 하는 것은 부당하고, 또 채권자가 채무자의 궁박을 이용하여 미리 소멸시효의 이익을 포기하게 할 염려가 있기 때문이다. ⅱ) 따라서 그런 염려가 없는 시효기간을 단축하거나 시효요건을 경감하는 특약은 유효하다(제184조 제2항)(대판 2006.4.14. 2004다70253). 이는 강행규정이다.

(참조조문)
> 제184조(시효의 이익의 포기 기타) 「①항 소멸시효의 이익은 미리 포기하지 못한다. ②항 소멸시효는 법률행위에 의하여 이를 배제, 연장 또는 가중할 수 없으나 이를 단축 또는 경감할 수 있다.」

정답 | ③

07 소멸시효 완성의 효과에 관한 설명으로 옳지 않은 것은? (다툼이 있으면 판례에 의함)　

① 소멸시효는 그 기산일에 소급하여 효력이 생긴다.

② 소멸시효가 완성된 후 소멸시효의 이익을 받는 자가 소멸시효 이익을 받겠다는 뜻을 항변하지 않더라도 법원은 직권으로 소멸시효 완성을 인정할 수 있다.

③ 소멸시효의 완성을 주장할 수 있는 권리에 대해서도 신의성실의 원칙과 권리남용금지의 원칙이 적용된다.

④ 시효 완성 후 소멸시효 중단사유에 해당하는 채무의 승인이 있었다 하더라도 그것만으로는 곧바로 소멸시효 이익의 포기라는 의사표시가 있었다고 단정할 수 없다.

⑤ 주채무에 대한 소멸시효가 완성된 경우에는 시효 완성 사실로써 주채무가 당연히 소멸되므로 보증채무의 부종성에 따라 보증채무 역시 당연히 소멸된다.

해설

① [○]　제167조(소멸시효의 소급효)「소멸시효는 그 기산일에 소급하여 효력이 생긴다.」

② [×] ⅰ) 判例는 당사자의 원용이 없어도 시효완성의 사실로서 채무는 "'당연히 소멸'하는 것이라고 하고, 다만 소송에서는 '변론주의의 원칙상 소송당사자가 소멸시효가 완성되었음을 주장하지 아니하면 법원이 이를 고려할 수 없다."라고 판시하여 기본적으로 절대적 소멸설의 입장인 듯하다(대판 1979.2.13. 78다2157). ⅱ) 다만, 소멸시효의 이익을 받겠다고 항변할 수 있는 자는 권리의 소멸에 의하여 '직접 이익을 받는 자'에 한정된다고 판시하고 있는바, 이는 절대적 소멸설에 의해서는 설명이 어려운 부분이 있다. 왜냐하면 절대적 소멸설에 따르면 '누구나' 소멸시효의 완성을 주장할 수 있어야 하기 때문이다.

③ [○] 소멸시효를 이유로 한 항변권의 행사도 민법의 대원칙인 신의성실의 원칙과 권리남용금지의 원칙의 지배를 받는 것이어서 채무자가 소멸시효 완성 후 시효를 원용하지 아니할 것 같은 태도를 보여 권리자로 하여금 이를 신뢰하게 하였고, 채무자가 그로부터 권리행사를 기대할 수 있는 상당한 기간 내에 자신의 권리를 행사하였다면, 채무자가 소멸시효 완성을 주장하는 것은 신의성실 원칙에 반하는 권리남용으로 허용될 수 없다(대판 2013.5.16. 전합 2012다202819).

④ [○] 소멸시효 완성 후의 포기는 ⅰ) 처분능력과 처분권한을 갖춘 자가 ⅱ) 시효완성 사실을 알고, ⅲ) 권리를 잃을 자에게 '시효이익을 포기하는 의사표시'로 할 수 있다. 특히 ⅲ) 요건과 관련하여 '시효완성 후 채무승인'이 문제되는바, 시효이익의 포기에는 '효과의사'가 필요하므로, '관념의 통지'로 효과의사가 필요하지 않는 시효중단사유로서의 승인과 다르며, 따라서 채무승인만으로 언제나 시효이익의 포기가 되는 것은 아니다.
예를 들어 判例는 "소송에서의 상계항변은 소송상의 공격방어방법으로 피고의 금전지급의무가 인정되는 경우 자동채권으로 상계를 한다는 예비적 항변의 성격을 갖는데, 따라서 상계항변이 먼저 이루어지고 그 후 대여금채권의 소멸을 주장하는 소멸시효항변이 있었던 경우에는, 상계항변 당시 채무자인 피고에게 수동채권인 대여금채권의 시효이익을 포기하려는 효과의사가 있었다고 단정할 수 없다."(대판 2013.2.28. 2011다21556; 대판 2013.7.25. 2011다56187, 56194)라고 한다.

⑤ [○] 보증채무에 대한 소멸시효가 중단되는 등의 사유로 완성되지 아니하였다고 하더라도 주채무에 대한 소멸시효가 완성된 경우에는 시효완성 사실로써 주채무가 당연히 소멸되므로 보증채무의 부종성에 따라 보증채무 역시 당연히 소멸된다(대판 2012.7.12. 2010다51192).

정답 | ②

08 아래의 이것에 관한 다음 설명 중 가장 옳지 않은 것은? (다툼이 있는 경우 판례에 의하고, 전원합의체 판결의 경우 다수의견에 의함)

[19서기보]

ㄱ. 이것은 일정한 사실상태가 일정기간 계속된 경우, 진정한 권리관계와 일치하는지 여부를 묻지 않고 그 사실상태를 존중하여 일정한 법률효과를 발생시키는 제도 중의 하나이다.

ㄴ. 이것은 권리불행사라는 사실상태가 일정기간 계속된 경우에 권리소멸의 효과를 발생시킨다는 점에서, 권리행사라는 외관이 일정기간 계속된 경우에 권리취득의 효과를 발생시키는 (Ⓐ)와/과 구별된다.

ㄷ. 이것은 일정한 기간의 경과와 권리의 불행사라는 사정에 의하여 권리소멸의 효과를 발생시킨다는 점에서, 기간의 경과 자체만으로 곧바로 권리소멸의 효과를 발생시키는 (Ⓑ)와/과 구별된다.

① 이것이 완성되면 그 기간이 경과한 때부터 장래에 향하여 권리가 소멸하여 법률관계가 확정된다.

② 이것은 권리자의 청구나 압류 등 또는 채무자의 승인이 있으면 중단되고, 그때까지 경과된 기간은 산입되지 않는다.

③ 이것은 법률행위에 의하여 배제, 연장 또는 가중할 수 없다.

④ 채권 및 소유권 이외의 재산권은 20년간 행사하지 아니하면 이것이 완성된다.

해설

'이것'은 소멸시효, Ⓐ는 취득시효, Ⓑ는 제척기간을 각각 가리킨다.

① [×] 소멸시효는 그 기산일에 소급하여 효력이 생긴다(제167조).

② [○] 제168조, 제178조

③ [○]

> 제184조(시효의 이익의 포기 기타) 「①항 소멸시효의 이익은 미리 포기하지 못한다. ②항 소멸시효는 법률행위에 의하여 이를 배제, 연장 또는 가중할 수 없으나 이를 단축 또는 경감할 수 있다.」

④ [○] 제162조

정답 | ①

09 소멸시효에 관한 다음 설명 중 가장 옳지 않은 것은?

[15서기보]

① 소멸시효는 객관적으로 권리가 발생하여 그 권리를 행사할 수 있는 때로부터 진행하고 그 권리를 행사할 수 없는 동안만은 진행하지 않는다고 할 것인데, 여기서 '권리를 행사할 수 없는' 경우라고 하는 것은 그 권리행사에 기간의 미도래나 조건불성취 등의 법률상 장애사유가 있거나 사실상 권리의 존재나 권리행사 가능성을 알지 못하고 알지 못함에 과실이 없는 등의 사실상 장애사유가 있는 경우를 의미한다.

② 소멸시효 중단사유로서의 채무승인은 시효이익을 받는 당사자인 채무자가 소멸시효의 완성으로 채권을 상실하게 될 자 또는 그 대리인에 대하여 상대방의 권리 또는 자신의 채무가 있음을 알고 있다는 뜻을 표시함으로써 성립한다.

③ 시효완성 후 시효이익의 포기가 인정되려면 시효이익을 받는 채무자가 시효의 완성으로 인한 법적인 이익을 받지 않겠다는 효과의사가 필요하기 때문에 시효완성 후 소멸시효 중단사유에 해당하는 채무의 승인이 있었다 하더라도 그것만으로는 곧바로 소멸시효 이익의 포기라는 의사표시가 있었다고 단정할 수 없다.

④ 원금채무에 관하여는 소멸시효가 완성되지 아니하였으나 이자채무에 관하여는 소멸시효가 완성된 상태에서 채무자가 채무를 일부 변제한 때에는 그 액수에 관하여 다툼이 없는 한 그 원금채무에 관하여 묵시적으로 승인하는 한편 그 이자채무에 관하여 시효완성의 사실을 알고 그 이익을 포기한 것으로 추정된다.

해설

① [×] 소멸시효는 '권리를 행사할 수 있는 때'로부터 진행한다(제166조 제1항). 이 때 '권리를 행사할 수 있는 때'란 권리를 행사하는 데 있어 '법률상의 장애'가 없음을 말한다(이행기의 미도래·정지조건의 불성취 등). 따라서 '사실상의 장애', 즉 권리자의 개인적 사정이나 권리자가 권리의 존재를 모르거나, 모르는데 과실이 없다고 하여도 이러한 사유는 시효의 진행을 막지 못한다(대판 2006.4.27. 2006다1381).

② [○] 대판 2012.10.25. 2012다45566

③ [○] 소멸시효 중단사유로서의 채무승인은 시효이익을 받는 당사자인 채무자가 소멸시효의 완성으로 채권을 상실하게 될 자에 대하여 상대방의 권리 또는 자신의 채무가 있음을 알고 있다는 뜻을 표시함으로써 성립하는 이른바 '관념의 통지'로 여기에 어떠한 효과의사가 필요하지 않다. 이에 반하여 시효완성 후 시효이익의 포기가 인정되려면 시효이익을 받는 채무자가 시효의 완성으로 인한 법적인 이익을 받지 않겠다는 효과의사가 필요하기 때문에 시효완성 후 소멸시효 중단사유에 해당하는 채무의 승인이 있었다 하더라도 그것만으로는 곧바로 소멸시효 이익의 포기라는 의사표시가 있었다고 단정할 수 없다(대판 2013.2.28. 2011다21556).

[쟁점정리] 소멸시효 완성 후의 포기는 ⅰ) 처분능력과 처분권한을 갖춘 자가 ⅱ) 시효완성 사실을 알고, ⅲ) 권리를 잃을 자에게 '시효이익을 포기하는 의사표시'로 할 수 있다. 특히 ⅲ) 요건과 관련하여 '시효완성 후 채무승인'이 문제되는바, 시효이익의 포기에는 '효과의사'가 필요하므로, '관념의 통지'로 효과의사가 필요하지 않는 시효중단사유로서의 승인과 다르며, 따라서 채무승인만으로 언제나 시효이익의 포기가 되는 것은 아니다.

④ [○] **이자채무의 시효소멸과 일부변제**

判例에 따르면 "원금채무는 소멸시효가 완성되지 않았으나 이자채무의 소멸시효가 완성된 상태에서 채무자가 채무를 일부 변제한 경우, 원금채무를 승인하고 이자채무의 시효이익을 포기한 것으로 추정되므로, 채무자의 변제가 채무 전체를 소멸시키지 못하고 당사자가 변제에 충당할 채무를 지정하지 아니한 때에는 제479조, 제477조에 따른 법정변제충당의 순서에 따라 충당되어야 한다."(대판 2013.5.23. 2013다12464)라고 한다.

따라서 다른 사정이 없다면 일부변제한 것으로는 원본에 앞서 이자에 먼저 충당하며, 이행기가 도래한 이자 중에는 이행기가 먼저 도래한 순서에 따라 충당될 것이어서(제477조 제3호 참조) 결국 먼저 시효로 소멸한 이자에 우선충당하게 될 것이다.

정답 | ①

---

10 소멸시효에 관한 설명 중 옳은 것을 모두 고른 것은? (다툼이 있는 경우 판례에 의함) [18변호사 변형]

ㄱ. 채무자가 채권자에게 담보가등기를 경료하고 부동산을 인도하여 준 다음 피담보채권의 이자 또는 지연손해금의 지급에 갈음하여 채권자로 하여금 그 부동산을 사용수익할 수 있도록 한 경우, 이로 인해 피담보채권의 소멸시효가 중단되지는 않는다.

ㄴ. 채권자의 신청에 의한 경매개시결정에 따라 연대채무자 1인 소유의 부동산이 압류된 경우, 이로써 이 연대채무자에 대한 채권의 소멸시효는 중단되지만 다른 연대채무자에 대한 채권의 소멸시효는 중단되지 않는다.

ㄷ. 채무자가 담보가등기가 설정된 자신 소유의 부동산을 양도하여 당해 부동산에 관한 양수인 명의의 소유권이전등기가 경료된 경우, 그 양수인은 채무자를 대위하지 않더라도 그 담보가등기의 피담보채권이 시효로 소멸했다는 주장을 할 수 있다.

ㄹ. 채권자대위소송에서 피고인 제3채무자는 원고인 채권자가 채무자에 대해 가지는 채권이 시효로 소멸했음을 주장할 수 없으며, 채권자취소소송에서도 피고인 수익자나 전득자는 원고인 채권자가 채무자에 대해 가지는 채권이 시효로 소멸했다는 주장을 할 수 없다.

ㅁ. 채무자가 자신 소유의 부동산에 저당권을 설정한 상태에서 당해 부동산을 양도하여 그 부동산에 관한 양수인 명의의 소유권이전등기가 경료된 다음, 채무자가 시효기간 도과 후 자신의 채무를 승인했다 하더라도 이로 인한 시효이익 포기의 효력은 양수인에게 미치지 않는다.

① ㄱ, ㄴ, ㄷ

② ㄱ, ㄷ, ㅁ

③ ㄴ, ㄷ, ㄹ

④ ㄴ, ㄷ, ㅁ

해설

ㄱ. [×] 시효중단의 물적 범위

判例는 "담보가등기를 경료한 부동산을 인도받아 점유하더라도 담보가등기의 피담보채권의 소멸시효가 중단되는 것은 아니지만, 채무의 일부를 변제하는 경우에는 채무 전부에 관하여 시효중단의 효력이 발생하는 것이므로, 채무자가 채권자에게 담보가등기를 경료하고 부동산을 인도하여 준 다음 피담보채권에 대한 이자 또는 지연손해금의 지급에 갈음하여 채권자로 하여금 부동산을 사용수익할 수 있도록 한 경우라면, 채권자가 부동산을 사용수익하는 동안에는 채무자가 계속하여 이자 또는 지연손해금을 채권자에게 변제하고 있는 것으로 볼 수 있으므로 피담보채권의 소멸시효가 중단된다고 보아야 한다."(대판 2009.11.12. 2009다51028)라고 판시하였다.

[비교판례] 그러나 원칙적으로 채권자가 담보목적의 가등기를 취득한 후 그 목적토지를 인도받아 점유하더라도 담보가등기의 피담보채권의 소멸시효가 중단되는 것은 아니다(대판 2007.3.15. 2006다12701).

ㄴ. [○] 시효중단의 인적 범위 – 연대채무자

연대채무자 1인의 소유 부동산이 경매개시결정에 따라 압류된 경우, '다른 연대채무자'에게는 시효중단의 효력이 없다(제169조, 제176조 참조)(대판 2001.8.21. 2001다22840).

[비교판례] 그러나 채권자가 연대채무자 1인의 소유 부동산에 대하여 경매신청을 한 경우에 이는 최고로서의 효력이 있다. 한편 이 최고는 다른 연대채무자에게도 효력이 있으므로(제416조), 채권자가 6개월 내에 '다른 연대채무자'를 상대로 재판상 청구 등을 한 때에는 그 '다른 연대채무자'에 대한 채권의 소멸시효가 중단되지만, 이로 인하여 중단된 시효는 위 경매절차가 종료된 때가 아니라 재판이 확정된 때부터 새로 진행된다.

ㄷ.ㅁ. [○] 시효중단의 인적 범위와 시효이익 포기의 상대효

"소멸시효를 원용할 수 있는 사람은 권리의 소멸에 의하여 직접 이익을 받는 사람에 한정되는바, 채권담보의 목적으로 매매예약의 형식을 빌어 소유권이전청구권 보전을 위한 가등기가 경료된 부동산을 양수하여 소유권이전등기를 마친 제3자는 당해 가등기담보권의 피담보채권의 소멸에 의하여 직접 이익을 받는 자이므로, 그 가등기담보권에 의하여 담보된 채권의 채무자가 아니더라도 그 피담보채권에 관한 소멸시효를 원용할 수 있고, 이와 같은 직접수익자의 소멸시효 원용권은 채무자의 소멸시효 원용권에 기초한 것이 아닌 독자적인 것으로서 채무자를 대위하여서만 시효이익을 원용할 수 있는 것은 아니며(ㄷ. 관련 해설), 가사 채무자가 이미 그 가등기에 기한 본등기를 경료하여 시효이익을 포기한 것으로 볼 수 있다고 하더라도 그 시효이익의 포기는 상대적 효과가 있음에 지나지 아니하므로 채무자 이외의 이해관계자에 해당하는 담보 부동산의 양수인으로서는 여전히 독자적으로 소멸시효를 원용할 수 있다(ㅁ. 관련 해설)."(대판 1995.7.11. 95다12446)

ㄹ. [×] 시효완성의 인적 범위

ⅰ) 判例는 '채권자대위권의 행사에서 제3채무자'는 채무자가 채권자에 대하여 가지는 항변으로 대항할 수 없을 뿐더러 시효이익을 직접 받는 자에도 해당하지 않는다는 이유로 채권자의 채권이 시효로 소멸하였다고 주장할 수 없다고 한다(대판 1998.12.8. 97다31472). 다만 채무자가 이미 소멸시효를 원용한 경우에는 피보전채권이 소멸하게 되므로 제3채무자가 그 '효과'를 원용하여 피보전채권의 부존재를 주장하는 것은 허용된다(대판 2008.1.31. 2007다64471).

ⅱ) 사해행위취소소송의 상대방이 된 '사해행위의 수익자'는, 사해행위가 취소되면 사해행위에 의해 얻은 이익을 상실하고 사해행위취소권을 행사하는 채권자의 채권이 소멸하면 그와 같은 이익의 상실을 면하는 지위에 있으므로, 피보전채권의 소멸에 의해 직접 이익을 받는 자에 해당한다고 한다(대판 2007.11.29. 2007다54849).

정답 | ④

11 소멸시효에 관한 설명 중 옳은 것은? (다툼이 있는 경우 판례에 의함) [17변호사 변형]

① 부동산에 대한 매매대금 채권이 소유권이전등기청구권과 동시이행의 관계에 있는 경우, 매수인이 매매목적물인 부동산을 인도받아 점유하고 있어서 소유권이전등기청구권의 소멸시효가 진행되지 않는 이상 매매대금 채권 역시 그 지급기일이 경과했더라도 소멸시효가 진행되지 않는다.

② 금전채무가 시효소멸한 후 채무자가 미지급이자를 담보하기 위해 자신이 소유한 부동산에 근저당권을 설정해줌으로써 시효이익을 포기한 경우, 그 후 채무자로부터 그 부동산을 매수한 양수인은 채무자가 한 시효이익 포기의 효력을 부정할 수 있다.

③ 소멸시효 완성 후 시효이익을 받는 당사자인 채무자가 채권자에게 자신의 채무가 있음을 알고 있다는 뜻을 표시하여 채무승인을 한 경우, 시효의 완성으로 인한 법적인 이익을 받지 않겠다는 효과의사가 없더라도 소멸시효 이익의 포기로 인정될 수 있다.

④ 소멸시효가 완성된 경우 채무자에 대한 일반 채권자는 채권자의 지위에서 독자적으로 시효소멸의 주장을 할 수 없지만 자기의 채권을 보전하기 위하여 필요한 한도 내에서 채무자를 대위하여 시효소멸의 주장을 할 수 있다.

해설

① [×] 부동산에 대한 매매대금 채권이 소유권이전등기청구권과 동시이행의 관계에 있다고 할지라도 매도인은 매매대금의 지급기일 이후 언제라도 그 대금의 지급을 청구할 수 있는 것이며, 다만 매수인은 매도인으로부터 그 이전등기에 관한 이행의 제공을 받기까지 그 지급을 거절할 수 있는 데 지나지 아니하므로 매매대금 청구권은 그 지급기일 이후 시효의 진행에 걸린다(대판 1991.3.22. 90다9797).

② [×] **시효이익 포기의 상대효 제한법리**
소멸시효이익 포기의 인적범위와 관련하여 判例는 시효이익을 이미 포기한 자와의 법률관계를 통하여 비로소 시효이익을 원용할 이해관계를 형성한 자(판례 사안은 피담보채권의 소멸시효가 완성된 후 채무자가 저당권을 설정한 후 이를 취득한 담보물의 제3취득자)는 이미 이루어진 시효이익 포기의 효력을 부정할 수는 없다고 한다(대판 2015.6.11. 2015다200227).
사실관계 A는 1992년 B로부터 5천만원을 차용하면서 그 담보로 A 소유 부동산에 대해 B 앞으로 제1근저당권을 설정해 주었다. 그 후 (이 채권의 소멸시효기간 10년이 지난 때인) 2004년에 A는 위 차용금채무의 이자를 3천만원으로 확정하고, 이를 담보하기 위해 위 부동산에 대해 B 앞으로 제2근저당권을 설정해 주었다. 2013년에 C는 A로부터 위 부동산을 매수하여 소유권을 취득한 후, B를 상대로 근저당권의 피담보채권이 소멸시효로 인해 소멸하였다는 것을 이유로 제1, 제2근저당권의 말소를 청구한 것이다. 이에 대해 대법원은 A가 B 앞으로 제2근저당권을 설정해 준 것은 소멸시효의 이익을 포기한 것으로 볼 수 있는데, 이 효력은 C에게도 미쳐 C는 독자적으로 소멸시효를 주장할 수 없는 것으로 보았다(대판 2015.6.11. 2015다200227).
비교판례 시효이익 포기의 상대효(원칙)
시효이익의 포기의 효과는 상대적이어서 포기할 수 있는 자가 다수인 경우에 1인의 포기는 다른 사람에게 영향을 미치지 않는다. 判例도 직접 이익을 받는 자의 시효원용권은 채무자의 시효원용권에 기초한 것이 아닌 독자적인 것이라고 하여 채무자의 시효이익의 포기는 다른 직접수익자의 시효원용권에 영향을 미치지 않는다고 한다(대판 1995.7.11. 95다12446).

③ [×] **시효이익의 포기에는 '효과의사'가 필요**하므로, '관념의 통지'로 효과의사가 필요하지 않는 시효중단사유로서의 승인과 다르며, 따라서 채무승인만으로 언제나 시효이익의 포기가 되는 것은 아니다(대판 2013.2.28. 2011다21556).
즉, 소송에서의 상계항변은 소송상의 공격방어방법으로 피고의 금전지급의무가 인정되는 경우 자동채권으로 상계를 한다는 예비적 항변의 성격을 갖는데, 따라서 상계항변이 먼저 이루어지고 그 후 대여금채권의 소멸을 주장하는 소멸시효항변이 있었던 경우에는, 상계항변 당시 채무자인 피고에게 수동채권인 대여금채권의 시효이익을 포기하려는 효과의사가 있었다고 단정할 수 없다(대판 2013.2.28. 2011다21556; 대판 2013.7.25. 2011다56187, 56194).

④ [○] 소멸시효가 완성된 경우 이를 주장할 수 있는 사람은 시효로 인하여 채무가 소멸되는 결과 직접적인 이익을 받는 사람에 한정되므로, 채무자에 대한 일반 채권자는 자기의 채권을 보전하기 위하여 필요한 한도 내에서 채무자를 대위하여 소멸시효 주장을 할 수 있을 뿐 채권자의 지위에서 독자적으로 소멸시효의 주장을 할 수 없다(대판 1997.12.26. 97다22676).

정답 | ④